合同法分则

Specific Provisions of
Contract Law

王利明 著

图书在版编目(CIP)数据

合同法分则/王利明著. —北京:北京大学出版社,2023.10
21世纪法学规划教材
ISBN 978-7-301-34260-2

Ⅰ. ①合… Ⅱ. ①王… Ⅲ. ①合同法—分则—中国—高等学校—教材 Ⅳ. ①D923.6

中国国家版本馆CIP数据核字(2023)第141777号

书　　　名	合同法分则 HETONGFA FENZE
著作责任者	王利明　著
责任编辑	周　菲
标准书号	ISBN 978-7-301-34260-2
出版发行	北京大学出版社
地　　　址	北京市海淀区成府路205号　100871
网　　　址	http://www.pup.cn
新浪微博	@北京大学出版社　@北大出版社法律图书
电子邮箱	编辑部 law@pup.cn　总编室 zpup@pup.cn
电　　　话	邮购部 010-62752015　发行部 010-62750672　编辑部 010-62752027
印　刷　者	河北滦县鑫华书刊印刷厂
经　销　者	新华书店 787毫米×1092毫米　16开本　38.25印张　1066千字 2023年10月第1版　2023年10月第1次印刷
定　　　价	98.00元

未经许可,不得以任何方式复制或抄袭本书之部分或全部内容。
版权所有,侵权必究
举报电话: 010-62752024　电子邮箱: fd@pup.cn
图书如有印装质量问题,请与出版部联系,电话: 010-62756370

《民法典》合同编的时代意义(代序)

习近平总书记指出:"民法典在中国特色社会主义法律体系中具有重要地位,是一部固根本、稳预期、利长远的基础性法律。"①合同法是市场经济的基本法,在现代市场经济法治保障中发挥着最为基础性的作用。我国《民法典》合同编一共分为三个分编(通则、典型合同、准合同),共计526条,占《民法典》条文总数的40%以上,在《民法典》中具有举足轻重的地位。合同编是在系统地总结我国合同法立法经验的基础上产生的,它植根于中国大地,是我国实行改革开放和发展市场经济的经验总结,彰显了中国特色,也回应了我国经济生活、交易实践的需求。

从合同编的规范来源来看,其不仅借鉴了很多国家和地区的立法经验,也积极吸收了我国的立法和司法实践经验,尤其是整体继受了1999年颁布的《合同法》的立法经验。《合同法》是在立足中国国情、反映我国市场经济的需求,并充分借鉴国外先进的立法经验基础上制定的。二十多年的实践证明,该法在保护当事人合同权益、促进市场经济健康有序发展以及维护社会经济秩序等方面发挥了重要的作用。该法的大多数规则是符合我国市场经济的基本情况的,在交易实践和司法实践中也运行良好,因此其主要内容都被《民法典》所吸收。此外,合同编还积极总结司法实践经验,确立了相关规则,如预约合同、未生效合同、代位权的直接受偿等规则,这些规则都来源于司法实践,并且在实践中取得了良好的社会效果。从《民法典》合同编规则的来源可见,合同编立足中国基本国情,从中国的实践出发,解决当代中国的实践问题,充分彰显了中国特色。

合同编在体系结构上作出了重大创新。我国《民法典》的分则体系设计并未采纳德国、法国和瑞士的立法模式,没有设置债法总则,而是从中国实际情况出发,保持了合同法总则体系的完整性和内容的丰富性,这是对大陆法系民法典体系的一种重要创新。同时,为避免债法总则功能的缺失,合同编通则在一定程度上发挥了债法总则的功能,合同编新增了70个法条,其中将近三分之一涉及有关债的分类以及不当得利、无因管理等债的规则,具体而言:一是在合同的履行中规定了债的分类,补充了多数人之债(按份之债和连带之债)、选择之债、金钱之债等规则,为合同编发挥债法总则的功能创造了条件。二是合同编中严格区分了"债权债务"与"合同的权利义务"的概念。例如,在第六章"合同的变更和转让"中,规定了债权转让与债务移转,但合同的概括转让,则采取"合同的权利和义务一并转让"的表述(第556条),表明债权转让与债务移转可以适用于合同外的债权债务转移,但合同的概括转让仅仅适用于合同关系。三是借鉴法国法和英美法的经验,规定了准合同。《民法典》合同编第三分编对准合同作出了规定,其中规定了无因管理、不当得利制度。我国《民法典》合同编设立准合同分编,不再在债法中割裂各种债的发生原因,而是建立起了不当得利、无因管理制度与合同制度之间的有效联系,并充分考虑法律适用中的不同情形,从而实现了对法定之债与意定之债的整合。合同编发挥债法总则的功能,这种体系上的创新既避免了设置债法

---

① 习近平:《实施好民法典》,载《习近平著作选读》(第二卷),人民出版社2023年版,第313页。

总则所可能导致的叠床架屋,同时也便利了司法适用,避免了法官找法的困难;另外,此种立法设计也可以在规定债法总则共通性规则的基础上,保持合同法总则体系的完整性,这也有助于对合同编规则作出更好的解释并加以适用。

合同编兼顾了合同严守、合同自由和合同正义原则。"民有私约如律令。"现代社会被称为"契约社会",现代经济被称为"契约经济"。我国《民法典》合同编将合同严守作为最为基础的价值,《民法典》第 465 条第 1 款规定:"依法成立的合同,受法律保护。"合同编强调合同对当事人的约束力,并通过合同的履行、保全、解除、违约责任等制度、规则,督促当事人遵守合同。合同法是自治法或任意法,合同的成立和内容基本取决于当事人意思自治,只要当事人所缔结的合同不违反法律、行政法规与公序良俗,法律就承认其效力。市场经济的发展需要进一步强化私法自治,充分鼓励交易,维护交易安全。合同编从合同的订立到履行都强调了增进合同自由这一宗旨,有力调动了市场主体从事交易的积极性,维护了市场经济的正常秩序。

合同编是促进交易便利、鼓励生产要素自由流转的法。习近平总书记指出:"阐释好民法典关于民事活动平等、自愿、公平、诚信等基本原则,阐释好民法典关于坚持主体平等、保护财产权利、便利交易流转、维护人格尊严、促进家庭和谐、追究侵权责任等基本要求,阐释好民法典一系列新规定新概念新精神。"①一是贯彻合同自由,确认依法成立的合同受法律保护,保障交易主体对交易的自治。二是确立从合同的订立到合同终止等一系列完善的合同规则,以鼓励交易(promoting trade)为其目标,努力降低交易主体的交易成本。三是保障债权人权利的实现,确立违约救济的规则,实现对债权人的完整保护,确保交易结果的可预期性。四是强调诚信原则,考虑分配正义,确保对信息不完全情形的公平处理,对阻碍当事人进入交易的信息不足问题予以清除。五是确立各种典型合同,便利当事人将这些典型合同进行组合以建立更复杂的交易结构,以适应大规模现代交易的复杂性。六是改善营商环境,合同编进一步补充完善了所有权保留买卖、融资租赁、保理等具有担保性质的规则,并协调了合同编中的担保和物权编中的担保之间的关系。例如,合同编在买卖合同中明确确定,出卖人对标的物保留的所有权,未经登记,不得对抗善意第三人(《民法典》第 641 条第 2 款),这就在一定程度上解决了隐性担保所可能带来的交易安全保障不足的问题和各类担保的受偿顺位问题。

合同编强化了对弱势群体的人文关怀。古典的合同法理论认为,"契约即公正",也就是说,合同自由可以自然导向合同正义,人们按照自己的意愿自主地进行交换,这种关系对于双方都是公正的,也有利于创造财富、实现资源的优化配置。然而,合同自由并没有也不可能完全实现社会正义。由于信息不对称、竞争不充分、集体合作规模大等原因,市场不能够完全自发、有效地配置资源,有时无法通过自发的合同交易实现社会财富的最有效流通,尤其是不能体现对弱势群体的关爱。因此,我国《民法典》合同编强化了对弱势群体的保护与关爱,彰显了这一实质正义和实质平等的要求。例如,合同编考虑到了相关主体缔约能力的不足,确认了强制缔约、对格式条款进行规制等一系列规则,旨在通过法律的强制性规定实现合同的实质正义。需要指出的是,合同编强化对弱势群体的保护是为了体现实质正义和实质平等,但也并未放弃形式正义和形式平等,合同编既要维护实质公平,也要实现形式公

---

① 习近平:《实施好民法典》,载《习近平著作选读》(第二卷),人民出版社 2023 年版,第 317 页。

平,对弱势群体之外的主体,仍要以形式平等为原则。

合同编突出了对民生的保护。合同编在保留《合同法》所规定的15类典型合同的前提下,新增了4种典型合同,其中专门规定了物业服务合同,这主要是考虑到物业服务对老百姓安居乐业的重要性,与广大业主的权益密切相关。在该章中,合同编明确规定了业主单方解除权、前期物业服务合同、物业服务人的安全保障义务、物业服务人的相互交接等问题。为落实党的十九大报告提出的"加快建立多主体供给、多渠道保障、租购并举的住房制度"的目标,合同编在租赁合同一章中进一步完善了买卖不破租赁规则(《民法典》第725条)、优先购买权规则(《民法典》第726条)、承租人优先承租权规则(《民法典》第734条)、承租人死亡后共同居住人的继续承租权规则(《民法典》第732条)等,这都有助于加强对承租人的保护,有利于实现租售并举的住房制度改革。

合同编彰显了绿色原则。21世纪是一个面临严重生态危机的时代,生态环境遭到严重破坏,人类生存与发展的环境不断受到严峻挑战。良好的生态环境是人民美好幸福生活的重要内容,是最普惠的民生福祉。合同编直面这一问题,充分贯彻了绿色原则。例如,《民法典》第509条第3款规定:"当事人在履行合同过程中,应当避免浪费资源、污染环境和破坏生态。"这就明确规定了当事人在合同履行中应当避免浪费资源和破坏生态。再如,《民法典》第558条规定:"债权债务终止后,当事人应当遵循诚信等原则,根据交易习惯履行通知、协助、保密、旧物回收等义务。"此外,合同编还在买卖合同中明确规定,没有通用方式的,应当采取足以保护标的物且有利于节约资源、保护生态环境的包装方式(《民法典》第619条),出卖人负有自行或者委托第三人对标的物予以回收的义务(《民法典》第625条)。

合同编适应了互联网时代的电子商务发展需要。随着我国电子商务的迅速发展,我国电子商务无论是交易数量还是总规模都已居于全球首位。为此,合同编中增加了有关电子商务的规则,如针对电子合同本身所具有的无纸化、数据化等特点,《民法典》第469条第3款规定:"以电子数据交换、电子邮件等方式能够有形地表现所载内容,并可以随时调取查用的数据电文,视为书面形式。"合同编在合同订立部分还增加了通过互联网方式订约的特别规则,《民法典》第491条第2款规定:"当事人一方通过互联网等信息网络发布的商品或者服务信息符合要约条件的,对方选择该商品或者服务并提交订单成功时合同成立,但是当事人另有约定的除外",这就对合同的成立时间进行了特别的规定。《民法典》第512条还就通过信息网络订立的电子合同标的物的交付时间作出了特别规定。这些规则都回应了互联网时代的交易需求。

合同编还是一部规范和引导人们参与国际交易关系的法。在全球化时代,资本和商业交往需要突破某一国界,交易越来越需要规则的统一性,从而减少因制度的不统一而产生的交易成本,降低交易费用,这就要求合同法在世界范围内逐渐统一。传统上两大法系在合同规则上存在诸多差异,但是为了适应市场经济全球化的发展,其具体规则相互融合、相互接近,甚至走向统一。市场经济是开放的经济,它要求消除对市场的分割、垄断、不正当竞争等现象,使各类市场合而为一。经济全球化促使国内市场和国际市场不断接轨,促进了市场经济的高度发展和财富的迅速增长。这些决定了作为市场经济基本法的合同法,不仅应反映国内统一市场的需要而形成一套统一规则,而且应该与国际惯例相衔接。

合同编是注重调整财产流动关系、促进财富创造的法。"合同法创造财富,侵权法保护财富"(Contract law is productive, tort law is protective)①。《民法典》合同编不仅创造财富,而且守护动态的财产,保障交易的有序进行。它回应了我国市场经济发展需求,并积极为中国的市场经济发展保驾护航,已成为市场经济基本法。合同编的中国特色使得合同编更加符合国情,更能回应我国市场经济发展需求,解决中国的现实问题,更有利于鼓励交易、创造财富,维护交易安全和秩序,促进我国高质量的市场经济的有序发展。

王利明
2020 年 12 月 30 日

---

① Marc Stauch, *The Law of Medical Negligence in England and Germany: A Comparative Analys*, Hart Publishing, 2008, p. 7.

术语缩略表

一、主要法律及司法解释缩略语

1. 《民法典》：《中华人民共和国民法典》，2020年5月28日颁布，2021年1月1日起施行。
2. 《民法通则》：《中华人民共和国民法通则》，1987年1月1日起施行，2021年1月1日废止。
3. 《合同法》：《中华人民共和国合同法》，1999年10月1日起施行，2021年1月1日废止。
4. 《买卖合同司法解释》：《最高人民法院关于审理买卖合同纠纷案件适用法律问题的解释》，2020年12月修正。
5. 《商品房买卖司法解释》：《最高人民法院关于审理商品房买卖合同纠纷案件适用法律若干问题的解释》，2020年12月修正。
6. 《城镇房屋租赁合同司法解释》：《最高人民法院关于审理城镇房屋租赁合同纠纷案件具体应用法律若干问题的解释》，2020年12月修正。
7. 《民间借贷司法解释》：《最高人民法院关于审理民间借贷案件适用法律若干问题的规定》，2020年12月第二次修正。
8. 《建设工程施工合同司法解释（一）》：《最高人民法院关于审理建设工程施工合同纠纷案件适用法律问题的解释（一）》，2021年1月1日起施行。
9. 《技术合同纠纷司法解释》：《最高人民法院关于审理技术合同纠纷案件适用法律若干问题的解释》，2020年12月修正。
10. 《有关担保的司法解释》：《最高人民法院关于适用〈中华人民共和国民法典〉有关担保制度的解释》，2021年1月1日起施行。
11. 《审理独立保函纠纷司法解释》：《最高人民法院关于审理独立保函纠纷案件若干问题的规定》，2016年12月1日起施行，2020年12月修正。
12. 《物业服务纠纷司法解释》：《最高人民法院关于审理物业服务纠纷案件适用法律若干问题的解释》，2020年12月修正。
13. 《融资租赁合同司法解释》：《最高人民法院关于审理融资租赁合同纠纷案件适用法律问题的解释》，2020年12月修正。

二、国际公约及示范法缩略语

1. 《销售合同公约》：《联合国国际货物销售合同公约》（United Nations Convention on Contracts of International Sale of Goods）；
2. 《商事合同通则》：国际统一私法协会起草的《国际商事合同通则》（The Principle of International Commercial Contracts）。
3. 《欧洲民法典草案》：欧洲示范民法典草案：欧洲私法的原则、定义和示范规则（Principles, Definitions and Model Rules of European Private Law Draft Common Frame of Reference）

目 录

第一编　合同法分则概述

第一章　典型合同概论……3

　　第一节　合同法分则概述……3
　　第二节　合同法分则与合同法总则的关系……13
　　第三节　合同法分则的功能……18
　　第四节　合同法分则体系……23
　　第五节　合同法分则的适用……33

第二章　典型合同的发展趋势……38

　　第一节　注重人文关怀价值……39
　　第二节　强化消费者权益保护……41
　　第三节　典型合同内部的多元化和复杂化……44
　　第四节　服务合同居于重要地位……47
　　第五节　合同联立现象日益普遍……49
　　第六节　继续性合同的广泛应用……51
　　第七节　合同立法的国际化与趋同化……55

第二编　移转财产权合同

第三章　买卖合同……61

　　第一节　买卖合同概述……61
　　第二节　买卖合同的成立和主要条款……66
　　第三节　买卖合同的效力……69
　　第四节　买卖合同中的无权处分……85
　　第五节　买卖合同中的标的物风险负担……87

| 96 | 第六节 违反买卖合同的责任

105　第四章　特种买卖

| 105 | 第一节　所有权保留
| 113 | 第二节　分期付款买卖
| 119 | 第三节　凭样品买卖
| 122 | 第四节　试用买卖
| 126 | 第五节　招标投标买卖
| 129 | 第六节　拍卖

132　第五章　供用电、水、气、热力合同

| 132 | 第一节　供用电、水、气、热力合同的概述
| 135 | 第二节　供用电合同

142　第六章　赠与合同

| 142 | 第一节　赠与合同概述
| 145 | 第二节　赠与合同的效力
| 148 | 第三节　赠与人任意撤销赠与的权利
| 153 | 第四节　赠与人的穷困抗辩权

155　第七章　租赁合同

| 155 | 第一节　租赁合同概述
| 160 | 第二节　租赁合同的订立和内容
| 163 | 第三节　租赁合同的效力
| 174 | 第四节　优先购买权和优先承租权
| 181 | 第五节　买卖不破租赁
| 185 | 第六节　租赁物的风险负担
| 187 | 第七节　租赁关系的终止

194　第八章　技术合同

| 194 | 第一节　技术合同概述
| 202 | 第二节　技术开发合同
| 213 | 第三节　技术转让合同与技术许可合同
| 224 | 第四节　技术咨询合同和技术服务合同

第三编　融资、担保合同

235　第九章　借款合同

- 235　第一节　借款合同概述
- 239　第二节　借款合同的订立和内容
- 242　第三节　借款合同的效力
- 249　第四节　自然人之间的借款合同

256　第十章　保证合同

- 256　第一节　保证合同概述
- 264　第二节　保证合同的从属性
- 271　第三节　保证合同的成立
- 274　第四节　保证合同的内容
- 277　第五节　保证人的范围
- 285　第六节　保证的方式
- 291　第七节　保证合同的效力
- 296　第八节　保证责任
- 306　第九节　保证期间与诉讼时效
- 315　第十节　共同保证
- 321　第十一节　最高额保证

326　第十一章　融资租赁合同

- 326　第一节　融资租赁合同概述
- 330　第二节　融资租赁合同的内容
- 335　第三节　融资租赁合同的效力
- 344　第四节　融资租赁合同的风险负担
- 346　第五节　融资租赁合同的解除
- 351　第六节　融资租赁合同的终止

356　第十二章　保理合同

- 356　第一节　保理合同概述
- 360　第二节　保理合同与相关概念的区别
- 362　第三节　保理合同的订立与内容

365　第四节　保理合同的效力
374　第五节　保理债权的实现与清偿顺序

第四编　提供服务成果合同

381　第十三章　承揽合同
381　第一节　承揽合同概述
385　第二节　承揽合同的内容
387　第三节　承揽合同的效力
395　第四节　承揽合同中的风险负担
396　第五节　承揽合同的终止
398　第六节　违反承揽合同的责任

401　第十四章　建设工程合同
401　第一节　建设工程合同概述
404　第二节　建设工程合同的订立
406　第三节　建设工程合同的生效
411　第四节　建设工程合同的类型
418　第五节　建设工程合同的效力
424　第六节　承包人的建设工程优先权
431　第七节　违反建设工程合同的违约责任

437　第十五章　运输合同
437　第一节　运输合同概述
440　第二节　运输合同的订立
442　第三节　运输合同的效力
444　第四节　客运合同
450　第五节　货运合同
458　第六节　多式联运合同

第五编　提供服务行为合同

463　第十六章　保管合同
463　第一节　保管合同概述

466   第二节 保管合同的成立和内容
467   第三节 保管合同的效力
475   第四节 消费保管

479 **第十七章 仓储合同**

479   第一节 仓储合同概述
482   第二节 仓储合同的效力
487   第三节 仓单的法律性质及其内容
491   第四节 违反仓储合同的违约责任

493 **第十八章 委托合同**

493   第一节 委托合同概述
499   第二节 委托合同的效力
508   第三节 间接代理中的委托
511   第四节 委托合同的任意解除权
514   第五节 委托合同的终止

517 **第十九章 行纪合同**

517   第一节 行纪合同概述
520   第二节 行纪合同的效力

527 **第二十章 中介合同**

527   第一节 中介合同概述
530   第二节 中介合同和相关合同的区别
532   第三节 中介合同的效力

539 **第二十一章 物业服务合同**

539   第一节 物业服务合同概述
547   第二节 物业服务合同的订立和内容
552   第三节 前期物业服务合同
556   第四节 物业服务合同的效力
565   第五节 物业服务合同的终止

第六编　团体性合同

573　第二十二章　合伙合同

- *573* ｜ 第一节　合伙合同概述
- *581* ｜ 第二节　合伙合同的成立和内容
- *582* ｜ 第三节　合伙合同的效力
- *591* ｜ 第四节　合伙合同的终止

595　主要参考书目

第一编　合同法分则概述

第一章　典型合同概论
第二章　典型合同的发展趋势

第一章

典型合同概论

第一节 合同法分则概述

一、合同法分则的概念和特征

合同法分则是规定典型合同的种类、订立、内容、效力、违约责任等制度的法律规范的总称。如果说合同法总则是调整一般交易关系的法,那么合同法分则就是调整具体的交易关系的法。合同法分则是以规范典型的交易形态如买卖、租赁、承揽等为其主要内容的法。合同反映交易关系的观点,最早由亚里士多德提出,其提出了交换正义(commutative justice)的概念,并认为合同就是规范交换正义的工具。① 中世纪后期的经院哲学家继承了亚里士多德的思想,将合同定义为规范交换行为并以追求正当交换为目的手段。② 到17世纪,以格老秀斯、普芬道夫、波蒂埃和沃尔夫为代表的法学家,进一步发展了有关交易理论。③ 而19世纪产生的意思理论,实际上也可以认为是来源于亚里士多德的交易理论,可以说,合同法包括典型合同的法律以交易为规范对象已成为共识。合同法在很大程度上可以说是交易法,即"调整个人之间为获取金钱而交换货物和服务的方式的法律"④。在合同法中,合同法分则规范的是各类典型的交易关系和形态。合同法分则所规定的许多典型合同类型都具有悠久的历史(如买卖、租赁等),也反映了最基本的交易需求。虽然这些典型合同规范的某些具体内容可能随着时间的推移有所变化,但整体而言,这些典型合同规范是在长期的交易实践中形成和发展起来的规范体系。⑤ 我国《民法典》合同编分则所规定的19种典型合同都形成了自身的规则体系。

合同法分则是规定典型合同的法。所谓典型合同,也被称为有名合同,是法律上对合同的类型、内容都作出了明确规定的合同⑥,它是相对于非典型合同而言的。所谓非典型合同,又称无名合同,是指法律上尚未确定一定的名称与规则的合同。"当法律将一个契约类型明文地当成一个规范模式(Regelungsmuster)加以规范时,法律为了指称上的方便,势必给与

---

① 〔加拿大〕Peter Benson主编:《合同法理论》,易继明译,北京大学出版社2004年版,第294页。
② 〔美〕詹姆斯·戈德雷:《现代合同理论的哲学起源》,张家勇译,法律出版社2006年版,第129页。
③ 同上书,第114页。
④ 〔英〕P. S. 阿狄亚:《合同法导论》(第五版),赵旭东等译,法律出版社2002年版,第3页。
⑤ Vgl. Dieter Medicus/Stephan Lorenz, Schuldrecht Ⅱ Besonderer Teil, 17. Aufl., C. H. Beck, 2014. S. 4.
⑥ Pascal Puig, Contrats spéciaux, 2e éd., Dalloz, Paris, 2007, p. 20.

该契约类型以一个特定的名称,所以这些契约类型也便因有法定的名称,而被称为有名契约。"①为什么这些合同在我国《民法典》上被称为"典型合同",而不是"有名合同"? 这主要是考虑到如下因素:一方面,"典型合同"的概念更符合这些合同在交易活动中具有典型性的特点。而"有名合同"的概念无法反映这些交易的典型性。另一方面,"典型合同"的概念更具有包容性和合理性。在《民法典》中作出规定的合同属于典型合同,而没有作出规定的合同不具有典型性,这符合社会的一般观念。另外,"有名合同"的概念还可能让人们产生误解,因为法律上的有名合同和生活中的有名合同存在一定的差异,生活中的有名合同不一定可以成为《民法典》规定的有名合同。②

合同法分则包括了《民法典》和其他法律对典型合同的规范。在我国,合同法分则有广义(实质意义)、狭义(形式意义)两种含义。从广义上说,所有调整各类具体的典型合同的法律规范都属于合同法分则的内容。例如,《保险法》中关于保险合同的规定,《合伙企业法》中关于合伙合同的规定,《海商法》中关于海上货物运输合同的规定等。从狭义上讲,合同法分则仅指我国《民法典》合同编所规定的19种合同,这些典型合同还可以进一步进行细分,如借款合同包括一方当事人为金融机构的借款合同和民间借款合同;承揽合同又可以具体分为加工、定作、修理、复制、测试、检验等合同;建设工程合同又分为建设工程勘察合同、建设工程设计合同以及建设工程施工合同;技术合同包括技术开发合同、技术转让合同、技术咨询合同和技术服务合同。从我国《民法典》合同编区分"通则""典型合同"和"准合同",并将典型合同置于分则之中的做法来看,似乎《民法典》合同编采取了狭义的"分则"概念,将"分则"仅仅局限于《民法典》合同编关于典型合同的规定。但实际上,合同法分则是各种法律法规所规定的各种类型化合同规范的总称,而并不仅仅限于《民法典》合同编中所规定的典型合同。事实上,《民法典》合同编对其他法律所规定的典型合同的适用规则也作出了规定,表明这些规则也属于合同法分则的组成部分。例如,《民法典》第467条第1款规定:"本法或者其他法律没有明文规定的合同,适用本编通则的规定,并可以参照适用本编或者其他法律最相类似合同的规定。"从该条款规定来看,其承认《民法典》合同编之外的其他法律所规定的典型合同也属于合同法分则的内容。

合同法分则是主要采用任意性规范方法调整交易关系的法。合同法分则的最大特点是主要规定任意性规范,允许当事人通过约定加以改变。我国《民法典》合同编关于典型合同的规定大多为任意性规范,当事人可以通过其约定改变法律的规定。法律关于典型合同内容的规定,主要是要规范合同的内容,以任意性的规定弥补当事人约定的不足。由于现代合同法大量出现了任意法对强制法(zwingendes Recht)的替代,就是契约精神和合同自由原则的体现。③ 因此,合同法主要通过任意性规范而不是强行性规范来调整交易关系。也就是说,除了合同的必要条款必须要当事人约定以外,对于其他非必要条款,在当事人不能通过合同有效安排其事务时,就需要依据典型合同的规则来帮助当事人完善合同,填补合同漏洞。但合同当事人在不违反法律、法规的强制性规定和公序良俗的前提下,可以约定不同于典型合同规定的条款。④ 如果当事人在合同中未加以规定,则可以适用法律关于典型合同的

---

① 黄茂荣:《债法分则之一:让与之债》,厦门大学出版社2020年版,第1页。
② 参见黄薇主编:《中华人民共和国民法典合同编解读》(上册),中国法制出版社2020年版,第477页。
③ 〔日〕星野英一:《私法中的人》,王闯译,中国法制出版社2004年版,第5—8页。
④ See Roderick A. MacDonald, *Encoding Canadian Civil law in Department of Justice Canada*, *The Harmonization of Federal Legislation with Quebec Civil Law and Canadian Bijuralism* (Department of Justice Canada 1999), pp. 161-162.

规定。针对典型合同,法律规定了其主要给付义务,从而形成该典型合同的规范架构。[①] 但典型合同的规定并非要代替当事人订立合同,也不是要求当事人严格按照分则规定订立合同,而是为当事人订立合同提供指导、引导和补充,帮助当事人完善合同的内容。据此,"合同法是备用的安全阀"[②],在当事人不能通过合同有效安排其事务时,就需要合同法来规范当事人的交易行为。

合同法分则正是通过对各类典型交易关系的调整中,发挥了引导当事人正确缔约、保护交易预期等各项功能。典型合同就是交易的法律表达,就是马克思所说的"先有交易,后来才由交易发展为法制……这种通过交换和在交换中才产生的实际关系,后来获得了契约这样的法的形式"[③]。当今人类社会的发展已截然不同于早期的人类社会,社会分工越来越复杂,交换日益频繁,人类之间的彼此依存也更加密切。生产与交换关系的发展在不断加速地把人们变为整个社会运行系统中一个个紧密结合的分子,每个人都要经常依据合同参与各种社会交往活动。在市场经济社会,无论是物质产品的制造、流通,还是精神产品的创作、传播,都已经被分割为无数个细微的环节,专业分工的细化程度已经超出人们的想象。任何人要在现代社会生存下来,都不得不借助于合同的媒介作用。尤其是在经济领域,市场是由无数纷繁复杂的交易所组成的,这些交易关系都以合同作为其最基本的法律表现形式。从这一意义上说,合同不仅发挥着资源配置的功能,而且发挥着促进社会财富创造的功能。[④] 可以说,契约本身构成了广阔的市场,市场化就是契约化。与此相适应,社会关系也不断作用于合同之中,"关系契约"(Relational Contract)理论将合同交易置于社会关系的背景之中,认为所有合同交易都是在社会关系中进行,因而所有的合同也都根植于社会关系。[⑤] 正因如此,人们才将现代社会称为"契约社会",将现代经济称为"契约经济"。正如梅因所指出的,"我们今日的社会和以前历代社会之间所存在的主要不同之点,乃在于契约在社会中所占范围的大小"[⑥]。为了促成合同高效、快捷地订立,并保障合同获得圆满履行,就必须有相应的法律规则加以调整,这些调整合同关系的法律规则就是合同法。典型合同就是对社会生活中频繁发生的交易方式进行抽象,提取出当事人的权利义务,从而有效引导人们正确订约,维持生活的安宁有序。

合同法分则是交易法的重心。合同法分则是配合总则调整各类交易关系,它不仅仅是总则的具体化、特殊性规则,而且丰富、完备了总则的规定,与总则形成了完整的体系。分则条文共计384条,占民法典近三分之一的篇幅。这一方面说明了市场经济的发展中不断呈现的交易的复杂化和多样化,新技术、新产业和新业态,以及人们新的生活方式、交往方式,对合同立法提出了新课题。另一方面反映了对交易关系的调整越来越具体化和实质化。合同纠纷占据民事案件纠纷的近一半数量,对典型合同规范的需求日益强烈。

我国《民法典》合同编是在原《合同法》和更早的《经济合同法》《涉外经济合同法》与《技术合同法》三部合同法的基础上制定的,原《合同法》将原有的三部法律中的内容统一起来,取消了经济合同与非经济合同的划分,实现了法律对合同法分则的统一调整,从而极大地完

[①] 参见黄茂荣:《买卖法》(增订版),中国政法大学出版社2002年版,第14页。
[②] 〔美〕罗伯特·A.希尔曼:《合同法的丰富性》,郑云瑞译,北京大学出版社2005年版,第270页。
[③] 《马克思恩格斯全集》(第19卷),人民出版社1963年版,第423页。
[④] Vgl. Schäfer/Ott, Lehrbuch der ökonomischen Analyse des Zivilrechts, Springer, 2020, S.471.
[⑤] 参见〔美〕麦克尼尔:《新社会契约论》,雷喜宁等译,中国政法大学出版社1994年版,第11页。
[⑥] 〔英〕梅因:《古代法》,沈景一译,商务印书馆2011年版,第196页。

善了合同法制度。①《民法典》合同编在总结我国合同立法经验的基础上,吸纳了我国司法实践的经验,借鉴域外合同法的先进经验,形成了系统、完善的合同法规则。除合同编外,《民法典》总则编民事法律行为制度也是我国合同法规则的重要组成部分。虽然我们认为应当在实质意义上界定合同法分则,但为阐述之便,本书主要探讨的是《民法典》合同编第二分编所规定的19种典型合同。

二、《民法典》典型合同的确立标准

我国《民法典》合同编分则规定了19种典型合同。与其他国家民法典相比较,我国《民法典》合同编所规定的典型合同类型是最为丰富的。例如,《法国民法典》规定了买卖、互易、租赁、房地产开发、借贷、委托、保证等合同。《德国民法典》规定了买卖、互易、赠与、租赁、借用、借款、劳务、承揽、旅游、居间、委托、保管、保证、和解等合同。总体来说,我国《民法典》所规定的19种典型合同类型比较丰富,具有很强的时代性,体现了我国合同立法的开放性和前瞻性。这些典型合同的确立并非基于立法者的随机抽取,而是按照一定标准进行选取的。我国《民法典》确立典型合同的标准主要考虑以下几个方面的因素。

一是实践性。马克思主义经典作家指出,民法只是"以法的形式表现了社会的经济生活条件"②。对典型合同来说尤为如此,典型合同是从生活中产生的,也是从交易实践中发展,并服务于交易实践的。我国《民法典》的编纂立足于我国实践,切实回应经济社会发展需求,增加制度供给,在决定增设哪些典型合同时,主要考虑的是相关的合同规则是否已经在实践中形成了较为成熟的规则,这些规则能否在交易实践和司法裁判中广泛适用。例如,我国《民法典》合同编将物业服务合同、保理合同等实践中纠纷较多的合同类型新增为典型合同。此外,我国《民法典》合同编从中国实践出发,修改了部分典型合同的名称,如将"居间合同"修改为"中介合同"。

二是实用性。"契约法只是国家设定有关契约的外缘条件,或补充内容不足而已"③。典型合同不仅细化了合同法总则的规范,而且为当事人提供了交易框架,可以帮助当事人预见未来可能出现的风险,并尽可能通过完善合同内容规避交易风险,降低交易费用。我国《民法典》就典型合同的规定也突出了其在规范民事生活、规范法院裁判等方面的实用性。例如,从大陆法系各国民法典来看,基本没有对保理合同作出明确规定。在我国《民法典》编纂过程中,立法机关考虑到,现阶段我国保理业务发展迅猛,体量庞大,保理合同纠纷也处于不断上升趋势,为促进保理业务的健康有序发展,缓解中小企业融资难、融资贵的问题,在合同编中增设保理合同,为解决实践问题提供了依据。④

三是社会生活关联性。《民法典》关于典型合同的规定,也充分考虑到了其与社会生活的关联性,着力解决社会公众生活中的重大问题。例如,考虑到物业服务合同已经成为一种普遍性、典型性、规则特殊性的合同类型,与广大业主的权益密切相关,为了更好地处理这些纠纷,规范物业秩序,在总结我国立法和司法实践经验的基础上,《民法典》合同编对物业服务合同进行了规定。⑤《民法典》关于租赁合同、承揽合同、运输合同等作出的详细规定,也都

---

① 参见易军、宁红丽:《合同法分则制度研究》,人民法院出版社2003年版,第17页以下。
② 《马克思恩格斯文集》(第四卷),人民出版社2009年版,第307页。
③ 苏永钦:《寻找新民法》,台湾元照出版公司2008年版,第389页。
④ 参见石宏:《合同编的重大发展和创新》,载《中国法学》2020年第4期。
⑤ 同上。

满足了人民群众生活的需要。虽然我国没有引入经营者合同、消费者合同的概念，但实际上，所谓消费者合同事实上并不能构成一种独立的典型合同类型，其仍然属于某一典型合同，或者属于非典型合同。[①] 我国《民法典》合同编也已经存在大量的强化对消费者保护的规则。

四是规则的可抽象性。所谓规则的可抽象性，是指对于特定的交易，可以从其通常的交易模式中提取出当事人之间典型的权利义务。也就是说，对于这类合同的相关规则已经形成了一定的共识，从立法技术上可以抽象地提取该类合同的共同规则。[②] 合同法分则在确定是否纳入某类合同时，还需要考虑相关合同规则是否概括抽象为法律规则，尤其是许多典型合同规则是从交易习惯中总结出来的，某些交易习惯需要能够进行系统整理，并抽象、提炼出典型合同的规则。如果某类合同关系发生频率较高，纠纷也较多，但无法对此类合同关系进行抽象和概括，无法归纳其共性规则，则在立法技术上也难以将此类合同关系纳入合同法分则的调整范围。[③] 例如，对赌协议在实践中运用较多，而且纠纷也频发，但是关于对赌协议的内容和效力很难形成共识，也难以抽象出一些具有共识性的规则，因此，合同法分则很难将此类合同作为典型合同加以规定。

五是规则的独特性。合同法分则既不能够为其他典型合同的规则所涵盖，也难以通过参照适用条款解决，更不能通过类推的方式解决其法律适用问题。尤其是确立其独特的规则后，对这一类的交易可以起到引领和规范作用。换言之，即便相关的交易关系发生较为频繁，纠纷也具有频发性，但如果此类交易关系可以被既有的法律规则所调整，或者长期以来被交易习惯所调整，则《民法典》不需要将其作为典型合同加以规定。例如，互易合同作为移转所有权的双务合同，就完全可以通过适用买卖合同规范加以解决，因此《民法典》第647条规定了互易合同参照适用买卖合同规则，而并未将其规定为独立的典型合同类型。

六是规则的成熟性。典型合同通常是对经济生活中反复适用的规则进行归纳、抽象而形成的成熟的、稳定的规则。有些合同虽然已经出现，但如果其规则还没有成熟和稳定，也无法上升为典型合同。[④] 例如，在融资租赁合同出现之初，因为其相关的规则还不成熟，为各方所认可的交易习惯尚未出现，无法从社会生活事实中提取一定的规则从而形成典型合同的规范。

在一类合同中，往往将最具有普遍性和参照适用价值的合同，置于靠前的位置。然后，从规范连接、联系紧密的角度，规定与其具有类似性的合同。例如，在规定了委托合同之后，法律上紧接着规定了保证合同、保理合同、物业服务合同。

七是纠纷的频发性。这就是说，在考虑是否将某类合同纳入合同法分则中加以规定时，需要考虑到此类合同在实践中发生纠纷的频率是否高。例如，《民法典》新增规定保理合同，乃是因为保理纠纷发生的频率较高，而且纠纷涉及的金额也较大。[⑤] 合同法分则旨在为当事人交易提供指引，预防纠纷的发生，因此，合同法分则针对某类频发纠纷的典型合同的具体权利义务作出规则，就可以极大地减少纠纷的发生。如果说合同法总则注重对合同的订立、效力、形式、内容、履行、保全、终止以及违约责任等作出规定，那么，合同法分则则应当注重

[①] Vgl. Dieter Medicus/Stephan Lorenz, Schuldrecht Ⅱ Besonderer Teil, 17. Aufl., C. H. Beck, 2014, S. 5.
[②] 参见石宏：《合同编的重大发展和创新》，载《中国法学》2020年第4期。
[③] 参见黄薇主编：《中华人民共和国民法典合同编解读》（上册），中国法制出版社2020年版，第478页。
[④] Pascal Puig, Contrats spéciaux, 2e éd., Dalloz, Paris, 2007, p. 30.
[⑤] 参见石宏：《合同编的重大发展和创新》，载《中国法学》2020年第4期。

对各种典型合同中当事人的具体权利义务关系作出规定,这也有利于引导当事人正确订约、预防纠纷的发生。如果纠纷发生的频率较低,则在合同法分则中将其作为典型合同加以规定的必要性就不充分。

八是历史的延续性。《技术合同法》与《经济合同法》和《涉外经济合同法》曾作为我国合同法的规范,为市场经济秩序的健康发展奠定了基础。《合同法》结束了这三部法律"三足鼎立"的局面,同时吸收了其中的不少制度。《民法典》也保留了《合同法》中的很多制度,从而实现了制度的延续性。例如,《民法典》合同编技术合同一章保留了《技术合同法》《合同法》的部分内容,并进行了一定的改造,实现了技术合同法的现代化。再如,《担保法》被废止后,保证合同被纳入《民法典》之中。同时,《民法典》在规定保证合同时,并非照搬原《担保法》的内容,而是系统总结了有关保证制度的立法和司法经验,对保证制度进行了重大的修改与完善。

总之,我国合同法分则在借鉴国外先进立法经验的基础上,总结我国司法实践经验,充分体现了时代性、实践性、本土性。

三、合同法分则的特点

在大陆法系国家,根据法律上是否规定了一定合同的名称,将合同分为典型合同与非典型合同。但在英美法系国家,由于其判例法传统的影响,注重具体交易中当事人的权利、义务安排,除了对于买卖等具有基础性的重要的典型合同在成文法中作出规定之外[①],其成文法并不拘泥于某种抽象的典型类型,并对各类典型合同作出规定,所以,英美法并无严格意义上的典型合同和非典型合同的区分。[②] 正如后文所要阐述的,法律规定典型合同,不仅仅是因为成文法的传统,而且意义重大。区分典型合同与非典型合同的意义在于,二者在法律适用等多方面都存在一定的区别。[③]

（一）具体针对性

合同法分则关于典型合同的规定,是对每一种具体交易作出的针对性规定。典型合同是各种典型的具体交易行为内容的法律形式;合同法分则是对各种具体的典型合同的规范,因此,我国合同法分则具有具体针对性,其对各种典型合同的规定直接适用于特定的交易关系。这主要体现在:第一,合同法分则规定的不是合同的共通规则,而是各个具体合同的特殊规则。合同法分则并不是像总则的规则那样,按照合同关系"成立—有效—履行—消灭"的交易过程而展开的,而主要规定的是交易当事人在特定交易中的主要权利义务、此种交易通常包含的合同条款、当事人的义务以及违反义务的法律后果、交易的客体以及客体之上的权利归属、交易中的风险类型以及风险负担的规则、违约行为的形态以及违约责任的具体承担等规则。尤其是在许多典型合同中,其往往针对特定类型的交易中的特殊问题作出规定,如委托合同中的任意解除权、中介合同中的"跳单"问题、保理合同中的追索权、卖出或买入具有市场定价的商品行纪人的介入权等。合同法分则对各种典型合同的规定,主要是对各

[①] 例如,英国于1999年颁布《买卖法》,美国《统一商法典》第二篇专门全面规定了"买卖"。另外,英美法国家颁布了许多单行法,也规定了保险、借贷、担保等合同。

[②] 在英美法国家,学说上仍有基于合同中主要权利、义务的特征而将各种合同进行类型化的研究者。例如,Sweet & Maxwell 出版公司出版的久负盛名的普通法文库《合同法》一书即分为上、下两卷,既有《合同法总则（General Principles）》,也有《合同法分则（Special Contracts）》,并在下卷中列举了代理、仲裁、委托、票据、运输、建筑、借贷、雇用、博彩、保险、买卖、保证等各类有名合同。See Hugh Beale（eds）, *Chitty on Contracts*, Vol. 2, London: Sweet & Maxwell, 2008.

[③] 参见韩世远:《合同法总论》（第四版）,法律出版社2018年版,第71页。

种具体的典型合同权利、义务的安排。这些对权利、义务的规定具有任意性,在某一具体的典型合同中,只要当事人没有相反的约定,都应当直接适用合同法分则对该类典型合同的权利义务的规定。第二,合同法分则对某一典型合同的订立、效力、形式、解除条件、违约责任等所作的特别规定,其内容通常不同于总则的相关规定;而且其适用也都局限于特定的典型合同中。依据特别法优于一般法的规则,其应当优先于合同法总则的规定而适用。例如,合同法总则在合同形式上以不要式为原则,但就自然人借款之外的借款合同、融资租赁合同、建设工程合同等,分则规定其应当采用书面形式。故而在这几种典型合同中,当事人应当采用书面形式,否则可能导致合同无法成立。第三,在当事人订立非典型合同的情况下,如果对相关权利、义务没有约定或者约定不明,也要参照适用最相类似的典型合同确定其权利义务关系。可见,典型合同的规则对于调整非典型交易关系也具有重要的参照、指引作用。

(二)任意性

合同法分则主要是任意法(Dispositivesrecht)。由于在市场经济条件下,交易的发展和财产的增长要求市场主体在交易中能够独立自主,并能充分表达其意志,故而法律应为市场主体的交易活动留下广阔的空间,政府对经济活动的干预应限制在合理的范围内,市场经济对法律所提出的尽可能赋予当事人行为自由的要求在合同法中表现得最为彻底。日本学者内田贵教授认为,契约关系不仅是由私法自治原则支配的世界,它还是由信赖关系所支配的世界。所谓信赖关系,就是非经逐个的合意,信赖对方而听凭对方处理,这就有必要用协作关系来把握契约关系。[①] 现代法大量地出现了从强制法(imposed law)向任意法(negotiated law)发展的趋势,这就是契约精神的体现。[②] 由于合同法贯彻了合同自由原则,所以,合同法主要通过任意性规范而不是强行性规范来调整交易关系。"在法经济学家看来,合同创设了一个私人支配的领域,而合同法正是通过强制履行承诺来帮助人们实现他们的私人目标。如果把具体的合同比作是一部法律的话,那么对于这些自愿形成的私人关系,合同法就像一部统辖所有这些具体法律的宪法。"[③]合同法的任意法性质和自治法特征,保证了经济主体在经济活动中的自主性,保障了市场在资源配置过程中起到决定性的作用。

合同法分则任意性的特殊性表现在:一方面,合同法分则确立了各种典型交易的基本框架,当事人按照该框架订立合同,就可以达成一个公平的交易。合同法分则允许按照当事人的具体交易目的,采取个别合意方式确定其合同内容。[④] 当事人在达成具体的交易时,为了追求特殊的订约目的,可能需要突破分则对各类典型合同所规定的框架。例如,当事人所订立的合同可能需要结合几类典型合同的条款,从而使得最终订立的合同无法与任何一种典型合同的规则完全对应。另一方面,合同法分则规定了各类典型合同中当事人的具体合同权利义务关系,但当事人在订立合同时可能需要改变相应的规则。例如,在委托合同中,委托人享有任意解除权,但委托人可以在合同中抛弃该权利,因为法律规定委托人的任意解除权主要是为了保护委托人的利益,体现了对委托人的关照,但委托人可以放弃此种关照。再如,违约责任原则上采用严格责任原则,但合同法分则在具体的合同中也规定了过错责任原

[①] 参见〔日〕内田贵:《契约法的现代化——展望21世纪的契约与契约法》,胡宝海译,载梁慧星主编:《民商法论丛》(第6卷),法律出版社1997年版,第328页。

[②] 参见〔日〕星野英一:《私法中的人》,王闯译,中国法制出版社2004年版,第5—8页。

[③] 〔美〕罗伯特·考特等:《法和经济学》,张军等译,上海三联书店1994年版,第314页。

[④] 参见〔日〕大村敦志:《民法(债权法)修改的"契约·契约法"观》,王融擎译,载李昊主编:《日本民法修正:回顾与反思》,北京大学出版社2020年版,第23页。

则,如保管合同中,甚至区分了合同的有偿性、无偿性分别认定保管人的注意义务标准,但当事人可以通过约定对此予以改变。例如,在无偿保管合同中,当事人也可以约定保管人应当尽到较高程度的注意义务。只要当事人的约定不违反法律、行政法规的强制性规定,不违反公序良俗,都应当认可其效力。此即"有约定,从约定;无约定,才适用合同法规定"的法理。① 在当事人不能通过合同有效安排其事务时,就需要合同法来规范当事人的交易行为。从这个意义上来说,合同法分则相对于当事人所订立的合同而言,发挥着拾遗补缺的作用。

应当看到,在合同法分则之中,并非所有的规范都是任意性规范,也存在强制性规范。这些强制性规范往往是基于社会公共利益的需要而设计的,可以排斥当事人的约定。与任意性规范补充当事人意思不同,强制性规范旨在为当事人提供保护。② 例如,《民法典》第791条第3款规定:"禁止承包人将工程分包给不具备相应资质条件的单位。禁止分包单位将其承包的工程再分包。建设工程主体结构的施工必须由承包人自行完成。"这就规定了在例外的情况下当事人也应负有一些强制性的义务。通过这样的强制性规定,既维护了当事人的利益,又维护了交易安全。在建设工程合同中,法律规定禁止非法转包、分包,这些都是为了保障建筑质量,维护一般民众的利益。在此情况下,当事人应当承担强制性规范规定的义务。强制性规范,不仅可以针对合同的内容,也可以针对合同的形式。③

(三)民商合一性

在民商分立国家,民事合同和商事合同的分立是客观存在的。法国最早采用民商分立体制,在其商法典中,就规定了有关商事代理、商事分包、商事特许、商事流通、商事供应、商事投资、商事合作合同、合作企业合同、商事服务、商事咨询合同等。《德国商法典》第四编就很多商事合同作出了规定,包括商业买卖合同、行纪合同、货运合同、仓储合同等。《日本商法典》第三编也对很多商事合同进行规范,包括交互计算合同、隐名合伙合同、居间合同、行纪合同、承揽运输合同、寄托合同、保险合同等。④ 商法典主要调整商人之间的合同关系,因此,其确立了一些不同于《民法典》所调整的合同关系的内容,如注重要式性、有偿性,强调交易效率等。即使在英美法国家,也颁布了许多单行法,分别规定了保险、借贷、担保等合同。

我国没有像法国、德国等民商分立国家那样采取民商分立模式,而是在《民法典》合同编中采纳了民商合一体制,合同法统一调整各种合同关系。尤其是在合同法分则中对典型合同的设计上,既体现了民商合一的特点,也尝试以民商合一为基础设计规则。⑤ 合同法分则采取如下方式妥善地处理了民法与商法之间的关系:第一,在某一类合同中同时规定了所谓传统商法中的有"商人"参与的合同关系和没有"商人"参与的合同关系。例如,《民法典》合同编第十二章借款合同中明确规定了自然人之间的借款关系和金融机构参与的信贷关系。第二,根据交易关系的特殊类型,仅规定传统的商事合同规则,忽略传统的民事合同关系规则,或者相反。例如,《民法典》合同编第二十一章和第二十二章就分别对保管合同和仓储合同进行了规定。第三,不区分民事规则与商事规则,用统一规则来统一调整合同关系。例如,《民法典》第621条关于瑕疵通知义务的规定并未区分民事买卖与商事买卖,而是进行了统一规定。当然,在诸如消费者权益保护的情形中,这一规则可能会劣后于特别法适用。第

---

① 参见〔德〕迪特尔·梅迪库斯:《德国民法总论》,邵建东译,法律出版社2000年版,第356页。
② 参见王泽鉴:《债法原理》(第二版),北京大学出版社2013年版,第137页。
③ 参见〔德〕迪特尔·梅迪库斯:《德国债法分论》,杜景林、卢谌译,法律出版社2007年版,第78页。
④ 参见朱广新:《论合同法分则的再法典化》,载《华东政法大学学报》2019年第2期。
⑤ 参见易军、宁红丽:《合同法分则制度研究》,人民法院出版社2003年版,第8—9页。

四,将传统上典型的商事合同规则纳入合同法之中,如仓储合同、行纪合同、融资租赁合同、保理合同、建设工程合同等,都被纳入到了《民法典》合同编之中,成为重要的典型合同形式。第五,在很多典型合同中引入商法的规则。例如,中介合同中的"跳单"规则、委托合同中的后合同义务规则等,均为商事委托中的典型规则。实践证明,我国《民法典》的上述做法不仅顺应了民法商法化的发展趋势,确立了统一的民商事规则,而且便利了法官适用统一的规则处理合同纠纷。既然我国《民法典》合同编已经解决了民商合一体例下遇到的技术性问题,就没有必要在合同法之外另行制定商事合同的一般规则。

但是,我们也应当看到,随着商事交易的发展,有些商事领域确实存在特殊性。例如,证券交易合同的订立和履行就需要践行特定的、复杂的程序,满足特别的要件。再如,借款合同的订立需要特别的贷款申请和审批程序。同时,商事合同中交易的一方或者双方是专门从事商事经营活动的主体,其可能有特殊的资质要求,这与一般的民事主体具有较大的差别。正是因为上述原因,未来合同法分则的完善应当考虑商事交易的特殊性,相关的规则也应当为一些商事合同的发展预留一定的空间。

(四)典型性与综合性相结合

合同法分则首先是对一些典型的交易形态作出规定,为此类交易关系提供指引。我国《民法典》分则编所规定的典型合同包括两种类型:

第一类形态是以典型交易为基础而产生的典型合同。此类合同的特点在于:一方面,其规范的交易具有典型性,也就是说,其是实践中频繁发生的交易关系,但这并不意味着典型合同仅规定某一种特定的交易关系;另一方面,此类典型合同的权利义务具有特殊性,特别是在主给付义务层面,不同典型合同的主给付义务存在一些区别。

第二类形态是以某一特定领域为基础而产生的典型合同。例如,技术合同调整的并不是某一种特定类型的合同关系,而是与技术相关的多个合同关系的综合。再如,物业服务合同中包括了委托、承揽、保管等多种类型的义务等,也具有此种特征。对此类合同关系而言,其虽然属于不同类型的合同关系,但其合同的功能和内容具有一定的相似性,可以统一进行调整。《民法典》对此类综合性的合同关系作出规定,既可以避免法律规则的重复,也可以保持合同法调整范围的开放性。综合类合同往往不是以权利义务的特殊性作为标准,而是针对特定的领域,如技术合同可能涉及技术移转、许可、开发、咨询等各项合同,但都是围绕技术领域而展开,也可以说其类似于"领域法"规范。[①]

(五)兼具国际性和本土性

尽管典型合同是交易的法律形式,在经济全球化时代,资本和商业交往需要突破某一国界,交易越来越需要规则的统一性,这样才能减少因制度的不统一而增加的交易成本,降低交易费用,这要求合同法在世界范围内逐渐统一。传统上两大法系在合同规则上存在诸多差异,但是为了适应市场经济全球化的发展,许多规则相互融合、相互接近,甚至走向统一。我国《民法典》合同编在制定过程中,把握了合同法的国际化趋势,尤其是在分则部分大量借鉴了两大法系合同立法和司法的先进经验,吸收了联合国《销售合同公约》和《国际商事合同通则》的经验,从而使我国《民法典》合同编具有国际化的特点。我国合同法的制定并没有拘泥于大陆法的模式,更没有拘泥于德国法的模式,而是采取了更为开放的视野,注重借鉴两

---

① 领域法是指调整某一特定领域社会关系的法律规范,这些规范包括了公法、私法等规范,如财税法、医药法、艺术法、体育法等。参见刘剑文:《超越边缘和交叉:领域法学的功能定位》,载《中国社会科学报》2017年1月4日。

大法系的先进经验,以及最新的国际公约和示范法经验。我国《民法典》典型合同的规定,也体现了鲜明的国际性。一方面,它大量借鉴了比较法上的先进经验。例如,买卖合同的规则,主要是在借鉴联合国《销售合同公约》《国际商事合同通则》等的基础上确立的。再如,融资租赁合同较多地借鉴了《国际融资租赁条例》等的规定。保理合同也广泛借鉴了国际保理合同的示范规则。另一方面,《民法典》兼顾了涉外交易的规则,为促进国际贸易和投资,扩大对外交往奠定了基础。例如,《民法典》规定的多式联运合同为多式联运经营提供了规范指引,我国《民法典》合同编关于买卖合同的规定大量借鉴了《销售合同公约》的规定;而委托合同一章不仅借鉴了大陆法系的经验,同时也借鉴了英美法系关于间接代理的经验,规定了委托人的介入权和第三人的选择权,为国际贸易的开展提供了便利。

应当看到,我国合同法分则虽然具有国际性,但是每个国家规定哪些典型合同及其内容如何,又着眼于各国的社会生活现实和实际需要。例如,《荷兰民法典》针对海运业发展的需要,重点规定了运输合同规则。我国《民法典》合同编虽然借鉴了比较法上的先进经验,但也从中国国情出发,在设计相关典型合同类型时作了相应的取舍,具体而言,主要表现在:一是典型合同的选取注重从我国立法、司法的经验出发,将立法和司法中长期存在的典型交易纳入典型合同之中。二是将实践中具有广泛适用性的合同规定为典型合同,如物业服务合同、合伙合同、中介合同等。这些合同与人民群众的生产生活具有密切关联。传统民法上没有规定的典型形态,如供用电、水、气、热力合同,因其关系着基本民生、关系着消费者权益的保障,所以法律专门对其进行规范。三是合同法分则也都是从本土实践产生的,具有鲜明的实践特色。例如,《民法典》第944条第3款规定:"物业服务人不得采取停止供电、供水、供热、供燃气等方式催交物业费。"四是典型合同很多规则也体现了我国本土规则的延续性。例如,为了鼓励技术的创新和发展,在总结原有《技术合同法》的经验的基础上,《民法典》合同编专门规定了技术合同,同时,《民法典》技术合同的一些规则也保留了《技术合同法》《合同法》的相关规则,体现了法的延续性。我国《民法典》合同编规定的典型合同,不仅是借鉴比较法经验的结果,也是从我国国情出发的制度设计。

(六)开放性

合同法分则是随着交易的不断变化而不断发展的。在现代市场经济条件下,不仅交易的类型高度专业化,而且交易的内容日益复杂化,所以,典型合同的类型是随着交易实践的发展而不断丰富的。随着市场经济的不断发展,交易种类的日益增多,合同法分则所规定的典型合同可能在交易实践中,只是众多交易中的一小部分。甚至有学者认为,合同法中所规定的典型合同正在逐渐失去其内容上的普遍性。[①] 从合同法的发展趋势来看,为规范合同关系,保护合同当事人权益,各国合同立法都扩大了典型合同的范围,但这种发展趋势并非意味着对当事人合同自由的干预大大加强,而是为了进一步规范合同关系,促使当事人正确订约。合同立法是对现代社会纷繁复杂、形态多样的交易关系的一种回应。随着现代社会交易类型的愈发复杂,合同的类型也在不断增加,证券买卖、期货买卖、信用证合同等新型合同类型也逐渐走上法律舞台,并扮演着越来越重要的角色。以典型合同为例,传统大陆法系国家民法所列举的典型合同主要包括赠与、买卖、互易、消费借贷、使用借贷、租赁、雇用、承揽、委托、保管、合伙、和解等。这是自罗马法以来,学者所整理的典型合同。《德国民法典》采纳

---

① 参见〔日〕我妻荣:《债权各论》(中卷一),徐进、李又又译,中国法制出版社2008年版,第1页。

此种模式,《日本民法典》沿袭了德国法的经验。①但事实上,典型合同发展迅速,仅以买卖为例,近几十年来,陆续出现了分期付款买卖、网上交易、试用买卖、凭样品买卖等。而随着海上运输的发展,又出现了路货买卖。随着证券和期货市场的发展,又出现了证券买卖、期货买卖等。而且,买卖本身又和其他合同结合在一起,例如,买卖和租赁的结合产生了融资租赁交易。我国合同法对典型合同的规定也保持了开放性的特点。例如,《民法典》第 467 条第 1 款规定:"本法或者其他法律没有明文规定的合同,适用本编通则的规定,并可以参照适用本编或者其他法律最相类似合同的规定。"这就为未来各种新型合同的法律适用提供了法律依据,同时也适应了这些合同发展的需要。伴随着经济全球化的发展,电子商务(e-commerce)大量取代了既有的交易模式,当事人缔约时不可预见的风险也不断涌现,因此,合同立法也应当保持开放性。其并非是一个封闭的规则体系,而是一个动态、开放的规则集合。

典型合同的规则不仅仅局限于《民法典》合同编典型合同分编,还存在于《民法典》其他分编乃至其他单行法中。随着单行法的不断增加,典型合同的类型也在不断发展。例如,我国《旅游法》规定了旅游合同,《商标法》规定了商标使用许可合同,等等,这就需要妥善处理好与之相关的特别法与一般法、旧法与新法的关系。同时也要认识到《民法典》典型合同分编的基础性,通过特别法、司法解释作出细化、具体化的配套和衔接工作。

第二节　合同法分则与合同法总则的关系

合同法分则是合同法的重要组成部分。合同法作为调整平等民事主体之间交易关系的法律,合同法总则主要规范合同的订立、效力及合同的履行、变更、转让、保全、解除和违约责任等问题;而合同法分则的重点则是从各类类型化交易的特殊性出发,对各类典型合同的订立、内容、效力和违约责任等具体问题作出规定,从而更确定地、更具体地调整各类具体的交易关系。②合同法分则体系是以典型合同为基础,按照一定的逻辑关系形成的科学、合理的逻辑结构和制度体系。合同法分则是相对于合同法总则而言的,它与总则一起形成了合同法的总分结构。

一、总分结构模式下的合同法分则与总则的关系

所谓总分结构,就是指按照提取公因式的方法(vor die Klammer ziehen 或 vor die Klammer setzen)在特定法律领域中形成了共通性规则与特殊规则,将其中的共通性规则集中起来形成总则或一般规定,将特殊规则集中起来作为分则或作为特别规则,并在此基础上所形成的结构。③总分结构是潘德克顿学派在解释罗马法时所创立的,也是潘德克顿体系的重要特点。④总分模式不仅是建构整个民法典的技术,也是建构合同法结构的技术。⑤在总分结构模式下,合同法总则是关于合同法的一般规定,如有关合同的成立、生效以及违约责

---

① 例如,日本学者将有名合同分为几大类:一是移转所有权的合同,包括赠与、买卖、互易;二是移转使用权的合同,包括消费借贷、使用借贷、租赁;三是提供劳务的合同,包括雇用、承揽、委托、保管。我国学者大都借鉴此种分类。参见〔日〕我妻荣:《债权各论》(中卷二),周江洪译,中国法制出版社 2008 年版,第 1 页。
② 参见邱聪智:《新订债法各论》(上),姚志明校订,中国人民大学出版社 2006 年版,第 30 页。
③ 参见〔日〕松尾弘:《民法的体系》(第四版),日本庆应义塾大学出版社 2005 年版,第 13 页。
④ 同上。
⑤ 参见薛军:《论未来中国民法典债法编的结构设计》,载《法商研究》2001 年第 2 期。

任的规则等;合同法分则则是对各类典型合同所作出的具体规定,如买卖合同、运输合同、承揽合同等。合同法总则是对各类典型合同概括性、抽象性的规定,而合同法分则则是对各种典型合同具体性、针对性的规定。在总分模式下,这两者的关系还可以从如下几个方面来理解:

第一,总分结构形成了从一般到具体的系统构建,符合从抽象到具体的思维模式。通过"总分结合"的模式,可以使合同法内部形成一种体系严谨、富有逻辑的结构。在这种结构中,将共通性的规则置于前面形成总则,将具体性规则置于后面形成分则,这样可以实现立法简约,节约立法资源。例如,对于总则中已经规定的内容,如违约损害赔偿规则、违约金规则等,分则中无须重复规定。合同法总则以交易为中心,以交易的发生、存续、消灭为主线展开,按照合同发生及发展的时间先后顺序,具体规定了合同的订立、生效、履行、变更、终止以及违约责任等规则,这些规定是适用于各类合同的一般性规则,总则中并不涉及每一类典型合同的具体规则,而是将其留在分则中规定。合同法分则的规则并不是按照一个正常的交易过程而展开的,而侧重于从具体权利义务层面规定各类具体合同关系,这就形成了一种对交易过程整体性、全面性的覆盖。从这一意义上说,对总则而言,分则的存在不可或缺,否则,完整的合同法体系也难以建立,合同法总则中的规定无法确定其具体内容,也难以实现对社会生活中主要交易形态的全面规制与具体调整。

第二,在总分模式下,合同法总则对分则具有普遍适用性。总则将普遍适用于典型合同的共性规则提炼、抽象出来,形成了总则的各项具体制度、规则,这些规则具有非常明显的"同质性"(homogeneity),可以普遍适用于各类典型合同。因为每一类典型合同都要经历合同的订立、效力、履行、转让、终止等过程,这些都需要适用总则的规则。同时,由于各类典型合同都可能遇到合同内容解释、漏洞填补等问题,这也需要适用总则的规则。

第三,总则的基本原则对分则具有指导作用。我国《民法典》合同编分则关于19类典型合同的规定基本上是按照债务人给付的标的,依据物、工作成果、劳务的基本体系展开的,据此构建合同法分则体系,不仅合乎学理上对债之标的的基本划分,更有利于体现立法者的意图,便于在实践中适用或者参照适用。合同法分则具有自身的内在逻辑体系,这不仅是因为它们符合典型合同的共性,还因为它们主要是基于交易实践关系而形成的。这就意味着,它们都要遵循交易的共同法则,如等价有偿、平等自愿、诚实信用等原则,这就为各种典型合同之间的内在联系奠定了基础。换言之,合同法总则的基本原则,如合同自由、自愿、诚实信用等原则,对分则也具有指导意义。

第四,从规则适用层面来看。总则具有规则的兜底作用,可以发挥查漏补缺作用。由于合同法分则的规则调整的是具体的交易关系,不可能涵盖特定交易的方方面面;同时,随着交易实践的发展,各类具体交易关系中也会不断出现新情况、新问题,难以直接在分则中找到法律依据。此时,就需要适用总则的规则。合同法总则是对合同法分则适用的指导,在分则中没有具体规定的情况下,应当适用合同法总则的条款,这就是德国学者梅迪库斯所说的"从后往前看"的体系安排。① 例如,在期房买卖合同中,关于风险负担的问题可以直接适用买卖合同的相关规定。而如果涉及同时履行抗辩,买卖合同中没有规定,则可以适用合同法总则的规定。从这一意义上说,合同法总则的设置也保持了合同法规范体系的开放性。

需要指出的是,虽然合同法总则对分则具有上述作用,但在规范性质上,合同法总则属

---

① 参见〔德〕迪特尔·梅迪库斯:《德国民法总论》,邵建东译,法律出版社2000年版,第34页。

于所谓的普通法,分则则属于所谓的特别法,根据"特别法优先于普通法"(specialibus derogant)的格言,涉及特别法所针对的情形,不应适用普通法,而应适用这些专门制定的特别法。① 换言之,如果合同法分则已有规定的,应当优先适用分则的规定②,只有在不能适用合同法分则的情况下,才能适用合同法总则的规定。

合同法是调整交易关系的法律规则,其本身服务于当事人之间的交易关系。作为提取公因式的产物,合同法总则是对各种交易关系中共通性内容的抽象与概括,因此,合同法总则对合同的成立、效力、履行以及一般合同责任等的规定在分则没有特别规定的情况下,原则上应当普遍适用于各种交易关系。而我国合同法分则体系是在所有法律法规所规定的典型合同的基础上所构建的逻辑体系。典型合同是立法者直接加以规定的合同类型,立法者按照一定的逻辑选择社会生活中典型的交易类型,分别对其权利、义务关系进行梳理,并形成相应的法律规范,从而完成合同法分则的建构。因此,分则规范的都是各种具体的交易关系,分则对典型合同的规范确立了各种具体的交易关系的基本规则。

二、合同法分则对合同法总则的细化、补充作用

(一)合同法分则是合同法总则的具体性规定

如果说合同法总则是对各种交易的共通性规则作出的规定,那么合同法分则就是对各种具体交易中的特殊规则作出的制度安排。合同法总则是比较抽象的,而分则是细化的、具体的规定。合同法分则的规定充实、丰富了合同法总则的规则,弥补了合同法总则中抽象性规定的不足。因为合同法总则是就所有类型的合同所作的一般性规定,所以,其无法兼顾到具体合同类型中的特殊要求。合同法分则中可以规定各种典型合同的具体规则,从而可以使总则中的规定得以具体化。例如,《民法典》第577条规定:"当事人一方不履行合同义务或者履行合同义务不符合约定的,应当承担继续履行、采取补救措施或者赔偿损失等违约责任。"但在具体的典型合同中,有关违约责任的构成要件及具体形态需要在合同法分则中作出具体的规定。再如,就合同解除而言,合同法总则仅以根本违约为标准作出概括的规定,并辅之以未定期限的继续性合同的解除。此种规定不能满足所有类型合同中合同解除的需要,在分则部分,法律又针对有些具体类型的合同规定了特殊的合同解除事由,如委托合同中委托人的任意解除权就既非基于根本违约而发生,也并不以委托未定期限为必要,而构成独立的解除权发生原因。③

合同法总则按照提取公因式的原则,将各种普适性的规则,如合同的订立、效力、形式、履行、保全、处分以及违约责任等均纳入总则加以规定。因此,合同法分则主要是对各种具体交易关系的内容即合同双方当事人的权利、义务关系进行规定。当然,若特定合同需要对合同订立、效力、形式、解除条件、违约责任等事项作特殊安排的,合同法分则也不妨对此加以规定。例如,合同法总则以不要式、诺成为原则,故而应当在分则中对各种要式合同、要物合同的成立、效力进行特别规定;再如,合同法总则在违约责任上以严格责任为归责原则,则对于需要采过错责任的特定合同就应当在分则中加以规定。

---

① Pascal Puig, Contrats spéciaux, 2e éd., Dalloz, Paris, 2007, p. 3.
② See Tadas Klimas, *Comparative Contract Law, A Transystemic Approach with an Emphasis on the Continental Law Cases, Text and Materials*, Carolina Academic Press, 2006, p. 639.
③ 参见王文军:《论继续性合同的解除》,载《法商研究》2019年第2期。

(二) 合同法分则是合同法总则的特殊性规定

所谓特殊性规定,是指合同法分则的一些规则可能与总则的内容不相一致,这是因为总则针对的是合同权利义务的一般情形,其很难兼顾每种合同的典型情形,因此,合同法分则关于典型合同的规定也将不可避免地包含一些特殊规则。从合同法规定来看,在绝大多数情况下,两者的规定都是一致的,但并不排除合同法分则针对特殊的典型合同类型而作出特殊的、具体化的规定。例如,依据合同法总则关于合同成立的一般规定,经过要约、承诺,合同即可成立,依据《民法典》第483条,承诺生效时合同成立,但《民法典》第679条规定:"自然人之间的借款合同,自贷款人提供借款时成立。"再如,《民法典》合同编通则关于归责原则的规定采用严格责任原则,但在分则中,因一些合同关系的特殊性,《民法典》对其规定了过错责任的归责原则。此外,《民法典》第929条对于有偿委托中的受托人的违约责任就采取了过错责任。关于合同解除,依据《民法典》第563条,只有在不可抗力和根本违约的情形下才能解决合同,但在委托合同中,依据《民法典》第933条的规定,委托人或者受托人可以随时解除委托合同,此种解除并不需要说明理由,这些都是典型合同中的特殊规则。

(三) 合同法分则是合同法总则的延伸性规定

所谓延伸性规定,是指相对于合同法总则同一事项的规定,合同法分则的规定仅仅是确定了合同法总则规定的具体内容。[①] 换句话说,合同法总则和合同法分则就同一事项都作出了规定,但合同法总则仅是基于其普通法的地位作出了抽象的、一般性的规定,其中具体的内容还有待于合同法分则加以确定。

如果合同法仅有分则而没有总则,合同法就是杂乱无章的,缺乏体系性。如果合同法仅有总则而没有分则,则过于概括,缺乏可操作性和针对性。因此,英美法主要重视合同的一般规则,以及关于买卖合同的规则。[②] 但是,因为缺乏对各种具体典型合同的详细规定,就导致交易实践中,当事人必须就其交易设计详细的合同条款。通过复杂的合同条款的设计,在一定程度上解决因缺乏典型合同规则带来的不确定性问题。

合同法分则对总则进行延伸性规定确有必要,其本身并不构成内容的冗余。因为一方面,合同法通则是从分则中归纳出来的,但是,仅仅有总则而无分则,就会导致通则过于抽象原则,难以把握其究竟适用于何种交易关系。另一方面,如果仅有通则而没有分则,会导致其内容不完整。尤其是,合同法通则的规则并非可以涵盖到所有类型的合同。例如,合同法通则关于代位权、撤销权的规定,要适用到技术许可合同之中就存在一定的困难。再如,合同编通则关于修理、重作、更换等违约责任承担方式的规定也难以适用于提供服务的合同关系中。这就决定了,仅仅有通则还不能解决交易中所需要的合同规则。所以,在合同法分则中,往往进一步明确其是否适用通则中的规定,以及如何确立更具有可操作性的规则。例如,我国《民法典》第577条规定:"当事人一方不履行合同义务或者履行合同义务不符合约定的,应当承担继续履行、采取补救措施或者赔偿损失等违约责任。"该条是总则中的一般性规定,但本条中的"当事人""合同义务"如何认定,如何承担"继续履行、采取补救措施或者赔偿损失等违约责任",还有待合同法分则就各类典型合同作出确定性规定。例如,就"当事人"而言,在买卖合同中,其被具体化为出卖人和买受人;在借款合同中,其被具体化为借款

---

① 参见邱聪智:《新订债法各论》(上),姚志明校订,中国人民大学出版社2006年版,第30页。

② 尽管在英国的判例中,上议院曾否定了对合同类型进行详细区分的必要性,但是在面对成文法的法律适用等问题上,对合同类型进行区分却总是不可避免的。See Christian Twigg-Flesner & Rick Canavan, *Atiyah and Adams' Sale of Goods*, Pearson, 2021, p.9.

人和贷款人。再如,就违反"合同义务"的认定和违约责任的承担而言,合同法分则设定了许多具体的规则。例如,《民法典》第671条规定:"贷款人未按照约定的日期、数额提供借款,造成借款人损失的,应当赔偿损失。借款人未按照约定的日期、数额收取借款的,应当按照约定的日期、数额支付利息。"这就实现了合同法总则中关于违约责任规定的具体化。

（四）合同法分则是合同法总则的补充性规定

此处所说的补充性规定,是指相对于合同法总则就同一事项作出的规定,合同法分则是补充合同法总则的规则,以进一步明确当事人的权利义务关系。[①] 合同法总则可以有效统率分则的规则,从而确保民法典内在的逻辑性与和谐性。总则概括了分则的共性规则,极大地简化了分则的内容,避免了分则条文的重复[②],而分则则可以补充总则的规则。毕竟就各种典型的交易形式而言,合同法通则无法涵盖当事人的交易形态和交易需求,必须通过合同法分则为当事人确立更为具体的权利义务。《民法典》第467条第1款规定:"本法或者其他法律没有明文规定的合同,适用本编通则的规定,并可以参照适用本编或者其他法律最相类似合同的规定。"该条对非典型合同的法律适用规则作出了规定,也体现了合同法分则是合同法通则的补充性规则的特点。再如,合同法分则关于买卖合同风险负担规则的规定,就对于总则中并未涉及的风险负担问题作出了规定[③],从而实现了对合同法总则的补充。

总之,合同法的总分结构模式建构了严谨的合同法体系。从立法层面来看,体系化也体现了立法技术简约化的要求。总分结构的形成要求立法者通过不断提取共通性规则,形成不同层次的总则性规定,产生举一反三、纲举目张的效果。从司法技术层面来看,体系化的构建有助于法律人树立体系思维,实现体系观法、体系找法、体系释法、体系用法,有利于对规则的查漏补缺、填补漏洞,因此,总分结构也有利于合同法规则的适用。正是因为合同法采用这一立法模式,才使得法律的适用形成一种层层递进的模式。例如,当事人订立行纪合同后,如果当事人因该合同的履行发生争议,在确定法律适用的规则时,首先要从合同法分则关于行纪合同的规则中寻找法律适用规则,如果缺乏相关规定,则可以从委托合同中寻找法律规则,如果仍然找不到可以适用的法律规则,则应当依次从合同编通则以及总则编关于法律行为的一般规定中寻找法律适用的依据。采纳总分结构对合同法规则保持开放性具有重要意义,其可以为当事人在新类型的交易中提供行为指引,同时为法官的裁判活动提供依据。因为不同层次的一般规则可以适应社会生活所发生的新的变化,涵盖新的法律关系,从而弥补具体规则的不足,保持规则的开放性。[④]

还需要指出的是,合同法以外的其他法律对典型合同的规定,也属于合同法分则的重要内容,原则上应当将其他法律作为特别法,优先予以适用。《民法典》第11条规定:"其他法律对民事关系有特别规定的,依照其规定。"其他法律对有关典型合同的规定应当也属于广义的合同法规则,但是这些法律中有关合同的规定相对于合同法来说属于特别法,而《民法典》合同编本身则属于广义合同法中的一般规定。所以,该条规定也体现了法律中特别法优于普通法的一般规则。例如,《保险法》对保险合同的规定,就属于特别法的规定,在处理有关保险合同的纠纷时,首先应适用《保险法》的规定,《保险法》没有规定的,再适用《民法典》合同编的相关规定。

---

① 参见邱聪智:《新订债法各论》(上),姚志明校订,中国人民大学出版社2006年版,第33页。
② 参见曾祥生:《服务合同一般规则与立法模式研究》,中国政法大学出版社2017年版,第29页。
③ 参见韩世远:《合同法学》(第二版),高等教育出版社2022年版,第353页。
④ 参见[德]迪特尔·梅迪库斯:《德国债法总论》,杜景林、卢谌译,法律出版社2004年版,第7页。

第三节　合同法分则的功能

一、引导当事人正确缔约

合同法分则是引导当事人正确缔约的法。合同法分则是在日常生活中典型的交易关系基础上构建的，其具有引导当事人订立较为完备的、妥当规范双方利益的合同的功能。关于引导功能是否应当为合同法分则的功能，两大法系存在不同的做法。英美法的合同法主要发挥总则的功能，而分则部分的规定较为简略，主要是在买卖法中作出了一些规定。例如，美国《统一商法典》对买卖等合同作了规定，英国早在1893年就规定了《动产买卖法》，在1979年制定了新的《货物买卖法》，1994年又制定了《动产买卖和供应法》，1999年颁布《买卖法》。但是英美法对其他典型合同的规定很少，交由当事人通过合意来解决，当事人需要订立一个非常复杂的合同来解决问题。此种做法虽然尊重了当事人的意愿，但也增加了交易成本和谈判费用。大陆法系对此有不同的看法，其认为合同法分则和总则一样，具有调整交易关系、引导当事人正确缔约的功能，因此合同法分则的内容也较为丰富。正如MacDonald曾经指出的，在大陆法国家，民法典确立了关于合同的一般规则，适用于各种合同，同时民法典详细规定了各种典型合同，如买卖、租赁、委托等，提供了一个对合同的调整模式，但是所有这些法典规定的合同都是非强制的，合同当事人可以规避这些规则的适用，甚至可以创造与现行典型合同没有任何关系的、完全不同的非典型合同或协议。[①]

合同法分则引导当事人正确缔约的作用主要表现在：一是发挥评价基准作用。也就是说，当事人在订立某一类典型合同时，如何订立一份较为完善的合同，可以与相应的典型合同的规则进行对比，从而对当事人所订立的合同条款的完备性以及完整性进行评价。通过对这些类型化合同的规定，当事人在签订这些合同的时候，能够找到较为明确和详细的法律指引，维护自己的合法权益。因为法律中关于这些具体合同类型的规定，都是长期司法实践经验的总结和提炼，能够较为公平和全面地保护交易当事人的利益。当事人参照分则的这些规定订立契约，就能够尽量避免可能出现的合同中的漏洞或者缺陷。二是发挥补充当事人意思的功能。当事人在订立合同的过程中，可以借助于典型合同的规定，尽可能地订立较为完整的合同。如果当事人订立的合同的内容不完整，就需要运用典型合同的规定，来补充、完善当事人的合意。三是解释基准作用。如果当事人就合同中的一些重要条款发生争议，就可以依据典型合同的相关规则解释相关条款的含义。

需要指出的是，在实践中示范合同似乎也具有引导功能。所谓示范合同，是指根据法规或者惯例而确定的具有合同示范作用的文件。在我国，房屋买卖、房屋租赁、建筑等许多行业都在逐渐推行各类示范合同。《民法典》第470条第2款规定："当事人可以参照各类合同的示范文本订立合同。"但是，典型合同与示范合同仍然存在根本的区别。示范合同仅仅具有参考的功能，而典型合同的功能绝不仅仅限于为当事人起草合同提供参考，它还具有很多其他的功能，尤其是其构成法律的任意性规定，可以规范当事人之间的权利义务关系，这是示范合同所不具备的功能。

---

① See Roderick A. MacDonald, Encoding Canadian Civil Law in Department of Justice Canada, The Harmonization of Federal Legislation with Quebec Civil Law and Canadian Bijuralism, Department of Justice Canada, 1999, pp. 161-162.

二、保护交易预期并降低交易成本

（一）保护合理的交易预期

合同法分则是保护当事人之间的信赖关系和合理预期的法，也是保障交易安全的法。"合同法另外一个重要的方面是合同在帮助社会成员试图控制未来或至少在预计未来中的作用。"[①]而这一作用主要就是通过对于当事人合理预期和信赖的保护实现的。因为"允诺源于信用"[②]。一方面，在市场交易中，当事人基于合同形成了信赖关系，彼此会对合同的履行产生信赖。信赖本身就体现了交易安全的利益。"关系契约"(Relational Contract)理论将合同交易置于社会关系的背景之中，认为所有合同交易都是在社会关系中进行的，因而所有的合同也都根植于社会关系[③]，在交易过程中，当事人都会对交易相对人的行为、交易的顺利进行，以及交易的后果有合理的信赖。如果合同法不能保护当事人的合理信赖，那么，当事人的预期就可能落空，这也会使得当事人因为交易的巨大不确定性而不敢从事交易。从这一角度上说，合同法不仅是促进个人自治的法，也是维系信赖关系的法。[④] 合同法分则中的大量规则都体现了维系和保护信赖的宗旨。如所有权变动不破租赁规则、赠与人任意撤销赠与的限制规则等，都是合同法分则对于信赖保护的贯彻。

另一方面，在交易过程中，当事人往往会遇到不可预见的风险。现代社会中，简单物物交换式的即时交易较少见，而异地、远期、连续、大规模的交易盛行。这些交易中充满了不确定性，市场环境的变化、当事人的机会主义行为等原因都增加了这些不确定性。合同法分则通过确立合同的示范规则，帮助当事人合理规划未来的风险，指引当事人订立完备的合同，从而有效地防范未来的风险、避免纠纷的发生。[⑤] 任何理性的当事人都不可能完全预见到交易中的风险，提前做好圆满的安排。所以，就需要通过合同法的规则，特别是典型合同的规则，使当事人在没有作出合理安排的情况下，对未来的交易风险有合理的预期，才可能敢于进行交易。合同法分则为当事人的缔约提供有效的指引，使得当事人获得更为稳定的预期。合同法分则与总则结合，共同实现和保护了由允诺产生的合理预期。[⑥]

（二）降低交易成本

合同法分则是降低交易成本的法。在规范交易关系过程中，合同法不仅规范了当事人的行为，而且为当事人缔约提供了方便，这尤其体现在其对节约交易成本、降低交易费用具有的独特作用。合同法分则对于降低交易成本的作用主要体现为：

第一，合同法分则通过对合同内容的列举和指引，可降低交易模式选择成本。一方面，合同法分则通过确立典型合同的基本规则，帮助当事人合理预料未来的风险，指引当事人订立完备的合同，从而有效地防范未来的风险、避免纠纷的发生。[⑦] 在实践中当事人不必拟定冗长的合同文本，许多条款可以参照合同法分则拟定。即便当事人没有约定，也可以适用合同法分则的规定。另一方面，实践中经常发生当事人对合同表述理解不一致的现象，并由此

---

① 〔美〕杰弗里·费里尔等：《美国合同法精解》（第四版），陈彦明译，北京大学出版社2009年版，第3页。
② Farnsworth, *Contracts* (Second Edition), Little, Brown and Company, 1990, p.8.
③ 参见〔美〕麦克尼尔：《新社会契约论》，雷喜宁等译，中国政法大学出版社1994年版，第11页。
④ 参见〔美〕朱尔斯·科尔曼等主编：《牛津法理学与法哲学手册》，杜宴林等译，上海三联书店2017年版，第757页。
⑤ 参见朱广新：《合同法总则》，中国人民大学出版社2008年版，第17页。
⑥ 〔美〕A.L.科宾：《科宾论合同》（一卷版上册），王卫国等译，中国大百科全书出版社1997年版，第5页。
⑦ 参见朱广新：《合同法总则》，中国人民大学出版社2008年版，第17页。

产生合同纠纷。合同法分则通过确立典型合同的基本规则,不仅可以预防这些纠纷的发生,而且可以作为解决这些纠纷的依据。还要看到,在某些交易(如融资租赁合同等)还不是十分普及的情况下,合同法对这种合同类型作出了前瞻性的规定,有利于丰富人们的交易经验,更好地促进资源的优化配置。[1]

第二,合同法分则通过对权利义务的分配,降低了纠纷解决成本。合同法分则对典型合同的规定,是对各种典型交易行为中当事人权利、义务的界定。其体现了通常条件下当事人双方权利、义务的平衡。"各种典型契约的规定,立法者几乎就是模拟社会上正常情况下交易双方的利害风险分配。"[2]当事人根据合同法关于典型合同的规则缔约,可以实现交易的公平,避免了可能出现的纠纷,也降低了当事人为避免纠纷出现而投入的预防成本。

第三,合同法分则通过填补合同漏洞,降低了合同修补成本。合同法分则对典型合同的规定,基本涵盖了特定交易关系中可能涉及的权利义务。在此指引下,当事人缔结的合同就会减少漏洞;即便存在漏洞,也可以根据法律的任意性规定加以补充。在交易过程中,如果当事人都能够信守诺言,合同纠纷可能无从发生。但即便如此,因为交易内容的复杂性和变动性,当事人可能会在缔约时漏掉合同订立或履行过程中的一些细微环节,或者因当事人的口头交易形式而使合同内容出现疏漏,导致无法确定合同的全部内容而引发纠纷,甚至导致整个交易的失败。通过合同法分则的规定,可以弥补合同的漏洞。

第四,合同法分则通过典型合同的规定,降低了当事人的信息搜寻成本和磋商成本。从合同法分则所规定的内容来看,其是就意思表示中的常素所作的规定。因为就合同当事人订立合同的过程来看,在缔约前,当事人在选择交易形式前需要对各交易模式进行必要的前信息的调查与搜集。而合同法分则对于典型合同的规定,可以为当事人选择合适的交易模式提供指引,降低搜寻信息的成本。并通过对信赖的保护,降低这一成本的投入。[3] 而在缔约中,当事人则需要通过磋商确定缔约内容。如果合同法已经作出了规定,当事人往往可以省略对常素的约定,从而降低谈判的成本。因此,《民法典》合同编规定的各类典型合同,就为当事人的缔约提供了有效的指引,可以降低缔约前的信息搜寻成本和缔约时的磋商成本,避免交易风险。

由此可见,合同法分则提高了分工效率,降低了交易成本,从而成为"经济润滑剂"(Schmiermittel der Wirtschaft),有利于鼓励交易、促进社会财富的创造。[4]

三、维护交易公平公正

典型合同的规则是维护交易公正的法。它不仅可以有效地指导当事人正确缔约,而且有利于维护合同的公正。这就是说,当事人在订立各类合同的过程中,可以放心、大胆地参考典型合同的规则,通过此种方式订立合同,也可以实现交易的公平、公正,其原因在于:

首先,典型合同的规则是平衡当事人利益的结果。法律在制定典型合同的规则时,就已经考虑到了各种不同的交易中当事人利益的冲突,并寻求最为妥当的解决规则,平衡利益的冲突,努力实现交易的公正,在分则中,"许多重要的合同,如雇用、房屋出租、保险和消费者信用协议等,现在都以强制性规则体系加以调整。这些强制性规则为较弱的一方当事人提

---

[1] 参见易军、宁红丽:《合同法分则制度研究》,人民法院出版社2003年版,第5页。
[2] 苏永钦:《寻找新民法》,台湾元照出版公司2008年版,第389页。
[3] 参见叶金强:《信赖原理的私法结构》,北京大学出版社2014年版,第62—63页。
[4] Vgl. Schäfer/Ott, Lehrbuch der ökonomischen Analyse des Zivilrechts, Springer, 2020, S. 477.

供了某种保护,关于提供能源、交通或生活必需品的条款都在法律中有普遍规定或受公共机关的监督"①。立法者是在充分衡量各方当事人利益的基础上作出相应的规定,从而合理分配各方当事人的权利、义务,当事人按照合同法分则的规定缔约,大多可以完成一个较为公平的交易,因此,典型合同的规则能够为当事人正确订约提供引导。

其次,典型合同的规则可用于验证合同条款的公平合理性。考虑到实践中交易双方在经济地位、经验等方面的巨大差异,立法者往往在相关典型合同中就其权利、义务关系进行特别安排,以实现交易的公正。② 在交易中,当事人签订各类合同条款,但可能会出现损害对方利益的不合理情形,例如利用格式条款签订合同或者利用自己的优势地位签订内容不公平的条款。特别是由于交易地位、交易能力等方面的差异,一方当事人可能利用其优势订约地位拟定不合理的格式条款。而典型合同的规则则可以为当事人判断格式条款的规则是否公平合理提供一定的标准,因为对特定的交易关系而言,典型合同规则也为当事人判断相关格式条款是否公平合理提供了一定的标准。

最后,典型合同规则可以发挥结果公正的判断功能。在当事人之间就典型合同发生争议后,如何判断结果是否公正,典型合同的规则可以成为判断的依据。例如,当事人在合同中约定了风险负担规则后,在判断当事人的约定是否公平合理时,也可以根据典型合同的规则进行判断。

四、有效组织经济活动

古典合同法理论侧重调整一次性的交易,以交易主体利益的对立性为预设、以合同内容的高度确定性和简单的合同执行机制为主要特征,现代合同法不仅注重调整交易关系,也注重发挥合同法组织经济活动的功能。合同法分则是有效组织经济活动的法。合同法分则不仅仅是调整典型交易关系,它还具有组织经济活动的功能。合同法分则之所以需要发挥组织经济活动的作用,主要是因为,一方面,合同法分则通过规定各种典型合同的规则,为交易双方提供满足基本交易需要的合同范式。这些合同范式考虑到不同交易类型的具体情况,考虑到不同情况下当事人不同的经济地位,规定了合同双方基本的权利义务关系,以实现交易的公平和安全。由于社会经济生活的复杂性,交易关系也变得日益复杂和专业,合同法通过规定各类典型合同,可以在一定程度上弥补当事人缺乏专业知识的不足,降低双方当事人的协商成本,也有利于保证合同的公平性。另一方面,互联网交易的发展也使得合同法组织经济的功能日益凸显,互联网交易的具体规则需要合同法予以规范,如在网络环境下,要约、承诺的方式发生了重大变化,金融消费者、网购消费者的权益保护、交易平台和支付平台的法律地位等,都需要新规则予以规范。③

典型合同的规则在组织经济活动方面的作用体现在诸多方面,主要表现在,典型合同规范众多的持续性的、长期性的合同的履行,包括租赁合同、承揽合同、委托合同、行纪合同等,为当事人合理规划自己的业务往来、作出合同安排等,提供了法律保障。合同法分则通过对长期合同进行规范,有利于维持当事人之间的长期合作关系;合同法分则通过规定团体性的合同,如合伙合同等,为当事人实现共同的事业提供法律依据;合同法分则通过规定一些金

---

① 〔德〕海因·克茨:《欧洲合同法》(上卷),周忠海等译,法律出版社2001年版,第14页。
② 苏永钦:《寻找新民法》,台湾元照出版公司2008年版,第389页。
③ UNCITRAL, United Nations Convention on the Use of Electronic Communications in International Contracts, New York, 2005.

融类的合同关系(如借款合同、保理合同、融资租赁合同、保证合同等),有利于促进资金融通、保障金融活动的安定有序,维护金融的安全。由于在数据交易中,最为典型的合同并非买卖合同,而是许可使用合同,因此需要以许可使用合同作为基础性规则。《民法典》合同编关于技术许可合同的规定,可以参照适用于数据许可合同。因此,在数字时代,许可使用合同的规则将成为数据交易的参照系规则。

总之,合同法分则是现代市场经济最重要的基础设施。这种作用不仅表现在其对交易关系的调整上,还体现在其对经济生活的组织上。

五、提供司法裁判依据

合同法分则是提供裁判依据的法,其不仅可以积极指导当事人缔约和履约,而且可以为法官提供裁判依据。据统计,2013 年至 2020 年 6 月,全国法院受理民事案件 9202 万件,审结 8920.3 万件。① 其中,合同纠纷已超过一半以上。法院在裁判合同案件时,首先要尊重当事人之间的合同,一般只有在合同没有约定时,才需要援引《民法典》合同编的规定进行填补。合同法分则除了行为规范之外,还包括了大量的裁判规范,如各典型合同中关于违约责任的规定,大多是裁判规范,用来指导法官正确地解决合同纠纷,确立合同责任。合同法分则具有类型化功能,并允许在类似情况下参照适用。② 这些都有助于法官准确裁判案件。

典型合同的规则为法官正确裁判提供重要依据,主要表现在:

第一,弥补当事人约定的不足,保障裁判结果的公平公正。虽然法官在处理合同案件时要依据合同,但大量的合同关系并没有法律规定,此时要发挥典型合同规则"备用阀"的功能,即一方面可以通过典型合同的规则弥补当事人约定的不足;另一方面,典型合同的规则也可以为解决当事人的相关合同纠纷提供裁判依据。还应当看到,典型合同中的规则为合同条款的审查提供了基准。所以,法官依据典型合同的规则解决纠纷,可以实现结果的公正。在判断格式条款效力以及内容是否不公平时,典型合同的规定具有一种基准功能。

第二,为非典型合同的解释和法律适用提供了保障。虽然我国《民法典》规定了 19 类典型合同,但交易纷繁复杂,新业态不断涌现,大量的新型交易的出现导致了大量非典型合同的产生。但在出现纠纷后,依据《民法典》第 467 条的规定,可以参照典型合同中最相类似的规定,这就为调整非典型合同提供了法律依据。从这个意义上说,新型合同的生命力来源仍然是汲取典型合同一般理论的乳汁。③ 此外,合同联立、混合合同的大量产生,也需要借助典型合同的规定确定相关的规则。

第三,合理限制法官的自由裁量权。如果缺乏合同法分则本身的规定,而仅有合同法总则的规定,则有可能导致法官的自由裁量权过大。因为在当事人对合同条款没有约定或约定不明时,法官需要弥补合同内容,这就有可能不适当干预当事人的合同自由。而在合同法分则作了详细规定之后,直接依据合同法分则的具体规定来解释合同内容,将会限制法官的自由裁量权,保障法官依法正确处理合同纠纷。④

---

① 参见《最高法亮"成绩单",全国法院 7 年半受理民事案件 9202 万件》,载《法治日报》2020 年 10 月 16 日。
② Pascal Puig, Contrats spéciaux, 2e éd., Dalloz, Paris, 2007, p. 31.
③ 参见〔法〕弗朗索瓦·泰雷等:《法国债法:契约篇》(上),罗结珍译,中国法制出版社 2018 年版,第 97 页。
④ 参见詹森林:《私法自治原则之理论与实务》,载《台大法学论丛》第 22 卷第 2 期。

第四节 合同法分则体系

一、合同法分则体系基于典型合同的规定而构建

合同法分则体系是在典型合同的基础上构建起来的。合同法分则既然是对各种成熟的典型合同的规定,则立法者势必要依据一定的逻辑对各种典型合同进行编排。从比较法上来看,合同法分则的体系基本上也都是按照典型合同的体系而构建的,可分为两种模式:一是债法分则模式,即在债法分则中对各种典型合同加以规定;除各种典型合同之外,债法分则还规定不当得利、无因管理、侵权责任等债的发生原因。例如,《德国民法典》第二编第八章"各种债务关系"中规定了买卖、互易、部分时间居住权、贷款、赠与、使用租赁和用益租赁等合同,德国法系各民法大多采用了此种模式。二是合同法分则模式,即在民法典中以专编的方式对各种典型合同加以规定;而其他债的发生原因则规定在民法典其他编(如债法总则编)中。例如,《荷兰民法典》第七编和第七 A 编针对典型合同作出了具体规定,第七编的内容主要包括买卖、互易、金融担保、赠与、租赁等 18 种合同。大多数大陆法系国家采取前一种模式。我国《民法典》并没有如多数大陆法系国家那样,制定债法并在债法分则中对各种典型合同进行规定,而是单设合同编,以合同法发挥债法总则的功能,并在合同编中对合同法体系的构建采用了通则—分则的二分法。尤其是我国《民法典》合同编在分则中明确列举了 19 类合同,这在各国民事立法中还是独具特色的。

《民法典》合同编分则规定了 19 种典型合同,包括买卖合同,供用电、水、气、热力合同,赠与合同,借款合同,保证合同,租赁合同,融资租赁合同,保理合同,承揽合同,建设工程合同,运输合同,技术合同,保管合同,仓储合同,委托合同,物业服务合同,行纪合同,中介合同以及合伙合同。合同法分则就是以典型合同为基础而构建起来的体系。《民法典》对 19 类典型合同的列举,并非立法者随心所欲的产物,而是经过深思熟虑有意而为的,具有内在的逻辑体系。典型合同是社会生活中经常发生、频繁适用的。例如,买卖合同,供用电、水、气、热力合同,赠与合同等作为移转所有权的合同,都被规定在一起。而在某一类合同的内部,给付内容相似的合同则被相邻地加以规定,例如租赁合同和融资租赁合同、保管合同和仓储合同都被规定在相邻的位置。

合同法分则体系是不断变化发展的体系。就如拉伦茨(Karl Larenz)所指出的,"没有一种体系可以演绎式地支配全部问题;体系必须维持其开放性。它只是暂时概括总结"[1]。与合同法总则相比较,总则的规则在体系上相对封闭,基本上围绕交易从产生到消灭的整个过程而展开,但分则体系具有无限的开放性。由于在现代社会,交易具有复杂性,合同关系纷繁复杂,哪些合同应当归入典型合同,或者即便是被认定为典型合同,哪些应当规定在《民法典》中,哪些应当规定在特别法中,哪些典型合同需要法律作出明确规定,哪些应当交由交易习惯调整,这不仅是立法技术问题,而且是对交易关系内在需求的一种反映。由于合同法分则所规定的典型合同是各种交易的形态,而交易的形态是不断发展的,这也决定了合同法分则规则体系的开放性。从我国合同立法的发展过程来看,可以证明这一点。1981 年的《经济合同法》仅仅规定了购销、建设工程承包、加工承揽、货物运输、供用电、仓储保管、财产租

---

[1] 〔德〕卡尔·拉伦茨:《法学方法论》,陈爱娥译,台湾五南图书出版公司 1996 年版,第 49 页。

赁、财产保险共8种合同,且内容极为简单。1999年的《合同法》规定了15种合同,内容较为丰富、全面。《民法典》合同编规定了19种合同,内容更为丰富。与此同时,随着一些单行法的颁布,由单行法规定的一些典型合同也应运而生。

合同法分则通过对典型合同的规定,也可以对一些非典型合同进行规范。由于典型合同所调整的生活关系范围广泛,因此虽然非典型合同类型多样且变动不居,但事实上均会与典型合同具有一定的相似性[①],因此合同法分则可以起到对非典型合同进行规范的功能。非典型合同,依其内容构成可分为两类:第一,纯粹的非典型合同,又称狭义的非典型契约,即以法律完全无规定的事项为内容的合同,或者说,合同的内容不属于任何典型合同的事项。例如,信用卡、加盟店、企业咨询、直播打赏等现代新型合同。第二,混合合同,即在一个典型合同中规定其他典型合同事项的合同,即当事人约定,双方缔结属于法律所规定的某一典型契约,但一方当事人所应提出之对待给付,却属于另一典型契约之给付义务,简言之,即双方当事人互负属于不同类型之主给付义务,学说上也称之为"二重典型契约"或"混血儿契约"[②]。法律关于典型合同的规定,并不是凭空创设合同类型,而是就交易中经常发生的合同关系,将其抽象化、类型化,形成典型合同。法律关于典型合同的规定并没有穷尽各种合同类型,还有许多法律未加以规定的合同类型也是实践中经常发生的。

典型合同规则也为混合合同的法律适用提供了依据。在实践中,当事人订立的合同不一定完全符合某一类典型合同,而是需要结合几种典型合同的内容,以实现特定的交易目的。而典型合同规则的完备,对于规范非典型交易关系具有重要意义。法律之所以对这些合同进行规定,是从法律适用技术上来考量的。因为法律不可能对所有的合同类型进行规定,当法律适用规则缺乏时,法律规定这些混合合同能够弥补合同类型的不足。[③] 因此,将既有的典型合同中的内容相互组合形成混合合同成为新类型合同创设中最为常见的情形,混合合同的多样化态势也成为合同交易实践发展的必然趋势。而混合合同因其内容的多样性,可以为交易当事人提供节省成本的可能。典型合同的规则可以为调整混合合同、合同联立提供一定的参考,从而有效调整当事人之间的各种具体交易关系。

二、分则体系构建的逻辑展开

在大陆法系国家,合同法虽然是债法的组成部分,但其又自成体系,形成民法中独立的结构。因此,无论其总则还是分则,都有自身的逻辑体系。

(一)典型合同的排列顺序

合同法分则关于19种典型合同的规定,究竟如何排列,在《民法典》的编纂过程中是存在争议的话题。从《民法典》合同编规定的19种典型合同来看,这种排列并非是杂乱的、无序的,而具有其内在的逻辑性。

排序规则首先考虑了交易的频发性、典型性,在市场经济条件下,市场为各种交易提供了平等的平台,但各种交易类型在数量上、频繁程度上并不能等量齐观。各种交易形态在发生频率上存在较大差别。这也导致立法者在相关典型合同的体系安排上有所侧重。在我国《民法典》中,在所有的典型合同中,排在首位的是买卖合同,而买卖合同是最典型的商品交

---

① 参见〔德〕迪特尔·梅迪库斯:《德国债法分论》,杜景林、卢谌译,法律出版社2007年版,第477页。
② 詹森林:《民事法理与判决研究》,台湾1998年自版,第121页。
③ Christian von Bar et al. (eds.), *Principles, Definitions and Model Rules of European Private Law*, Volume Ⅰ, Munich: Sellier. European Law Publishers, 2009, p.155.

易的法律形式,它不仅是双务合同的典型形态,而且是正常的商品交易的典型形式。买卖合同常常被称为"合同之王",因此,在商品交易中具有基础性地位,它是对交易规则的一种抽象,买卖合同的规则可以参照适用于其他有偿合同。除买卖之外,其他各种有偿的交易,如移转财产所有权和提供劳务的合同,也都是实践中交易的典型形态,是实践中普遍发生的交易关系。再如,中介合同之所以被置于靠后的位置,还是因为其与其他典型合同相比较,在适用上相对较少。

其次,排序规则考虑了典型合同的基本分类。从大的方面来说,典型合同可以分为移转财产权的合同、提供服务的合同、团体性合同、综合类型的合同。对此将在下文阐述。在对各类典型合同进行排序时,需要考虑各类合同的类型。一方面,尽可能将同一类型的合同放在一起。例如,移转财产权的合同就包括了买卖合同、供用电等合同、赠与合同、借款合同。而提供服务的合同就包括了融资租赁合同、保理合同、承揽合同、建设工程合同、运输合同、技术合同、保管合同、仓储合同、委托合同、物业服务合同、行纪合同、中介合同。团体性合同包括合伙合同。我国《民法典》合同编分则在对各类合同进行排序时,显然是考虑了不同合同的类型,而尽可能将同一类型的合同关系放在一起。另一方面,由于移转财产权的合同是各类合同中最常见、最基础的合同,因此,《民法典》合同编分则将其置于各类典型合同之首加以规定。

再次,排序规则考虑了某类典型合同与相关合同的关联性。在典型合同的排序中,需要考虑各类合同之间的关联性。例如,承揽合同与建设工程合同相比,承揽合同之所以排在建设工程合同之前,主要是因为建设工程合同是承揽合同的一种具体情形,承揽合同的规则更具有一般性。再如,关于仓储合同与保管合同的排序,仓储合同是保管合同的一种具体情形,因此,保管合同应当置于仓储合同之前。再如,委托合同之所以置于物业服务合同、行纪合同、中介合同之前,主要也是因为委托合同具有基础性的功能。

最后,排序规则考虑了与特别法的协调性。典型合同既可以由《民法典》规定,也可能是由特别法加以规定的,因此,对特别法已经规定的典型合同,《民法典》是否需要对其作出规定,就需要考虑《民法典》与特别法的协调问题。例如,《保险法》对保险合同作出了规定,保险合同在实践中运用较为频繁,但其与《保险法》的其他规则联系较为紧密,如果《民法典》合同编分则对保险合同作出规定,则会影响《保险法》的体系性和规则的完整性,因此,《民法典》合同编分则不宜对保险合同作出规定。旅游合同也存在类似的问题,不宜由《民法典》对其作出规定。需要指出的是,《民法典》虽然规定了合伙合同,但其与《合伙企业法》中的合伙合同不同,《民法典》合同编所规定的合伙合同属于民事合伙,而后者属于商事合伙。《民法典》对合伙合同作出规定,也不会影响《合伙企业法》中合伙合同规则的适用。

(二)典型合同的层级结构

从比较法上看,合同类型的发展出现了层级结构发展的趋势。[1] 各国和地区也往往考量典型合同之间的内在关系,而采取适当的立法技术。例如,《荷兰民法典》《魁北克民法典》《欧洲示范民法典草案》在对服务合同进行规定时,都将服务合同作为总括性的合同类型,然后在此基础上细分为各个子类型。[2] 因此,各合同类型之间除了具有并列结构之外,尚有层级结构,这是各国和地区合同法领域的普遍性存在。甚至在《意大利民法典》和我国澳门地

---

[1] 王利明:《典型合同立法的发展趋势》,载《法制与社会发展》2014年第2期。
[2] 周江洪:《服务合同立法研究》,法律出版社2021年版,第223页。

区民法典中,在各合同内还大量设有通则或一般规定,从而形成了"叠床架屋"的层级结构。[1] 在我国《民法典》中,各典型合同之间并非是简单的并列结构,并不一定处于同一层次,这具体表现在:一方面,典型合同有层级的分类,如买卖合同之下又有特种买卖以及供用电、水、气、热力合同;租赁合同之中既有一般租赁合同,也有融资租赁合同;承揽合同之下又有建设工程合同;技术合同又分为技术开发、技术转让、技术许可、技术咨询、技术服务合同。保管合同可以分为一般保管合同和仓储保管合同。另一方面,从大的方面而言,这19种典型合同,就其给付内容不同又可以归纳为移转所有权的合同、移转使用权的合同、提供服务的合同等类型。从《民法典》体系角度而言,结构层次的数量也是《民法典》体系效益的决定因素之一。[2]

《民法典》分则需要在各种类型合同的基础上采取公因式的方法,提取共同的规则,厘清各种不同合同的适用边界。与此同时,我国《民法典》仅在保证合同、运输合同、技术合同等条文较多的有名合同内下设一般规定,避免了层级结构的过分堆叠。加之某一类合同的规则,也可以为其他子合同的适用提供借鉴,这既有利于实现立法的简洁,也有利于实现民法的体系化。

在分则中,各种典型合同并非孤立的、毫无联系的,而是存在内部的体系性关联。表现在分则内部的条款也具有一般与特殊的区别。这种关系又可以分为"适用"和"参照适用"两种情形。就直接适用而言,例如,《民法典》第808条规定,建设工程合同中没有规定的,可以适用承揽合同的规定。这就意味着承揽合同的规则作为以一定成果之交付为内容的合同的一般规则,可以在建设工程合同没有特殊规则时适用。就参照适用而言,例如,《民法典》第646条规定:"法律对其他有偿合同有规定的,依照其规定;没有规定的,参照适用买卖合同的有关规定。"这就为有偿合同的法律适用提供了基本准则。在买卖合同一章虽然没有规定权利的转让,但可以参照适用买卖合同的基本规则,所以,买卖合同也被称为"原合同"[3]。再如,《民法典》第876条规定:"集成电路布图设计专有权、植物新品种权、计算机软件著作权等其他知识产权的转让和许可,参照适用本节的有关规定。"该条采用"等"字,保持了其开放性,可以应对数字技术的发展带来的新类型财产的许可使用。在参照适用中,需要注意被参照的合同规范是否具有可适用性,并非所有规范都可以适用。[4] 这种立法模式可以有效节约立法资源,避免规则重复,以实现立法的简洁。[5]

三、典型合同的基本分类

如前述,典型合同的基本分类是《民法典》分则体系构建的关键,它不仅关系典型合同的排列顺序,而且涉及内部的层级结构等体系性关联。依据我国《民法典》的规定,合同法分则基本是按照四种类型的合同而具体展开的。在此种分类的基础上,每一大类合同又可以具体细分为若干具体合同类型,从而纲举目张形成了合同编分则的体系。

(一)移转财产权的合同

给付标的基本上可以分为两大类,即物的给付和劳务的提供。以此分类为基础,可以将

---

[1] 参见方新军:《现代社会中的新合同研究》,中国人民大学出版社2005年版,第25页。
[2] 谢鸿飞:《民法典的外部体系效益及其扩张》,载《环球法律评论》2018年第2期。
[3] 参见黄薇:《中华人民共和国民法典合同编解读》(上册),中国法制出版社2020年版,第487页。
[4] 参见黄薇:《中华人民共和国民法典合同编解读》(下册),中国法制出版社2020年版,第1464页。
[5] 谢鸿飞、朱广新主编:《民法典评注·合同编 典型合同与准合同4》,中国法制出版社2020年版,第354页。

具体合同类型分为"财产权的移转"和"服务提供"两大类。① 移转财产权的合同，又可以区分为移转财产所有权和移转财产使用权两大类。例如，买卖合同，供用电、水、气、热力合同，赠与合同等，都是以移转财产所有权为目的的，其债的标的是物的给与。而租赁合同、融资租赁合同等，则是以移转财产使用权为目的的，其债的标的也是物的给与。融资租赁合同虽然是由买卖和租赁有机结合在一起构成的独立典型合同，但是，由于融资租赁合同的核心是承租人与出租人之间订立的，出租人根据承租人对租赁物的特定要求和对供货人的选择，出资向供货人购买租赁物，并出租给承租人使用，承租人按约定支付租金的合同，所以，也应当把它归入移转财产使用权的合同。借款合同虽然不是直接移转所有权，而只是移转货币的占有权，但因为货币作为一般等价物，采取"占有即所有"规则，所以，此类合同也被归入移转所有权的合同类型。供用电、水、气、热力合同的标的虽然是电、水、气等特殊的财产，但是，这些财产也具有类似于有体物的特点，不少国家的法律都将其"视为"有体物。此类合同的共性在于，其属于移转权利的合同，此种权利既包括有形财产权利，也包括无形财产权利。因为移转权利是典型的商品交易的形态，所以，其是最典型的双务合同，可以作为解决非典型合同纠纷的参考。移转财产权的合同具有如下特点：

第一，以财产权的移转为目的。财产的移转既包括财产所有权的移转，也包括财产使用权的移转，在此类合同中，当事人订立合同以获取一定的财产权利移转的结果为目的。因而，此类合同通常以财产的交付为一方的主给付义务，通过此种交付，使另一方能够形成对财产的实际占有。

第二，通常以交付的财产是否符合质量为违约的判断标准。在此类合同中，当事人的主给付义务就是交付，是否符合法定或者约定的质量标准，是判断当事人是否履行主给付义务的重要依据。通常由于质量标准存在法定或者约定的标准，当事人对交付财产的质量、类型等，可以作出具体的约定，同时，法律也对相关的标准作出了具体规定。因此相对于提供服务的合同而言，对于标的物是否符合约定的条件，比较容易判断一些。

第三，通常可以继续履行。移转财产的合同涉及财产所有权或者使用权的移转，在债务人不履行债务时，债权人通常可以请求债务人继续履行。也就是说，在债务人未能履行时，债权人可以请求强制执行。在移转财产权的合同中，一方当事人没有正当理由违反约定不交付标的物时，另一方当事人在获得胜诉判决后，可以申请强制执行。由于财产权的移转一般不具有人身性质，因而往往可以获得强制执行。尤其是，在一方不履行交付义务的前提下，不一定需要一方亲自履行，也可以由他人来代为履行。

第四，常常可以计量。移转财产权的合同，由于其标的物是有体物，是可以特定化的，因此，此类合同是可以计量的。在此类合同中，可以以数量作为合同的主要条款，尤其是在买卖合同中，数量成为必要条款。

第五，可适用的违约责任承担方式最为广泛。一方面，诸如实际履行、修理、更换、重作、减价、损害赔偿等均有适用的余地。在合同被解除时，也可以适用返还原物。而在服务合同中，返还原物就无法适用。另一方面，在造成损害时，损失计算较为容易。因为财产一般存在一定的市场价格，在交付的情况下，除了一些特定物之外，财产通常都是可替代物，通过市场价格可确定当事人因违约行为的发生所遭受的损害，因此可以采用损害赔偿的方式进行救济。

---

① 黄薇主编：《中华人民共和国民法典合同编解读》（上册），中国法制出版社2020年版，第479页。

第六,具有基础性。从交易实践来看,最为典型的交易是移转财产所有权或者使用权的交易,它们都是传统的、典型的交易形式,反映了等价交换的基本形式。尤其是在此类合同中,买卖合同在所有合同中是最为典型的合同,甚至有些国家的民法规定买卖合同可以准用至服务合同之中。① 《民法典》第 646 条规定:"法律对其他有偿合同有规定的,依照其规定;没有规定的,参照适用买卖合同的有关规定。"这也表明,移转财产所有权的合同是市场交易中的最典型形态,其规则也具有基础性,对于调整其他的交易关系具有重要的参考意义。

技术类合同具有综合性。《民法典》合同编第二十章规定了技术合同,并下设技术开发合同、技术转让合同和技术许可合同、技术咨询合同和技术服务合同。这几种合同分别属于不同的合同类型。一是移转技术成果的合同,技术转让合同既包括权利的整体转让,也包括使用权的移转,即实施许可。二是提供技术服务的合同,如技术开发合同、技术咨询合同和技术服务合同具有服务合同的性质。三是具有共同行为性质的合同,如技术开发合同。所有这些合同关系都涉及技术,因此,《民法典》将这些合同统一纳入技术合同进行规定,主要是延续了《技术合同法》单独立法的惯性。鉴于《民法典》合同编第二十章规定了移转技术成果的合同,因此,本书将技术合同置于移转财产权的合同类型中。

(二)融资、担保合同

融资、担保合同包括借款合同、保证合同、融资租赁合同、保理合同。这些合同的共性在于:一是与资金融通关系密切,无论是借款合同,还是融资租赁合同和保理合同,其内容大都是由一方提供资金,保证合同所担保的主债务都是融资类合同所产生的债务;这些合同大都具有新型性,是随着金融业的发展而产生和发展起来的,因此《民法典》将这些合同纳入合同编分则之中,作为典型合同加以规定。这对于稳定金融秩序、便利融资、促进经济发展具有重要意义。因为涉及金融业务,具有较强的专业性,且法律关系较为复杂,争议较多。二是具有金融资质的要求,无论是从事借款还是融资租赁、保理业务,对于提供资金的一方都有资质要求。因为关系到金融安全的维护,因此这些合同涉及利率、存贷款比例等管制,与公法关系密切。三是一般都是要式合同,合同必须采取书面形式。

严格地说,在讨论移转财产权的合同之后,应当阐述提供服务的合同,因为移转财产权的合同是与提供服务的合同相对应的,但是考虑到《民法典》在典型合同的排列中将一些担保与金融合同置于移转财产权的合同之后加以规定,以彰显此类合同在经济生活中的重要性、纠纷的频发性等,因此,本书将在移转财产权的合同之后阐述担保与金融合同。

(三)提供服务的合同

提供服务的合同又称为服务合同,一般是指全部或部分以提供服务为债务内容的合同。其包括了一方提供技术、文化、生活服务,接受服务者支付服务费两方面的内容。② 提供服务的合同服务业是伴随着现代服务业的发展兴旺发展起来的,随着第三产业的日益发达,以及人们生活水平的提高,服务类的合同也将日益增多。③

服务合同的特点主要表现在:第一,合同标的具有特殊性。提供服务的合同实际上是以

---

① 例如,《日本民法典》第 559 条规定:"本节规定,准用于买卖以外的有偿合同。但是,该有偿合同的性质不允许该准用时,除外。"

② 参见全国人大常委会法制工作委员会民法室编著:《中华人民共和国合同法及其重要草稿介绍》,法律出版社 2000 年版,第 150 页。

③ 参见曾祥生:《服务合同一般规则与立法模式研究》,中国政法大学出版社 2017 年版,第 29 页。

要求债务人完成一定的行为为标的。① 由于服务都是以无形的形式表现出来的,很难像财产那样,以有形的物体存在,很难以数量标准进行量化,所以数量条款不能够成为服务合同的主要条款。第二,提供服务的合同往往依赖债务人服务的能力和技术的专门性、履行人的资质及水平等,与特定的主体具有紧密的关联度,因此,大都需要以提供服务者亲自履行为原则,仅在特殊情形下,可以由第三人代为履行。② 在出现迟延履行、不履行或者服务瑕疵时,一般不宜强制履行,非违约方只能依据具体情形请求采取修补、替换服务人以及返还价款、解除合同、减少报酬等方式。第三,判断服务质量的特殊性。有形财产的交易可以通过质量标准进行判断,而服务合同的质量,与有体物不同,服务的质量不可能按照移转财产权的标准来判断。服务的标准虽然存在,但是这种质量标准与移转财产权的质量标准是不同的,服务难以划定统一的质量标准,并依据该标准确认给付是否符合约定。③ 第四,在提供服务的合同中,恢复原状较为困难。由于服务合同的履行依赖债务人提供服务的行为,在当事人解除合同,或者出现其他合同终止的事由时,客观上难以恢复原状,因此只能对债务人提供服务的价值进行评估,通过损害赔偿的方式对其进行救济。第五,在提供服务的合同中,在一方违约的情形下,一方给另一方造成的损害,较之于提供财产的合同,其确定较为困难,尤其是在未能达到标准的情形下,会给非违约方造成多大的损害,在实践中难以准确界定,这在很大程度上,也是因为服务具有无形性,且很难有明确的市场价格标准。因此,在此类合同中,一方违约,其救济方式也有所不同。第六,提供服务的合同的履行具有持续性的特征,服务合同的债务可能是一次性清结的,但大多是持续履行的,往往需要持续性的多次的履行,才能够实现当事人的缔约目的(如物业服务合同、房屋租赁合同、保管合同等),所以有关持续性合同的规则,大多可以适用于提供服务的合同。④

根据提供服务的合同的内容又可以分为两种类型:一是提供服务成果的合同,主要包括承揽、建设工程和运输合同。此类合同的特点在于,一方当事人不仅要提供服务,而且该服务必须体现为一定的成果,因此在学理上常常被称为成果之债。二是提供服务行为的合同,主要包括保管、仓储、委托、行纪、中介、物业服务合同。在此类合同中,合同一方当事人应当提供一定的服务,但是不需要保证特定结果的出现。这两类合同的区分也是方式性债务(obligation de moyens)和结果性债务(obligation de résultat)的区分。所谓方式性债务,是指依据法律规定、当事人约定以及交易惯例,债务人在履行债务时只需要尽到相应的注意义务即可,即便没有完成特定的结果,也不构成债务不履行的债务。对方式性债务而言,只要债务人按照既定方式为特定行为,就属于已经履行了其债务。所谓结果性债务,是指依据法律规定、当事人约定以及交易惯例,只有债务人的行为实现了特定后果时,其才属于依约履行了义务。⑤ 鉴于此种分类已经为传统大陆法国家学说广泛接受,因此,本书也采纳此种分类方法。

(四)团体性合同

第三类是团体性合同规则的生成,具体包括物业服务合同、民事合伙合同这两种合同,其不同于传统的以有形商品买卖合同为原型的具有交换性的合同类型。团体性合同的特点

---

① 参见周江洪:《服务合同研究》,法律出版社2010年版,第42页。
② 同上书,第21页。
③ 参见曾祥生:《服务合同一般规则与立法模式研究》,中国政法大学出版社2017年版,第30页。
④ 参见周江洪:《服务合同研究》,法律出版社2010年版,第17页。
⑤ 参见曾隆兴:《现代非典型契约论》,台湾三民书局1996年版,第207—250页。

是,一方当事人有数人,而且,他们的利益是一致的。团体性合同的订立往往还需要经过一定的程序。缔约主体与受约束的主体也可能发生一定的分离,例如,物业服务合同对于新来的房屋买受人也具有拘束力。① 缔约主体具有团体性,例如,物业服务合同的一方并非业主,而是代表业主利益的业主团体,通过业主大会的授权由业主委员会与物业服务企业订立合同。团体性合同的产生,是民法中由个人主义向团体主义发展的结果,也反映了个人主义的私法自治向团体自治的发展。② 团体性合同的特点在于,它常常要经由法定的决策程序,形成集体决策。只要是经过合法决策而形成的合同,都应当对所有团体成员具有约束力。决议的效力,取决于程序的合法性,而不取决于单个意思表示是否真实。

严格地说,物业服务合同具有团体性合同的特点,但物业服务人提供的服务内容具有多样性、综合性,其本质上提供的是物业服务,因此本书仍然将物业服务合同置于提供服务合同之中。

本书依据《民法典》合同编关于19类合同的规定,采用上述四种基本的分类方法,对各类典型合同进行了探讨。在上述类型的划分中,最基础性的合同仍然是买卖合同,因为民法以调整等价交换的交易关系为重心,《民法典》合同编通则的规则多是以买卖等双务合同作为原型构建③,因此,买卖合同成为双务和有偿合同最典型、最基础的形态。

四、合同法分则与准合同的关系

所谓"准合同"(quasi-contracts),是指类似于合同的法律关系。准合同最早由罗马法学家盖尤斯提出,他用该概念指称合同和侵权之外、与合同相类似的法律事实,包括无因管理、非债清偿、监护和遗赠。④ 罗马法上的准合同概念对许多国家产生了深远影响。《法国民法典》未规定债法总则,但规定了准合同,其中包括无因管理、不当得利与非债清偿三种形式⑤。英美法并没有在立法上采纳债法的概念,一直采纳"准合同"(Quasi-contract)的概念。⑥ 这一概念实际上是从罗马法中提炼而来。⑦ 学理上一般认为,债务可以被分为三种类型,即侵权(Delictual)、合同(Contractual)以及准合同(Quasi-contractual)。⑧ 我国《民法典》由于没有设立债法总则,在合同编中单设第三分编,规定准合同,其中包括无因管理和不当得利两种类型。如此规定也会产生一定的误解,即认为既然无因管理和不当得利是准合同,且规定在《民法典》分编之中,因此,也是意定之债,属于广义的典型合同的范畴,有的教科书将准合同也纳入典型合同范围之中⑨,将典型合同与准合同都作为合同法分则的内容。

笔者认为,《民法典》虽然在合同编中单设第三分编规定准合同,这主要是因为没有设立债法总则,以合同编发挥债法总则的功能,不得已采纳法国法和美国法的准合同概念,将无

---

① 参见朱虎:《物业服务合同作为集体合同:以〈民法典〉规范为中心》,载《暨南学报(哲学社会科学版)》2020年第11期。
② 参见徐涤宇:《物业服务合同法律构造之中国模式》,载《法学研究》2021年第3期。
③ 参见朱虎:《〈民法典〉合伙合同规范的体系基点》,载《法学》2020年第8期。
④ Radin, Max, Roman Law of Quasi-Contract, The Virginia Law Review, Vol. 23, Issue 3, p. 243.
⑤ 《法国民法典》第1371条规定:"准契约是指,人的纯粹自愿行为而引起对第三人承担某种义务,有时引起双方当事人相互负担义务。"
⑥ Dan Priel, "In Defence of Quasi-Contract", *Modern Law Review*, Vol. 75, p. 54, 2012.
⑦ See Percy H. Winfield, *The Province of the Law of Tort*, Cambridge: Cambridge University Press, 2013, pp. 116-189.
⑧ Corbin, Arthur Linton, Quasi-Contractual Obligations, 21 Yale L. J. 533 (1911-1912), p. 537.
⑨ 参见韩世远:《合同法学》(第二版),高等教育出版社2022年版,第600—623页。

因管理和不当得利置于典型合同之后规定①。但合同法分则限于典型合同,而不包括准合同,准合同在性质上属于合同之外的法定之债的关系。典型合同和准合同存在明显的区别,具体表现为:

首先,债的类型不同。合同是意定之债,而准合同是法定之债。《民法典》第118条第2款规定:"债权是因合同、侵权行为、无因管理、不当得利以及法律的其他规定,权利人请求特定义务人为或者不为一定行为的权利。"传统上,债的类型主要包括四种,即合同之债、侵权损害赔偿之债、不当得利之债、无因管理之债。

其次,是否存在当事人的合意不同,合同之债一般基于当事人的意思表示而发生,合同的成立需要当事人意思表示一致。而其他法定之债要么基于事实行为而发生,要么基于法律规定而发生,与当事人的意思表示无直接关联。

再次,内容不同。意定之债的内容主要依据当事人的约定而确定,按照私法自治原则,当事人原则上可以在合同中自由约定其合同权利义务,而法定之债的内容主要由法律作出规定。如侵权之债中,行为人实施侵权行为造成他人损害的,行为人应当向受害人承担侵权责任,该责任的内容、履行期限和方式等,都要基于法律的规定而判断。

最后,债务不履行的责任不同。在合同之债中,债务人不履行债务时,债权人有权请求债务人继续履行,而继续履行在性质上是一种救济方式,即违约责任。但对法定之债而言,一般不存在继续履行的问题。债务人不履行债务时,债权人可以直接请求债务人承担债务不履行的责任,此种责任在内容、性质等方面与原债务存在本质差别。

除此之外,将准合同置于典型合同之外对于不当得利和无因管理而言,可以避免其受到合同规则的不当约束。不当得利和无因管理适用范围广泛,发生原因和法律效果与意定之债相去甚远。如果将其与典型合同并列,可能会导致一些仅适用于意定之债的规则不当侵入,人为地增加法律适用的困难。将准合同作为一项债的发生原因独立地适用也可以使其获得更为宽广的解释和发展空间。②

当然,应当看到,合同法分则确实也与准合同存在密切联系。一方面,准合同可能是在典型合同不成立、无效等情形下产生的。这尤其表现在不当得利制度之中,因为典型合同不成立、无效、被撤销,就很可能要适用不当得利的规则。另一方面,典型合同的一些规则可以类推适用于准合同关系之中。准合同的关系中,《民法典》第984条规定:"管理人管理事务经受益人事后追认的,从管理事务开始时起,适用委托合同的有关规定,但是管理人另有意思表示的除外。"该条衔接了委托合同与无因管理的规则,在管理事务获得受益人的事后追认时,应适用的法律规则由准合同中的无因管理规则变为典型合同中的委托合同规则。

五、合同法分则与《民法典》其他分编的关联

正是因为《民法典》的最大特征是体系化,这意味着各编之间是相互联系的统一整体,因而在适用《民法典》分则时,应当运用体系化思维把握合同编分则与《民法典》各编之间的关系,准确适用合同法分则的规则。

---

① 详细请参见王利明:《准合同与债法总则的设立》,载《法学家》2018年第1期。
② 参见于飞:《我国民法典实质债法总则的确立与解释论展开》,载《法学》2020年第9期。

（一）与《民法典》总则编的关系

总则编中关于法律行为效力的规范均可适用于合同编分则。总则编关于法律行为效力的规定，是以双方之间的财产性合同为原型而规定的，因此，在判断合同编分则所规定的合同的效力时，要依据这些规定予以判断。

（二）与物权编的关系

合同法分则与物权编的关系可以从以下几个方面加以理解：

第一，原因和结果的关系。以合同作为原因，以物权变动作为结果。通过法律行为设立、变更、移转大多都要通过合同方式予以实现，如所有权的移转、用益物权和担保物权的设立等。尽管合同的效力不受物权变动的影响，但是，合同的效力会影响物权变动。例如，当事人转让所有权的合同如果无效，会导致物权变动效力受到影响。

第二，合同编分则的规定参照适用于变动物权的合同。例如，保证合同中的很多规定事实上构成了担保合同的一般性规定，参照适用于抵押、质押合同中。《有关担保的司法解释》第20条规定："人民法院在审理第三人提供的物的担保纠纷案件时，可以适用民法典第六百九十五条第一款、第六百九十六条第一款、第六百九十七条第二款、第六百九十九条、第七百条、第七百零一条、第七百零二条等关于保证合同的规定。"关于租赁合同的规定也可以在很大程度上参照适用于设立居住权的合同。

第三，物权编的规定参照适用于合同编分则。例如，《民法典》第690条第2款规定："最高额保证除适用本章规定外，参照适用本法第二编最高额抵押权的有关规定。"《民法典》第642条第2款规定："出卖人可以与买受人协商取回标的物；协商不成的，可以参照适用担保物权的实现程序。"上述规则就将作为典型合同的保证合同的法律适用与《民法典》物权编相衔接。《民法典》第388条中规定，担保合同包括"抵押合同、质押合同和其他具有担保功能的合同"。此处的担保合同还包括合同编的保证合同、具有担保功能的所有权保留合同、融资租赁合同。

（三）与人格权编的关系

在人格权编中，也存在一些合同。例如，关于肖像许可使用合同、姓名权许可使用合同的问题，在找不到直接、具体的规定时，也可以依据《民法典》第646条，作为双务合同参照适用买卖合同的相关规定，也可参照适用著作权许可合同的相关规则。

（四）与婚姻家庭编和继承编的关系

《民法典》第464条第2款规定："婚姻、收养、监护等有关身份关系的协议，适用有关该身份关系的法律规定；没有规定的，可以根据其性质参照适用本编规定。"依据该款规定，有关身份关系的协议也可以参照适用合同编的相关规则，例如，夫妻之间的赠与在一定程度上可以参照适用赠与合同的相关规定。委托监护可以参照适用委托合同的规定。

（五）与侵权责任编的关系

因不同类型的用工合同，用工人和被用工人之间存在不同层次的关系，由此产生的侵权责任的承担是不同的，用人单位责任、接受个人劳务方的责任以及定作人的责任也是完全不一样的，其基础就在于不同类型的用工合同所产生的控制强弱关系不同。以合同为基础而发生的侵权责任，如承揽合同中定作人的侵权责任、买卖合同中的产品责任等。物业服务合同中规定，物业服务人应当维护物业服务区域内的基本秩序，采取合理措施保护业主的人身、财产安全，这构成了物业服务人承担侵权责任的义务来源。

第五节　合同法分则的适用

合同法总则是对各类合同采取提取公因式方法所形成的一般规定,相对于分则而言,总则是一般法,分则属于特别法。因此分则的规范优先于总则的规范而适用。针对具体合同而言,首先应当适用合同法分则的规定,但是在分则没有明确规定的情形下,就应当适用合同法总则的规定。

一、典型合同的识别

（一）典型合同的具体认定

从实践来看,各类合同在具体运用中往往是相互联系的,这具体表现在:一是有些典型合同是其他典型合同的特殊类型。例如,供用电、水、气、热力合同是买卖合同的特殊类型;仓储合同本身就是保管合同的特殊类型;建设工程合同是承揽合同的特殊类型。二是一些典型合同常常结合在一起,组成新的合同类型。例如,融资租赁合同就是买卖合同和租赁合同的结合,行纪合同是委托合同和买卖合同的结合。三是有些典型合同本身就是其他典型合同的发展。例如,技术转让合同就是买卖合同在技术领域的应用,委托开发合同就是委托合同在技术领域的具体应用。在实践中,不少合同的内容往往是多种典型合同内容的结合。例如,当事人双方在订立包工包料的承揽合同时约定,原材料从定作人处购买,这实际上就是承揽合同和买卖合同的结合。在实践中,居间合同的居间人也可能受托为他人处理事务,从而形成居间合同与委托合同的结合。典型合同之间的内在联系表明,其并非是各自独立的交易类型,而是相互之间存在联系的,能够形成一定的逻辑体系。因此,在适用合同法分则的时候,关键在于合同类型的识别。

如何识别所争议的合同是哪一类典型合同,这是准确适用合同法的前提。确定某类典型合同,并解释其交易结构的独特性,把握其相关法律规则,才能准确适用合同法规则。即便是非典型合同,也有必要确定其内容与哪一类典型合同最相类似,从而依据《民法典》第467条,准确适用合同法规则。[1]

首先,依据主给付义务决定合同类型。主给付义务(Hauptleistungspflichten)是直接决定合同类型的合同中必备的义务。[2] 因此,判断合同的性质与类型的首要标准是合同的主给付义务。例如,如果一方当事人在合同中的主给付义务是移转标的物的所有权,那么该合同在性质上可能是买卖合同或互易合同。进而,如果相对方的主给付义务是支付价金,那么便可据此判断该合同为买卖合同。如果当事人的约定变更了部分合同内容,但未对主给付义务进行变更的,就仍然可以适用"主给付义务决定合同性质"的规则来识别合同类型。

其次,考虑当事人的真实意思。当事人有时会对其合同的类型作出明确约定,此时合同类型的认定应当考虑当事人的约定。例如,当事人明确写明其合同是"赠与合同",而且合同也是以赠与为内容的,就可以认定其构成赠与合同。但对于合同性质的认定不应拘泥于当事人所使用的合同名称,而仍然需要依据当事人对于主给付的真实意思进行判断。例如,当事人在签约中虽然使用的是买卖合同的名称,但当事人并不负有支付价金的义务,那么其可

---

[1] 参见谢鸿飞:《合同法学的新发展》,中国社会科学出版社2014年版,第639页。
[2] Fikentscher/Heinemann, *Schuldrecht：Allgemeiner und Besonderer Teil*, De Gruyter, 2017, S. 29.

能订立的是一项让与担保的合同。

复次,通过对合同的解释确定合同的性质,尤其是对主给付义务的解释。如果当事人对合同类型的约定不明确,则需要借助合同解释确定当事人希望订立的合同类型。通过当事人约定的主给付义务,确定当事人所订立合同的类型。每一种具体类型的合同的主给付义务各不相同,例如买卖合同中卖方的主给付义务是交付并转移所有权,承揽合同中承揽人的主给付义务是完成并交付承揽的工作成果,委托合同中受托人的主给付义务是按照委托人指示处理一定的事务。这就需要裁判者在意思表示解释的基础上,识别主给付的内容究竟为何,进而适用相应的规则。

在存在混合合同的情形下,也要确定是哪些类型的合同的混同,从而在相关事项上分别适用最相关的合同类型的规则。针对混合合同,要从缔约目的和合同具体内容两个方面考虑。一方面,要考虑合同的内容究竟包含了哪些合同的条款。例如,合同中包含了买卖合同和运输合同,那么,就应当针对相应的内容适用相应的法律规定。另一方面,要考虑合同的缔约目的。尤其是在合同的内容不可分时,尤其要考虑合同的缔约目的。

(二) 区分典型合同与非典型合同

典型合同对于非典型合同具有参照适用作用,也为非典型合同的订立、履行等提供了重要的参考。一般而言,非典型合同无法直接适用法律的规定,但可以根据合同的相关内容,将其归入特定的典型合同的类型,参照某一类典型合同的规定适用。"合同的特征化(characterization)或者定性(qualification)因此就具有显著的重要性。"① 典型合同是法律所提供的合同样板。从比较法上来看,如果当事人之间的约定不属于分则中规定的典型合同,则应当适用总则中的规定。② 在我国,《民法典》第467条第1款规定:"本法或者其他法律没有明文规定的合同,适用本编通则的规定,并可以参照适用本编或者其他法律最相类似合同的规定。"因此,对于分则没有明确规定的合同,在适用合同法总则的同时,也可以参照合同法分则中的最相类似的规定。此处所说的"最相类似"的规定,是指从合同的性质来看,待决案件中的合同与分则中某典型合同具有最相类似的特点。在参照适用条款的适用中,相关的法律关系并不是等同的,因此很难存在上述相同的法律要素,而只能进行相似性的判断。笔者认为,相似性应当从如下几个方面考虑:

一是法律关系性质的相似性判断。《民法典》之所以设置参照适用条款,强调依据其性质参照适用,其实首先强调的还是法律关系性质的相似性。如果仔细分析合同编中的参照适用条款,可以看出,有偿合同可以参照适用买卖合同的关系,是因为有偿合同与买卖合同一样,是一种等价交换的交易关系,都属于有偿的交易关系,在这方面,法律关系具有相似性。同样,行纪合同和中介合同之所以可以参照适用委托合同的规则,也是因为其都是一种提供劳务为他人处理事务的关系,而且大多以有偿的劳务关系为内容,正是基于此种法律关系的相似性,从而可以参照适用。

二是对拟参照适用的法律规定的构成要件与参照适用条款的相似性进行判断。如前所述,参照适用以类似案件类似处理为目的,即是否存在相同的法律理由(ratio legis),经由利益衡量存在同一的利益状态。③ 因此在判断相似性时必须要对构成要件的相似性进行检验。

---

① Tadas Klimas, *Comparative Contract Law : A Transystemic Approach with an Emphasis on the Continental Law Cases , Text and Materials* , Carolina Academic Press, 2006, p. 639.
② Ibid.
③ 参见王泽鉴:《民法学说与判例研究:重排合订本》,北京大学出版社2015年版,第84页。

例如,在某个股权转让合同纠纷中,双方当事人订立了合同,买受人有确切证据证明,第三人对该股权享有权利。虽然《民法典》第646条规定:"法律……没有规定的,参照适用买卖合同的有关规定",但并非可以适用买卖合同的所有规定。尤其是此时能否参照适用《民法典》第614条关于买受人中止支付价款的规则,仍需要进行相似性的判断。在股权转让的情形下,合同为有偿合同,且以价金作为永久性地获得某一权利的代价,因而与买卖合同极为相似。如果第三人对该股权享有权利,则可能使买受人订立合同的目的难以实现。因比,股权转让合同中第三人享有股权与买卖合同中第三人享有所有权两个事实具有高度相似性。因而可以参照适用《民法典》第614条的规则,买受人可以暂时中止合同的履行。

三是规则的选择。在具体参照适用条款的适用中,由于立法者已经对此作出了指示,因此不存在规则的选择问题。但在概括参照适用的情形下,法官的重要任务就是筛选可以适用的规范,即可以选择哪些或应当排除哪些规范的适用,这种选择与排除既是裁判者的职权,也是其作出公正裁判所必须承担的任务。例如,对旅游合同来说,其中包含了运输合同、服务合同、房屋租赁合同等多项典型合同的内容,因此可以参照适用这些典型合同的规则。

此外,在是否参考交易习惯方面存在不同。典型合同的规则在很大程度上已经将交易习惯纳入其中,所以,法官裁判时就直接依据法律的规定进行裁判。而非典型合同的司法裁判,则往往要考虑当事人的交易习惯,通过交易习惯确定合同内容、进行合同解释等。因此,两种类型的合同在参考交易习惯方面存在一定的差异。

(三)区分身份关系的协议和非身份关系的协议

《民法典》第464条第2款规定:"婚姻、收养、监护等有关身份关系的协议,适用有关该身份关系的法律规定;没有规定的,可以根据其性质参照适用本编规定。"依据这一规定,身份关系的协议具有适用合同编规则的可能。但是,究竟哪些合同编分则的规定可以适用于身份关系协议,则需要加以明确。例如,婚前财产赠与协议,虽然也是身份关系的协议,但是,与赠与具有密切联系,所以,可以适用赠与合同的规则。再如,夫妻财产分割协议,因为与买卖具有类似性,所以,可以参照适用买卖合同的规则。

但是,如果身份关系的协议具有浓厚的伦理色彩,与财产关系的性质根本不同,则不能适用合同编的规定。例如,当事人订立的忠诚协议,因为具有浓厚的身份色彩,所以,不能简单地适用合同编通则的规定。再如,当事人签订的收养协议,因为属于典型的身份协议,所以,其也不能简单地适用合同编通则的规定。

对于身份关系的协议,应当考虑其是纯粹身份关系的协议,还是基于身份的财产关系协议。对基于身份的财产关系协议,可以区分其具体内容予以适用。对纯粹的财产关系的内容,应当适用合同编的规定。例如,婚前财产赠与协议,虽然当事人具有特殊的身份,但是,因为协议的内容是纯粹的财产内容,所以,应当适用合同编的规定,也可以参照适用赠与合同的规则。而对于纯粹身份关系的协议而言,在适用上就必须谨慎。尤其是对亲子关系等领域,合同规则的适用空间极为有限。[①]

(四)区分有偿合同与无偿合同

原则上,对于无偿合同,在发生争议的时候,要朝着尽可能减轻无偿行为人的义务的方向进行解释。在我国合同法上,有偿合同是原则,而无偿合同是例外。无偿合同包括赠与合同、自然人之间未约定利息的借款合同、无偿保管合同、无偿委托合同等。从《民法典》的规

---

① 参见刘征峰:《民法典中身份关系法律适用的原则与例外》,载《中国法律评论》2022年第4期。

定来看,对于无偿合同中的无偿提供义务一方规定了较轻的责任。例如,在赠与合同中,法律规定了赠与人享有任意撤回权和穷困抗辩权。在委托合同中,法律规定了任意解除权。这都是与合同具有无偿性有关的。再如,有偿保管中,保管人应当尽到善良管理人的保管义务;在无偿保管的情况下,保管人只需尽到一般人所应尽的注意义务。但是,在实践中,对于无偿合同的解释,尤其是针对瑕疵担保义务、注意义务、违约责任等发生争议时,应当尽可能地对无偿提供义务的一方予以减轻责任。这主要是考虑到合同法毕竟是以对价为原则,无偿提供义务的人只是负有义务,而不享有权利。如果债权人并没有支付相应的对价,要求债务人负担过重的义务,显然有失公平。①

(五)区分消费合同和非消费合同

我国《民法典》虽然没有正式采纳这一分类,但是,从实践来看,这一分类仍然是有意义的。毕竟在现代市场经济条件下,传统上商人与非商人的对立已经变得不太重要。取而代之的是经营者和消费者的对立。在大量的交易中,经营者一方处于优势地位,不仅在经济上处于强势地位,而且在缔约信息的获得、交易风险的判断和规避等方面,都明显比消费者处于优势。同时,随着数字技术的发展,平台和用户之间存在明显的不对等,消费者网购时无法看到实物,平台还使用了很多格式条款。因此,合同法分则中的很多合同,比如,买卖合同、仓储合同、行纪合同等之中,都需要对消费者给予保护。

(六)区分商事主体参与的合同和非商事主体参与的合同

商事合同与民事合同相对应,主要是指具有商人身份的主体所缔结的合同,或者不具有商人身份的主体所订立的营业性合同。消费者合同因不具备商人身份和营业性而被排除在商事合同之外。② 从标的上看,商事合同的内容不仅包括商品或者服务的供应或交换,还包括其他类型的经济性交易,例如投资或转让协议、职业服务合同等。从总体上看,商事合同与消费者合同在主体理性程度、过错责任、格式条款的解释适用、合同效力的稳定、违约金的调整、惩罚性赔偿等方面存在诸多差异。③ 但随着市场化和经济全球化的发展,迫切需要实现全球范围内交易规则的统一化,从合同法的整个发展趋势来看,商事合同和民事合同的界限日益模糊,二者逐渐统一。我国《民法典》采取民商合一体例,并没有区分民事合同和商事合同。

但是,在合同编适用中,我们确实应当看到,合同主体存在差异性。这主要表现在,商事主体具有更高的抗风险能力,也更为注重交易效率。而非商事主体参与的合同,当事人往往都是个体的自然人,其在订约过程中,通常具有较弱的缔约能力。因此,在双方都是商事主体的合同中,法官可以更多地适用意思自治原则,而不必过多介入当事人的交易。而在双方都是非商事主体的情形,法官则要适当介入交易,以保障交易的公平。

二、典型合同规则之间的参照适用

《民法典》合同编所规定的各类典型合同在形式上虽然是相互独立的,但其相互之间也存在参照适用的可能。合同编分则规定了典型合同之间可以参照适用,又存在两种不同的情形。一是《民法典》明确规定了参照适用。如买卖合同的规则可以参照适用于其他有偿合同。《民法典》第 646 条规定:"法律对其他有偿合同有规定的,依照其规定;没有规定的,参

---

① 参见朱广新:《合同法总则》,中国人民大学出版社 2008 年版,第 47 页。
② 参见张玉卿主编:《国际统一私法协会 UNIDROIT 国际商事合同通则 2004(英汉对照)》,中国商务出版社 2005 年版,第 67 页。
③ 参见刘承韪:《契约法理论的历史嬗迭与现代发展:以英美契约法为核心的考察》,载《中外法学》2011 年第 4 期。

照适用买卖合同的有关规定。"同时,第960条、第966都分别规定了行纪合同和中介合同参照适用委托合同的规定。二是未明确规定的参照适用。例如,在仓储合同中,如果当事人逾期提货,而仓储人在仓储期限到期后继续代为保管,另一方继续支付仓储费,此时可以类推适用《民法典》第734条第1款关于租赁合同到期后当事人继续支付租金可视为不定期租赁的规定,视为不定期的仓储合同。

三、合同法分则在合同联立中的适用

合同联立,是指数个合同因为具有经济上的一体性、紧密结合而形成的合同群。在既有的学说中,合同联立往往被作为非典型合同的一种类型加以对待。[①] 但是,需要指出的是,合同联立事实上与非典型合同具有本质上的区别。在合同联立中,合同关系的数量不止一个,即由多个合同关系共同构成了合同联立。例如,当事人为购买商品而订立了贷款合同,事实上就是由借款合同与买卖合同这两个合同共同构成了合同联立。而在非典型合同发生争议时,合同关系的数量只有一个,并不存在多个合同关系。例如,合同一方当事人提供钢琴教学,而对方当事人以提供住宿作为对价,此时就形成了非典型合同,但合同的数量仍为一个。我国司法实践也对合同联立现象有所关注。《商品房买卖司法解释》第20条规定:"因商品房买卖合同被确认无效或者被撤销、解除,致使商品房担保贷款合同的目的无法实现,当事人请求解除商品房担保贷款合同的,应予支持。"但是,无论是我国还是比较法上关于合同联立的立法主要针对消费与信贷这一最为典型的联立展开,并没有广泛涉及具有经济上一体性功能的其他合同联立类型。[②]

对于合同联立而言,合同法分则对其适用主要体现在两个层面。

一方面,由于合同联立具有多个合同关系,其中的每一个合同关系均需要依据其合同性质进行法律适用。如果该合同为合同法分则规定的某个典型合同,则可以直接适用合同法分则的规定。如果该合同为非典型合同,则需要依据非典型合同的法律适用规则进行适用。因此,在联立合同中,每个合同的区分并没有因为组成群组而消失,只不过它们同时也在相互作用。[③] 就这一层面而言,联立合同的法律适用与单个合同的法律适用并无明显的区别。

另一方面,合同联立的最重要特征在于,由于数个合同具有经济上的一体性,因而某一合同的履行、变更、解除可能对其他合同关系产生影响,即多数合同之间的效力关联。[④] 此时,也可能适用合同法分则的规定。例如,在为购房而订立借款合同时,如果商品房买卖合同无效或被撤销,将导致借款合同的终止,此时就需要适用《民法典》分则中关于借款合同的规则确定其效果。在这一层面上,联立合同中某一合同法分则规范的适用可能产生了跨越该有名合同范围的效果。例如,在买受人为了保存出卖人出卖的货物,又与出卖人签订了保管合同,由出卖人提供保管服务时,如果出卖人未履行交付标的物的义务,买受人不仅可以在买卖合同中行使同时履行抗辩权暂不支付价金,也可以在保管合同中暂不履行《民法典》第902条所规定的支付保管费用的义务,而不构成履行迟延。

---

① 参见王泽鉴:《债法原理》(第二版),北京大学出版社2013年版,第139页。
② 参见潘重阳:《论联立合同的效力关联——以商品房买卖与借款合同联立为例》,载《政治与法律》2021年第11期。
③ See Ilse Samoy and Marco B. M. Loos(eds), *Linked Contracts*, Intersentia, 2012, p.160.
④ 参见潘重阳:《论联立合同的效力关联——以商品房买卖与借款合同联立为例》,载《政治与法律》2021年第11期。

第二章

典型合同的发展趋势

"法是一个动态的发展过程,在这个过程中,解决问题的方法很少是永久不变的。"[1]从法的历史发展过程来看,罗马法最早的合同之债是要式契约,并且早在十二表法中就有记载[2],从要式到非要式发展,实际上是合同自由原则得以彰显的一种体现。随着中世纪商业生活在欧洲的复兴,委托合同的大量兴起,普遍产生了居间、行纪等商业辅助人,同时由于中世纪海商贸易的发展,产生了合伙。以货币为媒介的买卖的发展,导致互易的作用日渐式微。由于工业社会运输业的发展,导致了运输合同从承揽合同中分离出来,并形成了陆路、水路等运输。由于工业社会的发展,导致了雇佣合同的大量产生。在现代市场经济社会,典型合同立法是随着交易实践的不断演变和丰富而逐步展开的。一方面,一些新型的合同交易从出现到发展成熟为一种常见的交易形态,需要经历一定的实践探索的过程。当这种交易演变为一种常态化的交易现象之后,合同交易的内容也逐渐成形,并被立法者认可为一种典型的合同。另一方面,典型合同规则的制定,在很大程度上是对过往交易习惯的归纳、比较和选择。这种习惯也有一个不断演化的过程,经过反复的实践被交易当事人所广泛认可、采纳并确信,从而逐渐被立法者上升为相应典型合同的调整规则。在当事人没有特别约定的时候,根据过往的普遍交易实践经验总结出的习惯性规则就可以发挥解释合同条款或者填补合同漏洞的功能。

因此,典型合同不仅仅是过往交易实践的产物,而且在所有的民商事法律规则中是最贴近交易实践场景的规则,最能够反映交易实践现象和规则需求。"很多契约法是源于交易习惯,即使在有了制定法以后,习惯还是常常被赋予一个特别的地位,甚至高于制定法。"[3]这同时也意味着,典型合同法的规则需要相时而动,要根据交易实践做法的变化而演进。我国1999年《合同法》仅针对15类典型合同作了规定。但《民法典》确认了19类典型合同,且各典型合同的内容更加丰富和完善,也充分说明了这一点。近几十年来,市场经济的发展以及经济全球化的推进,有力地促进了合同法的发展。就典型合同立法而言,其具有如下发展趋势:

---

[1] 〔美〕E. A. 霍贝尔:《初民的法律:法的动态比较研究》,周勇译,中国社会科学出版社1993年版,第314页。
[2] 参见〔英〕巴里·尼古拉斯:《罗马法概论》,法律出版社2000年版,第203页。
[3] 苏永钦:《寻找新民法》,台湾元照出版公司2008年版,第389页。

第一节　注重人文关怀价值

所谓人文关怀，是指对人的自由和尊严的充分保障以及对社会弱势群体的特殊关爱。人文关怀强调对人的保护，应将其视为民法的价值基础。① 近代民法以自由、平等为基本价值取向。但由于近代民法以财产权和相应的交易法为中心而展开，因而在价值取向上以私法自治为基本理念，从而能更好地发挥和调动市场主体的能动性，实现鼓励社会财富创造的效果。但是，这就在一定程度上导致了"民法重物轻人"的体系缺陷。就合同法而言，传统民法总体上坚持合同自由的原则，合同法规则的任意性占据主导地位。在这个领域中，法律关注的重点是交易当事人的平等地位和自主决定的维护，但并不注重对作为交易当事人的人性的关照和促进，更是罕有考虑人格尊严等一般的人性价值关照。

近几十年来，随着市场经济的发展，交易的对象发生了重大变化，不仅从物理财产拓展到了智力成果，还延伸到了人格要素。例如，肖像、声音等人格要素的许可使用，有偿代孕的大量采用，人格细胞、基因等身体组织的市场流通，药物试验活动的有偿推出，个人数据的处理许可以及数据要素的市场流通，凡此等等，都就合同交易的目标提出了人文关怀要求。例如，当事人买卖人体重要器官的合同被宣告无效②，表明不能对人类的身体进行买卖，人的身体不能成为买卖合同的客体被作为一项基本原则确定下来。③ 面对各类新型交易，人的尊严面临的群体性侵害风险和法律保护需求比以往任何时候都更为强烈和迫切。甚至在这些交易中，私法自治的价值和人格尊严的价值之间时常发生冲突。以有偿代孕为例，尊重私法自治就应当承认当事人约定的各种条款的效力，但是，如果完全将代孕活动交由当事人自主调整，则很可能将代孕母和代孕子女视为普通商品进行交易。这不仅可能损及对常常处于弱势地位的代孕母的人性和人格尊严的维护，还会影响到对代孕子女的人格独立性和人格尊严的保护。所以，国外从维护人格尊严的角度出发否定了有偿代孕协议的效力。例如，在德国的一个判例中，法院认为，代孕合同实质上将孩子作为法律行为的标的物，将孩子降格为商品，因此所谓的代孕合同侵害人格尊严、违反善良风俗，应属无效合同。④ 同样，美国新泽西州作出的首例关于代孕合同的判决也表明，代孕合同因违反公共政策，例如将孩子作为商品进行买卖，而被认定为无效。⑤

随着市场经济的发展，即便是买卖、租赁等传统交易形态，在新的市场背景下，当事人之间的缔约过程和履行都越来越频繁地关系到人的基本生存和发展以及尊严的维护。人是社会关系的总和。在市场经济中，人的基本生活条件的提供和保障，都需要通过合同交易来实现和维系。所以，即便是以财产为直接交易对象的合同，也可能对当事人的基本生活和人格尊严产生明显的影响。从实践来看，供水供电供气、公共交通运输、基本医疗服务等交易都涉及人的基本生活保障问题。如果完全沿用以财产交易为原型的合同法规则，放任合同自由安排，那么，处于弱势地位一方的群体很可能遭遇各类生活基本资源的获取障碍。在房屋

---

① 参见薛军：《人的保护：中国民法典编撰的价值基础》，载《中国社会科学》2006 年第 4 期。
② Cass. Ass. Plén., 31 mai 1991, Bull. civ. n°4; D. 1991, p. 417, Rapp. Y. Chartier, note D. Thouvenin; JCP 1991, II, 21752, note F. Terré.
③ TGI Paris, 3 juin 1969, D. 1970, p. 136, note J. P.
④ OLG Hamm, NJW 1986, 781, 782.
⑤ In re Baby M, 109 N. J. 396, 537 A. 2d 1227 (1988).

租赁合同中,如果容忍出租人提供不符合安全标准的房屋或者允许出租人在合同中设定任意解除权条款,则可能使得承租人的生命安全和居住稳定性随时被破坏,基本的居住和生存条件就难以得到维护。有些国家的法律规定,在冬天,房东不得以房客未支付租金为由解除合同,以保护低收入群体的生存权,并尊重承租人的人格尊严。例如,法国1989年7月6日第89—462号法律规定,每年自11月1日到次年3月15日[法语称为"冬季修整时间"(trêve hivernale)]期间,即使房客未支付房租,房东也不得驱逐房客。① 再如,在德国,规制住房租赁的法律为保障承租人生存利益而对出租人的财产利益进行了严格的限制,规定出租人不得出于提高租金的目的而解除房屋租赁关系,出租人如果要提高租金,必须取得承租人的同意,并且提高的幅度要受到该区域可比较的租金水平的限制。② 在这些制度中,生存利益都被设定为高于商业利益的价值,这体现的正是民法的人文关怀精神。类似的,如果允许物业服务公司通过采取停水断电等措施来催缴物业费,无论是在寒冬还是在盛夏,都可能让业主的生活失去基本的体面。

随着市场经济的发展,服务合同的类型日益多样化,从满足基本生产生活需要的服务类型延伸到旅游、健身、美容、保健医疗、知识教育、艺术欣赏等各类直接以精神愉悦享受为对象的服务交易。在这些合同中,当事人就是直接以精神利益的满足为主要的缔约目的。因此,合同法对这类交易的调整不能仅仅按照有偿合同交易的规则来调整,而应当明确关照当事人在这一类合同中追求的交易目标的维护。所以,从比较法上看,不少国家明确规定,在旅游、美容合同中,因为一方不履行合同导致另一方精神损害的,另一方可以请求精神损害赔偿。③ 这在一定程度上也体现了合同法对人的尊严的维护问题。

随着市场经济的发展,对交易结果的实质正义的维护也比以往更加迫切。随着巨头企业、跨国公司的兴起,一些交易当事人的市场地位优势愈发突出。特别是,格式条款的采用,使得作为传统民法调整原型的平等关系发生了深刻的变化,很多表面上看起来自由的缔约实际上并不自由。在近代民法中,意思自治是以经济上的自由为中心;而平等则以形式平等为其基本特征,至于在实际交易关系中当事人因知识、社会及经济等方面的力量差异而形成的实质的不平等,并未引起民法的广泛关注。自由和平等虽然是传统民法的基础性价值,但在现代社会中,面对人文关怀价值理念的冲击,自由和平等价值也不得不作出相应的变化与调整,合同法也注重对弱势群体的特殊关爱。在传统价值理念的积极因素得以延续的同时,注重人文关怀正逐渐成为民法的基本价值。

随着老龄社会的到来,老年康复协议和老年监护协议已经在实践中大量产生,法律上如何规制此类协议,已经成为合同法发展的重要内容。合同法规范的重心应当在于尊重与保护老年人的自主决定权和人格尊严。例如,在老年监护协议中,在老年人神志清醒但欠缺自主生活能力时,如果疗养院或者政府部门为其指定护理人员,但老年人与该护理人员无法共同生活,其拒绝接受该护理人员的护理时,如何保障老年人的自主决定权?一些国家的法律已专门就该问题作出了规定。④ 从民法的发展趋势来看,充分尊重老年人的人格尊严和自主

---

① Loi n°89-462 du 6 juillet 1989.
② 参见许德风:《住房租赁合同的社会控制》,载《中国社会科学》2009年第3期;张翔:《财产权的社会义务》,载《中国社会科学》2012年第9期。
③ 参见曹险峰、程奕翔:《因违约而生之精神损害的救济路径——以〈民法典〉第996条的功能分析为中心》,载《北方法学》2022年第3期。
④ 参见〔日〕宇田川幸则:《浅论日本关于成年人监护制度的修改》,载渠涛主编:《中日民商法研究》(第一卷),法律出版社2003年版,第387页。

决定权,尊重老年人的自主自愿,已经为许多国家的判例和学说所认可。再如,在老年康复协议中,一些国家判例要求疗养院应当尽量对老年人进行精神关爱,不得歧视老年人,凸显了维护老年人人格尊严的价值理念。

第二节 强化消费者权益保护

一、强化消费者权益保护的必要性

强化消费者权益保护是消费者群体平等地位和缔约能力弱化的必然要求。近代以来,民法以抽象人格为基础,强调形式平等。拉德布鲁赫认为,民法典并不考虑农民、手工业者、制造业者、企业家、劳动者等之间的区别,私法中的人就是作为被抽象了的各种人力、财力等的抽象的个人而存在的。① 之所以如此,是因为近代民法认定人与人之间具有"平等性"和"互换性"的特点。② 在此背景下,民法以调整平等主体之间的财产关系和人身关系为对象,原则上不考虑各个主体在年龄、性别、种族、经济实力、知识水平等各个方面的差异,一概承认其地位平等。每个人不仅应该享有基本权利,而且应该享有平等的权利,才能构建一个和谐的社会。③ 19世纪的民法主要追求形式上的平等,表现在法典中就是承认所有自然人的权利能力一律平等。所谓"从身份到契约"的运动,其实就是追求形式平等的过程。在合同法领域,形式平等只考虑当事人抽象意义上的平等,对于当事人实际谈判能力是否平等并不过多关注。虽然这种形式的平等至今仍是民法的基本价值,自19世纪以来,随着市场经济的发展,大公司、大企业对生产和经营的垄断不断加强。这些庞然大物般的大企业拥有强大的经济实力,消费者与其相比,在交易关系中明显处于弱者的地位。基于保障社会的公平正义、维护交易安全秩序等价值的考虑,已经开始注入越来越多的实质平等的因素。一些新的领域如劳动者保护、消费者权益保护、工伤保险等领域,大幅增加了注重实质平等的内容,逐渐与民法典相分离而形成独立的法律部门,即便在传统民法领域,一些国家也因应社会需求的变化,增加了实质正义的内容。

强化消费者保护是消费者在网络和科技时代面对新型产品或者服务时的天然知识缺陷的必然要求。在科学技术、营销手段日新月异的情况下,消费者对商品缺乏足够的了解,缺少有关商品的可靠信息,同时又为各种宣传媒介的虚假信息所困扰,因而极易受到损害。20世纪五六十年代,伴随着西方国家的经济繁荣,爆发了消费者权利运动。正如有学者所指出的,《德国民法典》采取的自由市场模型在早期一直受到消费者保护运动的强烈批评,它反映了19世纪末期市场竞争的理论,以形式平等和私法自治展开。但随着消费者保护运动的日益高涨,它越来越无法适应消费者保护的现实需要。④

随着市场经济的发展,金融业务不断替代实体交易,在各类金融理财产品交易中,消费者作为普通的投资人,常常缺乏专业投资人士的金融知识,对金融产品的风险认识和分散能力都比较弱。所以,在金融消费市场领域,有必要给金融消费者提供更充分的保护规则。例

---

① 参见〔日〕星野英一:《私法中的人》,王闯译,中国法制出版社2004年版,第34—35页;〔德〕拉德布鲁赫:《法学导论》,米健等译,中国大百科全书出版社1997年版,第66页。
② 参见梁慧星主编:《从近代民法到现代民法》,中国法制出版社2000年版,第169—170页。
③ 参见王海明:《平等新论》,载《中国社会科学》1998年第5期。
④ Reiner Schulze(ed.), *New Features in Contract Law*, Seller European Law Publishers, 2007, p.110.

如,金融产品销售商在销售理财产品时,不仅要尽到充分提示和说明义务,还有义务对消费者的投资者适当性特别是风险承受能力作出测试,即便充分提示也不得向低风险承受能力的消费者销售高风险产品。

二、强化消费者权益保护的体现

(一)消费者合同的产生

各国合同法在典型合同的规定方面也加强了对消费者的保护,这首先表现在消费者合同的产生。所谓消费者合同(Verbrauchervertrag),就是消费者与经营者之间订立的合同。例如,《日本消费者合同法》第 2 条规定:"消费者合同,是指消费者与经营者之间缔结的合同。"《欧洲示范民法典草案》也规定了消费者信贷合同。《瑞士联邦国际私法》第 120 条第 1 款规定,消费者合同是"以消费者个人或家庭使用为目的,提供日常消费品且与消费者的行业或商业活动无关的合同"[①]。1996 年《意大利民法典》在其合同法部分特别增加了"消费契约"一节;消费者合同最大的特点是消费者在交易过程中处于劣势地位,在消费买卖中,买受人一方为消费者,而出卖人一方则为专业经营者,其属于传统意义上的商人,受信息不对称等因素的影响,消费者相对于经营者往往属于弱者。与经营者相比,消费者在信息、经济实力、谈判能力等方面都处于劣势地位。[②] 在承认消费者合同的背景下,只要是消费者订立的合同,诸如买卖合同、旅游合同等,都应当适用消费者合同的特殊规则。在有些国家,如日本,甚至制定了独立的消费者合同法。[③]

(二)在一些特殊合同中规定强制缔约义务

《德国民法典》中并没有规定强制缔约制度,但后来一些商事法律和其他特别法中出现了有关强制缔约的规定,例如在铁路运输、能源供应、汽车责任保险[④]、残障人士就业、社会保险等领域出现了要求有关企业强制缔约的规定。[⑤] 也有一些国家不仅确认了公共承运人的强制缔约义务,而且广泛确认了供用电、水、气等具有垄断性的公用事业部门均不能拒绝消费者或者客户的要约。[⑥] 这主要是由于这些部门居于垄断地位,如果不课以其强制缔约义务,那么,一旦消费者的要约被拒绝,要约人将无法获得生活所必需的服务或商品,其基本生活也可能因此失去保障。例如,对于供电、供水、供气等提供公共服务的公用性企业,法律要求其不得拒绝用户的缔约要求;对于公共出租车,法律禁止其拒载或挑选乘客,确保大众的平等缔约权利。因此,为保护消费者利益而确立了居于独占地位的公用事业部门的强制缔约义务。此外,还应当对公共服务提供者提供服务的价格进行规定,法律不应当将定价权完全交由公共服务提供者,以确保社会正义。

(三)在买卖、租赁等合同中规定经营者的信息披露义务

在经营买卖中,双方当事人都是专业的经营者,并不存在信息不对称问题,买受人负有一定的查明货物质量的义务,因此,出卖人所负担的披露义务相对较小;而相较于经营买卖,消费买卖中普遍存在信息不对称的问题,为了维护交易的公平,法律规定消费买卖中的经营

[①] 刘晓霞:《试论消费者合同及立法模式选择》,载《知识经济》2011 年第 22 期。
[②] Pascal Puig, Contrats spéciaux, 3e édition, Dalloz, 2009. p.11.
[③] 参见崔吉子:《东亚消费者合同法比较研究》,北京大学出版社 2013 年版,第四章。
[④] Langheid/Wandt/Brand VVG § 113, Rn. 17.
[⑤] 参见〔德〕迪特尔·梅迪库斯:《德国债法总论》,杜景林、卢谌译,法律出版社 2004 年版,第 70—71 页。
[⑥] Jauernig-BGB mansel, vor § 145, Rn. 9 f.; Bamberger/Roth/ Eckert, § 145, Rn. 14.

者要完全披露商品的有关信息,经营者未尽披露义务造成消费者损害的,要承担相应的责任。例如,欧盟指令要求,经营者必须向消费者全面披露产品的信息、对产品的瑕疵提供担保,等等。2002年《欧盟金融服务远程销售指令》明确地规定了经营者负有向消费者提供信息的义务,这些义务被列明,且各成员国还可以继续添加。[①] 一些国家民法典中也承认了合同当事人在订约过程中负有说明告知义务。《欧洲示范民法典草案》专门在第2卷第3章第1节规定了经营者的告知义务。

(四)在邮购买卖、访问买卖、无要约寄送中规定了对消费者的特别保护措施

考虑到消费者可能是由于未慎重或者仓促间所为的交易行为,基于公平的考量,各国多赋予消费者以一定期限内的悔约权。[②] 2002年《德国债法现代化法》吸收了《上门推销买卖法》《远程销售法》等法律中的大量保护消费者权益的特别规定,规定了消费者和经营者的概念,使得民法典中第一次出现了有关对消费者特别保护的制度,从而加强了对实质平等的关注。而且,新增了第312条、第355条,对特定的消费品买卖规定了无因退货期等特殊的合同解除规则。我国《消费者权益保护法》第24条规定,没有国家规定和当事人约定的,消费者可以自收到商品之日起7日内退货。该法第25条还规定了在经营者采用网络、电视、电话、邮购等方式销售商品的情形下,除一些特殊商品外,消费者有权自收到商品之日起7日内退货,且无须说明理由。

(五)规定消费者享有的特殊权利

从比较法来看,一些国家的合同法在既有的典型合同中增加了一些新的规定,以强化对消费者的保护。例如,《荷兰民法典》分别在合同法和侵权法中增加了相关内容,并在具体合同,例如买卖合同、保险合同中增加了保护消费者的特别规定[③];《欧洲示范民法典草案》除了在合同法总则中规定经营者的先合同义务、消费者撤回权、不公平条款的规制之外,在合同法分则买卖合同、租赁合同、保证合同中也专门规定了对弱势群体的保护。[④]

(六)扩张合同的效力,以保护消费者

在买卖、租赁等合同中,物的实际使用人可能不一定是合同当事人,在其为消费者且因产品质量不合格受有损害的情况下,为保护其利益,也可采用扩张合同效力的方式对其加以保护。最突出的表现是德国法的附保护第三人作用的契约。"附保护第三人作用的契约"(Vertrag mit Schutzwirkung für Dritte),为德国判例学说所独创,是指特定合同一经成立,不但合同当事人之间发生债权关系,同时债务人对于与债权人有特殊关系的第三人,亦负有注意、保护的附随义务[⑤],债务人违反此项义务的,就该特定范围内的人所受的损害,亦应依合同法原则,负赔偿责任。[⑥] 此外,为强化对消费者的保护,对于顾客在酒店住宿或消费等导致的财物丢失、受损等情形,比较法上强化了特定场所管理人履行对他人安全的注意义务,即场所主人之责任。[⑦]

---

① Reiner Schulze(ed.), New Features in Contract Law, Seller European Law publishers, 2007, pp. 122-123.
② 参见〔德〕海因·克茨:《欧洲合同法》(上卷),周忠海等译,法律出版社2001年版,第131页。
③ 〔意〕桑德罗·斯奇巴尼:《法典化及其立法手段》,丁玫译,载《中外法学》2002第1期。
④ 欧洲民法典研究组、欧盟现行私法研究组编著:《欧洲示范民法典草案:欧洲私法的原则、定义和示范规则》,高圣平译,中国人民大学出版社2012年版,第71页。
⑤ Basil Markesinis, Foreign Law and Comparative Methodology: A Subject and a Thesis, Oxford Hart Publishing House, 1997, p. 245.
⑥ 王泽鉴:《民法学说与判例研究》(第2册),台湾1979年自版,第35页。
⑦ 参见史尚宽:《债法各论》,中国政法大学出版社2000年版,第539页。

第三节　典型合同内部的多元化和复杂化

一、典型合同类型的多样化发展

合同作为交易的法律形式，它总是随着交易的不断发展而产生新的类型。典型合同更具有典型性，也更具频发性和普遍适用性。伴随着经济和金融的发展，特别法上所调整的典型合同类型越来越丰富，例如特许经营和期权交易等，规则也越来越复杂、越来越细化。这些交易类型往往是多种交易形式的联合，而且有多方参与主体。[①] 再如，在信用卡合同中，直接当事人为发卡银行与持卡人，但由于持卡人是在与发卡银行有特约关系的商店刷卡消费，所以发卡银行、持卡人与特约商店三者构成信用卡交易上的三角关系[②]，此时，交易形式和交易主体就更为多元化。为了寻求规则的统一性，这些特殊的、新的交易类型需要由法律予以调整，同时，为了避免过大的经济风险，公法管制的因素也会加强。管制与自治、多种交易形式的融合以及多方参与主体利益的平衡，所有这些因素使调整这些交易类型的法律规则变得极为复杂。现代社会，随着新的交易类型不断出现，典型合同的类型呈现出以下两个方面的发展趋势：

（一）《民法典》中原有的典型合同类型中不断出现新的次类型

《民法典》合同编分则是根据类型化原理所作出的规定。所谓类型化，就是指通过某一类事物进行抽象、归类，从而对不确定概念和一般条款进行具体化。一般来说，类型化是以事物的根本特征为标准对研究对象的类属划分。[③] 拉伦茨认为："当抽象———一般概念及其逻辑体系不足以掌握某生活现象或意义脉络的多样表现形态时，大家首先会想到的补助思考的形式是'类型'。"[④]《民法典》合同编分则采用类型化列举的方式，详细地规定了数种典型合同，并通过对这些典型合同的性质、特点、效力等的规定，有效地规范了各种合同关系，引导当事人正确缔约，也为法官正确裁判合同纠纷，提供了法律依据。典型合同类型越来越多，同时分类越来越复杂，越来越精细。例如，就买卖合同而言，早期合同法只区分了及时清结的买卖和远期付款的买卖。而在当代，买卖合同出现了许多新的分类，例如，根据买受人的不同分为消费者从事的买卖和专业人士之间的买卖；根据标的物的不同分为动产和不动产的买卖，甚至就未来的商品的买卖，即动产中的期货买卖也进行了细化，这显然与现货的买卖是不同的。[⑤] 买卖法在近几十年来，标的物不断丰富，呈现出多样化的趋势。从买卖法中又分化出了许多新的制度，包括建筑物区分所有权的转让、数字财产等无形财产的转让等。甚至各种特种类型的买卖，也可以分成若干种。例如，所有权保留可以进一步区分为简单的所有权保留（einfacher Eigentumsvorbehalt）、扩大的所有权保留（erweiterter Eigentumsvorbehalt）和延展的所有权保留（verlängerter Eigentumsvorbehalt）。[⑥] 扩大的所有权保

[①] Philippe Malaurie, Laurent Aynès, Pierre-Yves Cautier, Les Contrats spéciaux, Paris: Defrénois, 2004, pp. 8-11.
[②] 詹森林：《民事法理与判决研究》，台湾1998年自版，第119页。
[③] 参见李可：《类型思维及其法学方法论意义——以传统抽象思维作为参照》，载《金陵法律评论》2003年第2期。
[④] 〔德〕卡尔·拉伦茨：《法学方法论》，陈爱娥译，商务印书馆2003年版，第337页。
[⑤] Philippe Malaurie, Laurent Aynès, Pierre-Yves Gautier, Les contrats spéciaux, Defrénois, Paris, 2004, p. 29.
[⑥] See Iwan Davis ed., *Retention of Title Clauses in Sale of Goods Contract in Europe*, Asgate Public Company, 1999, p. 40.

留又可以分为往来账户的所有权保留（Current Account Retention of Title/Allmonies Retention of Title / Kontkorrentvorbehalt）和康采恩式所有权保留（Konzernvorbehalt）。①

（二）新类型的典型合同的发展

随着市场与技术的发展，实践中逐渐出现了传统民法没有明文规定的合同类型，形成了新的典型合同类型。这主要表现在如下几个方面：

一是随着互联网的发展，网络交易、网上结算等日益普遍，给交易带来了极大的方便，因而出现了所谓电子商务合同、电子结算合同、电子支付合同等。在网络环境下，要约、承诺的方式发生了重大变化，金融消费者、网购消费者的权益保护，交易平台和支付平台的法律地位等，都需要新规则予以规范②；由于技术许可合同的客体是技术而非数据，因此其也不能完全适用于数据许可合同，因此不能完全照搬以知识产权交易为原型的许可使用合同，有必要重视数据许可合同中的特殊规定。例如，在著作权法中存在"权利用尽原则"，即消费者对书籍的所有权不再受到著作权人的控制，而在数据财产交易中，如果数据财产中包含相关的个人信息，则受让人对该数据财产的利用仍应当符合合法处理个人信息的要求，甚至该交易本身都需要取得信息主体的同意，这也导致著作权中的"权利用尽原则"很难适用。此外，数据中包含多项权益，其是人格权益与财产权益的结合，而人格权具有人身专属性，无法转让，而只能成为许可使用的对象，因此，在数字时代，许可使用合同的规则将成为数据交易的参照系规则。

二是特殊类型的买卖不断发展。这主要是因为经营者的营销方式不断多元化，使得交易形态也不断创新，产生了邮购买卖、访问买卖、无要约寄送、连锁经营、加盟经营等多种形式。同时，所有权保留、分期付款买卖等的适用范围也不断扩大，并且与金融机构提供的金融产品相结合。

三是随着建筑物区分所有制度的发展，物业服务合同在人们的生活中日益重要。因为居住形态的变化，通过委托物业服务企业进行管理，成为现代社会不动产管理的常态。我国《民法典》在原来《合同法》十五种典型合同的基础上，新增了四类典型合同，其中就包括物业服务合同，并且用专章予以规定。

四是在市场经济条件下，投资的类型日益增加、投资的种类不断丰富，产生了许多新类型的投资合同，例如，基金投资协议、期货买卖、国债买卖、私募基金投资协议等。我国《民法典》合同编对保理合同进行了专章规定。

五是随着旅游业的发展，旅游合同成为法律规范的重要合同类型。在旅游合同中，如何保障旅游者的合法权益，必须在法律上加以明确。在有些国家的法律中，甚至承认旅游组织者违约时，旅游者可以请求精神损害赔偿。旅游业发展迅速，甚至成为有些国家的支柱产业。所以，不少国家的法律和示范法对此作出了规定。例如，《欧洲示范民法典草案》对此专门作出规定。我国《旅游法》也专门规定了旅游合同。由此可见，随着市场经济的发展，新型的典型交易不断出现，这也要求法律对其作出回应。

六是在比较法上，为了适应数字经济发展的需要，出现了新型数字合同。例如，为了将

---

① See Iwan Davis ed., *Retention of Title Clauses in Sale of Goods Contract in Europe*, Asgate Public Company, 1999, p.38.

② UNCITRAL, *United Nations Convention on the Use of Electronic Communications in International Contracts*, New York, 2005.

欧盟2019/770号《数字内容合同指令》转化为国内法,《德国民法典》在2021年经过修订[①],在第二编债法第三章第二节双务合同之后增加一节,即第327条至第327u条,名为关于数据产品的合同(Verträge über digitale Produkte)。这一规定已经于2022年1月1日起生效施行。所谓数据产品,是数据内容(digitale Inhalte)和数据服务(digitale Dienstleistungen)的上位概念。[②] 数据内容,是指以数字形式创建和提供的数据,如计算机程序、应用程序、视频文件、音频文件、音乐文件、数字游戏、电子书和其他电子出版物。[③] 数据服务,不仅包括使消费者能够以数字形式创建、处理或存储数据或访问此类数据的服务,还包括使消费者能够共同使用由消费者或相关数据服务的其他用户以数字形式上传或创建的数据或以其他方式与此类数据互动的服务。[④] 数据服务的典型,如软件即服务、视频或音频内容的共享、数据托管以及在云计算环境和社交媒体上提供的文字处理或游戏。[⑤] 此外,这一节也适用于消费者向经营者提供个人信息或承诺提供此类信息的消费者合同。依据GDPR第4条,个人信息是与已识别或可识别的自然人有关的任何信息。[⑥]

二、典型合同内容日益复杂化和技术化

随着市场与技术的发展,商品与服务的类型愈发复杂,其交易方式也越精细化。因此,典型合同的内容呈现出日益复杂化和技术化的特征。就买卖而言,现代买卖法的规则日益复杂化。一方面,在买卖的基础上产生了许多特种买卖,如分期付款买卖、凭样品买卖、试用买卖、招标投标买卖和拍卖等。另一方面,买卖规则也日益复杂,如在现货和期货买卖中存在迥异的规则;交易的客体也愈发多样化,既包括有形财产也包括虚拟财产,在大宗商品的买卖中,如矿石、原材料、煤炭等,都已经形成了独特的交易规则,并受行业习惯的调整。此外,买卖的地域范围也不断扩大,国际货物买卖所占据的位置越来越重要。除买卖合同外,其他合同也出现了类似情况,例如,在建设工程合同中,对于质量验收的判断标准正愈发专业化和技术化,由于这种细化分工大多是与工程建设进行的不同阶段联系在一起的,因此建筑物的质量验收正逐步成为一个相对独立的分工领域。在实践中,建筑施工的不同阶段常常需要具备不同知识的专业人士和专业机构介入,而此种介入大多需要借助订立各种类型的合同的方式进行。合同的双方当事人常常都是建筑领域的专业人士,其为明确合同各方当事人的权利和义务,确立了不少颇具专业化内容的合同条款。随着建筑工程领域合同类型的不断丰富和交易条款的日益专业,在某种意义上促生了一个由一组具有相当专业性和技术性的合同及合同条款构成的相对独立的建筑法领域。

从合同类型的新发展来看,也存在着日益复杂化和技术化的现象。在实践中,合同法分则中新的典型合同的出现,大多来源于商事主体之间交易关系的法律化。在现代社会中,商事主体是所有市场主体中最富创造力的主体,其具有较强的追求利润和提高交易门槛的动机,这使其越来越倾向于在交易规则设计时体现专业性,这尤其表现在金融领域的各种交易中,金融交易中的各种新类型合同,其不仅要适用传统合同法的规则,而且要适用金融领域

---

① BeckOK BGB/Wendland, 63. Ed. 1.8.2022, BGB § 327 Rn. 1.
② MüKoBGB/Metzger, 9. Aufl. 2022, BGB § 327 Rn. 6.
③ MüKoBGB/Metzger, 9. Aufl. 2022, BGB § 327 Rn. 7.
④ BeckOK BGB/Wendland, 63. Ed. 1.8.2022, BGB § 327 Rn. 42.
⑤ MüKoBGB/Metzger, 9. Aufl. 2022, BGB § 327 Rn. 8.
⑥ MüKoBGB/Metzger, 9. Aufl. 2022, BGB § 327 Rn. 15.

特有的一些交易惯例。在过去的几十年中,特别是近二十年来,金融领域的从业人员创造了大量新的类型的交易方式。例如,被认为是2008年美国金融危机的罪魁祸首的次贷危机,其中就包含了大量的新型交易方式和合同条款安排。合同法分则的日益复杂化和技术化,也导致了一些专门法律领域的出现。例如,在租赁合同领域,原本以不动产租赁为核心的合同法,随着专业性、复杂性的大型设备的租赁的次第涌现,已经发展成了动产租赁和不动产租赁并重的局面,并在此基础上发展出了融资租赁等新型交易类型。融资租赁法也成了新的法律领域。

第四节　服务合同居于重要地位

服务合同,一般指全部或者部分以劳务为债务内容的合同,可区分为一次性的服务合同和长期性的服务合同。如保管合同、仓储合同、承揽合同、委托合同、行纪合同、居间合同等。服务合同的兴起是伴随着现代社会市场经济的发展而产生的。在前工业时代,虽然也出现了服务业,但是其主要集中在个人服务和家庭服务行业,而在工业时代,服务行业则逐渐向运输业、金融业等领域发展。但是,到了后工业时代,有关娱乐、旅游、教育、文艺、保健等各类服务蓬勃兴起。① 在现代市场经济社会,服务业已经成为现代产业体系的重要组成部分。在一些发达国家,服务业在经济总量中的占比已经达到了75%②。服务消费占据了居民消费的45%。服务经济是现代经济的重要标志,服务业是现代产业的主体,社会生产的林林总总,人民生活的方方面面,都与服务合同密切相关。因此,产生了各类服务合同。诸如物业服务合同、医疗服务合同、旅游服务合同、机构养老服务合同、电信服务合同、网络服务合同等。伴随着支付结算方式的发展,以银行为中心的各种各样的服务合同不断涌现;伴随着物质生活的满足,以满足精神需求为目的的服务合同不断扩张。③ 提供服务的合同不仅涉及人们社会生活的方方面面,而且对人们的社会生活影响关系巨大。

服务业的发展必然要求服务合同典型化、类型化、有名化,在立法上,应当对服务合同在交易习惯中的典型情况作出回应。这就出现了服务业方面的几个重要发展趋势:

第一,服务合同一般规则的产生。在欧洲,《荷兰民法典》第七章的章名就是"服务合同",并在其第一节规定了服务合同总则。欧洲民法典研究小组于2006年发布了《欧洲私法原则:服务合同》。《欧洲示范民法典草案》第四卷第三编专门规定了服务合同总则和各类具体的服务合同类型。在法国债法改革过程中,法国的亨利—卡皮当协会曾于2017年6月向法国司法部提出《关于各种特殊合同的法的改革草案》,其中就专门规定了服务合同总则。英国《货物与服务供应法》专门针对服务供应合同的定义、注意义务、对价和费用等规则作出了规定。④ 我国《民法典》没有对服务合同的一般类型作出规定。服务业在国民经济中的比重日益增加,各类服务业的分工越来越细化。法律需要对服务合同的规则作出专门调整。

第二,服务合同的典型类型大量产生。尽管实践中服务种类繁多,但是可以按照服务给付的特征对服务合同进行类型化分析,从而提炼总结出服务合同的典型类型。⑤ 例如,日本

---

① 参见周江洪:《服务合同立法研究》,法律出版社2021年版,第42页。
② 参见夏杰长等:《迈向2035年的中国服务业:前景、战略定位与推进策略》,载《China Economist》2021年第1期。
③ 参见方新军:《现代社会中的新合同研究》,中国人民大学出版社2005年版,第22—23页。
④ 参见周江洪:《服务合同立法研究》,法律出版社2021年版,第4—5页。
⑤ 聂圣:《论合同编有名合同之增补》,载《社会科学动态》2019年第4期。

的《债权法修改的基本方针》中将合同罗列为 15 种典型类别,并在这 15 类合同的基础上划分了四大类合同。第一类是交换,其中主要包括买卖、交换和赠与;第二类为借贷,其中主要包括租赁、使用借贷、消费借贷、融资租赁;第三类为服务,其中主要包括服务提供、承揽、委托、寄存、雇佣;第四类是其他类型,其中主要包括合伙、终身定期金、和解等。其将服务提供、承揽、委托、寄存、雇佣五种类型的合同总结概括为服务类合同,实现"类合同—基本类型—具体类型"的模式,从而避免法律的繁琐。① 尤其应当看到,在现代社会中,服务合同越来越受到法律的关注,出现了新类型的典型服务合同,例如物业服务合同、医疗服务合同、美容服务合同、旅游服务合同、快递服务合同、网络服务合同、机构养老服务合同、演出合同、教育培训服务合同,等等。服务合同新类型的发展,代表了未来合同发展的重要趋势。②

第三,服务合同的层级结构不断发展。在比较法上,合同类型出现了层级结构发展的趋势。③ 这在服务合同方面表现最为明显。例如,《欧洲示范民法典草案》服务合同编、《荷兰民法典》和《魁北克民法典》等,虽然在服务合同各自的外延上存在很大的不同,但都将服务合同作为总括性的合同类型,然后在此基础上细分为各个子类型。在我国《民法典》中,例如,承揽合同可以分为一般承揽合同与建设工程合同,运输合同可以分为客运合同、货运合同、多式联运合同,技术合同可以分为技术开发合同、技术转让合同、技术许可合同、技术咨询合同、技术服务合同。可见,服务合同的层级结构在不断发展。

第四,服务合同规则的具体化。服务合同从广义上也是一种交易形态,但是提供劳务与提供物的交易有所不同,提供劳务的交易具有自身的特殊规则,因此相关的法律法规和示范法对提供劳务的交易进行了具体规则的重新设计,并产生了一些有关服务合同的特殊规则,包括服务合同应当以亲自履行为原则、任意解约制度、合同解除的非恢复原状性、提供服务者的说明义务、相互协作义务、对合同变更的特殊要求、提供服务者的注意义务,以及提供服务者的责任限制,等等。在违约损害赔偿方面,服务合同也有其独特规则。尤其需要指出的是,在服务合同中,当事人之间的合作非常重要,所以,法律上必须认可债权人和债务人之间的合作义务。违反合作义务的后果,可能具体表现为债权人自身法律地位的丧失、利益的减损(对己的不利益)、损害赔偿责任的产生。④

第五,混合服务合同的发展。混合合同,即在一个典型合同中规定其他典型合同事项的合同。《欧洲示范民法典草案》第 2-1:107 条规定,混合合同是指由两类或两类以上的典型合同,或者典型合同与非典型合同组合而成的合同。严格地说,它并不是法律所承认的典型合同类型,但由于混合合同中包含典型合同的内容,也可能适用典型合同的法律规则,与典型合同存在密切联系。因此,有学者认为,混合合同实际上是介于典型合同和非典型合同之间的合同类型。⑤ 结合了若干典型合同的内容,弥补了法律对典型合同规定的不足,混合服务合同可能存在两种形态:一是典型的服务合同相互交叉。例如,在一个服务合同中,既有委托合同的内容,也有保管合同的内容,甚至还有运输服务合同的内容。又如,物业服务合同不能简单地归入委托合同,是因为物业服务合同的内容具有多样化,在一定程度上具有混合合同的特征。如物业服务合同可能包含安全保障义务等内容。二是典型合同类型的不断

---

① 叶振军:《论服务合同体系构建》,载《上海对外经贸大学学报》2018 年第 1 期。
② 参见周江洪:《服务合同在我国民法典中的定位及其制度构建》,载《法学》2008 年第 1 期。
③ 参见王利明:《典型合同立法的发展趋势》,载《法制与社会发展》2014 年第 2 期。
④ 黄喆:《论建设工程合同发包人的协力义务——以德国民法解释论为借鉴》,载《比较法研究》2014 年第 5 期。
⑤ Philippe Malaurie & Laurent Aynès, Les contrats spéciaux, 6e édition, Defrénois, 2012., p.30.

丰富催生新混合合同的出现。立法者并不掌握创设合同类型的权力①，而只能被动地将实践中被创设的合同类型典型化。由于各个典型合同或其与非典型合同之间的排列组合更为多样，由此产生的混合合同也就自然呈现出更为多样的态势。例如，新型科技住宅（如恒温、恒湿、恒氧的"三恒"系统）的出现，使得物业服务提供者同时成为供给热力的一方，在物业服务合同中，当事人也包含有关于供热的约定，并由此形成了全新的混合合同。

第六，数字时代电信服务合同、网络服务合同、数字服务合同等的大量产生。科学技术的发展使得合同给付日益多样化，单一的给付内容往往无法满足合同目的。例如，伴随着数字技术的发展，数字内容的提供往往伴随多种多样的给付内容。在购买电子设备时，为达成使用目的，当事人之间的约定往往不仅包含作为动产的电子设备的买卖，还可能伴有数字服务的提供以及软件著作权的许可使用，等等。在这类服务合同中，平台往往是通过格式化的用户协议与用户达成交易。平台面对的是成千上万的用户，因此这些交易借助用户协议，形成"合同网"（contract network）的状态。"原则上，它有可能将产权有效地转让给对投资工作最重要的人，并为有关各方提供数据的某些使用而量身定做的使用许可。"②也就是说，一个平台面对无数个用户，形成成千上万的服务合同，这就与传统的一对一交易形成了截然不同的情况。

第五节　合同联立现象日益普遍

一、合同联立的发生原因

所谓合同联立，是两个或两个以上的合同，紧密结合所形成的多数合同关系。因此，合同联立中有多个合同且紧密结合在一起。例如，为了买卖商品而从银行贷款属于典型的合同联立，其中包括了买卖合同与借款合同两个合同，因此与只有一个合同关系的非典型合同存在显著区别。③由于合同联立现象是对合同相对性一定程度上的突破，因而成为合同法发展的新趋势。在现代商业实践中，合同联立之所以可以发挥其应有的功能，主要原因在于：

一方面，这是发挥合同法组织经济功能的需要。传统合同法主要是以单个的、孤立的合同作为规范的模型，并从这些单数的合同之中抽象出共性规则。而在现代社会，伴随着社会分工的细致化、专业化，一个整体交易往往在不同的阶段需要不同类型的合同，此时就需要将单个交易联合成一个整体的交易，从而形成了交易的合同网络。从实践来看，多式联运就是一种合同联立，将不同的合同整合在一起，形成整体的交易。但是，合同联立并非形成一个合同，而是将多个合同结合在一起，发挥多个合同之间互相配合和整合的作用，使各个合同的权利义务之间相互联系。例如，产权式酒店交易中不动产买卖与租赁合同的联立，不良资产处置清收交易中不良资产打包转让与委托清收合同的联立，信贷消费交易中买卖合同与借款合同的联立，等等，这些交易形态都以多数合同作为手段实现同一经济上的目的。

另一方面，结合了若干典型合同的内容，满足了当事人的特殊需求。在交易实践中，每一种典型合同的作用都是有限的，而当事人往往需要在合同中实现多种缔约目标，从而需要

---

① 参见〔法〕弗朗索瓦·泰雷等：《法国债法：契约篇》（上），罗结珍译，中国法制出版社2018年版，第97页。
② 〔德〕塞巴斯蒂安·洛塞：《数据交易：法律·政策·工具》，曹博译，上海人民出版社2021年版，第22页。
③ 参见潘重阳：《论联立合同的效力关联——以商品房买卖与借款合同联立为例》，载《政治与法律》2021年第11期。

借助多种合同类型。某类典型合同只是对典型交易形态的归纳,它有时无法满足当事人的特殊需要。通过数个典型合同的结合,可以实现当事人特殊的交易需要。

因此,将多数合同进行紧密结合以实现共同的经济目的成为市场交易尤其是商事交易中越来越常见的现象。这种多数合同间的结合的规范,成为债法中全新的发展趋势。[1] 这些由不失个性的合同组成的新合同群虽被应用于不同领域,完成不同功能,但是其在交易功能上始终保持一体性的特征。

二、合同联立的应用

针对合同联立的现实需求,比较法上,各国立法已经普遍开始回应这一现象。比较法上也普遍对构成合同联立的多数合同之间的关系进行了特别规定。例如《欧洲统一买卖法》(CESL)第 46 条就规定了消费者在远程和非营业地的消费合同解除时,与其联立的借贷保险合同也会终止。再如,《欧洲示范民法典草案》在撤回权的内容下也规定了关联合同(Linked Contracts),适用于信贷消费的买卖等场合。这些规则主要从消费者保护的角度出发,实现了消费者订立数个合同时在不同合同中的联动保护。

在德国法上,虽然关联交易行为(Verbundene Geschäfte)早已走进学者的视野。但是,直到 2002 年《德国民法典》在债法改革中,才依据欧盟指令,整合各单行法中的相关规则,创设了第 358 条和第 359 条作为关联交易行为的一般规则。[2] 不过,《德国民法典》中关于结合契约(Verbundene Verträge)的规定事实上仅仅局限于消费者为消费而进行信贷的场合[3],而并未扩展到更为广阔的合同联立层面。一方面,德国学者根据这一立法规定,将其解释为关联合同,用来解释合同相互关联的现实情形。当然,在德国法上,关联合同也不限于消费借贷合同,还包括其他的类型,如建筑设计与建筑施工合同等。另一方面,通过关联合同制度,适当突破合同相对性,从而实现对消费者合法权益的保护。为了保护买受人的权益,德国法认为,买受人在借款合同效力终止后,其基于借款合同与买卖合同联系而获得的并非是借款,而是买卖的标的物,因此,即使需要基于合同终止而进行返还,所返还的也应当是买卖合同的标的物,而不是借款。[4]

法国法中,也有"组合同"(groupes de contrats)的概念,它指数个合同相互关联的情形,上诉法院在 1988 年 Soderep 案中明确使用了这一概念,并支持了组合同中不直接具有合同关系的当事人之间的合同请求权。[5] 此外,法国消保法设有不动产信用的保护机制,规定买卖合同附有买受人取得房贷之停止条件,而房贷合同附有买卖合同未存立之解除条件,使两个合同同其命运。[6]

在美国法上,最早由 Commercial Credit Company v. Chids 案提出的紧密联系性理论(The Close-Connectedness Doctrine)获得了普遍的承认,为处理具有经济上一体性的多数

---

[1] See Ilse Samoy and Marco B. M. Loos(eds), *Linked Contracts*, Intersentia, 2012, p. 1.
[2] Vgl. Klocke, Grundfälle zu den verbundenen und zusammenhängenden Verträgen, JuS 2016, 875.
[3] Fikentscher/Heinemann, Schuldrecht: Allgemeiner und Besonderer Teil, De Gruyter, 2017, S. 672.
[4] NJW 1984,1755ff.
[5] See Denis Tallon, "The Principle of the Relative Effect of Contracts and the Theory of Groups of Contracts: Towards a New Reading of Article 1165 of the French Civil Code", 6 *TUL. CIV. L.F.* 95 (1991-1992).
[6] 参见曾品杰:《论不动产买受人暨借款人之保护——兼论法国消保法之攻玉借镜》,载《月旦法学杂志》第 171 期。

合同关系提供了途径。① 依据这一理论,在买卖与信贷合同中,提供信贷的一方与买卖合同联系极其紧密,所以其不能在买卖合同无效后,继续主张信贷合同的效力②,从而确保了信贷买卖中的买受人在买卖合同效力不存续后也不再受借款合同的拘束,以此达成了金融消费者权益保护的目的。

可见,合同联立在消费者保护领域中得到了最普遍的承认。虽然各国法律对合同联立的法律效果的发生采取了不同的法技术手段,但其所追求的目标基本相似。其最为核心的功能在于确保信贷消费中的消费者在借贷和买卖合同中的救济能够得到联动。借助合同联立这一手段,本为独立的多个合同关系之间的合同相对性壁垒被打破,消费者在某一合同中的救济,将穿越至另一合同内发生效力,从而使其获得更强的保护力度。当然,合同联立的功能并不局限于消费者保护。作为法律规则的合同联立,由于其突破了多个合同之间的相对性,起到了提升纠纷解决效率、节约纠纷解决成本的功能。而作为交易现象的合同联立,则是当事人意思自治的充分体现。③ 借助合同联立,当事人可以突破单个合同的局限,从事更为复杂、精细的交易安排。从这一角度讲,合同联立提升了交易效率,加速了财物的流转,使得合同组织经济的手段进一步丰富。

第六节　继续性合同的广泛应用

一、继续性合同的广泛应用的原因

所谓继续性合同,是指给付总额在合同成立时不确定,且合同义务并非一次履行可以终止,而是持续实现的合同。④ 继续性合同是由德国学者基尔克于1914年以"继续性债之关系"的概念提出来的,后来被普遍接受。⑤ 在许多债的关系中,合同义务都并非一次性清结的,而是需要持续履行的。例如,租赁合同、融资租赁合同、承揽合同、建设工程合同、运输合同、保管合同、仓储合同等。一方面,与一时性合同不同,继续性合同在履行时间上具有持续性。另一方面,因为在一时性合同中,当事人在一次履行中的根本违约,就可能导致合同的解除,而且,解除的效力应当溯及既往。而在继续性合同中,当事人一次没有履行合同,并不必然构成根本违约,对方也不能据此解除合同,在解除合同的效力方面,原则上没有溯及既往的效力。⑥ 尤其需要指出的是,在继续性合同中,一方当事人一次没有履行的,当事人应当进行协商。日本学者三本显治曾在1989年提出了"再交涉"理论,他认为,在一些合同关系,尤其是在继续性合同关系发生纠纷时,当事人应当负有再协商的义务,通过协商而不是直接解除合同,有利于维持合同关系的稳定。但对于违反此种义务产生何种效果,其并没有展开探讨。⑦ 所以,就合同的解除而言,在发生根本违约的情况下,应当课以当事人必要的继续协

---

① See Constance G. Clark, "The Close-Connectedness Doctrine: Preserving Consumer Rights in Credit Transactions", 33 ARK. L. REV. 490 (1979).
② Commercial Credit Company v. Chids, 199 Ark. 1073, 137 S. W. 2d 260, 128 A. L. R. 726 (1940).
③ 参见〔法〕弗朗索瓦·泰雷等:《法国债法·契约篇》(上),罗结珍译,中国法制出版社2018年版,第164页。
④ Otto von Gierke, Dauernde Schuldverhältnisse, Jherings Jahrbücher für die Dogmatik des bürgerlichen Rechts 64 (1914) 355 ff.
⑤ 参见韩世远:《合同法总论》(第二版),法律出版社2008年版,第52页。
⑥ 崔建远主编:《合同法》,法律出版社2000年版,第35页。
⑦ 参见〔日〕森田修:《契约责任的法学构造》,日本有斐阁2007年版,第318页。

商的义务,以尽量维持当事人之间的合作关系,从而更好地发挥合同法组织经济的功能。

传统合同法以即时交易为原型来涉及,关注的重点常常是"一锤子买卖"。但随着社会信任机制的改善和生产生活模式的变化,大量当事人之间有机会和必要开展持续性的合同交往。从持续性的物业服务、网络服务,到知识产权、人格要素的许可使用,再到连锁品牌、高速公路等基础设施的特许经营,都是典型的例子。合同法具有促进重复合作的巨大功能,典型合同则具有维护当事人之间合作关系,促使当事人按照约定履行义务的作用。"允诺源于信用",[①]合同法注重保障当事人之间的信赖关系,这也是合同法保障交易安全的重要体现。

随着交易的发展,在国家贸易中,供应链交易的普遍应用更是丰富了继续性合同的应用场景;在市场经济条件下,"合同几乎从来不是单独出现的,某一合同之所以有成立的可能是由于其过去曾有上百个合同,即所谓上游合同。任何两个人都可以成立买卖铅笔的合同,但两个人单靠他们自己是不能生产一支铅笔的。"[②]由于各种合同关系形成了一个密切联系的交易锁链,因此,过多或不适当地宣告合同无效或解除,必然会造成许多交易的锁链中断,对其他一系列合同的履行造成障碍,给合同当事人的利益也造成不同程度的影响。越是长期的合作合同,约是有助于供应关系链条的维系。

在数字时代,对数据的利用、共享十分普遍,数据财产之所以能够满足多个主体的同步利用需求,主要还是因为数据资源本身的无形性和可复制性。数据也主要是在利用中产生价值,需要借助于"合同网"(contract network)进行利用。[③] 这也是合同法在数字时代的新发展。

二、继续性合同运用的具体体现

(一) 长期继续性合同的发展

在继续性合同中,长期继续性合同得到了广泛应用。所谓长期继续性合同,是指合同的期限较长,并且履行是持续进行的。合同关系大多是临时性的交易关系,但也存在一些长期性的交易合同,其在调整交易关系的同时,也发挥着组织经济的作用。此类合同主要具有如下特点:一是履行期限的长期性。长期合同调整的是当事人之间的长期合作和交易关系,一般具有较长的履行期限。在长期性合同中(如供货关系),当事人需要经过多次履行才能最终实现合同目的。由于履行期限较长,当事人在订立合同时,可能对未来的经济生活规划得不够周密,故可能在合同履行过程中发生一些纠纷。[④] 二是参加人数的复数性。对于规范一次性交易的合同关系而言,其一般仅包含双方当事人;而对长期性合同而言,其可能涉及多方当事人,而且各个当事人之间的权利义务关系具有一定的牵连性,合同的相对性规则也可能要受到一定的限制。三是行为的协同性。对传统的合同关系而言,依据诚实信用原则,当事人之间虽然也负有一定的协助、保护等附随义务,但此种义务主要基于诚实信用原则产生,满足最低限度即可,违反该义务一般也不会影响当事人合同目的的实现。但对长期性合同而言,为保障各当事人合同目的的实现,各当事人行为之间需要进行一定的协同,其程度可能超过附随义务。

---

① Farnsworth, *Contracts* (Second Edition), Little, Brown and Company, 1990, p. 8.
② 沈达明编著:《英美合同法引论》,对外贸易教育出版社1993年版,第87页。
③ 〔德〕塞巴斯蒂安·洛塞:《数据交易:法律·政策·工具》,曹博译,上海人民出版社2021年版,第22页。
④ 〔美〕奥利弗·E. 威廉姆森:《资本主义经济制度》,段毅才等译,商务印书馆2002年版,第113页。

（二）从交换型合同到组织型合同

在市场经济条件下，一切交易活动都是通过缔结和履行合同进行的，无数交易构成了完整市场，在这个意义上，合同关系是市场经济最基本的法律关系。以其功能为分类标准，这些合同关系又可分为交换型合同（exchange contract）和组织型合同（organizational contract）。交换型合同调整单个的交易关系，要么以物或者权利为标的（如买卖合同），要么以物的使用为标的（如租赁合同或借用合同），要么是以特定服务为标的（如提供劳务或者服务的合同），而组织型合同则不像其他合同那样仅调整单个交易关系，而是用于组织复杂的经济活动，在这一过程中，合同被用作组织和管理的工具与载体。①

组织型契约有两个核心要素：长期性和网状特性。"组织型契约是合同法中的一个特殊领域，有其自己的特点，更类似于公司法。如今，不只是意思自治、市场规范和稳定性是这两个领域的共同支柱，长期性和网络效果也成为了新的共同特性。"② 与前述长期性合同类似，当事人在订立组织型合同时，也可能忽略未来的情况，合同能否按照约定履行，具有一定的不确定性。当然组织型合同与长期性合同也存在一定的区别，在长期性合同中，当事人之间的合作关系一般不具有层级性，而在组织型合同中，当事人按照约定的组织方式履行合同义务，各当事人之间的关系具有一定的组织性和层级性。③ 与传统的合同关系不同，组织型合同通常并不针对对立的双方当事人所实施的单个行为，而是主要着眼于多方主体基于合同组织起来的共同行为。

（三）从契约行为到共同行为

早在1892年，德国学者孔兹就提出，应将契约行为和共同行为分开，双方法律行为应为契约，而共同行为（合伙合同）则称为"合同"。按照法国学者的观点，在共同行为中，当事人之间意思表示的方向是相同的，而共同行为一旦作出，通常也约束并未参与该行为的其他成员，如股东会所通过的决议可对全体股东产生约束力。④ 共同行为的特点在于：第一，当事人的人数为三个以上。传统的合同关系一般只包含双方当事人，而共同行为则包含三个及以上当事人。第二，当事人意思表示的方向是一致的。对于一般的合同关系而言，当事人是为了实现各自不同的经济目的而订立合同，因此，当事人意思表示的方向是对立的，从而通过交易实现资源的交换和流通。而对共同行为而言，当事人并不是为了取得对方的特定标的物而订立合同，而是为了实现某一共同的经济目的订立合同，其意思表示的方向具有一致性。第三，一般采用多数决的方式达成。对传统的合同关系而言，必须双方当事人意思表示一致才能成立。而对共同行为而言，一般采用多数决的方式达成。

我国《民法典》第134条第1款规定，民事法律行为可以基于双方或者多方的意思表示一致成立。所谓共同法律行为，又称为多方法律行为，是基于两个或两个以上共同的意思表示一致而成立的法律行为，例如，设立公司的章程行为、合伙合同等。此类合同与一般的合同相比，当事人订立这些合同的目的不在于进行简单的交换，而在于确定共同投资、经营或分配盈余等方面的关系。当事人往往并非互负相对立的权利义务，而是共同对第三方承担

---

① See Oliver E. Williamson, "Tranction-Cost Economics: The Governance of Contractual Relations", 22 Journal of Law & Economics, 233-261(1979).

② Grundmann et al. (eds.), The Organizational Contract: From Exchange to Long-term Network Cooperation in European Contract law, Ashgate Publishing, 2013, p.28.

③ Ibid., p.31.

④ 尹田：《法国现代合同法》，法律出版社1995年版，第4页。

义务或享有权利。当然,由于这些合同本质上仍然反映交易关系,故仍应受合同法的调整。在合同法之外,如果其他法律对此类合同有特别规定的,则应当优先适用特别规定,只有在不能适用特别规定或者没有特别规定的情况下才适用合同法的规定。

(四)继续性合同类型的多样化

继续性合同在合同法中本身是一种类别,但在继续性合同中存在一些典型的继续性合同,其在交易实践中越来越占据重要地位,前述各类服务合同大多可以归入到典型的继续性合同的范畴。例如,旅游服务合同、教育培训服务合同、物业服务合同等均属于继续性合同。除此之外,实践中值得关注的继续性合同的典型类型还包括:

(1)商业特许经营合同。商业特许经营合同是一种新型的合同类型。[①] 在此种合同关系中,由于特许人和受许人都是独立的主体,商业特许经营合同本质上也是平等主体之间订立的民事合同。[②] 根据《欧洲民法典草案》第4.5-4:101条,商业特许经营合同是指一方当事人(特许人)为取得报酬,授予对方当事人(被特许人)从事经营活动(特许经营活动)的权利,被特许人有权为自身利益,以自己的名义在特许人的经营体系下提供特定产品,被特许人有权利也有义务使用特许人的商号、商标或其他知识产权、技术秘密以及模式的合同。美国特许经营协会(IFA)也作出了类似的规定。[③] 我国合同法虽未作出明确规定,但相关的行政法规和规章对此作出了规定。根据我国《商业特许经营管理条例》第3条的规定,商业特许经营合同是指特许人将其拥有的注册商标、企业标志、专利、专有技术等经营资源许可他人使用,受许人按照合同约定在统一的经营模式下开展经营,并向特许人支付特许经营费用的合同。在商业特许经营合同中,许可他人使用其所拥有的注册商标、企业标志、专利、专有技术等的主体称为特许人,而被许可使用的另一方主体称为受许人或被特许人。在商业特许经营合同中,合同的履行并非一时完成的,而需要持续、不间断的履行,在特许经营关系存续期间,特许人应向受许人持续提供技术、经营模式等方面的指导,受许人也应当按照合同约定持续使用特许人的商号、商业标志、专利技术、经营模式等。同时,特许经营的费用通常不是一次性支付的,而是根据特许经营状况分批进行支付。因此,商业特许经营合同属于继续性合同。

(2)金融合同。融资对经济组织的存续与发展的重要性不言而喻。而资金的载体——货币作为各类金钱债权的标的物,最广泛地出现在金融合同中。对于金融债权的实现而言,以下两个要素至为重要:一是债权的清偿得到确保,二是该债权可以较为容易地回收。在这一背景下,担保制度和债权转让制度是金融合同组织经济功能得以发挥的重要保障。通过金融合同(如存款合同),金融机构将他人的闲置资金(具体表现为个人对金融机构所享有的金融债权)集合起来,甚至将金钱债权作为与货币同样的支付手段,如贴现、保理、票据债权等,灵活运用,包括投资于公司之中,从而实现资本的增值和对公司的实际控制。[④] 我国合同法虽然规定了借款合同和融资租赁合同两类金融合同,但并没有对其他类型的金融合同,包括存款合同、转账安排、信用卡合同等作出规定,这也在一定程度上影响了合同法组织经济

[①] 何易:《特许经营法律问题研究》,中国方正出版社2004年版,第1页。

[②] See Christian von Bar et al. (eds.), *Principles, Definitions and Model Rules of European Private Law*, Volume Ⅲ, Munich: Sellier, European Law Publishers GmbH, 2009, p.2382.

[③] 美国特许经营协会(IFA)将其定义为:特许经营是特许人与受许人之间的一种契约关系,根据该契约,特许人向受许人提供一种独特的商业经营特许权,并给予人员培训、组织结构、经营管理、商品采购等方面的指导与帮助,受许人则向特许人支付相应的费用。参见李维华等:《特许经营概论》,机械工业出版社2003年版,第2页,前言。

[④] 〔日〕我妻荣:《债权在近代法中的优越地位》,王书江等译,中国大百科全书出版社1999年版,第194页。

功能的发挥。

（3）数据利用合同。在数字时代，数据财产通常并不强调单一控制的移转和权利归属的变动。无论是典型的数据财产交易，还是购买电子书、电影、音乐、图片以及一些虚拟物品，受让人一般并没有取得其所有权的意愿，而只希望通过获得其使用权以满足自己特定的生产活动和生活消费的需要。同时，某一主体从原始的数据财产权利人处取得数据财产的使用权，并不排斥其他主体同步取得相关数据财产的使用权，从而可以实现对同一宗数据财产的多元开发和高效利用。[①] 数字财产、数据等财产的移转，也并不需要在现实世界中进行运输，而在一瞬间便可以在网络上发生传输、移动、交易，这也使得合同的履行方式发生了重大变化，从原来的物理控制移转这种单一的交付形式转变为包括许可使用、接口利用等新型的履行方式，而且一般不需要完成财产的现实交付。有学者认为，数字发行技术和许可协议的快速兴起和普遍运用，甚至导致了所有权的终结。[②] 因此，合同法有必要总结数字时代的新型合同交易形式，构建新型典型合同规则。

第七节　合同立法的国际化与趋同化

一、合同法分则的国际化

"到了20世纪，特别是在欧洲，人们关注的焦点转向支持私法的更新和国际化。这是立法者在起草新的法律条文时不断增强的考虑吸收外国成果的意向所造成的。此外，在私法的许多领域，法律的统一以及协调已经开始（值得注意的是：统一发生于协调的前面）。"[③]市场经济是开放的经济，它要求消除对市场的分割、垄断、不正当竞争等现象，使各类市场成为统一的而不是分割的市场。经济全球化要求促使国内市场和国际市场的接轨，促进市场经济的高度发展和财富的迅速增长，由此决定了作为市场经济基本法的合同法，不仅应反映国内统一市场需要而形成一套统一规则，同时也应该与国际惯例相衔接。

近几十年来，合同法的国际化已成为法律发展的重要趋向，调整国际贸易的合同公约，例如，联合国《销售合同公约》的制定，熔两大法系的合同法规则于一炉，积极促进了合同法具体规则的统一。《销售合同公约》被认为是迄今为止最为成功的公约，这也表明，《销售合同公约》吸收两大法系合同法经验的做法，体现了合同法规则的发展趋势。在有关租赁、融资租赁、间接代理等领域，有关国际组织已经或正在尝试制定国际公约。[④]《欧洲合同法原则》的制定，也表明了合同法的世界趋同性。1994年，国际统一私法协会组织制定了《商事合同通则》（The Principle of International Commercial Contracts），不仅兼容了两大法系一些通用的合同法规则，还总结和吸收了国际商事活动中广为适用的惯例，其适用范围比《销售合同公约》更为广泛。按照西方一些学者的看法，在商事合同领域出现了一种自治趋势，"产生国际商业自治法的原因看来是：许多传统的国内法制度之间存在着差异，它们不适应

[①] Mateja Durovic & Franciszek Lech, *The Enforceability of Smart Contracts*, 5 (2) Italian Law Journal 493-511 (2019).
[②] 参见〔美〕亚伦·普赞诺斯基等：《所有权的终结：数字时代的财产保护》，赵精武译，北京大学出版社2022年版，第251页。
[③] 〔德〕克雷斯蒂安·冯·巴尔：《欧洲比较侵权行为法》（上卷），张新宝译，法律出版社2004年版，第451页。
[④] 例如，1988年由55个国家原则通过的《国际融资租赁公约》。

现代国际贸易世纪市场上变化了的环境"①。商事合同规则的统一,为国际贸易提供了极大的便利,例如关于不可抗力的概念,各国法律制度各不相同,有的解释比较宽泛,而有的解释相对比较严格,因而在欧洲经济委员会的共同条件和标准格式中,采用了独立于各国定义的不可抗力的概念②,这本身是法律全球化的一部分。

2009年欧洲民法典研究组、欧盟现行私法研究组共同推出了《欧洲示范民法典草案》,其中第四卷规定了典型合同,对买卖、租赁、服务(其中包括建筑、加工、设计、信息咨询、医疗服务)、委托、商事代理、特许经营、经销、借款、保证、赠与等作了专章规定,为统一私法问题提供了可能的解决方案③,这有助于形成统一的欧洲合同法规定。我国《民法典》合同编分则中,尤其是关于买卖合同中,大量借鉴了《销售合同公约》和《商事合同通则》中的经验。

二、示范法功能日趋重要

随着社会的发展和对效率的日益追求,合同法的示范法功能日益凸显。所谓示范法,是指通常是由某一领域的学术机构或者专家学者制定的,而不是由立法机关制定的法律,但一旦这些规则被法律认可,也具有法律拘束力,当事人也可在涉外经济交往中通过约定将其作为争端解决的规则。示范法主要可以分为两个方面,一是在特定领域或某些特定的行业领域内,依照法律的强制规定或者行业习惯,存在由中立组织或者行业团体制定的有关合同法方面的示范法。例如,德国的《建设工程合同一般规则》(General Condition for Construction Works)就属于这种示范性规则的类型,其在德国的适用范围非常广泛。在法国,民法典中有关加工承揽和建设工程合同的规定,也要通过法国标准化委员会制定的示范性规范加以补充。这些规范并不适用于和公共机构签订加工和建设工程合同的情况。即便是已经被标准化合同所包含的内容,在通常情况下也并非具有法律上的强制性,当事人仍然可以自己约定变更标准化合同的内容且当事人约定的条款具有优先的适用效力。但是出于效率的考虑,标准合同中的条款,在一般的交易中还是具有非常广泛的适用程度。从今后的发展趋势来看,有关行业协会、组织针对本行业内部的合同制定的标准条款,其适用范围会不断扩大。二是在全球范围内针对整个合同法规则制定的示范法。20世纪后期以来,随着全球层面的公共治理的兴起,国家作为控制者的角色在公共治理中的淡化,作为法律全球化进程结果的各种"示范法""原则""标准法"等非强制性文件也大量产生,形成所谓的"软法"。例如,UNIDROIT(罗马统一国际私法协会)所制定的《商事合同通则》、欧洲"兰度委员会"所制定的《欧洲合同法原则》以及欧洲民法典研究组、欧盟现行私法研究组起草的《欧洲示范民法典草案》。这些文件不具有强制约束力,但是具有相当程度的示范和导向作用,因此被称为"软法"。④

"软法"实际上是相对于国家立法机关制定的、具有普遍拘束力的"硬法"而言的。一些学者认为,相较于民法典,"软法"更注重私人自治。因此,"软法"似乎应当具有替代法典的功能。甚至,在目前的国际商事纠纷之中,这些"软法"的角色越来越重要,以至于国家或地

---

① 参见〔英〕施米托夫:《国际贸易法文选》,赵秀文选译,中国大百科全书出版社1993年版,第217页。
② 参见同上书,第220页。
③ 欧洲民法典研究组、欧盟现行私法研究组编著:《欧洲示范民法典草案:欧洲私法的原则、定义和示范规则》,高圣平译,中国人民大学出版社2012年版,第7页。
④ 参见罗豪才、宋功德:《软法亦法》,法律出版社2009年版,第314页;欧洲民法典研究组、欧盟现行私法研究组编著:《欧洲示范民法典草案:欧洲私法的原则、定义和示范规则》,高圣平译,中国人民大学出版社2012年版,第7、35页。

区的制定法反而已经越来越接近于不存在。①"软法"本身不具有法律拘束力,但一旦被国家法律采纳,就成为法律,从而具有了强制约束力。如果当事人在涉外经济交往中将一些"软法"约定为争端解决规则,则这些示范法也对当事人具有法律约束力。这些规则成了所谓的"替代性的规则供给"。② 因此,在涉外仲裁领域,实体规则可能会出现竞争,哪个国家提供的实体规则更有利于纠纷解决,就更容易被当事人选择,这就是所谓规则的竞争。就合同法领域而言,示范法的大量产生,也丰富了合同法的规则体系,同时促进了合同法规则的丰富和完善。③

---

① 参见陈自强:《整合中之契约法》,北京大学出版社2012年版,第258页。
② P. Zumbansen, Law after the Welfare State: Formalism, Functionalism, and the Ironic Turn of Reflexive Law, 56 Am. J. Comp. L. 770(2008).
③ José Castan Tobeñas, I-1 Derecho Civil Español Común Y Foral, 217-21 (Editorial Reus ed., 1988), at 62.

第二编 | 移转财产权合同

第三章　买卖合同
第四章　特种买卖
第五章　供用电、水、气、热力合同
第六章　赠与合同
第七章　租赁合同
第八章　技术合同

第三章

买 卖 合 同

第一节　买卖合同概述

一、买卖合同的概念和特征

买卖合同常常被称为"合同之王","在各种交换性的行为中,买卖是最重要的一种"。[①]各国合同法大多将买卖合同置于各典型合同之首,表明了买卖合同的重要性。《民法典》第595条规定:"买卖合同是出卖人转移标的物的所有权于买受人,买受人支付价款的合同。"其中,出卖人是指按照约定交付标的物并转移标的物所有权的人,相应地,买受人是指支付价款并接受标的物所有权的人。买卖合同的主要特点在于:

(1)移转标的物的所有权。买卖合同的目的就是要移转标的物的所有权,所以,出卖人仅仅交付标的物是不够的,还必须移转标的物的所有权。买卖作为一种典型的交易形式,是以一方移转标的物的所有权、另一方支付价款为内容的,在这一点上,它与单纯移转使用权的合同(如租赁、借用)不同。

(2)标的物具有广泛性。在现代社会,市场经济的发展使得交易的形式越来越多样。因此,买卖的形式也越来越丰富,买卖合同的标的物越来越具有广泛性。例如,未来之物的买卖、期货的买卖、各种财产权益的买卖,也都成为买卖的组成部分,从而使得买卖的客体范围日益扩大。《民法典》为反映此类交易实践中的现实需求,于第600条规定,计算机软件等标的物也可以成为买卖的客体。这就表明,无形的智力成果也可以成为买卖的对象。

(3)具有双务性。买卖合同是典型的双务合同:在买卖合同中,出卖人在移转标的物所有权时,享有请求对方支付价款的权利;而买受人在负有支付合同价款的义务的同时,也享有取得标的物所有权的权利。这些义务是买卖双方所负有的主要义务,且买卖双方的主给付义务具有牵连性。正是因为买卖合同是典型的双务合同,所以有关双务合同的规则如同时履行抗辩、不安抗辩、后履行抗辩等规则也适用于买卖合同。[②]

(4)具有有偿性、诺成性、不要式性。买卖合同是有偿合同,在买卖合同中,出卖人的主给付义务是移转标的物所有权给买受人,这与买受人交付价金的义务形成对价关系。当然,标的物的价值与价金是否达成等价关系,由当事人自行决定,除非存在意思表示不自由等情

---

① 〔德〕罗伯特·霍恩等:《德国民商法导论》,楚建译,中国大百科全书出版社1996年版,第126页。
② 参见吴志忠:《买卖合同法研究》,武汉大学出版社2007年版,第11页。

形,法律一般不作干涉。买卖合同是典型的诺成合同,除了法律另有规定或者当事人另有约定以外,双方当事人意思表示达成一致,买卖合同即宣告成立,而并不需要交付标的物。① 买卖合同是不要式合同,其订立可以采取口头或者书面形式,但是对于一些特殊的买卖,如不动产的买卖,法律则通常要求采用书面形式。

（5）具有基础性。由于买卖合同是商品交易最典型的法律形式,它最充分地反映了等价有偿的原则,自古以来就是移转财产权利的最基本的交易形式,最典型地体现了市场交易的法律规则,因而买卖合同具有典型性和基础性的特点。其他有偿合同很多是从买卖合同中发展出来的,同时也可能要参照适用买卖合同的规则。因此,《民法典》第646条规定:"法律对其他有偿合同有规定的,依照其规定;没有规定的,参照适用买卖合同的有关规定。"所谓"参照",就是可以准用买卖合同的相关规则调整其他有偿合同,如承揽、租赁、仓储合同等。从此种意义上来讲,买卖合同的规则在整个《民法典》合同编典型合同中可以起到拾遗补阙的作用。

从合同法的发展趋势来看,买卖合同呈现出形式多样性的发展趋势。一方面,买卖的方式日益多元化,例如,样品买卖、分期付款买卖、附买回条款的买卖、试用买卖、租购买卖、订购买卖等。② 另一方面,从买卖的客体来看,客体类型日益复杂,不仅各种有形财产都可能成为买卖的客体,同时许多新类型的财产,如数据产品、网络虚拟财产、知识产权新产品等都可以成为买卖的客体。随着各类新类型财产权的出现,买卖合同的客体有进一步扩展的趋势。③ 还要看到,在数字时代,消费者购买音乐、影像资料等,往往都是购买一段时期的使用权,而并非所有权。从原来的物理控制移转这种单一的交付形式转变为包括许可使用、接口利用等新型的履行方式,而且一般不需要完成财产的现实交付。有学者认为,数字发行技术和许可协议的快速兴起和普遍运用,甚至导致了所有权的终结。④

二、买卖合同与相关合同的区别

（一）买卖合同与有关财产权转让合同的区别

有关财产权的转让,主要是指除所有权以外的其他财产权利的转让。权利转让主要有如下几种：一是债权的转让。《民法典》合同编将其作为合同的转让规定在第一分编第六章之中,而不是将其规定在买卖合同之中。二是知识产权的转让。我国《民法典》合同编并没有对知识产权的转让作出整体性的专章规定,有关知识产权的转让问题主要由知识产权法作出规定。三是在例外情况下人格权的转让。依据《民法典》第1013条的规定,法人的名称权可以依法转让。四是有价证券的转让,如票据、股票、债券、提单等的转让。凡是法律不禁止转让的非专属性的权利,权利人都可以通过转让、抵押等方式进行法律上的处分。与买卖一样,权利的转让本质上也是一种商品交易,依据《民法典》第646条的规定,财产性权利的转让可以参照适用买卖合同的规定。例如,企业数据权益、网络虚拟财产等的转让,现行法律没有作出明确、具体的规定,因而可以适用或参照适用买卖合同的规则。但买卖合同与有关财产权转让合同毕竟属于不同的合同关系,二者的主要区别表现在：

---

① 参见奚晓明主编：《合同法讲座》,中国政法大学出版社2001年版,第302页。
② 方新军：《关于民法典合同法分则的立法建议》,载《交大法学》2017年第1期。
③ 同上。
④ 参见〔美〕亚伦·普赞诺斯基等：《所有权的终结：数字时代的财产保护》,赵精武译,北京大学出版社2022年版,第251页。

首先，适用的法律不同。买卖合同主要受到《民法典》合同编的调整，依据我国《民法典》第595条的规定，买卖合同是"转移标的物的所有权"的合同，因此《民法典》合同编原则上不调整权利转让。而权利的转让则主要受到相关权利所属的法律所调整，如《民法典》物权编、知识产权法等。

其次，客体不同。权利转让合同的客体是权利，其属于无形财产。买卖合同则主要以有体物为客体，既包括动产也包括不动产。例如，房屋买卖合同与建设用地使用权的转让合同相比，前者就是物的买卖（即房屋），后者则是权利的转让。

再次，移转方式不同。物的移转通常需要交付或者登记，而权利的转让原则上来说并没有交付的必要，当然在很多权利的移转过程中，交付权利的凭证和相关权利的登记也是必要的环节，但是权利凭证并不是权利本身。

最后，是否具有期限限制不同。买卖是移转物的所有权的合同，而物的所有权原则上是无期限的权利，所以，买卖合同所涉及的所有权期限原则上是无限制的。而权利的转让可能涉及期限的限制问题，因为有些权利是有期限的。例如，权利人甲享有一项期限为70年的建设用地使用权，其可以将其中一部分年限例如20年的使用权转移给乙；20年期限届满，则乙的权利消灭，该土地使用权继续由甲享有。[①]

（二）买卖合同与互易合同的区别

互易是一种古老的交易。在货币出现以前，人们之间的交易都是采取物物交换的方式进行的，也就是所谓的互易方式。[②] 比较法上，各国立法大都承认互易合同；在我国实践中，仍然大量存在以货易货的交易，尤其是在边贸市场上，大量都是采用互易的方式进行。互易合同，又称为以货易货的合同，它是双方当事人以金钱以外的财产进行相互交换而达成的合同。任何一方都要向对方交付货物，并接受对方的货物，但不需要向对方支付价款。互易有助于实现交易的便捷，弥补资金持有的不足，正是因为这些优点，其在现代市场经济社会中仍然发挥着重要的作用。

《民法典》第647条规定："当事人约定易货交易，转移标的物的所有权的，参照适用买卖合同的有关规定。"该条对互易合同作出了明确规定。互易具有如下法律特征：

一是转移财产权。当事人从事互易的交易，不是为了仅仅取得对标的物的使用权，而是为了取得对标的物的占有和所有权。在这一点上，互易不同于借用、租赁合同，而与买卖相同。因此，如果当事人之间互易的目的仅仅是占有对方的标的物并临时使用，则可能构成借用，而不构成互易。

二是不需支付价款。互易是以物易物的合同，其不同于买卖，也不是特种买卖。两者的最大区别在于买卖是一手交钱一手交货，而互易不存在价款的支付问题。在买卖中，要以货币为中介，而在互易中，并不以货币为中介。但是在互易的交易中，双方都是交付实物，所以也不存在明确的买方和卖方的区别。

三是具有双务、有偿性。互易是一种双务合同，因为双方当事人都负有给付义务，即交付特定物的义务。关于互易是否属于有偿合同，学界存在不同看法。有人认为有偿就意味着要支付合同价金，即一定数额的货币。但是在互易中，并不需要支付货币，所以互易属于

[①] 有学者认为，此种做法并非建设用地使用权的转让，而是设定次级建设用地使用权，从而满足第三人对其占有的地块短期或者一定范围的利用要求，实现物尽其用。参见尹飞：《物权法·用益物权》，中国法制出版社2005年版，第227页。

[②] 参见于光远、苏星主编：《政治经济学》（上册），人民出版社1973年版，第46页。

无偿合同。笔者认为,对于有偿或无偿的理解,不能仅限于是否支付货币,而是要看合同双方当事人是否需承担一定的对待性的给付义务。由于在互易中,一方在接受对方的物时,应当要交付自己的物,这实际上就形成了对待给付关系。

四是具有诺成和不要式性。互易合同自当事人双方达成合意时起就可以成立,不以物的交付为成立要件。此外,互易合同的订立也不必采取特定的形式(如书面形式等),只要当事人之间达成合意,无论采取口头还是书面形式,都可以认定合同成立。

五是当事人双方的权利义务内容具有类似性。在互易合同中,当事人兼具类似于出卖人和买受人的地位。互易各方享有相似的权利和义务,例如,都负有交付标的物的义务或接受对方提供的标的物的义务等。在这一点上,其与权利义务具有相对性的合同是不同的。

在现代社会,互易合同的适用范围十分狭窄,其大多适用于具有长期合作关系的当事人之间,但其作为一种典型合同,仍然具有一定的制度功能。互易合同与买卖合同具有相似之处,二者都要以物进行交换,同时,都要移转标的物的所有权,二者在交易内容、交易方式以及合同履行等方面存在相似性。此外,实际生活中存在附补足金的互易交易,即互易人相互交换货物之后,如果在价值上存在差异,则差额方应以金钱补足,其在性质上实为互易与买卖的混合合同,补足金义务的履行应当按买卖合同进行。例如,双方相互以各自的旧车进行交换,在确定了各自车辆的价金之后,如果存在价值差额,就可以协商补足差额。① 因此,在我国《民法典》合同编中,并没有将互易作为一种独立的典型合同加以规定,而主要参照适用买卖合同的相关规则。但应当看到,互易与买卖也存在一定的区别,主要表现为:

第一,是否支付价款不同。买卖合同是买卖标的物与价金的交换,买受人需向出卖人支付价金;而互易合同是标的物的交换,无须价金的支付。可以说,互易与买卖的区别点就在于是否以货币作为交换媒介进行交易。② 正是出于这一原因,买卖合同有关支付价款的规则不能适用于互易合同。

第二,当事人不同。互易人包括自然人、法人、非法人组织,互易合同的当事人可以是双方,也可以是三方以上的当事人,如三角互换。而在买卖合同中,虽然其主体范围也是自然人、法人和非法人组织,但当事人只限于双方,即买方和卖方。

第三,在违约情形下,互易与买卖的责任形式不同。在互易的情况下,一方不履行合同时,另一方有权主张其返还标的物。但是在买卖合同中,一方违约时,另一方可以采取多种补救措施,通常并不必须要返还标的物。

三、买卖合同的分类

(一)一般买卖合同和特种买卖合同

依据标的物或者交易方式的不同,可以将买卖合同分为一般买卖合同和特种买卖合同。一般买卖合同是指没有特殊要件要求的买卖合同,而特种买卖合同是指特殊形态的买卖合同,即具有特殊要件的买卖合同。在我国《民法典》合同编买卖合同一章中,既规定了一般买卖,也规定了特种买卖,后者包括所有权保留买卖、分期付款买卖、凭样品买卖、试用买卖、招标投标买卖、拍卖等。

一般买卖合同与特种买卖合同的区别在于:一方面,一般买卖作为通常的买卖形式,其

---

① 参见黄立:《民法债编各论》(上),中国政法大学出版社2003年版,第150页。
② 参见赢尧舜:《互易的几个法律问题探析》,载《理论与实践》2002年第6期。

符合买卖的一般特征。法律上对于一般买卖的条件和程序没有特殊的规定,应当适用合同编通则中关于合同订立的一般规则。而特殊买卖是买卖的特别形式,其在合同订立主体、合同订立方式、履行方式、担保规则等方面,应适用特别的法律规定。另一方面,特种买卖属于随着经济和社会发展而产生的特殊交易形态,而一般买卖是交易的传统形态。两者在适用的法律方面也存在一定区别,对特种买卖而言,在法律有特别规定的情况下,要从其规定,例如,拍卖要适用《拍卖法》的规定,招标投标买卖要适用《招标投标法》的规定;但对法律没有特别规定的部分,应当适用一般买卖的规则。

(二)动产买卖合同和不动产买卖合同

这是根据买卖合同的标的物是动产还是不动产所作的区分。两者的主要区别表现在:第一,转让的标的不同。动产是可以移动,或者移动不影响其价值的物。不动产是动产以外的其他财产。第二,移转所有权的方式不同。动产买卖通常适用交付移转所有权的规则,而不动产买卖通常以登记作为所有权移转的要件。当然,针对特殊的动产(如机动车、船舶),依据《民法典》第225条的规定,实行登记对抗主义,即船舶、航空器和机动车等物权的设立、变更、转让和消灭,未经登记,不得对抗善意第三人。第三,合同的形式要件不同。动产买卖合同一般都没有形式要件的要求,要式或不要式均可。而不动产买卖合同因标的物价值较大,为避免日后的纠纷,法律一般都要求其采用书面的形式,因此属于要式合同。

(三)国内货物买卖合同和国际货物买卖合同

这是根据买卖合同的当事人、标的物的所有权是否在不同国家之间转移等的不同所作的分类。两者的主要区别在于:第一,是否具有涉外因素。在国内货物买卖中,原则上不具有涉外因素。而在国际货物买卖中,其必然包含了涉外因素,这也决定了其在法律适用等方面存在差异。第二,适用的法律依据不同。就法律适用而言,国际货物买卖一般都允许当事人约定所应适用的法律,此种法律可以是外国法,也可以是内国法。在当事人没有约定的情况下,根据我国《涉外民事关系法律适用法》第41条的规定,应适用履行义务最能体现该合同特征的一方当事人经常居住地法律或其他与该合同有最密切联系的法律。而国内货物买卖一般只适用国内法。第三,时效期限不同。考虑到国际货物买卖的特殊性,法律上规定了特殊的诉讼时效期间。《民法典》第594条规定:"因国际货物买卖合同和技术进出口合同争议提起诉讼或者申请仲裁的时效期间为四年。"而国内货物买卖应当适用诉讼时效期间的一般规定,即《民法典》第188条所规定的3年的诉讼时效期间。

(四)消费买卖合同和经营买卖合同

根据买卖合同的主体不同,可以将买卖合同区分为消费买卖合同和经营买卖合同。消费买卖合同是指交易的一方为消费者而另一方是经营者的买卖合同。而经营买卖合同则是指在专业的经营者之间发生的买卖合同。现代市场经济社会,为了强化对消费者的保护,明确区分了这两种不同形式的买卖,适用不同的规则,以突出对消费者的保护,维护社会的公平。虽然我国《民法典》合同编中没有特别规定"消费者"的概念,但是许多条款的设计都倾向于对消费者的保护,如对格式条款的限制、强制缔约等规则。

这两种买卖合同形式的主要区别在:第一,主体不同。在消费买卖中,买受人一方特定为消费者,而出卖人一方则特定为专业经营者,其属于传统意义上的商人。由于受信息不对称等因素的影响,消费者相对于经营者属于弱者。在法律上,往往从消费者保护的角度,对消费买卖作出特殊的规定。第二,质量担保责任不同。在消费买卖中,作为出卖人的经营者,承担着特殊的质量瑕疵担保责任。例如,《消费者权益保护法》中规定,经营者提供的商品或服务质量存在欺诈的,消费者可以要求经营者承担多支付三倍价款或者服务费的惩罚性赔偿责任;此规则只是特别适用于消费买卖合同。而经营买卖的合同主体都是经营者,应适用《民法典》合同编的一般规则确定出卖人承担的质量担保责任。第三,信息披露义务不同。由于消费买卖中主体地位不平等,为了维护交易的公平,法律规定消费买卖中的经营者要完全披露商品的有关信息,如果由于披露不完全造成了消费者的损害,经营者要承担相应的责任;而在经营买卖中,由于双方都是专业经营者,出卖人所负担的披露义务相对较小,买受人也负有一定的查明货物质量的义务。

(五)现货买卖合同和期货买卖合同

这是根据在订立合同时标的物是否已经实际存在所作的分类。所谓现货,是指双方达成买卖合同时,合同的标的物已经存在。[①] 所谓期货,是指双方签订买卖合同时,合同的标的物尚不存在,但是按照合理的预期可以出现。期货合约是买卖双方根据公认的交易规则,在规定的地点和时间,就特定商品项目,按照规定的数量和质量交货和提货而达成的协议。[②] 在《民法典》合同编中,并没有对期货买卖合同作出特别规定,期货买卖合同将在未来的期货法中作出规定。

两种合同的区别主要表现在,第一,交易的对象不同。期货买卖合同交易的对象是期货合约。而现货买卖合同交易的对象是实物,包括现有之物和未来之物。第二,是否移转标的物所有权不同。现货买卖合同需要移转标的物所有权,而期货买卖合同移转的是期货合约。第三,缔约目的不同。现货买卖合同的缔约目的是通过移转交付而取得对标的物的所有权。期货买卖合同的目的不以实物交收为主,而是以锁定价格风险并获取投机利润为主。第四,履行方式不同。现货买卖合同的履行方式为标的物的交付。而期货买卖合同的履行方式为实物交割和对冲平仓两种。第五,价格不同。现货买卖合同的价格由双方当事人进行单独磋商确定。而期货买卖合同的价格则采取在期货交易所内集中竞价的方式确定。

第二节　买卖合同的成立和主要条款

一、买卖合同的成立

就普通的买卖合同而言,其是诺成性合同,法律也没有要求特别的成立要件。因此,买卖合同只要经过要约和承诺,就可以成立。当事人可以订立口头的、书面的买卖合同,也可以以一方实际交货、另一方接受履行的方式来订立买卖合同。如果当事人未以书面形式订立买卖合同,而仅仅向对方出具了相关交货凭证,在此情形下,能否认定买卖合同已经成立?对此,《买卖合同司法解释》第1条第1款规定:"当事人之间没有书面合同,一方以送货单、收货单、结算单、发票等主张存在买卖合同关系的,人民法院应当结合当事人之间的交易方式、交易习惯以及其他相关证据,对买卖合同是否成立作出认定。"这主要是考虑到,由相对人签署或出具的送货单、收货单等交货凭证可以证明相对人收到货物的事实,但仅有此类书

[①] 参见徐炳:《买卖法》,经济日报出版社1991年版,第13页。
[②] See Robert E. Fink & Robert B. Febuniak, *Futures Trading: Concepts and Strategies*, New York Institute of Finance, 1988, p.10.

证,不能排除送货人基于其他法律关系或事实接收货物的可能。[①] 例如当事人可能因为装修、保管等原因而接收货物,一方向另一方出具这些凭证。据此,在一方提交上述证据之后,法院还应当考虑交易方式(如当事人之间究竟是采取买卖、保管还是其他方式)、交易习惯(如当地习惯是否以交货凭证作为买卖的凭证),以及当事人之间的系列买卖、微信聊天记录等,从而综合判断作出决定。

还应当看到,当事人虽然持有对账确认函、债权确认书等函件、凭证,但这些凭证上可能并没有记载债权人的姓名或者名称,此时能否认定合同关系已经成立?依据《买卖合同司法解释》第1条第2款,法院也应当推定,凭证持有人就是债权人。[②] 因为凭证上没有记载债权人,可能是债务人故意为之,也可能是债务人疏忽所致,无论如何责任都在债务人。[③] 当然,凭证持有人被推定为债权人,也仅仅只是法律的推定,当事人如果能够提出相反证据,也可以推翻此种推定。

二、买卖合同的主要条款

所谓买卖合同的主要条款,是指买卖合同的成立所必须包含的条款。缺少了主要条款,买卖合同就不能成立。一般认为,当事人名称或者姓名、标的和数量是买卖合同的主要条款。但事实上,价款也应当是买卖合同的重要因素,因为如果合同没有约定价款或难以确定是否存在支付价款的义务,则难以确定该合同是否属于买卖合同。据此,买卖合同的主要条款应当包括:当事人的姓名或名称、标的、价款、数量。只有在具备这几项必要条款后,买卖合同才能成立。

我国《民法典》第470条列举了合同一般包括的条款,在该条款中规定当事人的姓名或者名称和住所为合同一般包括的条款,在买卖合同中,当事人包括出卖人和买受人。自然人应当表明其姓名,法人和非法人组织应当表明其名称和住所。一般而言,出卖人应当是物的所有人或对标的物享有处分权的人。后者是指虽然不享有所有权但享有处分权的人。例如,在企业破产情形下的管理人,其享有一定的权限,其中包括在一定条件下处分破产企业财产的权利。当然,当事人可以就未来财产的交易订立买卖合同,因此,出卖人并不必须对标的物享有所有权或者处分权。

在《民法典》第470条规定的基础上,《民法典》第596条具体列举了买卖合同一般包括的条款,但这一列举显然是不完全的,还需要一些提示性的规定来引导当事人正确订约。依据该规定,买卖合同一般包括如下条款:

(1)标的物的名称。我国《民法典》关于买卖的规定原则上仅限于物的买卖,不包括权利的买卖,从《民法典》第595条的规定来看,买卖合同的标的物主要是有体物。因为只有有体物才能实际交付,并移转所有权。所谓有体物是指具有一定的物质形体,能够为人们所感知的物。有体物一般分为动产和不动产,但其范围非常宽泛,凡是具有一定价值的财产,都可以作为买卖的标的物。将来之物虽然在合同订立时尚未产生,无从确定出卖人是否对其

[①] 参见最高人民法院民事审判第二庭编著:《最高人民法院关于买卖合同司法解释理解与适用(条文·释义·理由·案例)》,人民法院出版社2012年版,第41—42页。

[②] 《买卖合同司法解释》第1条第2款规定:"对账确认函、债权确认书等函件、凭证没有记载债权人名称,买卖合同当事人一方以此证明存在买卖合同关系的,人民法院应予支持,但有相反证据足以推翻的除外。"

[③] 参见最高人民法院民事审判第二庭编著:《最高人民法院关于买卖合同司法解释理解与适用(条文·释义·理由·案例)》,人民法院出版社2012年版,第48页。

享有所有权或处分权,但这并不会影响合同的效力,不过,如果出卖人在合同履行期限届满时仍未能取得标的物所有权或者处分权,导致其不能移转标的物所有权的,应当承担违约责任。

(2) 标的物的数量和质量。标的物的数量,是指当事人购买标的物的数目。数量通常要以一定的计量单位明确标识,例如,千克、吨、米等。当然,当事人也可以依据一定的交易习惯,采用行业公认的计量单位(如车皮)来计算。数量可以事先确定,也可以留待将来确定,但是,通常来说,将来确定具体的数量的条款应当在合同中有明确约定。标的物的质量也是买卖合同中的重要条款。为了准确地确定标的物的质量,当事人应当就标的物的品种、规格、品质等级、型号、级别等作出明确约定。[①] 当法律对标的物的质量有强制性要求时,当事人所约定的质量标准不得低于法律规定的质量标准。例如,针对食品、药品等,法律都规定了强制质量标准,当事人应当遵循这些质量标准。

(3) 价款及支付方式。价款又称为价金,由于买卖作为商品交易的典型形式,其必然以有偿性为特点,所以买卖中必须包括价款的约定。价款通常以一定的币种来确定,在我国订立的合同,通常应当以人民币作为计价标准。价款可以一次性支付,也可以分期支付,如果约定分期支付,当事人应当明确约定。如果当事人没有约定分期支付,应推定为一次性支付。价款可以采取现金的方式支付,也可以采取支票等方式支付,但是,当事人约定的支付方式不应当违反国家关于现金管理的规定。

(4) 履行期限。所谓履行期限,是有关当事人实际履行合同的时间规定。换言之,是指债务人向债权人履行义务的时间。在买卖合同成立并生效之后,当事人不必立即实际地履行其义务,在履行期到来以后才应当实际地履行义务。在履行期到来之前,任何一方都不得请求他方实际地履行义务。履行期限明确的,当事人应按确定的期限履行;履行期限不明确的,可由当事人事后达成补充协议或通过合同解释的办法来填补漏洞。在买卖合同中,除法律另有规定外,当事人双方应当同时履行。在履行期限到来后,当事人不履行义务的,将构成履行迟延。

(5) 履行地点和方式。所谓履行地点,是指当事人依据买卖合同规定履行其义务的场所。履行地点与双方当事人的权利义务关系也有一定的联系。在许多合同中,履行地点是确定标的物验收地点、运输费用由谁负担、风险由谁承受的依据,有时也是确定标的物所有权是否转移以及何时转移的依据。所谓履行方式,是指当事人履行买卖合同义务的方法。例如,在履行交付标的物的义务中,是应当采取一次履行还是分次履行,是采用买受人自提还是采用出卖人送货的方式,如果要采用运输的方法交货,则采用何种运输方式等,这些内容也应当在合同中尽可能作出约定,以免发生争议。

(6) 包装方式。包装方式是买卖合同中的重要条款,其通常会对标的物的质量产生影响。例如,出卖人所交付的货物容易受潮,如果不对货物采用合适的方式进行包装,将可能会导致货物受潮而发霉、变质等。此外,在出卖人需要将货物交由承运人进行运输时,根据货物的性质(如易燃、易爆等物品)而采取合适的包装方式也可以避免货物在运输途中的毁损、灭失等。《民法典》第619条规定:"出卖人应当按照约定的包装方式交付标的物。对包装方式没有约定或者约定不明确,依据本法第五百一十条的规定仍不能确定的,应当按照通用的方式包装;没有通用方式的,应当采取足以保护标的物且有利于节约资源、保护生态环

[①] 参见魏耀荣等:《中华人民共和国合同法释论(分则)》,中国法制出版社2000年版,第6页。

境的包装方式。"该条不仅对包装的一般标准作出了规定,而且要求在没有通用方式的情形下,应当采取"足以保护标的物且有利于节约资源、保护生态环境的包装方式",这实际上具体落实了《民法典》规定的绿色原则,防止因过度包装造成的财产损失和浪费。

（7）检验标准和方法。检验标准和方法,是指标的物在交付时采取何种标准和方法进行验收。检验标准包括国家标准、行业标准以及当事人约定的标准等。检验方法是指依据检验标准采用何种方法对标的物进行验收。例如,双方订立购买煤炭的合同,是采取过磅计量的方式,还是采取估堆的方式,或是以车皮来计算。再如,对于质量的确认,是否以第三人的检验报告为准,或直接根据国家标准和行业标准确定,这些都需要在合同中加以明确。我国《民法典》合同编对检验方法和检验标准作出了具体、明确的规定。

（8）结算方式。所谓结算方式,是指当事人在合同中就价款的清算所作的约定。对于即时买卖而言,当事人通常要即时结清。对于非即时买卖而言,当事人需要就价款的结算方式作出约定。例如,当事人可以约定在出卖人交付货物之后,买受人应及时支付价款,或约定分期或分批次对货物的价款进行结算。

（9）合同使用的文字及其效力等条款。合同文本可能以多种语言表达。例如,当事人用中文和英文分别订立合同,两种文本的表述可能会存在差异。当事人应当在合同中约定,在发生争议时,以哪一种合同文本为准。再如,在不同民族的主体之间进行交易时,可能涉及是采用汉语订立合同还是采用少数民族的语言订立合同的问题。

总之,法律关于买卖合同条款的规定是引导性的,而不是强行性规定。当事人完全可以根据具体情形来具体约定买卖合同的各项条款。但是,法律规定的买卖合同的必备条款（当事人的姓名或名称、标的、价款、数量）是不可缺少的,否则,买卖合同无法成立。

第三节　买卖合同的效力

一、出卖人的义务

（一）交付标的物的义务

买卖本质上就是"一方交钱,一方交货"的交易,因此,交付标的物和支付价款成为买卖合同的基本义务。依据《民法典》第595条的规定,出卖人的主合同义务包括交付标的物与移转标的物所有权。移转动产所有权是通过交付来完成的,但不动产所有权,必须要通过登记方能完成。总体而言,出卖人应当按照如下要求交付标的物:

1. 出卖人应当按照约定的期限交付标的物

在买卖合同中,出卖人应当按照约定的期限交付标的物,否则将构成履行迟延,应当承担相应的违约责任。《民法典》第601条规定:"出卖人应当按照约定的时间交付标的物。约定交付期限的,出卖人可以在该交付期限内的任何时间交付。"依据该条规定,如果合同约定了交货期限,应当按照合同约定的期限交货。例如,合同约定5月底前交货,在此之前,出卖人必须交付标的物。如果合同约定了交货的期间,出卖人应该在该期间交付。例如,合同约定在某个月内交付,那么在该月内的任何时间交付都是符合约定的。所以这一交付时间不是交货期限,而是交货期间。

《民法典》第602条规定:"当事人没有约定标的物的交付期限或者约定不明确的,适用本法第五百一十条、第五百一十一条第四项的规定。"如果当事人没有在买卖合同中约定交付期限,则应该在事后由当事人就合同履行时间达成补充协议,如果不能达成补充协议的,应当根据合同有关条款或交易习惯来确定。例如,当事人双方订立了购买月饼的合同,虽然合同中没有就履行时间进行明确约定,但依据交易习惯,出卖人应当在中秋节之前交付标的物。如果按照上述规则仍不能确定交付期限的,则出卖人可以随时要求履行交付义务,买受人也可以随时要求出卖人履行,但应当给对方必要的准备时间。

大陆法系国家一般以交付义务的履行为标准,将买卖合同中的债区分为赴偿之债、往取之债、送交之债。所谓赴偿之债,是指出卖人前往买受人的住所、营业场所或约定的地点交付。所谓往取之债,是指买受人应当到出卖人的住所、营业场所或约定的地点提取标的物。① 所谓送交之债,是指买受人请求出卖人将标的物送到特定的地点,或交给特定的人。这种分类在司法实践中对于判断交付的时间具有重要意义。但无论采取何种方式,基于诚信原则,当事人均应当及时通知对方,给对方预留足够的准备时间。

2. 出卖人应当在约定的地点交付标的物

关于出卖人交付标的物的地点,如果当事人有约定的,出卖人应当在约定的地点交付标的物。例如,合同约定在出卖人所在地交付,或者在货物存放地交付,则应当在约定的地点履行交付义务。但当事人之间没有约定明确的交付地点,或者约定不明确的,依据《民法典》第603条的规定,应当按照如下方法确定:首先,在没有明确约定交付地点时,依据《民法典》第510条的规定来确定交付地点,因此,当事人可以在事后达成补充协议;不能达成补充协议的,也可以根据合同有关条款或交易习惯来确定。例如,当事人无法达成补充协议,但买卖合同中约定买受人自提货物的,依据该条款,可以确定交付地点是出卖人所在地;或者买卖合同中约定,在出卖人所在地结算,可以据此认为,交付地点是出卖人所在地。仍不能确定的,就应区分两种情形加以判断:

一是标的物需要运输的情形。标的物需要运输的,出卖人应当将标的物交付给第一承运人以运交给买受人。《买卖合同司法解释》第8条前段规定:"民法典第六百零三条第二款第一项规定的'标的物需要运输的',是指标的物由出卖人负责办理托运,承运人系独立于买卖合同当事人之外的运输业者的情形。"所谓"出卖人应当将标的物交付给第一承运人以运交给买受人",实际上是"以履行义务一方所在地为合同履行地"原则的具体体现,即只要出卖人将标的物交付给第一承运人,即视为交付。依据《民法典》第511条,合同没有约定合同履行地点,交付货物的,应当以履行义务一方所在地作为合同履行地。在货物需要运输的情况下,虽然以出卖人所在地为合同履行地,但基于诚信原则产生的协助义务,出卖人还是应当将货物运抵第一承运人处。所以,出卖人将货物交付给第一承运人,应当认定为"在履行义务一方所在地履行了交付义务"。但适用这一规则的前提是标的物需要运输,如果标的物不需要运输,如出卖人和买受人相距不远,无须交给承运人进行运输而实现交付的,则不适用该规则。

二是标的物不需要运输的情形。即当事人虽未约定标的物的交付地点,而标的物不需要运输的。依据《民法典》第603条第2款第2项,交付地点的确定应适用如下两项规则:一是如果出卖人和买受人订立合同时知道标的物在某一地点的,出卖人应当在该地点交付标的物。这就是说,既然当事人在订立合同时都知道该标的物的所在地,而且该标的物又不需要运输,那么法律就推定当事人对于标的物的交付地点存在默示的合意,当事人意欲在标的

---

① 参见黄茂荣:《债法总论》(第二册),中国政法大学出版社2003年版,第99页。

物所在地履行。因此,除非当事人有特别约定,否则当事人应当在标的物所在地履行交付义务。二是如果不知道标的物在某一地点的,应当在出卖人订立合同时的营业地交付标的物。这就是说,订约时当事人对于标的物的交付地点既没有明示约定,也没有默示的合意(如订立合同时知道标的物所在地),应遵循《民法典》第511条的规定,在履行义务一方所在地履行货物交付义务。具体而言,该"履行义务一方所在地"就是"出卖人订立合同时的营业地"。

还需要看到,给付货币等的交货地点具有特殊性。《民法典》第511条第3项规定:"履行地点不明确,给付货币的,在接受货币一方所在地履行;交付不动产的,在不动产所在地履行;其他标的,在履行义务一方所在地履行。"该规定也确定了交货地点的规则,具体包括:第一,给付货币。履行地点不明确,给付货币的,在接受货币一方所在地履行。如何理解"给付货币的,在接受货币一方所在地履行"?所谓接受货币一方所在地,在买卖合同中,通常是指出卖人的营业地。法律作出此种规定的原因在于,在当事人没有特别约定的情况下,履行地是出卖人交付标的物所在地。因为买卖合同最基本的特征是交付标的物和移转所有权,所以应当依据出卖人交付标的物所在地确定履行地。第二,交付不动产,在不动产所在地履行。因为不动产都有明确的地址、面积、特征等,且价值较大,因此,在当事人约定不明的情形下,在不动产所在地交付,也有利于保护买受人的利益。第三,其他标的,在履行义务一方所在地履行。《民法典》第511条总括地规定,履行地点不明确时,"其他标的,在履行义务一方所在地履行",该条规定与《民法典》第603条并不完全一致,那么,在交付地点不明确的情况下,究竟应当优先适用第511条的规定还是第603条的规定来确定交付地点?笔者认为,对于买卖合同中交付地点约定不明的情形,原则上应当按照特别法优先于普通法的规则,适用《民法典》第603条。如果《民法典》第603条没有规定时,就适用《民法典》第511条。实际上,两个法条的内容也是相互衔接的,并不存在所谓的冲突和矛盾。

3. 出卖人交付标的物的方式必须符合法律规定和合同约定

就交付方式而言,现实交付是最为常见的交付方式,即出卖人将动产的占有现实地交由买受人占有,由买受人直接占有该动产。但如果法律有特别规定或者合同有特别约定的,也可以采取观念交付的方式,观念交付主要包括如下几种情形:

(1) 简易交付,即出卖人在转让动产物权之前,买受人已通过委托、租赁、使用借贷等方式而实际占有了该动产,则从移转标的物所有权的合同生效之时起,视为交付。

(2) 指示交付,即出卖人在转让动产物权时,如果该动产由第三人占有,出卖人可以将其对第三人的返还请求权转让给买受人,以代替物的实际交付。[①] 一般来说,在指示交付中,出让人转让的返还请求权应当是对特定的第三人的返还请求权,其适用前提是出让人知道占有其动产的人是何人,否则不能适用此种交付方式。双方当事人就返还请求权的转让达成合意时,交付即告完成。

(3) 占有改定,即在动产物权转让时,如果出卖人希望继续占有该动产,当事人双方可以订立合同,特别约定由出卖人继续占有该动产,而买受人因此取得对标的物的间接占有以代替标的物的实际交付。[②] 例如,甲将其一套机器设备出卖给乙以后,乙并没有占有该套机器设备,双方又达成租赁合同,约定由甲继续承租并使用该套机器设备,此种情况就属于占有改定。当事人就该特别约定达成合意时,交付即告完成。

---

① 参见王泽鉴:《民法物权》,北京大学出版社2009年版,第97页。
② 参见王利明、尹飞、程啸:《中国物权法教程》,人民法院出版社2007年版,第131页。

以上三种方式都可以由合同当事人采用,如果当事人就交付方式作出了约定,则应当认可其约定。如果当事人没有约定,当事人可以采取任何一种法定的交付方式。

需要指出的是,物权法上的交付与合同法上交付的概念并不完全等同,物权法上的交付是动产物权变动的公示方法,其主要依据物权法的规则进行。换言之,动产物权的变动需要完成交付,而且交付的方式具有法定性,即特定的交付方式必须符合相应的法律规定的要求。而合同法上的交付则是当事人按照约定将标的物的占有移转给对方,其主要是按照当事人的约定进行,当事人可以就交付的具体方式作出约定。例如,当事人在交付物的同时,还需要交付清单等。此外,合同法上的交付方式与物权法上的交付方式也不同,一般而言,在当事人没有特别约定的情形下,一般不宜采取指示交付和占有改定的方式。

4. 出卖具有知识产权的标的物并不当然移转知识产权

具有知识产权的标的物既可能是知识产权的载体,也可能是按照知识产权的方法制造的物。因此,买卖具有知识产权的标的物具有特殊性。《民法典》第600条规定:"出卖具有知识产权的标的物的,除法律另有规定或者当事人另有约定外,该标的物的知识产权不属于买受人。"该条规定了购买具有知识产权的标的物不导致知识产权的转让。此处所说的"具有知识产权的标的物"主要是指知识产权的载体,例如预装有软件的计算机、存储电影的光盘、印刷成书的小说等。法律作出此种规定的原因在于:一方面,诸如买卖计算机、光盘、书籍等行为,并不导致上述以有体物为载体的知识产权发生转让,而只是导致了知识产权载体的所有权变动,因此,买受人即使购买了载体,也不当然成为该知识产权的权利人。另一方面,知识产权的转让对象是知识产权本身,而具有知识产权的标的物买卖主要针对的是知识产权的载体,客体是该有体物;知识产权的转让与许可使用需要通过专门的知识产权转让或许可使用合同实现。买卖合同所转让的只是作为知识产权载体的标的物的所有权。不能够因为购买了具有知识产权的标的物,而当然享有其中的知识产权。[①] 不过,标的物买卖不导致知识产权转让也有例外。例如,《著作权法》第20条第1款规定:"作品原件所有权的转移,不改变作品著作权的归属,但美术、摄影作品原件的展览权由原件所有人享有。"依据该条规定,美术作品出卖后,买受人可以获得美术作品的展览权。[②] 当然,美术作品著作权的其他权利仍然应当由著作权人享有。

5. 电子信息产品的交付方式

电子信息产品的交付方式首先应当按照当事人约定的方式进行,如果当事人约定不明确,则依据《买卖合同司法解释》第2条确定,即"标的物为无需以有形载体交付的电子信息产品,当事人对交付方式约定不明确,且依照民法典第五百一十条的规定仍不能确定的,买受人收到约定的电子信息产品或者权利凭证即为交付"。所谓"电子信息产品",是指一切以信息为载体的各类产品,如软件、电子书籍、歌曲、音乐、图像、视频、影视作品等。这些产品具有无形性,但又能够为人力所支配,体现一定的经济价值,满足人们的生产和生活需要。尤其是,电子信息产品的利用不像有形财产那样会在利用过程中造成损耗,而可以反复利用。反复利用是实现其价值的方式,并不会减损其价值。由于电子信息产品本身不是有体物,这就决定了其交付不能采取通常的移转占有方式。依据上述规定,如果当事人没有就交付方式作出特别约定,且根据《民法典》第510条补充合同漏洞的条款仍然不能确定的,则在

[①] 参见黄薇主编:《中华人民共和国民法典合同编解读》(上册),中国法制出版社2020年版,第502页。
[②] 同上书,第470页。

买受人收到约定的电子信息产品或者权利凭证后,出卖人即完成了交付义务。① 例如,购买电子图书、网络影视作品、网络音乐作品等,只要买受人通过网络下载了相关的电子产品,就视为已经交付。

6. 买卖合同中标的物孳息的归属

孳息是指原物所产生的收益。例如,甲购买乙的一头母牛,在乙交付后母牛下崽,产下小牛,该小牛作为孳息有必要确定其归属。《民法典》第 630 条规定:"标的物在交付之前产生的孳息,归出卖人所有;交付之后产生的孳息,归买受人所有。但是,当事人另有约定的除外。"据此,在当事人之间没有作出特别约定的情形下,应以标的物是否交付作为判断孳息归属的依据,由于该牛已经交付,因此,该小牛的所有权应当归属于买受人。立法作出此种规定的主要原因在于:一方面,一般而言,孳息的产生与标的物占有人的保管照料关系密切,因而以交付为时点确定孳息权属,便利孳息收取与对标的物进行保管照料;另一方面,该规则与《民法典》第 604 条所规定的风险移转时间保持一致,从而遵循"风险和利益"共担的规则。② 买受人在取得标的物所有权的同时,也取得了孳息收取权,因此该规定具有合理性。

(二) 移转标的物所有权的义务

依据《民法典》第 595 条的规定,出卖人负有的主给付义务就是移转标的物的所有权。转移标的物所有权的义务是出卖人最基本的义务。如果出卖人仅仅交付了标的物,而没有移转所有权,则意味着出卖人没有完全履行其主给付义务。例如,在房屋买卖合同中,出卖人不能仅仅交付房屋,而不为买受人办理过户手续。因为在没有办理过户手续的情况下,房屋所有权并未发生移转,买受人订立合同的目的并没有实现,出卖人也没有完全履行其义务。《民法典》第 598 条规定:"出卖人应当履行向买受人交付标的物或者交付提取标的物的单证,并转移标的物所有权的义务。"该规定也进一步明确了出卖人在交付标的物的同时,还应移转标的物的所有权。

关于买卖合同中标的物所有权移转的时间,《民法典》区分了动产买卖和不动产买卖两种形态。

1. 动产所有权的移转

《民法典》第 224 条规定:"动产物权的设立和转让,自交付时发生效力,但是法律另有规定的除外。"一般而言,动产标的物的所有权自交付时发生移转。交付最初是指对物的实际控制,例如,出卖人将物直接交付给买受人。随着商品交易的发展,特别是财产证券化的形成,实物的交付显然不能概括全部的交付现象,因而法律逐渐承认了拟制的交付方式。此处所说的拟制的交付,是指移转所有权的一方将标的物的所有权凭证如仓单、提单等交给买受人,以代替物的现实交付。此种拟制交付方式的发展进一步加速了财产的流转。因此,在法律上,交付是指将自己占有的物或所有权凭证移转给他人占有的行为。

因交付而移转所有权,是法律所确立的动产所有权移转的一般规则,但是法律另有规定的除外。当事人也可以约定具体的交付方式,但是不能打破因交付而移转所有权的法定规则。具体来说,动产不适用交付移转所有权规则的,主要有以下两种情形:

第一,法律另有规定的情形。此处所说的法律另有规定,不仅包括《民法典》合同编的规

---

① 参见最高人民法院民事审判第二庭编著:《最高人民法院关于买卖合同司法解释理解与适用(条文·释义·理由·案例)》,人民法院出版社 2012 年版,第 116 页。
② 参见黄薇主编:《中华人民共和国民法典合同编解读》(上册),中国法制出版社 2020 年版,第 585 页。

定,还包括物权编等其他法律规定的情形。法律关于非因交付移转所有权的规定主要涉及两种情况:一是一些特殊动产所有权的移转。《民法典》第225条规定:"船舶、航空器和机动车等的物权的设立、变更、转让和消灭,未经登记,不得对抗善意第三人。"虽然该条所规定的特殊动产所有权移转自交付时发生,但未经登记的,不得对抗善意第三人,从这个意义上讲,买受人取得的仍然不是一个完整的所有权。出卖人在交付之后,仍然负有为买受人办理所有权转移登记的义务。二是所有权保留等情形。《民法典》第641条第1款规定:"当事人可以在买卖合同中约定买受人未履行支付价款或者其他义务的,标的物的所有权属于出卖人。"这实际上是对所有权保留的规定。在这些交易关系中,当事人约定由出卖人保留标的物的所有权,在出现法律规定或者当事人约定的特定情形时,标的物的所有权才发生变动。

第二,当事人另有约定的情形。从《民法典》第598条的规定来看,其所说的交付包括了实际交付以及交付提取标的物的单证两种方式。但当事人可以约定采用交付的其他具体形态,如占有改定、指示交付等,该约定生效时视为已经交付,从而排除了实际交付方可发生所有权转移的规则。

2. 不动产所有权的移转

《民法典》第209条规定:"不动产物权的设立、变更、转让和消灭,经依法登记,发生效力;未经登记,不发生效力,但是法律另有规定的除外。"该条确定了不动产物权登记作为一般原则的强制性,虽然条文没有使用"必须登记"的行文,但除了法律有特别规定的以外,所有的不动产物权变动都必须采取登记方式。因此,不动产所有权的转移,必须通过登记方可发生效力。

(三) 权利瑕疵担保义务

1. 权利瑕疵担保的概念和特征

瑕疵担保,是指债务人负有对其所提出的给付担保其权利完整和标的物质量合格的义务。所谓权利瑕疵担保,是指出卖人应当保障买受人对标的物享有合法权益,保证任何第三人不会对该标的物主张权利。该担保存在于除劳务合同以外的一切有偿合同之中。[1] 因为在买卖中,一旦出卖的标的物存在权属争议等问题,必将影响买受人的利益,甚至导致买受人在支付价款后无法获得标的物的权利。因此,比较法普遍确认了出卖人负有权利瑕疵担保的义务。《民法典》第612条规定:"出卖人就交付的标的物,负有保证第三人对该标的物不享有任何权利的义务,但是法律另有规定的除外。"该条就是关于出卖人权利瑕疵担保义务的规定。出卖人的权利瑕疵担保义务主要包括以下情形:一是出卖人应当就该权利之上不存在任何权利负担进行担保,即不存在抵押权、质权、用益物权等权利。[2] 二是出卖人应当担保该标的物之上没有关于所有权的争议。如果发生争议之后,重新确权导致第三人追夺,就可能影响买受人的权利。三是出卖人应当保证标的物不属于侵犯知识产权的产品。例如,出卖人不能将仿造他人专利产品制造的产品出售给他人。

2. 权利瑕疵担保义务的排除

一般情形下,出卖人均负有权利瑕疵担保义务,但在特殊情形下,出卖人也可能不负有该项义务。依据《民法典》第612条,法律另有规定的,出卖人不负担权利瑕疵担保义务。所谓"法律另有规定",主要是指《民法典》合同编和其他法律对出卖人的担保义务的特别规定,

---

[1] 参见崔建远主编:《合同法》(第七版),法律出版社2021年版,第285页。
[2] 参见胡康生主编:《中华人民共和国合同法释义》,法律出版社1999年版,第231页。

此时应当适用特别规定。例如,《民法典》第613条规定:"买受人订立合同时知道或者应当知道第三人对买卖的标的物享有权利的,出卖人不承担前条规定的义务。"可见,出卖人的权利瑕疵担保义务,也可以因为买受人明知或应知标的物有权利瑕疵而被免除。

作出此种规定的原因在于,买受人在订立合同时就知道或者应当知道权利的瑕疵,但仍然继续订立合同,因此,其自愿承受了第三人对标的物享有权利的风险。理性的买受人为了平衡此风险,在缔约时通常会提出对己方更为有利的条件,如低于正常一般交易的价款数额等。如果标的物被第三人追索,则其应当自己承担相应的损失,而不能向出卖人主张违约责任。《民法典》第613条所规定的"知道或者应当知道"是指在订立合同时或者订立合同之前,买受人就已经知道或者应当知道这些情况。如果在合同订立之后(如接受标的物时)方知悉,则意味着买受人是没有过错的,更无自愿承担风险的意思,也不应当要求其承担风险。此处所说的"知道"是指买受人的明知;"应当知道"是指按照一个通常的人的理智标准,在订立合同时,从相关情形应当了解到标的物存在权利的瑕疵。出卖人不承担权利瑕疵担保义务,就意味着买受人无权请求出卖人就其不能取得标的物的完整所有权承担违约责任。

3. 不安抗辩权的行使

《民法典》第614条规定:"买受人有确切证据证明第三人对标的物享有权利的,可以中止支付相应的价款,但是出卖人提供适当担保的除外。"该条确立了买卖合同中买受人所享有的不安抗辩权。这就是说,在买卖合同订立后,买受人确实有确切证据证明第三人对标的物享有权利,将引发争议的,其有权主张不安抗辩权,中止支付相应的价款。例如,甲乙之间订立了房屋买卖合同,约定于当年年底交付首期房款,第二年5月交付房屋,但买受人在支付首期房款之前,发现该房屋的建设用地使用权存在权属争议,第三人正在对该建设用地使用权主张权利,因此,买受人有权主张不安抗辩权。当然,从该条规定来看,在买受人主张不安抗辩权的情形下,如果出卖人提供了适当的担保,则买受人应当按照约定支付相应的价款。此处所说的"适当担保"并不限于抵押、质押等物的担保,任何能够消除买受人不安的担保,都可以构成此处所说的"适当担保"。

(四)物的瑕疵担保义务

1. 物的瑕疵担保义务的概念

所谓物的瑕疵担保义务,是指出卖人应当负有担保其出卖的标的物符合法律和合同规定的质量要求的义务。在买卖合同中,买受人购买标的物,不仅要取得所有权,而且该物应符合合同约定的质量要求,如此才能保证合同目的的实现,因此,出卖人还应当对买受人负有物的瑕疵担保义务。以德国法为代表的大陆法系国家认为,如果债务人违反此种担保义务,则应负瑕疵担保责任(Gewaehrleistung wegen Maengel der Sache)。[1] 此种责任与不适当履行的违约责任是有区别的。但因为两套违约责任制度不仅造成了规则的不一致,而且不利于保护受害人,所以一直受到非议。而英美法系国家历来采取单一的质量不合格责任(Non-conformity)制度[2],该制度为《销售合同公约》所采纳。该公约未区分缺陷和所保证品质的欠缺。只要实际交付的物与合同要求不符,除存在免责事由外,出卖人便应负违约责任。[3] 我国《民法典》实际上采纳了《销售合同公约》的规定,没有区分物的瑕疵担保责任与不

---

[1] Wolfgang Ernst, in: Historisch-kritischer Kommentar zum BGB, Band III, §§434-445, Rn.12.
[2] 例如,英国早在1893年的《货物买卖法》中就规定,在营业性买卖合同中,卖方应负担保货物具有可销售性的义务(《货物买卖法》第14条第2款)。
[3] 参见《销售合同公约》第35条、第39条。

适当履行的违约责任,而采取统一的违约责任制度,但《民法典》仍然规定了物的瑕疵担保义务,其包括如下几项内容:

一是出卖人应当按照合同约定的质量要求交付标的物。在合同中,当事人一般都会对标的物的质量作出约定。《民法典》第 615 条规定:"出卖人应当按照约定的质量要求交付标的物。出卖人提供有关标的物质量说明的,交付的标的物应当符合该说明的质量要求。"此处所说的"约定的质量要求",是指当事人在合同中对标的物的质量所作的具体规定。所谓"质量说明",是指针对所交付的特定货物的质量所作的说明,其实质上是出卖人对质量标准所作的明示的承诺。因此,出卖人提供了有关标的物质量说明的,则其提交的标的物在质量标准上必须符合该说明的标准,否则,即视为出卖人交付的标的物在质量上存在瑕疵,应当承担违约责任。

在买卖合同中,买受人如果在缔约时知道或者应当知道标的物存在瑕疵,原则上不应当再允许其主张瑕疵担保责任。《买卖合同司法解释》第 24 条规定:"买受人在缔约时知道或者应当知道标的物质量存在瑕疵,主张出卖人承担瑕疵担保责任的,人民法院不予支持,但买受人在缔约时不知道该瑕疵会导致标的物的基本效用显著降低的除外。"该条确立了一项原则,即买受人在缔约时知道或者应当知道标的物质量存在瑕疵的,不可主张瑕疵担保责任。但是,在例外情况下,即买受人"在缔约时不知道该瑕疵会导致标的物的基本效用显著降低"的,仍然可以主张瑕疵担保责任。例如,购买一辆二手车,买受人知道发动机存在一定的故障,但是,不知道该发动机故障会导致车辆根本无法运行。① 所谓"标的物的基本效用",是指物具有的基本功能或作用。因为瑕疵导致标的物的基本功能明显降低或者无法发挥作用,就会导致买卖合同目的不能实现。

二是在合同没有明确约定质量标准时,应当按照《民法典》的相关规定确定质量标准。依据《民法典》第 510 条的规定,首先应当由当事人达成补充协议,不能达成补充协议的,按照合同有关条款或交易习惯确定。如果仍不能确定质量标准的,则应当适用《民法典》第 511 条第 1 项的规定,先后考察是否符合强制性国家标准、推荐性国家标准、行业标准、通常标准或符合合同目的的特定标准。同时,依据我国有关法律,在国家标准与行业标准不一致的情况下,应当适用国家标准。② 例如,甲公司向乙公司出售一批面粉用于制作月饼,如果当事人没有约定且没有相应的国家、行业标准,则应当根据合同目的,即制作月饼的特定标准来确定面粉的质量要求,而不能以制作其他食品如馒头、蛋糕的标准来确定质量要求。

在违反物的瑕疵担保义务的情况下,我国法律也没有设置特殊的救济方式,而仍然将其作为违约的一种形态,通过违约责任加以救济。这就是说,合同法虽承认物的瑕疵担保义务,但是违反此种义务并非像传统大陆法那样适用特殊的瑕疵担保责任,而是将其统一归入违约责任之中。因此《民法典》第 617 条规定:"出卖人交付的标的物不符合质量要求的,买受人可以依据本法第五百八十二条至第五百八十四条的规定请求承担违约责任。"这就再次强调,违反瑕疵担保义务,应当承担违约责任,而不是独立的瑕疵担保责任。可见,我国法律并没有承认传统大陆法系国家中的瑕疵担保责任制度。

---

① 参见最高人民法院民事审判第二庭编著:《最高人民法院关于买卖合同司法解释理解与适用(条文·释义·理由·案例)》,人民法院出版社 2012 年版,第 505 页。
② 参见《标准化法》第 12 条的规定。

2. 违反瑕疵担保义务责任的免责条款及其适用

《民法典》第 618 条规定:"当事人约定减轻或者免除出卖人对标的物瑕疵承担的责任,因出卖人故意或者重大过失不告知买受人标的物瑕疵的,出卖人无权主张减轻或者免除责任。"该条确立了如下两项规则:

第一,允许当事人在合同中约定减轻或者免除出卖人对标的物瑕疵承担的责任。按照私法自治原则,如果买受人愿意减轻或者免除出卖人就标的物瑕疵所承担的责任,法律也应当允许。例如,当事人订立房屋买卖合同时,出卖人明确告知买受人其建设用地使用权存在争议,但有办法解决,而买受人则同意承担该标的物瑕疵的风险,即便因此发生损害后果,也不追究出卖人的责任,或者可以减轻出卖人的责任。但是当事人约定免除瑕疵担保责任的,只能导致出卖人免于承担违反瑕疵担保义务引发的违约责任,而不能排除买受人的解除权。例如,在"秦皇岛天悦汽车服务有限公司与青岛盛世飞洋海上旅游有限公司船舶买卖合同纠纷案"中,法院认为,当事人在合同中明确约定免除出卖人质量瑕疵担保责任的情况下,未能证明出卖人存在故意或因重大过失不告知其标的物瑕疵的行为,因此,出卖人无须为该观光巴士存在的质量问题承担责任。尽管出卖人无须承担质量瑕疵引起的违约责任,但其不能以不承担质量瑕疵担保责任作为合同不能解除的理由,合同能否解除仍然应当依照是否达到根本违约予以判断。①

第二,如果出卖人存在故意或者重大过失不告知买受人标的物瑕疵的情形,出卖人无权主张减轻或者免除责任。当事人订立此种减免瑕疵担保责任的特约,其前提是出卖人事先告知买受人标的物存在的瑕疵,买受人对标的物的瑕疵情况已经了解,这样其才愿意承担风险。但如果出卖人故意或者因重大过失不告知买受人标的物的瑕疵,却仍然根据违反瑕疵担保义务的免责特约,减轻或者免除出卖人的责任,则显然有失公平。比如,出卖人将标的物一物数卖,在已经将财产交付给第一个买受人之后,其仍然与第二个买受人订立合同,且出卖人不告知第二个买受人一物数卖的情况,并订立减免其违反瑕疵担保义务责任的特约,此种情形下,出卖人即不得主张减轻或者免除责任。

(五)交付单证以及其他资料的义务

出卖人除需要向买受人交付提取标的物的单证外,其还应当将其他有关单证和资料交付给买受人,单证和资料主要包括两类:一是与提取标的物相关的单证。《民法典》第 598 条规定:"出卖人应当履行向买受人交付标的物或者交付提取标的物的单证,并转移标的物所有权的义务。"例如,在出卖人将标的物交由保管人保管的情形下,其除了需要将仓单交付给买受人外,还应当将入库单等提取标的物的相关单证交付买受人。二是与标的物使用相关的单证和资料,如标的物的使用说明书以及相关的证明文件等。出卖人负担交付此类单证和资料的义务,旨在保障买受人对标的物的利用,从而更好地实现订立合同的目的。据此,出卖人应当履行的交付标的物单证和其他资料的义务包括如下两种:

(1)履行作为主义务的交付单证义务。依据《民法典》第 598 条的规定,出卖人可以通过两种方式移转标的物所有权:一是实际交付标的物,此种方式就是指现实交付。二是交付单证。此处所说的"单证",是指物的所有权凭证。如果交付的单证是指仓单、提单等有价证券,这些单证本身可以作为货物所有权的凭证,因此一旦将单证交付给买受人,便可以认为出卖人已履行了主给付义务。在许多情况下,单证的交付就意味着标的物所有权的移转,例

---

① 参见山东省高级人民法院(2015)鲁民四终字第 97 号民事判决书。

如,交付仓单、提单,就等同于移转了标的物所有权。① 因此,出卖人交付单证,也是履行移转标的物所有权的义务的要求。依据该条规定,如果出卖人已经将标的物交由第三人保管,则出卖人应当将提取标的物的单证交付给买受人,并将标的物所有权移转给买受人。本条所规定的提取标的物的单证主要包括提单、仓单等凭证。

(2) 履行作为从义务的交付单证义务。《民法典》第 599 条规定:"出卖人应当按照约定或者交易习惯向买受人交付提取标的物单证以外的有关单证和资料。"如何理解此处所说的交付单证?《买卖合同司法解释》第 4 条规定:"民法典第五百九十九条规定的'提取标的物单证以外的有关单证和资料',主要应当包括保险单、保修单、普通发票、增值税专用发票、产品合格证、质量保证书、质量鉴定书、品质检验证书、产品进出口检疫书、原产地证明书、使用说明书、装箱单等。"此处所说的有关资料,是指虽然不是所有权的凭证,但是与履行主义务有关的单证资料。例如,在某个购买宠物的合同中,双方约定在交付宠物时,还要交付血统证明,嗣后出卖人认为血统证明不是所有权凭证,因此拒绝交付,但是血统证明关系到该宠物的血统是否纯正,对买受人较为重要,因此买受人有权向出卖人请求交付这一资料,否则出卖人就违反了从给付义务。再如,在转让债权的合同中,出卖人负有交付必要的债权证明文件等资料的义务。交付单证的义务,在性质上属于从给付义务,它是辅助主合同义务实现交易目的的合同义务,原则上,与主给付义务之间不构成相应性,不适用同时履行抗辩。

在履行作为从义务的交付单证义务中,有两种特殊情形:一是交付增值税专用发票的义务。增值税专用发票作为纳税人从事商业活动的重要凭证,是记载商品销售额和增值税税额的财务收支凭证。增值税专用发票在性质上是付款的记账凭证。开具增值税专用发票,仅仅表明当事人买卖的成交,但不能证明当事人已经支付货款或者已经交付标的物②。因此,《买卖合同司法解释》第 5 条第 1 款规定:"出卖人仅以增值税专用发票及税款抵扣资料证明其已履行交付标的物义务,买受人不认可的,出卖人应当提供其他证据证明交付标的物的事实。"所以,法院还应当根据当事人的合同条款、商业惯例、交易习惯以及其他证据(如双方的往来通信)等来判断是否已经实际交付。二是交付普通发票的义务。普通发票是在购销商品或接受服务中开具、收取的收付款凭证。普通发票在实践中主要发挥收据的功能。如果合同已有约定,或者当事人之间的系列交易习惯已经将普通发票作为付款凭证,则可以推定买受人已经履行了付款义务。③ 因此,《买卖合同司法解释》第 5 条第 2 款规定:"合同约定或者当事人之间习惯以普通发票作为付款凭证,买受人以普通发票证明已经履行付款义务的,人民法院应予支持,但有相反证据足以推翻的除外。"据此,如果买受人提出相反证据,以推翻上述推定的,也可以予以推翻。例如,在实践中,确实出现了先开票后付款的情况,买受人并未实际付款,则应当依据实际情况而定。

(六) 标的物的回收义务

《民法典》第 625 条规定:"依照法律、行政法规的规定或者按照当事人的约定,标的物在有效使用年限届满后应予回收的,出卖人负有自行或者委托第三人对标的物予以回收的义务。"该条确立了买卖合同中的回收义务。该条规定贯彻了绿色原则的要求,避免有毒有害物质造成的环境污染与生态破坏,并循环利用具有回收价值的废物。该种回收义务的发生

---

① 参见胡康生主编:《中华人民共和国合同法释义》,法律出版社 1999 年版,第 216 页。
② 参见最高人民法院民事审判第二庭编著:《最高人民法院关于买卖合同司法解释理解与适用(条文·释义·理由·案例)》,人民法院出版社 2012 年版,第 146—147 页。
③ 同上书,第 151 页。

原因主要包括以下两种：

一是法律或行政法规规定了回收义务。例如，《固体废物污染环境防治法》第65条规定："产生秸秆、废弃农用薄膜、农药包装废弃物等农业固体废物的单位和其他生产经营者，应当采取回收利用和其他防止污染环境的措施。"再如，《循环经济促进法》第15条规定："生产列入强制回收名录的产品或者包装物的企业，必须对废弃的产品或者包装物负责回收；对其中可以利用的，由各该生产企业负责利用；对因不具备技术经济条件而不适合利用的，由各该生产企业负责无害化处置。"法律关于回收义务的规定可能是倡导性的，也可能是强制性的。如果是强制性的，则应当自动成为合同内容，当事人不履行此种回收义务的，应当依法承担相应的责任。

二是当事人在合同中约定了回收义务。在这种情况下，出卖人即使没有负担法定的回收义务，也应当按照约定的时间和方式进行回收。需要指出的是，依据《民法典》第625条的规定，标的物在有效使用年限届满后"应予回收的"，出卖人负有标的物的回收义务。例如，当事人约定对打印机墨盒在使用完毕后，出卖人应有回收义务的，则出卖人应依约履行。违反标的物的回收义务，可能承担违约责任。

（七）履行附随义务

出卖人负有依据诚信原则产生的保密、忠实、保护等附随义务，这些义务的履行不仅有利于维护合同关系的稳定，而且有利于全面实现当事人订立合同的目的。例如，出卖人交付货物时，不能在交付期限的最后一天的深夜，上门交付。再如，出卖人对买受人订约时提供的数据资料等应当负有保密义务。即便在合同终止以后，出卖人仍然负有保密的义务。当然，在买卖关系中，出卖人所负有的附随义务的内容，需要根据具体的标的类型来加以确定。

二、买受人的主要义务

（一）支付价款的义务

依据《民法典》第595条，买卖合同是出卖人转移标的物的所有权于买受人，买受人支付价款的合同，可见，支付价款是买受人的基本义务或主给付义务。买卖合同是双务合同，所以，买受人取得标的物所有权就必须支付相应的价款。在当事人之间没有特别约定或者法律没有特殊规定的情况下，买受人应当在出卖人交付标的物的同时支付价款。买受人支付价款的义务包括如下几点：

（1）按照约定的数额支付价款。《民法典》第626条前段规定："买受人应当按照约定的数额和支付方式支付价款。"通常，买卖合同中应当约定价款，否则当事人无法履行。买卖合同中对价款的约定未必一定是确定的数额，当事人也可以约定确定价款的方式。例如，在价格不断变动的情况下，当事人完全可以约定按照当日国内某个主要批发市场的价格来确定价款。在当事人没有约定价格条款的情况下，依据《民法典》第510条的规定，应当由当事人达成补充协议，不能达成补充协议的，按照合同有关条款或交易习惯确定。如果还不能确定的，应当按照订立合同时履行地的市场价格履行。

（2）按照约定的支付方式支付价款。《民法典》第626条规定："买受人应当按照约定的数额和支付方式支付价款。对价款的数额和支付方式没有约定或者约定不明确的，适用本法第五百一十条、第五百一十一条第二项和第五项的规定。"如果合同约定了支付方式，就必须按照合同约定的方式进行支付。比如，约定是一次缴清还是分期付款；邮汇、电汇还是现金；亲自支付还是由他人代为支付。凡是约定一次性支付的，就不能分期支付。一般来说，如果合同没有约定分期支付,就应当推定为一次性支付。

(3) 按照约定的支付时间支付价款。《民法典》第 628 条规定:"买受人应当按照约定的时间支付价款。对支付时间没有约定或者约定不明确,依据本法第五百一十条的规定仍不能确定的,买受人应当在收到标的物或者提取标的物单证的同时支付。"根据本条规定,如果当事人没有约定价款支付时间,则先后按照如下两个规则确定价款支付时间:一是按《民法典》第 510 条的规定来确定履行时间。该条规定:"合同生效后,当事人就质量、价款或者报酬、履行地点等内容没有约定或者约定不明确的,可以协议补充;不能达成补充协议的,按照合同有关条款或者交易习惯确定。"二是买受人应当在收到标的物或者提取标的物单证的同时支付。按照双务合同同时履行的原则,在出卖人交货的时候,买受人就应当支付价款。这也是等价交换和公平原则的体现。

(4) 按照约定的支付地点支付价款。《民法典》第 627 条规定:"买受人应当按照约定的地点支付价款。对支付地点没有约定或者约定不明确,依据本法第五百一十条的规定仍不能确定的,买受人应当在出卖人的营业地支付;但是,约定支付价款以交付标的物或者交付提取标的物单证为条件的,在交付标的物或者交付提取标的物单证的所在地支付。"依据这一规定,首先,买受人应当按照约定的地点支付价款。在实践中,价款一般都通过银行转账的方式支付,但是如果当事人约定了价款支付地点的,则应当按照约定的地点支付。其次,如果当事人没有约定价款支付地点或者约定不明确,依据《民法典》第 510 条的规定,当事人可以通过达成补充协议的方式予以确定,不能达成补充协议的,则按照合同有关条款或者交易习惯确定价款支付地点。最后,如果无法依据《民法典》第 510 条确定价款支付地点,则原则上应当在出卖人的营业地支付。这是因为营业地在民法上是法人的住所,在没有特别约定的情况下,一般的交易应当在法人的住所发生,且营业地对诉讼管辖的确定也具有重要的意义,所以通过前述规则仍不能确认支付地点的,买受人就应当在出卖人的营业地支付价款。不过,《民法典》第 627 条对该规则作出了例外规定,即约定支付价款以交付标的物或者交付提取标的物单证为条件的,在交付标的物或者交付提取标的物单证的所在地支付。例如,当事人约定以交付仓单代替标的物交付的,买受人应当在交付仓单的所在地支付价款。再如,双方采用信用证的方式付款,则买方应当向卖方营业地的议付银行提供有关的单据,并由议付银行凭单付款。[①]

(二) 及时检验并通知的义务

1. 及时检验的义务

《民法典》第 620 条规定:"买受人收到标的物时应当在约定的检验期限内检验。没有约定检验期限的,应当及时检验。"该规定首先确立了买受人的及时检验义务。法律上确立买受人的及时检验义务,有利于及时发现标的物瑕疵,确定标的物的质量是否符合合同约定,及时采取补救措施,避免损害的扩大;同时,也有利于及时解决纠纷。及时检验义务在性质上应当属于不真正义务,如果买受人未履行此种义务,应当视为标的物的质量合格,由此产生的损失由买受人自己承受。但是,买受人自身并不应对出卖人承担违约责任。

《民法典》第 620 条确立了履行检验义务的期限,即检验期限。依据该规定,检验期限应当按照如下两个规则确定:一是在约定的检验期限内检验。如果当事人对于检验期限有约定的,就按照约定的期限进行检验。例如,在"大庆高新技术产业开发区大丰建筑安装有限

[①] 参见黄薇主编:《中华人民共和国民法典合同编解读》(上册),中国法制出版社 2020 年版,第 516 页。

公司、东方电气集团东方汽轮机有限公司买卖合同纠纷案"中,最高人民法院认为,买卖的货物交付后,买受人已经使用标的物且未在约定的质量保证期内提出质量异议的,应视为标的物质量符合约定,当出卖人要求买受人支付欠付货款、退还质保金时,买受人以货物存在质量问题为由主张行使先履行抗辩权拒绝付款的,不予支持。[①] 二是没有约定检验期限的,应当及时检验。所谓及时检验,即买受人应当在一个合理的期限内进行检验。合理检验期限的确定,应根据标的物的种类、性质、形态、数量与质量、交付的地点、买受人检验的能力等各个方面来进行综合判断。

问题在于,如果当事人约定的检验期限过短,应如何处理?《民法典》第622条第1款规定:"当事人约定的检验期限过短,根据标的物的性质和交易习惯,买受人在检验期限内难以完成全面检验的,该期限仅视为买受人对标的物的外观瑕疵提出异议的期限。"该条是关于约定的检验期限过短的情形的规定。在实践中,许多商品(特别是药品、食物等)是否存在瑕疵,买受人在短期内根本无法作出检查、鉴定,如果当事人约定的检验期限过短,过了检验期限,就视为标的物合格,对买受人就极为不利。因此,依据《民法典》第622条第1款的规定,在当事人约定的检验期限过短时,该约定的检验期限将被拟制为提出外观瑕疵异议的期限。这就是说,该条将标的物瑕疵区分为外观瑕疵与隐蔽瑕疵,由于外观瑕疵通常易于判断,因此就外观瑕疵提出异议的期限可以较短。而隐蔽瑕疵通常无法及时发现,因而,约定的检验期限过短时,就难以在该规定的期限内就隐蔽瑕疵提出异议。如果当事人约定的检验期限过短,则将当事人所约定的检验期限拟制为当事人就标的物外观瑕疵所约定的检验期限,而不是对整个标的物质量进行检验的期限,整个标的物的质量检验期限应当根据标的物的质量、买受人的检验能力等综合予以确定。

如何判断检验期限是否过短?依据《民法典》第622条的规定,主要可以从三个方面考虑:一是根据标的物的性质进行确定,如果标的物的物理结构简单,可以从外观判断质量状况,则通常不需要过长的检验时间;二是根据交易习惯进行确定,即相较于通常的交易习惯,对此类商品约定的检验时间是否过短;三是考虑买受人在检验期内完成检验的难度,如果检验标的物的难度较大,通常情况下买受人在约定的检验期内难以完成检验,则可以认定约定的检验时间过短。需要指出的是,当事人约定的检验时间过短,并不导致该条款无效,依据《民法典》第622条第1款的规定,此时法律将其拟制为当事人对于标的物外观瑕疵提出异议的期限。例如,在"绍兴市上虞五叶食品机械有限公司、舟山市海利远洋渔业有限公司船舶物料和备品供应合同纠纷案"中,最高人民法院认为,铝平板缺陷并非外观瑕疵,属于隐蔽瑕疵。根据铝平板安装和使用情况、瑕疵的性质、检验方法和难易程度、买受人所处的具体环境等综合因素,应认定《工矿产品购销合同》约定的一个月检验期属于海利公司对外观瑕疵提出异议的期间,海利公司在该检验期间内难以完成全面检验,并最终确定以法律规定的"自标的物收到之日起两年",作为海利公司就案涉铝平板隐蔽瑕疵提出质量异议的期间。[②]

在实践中,有关检验期限和质量保证期,不仅需要当事人在合同中作出约定,而且法律和行政法规等规范性文件也要作出必要的规定。如果当事人约定的质量检验期限和质量保证期短于法定的期限,对此应如何处理?《民法典》第622条第2款规定:"约定的检验期限或者质量保证期短于法律、行政法规规定期限的,应当以法律、行政法规规定的期限为准。"

---

① 参见最高人民法院(2019)最高法民终185号民事判决书。
② 参见最高人民法院(2020)最高法民申6726号民事判决书。

对于当事人约定的检验期限或质量保证期短于法律、行政法规规定的情形,该款确定了法定检验期限和质量保证期限优先适用的原则。法律作出此种规定更有利于保护买受人,防止因当事人约定的检验期限和质量保证期过短,导致买受人无法及时检验。当然,在当事人之间约定的检验期限和质量保证期限比法定期限更长时,则应当遵循当事人的约定。

在实践中,大量的买卖合同纠纷涉及网购、邮购中标的物的数量、质量等方面的纠纷,为此,《民法典》第623条规定:"当事人对检验期限未作约定,买受人签收的送货单、确认单等载明标的物数量、型号、规格的,推定买受人已经对数量和外观瑕疵进行检验,但是有相关证据足以推翻的除外。"该条规定确立了如下几个规则:

第一,当事人对检验期限未作约定。在大量的网购、邮购中,当事人可能没有对检验期限作出约定,如果当事人已经在合同中对检验期限作出了约定,则适用该约定期限,除非当事人约定的期限过短,则适用《民法典》第622条的规定。

第二,如果当事人对检验期限未作约定,而买受人签收的送货单、确认单等载明标的物数量、型号、规格的,推定买受人已经对数量和外观瑕疵进行检验。依据该条规定,如果当事人没有约定检验期限,则可以从买受人签收行为中推定出买受人已经进行了数量和外观瑕疵的检验。例如,在"李海洪与广州市兴田种子有限公司产品责任纠纷案"中,最高人民法院指出,当事人对标的物的检验期间未作约定,买受人签收的送货单、确认单等载明标的物数量、型号、规格的,推定买受人已对数量和外观瑕疵进行了检验,但有相反证据足以推翻的除外。本案中,该批菠菜种子代收人李永先对种子数量、包装等确认后签字并领取,事后,李海洪未对该批种子的质量、包装等提出异议,应当认定已经对标的物的数量以及外观等进行了检验。①

但需要注意的是,适用本条规则的前提是买受人签收的送货单、确认单等已经载明了货物的数量、型号、规格等,而在未载明上述信息的情形下,仍然不能推定买受人在签收时已经对数量和外观状态进行了确认。而买受人的签收行为,也仅仅能够被推定为对数量和外观瑕疵的检验,而对于隐蔽瑕疵而言,由于隐蔽瑕疵无法在签收时就即时发现,因此,其并不适用该规则。

第三,有相反证据足以证明当事人没有对数量和外观瑕疵进行检验的除外。该条规定采用了推定的法律技术,这就意味着在有相反证据可以证明存在相反事实时,该推定可以被推翻。这主要是针对部分快递服务企业推行的先签收后验货的收货模式。由于一些快递服务企业不允许买受人查验货物,采取先签后验的办法,因此买受人在签收时,事实上无法确定货物的数量和外观状态。此时,该条允许买受人提供相反的证据推翻前述推定,从而不发生买受人已经检验货物数量和外观状态的效果。②

《民法典》第624条对于向第三人交付货物情形下检验标准的确定问题进行了规定。依据该条规定,出卖人依照买受人的指示向第三人进行交付,在出卖人与买受人约定的检验标准与买受人与第三人约定的检验标准不一致时,应当以出卖人与买受人约定的检验标准为准。之所以出卖人与买受人确定的检验标准优先,其主要理由在于:一是根据合同相对性原则,出卖人交付货物乃是完成其与买受人买卖合同中的给付,因此,对于该货物的检验标准应当适用出卖人与买受人的合同约定,出卖人不应受买受人与第三人合同关系的约束;二是

---

① 参见最高人民法院(2015)民申字第2239号民事裁定书。
② 参见黄薇主编:《中华人民共和国民法典合同编解读》(上册),中国法制出版社2020年版,第531页。

两个合同关系中约定的检验标准不一致的,即便出卖人交付的货物不符合第三人与买受人的约定,第三人也可以要求买受人承担二者合同关系中的违约责任。

2. 通知义务

所谓通知义务,是指买受人在检验之后如发现标的物数量或质量不合格,应及时通知出卖人。关于买受人通知义务的履行时间,依据《民法典》第621条的规定,应按如下规则处理。

(1) 当事人约定检验期限时的通知义务。《民法典》第621条第1款规定:"当事人约定检验期限的,买受人应当在检验期限内将标的物的数量或者质量不符合约定的情形通知出卖人。买受人怠于通知的,视为标的物的数量或者质量符合约定。"依据这一规定,首先,如果当事人明确约定了检验期限,则买受人应当在该约定的检验期限内对标的物进行验验,如果标的物的数量或者质量不符合约定,买受人还应当在合理期限内通知出卖人。例如,货物短少、品种不符或者型号不符等,一旦发现,就要及时通知。其次,买受人怠于通知的,视为标的物的数量或者质量符合约定。当事人约定了标的物检验期限的,买受人应当在该检验期限内作出通知。如果就标的物的数量或者质量不符合约定的情形在发现之后迟迟不予通知,就视为标的物的数量和质量符合约定。

(2) 当事人没有约定检验期限时的通知义务。《民法典》第621条第2款规定了此种情形下的通知规则:

第一,如果当事人没有约定检验期限,则买受人应当在合理期限内作出通知。如何理解"合理期限"? 合理期限是指买受人发现或者应当发现标的物的数量、质量等不符合约定并提出异议的期限。所谓发现是指买受人已经知道了标的物的数量、质量等不符合约定。应当发现是指按照通常情况,买受人应当发现标的物的数量、质量等不符合约定。对合理期限的长短的判断,《买卖合同司法解释》作出了具体规定,该解释第12条第1款规定:"人民法院具体认定民法典第六百二十一条第二款规定的'合理期限'时,应当综合当事人之间的交易性质、交易目的、交易方式、交易习惯、标的物的种类、数量、性质、安装和使用情况、瑕疵的性质、买受人应尽的合理注意义务、检验方法和难易程度、买受人或者检验人所处的具体环境、自身技能以及其他合理因素,依据诚实信用原则进行判断。"该解释实际上采取了动态系统论的方式,要求法官结合个案的具体情况确定合理期限。

第二,买受人在合理期限内未通知或者自收到标的物之日起2年内未通知出卖人的,视为标的物合格。具体来说有两种情形:一是超过合理期限未通知。合理期限需要根据交易类型和交易习惯等具体确定。二是自标的物收到之日起满2年未通知。如果双方无法确定合理期限,或者因期限是否合理而发生争议时,则适用买受人自标的物收到之日起2年内未通知出卖人的规定。① 如果买受人未在合理期限内通知出卖人的,则视为标的物数量、质量符合合同约定。《买卖合同司法解释》第12条第2款规定:"民法典第六百二十一条第二款规定的'二年'是最长的合理期限。该期限为不变期间,不适用诉讼时效中止、中断或者延长的规定。"据此可见,该2年的期限在性质上是除斥期间。

买受人只要在合理期限内提出异议,就可以依法主张违约责任。依据《买卖合同司法解释》第13条的规定,"买受人在合理期限内提出异议,出卖人以买受人已经支付价款、确认欠款数额、使用标的物等为由,主张买受人放弃异议的,人民法院不予支持,但当事人另有约定

---

① 参见胡康生主编:《中华人民共和国合同法释义》,法律出版社1999年版,第241页。

的除外"。但是,如果检验期限、合理期限、2年期限经过后,买受人主张标的物的数量或者质量不符合约定的,依据《买卖合同司法解释》第14条的规定,此种请求不应当受到保护。该条第2款规定:"出卖人自愿承担违约责任后,又以上述期限经过为由翻悔的,人民法院不予支持。"据此,如果出卖人自愿承担违约责任以后,也不能以上述期限经过为由翻悔。这实际上是"禁反言"原则的具体适用。

第三,在标的物有质量保证期的情形下,不论该期限是否超过2年,都应当适用该质量保证期。质量保证期是法律规定或者当事人约定的,担保标的物在该期间内不会产生瑕疵的期限。例如,出卖人在出卖某项设备时承诺在3年内实行"三包",则应当适用3年的规定。依据《民法典》第621条第2款,标的物有质量保证期的,适用质量保证期,不适用该2年的规定。质量保证期的起算应当结合标的物的性质等进行判断,而不宜一概划定为买受人收到标的物之日起。例如,在"黑龙江寿宝科技有限公司与上海慧懿金属制品有限公司买卖合同纠纷上诉案"中,法院认为:"不应一刀切地划定所有标的物质量保证期间的起算均是自买受人收到标的物之日起,而是既要考察买卖双方对于质量保证期的计算是否有合同约定,亦需参考标的物性能、特征和客观实际来确定。"①

(3)出卖人具有恶意的,不受上述期限的限制。《民法典》第621条第3款规定:"出卖人知道或者应当知道提供的标的物不符合约定的,买受人不受前两款规定的通知时间的限制。"该条实际上确立了不保护恶意出卖人的规则。也就是说,如果出卖人明知或应知其提供的标的物不符合合同约定的,则买受人检验标的物并提出异议的期限不受前述规则的限制。

(三)受领标的物的义务

所谓受领,是指接受并取得标的物的占有。受领标的物属于买受人的一项义务。关于买受人是否具有受领标的物的义务,学说上存在不同看法。一种观点认为,受领标的物是买受人的权利,而不是买受人的义务。另一种观点认为,买受人有义务及时受领标的物。我国台湾地区的通说认为,受领是债权人的一种义务,但并非主给付义务,而是从给付义务。因为受领义务不同于财产权的移转和价金的支付,性质上并非买卖合同的要素,也不能够决定买卖合同的性质。② 笔者赞成此种观点,受领标的物属于买受人的一项从给付义务。

依据《民法典》第605条、第608条,买受人负有受领标的物的义务。一方面,出卖人在提出交付货物的请求之后,如果买受人不及时受领,出卖人的义务将无法履行,这既会增加出卖人保管标的物等费用的支出,增加出卖人的负担,也不利于标的物的有效利用,并将导致社会财富的浪费。另一方面,现代合同法强调双方的协力,明确买受人负有协作的义务,从而保障交易的正常进行。买受人受领标的物的义务在性质上属于一项从给付义务,如果不履行此种义务,会导致出卖人无法履行其交付标的物的义务。但受领义务在性质上应为从给付义务,在买受人违反该义务的情况下,不一定导致根本违约,出卖人一般不应享有解除合同的权利。但是,如果因为买受人迟延受领,造成出卖人损失的,则买受人应当承担损害赔偿责任。

(四)履行附随义务

买受人依据诚信原则负有协作、保密、保管等附随义务。例如,在出卖人交付标的物不

---

① 《人民司法》杂志社:《人民司法·案例》2013年第18期。
② 参见黄立:《民法债编各论》(上),中国政法大学出版社2003年版,第96页。

合格的情况下,买受人在受领标的物后,仍然应当妥善保管标的物,以防止损失的扩大。又如,在不动产买卖中,当出卖人通知买受人一同前去办理过户登记时,买受人无正当理由不得拒绝此种协助办理的要求。需要指出的是,附随义务的内容不是法律明确规定的,而是要根据合同关系的发展,根据具体的情形而确定的。

第四节 买卖合同中的无权处分

一、基于无权处分订立的合同的效力

所谓无权处分,是指当事人不享有处分权而处分他人财产。在买卖合同中,出卖人原则上应当对标的物享有所有权或者处分权,但是,由于将标的物交由他人经营,或出租、交付他人管理等原因,经营者、管理者、占有者等未经授权,将标的物转让给他人,便发生了无权处分。拉丁法谚云:"人不得给予他人自己所无之物(Nemo dat quod non habet)",各国法律大多对无权处分合同的效力作出了规定。无权处分既涉及物权法上受让人能否取得标的物所有权的问题,也涉及合同法中买卖合同的效力问题。

自1999年《合同法》颁布以来,关于无权处分合同的效力,一直是学界争论的话题,司法实务中也有不同的做法,主要有合同效力待定、合同有效以及合同无效三种观点。2012年最高人民法院《买卖合同司法解释》第3条采纳了符合大陆法系通行观点的有效说。我国司法实践也一直采纳有效说。例如,在"王某昌、付某鑫等与王某昌、付某鑫股权转让纠纷案"[①]中,最高人民法院认为,无权处分的合同并不当然无效,此类合同只要系双方真实意思表示,其买卖合同的债权行为即为有效。但在我国《民法典》合同编的制定过程中,就是否应当对无权处分合同采纳有效说,存在较大争议。《民法典》第597条第1款在总结司法实践经验的基础上,规定:"因出卖人未取得处分权致使标的物所有权不能转移的,买受人可以解除合同并请求出卖人承担违约责任。"由此可见,我国《民法典》采纳了有效说。依据这一规定,在无权处分的情形下,买卖合同不会因此而无效,如果出卖人无法按照约定移转标的物的所有权,则该行为构成违约,在此情形下,买受人享有两项权利:一是解除合同。因为标的物所有权无法移转,已经构成根本违约,买受人应有权依法解除合同。二是请求出卖人承担违约责任。在出卖人违约的情况下,买受人也有权请求出卖人承担违约责任。当然,如果无权处分行为违反的是法律、行政法规的权限性规定,将导致民事法律行为不发生效力。

在无权处分的情形下,买受人是否可以当然取得所有权,取决于是否符合《民法典》物权编善意取得的构成要件。如果符合善意取得的构成要件,所有权将发生移转,真正权利人将无法追及;如果不构成善意取得,则真正权利人可以行使物权请求权。在构成善意取得的情形下,真正权利人虽然无法向买受人主张物权,但是可以根据其与无权处分人之间的合同关系,请求其承担违约责任;真正权利人在法律上也可能享有要求无权处分人承担侵权责任的权利或不当得利返还的请求权。

《民法典》第597条将无权处分合同规定为有效合同,主要具有如下意义:

第一,有利于保护买受人。有效说可以与善意取得制度相衔接,我国司法实践认为,

[①] 最高人民法院(2016)民再75号民事判决书。

善意取得的成立以合同有效为必要条件。① 如果认定无权处分合同为效力待定合同,而该合同后来因权利人未追认而被宣告无效,则善意取得将难以构成,这将不利于保护善意买受人的利益。② 由于无权处分合同发生在无权处分人与受让人之间,在合同当事人意思表示不存在瑕疵的情形下,应当肯定其效力。还应当看到,即便承认无权处分合同是有效合同,也并不当然损害权利人的利益,因为承认该合同的效力,只是使无权处分人对受让人负担交付标的物并移转标的物所有权的义务,并不当然导致标的物所有权发生变动。

第二,有利于保护善意买受人的利益。无权处分人将财产处分给他人,如果不符合善意取得的构成要件,而真正权利人又拒绝追认,按效力待定说,合同应为无效,买受人也无权请求出卖人承担违约责任,而只能请求出卖人承担缔约过失责任,从而仅能主张信赖利益的损失。但如果采用有效说,则买受人可以向无权处分人主张违约责任,请求出卖人赔偿其履行利益的损失。应当看到,在市场经济条件下,无权处分形成了两种利益的冲突,即真正权利人和善意买受人利益的冲突。善意买受人的利益代表的是交易安全,真正权利人的利益在法律上亦值得保护,当两种利益发生冲突时,原则上应当认为交易安全具有优先性,因而采纳有效说有利于对善意受让人进行保护。

第三,有利于鼓励未来财产交易。现代社会中的商业交易并非全部建立在对已经获得所有权的标的物的处分之上。在相当多的商业交易中,当事人采取订购的方式,约定买卖将来物,也就是说,在合同订立时,标的物可能尚未生产出来,或所有权仍属于他人,当事人只是就尚未生产出来的物或可从他人处购得的标的物作预先安排,从而加速财产的流动。在这些情形中,如果坚持无权处分合同效力待定,将不利于这种交易模式的展开。事实上,在这种交易中,认定无权处分合同有效可以鼓励交易主体在不断变动的市场行情中,尽早地安排其交易行为。

二、违反法律对标的物转让的禁止性规定

当然,如果无权处分合同涉及法律、行政法规禁止或者限制转让的标的物的,则该合同并非当然有效。《民法典》第597条第2款规定:"法律、行政法规禁止或者限制转让的标的物,依照其规定。"依据这一规定,为了维护公共利益和国家安全,并非所有的标的物都能流转,有些标的物的交易应当被禁止或者受到限制。依据上述规定,在如下两种情形下,相关财产成为买卖合同的标的物受到一定的限制:一是禁止流通物,即法律、行政法规禁止对某项财产进行交易,禁止其进入流通领域。法律禁止流通物不得作为买卖合同的标的物。例如,枪支弹药、淫秽书刊等。以禁止流通物为标的物订立的买卖合同因违反效力性强制性规定而无效。二是限制转让物,即法律、行政法规对某项财产的交易作出了严格限制,此种限制大多是对交易主体资格的限制,也可能是对交易规模、交易程序等方面的限制。以限制流通物为标的物的买卖合同并不当然无效,此时需要具体分析违法的情形而确定合同的效力。

---

① 参见《最高人民法院关于适用〈中华人民共和国民法典〉物权编的解释(一)》第21条。
② 参见黄芬:《善意取得下转让合同效力要件之再研究——兼评〈民法典物权编〉的立法选择》,载《广东社会科学》2019年第3期。

第五节　买卖合同中的标的物风险负担

一、风险负担(allcation of risk)的概念和特征

风险(risk)一词,常常用来表示实际发生的或可能发生的不利益,例如投资风险、交易风险、标的物毁损灭失的风险。但合同法上的风险是一个特殊的概念,也被称为危险。风险负担是指在买卖合同订立以后,标的物发生意外毁损灭失,应由合同的哪一方当事人承担该项损失以及相关不利后果的一项制度。严格地说,在标的涉及物的合同中,都存在标的物风险负担的问题。具体来说,标的物风险负担问题有几种典型情形:第一,标的物在交付以前意外灭失。例如,购买房屋时,房屋在交付前,因为火灾发生重大毁损或灭失,此损失应由谁承担?第二,合同订立后,标的物交付前意外灭失的,价金如何处理。第三,合同履行过程中,一方违约造成交付迟延,在此期间标的物发生不可归责于合同任何一方的毁损灭失的,相应损失由谁来承担?

风险负担制度的特点在于:

第一,风险负担发生在双务合同之中。所谓双务合同,是指当事人双方互负对待给付义务的合同。只有在双务合同中才会存在价金风险的问题,而在单务合同中,没有对待给付的问题,可能存在标的物毁损灭失的风险,但不会存在价金风险的问题。

第二,风险负担是因标的物的毁损灭失引起的。风险负担规则中的风险,主要是指标的物的毁损、灭失等意外损失。所谓意外就是指因不可归责于当事人双方的原因而发生的毁损灭失。所谓毁损是指货物因碰撞、受潮、受热等原因而造成的损坏。[①]《民法典》合同编规定的风险,主要体现为标的物的毁损、灭失等导致的实际损害。也就是说,在发生标的物毁损、灭失的情况下,法律要区分发生毁损灭失的原因,从而确立承担损失的规则。如果这种损害是因为交易当事人一方或双方的违约行为而引起的,在此情况下,应当按违约责任来处理。如果损害不是因违约,而是缘于不可归责于当事人双方的事实而造成的,如自然灾害等,则将根据风险负担的规则来分配损失。

风险主要是标的物毁损、灭失的风险,但又不限于此,还包括价金风险。例如,因为承租人租赁的房屋毁损、灭失造成的损失,承租人是否支付租金,这也是一种风险,但租金的风险与租赁物的毁损灭失并不是同一个问题。因为依据《民法典》第729条的规定,这两种损失都要由出租人负担,可见出租人承担两种风险:一是标的物毁损、灭失的风险,二是租金的风险。除了上述损失以外,不应当包括因违约造成的期待利益的损失以及违约金的支付等责任,这些责任属于违约责任的范畴,不由风险负担制度进行规制。

第三,风险负担是因不可归责于双方当事人的事由而产生的损失的分担制度。在当事人没有事先约定、也未能事后来约定损失的分担的情况下,要依据风险负担的规则在当事人之间合理分配损失。所谓不可归责于双方的原因,也就是说双方当事人都没有法定或约定的原因对损害的后果负责。风险是由偶然的、不可预测的事件造成的,风险的发生具有极大

[①] 当然,在买卖合同之外,也会存在一些非物上的风险,例如演出合同中演员因意外的疾病无法出演、雇佣合同中雇员因意外交通事故丧失劳动能力等,由于我国违约责任采取严格责任,在出现这些风险以后仍然要履行不能的债务人负担违约责任,这些问题只是涉及实际履行责任的免除问题。

的不可预测性。① 所谓不可归责于双方当事人的事由,具体来说,包括两种情况:一是因不可抗力的原因导致标的物的毁损灭失,例如,因地震导致房屋倒塌,因洪水导致建筑物或农作物毁损灭失等。依据《民法典》第590条的规定,"当事人一方因不可抗力不能履行合同的,根据不可抗力的影响,部分或者全部免除责任,但是法律另有规定的除外"。不可抗力的发生虽然可以导致当事人被免除合同责任,但因不可抗力而导致的标的物的毁损、灭失的损失究竟应当由谁来承担,则是违约责任制度所无法解决的问题,必须要通过风险负担规则来解决。二是意外事故。所谓意外事故,就是指当事人可以预见但难以避免或克服的现象。意外事故也可能引起标的物的毁损灭失。例如,意外的大火导致建筑材料被烧毁,因为冰雹导致农作物被损坏等。我国《民法典》合同编违约责任原则上采严格责任,不承认意外事故可以成为免责的事由,但在某些情况下,合同编又针对一些特殊的合同规定了过错责任,例如《民法典》第784条规定:"承揽人应当妥善保管定作人提供的材料以及完成的工作成果,因保管不善造成毁损、灭失的,应当承担损害赔偿责任。"如果确实是因为意外的火灾导致建筑材料被损坏,很难确定该损失是由承揽人的保管不善造成的,在此情况下,并不能依据《民法典》第784条的规定要求承揽人承担违约责任,而只能根据风险负担的原则来合理分配已经发生的损失。

因第三人原因造成标的物的毁损、灭失能否作为风险? 在适用严格责任的情况下,由于第三人实施某种行为造成标的物毁损灭失,大都属于可归责于债务人的事由,因此应当由债务人承担违约责任。但在特殊情况下,就违约责任采过错责任为归责原则时,债务人也可能对损害的发生没有过错,即其尽到了最大的努力和注意,仍不能避免后果的发生,此时当事人应当免于承担违约责任。依据具体情况,如果可以归入意外事故的范畴,也应属于风险的范围,此时应当适用风险负担规则。

二、我国《民法典》合同编关于买卖合同风险负担的规则

罗马法采取了所有人主义(res perit domino)和买方主义(periculum est emptoris)作为处理风险负担问题的一般规则,由于所有权移转需要进行交付(traditio),因此,无论买受人是否同时成为标的物的所有权人,风险都移转给买受人。② 后世的一些法律也借鉴了罗马法的经验。③ 从比较法上来看,各国(地区)关于标的物风险负担的一般规则并不完全一致,主要有两种不同的做法。

1. 所有人主义

所有人主义,也称风险随所有权移转模式,或者所有权责任原则,它是指标的物风险转移的时间应当与所有权转移的时间一致,即所有权转移给买受人时,风险随之转移给买受人。对于那些奉行所有人主义的国家而言,所有人主义在其国内贸易中仍然是占据统治地位的风险负担规则。④ 在标的物所有权转移给买受人之前,标的物风险由出卖人承担。⑤ 在

---

① 参见李永军、易军:《合同法》,中国法制出版社2009年版,第454页。
② Ingeborg Schwenzer, Pascal Hachem, Christophger Kee, *Global Sales and Contract Law*, Oxford University Press, 2012, p. 484.
③ Ibid., p. 486.
④ Ibid., p. 487.
⑤ 罗马法从葡萄酒的买卖中就已经得出风险负担随着货物的交付而移转的结论。参见〔古罗马〕优士丁尼:《买卖契约》,刘家安译,中国政法大学出版社2001年版,第169页。

古代法中,就有所谓"天灾归所有人负担"的法律谚语。《法国民法典》在采纳风险从合同订立时起移转于买受人的规则的同时,采用了"买者负担风险"的原则,其实也就是采纳的所有人主义。如果标的物是特定物,则只有在特定化之后,所有权才移转,此时,风险才由买受人负担。① 因为法国法采取意思主义的物权变动模式,如果标的物为特定物,则合同有效成立之时标的物所有权移转,风险当然也相应移转。② 但我国司法实践明确否定了将风险负担与所有权结合的观点。例如,在"香港智得国际贸易有限公司、潮安文祠殷发五金制品厂有限公司与中保财产保险有限公司广州分公司海运货物保险合同纠纷上诉案"中,法院认为:"买方是否支付货款与其承担货物的风险无关,货物风险的转移及承担与所有权无关。换言之,不论买方是否支付货款,也不论买方是否取得所有权,其承担货物的风险都是从装运港货物越过船舷时开始。"③

2. 交付主义(delivery and handing over the goods)

为了更好地适应远程交易的需求,比较法上将风险负担规则聚焦于标的物的交付之上。④ 交付主义也称为风险随交付移转的模式,它是指把风险转移与所有权转移区分开来,以物的实际交付时间为标的物风险转移的确定标志,不论标的物所有权是否已经转移,均由标的物的实际占有者承担风险。⑤ 所谓交付,是指权利人将自己占有的物或所有权凭证移转其他人占有的行为。简言之,交付意味着占有移转,指的是对标的物物理上的控制。⑥ 交付主义最早为《德国民法典》所采纳⑦,德国在2002年债法修改以后,于第446条继续保留了交付主义,但删去了原《德国民法典》第446条第2款的规定,表明德国法采用了完全的交付主义。⑧ 德国法所采纳的交付主义模式,对大陆法系很多国家和地区产生了影响。

美国法也采纳了交付移转风险的规则。《美国统一商法典》第2509条规定,如果出卖人为商人,则风险在买受人收到货物后转移至买受人;否则,风险在提示交付时转移至买受人。《美国统一商法典》的起草者卢埃林在解释采纳交付主义规则的理由时指出:"统一商法典在货物的风险转移上完全不用所有权的概念,从而使风险转移的规范变得清楚和明确,几乎不可能产生误解。"⑨由于实行从所有人主义向交付主义的转化,交付的概念不仅对法官而言,而且对于当事人而言也容易判断,这就极大地减少了有关风险负担的纠纷。⑩

我国立法借鉴了德国法的经验,在风险移转的判断方面以交付主义为一般原则。《民法典》第604条规定:"标的物毁损、灭失的风险,在标的物交付之前由出卖人承担,交付之后由买受人承担,但是法律另有规定或者当事人另有约定的除外。"这就在法律上正式确立了交付移转风险的规则。具体而言,标的物交付以前,风险由出卖人承担;标的物交付以后,风险

---

① 参见《法国民法典》第1138条第2款。
② 参见王轶:《物权变动论》,中国人民大学出版社2001年版,第341页。
③ 广东省高级人民法院(1999)粤法经二终字第274号民事判决书。
④ See Ingeborg Schwenzer, Pascal Hachem, Christ Opher Kee, *Global Sales and Contract Law*, Oxford University Press, 2012, p. 488.
⑤ 参见杨永清:《买卖合同中的风险负担规则》,载《人民司法》1999年第8期。
⑥ See Ingeborg Schwenzer, Pascal Hachem, Christ Opher Kee, *Global Sales and Contract Law*, Oxford University Press, 2012, p. 488.
⑦ 参见余延满:《货物所有权的转移与风险负担的比较法研究》,武汉大学出版社2002年版,第316页。
⑧ 原《德国民法典》第446条第1款规定:"买卖标的物一经交付,物的意外灭失或者意外毁损的风险即移转于买受人。自交付之时起,物的收益归属于买受人,物的负担也由买受人承担。"第2款规定:"土地或登记船舶或建造中的船舶的买受人在交付前作为所有人登入土地簿册、船舶登记簿或建造中的船舶的登记簿时,此种效力自登记时起发生。"
⑨ 徐炳:《买卖法》,经济日报出版社1991年版,第257页。
⑩ 参见王轶:《物权变动论》,中国人民大学出版社2001年版,第346页。

由买受人承担。例如,在"中国大地财产保险股份有限公司天津分公司、苏黎世财产保险(中国)有限公司财产保险合同纠纷案"中,最高人民法院认为,依据"标的物毁损、灭失的风险,在标的物交付之前由出卖人承担,交付之后由买受人承担,但法律另有规定或者当事人另有约定的除外"的规定,案涉车辆毁损、灭失的风险在买方中进汽贸指定仓库交付之前由克莱斯勒公司负担,在交付之后,风险即由中进汽贸负担。对于已交付至经销商的车辆,风险已经转移至经销商。①

当然,由于该规定是任意性规定,而并非强制性规定,当事人完全可以自行约定风险自何时转移。从这一规定可见:标的物毁损灭失的风险,风险负担的转移以交付作为判断标准,《民法典》在采纳因交付而移转标的物风险的规则的同时,也规定了一些特殊的风险移转规则。在一些具体的买卖合同类型中,其风险负担规则可能会偏离交付主义的一般规则。②《民法典》之所以在买卖合同中以交付作为风险负担认定的一般标准,理由主要在于:

第一,就动产买卖而言,交付是移转动产所有权的通常方式,因而也应该成为判断风险移转的一般标准。《民法典》第595条规定:"买卖合同是出卖人转移标的物的所有权于买受人,买受人支付价款的合同。"在大多数情况下,动产的所有权都因交付而移转,因此,以交付作为标准来判断标的物风险移转的规则可以适用于绝大多数动产买卖的情况。而就不动产的买卖而言,虽然登记导致所有权发生变动,但是登记却并不意味着买受人已经实际上取得了对不动产的管领与使用,以登记作为风险移转的一般标准并不如同交付一般具有合理性。

第二,从有利于保障标的物免遭毁损、灭失的角度而言,占有人更易于防控风险的发生。简而言之,货物在谁手里,谁就较容易保护货物。因为交付后发生占有的移转,谁占有标的物谁就实际控制标的物,也就在一定程度上更便于防范风险的发生,就更有理由使其负担风险。因此,货物易手,货物风险也应同时易手。③

第三,交付主义更为公平合理。在标的物交付之后,买受人可以对物进行利用,从对物的占有中获得利益,由其承担风险符合"利之所在,损之所归"的原则。而且一旦标的物交付,其就处于买受人的控制之下,买受人最能够保护货物免受损失,因此,由其承担风险,符合公平与效率原则。④

第四,采取这种方式在举证上也简便易行,因为在标的物发生毁损、灭失以后,只有占有人便于证明损害的发生是由于风险还是由于过错造成的,而非占有人很难就此举证,因此采用交付主义也便于及时解决纠纷。而且不同于所有权变动的抽象,占有的变动十分具体,也更易于判断。⑤

第五,交付主义能够建立有效的风险控制激励制度,占有或控制标的物的当事人通常来说能够最有效、最经济地保护标的物免受损害,将风险分配给他有助于减轻损失的程度。⑥

《民法典》原则上以"交付主义"作为风险负担的规则,但依据《民法典》第604条,存在两个例外规则:一是法律另有规定的除外。这主要适用于法律对于标的物风险负担有特殊规定的情形。法律对于一些典型合同依其性质规定了不同于交付主义的风险负担规则。例

---

① 参见(2020)最高法民终1262号民事判决书。
② 参见李永军、易军:《合同法》,中国法制出版社2009年版,第456页。
③ 参见徐炳:《买卖法》,经济日报出版社1991年版,第255页。
④ 同上书,第254—256页。
⑤ 参见黄薇主编:《中华人民共和国民法典合同编释义》(中),法律出版社2020年版,第339页。
⑥ 参见余延满:《货物所有权的转移与风险负担的比较法研究》,武汉大学出版社2002年版,第319页。

如,对于由于货物质量不符合要求造成合同目的无法实现,买受人拒绝收货或解除合同的,标的物毁损、灭失的风险也不再依据交付发生移转,而是由出卖人承担风险。二是当事人另有约定的除外。法律上关于风险负担的规则还是一个任意性的规定,因此应当允许当事人通过约定来改变。例如,当事人也可以约定,虽然交付了标的物,但是,在最终付款完毕之前,风险仍由出卖人负担。

《民法典》第224条规定:"动产物权的设立和转让,自交付时发生效力,但是法律另有规定的除外。"因此,在动产买卖中,绝大多数情况下标的物的风险移转与所有权的移转是同时进行的,交付移转风险规则和所有人主义可能会发生重合。但在一些情况下,风险的移转与标的物所有权的移转并不同步。例如,在不动产买卖以及所有权保留买卖中,二者就不再重合。交付移转风险规则的特点具体表现为如下几点:

第一,标的物已经完成了交付。完成交付意味着财产的占有发生移转,也就是说要由交付的一方将财产的占有转移给另一方,由另一方接受占有。例如交付一方将标的物置放于受让人控制的范围内,但未作通知,因此不能构成交付。完成交付不仅包括交付物,还包括交付有关单证。需要探讨的是,《民法典》第609条规定:"出卖人按照约定未交付有关标的物的单证和资料的,不影响标的物毁损、灭失风险的转移。"对此处所说的"有关标的物的单证和资料"的含义如何理解?在合同法中,标的物单证有两种含义:一是表彰所有权的凭证,如货物的仓单、提单等。二是上述单证之外的凭证。笔者认为,《民法典》第609条所说的"有关标的物的单证和资料",是指除所有权凭证之外的其他单证和资料,如出售标的物的发票、标的物的说明书、质量检验报告、技术资料等。如果这些单证属于所有权凭证,交付单证就视同交付标的物。正是因为这些单证和资料并非所有权移转的凭证,所以未交付有关标的物单证和资料的,不影响风险负担的移转,从《民法典》第609条规定来看,风险负担的移转取决于物的交付,单证是否交付不影响风险负担的判断。例如,在"关安钢与施书铎、李民船舶买卖合同纠纷案"中,法院根据"出卖人按照约定未交付有关标的物的单证和资料的,不影响标的物毁损、灭失风险的转移"的规定,认为虽然关安钢未交付船舶的有关单证资料,但船舶实物已交付于施书铎,船舶实物毁损、灭失的风险应转移至施书铎。在船舶始终放置于施书铎的修船厂内、施书铎应当知道且有能力控制船舶的情况下,船舶仍被拆解,应认为拆解事实并不违反施书铎的意愿。[①]

第二,必须采取现实交付和简易交付的方式。交付可以分为实物的交付和单证的拟制交付。交付以现实交付为原则。现实交付是指出卖人将标的物的占有现实地移转于买受人,由买受人直接占有该动产,从而发生动产占有的实际移转,这是交付的一般情况。在简易交付的情况下,标的物通常也是处于买受人的占有和控制之下,所以也应当发生风险的移转。不过,在占有改定和指示交付的情况下,标的物并没有实际交付。虽然从物权公示的角度来看,其属于物权公示方法,而且会导致物权的变动。但是,就风险负担而言,交付主义之下的"交付"却不应包含指示交付和占有改定。因为在此情况下,买受人并没有实际控制标的物,也无法直接享有利用物所产生的利益,由其承担风险对其是不公平的。

第三,交付移转风险规则主要适用于买卖合同。如前所述,买卖合同主要是以移转所有权为内容,而所有权的移转大多是以交付的方式实现的,基于此,《民法典》在买卖合同中详细规定了依交付移转风险的标准。

---

① 参见山东省高级人民法院(2015)鲁民四终字第31号民事判决书。

三、风险负担规则在买卖合同中的具体适用

(一) 在途标的物买卖的风险负担

如前所述,大陆法系国家一般都区分赴偿之债(即送货上门)、往取之债(即买方自提)、送交之债(即送交买卖),并分别设置了不同的风险负担规则。《民法典》第 606 条规定:"出卖人出卖交由承运人运输的在途标的物,除当事人另有约定外,毁损、灭失的风险自合同成立时起由买受人承担。"根据这一规定,买卖在途货物的,从合同成立时起,风险负担移转给买受人。所谓在途货物是指在买卖合同订立时仍在运输途中的货物。对在途标的物交易而言,出卖人通常正在寻找买主,出卖在途中的标的物。① 《民法典》第 606 条所规定的在途货物买卖中的风险移转规则与第 604 条所规定的交付移转风险的规则存在一定的区别,因为当事人买卖在途货物时,可能通过交付提单等物权凭证完成交付,也可能通过指示交付的方式完成交付,而《民法典》第 606 条所规定的在途标的物买卖,不以提单等物权凭证的交付作为风险移转的时间,也不以返还请求权让与的时间作为风险移转时间,而是特别规定了以合同成立时间作为风险移转时间。当然,如果当事人有特别约定的,也可以改变这一规则。

当然,出卖人也可能在合同成立时就已经知道了标的物的毁损、灭失,此时应当由出卖人负担标的物毁损、灭失的风险。对此情形,《买卖合同司法解释》第 10 条规定:"出卖人出卖交由承运人运输的在途标的物,在合同成立时知道或者应当知道标的物已经毁损、灭失却未告知买受人,买受人主张出卖人负担标的物毁损、灭失的风险的,人民法院应予支持。"因为在合同成立时标的物已经毁损、灭失,而且出卖人已经知道或应当知道的,让买受人承担风险对买受人明显不公平。严格地说,风险负担是发生在合同履行过程中标的物因不可归责于当事人的原因而发生毁损、灭失的情形,而出卖人如果在合同成立时已经知道标的物发生了毁损、灭失,则应当由其负担相应的损失。

(二) 关于不动产的买卖

对动产来说,在大多数情况下,交付既发生所有权的移转,也发生风险的移转,在此情况下所有权的移转与风险的移转往往是重合的。但是对于不动产来说,情况比较复杂,因为不动产物权变动需要登记,仅仅交付并不会移转不动产所有权。关于不动产交易的风险负担,《民法典》第 604 条规定:"标的物毁损、灭失的风险,在标的物交付之前由出卖人承担,交付之后由买受人承担,但是法律另有规定或者当事人另有约定的除外。"从该条规定来看,其并没有区分动产与不动产,而是统一采用交付主义的标准。从该规定来看,可以解释为统一适用于所有的动产和不动产。一方面,统一适用于动产和不动产,有助于实现类似问题类似处理,符合平等原则的要求。另一方面,不动产交付之后,占有人可以以较低的成本来控制风险,因此由其承担风险符合效率原则。

需要指出的是,依据该条规定,法律另有规定和当事人另有约定的除外。例如,当事人约定,即便发生交付,也仍然由出卖人负担标的物毁损、灭失的风险,按照私法自治原则,该约定也具有法律效力,并优先于交付移转风险的规则而适用。

(三) 交付地点不明情况下的风险负担

在买卖合同中,出卖人应当按照约定的时间、地点交付标的物。风险负担之适用界限为

---

① 参见黄薇主编:《中华人民共和国民法典合同编解读》(上册),中国法制出版社 2020 年版,第 484 页。

物之交付。① 如果交付地点不明确,则出卖人不知道应当将货物交付到何处,从而难以确定其应当履行的义务,由此也将引发如何确定标的物的风险负担的问题。

在合同并没有约定交付地点的情况下,如果货物是由买受人自提的,买受人应当到出卖人的营业地提取货物。但如果是由出卖人交付货物的,则首先需要确定出卖人应当采取何种方式交付,并根据交付主义分配风险。如果合同约定由出卖人代办运输,但未约定交付地点或约定不明确的,则出卖人应当将标的物交付给第一承运人。如果当事人没有对出卖人代办运输达成合意,或者出卖人和买受人在订立合同时已经知晓标的物在某一地点,则出卖人应当在该地点交付标的物。不知晓标的物所在地的,则以合同订立时出卖人的营业地作为交付标的物的地点。所以问题的关键在于如何确定出卖人已经完成了交付。只要能够确定出卖人已完成交付行为,就应当由买受人承担风险。

在涉及多个承运人的情况下应当如何交付?《民法典》第607条第2款规定:"当事人没有约定交付地点或者约定不明确,依据本法第六百零三条第二款第一项的规定标的物需要运输的,出卖人将标的物交付给第一承运人后,标的物毁损、灭失的风险由买受人承担。"而依据《民法典》第603条第2款第1项的规定,标的物需要运输的,出卖人应当将标的物交付给第一承运人以运交给买受人。因此,在此种情形下,依据《民法典》的相关规定,出卖人将标的物交付给第一承运人就构成交付,实际上仍然是交付主义的具体运用。这是对涉及多个承运人的情况下,如何完成交付和移转风险的规定。也就是说,在涉及多个承运人的情况下,尽管当事人在买卖合同中对交付地点没有约定或者约定不明确,但是约定由出卖人安排运输时,则将标的物交付第一承运人的地点就是标的物的交付地点,交付给第一承运人时就已经完成交付,标的物风险负担自出卖人将标的物交付给第一承运人时起转移给买受人。② 至于第一承运人是否将标的物交付给第二承运人或是否发生交付迟延,并不影响风险的承担。法律之所以如此设计风险负担的规则,主要是考虑到在标的物需要运输的情形,第一承运人实际上处于买受人的受领辅助人的地位,其接受标的物就等同于买受人接受标的物,因此,风险应当由买受人承担。③

(四)于特定地点交付运输的买卖的风险负担

《民法典》第607条第1款吸收借鉴了司法实践的经验,对于买卖合同中当事人约定了在指定地点交付并交由承运人运输的情形进行了规定,即:"出卖人按照约定将标的物运送至买受人指定地点并交付给承运人后,标的物毁损、灭失的风险由买受人承担。"而根据《民法典》第607条第2款的规定,出卖人将标的物交付给第一承运人之后,即发生风险负担的移转。

上述两个条款规定的情形并不相同:一方面,第607条第2款规定的是一般情形,且适用于当事人没有特别约定的情形,而第607条第1款规定的是特殊情形,适用于当事人有特别约定的情形。另一方面,二者的风险负担移转的条件也不同。依据第607条第2款的规定,出卖人只需要将标的物交付给第一承运人,即可发生风险负担的移转;而依据第607条第1款,出卖人需要将标的物运送至买受人指定的地点并交付给承运人,才能发生风险负担的移转。这一规定实际上将整个货物运输中的风险进行了割裂④,即到达指定交付地点并交

---

① 参见邱聪智:《新订债法各论》(上),姚志明校订,中国人民大学出版社2006年版,第123页。
② 参见翟云岭等:《新合同法论》,大连海事大学出版社2000年版,第256页。
③ 参见黄薇主编:《中华人民共和国民法典合同编解读》(上册),中国法制出版社2020年版,第521页。
④ 参见韩世远:《合同法学》(第二版),高等教育出版社2022年版,第400页。

付承运人之前的风险由出卖人承担,此后,风险由买受人承担。

(五)种类物买卖中的风险负担

《民法典》规定的风险负担规则,原则上仅适用于特定物的买卖。因为种类物的买卖中,标的物即便发生毁损、灭失,出卖人仍然可以从市场上购买种类物,从而完成交付。在种类物买卖中,出卖人也可能进行种类物的特定化。原则上只需要由当事人或者第三人在符合债的关系所定的种类特征的所有标的中加以指定,就产生了特定的给付标的从符合债的关系所定的种类特征的所有标的中分离的效果。① 这就是种类物的特定化。据此,《买卖合同司法解释》第11条规定:"当事人对风险负担没有约定,标的物为种类物,出卖人未以装运单据、加盖标记、通知买受人等可识别的方式清楚地将标的物特定于买卖合同,买受人主张不负担标的物毁损、灭失的风险的,人民法院应予支持。"这就是说,在交付之前,标的物必须特定化,才能确定风险负担。所谓特定化,就是该条所说的,"以装运单据、加盖标记、通知买受人等可识别的方式清楚地将标的物特定于买卖合同"。这就为种类物的特定化确定了明确的标准。② 可见,在种类物买卖中,确定风险负担的主体首先需要将标的物特定化,在标的物特定化之后,则可以按照买卖合同风险负担的一般规则确定相应的风险负担。

四、违约情况下的标的物毁损、灭失的风险负担

在买卖合同中,风险负担和违约责任具有密切的联系。从两个制度的功能来看,违约责任旨在解决一方违约时另一方享有何种救济权利的问题。而风险负担规则是为了解决标的物意外灭失的风险由谁承受的问题。但是,在当事人一方因有过错、并可能承担风险的情况下,某些"风险负担"蜕变为"违约责任的承担",表明风险负担和违约责任之间并非有天然的鸿沟。③ 而且,在合同一方当事人违约的情形,也可能会导致风险负担规则的改变。在因为买受人风险负担移转而承受了风险之后,出卖人的违约责任如何承担,就需要探讨。我国《民法典》第611条规定:"标的物毁损、灭失的风险由买受人承担的,不影响因出卖人履行义务不符合约定,买受人请求其承担违约责任的权利。"据此,即使因风险负担而使买受人承担了风险,但是,有出卖人履行债务不符合约定的情形的,买受人仍然可以对其主张违约责任。例如,出卖人交付的货物迟延,买受人在码头接受了货物以后,放在第三人的仓库进行保管,后因火灾导致该货物灭失。此时,由于标的物已经交付,买受人要承担标的物毁损、灭失的风险。但是因为出卖人也违反了合同约定,依据《民法典》的规定,其也要承担违约责任。

之所以将风险负担与违约责任分开,其原因主要在于:一方面,这是两项不同的制度,规范的是不同的情形,二者并非对立,因此即使风险负担发生了移转,出卖人仍需要承担违约责任。依据《民法典》第611条的规定,在出卖人违约的情形,即使在标的物交付之后,其毁损、灭失的风险由买受人承担,买受人仍然可以要求出卖人承担违约责任。另一方面,在合同当事人违约的情形,买受人接受标的物,只是表明占有发生了移转,但并非表明买受人认可标的物,更不表明买受人放弃了追究出卖人的责任的权利。④ 所以,买受人承担风险之后,如果出卖人违约,买受人仍然可以要求出卖人承担违约责任。在某些情况下,违约发生以

---

① Gernhuber, J. C. B. Mohr (Paul Siebeck) Tübingen, 1989, Das Schuldverhältnis, S. 236.
② 参见最高人民法院民事审判第二庭编著:《最高人民法院关于买卖合同司法解释理解与适用(条文·释义·理由·案例)》,人民法院出版社2012年版,第266页。
③ 崔建远:《风险负担规则之完善》,载《中州学刊》2018年第3期。
④ 参见魏耀荣等:《中华人民共和国合同法释论(分则)》,中国法制出版社2000年版,第32页。

后,仅仅根据违约责任不能完全解决风险的分配问题,这就需要考虑在违约情况下的风险分担问题。此外,在因不可归责于双方当事人的原因致使合同不能履行的场合,此时损失的分配并非总是按照风险负担规则进行,违约责任可能发挥作用。在买卖等合同因第三人的原因致使不能履行时,很可能不适用风险负担规则,而是由债务人向债权人承担违约责任,只不过债务人事后可以向该第三人追偿。①

(一) 因买受人的原因造成标的物不能及时交付

我国《民法典》第 605 条规定:"因买受人的原因致使标的物未按照约定的期限交付的,买受人应当自违反约定时起承担标的物毁损、灭失的风险。"该条规定的是因买受人的违约行为导致标的物不能按期交付时的风险负担规则,此时标的物未能按期交付是由于买受人的原因导致,但是该条没有规定买受人的何种行为构成"买受人的原因"。笔者认为,该条所称的买受人的原因主要是指如下情况:第一,合同约定应当由买受人自提货物,买受人没有在约定的期限内提取货物,使出卖人不能及时向买受人交付货物。第二,在出卖人送货的情况下,出卖人通知买受人收货以后,买受人因未做好收货的准备,致使货物不能及时交付。但买受人无正当理由拒绝收货所引起的风险移转问题,不适用该条的规定。此处所说的情形都是在交付完成之前发生的,如果已经交付标的物,则适用交付主义的一般规则。

(二) 因买受人受领迟延而造成标的物不能及时交付②

受领给付乃是债权人应负的法定义务,受领迟延也是违约形态之一,《民法典》规定了债权人应负的违约责任。就买卖合同而言,出卖人负有按期交付标的物的义务,而买受人也依法负有及时受领标的物的义务。如买受人迟延受领,不仅应当承担违约责任,而且应当承担标的物毁损、灭失的风险。《民法典》第 608 条规定:"出卖人按照约定或者依据本法第六百零三条第二款第二项的规定将标的物置于交付地点,买受人违反约定没有收取的,标的物毁损、灭失的风险自违反约定时起由买受人承担。"这就是说,出卖人依据合同的约定及时履行了交付标的物所需行为,并已通知买受人受领,买受人无正当理由未及时受领,致使标的物受领迟延,在迟延期间发生了毁损、灭失的风险的,该风险应当由买受人承担。《民法典》所作出的规定,一方面确定了在迟延受领的情况下风险负担的判断标准,另一方面也有利于督促买受人及时履行受领标的物的义务,并减少纠纷的发生。需要指出的是,虽然《民法典》第 608 条特别地单独规定了受领迟延的风险负担规则,但是,受领迟延从广义上说也属于因买受人原因而导致没有按期交付标的物的其中一种情形。

(三) 出卖人交付标的物存在质量瑕疵构成根本违约的情形

如果出卖人交付的货物存在质量瑕疵致使合同目的不能实现,买受人有权拒绝收货或者解除合同,在此期间,发生的货物毁损灭失风险应当由哪一方当事人承担,是合同法无法回避的问题。《民法典》第 610 条规定:"因标的物不符合质量要求,致使不能实现合同目的的,买受人可以拒绝接受标的物或者解除合同。买受人拒绝接受标的物或者解除合同的,标的物毁损、灭失的风险由出卖人承担。"由此可见,出卖人交付的标的物质量存在严重瑕疵情形下的标的物毁损灭失的风险承担应当具备三个条件:

---

① 崔建远:《风险负担规则之完善》,载《中州学刊》2018 年第 3 期。
② 对于出卖人给付迟延期间标的物的风险负担问题,《民法典》没有作出明确规定。对此,应当借鉴世界各国或地区的普遍做法,使出卖人原则上负担迟延标的物毁损灭失的风险。例如,《德国民法典》第 287 条规定:"债务人应对迟延期间的任何过失负责。即使在迟延期间发生意外,债务人也应对给付负责,但即使债务人及时给付仍不免发生意外的除外。"

第一,出卖人交付的货物在质量上不合格。例如,出卖人交付的产品不符合质量标准,或者产品在规格、包装方面不符合标准,或者不具备应当具备的使用性能。如果当事人就标的物质量发生争议,但不能确定出卖人交付的货物是否合格的,不适用该规定。在出卖人未依照约定对货物进行包装的情形下,即使风险已经发生了移转,也并不影响违约责任的承担。

第二,因标的物质量不符合要求,致使不能实现合同目的。出卖人交付的标的物不合格的情况是十分复杂的。例如,交付 1000 千克的水果中只有 5 千克的水果腐烂,出卖人已经构成违约,但此种违约是轻微的。尽管出卖人应当承担违约责任,但因为其行为并没有构成根本违约,买受人不得拒绝收货或者解除合同。相反,买受人应当接受标的物,出卖人的交付导致标的物风险的转移,但是买受人在接受标的物以后可以依法请求出卖人承担违约责任。只有在出卖人交付的货物质量不符合要求,致使不能实现合同目的时,买受人才能依据《民法典》第 610 条的规定,拒绝收货或者解除合同,此时风险应由出卖人承担。出卖人的履行不合格构成根本违约,表明出卖人的交付不构成真正的交付。由此产生的标的物毁损、灭失的风险应由出卖人承担。

第三,买受人拒绝接受标的物或者解除合同。出卖人交付的标的物不符合合同约定,但买受人已经受领该标的物的,即使此种不合格已经导致买受人不能实现合同目的,也不一定使得标的物风险仍由出卖人负担。因为,即使出卖人交付的货物不合格,买受人也有可能会接受标的物而要求出卖人承担违约责任,如请求减价或者要求出卖人承担其他违约责任。在此情况下,由于标的物已经交付,且买受人也已经实际接受,此时,标的物的毁损、灭失风险应当由买受人承担。但在出卖人交付的标的物不合格且导致订立合同的目的不能实现时,买受人已依法享有拒绝收货和解除合同的权利,如果买受人拒绝受领标的物,则标的物视为没有交付,在此情况下,标的物毁损灭失的风险仍然应当由出卖人承担。所以,一方当事人交付的标的物不合格,买受人拒绝受领或解除合同是风险不发生移转的前提条件。问题在于,如果出卖人交付的货物有瑕疵,买受人拒绝受领,但买受人代为临时性照管,在代为保管期间发生标的物的毁损、灭失的,此风险应当由谁来承担?笔者认为,由于代为保管并没有构成真正的交付,因此也不能发生风险的移转,出卖人仍然应当承担风险。在因根本违约导致的解除问题上,由于合同目的已经不能实现,此时不一定会产生风险的移转问题。

应当指出,法律关于风险负担的规则仍然属于任意性的规范,当事人可以通过其相互间的协议改变上述规则,但如果当事人之间没有特别的协议,则应当适用这些规则。

第六节 违反买卖合同的责任

一、拒绝履行

在买卖合同中,拒绝履行是指买卖合同当事人一方拒绝履行其合同义务。其包括四种情形:一是出卖人无正当理由不交货;二是买受人无正当理由不收货;三是买受人收货后无正当理由拒不付款;四是预期违约。在履行期到来之前,买卖合同的任何一方当事人明确表示,其在履行期到来之后将不履行合同,或者以其行为表示在履行期到来之后将不履行合同的,都属于预期违约。

在拒绝履行的情况下,非违约方可以请求违约方继续履行。对于依法不能强制履行,以及客观上已经不可能强制履行的,不能适用继续履行责任。由于拒绝履行通常都构成根本违约,非违约方有权解除合同,并有权要求违约方赔偿损失。

二、不适当履行

所谓不适当履行,是指债务人交付的货物不符合当事人所约定的数量。不适当履行可以分为两种类型:

（一）交付不足

交付不足是指出卖人交付的标的物在数量上不符合合同的约定,也称为部分履行。一般而言,出卖人仅部分履行交付义务的,买受人可以要求出卖人补交货物。如果履行是可分的,部分履行并不一定导致买受人订约目的的丧失或不能实现,因而,除非买受人能够证明部分履行将构成根本违约、导致订约目的不能实现,一般不能解除合同,而只能请求出卖人承担违约责任。如果履行是不可分的,非违约方证明未履行的部分对其没有利益,可依据根本违约,要求解除合同。

（二）多交货物

多交货物是指出卖人交付的货物超出了合同约定的数量。在买卖合同中,出卖人应当按照约定的数量交付标的物,否则即构成违约。在许多情形下,出卖人多交货物可能对买受人并无不利,但毕竟与合同约定不符,因此在出卖人多交货物的情况下,合同编将寻求救济的权利赋予了买受人。《民法典》第 629 条规定:"出卖人多交标的物的,买受人可以接收或者拒绝接收多交的部分。买受人接收多交部分的,按照约定的价格支付价款;买受人拒绝接收多交部分的,应当及时通知出卖人。"依据这一规定,第一,在出卖人多交货物的情形下,如果买受人接受多交的货物,其应当就多交部分支付价款。此时,可以视为当事人已经就标的物数量达成了变更的协议。买受人当然应当就多接受的部分支付相应的价款。第二,如果买受人不愿意接受,其有权拒绝出卖人多交的货物,但应当及时通知出卖人,以减少出卖人的损失。第三,买受人拒绝接收出卖人多交付部分标的物的,可以在通知期间内代为保管。《买卖合同司法解释》第 3 条第 1 款规定:"根据民法典第六百二十九条的规定,买受人拒绝接收多交部分标的物的,可以代为保管多交部分标的物。买受人主张出卖人负担代为保管期间的合理费用的,人民法院应予支持。"因此,在代为保管期间,出卖人应当负担实际支出的合理费用,并承受非因买受人故意或重大过失造成的损失,以免因标的物无人管理而造成财富的浪费。但买受人也应当妥善保管标的物。《买卖合同司法解释》第 3 条第 2 款规定:"买受人主张出卖人承担代为保管期间非因买受人故意或者重大过失造成的损失的,人民法院应予支持。"从该规定来看,其实际上将买受人的保管认定为无偿保管。而且,代为保管的行为,是因出卖人的瑕疵履行而引发,出卖人是保管行为的受益者。所以,买受人仅对其故意或重大过失负责。① 第四,在买受人就多交部分通知出卖人之后,该部分货物的毁损、灭失风险通常应由出卖人负担。

（三）分批交付标的物中的不适当履行

在长期供货合同中,当事人双方约定一方于确定的或不确定的期限内,向他方继续供给一定量的货物,而他方应分期支付价金。由于长期供货合同具有特殊性,因而合同编对此类

---

① 参见最高人民法院民事审判第二庭编著:《最高人民法院关于买卖合同司法解释理解与适用(条文·释义·理由·案例)》,人民法院出版社 2012 年版,第 124 页。

合同的违约形态和责任专门作出了规定,主要有以下三种情况:

一是交付的货物不符合约定导致该批标的物不能实现合同目的。《民法典》第 633 条第 1 款规定:"出卖人分批交付标的物的,出卖人对其中一批标的物不交付或者交付不符合约定,致使该批标的物不能实现合同目的的,买受人可以就该批标的物解除。"依据这一规定,如果在长期供货合同中,当事人约定了分批交付货物的,如果仅仅一批货物的交付不符合约定,通常不会导致合同目的无法实现,当事人不能据此解除合同。如果该批货物的交付可以与其他货物的交付分开,则买受人可以就该批货物的买卖解除合同。①

二是不交付其中一批标的物或者交付不符合约定,致使之后其他各批标的物的交付不能实现合同目的的。《民法典》第 633 条第 2 款前段规定:"出卖人不交付其中一批标的物或者交付不符合约定,致使之后其他各批标的物的交付不能实现合同目的的,买受人可以就该批以及之后其他各批标的物解除。"该规则来源于《销售合同公约》第 73 条第 2 款。② 依据这一规定,在长期供货合同中,如果出卖人不交付其中一批标的物或者交付不符合约定,导致该标的其他部分的交付失去意义的,则也可以构成根本违约。此时解除权针对的是该批交付以及以后的交付,而不及于之前已经履行的部分。③ 例如,当事人订立买卖电脑的合同,出卖人没有交付主机,导致后来要交付的配件都没有意义。此种情况与第一种情况的区别就在于:在第一种情况下,在一批交付不符合约定时,后续交付仍可具有意义;但在此种情况下,该交付不符合约定则会导致后续交付失去意义,因此二者存在一定区别。

三是买受人就其中一批标的物解除,而该批标的物与其他各批标的物相互依存。《民法典》第 633 条第 3 款规定:"买受人如果就其中一批标的物解除,该批标的物与其他各批标的物相互依存的,可以就已经交付和未交付的各批标的物解除。"依据这一规定,在长期供货合同中,如果标的物是分批交付的,一批标的物的交付不合格,且该标的物与其他标的物存在一定的依存关系,导致买受人订约目的不能实现,此时买受人可以直接解除整个合同。④ 所谓相互依存关系,是指各批标的物之间在功能上存在一定的共同性或者各批标的物的订约目的是一致的。例如,双方当事人订立了购买成套设备的合同,在交付了一套配件之后,还有一套配件没有交付,如果已经交付的这部分标的物不合格,将导致所有的配件都无法再行交付且交付不再能使合同目的的实现,则买受人有权解除整个合同。

三、瑕疵履行

(一)瑕疵履行的概念和责任形式

所谓瑕疵履行,是指出卖人交付的标的物不符合合同约定的质量要求。瑕疵是指标的物违反法律规定的或者当事人约定的质量标准。瑕疵履行可能仅仅导致标的物本身的损害,也可能导致标的物以外的其他财产或人身的损害。瑕疵履行可以纳入广义的不适当履行的范畴,但如果对不适当履行作狭义理解,瑕疵履行也可以作为一种独立的违约形态。我国《民法典》合同编仅承认了瑕疵担保义务,以统一的违约责任对违反瑕疵担保义务的情形予以救济,并没有规定与违约责任相分离的、独立的瑕疵担保责任制度。因此,在合同编中,

---

① 参见胡康生主编:《中华人民共和国合同法释义》,法律出版社 1999 年版,第 247 页。
② 《销售合同公约》第 73 条第 2 款规定:"如果一方当事人不履行对任何一批货物的义务,使另一方当事人有充分理由断定对今后各批货物将会发生根本违反合同,该另一方当事人可以在一段时间内宣告合同今后无效。"
③ 参见胡康生主编:《中华人民共和国合同法释义》,法律出版社 1999 年版,第 247—248 页。
④ 同上书,第 248 页。

违反瑕疵担保义务,构成违约责任中的一种具体类型。在出卖人瑕疵履行的情形下,依据《民法典》第582条的规定,买受人有权请求出卖人承担如下违约责任:

(1) 修理、重作、更换。在瑕疵履行的情况下,买受人有权要求出卖人修理、重作、更换。如果有瑕疵的货物能够修理,则应当由出卖人修理,或者由买受人修理而由出卖人支付合理的修理费用。所谓合理,就是说所支出的费用是必要的,也就是在正常情况下修理该种有瑕疵的货物所必须支出的费用。即使修理结果并不能达到合同所规定的质量,违约方也应当支付已经花费的修理费用。

在出卖人交付的标的物有瑕疵的情况下,买受人有权要求出卖人对瑕疵标的物进行修理,以消除瑕疵。但在买受人主张修理之前,其必须在异议期限内提出异议。《买卖合同司法解释》第16条规定:"买受人在检验期限、质量保证期、合理期限内提出质量异议,出卖人未按要求予以修理或者因情况紧急,买受人自行或者通过第三人修理标的物后,主张出卖人负担因此发生的合理费用的,人民法院应予支持。"因此,出现了下述两种情形的,买受人可以自行修理,也可以委托第三人修理:一是出卖人没有按照要求修理,即出卖人没有按照法律规定或合同约定的时间、方式进行修理。二是出现了紧急情况。紧急情况主要是指不及时修理,会导致损害扩大或发生严重危险。例如,购买工程车加固河道,但工程车质量出现瑕疵,而河道又需要紧急加固,此时情况紧急就可以自行修理或者委托第三人修理。① 在自行修理或第三人修理的情况下,修理的合理费用可以要求出卖人承担。当然,修理费用应当合理,符合正常修理应当支付的平均价格。

(2) 减少价款,也称降价。它是指在维持买卖合同效力的情况下,变更合同价款。如果出卖人交付的标的物虽然有瑕疵,但是买受人愿意接受,在此情形下,买受人也可以根据"以质论价"的标准请求减少价款。在减价时,依据《买卖合同司法解释》第17条第1款的规定,应当以符合约定的标的物和实际交付的标的物按交付时的市场价值计算差价。但买受人在要求减价的同时,是否可以就可得利益损失请求赔偿?例如,合同约定原告购买被告某套设备,交付时原告发现设备有瑕疵,不能正常使用。交付时该设备实际价值为1万元,而符合合同的货物的价格为1.5万元。原告已先履行合同即已交付了该款。此时,原告要求返还价值差额5000元,并要求赔偿因机器设备不能安装使用而造成的利润损失每日500元。笔者认为,买受人要求降价后应有权就可得利益损失请求赔偿。如果货物因质量不合格而被退货,那么损害赔偿则完全应按出卖人未交付货物的损失来计算,买受人可以获得合同价格与市场价格的差额;另外,买受人还可请求出卖人承担退货所支付的各种合理费用。即使买受人已经支付了价款,依据《买卖合同司法解释》第17条第2款,买受人也有权主张返还减价后多出部分的价款。

当事人可以约定质量保证金,即在合同订立时一方向另一方支付一定的金钱。质量保证金就是为了担保标的物质量而由出卖人向买受人支付的一定数额的金钱,在性质上具有担保标的物符合质量的功能。②《买卖合同司法解释》第15条规定:"买受人依约保留部分价款作为质量保证金,出卖人在质量保证期未及时解决质量问题而影响标的物的价值或者使用效果,出卖人主张支付该部分价款的,人民法院不予支持。"因此如果出卖人交付的货物存

---

① 参见最高人民法院民事审判第二庭编著:《最高人民法院关于买卖合同司法解释理解与适用(条文·释义·理由·案例)》,人民法院出版社2012年版,第374页。
② 同上书,第357页。

在质量瑕疵,买受人就享有保留全部或部分质量保证金的权利。只要在质量保证期间内,标的物存在质量问题,买受人都可能取得质量保证金。如果出卖人在质量保证期内,因未及时解决标的物质量问题,从而影响该部分标的物的价值或者使用效果,出卖人不得要求买受人支付该部分标的物的价款。

(3)支付违约金。在瑕疵履行的情形,如果当事人约定了违约金条款,买受人也可以请求出卖人支付违约金。但此种违约金主要是补偿性的,其发挥损害赔偿额预定的功能。从我国合同编的规定来看,在标的物存在瑕疵的情况下,其并未认可当事人约定惩罚性的违约金。

(4)损害赔偿。在瑕疵履行的情形,如果标的物的瑕疵导致了买受人的损害,则其应当有权请求损害赔偿。在买卖合同中,损害赔偿额应与买受人因出卖人违反合同而遭受的包括利润在内的损失额相等,即相当于买受人因对方违约所遭受的实际损失以及依据合同可预期获得的利润。此外,在买受人要求修理、重作、更换的情况下,如果其还有其他损失的,也可以要求出卖人予以赔偿。例如,买受人将存在瑕疵的标的物交由他人进行修理导致买受人无法使用该标的物,买受人因不能使用标的物所遭受的损失,也应由出卖人负责赔偿。

(二)瑕疵履行与合同解除

(1)标的物质量不符合质量要求构成根本违约时的合同解除。《民法典》第610条规定:"因标的物不符合质量要求,致使不能实现合同目的的,买受人可以拒绝接受标的物或者解除合同。买受人拒绝接受标的物或者解除合同的,标的物毁损、灭失的风险由出卖人承担。"如果标的物质量不符合质量要求,致使不能实现合同目的,则出卖人构成根本违约,买受人有权依法解除合同。这就是说,标的物质量不符合要求,必须达到根本违约的程度,买受人才能依法解除合同。如果标的物只是一般的、轻微的质量不符,则买受人不能据此要求解除合同。例如,双方约定交付1000斤苹果,只有5斤有质量瑕疵。鉴于此种瑕疵并不严重,买受人无权主张解除合同。

(2)主物不符合约定时的合同解除效力及于从物。对主物的处分效力及于从物是各国普遍认可的规则,其同样适用于合同解除的情形。对此,《民法典》第631条规定:"因标的物的主物不符合约定而解除合同的,解除合同的效力及于从物。因标的物的从物不符合约定被解除的,解除的效力不及于主物。"该条规定了关于主物和从物在解除时的效力规则,其包括如下内容:第一,如果标的物的主物不符合约定,导致当事人不能实现合同目的,买受人有权解除合同,在合同解除后,解除合同的效力及于从物。法律作出此种规定的原因在于,从物在经济效用上是依附于主物的,主物的买卖被解除,则从物的买卖也当然不存在。例如,买卖房屋合同被解除后,房屋门前的一对石狮子的买卖合同也当然解除。第二,如果涉及从物的合同被解除,并不一定影响到涉及主物的合同。在上例中,买卖石狮子的合同因标的物不符合约定而解除,则房屋的买卖合同并不当然解除。因为从物不能脱离主物而发挥经济效用,而且从物合同的解除也不会当然导致主物买卖合同的目的无法实现。[①]

(3)标的物为数物时的合同解除。《民法典》第632条规定:"标的物为数物,其中一物不符合约定的,买受人可以就该物解除。但是,该物与他物分离使标的物的价值显受损害的,买受人可以就数物解除合同。"该条是对标的物为数物而其中的一物不符合约定时买受人解除权的规定。其中,涉及两种情形:第一,标的物为数物,一物与他物分离不会导致标的

---

① 参见黄薇主编:《中华人民共和国民法典合同编解读》(上册),中国法制出版社2020年版,第549页。

物的价值显受损害。在实践中,当事人在订立买卖合同时,常常约定以数个物为标的物,如买卖电脑一台、路由器一个和打印机一台,在该买卖合同中,数物的价值之间并不具有密切关联,则一物的交付不符合约定的,买受人只能就该物解除合同。例如,在上例中,如果路由器不符合约定,依据《民法典》第632条,当事人可以解除路由器的买卖合同。第二,标的物为数物,一物与他物分离将导致标的物的价值明显受损害。例如,打印机和电脑是配套的,如果打印机不合格,将使整个电脑的价值明显受到损害,这就是该条所规定的"该物与他物分离使标的物的价值显受损害",在此情形下,买受人可以就数物解除合同。

买卖合同被解除后,并不影响违约责任的承担,如果给非违约方造成损失,则非违约方有权依法请求违约方赔偿损失。我国司法实践认为,在买卖合同解除以后,非违约方有权继续主张违约金。《买卖合同司法解释》第20条规定:"买卖合同因违约而解除后,守约方主张继续适用违约金条款的,人民法院应予支持;但约定的违约金过分高于造成的损失的,人民法院可以参照民法典第五百八十五条第二款的规定处理。"采纳这一规则的理由在于,在合同解除前,一方违约的,则违约金条款已经依法产生相应的法律效力,因此,在合同解除后,不应当影响非违约方依法主张违约责任。

(三)买受人有权合理选择责任形式

依据《民法典》第582条,标的物质量不符合约定的,受损害方根据标的物的性质以及损失的大小,可以合理选择请求对方承担不同的违约责任。如何理解此处所说的"合理选择"?所谓"合理选择",是指虽然买受人享有选择权,但是选择权的行使应当遵循诚信原则。例如,买受人选择修理,通常是在货物所存在的瑕疵能够被修理时才能请求,在不能修理或者修理费用过高时则不应行使此种请求权。即便是在标的物质量不符合约定的情形下,非违约方根据标的物的性质以及损失的大小,可以请求减价、修理、重作、更换等方式,但对这些方式的选择也都要求是合理的。例如,如果买卖的标的物是特定物,就无法进行更换。如果标的物重作的费用更高,此时不应当允许当事人请求重作。受损害方在作出选择时应当考虑这些因素。

四、迟延履行

迟延履行,是指债务人在债务到期以后无正当理由没有履行其给付义务。判断履行迟延的关键是履行期间的确定,只要债务人在债务到期之后没有履行其合同义务,且无正当理由,都构成迟延履行。在迟延履行的情形下,非违约方有权请求违约方承担以下违约责任:

一是继续履行。在迟延履行的情形,只要债务人能够履行,债权人就有权请求其继续履行,这也是实现合同目的的要求。

二是损害赔偿。在出卖人迟延交付货物的情况下,如果买受人收到了货物,要根据货物应该交付时的市场价与实际交付时的市场价的差额来计算损失,当然,这里是假定价格在不断下跌。如果价格在不断上涨,那么就谈不上价格方面的损失问题。如果买受人逾期支付货款,那么赔偿额应为:迟延利息+其他损失(如为实现债权所支付的费用)。如果买卖合同没有约定逾期付款违约金或者该违约金的计算方法,出卖人以买受人违约为由主张赔偿逾期付款损失的,可以中国人民银行同期同类人民币贷款基准利率为基础,参照逾期罚息利率标准计算。

三是支付违约金。在我国,违约金主要是补偿性违约金,违约金通常不能与继续履行并用;而在迟延履行的情形,法律认可了此种违约金属于惩罚性违约金。迟延履行导致的损害已实际发生,实际履行不足以弥补该损失,此时违约金条款仍应为填补损失。《民法典》第585条第3款特别规定,当事人就迟延履行约定违约金的,违约方支付违约金后,还应当履行债务。《买卖合同司法解释》专门就逾期付款违约金作出了规定。其一,有约定应当依约定。《买卖合同司法解释》第18条第2款规定:"买卖合同约定逾期付款违约金,买受人以出卖人接受价款时未主张逾期付款违约金为由拒绝支付该违约金的,人民法院不予支持。"其二,买卖合同没有约定逾期付款违约金或者该违约金的计算方法的,应依据《买卖合同司法解释》第18条第4款计算。①

五、一物数卖

(一) 普通动产的一物数卖

"多重买卖,自古有之,在物价波动之际,最为常见。而此实际多出于罔顾信用,图谋私利。"②一物数卖,也称为多重买卖,是指标的物所有人将其物出卖给数个买受人的情形。在一物数卖的情形下,出卖人为了获取高价,违反诚信原则,将同一标的物卖给数人,往往后买受人出价更高。因此,出卖人将会对数个买受人违约。

出卖人因不能履行数个买卖合同,其要承担违约责任,自不待言。但问题的关键在于,其究竟应当履行哪个买卖合同?《买卖合同司法解释》第6条规定,在买卖合同均有效的情况下,买受人均要求实际履行合同的,应当按照以下情形分别处理:

第一,先行受领交付的买受人有权请求确认所有权已经转移。我国采取债权形式主义,因此,数个买卖合同都是有效的,而已经实际受领交付的买受人就取得了标的物的所有权。

第二,数个买受人均未受领交付的,先行支付价款的买受人有权请求出卖人履行交付标的物等合同义务。在此情形下,可以认为,出卖人接受了价款,出于保护已经实际付款的买受人利益的考虑,应当优先保护其享有的实际履行请求权。但需要指出的是,实践中也经常发生这样的情形,即先买受人支付的价款比较少,而后买受人支付的价款比较多。司法解释起草者认为,出卖人认为后买受人支付的价款更多,更有利可图,但为了维护诚信原则,也为了避免问题复杂化,而仅以价款支付的时间先后为标准,不考虑支付价款多少的因素。③

第三,数个买受人均未受领交付,也未支付价款的,依法成立在先合同的买受人有权请求出卖人履行交付标的物等合同义务。由此可见,司法解释采纳了合同成立在先说,笔者认为,该规定值得商榷,主要原因在于:一方面,它突破了合同债权的平等性规则,使签订在先的合同具有了优先于签订在后的合同的效力,于法理无据。另一方面,它很容易诱发合同倒签等道德风险,不利于解决纠纷。笔者建议,在此情形,应当由法院根据当事人的签约背景、交易目的、实际履行的后果等因素,综合考量,而不宜简单地以合同签订先后来确定其效力。

(二) 特殊动产的一物数卖

所谓特殊动产,是指船舶、航空器和机动车等动产。因为此类动产不完全适用交付移转所有权的规则,法律上要求其登记,所以,可以将其归入特殊动产的范畴。但是,特殊动产的

---

① 该款规定:"买卖合同没有约定逾期付款违约金或者该违约金的计算方法,出卖人以买受人违约为由主张赔偿逾期付款损失,违约行为发生在2019年8月19日之前的,人民法院可以中国人民银行同期同类人民币贷款基准利率为基础,参照逾期罚息利率标准计算;违约行为发生在2019年8月20日之后的,人民法院可以违约行为发生时中国人民银行授权全国银行间同业拆借中心公布的一年期贷款市场报价利率(LPR)标准为基础,加计30%—50%计算逾期付款损失。"
② 王泽鉴:《民法学说与判例研究》(第四册),中国政法大学出版社1998年版,第162页。
③ 参见最高人民法院民事审判第二庭编著:《最高人民法院关于买卖合同司法解释理解与适用(条文·释义·理由·案例)》,人民法院出版社2012年版,第163页。

一物数卖在实践中经常发生,就此,《买卖合同司法解释》第7条规定,出卖人就同一船舶、航空器、机动车等特殊动产订立多重买卖合同,在买卖合同均有效的情况下,买受人均要求实际履行合同的,应当按照以下情形分别处理:

第一,先行受领交付的买受人有权请求出卖人履行办理所有权转移登记手续等合同义务。因为《民法典》第225条规定:"船舶、航空器和机动车等的物权的设立、变更、转让和消灭,未经登记,不得对抗善意第三人。"这就是说,有关船舶、航空器和机动车等物权的设立、变更、转让和消灭,可以不经登记而发生物权的变动,适用登记对抗主义。因特殊动产作为交通工具使用,且价值较大,而且具有可识别的区别于他物的特征,因而作为区别于一般动产的特殊动产存在。虽然它们具有特殊性,但仍属于有体物,其物权变动理应采取相应的公示方法。因为从《民法典》的规定来看,其主要以交付作为所有权移转的依据,因此,先行受领交付的买受人已经取得了所有权,没有登记只是不发生对抗效力。

第二,数个买受人均未受领交付的,先行办理所有权转移登记手续的买受人有权请求出卖人履行交付标的物等合同义务。虽然《民法典》第225条采取了登记对抗主义,但是,毕竟登记是在国家有关登记机关进行的公示行为,较之于交付更具有权威性,且便于当事人和社会公众查询了解。另外,特殊动产往往需要金融机构介入其中,例如,船舶就经常采取融资租赁、光船租赁等方法取得和利用,这时会发生占有和所有分离的情形。以登记这一较强的公示方法作为其物权变动的公示方法,有利于明晰特殊动产的物权状况。

第三,数个买受人均未受领交付,也未办理所有权转移登记手续的,依法成立在先合同的买受人有权请求出卖人履行交付标的物和办理所有权转移登记手续等合同义务。这一规定与前述普通动产多重买卖中的规则保持了一致性。如前述,该规定虽具有一定的合理性,但并不符合合同债权平等原则。

第四,出卖人将标的物交付给买受人之一,又为其他买受人办理所有权转移登记的,已受领交付的买受人有权请求将标的物所有权登记在自己名下,这就采取了交付优先于登记的规则。虽然司法解释将该规则限定于先交付后登记的情形,但本质上仍然确立了交付优先的规则。笔者认为,《买卖合同司法解释》确立的这一规则,也值得商榷。在特殊动产一物数卖情况下,登记应当优先于交付,理由主要在于:一方面,采登记应当优先于交付的规则,有利于解决一物数卖情况下的产权归属问题。因为从法律上看,登记的公信力要明显高于占有的公信力,因为登记是由国家机构作为独立的第三者,通过现代的数据管理手段而将登记的事项予以记载并对外公示,登记的方式具有较高的权威性,且登记机关要进行必要的审查,登记的内容具有真实性和可靠性。而交付较之登记具有天然的缺陷,其无法准确地判断实际所有权。交付所表征的权利不具有完整性和清晰性。另一方面,采登记应当优先于交付的规则,更符合效率原则。特殊动产作为交通工具,其游移不定,甚至可能在世界范围内运行,会多次发生占有主体的变更。如果没有登记作为其确权依据,而仅以交付为标准,往往会发生争议,影响确权的效率。此外,采登记应当优先于交付的规则,还有利于减少一物数卖,甚至欺诈行为。如果采取登记优先于交付的规则,则会鼓励当事人办理登记,在办理登记之后,潜在买受人通过查询登记就能够知晓权利的移转,从而不再与出卖人进行交易,可以大大减少一物数卖行为的发生。

六、违反从给付义务和附随义务

在买卖合同中,当事人可能只是违反了从给付义务。我国司法实践历来认为,违反从给付义务,原则上不能导致合同解除,只是在例外情形下,才能解除合同。这就是说,只有违反从给付义务,致使合同目的无法实现时,买受人才能主张解除合同。《买卖合同司法解释》第19条规定:"出卖人没有履行或者不当履行从给付义务,致使买受人不能实现合同目的,买受人主张解除合同的,人民法院应当根据民法典第五百六十三条第一款第四项的规定,予以支持。"据此,在合同目的不达的情况下,即便只是违反了从给付义务,也可能主张合同解除。例如,买受人的目的就是要购买特定品种的宠物狗,但出卖人没有交付血统证,就导致合同目的无法实现,此时买受人可以主张解除合同。

在通常情形下,违反附随义务并不会影响当事人缔约目的的实现,但在例外情形下,违反附随义务也可以构成根本违约。依据《民法典》第563条第1款第4项"有其他违约行为致使不能实现合同目的"的规定,受害人也有权解除合同,并有权要求赔偿损失。例如,在特许经营合同中,事先没有如实告知专利的使用方法,导致受许可人无法开展经营活动,则受许可人有权解除合同。

第四章

特 种 买 卖

一般买卖是指没有特殊要件的买卖,而特种买卖是指特殊形态的买卖,即具有特殊要件的买卖。特种买卖的主要特点在于:其是买卖中的特殊形态,在此类买卖的订立方式、履行方式、担保规则等方面,法律一般会有特别的规定。对特种买卖而言,在法律有特别规定的情况下,要从其规定,但在法律没有特别规定的部分,应当适用一般买卖的规则。在合同法中,某些特种买卖依然是典型合同,而非非典型合同。我国《民法典》合同编专门规定了有关分期付款、试用买卖、所有权保留、招投标、买卖拍卖等的内容,下面分别阐述。

第一节 所有权保留

一、所有权保留的概念和功能

所谓所有权保留(Retention of Title),是指在买卖合同中,买受人虽先占有、使用标的物,但在双方当事人约定的特定条件(通常是全部价款支付)成就以前,出卖人对于标的物仍保留所有权。① 例如,某人从某汽车销售店购买汽车一辆,双方约定,在没有付完全款之前,买受人可将该汽车取走使用,但销售店仍然保有汽车的所有权。所有权保留制度具有一定的担保功能,因为出卖人在交付标的物以后,仍然保留标的物的所有权,可担保买受人按期支付全部价款。同时,所有权保留制度也具有一定的资金融通功能,即通过所有权保留制度,买受人不必一次付清价款就可以占有和利用物,这也有利于促进交易。

所有权保留制度历史悠久,早在《十二铜表法》第6表第8条中就有规定,即"出卖的物品纵经交付,非在买受人付清价款或提供担保以满足出卖人的要求前,其所有权并不转移"。在《德国民法典》制定之前,德国普通法也承认了这种特别制度,但在当时并没有引起重视。② 该项制度自19世纪末期产生以来,发挥了重要的资金融通功能,并为各国法律普遍采用。③ 例如,《德国民法典》第449条对所有权保留作出了明确规定,根据法国1994年的一部法律(the law of 10 juin 1994),在买受人破产的情况下,出卖人的利益可以通过所有权保留买卖

---

① 参见崔建远主编:《合同法》(第七版),法律出版社2021年版,第295页。
② 王泽鉴:《民法学说与判例研究》(第一册),中国政法大学出版社1998年版,第124页。
③ 高圣平:《民法典担保制度及其配套司法解释理解与适用》(下),中国法制出版社2021年版,第1113页。

而得到全面的保护,所以其又被称为"担保之皇后"(queen of securities)。① 英美法国家也广泛承认了此种制度,例如,美国《统一附条件买卖法》对此作出了规定。英国《货物买卖法》第19条也规定了所有权保留的规则。在澳大利亚,判例也承认在出卖人尚未支付合同的价款之前,买受人对出卖货物的所有权进行保留成为买卖合同中经常议定的条款。② 我国《民法典》在借鉴两大法系经验的基础上,于第641条第1款规定:"当事人可以在买卖合同中约定买受人未履行支付价款或者其他义务的,标的物的所有权属于出卖人。"这就在法律上正式确认了所有权保留制度。

所有权保留的主要特点在于:

第一,它仅适用于动产买卖。所有权保留主要适用于买卖合同。只有在移转所有权的合同中,才可能出现一方当事人在对方未清偿价款或完成其他条件的情况下,仍然保留对标的物所有权的情况。虽然我国《民法典》第641条的规定并没有明确指出其适用的范围,但司法实践认为,所有权保留仅适用于动产,依据《买卖合同司法解释》第25条的规定,"买卖合同当事人主张民法典第六百四十一条关于标的物所有权保留的规定适用于不动产的,人民法院不予支持"。这就确认了,所有权保留不适用于不动产。不动产的物权变动方式也决定了,其不可能采用所有权保留的方式。对于不动产来说,标的物所有权的移转需要履行登记手续的,即使当事人交付标的物也并不移转所有权,而如果当事人办理了移转登记,则所有权必然移转,当事人无法约定排除。③

第二,它属于交付移转所有权的例外。所有权保留的形式是由法律规定的,但作为交付移转所有权的例外,它又是当事人通过特别约定来实现的。也就是说,当事人通过约定改变了法律关于交付移转所有权的一般规则。关于动产物权的变动,《民法典》第224条规定:"动产物权的设立和转让,自交付时发生效力,但是法律另有规定的除外。"其中并没有允许当事人通过约定来改变交付的规则,但《民法典》第641条的规定应属于《民法典》第224条"法律另有规定"的情形,即交付移转所有权的例外情形。

第三,产生权利分化现象。所有权保留买卖合同生效以后,针对出卖人已经交付给买受人的标的物,出现了财产权利的分化现象,表现在:出卖人在买受人支付全部价款之前保留所有权,而买受人享有对标的物的占有、使用和收益权,同时对所有权的移转享有期待权。德国法学家鲍尔指出:在所有权保留中,存在一种权利分化形式,即保留所有权的出卖人享有标的物所有权中的担保权和变价权,而买受人获得了对标的物的占有权和使用权,权利在当事人之间进行了分割,从而能够产生所有权担保的形态。④ 在所有权保留制度中,权利分化实际上也是一种权利分离现象。

第四,它是一种非典型担保。所谓非典型担保,是指相对典型担保而言没有被法律所明文规定的新类型担保形式(如让与担保)。在我国民法上,所有权保留并非以典型担保制度的形式出现,但其实际上属于发挥担保债权实现功能的制度,是非典型担保的一种形态。不

---

① See Iwan Davis ed., *Retention of Title Clauses in Sale of Goods Contract in Europe*, Asgate Public Company, 1999, p. 31.
② Ibid., p. 1.
③ 参见最高人民法院民事审判第二庭编著:《最高人民法院关于买卖合同司法解释理解与适用(条文·释义·理由·案例)》,人民法院出版社2012年版,第526页。
④ 申卫星:《所有权保留制度一般理论研究》,载王利明主编:《物权法专题研究》(下),吉林人民出版社2002年版,第1513页。

过,所有权保留和质押是不同的,在所有权保留中享受担保利益的一方是不占有"担保物"的,而在质押中享受担保利益的一方却取得了对担保物的直接占有,从这个意义上来看,和一般的质押相比,所有权保留在担保上的性质更类似于抵押。

第五,兼具融资与担保的功能。对买受人而言,通过所有权保留买卖,其并不需要一次性支付全部价款,却可以对标的物进行占有、使用、收益。从这个意义上说,此种交易也具有一定的融资功能,且有利于促进物尽其用、鼓励交易;同时,因出卖人在交付标的物之后,仍然保留标的物的所有权,而具有担保功能。正如王泽鉴教授所言:"保留所有权之主要功能,虽在于保障债权,但亦深具社会经济意义,盖出卖人之债权既获保障,可藉分期付款方式大量出售货物,并可舍弃通常为保全价金而附加之各种苛严条款,其于增加生产,促进经济发展,改善民生,贡献甚巨。"①

二、所有权保留与附条件买卖的区别

所有权保留与附条件买卖都是当事人对交易附加一定的条件,二者可能发生交叉,附条件买卖中也可以针对所有权的移转附一定的条件。例如,当事人双方在合同中约定:如果公司发放工资,就支付某物的价款,并取得所有权。因为这一原因,有的国家法律也将所有权保留称为附条件买卖。但笔者认为,两者之间存在一定的区别,主要表现在:

第一,在附条件买卖中,当事人通常可以约定一定的条件,以该条件的成就与否,作为合同成立与否的决定因素。而在所有权保留中,合同已经成立,当事人是否约定条件影响的是标的物所有权是否在交付时移转,该条件是否成就决定的是标的物所有权最终是否移转。例如,某人从4S店购买汽车一辆,双方订立了所有权保留合同,合同一旦成立,就已生效。

第二,是否具有担保功能。在附条件买卖中,其所附条件并非以担保为目的,而主要具有限定合同生效条件的功能。而所有权保留买卖中,出卖人保留所有权主要是为了担保其价金债权的实现,其主要发挥一种担保功能。

第三,适用范围不同。附条件买卖可以广泛适用于各种买卖,不限于动产的买卖;而所有权保留的适用对象仅限于动产的买卖。

三、所有权保留的效力

(一)对出卖人的效力

在所有权保留买卖中,出卖人除了享有普通买卖中出卖人的权利(如请求买受人支付价款)以外,其还享有如下几项权利:

(1)保留所有权。所有权保留是交付移转所有权的例外情形,在所有权保留的情形下,虽然标的物由买受人占有、使用,但其所有权仍归出卖人。不过,在约定了所有权保留的情形下,出卖人虽然保留所有权,但其不能对该物进行任意处分,如在该物之上设定抵押等,否则可能使买受人的合同目的落空。

(2)依法享有解除权。此处所说的解除权是指法定解除权,也就是说,如果买受人的行为构成根本违约,符合法定解除权的行使条件,则出卖人有权依法解除合同。《民法典》合同编通则中有关合同解除的一般规定可以适用于所有权保留的合同。例如,买受人未能支付价款,或者未按照约定完成特定条件等,将构成根本违约,出卖人有权依法解除合同。

---

① 王泽鉴:《民法学说与判例研究》(第一册),中国政法大学出版社1998年版,第127—128页。

（3）出卖人享有取回权。所谓取回权，依据《民法典》第642条第1款的规定，是指当事人约定出卖人保留合同标的物的所有权，在标的物所有权转移前，买受人出现了法律规定的情形，造成出卖人损害的，除当事人另有约定外，出卖人有权取回标的物。法律之所以规定取回权，是因为一方面，买受人已经实施了未按照约定支付价款，或者对标的物进行处分等行为，直接导致了对出卖人的损害，继续使买受人占有标的物对出卖人极为不利①；当商品价值不大或易损耗时，出卖人取回权的作用确实有限，但如果标的物价值较大，且不易损耗，出卖人享有的取回权在经济上就具有重要意义。买受人未在一定期间内履行合同以回赎标的物的，出卖人有权将该标的物取回，也可以再行出卖。另一方面，保留标的物所有权是对出卖人价金债权的担保，在出卖人价金债权的实现受到重大影响时，允许其取回标的物，有利于保障其价金债权的实现；此外，在符合法律规定的条件下，赋予出卖人取回标的物的权利，也有利于及时制止买受人的违约行为，并督促买受人严格按照约定履行合同。

从性质上看，取回权属于物权请求权。因为出卖人行使取回权是基于所有权人的地位而重新恢复其对标的物的占有。② 取回权行使的构成要件为：

第一，标的物所有权尚未移转。如果标的物的所有权已经移转，则买受人有权按照自己的意愿处分标的物，此时，即便买受人未按照合同的规定支付价款，或者其已经将该标的物转让给他人，在此情形下，出卖人也无权取回标的物。在标的物所有权移转于买受人之前，如果买受人出现了第642条第1款的三种情形，出卖人可以行使取回标的物的权利。

第二，买受人实施了损害出卖人的行为，主要包括以下三种情形：

一是没有依约支付价款，且在催告后仍未在合理期限内支付。然而，如何认定未按照约定支付价款？通常，买受人在何种情况下未支付价款可使出卖人享有取回权，应当由合同约定。如果合同没有约定，则应当达到严重的程度。对此，比较法上的规定不完全相同。例如，瑞士法规定，只有在买受人连续拖欠两期付款，且欠款达到货款总额的1/10时，或欠款达到货款总额的1/4时，抑或拖欠最后一期付款时，出卖人才有权行使取回权。并且出卖人在行使取回权之前要提前14天向买受人发出欠款通知。③ 我国《民法典》对此并没有作出规定。关于买受人未支付价款应当达到何种程度，出卖人才享有取回权，《买卖合同司法解释》第26条第1款规定："买受人已经支付标的物总价款的百分之七十五以上，出卖人主张取回标的物的，人民法院不予支持。"因此，买受人已经支付标的物总价款的3/4以上的，出卖人不得主张取回标的物。

二是未按照约定完成特定条件。此处的特定条件主要是指合同当事人约定的价款支付之外的条件，并不包括价金债权的支付。④ 例如，双方在合同中约定，买受人在取得标的物的占有后可以转让标的物，但是需要将对第三人的请求权转让给出卖人，此时，如果买受人没有将该请求权转让给出卖人，第三人也并未取得所有权时，则出卖人可以行使取回权。

三是买受人对于标的物作出不当处分。此处的处分应当既包括转让、出质等法律上的处分，也包括物理的破坏等事实上的处分（如损害标的物等）。在当事人没有特别约定的情形下，买受人在取得标的物所有权之前不得出卖标的物，当事人约定买受人可以出卖标的物

---

① 参见高圣平：《民法典担保制度及其配套司法解释理解与适用》（下），中国法制出版社2021年版，第1128页。
② 高圣平：《〈民法典〉视野下所有权保留交易的法律构成》，载《中州学刊》2020年第6期。
③ See E. Allan Farnsworth, *International Encyclopedia of Comparative Law*, Vol. VIII, Specific Contracts, Chapter 4, Installment Sales, Tübingen, 1973, p. 10.
④ 参见高圣平：《民法典担保制度及其配套司法解释理解与适用》（下），中国法制出版社2021年版，第1130页。

的,则不在此限。在买受人转售标的物的场合,如果所有权保留并未登记,则后手买受人可能依善意取得规则取得标的物的所有权,此时依据《买卖合同司法解释》第26条第2款,"在民法典第六百四十二条第一款第三项情形下,第三人依据民法典第三百一十一条的规定已经善意取得标的物所有权或者其他物权,出卖人主张取回标的物的,人民法院不予支持"。这就是说,因为标的物已经被第三人善意取得,无论第三人善意取得了所有权还是其他物权,出卖人都不能再取回标的物,否则会损害第三人的合法权益。而如果所有权保留已经登记,后手买受人应查阅登记,则出卖人仍可以对抗后手买受人,行使取回权。

第三,造成了对出卖人的损害。法律上之所以设定取回权,根本原因是买受人实施的没有依约支付价款等行为,客观上造成了对出卖人的损害,如果让买受人继续占有标的物,将使出卖人面临极大的风险,出卖人不仅不能继续获得对价,甚至有丧失标的物的危险,因此,法律允许出卖人取回标的物,以维护其权利。

第四,当事人没有其他特别约定。在买受人实施上述行为时,如果当事人有特别约定,则应当按照特别约定。例如,在买受人未按照约定支付价款时,当事人约定允许买受人延期半年支付价款,或者允许买受人采取其他补救措施,则出卖人不得取回标的物。

对于取回权的行使方式,比较法上,承认出卖人如果不能自力取回标的物,可以借助于法院的强制执行程序取回。[①]《民法典》第642条第2款对此作出了规定。依据该款的规定,一是当事人协商取回。取回事实上将导致合同无法履行,对当事人权益影响巨大,因此,如果当事人能够协商,则应当通过协商解决。二是如果协商不成的,则可以参照适用担保物权的实现程序。此处所说的担保物权的实现程序主要是指《民事诉讼法》第十五章"特别程序"中的担保物权实现程序。[②]《有关担保的司法解释》第64条第1款对此作出了规定。该条第2款进一步规定:"出卖人请求取回标的物,符合民法典第六百四十二条规定的,人民法院应予支持;买受人以抗辩或者反诉的方式主张拍卖、变卖标的物,并在扣除买受人未支付的价款以及必要费用后返还剩余款项的,人民法院应当一并处理。"据此,出卖人在行使取回权后,可以向法院申请裁定拍卖、变卖标的物。对于拍卖、变卖获得的价款,如果扣除原买卖合同价款以及必要费用后有剩余的,应当返还给买受人,如果不足的,则买受人应当继续支付剩余价款。这有利于节省诉讼程序,简化担保权的实现程序。[③]

在所有权人取回的情况下,合同是否当然解除?一般认为,取回权仅仅针对买受人对标的物的占有而设,如合同中约定了取回权,则出卖人在符合约定条件时行使取回权,只是导致买受人占有的丧失,合同并不解除,买受人可以行使回赎权。本书赞同此种看法。这就是说,出卖人行使了取回权,并不意味着就立即解除合同,其仍然应当给买受人一定的回赎期,赋予买受人回赎的权利,这不仅符合合同法鼓励交易的目的,而且可以实现对买受人的保护。从这个意义上说,此时的合同解除是附条件的解除。

(4)出卖人享有再出卖权。在买受人未行使回赎权时,依据《民法典》第643条第2款的规定,出卖人享有再出卖权。再出卖权是出卖人将没有回赎的标的物另行出卖给第三人的一项权利。立法赋予出卖人再出卖权的主要原因在于,一方面,标的物的所有权仍然属于出卖人,出卖人有权处分。另一方面,在回赎期间,买受人可以行使但未行使回赎权,因此应当

---

① 参见高圣平:《民法典担保制度及其配套司法解释理解与适用》(下),中国法制出版社2021年版,第1131页。
② 《有关担保的司法解释》第64条第1款规定:"在所有权保留买卖中,出卖人依法有权取回标的物,但是与买受人协商不成,当事人请求参照民事诉讼法'实现担保物权案件'的有关规定,拍卖、变卖标的物的,人民法院应予准许。"
③ 参见黄薇主编:《中华人民共和国民法典合同编解读》(上册),中国法制出版社2020年版,第583页。

允许出卖人继续出卖标的物。对于另行出卖标的物获得的价款,在扣除必要费用和未支付价款后,多余部分应当返还买受人,不足部分则继续由买受人清偿。①

此外,在买受人未行使回赎权的情形下,所有权保留买卖合同是否需要继续履行,以及标的物如何处理将成为问题。此时赋予出卖人再出卖权可以有效终结所有权保留买卖合同关系,也可以促进标的物的继续有效利用。

但是对于出卖人行使再出卖权的方式,法律没有进行规定,这就意味着出卖人可以自行选择再出售标的物的方式,可以通过请求法院拍卖、变卖以外的方式自行出售标的物。这主要是考虑到拍卖等程序可能费用过大,且买受人的行为已经构成违约,因而需要优先保护出卖人的利益。但是,为防止出卖人低价出售,造成买受人损失,《民法典》第 643 条第 2 款要求出卖人需要以"合理"价格出售。如果出卖人的出卖价格不合理,买受人可以拒绝清偿不足部分。当然,再出卖权也是出卖人享有的一项私权,其行使不得损害公共利益和第三人利益。如果出卖人不出卖标的物,则应当继续按照所有权保留买卖合同的约定进行处理,买受人构成根本违约的,出卖人可以解除合同并请求损害赔偿,也可以请求买受人继续履行合同义务。

《民法典》第 642 条第 2 款规定:"出卖人可以与买受人协商取回标的物;协商不成的,可以参照适用担保物权的实现程序。"该条与第 643 条实际上是对再出卖权的实现程序的规定。实践中,如果出卖人与买受人协商取回标的物的,出卖人应当给买受人指定一定的回赎期,在该期限内买受人没有行使回赎权的,出卖人就可以直接处分标的物。但是,在出卖人享有取回权的情形下,就标的物的处置问题,出卖人与买受人不能达成协商一致的意见,在此情况下,出卖人享有两种救济途径。第一种是依照《民事诉讼法》"实现担保物权案件"的有关规定,直接拍卖、变卖标的物,并在扣除买受人未支付的价款以及必要费用后,将剩余的款项返还给买受人。第二种是如果当事人对取回权存在争议,出卖人可以提起诉讼。在此情形下,如果买受人放弃回赎权,法院可以直接对该标的物进行拍卖、变卖,并在扣除买受人未支付的价款以及必要费用后,将剩余的款项返还给买受人。

(二)对买受人的效力

在所有权保留中,买受人也享有买卖合同中的各项权利,如请求出卖人移转标的物的占有等。除此之外,买受人还享有如下权利:

(1)对标的物占有、使用、收益的权利。在所有权保留中,在没有完全支付价金或履行其他约定的义务之前,所有权不发生移转,买受人仅仅享有占有、使用和收益的权利。通过全部支付价金或完成其他约定的条件,买受人最终可以取得标的物的所有权。

(2)期待权。所谓期待权,是指权利人依据法律规定或合同约定,依法对未来的某种权利享有一种期望或期待的利益。在所有权保留买卖中,买受人虽然在尚未满足当事人约定的特定条件时不能取得标的物的所有权,但仍然享有对所有权转让的期待权利,这种权利在法律上称为期待权。也就是说,买受人并不享有所有权,但对取得所有权依法享有期待利益,因此有必要保护买受人的期待权。② 在全部价款没有支付之前,买受人虽然无权请求出卖人移转标的物的所有权,但由于买卖合同已经成立并生效,出卖人也不得随意解除合同,

---

① 参见黄薇主编:《中华人民共和国民法典合同编解读》(上册),中国法制出版社 2020 年版,第 626 页。
② 参见最高人民法院民事审判第二庭编著:《最高人民法院关于买卖合同司法解释理解与适用(条文・释义・理由・案例)》,人民法院出版社 2012 年版,第 554 页。

而使买受人的期待权落空。

（3）回赎权。所谓回赎权，是指在出卖人已经取回标的物的情形下，买受人在双方约定或者出卖人指定的期限内消除出卖人取回标的物的事由后，回赎标的物的权利。① 《民法典》第 643 条第 1 款规定："出卖人依据前条第一款的规定取回标的物后，买受人在双方约定或者出卖人指定的合理回赎期限内，消除出卖人取回标的物的事由的，可以请求回赎标的物。"这就在法律上规定了买受人的回赎权。法律规定回赎权，是与出卖人的取回权相对应的，因为在出卖人取回标的物后，合同尚未解除，买受人又需要继续占有该标的物，此时在法律上有必要为买受人提供一定的期限用于消除导致出卖人行使取回权的事由。买受人行使回赎权后，已经完全履行清偿义务的，债务消灭；尚未清偿的，应当按照所有权保留合同的约定继续履行合同义务。也就是说，此时应当给买受人回赎标的物的机会，使其能够通过完成一定的行为，消除出卖人行使取回权的事由。例如，买受人未能支付第二期的费用，导致标的物被取回的，应当允许买受人继续筹款，在规定的期限内支付第二笔费用，以回赎标的物，从而及时解决当事人之间的争议。

需要指出的是，此处所说的回赎与一般意义上的回赎不同。一般意义上的回赎需要另行支付价款购回标的物，而此处所说的回赎是通过消灭取回权的发生事由进行回赎。回赎权的行使条件如下：

第一，标的物已经被出卖人取回。回赎权是针对《民法典》第 642 条规定的取回权而产生的权利。法律规定回赎权的目的是避免直接解除所有权保留合同所带来的不利影响，避免出卖人行使取回权。在回赎期限内，如能消除导致出卖人享有取回权的事由，使得所有权保留合同能够继续履行，则更符合当事人双方的缔约目的，也更有利于平衡双方当事人的利益。

第二，回赎权的行使将使出卖人返还出卖物给买受人，使买受人享有重新对标的物进行占有、使用和收益的权利，对标的物的权利回复至取回权行使前的状态。

第三，买受人应当在双方约定或者出卖人指定的合理回赎期限内回赎。由于回赎主要涉及当事人双方的权益，一般不会涉及社会公共利益和第三人利益，因此，比较法上普遍不设定回赎期限，而由第三人自己决定。② 依据《民法典》第 643 条，回赎权需要在回赎期限内行使。回赎期限包括两种情形：一是双方约定的期限；如果双方对回赎的期限有约定，就按照约定。二是出卖人指定的合理回赎期限。为什么可以由出卖人指定期限？因为回赎是针对取回而言的，而出卖人将标的物取回是因买受人的原因所导致的，对此买受人具有过错，所以应当由出卖人指定明确的回赎期限。《民法典》合同编并未直接规定回赎权的法定行使期限，这主要是考虑到回赎期限一般并不涉及公共利益，可以由当事人依据私法自治的原则自由约定。而在没有约定的情形下，则由出卖人指定合理期限。问题在于，出卖人指定的期限可能过短，不利于买受人回赎。针对这一可能，《民法典》第 643 条增加了"合理期限"的规定，对出卖人的指定进行限制。对于"合理期限"的确定，需要结合交易类型与买卖标的物的性质进行判断。

第四，买受人消除了出卖人取回标的物的事由。买受人是否消除了出卖人取回标的物的事由，应当依据《民法典》第 642 条所规定的取回条件来具体确定。这就是说，买受人实施

---

① 参见黄薇主编：《中华人民共和国民法典合同编解读》（上册），中国法制出版社 2020 年版，第 584 页。
② 高圣平：《民法典担保制度及其配套司法解释理解与适用》（下），中国法制出版社 2021 年版，第 1134 页。

的行为必须足以使出卖人行使取回权的三种事由不复存在,如此才能符合回赎权的行使条件。

关于买受人未行使回赎权的效果,依据《民法典》第643条第2款的规定,在买受人未行使回赎权时,出卖人享有再出卖权。需要指出的是,买受人可以放弃行使回赎权。回赎权是由买受人享有的一种权利,旨在保护买受人,该权利在不损害公共利益和第三人利益的情形下可以放弃。但买受人放弃回赎权,必须向出卖人作出明确的意思表示。[①] 买受人不行使回赎权的,将丧失标的物的占有,如果构成违约,仍应承担相应的违约责任。

四、所有权保留中的风险移转

不论是《合同法》还是《民法典》合同编,都没有对所有权保留中的风险移转作出规定,但一般认为,所有权保留中的风险移转适用交付主义,也就是说,一旦出卖人将标的物交付给买受人,标的物毁损、灭失的风险就应当由买受人承担。[②] 因为在所有权保留的情况下,虽然标的物的所有权没有移转,但标的物已处于买受人的控制之下,出卖人已经失去了对标的物的控制,由买受人负担风险可以以较小的成本来避免标的物的毁损灭失。另外,买受人可以占有、使用、收益标的物,由其负担风险,也符合权利义务对等的原则。

五、关于所有权保留的登记

关于所有权保留是否可以登记的问题,从比较法上来看,存在登记说与约定说两种类型。《民法典》在总结我国实务经验、借鉴国外先进立法经验的基础上,于第641条第2款规定:"出卖人对标的物保留的所有权,未经登记,不得对抗善意第三人。"该条确立了所有权保留可以进行登记的规则。

所有权保留可以登记意味着我国《民法典》在担保物权部分保留形式主义的基础上兼顾了功能主义,此时所有权保留为具有担保功能的制度。换言之,所有权是物权,而所有权保留本身并不是物权,经过登记,已具有担保物权的功能。其作用主要在于:一是有利于保护出卖人。所有权保留如果没有登记,缺乏公示,既不利于保护出卖人的利益,也可能对第三人的利益构成侵害[③],如前所述,所有权保留是权利分化(Rechtsteilung)的现象,并出现了占有和所有权归属之间的分离。[④] 对普通动产而言,其物权公示方法是占有,而在所有权保留中,出卖人需要将标的物交付买受人,这也意味着出卖人无法通过占有标的物的方式公示其对标的物的所有权,如果买受人将标的物转让给第三人,则第三人可能基于善意取得的规定取得标的物的所有权,这就难以保护出卖人的利益。二是有利于维护交易安全。所有权保留登记可以为交易之外的第三方查询,了解标的物上的权利负担,从而可以降低交易成本,进而有利于消除隐形担保。三是保护善意第三人,因为所有权保留只针对动产,而传统动产的公示手段主要是占有,交易第三人很难了解该动产上的权属状态。一旦进行了所有权保留登记,可通过登记系统查阅登记的具体权属状态,从而防止欺诈等行为的发生。四是有利

---

① 最高人民法院民法典贯彻实施工作领导小组主编:《中华人民共和国民法典合同编理解与适用》(二),人民法院出版社2020年版,第1110页。
② See Iwan Davis ed. ,*Retention of Title Clauses in Sale of Goods Contract in Europe*, Asgate Public Company, 1999,p. 38.
③ 参见王泽鉴:《民法学说与判例研究》(第七册),北京大学出版社2009年版,第185页。
④ 同上书,第184页。

于明确权利顺位。所有权保留、融资租赁等,本质上也都属于担保方式,而《民法典》第 414 条第 2 款规定,对于可以登记的担保物权,清偿顺序准用抵押权受偿顺序的规则。《有关担保制度的解释》第 1 条规定:"因抵押、质押、留置、保证等担保发生的纠纷,适用本解释。所有权保留买卖、融资租赁、保理等涉及担保功能发生的纠纷,适用本解释的有关规定。"建立所有权保留的登记制度,有利于依据《民法典》第 414 条明确各个担保方式的权利实现顺位。

如何理解"没有登记,不得对抗善意第三人"? 笔者认为,首先,该条实际上明确了登记可以由当事人自由选择,而不是一种强制性义务。依据本条的规定,在所有权保留中,当事人可以自行决定是否登记。但是,有无登记的所有权保留效果不同。在当事人进行登记后,由于所有权保留的担保权利属性,其可以适用《民法典》第 414 条第 2 款的规定确定受偿顺序。其次,所谓不得对抗善意第三人,就是指在办理了登记的情形下,其可以对抗所有的第三人。例如,所有人办理了登记之后,即便买受人在该物之上设定了抵押并办理了抵押登记,但由于出卖人的登记在先,该项权利可以对抗顺位在后的抵押权。因此,可以按照登记的先后顺序来确定权利实现的优先顺位。如果未经登记,则不得对抗善意的受让人和承租人,不得对抗查封债权人、参与分配债权人和破产管理人。但是所有权保留的公示方法应当是登记,而非占有。例如,在"广东省东莞市虹瑞机械五金有限公司诉东莞市胜蓝电子有限公司、广州市巨亮光电科技股份有限公司买卖合同纠纷案"中,法院认为:"动产物权的设立和转让依法自交付时即发生效力,动产所有权享有的公示方式即为占有,换言之,如虹瑞公司力图保留涉案设备的所有权以产生足以对抗第三人主张权利或人民法院采取强制执行措施的效果,则必须在涉案设备发生占有转移后,也能使他人得以从外部认识到所有权的实际归属。"[①]本案是在《民法典》颁布前发生的,如果在《民法典》实施之后,法院将占有作为公示方法,显然与《民法典》的规定并不相同。

至于未经登记的所有权,与动产抵押权、动产质权的关系,可类推适用《民法典》第 414 条、第 415 条的规定。此外,在所有权保留中,如果买受人在未支付价金或其他条件不满足的情形下转售标的物,则出卖人已经登记的所有权保留,可以获得对抗第三人的效力。

第二节 分期付款买卖

一、分期付款买卖的概念和特征

所谓分期付款买卖,是指双方当事人在合同中约定,由出卖人先交付标的物、买受人分次支付合同总价款的一种特种买卖。[②] 例如,某人到某 4S 店购买奔驰豪华轿车一部,双方约定,可按月支付价款,但每月至少支付 5 万元。《民法典》第 634 条第 1 款中规定"分期付款的买受人未支付到期价款的数额达到全部价款的五分之一,经催告后在合理期限内仍未支付到期价款的,出卖人可以请求买受人支付全部价款或者解除合同",该条实际上确认了分期付款买卖形式。分期付款买卖是一种古老的交易方式,在买卖合同出现之初,该种方式就已经存在。自 19 世纪以来,此种方式被日益广泛地采用,并对经济社会生活产生了较大影响。在分期付款买卖中,买受人可以分期支付价款,这有利于解决其资金不足的问题,有利

---

① 广州市中级人民法院(2016)粤 01 民终 4209 号民事判决书。
② 参见郑玉波:《民法债编各论》(上册),台湾三民书局 1986 年版,第 101 页。

于促进商品的销售；同时，分期付款买卖也具有资金融通的作用，因为买受人在交易时不需要筹集全部的资金。因此，随着20世纪消费观念的改变和信用交易的发展，分期付款交易的适用范围日益扩大。① 此外，分期付款买卖常常与所有权保留结合，从而为其债权实现获取担保。

分期付款买卖的主要特点在于：

第一，性质上是一种特种买卖，即其具有普通买卖所不具有的一些特殊性。该种买卖符合一般买卖的规则，《民法典》合同编关于买卖合同的规定通常可以在分期付款合同中适用。但分期付款买卖又是一种特殊的买卖，其价款不是一次性支付的，而需要分期支付；依据《民法典》第634条第1款，只有当买受人未支付到期价款的金额达到全部价款的1/5时，出卖人才享有法定的合同解除权，这就构成对出卖人法定解除权的限制。

第二，采取了分期支付价金的方式。与一般买卖合同相比较，此类合同在价款的支付方面具有特殊性②，即价款的支付采用分期的方式。《买卖合同司法解释》第27条第1款规定："民法典第六百三十四条第一款规定的'分期付款'，系指买受人将应付的总价款在一定期限内至少分三次向出卖人支付。"这就明确了分期付款的具体判断标准，在分期付款买卖中，买受人享有期限利益，有权按照合同约定的期限支付价款，无须提前一次性支付。

第三，可适用于各种标的物的买卖。不论是动产买卖，还是不动产买卖，都可以采取分期付款买卖的方式。分期付款买卖的形式甚至可以适用于权利买卖。

第四，具有融通资金和担保的功能。一方面，分期付款买卖可以提供信用支持，解决买受人的资金紧张问题，发挥资金融通的作用。在现代社会，专门为分期付款买卖提供资金融通的金融机构也大量出现。这种新兴金融机构有的是由银行筹办的，也有的是由汽车制造商为了支持它们的产品销售而筹办的。③ 这也反过来推动了分期付款交易的发展。另一方面，分期付款买卖常常与所有权保留结合，从而获得担保的功能。分期付款买卖属于信用交易，如果出卖人不享有任何担保，就可能无法保证其债权实现。从实践来看，出卖人和买受人往往约定了所有权保留，发挥所有权的担保功能。

分期付款与赊欠买卖具有相似性，在赊欠买卖中，买受人也并非在交付标的物时即支付价款，两种形式都能够给予买受人一定的期限利益，而对出卖人来说则未实际收到价金，不免承担一定的风险，因此，买受人最终支付的价格有可能比一次性支付要高。分期付款买卖尽管与赊欠买卖具有类似之处，但与一般赊欠买卖具有明显区别。一方面，在赊欠买卖中，买受人虽可以迟延支付价款，但对价款的支付方式并没有明确规定，可以是一次支付也可以是多次支付。但分期付款一般是于标的物交付的同时支付一部分价款，之后还有两次以上的价款需要支付。另一方面，赊欠买卖有可能只是推迟支付价款，而并不采取分期付款的方式。分期付款买卖尽管是迟延支付价款，但该类买卖在合同中已经明确规定了所有款项的支付时间与方式。

---

① See E. Allan Farnsworth, *International Encyclopedia of Comparative Law*, Vol. VIII, Specific Contracts, Chapter 4, Installment Sales, Tübingen, 1972, p. 3.
② 参见房绍坤：《论分期付款买卖》，载《山东法学》1997年第1期。
③ See E. Allan Farnsworth, *International Encyclopedia of Comparative Law*, Vol. VIII, Specific Contracts, Chapter 4, Installment Sales, Tübingen, 1972, p. 4.

二、所有权保留与分期付款

所有权保留适用的范围广泛,只不过分期付款是其主要的适用对象。例如,当事人在合同中特别约定在买受人尚未交付价金之前,由出卖人保有所有权。① 一般来说,所有权保留中,价金并不是一次性支付的。当然,虽然分期付款与所有权保留存在密切关联,但这并不意味着二者可以相互替代,而且这两项制度也并非为一一对应的关系。《民法典》合同编将分期付款买卖与所有权保留分别规定,也表明它们是两种不同的特种买卖,其区别主要表现在:

第一,适用范围不同。一方面,分期付款主要适用于买卖,即使在买卖中,分期付款也并不一定采取所有权保留的形式。在没有采用所有权保留的情形,就是单纯的价款分期支付。例如,当事人约定,交付标的物就移转所有权,但是,买受人可以分期支付价款。但所有权保留的适用不限于买卖,也可以和其他的合同形式相结合。② 所有权保留中,虽然标的物的占有已经移转,但是所有权并没有移转。所有权保留通常适用于买卖合同,但是也并不绝对(例如,在承揽合同中,承揽人和定作人也可以达成协议,在交付标的物之后,承揽人仍然拥有标的物的所有权)。③ 另一方面,分期付款只是强调价款的分期支付。分期付款可以和所有权保留结合起来,也可以单独采用。

第二,适用的法律不同。分期付款是价金交付的一种特殊形式,其主要适用于买卖合同,属于合同中的金钱债务履行的问题。而所有权保留虽然与买卖联系密切,但是其主要涉及所有权移转问题,即涉及物权法中所有权的变动规则。德国学者梅迪库斯将其称为债法与物权法之间的一种形式,认为在所有权保留的情况下已经具有了物权因素,产生了物权关系,并适用物权法调整。④ 尤其是在所有权保留已办理登记时,已具有担保物权的功能。

第三,法定解除的条件不同。在分期付款买卖中,为了保护买受人的利益,《民法典》第634条前段规定:"分期付款的买受人未支付到期价款的数额达到全部价款的五分之一,经催告后在合理期限内仍未支付到期价款的,出卖人可以请求买受人支付全部价款或者解除合同。"该规定是为了避免出卖人行使解除权而过分损害买受人的权益。而在所有权保留中,法律并没有对合同的解除设置特殊的规则。在分期付款买卖中,如果买受人未支付的到期价款达到全部价款的1/5的,出卖人有权解除合同。但在所有权保留中,并不适用此种合同解除权的限制规则。

第四,标的物所有权移转是否需要进行特别约定存在不同。所有权保留是一种特殊的所有权移转方式,因此需要当事人特别约定。在所有权保留中,即使出卖人将物交付给买受人,买受人也没有获得所有权。而分期付款买卖可能与所有权保留相结合,当事人也可能不采用分期付款的方式,如果分期付款没有与所有权保留相结合,则在出卖人交付标的物后,标的物所有权即移转于买受人,出卖人并不会保留标的物的所有权。

---

① 参见韩世远:《合同法学》(第二版),高等教育出版社2022年版,第404页。
② 参见王轶:《所有权保留制度研究》,载梁慧星主编:《民商法论丛》(第6卷),法律出版社1997年版。
③ See Iwan Davis ed., *Retention of Title Clauses in Sale of Goods Contract in Europe*, Asgate Public Company, 1999, p.33.《欧洲民法典草案》第9-1:103条规定:保留所有权包括:(a)买卖合同项下出卖人保留的所有权;(b)分期付款买卖合同项下供应人享有的所有权;(c)租赁合同项下租赁物的所有权,以承租人依合同约定在租赁期间届满时,无须支付对价或仅需支付名义上的对价,即享有取得租赁物的所有权或继续使用租赁物的选择权为前提条件(融资租赁);(d)意在实现担保目的或达到实现担保目的效果的寄售合同项下供应人的所有权。
④ 参见〔德〕迪特尔·梅迪库斯:《德国债法分论》,杜景林、卢谌译,法律出版社2007年版,第99页。

第五,对出卖人的利益保护不同。所有权保留的实质是对交易提供一种担保。分期付款只是价款的一种支付方式,并不是一种担保方式。具体来说,在所有权保留买卖中,标的物在实际交付、所有权移转于买受人之前,因买受人不按约定履行义务、不当使用标的物或者擅自将标的物进行处分,损害出卖人权益,出卖人依据我国《民法典》第642条的规定享有取回标的物的权利。依据《民法典》第643条的规定,如果买受人在回赎期限内没有回赎标的物,出卖人有权将该标的物出卖给第三人。而在分期付款买卖中,当事人仅仅约定了价款的分期支付,并不涉及物权的移转问题,所以,不存在标的物的取回问题。

正是由于所有权保留和分期付款存在上述区别,因而即使在两者结合的情况下,也应当对相关的法律关系进行必要的区分,在发生争议时,应当分别按照所有权保留或者分期付款的法律规则进行处理。

三、分期付款买卖的效力

(一)对出卖人的效力

(1)请求分期支付价款的权利。出卖人在订立分期付款合同之后,享有请求分期支付价款的权利。也就是说,出卖人不享有要求买受人一次性支付价款的权利,而是在每一分期所应支付价款的期限到来之后,才享有请求支付该笔价款的权利。分期付款的期限,通常以月为单位,也有的以年或周为单位。需要指出的是,分期付款买卖中,每一期价款的支付期限都是有约定的,出卖人请求支付每一期价款都必须在其期限到来之后。①

(2)在法定条件成就时解除合同的权利。分期付款买卖和一般买卖一样,在符合法定解除条件时,出卖人享有解除合同的权利。但是,针对此种特殊的买卖,法律也规定了限制解除权行使的规则。《民法典》第634条第1款规定:"分期付款的买受人未支付到期价款的数额达到全部价款的五分之一,经催告后在合理期限内仍未支付到期价款的,出卖人可以请求买受人支付全部价款或者解除合同。"依据该条规定,分期付款买卖中,出卖人享有法定解除权,但该权利的行使必须满足如下条件:

第一,买受人在约定的期限内没有按期支付价款。在一般买卖中,买受人都是一次支付,如果不支付就构成迟延履行。而在分期付款买卖中,买受人应分期支付。买受人迟延任何一期,都构成违约。

第二,买受人未支付到期价款的金额达到全部价款的1/5。达到是指不少于1/5。也就是说,只要买受人未支付的价款至少已经达到总价款的1/5,且在催告后仍未在合理期限内支付的,构成根本违约,出卖人就可以解除合同。从反面解释来看,如果买受人未按期支付的价款没有达到全价的1/5,出卖人就不得要求买受人支付全部价款或者解除合同。

第三,当事人可以在法律规定的范围内约定合同解除的条件。《买卖合同司法解释》第27条第2款规定:"分期付款买卖合同的约定违反民法典第六百三十四条第一款的规定,损害买受人利益,买受人主张该约定无效的,人民法院应予支持。"依据该条规定,《民法典》第634条第1款所规定的买受人未支付到期价款的数额达到全部价款的1/5的标准是合同解除的最低标准。换言之,如果当事人约定的条件低于上述条件(如约定未支付价款达到1/10可以解除),则该约定无效。但如果当事人约定的解除条件高于《民法典》第634条第1款规定的条件,该约定有效,可优先于《民法典》第634条适用。例如,当事人约定只有在买受人

---

① 参见黄薇主编:《中华人民共和国民法典合同编解读》(上册),中国法制出版社2020年版,第593页。

未支付价款达到总价款的 2/5 时,出卖人才能解除合同,此时,就不再适用《民法典》第 634 条第 1 款所规定的解除规则,而应适用当事人的约定。

第四,在符合法定条件下请求支付全部价款的权利。《民法典》第 634 条第 1 款规定:"分期付款的买受人未支付到期价款的数额达到全部价款的五分之一,经催告后在合理期限内仍未支付到期价款的,出卖人可以请求买受人支付全部价款或者解除合同。"这就是说,在分期付款买卖中,出卖人通常不得享有要求买受人一次性支付全部价款的权利,但如果符合法律规定的条件,出卖人可以请求买受人一次性支付。《民法典》第 634 条规定也被称为期限利益丧失规则,它是指买受人迟延支付价款达到法律规定的程度时,依据法律规定,出卖人有权要求买受人支付剩余的全部价款,买受人将丧失其在分期付款买卖中的期限利益。[1] 这里所谓期限利益,是指买受人不必一次性支付全部价款的利益。在分期付款合同中,由于买受人无须一次支付全部价款,因此免于承受过重的资金负担[2],并可以将尚无须支付的价款用于他处以获得其他利益。但此种期限利益只是在买受人没有违约的情形才能享有,如果买受人已经构成违约,且未支付部分数额较大,却仍然享有期限利益,显然不利于对出卖人的保护。因此,《民法典》第 634 条第 1 款对期限利益的丧失作出了规定,以便平衡当事人双方的利益,实现分期付款买卖的目的。[3]

(3) 在合同解除后请求买受人支付标的物使用费的权利。《民法典》第 634 条第 2 款规定:"出卖人解除合同的,可以向买受人请求支付该标的物的使用费。"据此可见,出卖人请求买受人支付标的物使用费,是其享有的一项权利。法律上之所以赋予出卖人此种权利,原因在于:一方面,在分期付款的情况下,因为买受人一方的违约导致出卖人解除合同,要求其支付标的物的使用费,也是买受人对此种违约行为所应当承担的不利后果。另一方面,由于分期付款买卖在实质上是一种信用买卖,出卖人并没有得到全部的价金,却交付了标的物,使买受人占有标的物并对其进行利用,通常可能因其利用而导致标的物的价值贬损。此时,如果不要求其支付标的物使用费,就无法保护出卖人的利益,甚至可能促使买受人故意不支付价款以达到无偿利用他人之物的目的。如果出卖人已经返还了其受领的价款,而要达到恢复原状的效果,则应当享有要求买受人支付标的物使用费的权利,这对于双方当事人来说,都是公平合理的。

需要指出的是,有关标的物的使用费,应由当事人在合同中具体约定,如果没有约定的,依据《买卖合同司法解释》第 28 条第 1 款的规定,"分期付款买卖合同约定出卖人在解除合同时可以扣留已受领价金,出卖人扣留的金额超过标的物使用费以及标的物受损赔偿额,买受人请求返还超过部分的,人民法院应予支持"。依据本条规定,出卖人可以要求买受人支付一定的标的物使用费,此种标的物使用费可以以出卖人扣留价金的方式表现出来,以维持双方的利益平衡。在比较法上,各国都规定了标的物使用费的扣减规则。但是,如何确定使用费?《买卖合同司法解释》第 28 条第 2 款规定,"当事人对标的物的使用费没有约定的,人民法院可以参照当地同类标的物的租金标准确定。"这就确定了标的物使用费应参照当地同类标的物的租金标准确定,即当地租用同类标的物需要支付多少租金,以此来计算使用费。一般而言,标的物的价值越高、使用时间越长,买受人应当支付的使用费也就越高。另外,出

---

[1] 参见房绍坤:《论分期付款买卖》,载《山东法学》1997 年第 1 期。
[2] 参见郑玉波:《民法债编各论》(上册),台湾三民书局 1986 年版,第 102 页。
[3] 参见邱聪智:《新订债法各论》(上),姚志明校订,中国人民大学出版社 2006 年版,第 146 页,注释 209。

卖人返还价款时,可以享有同时履行抗辩的权利,也就是说,如果买受人没有支付使用费,出卖人有权依据《民法典》第525条拒绝返还其价款。

(二)对买受人的效力

(1)请求出卖人交付标的物并移转所有权的权利。在分期付款合同中,买受人享有请求出卖人交付标的物的权利。一般而言,出卖人在买受人支付第一笔款项之后,就应该负有交付标的物的义务。① 当然,当事人也可以特别约定,即使买受人没有支付价款,也可以取得标的物的占有。

(2)占有、使用标的物的权利。在当事人订立分期付款买卖合同之后,如果买受人支付了第一期价款,出卖人就应当交付标的物,买受人也有权要求出卖人交付标的物。一旦标的物交付之后,买受人就有权对该物进行占有和使用。在买受人占有标的物期间,其不受出卖人的干涉。但买受人只对标的物享有占有、使用的权利,而不享有处分权,所以,买受人无权转让、抵押、质押,否则,不仅构成违约,也构成对出卖人标的物所有权的侵害。

(3)在解除合同后请求返还价款的权利。在买受人未支付到期价款的数额达到全部价款的1/5,导致合同被解除时,按照恢复原状的原则,买受人有权请求出卖人返还已经支付的价款。在返还价款时,买受人可以要求出卖人支付合理的利息。但是,买受人请求返还价款时,也应当支付标的物的使用费,并应当返还标的物。

(4)分期支付价款的权利。分期付款买卖中,买受人并不是一次性支付价款,而享有分期支付价款的权利。在分期付款买卖中,买受人享有期限利益,有权按照合同约定的期限支付价款,除非有法律规定或者当事人约定的特别事由出现,当事人不得主张买受人放弃期限利益,从实质上讲,分期付款是价金的延缓交付。② 正是因为分期付款采用先由出卖人交付标的物,买受人分期支付价金的方式,才使此种交易具有信用交易的特点。但是,如果买受人没有按照约定支付价款,且达到总价款的1/5,就丧失此种期限利益,出卖人有权请求其一次性支付所有价款。

四、标的物毁损灭失的风险负担

我国《民法典》合同编没有对分期付款买卖中标的物毁损灭失的风险负担规则作出特别规定,《民法典》第604条规定:"标的物毁损、灭失的风险,在标的物交付之前由出卖人承担,交付之后由买受人承担,但是法律另有规定或者当事人另有约定的除外。"这一规定是否可以适用于分期付款买卖?笔者认为,在分期付款买卖中风险负担应当适用交付主义的一般规定。虽然买受人支付全部价款后,标的物所有权才能移转,但标的物毁损灭失的风险应自交付时移转,而并非自所有权移转时起由买受人承担。③ 因为分期付款买卖也属于买卖的一种类型,除非有特别的理由,合同法关于买卖合同的规定都应当适用于分期付款买卖。而且在标的物交付后,买受人便以自己所有的意思,占有、使用标的物并获取收益,并且,标的物之实质上的支配权也因物之交付而由出卖人移转至买受人占有。④ 因此,由买受人负担标的物风险,符合权利义务相一致的原则;而如果由出卖人承担标的物风险,则对其极不公平。

---

① 参见吴志忠:《买卖合同法研究》,武汉大学出版社2007年版,第198页。
② 同上书,第189页。
③ 参见刘贵祥:《合同履行与风险负担制度》,载《法律适用》2000年第9期。
④ 参见刘得宽:《民法诸问题与新展望》,台湾三民书局1979年版,第13页。

第三节 凭样品买卖

一、凭样品买卖的概念和特征

凭样品买卖又称货样买卖,是指双方当事人约定出卖人交付的标的物应当符合样品的买卖。所谓样品,也称为货样,是由当事人选定的用来决定货物的品质、型号、特征、构成乃至功能等的物品。所谓"凭样品",是指出卖人应当向买受人交付与样品及其说明的质量相同的标的物。此种买卖中因为有样品存在,且能依样品确定标的物的品质与属性,因此,当事人能够准确确定标的物的质量、特征,从而正确履约。此种合同不仅可以适用于直接对话的交易,也可以适用于未能在缔结合同前检查全部商品品质与形状的远程交易。[1]《民法典》第635条规定:"凭样品买卖的当事人应当封存样品,并可以对样品质量予以说明。出卖人交付的标的物应当与样品及其说明的质量相同。"这就在法律上确立了凭样品买卖。

凭样品买卖是一种特种买卖,与一般买卖相比较,其特殊性主要表现在:

第一,凭样品确定标的物的质量、属性等。在一般的买卖合同中,当事人必须就出卖标的物的质量作出详细规定,但是,在凭样品买卖中,无须对此作出详细规定,只需要约定样品。即便当事人在合同订立时,没有能够亲自见到未来要见到的标的物,也能够凭借样品确定标的物的质量、属性等,样品在订立合同之前已经作为合同的主要内容存在。[2] 也就是说,样品本身构成了凭样品买卖合同中的主要条款。

第二,基于对样品的信赖而订约。在一般买卖中,不以样品作为判断标的物是否符合约定的标准,但凭样品买卖合同的订立主要是基于买受人对样品的信赖。在凭样品买卖合同中,双方当事人必须在合同中明确规定有特定样品的存在。例如,在一般的买卖合同中,尽管出卖人在橱窗前或者展览馆中展览了相关样品,但当事人并未在合同中予以说明,则即使交付的标的物不符合样品要求,也不构成违约。再如,在房屋买卖合同中,出卖人向买受人展示了样板间,但并没有在合同中标明依据样板间进行销售,此时不能因为出售的房屋不符合样板间的品质而解除合同。

第三,样品是确定出卖人是否按照约定履行义务的标准。凭样品买卖中,出卖人应当保障交付的货物符合样品的品质。在凭样品买卖中,样品作为双方意思表示一致的内容,成为判断出卖人是否履行了其合同义务的标准。所以,合同一旦订立就必须封存样品,并以此确定出卖人的合同义务。"样品"就意味着交付的标的物须与样品有相同的品质。如果出卖人交付的货物与样品的质量不符,即使其已经达到了法定的质量要求,仍然构成违约。

二、凭样品买卖的成立

凭样品买卖仍然是一种诺成合同,在这点上和一般的买卖合同相比并没有什么特殊之处,只要当事人意思表示一致便宣告成立。需要强调的是,凭样品买卖合同的成立还必须具

---

[1] 参见黄立:《民法债编各论》(上),中国政法大学出版社2003年版,第125页。
[2] 参见胡康生主编:《中华人民共和国合同法释义》,法律出版社1999年版,第252页。

备以下几个条件:

第一,合同订立前样品已经存在。因为合同中标的物的质量、特征等需要依据样品而确定,所以,样品必须事先存在,且必须在合同订立之前由一方提供,在合同订立之后提供的样品,因为买受人并不是以对该"样品"的信赖为基础而订立合同,因此,不属于凭样品买卖。①

第二,一方向另一方提供了样品,且双方具有明确依据样品订立合同的合意。样品既可以由买受人提供,也可以由出卖人提供。如果双方对彼此提供的样品并不满意,也可以由双方共同信赖的第三方提出或者由第三方特别制作样品。实践中,合同当事人在订立合同磋商过程中就需要对一方提供的样品进行封存、固定,并以此作为订立合同以及今后履行合同的基础。

需要指出的是,凭样品买卖中,样品的交付并不是合同成立或生效的条件,凭样品买卖合同因当事人意思一致而成立,仍然属于诺成性合同。如果买受人不是基于对样品实物的观看而订约,而是基于对出卖人提供的说明书中的说明甚至有关产品的介绍等产生信赖而决定订约,尽管此种情形与凭样品买卖具有类似之处,但由于没有依据相关的样品而订约,此种买卖不属于凭样品买卖。

三、凭样品买卖的效力

凭样品买卖与一般的买卖并没有本质上的差别,但其作为一种特殊的买卖类型,在效力上具有一定的特殊性,这主要表现在以下几个方面:

1. 样品的封存和说明义务

《民法典》第 635 条第 1 句规定:"凭样品买卖的当事人应当封存样品,并可以对样品质量予以说明。"该条实际上确定了凭样品买卖的出卖人的两项义务:一是对样品的封存义务。当事人在订立凭样品买卖合同之前,需要对样品封存。这是因为在凭样品买卖中,标的物的品质、特征等都是依据样品来确定的,为了保证出卖人所交付的货物符合样品的质量,且防止发生纠纷之后,无法确定交付的货物是否符合样品,需要对样品事先进行封存,以备将来之需。一旦将来货物的品质与样品不符,出卖人就要承担相应的责任。二是说明义务。出卖人所负担的说明义务不应仅限于对样品质量的说明,还应包括对样品的物理构造、功能等进行说明。在许多情况下,仅仅封存是不够的,有些货物的质量、形状、物理构成以及功能等较为复杂,双方难以知晓,或者存在认识上的差异。此时,出卖人不仅需要封存样品,还需要对样品进行详细说明。

2. 确保标的物符合样品的义务

《民法典》第 635 条第 2 句规定:"出卖人交付的标的物应当与样品及其说明的质量相同。"依据这一规定,在凭样品买卖中,出卖人应该保证其所提交的货物具备与样品相同的品质、型号乃至功能,在理论上一般称为"出卖人的符合样品的担保义务"。在凭样品买卖中,样品的存在为对出卖人所交付的标的物的质量等的要求提供了一个明确的标准。出卖人交付的标的物应当与封存样品及其说明的质量相同,但是,如果封存的样品与说明的质量不一致,在此情况下,如何确定当事人履行合同的标准? 也就是说,当事人交付的标的物究竟应当符合封存的样品的质量,还是符合当事人说明的样品的质量,才属于交付"符合样品"的标

---

① 参见吴志忠:《买卖合同法研究》,武汉大学出版社 2007 年版,第 219 页。

的物？《民法典》没有对此作出明确规定，但目前司法实践中确立的两个标准可供借鉴：一是在约定样品质量与文字说明不一致时，如果对此发生纠纷，在当事人无法达成合意的情形下，样品封存后外观和内在品质没有发生变化的，根据《买卖合同司法解释》第29条的规定，应当以样品的质量为准。例如，在购买设备的凭样品买卖中，已交付的设备与合同约定的技术参数不一致，该设备在封存以后，外观与内在品质都没有发生变化，此时就应当以该封存样品设备的质量为准。二是封存的样品的外观和内在品质发生变化，或者当事人对是否发生变化有争议而又无法查明的，应当如何确定标的物质量标准？依据《买卖合同司法解释》第29条的规定，此时应当以文字说明为准来认定标的物的质量标准。例如，在购买设备的凭样品买卖中，已封存的样品已被解封，外观已发生改变，但是因何种原因导致被解封无法查明，则只能以合同规定的技术参数为准。

当然，在凭样品买卖中，出卖人所交付的标的物的质量与样品品质仅存在显著轻微的差别，不影响合同目的实现的，买受人不应当享有解除权，但其仍可以要求出卖人承担违约责任。在凭样品买卖中，当事人交付的标的物的品质虽然与样品的品质相同，但不符合国家强制标准的，也不能认定标的物符合约定。

3. 隐蔽质量瑕疵担保义务

在凭样品买卖中，出卖人不仅负有担保交付的标的物品质与合同所确定的样品具有一致性的义务，而且应承担隐蔽质量瑕疵担保义务。该种义务是从买卖合同中出卖人所负担的瑕疵担保义务中产生的，也是由凭样品买卖的特殊性所决定的。在凭样品买卖中，样品是确定出卖人所提交的货物应具备的品质的标准，但样品并不具有排除隐蔽瑕疵担保义务的功能。同时，如果样品有隐蔽瑕疵的，买受人通常也无法事先发现，并要求出卖人进行补救。此种隐蔽瑕疵会对标的物的使用，甚至对买受人的人身、财产安全构成威胁，所以出卖人既应保证其所交付的货物符合样品，还应担保样品与货物都不具有隐蔽瑕疵。《民法典》第636条规定："凭样品买卖的买受人不知道样品有隐蔽瑕疵的，即使交付的标的物与样品相同，出卖人交付的标的物的质量仍然应当符合同种物的通常标准。"该条实际上确立了出卖人的隐蔽质量瑕疵担保义务。也就是说，如果样品本身存在买受人不知道的隐蔽瑕疵，即使出卖人交付的标的物与样品相同，出卖人仍需要承担违约责任。《民法典》确定出卖人承担隐蔽质量瑕疵担保义务，有利于保障其所交付的货物具备通常的品质，能够正常使用，进而也有利于保护买受人的利益。

依据《民法典》第636条的规定，出卖人承担隐蔽质量瑕疵担保义务需要具备以下两个条件：第一，样品本身存在隐蔽瑕疵。所谓样品的隐蔽瑕疵，是指样品不符合同类货物所应具备的质量要求，但按照通常的检验方法不易发现。如果能够按照通常的方法检查出样品的瑕疵，由于买受人的过错而没有发现的，买受人也应承担此种不利后果。第二，在订立合同之时买受人不知情。也就是说，在订立合同时，买受人对样品的隐蔽瑕疵不知道也不应当知道，如果已经认识到或者应当知道该样品所存在的瑕疵的，则出卖人就不负有此种担保义务。例如，某单位通过凭样品买卖方式购买一批手表，制表公司所交付的手表符合样品的品质、规格等，但在使用过程中，手表计时出现较大误差。该瑕疵在检验样品时无法被发现，则制表公司仍应负担隐蔽质量瑕疵担保义务，保证手表具有通常的品质（即能够实现准确计时）。如果检验样品可以发现此种瑕疵，或买受人对此瑕疵知情的，则出卖人不再负担隐蔽质量瑕疵担保义务。

第四节 试用买卖

一、试用买卖的概念和特征

试用买卖,也称为试验买卖,是指合同成立时出卖人将标的物交给买受人试用,并以买受人在约定期限内对标的物的认可作为合同生效条件的买卖。① 我国《民法典》第 637 条至第 640 条对此类合同作出了规定。在试用买卖中,当事人双方约定由买受人试用或者检验标的物,以买受人试用后认可标的物为合同生效条件。如果买受人认可,该买卖合同将生效。② 例如,某公司向甲推销某产品,双方达成协议,该公司在一周内提供产品给甲进行试用,试用期限为一个月,试用期满,甲表示满意的,就购买 10 件该产品,否则可以拒绝购买。在该案件中,合同是否生效取决于试用期满后试用人的决定,试用人正式表示购买时,买卖合同方才生效。

试用买卖也是买卖的一种特殊类型,其特点主要在于:

第一,买受人可试用标的物。在一般的买卖中,双方只要达成协议,合同就成立并生效。但在试用买卖中,当事人除了要就认可后确定表示买卖标的物的部分内容达成合意,还必须就标的物的试用作出约定,或者在试用买卖合同订立之前,当事人也可以就标的物的试用达成合意。试用的内容一般包括使用、验证等方式。例如,将新产品交给买受人使用。在试用买卖合同签订之后,虽然在买受人正式决定购买之前,关于买卖标的物部分的约定并没有生效,但关于试用标的物部分的约定已经生效。如果出卖人不按约定向买受人交付试用的标的物时,买受人有权依据合同要求出卖人交付标的物给其试用。

第二,以买受人试用后同意购买为合同的生效条件。在一般的买卖中,只要当事人意思表示一致,合同就成立并生效。但是,在试用买卖中,只有买受人经过试用后,认可标的物的质量、功能等,并明确表示同意购买,才能使买卖合同正式生效。从这个意义上说,试用买卖在性质上属于附条件的买卖合同。买受人试用后同意购买的,买卖合同就生效。买受人试用后不同意购买的,买卖合同就不生效。③ 买受人同意购买的表示可以以明示或默示的方式作出,依据《民法典》第 638 条的规定,买受人虽未明确表示同意购买,但其支付部分价款或对标的物实施出卖、出租、设立担保物权等行为的,视为同意购买。在试用期限届满后,如果买受人并未明确表示是否购买,法律上将其视为购买。

第三,买受人享有决定是否购买的权利。在试用买卖中,买受人试用之后,即便其认可标的物,也可以选择不购买。试用并非买受人的一项义务,而是其权利,买受人也可以不予试用直接拒绝购买。在试用阶段,买受人可以随时退还标的物。从这个意义上说,试用买卖赋予了买受人决定是否购买标的物的选择权④,这是试用买卖不同于一般买卖之处。如果买受人拒绝购买,则属于行使其合同约定的权利。买受人享有的权利在性质上属于形成权,可依据其单方意志决定合同是否生效。

---

① 参见崔建远主编:《合同法》(第七版),法律出版社 2021 年版,第 297 页。
② 参见黄茂荣:《买卖法》(增订版),中国政法大学出版社 2002 年版,第 525 页。
③ 参见最高人民法院民事审判第二庭编著:《最高人民法院关于买卖合同司法解释理解与适用(条文·释义·理由·案例)》,人民法院出版社 2012 年版,第 604 页。
④ 参见邱聪智:《债法各论》(上册),台湾 1996 年自版,第 139 页。

第四,标的物所有权在交付试用时并没有发生移转。在一般买卖中,适用交付移转所有权的规则,一旦交付,标的物所有权就发生移转。而在试用买卖中,标的物的交付只是使买受人享有占有和使用的权利,而不享有所有权。在试用期间,标的物所有权仍然归属于出卖人。一旦试用期届满,买受人同意购买,就发生简易交付,即从同意时起所有权发生移转。正因为这一原因,如果当事人没有特别约定,依据《民法典》第639条,出卖人无权请求买受人支付标的物使用费。

第五,风险负担不随标的物的交付而发生移转。在《民法典》编纂中,立法者对于试用买卖中的风险负担规则增设了全新的规定。《民法典》第640条规定:"标的物在试用期内毁损、灭失的风险由出卖人承担。"因此,试用买卖与一般买卖的风险负担规则存在差异。在一般买卖中,依据《民法典》第604条的规定,在标的物交付后,应当由买受人承担标的物毁损、灭失的风险,而在试用买卖中,则应当在买受人同意购买后才发生风险负担的移转。

二、试用买卖与凭样品买卖

试用买卖与凭样品买卖具有一定的相似性,两者都是特殊类型的买卖合同,而且,当事人买卖标的物的特点已经通过某种方式事先确定。同时,在合同履行过程之中,出卖人提供的货物也应该与先前的货物相同。但二者存在明显差别,主要表现在:第一,标的物的使用不同。试用买卖中,买受人在订立合同之前,具有使用货物的特点。而在凭样品买卖合同中,样品并不进行使用,而且必须予以封存。第二,是否可以成为标的物不同。在试用买卖中,出卖人交付由买受人使用的货物将会成为买卖的标的物。而在凭样品买卖合同中,样品只是合同标的物的参照物,通常并不是买卖的标的物。第三,标的物的质量担保并不相同。在试用买卖中,出卖人仅仅保证其所提供的试用货物符合一定的质量即可。而在凭样品买卖合同中,出卖人不仅应保证提供的货物符合样品的品质,还应负担隐蔽质量瑕疵担保义务,保证其符合同种类物的通常标准与一般品质。

三、试用买卖合同的成立和生效

试用买卖合同是诺成合同,自双方达成合意之日起合同就已经成立。在其成立之后,已经产生了一定的拘束力,依据该合同,出卖人有义务交付标的物,买受人有权要求出卖人向其交付标的物供其试用。但买受人仅能在约定期限内免费试用标的物,不得超出这一期限。

试用买卖合同的生效以买受人决定购买为条件。试用买卖是特殊的买卖,一般买卖不存在试用的问题。但对试用买卖而言,因为当事人特别约定了试用条款,买受人享有就标的物进行试用并作出最终决定的权利。[①]《民法典》第638条第1款规定:"试用买卖的买受人在试用期内可以购买标的物,也可以拒绝购买。试用期限届满,买受人对是否购买标的物未作表示的,视为购买。"第2款规定:"试用买卖的买受人在试用期内已经支付部分价款或者对标的物实施出卖、出租、设立担保物权等行为的,视为同意购买。"该条确立了如下规则:

第一,买受人在试用期内享有决定是否购买的权利。试用买卖的买受人在试用期内可以购买标的物,也可以拒绝购买。既然当事人约定的是试用,则意味着是否购买标的物将由买受人作出决定。即使货物没有质量问题,买受人也完全可以拒绝购买。买受人决定是否

[①] 参见吴志忠:《论我国〈合同法〉有关试用买卖规定的完善》,载《暨南学报(哲学社会科学版)》2008年第6期。

购买需要以意思表示的方式作出①,买受人拒绝购买,并不构成违约。一旦买受人决定购买,当事人之间的买卖合同即生效。所以,在买受人明示其购买决定的情形下,试用买卖合同从买受人正式通知出卖人其将购买之时起正式生效。自通知时起,买受人已经接受的标的物的所有权发生移转。如果买受人虽然并未明示同意购买,但是直接作出了支付价金的行为,也应当认定为买受人同意购买。例如,在"山东森诺生物科技有限公司、成都朗拓科技有限责任公司买卖合同纠纷案"中,法院认为,在试用买卖合同中,根据法律规定,试用买卖的买受人在试用期内已经支付一部分价款的,人民法院应当认定买受人同意购买,但合同另有约定的除外。本案中,成都朗拓公司已经支付部分货款,足见成都朗拓公司认可案涉货物。并且,成都朗拓公司也未提供相关证据证明案涉货物不符合约定。②

第二,试用期限届满,买受人对是否购买标的物未作表示的,视为同意购买。一旦试用期限届满,买受人必须作出同意或不同意购买的表示,不能使当事人权利义务长期处于不确定状态。买受人的同意可以采取两种形式:一是明示的同意。在一般情况下,买受人都应当采用明示同意的方式。此种方式可以是口头的,也可以是书面的,法律上对其形式没有特殊要求。二是默示的同意。在试用期限届满后,只要买受人没有明确表示拒绝,就视为默示的同意。在试用期内,如果买受人向出卖人支付了价款或者将出卖人提供的试用标的物出租等,也认为试用人已经接受了标的物。《民法典》第 638 条"买受人对是否购买标的物未作表示的,视为购买"的规定,这是法律上的拟制,作出此种意思表示的拟制的原因在于:此种拟制可以督促买受人尽快决定是否购买,从而使法律关系得以确定,避免买受人拖延作出决定,达到无偿利用他人之物的目的。法律作出此种规定,不仅有利于保护出卖人,而且有利于使合同关系明确化。

第三,试用期内买受人对标的物进行处分的,视为同意购买标的物。试用买卖要求买受人必须在标的物试用后对标的物表示认可,才能认定其已经同意购买。但是在实践中,买受人在试用和检验后,并没有明确表示是否购买,但其又对标的物进行了一定的处分,如对标的物实施转卖、出租、设立担保物权等行为的,此时,可以从买受人的行为中认定其已经同意购买标的物。③《民法典》第 638 条第 2 款中主要列举的是买受人对标的物实施的法律上的处分。但事实上,除此之外,从买受人支付部分价款等行为中也可以推断买受人具有购买的意思,因此也构成本条中的"视为同意购买"④。

四、试用买卖的效力

(一)对出卖人的效力

第一,合同生效后,出卖人应当依据合同约定将商品交给买受人。在试用期内,出卖人不得随意取回标的物,也不得干涉买受人以正当合理的方式试用标的物。在试用期限届满时,买受人明确表示购买的,出卖人不得否认合同的效力,也不得拒绝向买受人出卖该标的物。

第二,负担标的物使用费的义务。《民法典》第 639 条规定:"试用买卖的当事人对标的物使用费没有约定或者约定不明确的,出卖人无权请求买受人支付。"依据该条规定,试用

---

① 参见黄薇主编:《中华人民共和国民法典合同编释义》(上),法律出版社2020年版,第398页。
② 参见四川省高级人民法院(2020)川01民终16762号民事判决书。
③ 参见黄薇主编:《中华人民共和国民法典合同编解读》(上册),中国法制出版社2020年版,第569页。
④ 黄薇主编:《中华人民共和国民法典合同编释义》(上),法律出版社2020年版,第399—400页。

买卖中标的物使用费由当事人双方约定确定,当事人也可以约定,对使用费的负担附有条件。例如,在"无锡日月水处理有限公司诉无锡荣成纸业有限公司买卖合同纠纷案"中,法院认为,"试用期免费试用的承诺是附条件的,即免费试用的条件是要签订正式的买卖合同,因试用期满后双方业务关系终止,并未订立书面合同,因此免费试用的条件并未成就"[1]。如果当事人没有特别约定,则应当由出卖人负担试用标的物的费用。

(二)对买受人的效力

(1)买受人有权在试用期内试用标的物。在试用买卖中,买受人有权基于试用买卖合同在试用期限内试用标的物。关于试用期限,《民法典》第637条规定:"试用买卖的当事人可以约定标的物的试用期限。对试用期限没有约定或者约定不明确,依据本法第五百一十条的规定仍不能确定的,由出卖人确定。"依据这一规定可知:首先,在试用合同中,试用期限可以由当事人约定。其次,如果当事人对试用期限没有约定或约定不明确的,依据《民法典》第510条的规定,可以由当事人事后达成补充协议,当事人不能达成补充协议的,按照合同有关条款或者交易习惯确定试用期限,仍然不能确定试用期限的,则应当由出卖人确定试用期限。

(2)买受人享有决定是否购买标的物的权利。依据《民法典》第638条第1款,"试用买卖的买受人在试用期内可以购买标的物,也可以拒绝购买。试用期限届满,买受人对是否购买标的物未作表示的,视为购买"。试用买卖的买受人在试用期内可以购买标的物,也可以拒绝购买。也就是说,在试用期限内,必须先由试用人试用,试用人试用后决定购买的,才能使买卖合同生效。如果没有同意,则买卖合同并不能生效。但试用期届满后,买受人必须作出同意或不同意的表示,如果买受人对是否购买标的物未作表示的,则视为同意购买。

但是,依据《买卖合同司法解释》第30条的规定,在下列情况下,双方订立的合同不属于试用买卖合同:一是约定标的物经过试用或者检验符合一定要求时,买受人应当购买标的物;二是约定第三人经试验对标的物认可时,买受人应当购买标的物。第三人试验后买卖,是指当事人双方约定,第三人试验后对商品满意的,买受人应当购买该商品。在此类合同中,买卖合同是否生效,完全取决于第三人的认可,由于买受人不享有选择权,所以,不属于试用买卖。三是约定买受人在一定期限内可以调换标的物。此类合同称为保留换货的买卖,即买卖双方当事人约定,在一定期限内,买受人可以自由调换标的物。它与试用买卖不同,在试用买卖中,合同是否生效是不确定的,而在此类合同中,合同已经确定生效,只是标的物可以发生变更。[2] 四是约定买受人在一定期限内可以退还标的物。此类买卖称为保留退货的买卖,即双方约定在一定期限内,可以自由退还标的物。实际上,在此类合同中,合同已经生效,只不过买受人享有解除权。

(3)买受人不同意购买时的返还义务。如果在试用期限届满后,买受人不同意购买,则其必须向出卖人返还标的物,而不能继续占有该物。因为在试用合同中,试用物归出卖人所有,买受人仅享有在试用期内占有和使用的权利。出卖人请求买受人返还标的物,既可以基于合同,也可以基于物权请求权。但是,对于试用过程中因买受人占有和使用标的物所产生的折旧费用,不能要求买受人返还。例如,买受人在试用手机时,可能使手机受到了一定程

---

[1] 江苏省无锡市中级人民法院(2013)锡商终字第0374号。
[2] 参见最高人民法院民事审判第二庭编著:《最高人民法院关于买卖合同司法解释理解与适用(条文·释义·理由·案例)》,人民法院出版社2012年版,第620—621页。

度的磨损折旧,对于此种折旧不能要求买受人予以补偿。

五、试用买卖中的风险负担

在试用期内,标的物因不可归责于双方当事人的事由而毁损灭失时,该风险由谁承担?《民法典》第640条规定:"标的物在试用期内毁损、灭失的风险由出卖人承担。"该条对试用期内的标的物风险负担规则作出了规定。依据该条规定,如果标的物在试用期内因不可归责于当事人的原因毁损、灭失的,则应当由出卖人负担损失。需要指出的是,由于出卖人已经将标的物"交付"给了买受人,就产生了如何解释、适用交付主义的问题。由于在试用期内,买卖合同还没有生效,标的物的"交付"并非真正意义上的交付,不是履行买卖合同的行为,因此应当由出卖人负担风险。但如果买受人已经同意购买,则买卖合同已经生效,当事人以简易交付的方式完成了真正意义上的交付,出卖人才实际履行了买卖合同项下的交付义务,买受人已经取得标的物所有权,此时,应当由买受人负担该风险。当然,如果试用期限届满,但买受人表示不愿意购买,则买卖合同没有生效,此时,仍应由出卖人承担风险。[1] 正如我国台湾地区学者黄茂荣所说:"在试验买卖,出卖人纵为试验而将标的物交付于买受人,买卖标的物之利益及危险仍直至买受人承认标的物时,方始移转于买受人。"[2]

第五节 招标投标买卖

一、招标投标买卖的概念和特征

《民法典》第644条规定:"招标投标买卖的当事人的权利和义务以及招标投标程序等,依照有关法律、行政法规的规定。"所谓招标,是指进行招标的民事主体以招标公告或招标邀请的形式,向不特定人或向特定的多个当事人发出的,以吸引或邀请相对方发出要约为目的的意思表示。所谓投标,是指投标人(出卖人)按照招标人提出的要求,在规定的期间内各自秘密地制作投标文件向招标人发出的以订立合同为目的、包括合同全部条款的意思表示。[3]由于招标投标采取公开、公平、公正原则,所以采取此种方式订立合同能够保证一些特殊交易有序竞争,防止交易过程的腐败。

招标投标买卖的法律特征主要在于:

第一,订约程序的特殊性。在我国,招投标一般分为三个阶段,即招标、投标和中标。我国《招标投标法》对此作出了具体规定,凡是需要进行招投标的项目必须严格依此程序进行,对于违反此类程序的行为,行为人须承担法律责任。

第二,适用范围具有明确的限制。在我国,并不是所有的合同订立都需要采用招标投标方式,针对涉及社会公共利益的项目以及利用国家财政资金从事的建设和采购等,法律通常都明确要求其通过招投标方式订立合同。例如,建设工程合同、政府采购合同等,依据法律

---

[1] 参见易军:《债法各论》,北京大学出版社2009年版,第62页。
[2] 参见黄茂荣:《买卖法》(增订版),中国政法大学出版社2002年版,第527页。
[3] 参见王泽鉴:《债法原理》(第二版),北京大学出版社2013年版,第244页。

规定必须采取招标投标的方式。① 此外,法律或者国务院对必须进行招标的其他项目的范围有规定的,依照其规定。对于法律没有明确规定,当事人自愿采取招标投标方式的,也可以通过此种方式订约。

第三,交易方式的竞争性。在招标投标买卖中,采取数个投标人竞争性报价的方式,由招标人选择最合适的报价和条件。招标投标买卖与拍卖不同之处在于,拍卖是选择最高价,而招标投标买卖通常是选择最低价。

第四,合同的订立采取书面形式。在招标投标过程中,要通过标书等方式来确定当事人之间的权利义务。招标投标买卖应当采取书面形式,这是由此种买卖的特殊性所决定的,因为招投标涉及多人竞争,采取书面形式有利于保障招标投标程序公开、公平、公正和透明地进行。

第五,法律适用的特殊性。我国《民法典》第644条规定:"招标投标买卖的当事人的权利和义务以及招标投标程序等,依照有关法律、行政法规的规定。"该条包括两层含义:一是确认了招标、投标是特种买卖的一种形式;二是该条性质上属于引致条款。鉴于招标投标自身的特殊性,我国颁行了专门的《招标投标法》对招标投标活动进行调整,以规范招标投标活动,保护国家利益、社会公共利益和招标投标活动当事人的合法权益,提高经济效益,保证项目质量。因此,在涉及招标投标的合同时,《招标投标法》有具体规定的,首先适用该法的规定;该法没有规定的,再适用《民法典》合同编的相关规定。

二、招标投标买卖合同的成立与生效

招标投标买卖一般经过如下三个阶段:

(1) 招标。招标是以招标公告的方式邀请不特定的法人或者其他组织投标,或者以投标邀请书的方式邀请特定的法人或者其他组织投标。② 根据《民法典》第473条第1款,此种公告属于要约邀请行为。因为招标人实施招标行为是订约前的预备行为,其目的在于引诱更多的相对人提出要约,从而使招标人能够从更多的投标人中寻取条件最佳者并与其订立合同。例如,在"成都鹏伟实业有限公司与江西省永修县人民政府、永修县鄱阳湖采砂管理工作领导小组办公室采矿权纠纷案"中,法院指出:"当事人在网站发布公开拍卖推介书的行为,实质上是就公开拍卖事宜向社会不特定对象发出的要约邀请。在受要约人与之建立合同关系,且双方对合同约定的内容产生争议时,该要约邀请对合同的解释可以产生证据的效力。"③ 当然,如果招标人在招标公告中已明确表示将与报价最优者订立合同,那么,该招标公告已经表明招标人愿意受到该意思表示的拘束,因此,该招标即具有了要约的性质。④

(2) 投标。投标是指投标人根据招标人所公布的标准和条件向招标人发出以订立合同为目的的意思表示,在投标人投标以后必须要有招标人的承诺(即以招标人发出的中标通知书为准),合同才能成立,所以投标在性质上为要约。

(3) 中标。中标是指最终确立中标人。在投标人投标之后,应当进入评标程序。评标

---

① 《招标投标法》第3条第1款规定:"在中华人民共和国境内进行下列工程建设项目包括项目的勘察、设计、施工、监理以及与工程建设有关的重要设备、材料等的采购,必须进行招标:(一)大型基础设施、公用事业等关系社会公共利益、公众安全的项目;(二)全部或者部分使用国有资金投资或者国家融资的项目;(三)使用国际组织或者外国政府贷款、援助资金的项目。"
② 参见《招标投标法》第10条。
③ 最高人民法院(2008)民二终字第91号民事判决书。
④ 参见刘俊臣:《合同成立基本问题研究》,中国工商出版社2003年版,第73页。

委员会应当按照招标文件确定的评标标准和方法,对投标文件进行评审和比较,设有标底的,应当参考标底。评标委员会完成评标后,应当向招标人提出书面评标报告,并推荐合格的中标候选人。根据《招标投标法》第 45 条,一旦最终确定中标人并发出中标通知书,合同成立。

依据《民法典》第 473 条,招标公告属于要约邀请行为,因此,招标人发出招标公告和有关文件只是发出要约邀请,而投标人的投标则是一种要约行为。依据我国《民法典》第 472 条和第 474 条,要约应当在内容上具体确定,且表明经受要约人承诺,要约人即受该意思表示约束,要约到达受要约人时生效。因此,一旦投标人将其投标书送达招标人处,该项要约便已实际生效,投标人无正当理由不得撤销其要约。否则,投标人随意撤销要约而造成对方信赖利益损失的,投标人应当承担缔约过失责任。当然,在中标以后,双方还应当继续协商,签订正式的书面合同。以招标投标的方式缔约时,如何确定合同成立的时间?笔者认为,发出中标通知书时,双方当事人已经就合同的主要条款达成协议,应当认为合同此时已经成立。

三、招标投标的效力

一旦中标并发出中标通知书之后,合同就成立。经过招标投标阶段订立的合同,和一般的合同的效力等同。但是,关于投标书与合同的关系,在法律上值得探讨。笔者认为,合同应当反映订立过程的内容,也就是说,在一方当事人提出要约后,另一方作出承诺,要约和承诺的内容成为合同的内容。对以招标投标方式订立合同而言,其缔约过程相对于一般的交易更为复杂。一方在投标以后,另一方接受其投标,但并非投标的内容都自然转化为合同条款,在中标以后,双方还应当继续协商,签订正式的合同条款。所以,我国《招标投标法》第 46 条第 1 款规定:"招标人和中标人应当自中标通知书发出之日起三十日内,按照招标文件和中标人的投标文件订立书面合同。招标人和中标人不得再行订立背离合同实质性内容的其他协议。"在协商签订正式合同的过程中,双方可能会进一步修改投标书的内容,也可能完全保留投标书的内容。这就涉及投标书与合同的关系。

根据我国《招标投标法》的相关规定,投标书与合同的关系,可从如下几个方面理解:

第一,在投标书与合同不一致的情况下,应当以合同为准。由于正式合同往往会对原投标书内容进行变更,在这种情况下,双方的权利义务内容就应当由正式的合同来确定。所以,我国《招标投标法》第 48 条第 1 款规定:"中标人应当按照合同约定履行义务,完成中标项目。中标人不得向他人转让中标项目,也不得将中标项目肢解后分别向他人转让。"《招标投标法》强调应当按照合同而非投标书来履行合同,这就表明如果合同书和投标书的内容不一致,则应当按照合同的规定来履行。

第二,当事人通过事后签订合同是否可以对招标投标中的条件进行修改?对此应当按照《招标投标法》第 46 条第 1 款的规定,不得实质性地改变招标投标文件的内容。所谓实质性内容,就是指招投标书的主要条款,当事人在合同中改变这些内容的条款是无效的。如果允许当事人在完成招标投标程序后,通过合同实质性地改变招投标文件,则招标投标程序将形同虚设,且必然损害其他投标人的利益。

第三,如果合同中明确约定有关价款等内容以投标书为准,此时应当尊重当事人的意思,以投标书的内容为准来确定价款。

第六节 拍 卖

一、拍卖的概念和特征

拍卖,是指以公开竞价的形式,将特定物品或者财产权利转让给最高应价者的买卖。[1] 拍卖通常称为公开买卖,以区别于私下交易。这就是说,拍卖是对外公开的。《民法典》第645条规定:"拍卖的当事人的权利和义务以及拍卖程序等,依照有关法律、行政法规的规定。"该条对拍卖作出了规定。拍卖作为竞争买卖的一种方式,其功能主要是通过引进竞争机制来确保一个较为公正的市场价格,以避免出现因买卖双方信息不对称、不透明或者出卖人担心其代理人不尽职责而损害出卖人利益,从而促进交易,尤其是提升高价值财产或特殊物品的流通效率与利益价值。[2]

拍卖的法律特征主要表现在:

第一,竞争性。由于拍卖的性质是竞争买卖,因此在拍卖中,出卖人是与出价最高的竞买人订立合同。就拍卖及最终的成交而言,主要是由各个竞买人竞相出价,如果没有更高价格的出现,此价格的竞买人即为出价最高。我国《拍卖法》第38条规定:"买受人是指以最高应价购得拍卖标的的竞买人。"可见在实践中通常采用的是此种方式。当然,特殊情形下,可由出卖人渐次落价,直到出现竞买人。此种拍卖是在确定一个最高价格以后,由出卖人不断落价,最后确定买受人。[3]

第二,公开性。拍卖通常称为公开买卖,以区别于私下交易。这就是说,拍卖是对外公开的。在拍卖中,应该公告拍卖的事项,展示拍卖标的物,公布拍卖的时间、地点。发布拍卖公告,可以使公众得知拍卖信息,使更多的潜在买受人参与竞买,也可以避免各种纠纷的发生。

第三,多主体性。在拍卖中,大多采用委托的方式。在拍卖开始前,应当由委托人委托拍卖人进行拍卖。拍卖人受委托人的委托进行拍卖,参与拍卖的买受人成为竞买人。这些买受人参与竞买后只有出价最高者才成为最终的买受人,并与出卖人订立合同。所以在拍卖过程中,涉及委托人、拍卖人和竞买人等多个主体。[4]

第四,法律适用的特殊性。因为拍卖通常需要由专门的拍卖机构进行,因此法律多对拍卖人的资格、竞价及拍定等进行专门规定。在我国,拍卖主要应遵循《拍卖法》等专门性法律的具体规定。

二、强制拍卖和任意拍卖

拍卖分为强制拍卖和任意拍卖。所谓强制拍卖,是指依据法律规定而必须进行的拍卖,其是由国家机关依强制执行法规定的程序所为的拍卖。[5] 例如,《民事诉讼法》第251条第1款规定:"被执行人未按执行通知履行法律文书确定的义务,人民法院有权查封、扣押、冻结、

---

[1] 参见《拍卖法》第3条。
[2] 参见孙应征主编:《买卖合同法律原理与实证解析》,人民法院出版社2005年版,第467页。
[3] 参见黄立:《民法债编各论》(上),中国政法大学出版社2003年版,第135页。
[4] 参见孙应征主编:《买卖合同法律原理与实证解析》,人民法院出版社2005年版,第467页。
[5] 参见郭明瑞、王轶:《合同法新论·分则》,中国政法大学出版社1997年版,第56页。

拍卖、变卖被执行人应当履行义务部分的财产。但应当保留被执行人及其所扶养家属的生活必需品。"所谓任意拍卖，主要是根据委托人的自由意愿来决定，而不是依强制执行法所为的拍卖。二者的区别主要在于：一是是否必须依法进行拍卖。在强制拍卖的情形下，法律规定必须拍卖的，则应当依法进行拍卖。二是拍卖程序不同。强制拍卖有严格的程序要求，当事人应当严格遵循法定程序拍卖。

三、拍卖与招标投标

拍卖与招标投标一样，要以公开的方式进行，都属于买卖的特殊形式。无论是拍卖，还是招标投标，都存在竞价机制，由竞买人各自提出条件，出卖人选择其中最有利的条件而达成买卖。① 但拍卖与招标投标的主要区别在于：

第一，适用法律不同。拍卖与招标投标除都要适用《民法典》合同编的规定外，还要适用不同的特别法的规定，拍卖主要适用《拍卖法》，而招标投标则须适用《招标投标法》。

第二，适用范围不同。招标投标的适用范围较为宽泛，其并不仅限于买卖，在建筑工程等领域都可以采取招标投标的方式来订立合同，而拍卖则只限于买卖。即使就买卖而言，招标不仅适用于买，而且适用于卖，而拍卖只适用于出卖。②

第三，当事人不同。拍卖的当事人包括委托人、拍卖人和买受人，而招标的当事人通常只包括招标人和投标人。

第四，报价方式不同。在拍卖中，所有的竞买人都要参与公开报价，而且可以反复进行多次竞争性的报价。但是在招标投标中，投标人分别进行投标，且只能进行一次报价。③

第五，拍卖通常是与出价最高者订立合同，而招标投标一般是与出价最低者订立买卖合同。在这一点上招标投标与拍卖正好相反。

第六，程序不同。我国《拍卖法》和《招标投标法》对二者分别设置了不同程序，故应当严格按照这些法定程序来进行。

四、拍卖合同的成立

拍卖作为买卖的一种，其合同成立也需要经历要约和承诺阶段，但是它作为一种特殊类型的买卖，其成立方式具有特殊性。在拍卖中，需要由竞买人竞价，由出价最高者最终购得拍卖物，进而成立合同。所以它应当经过如下几个阶段：

第一，出卖人的出价。在法律上，一般认为出卖人的出价属于一种要约邀请，引诱竞买人发出要约。既然是一种要约邀请，理应受该表示的约束。因而，出卖人在设定出价之后，不得再变更该出价。但是，这是否意味着，在竞买人发出要约后，其应价又为最高的，出卖人就无法拒绝其购买表示了？笔者认为，虽然出卖人的出价具有约束力，但其在竞买人发出要约后是否必须出卖标的物应根据具体情形而定。根据《拍卖法》第50条，出卖人可以用设置保留价的方法，使应价未达到保留价的要约不发生效力。此外，《拍卖法》第29条规定，委托人在拍卖开始前可以撤回拍卖标的。因此出卖人可以在拍卖开始前撤回其要约邀请。但是拍卖开始后，如果其已经明确表示凡是出价最高者即可购买该物，就不能再拒绝最高应价的

---

① 参见黄茂荣：《买卖法》（增订版），中国政法大学出版社2002年版，第549页。
② 参见徐炳：《买卖法》，经济日报出版社1991年版，第491页。
③ 参见孙应征主编：《买卖合同法律原理与实证解析》，人民法院出版社2005年版，第469页。

竞买人的购买表示。

第二，竞买人的出价。一般认为，竞买人的出价是一种要约。竞买人出价后，一旦出现了更高应价，其出价便丧失了拘束力。需要指出的是，拍卖作为一种参与性强的特殊买卖，为了能够最大限度地保障其公平性，拍卖人本身不能作为竞买人出价。如果拍卖人参与拍卖，不仅其行为违反了相关程序，而且因其不具备参与资格，即便订立拍卖合同，也应当是无效的。

第三，拍定。拍定是指拍卖成交，它是拍卖人以拍板、击槌或其他惯用方式确定拍卖合同成立或宣告竞争终结的一种行为。一般认为这种行为在性质上属于承诺。一旦拍定，拍卖成交。① 但需要指出的是，拍卖成交并不是在拍卖人与竞买人之间成立买卖合同，而是在出卖人(委托人)与竞买人之间成立买卖合同关系。

五、拍卖的效力

拍卖一经拍定，竞买人与出卖人之间成立买卖合同关系，竞买人可请求其交付拍卖物，而出卖人可直接请求对方支付价款，双方当事人之间的权利义务与一般买卖合同相同。出卖人负有交付标的物并移转标的物所有权的义务，并担保标的物不具有瑕疵。对于买受人而言，在拍定之后，因为合同已经成立，按照一般买卖合同的效力，其负有支付价款的义务。

《拍卖法》第 39 条第 1 款规定："买受人应当按照约定支付拍卖标的的价款，未按照约定支付价款的，应当承担违约责任，或者由拍卖人征得委托人的同意，将拍卖标的再行拍卖。"依据该规定，如果买受人没有按照约定支付价款，则构成违约，此时，出卖人有权解除合同，在合同解除后，其可以委托拍卖人将标的物再行拍卖。此外，拍卖标的再行拍卖的，原买受人应当支付第一次拍卖中委托人应当支付的佣金。再行拍卖的价款低于原拍卖价款的，原买受人还应当补足差额。

---

① 《拍卖法》第 51 条规定："竞买人的最高应价经拍卖师落槌或者以其他公开表示买定的方式确认后，拍卖成交。"

第五章

供用电、水、气、热力合同

第一节 供用电、水、气、热力合同的概述

一、供用电、水、气、热力合同的概念和特征

供用电、水、气、热力合同，是指当事人一方和另一方约定于一定的或者不定的期间内，向另一方提供电、水、气、热力等生产生活必需物，另一方应当按照一定的标准支付费用的合同。《民法典》第648条第1款规定："供用电合同是供电人向用电人供电，用电人支付电费的合同。"其中，提供电、水、气、热力的一方称为供应人，利用的一方称为利用人。在现代社会中，电、水、气、热力等是日常生活和生产经营必需的物品，可以说，供用电、水、气、热力合同对于民生具有重要意义。因此，我国《民法典》合同编为了明确当事人的权利义务，保障民生，维护正常的生产生活秩序，在其第十章单独对此类合同作出了规定。供用电、水、气、热力合同的特点主要在于：

第一，客体具有特殊性。供用电、水、气、热力合同提供的标的物是一种特殊的物。此类合同的客体与普通物的不同点在于：一方面，其不同于一般的有体物，虽然这些客体是客观存在的，但是，它们又无法以通常的方法固定或保存（如水、气等），或者难以通过外观显现（如电）于肉眼之下。另一方面，其又与有体物具有相似性，它们是可以被感知的物，也可以作为交易的对象，可以作为物被对待，许多国家民法典明确规定电力等自然力为可以支配的物。正是在这个意义上，它们常常被视为有体物。[①] 从功能上看，电、水、气、热力关系基本民生，属于基础资源性物品，也关系到国家的重大利益，所以各国都要通过法律形式对这些物品实行宏观控制和管理，因而以这些物品的供应为客体的合同也必然具有特殊性。[②]

第二，主体具有特殊性。在现代社会中，电、水、气、热力等事关社会的基本运行秩序和稳定，并且具有一定的社会服务性质，所以，需要通过专门的机构或组织来提供。在我国，通常来说都是由专门的社会公共机构负责供电、供水等。这些专门社会公共机构以提供电、水、气、热力等社会必需品为业，并且承担一定的社会服务和社会福利功能。[③] 所以，供用电、水、气、热力合同的一方当事人不是一般的民事主体，而是社会公共机构。合同的另一方当事人既可能是企事业单位，也可能是普通的社会公众，其具有广泛性、分散性和普遍性的特

---

① 参见史尚宽：《民法总论》，中国政法大学出版社2000年版，第251页。
② 参见孙晓编著：《合同法各论》，中国法制出版社2002年版，第38页。
③ 参见姚德年、李长城编著：《供用电、水、气、热力合同》，法律出版社1999年版，第24页。

点。因为这些特点,法律上对供应人的缔约义务以及解除合同的权利作了严格要求和限制。例如,即使出现一方当事人的根本违约,另一方也不得直接解除,而应由双方进一步协商。尤其是因为在我国,供应一方通常具有垄断地位,而用户别无选择,且在停止供应的情况下,将使用户的生活陷入困境,所以只要供应方具有供应能力,就不能随意解除合同。①

第三,内容具有公益性。如前所述,供用电、水、气、热力涉及千家万户,关系到基本民生,不仅关系到当事人的利益,而且关系到社会公共利益。② 所以,法律上要对此类合同作出特别规定,对供应人的合同自由进行干预。在此类合同中,供应主体的特殊性也决定了合同双方当事人的地位是不平等的,作为提供方的社会公共机构经常独占此种社会必需品的提供,而作为另一方当事人的社会公众,往往并没有选择供应方当事人的权利,如果社会公共机构拒绝向某个当事人提供这项服务,则当事人很可能无法从其他地方得到此项服务,这无疑会影响到其最为基本的生产和生活。因此,《民法典》第648条第2款规定了供应者的强制缔约义务。

第四,合同的形式具有格式性。供用电、水、气、热力合同通常都是通过格式条款订立的。由于合同的标的物是具有社会公益性质的公共事业,也是特殊的商品,供应方往往又具有垄断的地位,加之供应方通常要与社会不特定的公众订立合同,其数量极为庞大,难以逐一和单个当事人协商。因而,这些合同往往都采用格式合同的方式订立,以最大限度地提高效率,降低交易费用,但因此也有可能导致供给方利用格式条款损害消费者权益的现象。③ 所以,对于此类合同就需要采取立法规制、行政规制、司法规制等方式予以规范。例如,有关产品的定价并不通过和具体消费者协商而确定,通常是由当地政府统一规定,统一定价,这样一方面节约了交易成本,另一方面也防止垄断企业利用垄断地位获取不正当利益。④《民法典》合同编专门规定此类合同实际上属于立法规制。

第五,履行具有继续性。此类合同常常被称为继续性供给合同。所谓继续性供给合同,是指当事人约定一方于一定或者不定的期间内,向对方继续供给定量或不定量的一定种类或品质的物,而由对方按一定的标准支付价款的合同。⑤ 这种可持续性实际上是在合同订立之时就已经确定。⑥ 供应电、水、气、热力都不是一次性完成的,而是持续性的,因而属于继续性供给合同的范围。这主要表现在:一是义务履行的持续性。例如,在电力供应合同中,电力的供应与使用是连续的,因而合同义务的履行也处于一种持续状态。供电人在发电、供电系统正常的情况下,应当连续向用电人供电,不得中断;用电人在合同约定的时间内,享有连续用电的权利。二是在履行过程中,供应一方不能仅以用户尚未支付价款为理由主张同时履行抗辩权而拒绝提供电、水、气、热力⑦,只有出现了法定条件并履行法定的程序才能解除合同。三是合同解除的效力不具有溯及力,只对未来发生效力。合同解除之后,当事人不能请求恢复原状。⑧

第六,具有双务、有偿、诺成性。所谓双务性,是指在供用电、水、气、热力合同中,当事人

---

① 参见姚德年、李长城编著:《供用电、水、气、热力合同》,法律出版社1999年版,第10页。
② 参见崔建远主编:《合同法》(第七版),法律出版社2021年版,第299页。
③ 参见郭明瑞、房绍坤:《新合同法原理》,中国人民大学出版社2000年版,第448页。
④ 参见孙晓编著:《合同法各论》,中国法制出版社2002年版,第38页。
⑤ 参见韩世远:《合同法学》(第二版),高等教育出版社2022年版,第417页。
⑥ 参见王泽鉴:《债法原理》(第二版),北京大学出版社2013年版,第104页。
⑦ 参见姚德年、李长城编著:《供用电、水、气、热力合同》,法律出版社1999年版,第10页。
⑧ 参见黄立:《民法债编各论》(上册),中国政法大学出版社2003年版,第144页。

双方都享有一定的权利,承担一定的义务,双方的权利义务具有一定的对等性。所谓有偿性,是指电、水、气、热力合同中的供应人,是以提供这些服务为业,并且在一定程度上是以获取利益为目的,所以买受人接受这些服务是需要支付对价的。[①] 所谓诺成性,是指双方当事人意思表示一致合同便宣告成立,并不需要特殊的形式作为合同的成立要件。在这些方面,供用电、水、气、热力合同与买卖合同基本相同。

二、供用电、水、气、热力合同与买卖合同

供用电、水、气、热力合同从性质上来看,也属于广义上的买卖合同。这是因为提供电等的一方也要移转标的物的所有权,另一方支付相应的对价。只不过,此种标的物具有特殊性。此类合同与一般的买卖合同具有明显的区别,主要表现在:第一,供用电等合同的标的物具有特殊性。在一般的买卖合同中,标的物是有形物;而在供用电等合同中,标的物主要是无形的物(供水除外)。第二,供用电等合同具有一定的社会公益性。一般的买卖主要是当事人之间的交易,原则上不涉及社会公共利益。而供用电等合同具有社会公益的特点,因而在买卖合同中出卖人能够享有的很多权利,在供用电等合同中都受到了严格的限制。第三,买卖合同可能是即时清结的合同,也可能是继续性的合同,而供用电等合同是继续性的合同。第四,同时履行抗辩权的行使存在差异。在供用电、水、气、热力合同履行中,为了保障民生,有必要限制同时履行抗辩权的行使。供应人就不能够因为用户某一期没有及时地支付费用,而行使同时履行抗辩权,直接拒绝继续履行合同义务。正是因为这一原因,《民法典》第944条第3款规定:"物业服务人不得采取停止供电、供水、供热、供燃气等方式催交物业费。"这也表明,对于电、水、热、燃气等,不能因为业主没有及时缴纳物业费而停止供应。

三、供用电、水、气、热力合同的订立和履行

供用电、水、气、热力合同的订立,需要遵循合同订立的一般规则,但此类合同的订立也具有特殊性。《民法典》第648条第2款规定:"向社会公众供电的供电人,不得拒绝用电人合理的订立合同要求。"这就确立了强制缔约的规则。虽然该条是对供用电合同的规定,但依据《民法典》第656条的规定,"供用水、供用气、供用热力合同,参照适用供用电合同的有关规定",那么在合同订立方面,供用水、供用气、供用热力合同,也应当参照适用供用电合同的强制缔约制度。

供用电、水、气、热力合同订立之后,当事人双方都应当按照法律和合同的规定履行合同。供应电等合同在履行方面具有其特殊性,主要包括:

第一,当事人要遵守法律规定和合同约定。例如,供电企业应当保证供给用户的供电质量符合国家标准。对公用供电设施引起的供电质量问题,应当及时处理。用户对供电质量有特殊要求的,供电企业应当根据其必要性和电网的可能,提供相应的电力。

第二,当事人应当持续履行其给付义务。继续性合同的履行具有其特殊性,即当事人需要在一定的时间段中持续进行履行,但其也不同于分期履行。[②] 在继续性合同中,并没有对履行的总额有任何的限制,只要期间继续下去,就要继续履行,且每次的给付都具有一定的独立性。问题在于,当事人持续履行其给付义务时,如果有一次或者数次没有达到法定或约

[①] 参见郭明瑞、房绍坤:《新合同法原理》,中国人民大学出版社2000年版,第448页。
[②] 参见王泽鉴:《债法原理》(第二版),北京大学出版社2013年版,第104页。

定的标准,是否可以适用《民法典》第 633 条关于分批交付标的物不符合约定的规定？该条第 1 款规定:"出卖人分批交付标的物的,出卖人对其中一批标的物不交付或者交付不符合约定,致使该批标的物不能实现合同目的的,买受人可以就该批标的物解除。"有学者认为,如果一次或数次没有履行义务,导致不能实现合同目的的,非违约方应当享有合同解除权。[①] 笔者认为,此种观点有一定的合理性,但考虑到此类合同的特殊性,即便出现此类情形,当事人也应当相互协商解决。

第三,当事人应当依据诚实信用原则履行义务。供用电、水、气、热力合同牵涉民生,关涉当事人切身利益,所以在合同履行过程中,当事人双方,特别是供用单位应当秉持诚信原则来履行合同义务,从对方的切实需要出发,照顾当事人合理需求。除了应履行合同的给付义务外,也应当履行基于诚实信用原则产生的附随义务,以保障当事人合同利益的最大程度的满足。

第四,当事人之间的协商义务。供用电、水、气、热力合同不仅仅是继续性合同,而且关系到社会公众基本的生产生活,所以发生争议后,不能够简单地中止合同,停止公共产品的供给,这样可能损害社会公共利益,甚至影响到正常的社会秩序。由于此类合同属于继续性合同,因此双方当事人之间负有协商的义务,而且,因为其关系到基本的民生,提供方不能够因为对方当事人某一期没有及时地支付费用,而直接拒绝继续履行合同。因此,通常法律都规定,当供用电、水、气、热力等合同的履行发生争议时[②],提供电、水、气、热力的一方当事人不能够随便解除合同,必须先经过充分、反复协商,如果无法达成协议,在充分告知相对人之后,依照国家规定的程序,才能够行使合同解除权,停止社会公共产品的供给。

第二节 供用电合同

一、供用电合同的概念和特征

《民法典》第 648 条第 1 款规定:"供用电合同是供电人向用电人供电,用电人支付电费的合同。"在实践中,电力供应是最普遍、最重要的类型,因而供用电合同具有典型性。虽然《民法典》合同编第十章名为"供用电、水、气、热力合同",但法律只是对供用电合同作出了具体规定,并没有对供用电、水、气、热力合同全部作出直接规定,有关供用水、气、热力合同的问题参照适用供用电合同的相关规定。《民法典》第 656 条规定:"供用水、供用气、供用热力合同,参照适用供用电合同的有关规定。"依据这一规定,在供应人供用水、供用气、供用热力的情况下,如果法律没有明确的规定,或者当事人没有约定或者约定不明的,可以参照供用电合同的规定确立合同当事人之间的权利义务关系。

供用电合同的特征在于:一是主体具有特殊性,供用电合同的主体主要是供电人和用电人。供电人是指依法成立的供电企业或者依法取得供电营业资格的非法人组织。在我国,电力是由国家规定的特定的供电部门及供电局统一供应的,其他任何组织和个人都不得承担专门供电的任务。[③] 用电人主要是指法人、非法人组织和社会一般公众。二是客体具有特殊性,供用电合同的标的物是电,供用电合同主要有两种:一种是工农业和其他生产经营用

[①] 参见韩世远:《合同法学》(第二版),高等教育出版社 2022 年版,第 418 页。
[②] 参见姚德年、李长城编著:《供用电、水、气、热力合同》,法律出版社 1999 年版,第 10 页。
[③] 同上书,第 24 页。

电合同,另一种是生活消费用电合同。三是内容具有公益性。供用电合同和供用水、气、热力合同一样具有公共性、公益性、继续性等特点。电力是国家的基本能源,关系到国计民生,电力供应的有序性直接关系到国家经济的正常运转,所以国家要对电力供应在宏观上予以控制。这不仅体现在对供用电力合同格式条款的规制,也体现在国家要对电价实行严格管理。① 四是履行具有特殊性。电力的供应与使用是连续的,因而合同的履行处于一种继续状态。供电人在发电、供电系统正常的情况下,应当连续向用电人供电,不得中断;用电人在合同约定的时间内,享有连续用电的权利。

二、供用电合同的订立和内容

(一)供用电合同的订立

供用电合同的成立也要经过要约和承诺阶段,但是,我国法律规定供电人应当负有强制缔约的义务。《民法典》第648条第2款规定:"向社会公众供电的供电人,不得拒绝用电人合理的订立合同要求。"《电力法》第26条第1款规定:"供电营业区内的供电营业机构,对本营业区内的用户有按照国家规定供电的义务;不得违反国家规定对其营业区内申请用电的单位和个人拒绝供电。"据此可见,供电人负有强制缔约的义务。法律规定强制缔约制度,旨在防止某些公共服务提供者选择性地提供公共服务、损害广大消费者利益,进而损及大众的公共利益。在供用电合同中,如果仍然采用传统的绝对合同自由原则,则因为供电人作为大型企业与用电人之间处于不平等地位,且用电人又处于迫切需求状态,就可能会使得供电人可以肆意利用合同订立的主动权与自由,单方面决定交易对象、交易价格等合同内容,从而使合同相对方处于被动接受的不利地位。双方当事人通过此种合同形成的利益关系就可能严重失衡,甚至有可能使合同另一方当事人不能获得必要的公共服务而影响其基本的生存。②

订立供用电合同必须符合法定的程序,《电力法》第26条第2款、第3款规定:"申请新装用电、临时用电、增加用电容量、变更用电和终止用电,应当依照规定的程序办理手续。供电企业应当在其营业场所公告用电的程序、制度和收费标准,并提供用户须知资料。"可见,为了保护用电人的利益,供电企业必须依法定程序与用电人订立合同。在我国,供电人具有特殊性,一般的组织和个人都不得作为供电人。受供电企业委托供电的营业网点、营业所不具有权利能力,不能以自己的名义签订合同,因而不是供电人。③

(二)供用电合同的内容

《民法典》第649条规定:"供用电合同的内容一般包括供电的方式、质量、时间,用电容量、地址、性质,计量方式,电价、电费的结算方式,供用电设施的维护责任等条款。"供用电合同通常应具备这些条款,这些条款对于明确供用电合同的供电人和用电人的权利义务有着重要意义。具体来说,供用电合同应当包括如下条款:

第一,供电的方式、质量、时间。所谓供电方式,是指供电人采用何种方式为用户供电,例如,直接供电还是委托供电,是主供电源还是备用电源等。供电质量,是指供电的频率、电压和供电的可靠性应当符合法定的和约定的标准。供电时间,是指自合同生效后,何时开始

---

① 参见孙晓编著:《合同法各论》,中国法制出版社2002年版,第40页。
② 参见韩世远:《合同法总论》(第四版),法律出版社2018年版,第86页。
③ 参见胡康生主编:《中华人民共和国合同法释义》,法律出版社1999年版,第262页。

和终止供电。① 在供电时间条款中,当事人通常也需要约定在出现断电、停电事故时如何恢复用电等。

第二,用电容量、地址、性质。用电容量,是指供电人所认定的用电人受电设备的总容量。用电性质包括行业分类和用电分类,是生活用电还是生产用电。所谓用电地址,就是指用电人使用电力的地点。《民法典》第650条规定:"供用电合同的履行地点,按照当事人约定;当事人没有约定或者约定不明确的,供电设施的产权分界处为履行地点。"依据这一规定,履行地点首先依据合同自由原则由双方约定。如果没有约定或者约定不明确的,供电设施的产权分界处为履行地点。如何理解供电设施的产权分界处?它是指划分供电设施所有权归属的分界点。分界点电源侧的供电设施归供电人所有,分界点负荷侧的供电设施归用电人所有。在用电人为单位时,供电设施的产权分界处通常为该单位变电设备的第一个磁瓶或开关;在用电人为散户时,供电设施的产权分界处通常为进户墙的第一个接收点。② 在实践中,确定供用电合同的履行地,对正确确定供用电合同纠纷的地域管辖有重要意义;同时,对于履行供用电合同、确定供电设施的维护管理责任也有重要作用。③

第三,计量方式。计量方式,是指供电人如何计算用电人使用的电量。通常来说,个人消费用电和企业用电的计量方式是不同的,用电量是计算用电人所需支付的电费的基础,所以应在合同中对用电量的计量方式加以明确约定。在现实生活中,供电人为了计量用电人在约定时间内所用电量,通常会安装用电计量装置。安装用电计量装置不仅是当事人在供用电合同中约定的主要内容,也是当事人必须遵守的法律规定。④ 例如,《电力法》第31条第1款规定:"用户应当安装用电计量装置。用户使用的电力电量,以计量检定机构依法认可的用电计量装置的记录为准。"

第四,电价。在我国,电价通常是由国家统一规定,采取统一定价的方式。《电力法》第35条规定:"本法所称电价,是指电力生产企业的上网电价、电网间的互供电价、电网销售电价。电价实行统一政策,统一定价原则,分级管理。"据此,供电企业不得擅自变更电价。这主要是因为在我国,供电企业都具有垄断性质,如果允许其自由定价,就可能导致电价偏高,对消费者的权益造成损害。

第五,电费的结算方式。为防止双方当事人因供电收费发生争议,应当在合同中约定电费的结算方式。《电力法》第33条第1款规定:"供电企业应当按照国家核准的电价和用电计量装置的记录,向用户计收电费。"一般来说,对于家庭用电可以按照用电量来收费。但是企业用电比较复杂,供电企业可以和用电企业约定特殊的结算方式。例如,当事人可以采取收取电费保证金、预付电费、按月按年结算等方式进行电费的结算。

第六,供用电设施的维护责任。供用电设施是发电设施、变电设施和电力线路设施及其有关辅助设施的统称,包括已建的和在建的,处于运行状态、检修状态和备用状态的电力设施。⑤ 通常来说,供用电设施应当由供电企业维护。但是,当事人也可以对此作出不同的约定。如前所述,供电设施的产权分界处为履行地点,因此,在产权分界处双方都有维护用电

---

① 参见胡康生主编:《中华人民共和国合同法释义》,法律出版社1999年版,第265页。我国《全国供用电规则》第57条也规定了产权分界划分标准。
② 同上书,第267—268页。
③ 参见魏耀荣等:《中华人民共和国合同法释论(分则)》,中国法制出版社2000年版,第105页。
④ 同上书,第199页。
⑤ 同上书,第102页。

设施的义务和责任。

上述条款只是供用电合同的一般条款,并非合同的必要条款,缺少某些条款也不一定导致合同不成立或无效。此外,除了上述条款,当事人还可以根据具体情形在供用电合同中对其他内容进行约定,如违约责任等。

三、供用电合同的效力

(一)供电人的义务

1. 按照国家规定的供电质量标准和约定安全供电

《民法典》第 651 条规定:"供电人应当按照国家规定的供电质量标准和约定安全供电。供电人未按照国家规定的供电质量标准和约定安全供电,造成用电人损失的,应当承担赔偿责任。"据此,供电人负有按照国家规定的供电质量标准和约定安全供电的义务。这主要包括如下内容:一是供电人应按照国家规定的质量标准安全供电。因为电力供应不仅关系到国计民生,也关系着用电人的生命、财产安全,因此,国家通常会就电力的安全供应制定有关的质量标准。[①] 供电人在供用电力的过程中,应保持电压稳定,使电力供应具有稳定性、可靠性,而不能经常停电、断电。二是供电人应按照约定安全供电。在电力供应过程中,不同的用电人会根据其生产生活的用电需要而就电压、用电设施等进行特别约定,在此情况下,供电人不仅应按照国家规定的质量标准安全供电,还应按照约定安全供电。供电人既应做到其所供电力能够满足用电人的用电需要,还应保障供电的安全。例如,工业用电通常会对电压有特别的要求,在供用电合同作出约定后,供电人就应采取特定的供电设施、设备等保障特定电压。又如,在"福鼎市鹏飞园农业专业合作社、国网福建省电力有限公司福鼎市供电公司(原为国网福建福鼎市供电有限公司)供用电合同纠纷再审案"中,法院认为,供电人应当按照国家规定的供电质量标准和约定安全供电,被告与原告签订的《高压供用电合同》约定,被告应当向原告提供三相交流 50hz 电源。2017 年 9 月 21 日在没有事先通知的情况下,被告未按合同约定向原告提供三相交流电,存在违约行为,故应当赔偿原告损失。[②] 此外,供电人还应保障电力设施的安全。这主要是因为,一旦电力设施的安全不能得到保障,就可能导致失火等事故,造成人员伤亡和财产损害。

依据《民法典》第 651 条的规定,如果供电人违反其安全供电义务给用电人造成损失,应承担损害赔偿责任。例如,供电人所提供的电力电压不稳,致使某工厂无法进行正常的生产。此处所说的赔偿责任,不仅要赔偿直接损失,而且要赔偿供用电合同履行后可以获得的利益,但不应超过供电人在订立合同时预见的或应当预见到因违反合同可能造成的损失。

2. 中断供电时必须事先通知用电人

《民法典》第 652 条规定:"供电人因供电设施计划检修、临时检修、依法限电或者用电人违法用电等原因,需要中断供电时,应当按照国家有关规定事先通知用电人……"据此确立了供电人在中断供电时必须事先通知用电人的义务。所谓检修,主要是指供电人对供电设施等进行检修,以保障用电安全,包括计划检修和临时检修。在特殊情况下,供电人可能因检修供电设施或依法限电等而中断供电。所谓依法限电,是指当电力总量不足,供电人需要

---

① 例如,《供电营业规则》第 6 条中规定,"供电企业供电的额定电压:1. 低压供电:单相为 220 伏,三相为 380 伏;2. 高压供电:为 10、35(63)、110、220 千伏"。
② 参见福建省高级人民法院(2020)闽民再 270 号民事判决书。

按照计划分配时,可能需要暂时中断供电。但是,中断供电的,应当及时通知用电人。因为用电人不知道中断供电的时间和范围,就无法提前预防和作出其他准备措施,并有可能导致生产的停止或者影响用电人的生活。例如,在"国网河南省电力公司焦作供电公司与王庆洲供用电合同纠纷申请再审案"中,法院认为,供电方在停电之前的通知义务,系供电方享有中断供电权利时应履行的义务,在违反该从合同义务时,供电方应承担因此给用电方造成的损失。[①]

《民法典》第652条后半句规定:"未事先通知用电人中断供电,造成用电人损失的,应当承担赔偿责任。"因此,供电人所应当承担的损害赔偿责任的构成要件是:一是未履行通知用电人的义务。在实践中,中断供电时有发生,而且在计划检修和临时检修、依法限电等情形下,中断供电也确有必要。但在这些情形下,供电人都应该及时通知用电人。二是因供电人中断供电造成用电人损失。此处所说的损失,是指供电人未及时对用电人作出断电通知而造成的损失。但这种损失必须是客观的,与供电人不履行及时通知的义务具有直接因果关系。

3. 及时抢修义务

《民法典》第653条规定:"因自然灾害等原因断电,供电人应当按照国家有关规定及时抢修;未及时抢修,造成用电人损失的,应当承担赔偿责任。"在实践中,因各种意外可能发生断电,断电的原因可能有如下几种:一是因不可抗力的原因而断电。例如,因地震、海啸等造成电力设施破坏,造成断电。二是因意外事故而断电。例如,因大风、暴雨等造成断电。三是因人为的破坏而导致断电。在这些情形下,供电人虽然不承担违约责任,但是其负有及时抢修的义务。未及时抢修,造成用电人损失的,应当承担损害赔偿责任。这就是说,在因上述原因造成断电时,供电人没有过错,但是,如果其没有及时抢修则是有过错的,应当对因没有及时抢修造成的损失负责。

(二)用电人的义务

1. 及时支付电费

及时交付电费是用电人的主要义务,因为供用电合同是双务有偿的合同,用电人使用电力,应当支付相应的对价。《民法典》第654条第1款规定:"用电人应当按照国家有关规定和当事人的约定及时支付电费。用电人逾期不支付电费的,应当按照约定支付违约金。经催告用电人在合理期限内仍不支付电费和违约金的,供电人可以按照国家规定的程序中止供电。"这就确立了用电人及时支付电费的义务。此种义务具体表现在:一是应当按照法律规定和当事人约定标准支付电费。针对电力的特殊性,国家通常针对不同的用电行业规定了不同的计费标准,电费的计价通常应严格遵循此种标准。如果法律上未对电费的具体计价方式和标准作出规定,当事人也可以作出约定,因此,用电人应根据国家规定和当事人约定的标准,按照用电计量装置的记录计算并支付电费。二是用电人必须按照规定的时间支付电费。通常在合同订立时,供电人要将支付电费的时间告知用电人。在合同约定的期间届满后,供电人应及时地查抄电费,按照用电计量装置的记录计算电价,而用电人应及时将电费支付给供电人。针对特殊用电人的电费的支付时间,有关的法律法规也作出了具体规

[①] 参见最高人民法院(2014)民申字第1606号民事裁定书。

定。例如,月用电量大的用电人和临时用电的用电人,其支付电费的时间需要遵循法律的规定。① 三是应当按照约定的结算方式如期支付电费,此外,用电人还应对供电人抄表收费等行为提供方便。②

《民法典》第654条第1款规定:"用电人应当按照国家有关规定和当事人的约定及时支付电费。用电人逾期不支付电费的,应当按照约定支付违约金。经催告用电人在合理期限内仍不支付电费和违约金的,供电人可以按照国家规定的程序中止供电。"依据这一规定:第一,用电人逾期不支付电费的,应当按照约定支付违约金。这是因为当事人通常会在供用电合同中约定违约金(在供用电合同中通常称为滞纳金),所以,用电人逾期不支付电费的,应当按照违约金条款支付违约金。第二,经催告用电人在合理期限内仍不交付电费和违约金的,供电人可以按照国家规定的程序中止供电。由于中止供电将可能影响到用电人的生产和生活,因而法律上对中止供电作出了严格的条件限制。一是必须存在用电人未在合理期限内支付电费和违约金的行为。严格地说,依据上述规定,必须是用电人同时未支付电费和违约金,如果用电人在合理期限内支付了电费,而仅是尚未支付全部或部分违约金的,则供电人不能采取中止供电的措施。二是经催告仍不支付。因为用电人可能因各种原因而未及时支付,因此,必须要经催告程序。例如,用电人没有收到缴费通知,也不知道其未支付电费,供电人的催告也可以促使其及时支付电费,以保障其正常的生产生活。因而,只有经过催告并经过合理期限,用电人仍不支付电费和违约金的,供电人才能中止供电。第三,中止供电前应当通知用电人。《民法典》第654条第2款规定:"供电人依据前款规定中止供电的,应当事先通知用电人。"因为停电可能会给用电人的生产、生活带来极大不便,甚至可能造成重大损失,因此,必须事先通知用电人,使其做好准备。

在解除合同之后,供电人仍然享有要求用电人支付电费和违约金的权利,但是,因为合同的标的是可消耗物,所以,供电人不能要求用电人恢复原状。

2. 安全用电

《民法典》第655条规定:"用电人应当按照国家有关规定和当事人的约定安全、节约和计划用电。"这就是说,在用电过程中,用电人应当遵守国家有关安全用电的规定,例如,有关规定已经明确要求用电人不能随意安装用电线路,不能私搭私建、随意拆换。用电人必须遵守这些规定,保障用电安全。对于用电中出现故障需要修理的,不应当随意接拉电线或者修理,而应当及时告知供电人,或委托专业人士进行维护和维修③,以防发生危险,或因此留下隐患。保持用电设施的安全状态,是保证用电安全的前提条件。

在供用电合同中,用电人安全用电不仅关系到其自身的生命财产安全,也关系到供电人的供电安全和正常供电秩序。如果用电人未按照国家有关规定和当事人的约定安全用电,可能会给供电人造成损失。特别是因用电人未按照约定安全用电,引发火灾,将供电人的供电设施烧毁,甚至可能因此导致某一供电区域内大规模停电,供电人不得不打乱正常的供电计划而进行抢修。在此情形下,应由未按照国家有关规定和当事人的约定安全用电的用电人承担损害赔偿责任。此外,用电人违反安全用电义务,也可能构成与有过失,导致其可以主张的违约损害赔偿减少。例如,在"贵州省正安县恒兴香辣食品有限责任公司诉正安供电

---

① 《供电营业规则》第86条第1款第1句规定:"对月用电量较大的用户,供电企业可按用户月电费确定每月分若干次收费,并于抄表后结清当月电费。"
② 参见何志:《合同法分则判解研究与适用》,人民法院出版社2002年版,第120页。
③ 崔建远主编:《合同法》(第七版),法律出版社2021年版,第301页。

局等供用电合同纠纷案"中,最高人民法院认为:"本案中,根据已经查明的事实,恒兴公司的施工行为改变了变压器的对地安全距离,在履行供用电合同中存在违约情形。一、二审判决综合本案全部情况,酌定各自的损失分担比例,属于自由裁量权范畴,不违反法律规定。"[1]

3. 因正常检修发生的停电、限电等的忍受义务

根据诚信原则,供用电合同的履行需要当事人双方的相互配合。尤其是在供电过程中,因各种意外事故而需要对用电设施进行检修,或是因此而停电、限电等,都是较为常见的现象,也是防止危险发生的必要措施。用电人对此应当忍受,而不得随意主张排除妨害、赔偿损失。如果在正常检修中,需要用电人予以配合的,用电人负有协助的义务[2]。

---

[1] 最高人民法院(2017)最高法民申 1872 号民事判决书。
[2] 参见崔建远主编:《合同法》(第七版),法律出版社 2021 年版,第 302 页。

第六章

赠 与 合 同

第一节 赠与合同概述

一、赠与合同的概念和特征

《民法典》第 657 条规定:"赠与合同是赠与人将自己的财产无偿给予受赠人,受赠人表示接受赠与的合同。"该条对赠与合同的概念作出了界定。在赠与合同中,转移财产的一方为赠与人,接受财产的一方为受赠人。"赠人玫瑰,手有余香",在现代社会中,赠与是民事主体之间实施扶贫救危、尊老爱幼的道义行为的法律形式,同时,赠与合同对于规范赠与关系、鼓励人们从事捐赠和慈善活动等行为也具有重要意义。作为调整社会关系的重要法律规范,《民法典》对赠与作出了明确的规定,规范赠与关系并为法官裁判提供依据。

赠与合同的法律特征主要在于:

(1) 标的物是财产。依据《民法典》第 657 条的规定,赠与合同的标的物是"财产"。这里所说的财产应当作广义的理解,它不仅包括有体财产,如常见的各种有体物等,也包括无体财产,如各种债权、股权等。赠与的财产并不限于现实取得的财产,就将来可取得的财产(如未来的利息、工资收入等)进行赠与在法律上也是允许的。但无偿的劳务合同并非是赠与。当然,赠与人应当对其所赠与的财产享有所有权或处分权,如果赠与人在作出赠与时,对其所赠与的财产并不享有处分权,不仅会侵害他人的财产权利,而且在赠与之后真正权利人也可能会向受赠人请求返还受赠的财产,导致受赠人不能取得该受赠财产,因而,赠与人就可能构成违约,并需要承担违约责任。

(2) 具有无偿性。赠与是无偿给予他人一定财产的行为。所谓无偿,是指一方履行给付义务,但并未从另一方当事人处获得对价或经济利益。《民法典》第 657 条所规定的"无偿给予"主要是从客观上判断的,即受赠人在接受赠与时并不作出相应的给付。也就是说,只要赠与人在移转财产所有权给受赠人时,并未从受赠人处获得给付或经济利益的,就应当认为该合同是赠与。① 至于赠与人在主观上是否希望获得好处,或者在主观上是否获得精神慰藉,则不必考虑。

(3) 具有单务性。所谓赠与合同的单务性,是指赠与人只是单方面负担赠与义务,而受赠人并不负有作出对待给付的义务。正是因为赠与合同是单务合同,所以当事人不享有双

---

① 参见〔日〕我妻荣:《债权各论》(中卷二),周江洪译,中国法制出版社 2008 年版,第 5 页。

务合同中的履行抗辩权。即便是附义务的赠与,受赠人所承担的义务也不构成赠与人赠与的对价。至于受赠人接受赠与也只是合同履行的问题,并没有对合同性质本身产生影响,如果事后受赠人不予接受,也是受赠人自己对权利的放弃,其无须承担违约责任。

(4) 具有诺成性和不要式性。根据《民法典》的相关规定,赠与合同应当是一种诺成合同。因此,赠与合同的成立并不以赠与物的交付为成立要件。只要当事人就赠与达成一致,合同就成立。赠与合同也具有不要式性,这就是说,除了法律特别规定的赠与类型外(如捐赠),赠与合同的订立并不要求必须采用书面形式,只要双方当事人就具体的赠与事项达成一致即可。

二、赠与合同与买卖合同的区别

赠与合同和买卖合同都是诺成合同。它们都需要移转标的物所有权,且无论是赠与人还是出卖人都应当对其所处分的财产享有处分权。在实践中,这两个合同有可能结合在一起,例如,商家推出"买一赠一"活动,其中也包含了一定的赠与的意思。但二者之间存在一定的区别,主要体现在:

第一,是否需要支付对价不同。买卖合同是典型的商品交易形式,其遵循等价交换的原则。买卖合同中出卖人移转标的物所有权则要求买受人支付合同对价。而赠与合同并不是一种典型的交易,在赠与合同中,一方移转标的物所有权,另一方并不需要支付对价。

第二,是否具有双务性不同。赠与合同是单务合同,而买卖合同是双务合同,即买卖双方当事人互负对待给付义务。也就是说,出卖人负有交付标的物的义务,而买受人则负有支付价款的义务。

第三,瑕疵担保义务不同。在赠与合同中,《民法典》第662条第1款规定:"赠与的财产有瑕疵的,赠与人不承担责任。附义务的赠与,赠与的财产有瑕疵的,赠与人在附义务的限度内承担与出卖人相同的责任。"即便在附义务的赠与合同中,赠与人也仅在附义务的限度内承担瑕疵担保责任。而在买卖合同中,出卖人对出卖的商品负有瑕疵担保义务,如果因为标的物存在瑕疵造成买受人损害的,买受人有权请求出卖人承担违反瑕疵担保义务的违约责任。

三、赠与的分类

(一) 一般赠与和具有公益性、道德性的赠与

一般赠与就是指《民法典》第657条所规定的赠与,具有公益性和道德性的赠与是指《民法典》第658条第2款所规定的具有救灾、扶贫、助残等社会公益、道德义务性质的赠与。一般赠与和具有公益性、道德性的赠与的主要区别在于:第一,赠与人是否享有任意撤销赠与的权利不同。这就是说,在一般赠与中,赠与人将自己的财产无偿给予受赠人的,可以在赠与财产权利移转前撤销赠与。对于具有公益性和道德性的赠与,依据《民法典》第658条的规定,赠与人不享有任意撤销赠与的权利。第二,能否强制赠与人履行交付义务不同。就一般赠与而言,赠与人不履行交付赠与物的义务时,受赠人不能强制其履行。但是具有公益性和道德性的赠与,受赠人可以依据《民法典》第660条第1款要求赠与人交付。第三,因赠与人故意或者重大过失致使赠与的财产毁损、灭失的法律后果不同。在一般赠与中,赠与人仅需负担因赠与财产的毁损、灭失而发生的财产自身的损失。但在具有救灾、扶贫等社会公益、道德义务性质的赠与,赠与人还应赔偿由此引发的其他损失。

（二）附义务的赠与和不附义务的赠与

所谓附义务的赠与，是指当事人在赠与合同中有特别约定，使得受赠人承担一定的负担。《民法典》第 661 条第 1 款规定："赠与可以附义务。"因此，当事人可以自由设定附义务的赠与。比如，赠与人与受赠人约定，赠与人赠与受赠人一笔钱，而受赠人需要为赠与人看管花园。对赠与应负何种义务，应由当事人决定。但在法律上，此种义务并不构成对待给付，否则，赠与的性质将发生改变，即不再是赠与，而可能构成买卖等行为。所谓不附义务的赠与，是指一般的赠与，即受赠人在接受赠与时不附带任何义务。附义务的赠与和不附义务的赠与一样，赠与人都享有任意撤销权。附义务的赠与和不附义务的赠与的区别表现在：

第一，不附义务的赠与是一般情形，附义务的赠与则是一种特殊的情形，适用法律的特殊规定。不附义务的赠与，作为一种常态的赠与，受赠人仅享有取得赠与财产的权利，而无须承担任何义务。而在附义务的赠与中，赠与人会对其赠与附加一定的条件，受赠人在接受赠与的同时，也负担着赠与人所确立的义务。

第二，瑕疵担保义务不同。在一般赠与中，赠与人不负瑕疵担保义务。但在附义务的赠与中，赠与的财产有瑕疵的，赠与人在附义务的限度内承担与出卖人相同的责任。

四、赠与合同的成立和生效

赠与合同何时成立和生效涉及赠与合同的性质究竟是诺成合同还是实践合同的问题。对此，从比较法上来看，各国的法律规定不完全相同。我国司法实践对此也一直存在不同观点。一是实践合同说，此种观点认为，赠与行为中必须赠与人将财产交付给受赠人，受赠人实际接收，赠与合同才能成立。二是诺成行为说，此种观点认为，赠与合同只要双方当事人达成合意，便宣告成立。三是折中说，这种观点认为，一般的赠与是实践合同，而具有救灾、扶贫等社会公益、道德义务性质的赠与属于诺成合同。[①] 从我国《民法典》相关规定来看，宜认定赠与合同为诺成合同，其原因在于：

一方面，我国《民法典》第 657 条规定："赠与合同是赠与人将自己的财产无偿给予受赠人，受赠人表示接受赠与的合同。"从该条规定来看，只要当事人意思表示一致，赠与合同即可成立，因此，赠与合同应当是一种诺成合同。而且，考虑到赠与人就他人之物或将来之物允诺赠与的情形，如果认为赠与合同是实践合同，由于赠与人没有所有权，在其无法实际赠与的情况下，受赠人只能依据缔约过失来主张损害赔偿，这显然不利于保护受赠人的利益。

另一方面，实践合同的成立需要法律明确规定，如果法律没有明确规定，则应当将其认定为诺成合同。还要看到，《民法典》第 658 条第 1 款规定："赠与人在赠与财产的权利转移之前可以撤销赠与。"这就规定了赠与人在财产权利移转之前的任意撤销赠与的权利，因此，从体系解释看，如果否认赠与合同是一种诺成合同而视其为实践合同，则在赠与人移转财产权利之前，合同根本就没有成立，赠与人也无法撤销赠与。正是因为赠与合同是诺成合同，因此赠与合同的成立需要经过要约和承诺两个阶段，一旦当事人就赠与达成合意，赠与合同即成立。

[①] 参见最高人民法院中国应用法学研究所编：《人民法院案例选（分类重排本）·民事卷 3》，人民法院出版社 2017 年版，第 1622 页。

第二节 赠与合同的效力

一、赠与人的主要义务

(一) 依法履行交付财产并移转财产权利的义务

赠与人的主要义务是依照合同的约定将财产权利无偿移转给受赠人。这就是说,赠与人必须要依据合同规定的标的、期限、地点、方式、标准等,履行权利移转的义务。在移转权利时,应当区分有体物和无形财产,从而确定不同的移转方式。对于有体物中的动产,应该采用交付的方式,而不动产则应采用登记移转的方式。对于无形财产,应根据具体情况来判断权利移转方式。就证券上的权利,因为在我国采用无纸化的方式,故应采用登记的方式进行移转。

《民法典》第 659 条规定:"赠与的财产依法需要办理登记或者其他手续的,应当办理有关手续。"依据该条规定,赠与人赠与他人财产时,不仅要交付财产,而且应当移转所有权,对某些财产而言,还需要赠与人办理变更登记。例如,建设用地使用权的赠与,应通过办理变更登记来完成权利移转。对于需要登记的赠与,则应当从完成登记之日起发生权利移转,即使当事人之间已经实际交付财产,仍不能认为权利已发生移转。

(二) 享有任意撤销赠与的权利

由于赠与是单务、无偿的合同,所以在赠与人不愿交付财产的情况下,法律赋予赠与人以任意撤销权。赠与人应当以明示或默示的方式作出撤销赠与的意思表示,以此来行使任意撤销权。如果其只是拒绝交付财产,则不能认定其行使了任意撤销权。但是对于法律规定的特殊的赠与,赠与人不享有任意撤销权,故无权拒绝交付。《民法典》第 660 条第 1 款规定:"经过公证的赠与合同或者依法不得撤销的具有救灾、扶贫、助残等公益、道德义务性质的赠与合同,赠与人不交付赠与财产的,受赠人可以请求交付。"这就确认了赠与人不得任意撤销赠与的赠与合同类型。例如,在"桑某1、桑某2遗嘱继承纠纷二审案"中,法院认为,被上诉人系未成年人,兄弟姐妹一起决定放弃自己所有份额,将其给予被上诉人,该房屋虽然未过户到被上诉人名下,但该协议签订的目的是为了履行亲情道德上的义务,属于不可撤销的赠与。上诉人关于该赠与协议应予以撤销的上诉理由不能成立,本院不予采信。[1]

(三) 特殊情形下的瑕疵担保义务

1. 一般赠与中赠与人不负瑕疵担保义务

《民法典》第 662 条第 1 款第 1 句规定:"赠与的财产有瑕疵的,赠与人不承担责任。"依据这一规定,在一般赠与中,赠与人不负瑕疵担保义务。因为赠与合同是单务无偿的行为,其本质上是施惠行为,受赠人接受赠与财产并未支付对价,因而法律上并不要求赠与人负担瑕疵担保义务。这也是赠与合同与买卖合同的重要区别。例如,在"李小虎与中国联合网络通信有限公司长沙市分公司、中国联合网络通信有限公司电信服务合同纠纷案"中,法院认为,由于赠与合同为单务无偿合同,赠与是为了受赠人的利益而为的行为,因而赠与人对赠与财产的瑕疵担保责任,较有偿合同而言更为宽松。依据法律规定,在不附义务的赠与合同关系中,赠与人原则上不对赠与财产的瑕疵承担责任。[2]

---

[1] 参见河北省承德市中级人民法院(2021)冀 08 民终 256 号民事判决书。
[2] 参见湖南省高级人民法院(2017)湘 01 民终 3603 号民事裁定书。

当然,此处所说的赠与人无须承担瑕疵担保责任,并不包括因赠与财产的缺陷对于受赠人或第三人的人身、财产利益造成的损害。如果因为赠与的财产具有缺陷,导致受赠人和第三人的人身、财产遭受损害的(如赠与他人食品造成受赠人食物中毒),赠与人仍应承担侵权责任。

2. 附义务的赠与中赠与人在附义务的限度内承担与出卖人相同的责任

《民法典》第 662 条第 1 款第 2 句规定:"附义务的赠与,赠与的财产有瑕疵的,赠与人在附义务的限度内承担与出卖人相同的责任。"依据这一规定,赠与人在附义务的赠与中负有瑕疵担保责任。这是因为在附义务的赠与中,双方约定受赠人也要履行相应的义务,所以赠与人的行为也不是纯粹的施惠行为,而受赠人毕竟也作出了一定的履行义务的行为,也可能因此蒙受某种不利益,因此,赠与人应当在其所附义务的限度内负担瑕疵担保责任。例如,甲赠与乙一批电脑,但要求乙提供相应的配套设施,如果该批电脑出现瑕疵,则应当考虑乙所提供的配套设施的价值,如果该设施的价值是 10 万元,而造成的实际损害是 100 万元,那么,其应当在 10 万元的价值范围内承担赔偿责任。又如,在"严强、北京盛世经典博大文化发展有限公司合同纠纷再审审查与审判监督案"中,法院认为,被申请人以广告的形式,向不特定人发出要约,承诺对完成广告规定行为的人,免费赠送价值 9800 元的赠品。再审申请人按照广告要求完成了广告规定的行为,双方存在合法、有效的附义务的赠与关系。再审申请人依约履行合同义务后,被申请人应当按广告承诺交付赠品,并对赠品瑕疵在附义务的限度内承担与出卖人相同的责任。①

3. 赠与人故意不告知瑕疵或者保证无瑕疵的责任

《民法典》第 662 条第 2 款规定:"赠与人故意不告知瑕疵或者保证无瑕疵,造成受赠人损失的,应当承担赔偿责任。"这主要是指赠与人故意不告知瑕疵或者保证无瑕疵而造成受赠人损失的责任。此种责任的构成要件是:

第一,赠与人故意不告知瑕疵或者保证无瑕疵。具体包括两种情形:一是所谓赠与人故意不告知瑕疵,是指赠与人明知其赠与的财产有瑕疵而故意隐瞒。例如,明知赠与他人的牛奶已变质而故意不告知。二是赠与人保证无瑕疵,即赠与人明确地担保赠与的财产没有瑕疵或不存在某种特定的瑕疵,但事后证明该赠与的财产出现瑕疵或存在某种特定的瑕疵。例如,赠与人向受赠人郑重承诺赠与的食品无质量问题,但事后发现该食品存在问题。在这两种情形下,其有可能构成欺诈,或者表明赠与人具有侵害受赠人的恶意,当然必须对受赠人承担瑕疵担保责任;如果造成受赠人损失,应当承担赔偿责任。

第二,受赠人遭受了损失。如何理解《民法典》第 662 条第 2 款所说的受赠人的损失?有两种理解:一是广义的理解,此种观点认为此处所说的"损失",就是因赠与的财产有瑕疵而造成的赠与财产本身的损失以及由此引发的其他损失,不仅包括赠与财产没有价值或者价值低于其应有的价值的损失(即间接损失或者期待利益的损失),也包括接受赠与的费用支出(如支出的运输费用、其他受领费用)和使用赠与财产而造成的损失(如赠与财产存在产品质量缺陷,在使用中导致受赠人或者相关人员的财产损失或者人身伤害,即直接损失或者已有财产的减少)。二是狭义的理解,即"损失"仅限于赠与财产本身的损失,而不包括因赠与财产有瑕疵造成的其他财产、人身的损失。笔者认为,受赠人的损失应当作广义理解,赠与人应赔偿因赠与财产有瑕疵而造成的赠与财产本身以及由此引发的全部损失。② 毕竟受

---

① 参见湖北省高级人民法院(2018)鄂民申 1189 号民事裁定书。
② 参见张新宝、龚赛红编著:《买卖合同 赠与合同》,法律出版社 1999 年版,第 220 页。

赠人的损害是因赠与人故意不告知瑕疵或者保证无瑕疵造成的,所有与其具有因果关系的损害都应当赔偿,否则,无法实现设立该制度的目的。另外,考虑到赠与人本身的过错程度,也不必对其责任作限制。

第三,受赠人所遭受的损害是因赠与人故意不告知瑕疵或者保证无瑕疵造成的。在因果关系的判断上,应当采相当因果关系说。如果赠与人证明,其行为与损害之间没有因果关系,则不必承担赔偿责任。

(四)因故意或者重大过失致使赠与的财产毁损、灭失的责任

《民法典》第660条第2款规定:"依据前款规定应当交付的赠与财产因赠与人故意或者重大过失致使毁损、灭失的,赠与人应当承担赔偿责任。"该款规定针对了经过公证的赠与合同或者依法不得撤销的具有救灾、扶贫、助残等公益、道德义务性质的赠与合同,在赠与财产交付之前,如果因赠与人故意或者重大过失致使赠与的财产毁损、灭失的,则其应当赔偿受赠人因此遭受的损失。例如,某企业承诺向灾区捐献一批教学设备,在交付之前因其故意或重大过失致使该批设备损坏,无法交付,但受赠人已经为该设备的安装购买了配套设施。对于受赠人因购买该设施所遭受的损失,赠与人应当予以赔偿。法律之所以作出此种规定,是因为此类赠与合同具有公益性、道德义务性质,在赠与人有故意或重大过失导致财产毁损灭失的情况下,其主观上存在过错。虽然财产所有权没有移转,财产毁损灭失只是造成赠与人的财产损失,但赠与人应对其过错行为承担相应的责任,对赠与人课加此种责任也有利于促使赠与人妥善地保管赠与财产。①

依据《民法典》第660条第2款,此种责任的构成要件是:

第一,适用的赠与合同类型限于经过公证的赠与合同或者依法不得撤销的具有救灾、扶贫、助残等公益、道德义务性质的赠与合同。这意味着针对具有救灾、扶贫、助残等公益、道德义务性质的赠与合同,在赠与财产的权利移转给受赠人之前,由于赠与人的故意或者重大过失致使赠与财产发生毁损、灭失,因而无法实际交付赠与财产的,赠与人应当向受赠人赔偿因其故意或者重大过失所造成的损失。② 对于其他的赠与,即使因赠与人故意或重大过失致使财产毁损灭失,赠与人也不应承担赔偿责任。

第二,赠与财产在交付之前遭受毁损、灭失。需要强调的是,赠与财产毁损、灭失所生责任的时间节点必须是赠与物交付之前。一般来说,在赠与财产交付受赠人以后,赠与财产的所有权就移转给了受赠人。在交付之后,赠与物发生毁损、灭失的风险应由受赠人承担。

第三,赠与人对财产的毁损灭失具有故意或重大过失。在赠与财产交付之前,赠与人仍然对其财产负有保管义务。但赠与人并不负有善良管理人的注意义务,而仅仅对其故意或重大过失负责。如果赠与人只是一般的过失或轻微的过失,而致赠与财产毁损灭失的,其不应再负交付义务,也不应承担损害赔偿责任。需要指出的是,赠与人只有在因其故意或重大过失而导致损失的情况下才需要承担责任,这是因为赠与合同是无偿合同,当事人双方的权利义务并不对等,因此,不宜课以赠与人较高的注意义务。但如果赠与人具有故意或重大过失,就应承担损害赔偿责任。

第四,赠与合同合法有效。赠与人承担责任的前提是,赠与合同合法有效。如果赠与合同不成立、无效或者被撤销,则赠与人也不承担此种责任。

---

① 参见魏耀荣等:《中华人民共和国合同法释论(分则)》,中国法制出版社2000年版,第141页。
② 参见黄薇主编:《中华人民共和国民法典合同编解读》(下册),中国法制出版社2020年版,第1265页。

需要指出的是，赠与人违反不得因故意或者重大过失致使赠与的财产毁损、灭失的义务，应当承担的损害赔偿责任的范围，既包括受赠人应当得到的赠与财产的价值，也包括受赠人为接受赠与，进行必要准备而支出的费用。① 例如，因为信赖赠与人将赠与一套设备而为该设备购买各种零配件，因设备遭受毁损、灭失而导致所购买的零配件失去使用价值，由此造成的损失应由赠与人承担赔偿责任。② 不过，如果赠与财产是种类物，则赠与人故意或重大过失造成赠与财产毁损、灭失的，仍应负担继续履行的义务。

二、受赠人的义务

（一）受领交付和接受所有权的移转

《民法典》第 657 条规定："赠与合同是赠与人将自己的财产无偿给予受赠人，受赠人表示接受赠与的合同。"从该规定来看，赠与合同的成立需要在赠与人作出赠与的意思表示之后，受赠人表示接受。赠与合同一旦成立，受赠人即应当受合同约束，其应负有接受赠与财产的义务。因而在赠与合同成立后，在赠与人向受赠人交付标的物时，受赠人负有受领标的物并受让其所有权的义务。

（二）附义务的赠与中应当履行所附的义务

在附义务的赠与的情形下，受赠人在接受赠与时，也应当履行合同所约定的义务。例如，在"蒋鲜丽诉陈马烈、《家庭教育导报》社返还公益捐赠纠纷案"中，法院认为："捐款人在行使赠与权利时，有权决定捐款的使用方法，包括签订捐赠协议，对捐助对象附加条件或者义务。受赠人在接受捐款时，有义务遵守赠与人为捐款特别设定的条件。"③ 应当指出的是，附义务的赠与不同于附条件的赠与。所谓附条件的赠与是指赠与人与受赠人约定在一定的事实发生后赠与合同生效或在一定事实发生后赠与合同失效。例如，甲与乙约定，如果乙与其子结婚，就赠与乙房屋一套，但后乙未与甲之子结婚，因此该赠与合同的生效条件并未成就，甲不负有赠与房屋的义务。从法律效果上看，在生效条件不成就时，该合同不发生效力。而在附义务的赠与中，义务是否完成不影响合同的效力。

《民法典》第 661 条第 2 款规定："赠与附义务的，受赠人应当按照约定履行义务。"法律上之所以要求受赠人必须要履行义务，是因为附义务的赠与本质上已经不是一个纯粹的施惠行为，受赠人应当依据约定负担一定的义务。此种义务既可以是作为的义务（如提供配套服务），也可以是不作为的义务（如只能将赠与的财产用于特定用途，而不能挪作他用），这些义务必须要依据合同的约定来履行，违反该义务将构成违约。附义务的赠与中虽然受赠人要履行一定的义务，但该义务与赠与人的赠与义务不构成对待给付。如果已经构成对待给付，则该合同不再是赠与合同。

第三节　赠与人任意撤销赠与的权利

一、一般赠与中的任意撤销赠与的权利

赠与人任意撤销赠与的权利，是指一般赠与中，赠与人在赠与财产的权利移转以前，依

---

① 参见魏耀荣等：《中华人民共和国合同法释论（分则）》，中国法制出版社 2000 年版，第 141 页。
② See Christian von Bar et al. (eds.), *Principles, Definitions and Model Rules of European Private Law*, Volume I, Munich: Sellier, European Law Publishers, 2009, p. 2852.
③ 《最高人民法院公报》2003 年第 4 期。

法享有的可以无条件地撤销赠与合同的权利。《民法典》第 658 条第 1 款规定:"赠与人在赠与财产的权利转移之前可以撤销赠与。"这就在法律上确认了赠与人的任意撤销权。赠与人撤销权的特点主要在于:一是此种权利是一种形成权,其依据撤销权人的单方意思表示就可以发生效力,无须相对人的同意。① 二是任意撤销赠与的权利在性质上应当属于任意解除权,因为在赠与人任意撤销赠与的情形下,赠与合同已经生效,而且当事人在订立赠与合同过程中也不存在意思表示有瑕疵的情形,因此,将赠与人任意撤销赠与的权利界定为赠与人的任意解除权更为合适。三是在赠与人行使撤销权后,应当发生恢复原状的法律后果,可以参照《民法典》第 566 条确定赠与人与受赠人之间的权利义务关系。

在法律上确立此种权利的主要原因在于:一方面,赠与是作为交易的例外存在的,其并不是一种等价交换。赋予赠与人任意撤销权的根本原因在于赠与人未获得对价,因此不得强制其进行交付。另一方面,由于受赠人是单方面获利,允许赠与人任意撤销,通常不会损害受赠人的利益。此外,在我国合同法认定赠与合同是诺成合同的情况下,只有赋予赠与人任意撤销权才可平衡赠与人与受赠人之间的利益。②

依据《民法典》第 658 条第 1 款的规定,赠与人行使任意撤销赠与权应当满足如下条件:

第一,赠与合同已经成立。虽然双方当事人已经就赠与达成了合意,赠与人只要没有交付赠与的财产,就可以行使撤销赠与的权利。如果赠与合同没有成立,撤销权的对象本身就不存在,更遑论撤销权的行使。

第二,赠与人尚未完成赠与财产的权利移转。这就确立了任意撤销赠与权的行使时间。一方面,如果赠与人已经实际交付了财产且移转了财产权利,此时再要求撤销,就违背了诚实信用原则,同时也可能会对受赠人的正常生产、生活造成不利影响。另一方面,此处所说的移转财产权利应当区分动产和不动产,对动产而言,一旦交付权利就已移转,对不动产而言则必须要经过变更登记,在登记完成之前,都可以撤销。如果赠与人仅移转了一部分赠与物的权利,则只能够撤销尚未移转的部分。③ 例如,在"郑某与刘某赠与合同纠纷二审案"中,法院认为,赠与人在赠与财产的权利转移之前可以撤销赠与,所谓赠与财产的权利转移,一般是指动产标的的交付,不动产标的办理权利转移登记手续。首先,涉案回迁房尚未办理不动产登记手续,未完成权利转移。其次,亦不存在上诉人将 20 万元拆迁款交付给被上诉人的情形。《赠与协议》中所涉回迁房和拆迁款均未完成权利转移,上诉人行使撤销权具有事实和法律依据,应当予以支持。④

赠与人行使任意撤销赠与权无须任何理由,只要撤销赠与的意思表示到达受赠人即生效。通常来说,一般赠与的受赠人没有任何理由可以对抗赠与人撤销的意思表示,也难以针对赠与人的撤销请求提出抗辩。⑤

第三,必须是非公益的赠与以及非经过公证的赠与。《民法典》第 658 条第 2 款规定:"经过公证的赠与合同或者依法不得撤销的具有救灾、扶贫、助残等公益、道德义务性质的赠与合同,不适用前款规定。"据此,赠与人不得行使任意撤销权的合同包括如下两种:一是经

---

① 参见〔德〕迪特尔·梅迪库斯:《德国债法分论》,杜景林、卢谌译,法律出版社 2007 年版,第 149 页。需要指出,此处译者将其译为撤回权,但是从上下文看,应当是撤销权。
② 参见易军、宁红丽:《合同法分则制度研究》,人民法院出版社 2003 年版,第 163—167 页。
③ 参见胡康生主编:《中华人民共和国合同法释义》,法律出版社 1999 年版,第 280 页。
④ 参见北京市第一中级人民法院(2021)京 01 民终 2919 号民事判决书。
⑤ 参见魏耀荣等:《中华人民共和国合同法释论(分则)》,中国法制出版社 2000 年版,第 130 页。

过公证的赠与合同。经过公证的赠与合同具有一定的公信力。在赠与合同订立后,当事人在公证部门进行公证,就表明赠与人已经十分审慎地表达了其赠与意思,而且受赠人此时对赠与人履行赠与合同具有合理的信赖,因此,对经过公证的赠与合同,赠与人不得任意撤销,否则将损害受赠人的信赖利益。二是依法不得撤销的具有救灾、扶贫、助残等公益、道德义务性质的赠与合同。一方面,此类合同中比较常见的是具有社会公益性质的赠与合同。公益赠与的目的主要是用于公益事业。公益事业是指有关公共利益的事业。公益事业应当是非营利的,受赠人不得利用捐赠的财产从事以营利为目的的活动。另一方面,此类合同还包括一些具有道德义务性质的赠与合同,它是指当事人约定的赠与事项旨在实现某种道德上的义务,或者履行某种道德上的责任。例如,成年子女对父母具有扶养性质的赠与,即属于具有道德义务性质的赠与,不能允许当事人通过随意撤销来逃避此种义务。

由于任意撤销赠与权的行使必须在赠与财产权利移转之前,因此,其一般不应具有溯及既往的效力,而只是向将来发生效力。在例外情况下,虽然赠与财产的权利尚未发生移转,但是赠与财产已经交付的,则有可能发生溯及既往的效力。赠与合同成立后,受赠人为受领赠与物进行了准备,此时,赠与人行使任意撤销权,而该项权利的行使符合法律的规定,是否意味着赠与人对受赠人的损害不负任何责任?笔者认为,在赠与人行使任意撤销赠与权之后,如果因此给受赠人造成损失(如受赠人为接受赠与而租赁场地、交通、食宿等费用,因赠与人撤销赠与,使其遭受此种费用的损失),受赠人有权基于缔约过失责任要求赠与人赔偿其所受损失。其主要理由在于:由于赠与人的承诺,受赠人产生了合理的信赖,并付出了一定的成本,赠与人事后的撤销破坏了这种信赖并使得受赠人受到了一定的经济损失,对这种信赖和经济利益应当在法律上加以保护,否则对受赠人不甚公平。

二、法定撤销权

法定撤销权,是指在具备法律规定的事由时,由赠与人或者其他撤销权人享有依法撤销赠与的权利。法定撤销权人通常是赠与人,但又不限于赠与人。《民法典》第663条与第664条规定了赠与合同中的法定撤销权。从广义上说,一般赠与合同的任意撤销权也是由法律规定的,因此其也属于法定撤销权的范围之内。两者都赋予了赠与人撤销赠与的权利,但是两种撤销权存在明显的区别,主要表现在:

第一,适用范围不同。任意撤销权适用于一般赠与,而法定撤销权既可适用于一般赠与,也可适用于特殊赠与。可见,法定撤销权的适用范围更为宽泛。

第二,适用条件不同。任意撤销权仅适用于赠与财产的权利尚未移转的情况,但在已经移转的情形下,赠与人只能行使法定撤销权。法定撤销权不仅可以在赠与财产权利没有完全移转时行使,在赠与财产权利移转之后也同样能够行使。任意撤销权的行使并不需要理由,适用要件更宽松,但《民法典》第663条与第664条规定的法定撤销权的适用要件更为严格。这就是说,赠与人在行使法定撤销权时必须符合《民法典》第663条的规定。在《民法典》第658条第2款规定的几种特殊情况下,任意撤销权被排除,但是法定撤销权可以不受这些限制,即便在这几种情况下,只要出现了《民法典》第663条规定的三种法定撤销事由,赠与人仍然可以行使撤销权。①

第三,是否承担责任不同。在法定撤销权的情况下,由于一般不会造成受赠人损失,因

---

① 参见黄薇主编:《中华人民共和国民法典合同编解读》(上册),中国法制出版社2020年版,第685页。

此,受赠人通常无权请求信赖利益损害赔偿。在符合法定撤销权规定的情况下,受赠人通常都对法定撤销事由的发生具有故意,因此,赠与人在行使法定撤销权之后,仍可以请求受赠人承担其他法律责任。但在一般赠与中,在赠与人行使任意撤销权之后,通常受赠人并不需要承担其他法律责任。

第四,是否具有溯及既往的效力不同。在赠与人行使任意撤销权时,赠与财产的权利尚未发生移转,所以任意撤销权的行使不具有溯及既往的效力。但如果在交付赠与财产之后,赠与财产的权利尚未发生移转,则有可能发生溯及既往的效力。在法定撤销权中,因赠与财产通常已经交付给受赠人且权利已经发生移转,法定撤销权的行使具有溯及既往的效力。①需要注意的是,赠与人法定撤销权的存续、行使须受限于1年的除斥期间。

三、法定撤销的事由

(一) 赠与人的法定撤销权

我国《民法典》区分了赠与人的法定撤销权与赠与人的继承人或者法定代理人的法定撤销权,并对二者规定了不同的行使条件。依据《民法典》第663条第1款,赠与人的法定撤销权行使的具体事由如下:

(1) 受赠人严重侵害赠与人或者赠与人近亲属的合法权益。此类情况属于典型的受赠人对赠与人实施的忘恩负义行为,因此,法律有必要赋予赠与人法定撤销权。此类情形主要包括如下几种:一是受赠人严重侵害赠与人的合法权益。例如,殴打赠与人致其残疾,或在网络上传播侮辱、诽谤的言辞而造成赠与人名誉严重受损。二是受赠人严重侵害赠与人近亲属的合法权益。例如,受赠人在网上散布侮辱、诽谤赠与人近亲属的信息,造成赠与人近亲属的严重损害。需要指出的是,此处所说的受赠人的侵权行为是指直接侵害赠与人或赠与人近亲属法益的行为,而且受赠人的行为必须达到"严重侵害"的程度。如果受赠人只是轻微地侵害赠与人或者赠与人的近亲属的权益,则赠与人不能行使法定撤销权。至于受赠人在实施侵权行为时是否具有故意在所不问,只要其客观上实施了这一行为,均可适用本条规定。②

(2) 受赠人对赠与人有扶养义务而不履行。此处所说的扶养义务,既包括法定的扶养义务,也包括约定的扶养义务。例如,双方约定在受赠人对赠与人尽到扶养义务时,赠与人去世后所有的财产将赠与受赠人,但受赠人没有尽到扶养义务,则赠与人有权撤销赠与合同,如受赠人不履行遗赠扶养协议的行为。在受赠人对赠与人负有扶养义务而不履行的情况下,不仅表明受赠人已构成忘恩负义,而且违反了其应负的法定义务。例如,在"孙怀儒、岳兴梅赠与合同纠纷案"中,法院认为,本案系母子关系引起的纠纷。成年子女对年迈父母有法定的赡养义务,赡养老人是一个长期持续的过程,赡养老人不仅仅是经济上供养、生活上照料,还有精神上的慰藉等义务。被上诉人有生活自理能力,不是上诉人不履行赡养义务的充分条件,可以认定上诉人没有很好地履行法定的赡养义务,故被上诉人现在要求返还原来赠与上诉人的17万元,法院予以支持。③

(3) 受赠人不履行赠与合同约定的义务。此处所说的"不履行赠与合同约定的义务",主要是指违反了附义务的赠与中的义务,在一般赠与中,受赠人并不负有特定的义务,而在

---

① 参见胡康生主编:《中华人民共和国合同法释义》,法律出版社1999年版,第288页。
② 参见黄薇主编:《中华人民共和国民法典合同编解读》(下册),中国法制出版社2020年版,第643页。
③ 参见河南省郑州市中级人民法院(2021)豫01民终5785号民事判决书。

附义务的赠与中,受赠人在接受赠与后,还需要履行合同约定的义务,其不履行此种约定的义务的,赠与人有权撤销赠与。此种情形下赠与人行使法定撤销权应当具备如下要件:第一,当事人在赠与合同中约定了受赠人应当履行一定的义务。例如,当事人在合同中约定受赠人在接受赠与人所赠与的设备时,应当提供一定的配套设施。第二,附义务的赠与合同已经合法生效。如果附义务赠与所附义务违法,或者显失公平等,该合同是无效或可撤销的。第三,受赠人没有履行赠与合同规定的义务。这里所说的没有履行既包括完全没有履行也包括部分没有履行。当然,如果受赠人已经履行了义务的主要部分,在具体案件中,法官可以酌情考量是否允许赠与人撤销赠与。

在行使法定撤销权以后,将发生溯及既往的效力。在当事人之间应当产生恢复原状的效力,这主要是因为,法定撤销权的行使一般是在赠与财产已经交付且权利已经发生移转的情形下,一旦赠与人行使法定撤销权,赠与人有权要求受赠人返还受赠财产,恢复原状。如果赠与财产已经毁损、灭失,赠与人也有权要求受赠人赔偿赠与物的价值损失。

关于赠与人的法定撤销权的行使期限,《民法典》第663条第2款规定:"赠与人的撤销权,自知道或者应当知道撤销事由之日起一年内行使。"关于该期限的性质如何,学界存在两种观点:第一种观点认为该期限属于除斥期间,第二种观点认为此期限为诉讼时效期间。笔者认为,由于诉讼时效主要适用于请求权,而撤销权属于形成权,因此该期限属于除斥期间,该期间一旦开始计算就不产生中止、中断、延长的效果,期限届满则撤销权归于消灭。

(二)赠与人的继承人或者法定代理人的法定撤销权

法定撤销权人通常是赠与人,但又不限于赠与人。《民法典》第664条第1款规定:"因受赠人的违法行为致使赠与人死亡或者丧失民事行为能力的,赠与人的继承人或者法定代理人可以撤销赠与。"该条实际上确立了赠与人以外的其他主体的法定撤销权。具体来说:一是赠与人的继承人。在赠与人已经死亡的情况下,应当由赠与人的继承人行使撤销权。如果赠与人有多个继承人,只要有一位继承人行使了此项权利,即可发生效力。二是赠与人的法定代理人。在赠与人丧失行为能力的情况下,撤销赠与的权利可以由其法定代理人行使。由赠与人以外的其他主体行使法定撤销权的条件较为严格,其构成要件是:

(1)受赠人从事了违法行为。受赠人的违法行为是指受赠人所实施行为不符合法律规定。如殴打、迫害赠与人等。如果受赠人的行为属于一种正当行为,如构成正当防卫、紧急避险等,也不满足该要件。同时,从本条规定来看,违法行为应只适用于受赠人的行为造成赠与人本人丧失民事行为能力或死亡的情形,并不包括造成赠与人以外的人的人身伤害等情形。

(2)受赠人从事的违法行为导致赠与人死亡或者丧失民事行为能力。具体来说:一是违法行为导致赠与人死亡,即赠与人的民事权利主体的资格已经消灭。二是违法行为导致赠与人丧失民事行为能力,即赠与人从事民事行为的能力受限或丧失。例如,由于受赠人的殴打行为,致使赠与人脑部受到损害,失去了行为能力,则其法定代理人可以行使撤销权,撤销之前的赠与合同。需要指出的是,受赠人从事的违法行为与赠与人死亡或者丧失民事行为能力之间应具有因果关系。

(3)赠与人的继承人或者法定代理人应当在规定期限内行使撤销权。《民法典》第664条第2款规定:"赠与人的继承人或者法定代理人的撤销权,自知道或者应当知道撤销事由之日起六个月内行使。"该条就是要解决撤销权的行使期限问题,一般认为,该条所规定的期限在性质上属于除斥期间,不存在终止、中断或者延长的问题。该期限应当从赠与人的继承人或者法定代理人知道或者应当知道撤销事由时开始计算,经过 6 个月而届满,法定撤销权即告消灭。

法定撤销权的行使将发生溯及既往的效力。《民法典》第 665 条规定:"撤销权人撤销赠与的,可以向受赠人请求返还赠与的财产。"该条规定了撤销权行使的效果。因此,在法定撤销权行使之后,应当在当事人之间产生恢复原状的效力。[1] 如果财产已经交付,因为赠与法律关系已经消灭,当事人双方就具有恢复原状的义务,赠与人有权针对受赠人行使所有物返还请求权,主张赠与物的返还。如果赠与财产已经毁损、灭失,赠与人也有权要求受赠人赔偿赠与物的价值损失。

第四节 赠与人的穷困抗辩权

一、赠与人穷困抗辩权的概念

穷困抗辩权(Einrede des Notbedarfs),是指在赠与合同成立后,赠与人的经济状况严重恶化,如果继续履行赠与合同将使赠与人的生产经营或家庭生活受到严重的影响,赠与人因此可享有的不履行赠与义务的权利。[2]《民法典》第 666 条规定:"赠与人的经济状况显著恶化,严重影响其生产经营或者家庭生活的,可以不再履行赠与义务。"该条规定赋予赠与人以穷困抗辩权。法律承认穷困抗辩权的主要原因在于:一方面,赠与合同是无偿的单务合同,受赠人因赠与而纯获利益,在赠与人的经济状况显著恶化,履行赠与会严重影响其生计的情形下,如果强迫赠与人继续履行赠与义务,将给赠与人的生活或生产造成重大妨害。另一方面,即使允许赠与人反悔,不再履行赠与义务,通常而言并不会给受赠人造成某种损害。还应当看到,法律作出此种规定也体现了对赠与人的人文关怀,避免其生计因为出现经济状态恶化等情形却仍须继续履行赠与合同义务而遭受严重影响。

需要指出的是,《民法典》第 666 条并没有限定其适用范围,因此,不论是对一般的赠与,还是经过公证的赠与,乃至依法不得撤销的具有公益性质和道德义务性质的赠与,赠与人均可以依法主张穷困抗辩权。

二、赠与人穷困抗辩权的行使条件

赠与人穷困抗辩权的行使应当符合如下条件:

第一,赠与合同已经成立,但赠与财产的权利尚未移转或者尚未完全移转。《民法典》第 666 条规定的是"可以不再履行赠与义务",这就表示此项抗辩权必须在当事人约定赠与的财产尚未移转时行使,此种权利尤其适用于赠与人的赠与行为非为一次性行为,而是长期的、持续性行为的情形。[3] 如果赠与人已经交付了赠与物,或已经移转了赠与财产的权利,则赠与行为已经完成,无从行使穷困抗辩权,否则也会严重影响受赠人的生产生活,也不利于社会财产关系的稳定。[4]

---

[1] See Christian von Bar et al. (eds.), *Principles, Definitions and Model Rules of European Private Law*, Volume I, Munich: Sellier, European Law Publishers, 2009, p. 2845.
[2] 参见郑玉波:《民法债编各论》(上册),台湾三民书局 1986 年版,第 162 页。
[3] See Christian von Bar et al. (eds.), *Principles, Definitions and Model Rules of European Private Law*, Volume I, Munich: Sellier, European Law Publishers, 2009, p. 2872.
[4] 参见胡康生主编:《中华人民共和国合同法释义》,法律出版社 1999 年版,第 292 页。

第二,赠与人的经济状况显著恶化。所谓显著恶化,是指在赠与合同成立之后,赠与人的经济状况出现明显恶化的状态。例如,因为经营不善导致负债明显增多,等等。如果是轻微的经济状况的变化(如某月工资中奖金有所减少),则不属于显著恶化。此处所说的显著恶化应当仅限于经济状况,而非社会状况、健康状况等其他方面的内容。在赠与合同成立之前赠与人已经无力捐赠,却仍然作出了捐赠的表示的,就表明赠与人主观上缺乏诚意。① 对于合同成立前已出现的显著恶化情况,如果允许赠与人提出穷困抗辩,将违反诚信原则,甚至可能会引发道德风险。

第三,经济状况显著恶化达到严重影响其生产经营或者家庭生活的程度。所谓严重影响,是指经济状况的恶化导致赠与人生活状况急剧下降,或者生产活动无法进行。如果赠与人的情况虽然受到了影响,但是并未达到严重的程度,则不能主张穷困抗辩。此处所说的"影响生产经营"主要是针对赠与人是企业或者个体经营者的情况,赠与人必须将财产投入正常的生产经营中才能够正常地继续经营,如果强制要求赠与人继续履行赠与义务,将对其生产经营活动产生重大影响。所以,法律于此情形下应当允许赠与人提出抗辩。② 而影响家庭生活主要指因赠与人的经济状况严重恶化,导致其家庭开支严重拮据。如果强制要求赠与人继续履行赠与义务,将会对其正常的家庭生活产生重大影响。

第四,受赠人已经提出要求赠与人履行赠与义务的请求。由于此项权利为抗辩权,只能够在受赠人请求履行时,才能够行使。如果受赠人没有提出这样的请求,则穷困抗辩权无行使的必要。

三、赠与人行使穷困抗辩权的法律效果

依据《民法典》第 666 条的规定,赠与人行使穷困抗辩权的效果是"可以不再履行赠与义务",如何理解这一表述? 笔者认为,其主要包含如下几方面含义:

第一,赠与人享有抗辩权。"可以不再履行赠与义务"实际上是赋予赠与人一种抗辩权。当对方当事人请求赠与人履行给付义务时,经济状况严重恶化的赠与人能以此来对抗对方的请求权。当然,赠与人的此种抗辩权的行使以受赠人请求赠与人履行义务为条件,如果受赠人没有要求赠与人履行,则赠与人没有行使此种权利的必要。

第二,赠与人在行使该权利后,可以不再履行赠与合同的义务,也无须承担违约责任。也就是说,在行使穷困抗辩权后,赠与人可以不再继续履行赠与合同的义务,但是已经履行的部分,赠与人也不得请求返还。可见,该权利的行使主要是向将来发生效力。

第三,赠与人在行使穷困抗辩权时,并不意味着其要解除赠与合同。赠与人行使穷困抗辩权仅导致其不履行部分赠与义务,如其事后又因经济状况改善等原因而恢复了经济能力,则应当继续履行其赠与义务。③

---

① 参见胡康生主编:《中华人民共和国合同法释义》,法律出版社 1999 年版,第 291 页。
② 参见易军:《债法各论》,北京大学出版社 2009 年版,第 87 页。
③ See Christian von Bar et al. (eds.), *Principles, Definitions and Model Rules of European Private Law*, Volume I, Munich: Sellier, European Law Publishers, 2009, p. 2872.

第七章

租 赁 合 同

第一节　租赁合同概述

一、租赁合同的概念和特征

租赁在汉语中由"租"和"赁"合成，其最初是与租赁他人田地联系在一起的。例如，《说文》中解释为："租，田赋也。"《民法典》第703条规定："租赁合同是出租人将租赁物交付承租人使用、收益，承租人支付租金的合同。"其中，交付租赁物供对方使用、收益的一方，称为出租人；使用他人租赁物并支付租金的一方，称为承租人。租赁合同是出租人暂时让渡财产的使用、收益权能给承租人，以获取租金的合同。无论是动产还是不动产，都可以成为租赁的标的物。租赁合同是实践中常见的一类合同，其具有如下法律特征：

1. **仅移转标的物的占有和使用权**

租赁合同的目的不在于移转标的物的所有权，而只是移转标的物的占有与使用权，这是其与买卖合同、赠与合同的最大区别。因此，租赁合同成立后，承租人在合同存续期间内享有对租赁标的物的占有和使用权，而处分权仍属于出租人。由于租赁合同中承租人享有对物的占有和使用权，因而租赁不同于保管等合同。不过，租赁合同使承租人获得债权性的使用权，而不是物权性的使用权，这是租赁与用益物权的区别所在。故租赁合同并不会导致物权的变动。①

2. **具有有偿性、双务性**

在租赁合同中，承租人不是无偿利用租赁物，其使用出租人的财产需以支付租金为前提，因此租赁合同具有有偿性。如果承租人无须支付租金，则该合同的性质就转化成借用合同。在租赁合同中，出租人必须将租赁物交付给承租人，而承租人则必须按期支付租金。可见，租赁合同是双务合同。正是因为其属于双务合同，所以应适用双务合同中的履行抗辩权规则。

3. **标的物是有体物和非消耗物**

在租赁合同中，承租人需要占有、使用租赁物，因而租赁合同的标的物应当是有体物和非消耗物。一方面，租赁的标的物必须是有体物，只有有体物才能够被占有、使用，在租赁期

---

① 参见谢鸿飞、朱广新主编：《民法典评注·合同编：典型合同与准合同2》，中国法制出版社2020年版，第139页。

满后才能返还,而无形财产则无法加以物理占有并使用。① 另一方面,租赁是将财产交付给承租人占有使用,并在租期届满后返还给出租人。因此,租赁合同的标的物必须是不可消耗物,一次性使用的物品或很快能够被消耗完的物品,就不能作为租赁的标的。所以,租赁物在物理属性上通常属于耐用品(durable goods)。② 例如,食品属于消耗物,利用以后就要消耗掉,因而不能成为租赁合同的标的物。

4. 具有期限性

租赁合同的内容通常是出租人将其财产交给承租人在一定期限内占有、使用、收益,承租人享有的权利具有一定的期限限制。从比较法来看,各国法律在定义租赁合同时,大多都要规定租赁合同的期限,即租赁合同只能持续一定的时间,而不能够永久地持续下去。③ 依据我国《民法典》第705条第1款的规定,租赁合同的期限最长不能超过20年,当事人约定的租赁期限超出20年的,则超过的部分无效。

5. 具有继续性

租赁合同是继续性合同,承租人持续地对租赁物进行占有、使用和收益,租金也是分期支付。因此,在租赁合同解除时,也仅向未来发生效力,无法发生溯及力。在租赁合同解除之前,承租人对标的物的占有、使用是有效的,即便在合同解除之后,此前的占有、使用不受影响,合同的解除只向未来发生效力。

6. 具有诺成性、不要式性

租赁合同的成立只需双方当事人意思表示达成一致,而无须实际交付标的物。法律虽然对一般的租赁合同没有形式要件的要求,但是,《民法典》第707条规定:"租赁期限六个月以上的,应当采用书面形式。当事人未采用书面形式,无法确定租赁期限的,视为不定期租赁。"租赁合同原则上是不要式合同,当事人可以采取口头或书面的形式,但如果租赁期限在6个月以上,就应当采取书面形式。法律之所以作出此种规定,一方面是因为,租赁合同约定租赁期限在6个月以上的属于长期租赁。在长期租赁中,租赁物的利用期限较长,租金一般也较高,租赁物的消耗往往也较大,有必要通过书面形式确定合同的具体内容。另一方面,对长期租赁而言,法律要求采用书面形式,有利于确定当事人的权利义务,避免发生纠纷,在纠纷发生后,也有利于判断事实,便于当事人的举证。当然,对长期租赁而言,书面形式的要求并不是法定的合同成立或生效要件,如果当事人没有采取书面形式的,通常并不导致合同的不成立或无效,只是可能被认定为不定期租赁。

二、租赁合同的发展

从比较法上看,适应现代社会发展的需要,租赁合同也出现了一些新的发展趋势:

一是注重尊重承租人的人格尊严。租赁不仅是一种交易关系,对承租人而言,其涉及其居住权的保障问题,也体现了承租人的生存利益。因此,租赁合同也日益强调对承租人人格尊严的尊重与保护,这也彰显了以人为本的价值理念,体现了租赁合同价值层面的变迁。例如,法国1989年7月6日第89—462号法律规定,每年自11月1日到次年3月15日[法语称为"冬季修整时间"(trêve hivernale)]期间,即使房客未支付房租,房东也不得驱逐房客。④

---

① 参见胡康生主编:《中华人民共和国合同法释义》,法律出版社1999年版,第313页。
② 参见王轶等:《中国民法典释评·合同编·典型合同》(上卷),中国人民大学出版社2020年版,第352页。
③ See Kare Lilleholt et al., *Lease of Goods*, Oxford University Press, 2008, p. 115.
④ Loin°89462 du 6 juillet 1989.

二是租赁权物权化。租赁关系涉及承租人居住权的实现,因此,稳定租赁关系对于保障承租人居住利益的实现具有重要意义,这也是租赁权物权化的重要原因。租赁权物权化主要体现在买卖不破租赁的条款中,从比较法上来看,租赁权物权化也是租赁合同在当代发展的重要趋势之一,许多国家的法律为了强化对承租人的保护、促进对租赁物的有效利用,大多承认了这一规则。这也导致了租赁权与物权的区分更为复杂。

三是租赁权的社会化。租赁权社会化主要体现在现行法律、行政法规制定了租赁合同的强制性规范或者示范文本,以此调整出租人与承租人之间经济实力和信息能力的不对等关系。[1] 例如,在德国,规制住房租赁的法律为保障承租人生存利益而对出租人的财产利益进行了严格的限制,规定出租人不得出于提高租金的目的而解除房屋租赁关系,出租人如果想要提高租金,必须取得承租人的同意,并且提高的幅度要受到该区域可比较的租金水平的限制。[2]

当然,上述发展趋势主要集中体现在住房租赁合同方面,在商事租赁(例如店铺、写字楼等)领域,上述发展趋势并不是很明显。

三、租赁的分类

(一)动产租赁与不动产租赁

根据租赁的财产是动产还是不动产可以区分为动产租赁和不动产租赁。动产租赁是指出租人将其动产的占有、使用和收益权以有偿的方式移转给承租人享有,而承租人支付租金的财产利用方式。例如,汽车、船舶、自行车、耐用消费品等的租赁。不动产租赁,则是指出租人将房屋、土地等不动产转移给他人占有、使用和收益的租赁。不动产租赁的典型形式就是房屋租赁。这两种合同的区别主要表现在:

第一,租赁的标的财产不同。动产租赁合同中,其租赁的财产为动产,而不动产租赁合同中,租赁的财产是不动产。一般而言,如果动产的价值不是太高,也不一定采用正式的书面合同,但房屋租赁大多需要采用正式的书面合同。《民法典》第707条规定:"租赁期限六个月以上的,应当采用书面形式。当事人未采用书面形式,无法确定租赁期限的,视为不定期租赁。"

第二,是否涉及居住的权益的保护不同。动产主要涉及财产的利用,而不动产租赁尤其是房屋租赁,还涉及对承租人以及与其共同居住的人的居住权益的保护问题。例如,《民法典》规定了买卖不破租赁制度;再如,《民法典》还规定了承租人共同居住人的权益保护制度。法国曾有判决认为,房屋出租合同不能剥夺承租人为其亲友提供住宿的权利[3],有关合同必须尊重承租人的家庭生活权利。不能以出租人的宗教观念为由要求承租人必须忍受某项特殊义务。[4] 因此,在房屋租赁合同中,当代合同法越来越多地体现了人文关怀,而动产租赁中一般不存在这一问题。

第三,维修义务不同。动产租赁合同中,一般由承租人负责标的物的维修。而在房屋租

---

[1] 参见崔建远主编:《合同法》(第七版),法律出版社2021年版,第334页。
[2] 参见许德风:《住房租赁合同的社会控制》,载《中国社会科学》2009年第3期;张翔:《财产权的社会义务》,载《中国社会科学》2012年第9期。
[3] Cass. civ. 3ème, 6 mars 1996, RTD. civ. 1996, p. 897, obs. J. Mestre et 1024, obs. J.-P. Margénaud.
[4] Cass. civ. 3ème, 18 décembre 2002, Bull. civ. III, n°262; D. 2004, somm., p. 844, obs. Damas; RTD. civ. 2003, p. 290, obs.

赁中，对标的物的修缮任务主要由出租人负责。此外，在房屋租赁合同中，当代法律还要求合同当事人承担保护环境等义务。例如，德国法上的房屋租赁合同，就会涉及环境保护的问题，出租人负有节能、减少废物排放等方面的环境保护义务。债权人也负有保护环境的责任。①

第四，期限不同。动产租赁的期限一般较短，而房屋租赁的期限一般较长。依据《民法典》第 705 条的规定，租赁期限不得超过 20 年。超过 20 年的，超过部分无效。该规定通常适用于房屋租赁。

（二）定期租赁与不定期租赁

在租赁合同中，存在定期租赁与不定期租赁之分。所谓定期租赁，是指当事人明确约定租赁期限的租赁合同。所谓不定期租赁，是指当事人没有明确约定租赁期限或者约定不明确，以及依法被认定为不定期租赁的情形。从《民法典》的规定来看，不定期租赁包括如下几种情形：

第一，当事人没有明确约定租赁期限，或者约定的租赁期限不明确。《民法典》第 730 条规定："当事人对租赁期限没有约定或者约定不明确，依据本法第五百一十条的规定仍不能确定的，视为不定期租赁；当事人可以随时解除合同，但是应当在合理期限之前通知对方。"依据该规定，在当事人没有约定或者约定不明时，首先应当依据《民法典》第 510 条的规定，由当事人就租赁期限再次协商，达成补充协议，一旦当事人达成补充协议，则其将转化为定期租赁。其次，如果当事人不能就租赁期限事后达成补充协议，又不能根据合同的相关条款或交易习惯确定租赁期限，在此情形下，因为租赁合同属于不定期租赁，按照不定期租赁的一般规则，双方当事人均可以随时解除合同，当然，当事人在解除合同时，应当在合理期限之前通知对方，给对方必要的准备时间。

第二，依据法律规定应当视为不定期租赁的情形。包括如下三种。

一是租赁期限超过 6 个月，未采用书面形式又无法确定租赁期限的。《民法典》第 707 条规定："租赁期限六个月以上的，应当采用书面形式。当事人未采用书面形式，无法确定租赁期限的，视为不定期租赁。"依据这一规定，一方面，6 个月以上的租赁合同应当采用书面形式。即便未采取书面形式，如果当事人口头约定了租赁期限，在当事人没有发生争议的情况下，就可以按照当事人的口头约定来进行，在当事人就期限发生争议又不能确定时，才应当视为不定期租赁。② 另一方面，无法确定租赁期限。即使是在未采取书面形式的情况下，如果能够通过各种方式确定租赁期限，此时也应当视为定期租赁，只有在既不采取书面形式，又无法采取其他方式确定租赁期限的情况下，才视为不定期租赁。

二是租赁期限届满承租人继续使用租赁物，而出租人没有提出异议的。《民法典》第 734 条第 1 款规定："租赁期限届满，承租人继续使用租赁物，出租人没有提出异议的，原租赁合同继续有效，但是租赁期限为不定期。"一般而言，租赁期限届满后，承租人应当将租赁物返还出租人，出租人也有权请求承租人返还租赁物，但依据该条规定，租赁期限届满后，如果承租人继续使用租赁物，而承租人又没有提出异议的，则构成默示的合同更新③，原租赁合同继续有效。此处所说的"原租赁合同继续有效"只是指仍然根据原租赁合同确定当事人的权利

---

① See Richard Hooley, "Lender Liability for Environmental Damage", 60 *The Cambridge Law Journal* 405 (2001).
② 参见黄薇主编：《中华人民共和国民法典合同编解读》（下册），中国法制出版社 2020 年版，第 801 页。
③ 参见谢鸿飞、朱广新主编：《民法典评注·合同编：典型合同与准合同 2》，中国法制出版社 2020 年版，第 368 页。

义务关系,如租金的数额、支付方式等,而不是指当事人按照原租赁期限订立了新的租赁合同,在此情形下,由于当事人并没有明确约定该租赁合同的期限,因此,该合同在性质上属于不定期租赁。

三是我国《民法典》第705条规定了租赁合同的期限不得超过20年,如果当事人订立了租赁期限超过20年的租赁合同,超过部分无效,但在该期限届满后,承租人继续使用租赁物而出租人没有提出异议的,同样可以适用《民法典》第734条的规定,将其认定为不定期租赁。①

定期租赁合同和不定期租赁合同的区别主要表现在:第一,合同的期限是否可以确定。定期租赁合同的租赁期限在合同中有着明确的约定,即使没有约定,但事后能够通过当事人的补充协议等方式加以确定。而不定期租赁合同的期限是不确定的,何时终止取决于当事人一方或双方的意思表示。第二,法律效果不同。定期的租赁合同,在期限到来时,承租人必须交还租赁物,否则构成违约。但是不定期租赁合同因为租期尚未确定,所以交还租赁物的时间也不能确定。第三,是否可以随时解除合同不同。依据《民法典》第730条,不定期租赁合同中的出租人可以随时解除租赁合同,当然,在解除前应当提前通知承租人,并应为承租人留出合理的期限以准备履行。第四,形式要件不同。依据《民法典》第707条的规定,对6个月以上的租赁合同而言,当事人应当采用书面形式;但如果当事人未采用书面形式,并因此导致无法确定租赁期限的,则应将该租赁合同视为不定期租赁。

四、租赁合同与买卖合同的比较

租赁合同与买卖合同具有相似性。从经济上看,承租人支付租金,是为了获得出租人财产的使用权,在一些租赁合同中,当事人也可能约定在租赁期限届满后,由承租人购买租赁物的残余价值,此时已由租赁转化为买卖。但租赁和买卖存在着明显的区别,主要表现在:第一,是否移转标的物的所有权不同。一般认为,凡是有偿永久移转标的物所有权的合同,就属于买卖合同;而有偿暂时性地移转使用权的合同,则属于租赁合同。② 第二,标的物的范围不同。买卖的标的物非常宽泛,既可以是有形物,也可以是无形物,既可以是动产,也可以是不动产,既可以是现在的物,也可以是将来的物。但是对于租赁而言,标的物通常必须是有形的、现存的物。无形的、将来的物等都不能作为租赁合同的标的物。第三,是否属于继续性的合同不同。买卖合同通常都是一次性交割,属于一时性的合同,而租赁合同则属于继续性的合同。第四,在风险负担以及权利瑕疵担保等方面存在明显区别。在风险负担方面,买卖合同的风险负担规则是自交付时起转移给买受人。而在租赁合同中,租赁物的交付并不导致风险负担转移给承租人。

还要看到,租赁常常与所有权保留的分期付款买卖发生混淆,但两者之间存在明显的区别,主要表现在:第一,所有权保留的分期付款买卖合同仍然是以转让标的物所有权为目的的,只要正常支付价款,买受人就能够取得标的物所有权;而在租赁合同中,即便承租人按期支付租金,也无法取得标的物的所有权。第二,在所有权保留的分期付款买卖合同中,买受人享有对标的物所有权的期待权;但在租赁合同中,由于不涉及标的物所有权的移转,因而承租人并不享有对租赁物所有权的期待权,只有在出租人将租赁物出售给第三人的情况下,

---

① 参见黄薇主编:《中华人民共和国民法典合同编解读》(下册),中国法制出版社2020年版,第747页。
② 参见黄立:《民法债编各论》(上),中国政法大学出版社2003年版,第190页。

承租人才享有优先购买权。第三,分期付款买卖中的买受人支付的是价金;而在租赁合同中,承租人支付的是租金。由于两者所支付对价的性质不同,因此通常不能在同一法律关系中并存。

第二节 租赁合同的订立和内容

一、租赁合同的订立

由于租赁合同在性质上是诺成合同,合同在承租人与出租人意思表示达成一致时即可成立。尽管租赁权在诸多方面被赋予了类似于物权的效力(例如,依据《民法典》第725条的规定,租赁物的所有权在承租人按租赁合同占有标的物的期限内发生变动的,不影响租赁合同的效力),但租赁权在性质上仍应当被界定为债权,不适用我国法上关于不动产物权变动登记要件主义的原则。因此,《民法典》第706条规定:"当事人未依照法律、行政法规规定办理租赁合同登记备案手续的,不影响合同的效力。"根据该条规定,租赁合同的当事人是否办理登记备案手续与租赁合同本身的效力无涉。换言之,我国有关法律法规所规定的登记备案更多是出于管制方面的需要,保障租赁关系的稳定性和维护承租人的利益[1],而不应当影响租赁合同的效力。这主要是因为,法律、行政法规所规定的登记备案手续只是管理性的规则,而并非租赁合同的成立或生效要件,只要租赁合同满足法律规定的一般生效要件,即可生效,这既有利于尊重租赁合同当事人的意思自治,也有利于准确认定租赁合同的效力,且与租赁权债权性质的定位也是一致的。[2]

就租赁合同订立的形式要件而言,《民法典》第707条规定:"租赁期限六个月以上的,应当采用书面形式。当事人未采用书面形式,无法确定租赁期限的,视为不定期租赁。"从该条规定来看,租赁期限为6个月以上的,才应当采用书面形式,租赁期限为6个月以下的租赁合同在性质上属于不要式合同,出租人和承租人订立租赁合同时,只要双方就合同的标的物、租金、期限等条款意思表示一致,合同即可成立。对于租赁期限不满6个月的短期租赁,可以采用口头形式,也可以采用书面形式订立租赁合同。当然,如果租赁合同当事人没有采取书面形式订立长期租赁合同的,并不会影响租赁合同本身的效力,该合同仍然有效,但如果无法确定租赁期限,则将其视为不定期租赁。[3] 因此,当事人不遵守长期租赁合同的要式性,并不影响租赁合同的成立与生效。

二、租赁合同的内容

《民法典》第704条规定:"租赁合同的内容一般包括租赁物的名称、数量、用途、租赁期限、租金及其支付期限和方式、租赁物维修等条款。"根据该条规定,租赁合同一般包括如下内容:

(一)租赁物

租赁合同的标的物可以是动产也可以是不动产,但必须是法律允许出租的物,法律规定的违禁品(如枪支、毒品等)不得作为租赁标的物。租赁物一般具有有体性、可利用性、不可

---

[1] 例如,《城市房地产管理法》第54条规定,房屋租赁应当签订书面合同,并向房屋登记管理部门备案。
[2] 参见黄薇主编:《中华人民共和国民法典合同编解读》(下册),中国法制出版社2020年版,第749页。
[3] 同上。

消耗性和特定性,当事人双方在订立租赁合同时,应当明确如下内容:

一是租赁物的名称。租赁合同的标的物应当是特定的物。当事人双方签订租赁合同时,应当对租赁物加以明确界定。如果是不动产,应当约定不动产的具体位置等信息,如建筑面积、使用面积等。如果是动产,要将标的物的型号、特征等具体标明。租赁物可以是特定物,也可以是种类物。对动产来说,租赁物大多是种类物,但是在交付时,应予以特定化。[①]

二是租赁物的数量。例如,租用车辆的数量。当事人应在合同中明确约定租赁物的数量,这是租赁关系内容确定的必要条款,而且这既可以确定出租人的交付义务,也可以明确承租人的返还义务。

三是租赁物的用途。它是指承租人计划将租赁物投入使用所追求的目的。由于租赁物的用途将直接关系到使用人的使用范围、方式、方法等,而且确定租赁物的用途也有利于确定当事人是否已经按照合同约定的方式利用租赁物,因此,当事人应当在合同中明确约定租赁物的用途。例如,双方约定租赁汽车用于载人,则承租人不能将汽车用于载货。如果当事人明确约定将汽车用于短途运输,则承租人不能将汽车用来进行长途货运。

四是租赁物具有合法性。因为租赁物属于违章建筑,可能会危及他人的人身财产安全,甚至公共安全,所以,依据《城镇房屋租赁司法解释》第2条的规定,出租人就未取得建设工程规划许可证或者未按照建设工程规划许可证的规定建设的房屋,与承租人订立的租赁合同无效。但在一审法庭辩论终结前取得建设工程规划许可证或者经主管部门批准建设的,人民法院应当认定有效。因为一审辩论终结前,出租人取得了许可证或办理了批准手续的,可以消除合同无效的事由,从而使得合同有效。

(二)租金及其支付期限和方式

租金是指因承租人对出租人提供的租赁物进行使用、收益而支付的对价。支付租金是承租人的主要合同义务,取得约定租金也是出租人的主要合同目的,因此,租金条款是租赁合同的主要条款。租金的方式可以是多样化的,除了现金之外,其他的对价形式也在法律允许的范围之内。例如,双方约定,一方将车辆提供给另一方使用,但另一方必须每天负责接送其上下班,这种提供劳务的方式是一种对价,从广义上说也属于租赁合同的租金。在租赁合同中,当事人应当就租金的数额、支付方式、支付期限等作出明确约定,以免事后发生争议。

当事人可以在租赁合同中明确约定租金的支付方式,即是通过现金支付还是转账支付,是按月支付还是按年支付,是一次性支付还是分期支付,是预先支付还是事后支付,是以人民币支付还是以外汇方式支付,等等。同时,由于租赁合同本身具有长期性、继续性的特点,当事人往往采取分期支付租金的方式,因此支付租金的期限也是租赁合同的重要内容。

三、租赁期限

(一)租赁期限的概念

租赁期限是租赁合同所约定的当事人权利义务的存续期限。租赁期限不仅关系到租赁物的使用期限,还关系到租赁物的返还时间等。租期可以按照年、月、日计算,也可以按照周

---

① 参见胡康生主编:《中华人民共和国合同法释义》,法律出版社1999年版,第316页。

计算,甚至按小时计算。由于租赁期限也是租赁合同的重要条款,法律要求当事人尽量约定租赁期限,以确定租赁物的使用、返还等时间,同时,也能够确定租金的数额。

(二)租赁的最长期限

按照私法自治原则,当事人原则上可以自由约定租赁期限,但从《民法典》的规定来看,法律对租赁期限也设置了最长期限的限制。租赁的最长期限是指法律确定的租赁合同最长的存续期限。《民法典》第 705 条第 1 款规定:"租赁期限不得超过二十年。超过二十年的,超过部分无效。"因此,无论是动产还是不动产租赁,最长的期限是 20 年。该期限既不是诉讼时效,也非除斥期间,而是法定的租赁最长期限。法律之所以规定租赁期限不得超过 20 年,其原因在于:第一,租赁本身是对物的一种临时性的使用,对期限要有一定的限制,否则就在性质上和买卖混淆了。租赁期限可以是定期的,也可以是不定期的,但不能是永久的。因为永久的租赁将使所有人事实上丧失对物的占有、使用和处分权能,这就使租赁合同在性质上转化为了买卖合同。第二,租赁是一种合同,租赁权本质上是债权,而不是物权,债权本身都是有期限限制的,如果允许当事人创设长期甚至无期的租赁合同,则相当于将债权物权化、创设一种新的物权类型。而我国采取物权法定的原则,不允许当事人自行创设新的物权类型。第三,如果不对租赁合同设置最长期限限制,可能导致所有权的虚化。如果租赁期限可以超过 20 年,可能使租赁关系异化为买卖关系,会导致当事人以订立租赁合同为名,行买卖标的物之实。① 当然,租赁期限过短,也可能不利于保护一方当事人。因此,需要确定一个平衡点,兼顾双方的利益,法律规定租赁期限的最长期限为 20 年是较为合理的。从比较法上看,一些国家也采取了此种立场。

此外,在最长 20 年的租赁期限届满后,当事人可以续订合同。《民法典》第 705 条第 2 款规定:"租赁期限届满,当事人可以续订租赁合同;但是,约定的租赁期限自续订之日起不得超过二十年。"依据该条规定,在租赁期限届满后,当事人虽然可以续订租赁合同,但当事人所续订的租赁合同仍然应当受到 20 年最长期限的限制。也就是说,当事人续订合同的期限超过 20 年的,超过的部分无效。但当事人可以在 20 年的期限届满后,通过协商续订租赁合同。

四、租赁物的维修条款

租赁物的维修条款是指当事人在合同中约定应由哪一方具体负担租赁物的维修义务、维修费用等的条款。从《民法典》的相关规定来看,租赁物的维修义务应由出租人承担,但根据商业习惯和民间习俗,在一些租赁合同中,承租人也可能负有维修义务。例如,在我国许多地区,房屋租赁就存在"大修为主,小修为客"的说法,表明承租人也具有一定的维修义务。② 但是《民法典》允许当事人就租赁物的维修作出特别约定,以防止因租赁物的维修而产生各种纠纷。此时,关于维修义务究竟如何确定和分配,应当根据合同约定予以确定。

上述条款是合同应当约定的重要条款,其中有关租赁物和租金的条款属于合同的必备条款,缺少了这些条款,合同不能成立。除了上述条款外,当事人还可以就违约责任、争议解决方式等作出约定。

---

① 参见吴启宾:《租赁法论》,台湾五南图书出版公司 1998 年版,第 27 页。
② 参见黄薇主编:《中华人民共和国民法典合同编解读》(上册),中国法制出版社 2020 年版,第 246 页。

第三节 租赁合同的效力

一、出租人的义务

(一) 按照约定交付租赁物

《民法典》第 708 条规定:"出租人应当按照约定将租赁物交付承租人,并在租赁期限内保持租赁物符合约定的用途。"该条确立了出租人负有按照约定交付租赁物的义务,取得租赁物的占有权、使用权、收益权是承租人的主要订约目的,因为只有当出租人将租赁物交付给承租人,承租人才能够实现对租赁物的占有、使用和收益,从而实现合同目的。① 所谓按照约定交付租赁物,是指出租人不仅应当将其对租赁物的占有移转给承租人,不得以其他物替代租赁物,而且应当按照合同约定的名称、数量、交付方式、时间、地点等向承租人交付租赁物。此处所说的交付,应当从狭义上理解,即仅限于实际交付。如果出租人出租的租赁物违法,并因此导致租赁合同无效,双方当事人应当按照各自的过错大小承担责任。例如,在"海军航空兵海南办事处诉深圳市三九旅游酒店有限公司等房屋租赁合同纠纷上诉案"中,审理法院认为,"海航办事处违反国家和军队的有关规定,建设、出租京航大厦,应承担相应的责任,深圳三九公司和海南三九公司明知海航办事处违反国家规定无权出租,而盲目签约,亦应承担相应的责任"。②

出租人不得将同一租赁物分别出租给多人,否则将会导致承租人不能对租赁物实际占有、使用,性质上也构成违约行为,应当承担相应的违约责任。但是在一物数租的情况下,如何确定哪一个承租人可以获得租赁物的使用权? 依据《房屋租赁合同司法解释》第 5 条的规定,如果出租人就同一房屋订立数份租赁合同,在合同均有效的情况下,承租人均主张履行合同的,应当按照下列顺序确定履行合同的承租人:一是已经合法占有租赁房屋的。这就是说如果房屋已经交付给某一承租人,则该承租人可以继续占有使用该房屋。毕竟占有房屋,表明租赁合同已经得到实际履行,而且承租人在占有之后也会对房屋进行装饰装修,并实际入住,因此,应当放在第一顺位。二是已经办理登记备案手续的,即在数个承租人均未获得交付时,已经办理登记备案手续的承租人可以占有使用该房屋;登记备案虽然不是租赁合同的生效要件,不履行登记备案手续不影响合同的效力,但毕竟是当事人履行的一种公法义务。已办理登记备案手续的,相较于已经占有房屋的,其应当是次位的;而相较于未占有的,应当优先。③ 三是合同成立在先的。在数个承租人均未获得交付,也均未办理登记备案手续时,由租赁合同成立在先的承租人占有使用该房屋。但是不能取得租赁房屋的承租人有权请求解除合同,并要求出租人赔偿损失。

(二) 瑕疵担保义务

所谓瑕疵担保义务,是指出租人应当保证承租人享有使用租赁物的权利,以及租赁物的质量能够满足合同约定的租赁目的。④ 我国《民法典》并没有采纳以德国法为代表的瑕疵担

---

① See Kare Lilleholt et al., *Lease of Goods*, Oxford University Press 2008, p. 113.
② 《最高人民法院公报》2003 年第 4 期。
③ 参见最高人民法院民事审判第一庭编著:《最高人民法院关于审理城镇房屋租赁合同纠纷案件司法解释的理解与适用》,人民法院出版社 2009 年版,第 80 页。
④ 参见王利明主编:《民法》(第八版)(下册),中国人民大学出版社 2020 年版,第 246 页。

保责任,没有明确规定违反瑕疵担保义务而产生的瑕疵担保责任,但明确规定了瑕疵担保义务,并规定了当事人违反瑕疵担保义务的违约责任。① 瑕疵担保义务包括物的瑕疵担保义务和权利瑕疵担保义务两种。在租赁合同中,出租人也对承租人负担上述瑕疵担保义务:

1. 物的瑕疵担保义务

在租赁合同中,物的瑕疵担保主要是指要担保租赁物符合租赁的目的。具体而言:

第一,必须担保租赁物符合约定的用途。此种义务也被称为"适租保持义务",即保持租赁物处于适租状态,以达到合同订立的目的②。《民法典》第708条规定:"出租人应当按照约定将租赁物交付承租人,并在租赁期限内保持租赁物符合约定的用途。"该条规定出租人应当在租赁期间保持租赁物符合约定的用途,从而确立了出租人的物的瑕疵担保义务。具体来说,这种义务就是指出租人应当保证租赁物符合约定的用途。一方面,如果当事人约定了租赁物的特定用途,则租赁物应当符合约定的用途。例如,当事人在合同中约定由出租人提供长途运输的载货卡车的,则出租人所提供的载货卡车就应满足此用途。另一方面,如果当事人没有在合同中约定租赁物应当符合特定的用途,则出租人应当保证租赁物符合通常的用途。例如,如果租赁物是电冰箱,则其应当能够正常制冷,从而起到储藏食物的作用。再如,如果租赁物是汽车,则其应当能够正常行驶,否则就不符合其通常的用途。但是,此处所说的瑕疵须达到会导致标的物难以维持使用的程度,而对于不影响使用的物质性不足,不构成物的瑕疵。按照物的瑕疵担保义务的一般理论,如果承租人在订立合同时已经明知租赁物具有质量瑕疵,而仍然愿意承租,则出租人原则上就不再负担相应的瑕疵担保义务。③

第二,必须担保租赁物不具有危及他人生命健康的风险。天地间,人为贵,人之所贵,莫过于生。没有生命健康,其他人权都将化为乌有。在生命、健康与其他权利发生冲突时,其他的权利都要退居其次。生命健康权是第一位的人权,是最重要的民事权利,其他所有的权利在行使中与生命健康权发生冲突的,都应当保障生命健康权。据此,《民法典》第731条规定:"租赁物危及承租人的安全或者健康的,即使承租人订立合同时明知该租赁物质量不合格,承租人仍然可以随时解除合同。"该条确定了在租赁物的瑕疵危及承租人的安全或者健康时承租人享有的随时解除合同权。所谓"危及",是指存在现实的、紧迫的危险和威胁他人安全或者健康的风险。例如,出租的房屋因为长期没有维修,屋内装饰存在坠落的危险,在与承租人订立合同时,出租人已经明确告知。后来,发生了因屋内装饰坠落导致承租人受伤的事故,此时,不能因出租人事先已经告知而否认承租人的解除权。因此,承租人有权随时解除合同。

需要注意的是,物的瑕疵可能是由第三人的原因造成的。但是由于出租人瑕疵担保义务是一项持续的义务,此时出租人对于租赁物瑕疵给承租人造成的损失也应当承担赔偿责任。例如,在"上海克梦妮贸易有限公司与上海中金典当有限公司房屋租赁合同纠纷上诉案"中,法院认为:"租赁合同明确约定,克梦妮公司在租赁期内负有保证涉案房屋及附属设施处于正常可使用和安全状态的义务,地铁施工致使房屋损坏,造成中金公司的停业损失,应由出租人克梦妮公司承担责任。"④

---

① 参见谢鸿飞、朱广新主编:《民法典评注·合同编:典型合同与准合同2》,中国法制出版社2020年版,第278页。
② 参见王轶等:《中国民法典释评·合同编·典型合同》(下卷),中国人民大学出版社2020年版,第390页。
③ 参见史尚宽:《债法总论》,中国政法大学出版社2000年版,第171页。
④ 上海市第一中级人民法院(2009)沪一中民二(民)终字第1号民事判决书。

2. 权利瑕疵担保义务

权利瑕疵担保义务是指出租人应当保证在租赁期间,不会因第三人主张任何权利而影响承租人对租赁物的正常使用、收益。① 为此,《民法典》第 723 条作出了规定。法律规定出租人负担权利瑕疵担保义务的目的在于保障承租人对租赁物的占有、使用和收益,防止因第三人对租赁物主张权利而影响承租人权利的实现。关于出租人违反权利瑕疵担保义务的法律后果,《民法典》第 723 条第 1 款规定:"因第三人主张权利,致使承租人不能对租赁物使用、收益的,承租人可以请求减少租金或者不支付租金。"依据该条规定,在出租人违反权利瑕疵担保义务的情形下,其违约责任的成立需要具备如下条件:一是租赁物因存在权利瑕疵而致使第三人主张权利。例如,某个共有人未经其他共有人同意而擅自将共有物出租的,其他共有人有权主张权利。二是因第三人主张权利致使承租人不能对租赁物使用、收益。即便出现第三人主张权利的情况,但没有影响到承租人的使用、收益的,承租人也不能主张出租人承担违反权利瑕疵担保义务的违约责任。三是承租人对于瑕疵的存在不知情。如果承租人明知存在瑕疵,如明知出租人对租赁物没有处分权,仍然与之订立合同,则由其自己承担相应的后果。② 依据《民法典》第 723 条第 1 款,在出租人违反权利瑕疵担保义务,致使承租人不能对租赁物使用、收益时,承租人有权请求减少租金或者不支付租金,这实际上赋予了承租人减价请求权。

此外,《民法典》第 723 条第 2 款规定:"第三人主张权利的,承租人应当及时通知出租人。"据此,在第三人对租赁物主张权利时,承租人负有相应的通知义务。如果承租人没有及时履行通知义务致使产生权利瑕疵损害的,出租人对这些损害不再承担相应赔偿责任。

(三)维修义务

所谓维修,就是指在租赁期限内,租赁物出现了损坏,不能保持符合约定用途的状态时,对租赁物进行修缮使其恢复正常的使用功能。《民法典》第 712 条规定:"出租人应当履行租赁物的维修义务,但是当事人另有约定的除外。"因此,在合同没有对维修义务作特别约定的情形下,应当由出租人负维修义务,通过维修保证承租人能够正常使用租赁物。法律作出此种规定的原因在于:第一,在出租合同成立之后,租赁物仍然归出租人所有,出租人应当修缮租赁物,使其适合承租人使用。如果租赁物交付以后,承租人不能利用,则当事人的缔约目的就不能实现。第二,出租人有义务保持租赁物符合约定用途的状态。所谓保持租赁物符合约定用途的状态,是指出租人不仅负有交付的义务,而且应当在租赁期间保持租赁物符合约定的用途。第三,出租人的维修义务与出租人对租赁物的物的瑕疵担保义务之间存在直接关联,这也是出租人应当负有的主给付义务。因此,在租赁物出现质量问题,可能影响承租人的正常使用时,出租人应当及时维修。第四,出租人修缮租赁物也是一种权利,即出租人有权修缮租赁物,因为出租人修缮是为了保持租赁物的完好状态,因而在出租人对租赁物进行修缮时,承租人也有义务配合。③

依据《民法典》的相关规定,出租人履行维修义务应当具备如下条件:一是租赁物确有维修的必要且有维修的可能。所谓维修的必要,是指若不进行维修就无法保持租赁物符合合同约定和缔约目的所需要的使用、收益状态。当然,如果租赁物在遭受损害后客观上不能修

---

① 参见王利明主编:《民法》(第八版)(下册),中国人民大学出版社 2020 年版,第 247 页。
② 参见胡康生主编:《中华人民共和国合同法释义》,法律出版社 1999 年版,第 338 页。
③ 参见吴启宾:《租赁法论》,台湾五南图书出版公司 1998 年版,第 34 页。

复(如租赁物已经灭失),或者维修的代价过高,则没有必要进行维修。二是租赁物的毁损不能归责于承租人。在租赁期间内,对于非因承租人的原因造成的租赁物的毁损,出租人应当负有维修的义务。但如果是因为承租人的过错而造成租赁物的毁损(如承租人擅自装修,将墙壁凿穿),则其无权要求出租人承担维修义务。对此,《民法典》第713条第2款规定:"因承租人的过错致使租赁物需要维修的,出租人不承担前款规定的维修义务。"需要指出的是,在因承租人的过错造成租赁物毁损、灭失时,出租人不仅有权拒绝维修,其还可以请求承租人承担损害赔偿责任。三是出租人应当在合理期限内维修。《民法典》第713条第1款第1句规定:"承租人在租赁物需要维修时可以请求出租人在合理期限内维修。"依据该条规定,在租赁物需要维修时,出租人应当在合理期限内进行维修。法律之所以作出此种规定,主要是因为,维修的期限长短直接关系到承租人对租赁物的使用。此处所谓的"在合理期限内",应当根据物的损坏程度、承租人需要维修的紧急状态以及出租人的维修能力等因素综合考虑。

在具备上述条件的情形下,出租人应当及时维修租赁物。依据《民法典》第713条第1款的规定:第一,在租赁物具有维修的必要和可能时,出租人应当及时履行维修义务,如果出租人未及时履行维修义务,承租人有权请求出租人履行维修义务。因为出租人毕竟没有直接占有、使用租赁物,对租赁物需要维修的情形可能并不知情,因此一旦租赁物需要维修,就认定出租人应当立即维修,并不合理,也存在一定的困难。因此,该条规定承租人有权请求出租人在合理期限内履行维修租赁物的义务。据此,确定出租人未履行维修义务。通常应当首先由承租人提出请求,而出租人在合理的期限内仍然没有进行维修的,才构成该条所规定的"出租人未履行维修义务"的情形。① 第二,在"出租人未履行维修义务"的情形下,承租人可以自行维修,但维修费用应当由出租人负担。法律在该情形下赋予承租人自行维修的权利,主要是为了及时维修租赁物,以保障承租人对租赁物的使用和收益。但毕竟维修租赁物的义务是由出租人负担的,因此,承租人维修租赁物所产生的费用应当由出租人负担。② 第三,如果因为对租赁物进行维修而暂时影响承租人对租赁物的使用的,应当由出租人进行补偿。补偿的方式具体包括两种:一是相应减少租金。减少的程度应当与承租人不能使用租赁物的损失状况相适应。二是适当延长租期,出租人应当在延长的期限内免收租金。

当然,依据《民法典》第712条的规定,如果当事人对租赁物维修义务的负担另有约定的,则按照当事人的约定确定租赁物维修义务的负担。在租赁合同中,租赁物的维修义务较为复杂,法律规定在一般情形下由出租人负担维修义务,但考虑到出租人可能维修不便,或者降低租金等因素,当事人可从对租赁物的维修义务作出特别约定,如果有特别约定,应当尊重当事人的约定。

(四)费用返还义务

所谓费用返还,是指在租赁关系存续期间内,承租人已经支付了必要费用和有益费用的,出租人应当将该费用返还给承租人。具体而言,包括如下几点:

(1)必要费用的返还。所谓必要费用,是指为维持租赁物的正常使用状态而由承租人支出的费用,例如,机器零部件的更换、维修费等。这些本应由出租人承担而承租人已经支出的费用,都构成必要费用。关于必要费用的范围,通说认为,必要费用不仅指维持原状的

---

① 参见黄薇主编:《中华人民共和国民法典合同编解读》(下册),中国法制出版社2020年版,第765页。
② 参见王轶等:《中国民法典释评·合同编·典型合同》(上卷),中国人民大学出版社2020年版,第414页。

费用,也包括保持租赁物符合基本状态的费用。① 依据《民法典》第713条的规定,应当由出租人负责必要的维修。但在出租人未履行维修义务的情况下,由承租人自行维修、支付了维修费用的,则承租人有权向出租人主张必要费用的返还。因为出租人应当保持租赁物处于正常使用的状态,支付必要费用属于其合同义务,承租人支付了此种费用,自然应当允许其请求出租人返还。出租人不履行此项义务的,承租人可以相应地减少租金数额或者在租金中扣除。② 关于返还租赁物的费用负担问题,通常有约定要依约定,没有约定应该由承租人自己承担。

(2) 有益费用的返还。所谓有益费用,是指租赁物在客观价值上增加而支出的费用。《民法典》第715条第1款规定:"承租人经出租人同意,可以对租赁物进行改善或者增设他物。"依据这一规定,承租人在租赁期间,如果认为对租赁物有必要进行改善或增设他物,经出租人同意,承租人可以以自己的费用进行改善或增设他物,使得租赁物价值增加。对有益费用的判断,一是必须要征得出租人的同意。依据上述规定,只有在出租人同意的情况下,承租人才有权对租赁物进行改善、增设他物。如果未经出租人同意而对租赁物进行改善、增设,则不能构成有益费用,甚至可能构成对出租人所有权的侵害。该条规则也可以类推适用于借用合同。二是要依据客观标准来判断。如果一般人都认为此种行为增加了租赁物的价值,则该价值就属于有益费用,出租人应当返还相应的价款给承租人。通常认为,有益费用应当仅限于合同终止时租赁物增加的价值额,而不能以承租人实际支付的数额为准。③

二、承租人的义务

(一) 依照约定支付租金

租金是承租人按规定有偿使用租赁物所支付的对价,支付租金是承租人的主给付义务。《民法典》第721条第1句规定:"承租人应当按照约定的期限支付租金。"据此,承租人应当按照约定的金额与时间支付租金。支付的金额通常由合同约定。依据《民法典》第721条的规定,如果当事人没有在合同中约定租金支付期限或者约定不明确,应当按照如下规则处理:首先,当事人可以事后达成协议,无法达成协议的,可以考虑根据合同的相关条款或交易习惯确定。其次,租赁期限不满一年的,应当在租赁期限届满时支付。最后,租赁期限一年以上的,应当在每届满一年时支付,剩余期限不满一年的,应当在租赁期限届满时支付。例如,在2010年9月签订租赁房屋合同,租赁期限为3年,但是没有明确约定支付租金的期限,也无法通过《民法典》第510条的规定来确定,此时就应当在2011年9月、2012年9月和2013年9月分期支付租金。

承租人负有的支付租金的义务,要依据合法转租和非法转租而分别确定。所谓合法转租,是指承租人经出租人同意而将租赁物租给第三人。所谓违法转租,是指承租人未经出租人同意而擅自将租赁物租给第三人。这两种情形对租金的支付产生不同影响。

(1) 在合法转租的情形下,经出租人同意,承租人可以将租赁物转租给第三人,即次承租人。在承租人拖欠租金的情形下,《民法典》第719条第1款规定:"承租人拖欠租金的,次承租人可以代承租人支付其欠付的租金和违约金,但是转租合同对出租人不具有法律约束

---

① 参见郑玉波:《民法债编各论》(上册),台湾三民书局1986年版,第197页。
② 参见崔建远主编:《合同法》(第七版),法律出版社2021年版,第342页。
③ 参见魏耀荣等:《中华人民共和国合同法释论(分则)》,中国法制出版社2000年版,第219页。

力的除外。"据此,次承租人可以代承租人支付其欠付的租金和违约金。这实际上就是第三人代为履行规则在转租情形中的具体体现。依据《民法典》第524条,次承租人在此种情形下对于代为履行租金债务具有合法利益。一方面,在出租人同意承租人转租的情形下,转租合同已经合法有效,而如果仅仅因为承租人没有及时交付租金导致租赁合同被解除,并因此影响转租合同的效力,将不利于保护次承租人的利益。因此,也应当允许次承租人代承租人支付其欠付的租金和违约金。① 另一方面,毕竟租金合同和转租合同合法有效后,已经形成了两个合法有效的租赁关系,在承租人不支付租金的情形下,如果不允许次承租人代为支付租金,出租人依法解除租赁合同后,将消灭两个租赁合同关系,这将影响租赁物的有效利用,并因返还原物、恢复原状而造成财产的损失和浪费。《民法典》第719条的规定是与《民法典》第524条规定的第三人代为履行制度相衔接的,在第三人对债务履行具有合法利益时,第三人可不经过债务人同意代为清偿。② 但是,在次承租人承租面积明显小于承租人承租面积时,次承租人不能通过代为支付租金以排除出租人的解除权。例如,在"成华区壹碗面面馆、成华区友家川菜馆、成华区兰化拉面馆等第三人撤销之诉"案中,法院指出:"因次承租人的租赁面积小于交投公司与乾涵发公司签订的租赁合同约定的租赁面积,故次承租人事实上不可能代承租人支付欠付的租金和违约金。"③

在合法转租的情形,如果租赁合同被宣告无效或者解除,出租人作为租赁物的所有权人可直接依据物权请求权,请求次承租人返还租赁物。由于出租人是行使物权请求权,所以,可以直接请求次承租人返还。但是,如果次承租人逾期腾房,已构成无权占有的,在无权占有期限内,次承租人对房屋的占有、使用构成不当得利,根据《房屋租赁司法解释》第13条的规定,"房屋租赁合同无效、履行期限届满或者解除,出租人请求负有腾房义务的次承租人支付逾期腾房占有使用费的,人民法院应予支持"。这就明确了次承租人负有支付房屋占有使用费的义务。通过此种返还,使双方利益平衡,维护了出租人的合法权益。

(2) 在非法转租的情形下,因为次承租人对于租金债务的履行不具有《民法典》第524条所规定的合法利益,所以次承租人此时并不能通过第三人代为履行制度来产生法定债权移转的效果。次承租人代承租人支付欠付租金和违约金的规则仅适用于合法的转租,即承租人的转租行为已经取得了出租人的同意,如果承租人非法转租,则在次承租人代为支付欠付租金和违约金时,出租人有权予以拒绝。

关于次承租人代为清偿的法律效果,《民法典》第719条第2款规定:"次承租人代为支付的租金和违约金,可以充抵次承租人应当向承租人支付的租金;超出其应付的租金数额的,可以向承租人追偿。"依据这一规定,一方面,次承租人清偿的效果为法定债权移转。也就是说,次承租人代为支付的租金和违约金可以充抵次承租人应当向承租人支付的租金。此处所说的欠付的租金是指承租人未按照约定向出租人支付的租金,对于承租人已经支付的部分租金,则应当允许扣除。此处所说的违约金,主要是指承租人因为拖欠租金而产生的违约金。另一方面,如果次承租人代为履行的租金数额超出其应向承租人支付的租金数额,可以向承租人追偿,按照第三人代为履行的规则,此时次承租人已经是承租人的债权人,其本身就有权要求承租人向其履行返还租金义务。④

---

① 参见黄薇主编:《中华人民共和国民法典合同编解读》(下册),中国法制出版社2020年版,第825页。
② 参见王轶等:《中国民法典释评·合同编·典型合同》(上卷),中国人民大学出版社2020年版,第443—444页。
③ 四川省高级人民法院(2019)川民终338号民事判决书。
④ 参见王轶等:《中国民法典释评·合同编·典型合同》(上卷),中国人民大学出版社2020年版,第445页。

第七章 租赁合同

需要讨论的是,在租赁合同被宣告无效以后,出租人无权请求承租人支付租金,但是,在合同被宣告无效后,出租人返还了租金或者承租人已经使用房屋又没有交付租金的,承租人是否要给予出租人补偿?依据《房屋租赁司法解释》第4条第1款的规定,"房屋租赁合同无效,当事人请求参照合同约定的租金标准支付房屋占有使用费的,人民法院一般应予支持"。也就是说,承租人占有使用房屋构成了不当得利,本条明确了承租人不当得利返还的标准。因此,在租赁合同无效的情况下,承租人支付的占有使用费应等同于合同约定的同栏时间段所应支付的租金。

（二）合理使用租赁物

在租赁期间内,承租人只对租赁物享有使用权,而不享有所有权,但是,此种使用也并非无限制的任意使用。因为承租人使用租赁物时,使用的范围非常宽泛,使用的方式也多种多样;对于同一财产的使用,不同的承租人有不同的目的;为此,有关使用的方法必须要由当事人之间的协议、租赁的目的以及相关默认规则来确定。[1] 就租赁物的使用而言,承租人应按照约定的方法使用,这也是承租人所负有的基本义务。为此,《民法典》第709条特别规定:"承租人应当按照约定的方法使用租赁物。对租赁物的使用方法没有约定或者约定不明确,依据本法第五百一十条的规定仍不能确定的,应当根据租赁物的性质使用。"依据这一规定,首先,承租人应当依据约定使用租赁物,即承租人应当依据当事人之间的协议、租赁目的等确定的使用方法进行使用。[2] 例如,当事人在租赁合同中约定租赁的房屋只能用于生活居住,而不能用于商业经营,但是承租人违反了租赁合同的约定,将房屋用于开饭店,进行商业化经营,则构成违约。使用方法的约定不仅包括如何使用租赁物,还包括对利用租赁物的方式和手段等作出明确的限制。例如,双方约定不得将租赁的客车用于货运用途,不得将租赁的房屋用于其他经营活动等。其次,如果当事人对租赁物的使用方法没有约定或约定不明确,当事人可以依据《民法典》第510条的规定协议补充。如果不能达成补充协议的,按照合同相关条款或者交易习惯确定。最后,如果当事人按照前述方法仍然无法确定租赁物使用方法的,则承租人应当根据租赁物的性质进行使用。例如,租赁几台大型模具机器设备,承租人应当在室内使用,而不能将其放置于室外日晒雨淋,从而加速其折损。

租赁物虽然是不可消耗物,但其也有合理损耗的问题,承租人只要按照约定的方法使用租赁物,本质上是正当行使租赁权的行为,应当受到法律保护。《民法典》第710条规定:"承租人按照约定的方法或者根据租赁物的性质使用租赁物,致使租赁物受到损耗的,不承担赔偿责任。"这就是说,按照约定的方法或者租赁物的性质使用租赁物,即使租赁物发生损耗,也被认为是一种自然的损耗,在当事人没有特别约定的情形下,出租人不能因为租赁物的正常损耗而请求承租人承担损害赔偿责任。例如,在设备租赁合同中,设备在使用过程中会发生正常的折旧、价值贬损等现象,只要承租人是合理使用的,其就不需要承担损害赔偿责任。任何财产都会折旧,承租人按照约定的方法或者租赁物的性质使用租赁物,表明其是依据合同进行的合理使用。因为承租人已经支付租金,这实际上是其合理使用租赁物的对价,也就不必再为租赁物的合理损耗承担赔偿责任。[3]

《民法典》第720条规定:"在租赁期限内因占有、使用租赁物获得的收益,归承租人所

---

[1] See Kare Lilleholt et al. , *Lease of Goods*, Oxford University Press 2008, p. 108.
[2] Ibid.
[3] 参见黄薇主编:《中华人民共和国民法典合同编解读》（下册）,中国法制出版社2020年版,第757页。

有,但是当事人另有约定的除外。"依据这一规定,在租赁期限内因为占有、使用租赁物而获得的收益,原则上归承租人所有,法律作出此种规定的主要原因在于,承租人之所以与出租人订立租赁合同,就是为了取得租赁物的占有和使用权,并据此取得相关的收益,因此,将该收益归属于承租人,符合当事人订立合同的目的。通常而言,因占有、使用租赁物而获得的收益主要包括两类:一类是占有租赁物而产生的收益,另一类是使用租赁物而产生的收益。① 在租赁期限内,承租人因占有、使用租赁物而产生的收益,本身属于承租人对租赁物的收益权的体现,而且承租人已经支付合理对价。当然,从该条规定来看,如果当事人明确规定该收益归属于出租人,则应当尊重当事人的私法自治,承认该约定的效力。

针对承租人不合理使用租赁物的情形,《民法典》第711条规定:"承租人未按照约定的方法或者未根据租赁物的性质使用租赁物,致使租赁物受到损失的,出租人可以解除合同并请求赔偿损失。"该条实际上规定了承租人不合理使用租赁物的两种情形:

一是承租人未按照约定的方法使用租赁物。未按照约定的方法使用租赁物既包括未按照合同明确约定的租赁物使用方法的情形,也包括当事人虽然没有明确约定租赁物的使用方法,但可以依据《民法典》第510条规定确定租赁物的使用方法,而当事人未按照此方法的情形。在承租人未按照约定方法使用租赁物时,将给租赁物造成损失,而非租赁物的自然损耗,此时承租人的行为构成违约。

二是承租人未根据租赁物的性质使用租赁物。所谓根据租赁物的性质,实际上就是根据租赁物的通常用途使用租赁物。例如,将客运的小轿车用于拉货,实际上就不是按照租赁物通常的用途使用租赁物。承租人未按照约定使用租赁物,既包括承租人自己未按照约定使用租赁物,也包括与承租人共同生活的人或者生产经营的人未按照约定使用租赁物。② 据此,在承租人不合理使用租赁物的情况下,致使租赁物受到损害的,出租人有权解除合同,并请求承租人赔偿损失。

(三)妥善保管租赁物

出租人将租赁物交付给承租人,承租人应当妥善保管租赁物。《民法典》第714条规定:"承租人应当妥善保管租赁物,因保管不善造成租赁物毁损、灭失的,应当承担赔偿责任。"这就确立了承租人的妥善保管租赁物的义务,并构成承租人所应当负担的基本义务。由于承租人是为了利用租赁物并借此获取利益而管领控制他人之物,因而承租人应当对租赁物尽到妥善保管的义务,即善良管理人的注意义务,此种义务在程度上要高于承租人对自己的物应负的注意义务。所谓善良管理人的注意义务,即必须采取一个理性的善良的主体在处于相同地位与情境时会采取的保管方法或保管方式。③ 此种妥善保管义务应当包括如下几项:一是按照租赁物的性质采取妥当的方法保管租赁物。例如,租赁他人的汽车,应当在停车场停放,不应长期停放在路边。二是要对租赁物进行正常的维护、保养。虽然对租赁物的维修义务主要由出租人负担,但在正常使用过程中,承租人也有必要对租赁物进行必要的维修和保养,以防止租赁物不当毁损、灭失。例如,租赁的汽车应当定期进行检查和保养。三是及时通知出租人维修的义务。租赁物不能正常使用的,承租人应当及时通知出租人维修,而不能长期搁置已经损坏的租赁物,造成更大的损失。

---

① 参见黄薇主编:《中华人民共和国民法典合同编解读》(下册),中国法制出版社2020年版,第827页。
② 同上书,第760页。
③ 参见史尚宽:《债法总论》,中国政法大学出版社2000年版,第191页。

如果承租人没有尽到这种善良管理人的注意义务,则构成违约,需要承担义务违反的损害赔偿责任。依据《民法典》第714条的规定,在租赁物毁损、灭失的情况下,不能一概课以承租人赔偿义务,而应当进一步确定造成毁损灭失的原因,只有租赁物损失是因承租人未尽到善良管理人的注意义务而产生时,承租人才应负损害赔偿责任。

（四）不得擅自改善或增设他物

承租人在使用租赁物的过程中,应当保持租赁物的良好状态,从而正常利用租赁物,实现其订立合同的目的。如果承租人擅自改善或者增设他物,可能造成租赁物的损害,已经超出了租赁物合理使用的范围,应当属于违约行为。对此,《民法典》第715条规定:"承租人经出租人同意,可以对租赁物进行改善或者增设他物。承租人未经出租人同意,对租赁物进行改善或者增设他物的,出租人可以请求承租人恢复原状或者赔偿损失。"所谓改善,是指并不改变租赁物的外观,但对其性能进行改良。例如,承租人擅自改变租赁的房屋结构。所谓增设他物,是指在租赁物之上又添加其他的物。① 例如,承租人擅自在租赁的房屋上加盖顶层。对租赁物进行改善或者增设他物要取得出租人的同意。该条规定包括如下内容:

第一,承租人必须经出租人同意才能对租赁物进行改善或者增设他物。依据《民法典》第715条的规定,在经出租人同意的情形下,承租人可以对租赁物进行改善或者增设他物。只要经过出租人的同意进行装饰装修,在租期届满或合同解除后,就应当依据添附的规则判断装饰物等是否构成了附合,如果没有构成附合,则可以由承租人予以拆除;如果构成附合,则依据添附规则处理。承租人在经出租人同意后对租赁物进行改善或者增设他物的,依据《房屋租赁合同司法解释》第9条,在当事人没有约定的情况下,且租赁合同已经解除时,应当按照如下规则处理:一是因出租人违约导致合同解除,承租人有权请求出租人赔偿剩余租赁期内装饰装修残值损失。二是因承租人违约导致合同解除,承租人无权请求出租人赔偿剩余租赁期内装饰装修残值损失。但出租人同意利用的,应在利用价值范围内予以适当补偿。三是因双方违约导致合同解除,剩余租赁期内的装饰装修残值损失,由双方根据各自的过错承担相应的责任。四是因不可归责于双方的事由导致合同解除的,剩余租赁期内的装饰装修残值损失,由双方按照公平原则分担。法律另有规定的,适用其规定。

第二,未经出租人同意,承租人不得擅自对租赁物进行改善或者增设他物。《房屋租赁合同司法解释》第11条规定:"承租人未经出租人同意装饰装修或者扩建发生的费用,由承租人负担。出租人请求承租人恢复原状或者赔偿损失的,人民法院应予支持。"依据该条规定,只有经出租人同意,承租人才能对租赁物进行改善或者增设他物,因为在租赁关系中,承租人对租赁物并不享有处分权,其并非租赁物所有权人,所以对租赁物进行改善或增设他物的行为必须经过出租人同意,如果未经出租人同意擅自进行改善或增设他物,本身构成对出租人物权的侵犯,同时也构成违约,出租人可以要求承租人恢复原状。

第三,承租人在未经出租人同意的情况下,擅自对租赁物进行改善或者增设他物的,本身属于违背出租人意志而对租赁物进行性能改良或添附的情形,该行为已构成对租赁物的损害,在此情形下,因装饰装修或者扩建产生的费用,由承租人负担。② 依据前述《房屋租赁合同司法解释》第11条的规定,承租人此时不能要求出租人返还其所支付的费用,而出租人

---

① 参见黄薇主编:《中华人民共和国民法典合同编解读》(下册),中国法制出版社2020年版,第818页。
② 参见《房屋租赁合同司法解释》第11条。

则有权请求承租人承担违约责任。① 此外,依据《房屋租赁合同司法解释》第 6 条的规定,"承租人擅自变动房屋建筑主体和承重结构或者扩建,在出租人要求的合理期限内仍不予恢复原状,出租人请求解除合同并要求赔偿损失的,人民法院依照民法典第七百一十一条的规定处理"。因为未经出租人同意,擅自变动房屋建筑主体和承重结构或者扩建,不仅给出租人造成重大财产损害,而且构成对租赁合同的严重违反,构成根本违约②,符合《民法典》第 711 条的合同解除条件。

(五)不得擅自转租

《民法典》第 716 条第 1 款规定:"承租人经出租人同意,可以将租赁物转租给第三人。承租人转租的,承租人与出租人之间的租赁合同继续有效;第三人造成租赁物损失的,承租人应当赔偿损失。"依据该条规定,在租赁关系存续期间内,承租人负有不得擅自转租的义务。从法律上看,转租包括两种情况:

(1)经出租人同意的转租。依据《民法典》第 716 条第 1 款的规定,转租应当经出租人同意,这主要是因为:一方面,租赁合同是在出租人与承租人之间签订的,当事人之间存在一定的人身信赖关系,出租人对第三人并不了解,如果承租人擅自转租,会破坏当事人之间的人身信赖关系,也不符合出租人的意愿。另一方面,承租人擅自转租的,也可能增加租赁物毁损、灭失的风险。还应当看到,允许房屋等租赁物转租,还可能造成租赁市场中层层牟取暴利的后果,导致租赁价格上涨,影响租赁市场正常的秩序。因此,我国《民法典》要求转租必须经过出租人同意,这也符合租赁合同的性质和特点。③

转租的许可可以采取明示方式,也可以采取默示方式。依据《民法典》第 718 条,"出租人知道或者应当知道承租人转租,但是在六个月内未提出异议的,视为出租人同意转租"。也就是说,如果承租人已经知道或应当知道承租人转租,其有权提出异议,但如果其在 6 个月内未提出异议的,则可以认定出租人以沉默的方式作出了同意的意思表示。因为如果出租人知道或应当知道转租事实却长久地没有作出任何肯定或否定的意思表示,将导致转租行为的效力始终处于不确定的状态,不利于相关财产秩序的维护。因此,《民法典》规定,在此情形下,视为出租人同意转租,所谓"视为",是指法律上拟制出租人以沉默的方式作出了同意。这是一项法律关于沉默的意思表示的特殊规定。④

出租人同意转租产生如下效果:第一,转租合法有效。出租人同意转租,是指在租赁合同中,出租人允许承租人转租,或者合同中虽然没有约定转租事项,但是转租后取得了出租人的同意。第二,形成两个租赁关系。经出租人同意的转租,并不导致原租赁法律关系发生实际的变动。在此情形下,实际上存在两个租赁合同关系,即出租人与承租人之间的租赁合同关系以及承租人与次承租人之间的租赁合同关系。不过,虽然存在两个有效的法律关系,但基于债的相对性,如果第三人对租赁物造成任何损失,都应视为承租人对租赁物造成的损失,因为出租人只受到其与承租人的合同关系的拘束。⑤ 这就是说,承租人和出租人的原有法律地位不变,出租人只与承租人之间存在合同关系,与次承租人之间不存在合同关系。第

---

① 参见黄薇主编:《中华人民共和国民法典合同编解读》(下册),中国法制出版社 2020 年版,第 818 页。
② 参见最高人民法院民事审判第一庭编著:《最高人民法院关于审理城镇房屋租赁合同纠纷案件司法解释的理解与适用》,人民法院出版社 2009 年版,第 98 页。
③ 参见黄薇主编:《中华人民共和国民法典合同编解读》(下册),中国法制出版社 2020 年版,第 769 页。
④ 同上书,第 823 页。
⑤ 参见王轶等:《中国民法典释评·合同编·典型合同》(上、下卷),中国人民大学出版社 2020 年版,第 433 页。

三,转租期限不得超过承租人的剩余租赁期限。在法律上,任何人所移转的权利都不得超出其所享有的权利的范围。法谚云:"一方不得把自己不享有的权利转给他人。"在转租的情形下也是如此,比如说,如果承租人仅仅享有剩余 10 年的承租权,则其不得与他人订立超出 10 年的租赁合同。《民法典》第 717 条规定:"承租人经出租人同意将租赁物转租给第三人,转租期限超过承租人剩余租赁期限的,超过部分的约定对出租人不具有法律约束力,但是出租人与承租人另有约定的除外。"依据这一规定,如果是经过出租人同意的转租,则承租人应当在租赁期限内确定转租期限,转租的期限不得超过租赁合同剩余的期限。如果转租的期限超出租赁合同的期限,超出部分的转租期限的约定对出租人不具有法律约束力,但在承租人与第三人之间仍然有效。该条规定主要是为了保护出租人的利益,也是合同相对性原理的体现。如果转租期限超出租赁合同剩余的期限,则超出的部分对出租人不产生效力[1],在租赁合同期限届满后,出租人仍有权请求次承租人返还租赁物,如因此导致承租人无法履行转租合同的,次承租人有权依法请求承租人承担违约责任。当然,出租人和承租人之间也可以特别约定,转租合同的期限可以超出租赁合同的期限,此时,超出租赁合同剩余期限的部分对出租人也应当具有约束力。[2]

(2)未经出租人同意的转租。承租人未经出租人的同意而擅自将租赁物转租给他人的,构成无权处分。虽然承租人擅自转让的只是占有权、使用权,并非转让他人的财产所有权,但承租人擅自将其占有权、使用权转让他人,也属于非法处分他人财产所有权权能的行为。虽然依照《民法典》合同编关于无权处分的规定,无权处分不影响合同的效力[3],但是擅自转租毕竟破坏了承租人与出租人之间的信任关系,且增加了租赁物到期后承租人返还的困难,并可能增加租赁物毁损、灭失的风险。在承租人擅自转租的情形下,《民法典》第 716 条第 2 款特别赋予了出租人解除合同的权利,以对其权利提供保护。依据《民法典》第 716 条第 1 款,转租合同并非当然无效,从该条规定来看,未经出租人同意的转租,构成违约,出租人可以享有解除权,这已经足以保护出租人的权益。

(六)返还租赁物

当租赁合同终止时,承租人应及时将租赁物返还给出租人。这既是出租人享有的所有权效力的体现,也是承租人依据租赁合同所应当负有的义务。《民法典》第 733 条第 1 句规定:"租赁期限届满,承租人应当返还租赁物。"如果逾期交还,造成出租人损失的,承租人应承担损害赔偿责任。在租赁期限届满之后,因租赁关系不复存在,承租人应当向出租人返还租赁物,而无权继续占有、使用租赁物,否则构成无权占有。在无权占有的情况下,出租人有权基于物权请求权或侵权请求权要求承租人返还租赁物。在无权占有期间,承租人基于租赁物而获得的收益,构成不当得利,应当返还给出租人。

租赁物通常是有体物、非消费物,租赁合同终止时,租赁物依然存在,承租人应及时将租赁物返还出租人。《民法典》第 733 条第 2 句规定:"返还的租赁物应当符合按照约定或者根据租赁物的性质使用后的状态。"这就是说,返还时应当根据两种标准确定返还状态:一是符合约定使用后的状态。这就是说,按合同约定使用至返还时是什么状态,就应当按照什么状态返还。二是符合根据租赁物的性质使用后的状态。例如,承租人不得擅自对租赁物进行

---

[1] 参见谢鸿飞、朱广新主编:《民法典评注·合同编:典型合同与准合同 2》,中国法制出版社 2020 年版,第 236 页。
[2] 参见王轶等:《中国民法典释评·合同编·典型合同》(上卷),中国人民大学出版社 2020 年版,第 433 页。
[3] 同上书,第 436 页。

改善或者增设他物,否则,应当恢复原状。①

第四节 优先购买权和优先承租权

一、房屋承租人的优先购买权

优先购买权又称为"先买权",它是特定的民事主体依照法律规定享有的以同等条件优先于他人购买某项特定财产的权利。《民法典》第 726 条第 1 款规定:"出租人出卖租赁房屋的,应当在出卖之前的合理期限内通知承租人,承租人享有以同等条件优先购买的权利;但是,房屋按份共有人行使优先购买权或者出租人将房屋出卖给近亲属的除外。"这就确立了房屋租赁合同中承租人的优先购买权。

承租人优先购买权的特点在于:

第一,具有法定性。在房屋租赁关系中,承租人优先购买权是一种法定的权利,它是法律、行政法规创设的一项财产请求权,也是法律对出卖人所附加的义务,法律关于优先购买权的规定可以自动地成为租赁关系的组成部分。

第二,依附于租赁权。一方面,优先购买权是一项债权,而非物权。另一方面,优先购买权是基于房屋租赁合同产生的,并依附于租赁合同中的租赁权,如果租赁合同被解除、无效或被撤销,则承租人的优先购买权也将不复存在。② 承租人优先购买权不能独立于租赁合同而单独转让,不能分别由不同的主体享有合同债权与优先购买权。因此,此种优先购买权可以看作是租赁权物权效力的体现。

第三,以同等条件为权利行使前提。承租人的优先购买权是指在同等条件下权利人所享有的优先于第三人购买承租房屋的权利。所谓优先购买,顾名思义,是指在同等条件下,权利人享有优先于第三人购买的权利。此种优先是在与第三人所享有权利的对比中体现出来的。因此,承租人必须在同等条件下才能享有优先购买权。对于同等条件,应当考虑多种因素特别是价格因素,也应考虑承租人能够购买的面积、数量等,依据诚信原则行使优先购买权。

第四,具有一定的对抗第三人的效力。承租人的优先购买权并不是物权,并不一概具有对抗第三人的效力,但其又具有一定的对抗第三人的效力,其主要表现在,如果第三人在妨害承租人行使优先购买权的情况下购买标的物,优先购买权人有权要求出卖人与自己订立合同,并将标的物出卖给自己。

关于优先购买权究竟是形成权,还是请求权,学界存在不同的看法。一是形成权说,此种观点认为,承租人将行使优先购买权的意思通知出租人,不需要出租人表示同意,就可以与其成立房屋买卖合同。③ 这在效果上类似于强制缔约。二是请求权说,此种观点认为,承租人行使优先购买权必须要向出租人提出请求,要求解除其与第三人的合同,并同意与承租人订立房屋买卖合同。④ 也有观点认为优先购买权是附强制缔约的请求权说。⑤ 两种观点

---

① 参见黄薇主编:《中华人民共和国民法典合同编解读》(下册),中国法制出版社 2020 年版,第 800 页。
② 参见杨立新主编:《最高人民法院审理城镇房屋租赁合同纠纷案件司法解释理解与运用》,中国法制出版社 2009 年版,第 149 页。
③ 参见常鹏翱:《论优先购买权的法律效力》,载《中外法学》2014 年第 2 期。
④ 参见易军、宁红丽:《合同法分则制度研究》,人民法院出版社 2003 年版,第 198 页。
⑤ 最高人民法院民事审判一庭编著:《最高人民法院关于审理城镇房屋租赁合同纠纷案件司法解释的理解与适用》,人民法院出版社 2009 年版,第 286—287 页。

都不无道理。笔者赞成请求权说,因为一方面,优先购买权在本质上仍然是请求权,因为承租人基于优先购买权所享有的对抗第三人的利益是有限的,其毕竟不是物权,不能直接产生对抗第三人的效力。另一方面,形成权说实际上意味着一旦行使优先购买权,当事人就需要强制缔约。从《民法典》第728条的规定来看,侵害承租人优先购买权只是要承担赔偿责任。该条规定尤其明确地指出,即便出租人侵害了承租人的优先购买权,出租人与第三人订立的房屋买卖合同的效力也不受影响。由此表明,优先购买权并不能产生强制缔约的效果。

二、优先购买权的行使

（一）主体适格

优先购买权的主体应当是承租人,承租人必须基于合法有效的租赁合同,才能享有优先购买权。除承租人之外,在合法转租的情形下,次承租人也应享有优先购买权。

《民法典》第726条第1款规定:"出租人出卖租赁房屋的,应当在出卖之前的合理期限内通知承租人,承租人享有以同等条件优先购买的权利;但是,房屋按份共有人行使优先购买权或者出租人将房屋出卖给近亲属的除外。"依据这一规定,在如下两种情形下,承租人不能行使优先购买权:

一是买受人为租赁房屋的按份共有人。如果已经出租的房屋在出售时,房屋共有人行使优先购买权,则共有人的优先购买权应当优先于承租人的优先购买权。因为一方面,按份共有人的优先购买权是基于物权产生的,而承租人的优先购买权是基于债权产生的,因此按份共有人的优先购买权应当优先于承租人的优先购买权。即使租赁权已经物权化,但就其效力而言,与纯粹的物权相比仍然是受限制的。也就是说,租赁权本质上仍然是合同关系,而共有权属于物权关系,按照物权优先于债权的原理,在租赁权与共有权发生冲突的情况下,应当使共有权优先于租赁权。另一方面,从时间上看,共有关系发生在先,租赁关系发生在后,即便租赁权物权化以后,发生在先的物权也应该优先于发生在后的物权。此外,法律设定承租人的优先购买权,目的在于使承租人取得租赁物所有权并继续保持其对该物的占有、利用。如果共有人优先购买权与承租人优先购买权发生冲突,规定共有人的权利优先,有利于稳定财产关系。当然,通常而言,两种优先购买权并不会存在权利冲突,因为各自行使的权利客体是不同的,按份共有人的优先购买权针对的是共有份额,而承租人的优先购买权所针对的是租赁物的整体的所有权,两者之间存在显著区别。

二是买受人为出租人的近亲属。如果房屋买卖在近亲属之间进行,当事人之间签订了买卖合同,而且约定了一定的价款,但考虑到双方当事人亲属关系的存在,这种交易并非市场经济条件下通常的交易,而是具有浓厚的人身色彩[①],合同中约定的价格通常并非市场价格,往往是所谓的"半卖半送"。因此,如果允许承租人行使优先购买权,以同等价格优先购买房屋,显然对出租人和买受人都是极不公平的,也不利于近亲属之间相互扶养、协助。

（二）仅适用于租赁的房屋因买卖而发生物权变动的情形

优先购买权,顾名思义是因租赁房屋的买卖而产生的一种权利。因此,一方面,承租人优先购买权仅适用于房屋租赁的情形,如果是其他的租赁关系,则即便出租人将租赁物转让,承租人也不享有优先购买权。另一方面,此种权利仅适用于租赁的房屋因买卖发生物权

---

① 参见最高人民法院民事审判第一庭编著:《最高人民法院关于审理城镇房屋租赁合同纠纷案件司法解释的理解与适用》,人民法院出版社2009年版,第322页。

变动的情形。如果是因赠与、出资、房屋被征收或者基于生效的法律文书等发生物权变动，则承租人并不享有优先购买权。

此处所说的因买卖而发生物权变动，也包括租赁房屋因拍卖而发生物权变动的情形。对此，《民法典》第727条规定："出租人委托拍卖人拍卖租赁房屋的，应当在拍卖五日前通知承租人。承租人未参加拍卖的，视为放弃优先购买权。"依据这一规定，如果出租人采用拍卖的方式出售房屋，承租人也同样享有优先购买权，这是因为，承租人优先购买权是在同等条件下行使的，而拍卖时也恰恰是要等待最高的竞买者确定价格条件，此时，承租人也有权在同等条件下主张优先购买，可见，拍卖方式与承租人优先购买权的行使并不冲突。① 当然，在拍卖的情形下，出租人应当在拍卖5日前通知承租人，承租人也不需要向出租人表示是否购买，而只需要参加拍卖即可，在拍卖过程中，承租人同样可以主张在同等条件下优先购买该房屋。但如果通知后承租人未参加拍卖，则视为其已经放弃了优先购买权。

《城镇房屋租赁司法解释》第15条规定："出租人与抵押权人协议折价、变卖租赁房屋偿还债务，应当在合理期限内通知承租人。承租人请求以同等条件优先购买房屋的，人民法院应予支持。"该条就房屋被抵押情况下，出租人转让房屋时承租人的优先购买权作出了具体规定。在抵押权实现时，其可以采取协议折价或者变卖的形式，但它们都是买卖的具体形式，都应当参照市场价格实现抵押物的交换价值。既然折价变卖属于出租人出售房屋的行为，因此，出租人应当通知承租人，使承租人享有同等条件下的优先购买权。②

（三）必须明确表示购买

依据《民法典》第726条，承租人在行使优先购买权时，必须"明确表示购买"，即承租人应当明确向出租人表示愿意以同等条件购买租赁房屋。至于承租人作出表示的方式，该条并没有作出限定，书面形式或者口头形式均可。例如，在"郭海军诉五常市拉林镇镇兴村村民委员会优先购买权纠纷案"中，法院认为："村委会无力维修出租危房，征得郭海军同意后善意出售，其行为并无不当，原、被告议定价格3万元，但原告自愿放弃购买，被告另行出卖他人应当允许，在产权移转时，原告在场并未提出购买的意思表示，即放弃了优先购买的权利。"③《民法典》第726条第2款规定："出租人履行通知义务后，承租人在十五日内未明确表示购买的，视为承租人放弃优先购买权。"由此可见，如果承租人在15日内没有明确表示购买，就可以认定为其已放弃了优先购买权。这也是基于维护交易秩序和交易安全的考虑所作出的规定。④

（四）必须在同等条件下行使

优先购买权的行使前提是承租人与其他买受人提出同等条件。同等条件是对优先购买权人行使先买权的基本要求。此种限制尊重了出卖人的所有权，不至于因优先购买权的行使使其利益遭受损失。如何理解此处所说的"同等条件"？笔者认为，一是同等条件主要指的是价格条件，也就是说，先买权人支付的价格应当与其他买受人支付的价格条件相同，或者高于其他买受人支付的价格。二是同等条件还应当适当考虑租赁物使用方式或用途、环

---

① 参见最高人民法院民法典贯彻实施工作领导小组主编：《中华人民共和国民法典合同编理解与适用》（三），人民法院出版社2020年版，第1563页。
② 参见最高人民法院民事审判第一庭编著：《最高人民法院关于审理城镇房屋租赁合同纠纷案件司法解释的理解与适用》，人民法院出版社2009年版，第299页。
③ 参见房绍坤、王莉萍主编：《房地产法典型判例研究》，人民法院出版社2003年版，第109页。
④ 参见黄薇主编：《中华人民共和国民法典合同编解读》（下册），中国法制出版社2020年版，第789页。

境因素、品牌效应、无形资产的增值以及其他可能影响出租人经济利益的因素。三是同等条件应当适当考虑支付方式。例如,即便承租人愿意支付的价金高于第三人,但如果承租人主张分期支付价款,则也不得主张其构成同等条件。

当然,就价格而言,同等条件的确定也应当考虑由出卖人事先确定一个房屋价格的幅度,因为出卖人与第三人之间就转让事宜特别是价格问题可能会进行反复的协商,经过艰苦的讨价还价,再支付一定的交易费用,此时,一概允许承租人按照当事人达成的交易价格行使优先购买权,可能不利于保护交易相对人的利益。在审判实践中,对于拍卖中同等条件的确定,往往采取两种方式:一是跟价法。它是指由法院通知优先购买权人直接参与竞买,优先购买权人和竞买人一起竞价,实行价高者得。二是询价法。它是指由法院通知优先购买权人到拍卖现场,但不直接参与竞价,待经过竞价产生最高竞价者后,由拍卖师询问优先购买权人是否愿意购买。如果其不愿意购买,则拍卖标的由最高应价者购得。如果其愿意购买,则拍卖师询问最高应价者是否愿意再加价。①

(五)应当在合理期限内行使

1. 出租人负有通知义务

《民法典》第 726 条第 1 款规定:"出租人出卖租赁房屋的,应当在出卖之前的合理期限内通知承租人,承租人享有以同等条件优先购买的权利;但是,房屋按份共有人行使优先购买权或者出租人将房屋出卖给近亲属的除外。"依据这一规定,出租人出卖租赁房屋的,负有在合理期限内通知承租人的义务。具体包括:第一,通知义务的主体是出租人。即便出租人和房屋所有人不是同一主体,也仍应由出租人负担通知义务。第二,必须是在出卖之前作出通知。此处所说的"出卖之前",既可以是指出租人与他人订立买卖合同之前,也可以是指买卖合同订立后,房屋所有权移转之前。第三,通知必须在合理期限内作出,合理期限应当根据交易的具体情形予以判断,通常应当考虑通知到达承租人的时间,以及承租人考虑的时间。第四,通知的内容既包括出售租赁物房屋的情况,也包括价格及其他重要的交易条件。出租人履行通知义务,包括将通知送达承租人。第五,通知的形式,可以采取口头形式,也可以采取书面方式。如果是口头通知,则应当为承租人所了解;如果是书面通知,则应当到达承租人。如果出租人的通知没有到达承租人,则视为出租人没有履行其通知义务。适格通知的到达是承租人行使优先购买权期限计算的起点,也是承租人知晓交易条件、行使优先购买权的前提。

2. 承租人行使优先购买权的期限

承租人自收到通知之后,不能无限期地享有优先购买权。否则,过长的期限会导致出卖人长期不能出卖租赁物,这不仅将使得其处分权受到影响,而且可能使其丧失最佳出售时机,从而对其造成损害。同时,这也使得出卖人和第三人之间的法律关系处于不稳定状态,并会造成第三人的损失。因此《民法典》第 726 条第 2 款规定:"出租人履行通知义务后,承租人在十五日内未明确表示购买的,视为承租人放弃优先购买权。"这就是说,在收到出租人的通知后,承租人应当在法律规定的期限内明确表示是否购买,如果承租人没有在 15 日内表示是否购买,则意味着其以沉默的方式放弃了优先购买权,即便其此后再主张,也不应当得到支持。该 15 天的规定本质上是一个失权条款,表明承租人在 15 日内未明确表示购买

---

① 参见最高人民法院民事审判第一庭编著:《最高人民法院关于审理城镇房屋租赁合同纠纷案件司法解释的理解与适用》,人民法院出版社 2009 年版,第 310—311 页。

的,则应视为承租人放弃了优先购买权,实际上就是丧失了优先购买的权利。

三、优先购买权应当依据诚信原则行使

优先购买权的行使也应当符合诚信原则。诚信原则是民事权利行使的基本规则。[①]《民法典》第 7 条规定:"民事主体从事民事活动,应当遵循诚信原则,秉持诚实,恪守承诺。"优先购买权的行使也应当遵循诚信原则。例如,在"新亚航空服务公司诉长春房地(集团)有限责任公司及优先购买权纠纷案"中,法院认为:"房地集团与拓展公司所签换建房屋协议,并非是有意规避法律、将房屋买卖说成是房屋换建、剥夺新亚公司享有的优先购买房屋的权利。新亚公司租赁房屋面积仅为 136 平方米,占整栋房屋面积(2620 平方米)的 5%。如果将房屋分割出售给各个租赁户,不涉及房屋开发建设的问题,新亚公司也只能就其租赁的 136 平方米房屋面积在同等条件下享有优先购买权,不能对整栋房屋享有优先购买权。"[②]笔者认为,依据诚信原则,本案中承租人不能就全部不动产享有优先购买权。但是,究竟承租人所承租房屋面积占全部出售房屋面积达到多少比例,才享有优先购买权?根据有关司法解释,应当从诚信原则出发,考虑承租人承租的部分房屋与房屋的其他部分是否可分、使用功能整体性是否明显、承租人承租的部分房屋占全部房屋的比例来进行综合考虑,决定承租人是否可以行使优先购买权。[③]

四、优先购买权的保护

《民法典》第 728 条规定:"出租人未通知承租人或者有其他妨害承租人行使优先购买权情形的,承租人可以请求出租人承担赔偿责任。但是,出租人与第三人订立的房屋买卖合同的效力不受影响。"据此,在出租人妨害承租人优先购买权行使的情形下,将产生如下两种法律效果:

(一)损害赔偿

在妨害优先购买权的情况下,究竟应当产生何种效力?理论上存在两种不同的观点:一是无效说,此种观点认为,承租人可以请求确认转让合同无效,要求将已经转让出去的权利归于自己。二是损害赔偿说,此种观点认为,在优先购买权受到侵害的情况下,不应当确认转让合同无效,而应当由优先购买权人请求出租人承担损害赔偿责任。本书赞成损害赔偿说,理由主要在于:一方面,无效说增加了交易成本。在出租人与第三人已经就房屋买卖订立合同的情形下,当事人已经为此支出了交易成本,如果宣告合同无效,将导致财富的浪费。另一方面,无效说不符合鼓励交易原则。如果认定买卖合同无效,则导致恢复原状等后果,不符合效率原则,也与合同法鼓励交易的宗旨不符。从房屋买卖的市场来看,只要承租人可以证明损失存在,通过赔偿其损失,就足以保障其权益,而不必要宣告出租人与第三人之间

[①] 王泽鉴:《民法学说与判例研究》(第 1 册),台湾 1979 年自版,第 330 页。
[②] 吉林省长春市中级人民法院(1998)长民初字第 45 号民事判决书。
[③] 最高人民法院于 2005 年 7 月 26 日发布的〔2004〕民一他字第 29 号《关于承租部分房屋的承租人在出租人整体出卖房屋时是否享有优先购买权的复函》中指出:"……经研究认为:目前处理此类案件,可以从以下两个方面综合考虑:第一,从房屋使用功能上看,如果承租人承租的部分房屋与房屋的其他部分是可分的、使用功能可相对独立的,则承租人的优先购买权应仅及于其承租的部分房屋;如果承租人的部分房屋与房屋的其他部分是不可分的、使用功能整体性较明显的,则其对出租人所卖全部房屋享有优先购买权。第二,从承租人承租的部分房屋占全部房屋的比例看,承租人承租的部分房屋占出租人出卖的全部房屋一半以上的,则其对出租人出卖的全部房屋享有优先购买权;反之则不宜认定其对全部房屋享有优先购买权。请你院结合以上因素,根据案件具体情况,妥善处理。"

的房屋买卖合同无效。

从《民法典》第728条规定的立法意旨可以看出，立法者对妨害优先购买权的后果采取了损害赔偿说。这就是说，如果出租人未通知承租人，或者实施了其他妨害承租人行使优先购买权的行为（如出租人干扰承租人行使优先购买权，或者在承租人主张优先购买权时，出租人仍然将房屋出卖给第三人等），那么均构成对承租人优先购买权的妨害。①

就具体赔偿范围而言，妨害承租人优先购买权产生的损失主要是一种购房费用损失。但此种损失究竟是一种信赖利益损失还是一种履行利益损失？对此学界存在不同观点。笔者认为，既然优先购买权性质上是一种请求权，不能产生强制缔约的效果，故无法在妨害优先购买权的事实上拟制产生买卖合同订立的效果。因而，通常不能要求赔偿履行利益，而只能请求信赖利益的损害赔偿。这就是说，损害赔偿应当以所受损失作为赔偿的范围，通常应当以房屋目前的市场价值减去合同中约定的房屋售价之差与承租人另找房屋等必要费用之和。② 具体来说：一是另找房屋等支出的必要费用。例如，出租人甲将其房屋出卖给他人，售价500万元，本来承租人可以在该条件下购买该房屋，但因甲没有通知承租人而导致承租人无法购买该房屋，承租人在同样的区域购买类似的房屋，因为另寻缔约机会而支出的交通费、中介费等费用，即属于此处所说的损失，出租人有义务向承租人作出赔偿。二是缔约机会的丧失。由于出卖人妨害了承租人的优先购买权，使承租人无法以同等价格另行购买类似房屋，如果其能够证明由此所造成的实际损失，则其可以主张缔约机会丧失的损失。这种损失的计算通常是以房屋目前的市场价值减去合同中约定的房屋售价之差。但由于其优先购买权受到侵害，无法购买房屋，因此导致承租人损失的，其也有权请求出租人赔偿损失。③

（二）出租人与第三人订立的房屋买卖合同的效力不受影响

在出租人侵害承租人优先购买权的情形下，虽然承租人可以向出租人主张损害赔偿，但无论承租人是否主张损害赔偿，对出租人与第三人之间的买卖合同的效力不产生影响。所谓不受影响，是指出租人与第三人之间的买卖合同继续在出租人与第三人之间有效。如果出租人为履行合同而将房屋所有权变更登记给第三人，则第三人也可以据此取得该房屋所有权。

五、房屋承租人的优先承租权

（一）概念

所谓房屋承租人的优先承租权，是指在租赁期限届满后，房屋承租人享有在同等条件下优先承租房屋的权利。《民法典》第734条第2款规定："租赁期限届满，房屋承租人享有以同等条件优先承租的权利。"该条对房屋承租人的优先承租权作出了规定。由于租赁合同的稳定性直接关系到人民群众居住的需求，租赁关系不稳定，将对人们的正常生活产生重大影响。例如，在租赁期限届满之后，出租人未与承租人协商就将该房屋出租给第三人，在此情形下，承租人可以基于相同的条件要求出租人将该房屋出租给自己。④ 我国《民法典》确认房屋承租人的优先承租权保障了租赁关系的稳定性，有利于推进"租购并举"的政策，这对于规

---

① 参见黄薇主编：《中华人民共和国民法典合同编解读》（下册），中国法制出版社2020年版，第792页。
② 参见最高人民法院民法典贯彻实施工作领导小组主编：《中华人民共和国民法典合同编理解与适用》（三），第1570页。
③ 参见王轶等：《中国民法典释评·合同编·典型合同》（下卷），中国人民大学出版社2020年版，第478页。
④ 参见黄薇主编：《中华人民共和国民法典合同编解读》（下册），中国法制出版社2020年版，第802页。

范租赁市场秩序、保障承租人的居住利益具有重要意义。① 此外,我国《民法典》没有规定经营性租赁与居住型租赁,但是经营性租赁具有长期投资性和投资回报期限长的特点,故对于经营租赁而言更需要依赖优先承租权的保护。尤其是承租人可能会对房屋进行装修、装饰,更换新的承租人也可能会造成资源不必要的浪费。

优先承租权与优先购买权一样,都是由法律明确规定的权利,且都要求在同等条件下行使权利。也就是说,法律规定为了兼顾对承租人与出租人的保护,对这两种权利的行使都作了一定的限制。但是优先承租权与优先购买权的区别主要表现在:一方面,其适用的情形不同。优先购买权针对的是房屋所有权的转让,而优先承租权则针对的是房屋的租赁关系继续的问题。另一方面,其法律效果不同。优先购买权的行使将使承租人可能获得租赁物的所有权,而优先承租权的行使只是获得租赁关系的存续。

承租人优先承租权主要具有如下特点:

第一,具有法定性,即优先承租权是法律规定由承租人享有的一项权利。一般认为,其是一种基于法律规定的权利,权利人可以重新订立新的合同以代替原来的合同关系。问题在于,该项权利是否可以基于当事人之间的约定而被排除?考虑到该条规定主要是基于强化租赁关系的稳定性,以及对弱势利益群体的保护产生的,如果能够通过约定排除,则不符合制度目的。因此,笔者认为,当事人不能通过约定排除该条规定的适用。

第二,应受同等条件的限制。也就是说,这种权利的行使有特定的条件限制,即受同等条件的限制。这种同等条件必须与第三人的承租条件相比较才能确定。只有具备同等条件,才有资格行使该项权利。

第三,适用范围具有受限制性。该权利仅适用于房屋租赁合同关系,对其他合同关系并不适用。因此,此种权利的主体仅限于房屋承租人。需要指出的是,优先承租权指的是承租人相较于其他承租人的优先,如果不存在其他承租人加入竞争,则无须考虑优先承租权的问题。

第四,性质上应当是请求权。关于该权利的性质,存在不同观点:一是附条件形成权说,即在法律规定的条件成就时,承租人单方作出缔约意思表示的,即可在承租人与出租人之间成立房屋租赁合同关系。② 二是形成权说,即在房屋租赁期限届满后,在出租人与第三人订立租赁合同时,在符合法律规定条件的情形下,只要承租人作出同意承租房屋的意思表示,即可在承租人与出租人之间成立房屋租赁合同关系。③ 优先承租权的性质属于形成权,因为承租人的单方意思就可以导致其与出租人之间租赁关系的成立。三是预租权说。此种观点认为,我国现行的优先承租权在绝大多数情形下仅具有预租权(Anmietrecht)的效力,与真正的优先承租人相去甚远。④

笔者认为,优先承租权从性质上属于请求权。理由如下:第一,承租人必须提出请求,才能够成立租赁合同关系。第二,即便是同等条件,双方仍然需要针对租赁期限、租金金额等事项进行协商,如果认为承租人单方意思即可续租可能会给出租人带来不利益,也与合同自由的理念相悖。第三,优先承租权虽然是债权物权化的体现,但它的性质归根结底仍属于债

---

① 参见黄薇主编:《中华人民共和国民法典合同编解读》(下册),中国法制出版社2020年版,第853页。
② 参见最高人民法院民法典贯彻实施工作领导小组主编:《中华人民共和国民法典合同编理解与适用》(三),第1606页。
③ 参见黄薇主编:《中华人民共和国民法典合同编解读》(下册),中国法制出版社2020年版,第853页。
④ 袁野:《房屋租赁中的优先承租权》,载《苏州大学学报(法学版)》2020年第1期。

权,性质上仍然是特定当事人之间的请求关系。

(二)行使要件

1. 积极条件

第一,当事人必须具有合法的房屋租赁合同关系。如前所述,法律明确将权利限定在房屋租赁合同关系中,只有该房屋租赁合同合法有效,承租人才能主张该权利。如果房屋租赁合同被宣告无效,或者被撤销,则承租人并不享有优先承租权。

第二,必须在同等条件下行使。所谓同等条件,主要是指租金数额,但也不限于租金数额,还包括租金的支付方式、支付期限等条件。除租金条件外,此处所说的同等条件还包括对承租人设定的一些其他义务,如不得翻建、改建。但这些义务要求必须具有合理性,不得违反法律、行政法规的相关规定。之所以要求承租人的优先承租权必须在同等条件下行使,是因为只有承租人在同等条件下行使优先承租权,才不会给出租人带来不利益。

2. 消极条件

优先承租人并非在任何情形下都能够行使,在某些情形,优先承租人也不能享有此种权利。这些消极条件主要包括:权利人放弃权利、租赁居住出租给近亲属以及其他一般性事由。①

(三)承租人行使优先承租权的效力

第一,出租人与承租人之间将产生租赁合同关系,但该租赁合同的成立必须以承租人向出租人提出与第三人所提出的租赁条件同等的续租条件为前提。② 在此需要讨论的是,《民法典》第734条第1款规定了自动续租规则,而第2款则规定了优先承租权。承租人优先承租权与租赁合同的自动续租存在区别:一方面,在承租人行使优先承租权的情形下,租赁期限届满后的租赁条件可能会改变,但是自动续租时,租赁合同的条件不发生改变。另一方面,在租赁期限届满的自动续租场合,租赁关系可能会转变为不定期租赁,但是在行使优先承租权场合,租赁合同不会当然续期,也不会当然转变为不定期租赁。此外,自动续租制度原则上只涉及出租人与承租人的双方关系问题,而在优先承租权情形下,除了原承租人之外,还存在其他意欲订立租赁合同的民事主体。

第二,如果出租人拒绝与承租人订立租赁合同,则将构成对承租人优先承租权的妨害,承租人有权请求出租人赔偿损失。优先承租权属于法定义务,其自动被纳入租赁合同之中,因为出租人违反这一规定,将构成合同义务的违反,也就应当承担违约责任。

第五节　买卖不破租赁

一、买卖不破租赁的概念

买卖不破租赁,是指在承租人占有租赁物的租赁期间,租赁物的所有权变动,并不导致租赁关系的解除或者效力受到影响。《民法典》第725条规定:"租赁物在承租人按照租赁合同占有期限内发生所有权变动的,不影响租赁合同的效力。"该条确立了买卖不破租赁的规则,使租赁权在实际上具有了物权的效力。例如,在"唐学富、庞华与合肥建鑫房地产开发有

---

① 袁野:《房屋租赁中的优先承租权》,载《苏州大学学报(法学版)》2020年第1期。
② 参见谢鸿飞、朱广新主编:《民法典评注·合同编:典型合同与准合同2》,中国法制出版社2020年版,第373页。

限公司给付瑕疵担保责任纠纷案"中,法院认为:"租赁物在租赁期间发生所有权变动的,不影响租赁合同的效力。据此,租赁物在租赁期间内,所有权可以转让;所有权发生转让后,原租赁合同继续有效。也即,买受人若购买被出租的房屋,需接受原租赁合同的约束。"①

如前述,买卖不破租赁规则是租赁权物权化的具体体现。在现代社会,如果出租人将租赁物出售,而不赋予承租人对抗买受人的权利,承租人的租赁权将会落空,其仅能针对出租人主张违约责任②,这对承租人而言是不公平的,也不利于保护个人的居住利益。严格地讲,"买卖不破租赁"只是一种形象的说法,因为在租赁期间,任何租赁物所有权的变动都不得影响租赁合同的效力。例如,赠与、确权等,都可能导致租赁物的所有权变动,也都要适用这一规则。法律规定买卖不破租赁的主要目的就是稳定租赁关系,保护作为弱势群体的承租人的利益。

二、买卖不破租赁的要件

依据《民法典》第725条的规定,该规则的适用应当具备如下要件:

第一,租赁合同必须已经成立并生效。因为买卖不破租赁主要是为了保护承租人的利益,而承租人占有租赁物必须基于有效的租赁合同,如果租赁合同尚未成立或被宣告无效,则承租人无权占有租赁物,也就不存在适用可能该规则的可能。因此,只有在房屋租赁合同合法有效的情况下,才有可能产生对抗第三人的效力。③

第二,承租人取得了对租赁物的占有。从《民法典》第725条规定来看,适用"买卖不破租赁"规则的基本条件之一,是"承租人按照租赁合同占有期限内",这就修改了《合同法》第229条的规定,强调承租人必须按照租赁合同占有租赁物。具体而言,一方面,此种占有必须是合法的占有,承租人非法占有租赁物,不满足该条件。另一方面,承租人对租赁物的占有原则上应当是对租赁物的持续的、实际的占有,不包括承租人接受指示交付、占有改定而对租赁物间接占有的情形。如果承租人占有租赁物之后,因各种原因而中止了直接占有,是否适用该规定?例如,承租人未经出租人同意转租,导致直接占有的中断。笔者认为,此处所说的"中止占有"限于承租人基于自己的意思而将租赁物返还给出租人,如果承租人被第三人侵夺占有、非基于自愿而丧失占有,则仍然视为占有持续,并不视为占有中止。

法律之所以作出此种规定,主要是因为,如果不进行必要的公示而使租赁权产生一定的物权效力,就会对交易安全造成损害,而且容易诱发道德风险。具体表现为,当事人可能会采取倒签租赁房屋合同的方式对抗租赁物抵押权的实现,由此引发许多争议。因此,该条将承租人实际占有租赁物作为买卖不破租赁的适用条件。即只有在承租人占有租赁物的情况下,才能主张"买卖不破租赁"的效力,才可对抗标的物出租并转移占有之后在其上设立的抵押权。如果承租人已经占有租赁物,这就具有一定的公示效果,此时赋予租赁权以对抗效力既不会影响交易安全,又能维护占有关系的稳定,也有利于维护交易安全。④ 因此,房屋买受人必须在签订合同前了解房屋的使用情况,如果房屋已经被他人占用,则应当谨慎订约,否则将会承担在房屋所有权转让之后,因为有承租人占有房屋而导致的不利后果。⑤

---

① 《最高人民法院公报》2020年第2期(总第280期),第30—38页。
② 参见黄薇主编:《中华人民共和国民法典合同编解读》(下册),中国法制出版社2020年版,第835—836页。
③ 参见乔燕主编:《租赁合同》,人民法院出版社2000年版,第154页。
④ 黄文煌:《论租赁权的对抗效力——兼论〈合同法〉第229条的缺陷与修改》,载《清华法学》2010年第2期。
⑤ 参见黄薇主编:《中华人民共和国民法典合同编解读》(下册),中国法制出版社2020年版,第784页。

第三,在租赁期间内发生租赁物所有权的变动。如何理解"所有权变动"？对此学界的观点也不一致。一种观点认为,买卖不破租赁特指因买卖而发生的所有权变动对租赁权的影响,也就是说,出租人在租赁合同的有效期间内,将租赁物所有权转让给第三人。① 另一种观点认为,所谓发生所有权的变动,并不仅限于买卖,而是指发生所有权移转的结果,其原因可以是买卖,也可以是互易、赠与、遗赠等。② 笔者赞成第二种观点,应当看到,引起所有权变动的原因可以是多方面的,买卖是其中最为典型的一种类型,但不应限于买卖。从《民法典》第 725 条的规定来看,其使用"租赁物在承租人按照租赁合同占有期限内发生所有权变动"的表述,并未将其限于因买卖而导致的所有权变动。另外,从该制度的设立目的来看,如果将其适用范围限于因买卖发生的所有权变动,则无法实现其稳定租赁关系的目的。

关于所有权变动的时间点,依据《民法典》第 725 条的规定,假设承租人按通常情形在合同成立并生效后占有租赁物,即限于租赁期间。如何理解租赁期间？租赁期间是指从合同生效之后,到合同履行完毕的期间。例如,甲与乙之间先签订了房屋买卖合同,甲又将其所有的房屋出租给承租人丙,并将租赁房屋交付给丙实际占有,后甲又将房屋的所有权移转给乙,此时丙仍可以适用买卖不破租赁规则来对抗受让人乙。当然,在占有租赁物之前,如果出租人将财产转让给第三人,导致其不能交付给承租人,在此情况下,由于承租人并没有取得占有,不满足买卖不破租赁的构成要件,此时承租人可以请求出租人承担违约责任或者解除合同并赔偿损失。

第四,主要适用于不动产。关于买卖不破租赁的规则是否仅适用于不动产？从比较法上来看,一些国家的立法规定这一规则仅适用于不动产。例如,《德国民法典》第 536 条规定:"所出租的住房在交给承租人后,被出租人让与第三人的,取得人代替出租人,加入到在出租人的所有权存续期间因使用租赁关系而发生的权利、义务中。"我国《民法典》第 725 条对此采纳了"租赁物"的表述,而没有明确限定为"动产"或"不动产"。通过文义解释可见,"租赁物"显然既包括动产,也包括不动产。由此可见,根据我国《民法典》合同编的规定,无论动产或不动产,都适用买卖不破租赁规则,这实际上是扩张了买卖不破租赁的适用范围。③但笔者认为,此处有必要采用限缩解释,将其限于不动产。因为买卖不破租赁规则的立法目的,主要是保障承租人的居住利益。不动产的承租人应当享有居住的权利,这属于基本人权的范畴。基于此,才在例外情形使租赁权具有了物权的效力,并且法律倾向于保护承租人的生存权。④ 对于动产而言,因不涉及居住利益的问题,因而不必适用该规则。且动产通常都是种类物,在市场上可替代性强,即便租赁关系因所有权变动受到影响,承租人也可以通过租赁、购买等方式实现其利用物的目的。如果承租人需要较长时间的使用,其可以直接到市场上购买。

三、买卖不破租赁的效力

买卖不破租赁的效果是"不影响租赁合同的效力"。关于不影响租赁合同的效力,其含

---

① 参见胡康生主编:《中华人民共和国合同法释义》,法律出版社 1999 年版,第 339 页。
② 参见韩世远:《合同法学》(第二版),高等教育出版社 2022 年版,第 456 页。
③ 参见胡康生主编:《中华人民共和国合同法释义》,法律出版社 1999 年版,第 339 页。
④ 参见最高人民法院民事审判第一庭编著:《最高人民法院关于审理城镇房屋租赁合同纠纷案件司法解释的理解与适用》,人民法院出版社 2009 年版,第 262 页。

义比较模糊,在解释上存在不同的观点,主要包括:"原租赁合同当事人约束说"[①]、"对抗模式说"[②]、"有权占有说"[③]、"并存债务承担说"[④]及"合同地位承受模式说"等诸多学说。笔者认为,所谓不影响租赁合同的效力,是指原租赁合同仍然有效,对承租人来说,既不用消灭原租赁关系,也不用通过订立新的租赁合同成为新的租赁合同的承租人。[⑤] 虽然《民法典》第725条使用了"不影响租赁合同的效力"的表述,但是,其实际的法律后果应当是新的所有权人概括承受了原所有权人(出租人)的法律地位,原承租人享有的权利不变。如果取得租赁物所有权的人要求承租人搬出房屋,则新的所有权人将违反租赁合同,承租人可以主张继续履行、损害赔偿等违约责任。由此可见,买卖不破租赁的规则赋予了承租人对抗新的所有权人的权利。具体而言,买卖不破租赁主要产生如下效力:

第一,承租人有权继续占有租赁物,并对其进行使用收益。在买卖合同生效后,受让人成为租赁物的新所有人,但其必须依法继受原所有权人在租赁合同中的法律地位,即合同权利义务发生概括转移,受让人取代原出租人的地位,而承租人在租赁合同中的地位并不发生变化。[⑥] 受让人也不得妨害承租人的占有,不得请求承租人返还租赁物。

第二,承租人仍然按照原租赁合同的约定支付租金,受让人不得擅自变更租金。受让人应受租赁合同条款的约束,不得擅自变更租赁合同的租金条款,承租人应按租赁合同继续支付租金。如果原出租人没有告知承租人有关租赁物的所有权变动的事项,承租人继续向原出租人支付租金的,效力及于受让人。[⑦]

第三,新的所有权人负有修缮义务。租赁物的受让人取代原出租人的法律地位,而成为新的出租人,其有权依据租赁合同的约定请求承租人支付租金。当然,在租赁物出现质量问题影响承租人的正常使用时,受让人也负有一定的修缮义务。[⑧]

第四,买卖不破租赁并不影响承租人请求原出租人承担违约责任。毕竟在租赁期间内,出租人将租赁物转让,构成了违约,因为转让会影响承租人的正常使用。买卖不破租赁规则的适用,并不会使得出租人减轻或免除违约责任。例如,在"善岛建设(天津)有限公司与天津一商集团有限公司房屋租赁合同纠纷上诉案"中,法院指出:"现行法律并未限制房屋产权变更后,原房屋出租人不可以依据现存有效的租赁合同主张合同权利,追究违约方的合同责任,该合同责任既包括追缴租金,也包括违约方承担终止合同履行的违约责任。"[⑨]

四、租赁权与担保物权的权利冲突及其解决

如果租赁物之上设置了担保物权,担保物权人已经办理了物权登记,此时,该登记具有对抗第三人的效力,问题在于,担保物权人能否对抗承租人?对此,在质权与留置权情形下,

---

① 参见朱庆育:《"买卖不破租赁"的正当性》,载《中德私法研究》2006年第1卷。
② 参见张双根:《谈"买卖不破租赁"规则的客体适用范围问题》,载《中德私法研究》2006年第1卷。
③ 参见徐澜波:《"买卖不破租赁"规则的立法技术分析》,载《法学》2008年第3期;黄凤龙:《"买卖不破租赁"与承租人保护——以对〈合同法〉第229条的理解中心》,载《中外法学》2013年第3期。
④ 参见黄文煌:《论租赁权的对抗效力——兼论〈合同法〉第229条的缺陷与修改》,载《清华法学》2010年第2期。
⑤ 参见胡康生主编:《中华人民共和国合同法释义》,法律出版社1999年版,第339页。
⑥ Vgl. Münchener Kommentar, §571, Rn. 16. Medicus,Rn. 231;Ernst, Schuldrecht, Besonderer Teil II, C. H. Beck Verlag, 1999, S. 59.
⑦ 参见黄薇主编:《中华人民共和国民法典合同编解读》(下册),中国法制出版社2020年版,第786页。
⑧ See Christian von Bar et al. (eds.), *Principles, Definitions and Model Rules of European Private Law*, Volume Ⅰ, Munich: Sellier, European Law Publishers, 2009, pp. 1588-1589.
⑨ 最高人民法院(2006)民一终字第7号民事判决书。

这两种担保物权通常不会产生与租赁权的权利冲突问题。对于房屋租赁而言,租赁权与抵押权之间有可能发生冲突,这又区分为两种情形:

第一,先出租后抵押。《民法典》第405条规定:"抵押权设立前,抵押财产已经出租并转移占有的,原租赁关系不受该抵押权的影响。"租赁关系不受抵押权的影响,必须符合如下条件:第一,抵押财产设立前,租赁关系已经成立。此处的已经成立,是指在抵押权设立之前,当事人之间的租赁合同已经生效。而不是指抵押合同生效后,租赁合同已经生效。第二,出租人移转租赁物的占有,由承租人占有租赁物。这主要是为了防止当事人通过虚构租赁合同或者倒签合同的方式,侵害抵押权人的利益,因为租赁权本身没有法定的公示方法,因此要求承租人必须占有租赁物。①

第二,先抵押后出租。《民法典》对于此类情形并没有作出规定,依据《房屋租赁合同司法解释》第14条,如果房屋在出租前已设立抵押权,因抵押权人实现抵押权发生所有权变动的,承租人不得主张买卖不破租赁。在租赁物已经被抵押的情形,因为出租人没有丧失所有权,所以,其仍然可以出租标的物。而且,抵押权的实现追求的是交换价值,而租赁权的实现追求的是使用价值。严格说来,两者并不发生冲突。所以,所有人仍然可以将抵押物出租。但是,因为抵押权设立在先,所以,在此之后设立的租赁权不能对抗抵押权。②

第六节 租赁物的风险负担

在租赁合同中,租赁物可能因各种原因而遭受毁损、灭失,这既可能是因可归责于承租人的原因所致(如承租人违反约定使用大功率电器而引发火灾,致使租赁物被烧毁),也可能是因不可归责于承租人的原因所致。《民法典》第729条规定:"因不可归责于承租人的事由,致使租赁物部分或者全部毁损、灭失的,承租人可以请求减少租金或者不支付租金;因租赁物部分或者全部毁损、灭失,致使不能实现合同目的的,承租人可以解除合同。"依据该条规定,如果因不可归责于承租人的事由,致使租赁物部分或者全部毁损、灭失的,承租人可以要求减少租金或者不支付租金。这就意味着,租赁物的风险由出租人负担。具体而言,租赁关系中的风险负担主要包括以下两种:

(一)租赁物的风险负担

租赁物毁损灭失的风险负担,既包括租赁物的全部毁损、灭失,也包括部分毁损、灭失。自罗马法以来,就形成了由物的所有人负担风险的规则,即天灾归物权人负担,比较法上大多都采纳了这一规则。③我国《民法典》没有对租赁物的风险负担规则作出明确规定,但从《民法典》的相关规定可以看出,符合天灾归物权人负担的法律思想,即租赁物的毁损、灭失的风险实际上是由所有人负担,出租人不得请求承租人赔偿租赁物灭失的损失。④因为一方面,依据《民法典》第729条的规定,因不可归责于承租人的事由发生租赁物的毁损灭失以后,承租人可以要求减少租金或者不支付租金,这实际上是由出租人承担了风险;另一方面,因租赁物部分或者全部毁损、灭失,致使不能实现合同目的的,承租人可以解除合同。可见,

---

① 参见黄薇主编:《中华人民共和国民法典释义》(上),法律出版社2020年版,第783页。
② 最高人民法院民事审判第一庭编著:《最高人民法院关于审理城镇房屋租赁合同纠纷案件司法解释的理解与适用》,人民法院出版社2009年版,第268页。
③ 参见崔建远主编:《合同法》(第7版),法律出版社2021年版,第348页。
④ 崔建远:《风险负担规则之完善》,载《中州学刊》2018年第3期。

就租赁物的风险负担而言,《民法典》实际上是采纳了所有人承担风险的原则。[①] 采纳这一主张的理由在于:一是在租赁关系中,所有权并没有发生移转,仍然由出租人享有所有权,由于租赁大多是不动产租赁,而不动产的价值较大,在发生标的物的毁损、灭失之后,完全由承租人承担风险的话,承租人通常是难以承受的。二是在租赁关系中,移转的是标的物的使用权,承租人只是取得了对标的物的占有、使用权,其从标的物中享有的利益是有限的。[②] 由承租人承担标的物毁损、灭失的风险,显然是不公平的。三是在租赁合同中,主要是由出租人承担对该房屋的维修义务,据此也可以认为,标的物的风险应当由其负担。

(二) 租金的风险负担

因租赁物毁损、灭失,导致承租人不能实际地利用租赁物,依据《民法典》第729条的规定,在此情况下,承租人可以要求减少租金或不支付租金。这就意味着,租金的风险也要由出租人负担。依据该条规定,承租人所享有的权利包括如下几点:

1. 减少或不支付租金

在租赁物因不可归责于承租人的事由毁损、灭失时,承租人可以主张减少租金或者不支付租金。具体而言:

首先,在租赁物部分毁损、灭失的情况下,承租人可于何时主张减少租金的请求?对此存在争议。笔者认为,承租人在请求减少租金的同时,也有权要求出租人对租赁物继续修缮。如果租赁物虽有部分毁损、灭失,但不影响租赁物的使用收益,则不发生租金的减少问题。[③] 有关减少或不支付租金的比例,应当根据毁损、灭失部分的比例来确定。[④] 当然,确定毁损、灭失部分的比例,不应以毁损、灭失部分的面积大小为标准,而应以毁损、灭失部分的使用收益的价值大小为标准。

其次,对于承租人请求减少租金是否具有溯及力的问题。一般认为,承租人请求减少租金的抗辩权仅对未来生效,即从租赁物受损开始,承租人才享有此种抗辩权,因此这种抗辩权不能溯及既往。由于租赁合同是继续性合同,对于已经支付的租金承租人不得主张返还,但如果承租人在合同成立之初就一次性支付所有租金的,出租人应将合同不能履行的这段时间的租金予以返还,但就已经实际履行期间内的租金,承租人不得主张返还。

最后,如果只是造成租赁物部分毁损、灭失的,一般情形下,承租人只能针对毁损、灭失的部分对未来的租金的支付提出抗辩,对已经支付的租金不能要求返还。但是,如果该部分的毁损、灭失影响到了整体租赁物的使用,则承租人可拒绝支付全部租金。例如,某套房屋的厨房部分严重受损,导致承租人无法在房屋内居住生活,从而不得不另行暂时承租其他房屋,则厨房部分的受损就影响到了租赁物整体的使用。在这种情况下,承租人基于租赁物部分毁损、灭失却导致整体不能使用的事实,可对整体租赁物的全部租金拒绝支付,或行使法定解除权。[⑤]

2. 解除合同

依据《民法典》第729条的规定,"因租赁物部分或者全部毁损、灭失,致使不能实现合同

---

① 参见谢鸿飞、朱广新主编:《民法典评注·合同编:典型合同与准合同2》,中国法制出版社2020年版,第325—326页。
② 参见黄茂荣:《买卖法》(增订版),中国政法大学出版社2002年版,第446页。
③ 参见王轶编著:《租赁合同 融资租赁合同》,法律出版社1999年版,第59页。
④ 参见崔建远主编:《合同法》(第七版),法律出版社2021年版,第348页。
⑤ 参见魏耀荣等:《中华人民共和国合同法释论(分则)》,中国法制出版社2000年版,第230页。

目的的,承租人可以解除合同"。从这一规定可见,在租赁物的毁损灭失尚未导致无法实现合同目的时,表明租赁物虽然暂时存在使用上的障碍,但是经过修复等可以恢复,则基于物尽其用的原则,承租人应当继续承租标的物,只是可以要求减少租金的支付。如果租赁物出现任何轻微的毁损情况,都允许承租人解除租赁合同,必将造成租赁物的闲置浪费,不符合物尽其用的原则。但是,在标的物的毁损情况较为严重,或者完全灭失,致使承租人承租标的物的目的无法实现时,此时租赁合同对其而言不再具有任何价值,则法律有必要保护承租人的利益,赋予其解除租赁合同的权利。

问题在于,如何理解此处所说的"致使不能实现合同目的"?一般认为,其是指标的物毁损、灭失导致当事人订立租赁合同时所追求的目的不能实现。例如,承租人租赁房屋是为了居住,但是现在已经无法居住。又如,承租人租赁标的物是为了开店,但是租赁物已经不再适合作为商铺使用。

第七节 租赁关系的终止

一、租赁关系终止的原因

(一)期限届满

在通常情况下,租赁关系都是因期限届满而终止。在定期租赁合同中,期限届满之后,没有续订合同的,则租赁合同终止。对于不定期的租赁合同而言,当事人可以随时提出终止合同的请求,但应当给对方合理的准备期限。

《民法典》第734条第1款规定:"租赁期限届满,承租人继续使用租赁物,出租人没有提出异议的,原租赁合同继续有效,但是租赁期限为不定期。"该条实际上确认了当事人可以在租赁期限届满后通过默示行为形成不定期租赁。也就是说,在租赁期满后,如果承租人继续使用租赁物,而出租人又没有提出异议的,此时可以认定双方通过默示方式达成了继续延长租赁期限的合意。但问题在于,继续延长租赁期限又没有明确的期限约定,此时,应当认定双方当事人以默示方式形成了不定期租赁关系。从性质上而言,此种不定期租赁关系的形成实际上是采用了默示更新方式。所谓默示更新,是指当事人以默示的方式就成立新的债务关系达成合意,来代替旧的债务关系。[①] 需要指出的是,对此种不定期租赁而言,当事人仍然按照原租赁合同的条款履行该租赁合同,只是租赁期限变更为不定期。任何一方违反租赁合同仍然构成违约。

(二)不定期租赁的解除

《民法典》第730条规定:"当事人对租赁期限没有约定或者约定不明确,依据本法第五百一十条的规定仍不能确定的,视为不定期租赁;当事人可以随时解除合同,但是应当在合理期限之前通知对方。"该条确立了在不定期租赁的情形下当事人享有的任意解除权。依据这一规定,在不定期租赁的情形下,当事人可以任意解除合同。之所以规定当事人享有任意解除权,是因为一方面,合同已经到期,本应对双方失去拘束力,当事人本来对该合同的长期存续也不具有合理期待。所以双方享有任意解除权是理所当然的。另一方面,任意解除权

---

① 参见谢鸿飞、朱广新主编:《民法典评注·合同编:典型合同与准合同2》,中国法制出版社2020年版,第368页。

的行使可将出租人从不能获得利益的合同关系中解脱出来。① 当然,任何一方在行使任意解除权时,需要在合理期限前通知对方。

(三)因违约而依法解除合同

因违约而解除合同,仅限于严重违约的情形。租赁合同的双方当事人都可能构成严重违约,此时守约方有权要求解除合同。《民法典》第563条第1款规定了合同解除的一般事由,在租赁合同中,如果出现法定解除事由,当事人即可依法解除合同。例如,如果承租人明确地表示,其将不支付租金,则属于预期违约。在预期违约的情况下,出租人可以依据《民法典》第563条第1款第2项的规定解除合同。此外,如果当事人就合同解除权有特别约定的,此种权利的行使也可以导致租赁关系的终止。

除合同编通则关于合同法定解除的一般规则外,我国《民法典》还在租赁合同一章中规定了租赁合同法定解除权的特殊事由,具体包括如下几种:

1. 承租人未合理使用租赁物

《民法典》第711条规定:"承租人未按照约定的方法或者未根据租赁物的性质使用租赁物,致使租赁物受到损失的,出租人可以解除合同并请求赔偿损失。"依据该规定,承租人未依约定或租赁物的性质合理使用租赁物,导致租赁物受到损失的,出租人享有合同解除权。当然,如果承租人未按照约定使用租赁物,只是造成租赁物的一种正常损耗,而不是遭受实际损失,则出租人不得解除合同。此外,如果承租人未按照约定使用租赁物只是使租赁物存在遭受损失的危险,而没有造成租赁物的实际损失,出租人也不得依本条规定解除合同。

2. 承租人擅自转租租赁物

如前所述,擅自转租本身构成无权处分,承租人未经出租人同意进行转租的,也增加了租赁物返还的困难和毁损、灭失的风险,因此,为保护出租人的利益,《民法典》第716条第2款规定:"承租人未经出租人同意转租的,出租人可以解除合同。"可见,法律允许出租人在此情形下依法解除合同。鉴于擅自转租已经构成对合同义务的违反,出租人也有权在不解除租赁合同的情况下,要求承租人承担违约责任。② 在擅自转租的情形下,如果出租人没有解除租赁合同,则次承租人基于承租人与其之间的租赁合同而占有租赁物,相对于转租人即承租人而言,其仍然属于有权占有。因此,出租人不能要求次承租人返还租赁物;如果出租人解除了租赁合同,则出租人有权基于物权返还请求权要求次承租人返还租赁物。③

3. 承租人未按照约定支付租金

《民法典》第722条规定:"承租人无正当理由未支付或者迟延支付租金的,出租人可以请求承租人在合理期限内支付;承租人逾期不支付的,出租人可以解除合同。"该条规定是《民法典》第563条第1款第3项所规定"当事人一方迟延履行主要债务,经催告后在合理期限内仍未履行"的具体化。在租赁合同中,承租人无正当理由未支付租金,或者迟延支付租金,出租人尚不能立即解除合同,因为承租人不支付租金的情形较多,承租人未支付的租金数额可能较小,不宜承认出租人有权立即解除合同,而应当给承租人一个补救的机会,即要求出租人催告并给承租人一个合理期限。只有在合理期限届满之后,承租人仍然没有支付租金的,出租人才可以依法解除合同。

---

① 参见谢鸿飞、朱广新主编:《民法典评注·合同编:典型合同与准合同2》,中国法制出版社2020年版,第336页。
② 参见王利明主编:《民法》(第八版)(下册),中国人民大学出版社2020年版,第247页。
③ 参见谢鸿飞、朱广新主编:《民法典评注·合同编:典型合同与准合同2》,中国法制出版社2020年版,第234页。

4. 非因承租人的原因导致租赁物无法使用

在租赁关系存续期间内,也可能非因承租人的原因导致租赁物无法使用,使承租人的订约目的无法实现,在此情形下,法律为保护承租人的利益,特别规定了承租人的法定解除权。所谓非因承租人的原因,是指租赁物无法使用不可归责于承租人。依据《民法典》第 724 条,非因承租人的原因导致租赁物无法使用的具体情形如下:

一是租赁物被司法机关或者行政机关依法查封、扣押。在实践中,查封、扣押有"活封"和"死封"之分,在"死封"的情形下,将彻底排除任何人对该被查封财产的使用、收益,也因此导致承租人无法使用租赁物,承租人应当有权解除合同。这本身构成了法律上的履行不能,出租人无法在租赁物被查封、扣押的情况下移转标的物的占有,并进而不能让承租人进行使用,此时合同目的不能实现,法律便赋予承租人解除合同的权利。当然,在"活封"的情形下,如果承租人还可以继续利用租赁物,还能够实现合同目的,则承租人不得解除合同。①

二是租赁物权属有争议的。所谓租赁物权属有争议,是指租赁物的归属存在争议。在租赁物权属有争议的情形下,第三人可能对租赁物主张权利,并因此导致租赁物无法使用,造成承租人的合同目的无法实现,此时,承租人应当有权依法解除合同。当然,如果租赁物权属状态不清,并没有导致承租人无法使用租赁物,则承租人无权主张解除合同。②

三是租赁物具有违反法律、行政法规关于使用条件的强制性规定的情形。此处所说法律、行政法规主要包括建筑法、消防法等强行法的规定。例如,出租人以违章建筑出租的,该租赁合同属于无效合同。依据《房屋租赁合同司法解释》第 2 条规定,出租人就未取得建设工程许可证或者未按照建设工程规划许可证规定建设的房屋,与承租人订立的租赁合同无效。同时该司法解释第 3 条第 1 款规定,出租人就未经批准或者未按照批准内容建设的临时建筑,与承租人订立的租赁合同无效。这些均属于因建筑物违法而导致租赁合同无效的情形。当然,如果当事人在一审辩论终结前取得相关的许可证或者得到批准的,该租赁合同应当认定为有效。③ 在出租人交付的租赁物违反法律、行政法规的规定,已经构成违约时,承租人也应当享有解除合同的权利。在实践中,租赁物因消防验收不合格,并不认为构成合同无效的事由。④

需要注意的是,该条规定只是解决因违约而解除租赁合同的问题,而不是规定合同解除后的损害赔偿问题,在上述情形下,承租人是否有权主张损害赔偿,还应当根据具体情形予以判断。例如,如果因为出租人的原因导致租赁物被查封、扣押,进而导致承租人无法使用租赁物的,则承租人在解除合同后,仍然有权请求出租人承担违约责任。

5. 因不可归责于承租人的事由致使租赁物毁损、灭失

《民法典》第 729 条规定:"因不可归责于承租人的事由,致使租赁物部分或者全部毁损、灭失的,承租人可以请求减少租金或者不支付租金;因租赁物部分或者全部毁损、灭失,致使不能实现合同目的的,承租人可以解除合同。"所谓不可归责于承租人的原因,主要有如下几种情形:一是因不可抗力导致租赁物毁损、灭失。不可抗力是指出现了当事人所不能预见、

---

① 参见黄薇主编:《中华人民共和国民法典合同编解读》(上册),中国法制出版社 2020 年版,第 783 页。
② 参见谢鸿飞、朱广新主编:《民法典评注·合同编:典型合同与准合同 2》,中国法制出版社 2020 年版,第 287 页。
③ 参见黄薇主编:《中华人民共和国民法典合同编解读》(下册),中国法制出版社 2020 年版,第 833 页。
④ 参见"陕西嘉亨实业发展有限公司诉陕西东大万尚置业有限公司租赁合同纠纷案",最高人民法院(2016)最高法民申 818 号民事裁定书。

不能避免并不能克服的客观情况。因不可抗力而导致合同解除的规定,可以适用于所有类型的合同,因而也包括租赁合同。例如,房屋因为地震而倒塌,则出租人和承租人都可以解除租赁合同。再如,承租人租赁的房屋被列入拆迁计划,居住环境已发生重大变化,不再适合承租人居住和生活,此时承租人便有权主张情势变更而解除合同。二是因意外事故导致租赁物毁损、灭失。意外事故主要是指不可抗力之外、当事人不可预料的客观原因。例如,因暴雨使车辆受雨水浸泡而毁损。三是因出租人的原因导致租赁物毁损、灭失。例如,出租人在维修房屋的过程中导致房屋坍塌,致使承租人无法使用。四是因为第三人的原因导致租赁物毁损、灭失。例如,作为租赁物的机动车在行驶过程中被第三人碰撞,造成车辆毁损,无法使用。①

在出现上述情形时,并非一概都要解除合同,依据该条规定,承租人可以依据具体情况而享有如下两种权利:一是租赁物部分或者全部毁损、灭失,不影响承租人合同目的实现的,或者虽然影响承租人合同目的实现,但尚未导致其合同目的完全落空的,则从鼓励交易的角度,不必解除合同,承租人可以请求减少租金或者不支付租金。例如,承租人承租的房屋只是坍塌一间,另外两间房屋仍然可以使用的,则承租人可以请求减少租金或者不支付租金,一般不得主张解除合同。二是致使租赁物部分或者全部毁损、灭失,导致承租人合同目的无法实现的,则承租人可以解除合同。

6. 租赁物危及承租人的安全或者健康

《民法典》第731条规定:"租赁物危及承租人的安全或者健康的,即使承租人订立合同时明知该租赁物质量不合格,承租人仍然可以随时解除合同。"我国《民法典》作出该规定的立法目的在于强化对承租人生命健康权的保护。从性质上看,其也体现了生命健康权优先于财产权受到保护的理念。这就是说,即使承租人订立合同时明知租赁物质量不合格、危及承租人的安全或健康的,虽然租赁合同已经生效,承租人也仍然有权随时解除合同。从比较法上来看,许多国家和地区的立法都作出了类似的规定。②

《民法典》第731条规定赋予承租人随时依法解除合同的权利,具体是指承租人在任何时候均可主张依法解除合同,但承租人要行使该项权利,必须证明存在租赁物危及承租人的安全或者健康的情形。所谓"危及",是指存在现实的、紧迫的危险和威胁,即损害尚未发生但有发生的可能性。判断"危及"应当采用常人的标准,即一般人都认为存在威胁人的健康和安全的状况,即便承租人或出租人主观上认为不存在任何危险,也仍然认为存在"危及"安全和健康的情况。③ 如果租赁财产本身有瑕疵,影响正常的使用,但不影响承租人的健康或安全,则不适用该条规定。问题在于,被危及安全和健康的对象是否仅限于承租人?是否包含租赁物的具体使用人?笔者认为,"危及"的对象不仅包括承租人本人,也包括其家庭成员和其他共同居住的人。还要看到,我国《民法典》第731条在适用范围上不限于房屋租赁,还包括其他租赁物,例如,附属物等。也就是说,任何租赁物只要危及承租人的健康或安全,即使其订立合同时明知此种情形的存在,也可以随时解除合同。④

---

① 参见黄薇主编:《中华人民共和国民法典合同编解读》(下册),中国法制出版社2020年版,第793页。
② 例如,我国台湾地区"民法"第424条规定:"租赁物为房屋或其他供居住之处所者,如有瑕疵,危及承租人或其同居人之安全或健康时,承租人虽于订约时已知有瑕疵,或已抛弃其终止契约之权利,仍得终止契约。"
③ 参见谢鸿飞、朱广新主编:《民法典评注·合同编:典型合同与准合同2》,中国法制出版社2020年版,第346页。
④ 参见胡康生主编:《中华人民共和国合同法释义》,法律出版社1999年版,第345页。

二、共同居住或者共同经营的人的租赁权

在通常情形下,合同一方当事人死亡或者终止后,合同关系将因一方当事人主体资格消灭而消灭,但在房屋租赁合同中,承租人死亡后,与其共同居住的人和共同经营人虽然不是合同当事人,但为了保护其合法权益,法律仍然允许其按照原租赁合同继续租赁该房屋。对此,《民法典》第732条规定:"承租人在房屋租赁期限内死亡的,与其生前共同居住的人或者共同经营人可以按照原租赁合同租赁该房屋。"该条作出此种规定,主要是为了保护共同居住或共同经营人的居住利益,保障民生和维护正常的生活生产秩序。

依据《民法典》第732条,共同居住的人和共同经营人享有租赁权必须符合如下条件:

第一,承租人在房屋租赁期间死亡。一方面,该条仅适用于房屋租赁合同关系,而不适用于其他的租赁合同,在租赁期间内承租人死亡的,由于租赁合同尚未到期,此时只要共同居住人和共同经营人继续按照合同约定的价款交付租金,则并不损害出租人的利益,因此应当维持合同的效力。另一方面,租赁合同尚未到期。如果承租人在租赁期限届满后去世,则不适用该条规定。

第二,必须是与承租人生前共同居住或共同经营的人。依据该条规定,享有继续租赁房屋权利的人限于如下两种:一是与承租人生前共同居住的人。所谓共同居住人,这些人应当是与承租人持续生活、居住的自然人。从《民法典》第732条规定来看,其并不注重共同居住人与承租人之间是否具有血缘关系,而是注重保护同居者之间的共同生活和经营关系。所以,不能简单地以血缘关系来界定共同居住人的范围。也就是说,"与其生前共同居住的人"不限于配偶、子女,还应当包括与其共同居住的其他亲属,以及不具有亲属关系的共同居住人(例如长期共同居住的人)。共同居住人一般是与承租人有一段时间的共同生活经历,具体的时间长短则需要根据具体情形予以判断。承租人死亡后,生前未与其共同生活的亲属或者法定继承人,如果确需继续租用住房的,其属于承租人的继承人,享有优先承租权,可以与出租人另行签订房屋租赁合同。二是与承租人生前共同经营的人。所谓共同经营人,是指在租赁的房屋中与承租人共同经营的人。例如,在承租人将租赁房屋用于生产经营的情况下,可能会将租赁房屋登记为营业场所,并且可能已经办理了工商登记,如果办理变更登记,则可能需要履行一系列的手续,影响正常的经营活动。因为承租人死亡后,其共同经营人的经营活动仍然可能持续进行,此时,如果认定租赁合同终止,则显然不利于维护其经营活动的稳定性。

依据《民法典》第732条,与承租人生前共同居住或者共同经营的人可以按照原租赁合同租赁该房屋,所谓"按照原租赁合同租赁该房屋",一是原租赁合同仍然有效,与承租人生前共同居住的人或者共同经营的人不需要与出租人另行订立合同,其只需通过继续交付租金、履行承租人的义务就可以享有租赁合同中约定的各种权利。当然,在此情形下,与承租人生前共同居住的人或者共同经营人将成为新的承租人。二是与承租人生前共同居住的人或者共同经营人可以按照原租赁合同的条件承租房屋。《民法典》第732条采用"可以"的表述,这意味着,在承租人死亡后,本条实际上是赋予与承租人生前共同居住的人或者共同经营人一种选择权,即如果其选择按照原租赁合同租赁该房屋,则出租人应当允许其继续租赁,如果其选择不继续承租该房屋,则原租赁合同将终止。三是与承租人生前共同居住或共同经营的人承租房屋的权利期限为原合同的有效期限,原合同期限届满后,如果双方当事人没有就合同的续期达成一致协议,则租赁合同因期限届满而终止。

三、租赁关系终止后的效力

(一) 租赁期限届满承租人返还租赁物的义务

《民法典》第 733 条规定:"租赁期限届满,承租人应当返还租赁物。返还的租赁物应当符合按照约定或者根据租赁物的性质使用后的状态。"租赁期限届满之后,承租人继续占有租赁物就失去法律依据,因此应当及时将租赁物返还给出租人。依据《民法典》第 733 条的规定,承租人返还租赁物的义务包括如下两方面内容:

一是承租人应当返还租赁物。租期届满以后,承租人应当将租赁物返还出租人,如果承租人继续使用或通过转租获得利益,除依法构成不定期租赁的情形外,承租人的行为将构成无权占有,此时,出租人有权基于物权请求权或侵权请求权要求承租人返还租赁物。即使承租人只是使用租赁物,而没有通过转租获得利益,也因为此种违法的使用而使承租人减少了必要的花费(如租赁其他人的财产应花费的租金),此时,出租人也可以在侵权请求权、物权请求权和不当得利请求权中,选择一种对其最为有利的请求权行使。

二是承租人所返还的租赁物应当符合按照约定或者根据租赁物的性质使用后的状态。也就是说,承租人在返还租赁物时,并不需要按照使用租赁物之前的状态返还,而只需要将符合按照约定或者根据租赁物的性质使用的状态的租赁物返还出租人。法律作出此种规定的原因在于,在租赁合同中,承租人需要按照约定对租赁物进行使用、收益,这也是其订立租赁合同的主要目的,而承租人对租赁物的使用也必然会造成租赁物的正常损耗,因此,承租人仅需要保证租赁物符合按照约定或者根据租赁物的性质使用后的状态即可。《民法典》第 733 条确立了两种情形:第一,应当以按照约定使用后的状态返还租赁物。第二,以根据租赁物的性质使用后的状态返还租赁物。所谓符合"根据租赁物的性质使用后的状态",是指租赁物经过在正常状态下的使用所应当达到的状态。也就是说,承租人按照符合标的物性质的方式利用租赁物,也会构成租赁物的正常损耗,但是只要在正常的损耗范围之内,则仍然符合《民法典》第 733 条的规定。因此,原则上,只要承租人返还的租赁物符合按照合同约定使用后的状态,或者符合承租人正常使用收益后合理损耗的状态,其返还义务的履行就是适当的。[①] 如果此种损耗明显超出正常使用所造成的损耗的范围,则不属于按照租赁物的性质正常使用后的状态,此时承租人就构成违约。当然,承租人未按照约定或者未根据租赁物的性质使用租赁物,造成租赁物不当损耗的,则出租人有权请求承租人赔偿损失。

(二) 恢复原状的义务

所谓恢复原状,是指在租赁合同终止后,依据法律规定或者当事人约定,承租人所负有的恢复租赁物原状的义务。《民法典》第 715 条规定:"承租人经出租人同意,可以对租赁物进行改善或者增设他物。承租人未经出租人同意,对租赁物进行改善或者增设他物的,出租人可以请求承租人恢复原状或者赔偿损失。"依据这一规定,承租人在经出租人同意而对租赁物进行改善或者增设他物的情形下,如果当事人没有作出特别约定,则承租人并不负有恢复原状的义务。但如果承租人未经出租人同意而对租赁物进行改善或者增设他物,则出租人有权请求承租人恢复原状,因此造成出租人损失的,承租人还应当赔偿损失。例如,承租人未经出租人同意而对房屋进行大面积的装修、改造,在租赁关系终止后,出租人有权请求承租人将相关的装修材料、设施等予以拆除,以恢复原状。承租人经出租人同意装饰装修,

---

[①] 参见谢鸿飞、朱广新主编:《民法典评注·合同编:典型合同与准合同2》,中国法制出版社 2020 年版,第 361 页。

租赁期间届满或者合同解除时,除当事人另有约定外,形成添附的装饰装修物,应当按照《民法典》第322条关于添附的规定进行处理。如果没有形成添附的,可由承租人拆除。因拆除造成房屋毁损的,承租人应当恢复原状。

(三)后合同义务的承担

在租赁合同终止以后,当事人均负有依据诚实信用原则和交易习惯而产生的附随义务(后合同义务)。例如,该合同终止后,在承租人没有新的邮寄地址接收信件时,出租人对于所收到的承租人的信件不能丢弃,而应当保管该信件并通知承租人取回,此时,出租人保管和通知承租人的义务就属于后合同义务。如果出租人违反该后合同义务,具有可归责性,造成承租人损失的,应当依法赔偿。

第八章

技 术 合 同

第一节　技术合同概述

一、技术合同的概念、种类和特征

　　技术合同因技术的研发、转让、许可、咨询而订立。所谓技术（technology），是指根据生产实践经验和科学原理而形成的，作用于自然界一切物质、设备的操作方法和技能。[①] 技术通常具有知识性与实用性，能够应用于生产生活实践并产生有益的效果。《民法典》第843条规定："技术合同是当事人就技术开发、转让、许可、咨询或者服务订立的确立相互之间权利和义务的合同。"技术合同是随着科学技术的不断发展、社会的进步而逐渐产生的，在传统的典型合同类型中并不存在，其是随着近代科学技术发展以及技术商品化的发展而出现并独立出来的。我国早在1987年就单独制定了《技术合同法》，后在统一的《合同法》的制定中，将原来《技术合同法》的主要内容纳入该法之中，形成了"技术合同"一章。

　　依据我国《民法典》的规定，技术合同可以具体划分为技术开发合同、技术转让合同、技术许可合同、技术咨询合同以及技术服务合同。由此可以看出，技术合同是一个集合性的概念，包含着丰富的内容，是多种典型合同类型的集合体。技术合同的主要特征在于：

　　（1）标的具有特殊性。笔者认为，技术合同的标的主要是技术成果。所谓技术成果，是指利用科学技术知识、信息和经验作出的涉及产品、工艺、材料及其改进等的技术方案，包括专利、专利申请、技术秘密、计算机软件、集成电路布图设计、植物新品种等。[②] 技术合同之所以以技术成果为标的，是因为一方面，典型的技术合同都需要以技术成果为依托来规范当事人的行为，例如技术的开发、转让等都需要以技术成果的存在为前提。如果没有具体的技术成果的描述，而只是泛泛约定转让或开发技术，则合同的标的就不具有特定性和确定性。如果仅仅只是将"技术"作为此种合同的标的，则过于抽象。另一方面，技术合同本身是为了实现技术成果的商品化和市场化而产生，其所规范的最终是技术成果的开发、转让等关系。因此《民法典》关于技术合同的规则也主要是围绕技术成果来展开。例如，关于技术成果的产生、归属、开发和利用等，构成了技术合同的主要内容。所以技术合同的标的是技术成果，而不是技术。当然，在技术服务合同、技术咨询合同中，不一定以具体的技术成果为标的，但这

[①] 参见郭明瑞、王轶：《合同法新论·分则》，中国政法大学出版社1997年版，第398页。
[②] 参见《技术合同纠纷司法解释》第1条。

些合同不是技术合同的典型形态。

（2）主体具有特殊性。技术合同的交易当事人一方或者双方一般都是持有特定技术权利或者具备特定技术能力的自然人、法人或者非法人组织，所以他们对交易的标的和合同的履行等事项有特殊的能力，甚至因此负有特别的义务。概括来说，他们之间订立的技术合同主要涉及新技术的开发、转让、许可、技术服务或咨询等内容，因此，合同一方或双方不仅需要具有民事权利能力和完全的民事行为能力，而且必须具有一定专业知识或技能，因此在实践中，技术合同的主体大多是科研机关和科研人员。

（3）内容具有多样性。技术合同是围绕技术从研发到应用的全过程而展开的，因而技术合同的内容具有多样性，可以针对技术产生和运用中的每一个阶段来进行。依据合同标的的不同，技术合同可分为技术开发合同、技术转让合同、技术许可合同、技术咨询合同及技术服务合同。在技术合同项下，又可以细分为多种类型。而且随着科技的发展和社会的进步，还会出现对技术的新的运用和研发方式，这些都可以纳入技术合同的范畴，从而使技术合同的内容具有包容性。技术成果的交易应该受到《民法典》合同编的调整，而技术成果所有权的归属，还要受到知识产权法律制度的调整。①

（4）履行的内容具有复杂性。由于技术合同的类型不同，其内容也存在一定的区别，有的以提交技术成果为内容，有的以提供咨询或改进建议为内容，有的则需要授权他人在一定期限或一定范围内利用技术成果。与其他合同相比，技术合同的履行环节较多，履行期限较长，价款、报酬或使用费的计算方式较为复杂，而且技术的开发本身具有一定的不可预期性，因而，技术合同具有一定的风险性。例如，在技术开发合同中，当事人约定的是就新技术、新产品、新工艺或者新材料及其系统的开发研究，此种开发研究是否能够成功，具有不确定性和极大的风险性，受托人能否顺利履行合同、实现合同目的，也不完全受当事人的主观控制，而是要受制于很多客观因素甚至偶然因素影响。

（5）具有双务性及有偿性。技术合同是在传统的双务合同基础上发展起来的，只不过其合同标的具有特殊性，但是其所应有的双务合同的性质并没有改变。由于技术合同的当事人一方进行开发、转让、咨询或服务，另一方通常应支付价款或报酬，因而技术合同一般都是有偿合同。

二、技术合同的内容

技术合同的内容具有特殊性。《民法典》第 845 条第 1 款规定："技术合同的内容一般包括项目的名称，标的的内容、范围和要求，履行的计划、地点和方式，技术信息和资料的保密，技术成果的归属和收益的分配办法，验收标准和方法，名词和术语的解释等条款。"该条使用了"一般包括"的用语，表明该条所规定的技术合同条款仅具有指导性作用，旨在为技术合同的签订提供一个参考和指引，并不要求合同必须全部具备这些条款。技术合同一般应包括以下条款。

（1）项目名称。所谓项目名称，是指技术合同标的的名称。② 因为技术合同具有集合性，并不是所有的技术合同都具有技术合同所能包含的全部内容，而往往只是集中于某一方面，例如，集中于技术的开发、转让等方面。技术合同应当用简明、规范的专业技术术语对合

---

① 参见崔建远主编：《合同法》（第七版），法律出版社 2021 年版，第 463 页。
② 参见魏耀荣等：《中华人民共和国合同法释论（分则）》，中国法制出版社 2000 年版，第 421 页。

同项目的名称进行明确,力求反映其技术特征和法律特征。① 在技术合同中,明确项目名称对于确定合同纠纷的解决规则有着重要意义。

(2) 标的的内容、范围和要求。技术合同标的的内容和项目名称是直接相关联的。不同类型的技术合同,其标的的内容、范围和要求是不同的。例如,在以新技术、新产品、新工艺或者新材料及其系统的研究开发为内容的技术开发合同中,其所指向的标的是尚不存在或尚未研发的新技术等;而在技术转让合同中,其标的则是已存于世的技术成果。② 因此,在技术合同中,不同的标的也将导致其所面临的风险和适用的法律规则不同,当事人之间的权利、义务关系也有差异。因此在技术合同中,当事人应根据不同的技术合同类型,就合同标的的内容、范围和标的要求(即标的的具体指标)进行约定。

(3) 履行的计划、进度、期限、地点、地域和方式。无论是技术开发合同、技术转让合同抑或技术服务合同和技术咨询合同,都存在当事人如何履行的问题。例如,在技术开发合同中,具体的履行内容包括技术开发经费的支付、技术资料和原始数据的提供、开发失败的风险约定、研究开发的进度、期限和技术成果的交付等。在专利实施许可合同中,具体的履行内容则包括实施许可的专利名称、内容、专利号,实施许可的期限、地域(如许可在一国范围内或仅是在某一省份内实施)以及方式(如独占实施许可、排他实施许可或普通实施许可)等。确定履行的计划、进度、期限、地点、地域和方式,不仅有利于技术合同的正确履行,也有利于确立双方当事人的责任。但诸如履行计划、进度、期限、地点、地域和方式等并不是所有技术合同均需具有的内容,应当根据技术合同的标的来确定技术合同的形式要求。③ 例如,履行地域通常是专利实施许可合同所应约定的事项。

(4) 技术信息和资料的保密。技术信息和资料的保密是技术合同的重要条款,这是由技术合同的性质及特殊的标的所决定的。在技术合同中,无论是技术合同具体履行过程还是交付使用的研究开发成功的技术成果或技术秘密等,都存在保密的问题。除专利技术外,技术合同的标的一般都是不对外公开的,一旦公开,其经济价值就大大下降。因此,技术合同的保密条款是十分重要的。当事人应当对需要保密的技术信息和资料的事项、范围、期限、责任等作出具体的约定。对于技术合同中的技术信息和资料,例如,委托开发合同的委托人按照约定提供的技术资料和原始数据、专利实施许可合同的让与人按照约定交付的与实施专利有关的技术资料等,当事人应按照合同的约定负有保密义务。

(5) 风险责任的承担。在技术合同的履行过程中,合同所约定的内容可能因某种无法克服的技术困难而不能完全实现,甚至不能实现,因而技术合同的履行往往伴随着一定的风险。④ 尤其是在技术开发合同中,技术开发具有不确定性,开发人需要凭借其所掌握的技术知识进行研究开发,在这一过程中,可能会因无法克服的技术困难而致使研究开发失败。此外,技术合同中的风险还可能表现为"技术缺陷或者技术应用不当造成损害"以及"他人率先开发出技术成果并取得专利权"等。⑤ 这就需要当事人就风险责任的承担进行约定,从而有利于研究开发人大胆进行研究开发和实验,促使技术的革新,也有利于避免争议的发生。

(6) 技术成果的归属和收益的分配办法。在技术开发合同中,研究开发人按照合同约

---

① 参见段瑞春:《技术合同》,法律出版社1999年版,第70页。
② 参见魏耀荣等:《中华人民共和国合同法释论(分则)》,中国法制出版社2000年版,第422页。
③ 同上。
④ 参见胡康生主编:《中华人民共和国合同法释义》,法律出版社1999年版,第494页。
⑤ 参见王轶等:《中国民法典释评·合同编·典型合同》(下卷),中国人民大学出版社2020年版,第234页。

定,依照研究开发计划,最后一般会形成特定的技术成果。在技术转让合同、技术咨询或服务合同中,受让人或受托人也有可能会利用现有的技术成果,并借助委托人提供的技术资料和工作条件等形成新的技术成果,这就是通常所说的后续改进,在后续改进的基础上也会形成新的技术成果。[①] 这就需要当事人在合同中对技术成果的归属以及对此取得的收益如何分成进行约定。

(7) 验收标准和方法。验收标准和方法是确定当事人是否依据合同约定履行义务的依据。此处所说的验收,主要是技术合同的当事人就研究开发人或受让人等所交付的技术成果是否符合合同约定而进行检验。研究开发人验收标准既可以由双方当事人约定按照国家规定的标准进行,也可以由双方直接约定具体标准。而验收方法也是多种多样的。[②]

(8) 价款、报酬或者使用费及其支付方式。技术合同是双务合同,因此在研究开发人、专利权人、专利实施许可人等按照合同约定履行自己的义务之后,另一方当事人应当支付价款、报酬或使用费。此处所说的价款主要是指在涉及技术成果权属的技术转让合同中受让人应支付的对价,报酬主要是指技术委托开发合同、技术咨询合同和技术服务合同的委托人所应支付的金钱,而使用费主要是指专利实施许可合同和技术秘密许可使用合同中被许可人应支付的金额。[③] 依据《技术合同纠纷司法解释》第 14 条,对技术合同的价款、报酬和使用费,应当由当事人通过约定予以明确,如果当事人没有约定或者约定不明确的,则可以按照以下原则处理:第一,对于技术开发合同和技术转让合同、技术许可合同,根据有关技术成果的研究开发成本、先进性、实施转化和应用的程度,当事人享有的权益和承担的责任,以及技术成果的经济效益等合理确定,实际上就是要根据技术成果的研发成本、效益、转化应用的程度等因素来合理确定价款、报酬和使用费;第二,对于技术咨询合同和技术服务合同,主要是根据现有的、公开的技术提供咨询和服务,因此应当根据有关咨询服务工作的技术含量、质量和数量,以及已经产生和预期产生的经济效益等合理确定。

价款、报酬或者使用费的具体支付方式由当事人进行约定。《民法典》第 846 条特别规定了三种情形:一是一次总算、一次总付或者一次总算、分期支付。所谓一次总算、一次总付是指一次性计算出价款和报酬的总数。所谓分期支付,是指当事人按照合同约定将总的价款、报酬或者使用费分为多期、多批次而进行支付。[④] 这两种方式的主要区别在于在一次性将所有的价款、报酬或使用费算清之后,是一次总付,还是分期支付。二是提成支付。依据《民法典》第 846 条第 1 款,当事人也可以采取提成支付的方式。《民法典》第 846 条第 2 款规定:"约定提成支付的,可以按照产品价格、实施专利和使用技术秘密后新增的产值、利润或者产品销售额的一定比例提成,也可以按照约定的其他方式计算。提成支付的比例可以采取固定比例、逐年递增比例或者逐年递减比例。"该条确定了提成支付的计算基准和提取比例,可以按照产品价格、实施专利和使用技术秘密后新增的产值、利润或者产品销售额等作为计算基准,至于提取比例,既可以采取固定比例,也可以采取浮动式,由当事人自主约定。三是提成支付附加预付入门费,《民法典》第 846 条第 1 款对此也作了规定。所谓提成支付附加预付入门费,是指在合同成立之初先向对方支付报酬、价款或者部分使用费,剩余

[①] 参见段瑞春:《技术合同》,法律出版社 1999 年版,第 201 页。
[②] 参见魏耀荣等:《中华人民共和国合同法释论(分则)》,中国法制出版社 2000 年版,第 423 页。
[③] 参见蒋志培主编:《技术合同司法解释的理解与适用》,科学技术文献出版社 2007 年版,第 33 页。
[④] 参见马俊驹、余延满:《民法原论》(第三版),法律出版社 2007 年版,第 743 页。

部分按照比例提成。① 另外,关于提成支付的计算方式,《民法典》第846条第3款规定:"约定提成支付的,当事人可以约定查阅有关会计账目的办法。"该规定是为了保护提成支付中接受价款、报酬或者使用费一方当事人的合法权益,这是其享有的合法权利。

三、职务技术成果

(一) 职务技术成果

职务技术成果是指个人执行法人或者其他组织的工作任务,或者主要是利用法人或者其他组织的物质技术条件所完成的技术成果。在现代市场经济中,虽然单位不可能真正从事思考和研发任务,但是其可以凭借自身的资金和人员优势,组织员工从事具体科研任务,并为员工提供实验设备、劳动保护、科研奖励等重要物质条件,以完成技术成果的研发。因此,单位可依据约定享有此类技术成果的使用权和转让权,研发者个人未经单位同意擅自转让该技术成果的,将侵害单位的权益。②

《民法典》第847条第2款规定:"职务技术成果是执行法人或者非法人组织的工作任务,或者主要是利用法人或者非法人组织的物质技术条件所完成的技术成果。"这就确立了对职务技术成果的认定标准。具体而言,其包括如下原则。

1. 尊重当事人的约定

依据《技术合同纠纷司法解释》第2条第2款的规定,法人或者非法人组织与其职工就职工在职期间或者离职以后所完成的技术成果的权益有约定的,人民法院应当依约定确认。由此可见,在职务技术成果的认定过程中,应尊重当事人的意思自治。毕竟,技术成果属于私权,国家不必过多干涉,如果当事人约定技术成果归个人所有,或约定技术成果归单位所有,应当尊重此种约定,并依据当事人的约定来确定权利归属。

2. 当事人无约定的认定标准

如果相关的技术成果属于"执行法人或者其他组织的工作任务"或"利用法人或者其他组织的物质技术条件",即可认定为职务技术成果,例如,依据《专利法》第6条的规定,执行本单位的任务或者主要是利用本单位的物质技术条件所完成的发明创造为职务发明创造。职务技术成果的认定包括如下两种标准。

(1) 执行法人或者非法人组织的工作任务。法人或者非法人组织与其职工就职工在职期间或者离职以后所完成的技术成果的权益有约定的,依据当事人的约定来确定权益。如果没有约定,依据《技术合同纠纷司法解释》第2条,"执行法人或者非法人组织的工作任务"包括两种情况:一是履行法人或者非法人组织的岗位职责或者承担其交付的其他技术开发任务的,如果个人的本职工作与某项技术合同的研发没有直接关系,则可能不属于职务技术成果。③ 例如,某企业的技术员的本职工作是从事本单位污水处理的化学研究,该技术员在上班闲暇之时,自行研发了一套电脑游戏软件,则该软件的开发就不属于其本职工作范围。二是离职后一年内继续从事与其原所在法人或者非法人组织的岗位职责或者交付的任务有关的技术开发工作,但法律、行政法规另有规定的除外。也就是说,如果个人在离职后一年之内,仍从事与原单位的工作任务有关的技术开发工作,在此情况下,也应当将相关的技术

---

① 参见黄薇:《中华人民共和国民法典合同编解读》(下册),中国法制出版社2020年版,第1140页。
② 参见胡康生主编:《中华人民共和国合同法释义》,法律出版社1999年版,第498页。
③ 参见郗中林:《技术合同纠纷案件审判中的若干法律问题》,载《人民司法》2000年第2期。

成果认定为职务技术成果。

（2）主要利用法人或者非法人组织的物质技术条件。所谓"物质技术条件"，依据《技术合同纠纷司法解释》第3条，包括资金、设备、器材、原材料、未公开的技术信息和资料等。其既包括物质条件（如资金、设备等），也包括技术条件（如未公开的技术信息）。例如，个人利用业余时间自行完成了发明创造，但并没有利用其所在单位或其他科研基金的资助，也没有利用物质技术条件，则不属于职务技术成果。① 如果个人主要利用法人或者非法人组织的物质技术条件，其所完成的技术成果属于职务技术成果。

《民法典》第847条第2款强调职务技术成果必须是"主要是利用"法人或者非法人组织的物质技术条件。所谓"主要是利用"，是指"包括职工在技术成果的研究开发过程中，全部或者大部分利用了法人或者非法人组织的资金、设备、器材或者原材料等物质条件，并且这些物质条件对形成该技术成果具有实质性的影响；还包括该技术成果实质性内容是在法人或者非法人组织尚未公开的技术成果、阶段性技术成果基础上完成的情形"②。如果当事人事先约定了利用这些物质技术条件，将返还资金或者交纳使用费的，或者仅仅只是利用这些物质技术条件对技术方案进行验证和测试的，则不属于主要利用法人或者其他组织的物质技术条件。③ 一般认为，如果利用单位物质技术条件对最终技术成果的形成产生了实质性的影响，就可以认定为主要利用单位物质技术条件。

此外，《技术合同纠纷司法解释》第5条还对跨越多个工作单位完成的职务技术成果的归属作了规定。依据该规定，"个人完成的技术成果，属于执行原所在法人或者非法人组织的工作任务，又主要利用了现所在法人或者非法人组织的物质技术条件的，应当按照该自然人原所在和现所在法人或者非法人组织达成的协议确认权益"。问题的关键在于，如何在两个工作单位之间公平地分配技术成果的归属。根据该条解释，首先应当由当事人之间就此进行协商。如果协商不成，那么则可以以各单位的贡献度为标准进行归属分配。贡献度越大，则所获得的权益也应当更多。各单位的贡献度的确定规则，则可以参考《技术合同纠纷司法解释》第14条关于技术合同的价款、报酬和使用费约定不明时的处理原则。④

为了尊重技术成果完成人的劳动，鼓励研发和创新，《民法典》第849条规定："完成技术成果的个人享有在有关技术成果文件上写明自己是技术成果完成者的权利和取得荣誉证书、奖励的权利。"因此，完成技术成果者对该项成果享有人身权，包括署名权、荣誉权和获得奖励权。这主要是因为，劳动成果的承认不仅限于物质性的回馈，还应当包括和注重精神性的褒奖。这也与人生价值实现的物质面向与精神面向的双重关照相符合。

此外，在单位转让职务技术成果时，职务技术成果完成人享有优先受让权。所谓优先受让权，是指权利人在转让职务技术成果时，职务技术成果完成人享有优先受让的权利。依据《民法典》第847条第1款的规定，法人或者非法人组织订立技术合同转让职务技术成果时，职务技术成果的完成人享有以同等条件优先受让的权利。所谓"职务技术成果的完成人"，依据《技术合同纠纷司法解释》第6条，"包括对技术成果单独或者共同作出创造性贡献的人，也即技术成果的发明人或者设计人。人民法院在对创造性贡献进行认定时，应当分解所

---

① 参见"吴琦诉北京思路高高科技发展有限公司技术合同纠纷案"，北京市第一中级人民法院（2005）一中民初字第10224号民事判决书。
② 《技术合同纠纷司法解释》第4条。
③ 参见同上。
④ 参见王轶等：《中国民法典释评·合同编·典型合同》（下卷），中国人民大学出版社2020年版，第243页。

涉及技术成果的实质性技术构成。提出实质性技术构成并由此实现技术方案的人,是作出创造性贡献的人"。但是,提供资金、设备、材料、试验条件,进行组织管理,协助绘制图纸、整理资料、翻译文献等人员,不属于职务技术成果的完成人。法律作出此种规定的原因在于,职务技术成果的具体研究开发工作是由完成人所从事和完成的,而且完成人对该职务技术成果享有特定的人身权,如署名权、荣誉权和获得奖励权,因此,完成人在同等条件下享有优先受让权,这既是对其自身劳动的尊重,也方便完成人利用该技术成果,充分发挥该技术成果的效用和价值。但在单位放弃申请专利的情形下,可以类推适用《民法典》第860条,赋予单位免费使用的权利。例如,在"耿学文诉贵州盘江精煤股份有限公司火烧铺矿侵害发明专利权纠纷案"中,法院认为,对于合作开发完成的发明创造,申请专利的权利属于合作开发的当事人共有,法律尚且规定了放弃专利申请权的一方可以免费实施该专利。对于主要依靠单位物质资料条件完成的职务发明创造,申请专利的权利只属于单位,单位放弃其专利申请权的情形,根据举轻明重之推定,单位当然可以免费实施该专利,并无须征得专利人许可。[①]

《民法典》第847条删除了《合同法》第326条中"法人或者其他组织应当从使用和转让该项职务技术成果所取得的收益中提取一定比例,对完成该项职务技术成果的个人给予奖励或者报酬"的规定。此种变化的主要理由在于,要不要提取技术成果所取得的部分收益来作为完成人的奖励或者报酬,涉及的主要还是当事人之间的利益,应当尊重意思自治,由当事人通过约定解决。只要当事人根据劳动合同或者劳务合同等作出了约定,法律原则上没有必要直接干预。

（二）非职务技术成果

非职务技术成果是与职务技术成果相对应的概念,它是指不属于执行法人或者非法人组织的工作任务完成的技术成果,包括个人非为执行法人或者非法人组织的工作任务,而且未利用法人或非法人组织的物质技术条件,或仅是部分利用法人或者非法人组织的物质技术条件,但尚未构成"主要利用"的情况下形成的技术成果。[②] 依据《民法典》第848条的规定,非职务技术成果的完成人并非仅享有对该技术成果的人身权,同时还完整地享有使用、转让该技术成果的财产权。而在职务技术成果中,使用、转让技术成果的权利属于法人或非法人组织,职务技术成果的完成人仅享有获得奖励或报酬的权利、优先受让权、署名权和荣誉权等权利。

由于区分职务技术成果和非职务技术成果,对保障当事人的合法权利,鼓励个人进行智力创造并积极从事研究开发技术成果的活动具有重要意义,还有利于促进国家科学技术的进步和发展,因此《民法典》规定了区分的一般规则。一是尊重当事人的约定。依据《民法典》第848条的规定,"完成技术成果的个人可以就该项非职务技术成果订立技术合同"。这就意味着非职务技术成果归属的认定,按照私法自治原则,如果当事人对该技术成果的归属有约定的,应尊重当事人的约定。二是当事人无约定或者约定不明的情形,依据《民法典》第848条的规定,此时非职务技术成果的使用权、转让权属于完成技术成果的个人。

四、无效技术合同

无效技术合同是指技术合同违反了法律法规的强制性规定或公序良俗,而导致合同无

---

① 参见贵州省高级人民法院(2017)黔民终689号民事判决书。
② 参见黄薇主编:《中华人民共和国民法典合同编解读》(下册),中国法制出版社2020年版,第1145页。

效。《民法典》第850条规定："非法垄断技术或者侵害他人技术成果的技术合同无效。"无效技术合同主要包括如下情形。

（1）非法垄断技术、妨碍技术进步。限制他人合法进行技术改进、阻碍技术进步的合同应当无效。[①] 所谓非法垄断技术，是指当事人通过合同条款的规定限制他方当事人在既有技术上的开发、从其他渠道获得技术，或者阻碍正当合理的专利实施和技术秘密的运用。[②]《技术合同纠纷司法解释》第10条对非法垄断技术作出了详细的规定。[③]《民法典》第850条之所以规定非法垄断技术、妨碍技术进步的技术合同无效，是因为其与《民法典》第844条所规定的原则是相悖的，即"订立技术合同，应当有利于知识产权的保护和科学技术的进步，促进科学技术成果的研发、转化、应用和推广"。例如，在"重庆市长奔汽车标准件制造有限公司与重庆生祥工贸有限公司技术合同纠纷案"中，法院认为，长奔公司与渝安公司签订的东风小康2007年度零部件采购合同书第八章维护知识产权协议明确约定，长奔公司不得将渝安公司提供的技术资料向第三方扩散。长奔公司与生祥公司签订东风小康汽车2007年度零部件采购合同书，将本案所涉的EQ6380汽车零部件产品的11个技术资料提供给生祥公司的行为违反了长奔公司与渝安公司签订的采购合同书，侵害了渝安公司的技术成果。该采购合同书中有关长奔公司向生祥公司提供技术资料的约定应为无效。[④]

（2）侵害他人技术成果。在实践中，侵害他人技术成果的行为经常表现为，合同约定技术成果使用权归一方的，另一方未经许可就将该项技术成果转让给第三人。[⑤] 笔者认为，从有利于对真正权利人的保护，促进技术进步的角度考虑，显然将其作为效力待定的合同来处理更为妥当。即受让人可催告权利人追认该转让行为，如果权利人拒绝追认，则该转让行为无效。

在技术合同被确认无效或被撤销以后，当事人应当依据无效合同的规定恢复原状，依据《技术合同纠纷司法解释》第11条第1款，"技术合同无效或者被撤销后，技术开发合同研究开发人、技术转让合同让与人、技术许可合同许可人、技术咨询合同和技术服务合同的受托人已经履行或者部分履行了约定的义务，并且造成合同无效或者被撤销的过错在对方的，对其已履行部分应当收取的研究开发经费、技术使用费、提供咨询服务的报酬，人民法院可以认定为因对方原因导致合同无效或者被撤销给其造成的损失"。另外，因履行合同所完成的新的技术成果或者在他人技术成果基础上完成的后续改进技术成果的权利归属和利益分享，首先应当由当事人重新协商确定，如果当事人之间不能达成协议的，依据《技术合同纠纷司法解释》第11条第2款，人民法院可以判决由完成技术成果的一方享有。

---

① 有关国际条约亦有类似规定。例如，TRIPs协议在第二部分第八节第40条之1规定："各成员同意，一些限制竞争的有关知识产权的许可活动或条件可对贸易产生不利影响，并会妨碍技术的转让和传播。"
② 参见黄薇主编：《中华人民共和国民法典合同编解读》（下册），中国法制出版社2020年版，第1089、1146页。
③ 《技术合同纠纷司法解释》第10条规定："下列情形，属于民法典第八百五十条所称的'非法垄断技术'：（一）限制当事人一方在合同标的技术基础上进行新的研究开发或者限制其使用所改进的技术，或者双方交换改进技术的条件不对等，包括要求一方将其自行改进的技术无偿提供给对方、非互惠性转让给对方、无偿独占或者共享改进技术的知识产权；（二）限制当事人一方从其他来源获得与技术提供方类似技术或者与其竞争的技术；（三）阻碍当事人一方根据市场需求，按照合理方式充分实施合同标的技术，包括明显不合理地限制技术接受方实施合同标的技术生产产品或者提供服务的数量、品种、价格、销售渠道和出口市场；（四）要求技术接受方接受并非实施技术必不可少的附带条件，包括购买非必需的技术、原材料、产品、设备、服务以及接收非必需的人员等；（五）不合理地限制技术接受方购买原材料、零部件、产品或者设备等的渠道或者来源；（六）禁止技术接受方对合同标的技术知识产权的有效性提出异议或者对提出异议附加条件。"
④ 参见重庆市高级人民法院（2011）渝高法民终字第59号民事判决书。
⑤ 参见段瑞春：《技术合同》，法律出版社1999年版，第105页。

值得注意的是，《技术合同纠纷司法解释》第12条第1款增加了对侵害技术秘密案件中的善意第三人的保护力度。在当事人一方与第三人订立的合同损害他人技术秘密的案件中，受到交易标的的"秘密性"特点的影响，第三人很有可能难以知晓交易合同有损害他人合法权益的情况，而且还可能因为不知道而应用，并作出了投入。① 此时，如果一概采用合同无效的规则，不免使善意第三人承担过重的不利后果。因此，该款规定"善意取得该技术秘密的一方当事人可以在其取得时的范围内继续使用该技术秘密"。不过，出于维护真实权利人的考虑，该款也同时规定该善意第三人"应当向权利人支付合理的使用费并承担保密义务"。如果因为支付合理的使用费发生纠纷，人民法院可以根据权利人通常对外许可该技术秘密的使用费或者使用人取得该技术秘密所支付的使用费，并考虑该技术秘密的研究开发成本、成果转化和应用程度以及使用人的使用规模、经济效益等因素合理确定使用费。②

第二节　技术开发合同

一、技术开发合同的概念和特征

依据《民法典》第851条第1款的规定，技术开发合同是当事人之间就新技术、新产品、新工艺、新品种或者新材料及其系统的研究开发所订立的合同。而技术开发，则是指在利用基础研究成果的基础上，经过发明创新和生产试验等环节而创造新的技术成果。例如，某汽车生产企业为了开拓市场，需要研制新能源汽车，因此与国内某研发机构签订技术开发合同，由该汽车生产企业投入资金，研发机构则承担新能源汽车的具体研发工作。再如，医疗影像人工智能开发企业利用匿名化处理后的医学影像材料和病历资料进行人工智能训练，开发出能够自动诊断肿瘤病灶的人工智能技术。

在技术开发合同中，所谓的当事人利用"新技术、新产品、新工艺、新品种或者新材料及其系统"，是指当事人在订立技术合同时尚未掌握的产品、工艺、材料及其系统等技术方案，但对技术上没有创新的现有产品的改型、工艺变更、材料配方调整以及对技术成果的验证、测试和使用除外。③ 在现代社会中，技术作为第一生产力而存在，其作为国家的核心竞争力而日益凸显其重要性。技术开发合同作为规范技术开发关系的合同，对于促进技术开发的实现和技术成果的产生有着重要意义。

技术开发合同的特征在于：

1. 目的具有特殊性

技术开发合同的订约目的是追求新技术，其核心体现在"新"。如何理解"新"的含义？一般认为，它是指合同双方当事人在订立技术开发合同时尚未掌握的技术、产品、工艺或者材料及其系统等技术方案④，这就要求合同标的具有技术创新成分和技术进步特征。技术开发合同要求作为合同标的的技术成果必须具有一定的新颖性。⑤ 但此处所说的"新"也只是相对的，只要是技术开发合同的双方当事人尚未掌握的即可，并不要求技术成果是世界新

---

① 参见王轶等：《中国民法典释评·合同编·典型合同》（下卷），中国人民大学出版社2020年版，第252页。
② 参见《技术合同纠纷司法解释》第13条第2款。
③ 参见《技术合同纠纷司法解释》第17条。
④ 参见胡康生主编：《中华人民共和国合同法释义》，法律出版社1999年版，第439页。
⑤ 参见黄松有主编：《技术合同司法解释实例释解》，人民法院出版社2006年版，第265页。

颖、国内首创或者在行业、地区排名第一。① 在研究开发的过程中,当事人会面临技术开发失败及在开发成功前被公开的风险。依据《民法典》第857条的规定,如果在技术开发合同的履行过程中,作为技术开发合同标的的技术已经由他人公开,成为公开技术,技术开发合同的履行已经没有意义,当事人可以解除合同。例如,在"徐州中矿科光机电新技术有限公司与江苏省煤矿研究所有限公司合同纠纷案"中,法院认为,涉案协议书约定研发的技术,目前在市场上已经存在,也没有继续研发的意义。基于订约目的、履约情况等因素,涉案协议书缺乏继续履行的基础和意义,故对于中矿公司应继续履行的上诉理由,法院不予支持。②

2. 标的具有特殊性

技术开发合同的标的是凝聚着人类智慧和创造性劳动的科学技术成果,但与其他技术合同的标的相比较,其特殊性表现在:一是技术开发合同所指向的技术成果,是尚未面世的技术成果,其最终能否开发成功取决于研究开发人的智力创造。二是该技术成果具有"新"的特性。它虽然是具有创造性的技术成果,但它是在订约之时当事人尚未掌握的新的技术、产品、工艺或者材料及其系统等技术方案。三是该技术成果能够满足委托人的特定需要。研究开发人是按照委托人的特别要求进行科学技术创造活动的,其科研成果只是为了满足委托人在生产上的某种需要。技术开发合同与技术转让合同在标的上的区别也体现于此,在技术转让合同中,转让人所转让的是现有技术成果。

3. 风险承担具有特殊性

正是因为技术开发合同以新技术成果为合同的标的,这就意味着技术开发合同需要面临特殊的风险,该风险是指在研究开发过程中,虽经当事人一方或者双方主观努力,却因受现有科技知识、认识水平和试验条件限制,面临无法预见、防止和克服的技术困难,导致研究开发失败或者部分失败所发生的损失。③ 一般来说,只有在技术开发合同中当事人才会面临此种技术风险,因为技术开发合同的标的主要是尚不存在的技术成果,而在技术转让、技术咨询和技术服务合同中,当事人一方所转让或利用的是既存的技术成果,因此在这些合同中技术风险的负担规则没有适用的可能性和必要性。

4. 具有双务性、有偿性和诺成性

在技术开发合同中,研究开发人应提供技术商品,委托人应提供研究开发经费和相应的报酬,双方协作进行研究开发工作。所以,技术开发合同是双务、有偿合同。技术开发合同自当事人就技术开发合同的主要条款达成合意时即成立,因此它又是诺成合同。

5. 要式性

《民法典》第851条第3款规定:"技术开发合同应当采用书面形式。"这主要是因为技术开发合同内容复杂,风险大,周期长,所需要的经费、人员、设备技术等较多,采用书面形式可以有效明晰各方当事人的权利义务关系,避免纠纷和争议。不过,即便当事人未签订书面形式的技术开发合同,也并不当然表明合同不成立。根据《民法典》第490条第2款,当事人未采用书面形式但是一方已经履行主要义务,对方接受时,该合同成立。这一规则在司法裁判实践中也得到了认可。④

---

① 参见段瑞春:《技术合同》,法律出版社1999年版,第122页。
② 参见(2019)苏民终1190号民事判决书。
③ 参见段瑞春:《技术合同》,法律出版社1999年版,第150页。
④ 参见"杭州聚合网络科技有限公司诉中国移动通信集团浙江有限公司、浙江融创信息产业有限公司等侵害计算机软件著作权纠纷案",浙江省高级人民法院(2013)浙知终字第289号民事判决书。

《民法典》第851条第4款规定:"当事人之间就具有实用价值的科技成果实施转化订立的合同,参照适用技术开发合同的有关规定。"所谓就具有实用价值的科技成果实施转化订立的合同,是指当事人之间就具有实用价值但尚未实现工业化应用的科技成果包括阶段性技术成果,以实现该科技成果工业化应用为目标,约定后续试验、开发和应用等内容的合同。① 法律上之所以规定科技成果实施转化合同要参照适用技术开发合同,是为了适应技术创新和科技产业化,推动科学技术成果的转化与实践需要,且从实践来看,此类合同已经广泛采用,且纠纷时有发生,但是缺乏法律依据,通过参照适用的方式也弥补了此类纠纷法律适用的空白。② 另外,此种技术转化合同与技术开发合同存在诸多相似之处,例如新技术开发转化的风险、后续技术的革新等,故可以参照适用技术开发合同的相关规则。

二、委托开发合同

(一) 委托开发合同的概念

委托开发合同,是指研究开发人与委托人之间达成的有关研究开发人完成开发工作,并向委托人提交开发成果,委托人接受该项开发成果并向开发人支付约定的开发费用的协议。③《民法典》第852条规定:"委托开发合同的委托人应当按照约定支付研究开发经费和报酬,提供技术资料,提出研究开发要求,完成协作事项,接受研究开发成果。"严格地说,委托开发合同是在委托合同基础上产生的,从广义上也属于委托合同的范畴,但鉴于其以技术开发为目的,因而其区别于委托合同,作为一种独立的典型合同类型而存在。

(二) 委托开发合同的效力

依据《民法典》第852条的规定,委托开发合同的效力包括:

1. 委托人的主要义务

(1) 按照约定支付研究开发经费和报酬。委托人负有按照合同约定支付研究开发经费和报酬的义务。研究开发经费不同于报酬。它是指完成研究开发工作所需要的成本,如购买研究必需的设备仪器、研究资料、试验材料、能源和试制、安装以及获取情报资料等项费用④,而报酬则是研究开发成果的使用费和研究开发人员的科研补贴。⑤ 由此可见,研究开发经费是委托开发合同履行所必需的费用,对于受托人的研究开发工作的启动和顺利进行发挥着重要作用。因此,委托人应当按照合同约定支付开发报酬。但如果双方当事人在合同中约定将研究开发经费的一定比例作为使用费和科研补贴的,可以不单列报酬。⑥ 换言之,委托人所应支付的报酬已经包含在研究开发经费之中,以研究开发经费的名义予以支付。鉴于研究开发经费和报酬的性质差异,双方当事人须就此种情形作出明确约定。

委托人无故拒绝或迟延支付研究开发经费和报酬的,应负违约责任。《民法典》第854条规定:"委托开发合同的当事人违反约定造成研究开发工作停滞、延误或者失败的,应当承担违约责任。"其中,委托人违反约定造成研发工作停滞或延误,当然也包括其无正当理由未按照合同约定支付研究开发费用和报酬所导致的研发停滞或延误的情形,此时委托人应承

---

① 参见《技术合同纠纷司法解释》第18条。
② 参见黄薇主编:《中华人民共和国民法典合同编解读》(下册),中国法制出版社2020年版,第1153页。
③ 参见黄松有主编:《技术合同司法解释实例释解》,人民法院出版社2006年版,第265页。
④ 参见胡康生主编:《中华人民共和国合同法释义》,法律出版社1999年版,第504页。
⑤ 参见魏耀荣等:《中华人民共和国合同法释论(分则)》,中国法制出版社2000年版,第442页。
⑥

担违约责任。①

（2）协作义务。《民法典》第852条也确立了委托人的协作义务。一是提供技术资料。技术资料是研究开发人进行研究开发的基础，委托人是否负有提供义务应依合同约定，如果合同约定委托人负有提供义务的，其应当提供。该条删除了《合同法》第331条要求提供"原始数据"的规定。这主要是因为，一方面，即便是为了帮助受托人认识和了解研发目标和背景，是否有必要提供原始数据，也不能一概而论。另一方面，原始数据可能涉及委托方的重要技术或者商业秘密等，如与受托方的研发任务无关，没有必要提供。因此，委托方是否有义务提供原始数据，需要根据特定研发任务和性质来判断。② 二是提出研究开发要求，具体包括新开发技术的技术特征、性能、开发周期、质量标准。三是其他协助义务。例如，研究开发人也有权要求委托人补充必要的背景资料，介绍与研究开发工作有关的市场信息等，但不得超过履行合同所要求的范围。③ 只有在委托人履行了这些协助义务之后，研究开发人才能顺利地开展研究开发工作。依据我国《民法典》第854条的规定，委托人违反约定造成研究开发工作停滞、延误或者失败的，应当承担违约责任。因此，委托人未按照约定或拒绝提供技术资料、原始数据等也应包括在"违反约定"之中，由此造成研究开发工作停滞、延误或失败的，委托人应当承担违约责任。

（3）及时接受研究开发成果。依据《民法典》第852条的规定，在研究开发完成，合同约定的技术成果已经形成的情形下，委托人负有及时接受的义务。工作成果的表现形式可以是多样的，它可以是产品设计、材料配方以及技术发明方案，也可以是新技术、新产品的论文报告，还可以是新设备、新仪器。一旦对方提出交付，委托人就应当及时接受。

2. 研究开发人的主要义务

《民法典》第853条规定："委托开发合同的研究开发人应当按照约定制定和实施研究开发计划，合理使用研究开发经费，按期完成研究开发工作，交付研究开发成果，提供有关的技术资料和必要的技术指导，帮助委托人掌握研究开发成果。"依据该条规定，研究开发人负有如下合同义务：

（1）按照约定制定和实施研究开发计划的义务。在委托开发的过程中，研究开发人通常需要事先拟定研究开发的具体内容和步骤，如研究开发的基本目标、研究开发的方法与方案、研究开发的进度、研究开发的实验方法、研究开发的期限等。④在研究开发的过程中，如果因委托开发合同的当事人的过错而致使研究开发工作停滞、延误或者失败的，依据《民法典》第854条的规定，违约一方应承担违约责任。

（2）合理使用研究开发经费的义务。研究开发经费不同于报酬，其是为了研究开发工作的正常启动和开展而由委托人支付的经费。合理使用研究开发经费，既是为了尽可能地减少委托人的支出，又有利于研究开发工作的顺利进行。当然，如果合同当事人约定将研究开发费用的一部分作为报酬的，应依照当事人的约定。

（3）按期完成工作并及时交付工作成果的义务。依据《民法典》第853条的规定，研究开发人应当按期完成研究开发工作，交付研究开发成果。一方面，研究开发人应当按照合同

---

① 参见"北斗卫星数字新媒体（北京）有限公司与被上诉人博彦科技广州有限公司计算机软件开发合同纠纷案"，广东省高级人民法院（2018）粤民终1900号民事判决书。
② 参见王轶等：《中国民法典释评·合同编·典型合同》（下卷），中国人民大学出版社2020年版，第263页。
③ 参见魏耀荣等：《中华人民共和国合同法释论（分则）》，中国法制出版社2000年版，第442页。
④ 同上书，第443页。

约定的期限完成研究开发工作,不得无故拖延或延误研究开发工作;另一方面,研究开发人在完成工作成果后,应及时交付。在委托开发合同中,委托人委托研究开发人进行研究开发工作,其所追求的是最终的工作成果。工作成果的表现形式可以是多样的,可以是产品设计、材料配方以及技术发明方案,也可以是新技术、新产品的论文报告,还可以是新设备、新仪器。① 工作成果的及时交付,通常是与委托人的切身利益相联系的。例如,委托人已经将实施受托人所研发的技术成果的设备、人员等准备就绪,如果受托人按照合同约定及时交付的,委托人就可以将该成果投入生产,从而产生经济效益。因此,研究开发成果的及时交付有利于实现该成果的及时转化。此外,及时交付成果也有利于实现技术成果风险的转移。

(4)协助义务。依据《民法典》第853条的规定,研究开发人应当"提供有关的技术资料和必要的技术指导,帮助委托人掌握研究开发成果"。这就确立了研究开发人的协助义务。通常,技术成果具有专门性和技术性,委托人并不完全了解该技术成果。由研究开发人提供有关的技术资料和必要的技术指导,既可以帮助委托人掌握研究开发成果,也有利于实现技术成果的转化。② 在技术开发合同中,由于作为合同标的的技术成果具有新型的特点,通常只有研究开发人才了解该项技术成果的具体特性以及如何应用等,要求其履行协助义务,有利于合同目的的实现。还需要指出的是,在一般情况下,技术开发合同的标的大都是未取得专利的技术,因此,合同约定有保密义务的,研究开发人不得向第三者泄露技术秘密。当然,当事人可以在订立合同时就发明创造的专利申请权以及技术秘密成果的使用权、转让权作出约定,或对双方当事人的保密义务作出约定。

(三)委托开发合同中技术风险责任的承担

技术风险,是指在技术开发过程中,出现无法克服的技术困难导致技术开发工作失败的可能性。此种风险,并不包含作为不可抗力的自然事件、社会事件和人员风险、市场风险等因素在内。在技术开发中,受托人所研究开发的技术是作为"新"技术存在的,而非现有的技术成果,因此,在研究开发中,经常面临着不可预知的、可能导致技术开发失败或部分失败的风险。由于现有的知识水平、技术水平等的限制,开发的技术成果具有不确定性,经过当事人双方共同努力,可能达到预期的效果,也可能达不到预期的效果。

《民法典》第858条第1款规定:"技术开发合同履行过程中,因出现无法克服的技术困难,致使研究开发失败或者部分失败的,该风险由当事人约定;没有约定或者约定不明确,依据本法第五百一十条的规定仍不能确定的,风险由当事人合理分担。"依据这一规定,首先,可以由双方当事人就风险责任的负担进行约定,如果当事人有约定的,从其约定。由于技术开发合同中当事人之间的利益关系比较复杂,其内容涉及双方当事人的利益分配、开发技术的使用期限、专利费用、转让权限以及成果转化的利益归属等诸多问题,所以,就有关技术风险分担问题,最好由当事人双方进行约定,找出合理分担风险的方法。其次,在当事人没有约定或约定不明确时,应依照《民法典》第510条由当事人事后达成协议补充。不能达成补充协议的,按照合同有关条款或交易习惯确定。如果仍不能确定的,应由各方当事人合理分担。例如,有的法院在裁判实践中认为,双方当事人为共同研发特定自动化设备约定一方提供技术指导、一方提供设备材料,那么,因为开发所产生的损失应由双方共同承担。③ 当然,

---

① 参见黄薇主编:《中华人民共和国民法典合同编解读》(下册),中国法制出版社2020年版,第1158页。
② 参见王轶等:《中国民法典释评·合同编·典型合同》(下卷),中国人民大学出版社2020年版,第267—268页。
③ 参见"李士印、济宁环宇机电有限责任公司技术合同纠纷案",山东省高级人民法院(2020)鲁08民终1840号民事判决书。

所谓合理分担,并不是平均分担,而要根据合同的具体情况,如资产的承受力、损失程度、产生风险前各方付出的劳动量等进行合理确定。① 采纳这一原则的主要原因是,科学研究和技术开发本身是一种高风险的活动,对于技术成果的获得具有很大的不确定性,或者说,这种活动从一开始就充满了风险,如果当事人不能达成协议,且不能事后确定,则只能采取由双方当事人合理分担的方法。

在技术开发中,有可能出现不可克服的风险,一旦出现这些不可克服的风险,可能导致技术开发全部或部分失败。《民法典》第858条第2款规定:"当事人一方发现前款规定的可能致使研究开发失败或者部分失败的情形时,应当及时通知另一方并采取适当措施减少损失;没有及时通知并采取适当措施,致使损失扩大的,应当就扩大的损失承担责任。"据此,为了减轻当事人由此可能遭受的损失,该款规定了两项义务:一是如果当事人一方发现了有可能导致研究开发失败的风险时,应当及时通知对方。此种通知可以采取口头或书面的方式作出,从而使对方及时采取措施减轻损失或避免损失的扩大。二是当事人应当采取适当措施减少损失。在出现不可克服的风险后,只有采取适当措施才有可能减少损失,例如,应当及时停止研究开发,避免继续加大投入。此时当事人采取的措施应当是合理的,具体采取何种措施具有合理性应当依据具体情形判断。此种措施是减损义务的具体体现,对于违反该义务造成损失扩大的,应当就扩大部分承担赔偿责任。②

(四)专利申请权的权属

所谓专利申请权,是在技术成果研发成功之后,依据《专利法》等法律的规定申请专利的权利。《民法典》第859条第1款规定:"委托开发完成的发明创造,除法律另有规定或者当事人另有约定外,申请专利的权利属于研究开发人。研究开发人取得专利权的,委托人可以依法实施该专利。"依据这一规定,对于委托开发完成的发明创造,首先,有关专利申请权,如果法律另有规定或者当事人另有约定,应当依据法律的特别规定或者当事人的约定。例如,《专利法》第6条关于职务发明的规定,应当优先得到适用。遵循当事人的约定既可以最大限度地满足双方当事人的利益,也有利于将技术成果及时转化为生产力。其次,如果当事人没有约定,专利申请权则属于研究开发人。这是因为在委托开发合同中,委托人所负担的主要义务是投资义务,而实际的研究开发工作则是由研究开发人开展的。在当事人没有约定的情况下,由研究开发人享有专利申请权既是对其付出的智力劳动的尊重,也便于研究开发人实施该专利技术。

为鼓励专利的实施和成果转化,《民法典》第859条第1款在强调"委托开发完成的发明创造,除法律另有规定或者当事人另有约定外,申请专利的权利属于研究开发人"的同时,也规定"委托人可以依法实施该专利"。这表明,在法律没有规定或者当事人没有另有约定的情况下,委托开发完成的发明创造的专利申请权专属于研究开发人。这与《专利法》第8条的规定是相互衔接的。换言之,在委托开发完成发明创造的场合,在研究开发人取得专利权后,委托人可以依法实施该专利,无须向研发人员另行支付使用费,因为委托人已经支付了研发成本,这也符合公平原则的要求。③ 而在法律另有规定或者当事人另有约定的场合,则按照法律规定或当事人的约定来进行处理。例如,当事人约定专利申请权属于委托人与研

---

① 参见魏耀荣等:《中华人民共和国合同法释论(分则)》,中国法制出版社2000年版,第455页。
② 参见黄薇主编:《中华人民共和国民法典合同编解读》(下册),中国法制出版社2020年版,第1100页。
③ 参见王轶等:《中国民法典释评·合同编·典型合同》(下卷),中国人民大学出版社2020年版,第282页。

究开发人共有的,应从其约定。又如《专利法》第6条第3款规定:"利用本单位的物质技术条件所完成的发明创造,单位与发明人或者设计人订有合同,对申请专利的权利和专利权的归属作出约定的,从其约定。"这就属于法律另有规定的情形,此时应当遵循法律的规定。

值得注意的是,《技术合同纠纷司法解释》第21条规定:"技术开发合同当事人依照民法典的规定或者约定自行实施专利或使用技术秘密,但因其不具备独立实施专利或者使用技术秘密的条件,以一个普通许可方式许可他人实施或者使用的,可以准许。"这表明,如委托人自身不具备独立实施专利或者使用技术秘密的条件,则可以通过普通许可(而非独占许可)的方式许可他人实施。不过,准确地说,委托人弥补自身能力缺陷的方式,并不以设立普通许可为必要。只要其请他人代为实施的行为符合弥补其自身实施能力缺陷的,就不构成对研究开发人的专利权的侵害。例如,委托第三人代为生产。①

此外,为了方便技术成果的有效利用,维护委托人的合理权益,依据《民法典》第859条第2款的规定,"研究开发人转让专利申请权的,委托人享有以同等条件优先受让的权利",可见,在研究开发人转让专利申请权的场合,委托人享有同等条件下优先受让的权利。因为基于发明创造的委托开发关系,委托人与研究开发人之间具有相互间的信任关系,委托人又是该项发明创造专利的合法使用人,对于该技术发明的情况较为了解,此举也可以有效平衡委托人和技术开发者之间的利益,维护委托人作为技术投资方和实际实施者的合法权益。② 但如果不满足同等条件的要件,例如转让费用低于他人的场合,委托人则没有优先受让的权利。

三、合作开发合同

(一)合作开发合同的概念和特征

合作开发合同是指两个或两个以上的民事主体,为了完成一定的技术开发工作,共同投资,共同进行研究开发工作,共享技术成果,并且共担风险的协议。《民法典》第855条规定:"合作开发合同的当事人应当按照约定进行投资,包括以技术进行投资,分工参与研究开发工作,协作配合研究开发工作。"此处所说的"分工参与研究开发工作",是指当事人按照约定的计划和分工,共同或者分别承担设计、工艺、试验、试制等工作。③ 严格来讲,合作开发合同实际上就是合伙协议的一种,但与一般的合伙协议不同。二者的主要区别表现在:一方面,合作开发合同是以新技术成果的研究开发为目的,而不是像一般的合伙协议那样,是为了实现投资经营营利。另一方面,在合作开发合同中,当事人所面临的主要风险是因技术困难而导致研发失败的风险,而在一般的合伙协议中,合伙人所面临的主要风险则是经营失败的风险等。

与委托开发合同相比较,合作开发合同的主要特点表现在:

第一,目标具有一致性。在合作开发合同中,当事人的目标基本一致,具有共同的利益关系。各方当事人共同投资,共同参与研究开发工作,共享成果和利益。各方当事人都有权在合同规定的范围内充分实施研究开发成果。当然,经其他当事人的同意,一方当事人可以对全部研究开发成果享有优先实施权或独占权,但应向其他当事人作出补偿。任何当事人

---

① 参见王轶等:《中国民法典释评·合同编·典型合同》(下卷),中国人民大学出版社2020年版,第282—283页。
② 参见戴孟勇:《论〈民法典合同编(草案)〉中法定优先购买权的取舍》,载《东方法学》2018年第4期。
③ 参见《技术合同纠纷司法解释》第19条。

向第三人转让全部研究开发成果,都应取得协商一致的意见。而在委托开发合同中,当事人的目标并不相同,开发人的目的是获得报酬,委托开发人的目的则是取得技术成果。①

第二,实质性地参与研发活动。在合作开发中,当事人都分工参与研究开发工作,对技术成果的形成都具有实质性的贡献。这一点也是其与委托开发合同的重要区别,因为在委托开发中,只有受托人才从事研发活动,而委托人并不从事此种活动,因此,技术开发合同当事人一方仅提供资金、设备、材料等物质条件或者承担辅助协作事项,另一方进行研究开发工作的,属于委托开发合同。② 一方当事人以投资入股的方式向另一方支付资金等,由另一方负责开发技术成果的,也不属于合作开发合同。③ 但是,根据《技术合同纠纷司法解释》第22条第3款的规定,"当事人以技术入股方式订立联营合同,但技术入股人不参与联营体的经营管理,并且以保底条款形式约定联营体或者联营对方支付其技术价款或者使用费的,视为技术转让合同或者技术许可合同"。该款采取了实质主义的判断路径,根据"是否参与联营体经营管理"和"是否以保底条款约定技术价款或者使用费"这两个因素,判断涉案合同的性质。这样的思路在司法裁判中亦有体现。④

第三,类似于共同行为。委托开发合同中,当事人之间实际上类似于双务合同关系,双方互负权利义务关系。而在合作开发中,各个当事人因为目标具有一致性,权利义务的设定具有目的的共同性。此种共同性不仅表现为目的的共同性或者说产出的共享特点,还包括必要的新增开发成本和开发失败的风险的共同分担特点。因此,此类合同类似于共同行为。

(二)合作开发完成的发明创造归属

在无约定的情况下,申请专利的权利属于合作开发的当事人共有。《民法典》第860条第1款规定:"合作开发完成的发明创造,申请专利的权利属于合作开发的当事人共有;当事人一方转让其共有的专利申请权的,其他各方享有以同等条件优先受让的权利。但是,当事人另有约定的除外。"该条针对合作开发完成的发明创造的专利申请权归属作出了明确规定。具体而言:首先,专利申请权归属应尊重当事人的约定。尊重当事人的约定既可以有效实现当事人之间的权益分配,也有利于将该技术成果及时转化为生产力。其次,如果当事人没有约定的,专利申请权应当归合作开发的当事人共有。毕竟在合作开发完成的发明创造中,合作开发者各方都付出了相应的努力和各自的劳动,其都按照各自所分配的任务共同完成了发明创造,所以除了当事人另有约定外,申请专利的权利应当属于合作开发的当事人共有,符合共同投资、共担风险、共享收益的基本准则。⑤ 由合作开发的当事人共有专利申请权既是出于对其实际参与研究开发工作的尊重,也有利于维护当事人的利益。⑥ 此种共有究竟是按份共有还是共同共有?本书认为,在合作开发合同中,既然各个合作开发人需要进行投资,那么应当依据合作开发人的投资额确定,将其认定为按份共有。

依据《民法典》第860条,合作开发当事人行使专利申请权还应遵循以下四条规则:

一是优先受让权。在共有关系之上,当事人一方转让其共有的专利申请权的,无须得到其他共有人的同意。但是,当事人一方转让其共有的专利申请权的,其他各方享有以同等条

---

① 参见黄薇主编:《中华人民共和国民法典合同编解读》(下册),中国法制出版社2020年版,第1163页。
② 参见《技术合同纠纷司法解释》第19条第2款。
③ 参见"魏昭荣与成都九洲超声技术有限公司、罗宪中技术合作开发合同纠纷案",四川省成都市中级人民法院(2017)川01民初3647号民事判决书。
④ 参见"闫春梅与朱国庆技术转让合同纠纷案",最高人民法院(2009)民申字第159号民事裁定书。
⑤ 参见王轶等:《中国民法典释评·合同编·典型合同》(下卷),中国法制出版社2020年版,第284页。
⑥ 参见魏耀荣等:《中华人民共和国合同法释论(分则)》,中国法制出版社2000年版,第458页。

件优先受让的权利。① 尽管专利成果由专利法单独调整,不属于《民法典》物权编的调整对象,但是,在共同开发的情形,成果的归属仍然具有共有的特点,可以参照适用《民法典》物权编第 305 条关于共有人的优先购买权规则。毕竟共有人对共有技术的形状和价值等属性的了解比外部当事人更充分。由共有人享有优先购买权,既有利于维护其自身的利益,也方便技术开发人实施和利用该技术成果。

二是共有权人的法定承受权。② 《民法典》第 860 条第 2 款前段规定:"合作开发的当事人一方声明放弃其共有的专利申请权的,除当事人另有约定外,可以由另一方单独申请或者由其他各方共同申请。"依据这一规定,合作开发的当事人一方声明放弃其共有的专利申请权的,属于权利的抛弃行为,这在法律上属于单方行为,仅需当事人一方的意思表示即可实现。如果当事人没有另外的约定,一方放弃了专利申请权的,另一方可以单独申请专利。如果存在多人,则其他各方可以共同申请。保护共有权人的此种权利,既可以使合作开发的技术成果获得法律保护,也可以实现其他当事人的合法权益。③

三是共有权人的单方否决权。合作开发的发明创造的专利申请权本身属于当事人共有,应属于共同合作的劳动成果。因而就申请专利的事项,必须经合作开发的各方当事人同意。依据《民法典》第 860 条第 3 款的规定,只要有一方不同意申请专利的,另一方或者其他各方都不得申请专利,这也符合共有本身的制度意旨。例如,一方主张申请专利保护,而另一方主张采取技术秘密保护的,在当事人就共有技术成果知识产权的处理方式尚未达成一致的情况下,一方共有人违背另一方意志申请专利,就是不妥当的。④

四是放弃专利申请权一方的免费实施权。《民法典》第 860 条第 2 款后段规定:"申请人取得专利权的,放弃专利申请权的一方可以免费实施该专利。"这就确立了放弃专利申请权一方的专利免费实施权。在技术成果的研发过程中,放弃专利申请权的一方当事人既履行了投资义务,又分工参与了研究开发工作,考虑到放弃专利申请权人的贡献和权益,从公平合理的原则出发,允许放弃专利申请权的一方当事人免费实施该专利也完全符合正确的协作精神和分配原则。⑤

(三)关于技术秘密成果的使用权、转让权以及收益的分配办法

《民法典》第 861 条确定了委托开发或者合作开发技术秘密成果的相关规则。该规则仍然强调了约定优先原则。但是,在没有约定或约定不明确的情况下,应当按照《民法典》第 510 条的规定来确定,事后达成补充协议。如果不能达成补充协议的,依据《民法典》第 861 条的规定,可以按照合同的相关条款或者交易习惯来确定技术秘密成果的使用权、转让权以及收益的分配方法。

如果根据上述方式仍然无法确定的,《民法典》第 861 条中规定,"在没有相同技术方案被授予专利权前,当事人均有使用和转让的权利"。如何理解"当事人均有使用和转让的权利"?依据《技术合同纠纷司法解释》第 20 条,它包括当事人均有不经对方同意而自己使用或者以普通使用许可的方式许可他人使用技术秘密,并独占由此所获利益的权利。实践中,法院一般也认为,双方当事人未就合作开发中的技术秘密成果权归属作出约定的,当事人均

---

① 参见黄薇主编:《中华人民共和国民法典合同编解读》(下册),中国法制出版社 2020 年版,第 1172 页。
② 参见谢鸿飞、朱广新主编:《民法典评注·合同编:典型合同与准合同 3》,中国法制出版社 2020 年版,第 470 页。
③ 参见段瑞春:《技术合同》,法律出版社 1999 年版,第 141 页。
④ 同上书,第 142 页。
⑤ 参见黄薇主编:《中华人民共和国民法典合同编解读》(下册),中国法制出版社 2020 年版,第 1172 页。

有不经对方同意而自己使用或者以普通使用许可的方式许可他人使用技术秘密的权利。任何合作开发方因此获得的利益也由作出许可的开发方单独享有。① 但是,由于双方当事人要平等地分享此种约定不明的成果,那么,任何一方当事人都不得从事明显排除另一合作方权利行使的交易。例如,不得将整个成果转让给第三人或者向第三人作出排他性的许可承诺。《民法典》第861条中也规定,"委托开发的研究开发人不得在向委托人交付研究开发成果之前,将研究开发成果转让给第三人"。当然,一方当事人与第三人签订的转让或者排他性许可合同仍然有效,只不过在获得共有人同意或者取得整个技术权利之前存在履行障碍。同时,开发人也对委托人构成违约,需要依法承担相应的违约责任。

第四,当事人一方将技术秘密成果的转让权让与他人,或者以独占或排他使用许可的方式许可他人使用技术秘密,未经对方当事人同意或者追认的,应当认定该让与或者许可行为无效。② 而如果研究开发人要转让委托人委托开发的技术秘密成果,时间节点必须是在向委托人交付该项成果之后。委托开发的研究开发人在向委托人交付研究开发成果之前,不得将研究开发成果转让给第三人,否则将构成对委托开发或者合作开发协议的违反,应当承担相应的违约责任。

(四)合作开发合同的效力

《民法典》第855条规定:"合作开发合同的当事人应当按照约定进行投资,包括以技术进行投资,分工参与研究开发工作,协作配合研究开发工作。"依据这一规定,在合作开发合同中,当事人所负担的主要义务是:

(1)按照约定投资的义务。合作开发合同中的投资,既可以是资金投入,也可以是其他实物(如场地、设备等)或技术的投入。在合作开发合同中,当事人可以采取的投资方式可归纳为三种:一是以资金出资,二是以设备、材料、场地、试验条件等物质条件出资,三是以发明创造专利、计算机软件版权、植物新品种、含有技术秘密的技术成果以及技术情报资料等技术投资。③ 无论采取何种形式,当事人都应按照合同约定的投资比例、投资形式以及投资期限等进行投资。投资的财产可以均等,也可以不均等,具体比例由当事人确定。如果当事人是以无形财产出资的,则应进行价值评估,将其折算为一定的出资比例。如果当事人不按照约定进行投资,由此造成研究开发工作停滞、延误或者失败的,当事人应依据《民法典》第856条的规定承担违约责任。

(2)分工参与研究开发工作的义务。在进行技术成果的合作开发过程中,任何一方当事人所进行的研究开发工作都只是整个技术成果研发的一部分,在最终的技术成果构成中包含着各方当事人的技术投入和智力创造。当事人分工参与研究开发工作的形式具有多样性,既可以是按照约定的计划和分工共同进行研究开发工作,也可以是分别承担设计、工艺、试验、试制等研究开发工作。④ 合作开发合同与委托开发合同的重要区别之一就在于合作开发合同的各方当事人都实际参与研究开发工作,而在委托开发合同中,只有研究开发人从事研究开发工作。如果合同当事人一方仅提供资金、设备、材料等物质条件或承担辅助协作事项,另一方进行研究开发工作的,则该技术开发合同应当属于委托开发合同。

---

① 参见"湖南中大冶金设计有限公司与新疆其亚铝电有限公司著作权权属纠纷案",新疆维吾尔自治区高级人民法院(2018)新民终98号民事判决书。
② 参见黄薇主编:《中华人民共和国民法典合同编解读》(下册),中国法制出版社2020年版,第1175页。
③ 参见段瑞春:《技术合同》,法律出版社1999年版,第134页。
④ 参见魏耀荣等:《中华人民共和国合同法释论(分则)》,中国法制出版社2000年版,第499页。

（3）协作配合开展研发工作的义务。合作开发是以双方当事人的共同投资和共同劳动为基础的，各方在合作研究中的协作配合是取得研究开发成果的关键。① 依据《民法典》第855条的规定，合作开发合同的当事人负有协作配合开展研发工作的义务。在合同有效期限内，任何当事人无正当理由，不得擅自退出合作开发工作，否则应承担违约责任。经其他当事人同意中途退出合作开发工作的，可以请求其他当事人返还其投入的财产。如果财产不能退还，可以协商作价偿还。

（五）技术风险的分担规则

所谓技术风险，是指在技术开发过程中，出现无法克服的技术困难导致技术开发工作失败的可能性。在技术开发中，受托人所研究开发的技术是作为"新"技术存在的，而非现有的技术成果，因此，在研究开发中，经常面临着不可预知的、可能导致技术开发失败或部分失败的风险。② 由于现有的知识水平、技术水平等的限制，开发的技术成果具有不确定性，经过当事人双方共同努力，可能达到预期的效果，也可能达不到预期的效果。《民法典》第858条第1款规定："技术开发合同履行过程中，因出现无法克服的技术困难，致使研究开发失败或者部分失败的，该风险由当事人约定；没有约定或者约定不明确，依据本法第五百一十条的规定仍不能确定的，风险由当事人合理分担。"该条确立了技术风险的分担规则，具体而言：首先，针对技术风险的分担应尊重当事人的约定。由于技术开发合同中当事人之间的利益关系比较复杂，其内容涉及双方当事人的利益分配、开发技术的使用期限、专利费用、转让权限以及成果转化的利益归属等诸多问题，所以，就有关技术风险分担问题，最好由当事人双方进行约定，找出合理分担风险的方法。其次，在当事人没有约定或约定不明确时，应依据《民法典》第510条由当事人事后达成补充协议。不能达成补充协议的，按照合同有关条款或交易习惯确定。最后，如果仍不能确定的，应由各方当事人合理分担。所谓合理分担，并不是平均分担，而是根据合同的具体情况，如资产的承受力、损失程度、产生风险前各方付出的劳动量等进行合理确定。③ 采纳这一原则的主要原因是，科学研究和技术开发本身是一种高风险的活动，对于技术成果的获得具有很大的不确定性，或者说，这种活动从一开始就充满了风险，如果当事人不能达成协议，且不能事后确定，则只能采取由双方当事人合理分担的方法，这符合科学研究的内在规律，也是公平原则的体现。④

对于已发现的技术风险，当事人应负有通知和采取合理措施减少损失的义务。《民法典》第858条第2款规定："当事人一方发现前款规定的可能致使研究开发失败或者部分失败的情形时，应当及时通知另一方并采取适当措施减少损失；没有及时通知并采取适当措施，致使损失扩大的，应当就扩大的损失承担责任。"该条款确定了在技术风险发生时，技术合同当事人的通知义务和采取合理措施的义务。该条款的制度目的是防止在技术开发存在失败风险时，技术开发人消极不作为，从而导致资源的无价值浪费和损失的扩大，这是诚信原则的必然要求。⑤ 这就是说，当技术开发面临研发失败或者部分失败的情形，应当将此种技术风险及时通知对方当事人，使得对方当事人及时知悉该情况；同时应及时采取适当和合理的措施，例如暂时中止研发、选择替代方案等，以避免损失的扩大；在未尽到前述通知义

---

① 参见胡康生主编：《中华人民共和国合同法释义》，法律出版社1999年版，第508页。
② 参见黄薇主编：《中华人民共和国民法典合同编解读》（下册），中国法制出版社2020年版，第1167页。
③ 参见魏耀荣等：《中华人民共和国合同法释论（分则）》，中国法制出版社2000年版，第455页。
④ 参见谢鸿飞、朱广新主编：《民法典评注·合同编：典型合同与准合同3》，中国法制出版社2020年版，第457页。
⑤ 参见黄薇主编：《中华人民共和国民法典合同编解读》（下册），中国法制出版社2020年版，第1169页。

务和采取必要措施的情形下,对于扩大的损失负有过错的当事人,对由此扩大的损失部分不能按研究开发风险处理①,应当承担损失赔偿责任。

第三节 技术转让合同与技术许可合同

一、技术转让合同与技术许可合同概述

(一)概述

技术转让合同是指合法拥有技术的权利人,将现有特定的专利、专利申请、技术秘密的相关权利让与他人所订立的合同(《民法典》第862条第1款)。权利人主要是指合法拥有技术的主体,也包括其他有权对外转让技术的人。技术转让合同实际上是一种无形财产的买卖。在现代社会,技术转让合同的推广有助于促进科技成果的转化,也有利于促进科技进步,实现资源的优化配置。

技术许可合同是指合法拥有技术的权利人,将现有特定的专利、技术秘密的相关权利许可他人实施、使用所订立的合同(《民法典》第862条第2款)。技术许可合同并不涉及技术的整体转让,而只是一方许可另一方在一定期限内利用其技术。技术许可合同是实践中应用最为广泛的合同,与技术转让合同相比,由于技术许可的成本更低、支付的费用更低,因此其有利于技术的推广,促进技术的进步。

我国《民法典》合同编第二十章第三节同时规定了技术转让合同和技术许可合同,这就表明两者之间存在密切的联系和规则的相似、相通之处,二者的相似之处主要表现在:

(1)技术转让与技术许可的标的是已经开发出来的、权利人合法拥有的技术成果。因此技术转让和技术许可合同的标的必须是权利人合法拥有的、现有特定的专利申请、技术秘密等相关权利。其标的不是一般的有形财产,而是属于智力成果范畴的技术,这些技术主要包括专利申请权、专利权、技术秘密以及专利和技术秘密的实施权、使用权。技术成果与知识产权是两个既有交叉而又不等同的概念。② 技术转让和许可合同中的技术应当包括如下三类:一是已经获得专利权的发明、实用新型和外观设计。二是没有获得专利的技术,通常称为专有技术,这一类技术未向社会公开,但可以通过秘密的方式转让知识、工艺程序、操作方法等。三是其他技术,如《民法典》第876条规定的集成电路布图设计专有权、植物新品种权和计算机软件著作权等其他知识产权。但依据《技术合同纠纷司法解释》第22条第1款,就尚待研究开发的技术成果或者不涉及专利、专利申请或者技术秘密的知识、技术、经验和信息所订立的合同,不属于《民法典》第862条规定的技术转让合同或者技术许可合同。

(2)技术转让、技术许可合同的类型具有多样性。与一般的典型合同不同,此类合同本身又包含多种具体类型的合同。依据《民法典》第863条第1款的规定,技术转让合同包括专利权转让、专利申请权转让、技术秘密转让等合同。依据《民法典》第863条第2款的规定,技术许可合同包括专利实施许可、技术秘密使用许可等合同。当然,虽然技术转让合同与技术许可合同均包含多种合同类型,但其不同于混合合同,而是一种独立的典型合同。因

---

① 参见谢鸿飞、朱广新主编:《民法典评注·合同编:典型合同与准合同3》,中国法制出版社2020年版,第460页。
② 参见徐来:《最高法院:依法审理技术合同纠纷案件》,载《法制日报》2004年12月24日。

为技术转让合同、技术许可合同的每一种合同类型的权利义务是确定的,它既不是典型和非典型合同的结合,也不是典型和非典型合同在内容上的结合,其每一种合同类型都可以独立作为一种典型合同而存在。因此,"技术转让或技术许可合同"这一概念既可以是指某一种具体类型的合同(如技术秘密转让合同、专利权转让合同等),也可以是涵盖这些具体合同的一个上位概念。

(3) 具有要式性。《民法典》第 863 条第 3 款规定:"技术转让合同和技术许可合同应当采用书面形式。"由此可见,技术转让合同必须采取一定的书面形式。因为技术转让合同的内容较为复杂,不仅涉及转让技术的范围、对象,买受人所取得的技术范围、使用期限,出卖人保留的权利,还涉及技术在使用过程中产生的新技术的归属、转让费用等,这些都必须通过合同以书面形式加以确认,以防止事后发生纠纷。因此,我国《民法典》要求转让技术合同必须采用书面形式。

(4) 具有双务性、有偿性。根据技术转让合同,出卖人转让技术成果,有权获得转让费,买受人接受技术成果,应支付转让费。因此,这种合同是双务、有偿的合同。而对技术许可合同而言,被许可人也需要向许可人支付许可使用费,其也属于双务、有偿合同。

(二) 技术转让合同与技术许可合同的区别

虽然技术转让合同与技术许可合同具有多项共同特点,但是应当看到,二者之间也存在显著的区别,《合同法》将其统称为技术转让合同,而《民法典》将两者予以区分,采取狭义的技术转让合同概念,是因为考虑到技术转让和技术许可具有不同的法律含义[1],避免将许可和转让概念杂糅在一起,以明确两者之间的并列关系,实现概念的准确性、规则的科学合理性。[2] 具体而言,两者的区别主要体现在:

一是是否会导致技术权属的变动不同。技术转让是权利人将有关技术的权利转让给他人,而技术许可只是许可他人实施和使用其技术权利。技术转让合同会导致技术成果的权利移转给受让人,出让人将不再享有该技术成果财产权;而技术许可合同则不会导致技术成果的相关权利的权属变更,被许可人享有在特定时间、区域、范围等限制下对技术的使用权,是对技术成果财产权的部分让渡[3],技术许可人并不丧失对原技术的权利。例如,在普通许可的情形下,技术许可人仍可以将其技术再次许可给其他人。

二是技术转移的程序要件不同。在技术转让的情形下,可能需要依法办理相应的手续。例如,对专利申请权或者专利权的转让合同,我国采取登记生效主义,当事人需要向专利行政部门申请登记,并提交书面合同。[4] 再如,专利的转让需要按照专利法的规定,履行法定程序和公示要件。而在技术许可的情形下,因为通常不涉及技术的转让和权属变更,因此,其原则上并不需要办理登记,当事人只需要签订技术许可合同即可。

三是是否具有时间限制不同。对技术转让合同而言,让与人在将相关的技术成果转让给受让人时,通常并不会对该合同设定期限限制;而在技术许可使用合同中,由于许可人只是允许被许可人在特定期限内使用其技术成果,因此,技术许可合同通常会有明确的期限限制。

---

[1] 参见黄薇主编:《中华人民共和国民法典合同编解读》(下册),中国法制出版社 2020 年版,第 1176 页。
[2] 参见黄薇主编:《中华人民共和国民法典合同编解读》(上册),中国法制出版社 2020 年版,第 477 页。
[3] 参见王轶等:《中国民法典释评·合同编·典型合同》(下卷),中国人民大学出版社 2020 年版,第 288 页。
[4] 同上书,第 292 页。

二、技术转让合同的标的

技术转让合同的标的是已经开发出来的技术成果,技术转让合同的标的的特点主要在于:

第一,无形性。这就是说,此类标的物不是一种有形财产,而是属于智力成果范畴的无形财产。当然,作为技术转让合同的标的,其必须具有一定的价值,否则将无法在市场中投入运用。技术可以转让,但并不是所有的技术都可以转让,通常只有那些能够用于生产实践,有助于开发新型产品、提高产品质量、降低产品成本、改善经营管理、提高经济效益的技术才能够转让。

第二,载体性。单就技术而言,其是存在于人的大脑之中的,具有无形性。但作为技术转让合同标的的技术成果必须具有载体,如此才可实现技术的商品化。在技术转让合同中,转让人需要就技术成果进行转让或者许可他人实施,如果缺乏必要的载体将无法实现。此外,转让的技术成果应当是一个比较完整的技术方案,而不应仅仅是技术信息或者思路。[1] 需要指出的是,与一般的有形财产不同,一般的有形财产通常只能由一个人占有和利用,而技术成果则可以为多人实施或使用。

第三,合法性。此处所说的合法性包含两方面的含义:一方面,转让的技术应该具有合法性。[2] 也就是说,转让的技术必须在法律上是允许转让和流通的,违反国家法律和政策规定的技术不得转让。如果转让的技术涉及国家安全或重大经济利益而需要保密,则应按照国家有关规定办理。例如,涉及国防科学工业、尖端前沿军事科技等领域的技术,其转让就受到较多的限制。另一方面,依据《民法典》第862条,让与人必须是合法拥有技术的权利人,即让与人必须对所转让的技术享有合法的权利,任何人都不能转让自己并不拥有的或侵害他人技术成果的技术。

第四,创造性。技术转让合同的交易对象之所以需要特别规定,主要是因为交易的对象蕴含了智力创造的特点,区别于普通的商品或者服务。作为技术合同标的的技术成果应当是一种技术方案,不包含技术内容的其他智力成果,如一般作品和商标等,不能够成为技术合同的标的。虽然计算机软件也是一种文字作品,但其包含了技术内容,故也可以作为技术成果。

第五,现实性。这就是说,技术转让合同的标的是已经存在的,这与技术开发合同的标的不同。转让的技术必须是现有的特定的技术,尚待研究开发的技术属于技术开发合同的范畴,应当适用技术开发合同的相关规定。[3] 至于不涉及专利、专利申请或者技术秘密的知识、技术、经验和信息,由于其处于公有领域,不属于技术转让合同的范畴,提供这些技术可以作为技术服务合同的内容,但不能作为技术转让合同的内容。[4] 不过,在当事人对处于公有领域的技术进行组合的情形下,如果这种技术组合具有实质意义上的创新性,从而达到了专利或者技术秘密的要求,当事人就其签订的合同也可能构成技术转让合同。[5]

---

[1] 参见段瑞春:《技术合同》,法律出版社1999年版,第163页。
[2] 参见〔美〕Jay Dratler, Jr:《知识产权许可》(上),王春燕等译,清华大学出版社2003年版,第3页。
[3] 参见段瑞春:《技术合同》,法律出版社1999年版,第164页。
[4] 参见蒋志培主编:《技术合同司法解释的理解与适用》,科学技术文献出版社2007年版,第52页。
[5] 参见"申京爱、贵阳黔峰生物制品有限责任公司技术转让合同纠纷案",最高人民法院(2007)民三提字第2号民事判决书。

基于技术转让和许可合同标的的特殊性,技术转让和许可合同也要包括有关转让人和许可人的配套服务。《民法典》第862条第3款规定:"技术转让合同和技术许可合同中关于提供实施技术的专用设备、原材料或者提供有关的技术咨询、技术服务的约定,属于合同的组成部分。"据此,转让人和许可人的配套服务也应当成为合同的组成部分。法律之所以作出此种规定,主要是因为,技术转让合同及技术许可合同的标的具有高度的技术性,与传统的商品有着很大的差别,导致技术转让合同与技术许可合同的相对人利用技术本身需要技术提供者的帮助,因此技术提供者如何提供帮助,以及提供哪些帮助,需要当事人在合同中作出明确约定。在技术转让和许可合同中,由于双方技术能力的差异,双方当事人对标的技术的理解和应用可能存在巨大差异。因此,当事人往往需要就技术转让或者许可后的技术咨询、技术服务单独作出约定。同时,特定技术目的的实现往往需要专门的技术设备或者原材料,而技术的受让人和被许可人往往缺乏专门的技术,或者缺少原材料,因此,当事人有必要在合同中就专门技术设备或者原材料的提供作出约定。①

(一) 技术转让合同与买卖合同的区别

技术转让合同和买卖合同具有相似性,二者都是双务、有偿合同,都要遵循等价交换的规则。在这两类合同中,都需要一方移转财产权,另一方支付相应的对价。从比较法上来看,技术转让合同属于一种特殊的买卖合同,因为这一原因,实践中通常将技术转让合同称为技术买卖合同。但本书认为,技术转让合同不同于买卖合同,主要表现在:

第一,转让的标的物不同。技术转让合同作为技术合同的一种类型,其转让的标的物主要是技术成果。而买卖合同转让的标的物主要是有形财产。技术通常可以被多人同时占有和利用,而有形财产一般仅可以为一人占有和利用。

第二,转让的权利不同。尽管这两类合同都要转移权利,但其转让的权利内容显然是不同的。在买卖合同中,出卖人需要移转标的物的所有权。但是在技术转让合同中,依据我国《民法典》第863条,出让人所移转的权利既可以是所有权(如专利权转让合同),也可以是使用权,如在专利实施许可合同中,受让人只是取得了专利的使用权。

第三,当事人所负保密义务的程度不同。在买卖合同中,根据《民法典》第509条确立的诚信原则,买受人取得标的物之后仍然对出卖人尚未公开的秘密负有保密义务。不过,这种保密义务仅限于买受人基于交易过程而特别了解到的秘密。而在技术转让合同中,交易过程和交易标的都可能涉及比较多的技术秘密,当事人所负有的保密义务在总体上更重。如果当事人所转让的技术成果尚未公开或者是技术秘密成果的,则受让人应负有保密义务。

第四,程序要求不同。技术转让的标的是专利技术时,需要在行政管理机关办理登记,而买卖合同一般不需要践行此种法律程序。

(二) 技术许可合同与租赁合同的区别

技术许可合同与租赁合同具有相似性,从性质上看,技术许可合同是将技术成果的权能暂时让渡他人使用,使用者对此应支付相应的对价,这与租赁合同的权利义务关系存在相似性。在实践中,也经常混淆技术许可与技术成果租赁的概念。但应当看到,二者之间存在显著区别:一方面,租赁合同的客体通常是有体物,而技术许可合同的标的是无形的智力成果。因为这一原因,租赁合同中的许多规则,如买卖不破租赁、承租人的优先购买权等规则,难以适用于技术许可合同中。另一方面,除独占许可以外,技术许可合同的权利人在进行许可以

---

① 参见王轶等:《中国民法典释评·合同编·典型合同》(下卷),中国人民大学出版社2020年版,第292页。

后,仍可以继续利用技术。但租赁合同的客体具有天然的排他性,在交付租赁物后,权利人自己已经无法实际利用标的物。同时,权利人也无法针对某个特定的动产或者不动产订立多个租赁合同。而由于技术许可并不当然具有排他性,如果不是技术的独占许可,则权利人可以同时与多人订立技术许可合同。

三、技术转让合同、技术许可合同的类型

（一）技术转让合同的类型

《民法典》第863条第1款规定:"技术转让合同包括专利权转让、专利申请权转让、技术秘密转让等合同。"由此可见,技术转让合同包括如下类型。

1. 专利权转让合同

所谓专利权转让合同,指专利权人作为让与人将其获得的专利权转让给受让人,受让人接受该项专利权,并按照约定支付价款的合同。在专利权转让中,转让人将专利权整体作为财产权而转让给他人,受让人通过转让获得专利权。专利权转让合同是专利技术的整体转让,转让之后,受让人就成为权利人,享有自主决定专利技术使用的权利。由于专利权客体的无形性,许多专利技术可以在同一时间为多个人所利用。因此,从司法实践来看,在专利权转让合同生效后,即便让与人自己已经实施发明创造,受让人也有权要求让与人停止实施。此外,一旦专利权转让合同生效,让与人就不再享有对专利技术使用的权利,除非合同特别约定允许让与人继续使用。

此外,《技术合同纠纷司法解释》第24条第1款规定:"订立专利权转让合同或者专利申请权转让合同前,让与人自己已经实施发明创造,在合同生效后,受让人要求让与人停止实施的,人民法院应当予以支持,但当事人另有约定的除外。"这就意味着,在专利权转让之后,让与人自己也不再享有实施专利的权利。

2. 专利申请权转让合同

专利申请权转让合同是指当事人之间就专利申请权的转让所订立的合同。与专利权不同,专利申请权是指发明人或者设计人对其专利技术享有的一种专属性权利,它是授予专利权以前依法享有的权利。专利申请权是获得专利权的基础性权利,通常专利权人只有在获得专利申请权之后,通过提出专利申请并经过国务院专利行政部门的审核和批准,才能取得专利权。因此,专利申请权不一定产生专利权,申请专利可能因为不符合法律规定的各种条件而不被授予专利权,专利权则是指经过权利人的申请和国家专利管理机关的审核批准之后的知识产权。

专利申请权转让合同生效以后,让与人的义务之一是其不能继续实施所转让的专利技术。依据《技术合同纠纷司法解释》第23条第1款的规定,"专利申请权转让合同当事人以专利申请被驳回或者被视为撤回为由请求解除合同,该事实发生在依照专利法第十条第三款的规定办理专利申请权转让登记之前的,人民法院应当予以支持;发生在转让登记之后的,不予支持,但当事人另有约定的除外"。另外,如果在转让之前,让与人已经和第三人签订了许可合同,则让与人与第三人之间许可合同的效力不因转让合同受到影响,这是为了保护第三人的合法权益。

3. 技术秘密转让合同

所谓技术秘密转让合同,是指权利人将其拥有的技术秘密转让给受让人,受让人支付一定费用的合同。在技术秘密转让合同中,让与人既可以转让整体的权益归属,也可以转让技

术秘密的使用权益。在转让整体权益归属之后,受让人取得技术秘密的权益归属,让与人在通常情况下不得再使用该技术秘密或将该技术秘密再作转让。如果让与人所转让的仅仅是技术秘密的使用权益,则让与人在转让之后通常仍可以允许第三人在不妨碍第一受让人权利的情况下使用该技术秘密。由于技术的秘密性,因而在技术秘密转让合同中,受让人在缔约过程中往往需要先了解技术秘密的内容,才会决定是否订立技术秘密转让合同。因此,让与人需要负担信息披露的义务,而受让人则需要负担保密义务。

4. 其他技术转让合同

除上述三种类型的技术转让合同外,随着科学技术的发展,新的技术类型将不断出现,因此,法律有必要对技术转让合同的类型采开放式列举的方式。《民法典》第876条规定:"集成电路布图设计专有权、植物新品种权、计算机软件著作权等其他知识产权的转让和许可,参照适用本节的有关规定。"该条实际上确立了除上述三种技术转让合同之外,有关集成电路布图设计专有权、植物新品种权、计算机软件著作权等其他知识产权转让的合同也属于技术转让合同的类型。

(二) 技术许可合同的类型

《民法典》第863条第2款规定:"技术许可合同包括专利实施许可、技术秘密使用许可等合同。"由此可见,技术许可合同包括如下几种类型:

1. 专利实施许可合同

专利实施许可合同,是指专利权人及其授权的人作为许可方许可被许可人在约定期限和范围内实施专利,而被许可人应支付约定使用费的合同。① 所谓专利实施,是指专利权人或者其授权的人许可被许可人在约定的范围内实施专利。② 所谓许可,是指在不转让专利权的前提下,授权他人在一定范围和期限内使用其专利技术的合同。许可在本质上是让渡财产权利,但并非权利的整体转让。③ 依据《专利法》第12条的规定,许可他人实施专利时,应当订立专利实施许可合同,明确当事人之间的权利义务关系。

专利的实施许可方式具有多样性。依据《技术合同纠纷司法解释》第25条,专利的实施许可包括独占实施许可、排他实施许可和普通实施许可。一是独占实施许可,是指许可人在约定许可实施专利的范围内,将该专利仅许可一个被许可人实施,许可人依约定不得实施该专利;二是排他实施许可,是指许可人在约定许可实施专利的范围内,将该专利仅许可一个被许可人实施,但许可人依约定可以自行实施该专利;三是普通实施许可,是指许可人在约定许可实施专利的范围内仍可许可他人实施该专利,并且可以自行实施该专利。在专利实施许可中,普通实施许可是一般情形,而排他和独占许可属于特殊情形,需要当事人明确约定。如果当事人对专利实施许可方式没有约定或者约定不明确的,可认定为普通实施许可。专利实施许可合同约定被许可人可以再许可他人实施专利的,认定该再许可为普通实施许可,但当事人另有约定的除外。④ 实践中,不同类型专利实施许可导致权利冲突的案件时有发生。例如,专利权人分别给予多方当事人以专利实施许可,其中部分或者全部被许可人享有独占实施许可或者排他实施许可。在此种情况下,如果独占实施许可或者排他实施许可中的被许可人主张排除其他被许可人的实施该专利的权利,就会出现权利冲突。对此,部分

---

① 参见段瑞春:《技术合同》,法律出版社1999年版,第177页。
② 参见黄薇主编:《中华人民共和国民法典合同编解读》(下册),中国法制出版社2020年版,第1112页。
③ 参见〔美〕Jay Dratler, Jr.:《知识产权许可》(上),王春燕等译,清华大学出版社2003年版,第1页。
④ 参见《技术合同纠纷司法解释》第25条第2款。

法院认为涉案各许可都应当认定为普通实施许可。①

在专利实施许可合同中,专利权的存续期间直接影响到许可合同的效力。因此,《民法典》第 865 条规定中首先宣告,"专利实施许可合同仅在该专利权的存续期限内有效"。一旦专利权失效,那么,交易的标的就已经不存在了。一方面,双方的缔约目的落空了,缔约就失去了意义,并且这种缺陷也不具备补救的可能性。另一方面,即便合同继续有效,也不具有继续履行的可能性。从合同无效的后果上看,被转让的专利技术终止的,受让人可以主张费用的返还。例如,被转让的专利已终止,专利技术已进入公有领域,任何人均可免费使用。那么,被许可方此前向许可方支付的专利许可费应予返还。②

此外,《民法典》第 865 条还规定,"专利权有效期限届满或者专利权被宣告无效的,专利权人不得就该专利与他人订立专利实施许可合同"。依据该条的规定,专利实施许可合同有效的基本前提是专利权有效且尚处于存续期中,该条确立了在两种情形下,专利权人不得与他人订立专利实施许可合同:一是专利权有效期限届满。《专利法》第 42 条第 1 款规定:"发明专利权的期限为二十年,实用新型专利权的期限为十年,外观设计专利权的期限为十五年,均自申请日起计算。"如果专利权超过了法定期限,实际上属于公共知识的范畴,任何人都可以免费使用,如认可此种技术合同的效力,将造成技术的非法垄断。③ 二是专利权被宣告无效。依据《专利法》第 45 条,自授予专利权之日起,任何单位或者个人认为该专利权的授予不符合《专利法》所规定的条件的,可以请求国务院专利行政部门宣告该专利权无效。专利权一旦被宣告无效,就自始无效,其也不再受法律保护,专利权人不得再就该专利与他人订立实施许可合同。

在专利实施许可合同中,依据《民法典》第 866 条的规定,许可人应按照约定许可被许可人实施专利,交付实施专利有关的技术资料,提供必要的技术指导,这是其负有的主要义务,以满足被许可人合同目的的充分实现。而依据《民法典》第 867 条的规定,被许可人应当按照约定实施专利,不得未经许可人同意许可第三人实施该专利,否则将构成违约,需要依据《民法典》第 873 条的规定承担相应的违约责任。此外,基于专利实施许可合同的有偿性、双务性,被许可人应按照约定支付使用费。

在专利排他实施许可合同中,被许可人对受让的专利技术具有专有使用权,许可人虽然保留其使用权,但不得再将该技术许可任何第三人使用。《技术合同纠纷司法解释》第 27 条规定:"排他实施许可合同让与人不具备独立实施其专利的条件,以一个普通许可的方式许可他人实施专利的,人民法院可以认定为让与人自己实施专利,但当事人另有约定的除外。"据此,在排他实施许可合同中,专利权人可以自己实施专利并获取利益。但在实践中,很多专利需要巨大投入或者行业许可,专利权人自己并不具备实施专利的条件。作为排他实施许可合同项下的让与人,在自己不能实施的情况下,可以以普通许可的方式许可他人实施专利并获得相应的经济利益,《技术合同纠纷司法解释》第 27 条将这种情形认定为让与人自己实施专利。当然,如果双方当事人另有约定,应当根据约定处理。

---

① 参见"爱科公司与微生物公司等专利侵权纠纷上诉案",海南省高级人民法院(2008)琼民二终字第 21 号民事判决书。
② 参见"何维斌等诉广东万和新电气股份有限公司实用新型专利实施许可合同纠纷案",广东省高级人民法院(2013)粤高法民三终字第 252 号民事判决书。
③ 参见谢鸿飞、朱广新主编:《民法典评注·合同编:典型合同与准合同 3》,中国法制出版社 2020 年版,第 490—491 页。

2. 技术秘密使用许可

技术秘密使用许可合同是指技术秘密的权利人将技术秘密成果提供给被许可人，允许其依约定的时间、范围、用途等享有使用权，被许可人依约支付相应使用费的技术许可合同。① 技术秘密的实施许可包括独占实施许可、排他实施许可和普通实施许可。② 在技术秘密使用许可合同中，依据《民法典》第868条的规定，许可人应当按照约定提供技术资料，进行技术指导，保证技术的实用性、可靠性，承担保密义务，以确保被许可人可以有效使用该技术秘密成果，实现合同目的。依据《民法典》第869条的规定，技术秘密使用被许可人的主要义务是按照约定使用技术，支付使用费，承担保密义务，否则将构成违约甚至是侵权行为。

3. 其他技术许可合同

《民法典》第863条第2款在规定技术许可合同的类型时，采用了"等"字的表述，表明其不限于专利实施许可、技术秘密使用许可两种类型，实践中存在集成电路布图设计专有权、植物新品种权、计算机软件著作权等其他知识产权的许可，针对出现的新的知识产权的许可，《民法典》第876条规定可以参照适用技术许可合同的规则，这也与该章的其他规定相衔接，体现出技术合同章内部的体系性、协调性。

四、技术转让、技术许可合同的效力

（一）技术让与人、技术许可人的主要义务

1. 转让技术或者许可被许可人实施、使用其技术的义务

在技术转让和技术许可合同中，让与人、许可人的主要义务是转让技术或者许可被许可人实施、使用其技术。依据《民法典》第862条的规定，技术合同让与人负有将合法拥有的、现有特定的技术转让给受让人的义务，技术许可合同的许可人负有将合法拥有的技术许可他人使用的义务，这构成其主要合同义务，该义务的履行事关受让人、被许可人订约目的的有效实现。如果让与人、许可人违反该义务，相对人有权请求其承担相应的违约责任。

2. 权利瑕疵担保义务

技术让与人、技术许可人应当保证自己是合法拥有技术的权利人，并使受让人在获得技术后，不受他人的追夺。《民法典》第870条规定："技术转让合同的让与人和技术许可合同的许可人应当保证自己是所提供的技术的合法拥有者，并保证所提供的技术完整、无误、有效，能够达到约定的目标。"该条确立了技术转让合同的让与人和技术许可合同的许可人的权利瑕疵担保义务，该义务的履行是为了保障受让人、被许可人获得合法有效的技术成果，能够通过对技术成果的实施实现自己的订约目的。具体而言：一是保证技术完整、无误、有效。所谓技术完整，是指技术让与人或者技术许可人应当按照约定将整套技术方案或者技术资料交付给相对人，以保障其合同目的的实现。如果技术让与人或者技术许可人交付的技术方案或者技术资料不完整，可能导致相对人无法有效实施该技术，影响其合同目的的实现。例如，在一些技术秘密转让合同中，出让人不仅应当向受让人提供生产工艺的一般原理，还应当提供具体的参数设置及操作程序。否则可能会被认定为"技术不完整"。③ 所谓技

---

① 参见黄薇主编：《中华人民共和国民法典合同编解读》（下册），中国法制出版社2020年版，第1181页。
② 参见《技术合同纠纷司法解释》第25条第3款。
③ 参见"汤华钊、四川省长征药业股份有限公司技术转让合同纠纷案"，贵州省高级人民法院（2016）黔民终153号民事判决书。

术无误,是指所提供的技术应当准确,没有误差。① 所谓有效,是指所提供的技术必须具有有效性,能够解决受让人和被许可人的技术难题。二是保证技术能够达到约定的目标。所谓约定的目标,实际上是当事人的订约目的,即通过技术转让和许可达到的效果或者目的,此种目标通常由当事人在合同中作出明确约定。无论技术成果是非法获取的还是技术成果不完整、错误、无效,均构成对权利瑕疵担保义务的违反,需要承担相应的违约责任。②

此外,《民法典》第 874 条规定:"受让人或者被许可人按照约定实施专利、使用技术秘密侵害他人合法权益的,由让与人或者许可人承担责任,但是当事人另有约定的除外。"该条明确了违反权利瑕疵担保义务造成第三人损害的责任,其构成要件如下:一是必须受让人和被许可人按照约定实施专利和使用技术秘密。所谓技术秘密,是指不为公众所知悉、具有商业价值并经权利人采取相应保密措施的技术信息。③ 如果受让人和被许可人未按照约定实施专利、使用技术秘密,则应当由受让人和被许可人承担责任。二是受让人和被许可人所使用的是让与人和许可人所提供的技术,而不是他人所提供的技术。三是实施专利、使用技术秘密侵害他人合法权益,如果使用该技术造成他人损害,表明该技术本身具有不合法性,而受让人和被许可人对此并不了解,其属于善意的受让人和被许可人,特别是因为技术成果的复杂性、专业性,是否具有不法性,通常不为受让人、被许可人所知悉,也难以作出判断。④ 所以,因为实施专利、使用技术秘密造成他人损害的,应当由提供技术的一方即让与人和许可人承担责任。此种规定有利于保护善意的受让人或者被许可人的合法权益。当然,如果当事人对此种情形下责任的承担作出了特别约定,则应当尊重当事人的意思自治。

3. 不得限制技术竞争和技术发展的义务

《民法典》第 844 条规定:"订立技术合同,应当有利于知识产权的保护和科学技术的进步,促进科学技术成果的研发、转化、应用和推广。"鼓励技术转让,有利于保护知识产权、促进技术创新,刺激财富增长。⑤ 依据这一原则,《民法典》第 864 条明确规定:"技术转让合同和技术许可合同可以约定实施专利或者使用技术秘密的范围,但是不得限制技术竞争和技术发展。"因此,无论是技术转让合同的当事人抑或技术许可合同的当事人,均不得在合同中约定限制技术竞争和技术发展。此种义务属于法定义务。此处所说的"实施专利或者使用技术秘密的范围",是指实施专利或者使用技术秘密的期限、地域、方式以及接触技术秘密的人员等。⑥ 此处所说的"限制技术竞争和技术发展"主要表现在,通过合同条款限制另一方在合同标的技术的基础上进行开发、研究,改进现有技术,推动技术发展和进步⑦,也包括通过合同条款限制另一方从其他渠道获取新技术,以及完善现有的技术,还包括利用合同条款阻碍另一方根据市场需求实施转让的技术等情形。所有这些行为都会阻碍技术的进步和发展,且有违《民法典》鼓励技术进步的原则。

4. 按照约定提供资料和指导的义务

技术转让合同和技术许可合同的特殊性在于,作为合同标的物的技术具有复杂性,受让

---

① 参见黄薇主编:《中华人民共和国民法典合同编解读》(下册),中国法制出版社 2020 年版,第 1123 页。
② 参见黄薇主编:《中华人民共和国民法典合同编解读》(下册),中国法制出版社 2020 年版,第 1123 页。
③ 参见《技术合同纠纷司法解释》第 1 条第 2 款。
④ 参见黄薇主编:《中华人民共和国民法典合同编解读》(下册),中国法制出版社 2020 年版,第 1123、1198 页。
⑤ 参见王宏军:《我国技术合同无效制度的立法缺陷——评〈合同法〉第 329 条》,载《政治与法律》2008 年第 9 期。
⑥ 参见《技术合同纠纷司法解释》第 28 条第 1 款。
⑦ 参见张瑞萍:《反垄断法应如何对待知识产权》,载《清华大学学报(哲学社会科学版)》2001 年第 4 期。

人和被许可人通常并不能立即将此技术转化为生产力,而需要让与人和许可人提供进一步的帮助和指导,以方便受让人和被许可人掌握受让的技术。有些技术秘密的实施需要让与人和许可人提供相应的技术资料和技术指导,所以,当事人有必要在合同中约定,让与人和许可人必须按照约定提供相应的资料和技术指导,当事人应当按照该约定履行其义务。即便当事人没有约定让与人提供资料和指导的义务,鉴于技术转让的特殊性,依据《民法典》第868条第1款的规定,让与人和许可人也应当承担此种义务,以保证其转让和许可的技术具有合同约定的实用性和可靠性,能够使受让人和许可人按照合同的约定进行使用并获取收益。

5. 保密义务

在技术秘密转让、许可合同中,技术秘密的转让人、许可人依照约定当然负有保密义务,但是为了鼓励许可人申请专利,促进技术的公开,造福社会公众①,《民法典》第868条第2款规定:"前款规定的保密义务,不限制许可人申请专利,但是当事人另有约定的除外。"据此,在当事人之间没有特别约定的情形下,法律并不限制许可人申请专利。不过,《技术合同纠纷司法解释》第29条第1款规定:"当事人之间就申请专利的技术成果所订立的许可使用合同,专利申请公开以前,适用技术秘密许可合同的有关规定;发明专利申请公开以后、授权以前,参照适用专利实施许可合同的有关规定;授权以后,原合同即为专利实施许可合同,适用专利实施许可合同的有关规定。"依据这一规定,当事人之间订立的技术秘密使用许可合同所适用的法律,会随着许可人申请专利而相应变化。在许可人提出的专利申请公开以前,该技术成果在性质上属于技术秘密,因此,当事人订立的许可使用合同在性质上属于技术秘密许可合同,也当然应当适用技术秘密许可合同的规则。在发明专利申请公开以后、授权之前,该技术成果已经公开,因此不再适用技术秘密许可合同的规则,但由于该技术成果还未获得专利,因此其只能参照适用专利实施许可合同的有关规则。而在授权以后,原合同即属于专利实施许可合同,应直接适用专利实施许可合同的规则。

(二)技术受让人、技术被许可人的主要义务

1. 支付转让费、使用费的义务

与让与人、许可人所承担的转让技术、许可他人使用技术的义务相对应,受让人、被许可人所承担的主要义务即为支付转让费、使用费的义务。支付转让费、使用费是受让人接受转让的技术、被许可人使用技术应当支付的对价。有关转让费、使用费的支付,应当由双方当事人对费用的总额以及计算标准、支付时间、支付方式等进行约定。如果受让人、被许可人未支付转让费和使用费,则让与人和许可人可以以此为抗辩,拒绝履行自身合同义务,也可以向受让人和被许可人主张违约责任。《民法典》第873条明确规定,被许可人、受让人未按照约定支付使用费、转让费的,应当补交使用费、转让费并按照约定支付违约金;不补交使用费或者支付违约金的,应当停止实施专利或者使用技术秘密,交还技术资料,承担违约责任。

2. 按照合同约定使用、实施技术的义务

在技术转让合同、技术许可合同签订之后,受让人、被许可人应按照合同的约定对技术进行使用和实施。所谓按照约定使用技术,首先是指受让人不能超越约定的范围使用该技术。例如,在专利实施许可合同中,当事人约定受让人仅能在某特定的区域内实施该专利技

---

① 参见黄薇主编:《中华人民共和国民法典合同编解读》(下册),中国法制出版社2020年版,第1190页。

术的,受让人不得超越约定的范围使用。同时,受让人、被许可人还应当在约定的使用期限内、按照约定的方法使用受让的技术。例如,合同只允许受让人使用,而不允许其制造产品的,受让人不得制造产品。此外,不得未经许可人同意擅自许可第三人实施该专利或者使用该技术秘密。例如,在专利实施技术普通许可合同中,被许可人即无权再许可他人实施该专利技术。受让人或者被许可人违反该义务的,依据《民法典》第 873 条的规定,出让人、许可人有权要求其停止违约行为,承担违约责任。

3. 保密义务

与前述大量技术交易合同类似,技术转让合同的当事人也应当负有保密义务。对此,《民法典》第 871 条规定:"技术转让合同的受让人和技术许可合同的被许可人应当按照约定的范围和期限,对让与人、许可人提供的技术中尚未公开的秘密部分,承担保密义务。"依据这一规定,受让人和被许可人负有对转让人和许可人提供的技术的保密义务,不得将相关的技术资料、技术信息、交易内容等属于约定保密义务范畴的内容泄露给其他人,否则可能导致相关技术成果价值的贬损,这将损害让与人和许可人的利益。基于技术转让合同、技术许可合同的特殊性,受让人、被许可人通常可以接触到大量的技术秘密信息,受让人、被许可人的保密义务是一种基于诚信原则的法定义务,此种义务的履行会直接影响到出让人、许可人的合法权益。例如,在泄密之后,许可人就无法再次将技术许可他人使用,导致其利益受到重大损害。① 受让人、被许可人违反此保密义务,既是对双方约定的违反,也会极大损害让与人的权益。依据《民法典》第 873 条的规定,被许可人、受让人违反约定的保密义务的,应当承担违约责任。

(三) 技术后续改进的成果分享

技术交易合同与普通买卖合同的重大差异之一就在于交易过程中的后续技术成果产生的可能性。当事人随着交易过程的展开而创造出新的技术的概率比较高。对此,《民法典》第 875 条规定:"当事人可以按照互利的原则,在合同中约定实施专利、使用技术秘密后续改进的技术成果的分享办法;没有约定或者约定不明确,依据本法第五百一十条的规定仍不能确定的,一方后续改进的技术成果,其他各方无权分享。"该条规定了后续技术成果的归属和分享规则。所谓后续改进,即在技术转让合同有效期内,一方或双方对作为合同标的的专利技术或者技术秘密成果所作的革新和改良。② 后续技术成果通常是在原有的基础上进行改进的结果,如果没有让与人所转让的专利或技术秘密,后续改进也无从谈起。但在技术后续改进之后,就涉及技术成果的分享问题,依据《民法典》上述规定,首先,须遵守约定优先的原则。当事人可以按照互利的原则,在技术转让合同中约定实施专利、使用技术秘密后续改进的技术成果的分享办法。该约定应当遵循互利的原则,如果违反了互利原则,形成所谓"片面收回条款",当事人可主张合同显失公平而请求法院或仲裁机构予以撤销。③ 其次,遵守在没有约定时依协议补充的原则。当事人之间没有约定或者约定不明确的,应当依据《民法典》第 510 条的规定进行事后协议补充,协议不成的,通过适用合同的相关条款或者交易习惯处理。最后,遵守由后续改进方享有的原则。依前述两项原则仍不能确定技术后续改进的成果分享的,由实施后续改进的一方享有该技术成果,其他各方无权分享,这实际上是

---

① 参见谢鸿飞、朱广新主编:《民法典评注·合同编:典型合同与准合同 3》,中国法制出版社 2020 年版,第 512—513 页。
② 参见胡康生主编:《中华人民共和国合同法释义》,法律出版社 1999 年版,第 521 页。
③ 参见马俊驹、余延满:《民法原论》(第三版),法律出版社 2007 年版,第 759 页。

按照实质贡献要素确定新技术成果归属的原则。①

(四)其他知识产权转让与许可的参照适用

技术转让合同法律规则主要以技术秘密和专利为规范原型。但实际上,在整个智力成果的交易活动中,都存在大量与技术交易类似的特点,有必要根据相应交易的性质参照技术交易合同的法律规则。对此,《民法典》第876条规定:"集成电路布图设计专有权、植物新品种权、计算机软件著作权等其他知识产权的转让和许可,参照适用本节的有关规定。"该条明确了诸如集成电路布图设计专有权、植物新品种权、计算机软件著作权等其他知识产权的转让和许可,可以参照适用《民法典》合同编第二十章第三节的规定。虽然《民法典》合同编第二十章第三节规定的"技术转让合同和技术许可合同",主要调整的对象是专利技术、技术秘密等技术成果,但是这些知识产权客体的转让、许可合同关系与其他技术合同的转让、许可之间存在明显的相通之处,因而通过参照适用的立法技术,既可以实现立法技术的简约,避免规则的重复、臃肿,又可以关照到不同类型的知识产权客体的差异性,也为这些知识产权客体的转让、许可法律关系的调整,提供了明确的规范依据。

科学技术日新月异,新型知识产权不断涌现,《民法典》保持对知识产权相关规则设立的开放性尤为必要。《民法典》第123条对此已经作出了相应的规定,除了列举已经较为典型的知识产权类型外,还使用"法律规定的其他客体"进行兜底,这能更好地应对未来知识产权的发展。《民法典》第876条规定:"集成电路布图设计专有权、植物新品种权、计算机软件著作权等其他知识产权的转让和许可,参照适用本节的有关规定。"该条关于"等"字的规定也同样体现出这样的理念,保持了规则必要的开放性,为未来新类型的知识产权的转让、许可的适用预留了解释空间。

(五)技术进出口合同或者专利、专利申请合同的特别法适用

随着改革开放实践的推进,技术进出口已经成为对外开放的重要领域,但是技术进出口主要是技术转让,这可能涉及国内行业发展、国计民生,甚至国家安全,因而对于重要领域的核心关键技术的进出口,需要获得有关部门的审批。② 例如,《技术进出口管理条例》的规定应优先得以适用。如果特别法对此有专门规定,则依据特别法优于一般法适用的法理,应当优先适用特别法的规定。《民法典》第877条规定:"法律、行政法规对技术进出口合同或者专利、专利申请合同另有规定的,依照其规定。"该规定性质上属于引致条款,可以引致到单行法的规定。就专利、专利申请合同而言,《专利法》《专利法实施细则》都有相关的规定的,则应当优先适用特别法的规则,只有在特别法没有规定或者规定不明确时,才应当适用《民法典》合同编技术合同一章的有关规定。

第四节 技术咨询合同和技术服务合同

一、技术咨询合同

(一)技术咨询合同的概念和特征

技术咨询合同是指受托人凭借其自身所掌握的技术,就委托人所要求的特定技术咨询

---

① 参见王轶等:《中国民法典释评·合同编·典型合同》(下卷),中国人民大学出版社2020年版,第314页。
② 参见黄薇主编:《中华人民共和国民法典合同编解读》(下册),中国法制出版社2020年版,第1204页。

项目和课题等提供的咨询服务。《民法典》第 878 条第 1 款规定："技术咨询合同是当事人一方以技术知识为对方就特定技术项目提供可行性论证、技术预测、专题技术调查、分析评价报告等所订立的合同。"这就对技术咨询进行了特别界定。现代社会已经进入了一个知识爆炸的信息社会,技术已经广泛渗入人们日常生活的方方面面,技术咨询合同在生活中的运用也越来越宽泛。技术咨询合同的特点主要在于：

第一,主体具有特殊性。技术咨询合同是知识密集型产业服务于科技、经济、社会发展的法律形式。[①] 在技术咨询合同中,受托人是对委托人所要求的特定技术咨询项目和课题提供咨询服务,如提供可行性论证、技术预测、专题技术调查、分析评价报告等,这就决定了受托人的特殊性。通常而言,在技术咨询合同中,从事咨询服务的受托人有自身的技术人员、技术知识等,多是专门机构和咨询公司。

第二,咨询服务内容具有特殊性。首先,技术咨询合同的受托人所提供的咨询服务是针对特定的技术项目。依据《技术合同纠纷司法解释》第 30 条的规定,所谓"特定技术项目",包括有关科学技术与经济社会协调发展的软科学研究项目,促进科技进步和管理现代化、提高经济效益和社会效益等运用科学知识和技术手段进行调查、分析、论证、评价、预测的专业性技术项目。其次,受托人就特定技术项目所提供的咨询服务包括可行性论证、技术预测、专题技术调查、分析评价报告等多种方式。

第三,咨询意见具有参考性。在技术咨询合同中,受托人所提供的咨询和报告意见只是为委托人作出最终的决策提供参考,在受托人提供了咨询意见以后,只要该提供的意见符合合同约定的要求,是否采纳是由委托人自行决定的。委托人在采纳该咨询意见后,即便因此遭受了损失,也只能由自己承担该损失,而不能要求受托人赔偿。《民法典》第 881 条第 3 款规定："技术咨询合同的委托人按照受托人符合约定要求的咨询报告和意见作出决策所造成的损失,由委托人承担,但是当事人另有约定的除外。"据此,委托人采纳受托人按照合同约定的要求所提供的咨询报告和意见而作出决策,如果由此产生损失的,在当事人没有特别约定的情况下,应由委托人自担损失。

(二)技术咨询合同的效力

1. 委托人的主要义务

(1)按照约定阐明咨询问题的义务。我国《民法典》第 879 条规定："技术咨询合同的委托人应当按照约定阐明咨询的问题,提供技术背景材料及有关技术资料,接受受托人的工作成果,支付报酬。"因此,委托人负有按照约定阐明咨询问题的义务,这实际上是要求委托人明确委托的事项,只有明确该事项之后,受托人才可以就特定技术项目为委托人提供咨询服务。所谓按照约定阐明咨询问题,是指委托人所应阐明的事项不应当超出合同约定的范畴,应当与其所欲咨询的问题相关。

(2)提供技术背景材料及有关技术资料、数据的义务。委托人所提供的技术背景材料及有关技术资料、数据是受托人了解委托事项的前提,也是受托人开展技术咨询服务的基础。一般而言,委托人所提出的技术问题是较为复杂、专业的,是一般人所不了解的,只有当委托人提供其所欲咨询的技术项目的相关背景资料及技术资料、数据等以后,受托人全面了解特定的技术问题,受托人才能开展具体的技术咨询服务工作。委托人提供的技术资料、数

---

① 参见段瑞春：《技术合同》,法律出版社 1999 年版,第 206 页。

据应当准确。《技术合同纠纷司法解释》第32条规定,如果受托人发现委托人提供的资料、数据等有明显错误或者缺陷,在合理期限内通知委托人,委托人在接到受托人的补正通知后未在合理期限内答复并予补正的,由此产生的损失由委托人承担。

(3) 接受受托人的工作成果的义务。依据我国《民法典》第879条的规定,技术咨询合同的委托人应当"接受受托人的工作成果"。所谓工作成果,是指受托人根据委托人的委托所形成的技术成果,一般表现为特定技术项目的咨询意见和报告。在技术咨询合同中,受托人的工作成果可以是可行性论证方案,也可以是技术预测结论、专题技术调查报告或者是分析评价报告等。但这些工作成果应当是符合合同约定的,是由受托人按照委托人的要求而作出的。受托人按照约定就委托人所咨询的特定技术项目完成特定的工作成果之后,委托人负有接受的义务。实践中,即便双方当事人尚未订立技术咨询合同,但出于了解背景资料等原因,当事人常常会开展较为详细的磋商,受托人可能在双方进行磋商的过程中就已经为委托人提供了技术咨询,此时宜认定当事人之间存在事实上的技术咨询合同。①

(4) 支付报酬的义务。依据我国《民法典》第879条的规定,技术咨询合同的委托人应当"支付报酬"。技术咨询合同作为双务、有偿的合同,受托人应按照约定就特定技术项目提供咨询服务,完成咨询报告,而委托人应向其支付报酬。在技术商品化和产业化的背景下,受托人利用自身的科学技术知识和技术手段为委托人提供咨询服务,委托人理应支付报酬,这是等价有偿原则的具体体现。依据上述规定,即使双方当事人在合同中并未约定要支付报酬的,也应推定委托人负有支付报酬的义务。

2. 受托人的主要义务

(1) 按期完成咨询报告或者解答问题的义务。《民法典》第880条规定:"技术咨询合同的受托人应当按照约定的期限完成咨询报告或者解答问题,提出的咨询报告应当达到约定的要求。"依据这一规定,受托人应当根据委托人的要求,完成咨询报告或者解答问题。同时,受托人应按照约定的期限完成咨询报告或解答问题。《民法典》第881条第2款规定:"技术咨询合同的受托人未按期提出咨询报告或者提出的咨询报告不符合约定的,应当承担减收或者免收报酬等违约责任。"因此,技术咨询合同的受托人未按期提出咨询报告的,应当承担迟延履行的责任。此种责任主要包括减收或者免收报酬,赔偿委托人所遭受的损失等。

(2) 按照约定的要求提出咨询报告的义务。《民法典》第880条规定中所述"约定的要求",是指应当符合合同所约定的质量要求;而所谓"咨询报告应当达到合同约定的要求",是指在当事人无特别约定的情况下,受托人提出的咨询报告应当符合合同约定的形式内容和份数,能够按照约定的验收或评价办法通过。②

(3) 发现委托人提供的资料、数据等有明显错误或者缺陷,应当及时通知的义务。《技术合同纠纷司法解释》第32条第1句规定"技术咨询合同受托人发现委托人提供的资料、数据等有明显错误或者缺陷,未在合理期限内通知委托人的,视为其对委托人提供的技术资料、数据等予以认可"。这就是说,受托人在接受了委托人提供的资料和数据后发现其有明确的错误而在合理期限内不及时通知,事后又以该数据资料存在错误为由对其提供的咨询

---

① 参见"叶晓明等诉索佳公司技术成果权侵害案",湖北省高级人民法院(2002)鄂民三终字第6号民事判决书。关于此类案件的评述,参见易继明:《知识产权的观念:类型化及法律适用》,载《法学研究》2005年第3期。
② 参见何志:《合同法分则判解研究与适用》,人民法院出版社2002年版,第529页。

服务错误主张不承担责任的,在法律上不应当认可此种抗辩。

(三)违反技术咨询合同的违约责任

1. 委托人的违约责任

在技术咨询合同中,委托人的主要义务是按照约定提供必要的资料,接受受托人所提供的工作成果。如果委托人违反了相应的义务,应当承担违约责任。《民法典》第881条第1款规定:"技术咨询合同的委托人未按照约定提供必要的资料,影响工作进度和质量,不接受或者逾期接受工作成果的,支付的报酬不得追回,未支付的报酬应当支付。"该条实际上确立了委托人违反技术咨询合同的两种违约行为:一是未按照合同约定提供必要资料。要求提供资料的义务对于受托人正确作出决策是十分必要的。二是拒绝接受或者逾期接受工作成果。这就是说,如果委托人没有任何正当理由拒绝接受或者逾期接受工作成果,在此情形下,应当承担违约责任。

2. 受托人的违约责任

第一,受托人未按照合同约定的期限提供咨询报告。受托人及时按照合同约定提供咨询报告是其基本义务,其不及时提供构成履行迟延。《民法典》第881条第2款规定:"技术咨询合同的受托人未按期提出咨询报告或者提出的咨询报告不符合约定的,应当承担减收或者免收报酬等违约责任。"依据这一规定,在不及时提供的情况下,其应承担减收或者免收报酬等违约责任。具体包括:一是减价。减价责任是指当事人一方履行合同不符合约定,根据受损害方的选择,在接受不完全履行的基础上,依"按质论价"的评定而使价款或者报酬相应减少的违约责任。① 故在此基础上如果受托人构成违约,应当承担减价责任。二是免收报酬,如果受托人构成严重违约,实际上受托人丧失了相应的报酬请求权,其无权向委托人主张报酬。三是如果构成迟延履行,受托人还需要承担履行迟延的违约损害赔偿。

第二,受托人提供的咨询报告不符合约定。这实际上意味着受托人提出的咨询报告必须要在内容上符合合同的约定,否则受托人即便提交了报告,也无法实现合同约定的目的,因此,《民法典》第881条第3款规定:"技术咨询合同的委托人按照受托人符合约定要求的咨询报告和意见作出决策所造成的损失,由委托人承担,但是当事人另有约定的除外。"依据该规定,受托人只要依据合同提交了合格的咨询报告和意见,委托人最终是否采纳受托人提供的报告,仍然应当由其自己决定。即使委托人采纳了该资讯报告和意见而遭受损失,只要受托人的报告是符合约定的,则受托人无须承担责任。② 如果受托人提供的咨询报告和意见不符合合同约定,则需要承担相应的违约责任。如当事人未在合同中对咨询报告和意见应当达到何种标准作出约定,则可以根据《民法典》第510条的规定确定,如根据该条规定仍不能确定,则可以根据第511条第1项,按照国家标准、行业标准、通常标准或者符合合同目的的特定标准等履行。③

二、技术服务合同

(一)技术服务合同的概念和特征

《民法典》第878条第2款规定:"技术服务合同是当事人一方以技术知识为对方解决特

---

① 参见谢鸿飞、朱广新主编:《民法典评注·合同编:典型合同与准合同3》,中国法制出版社2020年版,第564页。
② 参见王轶等:《中国民法典释评·合同编·典型合同》(下卷),中国人民大学出版社2020年版,第333页。
③ 参见"卢德荣与贵州地元生态工程有限公司等技术咨询合同纠纷案",贵州省高级人民法院(2014)黔高民三终字第10号民事判决书。

定技术问题所订立的合同,不包括承揽合同和建设工程合同。"据此,技术服务合同是指当事人一方用自己的知识、技术信息和劳务,为他方解决特定技术问题,他方接受服务工作并支付报酬(服务费)的协议。其中,提供技术服务工作的一方称为服务方,接受服务成果的一方称为委托方。依据《技术合同纠纷司法解释》第33条,此处所说的"特定技术问题"是指"需要运用专业技术知识、经验和信息解决的有关改进产品结构、改良工艺流程、提高产品质量、降低产品成本、节约资源能耗、保护资源环境、实现安全操作、提高经济效益和社会效益等专业技术问题"。严格来讲,技术服务合同是服务合同的一种类型。但与一般的服务合同相比较,技术服务合同所提供的服务涉及技术问题。与技术咨询合同相比较,技术服务合同的法律特征主要是:

(1) 标的具有特殊性。在技术服务合同中,其标的是一定的技术行为,此类合同是一方向另一方提供技术服务工作,以解决特定技术问题。与技术咨询不同的是,其需要提供技术成果,而不仅仅是提供咨询意见或报告。因此,其在性质上属于给付工作成果之债,而技术咨询合同类似于一种劳务之债。

(2) 合同目的具有特殊性。如前所述,当事人订立技术咨询合同的主要目的在于就特定技术项目提供可行性论证、技术预测、专题技术调查、分析评价报告等。但是在技术服务合同中,当事人订立合同的目的在于由受托人向委托人提供技术服务工作,以解决特定技术问题。而技术咨询合同的当事人则并无此种订约目的,即技术咨询合同的受托人并不需要为委托人解决特定的技术问题。

(3) 类型具有多样性。技术服务合同的类型多样,其主要包括一般技术服务合同、辅助服务合同、技术培训合同以及技术中介合同。《技术合同纠纷司法解释》第36条、第38条对技术培训合同和技术中介合同作出了解释。前者是指"当事人一方委托另一方对指定的学员进行特定项目的专业技术训练和技术指导所订立的合同,不包括职业培训、文化学习和按照行业、法人或者非法人组织的计划进行的职工业余教育"。后者则是指"当事人一方以知识、技术、经验和信息为另一方与第三人订立技术合同进行联系、介绍以及对履行合同提供专门服务所订立的合同"。上述合同类型在性质上属于独立的合同,而非混合合同。严格地说,技术咨询也是服务的一种类型,但是由于《民法典》对技术咨询与技术服务合同予以区分,所以它们成为两种不同类型的合同。

(4) 是双务、有偿、诺成的合同。一些简单的技术服务合同可以采取口头形式,因此技术服务合同是非要式的。

(二) 技术服务合同与技术转让合同的区别

虽然技术服务合同与技术转让合同都是技术合同的一种类型,但二者存在明显区别,主要表现在:一方面,合同所涉及的具体技术不同。在技术服务合同中,受托人是凭借其所掌握的技术知识为委托人解决特定的技术问题。但就其所掌握的技术而言,主要是公有技术,即已经进入公有领域的技术。而在技术转让合同中,让与人所转让的是受法律保护的尚未进入公有领域的技术,如专利权、技术秘密等。[①] 因此,如果当事人就公有领域的技术签订了技术转让或技术许可合同,且技术提供方进行了技术指导、传授了技术知识,则该合同应当按照技术服务合同处理。[②] 不过,如前文所述,如果当事人对处于公有领域的技术组合具有

[①] 参见蒋志培主编:《技术合同司法解释的理解与适用》,科学技术文献出版社2007年版,第76页。
[②] 参见《技术合同纠纷司法解释》第34条第1款。

实质意义上的创新性,这类合同也可能被认定为技术转让合同。另一方面,在技术服务合同中,受托人提供技术服务的主要目的是解决委托人所面临的特定技术问题。而技术转让合同的让与人并非为了解决受让人所面临的技术问题,其主要目的在于实现特定技术成果的转让。

三、技术服务合同的效力

(一)委托人的主要义务

《民法典》第882条规定:"技术服务合同的委托人应当按照约定提供工作条件,完成配合事项,接受工作成果并支付报酬。"据此,委托人的主要义务包括:

(1)按照约定提供工作条件,完成配合事项的义务。所谓提供工作条件既包括通常所理解的物质条件,也包括相关的数据、图纸、资料、技术已经完成的情况以及场地、样品等。[①] 例如,《技术合同纠纷司法解释》第37条第1款规定:"当事人对技术培训必需的场地、设施和试验条件等工作条件的提供和管理责任没有约定或者约定不明确的,由委托人负责提供和管理。"该款规定中的"场地、设施和试验条件"也属于本条规定的工作条件。所谓完成配合事项,是指技术服务合同的委托人交付有关样品、材料和技术资料以及从事其他行为。例如,在设备、产品的鉴定和测试项目中,委托人应提供所要鉴定、测试的物品,做好有关准备工作,以帮助受托人全面了解该技术问题及为受托人开展技术服务工作提供帮助。如果技术服务合同的受托人发现委托人提供的资料、数据、样品、材料、场地等工作条件不符合约定,在合理期限内通知委托人,委托人在接到受托人的补正通知后未在合理期限内答复并予补正的,由此发生的损失由委托人承担。[②]

(2)接受工作成果的义务。技术服务合同与技术咨询合同不同,受托人需要就特定技术问题的解决提供工作成果,而并不仅仅是提供技术咨询报告或意见。这些工作成果既可以表现为特定的技术方案(如改进现有产品结构的设计),也可以表现为特定的技术分析报告(如新产品、新材料性能的测试分析报告)。在受托人按照合同约定的质量和期限完成技术成果之后,委托人负有按时接受工作成果的义务。[③]

(3)支付约定报酬的义务。由于技术服务合同是双务、有偿合同,所以委托人应当在接受工作成果时按照约定支付报酬。

(二)受托人的主要义务

根据《民法典》和《技术合同纠纷司法解释》等规定,受托人的主要义务包括:

(1)按照约定完成服务项目、解决技术问题的义务。《民法典》第883条规定:"技术服务合同的受托人应当按照约定完成服务项目,解决技术问题,保证工作质量,并传授解决技术问题的知识。"因此,受托人负有按照约定完成服务项目,解决技术问题的义务,其应当充分利用自己的知识、技术、信息和经验,按照合同约定完成服务项目,并解决特定的技术问题。[④] 这是受托人所负担的主要义务。

(2)保证工作质量,并传授解决技术问题的知识的义务。根据《民法典》第883条的规定,技术服务合同中受托人所应当保证的工作质量,是与解决技术问题联系在一起的。这就是说,受托人所提交的工作成果应当能够解决委托人所提出的特定技术问题,但是合同中应

[①] 参见魏耀荣等:《中华人民共和国合同法释论(分则)》,中国法制出版社2000年版,第493页。
[②] 参见《技术合同纠纷司法解释》第35条。
[③] 参见何志:《合同法分则判解研究与适用》,人民法院出版社2002年版,第531页。
[④] 参见魏耀荣等:《中华人民共和国合同法释论(分则)》,中国法制出版社2000年版,第494页。

就受托人所提交的工作成果的质量提出具体的要求。例如,技术培训应达到特定的要求,技术中介应有助于促成合同的订立等。在作出约定以后,受托人所提供的服务应符合合同的要求。

(3) 妥善保管和使用委托人交给的样品、材料和技术资料的义务。在技术服务合同中,委托人为明确其所提出的特定技术问题,可能会将一些样品、材料和技术资料交给受托人,以便于受托人开展技术服务工作。受托人接受这些样品和材料以后,应妥善地保管和使用,对技术资料也应当予以保密,不应将其挪作他用,也不得擅自披露相关样品、材料和技术资料。如因受托人保管不善造成委托人交给的样品、材料和技术资料毁损、灭失等的,受托人应负赔偿责任。

(4) 发现委托人提供的资料、数据、样品等不符合约定的,应当及时通知委托人。《技术合同纠纷司法解释》第35条第1句规定:"技术服务合同受托人发现委托人提供的资料、数据、样品、材料、场地等工作条件不符合约定,未在合理期限内通知委托人的,视为其对委托人提供的工作条件予以认可。"这就是说,受托人接受了委托人提供的资料、数据等后发现其不符合合同约定,而在合理期限内不及时通知,事后又以该资料、数据等存在错误为由作为自己不承担责任的抗辩的,在法律上不应得到支持。

(5) 费用负担义务。对于受托人提供服务所需要的费用,委托人是否应当负担?《民法典》第886条规定:"技术咨询合同和技术服务合同对受托人正常开展工作所需费用的负担没有约定或者约定不明确的,由受托人负担。"该条是根据相关司法解释转化而来,该条规定的内容具体包括:第一,关于技术咨询合同和技术服务合同对受托人正常开展工作所需费用的负担,原则上需要当事人通过约定进行处理。法律对费用负担问题尽量鼓励当事人通过约定予以明确,如果当事人有约定的,应依照约定进行处理。所谓"开展正常工作所需费用",是指履行技术咨询、技术服务合同所支出的必要费用,只适用于通常所需要的履行费用,对于特殊情况下所需要增加的费用不包括在内。① 第二,如果当事人没有约定或者约定不明的,基于技术服务合同与技术咨询合同的有偿性,受托人所获得的报酬已经吸收了开展工作所需要的费用,在没有约定或约定不明时,应当由受托人负担。同时,由于开展具体工作的是受托人,费用的成本控制的主体也是受托人,因此在没有约定或者约定不明的情形下,由受托人承担开展具体工作所需要的费用也有利于受托人进一步节省开支,避免不合理浪费。由于开展正常工作所需要的费用属于正常的开支,由受托人承担该成本也是合理的。② 第三,该条规定与《民法典》第511条第6项关于履行费用不明确的,由履行义务一方负担的规定是一致的。受托人正常开展工作所需费用是其履行义务与获得报酬的必要前提,既然委托人已经支付了相应的报酬,就无须再另行支付相应费用。但是如果是因委托人原因而新增费用,此时应当要求其承担。③

四、违反技术服务合同义务的责任

(一) 委托人的违约责任

所谓委托人的违约责任,是指委托人因没有按照合同约定履行或者未完全履行其义务

---

① 参见谢鸿飞、朱广新主编:《民法典评注·合同编:典型合同与准合同3》,中国法制出版社2020年版,第584—585页。
② 参见蒋志培主编:《技术合同司法解释的理解与适用》,科学技术文献出版社2007年版,第81页。
③ 参见谢鸿飞、朱广新主编:《民法典评注·合同编:典型合同与准合同3》,中国法制出版社2020年版,第585页。

所应承担的责任。《民法典》第884条第1款规定:"技术服务合同的委托人不履行合同义务或者履行合同义务不符合约定,影响工作进度和质量,不接受或者逾期接受工作成果的,支付的报酬不得追回,未支付的报酬应当支付。"委托人的违约责任主要体现在如下几个方面。

第一,如果委托人没有按照技术服务合同的约定提供相关的技术资料、样品、数据等材料,并因此影响了工作进度和质量,委托人不接受或者逾期接受工作成果的,已经支付的报酬本身属于受托人的劳动所得,支付的报酬不得追回,未支付的报酬应当支付。而如果当事人约定了违约金的,委托人还应当支付相应的违约金或者损害赔偿金。①

第二,委托人迟延接受工作成果的,在法律上构成受领迟延,委托人应当支付受托人保管工作成果所生的保管费,以及赔偿因为受领迟延给受托人带来的损害。

第三,如果委托人违反相应的附随与协助义务,也应承担相应的违约责任,赔偿受托人所受的损失。例如,委托人泄露受托人需要完成的工作成果的秘密信息,造成受托人损失的,需要承担相应的违约责任。

(二)受托人的违约责任

所谓受托人的违约责任,是指受托人因没有按照合同约定履行或者未完全履行其义务所应承担的损失。《民法典》第884条第2款规定:"技术服务合同的受托人未按照约定完成服务工作的,应当承担免收报酬等违约责任。"受托人的违约责任主要体现在如下几个方面。

第一,如果受托人没有在合同约定期限内交付工作成果的,构成迟延履行,应当承担迟延责任。而受托人逾期不交付工作成果,导致合同目的不能实现的,委托人享有合同解除权,受托人应当返还委托人已经支付的报酬,并且承担迟延损害赔偿责任。

第二,受托人对委托人交付的样品、技术资料保管不善,造成损失、缺少、变质、污染或者损坏的,应当支付违约金或者赔偿损失。②

第三,如果受托人的服务存在缺陷,则委托人享有选择权,如果委托人同意利用的,受托人应当减少报酬并采取适当的补救措施。如果缺陷严重,使得合同约定的技术问题并没有得到合理解决的,则受托人不仅不得主张报酬请求权,还要承担违约损害赔偿责任。受托人违反合同约定的保密条款等义务,也要承担违反附随义务所生的违约责任。

五、技术咨询合同和技术服务合同中新技术成果的归属

在技术咨询合同和技术服务合同中,当事人可能利用对方提供的资料、数据、样品、材料和场所或相关的技术成果,而进一步开发出新的技术成果。这既包括受托人利用委托人提供的技术资料和工作条件完成的新的技术成果,也包括委托人利用受托人既有的工作成果完成的新的技术成果。《民法典》第885条规定:"技术咨询合同、技术服务合同履行过程中,受托人利用委托人提供的技术资料和工作条件完成的新的技术成果,属于受托人。委托人利用受托人的工作成果完成的新的技术成果,属于委托人。当事人另有约定的,按照其约定。"依据这一规定,首先,新技术成果的归属由双方当事人进行约定,有约定的按照约定处理。尊重当事人的约定既有利于避免纠纷的发生,也方便新技术成果的利用。其次,双方当事人无约定的,则依据"谁完成,谁拥有"的原则确定新技术成果的权属。③ 在技术咨询合同、

---

① 参见黄薇主编:《中华人民共和国民法典合同编解读》(下册),中国法制出版社2020年版,第1148页。
② 同上书,第1220页。
③ 参见魏耀荣等:《中华人民共和国合同法释论(分则)》,中国法制出版社2000年版,第498页。

技术服务合同履行过程中,受托人利用委托人提供的技术资料和工作条件完成的新的技术成果,属于受托人。委托人利用受托人的工作成果完成的新的技术成果,属于委托人。这既有利于防止不必要的纠纷①,有利于尊重新技术成果完成人所投入的智力劳动和创造,也有利于新技术成果的利用。

  此外,《民法典》第887条规定:"法律、行政法规对技术中介合同、技术培训合同另有规定的,依照其规定。"此处所说的"技术培训合同",是指当事人一方委托另一方对指定的学员进行特定项目的专业技术训练和技术指导所订立的合同,不包括职业培训、文化学习和按照行业、法人或者非法人组织的计划进行的职工业余教育。② 此处所说的"技术中介合同"是指"当事人一方以知识、技术、经验和信息为另一方与第三人订立技术合同进行联系、介绍以及对履行合同提供专门服务所订立的合同"③。由于我国有关法律、行政法规对技术中介合同与技术培训合同已经存在特别规定了(例如《促进科技成果转化法》对科技中介服务的内容作出了相关规定),所以本条具有引致条款的功能,即在发生技术中介合同、技术培训合同纠纷时,可依据该条,援引法律、行政法规有特别规定的相关条款,如此既保障了《民法典》的体系性,也避免条文过多而显得臃肿。该条实际上是承认这些特别规定与《民法典》共同构成了一个有机整体。

---

① 参见魏耀荣等:《中华人民共和国合同法释论(分则)》,中国法制出版社2000年版,第497页。
② 参见《技术合同纠纷司法解释》第36条。
③ 《技术合同纠纷司法解释》第38条。

第三编 ｜ 融资、担保合同

第九章　借款合同
第十章　保证合同
第十一章　融资租赁合同
第十二章　保理合同

第九章

借 款 合 同

第一节 借款合同概述

一、借款合同的概念和特征

依据《民法典》第667条的规定,借款合同是借款人向贷款人借款,到期返还借款并支付利息的合同。换言之,借款合同是指贷款人将一定数量的货币转移给借款人,借款人在约定的期限内返还同等数量货币并支付利息的协议。在借款合同中,交付金钱的一方称为贷款人,接受金钱的一方称为借款人。借款合同是最古老的合同类型之一,在古代罗马法中,借贷合同是有名的典型合同,近代各国民法都普遍将借贷合同作为一种典型合同在民法典中予以规定。在中国古代,通常将借款称为债。《正字通说》所谓"责,逋财也",此处所说的"责"就是指债务。《周礼·天官·小宰》云:"听称责以傅别。"一般认为,"称责"是指借贷债务。凡有借贷债务纠纷的,根据契约借券来判断。[①]

借款合同是一种特殊的消费借贷合同。所谓消费借贷(loan for consumption),是指当事人约定,一方移转金钱或者其他可消耗物之所有权于他方,而他方以种类、品质、数量相同之物返还的合同。[②] 由此可见,消费借贷的对象不仅包括一般的种类物,还包括金钱这种特殊的物,而且消费借贷以支付报酬为原则。在消费借贷中,当事人的权利义务关系所指向的主要是消费物,并以此区分于使用借贷。消费借贷一般以消费物为标的物,而使用借贷一般以不可消费物为标的物。所谓消费物,是指依通常的用途,只能将物耗损、转让才能使用的物,如米面、煤炭等。货币虽然在物质上不能实际消费,但一旦交付,基于货币之占有即所有的原理,即发生实际消费的结果,所以也称为消费物。[③] 所谓不可消费物,是指依通常的用途不耗损物的形体的物。例如,房屋、家具等,正常使用可能发生价值的减少,但其形体不因正常使用而消灭,因此称为不可消费物。如果消费借贷的对象是金钱,则消费借贷的特征就和借款合同一致,此时消费借贷也就表现为借款合同。所以,从这个意义上说,消费借贷是借款合同的上位概念,两者也不完全等同。

在《民法典》中,虽然以银行借款合同作为典型形式加以规定,但是,从《民法典》关于借款合同的规定来看,实际上包含了两大类:一是一般借款合同,此类合同中,贷款人包括经金

---

① 参见林尹注译:《周礼今注今译》,书目文献出版社1985年版,第22页。
② 参见郑玉波:《民法债编各论》(上册),台湾三民书局1986年版,第311页。
③ 参见史尚宽:《民法总论》,中国政法大学出版社2000年版,第253页。

融监管部门批准设立的从事贷款业务的金融机构及其分支机构,以及以自有资金出借但并非以借款为业的自然人、法人和非法人组织。① 二是自然人之间的借款合同,即典型的民间借贷合同。所以,从广义上理解,借款合同应当包括民间借贷合同;而从狭义上理解,借款合同仅指一般借款合同。此处所说的借款合同是从狭义上理解的。借款合同的法律特征在于:

(1) 标的物具有特殊性。借款合同的标的物是金钱,而非金钱以外的实物。在借款合同中,当事人所转移的是货币的所有权。而在实物借贷合同中,借用人所取得的只是对实物的使用、收益等权利,而非实物的所有权,其所有权仍然归出借人所有。借款合同不同于一般的消费借贷,原因在于借款合同的标的物只能是金钱,而消费借贷的对象除了金钱还包括其他的种类物,如日常生活中的鸡蛋、牛奶等。

(2) 移转货币所有权。借款合同的标的物是货币,因货币的特性决定了借款合同中当事人之间的权利义务关系具有特殊性。从经济上看,货币是一种种类物,但相比较其他的种类物,货币也有其特殊之处。货币具有交付后移转所有权的特性,即只要一方当事人将货币交付于另一方当事人,无论交付的原因为何,都将发生货币所有权移转的效果。货币的占有人即推定为货币所有人。② 因此,在借款合同中,贷款人将货币交付给借款人,则货币的所有权也随之移转给借款人。

(3) 主体的特殊性。在借款合同中,通常对借款人并无特殊的要求,任何具有完全行为能力的自然人和法人都可以成为借款人,但贷款人则具有特殊性。它主要包括两种类型:一是取得了一定从事金融业务资质的特定的金融机构,如商业银行、农村信用合作银行及其分支机构等。金融机构通常具有特殊性,其设立、运营和监管等事项都要适用国家有关金融的法律法规的规定。我国《商业银行法》对金融机构的资质、设立等都规定了严格的条件。二是以自有资金出借但并非以贷款为业的自然人、法人与非法人组织。③ 由于第一种类型的借款合同是借款合同的典型形式,因此,《民法典》所规定的借款合同的主体具有特殊性。

(4) 具有要式性、诺成性。《民法典》第 668 条第 1 款规定:"借款合同应当采用书面形式,但是自然人之间借款另有约定的除外。"由于借款合同涉及金融安全和秩序,且只有在合同中明确表达双方的借款意图,才能避免借款与其他法律关系之间的混淆④,尤其是为了防止当事人双方就借款的数额、期限、利息等发生争议,维护金融安全和秩序,《民法典》明确规定借款合同原则上应采取书面形式,因此,银行借款合同属于要式合同。但是对自然人之间订立的借款合同,虽然提倡采用书面形式,但是法律并没有强制性的要求。

《民法典》第 667 条规定:"借款合同是借款人向贷款人借款,到期返还借款并支付利息的合同。"可见,借款合同原则上具有诺成性,只要当事人就借款的主要内容达成一致即可,并不要求货币的实际移转。在古典罗马法中,只有少数的合同类型能够因单纯的合意而得以订立,借贷则属于要物合同。⑤ 在现代民法上,大多认为,借款合同为诺成合同。但是自然人之间的借款合同,依据我国《民法典》第 679 条,性质上属于实践合同,必须自贷款人提供贷款时成立。

(5) 原则上具有双务性、有偿性。依据《民法典》第 667 条,在金融机构借款合同中,借

---

① 参见黄薇主编:《中华人民共和国民法典合同编解读》(上册),中国法制出版社 2020 年版,第 696 页。
② 参见孙鹏:《金钱"占有即所有"原理批判及权利流转规则之重塑》,载《法学研究》2019 年第 5 期。
③ 参见黄薇主编:《中华人民共和国民法典合同编解读》(上册),中国法制出版社 2020 年版,第 696 页。
④ 参见谢鸿飞、朱广新主编:《民法典评注·合同编:典型合同与准合同 1》,中国法制出版社 2020 年版,第 401 页。
⑤ 〔德〕迪特尔·梅迪库斯:《德国债法分论》,杜景林、卢谌译,法律出版社 2007 年版,第 229 页。

款人一般都要向贷款人支付利息,所以借款合同原则上具有双务性和有偿性。即使当事人在借款合同中没有约定利息,除法律特别规定的情形之外,借款人仍应按照中国人民银行关于贷款利率的相关规定支付利息。但是自然人之间的借款合同原则上具有单务性、无偿性。

二、一般借款合同和自然人之间的借款合同

所谓一般借款合同,是指《民法典》合同编第十二章所规定的借款合同。《民法典》第667条规定:"借款合同是借款人向贷款人借款,到期返还借款并支付利息的合同。"此类借款合同中最典型的是以金融机构为贷款人的借款合同,此处所说的"金融机构"应当作广义上的理解,即经金融监管部门批准设立的从事贷款业务的金融机构及其分支机构[1],除此之外,也包括了以自有资金出借但并非以借款为业的自然人、法人和非法人组织。[2] 自然人之间的借款合同就是指完全民事行为能力人之间作为贷款人和借款人而发生的借款合同关系。我国《民法典》第679条和第680条专门对此类借款合同作出了规定。

一般借款合同和自然人之间的借款合同的主要区别在于:

第一,贷款人不同。在一般借款合同中,提供借款的一方当事人通常都是严格遵循国家法律规定而设立的银行等金融机构,其设立、经营和监管等都需要符合法律的金融监管要求。此类借款合同还包括贷款人为非以借款为业的法人、非法人组织的情形。因为如果自然人、法人和非法人组织以借款为业,可能转化为变相的金融机构,这不仅违反我国现行法律法规的规定,而且依据《民间借贷司法解释》第13条第3项,"未依法取得放贷资格的出借人,以营利为目的向社会不特定对象提供借款的"民间借贷合同应当被认定为无效。而在自然人之间的借款合同中,合同的双方当事人都是具有完全民事行为能力的自然人,其订约的主要目的具有互助互惠性质。

第二,合同的形式不同。《民法典》第668条第1款规定:"借款合同应当采用书面形式,但是自然人之间借款另有约定的除外。"因此,对于一般借款合同,《民法典》规定以要式合同为原则,而对于自然人之间的借款合同,《民法典》则不要求必须订立书面合同,当事人之间也可以采取打借条甚至口头的形式成立合同,只要当事人能证明存在借款关系,此种债权也受到法律保护。

第三,合同的性质不同。一般的借款合同都是诺成合同,双方当事人意思表示一致,合同即告成立。而自然人之间的借款合同依据《民法典》第679条的规定,应当在提供借款时才成立,因为法律规定自然人之间的借款合同为实践合同,这实际上是允许自然人在正式交付金钱之前还有慎重考虑和反悔的机会。[3]

第四,权利义务内容不同。在银行借款合同中,国家通常会就银行等金融机构的放贷行为设置严格的监管规则和限制。例如,《民法典》第672条规定:"贷款人按照约定可以检查、监督借款的使用情况。借款人应当按照约定向贷款人定期提供有关财务会计报表或者其他资料。"借款人通常需要按照相关规定提供担保,而贷款人应当按照约定对借款的使用情况进行检查和监督等。而自然人之间的民间借款合同,受国家金融监管的程度较低。

第五,是否具有有偿性和双务性不同。在我国《民法典》中,一般借款合同是借款合同的

---

[1] 参见郭明瑞、王轶:《合同法新论·分则》,中国政法大学出版社1997年版,第195页。
[2] 参见黄薇主编:《中华人民共和国民法典合同编解读》(上册),中国法制出版社2020年版,第696页。
[3] 同上书,第729页。

典型形态,原则上具有有偿性。因为此类借款合同主要是金融机构为贷款人的借款合同,而金融机构都是以金融业务为业、通过借款获取利息的机构,因而其与借款人订立的合同一样都是有偿的,具有商事合同的特点。但自然人之间的借款合同大多具有互助性质,在许多情况下可能构成一种无偿的借款关系。如果借款人需要支付相应的利息的,则应由当事人进行特别约定。依据《民法典》第 680 条第 2 款和第 3 款,自然人之间的借款合同对支付利息没有约定或者约定不明的,视为没有利息。另外,一般借款合同是双务的,而在自然人借款合同中,只有借款人负有义务,贷款人提供贷款属于合同成立要件,并非贷款人的给付义务。

三、借款合同和相关合同的区别

(一) 借款合同与买卖合同

买卖合同是移转标的物所有权的合同。借款合同和买卖合同两者间具有一定程度的相似性。在借款合同中,虽然移转的是货币的占有,但是由于货币本身的特殊性质,移转货币的占有就是移转了货币的所有权。而且无论是买卖合同还是借款合同,都存着货币交付这一过程。此外,在特殊情况下,外汇也可以成为买卖的标的。因此,这两种合同具有一定的相似性,在实践中,经常发生名为买卖实为借贷的纠纷,因此有必要对二者进行区分,二者的区别主要表现在:

第一,主体不同。买卖合同对主体并没有一般性的限制,无论是自然人还是企业,都可以依法从事买卖活动。但在借款合同中,其主体一般具有特殊性。因为金融机构借款是借款合同的典型形态,所以法律通常会对作为借款合同一方当事人的金融机构作出严格的规定和限制。此外,尽管借款也可在自然人之间发生,但是按照相关法律规定,企业只能向银行等金融机构进行借贷,企业间相互拆借的行为是无效的。

第二,标的物不同。买卖合同的标的物主要是一般的动产和不动产,而借款合同的标的物则是货币。在借款合同中,贷款人将一定数额的金钱出借给借款人,借款人分期偿还或在贷款期间届满时偿还全部借款。

第三,是否存在利息的约定不同。在买卖合同中,出卖人须交付标的物并移转物的所有权,而由买受人支付价款。一般而言,即使买受人提前交付价款,或者采用分期付款的方式支付价款,出卖人也不应向其支付利息[①],所以买卖合同中不存在有关利息的约定。而在借款合同中,一方交付一定数量的货币,另一方需要在约定的时间内偿还本金,并支付一定数额的利息。

第四,是否存在瑕疵担保义务不同。在买卖合同中,出卖人要对买受人负瑕疵担保义务,包括物的瑕疵担保义务和权利瑕疵担保义务,以确保其所出卖的物在品质和数量上是符合合同要求的,在权利上是清洁的、无瑕疵的。而在借款合同中,由于货币是高度流通物,货币所有权随占有的移转而发生移转,即便贷款人与第三人之间发生金钱往来的纠纷,但其一旦将货币出借给借款人,借款人即取得该笔款项的所有权。一般而言,在借款合同中,贷款人并不负有权利瑕疵担保义务和物的瑕疵担保义务。

第五,债务人的义务不同。在借款合同中,借款人的主要义务是返还借款,并支付利息;而在买卖合同中,买受人的主要义务则是支付价款。借款人返还借款是要归还贷款人所提供的借款,而买受人所支付的价款则是支付买卖标的物的对价。

[①] 参见《欧洲示范民法典草案》第 4.6-1:101 条。

（二）借款合同和借用合同

借用合同是指出借人将借用物交给借用人无偿使用，借用人在规定的期限内返还原物的协议。传统民法理论区分了所谓的使用借贷和消费借贷，借用即为使用借贷（loan for use）。[①] 而消费借贷的标的物是种类物，其中也包括金钱，借用人在返还时，只需要返还同种类、同数量的物即可，并不一定要返还原物。在许多国家的法律规定中，借款合同属于消费借贷的一种类型。在传统民法中，借款合同和借用合同都是借贷的具体类型。在我国台湾地区"民法"中，将其总括为一节。但有不少学者也认为这两种合同存在明显区别，应当分别对待。[②] 我国《民法典》未采纳使用借贷和消费借贷的概念，也并未规定借用合同，但借用合同在实践中大量存在。

借款合同和借用合同虽然有一定的联系，但仍然存在明显的区别，其主要表现为：第一，标的物不同。借款合同的标的物是金钱，而借用合同的标的物既可以是动产，也可以是不动产，其必须是特定的、不可代替的物，通常不应包括金钱。即使是自然人之间无偿出借金钱，也应将其认定为借款合同，而非借用合同。第二，是否具有有偿性不同。依据我国《民法典》第680条的规定，金融机构参与的借款合同原则上是有偿的，而自然人之间的借款合同如没有约定利息，则视为无偿。但就借用合同而言，其通常具有无偿性。在借用合同规定的使用期限届满时，借用人只需将原借用物归还出借人即可，通常不必支付相应的费用或作出其他补偿。第三，物的所有权归属不同。在借款合同中，作为标的物的金钱具有特殊性，所以金钱一经贷款人提供给借款人，其所有权即发生移转。而在借用合同中，借用人只是临时使用借用物，使用后要返还其所借的原物。所以，借用人获得的只是在一定期间内占有、使用借用物的权利，借用物的所有权仍然属于出借人。第四，返还义务不同。在借款合同中，借款人应按期将相同种类、数量的金钱返还给贷款人。而在借用合同中，由于借用物不能是可消耗的种类物（如煤炭、食品等），而只能是特定的、不可代替物，所以借用人在规定期限内所返还的物应当是其所借的原物。

第二节　借款合同的订立和内容

一、借款合同的订立

（一）当事人必须具有借款意图

借款合同的订立必须要双方当事人意思表示一致，无论是银行借款合同还是民间借贷合同，当事人都应当具备借款的真实意思。因为借款在实践中经常与合伙等其他法律关系发生混淆，且不少借款纠纷大多是因为假借借款的名义从事高利转贷、非法吸收公众存款等活动而引发的，因此，发生有关借款合同的纠纷的，法院必须确定当事人之间是否具有真实的借款意图[③]，从而明确案涉合同的法律性质。对于当事人的虚构借贷行为，应当依据《民法典》第146条的规定认定该虚假的意思表示行为无效。同时要严格区分合法借贷与非法集资、非法诈骗等犯罪的界限，保障合法借贷当事人的合法权益。

[①] 参见郑玉波：《民法债编各论》（上册），台湾三民书局1986年版，第300页。
[②] 同上。
[③] 参见谢鸿飞、朱广新主编：《民法典评注·合同编：典型合同与准合同1》，中国法制出版社2020年版，第396页。

（二）借款人应当如实告知借款用途等真实情况

《民法典》第 669 条规定："订立借款合同,借款人应当按照贷款人的要求提供与借款有关的业务活动和财务状况的真实情况。"依据该条规定,借款人应当如实告知的内容包括:第一,与借款有关的业务活动。业务活动是指借款人所从事的生产经营活动,这特指所借款项是为了从事生产而非用于生活,借款人如果是将款项用于扩大生产、进行投资,则应当向贷款人如实告知项目的风险、预期收益等情况。第二,财务状况。这是指借款人的资产状况,包括其盈利能力、负债状况、固定资产和流动资产状况等。因为借款人的资产将构成偿还贷款的责任财产,所以了解借款人的资产状况,有利于贷款人正确评估借款人未来的偿还能力。①

上述规定实际上是确立了借款合同中的先合同义务,即如实告知与借款有关的业务活动和财务状况的义务。借款人负有如实告知真实情况的义务,是缔约时依据诚信原则而产生的先合同义务。确定此种义务,其一,从诚实信用原则出发,这有利于保护贷款人的利益。借款人如实告知其真实情况,有利于贷款人对其进行监督,确保借款人按期偿还本息、防止欺诈行为。其二,借款人向贷款人如实告知其真实业务活动和财务状况,也可以使贷款人对借款人的偿还能力进行判断,从而决定是否对其进行放贷。如果借款人违反此项义务,则可能构成欺诈,或者应承担缔约过失责任。其三,法律上对借款人课以如实告知的义务,有利于国家对借款人借款用途的监管,以防止借款人将所借款项用于从事非法活动。

二、借款合同的主要条款

《民法典》第 668 条第 2 款规定:"借款合同的内容一般包括借款种类、币种、用途、数额、利率、期限和还款方式等条款。"据此可见,借款合同的内容包括如下:

1. 借款种类

借款种类是指金融机构作为贷款人的情况下,针对不同的贷款对象和贷款需求而提供的不同贷款类型。例如,根据资金的来源不同,借款种类可分为自营贷款、委托贷款和特定贷款;按照借款的时间,借款可以分为短期借款和长期借款;按照借款的作用,短期借款又可分为生产周转借款或商品周转借款、临时借款、结算借款、预购定金借款、专项储备借款等。②

2. 币种

所谓币种,是指贷款人所提供的借款是人民币还是外币。在借款合同中,借款人应当以其所借的同种币种归还。根据我国现行的外汇管理规定,在中国境内,禁止外币流通,并且不得以外币计价结算,但法律并不禁止外币的借贷。如果借款人所借的币种是外币,当事人无特定约定的,其应归还同种外币。《民法典》第 514 条规定:"以支付金钱为内容的债,除法律另有规定或者当事人另有约定外,债权人可以请求债务人以实际履行地的法定货币履行。"例如,当事人在国内订立的借款合同,如果法律没有特别规定或当事人没有特别约定的,就应当以人民币为标的。

3. 借款用途

所谓借款用途,是指借款的使用目的。借款用途通常都是由借款的种类和条件所决定的,各金融机构在借贷管理中通常都会对借款用途作出较为严格的限制,以保证资金能够按

---

① 参见黄薇主编:《中华人民共和国民法典合同编解读》(上册),中国法制出版社 2020 年版,第 703—704 页。
② 参见《贷款通则》第 8 条。

期收回,确保资金安全。① 尤其是在借款人将借款用于非法目的、从事违法活动的情况下,就会违反借款合同的订立目的。一般来说,应当在借款合同中明确约定借款用途,如果合同没有约定,就难以确定借款人是否改变了借款用途,也不能认定借款人是否违约。

4. 数额

所谓数额是指借款数量的多少,包括借款总金额,以及分批支付借款时每一次需支付借款的金额。在借款合同中,数额属于必备条款,如果数额无法确定,则合同不能成立。从实践来看,数额是借款合同中的重要条款,它对借款合同的相关条款,如利率的确定以及借款人是否需要提供担保、担保金额等都会产生影响。

需要指出的是,出于金融管理的需要,《商业银行法》对商业银行贷款应当遵循的负债比例管理作出了规定,即贷款余额与存款余额的比例不得超过75%。如果商业银行不符合该负债比例规定而进行贷款,将违反该强制性规定。但是,该规定只是商业银行的内部管理规定,商业银行违反该规定订立借款合同的,借款合同的效力不应当受到影响,因为如果直接认定借款合同无效,就会损害无法获知金融机构内部管理状况的借款人的合理信赖。事实上,该款规定以维护金融的稳定性、安全性和流动性为目的,而认定借款合同无效恰恰有违这一目的。

5. 利率

贷款利率,是指借款期限内利息数额与本金额的比例。在我国,金融机构贷款利率由中国人民银行统一管理,并实行贷款的基准利率和法定利率的分类,中国人民银行确定的利率经国务院批准后执行。②

贷款利率条款是借款合同的主要条款。贷款利率可分为固定利率与浮动利率。所谓固定利率是指约定一个确定的利率不再变动,而浮动利率则是指可以随银行业的平均利率水平而发生相应的变化、进行相应调整的利率。无论是固定利率还是浮动利率,都应当遵循中国人民银行的相应规定。③《民间借贷司法解释》第25条规定:"出借人请求借款人按照合同约定利率支付利息的,人民法院应予支持,但是双方约定的利率超过合同成立时一年期贷款市场报价利率四倍的除外。前款所称'一年期贷款市场报价利率',是指中国人民银行授权全国银行间同业拆借中心自2019年8月20日起每月发布的一年期贷款市场报价利率。"这也就是说,虽然自然人之间的有偿借款合同的利息可以由当事人进行自由约定,但仍不得违反国家有关限制借款利率的规定。

6. 借款期限

借款期限是从借款合同订立、贷款人提供借款后应当还清本息的期间。借款期限与有效期限是不同的,有效期限是指合同从订立到终止的期限,而借款期限是指从借款人取得借款到应当归还借款的期限。例如,合同规定的有效期限为3年,而借款期限可能短于或等于该期限,且借款人可能在贷款到期后没有归还贷款,此时合同依然是有效的。在实践中,借款期限通常分为短期、中期和长期。不同的借款期限,直接影响借款的利率高低。

7. 还款方式

还款方式实际上是合同履行方式。在借款合同中,是指贷款人和借款人约定以什么结

---

① 参见肖玉萍编著:《借款合同》,法律出版社1999年版,第26页。
② 同上书,第27页。
③ 同上书,第28页。

算方式偿还借款给贷款人。例如,借款人是到期后一次偿还本金和支付利息,还是分期返还,或是先逐期支付利息,到期后一次还本等。① 如果合同约定了还款方式,必须严格按照合同的约定履行。

除了以上七项以外,当事人还可以对其他需要约定的内容进行约定。上述内容并非借款合同全部都应具备的条款,欠缺上述合同条款并不当然导致合同不成立,只要具备了当事人、标的、数量等条款,借款合同即告成立,至于其他的内容,完全可以依据《民法典》第510条等规定来进行填补。

第三节　借款合同的效力

一、贷款人的主要权利与义务

（一）依据约定提供借款的义务

依据《民法典》第667条的规定,贷款人负有依照约定向借款人提供借款的义务。具体来说,包括如下几项内容:

第一,贷款人必须按期提供借款。在借款合同中,按期提供借款是贷款人所负担的一项主给付义务。这就是说,借款合同成立以后,贷款人必须及时向借款人提供借款,不得拖延提供借款的期限,否则应承担违约责任。《民法典》第671条第1款规定:"贷款人未按照约定的日期、数额提供借款,造成借款人损失的,应当赔偿损失。"所谓贷款人未按照约定的日期、数额提供借款,是指贷款人未按期足额发放借款。所谓未按期,是指贷款人未能按照合同约定的期限将借款发放给借款人。所谓未足额,是指贷款人发放借款时的数额少于合同约定的数额。依据该条规定,贷款人应当赔偿借款人因此遭受的损失。例如,当事人约定贷款人应采用银行转账的方式,将约定的款项划拨到借款人的账户,贷款人违反此种约定造成借款人损失的,应当赔偿损失。

第二,贷款人必须按照约定的数额、币种向借款人提供借款。如果当事人就币种作出特别约定的（例如,提供美元等）,则贷款人必须如期提供约定币种的借款。而且贷款人必须足额提供借款,不得将利息预先扣除。

第三,如果当事人对借款的具体交付方式有约定,那么贷款人也必须按照约定方式提供。例如,当事人在借款合同中约定贷款人应当将借款直接打入借款人在某个银行的账户,贷款人应当按照该约定履行提供借款的义务。

在贷款人未按期足额发放借款的情形下,其赔偿损失的范围如何界定？即是赔偿履行利益还是信赖利益的损失？对此学界存在不同观点。笔者认为,此处所说的赔偿范围既包括没有足额提供借款的差额损失,也包括没有足额资金导致的借款人的其他损失,因为违约造成的损失都要予以赔偿,这是符合损害赔偿的完全赔偿原则的。例如,农民由于没有及时得到足额资金,导致其不能按时购买种子和化肥,错过了最佳播种时间而遭受的损失。当然,贷款人没有及时提供借款,借款人也应当积极采取措施避免损失的发生或扩大,对于因借款人没有尽到减轻损失的义务而造成的损失,贷款人不必负责。

（二）按照法律规定收取利息的权利

第一,遵守国家利率规定。贷款人将借款借给借款人后,有权收取利息。但在收取利息

---

① 参见魏耀荣等:《中华人民共和国合同法释论（分则）》,中国法制出版社2000年版,第167页。

时,必须遵守法律规定的有关利率的规定。《民法典》第 680 条第 1 款规定:"禁止高利放贷,借款的利率不得违反国家有关规定。"所谓高利放贷,是指超出国家法律法规规定的法定利率上限而进行放贷的行为。《民法典》之所以明令禁止高利放贷,一方面,有利于维护金融安全和秩序。近几年来,由于非法放贷、套路贷、校园贷等大量产生,因 P2P 网贷引发的社会问题层出不穷,严重扰乱了我国社会秩序和金融秩序,特别是因为一些网贷平台资金断裂,导致不少投资者血本无归,引发社会矛盾和恶性案件。因此,《民法典》明确规定,贷款人不得进行高利放贷,这就有利于维护国家的金融安全与交易秩序。另一方面,高利放贷导致民间资本"脱实向虚",阻碍了实体经济的健康发展,也对整个国民经济的发展造成重大损害。过高利率加重了企业的负担,很容易导致资金链断裂,出现企业倒闭、坏账等恶性循环①。此外,禁止高利放贷也有利于保护债务人。在借款合同中,借款人出于经济方面的需要,在合同订立过程中往往处于弱势地位,如果不对借款合同的利率进行控制,而完全交由当事人自由约定,则可能会过分加重借款人的负担。

我国在现行借贷利率的管理体制上实行贷款的基准利率和法定利率,由中国人民银行提出方案报经国务院批准后实施。对于自然人之间的借款合同,当事人可以自由约定是否支付利息以及利息的具体数额,但借款的利率不得违反国家有关限制借款利率的规定。《民间借贷司法解释》第 25 条规定双方约定的利率不得超过合同成立时一年期贷款市场报价利率四倍,否则构成高利放贷。

第二,不得预先扣除利息。《民法典》第 670 条确定了两项规则:一是借款的利息不得预先从本金中扣除,这主要是为了保障借款人的利益。在实践中,有些贷款人利用借款人急需获得金钱的窘迫地位,事先从本金中将利息扣除,剩余的价款作为本金发放给借款人,或者以咨询费、顾问费等名义,变相地提前扣除利息。之所以要禁止提前扣除利息,是因为一方面,此种做法造成借款人借到的本金减少,其实际上得到的借款少于合同约定的借款数额,另一方面,本来利息通常是在本金投入之后才能够产生,但由于将借款利息预先从本金中扣除,使得借款人实际获得的借款远低于合同约定的数额,对借款人极不公平,也加重了借款人的负担。② 二是利息预先从本金中扣除的,应当按照实际借款数额返还借款并计算利息。这就是说,当事人约定利息预先扣除的,该约定并不能发生效力,而应按照实际发放的贷款数额计算本金和利息。例如,借款人贷款 100 万元,这 100 万元的利息是 4 万元,贷款人如果在出借时先扣除 4 万元,只交付给借款人 96 万元,那么最终借款人还款时只需要按照贷款 96 万元计算本金和利息。法律作出此种规定的原因是,为了保证交易的公平,防止贷款人利用其优势地位损害借款人的利益。

贷款人在贷款时,还应当依据诚信原则,如实告知借款人有关贷款的实际利率。因为实际利率涉及借款人的重大利益,但借款人在借款时,常常因为相信金融机构会遵循法定利率,而忽略了实际的借款利率过高的问题,因而容易引发纠纷。例如,在"田某、周某诉甲信托公司金融借款纠纷案"中,上海市金融法院认为:"贷款人应明确披露实际利率。本案中,《还款计划表》仅载明每期还款本息额和剩余本金额,既未载明实际利率,也未载明利息总额或其计算方式。一般人若不具备会计或金融专业知识,难以通过短时阅看而自行发现实际利率与合同首部载明利率存在差别,亦难以自行验算该实际利率。因此,《还款计划

---

① 参见黄薇主编:《中华人民共和国民法典合同编解读》(上册),中国法制出版社 2020 年版,第 730 页。
② 同上书,第 705 页。

表》不足以揭示借款合同的实际利率。"因此贷款人有义务向借款人披露实际借款利率。[1]

（三）保密义务

所谓保密义务，是指贷款人应当对借款人在银行借贷中的相关信息保守秘密，未经允许不得向他人非法披露。贷款信息反映了借款人的资产状况、财务状况和信用信息，其既可能属于个人隐私的范围，也可能属于作为借款人的企业的商业秘密。因此，贷款人应当为借款人保密。此外，借款人对自己财产（包括债务）本身也有一定的规划，但如果公开借款行为本身，这种规划就很可能无法实现，影响借款人的利益和安全。[2] 因此，中国人民银行《贷款通则》第23条规定，贷款人应当对借款人的债务、财务、生产、经营状况保密。但是，依照法律的规定应当披露借款人的借款信息的，则贷款人有义务进行披露。例如，《刑事诉讼法》第144条第1款规定："人民检察院、公安机关根据侦查犯罪的需要，可以依照规定查询、冻结犯罪嫌疑人的存款、汇款、债券、股票、基金份额等财产。有关单位和个人应当配合。"由此可见，公安机关在侦查过程中，有权依照法律规定的程序查询借款人的贷款情况。

贷款人违反保密义务，造成借款人的损失的，应当承担赔偿责任。在违反保密义务的情形下，通常依据当事人的约定来确定损失，在没有约定的情形下，应当赔偿因违反保密义务所造成的全部损失。需要指出的是，如果在合同终止后一方违反保密义务，此时就不再是违约责任问题，而应当适用缔约过失责任。

（四）贷款人有权检查、监督贷款的使用情况

《民法典》第672条规定："贷款人按照约定可以检查、监督借款的使用情况。借款人应当按照约定向贷款人定期提供有关财务会计报表或者其他资料。"据此，为了保障借款能够及时收取并且借款人能按照特定用途使用，贷款人有权对借款的使用情况进行检查和监督，并且借款人应当按照约定及时、定期向贷款人提供相关的财务会计报表或者其他资料，以使贷款人能够及时了解借款使用情况以及借款人的资金与信用状况。

二、借款人的主要权利与义务

借款人的权利主要是在法律规定和合同约定的范围内，合法使用借款进行投资等活动，他人不得干涉。借款人主要负有如下义务：

（一）按期还款的义务

有借有还是借款的基本规则。《民法典》第675条第1句规定："借款人应当按照约定的期限返还借款。"据此，借款人负有按期还款的义务，即借款人应按照合同约定的还款期限返还借款。借款人的按期还款义务，是其应负有的主要义务。借款与还款并支付利息本身构成对价关系，只有按期还款才能实现其缔约目的。当事人之间之所以订立借款合同，也是因为信任借款人到期后能够返还本金及支付利息。[3]

在实践中，当事人可能对于借款期限没有作出约定或者约定不明，对此，《民法典》第675条第2句规定："对借款期限没有约定或者约定不明确，依据本法第五百一十条的规定仍不

---

[1] 上海金融法院（2020）沪74民终1034号。
[2] Christian von Bar et al. (eds.), *Principles, Definitions and Model Rules of European Private Law*, Volume Ⅳ, Munich: Sellier, European Law Publishers, 2009, pp. 2484-2485.
[3] 参见黄薇主编：《中华人民共和国民法典合同编解读》（上册），中国法制出版社2020年版，第717页。

能确定的,借款人可以随时返还;贷款人可以催告借款人在合理期限内返还。"依据这一规定,对借款期限没有约定或者约定不明确时,需要采取如下步骤确定:

第一,依据《民法典》第 510 条,当事人可以事后达成补充协议,如果不能达成补充协议,应根据合同的有关条款和交易习惯来确定还款期限。

第二,如果仍不能确定还款期限的,则借款人可以随时返还,贷款人可以催告借款人在合理期限内返还,给借款人必要的准备时间。之所以是在合理的期限还款,是为了给借款人履行返还义务提供必要的准备时间,也不会给借款人增加多余的损失和负担。该合理期限的长短应当由贷款人根据具体情况来进行确定。[1] 如果合同约定了还款的方式,应当按照约定的方式返还。例如,约定分期返还,就应当每期按照约定的数额返还。否则,应当支付逾期的利息。[2]

在此需要讨论的是,借款人能否提前偿还借款? 对此,《民法典》第 677 条规定:"借款人提前返还借款的,除当事人另有约定外,应当按照实际借款的期间计算利息。"这是对借款人提前还款行为作出的规定。依据合同法一般原理,在合同履行期限确定以后,债务人原则上应当按期限履行,但因合同履行期限而产生的期限利益原则上属于债务人所有,按照私法自治原则,债务人可以通过提前履行而处分自己的期限利益,但债务人提前履行不得损害债权人的利益。依据《民法典》第 677 条,借款人可以提前还款,在提前还款的情况下,除当事人另有约定的以外,应按照实际借款的期间计算利息。

借款人未按照约定的期限返还借款的,应承担相应的责任。《民法典》第 676 条规定:"借款人未按照约定的期限返还借款的,应当按照约定或者国家有关规定支付逾期利息。"在借款合同中,双方当事人通常会就具体的还款期限作出明确约定,借款人应严格按照该期限将借款予以返还。依据这一规定,借款人不能按期还款的,应当承担相应的违约责任。此种责任主要是指支付逾期的利息。通常而言,逾期利息带有惩罚性,而且会高于借款合同所约定的一般利息。在比较法上,也采取了此种做法。[3] 依据《民法典》第 676 条,应当按照约定或者国家有关规定支付逾期利息。具体而言:一是依据当事人的约定支付逾期利息,如果当事人就逾期利息有明确约定的,则借款人应按照约定予以支付。二是如果借款合同未作约定,应当按照国家有关规定支付逾期利息。[4]《民间借贷司法解释》第 28 条、第 29 条也作出了相应的规定。

《民法典》第 678 条规定:"借款人可以在还款期限届满前向贷款人申请展期;贷款人同意的,可以展期。"该条规定的借款展期,是指借款人在合同约定的借款期限届满前,在征得贷款人同意的情况下,延长原借款的期限,使借款人能够继续使用借款。[5] 一般而言,借款人应按期返还借款。借款人不按期偿还借款的,贷款人有权追回借款,并按银行的规定加收罚

---

[1] 参见王轶等:《中国民法典释评·合同编·典型合同》(上卷),中国人民大学出版社 2020 年版,第 176 页。
[2] 参见孙晓编著:《合同法各论》,中国法制出版社 2002 年版,第 109 页。
[3] 例如,我国台湾地区"民法"第 233 条第 1 项和第 2 项规定:"迟延之债,以支付金钱为标的者,债权人得请求依法定利率计算之迟延利息。但约定利率较高者,乃从其约定利率。对于利息,无须支付迟延利息。"
[4] 《中国人民银行关于人民币贷款利率有关问题的通知》(银发〔2003〕251 号)第 3 条第 1 款规定:"关于罚息利率问题。逾期贷款(借款人未按合同约定日期还款的借款)罚息利率由现行按日万分之二点一计收利息,改为在借款合同载明的贷款利率水平上加收 30%—50%;借款人未按合同约定用途使用借款的罚息利率,由现行按日万分之五计收利息,改为在借款合同载明的贷款利率水平上加收 50%—100%。"该规定是目前国家针对逾期利息的计算标准所作出的具体规定。在当事人没有就逾期利息作出约定的情况下,应依据前述规定来计算并由借款人支付。
[5] 参见魏耀荣等:《中华人民共和国合同法释论(分则)》,中国法制出版社 2000 年版,第 192 页。

息。但在现实生活中,借款人可能因资金流转困难等各种原因,需要对原借款合同进行展期。在这种情况下,依据《民法典》第678条的规定,借款人不打算按期归还借款的,其应当在借款到期日之前,向贷款人申请展期。这主要是为了给贷款人预留考虑时间,允许借款人向贷款人提出展期申请,但是否同意展期应由贷款人自行决定。展期实际上就是对合同期限的变更,因此必须由双方当事人重新协商达成合意。借款人申请保证贷款、抵押贷款、质押贷款展期的,还应当由保证人、抵押人、出质人出具同意的书面证明。① 如果贷款人不同意展期,借款人不能按期返还借款的,贷款人有权要求其承担相应的违约责任。

(二) 支付利息的义务

1. 按照约定的期限支付利息

按照约定的期限支付利息是借款人的基本义务。《民法典》第674条规定:"借款人应当按照约定的期限支付利息。对支付利息的期限没有约定或者约定不明确,依据本法第五百一十条的规定仍不能确定,借款期间不满一年的,应当在返还借款时一并支付;借款期间一年以上的,应当在每届满一年时支付,剩余期间不满一年的,应当在返还借款时一并支付。"该条包含了如下几方面内容:

第一,借款人应当按照约定的期限支付利息。支付利息义务是借款人的主给付义务。一般来说,在金融机构借款合同中,当事人通常会就利息支付条款作出明确约定。依据合同的规定,借款人首先应当按照约定支付利息。例如,约定按年结息或按月结息,借款人应当按照约定的方式支付利息。

第二,对支付利息的期限没有约定或者约定不明确。这就是说,当事人约定要支付利息,但是对支付利息的期限没有约定或者约定不明确,在此情形下,依据《民法典》第510条的规定,如果能达成补充协议,该补充协议就成为借款合同的组成部分,如果不能达成补充协议,可以根据合同的有关条款和交易习惯确定。例如,如果交易习惯是按照季度结算,则即便合同中没有明确约定,也可以按照按季度结算的方式计息。

第三,如果按照《民法典》第510条的规定仍然不能够确定的,依据《民法典》第674条,采取如下办法:一是借款期间不满一年的,应当在返还借款时支付。按照《民法典》第511条第4项的规定,如果履行期限不明确的,债务人可以随时履行,债权人可以随时请求履行,但是应当给债务人必要的准备时间。但是,在此种情形下,应当优先适用《民法典》第674条的规定,而非适用《民法典》第511条;这就是说,根据"特别优于一般"规则,在借款合同利息支付期限的漏洞填补的问题上,排除了第511条的任意性规定的适用,从而确立了法定漏洞填补规则,使第674条具有特别规定的优先适用效力。② 也就是说,借款期限不满一年的,在返还本金的时候,应当连同利息一起支付,因为借款期限不满一年的情况,期限较短,我国通常采取年利率的算法,没有必要在不满一年的期限内再分成数个支付期间分别支付利息,如此可为双方当事人减少履行成本;我国《民间借贷司法解释》也对此作出了详细规定。③ 二是借款期间一年以上的,应当在每届满一年时支付,从该规定也可以看出,我国实际上采用了以

---

① 参见《贷款通则》第12条。
② 参见王轶等:《中国民法典释评·合同编·典型合同》(上卷),中国人民大学出版社2020年版,第174页。
③ 《民间借贷司法解释》第28条规定:"借贷双方对逾期利率有约定的,从其约定,但是以不超过合同成立时一年期贷款市场报价利率四倍为限。未约定逾期利率或者约定不明的,人民法院可以区分不同情况处理:(一) 既未约定借期内利率,也未约定逾期利率,出借人主张借款人自逾期还款之日起参照当时一年期贷款市场报价利率标准计算的利息承担逾期还款违约责任的,人民法院应予支持;(二) 约定了借期内利率但是未约定逾期利率,出借人主张借款人自逾期还款之日起按照借期内利率支付资金占用期间利息的,人民法院应予支持。"

年利率作为计算和支付利息的标准的做法。三是剩余期间不满一年的,应当在返还借款时一并支付,例如当事人约定借款期限为两年半,在前两年期限中,都是满一年后支付利息,但是最后半年经过以后,应当在还款的同时支付最后半年的利息。①

2. 没有约定利息视为没有利息

《民法典》第680条第2款规定:"借款合同对支付利息没有约定的,视为没有利息。"所谓"视为",是一种法律拟制,在此情形下当事人没有约定利息的,直接在法律上将合同拟制为无息借款合同。② 这主要是因为利息不是借款合同的必备条款,当事人可以约定支付利息,也可以约定不支付利息。如果没有约定的,应推定为不支付利息。③ 该条规定是仅适用于自然人之间的借款合同还是适用于所有的借款合同?对此该规定并不清晰,从该规则的文义解释来看,其并没有限定于自然人之间的借款合同,因而应当适用于所有的借款合同。④《民间借贷司法解释》第24条第1款规定:"借贷双方没有约定利息,出借人主张支付利息的,人民法院不予支持。"可见,对自然人之间借款以外的其他民间借贷关系,也适用该规则。法律之所以作出这种规定,主要理由是:一方面,利息是借款合同中的重要条款,如果当事人没有对利息作出约定,可认为贷款人一方已经放弃了其要求借款人支付利息的权利。依照私法自治原则,此种处分也是有效的。另一方面,法律作出这种规定也有利于督促当事人在合同中对利息进行明确约定。当然,在实践中,金融机构一般都在其示范文本中确定了贷款利率,极少出现不支付利息的情形,但在自然人之间则有可能基于互助、互惠而不收取利息,对此法律也不予以禁止。⑤

3. 支付利息约定不明的仍应支付利息

当事人对于支付利息约定不明时如何处理?《民法典》第680条第3款规定:"借款合同对支付利息约定不明确,当事人不能达成补充协议的,按照当地或者当事人的交易方式、交易习惯、市场利率等因素确定利息;自然人之间借款的,视为没有利息。"这就确立了对支付利息约定不明确时的合同漏洞的填补规则。《民间借贷司法解释》第24条第2款第2句规定:"除自然人之间借贷的外,借贷双方对借贷利息约定不明,出借人主张利息的,人民法院应当结合民间借贷合同的内容,并根据当地或者当事人的交易方式、交易习惯、市场报价利率等因素确定利息。"该条实际上重申了《民法典》的上述规定,即对自然人之间借款以外的借款关系,如当事人对利息约定不明,借款人也应支付利息。

按照《民法典》第510条,当事人要达成的补充协议是针对利息签订的补充协议。补充协议实际上是借款合同的组成部分,是针对借款合同的漏洞所作的填补,在补充协议中要针对利息支付的具体要求作出明确规定。如果不能达成补充协议的,按照当地或者当事人的交易方式、交易习惯、市场利率等因素确定利息;所谓交易方式,主要指的是金融机构的金钱结算方式、拟定的磋商方式与合同条款、约定履行期限、履行方式等。⑥ 所谓交易习惯,是指交易行为当地或者某一领域、某一行业通常采用并为交易对方订立合同时所知道或者应当知道的做法,或者是当事人双方经常使用的习惯做法。对于交易习惯,由提出主张的一方当

---

① 参见胡康生主编:《中华人民共和国合同法释义》,法律出版社1999年版,第304页。
② 参见黄薇主编:《中华人民共和国民法典合同编解读》(上册),中国法制出版社2020年版,第202、733页。
③ 参见王轶等:《中国民法典释评·合同编·典型合同》(上卷),中国人民大学出版社2020年版,第164页。
④ 参见黄薇主编:《中华人民共和国民法典合同编解读》(上册),中国人民大学出版社2020年版,第733页。
⑤ 参见谢鸿飞、朱广新主编:《民法典评注·合同编:典型合同与准合同1》,中国法制出版社2020年版,第471页。
⑥ 参见黄薇主编:《中华人民共和国民法典合同编解读》(上册),中国法制出版社2020年版,第734页。

事人承担举证责任。所谓市场利率,在没有约定的情况下,根据《民间借贷司法解释》第25条的规定,"出借人请求借款人按照合同约定利率支付利息的,人民法院应予支持,但是双方约定的利率超过合同成立时一年期贷款市场报价利率四倍的除外。前款所称'一年期贷款市场报价利率',是指中国人民银行授权全国银行间同业拆借中心自2019年8月20日起每月发布的一年期贷款市场报价利率"。当事人应当按照一年期贷款市场报价利率来作为市场利率的参考。

(三)按照约定的时间和数额收取借款的义务

收取借款既是借款人的权利,也是其义务。《民法典》第671条第2款规定:"借款人未按照约定的日期、数额收取借款的,应当按照约定的日期、数额支付利息。"据此可见,我国《民法典》实际上确认了借款人收取借款也是一项义务。从比较法上看,一些国家的法律或示范法也规定了借款人的收取借款的义务。① 我国《民法典》确立借款人的及时收取借款的义务的主要理由在于:从保障合同订立目的实现的角度来说,如果借款人没有及时收取借款,则可能会打乱银行的金融计划,损害贷款人的合法权益。② 需要指出的是,只有以金融机构为一方的借款合同才有适用该规则的可能,因为自然人之间的借贷合同是实践合同,只有在当事人实际交付了本金之后才能成立合同,所以并不存在适用该规则的前提。换言之,该条规定并不适用于自然人之间的借款。③

借款人按照约定的时间和数额收取借款的义务包含两方面内容:一是借款人应当按照约定的日期和数额收取借款。二是借款人不按照约定履行收取借款义务的,仍应负担按照约定的日期和数额支付利息的义务。这就是说,在贷款人已经按照约定准时、足额地向借款人提供借款并要求其收取,但借款人未按照约定履行收取借款义务的情形下,即使借款人实际上并未收取借款或者其实际收取的时间晚于约定时间、实际收取的数额少于约定数额,也应当按照约定的日期与本金数额来计算借款人应向贷款人支付的利息数额及确定支付期限。

(四)按照约定用途使用借款的义务

《民法典》第673条规定:"借款人未按照约定的借款用途使用借款的,贷款人可以停止发放借款、提前收回借款或者解除合同。"依据该规定,借款人应当按照约定的用途使用借款,而不能擅自将借款用于其他用途。例如,借款合同约定,借款用于开发新能源,则借款人不能将该笔借款用于开发房地产。在法律上之所以要求借款人必须按照约定用途使用借款,主要是因为:一方面,借款用途涉及贷款人贷款资金的安全,与借款人能否按期偿还借款也有着直接的关系。④ 例如,如果借款人未按照约定将所借款项用于购置工厂的生产设备,而是将其投入房地产建设,这无疑会增加借款人的还款风险,也会导致贷款人如期收回贷款的不确定性大为增加。另一方面,如果借款人按照合同约定的借款用途使用借款,不仅可以实现借款的目的,而且能够最大限度发挥借款的效益,增加如期返还借款的可能性、确定性。从实践来看,借款合同大多约定了借款用途,贷款人在合同生效后,有权检查借款人的使用

---

① 例如,《欧洲民法典草案》第4.6-1:103条规定:"(1)贷款采取货币贷款形式的,借款人应当依合同约定,在一定期间内,以一定方式,领取贷款。(2)借款人领取贷款的时间无法依合同加以确定的,借款人应当在贷款人提出请求后的合理期限内领取贷款。"
② 参见谢鸿飞、朱广新主编:《民法典评注·合同编:典型合同与准合同1》,中国法制出版社2020年版,第421页。
③ 参见魏耀荣等:《中华人民共和国合同法释论(分则)》,中国法制出版社2000年版,第178页。
④ 参见魏耀荣等:《中华人民共和国合同法释论(分则)》,中国法制出版社2000年版,第180页。

情况,以防止借款人挪作他用。① 例如,在"山东豪骏置业有限公司(原山东豪骏建设工程有限公司)与王某民间借贷纠纷案"中,最高人民法院认为:"民间借贷中约定该借款用途,不违反行业习惯……约定借款用途的目的是确保出借资金的安全。就此而言,民间借贷亦应如此。"② 即使合同没有对借款用途作出约定,借款人也应当负有此种义务。

由于借款人未按照约定用途使用借款也构成违约,依据《民法典》第 673 条的规定,一旦借款人违反借款用途,没有按照合同约定来使用借款,则贷款人可以采取如下三种措施:一是停止发放借款。在分期交付借款的情形下,不再发放新的贷款。类似于继续性合同中的停止履行。③ 二是提前收回借款,这实际上是提前终止合同。提前收回借款在贷款业务中被称为"加速到期条款",这是国际金融组织和国外金融机构的通行做法。④ 三是解除合同。在借款人违反规定使用贷款时,贷款人享有法定解除权,可以直接行使解除权而解除合同。解除合同与提前收回借款是两种不同的责任形式,只有在借款人不按照约定的用途使用借款构成根本违约导致合同目的不能实现时,才能解除合同。而提前收回借款不论是否根本违约都可以采取。由此,这三种情形由当事人根据具体情形来作出自由选择。⑤

(五)接受贷款人检查、监督的义务

《民法典》第 672 条规定:"贷款人按照约定可以检查、监督借款的使用情况。借款人应当按照约定向贷款人定期提供有关财务会计报表或者其他资料。"依据这一规定,借款人在使用借款的过程中,应当按照约定接受贷款人的检查和监督。在借款合同中,通常都约定了贷款人有权检查、监督借款人的借款使用情况,了解借款人的计划执行、经营管理、财务活动、物资库存等情况。如果发现借款人使用借款造成损失浪费或利用借款进行违法活动的,贷款人有权追回贷款本息。合同作出此种约定之后,借款人应当配合贷款人从事检查、监督行为,并应当按照约定向贷款人定期提供有关财务会计报表等资料,这些资料包括资产负债表、损益表、财产状况变动表、现金流量表、附表及会计报表附注和财务状况说明书等。⑥ 借款人应当按照约定向贷款人定期提供有关财务会计报表等资料。但贷款人对借款人贷款资金的使用情况所进行的检查、监督应严格依合同的约定进行,不得干预借款人的正常经营活动。⑦ 借款方如不按合同规定使用贷款,贷款方有权收回部分贷款,并对违约部分参照银行规定加收罚息。

第四节 自然人之间的借款合同

一、自然人之间的借款合同概述

所谓自然人之间的借款合同,是指自然人之间发生的借款合同关系。在实践中,自然人之间经常因为生产和生活需要向他人临时借款,这种借贷关系具有偶然性、互助性和互惠

---

① 参见肖玉萍编著:《借款合同》,法律出版社 1999 年版,第 26 页。
② 最高人民法院(2016)最高法民终 731 号民事判决书。
③ 参见王轶等:《中国民法典释评·合同编·典型合同》(上卷),中国人民大学出版社 2020 年版,第 172 页。
④ 参见魏耀荣等:《中华人民共和国合同法释论(分则)》,中国法制出版社 2000 年版,第 182 页。
⑤ 参见王轶等:《中国民法典释评·合同编·典型合同》(上卷),中国人民大学出版社 2020 年版,第 172 页。
⑥ 参见魏耀荣等:《中华人民共和国合同法释论(分则)》,中国法制出版社 2000 年版,第 180 页。
⑦ 同上书,第 179 页。

性,为民间互通有无、满足人民群众的生活生产发挥着重要作用。然而,《民法典》所规定的自然人之间的借款合同和民间借贷合同并非同一概念,自然人之间的借款合同只是民间借贷合同的一种类型。《民间借贷司法解释》第 1 条规定:"本规定所称的民间借贷,是指自然人、法人和非法人组织之间进行资金融通的行为。经金融监管部门批准设立的从事贷款业务的金融机构及其分支机构,因发放贷款等相关金融业务引发的纠纷,不适用本规定。"依据该规定,除一方当事人是经金融监管部门批准设立的从事贷款业务的金融机构及其分支机构所订立的借款合同外,其他在自然人、法人和非法人组织之间订立的借款合同,均属于民间借贷合同。因此,自然人之间的借款合同实际上属于广义的民间借贷合同的组成部分。但我国《民法典》将民间借贷分为了两部分:一是非以金融放贷为业的自然人、法人和非法人组织作为贷款人与借款人发生的民间借贷合同,贷款人通常是以自有资金来提供贷款。二是自然人之间的借款合同。前者可包括在一般借款合同之中,而后者则属于典型的民间借贷合同。《民法典》对自然人之间的借款合同特别作出了规定,此类合同的主要特点在于:

第一,此类合同的主体是具有相应的民事行为能力的自然人。至于自然人与法人、法人与法人、法人与非法人组织、非法人组织之间的借款合同,不属于自然人之间借款合同的范围。

第二,性质上是实践合同。《民法典》第 679 条规定:"自然人之间的借款合同,自贷款人提供借款时成立。"由此可见,自然人之间的民间借贷合同在性质上属于实践合同。《合同法》第 210 条关于自然人之间的借款合同表述为"自贷款人提供借款时生效",而《民法典》第 679 条的表述为"自贷款人提供借款时成立",这就进一步明确了自然人之间借款合同所具有的实践合同的属性。当事人之间仅达成借款的合意,借款合同并不能成立,必须贷款人实际提供借款,借款合同才能成立。

第三,可以是非要式合同。《民法典》第 668 条第 1 款规定:"借款合同应当采用书面形式,但是自然人之间借款另有约定的除外。"依据该条规定,借款合同原则上具有要式性,当事人应当订立书面形式的借款合同。但是,对自然人之间的借款合同而言,法律也允许自然人之间以约定来排除书面形式的要求。① 也就是说,自然人之间可以采取非书面形式订立借款合同。

第四,原则上具有单务性。此处所说的单务,是指借款合同中可以不约定利息。由于自然人之间的借款合同大多都具有无偿性、互助性的特点,本身是只为互通有无的,此类借款合同大多都是无偿的,据此,《民法典》第 680 条第 3 款规定:"借款合同对支付利息约定不明确,当事人不能达成补充协议的,按照当地或者当事人的交易方式、交易习惯、市场利率等因素确定利息;自然人之间借款的,视为没有利息。"《民间借贷司法解释》第 24 条也作出了类似规定。依据上述规定,如果自然人之间的借款合同中对利息没有约定或约定不明确,则视为没有利息,这也意味着,自然人之间的借款合同原则上具有单务性。

二、自然人之间借款合同的订立

(一)自然人之间的借款合同自贷款人提供借款时成立

《民法典》第 679 条规定:"自然人之间的借款合同,自贷款人提供借款时成立。"由此

---

① 值得注意的是,《民间借贷司法解释》第 2 条虽然规定了出借人应当提供借据、收据、欠条等债权凭证,但其只是借贷合同成立的证明,而不是民间借贷合同的成立条件,民间借贷合同具有不要式性。

可见,自然人之间的借款合同是实践合同。所谓实践合同,又称要物合同,是指除当事人双方意思表示一致以外尚需交付标的物才能成立的合同。此类合同通常都是由法律明确规定的。需要注意的是,自然人之间的借款合同与金融机构作为一方的借款合同的重要区别表现在,金融机构作为一方的借款合同是诺成合同,而自然人之间的借款合同为实践合同。①

我国《民法典》将自然人之间的借款合同作为实践合同的规则设计,主要理由在于:一方面,使贷款人在合意达成之后、借款交付之前,有机会进一步慎重考虑是否成立借款合同,以充分保护贷款人的利益。② 另一方面,由于自然人之间的借款合同一般发生在亲属、朋友之间,具有无偿性和互助性,因此应当允许贷款人在达成合意后,基于自己财务状况的变化以及对借款人信用状况的评估及其他因素自由决定是否提供贷款,这也充分保障了贷款人的利益。③ 该条规定实质上赋予贷款人在实际交付之前单方反悔的权利。此外,自然人之间的借款合同一般数额较小,在当事人达成合意后,即便贷款人不实际提供借款,也不会对借款人的生产、生活造成重大影响,而且自然人之间的借款合同大多为无偿的。因此,有必要将自然人之间的借款合同界定为实践合同。

正是因为自然人之间的借款合同是实践合同,因此在贷款人实际提供借款之前,合同尚未成立,借款合同对当事人尚无法律约束力,借款是否交付应遵循自愿原则,贷款人不提供借款时,不构成违约责任,贷款人以不实际交付借款的方式变相撤回承诺的,借款人不能诉请法院强制交付,贷款人未按约定金额提供借款时,借款人亦无权要求贷款人按协商时的一致意思足额提供借款。④ 当然,对于自然人之间订立的有偿借款合同,贷款人违背诚实信用原则故意不提供借款,导致借款人损失的,仍有可能成立缔约过失责任。⑤

(二)借据、收据、欠条等债权凭证也可用于证明借款合同成立

由于自然人之间的借款合同具有非要式性,当事人既可以采用书面形式,也可以采取口头形式,如果当事人就合同是否成立发生争议,依据《民间借贷司法解释》第2条第1款的规定,"出借人向人民法院提起民间借贷诉讼时,应当提供借据、收据、欠条等债权凭证以及其他能够证明借贷法律关系存在的证据"。这就是说,借据、收据、欠条也可以用于证明借款合同的成立,但其能否当然证明借款合同关系成立,还需要考虑借款资金是否已经打入借款人账户、是否有证明人等,具体予以确定。

三、自然人之间借款合同的利息

(一)借款利息的约定

关于自然人之间的借款合同的利息,《民法典》第680条确立了以下两个规则:

一是当事人对利息没有约定。《民法典》第680条第2款规定:"借款合同对支付利息没有约定的,视为没有利息。"合同无约定的,以法律拟制当事人之间的无息借款之合意。这一款既适用于金融借款,也适用于民间借贷。⑥ 此时法律拟制规定为没有利息,不仅有利于指

---

① 参见黄薇主编:《中华人民共和国民法典合同编解读》(上册),中国法制出版社2020年版,第729页。
② 参见谢鸿飞、朱广新主编:《民法典评注·合同编:典型合同与准合同1》,中国法制出版社2020年版,第461页。
③ 参见王轶等:《中国民法典释评·合同编·典型合同》(上卷),中国人民大学出版社2020年版,第188页。
④ 参见谢鸿飞、朱广新主编:《民法典评注·合同编:典型合同与准合同1》,中国法制出版社2020年版,第463页。
⑤ 参见王轶等:《中国民法典释评·合同编·典型合同》(上卷),中国人民大学出版社2020年版,第189页。
⑥ 参见谢鸿飞、朱广新主编:《民法典评注·合同编:典型合同与准合同1》,中国法制出版社2020年版,第471页。

引当事人的行为,也有利于统一裁决结果,最终有利于维护社会和经济秩序。①

二是当事人对利息约定不明。《民法典》第680条第3款规定:借款合同对支付利息约定不明确,"自然人之间借款的,视为没有利息",该条规定仅适用于自然人之间的借款,即在自然人之间就利息问题约定不明的情形下,推定该借款是无息的。这就表明了民间借贷与金融机构为一方当事人的借款合同存在区别。对于一般借款合同而言,在约定不明的情况下,仍然不能构成无息借款,而应当依据《民法典》第680条第3款前半句的规定来弥补合同漏洞并确定利息条款。但对自然人之间的借款合同而言,不能适用《民法典》第680条第3款的规定,即不能由当事人之间达成补充协议,而只能拟制为无息。法律之所以作出此种规定,主要是因为,自然人之间的借款合同,主要起到一种互通有无的作用②,是否支付利息原则上应由当事人自愿协商约定,更何况自然人之间的借款数额通常不大,且大多属于临时性借用,故很少约定利息或者约定不明确;即便有的自然人之间进行大额借贷的,根据日常生活经验法则,当事人原则上均会对支付利息作出明确约定。因此根据实践情况,对自然人之间的借款,如果约定不明的,应当视为没有利息。③ 对此,《民间借贷司法解释》也作出了同样规定。④

对非自然人之间的借款合同而言,则即便当事人对利息约定不明,也应认定当事人已经约定了利息。⑤ 当事人可以就利息的数额达成补充协议,如果当事人无法达成协议,则利息的数额需要按照当地或者当事人的交易方式、交易习惯、市场利率等因素加以确定。《民间借贷司法解释》第24条也作出了类似规定。可见,对非自然人之间的借款合同而言,在当事人对利息约定不明时,原则上应当认定其属于有偿合同,借款人仍应当向贷款人支付利息。

(二) 借款利率

《民间借贷司法解释》第25条第1款规定:"出借人请求借款人按照合同约定利率支付利息的,人民法院应予支持,但是双方约定的利率超过合同成立时一年期贷款市场报价利率四倍的除外。"第2款规定:"前款所称'一年期贷款市场报价利率',是指中国人民银行授权全国银行间同业拆借中心自2019年8月20日起每月发布的一年期贷款市场报价利率。"该条修改了原司法解释的相关规定,而采取了动态的利率限制机制,一年期贷款市场报价利率是由市场形成的,反映了市场上的合理利率水平,相比原来的司法解释更为合理。具体而言:一是利率降幅较大。据统计,以一年期贷款为例,从原来的36%降到了15.4%,这有利于减轻借款人的负担、防止高利贷。二是不再采取区分为"两限三区"的做法。⑥ 因为按照2015年《民间借贷司法解释》的规定,对于借款利率达到36%的情形,仍然可以受到法律保护,这显然不利于保护借款人的利益。而修改后的《民间借贷司法解释》确立以一年期贷款

---

① 参见黄薇主编:《中华人民共和国民法典合同编解读》(上册),中国法制出版社2020年版,第733页。
② 参见谢鸿飞、朱广新主编:《民法典评注·合同编:典型合同与准合同1》,中国法制出版社2020年版,第472页。
③ 参见黄薇主编:《中华人民共和国民法典合同编解读》(上册),中国法制出版社2020年版,第735页。
④ 《民间借贷司法解释》第24条第2款明确规定:"自然人之间借款对利息约定不明,出借人主张支付利息的,人民法院不予支持。除自然人之间借贷的外,借款双方对借贷利息约定不明,出借人主张利息的,人民法院应当结合民间借贷合同的内容,并根据当地或者当事人的交易方式、交易习惯、市场报价利率等因素确定利息。"
⑤ 参见杜万华主编:《最高人民法院〈民间借贷司法解释〉理解与适用》,人民法院出版社2015年版,第440—441页。
⑥ 根据2015年《民间借贷司法解释》第26条,以年利率36%作为当事人约定的利率的上限,超出36%以外的利息,不受法律保护。对于年利率24%至36%之间约定的利息,如果当事人之间已经自愿履行,且未发生争议,那么法院也应当认可该履行行为的效力。对于超过36%的部分,即便当事人已经实际履行,法律也不承认其效力,在此情形下,贷款人保有超出36%的部分的利息,构成不当得利,借款人有权请求其返还。

市场报价利率为标准,对借款合同的利率进行了相对严格的控制,也更符合中国国情。

(三)复利问题

为了控制高利贷问题,我国立法和司法实践历来禁止计算复利。所谓复利,是指将利息计入本金,并以此为本金再次计算所生的利息,也就是实践中所说的"利滚利""驴打滚"[①]。关于民间借贷的复利问题,《民间借贷司法解释》第27条规定:"借贷双方对前期借款本息结算后将利息计入后期借款本金并重新出具债权凭证,如果前期利率没有超过合同成立时一年期贷款市场报价利率四倍,重新出具的债权凭证载明的金额可认定为后期借款本金……按前款计算,借款人在借款期间届满后应当支付的本息之和,超过以最初借款本金与以最初借款本金为基数、以合同成立时一年期贷款市场报价利率四倍计算的整个借款期间的利息之和的,人民法院不予支持。"依据该条规定,如果前期贷款合同的本金以及到期后所产生的合法受保护的利息共同计入下一期借款合同的本金中,并重新出具债权凭证,这就构成复利。至于贷款人能否以前述计算复利的方式,要求借款人支付复利,需要将借款人依约定应当支付的本息之和,与法律上所认可的复利保护的上限相比较,确定是否超出法定的上限,该上限是指"最初借款本金与以最初借款本金为基数、以合同成立时一年期贷款市场报价利率四倍计算的整个借款期间的利息之和",如果复利超出了法律保护的上限,则超出部分是无效的,只有未超出部分才是有效的。

从该条规定来看,其并没有完全禁止复利,而只是对复利进行了一定限制,即禁止高利的复利。[②] 复利只要没有超出法律所规定的最高利率标准,则应当认定其有效。例如,2009年甲从乙处借款10万元,借期一年,约定借款年利率为10%,假定合同订立时一年期贷款市场报价利率是3%,那么约定的贷款利率并没有超过一年期贷款市场报价利率的4倍,因此是合法的,那么一年后甲应该向乙支付本息和为:$10+10\times10\%=11$(万元)。该借款合同到期后,甲提出续借一年,当事人又订立了新的借款合同,乙重新出具借款凭证,将前期借款合同的本息作为该期借款合同的本金,即第二期的借款本金为11万元,借期仍为一年,约定的借款年利率仍为10%,假定第二期合同成立的一年期贷款市场报价利率仍是3%,则第二期借款合同到期后,此时甲应支付的本息和为:$11+11\times10\%=12.1$(万元)。乙能否要求甲支付2.1万元的利息?这就涉及民间借贷合同中复利的认定问题。此时需要与"最初借款本金与以最初借款本金为基数、以合同成立时一年期贷款市场报价利率四倍计算的整个借款期间的利息之和"相比较,如果没有超过,则债权人有权主张该数额的债权本息。在上例中,最初借款本金为10万元,首次借款合同成立时的一年期贷款市场报价利率的4倍为$3\%\times4=12\%$,然后计算整个借款期间即两年,受法律保护的利息上限为$10+10\times12\%\times2=12.4$(万元)。当事人按照约定计算的复利,2.1万元低于法定保护上限12.4万元,所以在法律上是可以得到支持的。因此,债权人乙有权要求甲偿还12.1万元的借款本息。

借款合同利率本是当事人意思自治的结果,法律不应过多干预,但是为了防止利率过高,所以司法解释设定了法定的上限,起到一种规范与引导的作用。[③] 合法受保护的复利应当满足以下条件:一是这一期当事人约定的利率要合法,不得超过这一期借款合同成立时一年期贷款市场报价利率的4倍。二是这一期的本金也要合法,要求是上一期结算之后合法

[①] 杜万华主编:《最高人民法院民间借贷司法解释理解与适用》,人民法院出版社2015年版,第491—492页。
[②] 参见郑孟状、薛志才:《论放高利贷行为》,载《中外法学》1992年第3期。
[③] 参见杜万华主编:《最高人民法院民间借贷司法解释理解与适用》,人民法院出版社2015年版,第499页。

受保护的本息和,超出部分不得计入。三是计算整个贷款合同的利息总和,要与以"最初借款本金与以最初借款本金为基数、以合同成立时一年期贷款市场报价利率四倍计算的整个借款期间的利息之和"计算的法定上限相比较。如果按照当事人的约定计算的利息超出了法定上限,超出的部分无效,未超出的部分仍然受到法律保护。

(四)利息不得从本金中预先扣除

利息从本金中预先扣除的方法被称为"抽头""贴水贷款",对于此种情形,依据《民法典》第670条的规定,利息不得预先在本金中扣除,如果贷款人预先扣除了利息,则以贷款人实际交付的借款数额为本金数额。如果贷款人将利息从本金中预先扣除,其无权请求借款人按照约定的本金数额还本付息。例如,在"邓炽章诉加拿大威廉工业有限公司借款合同纠纷案"中,法院认为,"加拿大威廉公司与邓炽章所签订的借款合同虽然订明借款数额为5500万元,但邓炽章在给付借款时先扣除了625万元利息,实际出借的只有4875万元。这种借款先行扣除利息的做法违反了有关法律规定,因此加拿大威廉公司依法应按实际出借款额4875万元计算本息"[①]。

(五)逾期利息的支付

所谓逾期利息,是指当事人约定的,在借款合同期限届满后,借款人未按照约定归还借款时应当向贷款人支付的利息。即便自然人之间在借款合同中没有明确约定利息或者对利息约定不明,依据《民法典》第676条的规定,也不应当影响其请求支付逾期利息。因为逾期利息本质上是一种违约责任形态,即便当事人没有明确约定,也可以请求当事人支付该逾期利息。

关于民间借贷合同逾期利息的计算,《民间借贷司法解释》第28条、第29条确立了如下规则:

第一,允许当事人就逾期利息的利率作出约定。依据《民间借贷司法解释》第28条第1款的规定,如果当事人就逾期利率已经作出了约定,则应当按照当事人约定的利率标准计算逾期利息数额。当然,该条也对当事人约定逾期利率的自由进行了一定的限制,即当事人约定的逾期利率不得超过合同成立时一年期贷款市场报价利率的4倍。

第二,当事人未约定逾期利率时逾期利息的计算。依据《民间借贷司法解释》第28条第2款的规定,在当事人没有约定逾期利率或者对逾期利率约定不明时,应当区分以下情形分别处理:一是如果当事人既没有约定借期内利率,也没有约定逾期利率,则贷款人有权主张借款人自逾期还款之日起承担逾期还款违约责任。二是如果当事人约定了借期内的利率,但没有约定逾期利率,则出借人有权请求借款人自逾期还款之日起按照借期内利率支付资金占用期间的利息。

第三,关于逾期利息与违约金或其他费用的适用关系。当事人在约定逾期利息的同时,也可能同时约定了违约金责任,在此情形下,依据《民间借贷司法解释》第29条的规定,如果当事人同时约定了逾期利息、违约金或其他费用,在借款人逾期还款的情形下,贷款人有权选择主张逾期利息、违约金或者其他费用,也可以一并主张上述各种责任,但贷款人请求的总额超过合同成立时一年期贷款市场报价利率的4倍的,对于超过的部分,人民法院不予支持。

[①] 最高人民法院中国应用法学研究所编:《人民法院案例选》(1998年第2辑),人民法院出版社1998年版,第423页。

四、禁止高利放贷

《民法典》第 680 条第 1 款已经规定:"禁止高利放贷,借款的利率不得违反国家有关规定。"该条明确禁止高利放贷行为,要求借款的利率不得违反国家有关规定。法律作出此种规定的目的是维护正常的金融秩序,促进实体经济和市场经济的高质量发展,也有利于维护债务人的利益。违法高利放贷的法律效果主要是,超过国家规定的一年期贷款市场报价利率的 4 倍的,超过的部分无效,不受到法律的保护。当然,在高利放贷合同中,可以适用部分无效规则,即超过国家有关规定的利率部分无效,未超过部分应当受到法律保护。

需要指出的是,在计算利率以判断是否构成高利放贷时,不仅应当考虑当事人的约定利率是否明确超过了法律、法规规定的利率上限,还应当考虑各种违约金、服务费、中介费、保证金等变相的高利贷行为。

五、自然人借款合同履行地点的确定

《民间借贷司法解释》第 3 条规定:"借贷双方就合同履行地未约定或者约定不明确,事后未达成补充协议,按照合同相关条款或者交易习惯仍不能确定的,以接受货币一方所在地为合同履行地。"对自然人之间的借款合同而言,当事人可能通过多种方式履行借款义务,当事人应当在合同中就合同履行地点作出约定,以减少纠纷的发生。依据上述规定,如果当事人未明确约定履行地点,则可以事后达成补充协议予以确定,或者通过解释合同条款或者依据交易习惯予以确定。如果依据上述方法仍然无法确定合同履行地点的,则以接受货币一方所在地为合同履行地。

第十章

保 证 合 同

第一节 保证合同概述

一、保证合同的概念和特征

保证,又称人的担保,是一种与物的担保相对应的债权担保形式。古汉语中的"保"是多义词,有安、占有、担保、保证等多层意思。[1] 徐锴《说文解字系传》道:"任,保也。"[2]可见,保证具有信任、信用的意义属性。它主要是基于信任关系而产生的。[3] 我国《民法典》第681条规定:"保证合同是为保障债权的实现,保证人和债权人约定,当债务人不履行到期债务或者发生当事人约定的情形时,保证人履行债务或者承担责任的合同。"据此可知,保证合同是在保证人与债权人之间订立的、由保证人以自己的责任财产为债务履行提供担保的合同,是保证人与债权人意思表示一致的产物。

保证最早起源于古代的"人质",即债务人以其人身作为履行债务的保证。不过,近现代意义上的"人的担保",仅指以第三人的信用及其全部责任财产作为债权实现的担保。公元前240年至公元前130年间,古罗马的《阿菩莱拉法》(Lex Apulela)中确认了允诺保证。[4] 在我国古代社会,保证担保较为发达。如"令五家为比,使之相保"《周礼·地官·大司徒》。秦律中也有关于约定或法定的由第三人担保并负连带之责的规定。保证在担保领域中占据着重要的地位。汉代,债务设担保人,称任人、任者,可见,当时债的担保制度已经较为发达。[5] 鉴于保证制度在担保制度中的重要地位,许多国家的立法如德国、法国、日本等,都详细规定了保证制度。在我国,保证合同也是《民法典》所明确认可的典型合同,保证与抵押、质押等物上担保相并列,属于一种重要的债权担保类型。

与其他担保方式相比较,保证合同具有以下几个特征:

(1)性质属于人的担保。保证是一种典型的人的担保方式。所谓人的担保,是指民事主体(自然人、法人等)以其自身的责任财产担保债务履行的法律制度,实际上就是以设立合同债权的方式来担保某一债权的实现。保证之所以被称为"人的担保",是因为它并不是在

---

[1] 参见徐朝贤:《中国古代主要担保方式及特点探略》,载《广东商学院学报》2002年第6期。
[2] 张传玺:《中国历代契约会编考释》(上),北京大学出版社1995年版,第29页。
[3] 参见郑玉波:《民法债编各论》(下册),台湾三民书局1986年版,第821页。
[4] 参见周枏:《罗马法原论》(下册),商务印书馆2001年版,第883页。
[5] 参见徐朝贤:《中国古代主要担保方式及特点探略》,载《广东商学院学报》2002年第6期。

特定的物上设立的担保,不产生担保物权。一方面,保证合同不涉及物权的效力,而只是产生债的关系。保证合同生效后,债权人不能直接支配保证人的特定财产,而只能在债务人不履行债务时,请求保证人以其责任财产履行债务或承担保证责任。另一方面,作为一种人的担保,保证合同具有较强的人身信赖性。或者说,保证是以债权人对保证人的信用(即债务履行能力)的信任为基础的。古人云:"使之保,犹任也。"[1]这也表明保证是基于信任关系而产生、存续的。

(2) 应以保证人的全部责任财产担保他人债务的履行。保证属于人的担保,一般而言,保证人要以自己的全部财产承担保证责任。也就是说,在当事人没有特别约定的情况下,保证责任原则上及于保证人的全部财产,并不局限于某种或某类特定的财产。债权人可以请求就保证人的所有财产强制执行。在这一点上,保证作为人保与物保恰好相反,因为在物的担保中,担保责任仅存在于抵押物、质物等特定的担保财产之上。正是因为保证是为担保他人债务的履行而设定的,因此,原则上保证必须以主债务的存在为前提,因主债务的消灭而消灭。因为主债务一旦得到清偿,保证的目的就已经实现,保证也就不必再存在。

(3) 主体是债权人与保证人。《民法典》第 681 条规定:"保证合同是为保障债权的实现,保证人和债权人约定,当债务人不履行到期债务或者发生当事人约定的情形时,保证人履行债务或者承担责任的合同。"因此,保证合同是在保证人与债权人之间成立的。无论是自然人、法人还是非法人组织,都可以成为保证人。从实践来看,保证人也可能只是在主合同之上以保证人的身份签名或盖章的人,此时,保证合同的主体仍然是保证人和债权人,债务人不可能成为保证合同的当事人。

在认定保证合同的主体时,应当区分保证合同与委托保证合同。所谓委托保证合同,是指以债务人委托保证人提供保证为内容的合同。委托保证合同属于委托合同的一种类型,它虽然与保证合同之间存在一定的关联,但是与保证合同是两种截然不同的合同。委托保证合同的主体是债务人和保证人,而保证合同的主体是债权人和保证人。

(4) 保证人负有代为履行债务或者承担债务不履行的责任。保证责任是保证人代主债务人履行债务或承担债务不履行后果的责任。依据前述《民法典》第 681 条的规定,保证责任的形式包括两种:一是代为履行,即在主债务人不履行债务时,保证人代主债务人履行其债务;二是承担债务不履行的责任,即因为主债务人不履行债务而产生的责任,由保证人承担。

二、保证合同的属性

(一) 从属性

保证合同的从属性,是指保证合同的产生、效力、消灭等均与主债权债务合同紧密相关,这是保证合同的根本属性。《民法典》第 682 条、第 696 条等就保证合同效力的从属性作出了规定。由于保证合同具有从属性,保证合同也被称为从合同,而从债权人层面来看,其享有从权利。有关保证合同的从属性问题,将在下文阐述。

(二) 单务性

保证合同具有单务性,这具体表现在,在保证合同中,保证人只是单方向债权人负担一

---

[1] [清]阮元校刻:《十三经注疏:附校勘记》,中华书局 1980 年影印版,第 707 页。

定的保证债务,而债权人无须负担对待给付义务。因此,其属于单务合同。① 保证合同的单务性能否通过约定改变？笔者认为,从保证合同的性质而言,单务性是其固有属性,当事人不可以通过合同约定对此加以改变。如果允许当事人通过约定改变其单务性,那么该合同就不再是保证合同。正是基于保证合同的单务性,法律设置了一系列的规则以平衡当事人的利益,如保证人有权行使主债务人的合同抗辩权、允许约定保证期限等,都与保证的单务性相关。单务性不能通过约定而改变。如果保证人和主债权人达成合意,约定主债权人应当支付一定的对价,则该合同已经不再是单纯的保证合同,而转化为其他合同关系。

（三）无偿性

保证合同的无偿性,是指保证人向债权人负担一定的保证债务时,债权人无须支付相应的对价。在保证合同中,保证人为确保债权人的债权获得满足而向其提供担保,债权人在接受该保证时,并不需要支付相应的对价②,至于保证人与债务人之间通常存在的一定的有偿关系,并不影响保证合同的无偿性。例如,债务人对保证人支付一定的报酬或提供反担保,虽然表明他们之间存在有偿的合同关系,并不能改变保证合同本身的无偿性质。但如果在保证合同订立时,债务人须支付保证对价,则该保证关系不再是真正的保证,而转化为信用保险关系。③

（四）要式性

保证合同的要式性,是指保证合同必须依据法律规定的形式订立。就此《民法典》第685条第1款规定："保证合同可以是单独订立的书面,也可以是主债权债务合同中的保证条款。"据此,保证合同既可以在债权人和保证人之间单独订立,也可以由第三人单方以书面形式向债权人出具保证条款,还可以是在主债权债务合同中由第三人承诺成立保证合同。一般认为,《民法典》的这一规定相当于明确了保证合同的成立必须要求书面形式,立法机关也持这一立场。④ 从法理上而言,这主要是因为保证人所承担的责任具有无偿性、单务性,对保证人而言具有较大的风险,而采取书面形式可以督促保证人谨慎订立保证合同。同时,法律要求采取书面形式,也是为了避免产生纠纷。⑤ 从实践来看,由于保证责任是无偿的、单务的,如果不采书面形式,保证人在承担责任时就极有可能会找出种种借口来否认合同的存在及内容,从而引发纠纷。

值得注意的是,《民法典》第388条中规定,"担保合同包括抵押合同、质押合同和其他具有担保功能的合同",该条虽然未明确规定担保合同的设立必须采纳书面方式,但是从《民法典》的规定来看,抵押合同、质押合同、融资租赁合同、保理合同都要求书面形式,所以从体系解释角度来看,可以认为《民法典》要求保证合同也应采取书面形式。

---

① 所谓单务合同,是指当事人之间不具有对待给付关系的合同。
② "保"之所以由"人""呆"二字组成,很大程度上就是因为保证合同是无偿合同。
③ 参见史尚宽：《债法各论》,中国政法大学出版社2000年版,第363页。
④ 参见黄薇主编：《中华人民共和国民法典合同编解读》(上册),中国法制出版社2020年版,第749页。
⑤ 参见郑玉波：《民商法问题研究》(一),台湾1984年自版,第327页。

三、保证的分类

(一)一般保证和连带责任保证

根据保证人承担责任的不同,保证可以分为一般保证和连带责任保证。就此,《民法典》第686条第1款规定:"保证的方式包括一般保证和连带责任保证。"其中,一般保证是指当事人在保证合同中约定在债务人不能履行债务时由保证人承担保证责任的保证。连带责任保证是指保证人与主债务人对主债务的履行承担连带责任的保证。《民法典》第687条第1款和第688条第1款分别对此予以了明确。一般保证和连带责任保证都属于保证的具体形态,都旨在担保债权的实现,保证人都享有债务人对债权人所享有的抗辩权和其他抗辩,而且都适用诉讼时效和保证期间规则。但二者在成立方式、保证人的责任承担、保证人的抗辩、保证期间、保证债务诉讼时效等方面,均存在一定区别。

(二)一人保证与共同保证

根据保证人人数的不同,保证合同可以分为一人保证与共同保证。所谓一人保证,是指仅存在单一保证人的保证。[1] 所谓共同保证,是指存在两个或者两个以上保证人的保证。就此,《民法典》第699条规定:"同一债务有两个以上保证人的,保证人应当按照保证合同约定的保证份额,承担保证责任;没有约定保证份额的,债权人可以请求任何一个保证人在其保证范围内承担保证责任。"

一人保证和共同保证的区别在于:第一,保证人人数不同。一人保证的保证人仅为一人,而共同保证的保证人为两人以上。第二,是否存在内部责任份额的划分不同。一人保证中不存在内部责任份额的划分,而共同保证中,存在内部责任份额的划分问题。在共同保证中,根据保证人承担保证责任方式的不同,又可以将其分为连带共同保证和按份共同保证。连带共同保证是指各保证人对债务的履行承担连带保证责任的保证。按份共同保证是指各保证人仅依其约定的份额对债务的履行承担保证责任的保证。

(三)普通保证和最高额保证

普通保证,是指担保的主债权在保证合同订立时数额就已确定的保证,保证人应就已经存在的某一特定债权提供担保。最高额保证是指债权人与保证人之间约定,在最高债权额限度内由保证人对未来连续发生的债权作担保。此类保证合同在订立时主债权数额尚未确定。普通保证是保证的典型形态,而最高额保证是当事人约定的特殊形态。两者在是否存在最高限额、是否为特定债权设定担保以及是否为被担保的债权设定了期限等方面存在一定区别。

(四)部分保证与全部保证

根据保证人承担责任范围的不同,保证可分为部分保证与全部保证。部分保证,也称为限额保证[2],是指当事人在保证合同中明确约定了保证责任范围的保证。在部分保证中,保证人仅在约定的保证责任范围内承担保证责任,保证责任不应超过主债务人所应承担的责任范围。部分保证主要可分为如下几种类型:一是约定对部分主债务担保。二是只对主债务担保,对附随于主债务的利息债务、违约金和损害赔偿债务不负保证责任。三是约定保证责任的最高限额。

---

[1] 参见高圣平:《担保法新问题与判解研究》,人民法院出版社2001年版,第137页。
[2] 同上。

全部保证,也称全额保证或无限保证,是指保证人对债务人的全部债务担保,当债务人不履行债务时,保证人对债务人的全部债务承担保证责任的保证。① 它与部分保证的主要区别在于:第一,部分保证是保证的特殊形态,而全部保证是一般形态。在当事人没有特别约定时,应当推定当事人负有全部保证责任。第二,部分保证需要特别约定,而全部保证可以由法律推定。如果保证合同未约定保证责任的范围或者约定不明的,保证人则应承担全部保证责任,保证责任的范围包括主债权、利息、违约金、损害赔偿金等。②

(五) 定期保证和不定期保证

依据保证合同是否有一定的存续期限,保证可以分为定期保证与不定期保证。定期保证,是指保证合同中明确约定了保证期间的保证。不定期保证,是指当事人没有约定保证期间的保证。③ 在定期保证中,当事人所约定的保证期间是保证人承担保证责任的期间,一旦该期间经过,而债权人仍未向保证人请求承担保证责任的,保证人不再承担保证责任。保证期间的约定实际上是对保证责任的限定,既可以保障债务的及时履行,也有利于保护保证人的利益,便于其尽早摆脱期限不确定的保证责任的承担。而在不定期保证中,保证人所承担的保证责任则并无期限限制。

(六) 从属保证与独立保证

按照保证合同与主债权债务合同之间的关系,保证合同可分为从属保证与独立保证。从属保证,是指从属于主债务合同的保证合同,即具有从属性的保证。独立保证则是指通过当事人之间的特别约定而与主债务合同之间没有从属关系的保证。④ 在独立保证中,主合同无效或被撤销并不导致独立保证的效力丧失,同时,独立保证人也无权主张主债务人对债权人的抗辩事由。

(七) 典型保证与非典型保证

所谓典型保证,是指我国《民法典》合同编所规定的一般保证与连带责任保证。所谓非典型保证,是指《民法典》没有明确规定的保证形式,如独立保函等。《审理独立保函纠纷司法解释》第3条第2款、第3款规定:"当事人以独立保函记载了对应的基础交易为由,主张该保函性质为一般保证或连带保证的,人民法院不予支持。当事人主张独立保函适用民法典关于一般保证或连带保证规定的,人民法院不予支持。"从该条规定来看,独立保函不同于一般的保证关系,其与一般的保证关系的区别主要体现为:一是是否由法律明确作出规定不同。独立保函虽然为我国司法解释所确认,但并没有被法律所规定。二是效力从属性不同。对典型保证而言,保证的效力从属于主债权,而对非典型保证而言,其效力具有相对独立性。三是责任构成要件不同。对典型保证而言,保证人通常是在主债务人不履行债务时依法承担保证责任。而对独立保函而言,其适用见索即付的规则。

四、保证与相关制度的区别

(一) 保证与履约保证金

履约保证金是债务人向债权人预先支付的,以提供一定的款项作为其将按照合同约定

---

① 参见最高人民法院民二庭(原经济庭)编著:《担保法新释新解与适用——根据最高人民法院《关于适用《中华人民共和国担保法》若干问题的解释》》,新华出版社2001年版,第83页。
② 参见郭明瑞:《担保法》,法律出版社2010年版,第39页。
③ 参见最高人民法院民二庭(原经济庭)编著:《担保法新释新解与适用——根据最高人民法院《关于适用《中华人民共和国担保法》若干问题的解释》》,新华出版社2001年版,第83页。
④ 参见曹士兵:《中国担保诸问题的解决与展望——基于担保法及其司法解释》,中国法制出版社2001年版,第22页。

履行其义务的保证。在债务人未能按照合同约定履行其债务时,其无权请求债权人返还该保证金。例如,当事人在预购房屋时,由购房人交付一笔保证金,以保证其将购买该房屋。

履约保证金与保证的区别主要表现在:第一,在是否属于法律明确规定的担保方式上不同。保证属于人的担保,是由《民法典》所规定和确立的担保方式。但履约保证金在法律上并没有明确规定,关于其具体性质的认定应当考虑当事人之间的约定和交易习惯等具体情形而定。第二,主体不同。履约保证金通常是由债务人向债权人提供的,旨在保障合同的履行。而保证需要由债务人与债权人之外的第三人提供,所以,保证合同的法律关系也更为复杂。第三,责任承担不同。一方面,在保证中,保证人并不需要预先向债权人提供任何财产以作为担保,其仅于债务人不履行其债务时才承担保证责任。而在履约保证金中,保证金一般需要由债务人预先提供给债权人。① 另一方面,在债务人不履行债务时,保证人需要以其全部财产向债权人承担保证责任。而在履约保证金中,未按合同约定履行债务的债务人无权向债权人主张返还保证金,且应承担违约责任。第四,是否享有先诉抗辩权不同。在一般保证中,保证人享有先诉抗辩权。而在履约保证金中,债务人并不享有此项权利。

(二)保证与债务加入

所谓债务加入,是指第三人加入债务中,作为新债务人和原债务人一起向债权人负担连带债务。② 在债务加入的情形下,新债务人和保证人一样,都要对债务人的债务承担责任。从实践来看,债务人与第三人达成协议,或者第三人单独向债权人表示,愿意为债务人履行债务,此种行为究竟是债务加入还是保证,在实践中一直存在争议。依据我国《民法典》相关规定,保证与债务加入属于不同的法律制度,保证在性质上属于债的担保,而债务加入则属于债的移转的范畴,二者存在明显区别。尤其应当看到,就第三人承担责任而言,区分债务加入和保证,十分必要,具体而言:

第一,二者的内涵不同。《民法典》第681条规定:"保证合同是为保障债权的实现,保证人和债权人约定,当债务人不履行到期债务或者发生当事人约定的情形时,保证人履行债务或者承担责任的合同。"可见,保证人的担保责任包含两大类型:一是代为履行,即在主债务人不履行债务时,保证人代主债务人履行其债务;二是承担债务不履行的责任,即因为主债务人不履行债务而产生的责任。而在债务加入的情形下,第三人加入债的关系,本质上是对自己的债务负责,在债务履行期限届满的情形下,不论原债务人能否履行债务,债权人均可请求该第三人履行债务;同时,在债务加入中,在该第三人不履行债务时,其也应当就其不履行债务的行为承担责任。

第二,二者的成立方式不同。保证是保证人为保障债权人债权的实现提供担保,它是在保证人与债权人之间订立的合同,债务人并不是合同当事人。而就债务加入而言,《民法典》第552条规定:"第三人与债务人约定加入债务并通知债权人,或者第三人向债权人表示愿意加入债务,债权人未在合理期限内明确拒绝的,债权人可以请求第三人在其愿意承担的债务范围内和债务人承担连带债务。"可见,债务加入有两种类型:一是当第三人与债务人约定加入债务时,需要通知债权人;因此,在第三人与债务人之间可以通过合意而形成债务加入。二是第三人向债权人表示,其愿意与债务人共同负担债务,只要债权人在合理期限内不拒绝,即可成立债务加入。在此种债务加入方式中,由债权人和第三人达成债务加入协议,但

---

① 参见高圣平:《担保法论》,法律出版社2009年版,第596页。
② 参见黄薇主编:《中华人民共和国民法典合同编解读》(上册),中国法制出版社2020年版,第306页。

并没有得到债务人同意,因此,此种债务加入可能导致对债务人的损害。例如,在债务人和债权人之间具有长期的供货关系,债务人一时不能供货,第三人加入债务后,可能将债务人排除出供货关系,这可能损害债务人的利益。

第三,当事人的地位不同。保证人在法律上并不是债务人,其只是在债务人不清偿债务的情形下,代替债务人履行债务或者承担责任。其不仅可以主张债务人对债权人的抗辩权,而且可以主张其基于保证合同而对债权人享有的抗辩权。在一般保证中,保证人的责任在性质上是一种补充责任,在责任的承担顺序上具有次位性,其承担责任以债务人不能履行债务为条件。在债务加入的情形下,新加入的债务人处于债务人的地位,其不仅对债权人负担债务,而且享有债务人的抗辩权。同时,在债务履行期限届至的情形下,债权人可以直接请求新加入的债务人履行债务,而不以原债务人不履行债务为条件。因此,新加入的债务人与原债务人在债务承担的顺序上是相同的。

第四,责任的限制不同。就保证关系而言,无论是一般保证还是连带责任保证,债权人对保证人所享有的保证债权既受诉讼时效制度的限制,也受保证期间制度的限制。① 而对债务加入而言,债权人对新加入的债务人的债权仅应受诉讼时效的限制。也就是说,该债务诉讼时效期间届满后,新加入的债务人有权主张时效抗辩。但债务加入后的债务,并不受保证期间的限制。

关于债务加入人承担责任后能否向债务人追偿,对此存在争议。在保证关系中,保证人在承担保证责任后,其可以向债务人追偿。而对债务加入而言,除当事人另有约定外,新加入的债务人在对债权人履行债务后,能否向原债务人追偿,现行法律并未作出明确规定,但《民法典》第 552 条规定:"第三人与债务人约定加入债务并通知债权人,或者第三人向债权人表示愿意加入债务,债权人未在合理期限内明确拒绝的,债权人可以请求第三人在其愿意承担的债务范围内和债务人承担连带债务。"据此,在债务加入的情形下,如果债务加入人实际承担了债务,则依据《民法典》第 519 条第 2 款,"实际承担债务超过自己份额的连带债务人,有权就超出部分在其他连带债务人未履行的份额范围内向其追偿,并相应地享有债权人的权利"。因此,债务加入者也可以在承担责任后,向原债务人追偿。另外,债务加入者加入债务后,在实际履行债务后,毕竟使原债务人获得了利益,允许其追偿也符合公平原则。

在判断某种关系究竟是债务加入还是保证时,重点考虑的就是当事人的真实意愿,如果无法探明当事人的意思,《有关担保的司法解释》第 36 条第 3 款确立了"存疑时优先推定为保证"的规则。该条之所以作出此种规定,主要原因在于,与保证相比,债务加入中第三人的责任更重,因为债务加入人既不享有对原债务人的追偿权,也不享有原债务人针对债权人的各种抗辩权,故其法律责任更重。因此,在当事人意思表示不清晰时,如果将其认定为债务加入,则会加重第三人的责任。② 依据《民法典》第 697 条第 2 款,第三人加入债的,保证人的保证责任不受影响。所谓不受影响,是指加入债务后,第三人没有履行债务之前,保证人承担保证责任的条件、范围等不受影响。当然,在债务加入人实际履行了债务后,会导致保

---

① 参见黄薇主编:《中华人民共和国民法典合同编解读》(上册),中国法制出版社 2020 年版,第 765 页。
② 例如,有德国民法学者就认为,当更重的债务加入(gravierendere Schuldbeitritt)原则上仅在债务之履行不仅符合债务人实际利益,同时也对债权人的债权具有实际利益时才符合当事人的意思,此种利益不必限于单纯经济上的类型。在当事人希望采取何种担保形式存有疑问时,保证的解释规则具有优先性。Esser/Schimdt,Schuld-recht,Band Ⅰ,Allgemeiner Teil,Heidelberg,2000,§ 37 Ⅱ,S. 322.

证人保证责任的减轻。①

五、反担保

所谓反担保,是指债务人或第三人向保证人作出保证或设定物的担保,在担保人因清偿保证人的债务而遭受损失时,向保证人作出清偿。例如,甲向乙借款 1000 万元,甲请求丙作为保证人,丙提出甲必须请第三人丁提供一套房产为其提供反担保,丙履行保证责任之后,其不能向甲追偿或追偿未果的,则丙有权将该房产拍卖、变卖,并就所得价款优先受偿。反担保只是与本担保相对应的概念。《民法典》第 689 条对反担保作出了明文规定:"保证人可以要求债务人提供反担保。"与反担保相对应并作为设定反担保前提的担保称为本担保。本担保中的担保人称为本担保人,而反担保中的担保人称为反担保人。

反担保的核心功能在于担保保证人的追偿权的实现,其宗旨在于保障保证人的追偿权。② 保证人为债务人承担担保责任之后,其对债务人享有追偿权,为了保障这种追偿权的实现,就有必要设立反担保。反担保可以适用于各种担保形式,不管是物的担保还是人的担保,担保人都可以要求债务人提供反担保。因为反担保的设立极大降低了保证人的风险,有利于鼓励第三人提供保证。③

反担保的成立需具备下列几个条件:

(1) 反担保以本担保的存在为前提。如果没有本担保,就无所谓反担保。此处所说的"本担保",是指由债务人以外的第三人提供的担保。之所以要以本担保的存在为前提,是因为反担保的设立就是为了保障本担保人追偿权的实现,如果没有本担保,就不存在反担保。依据《有关担保的司法解释》第 19 条第 1 款规定:"担保合同无效,承担了赔偿责任的担保人按照反担保合同的约定,在其承担赔偿责任的范围内请求反担保人承担担保责任的,人民法院应予支持。"

但反担保毕竟是一种独立于本担保的法律关系,其独立性主要表现在:一方面,法律关系的当事人不同。本担保关系发生在担保人和债权人之间,而反担保关系发生在担保人与反担保人之间。另一方面,担保的范围不同。本担保所担保的主要是主债权等权利的实现,反担保人担保的是本担保人的追偿权,只要本担保人承担了一定的责任,反担保人就要对这种责任的承担负担保责任,即便担保合同被宣告无效,但如果担保人需要承担赔偿责任,则反担保责任也不应当被免除。正是从这个意义上说,反担保的责任又有一定的独立性,并不完全依附于本担保。还应当看到,当事人可以在反担保合同中约定,反担保合同的效力可以独立于本担保合同的效力,此种约定也是有效的。④ 因此,反担保合同的效力并不当然从属于担保合同。对此,《有关担保的司法解释》第 19 条第 2 款规定:"反担保合同无效的,依照本解释第十七条的有关规定处理。当事人仅以担保合同无效为由主张反担保合同无效的,人民法院不予支持。"这就是说,与担保合同相比较,反担保合同是一个独立于担保合同的合同,其并非担保合同的从合同,而只是担保人代为清偿之后的追偿权,即便担保合同无效,担保人仍然可能承担赔偿责任,这就符合了反担保合同的适用条件,此时不应当认为反担保合

---

① 参见最高人民法院民事审判第二庭:《最高人民法院民法典担保制度司法解释理解与适用》,人民法院出版社 2021 年版,第 181 页。
② 参见刘保玉、吕文江主编:《债权担保制度研究》,中国民主法制出版社 2000 年版,第 66 页。
③ 参见谢鸿飞、朱广新主编:《民法典评注·合同编:典型合同与准合同2》,中国法制出版社 2020 年版,第 31 页。
④ 参见陈本寒主编:《担保法通论》,武汉大学出版社 1998 年版,第 58 页。

同当然无效。由于反担保合同担保的是担保人因委托合同等而产生的追偿权,担保人是否具有清偿能力,担保合同是否有效对反担保也不产生影响。[①]

(2) 提供反担保的主体不限于债务人,还包括债务人以外的其他人。关于反担保提供者的范围,无论是《民法典》第 689 条还是第 387 条第 2 款,都规定仅仅债务人为反担保的提供者。但这两个条文文本涵盖的反担保提供者的范围过于狭窄[②],因为债务人充当反担保人时,只能提供物的担保,不能将保证作为反担保的形式。如果反担保人是债务人以外的其他人,则不仅可以提供物的担保也可以提供人的担保。在原担保关系中是担保人的,在反担保关系中就成为被担保人。反担保既可以设立人的担保,也可以设立物的担保;既可以产生合同关系,也可以产生物权关系。

(3) 反担保的请求人为提供担保的第三人。因为第三人为债务人提供担保以后,可能因债务人的财产状况不佳使得第三人的追偿权无法实现,因而才有必要要求债务人提供反担保。所以,《民法典》第 387 条第 2 款第 1 句规定:"第三人为债务人向债权人提供担保的,可以要求债务人提供反担保。"

(4) 反担保也应当有一定的形式要求。依照我国《民法典》的规定,本担保都要采取书面形式,因此原则上反担保也应当采取书面形式。

在设立反担保之后,如果保证人代主债务人作出清偿,在清偿后,保证人有权依法向主债务人追偿。同时,在反担保设立后,担保人也可以依据反担保的规则向反担保的担保人行使担保权,以保障其追偿权的实现。

第二节　保证合同的从属性

一、保证合同的从属性概述

保证合同的从属性,是指保证合同的成立、效力等均从属于主合同。《民法典》第 682 条第 1 款规定:"保证合同是主债权债务合同的从合同。主债权债务合同无效的,保证合同无效,但是法律另有规定的除外。"依据这一规定,保证合同是主债权债务合同的从合同。在民法上,根据两个合同之间的主从关系,可以将它们区分为主合同与从合同。主合同是指可以单独存在的主债权债务合同,而从合同就是以主债权债务合同的存在为自身存在前提的合同。[③] 保证合同与其所担保的主债权债务合同的关系就是典型的从合同与主合同的关系。保证合同无论是在成立、生效,还是在范围、移转等多方面都依赖于主债权债务合同而存在。具体来说,保证合同的从属性体现在以下几方面:

1. 成立上的从属性

保证合同随主合同的产生而产生,主合同不成立,则保证合同也不成立。换句话说,保证合同是以主债权债务合同的存在为前提的,在主债权债务合同尚未成立时,不可能存在保证合同。[④] 问题在于,保证人为将来的债务或附停止条件的债务提供担保的情形,即在主债

[①] 最高人民法院民事审判第二庭:《最高人民法院民法典担保制度司法解释理解与适用》,人民法院出版社 2021 年版,第　页。
[②] 参见黄薇主编:《中华人民共和国民法典合同编解读》(上册),中国法制出版社 2020 年版,第 756—757 页。
[③] 参见史尚宽:《债法各论》,中国政法大学出版社 2000 年版,第 14 页。
[④] 参见程啸:《保证合同研究》,法律出版社 2006 年版,第 213 页。

务尚未实际发生的情况下所订立的保证合同是否可以有效成立？笔者认为，在法律有特别规定的情形，也可以对未来的债务或附条件的债务提供保证。例如，我国《民法典》第 690 条规定的最高额保证，就允许保证人对将来发生的、现时并不存在的债务提供保证。这就是说，被保证的主债权的存在虽然是保证合同存在的前提，但并不意味着保证合同的成立时间必须要在主债权合同之后。根据当事人之间的特别约定，保证人也可以为未来的主债权作担保。①

2. 效力上的从属性

保证合同的效力应当从属于主合同的效力。主合同无效或者被撤销的，保证合同也失去效力。《民法典》第 682 条第 1 款确认了保证合同在效力上的从属性。值得探讨的是，如果保证人明知主合同存在无效或可撤销事由（如债务人无民事行为能力或合同存在重大误解），仍然为债务人提供保证的，依据大多数国家民法的规定，此时即便主合同被撤销或被宣告无效，保证人仍应承担保证责任。② 依据《民法典》第 682 条第 1 款，在法律就保证合同的从属性没有作出特别规定的情况下，主债权债务合同的无效或者被撤销将导致保证合同也自始无效。

3. 范围上的从属性

保证责任的范围取决于主合同债务，并应当从属于主债务的范围。一方面，保证人承担的债务不应超过主债务人所承担的债务范围。如果保证人承担的债务范围超过了主合同债务的范围，应将其范围缩减至主合同债务的范围。保证合同旨在担保主债务的履行，不得给保证人强加其他责任。另一方面，如果约定保证债务的利息高于主合同债务的利息，应将其范围缩减为主合同的债务的利息。《有关担保的司法解释》第 3 条第 1 款规定："当事人对担保责任的承担约定专门的违约责任，或者约定的担保责任范围超出债务人应当承担的责任范围，担保人主张仅在债务人应当承担的责任范围内承担责任的，人民法院应予支持。"这就是说，在保证中，即便当事人约定的保证责任范围超出了债务人应当承担的责任范围，基于保证责任范围的从属性，保证人也仅对债务人应当承担的责任承担保证责任，因此，保证人承担保证责任的范围不得超过债务人应当承担的责任范围③。

另外，《有关担保的司法解释》第 3 条第 2 款规定："担保人承担的责任超出债务人应当承担的责任范围，担保人向债务人追偿，债务人主张仅在其应当承担的责任范围内承担责任的，人民法院应予支持；担保人请求债权人返还超出部分的，人民法院依法予以支持。"该条确立了担保范围的从属性规则，担保责任本质上是担保人在符合法律规定的条件下替债务人履行债务或者承担责任，因此，担保责任在范围上具有从属性，其不得超过债务人应当承担的责任范围。④ 关于担保范围的从属性，司法解释的上述规定实际上确立了如下两个规则：一是担保人承担的担保责任的范围不得超过债务人应当承担的责任范围。如果担保人承担的责任超出了债务人应当承担的责任范围，则其仅能在债务人应当承担的责任范围内向债务人追偿。二是担保人实际承担的责任范围超出债务人应当承担的责任范围时，有权请求债权人返还超出的部分，因为在担保人实际承担的责任范围超出债务人应当承担的责任范围时，债权人受领超出部分的给付应当构成不当得利，保证人有权请求债权人返还该部

---

① 参见高圣平：《担保法论》，法律出版社 2009 年版，第 107 页。
② 参见《法国民法典》第 2012 条，《日本民法典》第 449 条，《瑞士债法典》第 492 条。
③ 参见最高人民法院民事审判第二庭：《最高人民法院民法典担保制度司法解释理解与适用》，人民法院出版社 2021 年版，第 101 页。
④ 同上。

分给付。

4. 抗辩上的从属性

债务人享有的对债权人的有效抗辩，保证人也可以享有。即使债务人放弃其对债权人的抗辩，保证人仍然可主张行使该抗辩。对此，《民法典》第701条规定："保证人可以主张债务人对债权人的抗辩。债务人放弃抗辩的，保证人仍有权向债权人主张抗辩。"当然，保证人可以自行放弃其所享有的主合同抗辩。例如，主债权时效届满，保证人因此取得时效届满的抗辩权，其可以自由决定是否主张该项抗辩权，保证人放弃该项抗辩权后，就不得以此事由提出抗辩。①

5. 债权转让上的从属性

保证债务附属于主债权，原则上随主债权的移转而移转。就此，《民法典》第696条第1款规定："债权人转让全部或者部分债权，未通知保证人的，该转让对保证人不发生效力。"由此可知，主债权与保证合同在移转上具有主从关系，主债权不得与保证债务相分离。主债权移转后，保证债务也应当随之移转，因为保证人无论向哪一个债权人承担保证责任，都不会增加保证人的负担，不会使其责任发生变化，所以保证人仍应对债权的受让人承担保证责任。主债权人在转让债权时，不能仅移转保证债权而保留主债权，也不能仅移转主债权而保留保证债权。当然，保证债权的这一从属性特征受当事人特别约定的限制，就此，《民法典》第696条第2款规定："保证人与债权人约定禁止债权转让，债权人未经保证人书面同意转让债权的，保证人对受让人不再承担保证责任。"

值得注意的是，保证合同的从属性特征仅体现在债权转让的情形中，在债务承担的情况下，保证合同并不跟随债务的移转而当然发生移转，因为保证合同是基于保证人与债务人之间的人身信赖关系而产生的，因此，保证债务具有一定的专属性②，而且在债务承担的情形下，新的债务人履行债务的能力如何，并不确定，所以，债务人的变化会影响保证人的利益，自然应当允许保证人自行决定是否继续承担保证责任。就此，《民法典》第697条第1款规定："债权人未经保证人书面同意，允许债务人转移全部或者部分债务，保证人对未经其同意转移的债务不再承担保证责任，但是债权人和保证人另有约定的除外。"

6. 消灭上的从属性

消灭上的从属性是指当被担保的主债务因清偿、提存、抵销、免除、混同等原因而消灭时，保证合同也相应地失去效力。主合同债务消灭的，保证债务将也不复存在，保证人的保证责任自然随之消灭。③需要指出的是，《民法典》第566条第3款规定："主合同解除后，担保人对债务人应当承担的民事责任仍应当承担担保责任，但是担保合同另有约定的除外。"依据该规定，在主合同解除后，如果债务人应当依法承担损害赔偿责任的，则保证人仍应当对此承担担保责任。当然，当事人也可以对此作出特别约定，即债权人可以与保证人约定，在主合同解除的情形下，保证人无须对债务人的责任承担保证责任。

二、保证合同无效、被撤销后保证人的责任

依据《民法典》第682条第1款的规定，主债权债务合同无效的，保证合同无效，但是法

---

① 参见曹士兵：《中国担保诸问题的解决与展望——基于担保法及其司法解释》，中国法制出版社2001年版，第21页。
② 参见程啸：《保证合同研究》，法律出版社2006年版，第213页。
③ 参见高圣平：《担保法论》，法律出版社2009年版，第86页。

律另有规定的除外。因此,在主合同无效的情形下,保证合同也因此无效,这也是保证合同从属性的重要体现。《民法典》第682条第2款规定:"保证合同被确认无效后,债务人、保证人、债权人有过错的,应当根据其过错各自承担相应的民事责任。"这就明确了在保证合同被确认无效后,保证人也应当对其过错承担责任。问题在于,在主合同和保证合同都被宣告无效后,保证人应当如何承担责任,理论上一直存在争议。笔者认为,根据保证合同的从属性,保证人所应当承担的责任不属于保证责任,在法律上应当属于缔约过失责任。①

（一）主合同有效而保证合同无效时保证人的责任

保证合同效力上的从属性体现为主合同无效将导致保证合同无效,但保证合同无效并不当然影响主合同效力,而在主合同有效的情形下,保证合同也并不当然有效。在审判实践中,此类情形主要表现为,担保人越权担保或者因公司违反法定程序担保等,导致保证合同被宣告无效,但主合同并不因此无效。另外,保证合同作为保证人与债权人之间的合同,如果保证人实施欺诈或者胁迫行为,或者具有重大误解等,也可能导致担保合同因被撤销而无效。《有关担保的司法解释》第17条第1款根据当事人对担保合同无效是否有过错,区分为如下三种责任:

第一,债权人与担保人均有过错的,担保人承担的赔偿责任不应超过债务人不能清偿部分的1/2。之所以将保证人的责任限制在不能清偿部分的"二分之一",是因为债权人、担保人均有过错,应当分担损失,债权人、担保人作为两方,按照均分计算,担保人承担的责任份额为1/2。例如,法定代表人越权代表公司对外提供担保,或者公司的代理人超越代理权限对外提供担保,债权人在与担保人订立担保合同时,本应对担保权限、公司决议等负有审查义务,但其未尽审查义务,导致担保合同被认定无效,在此情形下,担保人和债权人都有过错。② 再如,甲乙之间订立一份进出口合同,丙为乙在该合同中负担的付款义务提供保证,在合同订立后,如果该保证合同因为内容违反法律的强制性规范而被宣告无效,此时,债权人和保证人对该担保合同的无效均存在过错,在此情形下,保证人丙所承担的保证责任不超过债务人不能清偿部分的1/2。

第二,担保人有过错而债权人无过错的,担保人对债务人不能清偿的部分承担赔偿责任。例如,债务人与保证人恶意串通骗取债权人的借款,保证合同后来被认定为无效,而债权人没有过错的,则保证合同的无效就应当由保证人负责,保证人承担的责任范围即债务人未能履行的债务的范围。需要指出的是,在保证合同无效后,保证人对债权人所承担的责任在性质上属于缔约过失责任,即保证人应当承担的责任是债权人因信赖保证合同有效而遭受的损失,保证人应当对债务人不能清偿的部分承担赔偿责任。

第三,债权人有过错而担保人无过错的,担保人不承担赔偿责任。例如,债权人与债务人恶意串通,骗取保证人的担保,后保证人撤销该保证合同,此种情况即属于债权人有过错而保证人无过错的情形。在此情形下,担保人不承担赔偿责任。法律之所以作出此种规定,主要是因为,在保证合同无效的情形下,保证人无须承担保证责任,而仅需要依法承担缔约过失责任,在保证人没有过错的情形下,其就不应当对债权人承担责任。

（二）因主合同无效导致保证合同无效时的责任

在主合同无效时,依据《民法典》第682条第2款的规定,保证合同被确认无效后,债务

---

① 参见高圣平:《担保法论》,法律出版社2009年版,第86页。
② 最高人民法院民事审判第二庭:《最高人民法院民法典担保制度司法解释理解与适用》,人民法院出版社2021年版,第209页。

人、保证人、债权人有过错的,应当根据其过错各自承担相应的民事责任。这就明确了因主合同的原因导致保证合同无效时的责任范围和责任承担限额。依据该条规定,在保证合同被确认无效后,保证人有过错的,则其应当承担相应的民事责任。关于保证合同被确认无效后,保证人承担责任的具体情形及其责任范围,《民法典》没有作出明确规定,《有关担保的司法解释》第17条第2款对此作出了规定,即:"主合同无效导致第三人提供的担保合同无效,担保人无过错的,不承担赔偿责任;担保人有过错的,其承担的赔偿责任不应超过债务人不能清偿部分的三分之一。"据此,因主合同无效而导致保证合同无效的,保证人责任的承担应当区分两种情形:

一是保证人无过错的,则保证人无须承担责任。担保人无过错是指担保人对于主合同的无效不知道或者不应当知道,或者未促成主合同的成立。① 法律作出此种规定的主要原因在于,在因主合同无效导致保证合同无效的情形下,保证人所承担的责任在性质上属于缔约过失责任,如果保证人无过错,则不符合缔约过失责任的成立条件,保证人无须承担责任。例如,债权人与债务人恶意串通,导致主合同无效,或者主合同订立过程中一方实施了欺诈、胁迫等行为,导致主合同被撤销,而保证人对此并不知情。

二是保证人有过错的,则其承担的赔偿责任不超过债务人不能清偿部分的1/3。司法解释作出此种规定的原因在于,毕竟主合同无效是因债权人和债务人造成的,保证人只是起到了一定的推动作用。且债务毕竟是债务人的债务,主合同仍然是在债权人和债务人之间发生的,所以,主合同被宣告无效之后不能完全由保证人承担责任。② 尤其是债权人、债务人、担保人作为三方,按照均分计算的结果,担保人承担的责任份额为1/3。③ 例如,债务人与保证人恶意串通,骗取债权人的借款,后债权人主张撤销借款合同,并因此导致保证合同无效,此时,债权人有权请求债务人承担缔约过失责任,保证人所承担的赔偿责任不应超过债务人不能清偿部分的1/3。此种限制保证人责任范围的做法具有一定的合理性,为司法实践提供了责任范围确定的依据。

三、从属性规则的例外:独立保函

独立保函,也称为见索即付的担保、备用信用证,依据《审理独立保函纠纷司法解释》第1条第1款的规定,是指银行或非银行金融机构作为开立人,以书面形式向受益人出具的,同意在受益人请求付款并提交符合保函要求的单据时,向其支付特定款项或在保函最高金额内付款的承诺。独立保函是保证效力从属性的例外,即其与主合同之间不具有从属关系。④ 在一般保证合同中,保证人所应承担的保证责任具有从属性,即以主合同的成立和存在为前提,且具有一定的可撤销性。但是在市场交易中,尤其是在国际贸易中,对保证人的信用状况以及保证责任的独立性、不可撤销性具有更高的要求,因为这一原因,独立保函的功能日益突出,其适用范围日益宽泛,目前,两大法系都普遍认可了独立保函的效力。

《民法典》第682条第1款规定:"保证合同是主债权债务合同的从合同。主债权债务合

---

① 最高人民法院民事审判第二庭:《最高人民法院民法典担保制度司法解释理解与适用》,人民法院出版社2021年版,第210页。
② 参见程啸:《保证合同研究》,法律出版社2006年版,第168页。
③ 参见曹士兵:《中国担保诸问题的解决与展望——基于担保法及其司法解释》中国法制出版社2001年版,第34页。
④ 参见《见索即付保函统一规则》(URDG758)第5条a款;Bertram, *Bank Guarantees in International Trade*, 4th revised ed, Kluwer Law & Business, 2012, p.11.

同无效的,保证合同无效,但是法律另有规定的除外。"从该条规定来看,保证合同的效力具有从属性,主合同被宣告无效后,保证合同也随之无效。并且该条规定,只有在法律有明确规定的情形下,保证合同的效力才可以独立于主合同,当事人不得通过特别约定改变保证合同效力的从属性。然而,我国司法实践历来认可独立保函的效力。按照《审理独立保函纠纷司法解释》第1条第1款的规定,独立保函只能由银行和非银行金融机构出具,该保函才是有效的,而其他的主体出具的独立保函是无效的。这就意味着,在我国,银行或非银行金融机构出具的独立保函作为一种独立保证的形式,仍然具有法律效力。《有关担保的司法解释》第2条第2款规定:"因金融机构开立的独立保函发生的纠纷,适用《最高人民法院关于审理独立保函纠纷案件若干问题的规定》。"这不仅承认了上述司法解释的效力,而且承认了独立保函的效力。具体而言,独立保函具有如下法律特征:

(1)必须是银行或者非银行金融机构出具的保函。独立保证的形态较多,如果允许当事人约定保证合同效力从属性的例外,则独立保证的类型将更加多样。但从我国《民法典》规定来看,其对保证合同效力从属性的例外进行了严格限制,仅限于法律有特别规定的情形。从我国立法和司法解释的规定来看,其仅认可银行或者非银行金融机构所出具的独立保函的效力,而没有认可此种独立保函之外其他类型独立保证的效力。

(2)排除了从属性规则。一般而言,保证合同是为担保主合同的履行而订立的,它以主合同的成立和存在为前提,保证合同是从属于主合同的法律关系,不能与主合同相脱离,主合同的效力直接决定了保证合同的效力。但独立保函却不同,它突破了保证合同从属性的规则,即保证合同的效力不受主合同效力的影响。[①] 保证合同生效后,保证人只需审查附单据索赔是否符合保函文本的规定,而不对基础交易是否实际违约进行判断,因此保证人负有凭相符交单的独立付款义务。[②]

《审理独立保函纠纷司法解释》第6条规定:"受益人提交的单据与独立保函条款之间、单据与单据之间表面相符,受益人请求开立人依据独立保函承担付款责任的,人民法院应予支持。开立人以基础交易关系或独立保函申请关系对付款义务提出抗辩的,人民法院不予支持,但有本规定第十二条情形的除外。"在一般的保证关系中,保证人责任的成立以主债务成立并生效为前提,主债务不成立或者无效的,则保证合同无效,与主债务合同相比,保证合同在效力上具有从属性。而在独立保函中,保证人的责任具有一定的独立性,独立保函的主要特点在于排除了保证合同中的从属性规则[③],使独立保函原则上不存在效力上的从属性。虽然独立保证的成立应当以主债务成立为前提,但独立保函的效力独立于主债务合同。也就是说,独立保函的效力原则上并不从属于主债务合同,独立保函一旦生效,通常都是不可撤销的,任何一方都不能单方面撤销合同或解除合同。[④] 在独立保函中,独立保函的不可撤销性是指在独立保函法律关系中,一经出具,非经当事人的同意,不得撤销该保函。[⑤]《审理

[①] 参见《联合国独立担保和备用信用证公约》第3条。该条(a)款规定:"担保人/开证人对于受益人的义务不取决于任何基础交易的存在或有效性。"

[②] 参见《联合国独立担保和备用信用证公约》第3条。该条(b)款规定:"担保人/开证人对于受益人的义务不取决于承保中未写明的任何条款或条件,除出示单据以外也不取决于任何未来不确定的行为或事件,或担保人/开证人业务范围内的另一此类行为或事件。"

[③] 参见《联合国独立担保和备用信用证公约》第3条;李燕:《独立担保法律制度》,中国检察出版社2004年版,第338页。

[④] 参见《联合国独立担保和备用信用证公约》第7条(4)款;《见索即付保函统一规则》(URDG758)第4条b款。

[⑤] 参见李双元、周辉斌:《备用信用证法律特征之考察》,载《法律科学》2001年第3期。

《独立保函纠纷司法解释》第 4 条第 3 款同样肯定了独立保函的不可撤销性,该条规定:"独立保函未载明可撤销,当事人主张独立保函开立后不可撤销的,人民法院应予支持。"即便主债权人允许债务人转让其债务,保证人也不能免于承担责任。独立保证效力上的独立性是发挥独立保函担保功能、保障债权人利益的基本要求。

(3) 排除了先诉抗辩权。在一般保证中,保证人享有先诉抗辩权,即如果债权人不先向主债务人提出履行债务的请求,则保证人有权拒绝债权人请求其承担保证责任的请求。但在独立保函中,保证人并不享有先诉抗辩权,只要独立保函生效,保证人就应当依据保函的约定承担付款义务,而不考虑主债务人是否作出了清偿。在独立保证的情形下,只要单证相符,且不存在欺诈,独立保证人都必须无条件地承担保证责任。① 保证人不需要审查主合同当事人之间基础关系的有效性。在付款之前也不需要考虑主合同有效无效、是否实际违约、是否已经履行完毕等问题,仅根据单证审查结果来决定是否承担付款义务。在付款之后,可以进一步就这些问题提出异议,但这不影响保证人义务的履行。这就是所谓"先付款,后争论"(pay first, argue later)的机制。一般而言,此种做法比较有利于保护债权人的利益,但这并不意味着债权人一方可以随意索赔。② 债权人索赔不得违反基础交易合同以及保证合同的约定,基础交易合同以及保证合同会对债权人所申请的保证范围、索赔的条件以及债权人应该履行的义务等作出规范,如果受益人违反基础交易合同或者保证合同的约定索赔,则保证人有权拒绝。即使已经付款,主债务人或者保证人也可以请求债权人返还不当得利。③

(4) 存在对付款金额的限定。在独立保证中,通常要有确定的或可确定的金额。在该金额范围内,独立保证人负有保证的义务。④ 但保证金额并非与主合同毫无关联,其仍然来源于主合同,当事人往往约定不超过主合同金额的一定比例。当事人为了降低风险,通常会直接在文本中明确界定责任。无论主合同有效无效,独立保函的当事人都在此金额范围内承担责任。但独立保证只是意味着付款义务具有独立性,并非意味着付款义务是绝对的。如果单证不符,独立保证人有权拒绝支付⑤;如果主合同当事人存在欺诈(主要是债权人欺诈),担保人有权拒绝付款。⑥ 同时,债务人和担保人也有权向法院申请中止付款。⑦ 这主要是因为独立保证的风险太大,要通过该制度适当减轻保证人的付款义务,其最终也有利于保护债务人。

(5) 具有见索即付的特点。所谓见索即付,是指相对人只要在保函有效期内提出了符合保函条件的要求书(通常是书面形式)或者保函规定的任何其他单据,保证人即应当承担保证责任。国际商会在其 2010 年制定的《见索即付保函统一规则》(URDG758)中,将见索即付的保函定义为:"见索即付保函或保函,无论其如何命名或描述,指根据提交的相符索

---

① 参见《见索即付保函统一规则》(URDG758)第 20 条。
② See Dr. Jens Nielsen, Nicolai Nielsen, *The German Bank Guarantee Lessons to be Drawn for China* (unpublished), p. 2.
③ 请参考《美国统一商法典》有关条文(UCC Article 5 1995 Revision Section 5-110. WARRANTIES)。
④ 《见索即付保函统一规则》(URDG758)第 12 条规定:"保函项下担保人的责任范围 担保人对受益人仅根据保函条款以及与保函条款相一致的本规则有关内容,承担不超过保函金额的责任。"
⑤ 《见索即付保函统一规则》(URDG758)第 20 条 a 款规定:"当担保人确定一项索赔不是相符索赔时,其可以拒绝该索赔。"
⑥ 参见《联合国独立担保和备用信用证公约》第 19 条;UCC Article 5 1995 Revision Section 5-109(a)(2)。
⑦ 参见《联合国独立担保和备用信用证公约》第 20 条;UCC Article 5 1995 Revision Section 5-109(b);《审理独立保函的规定》第 13 条。

赔进行付款的任何签署的承诺。"①按照这一定义,见索即付的保函虽然在实践中可能以完全不同的称谓出现,但是只要其具有该条中所定义的特征,即会被国际商会认定为适用该规则的独立保证。②《审理独立保函纠纷司法解释》第 6 条规定:"受益人提交的单据与独立保函条款之间、单据与单据之间表面相符,受益人请求开立人依据独立保函承担付款责任的,人民法院应予支持。"该规定实际上确立了独立保函见索即付的特点。独立保证见索即付的意义并不仅限于排除保证的从属性特点,其还有利于避免保证交易产生各种争议,使交易过程过于冗长,否则无形之中就会增加交易成本,降低交易效率。③ 因此,见索即付应当是独立保证的重要特点。当然,笔者认为,见索即付也存在一个例外,即如果主债务本身是无效的,则保证人所作出的保证也应当是无效的,此时,保证人所作出的独立保函也不再具有见索即付的特点。

第三节 保证合同的成立

一、保证合同成立概述

保证合同的成立,是指保证人与债权人之间就保证合同的主要条款达成合意。保证合同必须是在保证人和债权人之间订立的。如果债权人未在保证合同上签名,则该协议可能只是委托保证,或者是补偿协议,而不是保证合同。④ 保证人必须具备完全的民事行为能力,无民事行为能力人不能为他人提供保证;限制民事行为能力人只有经过其法定代理人同意,才能为他人提供保证。

保证合同的订立通常基于委托、赠与等原因,这些原因构成保证合同订立的基础关系。⑤ 基础关系通常包括如下三种类型:一是委托合同,即主债务人与保证人之间订立委托合同,由主债务人委托保证人提供保证,保证人基于主债务人的委托而与债权人订立保证合同。在此情形下,保证的成立要分别采取委托保证和保证合同的方式。债务人和保证人之间属于委托保证关系,此种委托既可能是无偿的,也可能是有偿的。例如,担保公司为他人有偿提供的保证,就是基于有偿委托合同而订立的。但在一般的保证合同订立中,主债务人委托保证人与债权人订立保证合同,而主债务人并不参与保证合同的订立,保证合同在性质上是无偿的。⑥ 二是无因管理。如果保证人未经债务人同意而自愿与债权人订立保证合同,在此情形下,保证人既无法定义务也无约定义务而管理他人事务,从而与主债务人之间成立无因管理关系,在保证人向债权人承担保证责任或者代为清偿债务后,其与主债务人的内部关系可以按无因管理的相关规则进行处理。⑦ 例如,甲向乙借款,甲的朋友丙在没有告知债务人甲的情况下,主动为甲的债务提供保证,此时,丙与甲之间应当成立无因管理关系,丙代甲向

---

① 《见索即付保函统一规则》(URDG758)第 2 条。
② 《联合国独立担保和备用信用证公约》第 2 条(1)款规定:"在国际惯例中称之为独立担保或备用信用证,此种承诺系由银行或其他机构或个人作出,保证当提出见索即付要求时,或随同其他单据提出付款要求,表明或示意因发生了履行义务方面的违约事件,或因另一偶发事件,或索还借支或垫付款项,或由委托人/申请人或另一人的欠款到期而应作出支付时,即根据承诺条款和任何跟单条件,向受益人支付一笔确定的或可确定数额的款项。"
③ 参见高圣平:《担保法前沿问题与判解研究》(第一卷),人民法院出版社 2019 年版,第 101 页。
④ 参见程啸:《保证合同研究》,法律出版社 2006 年版,第 62 页。
⑤ 参见蔡永民:《比较担保法》,北京大学出版社 2004 年版,第 45 页。
⑥ 参见郭明瑞等:《担保法》(第四版),中国人民大学出版社 2014 年版,第 47 页。
⑦ 参见高圣平:《保证合同重点疑点难点问题判解研究》,人民法院出版社 2005 年版,第 11—12 页。

乙清偿借款后,可基于无因管理的规定向甲追偿。三是赠与。例如,保证人为债务人提供保证,但其明确向债务人表示,其承担保证责任后将不再向债务人追偿,且债务人同意的,则应当认定其属于基于赠与而产生的保证。

保证合同的成立只是当事人就保证合同的内容达成合意,保证合同成立后,即对当事人产生形式拘束力,任何一方当事人都不得随意变更或者解除合同。当然,保证合同成立后,并不当然生效,其还必须具备合同的生效条件,才能产生当事人约定的法律效力。

二、保证合同成立的一般要件

与一般要式合同一样,保证合同的成立必须具备如下要件:

(一) 当事人适格

作为保证人的自然人必须具备相应的民事行为能力。保证合同是单务合同,保证人仅对债权人负有给付义务,而无权请求债权人为对待给付。由于保证合同具有无偿性、单务性,故无民事行为能力人不能为他人设立保证。问题在于,限制民事行为能力人能否提供保证?依据《民法典》的规定,限制民事行为能力人可以从事与其年龄、智力状况相适应的行为,因此,如果限制民事行为能力人作为保证人所提供的保证所担保的债务数额较小,也应当允许其作为保证人提供保证。

法人和非法人组织能否作为保证人?我国《民法典》采取负面清单模式,即只要不属于法律禁止提供保证的主体范围,均应当允许其提供保证。

(二) 当事人就保证的主要条款达成合意

合同的成立必须就合同的主要条款达成合意,问题在于,保证合同究竟应当具备哪些条款?《民法典》第 684 条规定:"保证合同的内容一般包括被保证的主债权的种类、数额,债务人履行债务的期限,保证的方式、范围和期间等条款。"然而,关于上述条款是否是保证合同的必备条款,是存在争议的。一种观点认为,这些条款并非都是保证合同的必备条款,实际上,当事人可以在保证合同订立后,在上述条款的基础上增加或补充部分条款,也可以在保证合同中约定这些条款。[①] 另一种观点认为,这些条款应当属于保证合同的主要条款,不具备所有相关条款,不能有效成立保证合同。笔者认为,上述规定列举的条款并非都属于保证合同的必备条款:一方面,本条所列举的条款仅仅是提示当事人应当尽可能作出详细的约定,缺乏特定的条款并不影响保证合同的成立。另一方面,《民法典》合同编确立了诸多补充当事人意思的规定(如保证的方式、保证的范围、保证的期限),从体系解释的角度来看,也表明本条中的一些条款并非必备条款。

(三) 保证人具有提供保证的意思

保证合同是单务合同,因此,保证人需要作出愿意提供保证的意思表示。保证意思,是指保证人对某一债权债务关系,愿意以自己的财产担保债务的意思表示。通常而言,保证的意思都是通过保证合同的形式来体现的。在保证合同的订立过程中,保证人只有表达了为主债权的实现而提供担保的意思表示,才能认定其为保证人,并认定该合同为保证合同。[②] 如果只是承诺保证债务得到履行,但并没有明确表明是为主债务提供担保,则不一定构成保证。例如,在商业实践中,由银行出具的安慰信(letter of comfort),仅仅只是表明出具此文

[①] 参见高圣平:《担保法新问题与判解研究》,人民法院出版社 2001 年版,第 140—141 页。
[②] 参见高圣平:《担保法论》,法律出版社 2009 年版,第 103 页。

件的一方知晓主债务的存在,并表示愿意为主债务人履行债务提供便利以及支持,但并没有明确的提供保证的意思,因此,不能认为安慰信包含愿意提供保证的意思。又如,当事人在合同中约定,由第三人来监督、协调债务人按时履行债务等,这种约定并不是愿意提供保证的意思。如果主合同中约定了要由第三人提供保证,但第三人并没有在合同书上签名,则不能认为该第三人具有提供保证的意思。

(四)应当具备书面形式

在比较法上,保证合同是否应当采取特定的形式,有不同的模式:一是要式主义。例如,《德国民法典》第766条、《瑞士债法典》第493条明确规定,保证合同必须采取特定形式。二是非要式主义。我国《民法典》原则上采要式主义。《民法典》第685条规定:"保证合同可以是单独订立的书面合同,也可以是主债权债务合同中的保证条款。第三人单方以书面形式向债权人作出保证,债权人接收且未提出异议的,保证合同成立。"依据该条规定,关于保证合同的形式,可以从如下几个方面理解:

第一,单独订立书面形式的保证合同。如果当事人单独订立保证合同,则应当采用书面形式。如前所述,保证合同是要式合同,其应当采取书面形式,这主要是因为,保证人所承担的责任具有无偿性、单务性,为了促使当事人在订立保证合同前进行审慎的考虑,也为了减少和避免纠纷的发生,应当以书面形式订立保证合同。此外,从体系解释而言,依据《民法典》第388条的规定,设立担保物权应当采用订立担保合同的形式,担保合同中的抵押合同和质押合同等应当采用书面形式,保证合同也应当采用书面形式。

第二,保证合同可以是主债权债务合同中的保证条款。保证合同虽然具有要式性,但由于保证合同的成立方式不限于单独订立合同,其也可以体现为主债权债务合同中的保证条款。从《民法典》第685条的规定来看,对体现为主债权债务合同中的保证条款的保证合同而言,其虽然没有要求主债权债务合同必须是要式合同,但按照体系解释的方法,应当将此种形式的保证合同也解释为书面形式的保证合同条款,即此种形式的保证合同也具有要式性。

第三,第三人单方以书面形式向债权人作出保证,债权人接受且未提出异议的,也可认定保证合同成立。在此情形下,只要债权人接受且未提出异议,就可以认定保证合同成立。但第三人单方面提供的保证应当采取书面形式。[①] 需要指出的是,在此情形下,第三人以书面形式单方面向债权人表示愿意提供保证,在性质上应当属于要约,而债权人接受且未提出异议,则属于默示承诺,因而也可以成立保证合同。从比较法上看,不少国家和地区的法律都规定可以通过单方允诺的形式设立保证。例如,《德国民法典》第766条第1款规定,只要保证人单方作出保证的允诺,就可以成立保证。[②] 但依据我国《民法典》第685条的规定,此种情形下仍然成立保证合同,而非单方允诺。在此种成立方式中,第三人单方面的要约必须体现为书面形式。

在此需要讨论的是,保证和保函二者之间究竟是何关系?保函一般是由第三人单方面向债权人所出具的同意提供保证的文件。如果保函中明确表明第三人具有"担保的意思表示"或者"保证交易合同全面履行的意思表示",则可以将其认定为发出了愿意提供保证的要约。通常来说,保函包括了为他人特定的债务提供保证的意思,并且明确了所担保的债务。

[①] 参见黄薇主编:《中华人民共和国民法典合同编解读》(上册),中国法制出版社2020年版,第749页。
[②] 《德国民法典》第766条规定:"为使保证合同有效,必须以书面作出保证的表示。"

显然,保函已经具备了保证合同的主要条款,只要债权人表示接受,合同即可成立。[①] 这就意味着,出具保函的一方所作出的允诺应视为要约,而债权人接受了该保函且没有表示异议的,视为承诺,保证合同即可成立,自债权人收到保函且没有表示异议之时保证合同生效。

保证合同成立后,其内容还必须符合法律、行政法规的强制性规定和公序良俗,保证合同才能生效。如果保证合同存在合同无效的事由,则将导致保证合同无效。

第四节　保证合同的内容

保证合同在主债权人和保证人之间订立。依据《民法典》第 684 条的规定,保证合同的内容包括如下几个方面:

一、被保证的主债权种类、数额

主债权即被担保的债权,也是保证合同的标的。主债权既可以是金钱债权,也可以是非金钱债权。但主债权只有具备如下特点,才能成为保证合同的标的:

第一,主债权必须已经成立并且合法有效。如果主债权尚未成立,或者虽然已经成立,但因违反法律的强行性规定而无效,则不能成为保证合同的标的。自然债务虽然不具有强制执行力,其履行与否完全由债务人自己决定,但自然债务也可以成为保证的标的。如果债权人和保证人都接受对于自然债务的担保,法律没有理由予以禁止。当然,在最高额保证中,在保证合同成立时,其所担保的债权可能尚未成立。

第二,主债权必须特定化。这就是说,当事人应当在保证合同中明确为何项债权提供保证。对一般保证而言,当事人应当在保证合同订立之时明确主债权。而对最高额保证而言,保证合同所担保的主债权并不需要在保证合同订立时特定化,但在承担保证责任之时,其必须已经特定。

第三,主债权必须已经确定。通常,保证合同所担保的债权应当是确定的,否则将难以确定保证人的保证责任,也不符合保证的设立目的。对普通保证而言,主债权的数额必须在保证合同订立时确定,而对最高额保证而言,并不要求主债权数额在保证合同成立时确定,只需在保证责任承担前确定即可。《民法典》第 690 条承认了最高额保证,由于最高额保证实际上主要是为一定期间连续发生的将来之债提供担保,因而,该条实际上认可了将来之债可以成为保证合同的标的。[②] 在最高额保证中,虽然债权的具体数额并不确定,但在特定期限到来时是可以确定的,因此可以成为保证合同的标的。

如果主合同是附条件合同,则基于该合同产生的债权是否可以成为保证合同的标的？笔者认为,附条件之债可以成为保证的标的,因为附条件之债的范围和数额是确定的,至于条件是否成就,只是对保证人是否承担保证责任产生影响,不应当对保证合同的成立与生效产生影响。

就主债权的类型而言,其既可以是长期的债权,也可以是短期的债权,既可以是合同之债,也可以是侵权之债。主债权的范围不包括因该债权产生的利息、违约金以及损害赔偿金等。当然,因该债权产生的利息、违约金、损害赔偿金等,虽然不属于债权,但其仍然可以成

---

① 参见程啸：《保证合同研究》，法律出版社 2006 年版，第 81 页。
② 参见高圣平：《保证合同重点疑点难点问题判解研究》，人民法院出版社 2005 年版，第 131 页。

为保证人担保的对象。

二、债务人履行债务的期限

保证合同担保主债务的履行,而债务人是否履行债务通常必须在债务履行期限届满时才能确定,保证合同中之所以要明确债务人履行债务的期限,是因为债务人履行债务的期限对保证人保证责任期间的起算具有重要意义。在债务履行期限届满后,债务人未履行债务的,则保证责任期间开始起算,保证人就可能需要承担保证责任。如果债权人没有在保证期间内请求保证人承担保证责任,则保证人不再承担保证责任。《民法典》第695条第2款规定:"债权人和债务人变更主债权债务合同的履行期限,未经保证人书面同意的,保证期间不受影响。"据此,债权人和债务人变更了主合同的履行期限的,除非保证人书面表示同意继续按照新的履行期限计算保证期间,否则保证期间不受影响。

三、保证的方式

保证的方式,是指保证人承担保证责任的方式。保证的方式可以依据不同标准进行不同的分类。如根据保证人保证责任的不同,保证可以区分为一般保证和连带责任保证。依据保证人人数的不同,保证可以区分为单一保证和共同保证。共同保证又可以区分为按份共同保证与连带共同保证。

由于保证的方式对当事人利益影响重大,因此,当事人在订立保证合同时,应当对保证的方式作出明确约定。如果当事人在合同中只是有保证人签字,但没有约定具体的保证方式,则应当认定当事人的约定不明,此时应当将保证方式认定为一般保证。

四、保证的范围

保证的范围,是指保证责任所担保的债务范围。在保证合同中,即使明确了被担保的债权,也并不意味着就已经确定了保证所担保的范围。因为被担保的债权仅仅明确了主债权,而保证担保的范围不限于主债权,所以保证担保的范围究竟如何,应当在合同中加以约定。《民法典》第691条规定:"保证的范围包括主债权及其利息、违约金、损害赔偿金和实现债权的费用。当事人另有约定的,按照其约定。"这就是说,保证责任的范围,原则上应当依据当事人意思自治予以确定。依据上述规定,在当事人没有特别约定的情形下,保证担保的范围包括如下几个方面:

第一,主债权。主债权是保证责任范围中最主要的内容,当事人设立保证合同,就是为了担保主债权的实现。一方面,主债权首先属于保证人担保责任的范围,因此,在主债务人不履行债务的情况下,保证人首先应当代主债务人履行债务。[①] 但这并不意味着,保证责任仅限于代主债务人履行债务,在债务人不履行债务的情况下,由保证人代主债务人赔偿债权人全部期待利益的损失,足以代替实际履行,也可达到代主债务人履行债务的目的。另一方面,将保证人的责任仅限于代主债务人履行债务,可能会过分加重保证人的负担,也可能会增加各种履行费用和不必要的开支,不利于法院的执行。因此,笔者认为,保证人的责任是担保主债权的实现,而主债权的实现方式可以是多样的,除一些实际履行是必要的情况以外,不必强制要求保证人代主债务人实际履行债务。

---

① 参见邓曾甲:《中日担保法律制度比较》,法律出版社1999年版,第95页。

第二,利息。利息是指作为金钱债权的主债权所产生的孳息。例如,债务人借款 100 万元,每年应当支付 5 万元利息,保证人是否应当就该利息承担责任,应当在保证合同中加以明确。利息包括法定利息和约定利息两种。所谓法定利息,是指依照法律规定而产生的利息,如迟延履行的利息。法定利息是按照法定的利息率而计算的。约定利息是指依据当事人的约定而产生的利息,例如,当事人约定的迟延履行的利息。当事人虽然可以自行约定利率,但是,该利率必须符合法律规定,超过法律规定部分的利息无效。[①] 对超出法定幅度的高利贷,法律不能予以保护,也不能成为保证的对象。[②]

第三,违约金。违约金是指由当事人通过协商预先确定的、在违约后一方向另一方支付的一定数额的金钱。违约金具有从合同的性质,它以主合同的生效为前提条件,违约金是违反有效合同所产生的责任,在合同根本不存在的情况下,自然谈不上违约金的适用问题,也不应使保证人承担此种责任。通常而言,合同当事人都会对违约金作出约定,违约金纳入保证担保的范围之内,这也是普通保证人可以预见到的。所以,在没有约定保证范围的情况下,也应当推定保证人要对违约金负责。但是,当事人亦可在保证合同中将其排除在保证责任的范围之外。

第四,损害赔偿金。损害赔偿金是指一方违约时应向另一方承担的损害赔偿责任。在担保关系中,担保的对象也包括损害赔偿金。因为损害赔偿金是在违约情况下对非违约方的重要补救方式,因而也应当将其纳入担保的范围。如果保证人是对侵权之债提供保证,则侵权损害赔偿金属于主债权的范畴,并不属于《民法典》第 691 条所规定的"损害赔偿金"。

第五,实现债权的费用。它通常包括诉讼费用、申请扣押、执行等的费用。实现债权的费用与主债权之间存在密切关系,而且是实现主债权过程中通常会产生的必要支出,所以,要求保证人对该费用负责,并不会对保证人造成过重的负担。[③]

需要指出的是,《民法典》第 691 条关于保证范围的规定在性质上属于任意性规定,即当事人可以通过约定对其作出变更。只有在没有特别约定的情况下,才能依据法律规定来确定保证责任的范围。例如,当事人可以约定,保证人仅对全部或者部分主债权的履行承担保证责任,也可以约定仅对利息、违约金等承担保证责任。需要指出的是,此处所说的当事人的约定应当限于保证合同的约定,如果保证人仅仅只是向主债务人表示仅承担部分债务的担保责任,而在保证合同中仍然约定由保证人对全部债务承担保证责任,则此种情形不属于当事人就保证责任的范围达成了特别约定,保证人仍然应当依据保证合同的约定承担全部保证责任。

五、保证期间

保证期间是指保证人承担保证责任的期限。保证期间可以是法定期间,也可以是约定期间。[④]《民法典》第 692 条第 2 款规定:"债权人与保证人可以约定保证期间,但是约定的保证期间早于主债务履行期限或者与主债务履行期限同时届满的,视为没有约定;没有约定或者约定不明确的,保证期间为主债务履行期限届满之日起六个月。"据此,当事人可以在保证合同中约定保证期间,以明确保证人承担保证责任的期间。如果当事人没有就保证期间作

---

① 参见高圣平:《保证合同重点疑点难点问题判解研究》,人民法院出版社 2005 年版,第 398 页。
② 参见田先纲等:《担保合同诉讼实务》,广东经济出版社 2002 年版,第 120 页。
③ 参见郭明瑞等:《担保法》(第四版),中国人民大学出版社 2014 年版,第 50 页。
④ 参见黄薇主编:《中华人民共和国民法典合同编解读》(上册),中国法制出版社 2020 年版,第 764 页。

出特别约定,则适用法定期间。保证合同中之所以要规定保证期间,是因为保证期间可以起到督促债权人主张权利、限制保证人责任的作用。当然,《民法典》第691条属于任意性规定,其允许当事人通过约定予以改变。如果保证合同没有约定保证期间,就应当适用法定的期间。

六、其他事项

当事人在合同中还可以约定其他事项,例如,承担保证责任之后的追偿、反担保等。只要当事人所约定的内容不与法律的强制性规定相悖,就应当承认其效力。

第五节 保证人的范围

一、保证人的范围概述

保证合同的主体就是指保证合同的当事人,即主债权人与保证人,债务人不属于保证合同的主体。在债的关系中,债务人当然应以其全部责任财产对其债务承担责任,因此,保证合同中能够为债务人提供担保的当事人应当是债务人之外的第三人。在这一点上,保证不同于抵押、质押等物上担保。在物的担保中,主债务人可以以自己的财产设立抵押、质押,也可以由第三人来提供物上担保。但是,在保证关系中,保证人只能由第三人担任,而不能由主债务人担任。因为一方面,按照合同的约定和法律规定,债务人本来就应当以其全部财产履行债务,自然无须多余地另行设立保证来确认其财产为责任财产。保证的担保效力体现在增加保证人的全部财产为履行债务的责任财产,在债务人财产之外为债务清偿增加保障,但是,当保证人就是债务人时,债务人作出的这种保证也没有增强其履行债务的能力。因此,保证人只能由第三人担任。另一方面,保证人虽然受主债务人的委托而提供保证,但是,其与主债务人并非同一人。

民事主体担任保证人,必须具备保证人的资格。所谓保证人的资格,也就是法律规定的担当保证人的条件。保证是一种人的担保而非物的担保,在主债务人到期不清偿债务的情况下,保证人应当承担代为清偿等保证责任,因此,并非任何民事主体都能充任保证人。如前所述,对自然人而言,只有具有相应的民事行为能力的人才能担任保证人,限制民事行为能力人只能在其行为能力的范围内提供保证,否则应当经其法定代理人同意。关于法人和非法人组织能否担任保证人,我国《民法典》对此采负面清单模式,即除法律规定不得担任保证人的情形外,法人和非法人组织均可以担任保证人。

需要指出的是,具有代为清偿能力是否应当作为充当保证人的条件?值得探讨。所谓代为清偿能力,是指保证人能够以自己的财产清偿债务人债务的能力,主要包括保证人的现有固定资产、流动资金、技术、知识产权、商业秘密和信用状况等。《担保法》第7条曾规定:"具有代为清偿债务能力的法人、其他组织或者公民,可以作保证人。"从该条规定可以看出,《担保法》将具有代为清偿能力作为充当保证人的条件,但《民法典》并没有作出此种规定。这也意味着,具有代为清偿能力并不是担任保证人的条件,主要理由在于:一方面,保证人尽管通常是受债务人委托出面担保的,但选择保证人是债权人的权利。保证人是否具有代为清偿能力,只是关系到债权能否实现的问题,不应当影响保证合同的效力。[①] 另一方面,保证

[①] 参见高圣平:《担保法论》,法律出版社2009年版,第98页。

人是否具有代为清偿能力,在设立保证时难以判断,将其作为充当保证人的条件可能影响保证合同效力的稳定性。因此,从维护保证合同效力的稳定性、充分发挥保证制度功能的角度而言,不应当以保证人具有代为清偿能力作为充当保证人的条件。此外,从司法实践来看,将具有代为清偿能力作为保证人的资格条件容易引发不必要的纠纷。实践中经常出现保证人以不具备代为清偿能力为由而主张保证合同无效的案件,这可能使债权人的债权实现面临较大风险,容易引发各种纠纷。

二、保证人资格的限制

我国《民法典》以及相关的法律从维护经济秩序、保障相关公益目的的实现出发,对相关主体担任保证人的资格进行了一定的限制。一般而言,营利法人都可以作为保证人,但是对于非营利法人而言,依据《民法典》第87条的规定,又进一步区分为公益目的法人和其他非营利目的的法人两种类型。在解释上,具有公益目的的非营利法人不能充当保证人,但是,其他非营利目的的非营利法人则可以在一定条件下担任保证人。对于特别法人,需要根据特别法人的具体类型来进行区分。

(一)机关法人原则上不能作为保证人

机关法人是指依照法律和行政命令组建的、享有公权力的、以从事国家管理活动为主的各级国家机关。其一般分为两类:一是有独立经费的,依据法律和行政命令设立的履行公共管理职能的各级国家机关,如国家立法机关、行政机关、司法机关等。二是承担行政职能的部分事业单位等法人,如证监会、银保监会等。[①] 机关法人的行为能力是受到限制的,这特别表现在对外提供担保方面,《民法典》第683条第1款规定:"机关法人不得为保证人,但是经国务院批准为使用外国政府或者国际经济组织贷款进行转贷的除外。"《有关担保的司法解释》第5条第1款规定:"机关法人提供担保的,人民法院应当认定担保合同无效,但是经国务院批准为使用外国政府或者国际经济组织贷款进行转贷的除外。"机关法人之所以不得作为保证人,主要原因在于:一方面,这不符合国家机关的设立目的。国家机关是行使公权力的机构,其设立的宗旨和目的是依法行使国家权力,维护社会公共利益,其不能直接参与经济活动。如果允许国家机关为他人的债务作保证,则与其设立目的相背离,也超出了其为履行职能所需要实施的民事活动的范围。[②] 另一方面,国家机关作为保证人将影响国家机关的正常公务活动。国家机关的财产和经费都是由国家财政划拨的,这些财产和经费主要用来维持国家机关的公务活动和日常开支,保障国家机关履行职责。如果允许国家机关为他人的债务作保证人,则可能影响国家机关正常职责的履行和公共职能的正常行使。[③] 此外,允许国家机关担任保证人,也使得国家机关实质性地利用其公权力从事了经济活动,其与其他市场主体之间处于不平等地位,不利于维护市场经济的正常秩序。因此,机关法人提供担保的,人民法院应当认定担保合同无效。

当然,依据《有关担保的司法解释》第5条第1款的规定,在经国务院批准为使用外国政府或者国际经济组织贷款进行转贷的情形下,机关法人也可以提供担保。此种情形下,

---

[①] 最高人民法院民事审判第二庭:《最高人民法院民法典担保制度司法解释理解与适用》,人民法院出版社2021年版,第116页。

[②] 同上书,第117页。

[③] 参见全国人大常委会法制工作委员会民法室编著:《中华人民共和国担保法释义》,法律出版社1995年版,第11页以下。

机关法人提供担保需要具备两个条件：一是使用外国政府或者国际经济组织贷款进行转贷。此处所说的"国际经济组织"，主要是指世界银行、国际货币基金组织等机构。[①] 二是必须经国务院批准。只有经过国务院的批准，才能表明此种担保是以国家的名义对外提供的，这也有利于控制政府对外担保的债务数额，以防范地方政府过度举债而可能诱发的金融风险。

（二）基层群众性自治组织法人原则上不能充当保证人

《有关担保的司法解释》第 5 条第 2 款规定："居民委员会、村民委员会提供担保的，人民法院应当认定担保合同无效，但是依法代行村集体经济组织职能的村民委员会，依照村民委员会组织法规定的讨论决定程序对外提供担保的除外。"依据该规定，一是居委会、村委会原则上不能充当保证人。作出此种规定的主要原因在于：居委会、村委会具有特定的职能，其只能从事为履行职能所必要的民事活动，不能从事经营活动，其财产也不能承担代偿责任。我国《民法典》第 101 条第 1 款规定："居民委员会、村民委员会具有基层群众性自治组织法人资格，可以从事为履行职能所需要的民事活动。"因此，基层群众性自治组织法人作为保证人提供保证的，实际上就超出了其从事为履行职能所需要的民事活动的范围。因此，其原则上不能充当保证人[②]。二是依法代行村集体经济组织的职能的村民委员会可以提供对外担保，但其对外提供担保也需要依照《村民委员会组织法》规定的讨论决定程序作出决议。应当看到，《民法典》第 101 条第 2 款规定，未设立村集体经济组织的，村民委员会可以依法代行村集体经济组织的职能，但由村委会代行农村集体经济组织职能，容易形成政经不分的局面，因此对其对外提供担保应加以严格限制。

（三）以公益为目的的非营利法人、非法人组织不得为保证人

我国《民法典》将法人分为营利法人、非营利法人和特别法人，不同类型的法人在提供担保的资格方面存在一定的区别。《民法典》第 683 条第 2 款规定："以公益为目的的非营利法人、非法人组织不得为保证人。"依据这一规定，凡是以公益为目的的非营利法人以及非法人组织，不得为保证人。因为这些机构的设立目的是从事教育、医疗、卫生等各种公益事业，旨在实现公共利益，一旦从事担保活动就违背了其公益目的。例如，学校存在的主要目的是办学育人，担任保证人与其设立目的不符。尤其是如果允许这些单位充当保证人，则其一旦承担保证责任，可能导致本应用于公益目的设施、资金被用来偿还债务人的债务，势必造成教学秩序混乱、公益目的无法实现。[③]

《有关担保的司法解释》第 6 条第 1 款对《民法典》第 683 条第 2 款作了进一步细化规定，该条规定："以公益为目的的非营利性学校、幼儿园、医疗机构、养老机构等提供担保的，人民法院应当认定担保合同无效……"以公益为目的的非营利性学校、幼儿园、医疗机构等，不具有担保资格，但存在如下两种例外情形：

第一，在购入或者以融资租赁方式承租教育设施、医疗卫生设施、养老服务设施和其他公益设施时，出卖人、出租人为担保价款或者租金实现而在该公益设施上保留所有权。例

[①] 根据财政部发布的《国际金融组织和外国政府贷款赠款管理办法》的规定，项目实施单位依法直接向国际金融组织和外国政府举债，并经国务院批准的贷款，可以由财政部代表中央政府为其提供担保；政府负有担保责任的贷款，财政部门应当向上一级财政部门提供担保。

[②] 最高人民法院民事审判第二庭：《最高人民法院民法典担保制度司法解释理解与适用》，人民法院出版社 2021 年版，第 118 页。

[③] 参见全国人大常委会法制工作委员会民法室编著：《中华人民共和国担保法释义》，法律出版社 1995 年版，第 13 页。

如,某医院为了购买两台 CT 设备,与某厂商签订了所有权保留协议,以担保该 CT 设备价款债权的实现,如果该厂商已经就该设备进行了所有权保留登记,在此情形下,该所有权保留的协议是有效的。所有权人有权在医院不能清偿债务的情形就此公益设备实现担保物权。该条将担保的方式限于购买和采用融资租赁的方式从事交易,且是为了购买教育设施、医疗卫生设施、养老服务设施和其他公益设施,其担保的债权为价款或租金债权。①

第二,以教育设施、医疗卫生设施、养老服务设施和其他公益设施以外的不动产、动产或者财产权利设立担保物权。例如,某个学校将自己的宾馆对某项债务提供抵押,由于该宾馆并不属于服务于教学的公益设施,因此,该担保是有效的。

需要指出的是,在上述两种例外情形,以公益为目的的非营利性学校、幼儿园、医疗机构、养老机构等所提供的担保方式并不是保证,而是所有权保留和担保物权,因此,即便有上述两种例外情形,但如果上述机构就特定债权的实现提供保证,则该保证合同也应当是无效的。

现行《民办教育促进法》规定对民办学校实行非营利性与营利性的分类管理,依据《民办学校分类登记实施细则》,营利性的民办学校、幼儿园和医疗机构可以到工商部门办理登记。所以,只有已经在工商部门办理了营利性法人登记的,才能具有担保资格。登记为事业单位的,不具有担保资格。营利性的民办学校、幼儿园、医疗机构,既可以提供保证,也可以以自己的财产提供抵押。因此,《有关担保的司法解释》第 6 条第 2 款规定:"登记为营利法人的学校、幼儿园、医疗机构、养老机构等提供担保,当事人以其不具有担保资格为由主张担保合同无效的,人民法院不予支持。"据此,登记为营利法人的学校、幼儿园、医疗机构、养老机构与其他的有限责任公司等都应当享有对外提供担保的资格,其中就包括了可以对外提供保证,这主要是因为,既然《民法典》允许营利法人对外从事经营活动,其中就包括依法对外提供担保。不过,即便是营利性的民办学校等,毕竟也仍然有一定程度的公益性,在承担责任以后,其承担担保责任的财产仍应当尽可能用于非营利性的活动。②

三、关于公司担保的法律问题

(一) 公司对外提供保证应当遵循法定程序

公司作为营利法人,当然有权对外提供担保,但公司对外提供担保,应当由公司通过其章程规定、董事会、股东会或者股东大会的决议决定。《公司法》第 16 条第 1 款规定:"公司向其他企业投资或者为他人提供担保,依照公司章程的规定,由董事会或者股东会、股东大会决议;公司章程对投资或者担保的总额及单项投资或者担保的数额有限额规定的,不得超过规定的限额。"依据这一规定,法律并不禁止公司对外提供保证,但公司对外提供担保应当由公司章程规定或者董事会、股东会或股东大会决议。③《公司法》的相关规定进一步区分了为公司股东和实际控制人提供的担保(即关联担保)与为其他主体提供的担保(即非关联担保),从而在决议程序方面存在一定的区别。公司违反法定程序对外提供担保的,除相对人是善意的以外,该担保对公司不发生效力。

---

① 最高人民法院民事审判第二庭:《最高人民法院民法典担保制度司法解释理解与适用》,人民法院出版社 2021 年版,第 129 页。
② 同上书,第 130 页。
③ 参见钱玉林:《公司法第 16 条的规范意义》,载《法学研究》2011 年第 6 期。

(二) 公司违反法定程序对外提供担保

1. 公司的法定代表人越权提供担保

《民法典》第 504 条规定:"法人的法定代表人或者非法人组织的负责人超越权限订立的合同,除相对人知道或者应当知道其超越权限外,该代表行为有效,订立的合同对法人或者非法人组织发生效力。"《有关担保的司法解释》第 7 条以相对人是否善意为标准,将其区分为如下两种类型:

第一,相对人为善意的,则担保合同对公司发生效力。如果相对人为善意,担保合同将在担保人与公司之间生效,在符合法律规定条件的情形下,相对人有权依法请求公司承担担保责任。《有关担保的司法解释》第 7 条第 3 款规定:"第一款所称善意,是指相对人在订立担保合同时不知道且不应当知道法定代表人超越权限。相对人有证据证明已对公司决议进行了合理审查,人民法院应当认定其构成善意,但是公司有证据证明相对人知道或者应当知道决议系伪造、变造的除外。"在判断相对人是否善意时,采纳了合理审查而非形式审查的标准。所谓合理审查,是指依据交易当时的具体情形,需要对公司决议的情况进行审查。也就是说,需要根据交易的具体情况,如相对人的专业水平与经济能力、交易金额等多种情形,具体判断相对人是否对公司决议履行了合理审查义务。同时,对特定的交易而言,相对人在进行审查时,不能仅因为法定代表人提供了公司决议而当然认定其有对外提供担保的资格。例如,在法定代表人代表公司对外提供大额担保时,相对人可能还需要审查公司的章程,以最终确定其是否有提供担保的资格。按照公司章程,如果法定代表人对外提供担保的金额超过一定数额,则需要股东大会决议,如果法定代表人仅提供了董事会决议,则其并不能对外提供担保,此时,如果相对人没有进行合理的审查,则不能认定其是善意的。另外,还要区分关联担保与非关联担保。根据《公司法》第 16 条,关联担保需要经股东会或股东大会决议,非关联担保只需要按照公司章程规定,由董事会或股东会、股东大会决议即可。①

第二,相对人是恶意的,担保合同对公司不发生效力。所谓相对人为恶意,是指相对人知道或者应当知道法定代表人没有对外提供相应担保的资格。相对人非善意的情况包括两类,一是在订立合同时相对人对法定代表人、负责人超越权限的情况是知道的。例如,甲代表法人对外订立担保合同时,未获得董事会的授权,债权人明知这一情况,多次要求甲利用职权私盖公章,后甲按照乙的要求在担保合同上加盖法人印章。二是在订立合同时相对人应当知道法定代表人、负责人超越权限的情况。例如,法律明确规定企业的分立、合并必须要经过董事会的同意,仅由法定代表人一人同意不能决定企业的分立合并问题。而相对人在法定代表人未取得董事会同意的情况下,就与法定代表人订立合同,相对人知道或者应当知道法定代表人、负责人超越权限对外订立合同,该法定代表人超越职权的行为不构成表见代表。因为在此情况下相对人是恶意的、有过错的,而在相对人存在恶意的情况下,其本身并不产生合理的信赖。在相对人非善意的情形下,虽然担保合同对公司不发生效力,公司不需要承担担保责任,但如果因此给相对人造成损失的,则相对人仍然有权请求公司承担赔偿责任。②《有关担保的司法解释》第 7 条第 1 款第 2 项后半句规定:"相对人请求公司承担赔偿责任的,参照适用本解释第十七条的有关规定。"该解释第 17 条的规定,实际上就是依

---

① 最高人民法院民事审判第二庭:《最高人民法院民法典担保制度司法解释理解与适用》,人民法院出版社 2021 年版,第 134 页。

② 同上书,第 135 页。

过错来确定当事人之间的责任范围。问题在于,此种责任的依据是什么?笔者认为,此种赔偿责任在性质上属于缔约过失责任,公司法定代表人属于公司的组织机构,其行为代表公司的行为,因此,即便其对外提供的担保不能对公司发生效力,即担保合同无效,此时也应当按照担保合同无效的规则来认定各方的责任。

因为公司的法定代表人越权对外担保导致担保合同无效,公司并非不承担任何责任,鉴于在实践中,法定代表人越权担保的情形下,法定代表人可能具有承担责任的能力,所以,公司承担责任的同时,也应当依法追究其法定代表人的民事责任。对此,《有关担保的司法解释》第7条第2款规定:"法定代表人超越权限提供担保造成公司损失,公司请求法定代表人承担赔偿责任的,人民法院应予支持。"依据这一规定,在担保合同无效的情形下,公司对相对人承担赔偿责任后,其有权请求公司法定代表人承担赔偿责任,如果公司章程等文件就此种情形下公司对法定代表人的请求权作出了规定,则公司可以按照该规定主张赔偿责任;即便公司章程等没有对此作出规定,公司也可以依据上述司法解释规定依法请求法定代表人承担赔偿责任。

2. 公司的代理人超越代理权限对外提供担保

此种情形与一般的无权代理所不同的是,一方面,在判断代理人的代理权限时,需要额外考虑公司是否有对外提供担保的意思表示,这就是说,代理人的代理权限仍然要以公司作出的决议进行判断,如果公司并没有作出对外提供担保的决议,代理人仅有授权委托书,并不表明代理人已经取得了相应的权限,其对外担保仍可能构成越权担保。另一方面,相对人是否具有核实公司相关决议的义务,且决议的作出是否符合章程规定的程序。

(三) 一人公司为其股东提供担保

一人公司是指股东为一人的公司。一人公司为股东提供担保,其特点在于一人公司与股东虽然是两个主体,但是具有密切联系,在一人公司为其股东提供担保的情形下,公司财产和股东财产具有高度的重合性,很难截然分离[1],据此,《有关担保的司法解释》第10条规定:"一人有限责任公司为其股东提供担保,公司以违反公司法关于公司对外担保决议程序的规定为由主张不承担担保责任的,人民法院不予支持。公司因承担担保责任导致无法清偿其他债务,提供担保时的股东不能证明公司财产独立于自己的财产,其他债权人请求该股东承担连带责任的,人民法院应予支持。"据此,一人公司为股东提供担保,由于二者具有不可分离的关系,因此,原则上不需要作出决议。公司不得以违反公司法关于公司对外担保决议程序的规定为由主张不承担担保责任。且对一人公司而言,也无法形成决议,相对人也很难审查一人公司的决议。所以只要为股东提供了担保,一人公司对外就要承担担保责任。但是在一人公司的情形下,如果出现了财产混同,即公司财产与股东财产无法区分,依据《公司法》第63条,此时,如果一人公司的股东不能证明公司财产独立于股东自己的财产,且因承担担保责任导致其无法履行其他债务的,则其他债权人可以请求该股东承担连带责任,这实际上就是公司法人人格否认的一种特殊情形。当然,在一人公司为其股东提供担保时,如果股东能够证明公司财产与自己的财产相独立,则债权人无权请求股东承担连带责任。[2]

---

[1] 最高人民法院民事审判第二庭:《最高人民法院民法典担保制度司法解释理解与适用》,人民法院出版社2021年版,第162页。

[2] 同上书,第163页。

(四) 上市公司提供担保

上市公司存在特殊的规则，上市公司是公众公司，涉及许多中小投资者的权益保护问题，然而在实践中，上市公司对外担保纠纷频发，严重扰乱了资本市场，对众多股民的利益造成了重大损害，因此，上市公司提供担保也应当遵循法定的程序，否则可能会造成对资本市场秩序的损害。[①] 根据有关的规定，上市公司提供担保的，应当对外披露相关信息。《有关担保的司法解释》第9条第1款规定："相对人根据上市公司公开披露的关于担保事项已经董事会或者股东大会决议通过的信息，与上市公司订立担保合同，相对人主张担保合同对上市公司发生效力，并由上市公司承担担保责任的，人民法院应予支持。"因此，上市公司在对外提供担保时，不仅要严格依据《公司法》由董事会与股东大会作出决议，还必须要对该决议进行公开披露。相对人查阅其公开披露的信息，包括其公开披露的董事会和股东大会的决议，依据这些信息与其订立担保合同，该担保合同对该上市公司将发生效力。因为相对人根据这些公开披露的信息而签订担保合同，表明其是善意的。如果相对人并非根据这些披露的信息签订担保合同，则上市公司可以主张该合同对其不发生效力。对此，《有关担保的司法解释》第9条第2款规定："相对人未根据上市公司公开披露的关于担保事项已经董事会或者股东大会决议通过的信息，与上市公司订立担保合同，上市公司主张担保合同对其不发生效力，且不承担担保责任或者赔偿责任的，人民法院应予支持。"依据该规定，如果相对人并非根据上市公司公开披露的有关担保的决议的信息而签订担保合同的，则上市公司有权主张该担保合同对其不发生效力。

此外，如果上市公司没有对外披露有关担保事项的决议情况，而相对人能够举证证明当时公司确实提交了相关决议，相对人也审查了决议，但是无法判断真伪，此时也应当认定相对人为善意。如果相对人是善意的，担保有效，上市公司应当承担担保责任。但问题在于，如果相对人是非善意的，而上市公司也存在过错，此时上市公司是否应当承担责任？笔者认为，一般情形下，应当根据担保合同无效的规则认定公司是否需要依法承担缔约过失责任，但在特殊情形下，如果相对人与上市公司法定代表人恶意串通订立担保合同，则公司无须承担责任。例如，法定代表人伪造或者变造了相关决议，相对人知道或者应当知道决议是伪造的，此时类似于恶意串通，公司不应当承担任何责任。

(五) 公司的分支机构对外提供担保

公司的分支机构并不具有独立的法人人格，其仍然应当属于公司的组成部分。因此，《民法典》第74条第2款规定："分支机构以自己的名义从事民事活动，产生的民事责任由法人承担；也可以先以该分支机构管理的财产承担，不足以承担的，由法人承担。"但是分支机构以自己的名义对外提供担保，应当取得公司的授权，法人的分支机构对外提供保证，应当符合两项条件：一是法人作出授权的决议，允许其分支机构提供保证。一旦法人作出了书面授权，法人的分支机构就可以以自己的名义对外提供保证。如果法人授权其以法人名义对外承担保证责任，则保证责任可能由法人承担。二是法人应当明确其授权的范围。法人明确其授权范围，有助于被保证人了解法人分支机构的权限。当然，出于保护被保证人的考虑，即便法人的授权范围不明，只要保证合同是以法人分支机构的名义签订的，依据上述法律规定，也应当由法人的分支机构对保证合同约定的全部债务承担保证责任。如果具备上述两项条件，法人的分支机构就可以作为保证人对外提供保证。依据这一规定，《有关担保

---

① 参见徐强胜：《公司纠纷裁判依据新释新解》，人民法院出版社2014年版，第230—231页。

的司法解释》第 11 条对公司的分支机构对外提供担保作出了更具体的规定。该条包括如下三方面的内容：

第一，在分支机构以自己的名义对外提供担保时，相对人必须对公司股东大会或者董事会是否对分支机构以自己名义对外提供担保作出了授权进行审查。但是在实践中，分支机构的情形十分复杂，例如，金融机构的组织结构中可能只有一个法人，其余的机构都是分支机构，而金融机构的分支机构的对外活动是非常频繁的，要求其每次对外担保都作出决议是极其困难的。金融机构往往有许多分支机构，而金融机构从事对外开具保函等业务，相对人无法要求总公司就每笔交易都作出授权的决议，且通常会对分支机构开具的保函和提供的担保产生合理信赖。据此，《有关担保的司法解释》第 11 条第 2 款规定："金融机构的分支机构在其营业执照记载的经营范围内开立保函，或者经有权从事担保业务的上级机构授权开立保函，金融机构或者其分支机构以违反公司法关于公司对外担保决议程序的规定为由主张不承担担保责任的，人民法院不予支持。金融机构的分支机构未经金融机构授权提供保函之外的担保，金融机构或者其分支机构主张不承担担保责任的，人民法院应予支持，但是相对人不知道且不应当知道分支机构对外提供担保未经金融机构授权的除外。"

第二，如果相对人是善意的，即不知道且不应当知道分支机构对外提供担保未经公司决议程序的，此时，相对人仍然有权请求公司或者其分支机构承担担保责任。

第三，分支机构未经授权或违反相关程序对外提供担保，如果相对人是非善意的，则公司的分支机构和公司都不承担担保责任，但并不意味着其不承担任何责任。依据《有关担保的司法解释》第 11 条第 4 款的规定，"公司的分支机构对外提供担保，相对人非善意，请求公司承担赔偿责任的，参照本解释第十七条的有关规定处理"。也就是说，需要按照担保合同无效的规则认定各方当事人的责任。

总之，公司分支机构对外提供担保时，适用公司对外担保的一般规定，如果相对人通过审查相关决议后确实无法判断真伪，则应当认为相对人是善意的，此时该担保合同是有效的。如果相对人没有审查的，该担保合同无效。

（六）公司担保的其他几种特殊情形

公司原则上必须通过作出决议等方式对外依法提供担保，但公司类型非常复杂，《有关担保的司法解释》第 8 条第 1 款对此作了几种例外规定，即在如下几种情形下，有关公司即使未依照公司法关于公司对外担保的规定作出决议，对外提供担保，相对人也可以请求公司承担担保责任：

第一，金融机构开立保函或者担保公司提供担保。一方面，在我国，金融机构以金融活动为主要业务，每天都要出具大量的保函，金融机构无法就每个保函单独作出决议，而且保函都采用标准化的格式，相对人对此能够产生合理的信赖，无法要求相对人审查公司是否就对外出具保函作出了决议，否则也会影响交易的安全和效率。另一方面，担保公司对外主要以提供担保为主要经营业务，其与金融机构开具保函具有相似性，也无法就每次提供担保作出决议。

第二，公司为其全资子公司开展经营活动提供担保。公司为其全资子公司提供担保完全符合其利益，与为自己提供担保相似，因此，其形式上是对外提供担保，但本质上是为自己的利益提供担保，法律不应当对公司提供此种担保进行严格的限制，也不宜要求相对人对此种程序进行合理审查。

第三，担保合同系由单独或者共同持有公司 2/3 以上对担保事项有表决权的股东签名同意。公司对外提供担保,依法需要作出决议,但如果有表决权的大多数股东都签名同意,则虽然没有通过一定的会议作出决定,并形成形式上的决议,也可以认定该决定实质上已经符合了表决程序,且能够使相对人产生合理信赖。

第六节 保证的方式

一、一般保证的概念和特征

所谓一般保证,是相对于连带责任保证而言的,它是指在债权人没有对债务人的财产依法申请强制执行并发现其仍然不能履行之前,保证人有权拒绝承担保证责任。一般保证是保证的一般形态,而连带责任保证是保证的特殊形态。具体而言,一般保证具有如下几个特点:

第一,一般保证通常都是通过约定而设立。依据我国《民法典》的规定,如果当事人要设立连带责任保证,只能通过明确约定的方式。在当事人没有约定保证方式或者对保证方式约定不明的情形,应当推定为一般保证,因此,即便当事人没有明确约定保证方式为一般保证,只要对保证方式没有约定或约定不明,就应将其认定为一般保证。

第二,一般保证的保证人享有先诉抗辩权。保证人的先诉抗辩是指在一般保证中,在债权人确定无法通过强制执行程序等方式从债务人处获得清偿前,债权人向保证人主张保证责任的,保证人有权主张不承担保证责任。保证人是否享有先诉抗辩权是一般保证区别于连带责任保证的重要标准,也是保护一般保证人的重要规则。

第三,一般保证具有补充性。《有关担保的司法解释》第25条第1款规定:"当事人在保证合同中约定了保证人在债务人不能履行债务或者无力偿还债务时才承担保证责任等类似内容,具有债务人应当先承担责任的意思表示的,人民法院应当将其认定为一般保证。"依据这一规定,保证方式的意思表示解释规则为:如果当事人在保证合同中所表达出的意思为在主债务人不履行到期债务之时,保证人需要承担保证责任,此时应当解释为连带责任保证。如果当事人的意思表示是在债务人不能履行到期债务之时,保证人承担保证责任的,应当解释为一般保证。因此,在一般保证中,保证人的责任具有补充性。①

二、连带责任保证

(一)连带责任保证的概念

所谓连带责任保证,也称为连带保证,是指保证人与债务人对债权人所享有的债权承担连带清偿责任。也就是说,在债务人未履行到期债务时,债权人可以选择请求债务人或者保证人承担责任。从责任形态上而言,保证人与债务人属于不真正连带责任。如果当事人约定在主债务人不如期履行到期债务时,保证人应当承担保证责任,则应当将其认定为连带责任保证。连带责任保证主要具有如下特点:

第一,连带责任保证是由当事人特别约定的保证。《有关担保的司法解释》第25条第2款规定:"当事人在保证合同中约定了保证人在债务人不履行债务或者未偿还债务时即承担

---

① 最高人民法院民事审判第二庭:《最高人民法院民法典担保制度司法解释理解与适用》,人民法院出版社2021年版,第264页。

保证责任、无条件承担保证责任等类似内容,不具有债务人应当先承担责任的意思表示的,人民法院应当将其认定为连带责任保证。"该条实际上是对连带责任保证特别约定的内容作出了规定,即通过对意思表示的解释,确定当事人所作出的约定属于连带责任保证。一般保证可以由法律推定,而连带责任保证不能由法律推定。

第二,连带责任保证中保证人承担保证责任的情形主要是如下几种:一是债务人到期不履行债务,在此情形下,债权人可以不请求债务人履行债务,而直接请求保证人承担保证责任。二是发生当事人约定的情形。例如,当事人约定,如果债务人从事某项业务失败,就应当提前清偿债务,此时,即便债务人的债务履行期限尚未届至,债权人也有权请求保证人承担保证责任。

第三,保证人不享有先诉抗辩权。在连带责任保证中,债务履行期限届满后,债权人可以直接请求保证人承担保证责任,保证人不享有先诉抗辩权。也就是说,不论债权人是否就主债务人的财产已申请强制执行,保证人均应按保证合同的约定承担保证责任。①

应当指出的是,连带责任保证与连带共同保证是两个完全不同的概念。连带责任保证是根据保证人与债务人之间的关系而对保证方式作出的界定,而连带共同保证则是从保证人之间关系的角度对保证关系进行界定,即各个保证人之间存在连带关系。连带共同保证的成立与保证人的保证方式并无必然联系,也就是说,连带共同保证人既可以都是连带责任保证人,也可以都是一般保证人,还可以由连带责任保证人与一般保证人组成。当连带共同保证人由一般保证人与连带责任保证人组成时,债权人既可以依法请求其中的一般保证人承担保证责任,也可以依法请求其中的连带责任保证人承担保证责任,当然,在债权人请求其中的一般保证人承担保证责任时,该一般保证人依法享有先诉抗辩权。

(二)连带责任保证与一般保证

如前所述,依据保证人承担责任方式、保证人人数的多寡等,可以对保证的方式进行不同的区分,但一般都将保证区分为一般保证与连带责任保证。可以说,一般保证与连带责任保证是保证的两种基本方式,两者具有诸多的共同之处,如都适用从属性规则等。但是,两者之间也存在一些区别。

第一,保证设立的方式不同。《民法典》第686条第2款规定:"当事人在保证合同中对保证方式没有约定或者约定不明确的,按照一般保证承担保证责任。"由此可见,连带责任保证只能通过当事人明确约定的方式来设立,而一般保证既可以通过当事人的约定也可以通过法律推定的方式。

第二,保证人是否享有先诉抗辩权不同。一般保证中,保证人享有先诉抗辩权,这就是说,依据《民法典》第687条第2款的规定,一般保证中保证人有权要求债权人先请求债务人承担责任至强制执行不能,否则有权拒绝承担保证责任。而在连带责任保证中,保证人并不享有先诉抗辩权,保证人与债务人共同承担连带责任。一旦主债务未获清偿,债权人即可以请求保证人承担保证责任。因此,在连带责任保证中,保证人与债务人位于同一顺序,保证人也并不享有顺序利益。② 而在一般保证中,保证人与债务人对债的清偿有顺序之分,债务人为第一顺序,而保证人处于第二顺序。

第三,保证期间的计算规则不同。《民法典》第693条规定:"一般保证的债权人未在保

---

① 参见王轶等:《中国民法典释评·合同编·典型合同》(上卷),中国人民大学出版社2020年版,第243页。
② 参见高圣平:《担保法论》,法律出版社2009年版,第91页。

证期间对债务人提起诉讼或者申请仲裁的,保证人不再承担保证责任。连带责任保证的债权人未在保证期间请求保证人承担保证责任的,保证人不再承担保证责任。"

第四,保证债务的诉讼时效起算规则不同。依据《民法典》第694条第1款的规定,一般保证中,保证债务诉讼时效一般自主债务判决或者仲裁裁决执行不能之时起算,而依据该条第2款的规定,连带责任保证中保证债务诉讼时效的起算自债权人向保证人主张保证债务时起算。其理论基础在于,一般保证人享有先诉抗辩权,有权要求债务人先承担责任至强制执行不能时止,这就意味着,债权人首先需要强制执行债务人责任财产,在仍不能实现债权的情形下,才能要求一般保证人承担保证责任,所以,一般保证的诉讼时效通常应从主债务依法经强制执行不能时起算。而连带责任保证中,债权人有权在不向债务人主张债务的情形下,直接请求保证人承担保证责任,因此,其诉讼时效应当自债权人请求保证人承担保证责任时起算。

三、没有约定或约定不明的推定为一般保证

《民法典》第686条第2款规定:"当事人在保证合同中对保证方式没有约定或者约定不明确的,按照一般保证承担保证责任。"该款确立了保证方式约定不明时推定为一般保证的规则。一方面,此种规定符合比较法的通常做法。另一方面,在当事人约定不明时,推定为一般保证,有利于减轻保证人的负担,从而鼓励当事人提供保证,以更好地发挥保证制度的功能。尤其是在民间借贷纠纷中,在很多情况下,当事人是基于情感或道义上的原因为他人提供担保,甚至可能采用了"连环担保"或者互保等方式,导致风险扩散。在这种情况下,如果将当事人约定不明推定为连带责任保证,使得在债务人本来拥有可供清偿的财产时,债权人仍然出于求偿的便利,而向保证人主张承担责任,从而不当地加重保证人的负担,也可能因此引发更多的纠纷,甚至因为互相担保或者连环担保导致资不抵债或者破产的问题,从而对正常的生活和经营秩序尤其是金融秩序产生不利的影响。还应当看到,连带责任是一种加重责任,只能由法律规定或者当事人明确约定,而不能采取推定的方式。《民法典》第178条第3款就明确规定:"连带责任,由法律规定或者当事人约定。"而推定连带责任保证的规定显然与该规定不符,也与连带责任的法理不相符合,因为保证人在订立保证合同时,并没有承担连带保证责任的意愿,如果仅仅因为当事人约定不明确,就由法律推定其承担连带保证责任,有违当事人的真实意愿。[①] 因此,依据《民法典》第686条第2款,在当事人欠缺约定或约定不明时,保证人承担的是一般保证责任。

关于何为"约定不明",对此学理上存在一定的争议。从实践来看,当事人并没有明确使用"一般保证""连带责任保证"的表述时,如何认定当事人所提供的保证的方式,值得探讨。《有关担保的司法解释》第25条第1款规定:"当事人在保证合同中约定了保证人在债务人不能履行债务或者无力偿还债务时才承担保证责任等类似内容,具有债务人应当先承担责任的意思表示的,人民法院应当将其认定为一般保证。"这就采用了对意思表示进行解释的方法,即对当事人意思表示进行解释,不能解释出连带保证的,推定为一般保证。尤其需要注意的是,在解释中,不得以当事人未在保证合同中明确使用"一般保证"或者"连带责任保

---

① 参见黄薇主编:《中华人民共和国民法典释义》(中),中国法制出版社2020年版,第704页。

证"措辞为由,径直认定当事人没有约定保证方式或者约定不明确。① 如果当事人约定了债务承担的先后次序的,就应当认定为一般保证。如果在保证合同中积极约定保证人在债务到期未履行时即承担责任或无条件承担责任等内容,不具有债务人应当先承担债务的意思表示,应当认定为连带责任保证。要求法官必须对保证合同进一步进行意思表示的解释,不能简单认定当事人约定不明。只有在穷尽意思表示解释之后依然无法探知当事人关于保证方式的约定究竟为何时,才可以适用推定规则。②

总之,要从当事人意思表示中有无赋予保证人顺序利益来进行综合判断。有顺序利益的为一般保证,没有顺序利益的为连带责任保证。

四、一般保证中的先诉抗辩权

(一)先诉抗辩权的概念

所谓先诉抗辩权(right of discussion),也称检索抗辩权,或顺序利益抗辩(benefit of discussion),它是指在一般保证中,在债权人确定无法通过强制执行程序等方式从债务人处获得完全清偿前,债权人向保证人主张保证责任的,保证人有权主张不承担保证责任。保证人的先诉抗辩权起源于罗马法,近代大陆法系国家民法也普遍承认了此种抗辩权。③ 依据《民法典》第687条第2款规定,"一般保证的保证人在主合同纠纷未经审判或者仲裁,并就债务人财产依法强制执行仍不能履行债务前,有权拒绝向债权人承担保证责任"。先诉抗辩权在本质上是一种拒绝履行权,先诉抗辩权的行使只是延缓保证责任的承担,并不导致保证责任消灭。

(二)先诉抗辩权的行使条件和程序

1. 先诉抗辩权的行使条件

《民法典》第687条第2款前半句规定:"一般保证的保证人在主合同纠纷未经审判或者仲裁,并就债务人的财产依法强制执行仍不能履行债务前,有权拒绝向债权人承担保证责任"。依据这一规定,必须符合以下条件,保证人才能享有先诉抗辩权:

第一,先诉抗辩权仅适用于一般保证。从比较法上来看,各国立法大都规定,如果保证人未明确放弃先诉抗辩权,则其依法享有先诉抗辩权。④ 因此,先诉抗辩权可适用于各类一般保证。⑤ 保证人仅在一般保证中享有先诉抗辩权,这就排除了连带责任保证中保证人的先诉抗辩权。⑥ 即在连带责任保证中,在主债务履行期限届满时,债权人既可以请求债务人履行债务,也可以请求保证人履行保证责任,保证人不享有先诉抗辩权。

第二,先诉抗辩权在性质上属于一时抗辩权,即延期性抗辩权。⑦ 行使此种抗辩权只是导致保证人承担责任的时间被推迟,并不导致责任的消灭。

---

① 参见最高人民法院民事审判第二庭:《最高人民法院民法典担保制度司法解释理解与适用》,人民法院出版社2021年版,第264页。
② 参见谢鸿飞、朱广新主编:《民法典评注·合同编:典型合同与准合同2》,中国法制出版社2020年版,第45页。
③ 例如,《法国民法典》第2022条规定:"保证人在最初被诉而主张应先向主债务人追索时,债权人应负追索主债务人财产的义务。"《德国民法典》第771条规定:"只要债权人未尝试对主债务人强制执行而无结果,保证人即可以拒绝向债权人清偿(先诉抗辩权)。保证人提出先诉抗辩权的,债权人对主债务人的请求权的消灭时效中止,直到债权人尝试对主债务人强制执行而无结果之时。"
④ 例如,《法国民法典》第2022条、《德国民法典》第771条等。
⑤ 参见高圣平:《保证合同重点疑点难点问题判解研究》,人民法院出版社2005年版,第365页。
⑥ 参见程啸:《保证合同研究》,法律出版社2006年版,第267页。
⑦ 参见王轶等:《中国民法典释评·合同编·典型合同》(上卷),中国人民大学出版社2020年版,第251页。

第三,先诉抗辩权的适用可以基于保证合同当事人的特别约定也可以基于法律的规定。依据《民法典》第686条第2款的规定,"当事人在保证合同中对保证方式没有约定或者约定不明确的,按照一般保证承担保证责任"。当事人没有对保证方式作出约定的,该保证合同被推定为一般保证合同,保证人享有先诉抗辩权。因此,如果当事人在保证合同中没有明确约定保证的方式,或者约定不明时,保证人均享有先诉抗辩权。

第四,先诉抗辩权应当依据法定程序行使。既然债务人是第一顺位的债务清偿人,则只有在主债权人对债务人采取强制执行措施而未能实现债权时,才可要求一般保证人承担责任。依据《民法典》第687条第2款的规定,一般保证的保证人在未就债务人的财产依法强制执行仍不能履行债务前,有权拒绝向债权人承担保证责任。依据这一规定,在主合同虽经审判或者仲裁,但是对主债务人的财产没有依法强制执行之前,保证人有权行使先诉抗辩权,拒绝债权人要求其承担保证责任的请求。[①]

2. 先诉抗辩权的行使程序

依据《民法典》第687条第2款的规定,只有在债权人就债务人的责任申请财产强制执行后,仍不能使其债权获得清偿的,债权人才可以主张保证人承担保证责任。

具体而言,先诉抗辩权的行使应当符合如下条件和程序:

(1) 债权人必须向债务人提起诉讼或者申请仲裁。

传统民法认为,在认定先诉抗辩权的行使条件时,债权人既可以向债务人提起诉讼或者仲裁,也可以以其他方式向债务人提出请求。但依据我国《民法典》的规定,债权人必须向债务人提起诉讼或者申请仲裁,否则,保证人仍可行使先诉抗辩权。当然,不仅仅是债权人向债务人提起诉讼或者仲裁,还必须是法院或者仲裁机构实际受理。《有关担保的司法解释》第26条第1款规定:"一般保证中,债权人以债务人为被告提起诉讼的,人民法院应予受理。债权人未就主合同纠纷提起诉讼或者申请仲裁,仅起诉一般保证人的,人民法院应当驳回起诉。"这主要是因为,为了保障保证人先诉抗辩权的行使,债权人必须在法院起诉债务人,否则,不得单独向一般保证人主张,要求保证人承担保证责任。

即便债权人同时起诉保证人与债务人,在强制执行债务人的责任财产不能获得清偿前,保证人仍然享有先诉抗辩权,有权主张不承担保证责任。对此,《有关担保的司法解释》第26条第2款规定:"一般保证中,债权人一并起诉债务人和保证人的,人民法院可以受理,但是在作出判决时,除有民法典第六百八十七条第二款但书规定的情形外,应当在判决书主文中明确,保证人仅对债务人财产依法强制执行后仍不能履行的部分承担保证责任。"依据该条规定,允许一般保证的债权人同时起诉债务人和保证人,但是严格地说,一般保证中,债权人可以直接起诉债务人,而不必要起诉保证人,以减少保证人的讼累。同时,在债权人同时起诉债务人与保证人的情形下,法院也可以判决,债务人与保证人对债权人承担责任,但保证人承担保证责任的前提是债务人的财产经依法强制执行仍然无法履行债务。该条作出此种规定,既便于执行,也便于债权人主张权利,即在债务人的责任财产无法清偿债务时,债权人无须再单独起诉保证人,这就有利于减少债权人主张权利的负担。

(2) 必须就债务人财产依法强制执行仍不能履行债务。

依据我国《民法典》第687条的规定,通常只有在通过对债务人财产强制执行仍然无法实现债权的情形下,保证人的先诉抗辩权才消灭。通过这些措施,极大地减轻了保证人的负

---

① 参见郭明瑞等:《担保法》(第四版),中国人民大学出版社2014年版,第44页。

担,维护了保证人的权益。如果主合同纠纷已经审判或者仲裁,并且债务人财产经依法强制执行仍不能履行主债务,则保证人不能继续行使先诉抗辩权。① 据此,有人认为,应当将先诉抗辩权称为先执行抗辩权,更符合《民法典》的上述规定。对此,笔者认为,先诉抗辩权还不能完全等同于先执行抗辩权,因为从《民法典》的相关规定来看,先诉抗辩权既可能发生在债权人向债务人提起诉讼或者仲裁的情形,也可能发生在其他情形,而并不必然需要进入执行阶段。

依据《民法典》第687条,《有关担保的司法解释》第26条第3款规定:"债权人未对债务人的财产申请保全,或者保全的债务人的财产足以清偿债务,债权人申请对一般保证人的财产进行保全的,人民法院不予准许。"依据该规则,在无法确定债权人就债务人的责任财产强制执行能否获得完全清偿之前,由于保证人享有并行使了先诉抗辩权,债权人不得对保证人的责任财产申请保全,否则将侵害其顺序利益。

在一般保证中,依据《民法典》第693条第1款的规定,一般保证的债权人必须在保证期间内对债务人提起诉讼或者申请仲裁,否则保证人不再承担保证责任。但是,《有关担保的司法解释》第27条规定:"一般保证的债权人取得对债务人赋予强制执行效力的公证债权文书后,在保证期间内向人民法院申请强制执行,保证人以债权人未在保证期间内对债务人提起诉讼或者申请仲裁为由主张不承担保证责任的,人民法院不予支持。"债权人在保证期间内向保证人主张权利的方式不限于诉讼或者仲裁,也包括依公证债权文书申请强制执行的形式。《公证法》第37条第1款规定:"对经公证的以给付为内容并载明债务人愿意接受强制执行承诺的债权文书,债务人不履行或者履行不适当的,债权人可以依法向有管辖权的人民法院申请执行。"这种具有强制执行力的债权文书与裁判文书、仲裁裁决实质上具有同等效力,承认依此类法律文书申请的强制执行的效力也并不违背先诉抗辩权的制度目的。

(三)先诉抗辩权的排除

依据《民法典》第687条第2款,在该款规定的四种情形下,实际上都不需要债权人向债务人提起诉讼或申请仲裁,由此对先诉抗辩权的排除规则作出了规范。从该条规定来看,先诉抗辩权的排除主要有以下情形:

第一,债务人下落不明,且无财产可供执行。《民法典》第687条第2款第1项将"债务人下落不明,且无财产可供执行"作为保证人不得行使先诉抗辩权的情形之一。此时,债权人请求主债务人履行债务发生重大困难,也无法要求债务人作出履行。② 因此在债务人下落不明且无财产可供执行时,保证人不得行使先诉抗辩权。也就是说,必须同时具备债务人下落不明,且无财产可供执行两个条件,如果只是债务人下落不明,但债务人仍然有财产可供执行的,则债权人仍然可以通过债务人的责任财产获得清偿,此时,债权人应当首先从债务人的责任财产中获得清偿,保证人仍然享有先诉抗辩权。例如,在"中信实业银行诉北京市某某房地产开发总公司保证合同纠纷案"中,北京市高级人民法院认为,外方投资者的情况不明,保证人不得行使先诉抗辩权。③ 需要指出的是,按照体系解释,应当将此处的"无财产可供执行"解释为债务人的责任财产无法完全清偿债权人的债权。也就是说,如果债务人虽然有责任财产,但债权人有证据证明债务人的责任财产不足以清偿债权的,则保证人不应再

---

① 参见王轶等:《中国民法典释评·合同编·典型合同》(上卷),中国人民大学出版社2020年版,第250页。
② 参见王轶等:《中国民法典释评·合同编·典型合同》(上卷),中国人民大学出版社2020年版,第252页。
③ 参见《最高人民法院公报》2002年第6期。

享有先诉抗辩权。

第二,在债务人破产案件中,中止执行程序时。依据《民法典》第 687 条第 2 款第 2 项的规定,在"人民法院已经受理债务人破产案件"时,保证人不得行使先诉抗辩权。在人民法院已经受理债务人破产案件的情形下,表明债务人已经处于资不抵债的情形,这也表明债权人将无法就主债务人的财产依法强制执行,并从债务人处获得完全清偿,从而使得先诉抗辩权丧失了存在的基础。①《有关担保的司法解释》第 23 条第 1 款规定:"人民法院受理债务人破产案件,债权人在破产程序中申报债权后又向人民法院提起诉讼,请求担保人承担担保责任的,人民法院依法予以支持。"在已经中止了执行程序的债务人破产案件中,债务人的财产通常最终无法满足主债权人的债权。此时,债权人既可以在债务人的破产程序中申报破产债权,也有权请求保证人承担保证责任。

《有关担保的司法解释》第 23 条第 3 款前半句规定:"债权人在债务人破产程序中未获全部清偿,请求担保人继续承担担保责任的,人民法院应予支持。"这就是说,在进入破产程序后,一般保证人已经不再享有先诉抗辩权,因此,债权人如果不能在破产程序中获得全部清偿,可以请求保证人继续承担保证责任。

第三,债权人有证据证明债务人的财产不足以履行全部债务或者丧失履行债务能力。由于先诉抗辩权行使的前提是债务人仍有财产可供执行,如果债权人有证据证明债务人的财产不足以履行全部债务或者丧失履行债务能力,再行使先诉抗辩权就不具有现实意义了。此时从简化程序、提高效率层面考虑,应允许债权人直接向保证人主张保证责任,可以有效提高效率,避免浪费司法资源。②

第四,保证人以书面形式放弃先诉抗辩权的。先诉抗辩权是法律赋予保证人的,其本质上是一种私权,在不损害国家利益、社会公共利益和他人利益时,保证人可以对该权利进行处分。如果保证人愿意放弃,法律也不禁止。但《民法典》第 687 条第 2 款要求保证人放弃先诉抗辩权,必须采用书面形式。因为先诉抗辩权毕竟关系到保证人的重大利益,为了防止当事人发生重大争议,仅口头作出的,不能发生效力。而且保证合同本身要求书面形式,先诉抗辩权是其重要条款,因而也应当采用书面形式。③ 因此,为避免纠纷的发生,应要求保证人审慎处分其先诉抗辩权,据此,《民法典》规定保证人应当以书面形式放弃其先诉抗辩权。在放弃先诉抗辩权的情形下,实际上发生了保证方式的转换,即从一般保证转化为连带责任保证。④

第七节 保证合同的效力

一、债权人有权依法请求保证人承担保证责任

在保证合同中,保证合同生效之后,保证债务即随之产生,即在债权人与保证人之间成立债权债务关系。但在保证合同约定的情形出现后,债权人才能依法行使保证债权。

保证合同是主债权人和保证人之间的合同,一旦保证合同生效,在主债务人不清偿债务的情况下,主债权人可依据法律规定和合同约定请求保证人承担保证责任。保证合同订立

---

① 参见王轶等:《中国民法典释评·合同编·典型合同》(上卷),中国人民大学出版社 2020 年版,第 252 页。
② 参见谢鸿飞、朱广新主编:《民法典评注·合同编:典型合同与准合同 2》,中国法制出版社 2020 年版,第 53 页。
③ 参见黄薇主编:《中华人民共和国民法典释义》(中),法律出版社 2020 年版,第 704 页。
④ 参见高圣平:《保证合同重点疑点难点问题判解研究》,人民法院出版社 2005 年版,第 370—371 页。

的目的就是使主债权获得担保,因此,主债权人享有的最重要的权利就是请求保证人承担保证责任。在比较法上,关于保证人应承担的责任范围,有两种立法例。一种立法例认为,保证人所应承担的责任应仅限于主债务的履行,即保证人代负履行责任。① 法国和日本采取此种立法体例。第二种立法例认为,保证人所应承担的责任是代为履行和承担债务人不履行债务时的责任。在主债务人届期不履行债务时,债权人可以请求保证人承担的保证责任主要包括:一是债权人可以请求保证人承担代为履行的责任。二是债权人可以请求保证人承担违约损害赔偿责任。当然,债权人请求权的行使因保证的方式不同而存在差异。在一般保证中,主债权人应当先向主债务人请求履行债务,只有主债务人不能履行时,才能向保证人请求履行。而在连带责任保证中,债务人不履行债务时,债权人既可以向主债务人请求履行,也可以向保证人请求履行。

由于保证合同是单务合同、无偿合同,所以主债权人在保证合同中虽享有权利,但不负有对待给付义务。当然,主债权人也可能负有一定的义务,这些义务主要是依据诚信原则所产生的附随义务。例如,保证人在承担保证责任时,主债权人应当负有协助、配合的义务,如应当及时提供账户、履行地址等信息,使保证人能够及时履行其保证责任。

二、保证人可以依法对债权人主张抗辩

(一)保证人的抗辩的概念

保证人的抗辩,是指保证人能够用来对抗债权人请求的所有事由。保证合同具有无偿性,保证人只负有合同义务,不享有合同权利,但《民法典》通过规定保证人的抗辩对其进行了特别保护。从内容上看,保证人的抗辩包括保证人的抗辩权和其他抗辩事由。保证人的抗辩既可以依据约定产生,也可以基于法律规定产生。一般而言,保证人所享有的抗辩分为两类:一是抗辩权,二是其他抗辩事由。通常抗辩包括权利未发生的抗辩、权利已消灭的抗辩与拒绝履行的抗辩。② 《民法典》第 701 条并没有对债务人对债权人的抗辩范围作出限定,尤其是没有将其限定为"抗辩权",而是使用了"抗辩"这一表述,这表明,保证人享有债务人对债权人的抗辩,其既包括实体法上的抗辩,也包括程序法上的抗辩;其既包括抗辩权,也包括抗辩权之外的其他抗辩事由。抗辩包括一切私法上的抗辩。在各种抗辩中,可以分为基于保证合同所援引的抗辩与非基于保证合同所援引的抗辩。所谓基于保证合同所援引的抗辩,如保证合同未成立、未生效或已经消灭而产生的抗辩。所谓非基于保证合同所援引的抗辩,包括依据《民法典》第 702 条有抵销、撤销等,以及依据《民法典》第 701 条援引债务人对债权人的其他抗辩。

区分抗辩与抗辩权的意义在于,抗辩是一个上位概念,抗辩权是其下位概念,抗辩包括了抗辩权,如果是抗辩事由,可不待权利人主张,法官即可依职权主动审查。如果是抗辩权,则通常需要权利人自行行使,法官不能依职权进行主动审查。

(二)保证人的抗辩的分类

1. 保证人的抗辩权

所谓保证人的抗辩权,是指保证人所享有的、对抗债权人请求的权利。一是一般抗辩

---

① 参见蔡章麟:《民法债编各论》(下册),台湾 1959 年自版,183 页;戴修瓒:《民法债编各论》(下),台湾三民书局 1995 年版,第 377 页。
② 参见王轶等:《中国民法典释评·合同编·典型合同》(上卷),中国人民大学出版社 2020 年版,第 344 页。

权,即保证人可以行使主债务人对债权人享有的抗辩权,来对抗债权人的请求权。例如,保证人可以行使主债务人对债权人享有的同时履行抗辩权、不安抗辩权、先履行抗辩权、时效已经过的抗辩权等。二是专属于保证人的抗辩权,即保证人基于保证合同而享有的抗辩权,它不同于前述一般抗辩权。在保证合同关系中,保证人对债权人是一种单务的、无偿的关系,但这并非意味着保证人没有任何权利,保证人也应当享有对债权人的抗辩权。专属于保证人的抗辩权主要包括先诉抗辩权、催告抗辩权、保证合同无效抗辩权等。① 一般而言,保证人享有的抗辩如下:

第一,保证人行使主债务人的抗辩权。保证人享有主债务人所享有的抗辩权,是指在主债权人请求保证人承担保证责任时,保证人有权主张主债务人对债权人享有的各项抗辩权,这也是保证从属性的重要体现。《民法典》第701条规定:"保证人可以主张债务人对债权人的抗辩。债务人放弃抗辩的,保证人仍有权向债权人主张抗辩。"依据这一规定,凡是主债务人对主债权人所享有的抗辩权,保证人都能够主张,这些抗辩包括:主合同未生效的抗辩、主合同无效的抗辩、主合同已经终止的抗辩、主合同已过诉讼时效的抗辩、抵销抗辩,以及主债务人享有的各类抗辩权(包括同时履行抗辩权、不安抗辩权和先履行抗辩权)。例如,如果保证所担保的主合同的债权人与债务人之间符合法定的抵销条件,或者双方经过约定形成抵销的合意,则债务人对债权人享有抵销权。在发生抵销的情形,保证人有权向主债权人主张仅就剩余的债权承担保证责任。②

第二,保证人自身享有的抗辩权,包括专属于保证人的抗辩权和保证人作为一般债务人本应享有的抗辩权,前者主要是指保证人享有的先诉抗辩权等,后者是指保证人基于保证合同而享有的对债权人的抗辩权,包括保证合同未成立的抗辩,保证债务已消灭的抗辩,保证债务未届清偿期的抗辩,保证期间已经过的抗辩,保证债务罹于时效的抗辩,等等。《担保法》第20条第1款只是笼统地赋予保证人抗辩权,明确保证人享有债务人的抗辩权,也即保证人享有债务人根据法定事由所享有的对抗债权人的请求权行使的权利。③ 就此,《民法典》进一步完善了保证期间、诉讼时效以及先诉抗辩权等规则,丰富了保证人抗辩权体系,充分保障了保证人抗辩权的行使。例如,在一般保证中,债权人必须在保证期间内对债务人提起诉讼或者仲裁,如果保证期间届满前,债权人没有对债务人提起诉讼或申请仲裁,而只是向保证人主张权利,则保证人不再承担保证责任。

2. 保证人的其他抗辩事由

《民法典》第702条规定:"债务人对债权人享有抵销权或者撤销权的,保证人可以在相应范围内拒绝承担保证责任。"依据该规定,保证人所享有的抗辩事由包括了"债务人对债权人享有抵销权或者撤销权"的情形,这实际上采纳了广义的抗辩权概念。因为该条所说的撤销权是指可撤销法律行为中的撤销权,例如,在债权人欺诈债务人而订立合同的情形下,债务人享有请求撤销合同的权利,至于保全中的撤销权和效力待定法律行为中善意相对人的撤销权,其本不属于抗辩权范畴,不包括在此处所说的撤销权范围内。④ 但如果债务人不主

---

① 参见高圣平:《担保法新问题与判解研究》,人民法院出版社2001年版,第286页。
② 参见最高人民法院民二庭(原经济庭)编著:《担保法新释新解与适用——根据最高人民法院〈关于适用《中华人民共和国担保法》若干问题的解释〉》,新华出版社2001年版,第235页。
③ 《担保法》第20条曾规定:"一般保证和连带责任保证的保证人享有债务人的抗辩权。债务人放弃对债务的抗辩权的,保证人仍有权抗辩。抗辩权是指债权人行使债权时,债务人根据法定事由,对抗债权人行使请求权的权利。"
④ 参见谢鸿飞、朱广新主编:《民法典评注·合同编:典型合同与准合同1》,中国法制出版社2020年版,第131页。

张撤销合同,则保证人也可以拒绝承担保证责任。同时,债务人本来对债权人享有抵销权(例如债权人和债务人互负金钱债务),债务人如行使抵销权将使得主债务消灭,但在债务人不行使抵销权的情形下,保证人也可以据此提出抗辩,拒绝承担保证责任。从这一意义上讲,撤销权与抵销权都可以属于广义的抗辩范畴。

在此需要讨论的是,债务人享有解除权是否也应当包含于上述抗辩事由的范围之内。就此本书持肯定立场,此种情形虽然并非一般抗辩事由,但若债务人享有解除权而不主张,如果认为保证人不得拒绝履行,将对保证人至为不利。因为依据《民法典》第701条的规定,保证人享有债务人对债权人的抗辩,此处的抗辩宜作广义理解,所以当债务人对债权人享有法定解除权时,自然也应当肯定保证人可主张这一抗辩。从域外立法例来看,《日本民法典》第457条就对此予以明确列举,值得肯定。①

(三)债务人放弃抗辩对保证人抗辩的影响

《民法典》第701条明确规定:"保证人可以主张债务人对债权人的抗辩。债务人放弃抗辩的,保证人仍有权向债权人主张抗辩。"从该条规定来看,即使主债务人放弃这些抗辩,保证人仍可以主张。这是因为,这些抗辩权既是主债务人享有的抗辩,也是法律赋予保证人的抗辩,主债务人放弃此类抗辩权不应当对保证人的抗辩产生影响。同时,保证人只有通过行使主债务人的抗辩,才能够依法保护自己的权益。

三、保证人享有对主债务人的追偿权

所谓追偿权,是指保证人承担保证责任后,有权向债务人进行追偿。就保证人承担保证责任后的追偿权问题,《民法典》第700条仅规定了承担保证责任的保证人有权在承担的责任范围内向债务人追偿,而没有明确承担保证责任的保证人是否有权要求其他保证人予以分摊。《民法典》第700条规定:"保证人承担保证责任后,除当事人另有约定外,有权在其承担保证责任的范围内向债务人追偿,享有债权人对债务人的权利,但是不得损害债权人的利益。"《有关担保的司法解释》第18条第1款规定:"承担了担保责任或者赔偿责任的担保人,在其承担责任的范围内向债务人追偿的,人民法院应予支持。"据此,保证人在承担保证责任后,有权就其向债权人支付的债务本金、利息和其他必要费用对债务人进行追偿,因为虽然保证人向债权人承担保证责任是其依保证合同所应承担的义务,但毕竟保证人对债权人承担保证责任是代主债务人履行债务,保证人为了主债务人的利益而遭受了损失,从公平和等价交换原则出发,应当赋予保证人向主债务人追偿的权利②。一般而言,保证人向债务人行使追偿权应当具备如下条件:

第一,保证人已向债权人承担了保证责任。保证人所清偿的债务并非自己的债务,而是代主债务人承担的债务,因此,在保证人向债权人清偿债务或者承担保证责任后,其有权向主债务人追偿。③

第二,债务人因保证人承担保证责任而全部或部分免责。这就是说,在保证人清偿债务以后,债务人对债权人的债务因此而全部或部分消灭。保证人必须履行了主债务人全部或者部分的债务,如果债务不是因保证人的履行,而是因主债务人履行或者不可抗力,或者因

---

① 参见《日本民法典》,刘士国、牟宪魁、杨瑞贺译,中国法制出版社2018年版。
② 最高人民法院民事审判第二庭:《最高人民法院民法典担保制度司法解释理解与适用》,人民法院出版社2021年版,第213页。
③ 参见程啸:《保证合同研究》,法律出版社2006年版,第288页。

债权人免除而消灭的,保证人都不应当享有追偿权。[1]

第三,保证人未放弃追偿权。追偿权是保证人享有的权利,保证人对该权利享有处分权,可以放弃行使。因此,在保证人代主债务人清偿债务之后,只要其没有放弃追偿的权利(如表示不再行使追偿权),就享有追偿的权利。为了维护当事人之间的利益平衡,应当允许保证人进行追偿。

第四,追偿权的范围为保证人承担保证责任的范围。从《民法典》第700条规定来看,保证人在承担保证责任后,除当事人另有约定外,其有权在承担保证责任的范围内向债务人追偿,如果保证人承担的保证责任范围大于主债权,如包括主债权的利息、违约金等,则保证人也有权向债务人追偿。当然,保证人仅能在其承担保证责任的范围内向债务人追偿,如果其仅承担了部分保证责任(如仅清偿了部分债务),则其只能在该范围内向债务人追偿。

第五,保证人行使追偿权不得损害债权人的利益。依据《民法典》第700条的规定,已经承担保证责任的保证人在向债务人行使追偿权时,原债权人的利益不应因保证人履行保证债务而受影响。这就意味着保证人的追偿权要劣后于债权人的债权,即债务人的责任财产要优先用于履行对债权人的债务。例如,在债务人的责任财产较少时,首先应当将其用于清偿债权人的债权,而不能直接用于清偿保证人的追偿之债,只有在债权人的债权得到完全实现后,剩余的财产才能用于清偿保证人的追偿之债。因为如果该债务人将其财产全部用于满足保证人的追偿权,将无法清偿债权人的债权。

四、保证人承担保证责任后依法取得债权人的权利

保证人只是代债务人清偿债务,而并非清偿自己的债务,因而,其代债务人清偿债务后,应对债务人享有追偿权。《民法典》第700条规定:"保证人承担保证责任后,除当事人另有约定外,有权在其承担保证责任的范围内向债务人追偿,享有债权人对债务人的权利,但是不得损害债权人的利益。"该条所确认的保证人享有的债权人权利,通常被称为保证人的代位权或清偿承受权。该条规定确定了如下规则:

第一,保证人承担保证责任后取得债权人的权利。如何理解取得债权人的权利?一种观点认为,保证人在承担保证责任之后,应享有代位权。例如,如果主债务之上有抵押、质押、保证等其他担保,则保证人在承担保证责任后,将有权代位向其他担保人追偿。另一种观点认为,保证人承担保证责任之后,将成立清偿承受,即保证人将在承担保证责任的范围内取得债权人对债务人的债权,此时就发生法定的债的移转。笔者认为,所谓"享有债权人对债务人的权利",主要是指保证人在承担保证责任后,可以在其承担保证责任的范围内取得债权人对债务人的债权,并有权据此对债务人进行追偿,但没有规定保证人对其他担保人的追偿权。这也意味着,保证人在承担保证责任后,仅能在其承担保证责任的范围内向债务人追偿,而不能向其他担保人追偿。当然,如果保证人与其他担保人之间有特别约定,则保证人在承担保证责任后,也可以基于该约定向其他担保人行使追偿权。

第二,保证人取得债权人的权利,不得损害债权人的利益。例如,债务人甲欠债权人乙100万元债务,债务人无力清偿,丙作为保证人承担了50万元的保证责任,在保证人承担保证责任后,债权人乙还对甲享有50万元的剩余债权,此时如果丙要找债务人进行追偿,而债务人仅剩50万元,在此情形下,债务人应当优先清偿债权人乙的债务,该部分债权在清偿顺

---

[1] 参见郭明瑞等:《担保法》(第四版),中国人民大学出版社2014年版,第46页。

位上要优先于保证人丙得以实现。

如何解释债权人对债务人的权利,其是否包括从权利?《有关担保的司法解释》第18条第2款规定:"同一债权既有债务人自己提供的物的担保,又有第三人提供的担保,承担了担保责任或者赔偿责任的第三人,主张行使债权人对债务人享有的担保物权的,人民法院应予支持。"依据该条规定,保证人享有的债权人对债务人的权利不仅包括主债权,而且包括对债务人的担保物权,因此,保证人在承担保证责任后,不仅可以行使债权人对债务人的主债权,而且可以享有债权人对债务人所享有的担保物权[①]。

第八节 保 证 责 任

一、保证责任的概念和特征

保证责任,是指在债务人不履行债务时,保证人依据保证合同的约定而应承担的责任。《民法典》第681条规定:"保证合同是为保障债权的实现,保证人和债权人约定,当债务人不履行到期债务或者发生当事人约定的情形时,保证人履行债务或者承担责任的合同。"依据该条规定,保证责任主要包括两方面内容:一是代为履行责任,即主债务人不履行债务时,保证人代债务人履行债务。二是债务不履行的责任,即主债务人不履行债务时,保证人代主债务人承担的债务不履行责任,其通常是一种损害赔偿责任。即在主债务人不履行债务时,债权人因此而遭受的损害,应当由保证人向其承担赔偿责任。[②] 在主债务人不按期清偿债务时,债权人有权选择请求保证人承担代为履行的责任或者承担违约责任。保证责任具有如下特征:

第一,保证责任是保证合同效力的主要内容。保证合同一旦生效,就产生法律上的效力,其主要体现为保证人在债务人不履行债务时承担代为履行或赔偿损失的责任,这也是由保证合同的目的决定的。保证人责任的承担以主债务人不履行债务为前提,只有在主债务人不履行债务时,保证人才需要依据法律规定和保证合同的约定向债权人承担责任。因此,保证责任也常被称为保证义务、保证债务。[③] 但严格地说,保证责任和保证义务之间仍然存在明显的区别,表现在:一方面,保证义务是指保证合同生效以后,保证人所负有的、在主债务人不履行债务时担保债务履行的义务;而保证责任则是指债务人实际不履行主债务时,保证人所应承担的担保债务履行的责任。除主债务人必须亲自履行债务的情形之外,保证人都应当在主债务人不履行债务时,代主债务人履行债务,这也是保证责任的基本内容。[④] 另一方面,二者的范围不同。保证义务的范围限于主债务,而保证责任的范围除了主债务之外,还包括因主债务人不履行而产生的责任,如利息、违约金、损害赔偿金等。因此,两者在内容上并不完全一致。正是因为保证责任是保证合同效力的主要内容,所以,其是保证合同制度中的重要组成部分。

第二,保证责任的范围是基于合同约定和法律规定而确定的。[⑤] 一方面,保证人的责任

---

① 最高人民法院民事审判第二庭:《最高人民法院民法典担保制度司法解释理解与适用》,人民法院出版社2021年版,第215页。
② 参见邓曾甲:《中日担保法律制度比较》,法律出版社1999年版,第95页。
③ 参见高圣平:《担保法新问题与判解研究》,人民法院出版社2001年版,第207页。
④ 参见高圣平:《担保法论》,法律出版社2009年版,第163页。
⑤ 参见史尚宽:《债法各论》,中国政法大学出版社2000年版,第901页。

与保证责任的范围都来源于当事人的约定。保证人究竟承担何种保证责任以及在何种范围内承担责任,原则上应当依据保证合同的约定而确定。保证人约定的范围可以等于或小于主债务的范围,但不得超过主债务的范围。①《有关担保的司法解释》第3条第1款规定:"当事人对担保责任的承担约定独立的违约责任,或者约定的担保责任范围超出债务人应当承担的责任范围,担保人主张仅在债务人应当承担的责任范围内承担责任的,人民法院应予支持。"这就进一步明确了保证责任的范围不得超过主债务的范围。另一方面,在当事人未作出约定或约定不明时,应当依据法律规定确定保证责任的范围,在法律上推定保证人应对主债务人所应承担的全部责任负责。

第三,保证责任的承担以主债务人不履行债务为前提。保证人担保的债务并非保证人的债务,而是主债务人的债务,只有在主债务人到期未清偿时,保证人才承担保证责任。这主要是由保证合同的从属性所决定的。这一点无论是对于一般保证,还是连带责任保证,都具有可适用性。在连带责任保证中,保证人承担保证责任的前提是主债务人到期未清偿债务②,而一般保证中,债务人到期未履行债务尚不足够,原则上只有经过对债务人财产强制执行仍没有实现债权,债权人才可请求保证人承担保证责任。无论是一般保证还是连带责任保证,保证人承担保证责任的前提都是债务人到期不履行债务。保证责任在承担方面的这一特殊性也决定了,保证责任的范围限于主债务人未实际履行的部分。对于主债务人已经履行的部分,债权人无权向保证人主张,即使是在连带责任保证中,保证责任的范围同样以主债务人未履行的部分为限。③

二、保证责任的内容

(一)代为履行债务

在主债务人不履行债务的情况下,保证人有义务代为履行。一方面,所谓代为履行是指在主债务到期后,主债务人不履行其债务时,保证人应当代其履行债务。另一方面,保证人代为履行责任的范围也取决于保证人提供保证的范围。关于保证责任的范围,《民法典》第691条规定:"保证的范围包括主债权及其利息、违约金、损害赔偿金和实现债权的费用。当事人另有约定的,按照其约定。"据此可见,保证合同是确定保证责任范围的重要依据,如何理解此处的"当事人另有约定"?笔者认为,其包含如下几层含义:

第一,当事人可以就保证责任的范围作出特别约定,有约定的必须按照约定履行,这也是合同自由原则的具体体现。

第二,依据《有关担保的司法解释》第3条第1款的规定,当事人约定的保证责任的范围不得超过债务人应当承担的责任范围,这也是保证合同从属性的具体体现。保证责任的从属性规则一般不允许当事人约定的保证责任范围超过法定保证责任范围。其原因在于:一方面,保证的目的在于担保债权的实现,因此,只要债权获得实现,保证的目的即已经达到,保证人无须再承担保证责任,否则,不仅过分加重了保证人的负担,而且使债权人获得了额外的利益,这显然是不妥当的。另一方面,保证责任在发生、消灭和范围等方面都具有从属性。这就意味着,保证人所承担的保证责任应以债务人应当承担的责任范围为限,其不得超

---

① 参见郑玉波:《民法债编各论》(下),台湾三民书局1986年版,第830页。
② 参见高圣平:《担保法论》,法律出版社2009年版,第88页;叶金强:《担保法原理》,科学出版社2002年版,第33页。
③ 参见史尚宽:《债法各论》,中国政法大学出版社2000年版,第901—902页。

过债务人应当承担的责任范围,债权人也仅能在法定范围内请求保证人承担保证责任,超过法定范围的部分无效。① 此外,还应当看到,法律所规定的保证责任范围,实际上是保证人责任的最高限额,虽然保证人承担多少保证责任取决于其意思自由,但如果允许当事人通过约定而加重保证责任,无疑会不合理地加重保证人的负担,不利于保护保证人的利益。

第三,当事人约定的保证责任的范围可以小于债务人应当承担的责任范围。例如,保证人与债权人约定,其仅对债务人的主债务或者利息债务等承担保证责任,按照私法自治原则,该约定也具有法律效力。

保证责任的范围主要取决于当事人的约定,只有在当事人没有就保证责任的范围作出约定时,才应依据法律规定确定保证责任的范围。依据上述规定,在当事人没有对保证责任的范围作出约定时,保证的范围主要包括如下内容:主债权及利息、违约金、损害赔偿金和实现债权的费用。

在此需要讨论的是,保证责任中的代为履行是否可称为代位清偿?所谓代位清偿,也称"第三人清偿"或"第三人代为履行",它是指在法律没有规定或者当事人没有约定的情形下,第三人自愿代债务人履行债务。② 由于保证人承担保证责任也属于债务人之外的第三人向债权人清偿债务,因而二者具有一定的相似性。许多学者认为,保证责任实际上就是代位清偿。笔者认为,保证责任中的代为履行与代位清偿存在区别。一方面,在第三人代为清偿的情况下,第三人代为清偿可能是基于第三人与债务人之间的合同关系产生的,也可能出于无因管理,还可能是基于履行错误造成的。但在保证责任中,保证人代为履行债务的依据是保证合同。另一方面,在代位清偿的情形下,第三人可以向债务人进行完全追偿,也可以对债务人的其他担保人追偿。但在保证人承担保证责任的情形下,其原则上仅能向债务人追偿,而不能向债务人的其他担保人追偿。

(二)代为承担债务不履行的损害赔偿责任

在主债务人的违约行为给债权人造成损害的情况下,保证人也应当承担相应的损害赔偿责任。因此,除当事人明确约定保证责任的范围或者特别约定排除就违约损害赔偿金承担保证责任外,违约损害赔偿金应当属于保证责任的范围。值得注意的是,保证人所承担的违约损害赔偿责任,不同于主合同被宣告无效或被撤销时保证人应承担的责任。二者的区别主要表现在:

第一,责任的性质不同。保证人代主债务人承担的违约损害赔偿责任,仍然属于保证责任的范畴。而在主合同被宣告无效或被撤销的情形,保证人所应承担的责任应当属于缔约过失责任的范畴。

第二,责任的承担是否以担保合同的有效为前提不同。在主合同无效而导致担保合同无效的情形,保证人承担责任以主合同无效为前提,而且保证合同也因主合同无效而失去效力。而在保证人承担违约损害赔偿责任的情形下,保证人承担保证责任是以主合同有效为前提的,并且其承担保证责任的依据是保证合同约定或者法律的规定。

第三,责任的承担是否考虑保证人的过错不同。保证人代主债务人承担的违约损害赔偿责任,并不考虑保证人是否具有过错。而在主合同无效或者被撤销的情形,保证人是基于其自身的过错承担责任。《民法典》第682条第2款规定:"保证合同被确认无效后,债务人、

---

① 参见田土城、宁金成主编:《担保制度比较研究》,河南大学出版社2001年版,第118页。
② 参见史尚宽:《债法总论》,中国政法大学出版社2000年版,第776页。

保证人、债权人有过错的,应当根据其过错各自承担相应的民事责任。"因此,在主合同被宣告无效或被撤销时,保证人无须代主债务人承担保证责任,但如果保证人具有过错,则应当承担相应的民事责任。

在债务人擅自扩大债务范围的情形下,保证责任的范围是否随之扩大?保证合同成立后,如果未经保证人的同意,债务人扩大其债务范围(如将原来未附利息的借贷债务变为附利息的债务)的,保证人的保证责任范围不能因此而扩大,这是因为保证责任虽附随于主债务,但又具有相对独立性。即使推定保证人就全部债务承担保证责任,也只能推定保证人仅就保证合同订立时的全部债务承担保证责任。①

三、债的变更、转让与保证的承担

(一)债的变更对保证责任的影响

债的变更是指债的当事人依据法律和合同约定,就债的内容作出变更。《民法典》第695条第1款规定:"债权人和债务人未经保证人书面同意,协商变更主债权债务合同内容,减轻债务的,保证人仍对变更后的债务承担保证责任;加重债务的,保证人对加重的部分不承担保证责任。"依据该条规定,债权人和债务人协商变更债的内容,只要经过了保证人的书面同意,则不论是加重债务,还是减轻债务,保证人都应当对变更后的债务承担保证责任。法律之所以要求经保证人书面同意,一方面是因为,保证合同原则上具有要式性,如果债权人和债务人变更债的内容,实际上也是变更了保证合同的内容,应当经过保证人的书面同意。另一方面,由于保证合同具有单务性,在因主债的内容发生变化而导致保证责任发生不利于保证人的变化时,要求其必须经过保证人书面同意,也有利于减少争议的发生。

债权人和债务人未经保证人书面同意变更债务的,应当区分两种情况认定其效力:

(1)债权人和债务人协商变更主债权债务合同内容,减轻债务的,保证人应当对变更后的债务承担保证责任。由于市场情况千变万化,在主合同订立以后,债务人确有可能变更主合同的内容。如果任何变更都直接导致保证人责任的免除,则对于债权人和债务人的合同自由作了不必要的限制。② 在实践中,一些合同的变更对于保证人而言可能是有利的。例如,主债权人和债务人约定,减轻债务人的债务,或者免除债务人的利息,在此情形下,保证人的保证责任也应当相应减轻。由于减轻保证责任对保证人是有利的,因此,《民法典》第695条中所作的变更必须经保证人书面同意的规定,实际上不适用于此种情形。③

(2)加重债务的,保证人对加重的部分不承担保证责任。按照合同相对性的原理,合同仅能对当事人产生效力,合同当事人原则上不能为第三人设定负担,因此,在保证合同订立后,如果主债权人和债务人变更债的内容加重债务的,应当取得保证人的书面同意,否则,无异于债权人和债务人擅自为第三人增加了义务和负担,如果没有取得保证人的同意,则该约定对保证人是不产生效力的,保证人对加重的部分不承担保证责任。但对变更前的债务,保证人仍然应当承担保证责任。例如,在"王永中诉陈必元、陈必虎民间借贷保证责任纠纷案"中,法院认为,出借人王永中与借款人陈必元口头约定案涉借款月利率3%,应视为对借条中未约定支付利息的借款重新约定了利率,在未经保证人陈必虎同意的情况下,因该变动内容

---

① 参见蔡青峰:《关于保证责任的几个问题》,载《法学》1995年第7期。
② 参见高圣平:《担保法论》,法律出版社2009年版,第169页。
③ 参见谢鸿飞、朱广新主编:《民法典评注·合同编:典型合同与准合同2》,中国法制出版社2020年版,第100页。

明显加重了借款人陈必元的债务,所以保证人陈必虎对加重部分的债务即60万元借款借期内的利息依法不承担担保责任。① 如果主合同变更加重了债务人的债务,此种变更已得到保证人的书面同意的,保证人应当对变更后的合同债务承担保证责任。②

(二) 以新贷偿还旧贷对保证责任的影响

以新贷偿还旧贷是指借新债还旧债。严格地说,以新贷偿还旧贷实际上构成债的更新,即通过成立新债的方式消灭旧债,原债的关系将因此而消灭。正是因为这一原因,《有关担保的司法解释》第16条第1款中规定,"主合同当事人协议以新贷偿还旧贷,债权人请求旧贷的担保人承担担保责任的,人民法院不予支持"。这就是说,在以新贷偿还旧贷的情形下,旧债的担保已经随着原债的消灭而消灭,债权人也不得再请求旧债的担保人承担保证责任。但依据该条规定,以保证为例,在如下两种情形下,应当分别处理:

第一,新贷与旧贷的担保人相同的,债权人可请求新贷的担保人承担担保责任。因为在保证人相同的情形下,表明保证人已经知道并且同意既担任旧债的保证人,又担任新债的保证人。此时,请求新贷的保证人承担保证责任就是请求旧贷的保证人承担保证责任。至于新贷的保证期间等问题及差异,则应具体问题具体分析。

第二,新贷与旧贷的担保人不同,或者旧贷无担保新贷有担保的,在此情形下,债权人不得请求保证人继续对新贷承担保证责任。在以新还旧的情形下,两个债务都是债务人所负担的债务,但是,毕竟其是两个不同的法律关系。如果旧贷保证人只是针对旧的债务提供担保,旧贷保证人不再承担保证责任。③ 依据《有关担保的司法解释》第16条第1款第2项,如果债权人有证据证明,新贷的担保人提供担保时对以新贷偿还旧贷的事实知道或者应当知道的,则新贷保证人仍应当承担保证责任,这主要是因为,如果债权人能够证明上述事实,表明新贷保证人知道以新还旧的事实,并且仍然愿意提供保证,此时,按照私法自治原则,应当认定新贷保证人仍需要依法承担保证责任。在实践中,如果新贷的担保人与债务人存在关联关系时,法院可能会认定为新贷担保人对此知道或应当知道。例如,在"大竹县农村信用合作联社与西藏华西药业集团有限公司保证合同纠纷案"中,最高人民法院认为:"故即使本案存在以贷还贷的情况,根据陈达彬系华西药业法定代表人、阜康公司监事及两名股东之一的特殊身份以及华西药业及其关联公司代阜康公司偿还贷款利息的行为,华西药业亦应当知晓贷款的实际用途,则依据最高人民法院《关于适用〈中华人民共和国担保法〉若干问题的解释》第三十九条的规定,华西药业仍应当承担本案担保责任。"④

(三) 债务变更履行期限应经保证人书面同意

《民法典》第695条第2款规定:"债权人和债务人变更主债权债务合同的履行期限,未经保证人书面同意的,保证期间不受影响。"这就确立了变更主债权债务合同的履行期限须经保证人书面同意的规则。由于保证期间与主债务履行期限密切联系,保证期间通常要长于主债务履行期限才能实现保证合同的目的。如果保证期间早于主债务履行期限或者同时届满,依据《民法典》第692条第2款的规定,则视为没有约定保证期间。如果当事人对主合

---

① 参见江苏省盐城市中级人民法院范媛(2018)苏09民终337号民事判决书。
② 参见最高人民法院民二庭(原经济庭)编著:《担保法新释新解与适用——根据最高人民法院〈关于适用《中华人民共和国担保法》若干问题的解释〉》,新华出版社2001年版,第278—279页。
③ 最高人民法院民事审判第二庭:《最高人民法院民法典担保制度司法解释理解与适用》,人民法院出版社2021年版,第204页。
④ 最高人民法院(2011)民申字第429号民事裁定书。

同中约定的履行期限进行变更,会显著影响保证人的利益。① 因此,《民法典》从维护保证人利益出发,要求债权人与债务人对主债务履行期限的变更必须取得保证人的书面同意。在未经保证人书面同意的情况下,无论是延长还是缩短主债务履行期限,这一变更都不对保证人发生效力,保证人的保证期间不受影响。此处之所以强调必须采用书面形式,主要是为了避免出现争议,并提示保证人谨慎同意。

(四)债权转让对保证责任的影响

债权转让是指债权人与第三人之间达成协议,将债权人的债权转让给第三人。原则上说,债权转让并不会加重保证人的责任,因为保证是为债务人履行债务的行为提供保证,债权转让通常不会加重债务人的负担,因此相应地也不会加重保证人的保证责任。但是,为保护保证人的利益,《民法典》第696条第1款规定:"债权人转让全部或者部分债权,未通知保证人的,该转让对保证人不发生效力。"该条实际上设立了如下规则:

1. 债权转让应通知保证人

如前所述,债权转让一般不会影响保证责任的承担,因此任何新的债权人承受债权之后,保证人都应当对新的债权人承担保证责任。但是,债权转让应当通知保证人,其原因在于:一方面,债权转让后,如果不通知保证人,会导致保证人错误清偿,或增加保证人承担保证责任的成本和负担;另一方面,由于保证债务具有从属性,在债权转让的情形下,保证债权也随之转让,按照债权转让的一般规则,债权转让应当通知债务人,因此,保证债权的让与也应当通知保证人。② 此外,只有通知保证人,才能让保证人知道谁是新的债权人,从而有利于保证人向新的债权人履行保证债务,这也可以减少其负担。所以,依据该条规定,无论债权全部转让还是部分转让,其都应当通知保证人。③

2. 如果未通知保证人,债权转让对保证人不发生效力

依据《民法典》第696条的规定,转让对保证人不发生效力。所谓不发生效力:第一,是指其不导致保证责任的消灭。这就是说,在通知保证人后,债权转让只是引起债权人的变化,而不会影响保证责任的承担。这一规定是保证债权在移转上的从属性的具体体现。即便债权转让没有通知保证人,保证人也不得据此主张不承担保证责任。第二,如果没有通知保证人,保证人并不知道新的债权人,此时,新的债权人向保证人主张承担保证责任的,保证人有权予以拒绝。第三,在债权转让未通知保证人的情形下,如果原债权人向保证人主张保证责任,保证人向原债权人作出履行的,仍然可以消灭其保证责任。在债权转让通知保证人之后,除非保证人与原债权人约定禁止债权转让,或者约定保证人仅对特定的债权人承担保证责任,否则保证人应当在原保证责任的范围内对新的债权人承担保证责任。④

3. 债权人违反禁止转让特约转让债权对保证人保证责任的影响

所谓禁止转让特约,是指保证人与债权人约定,债权人不得将债权转让给第三人。包括两类情况:一是保证人与债权人约定仅对特定的债权人承担保证责任。在此种情形下,当事人虽然没有明确约定债权人不得转让债权,但在保证合同中约定,保证人仅对特定的债权人承担保证责任,此种情形实际上属于订立了变相禁止让与特约。二是保证人与债权人约定,在保证合同订立后,禁止债权人转让债权。达成该协议之后,并不意味着债权人不能转让债

---

① 参见黄薇主编:《中华人民共和国民法典合同编解读》(上册),中国法制出版社2020年版,第771页。
② 参见黄薇主编:《中华人民共和国民法典释义》(中),法律出版社2020年版,第704页。
③ 参见谢鸿飞、朱广新主编:《民法典评注·合同编:典型合同与准合同2》,中国法制出版社2020年版,第106页。
④ 参见程啸:《保证合同研究》,法律出版社2006年版,第212页。

权,也不意味着导致债权转让无效。

《民法典》第 696 条第 2 款规定:"保证人与债权人约定禁止债权转让,债权人未经保证人书面同意转让债权的,保证人对受让人不再承担保证责任。"该条确立了债权人违反保证人与债权人之间的禁止债权转让特约的法律效果。依据该规定,债权人违反禁止债权转让约定将导致保证人对受让人的债权不再承担保证责任,具体而言:

第一,必须要经过保证人书面同意,也就是说,在保证人与债权人之间已经约定了禁止债权转让特约的情形下,债权人转让债权的,应当取得保证人的同意,而且此种同意也应当采用书面形式。

第二,如果债权人违反了禁止转让的约定,并不导致债权转让行为无效。也就是说,债权人违反禁止债权转让特约转让债权的,也只是对保证人的保证责任产生影响,而不会影响债权转让的效力。

第三,债权人违反约定的,保证人对受让人不再承担保证责任。因为双方当事人已经明确约定了保证人的责任对象仅限于原债权人,符合私法自治的基本原理。在这种情况下,保证人不对受让人承担保证责任,即使导致受让人预期利益受损,其也只能向债权转让人主张违约责任,而与保证人无关。尤其应当看到,保证人和债权人之间订立禁止债权转让的特约,可能是因为保证人和债权人之间具有特殊的商业关系,保证人不愿向其他债权人承担保证责任,同时,债权转让也常常涉及保证人的切身利益。例如,原债权中可能涉及诉讼管辖或者有关争议解决方法的特别规定,一旦发生债权转让,将会改变相关的规则,可能对保证人不利。[①]

(五)债务移转对保证责任的影响

债务移转又称为免责的债务承担,是指债务人与第三人达成协议,债务人脱离原债的关系,而由第三人承担债务人的债务。债务移转通常会对保证人的责任产生影响,因此,《民法典》第 697 条第 1 款规定:"债权人未经保证人书面同意,允许债务人转移全部或者部分债务,保证人对未经其同意转移的债务不再承担保证责任,但是债权人和保证人另有约定的除外。"该条实际上确立了如下规则:

1. 免责的债务承担必须取得保证人的书面同意

依据《民法典》第 697 条,债权人允许债务人移转全部和部分债务,应当取得保证人书面同意。所谓书面同意,是指保证人应当通过书面方式表示同意债务人移转债务。《民法典》之所以要求债务移转必须经过保证人书面同意,主要原因在于:一方面,保证人承担保证责任一般以债务人不履行债务为前提,因此,债务人的财产状况直接关系到保证人应否承担保证责任以及清偿后追偿权能否实现的问题。在主债务转移的情形,新的债务人是否具有清偿能力将直接影响保证人保证责任的承担。即便新的债务人具有清偿能力,如果其不履行债务,甚至逃避债务,保证人仍应承担保证责任。另一方面,保证人一般是基于其与原债务人之间的人身信赖关系而提供保证担保的,但其与新债务人之间通常并不存在信任关系。因此,债务人转让债务应当得到保证人的书面同意。作出书面同意后,表明保证人认可了该债务转移行为,并表明保证人愿意对该债务的受让人承担保证责任。如果债务人转让债务未经保证人书面同意,则保证人对转让的部分不再承担保证责任。[②] 此外,要求保证人书面

---

① 参见程啸:《保证合同研究》,法律出版社 2006 年版,第 358 页。
② 参见郭明瑞等:《担保法》(第四版),中国人民大学出版社 2014 年版,第 57 页。

同意,也有利于保存证据,减少纠纷。

2. 债务移转未经保证人书面同意的法律效果

如果债务移转未经保证人书面同意,将产生如下效果:

第一,债务移转仍然发生效力。债务移转是债务人与债务承担人之间的合同关系,只要当事人就债务移转达成合意,不存在民事法律行为无效的事由,就将产生法律效力,至于保证人是否同意,并不影响债务已经发生移转的效力。在免责的债务承担下,如果保证人没有书面同意,此时原债务人向法院起诉,要求确认债务承担协议有效的,法院不能以未经保证人同意为由而否定债务移转的效力。

第二,保证人不再承担保证责任。一方面,在债务承担的情形下,由于债务人发生了变化,保证人是否愿意为新的债务人担保,应由其自己决定。另一方面,保证人承担的保证责任依赖于其所担保的债务人是否履行债务,因为不同债务人的偿债能力与履约能力是不同的,所以债务承担要对保证人发生效力,则应经保证人书面同意。

需要指出的是,此处需要区分全部移转与部分移转,如果是全部移转未经保证人同意,则保证人不再承担保证责任。但如果是部分移转未经保证人同意,则保证人仅就未经其同意的部分不再承担保证责任。当然,此处的决定权在保证人,如果保证人愿意继续承担保证责任,则其可以继续承担保证责任。①

第三,即便债务移转没有取得保证人同意,但如果债权人和保证人特别约定,保证人仍应承担保证责任的,则保证人不得拒绝承担保证责任。也就是说,按照私法自治原则,如果债权人与保证人特别约定,债务移转不影响保证责任的承担,则该约定也具有法律效力。此处债权人与保证人的约定既可以是债务移转之前的约定,也可以在债务移转之后作出约定。

(六)债务加入对保证责任的影响

所谓债务加入,又称为并存的债务承担,它是指第三人加入债的关系,成为新增的债务人,与原债务人共同负担债务。在第三人加入债务的情形下,债务加入显然会增加债权人获得清偿的可能性,对债权的实现是有利的,因此,保证人不得主张免责。② 但由于保证责任是保证人以自己的责任财产提供信用担保,保证人的保证责任并不会因为第三人加入债务而减少或增加。也就是说,保证人的保证责任不会受到第三人加入债务的影响。③ 因此,《民法典》第 697 条第 2 款规定:"第三人加入债务的,保证人的保证责任不受影响。"

如何理解"保证人的保证责任不受影响"?笔者认为,所谓"不受影响",主要包括如下三个方面的含义:

第一,保证人仍对原债务人履行债务的行为提供担保。也就是说,在债务加入的情形下,除非保证人有明确的意思表示,否则保证人仅仅只针对原债务人履行行为提供保证,并不对新加入的债务人履行债务的行为进行保证。例如,在一般保证中,新加入的债务人未能履行债务,债权人请求保证人承担保证责任的,保证人有权要求债权人请求原债务人继续履行,只有原债务人无法履行债务的,保证人才需要依法承担保证责任。

第二,保证人提供保证的方式不受影响。也就是说,保证人基于保证合同而承担一般保证或者连带责任保证的,该保证方式并不因并存的债务承担而受到影响。

---

① 参见王轶等:《中国民法典释评·合同编·典型合同》(上卷),中国人民大学出版社 2020 年版,第 324 页。
② 参见黄薇主编:《中华人民共和国民法典释义》,法律出版社 2020 年版,第 728 页。
③ 参见谢鸿飞、朱广新主编:《民法典评注·合同编:典型合同与准合同 2》,中国法制出版社 2020 年版,第 111 页。

第三,保证人提供保证的份额不受影响。《民法典》第699条允许保证人与债权人约定其应承担的保证份额,保证人仅在该约定的份额内承担保证责任。如果当事人对保证人提供保证的份额作出了约定,该份额也不受债务加入行为的影响。

由于公司对外担保是一种无偿行为,会对公司正常经营、股东利益、债权人利益产生不利影响,因此《公司法》专门规定了公司对外担保的程序和要件。而债务加入的责任更重,举轻以明重,对外提供担保这种从属性债务尚且需要符合公司法的程序要求,债务加入就更应符合相关的程序。据此,《有关担保的司法解释》第12条规定:"法定代表人依照民法典第五百五十二条的规定以公司名义加入债务的,人民法院在认定该行为的效力时,可以参照本解释关于公司为他人提供担保的有关规则处理。"依据这一规定,法定代表人以公司名义加入债务的,必须作出加入债务的决议,遵守决议程序,而不能通过债务加入来规避公司对外担保规则的适用。

(七) 第三人提供差额补足、流动性支持与债务加入

所谓差额补足,是指当事人约定或第三人承诺,如果债务人没有按照贷款合同支付主债权款项,致使主债权没有实现的,债权人有权要求差额补足人依约补足差额款项。换言之,如果主义务人未按约定履行义务时,由第三人按照约定履行差额补足义务。所谓流动性支持,是指基于当事人约定或第三人承诺,由流动性提供方就流动性接收方发生的差额提供金钱给付义务。这些措施是在交易中作为一项增信措施使用的,但它们究竟属于何种法律关系?《有关担保的司法解释》第36条区分了如下几种情况:

1. 构成债务加入必须符合两个条件

第一,具有提供担保的意思表示。《有关担保的司法解释》第36条第1款规定:"第三人向债权人提供差额补足、流动性支持等类似承诺文件作为增信措施,具有提供担保的意思表示,债权人请求第三人承担保证责任的,人民法院应当依照保证的有关规定处理。"因此,第三人向债权人提供差额补足、流动性支持等类似承诺文件作为增信措施时,要认定当事人是否具有担保意思。一是要考虑差额补足等是否要以债务人不履行债务为前提,如果当事人义务的履行并不以债务人不履行债务为前提,则不宜将其认定为担保。二是要考虑是否存在承担保证责任的意思。如果差额补足、流动性支持符合保证的条件,就构成非典型保证。

第二,具有加入债务或者与债务人共同承担债务等意思表示。《有关担保的司法解释》第36条第2款规定:"第三人向债权人提供的承诺文件,具有加入债务或者与债务人共同承担债务等意思表示的,人民法院应当认定为民法典第五百五十二条规定的债务加入。"也就是说,如果当事人并没有提供担保的意思,而是为了加入债务,与债务人共同负担债务,符合债务加入的构成条件,则应当将其认定为债务加入,而非保证。至于是一般保证还是连带责任保证,应通过解释当事人的意思来确定。①

2. "存疑推定为保证"

《有关担保的司法解释》第36条第3款规定:"前两款中第三人提供的承诺文件难以确定是保证还是债务加入的,人民法院应当将其认定为保证。"即如果难以判断当事人究竟是提供保证还是债务加入,则应当将其认定为保证。确认此规则的主要理由在于,与债务加入行为相比,认定为提供保证对第三人更为有利。因为在债务加入的情形下,债务加入人在履行债务后不能向原债务人追偿,而在保证的情形下,保证人在承担责任后,其有权向债务人

---

① 最高人民法院民事审判第二庭:《最高人民法院民法典担保制度司法解释理解与适用》,人民法院出版社2021年版,第337页。

追偿。因此,在难以判断当事人究竟是提供保证还是债务加入时,将其认定为保证,更有利于保护当事人的利益。①

3. 不构成保证或者债务加入时第三人的责任

《有关担保的司法解释》第 36 条第 4 款规定:"第三人向债权人提供的承诺文作不符合前三款规定的情形,债权人请求第三人承担保证责任或者连带责任的,人民法院不予支持,但是不影响其依据承诺文件请求第三人履行约定的义务或者承担相应的民事责任。"依据这一规定,如果差额补足等并不构成保证或者债务加入,也不意味着其不具有任何法律效力,如果该法律关系基于约定而产生,则其本身已经构成了独立的合同条款,合同条款已经生效,当事人也应当按照约定履行义务,否则应当承担违约责任。

四、保证责任的消灭

由于保证责任具有从属性,保证人所应承担的保证责任的大小取决于主债务人债务的大小,因而,在保证合同成立以后,主合同的当事人不能随意加重保证人的责任。保证人的责任可能因以下原因免除或者消灭:

(一)主债务消灭

保证合同的目的是担保主债务合同的履行。由于保证责任具有从属性,所以主债务因清偿、免除、提存、抵销、混同等原因而发生全部或部分消灭的,则保证责任也相应地消灭。主债务部分消灭的情形有债务人履行了部分债务,或者主债务因不可抗力或意外事故造成不能履行而减少等。

需要指出的是,在保证人承担保证责任之后,只是导致债权人与债务人之间债权的相对消灭,保证人取得债权人对债务人的债权,保证人仍有权对债务人行使该债权。

(二)债权人免除保证人的保证责任

保证合同是债权人与保证人之间达成的协议,如果债权人与保证人约定免除保证人的保证责任,保证人也可以不再承担保证责任。② 问题在于,债权人与保证人约定减轻保证责任是否需要取得债务人的同意?笔者认为,债权人与保证人之间约定免除保证人保证责任不需要得到债务人同意,因为债务人不是保证合同的当事人,因此免除不必征得债务人同意。但是,如果保证人与债权人达成的免除保证责任的协议,违反了保证人与主债务人之间的保证委托合同,则债务人有权请求保证人承担违约责任。

(三)一般保证中债权人放弃或怠于行使对主债务人的权利

《民法典》第 698 条规定:"一般保证的保证人在主债务履行期限届满后,向债权人提供债务人可供执行财产的真实情况,债权人放弃或者怠于行使权利致使该财产不能被执行的,保证人在其提供可供执行财产的价值范围内不再承担保证责任。"该条设立了一种免责抗辩权。③ 依据该条规定,在一般保证中,如果保证人在债务履行期限届满后向债权人提供了债务人可供执行财产的真实情况,此时,债权人应当就保证人所提供的债务人的可供执行财产积极主张权利。如果因为债权人不积极主张权利,导致自身债权无法实现的,则债权人应当负担其债权不能实现的风险,保证人有权在其提供可供执行财产的价值范围内主张不再承担保证责任。例如,在"陈国胜、山东泰山体育工程有限公司民间借贷纠纷案"中,法院认为,

---

① 同上书,第 343 页。
② 参见陈本寒:《担保法通论》,武汉大学出版社 1999 年版,第 94 页。
③ 参见李国光、奚晓明、金剑峰、曹士兵:《最高人民法院〈关于适用中华人民共和国担保法若干问题的解释〉理解与适用》,吉林人民出版社 2000 年版,第 126 页

查封期限届满后,陈国胜未申请继续查封,致使山秀公司的财产被德州经济技术开发区法院依法处置。陈国胜存在怠于行使续封财产措施的行为,致使诉前保全的财产无法在本案中执行。保证人山秀公司在其提供可供执行财产的价值范围内因陈国胜放弃或者怠于行使权利而免除保证责任。①

法律作出此种规定,既有利于督促债权人积极行使权利,也有利于避免道德风险。如果债权人放弃或怠于行使对主债务人的权利,将导致债务人的责任财产流失,难以强制执行,势必会加重保证人的保证责任,因此,应当使保证人在其提供可供执行财产的价值范围内不再承担保证责任。② 需要指出的是,该条规定只适用于一般保证,而不适用于连带责任保证。因为在连带责任保证中,在债务人不履行到期债务时,债权人有权选择请求债务人或者保证人承担责任,保证人承担保证责任不以债权人就债务人责任财产强制执行无法获得清偿为条件。

需要指出的是,从《民法典》第698条规定来看,在债权人放弃或怠于行使对主债务人的权利的情形下,保证人只能在其所提供的债务人可供执行财产的价值范围内主张不承担保证责任,而不能主张完全不承担任何保证责任,对该可供执行财产的价值范围之外的债务,保证人仍应当依法承担保证责任。

(四)保证期间经过

保证期间是法定的或约定的保证责任的存续期间,债权人应该在保证期间内请求保证人承担保证责任,保证人也仅在该期限内负担保证责任。保证期间届满,保证人的责任也归于消灭。《有关担保的司法解释》第34条第2款规定:"债权人在保证期间内未依法行使权利的,保证责任消灭。保证责任消灭后,债权人书面通知保证人要求承担保证责任,保证人在通知书上签字、盖章或者按指印,债权人请求保证人继续承担保证责任的,人民法院不予支持,但是债权人有证据证明成立了新的保证合同的除外。"依据该条规定,保证期间届满后,保证人的保证责任即消灭,此时,即便保证人在债权人要求保证人承担保证责任的书面通知中签字、盖章或者按指印,其也无须承担保证责任,因为在此情形下,保证人的保证责任已经消灭,保证人仅在该通知中签字、盖章或者按指印,也无法恢复其保证责任。当然,如果债权人能够证明保证人有重新提供保证的意思,能够在当事人之间成立新的保证合同,则保证人仍应当依据该新的保证合同承担保证责任。

(五)保证债务消灭

保证责任产生的基础是保证合同,如果保证合同被解除、被宣告无效或被撤销,则保证债务将不再存在,将导致保证责任的消灭。另外,基于保证债务的从属性,主债务被宣告无效或撤销,保证人也不再承担保证责任,但可能依法承担赔偿损失等责任。

第九节 保证期间与诉讼时效

一、保证期间

(一)保证期间的概念和特征

所谓保证期间,是指保证合同的当事人之间约定,或者法律规定由保证人承担保证责任的期限。保证期间是确定保证人承担保证责任的期间,债权人在保证期间内依法向保证人

---

① 参见山东省德州地区(市)中级人民法院(2019)鲁14民再86号民事判决书。
② 参见王轶等:《中国民法典释评·合同编·典型合同》(上卷),中国人民大学出版社2020年版,第327页。

主张了权利,才可请求保证人承担保证责任。①《民法典》第 692 条第 1 款规定:"保证期间是保证人承担保证责任的期间,不发生中止、中断和延长。"这是法律关于保证期间的明确规定。如前所述,保证合同具有单务性、无偿性,保证合同为保证人单方面设定了义务,为避免保证人的责任过重,法律设立了保证期间制度,其目的在于平衡当事人之间的利益。

保证期间制度的设立,主要基于如下立法目的上的考量:一是限制保证人的责任。保证期间确定了保证人承担保证责任的期限,这不仅有利于明确保证人的保证责任范围,而且有助于合理限制保证人的责任,从而避免保证人无限期地承担责任。二是督促债权人行使权利。保证期间直接关系到保证责任的承担,即保证人只需在保证期间内负保证责任,而债权人也只能在保证期间内依法主张权利。保证期间一旦经过,保证人的保证责任即消灭,债权人也无权向保证人提出请求。② 因此,法律设立保证期间制度,也有利于督促债权人积极行使权利。

保证期间是"保证责任的存续期间"。该期间一般由当事人在保证合同中作出约定。在当事人没有特别约定或约定不明确的情况下,则应适用法律的规定。③ 依据《民法典》第 692 条,保证期间具有如下特征:

第一,保证期间是就保证责任的承担所设定的期间。从性质上说,保证期间是保证责任的存续期间,它既非保证合同的有效期间,也非附期限合同中的期限,而仅仅是针对保证责任的承担所设定的期限。也就是说,如果债权人在保证期间内未向保证人或主债务人提出请求,则保证责任自动消灭。④

第二,保证期间由当事人约定或法律规定。一方面,保证期间可以由当事人约定。保证期间设立的目的在于限制保证人的责任、保障保证人的利益,当事人可以就保证期间作出特别约定,按照私法自治的原则,此种约定应当有效。⑤ 保证合同本身是意思自治的产物,保证期间的长短也可以由当事人通过特别约定确定,即使当事人约定的保证期间超过诉讼时效期间,在法律上也是有效的。当然,如果当事人约定的保证期间过短,如当事人约定的保证期间在主债务履行期限届满前已经届满,或者与债务履行期限同时届满,则是没有意义的,此时,视为当事人没有约定保证期间,而适用法定的保证期间。另一方面,法律对保证期间作出了规定,例如,《民法典》第 692 条第 2 款后半句规定:"没有约定或者约定不明确的,保证期间为主债务履行期限届满之日起六个月。"这就是法定的保证期间的规定。但法律关于保证期间的规定属于任意性规定,允许当事人通过约定排除。所谓没有约定,是指保证人与债权人没有约定保证期间。所谓约定不明,是指当事人虽然约定了保证期间,但无法根据当事人的约定确定具体的保证期间。对此,《有关担保的司法解释》第 32 条规定:"保证合同约定保证人承担保证责任直至主债务本息还清时为止等类似内容的,视为约定不明,保证期间为主债务履行期限届满之日起六个月。"该条就规定了当事人约定不明的一种典型情形,因为无法从"直至主债务本息还清时为止"这一表述中确定具体的保证期间,因此应将其认定

---

① 参见最高人民法院民事审判第二庭:《最高人民法院民法典担保制度司法解释理解与适用》,人民法院出版社 2021 年版,第 57 页。
② 参见奚晓明、曹士兵、金剑锋:《担保法司法解释中的几个重要问题》,载《人民司法》2001 年第 1 期。
③ 参见于玉:《简论最高额保证的保证期间》,载《法学杂志》2000 年第 3 期。
④ 参见刘保玉主编:《担保法疑难问题研究与立法完善》,法律出版社 2006 年版,第 251 页。
⑤ 参见谢鸿飞、朱广新主编:《民法典评注·合同编:典型合同与准合同 2》,中国法制出版社 2020 年版,第 84 页。

为保证期间约定不明,从而适用法定保证期间。①

第三,保证期间是保证合同的组成部分。保证合同的当事人可以就保证期间作出约定,只要此种约定不违反法律的强制性规定,该约定就是有效的,其应当成为保证合同的重要组成部分。按照保证合同从属性规则,保证合同以担保主债务的履行为目的,保证期间的设定不得违背这一目的。《民法典》第692条第2款规定:"债权人与保证人可以约定保证期间,但是约定的保证期间早于主债务履行期限或者与主债务履行期限同时届满的,视为没有约定;没有约定或者约定不明确的,保证期间为主债务履行期限届满之日起六个月。"因此,如果当事人之间约定的保证期间早于或者等于主债务履行期限的,视为没有约定。因为此种约定违反了保证责任的从属性规则,也违背了当事人订立保证合同的目的。② 如果当事人没有就保证期间作出特别约定或者约定不明,则法律规定的保证期间可以自动成为保证合同的内容。③

第四,保证期间为不变期间。《民法典》第692条第1款规定:"保证期间是确定保证人承担保证责任的期间,不发生中止、中断和延长。"法律作出此种规定的原因在于,保证期间作为权利存续期间,在性质上属于不变期间。例如,在一般保证中,在保证期间内,一旦债权人以提起诉讼或者申请仲裁的方式向债务人主张权利,则保证期间所具有的督促债权人行使权利的制度目的就已经实现,保证期间也将失效,保证期间并不会发生中断、中止或者延长。

依据《民法典》第692条第1款的规定,保证期间不因任何事由发生中断、中止、延长的法律后果。据此,有学者认为保证期间在性质上属于除斥期间。但笔者认为,保证期间不能等同于除斥期间。一方面,从规范性质来看,除斥期间属于法律的强行性规定,不得由当事人改变。而保证期间以约定为原则,法定为例外④,当事人可以就保证期间作出约定。同时,在合同有效期间内,当事人也可以对保证期间进行变更。另一方面,从适用对象来看,除斥期间的适用对象主要为形成权。因为形成权将会根据一方的意志而发生法律关系发生、变更和消灭的效果,通过除斥期间对形成权进行限制,可以使其在较短的时间内消灭,以维护社会秩序的稳定性。而保证期间主要适用于请求权,即适用于债权人请求保证人承担保证责任的请求权。

(二)保证期间的起算

依据《民法典》第692条的规定,保证期间从主债务履行期届满之日开始计算。从该规定来看,保证期间的开始并不要求债权人通过诉讼、仲裁等方式确认无法从主债务人处获得清偿,只要债务履行期限届满或者宽限期经过,保证期间即开始起算。关于主债务的履行期限,通常依据当事人的约定确定,但如果当事人没有约定债务履行期限,或者约定不明确的,则依据《民法典》第692条第3款"债权人与债务人对主债务履行期限没有约定或者约定不明确的,保证期间自债权人请求债务人履行债务的宽限期届满之日起计算"这一规定,保证期间自债权人请求债务人履行债务的宽限期届满之日起计算。此处所说的"债权人请求债

---

① 最高人民法院民事审判第二庭:《最高人民法院民法典担保制度司法解释理解与适用》,人民法院出版社2021年版,第321页。
② 参见程啸:《保证合同研究》,法律出版社2006年版,第504页。
③ 参见谢鸿飞、朱广新主编:《民法典评注·合同编:典型合同与准合同2》,中国法制出版社2020年版,第86—87页。
④ 参见高圣平:《担保法论》,法律出版社2009年版,第114页。

务人履行债务的宽限期届满之日",实际上也是为了在当事人没有明确约定债务履行期限时确定债务履行期限何时届满。因此,严格地说,其并非保证期间起算的特殊规则。

保证期间的起算应当考虑如下几种特殊情形:

第一,履行期限不明确。《民法典》第511条第4项规定:"履行期限不明确的,债务人可以随时履行,债权人也可以随时请求履行,但是应当给对方必要的准备时间。"本项中的"必要的准备时间"即为宽限期。在宽限期届满之后,如果主债务人仍未清偿主债务的,应承担违约责任。[①] 而保证期间作为保证人承担保证责任的期间,在主合同对主债务的履行期限没有约定或约定不明时,应当将宽限期的届满之日作为保证期间的起算点。这一规定与保证期间自主债务履行期届满之日起算的规则是一致的。

第二,保证合同无效或被撤销。在保证合同被宣告无效或被撤销的情形下,保证期间是否继续有效?《有关担保的司法解释》第33条规定:"保证合同无效,债权人未在约定或者法定的保证期间内依法行使权利,保证人主张不承担赔偿责任的,人民法院应予支持。"据此,即便保证合同被认定无效和撤销,债权人未在保证期限内依法向保证人主张保证责任的,可以解释为债权人已不再要求保证人承担保证责任,自然不能要求保证人承担赔偿责任。[②] 当然,保证人虽无须承担保证责任,但仍然需要根据其过错承担赔偿责任,因此,可以将保证期间条款解释为清算条款的内容,依据《民法典》第567条的规定,"合同的权利义务关系终止,不影响合同中结算和清理条款的效力",因此,债权人应当在保证期间内进行清算。[③]

第三,主合同被解除。在主合同被解除的情形下,保证人仍然应当承担保证责任,由于债务人因主合同被解除所应承担的民事责任发生在主债务履行期届满之前,因此,保证期限也应当从债权人可以主张因合同解除而承担赔偿责任之时起开始起算。[④]

(三)保证期间失效

所谓保证期间失效,是指在保证期间内,基于特定法律事实的发生,使保证期间不再具有法律意义,保证人也不得再以保证期间届满为由主张不承担保证责任。

确定保证期间是否失效,要区分一般保证与连带责任保证两种情形:

第一,一般保证中保证期间的失效。依据《民法典》第693条第1款的规定,"一般保证的债权人未在保证期间对债务人提起诉讼或者申请仲裁的,保证人不再承担保证责任"。在一般保证中,如果债权人通过向法院提起诉讼或者申请仲裁的方式请求债务人履行债务,则保证期间即失效。这是因为,保证期间的主要意义在于督促债权人积极主张权利,并对保证人的责任进行限制,而一旦债权人在保证期间内向债务人提起诉讼或者申请仲裁,则保证期间即失去了存在意义。当然,从《民法典》第693条第1款规定来看,债权人必须在保证期间内以提起诉讼或者申请仲裁的方式向债务人提出请求,否则,一旦保证期间经过,保证人即不再承担保证责任。

需要指出的是,在一般保证中,如果债权人仅起诉保证人,人民法院在追加债务人为共同被告时已经超过保证期间的,则保证人不再承担保证责任。同时,在一般保证中,即便债

[①] 参见曹士兵:《中国担保诸问题的解决与展望——基于担保法及其司法解释》,中国法制出版社2001年版,第136页。
[②] 最高人民法院民事审判第二庭:《最高人民法院民法典担保制度司法解释理解与适用》,人民法院出版社2021年版,第322页。
[③] 参见高圣平:《民法典担保制度及其配套司法解释理解与适用》(上),中国法制出版社2021年版,第171页。
[④] 同上书,第174页。

权人向主债务人提出了请求,但如果没有以提起诉讼或者申请仲裁的方式向债务人提出请求,一旦保证期间届满,则不论债权人是否在保证期间内向保证人提出请求,保证人均不再承担保证责任。因为从《民法典》第693条规定来看,对一般保证而言,保证期间失效的必要条件是债权人在保证期间内向债务人提起诉讼或申请仲裁,否则,一旦保证期间经过,保证人即不再承担保证责任。①

第二,连带责任保证中保证期间的失效。《民法典》第693条第2款规定:"连带责任保证的债权人未在保证期间请求保证人承担保证责任的,保证人不再承担保证责任。"在连带责任保证中,债权人必须在保证期间内向保证人请求承担保证责任,否则,一旦保证期间经过,保证人就不再承担保证责任。同时,对连带责任保证而言,一旦债权人在保证期间内向保证人主张承担保证责任,保证期间即失效。需要指出的是,从《民法典》的上述规定来看,在连带责任保证中,保证期间的失效仅需要债权人向保证人主张保证责任即可,其对债权人主张保证责任的方式并没有进行限定,即债权人既可以以诉讼或者仲裁的方式向保证人提出请求,也可以以口头形式或者书面形式向保证人主张保证责任。

从司法实践来看,债权人在起诉债务人或者保证人之后,可能会撤诉,此情形是否导致保证期间失效?对此,《有关担保的司法解释》第31条区分了一般保证和连带责任保证,分别规定撤销对保证期间的影响,对一般保证而言,该条第1款规定:"一般保证的债权人在保证期间内对债务人提起诉讼或者申请仲裁后,又撤回起诉或者仲裁申请,债权人在保证期间届满前未再行提起诉讼或者申请仲裁,保证人主张不再承担保证责任的,人民法院应予支持。"依据该规定,对一般保证而言,如果债权人起诉债务人或者申请仲裁后又撤诉或者撤回仲裁申请的,意味着并没有对债务人起诉或申请仲裁,则保证期间并不失效。

就连带责任保证而言,《有关担保的司法解释》第31条第2款规定:"连带责任保证的债权人在保证期间内对保证人提起诉讼或者申请仲裁后,又撤回起诉或者仲裁申请,起诉状副本或者仲裁申请书副本已经送达保证人的,人民法院应当认定债权人已经在保证期间内向保证人行使了权利。"依据该规定,在连带责任保证中,如果在保证期间内债权人已经对保证人提起诉讼或者申请仲裁,但是其后又撤诉或者撤回仲裁申请的,如果起诉状副本或者仲裁申请书副本已经送达保证人,则应当认定债权人已经向保证人主张了权利,此时,保证期间将失效。② 上述规定之所以区分一般保证和连带责任保证而分别确定撤诉和撤回仲裁申请对保证期间的影响,主要是因为,在一般保证中,确定保证期间的失效要求债权人必须在保证期间内对债务人提起诉讼或者申请仲裁,因此,债权人撤诉或者撤回仲裁申请的,保证期间并不失效;而在连带责任保证中,债权人向保证人主张权利的方式不限于诉讼和仲裁,因此,债权人只需要在保证期间内对保证人主张权利,就可以使保证期间失去意义,即便债权人撤诉或者撤回仲裁申请,只要起诉状副本或者仲裁申请书副本已经送达保证人,就应当认定债权人已经向保证人提出了请求,如此可以产生使保证期间失去意义的法律效力。

在共同保证中,各个保证人的保证责任具有相对独立性,这也意味着对保证期间失效的认定也具有独立性。对此,《有关担保的司法解释》第29条第1款规定:"同一债务有两个以上保证人,债权人以其已经在保证期间内依法向部分保证人行使权利为由,主张已经在保证

---

① 参见谢鸿飞、朱广新主编:《民法典评注·合同编:典型合同与准合同2》,中国法制出版社2020年版,第88页。
② 最高人民法院民事审判第二庭:《最高人民法院民法典担保制度司法解释理解与适用》,人民法院出版社2021年版,第313页。

期间内向其他保证人行使权利的,人民法院不予支持。"依据该规定,在共同保证中,如果债权人仅向部分保证人行使权利,并不能产生向其他保证人行使权利的效力,对其他保证人而言,一旦保证期间经过,就不再承担保证责任。

(四)保证期间届满的法律效果

保证期间届满的法律效果是指在保证期间内,如果债权人没有向保证人或者主债务人主张权利,保证人将不再承担保证责任。但保证期间届满要产生此种效果,必须要区分一般保证和连带责任保证:第一,在一般保证中,由于保证人依法享有先诉抗辩权,《民法典》第693条第1款规定:"一般保证的债权人未在保证期间内对债务人提起诉讼或者申请仲裁的,保证人不再承担保证责任。"因此,如果债权人没有在保证期间内向主债务人提起诉讼或者申请仲裁,则保证人不再承担保证责任。第二,对于连带责任保证而言,《民法典》第693条第2款规定:"连带责任保证的债权人未在保证期间请求保证人承担保证责任的,保证人不再承担保证责任。"因为在连带责任保证中,在主债务履行期限届满后,债权人可以直接请求保证人承担保证责任,保证人也必须承担保证责任,因而在连带责任保证期间内,如果债权人未对保证人提出请求,则保证期间经过后,保证人即不再承担保证责任。① 由此可见,保证期间和诉讼时效的区别在于,保证期间的届满会导致权利本身的消灭,而不仅仅是导致抗辩权的产生;而诉讼时效届满的后果是义务人可以据此提出拒绝履行的抗辩。

正是因为保证期间届满涉及债权人是否有权要求保证人承担保证责任的问题,《有关担保的司法解释》第34条第1款规定:"人民法院在审理保证合同纠纷案件时,应当将保证期间是否届满、债权人是否在保证期间内依法行使权利等事实作为案件基本事实予以查明。"依据该规定,对于保证期间届满的效果,人民法院应当依据职权进行审查。因为保证期间届满将发生权利消灭的后果,且一旦保证责任消灭,债权人即无权请求保证人承担保证责任,因此,保证期间关系到债权人是否有权向保证人主张权利的问题,所以不必由当事人主张,法院应当主动进行审查。当然,保证人也可以提交相关的证明材料,以证明保证期间已经届满。②

《有关担保的司法解释》第33条规定:"保证合同无效,债权人未在约定或者法定的保证期间内依法行使权利,保证人主张不承担赔偿责任的,人民法院应予支持。"作出这种规定的原因在于,一方面,在保证合同无效或者被撤销的情形下,不能当然认定保证期间无效,保证期间实际上是债权人要求保证人承担责任的期限,债权人要求保证责任,谈不上是免责的问题,所以,对保证期间的效力,并不是以保证合同有效为前提的。③ 另一方面,既然合同被确认无效之前,债权人没有在保证期间内主张权利,保证期间已经失效,保证人不应当承担担保责任,在保证合同无效后反而要保证人承担保证责任,这对保证人本身不公平。因此,如果保证期间失效,在保证合同嗣后被宣告无效的情形下,保证人也不应当承担赔偿责任。

---

① 参见高圣平:《保证合同重点疑点难点问题判解研究》,人民法院出版社2005年版,第277页。
② 参见上海市高级人民法院民二庭《关于审理担保、票据等民商事纠纷案件若干问题的处理意见》(沪高法民二〔2009〕15号)。
③ 最高人民法院民事审判第二庭:《最高人民法院民法典担保制度司法解释理解与适用》,人民法院出版社2021年版,第324页。

二、保证债务的诉讼时效

（一）保证债务诉讼时效的概念和特征

所谓保证债务的诉讼时效，是指当债权人请求保证人履行保证债务时，如果法定的保证债务诉讼时效期间已经届满，保证人就享有拒绝承担保证责任的抗辩权。《民法典》第694条规定，保证债务的诉讼时效期间适用一般的诉讼时效期间，即其时效期间为3年。[①] 法律规定保证债务诉讼时效的意义在于，债权人在保证期间内向主债务人或保证人主张权利后，保证期间即失去意义，保证人不能主张保证期间抗辩，但在此情况下，保证债务也不能一直存续，否则将使保证人承担过重的责任，因此，法律上确认保证债务可适用单独的诉讼时效。从法理上而言，保证期间是债权人选择是否要求保证人承担保证责任的期间，如果债权人要求保证人承担保证责任，则会导致保证之债的出现，保证之债与普通的债务无异，理应适用诉讼时效。

保证债务诉讼时效制度的设立，使得保证人享有两种期限利益：一是保证期间利益，二是时效利益。如果债权人没能在保证期间内向债务人或者保证人主张其债权，则一旦保证期间届满，保证人的保证责任也随即消灭。而如果债权人在保证期间内依法向债务人或者保证人主张权利，则保证期间即失去意义，但此时保证债务的诉讼时效可能并未届满[②]。当然，保证债务诉讼时效的起算仍然要区分一般保证与连带责任保证，对一般保证而言，在债权人对债务人提起诉讼或者申请仲裁的情形下，保证债务诉讼时效自保证人拒绝承担责任的权利消灭之日起计算；而对连带责任保证而言，保证债务诉讼时效自债权人在保证期间内依法向保证人主张权利之日起算。

需要指出的是，保证债务诉讼时效不同于主债务的诉讼时效，在实践中应当分别予以计算，特别是在如下两种情形下，对二者届满的效果也应当分别予以认定：

一是主债务诉讼时效期间届满，但保证债务诉讼时效并未届满。此时，保证人虽然无法主张保证债务诉讼时效届满的抗辩，但其可以主张债务人对债权人的时效届满的抗辩。《有关担保的司法解释》第35条规定："保证人知道或者应当知道主债权诉讼时效期间届满仍然提供保证或者承担保证责任，又以诉讼时效期间届满为由拒绝承担保证责任或者请求返还财产的，人民法院不予支持；保证人承担保证责任后向债务人追偿的，人民法院不予支持，但是债务人放弃诉讼时效抗辩的除外。"依据该条规定，如果主债务诉讼时效已经届满，则保证人仍然可以对该债务的履行提供保证，保证人也可以在主债务诉讼时效届满后仍然承担保证责任。但在主债务诉讼时效届满后，保证人继续承担保证责任的，则除债务人放弃诉讼时效抗辩的情形外，保证人不得向债务人追偿。

二是主债务诉讼时效期间没有经过，但是保证债务诉讼时效期间已经经过。由于主债务的诉讼时效与保证债务的诉讼时效产生的基础不同，且起算点各不相同，并可以发生中止、中断、延长的效果，所以就会发生保证债务诉讼时效与主债务诉讼时效不同期的现象。如果主债务诉讼时效期间没有经过，但保证债务诉讼时效期间已经经过，此时保证人可以主张保证债务时效经过的抗辩。

（二）保证债务诉讼时效与保证期间

在《民法典》颁行前，虽然我国立法和有关司法解释同时规定了保证期间与保证债务的

[①] 参见黄薇主编：《中华人民共和国民法典释义》（中），法律出版社2020年版，第728页。
[②] 黄薇主编：《中华人民共和国民法典合同编解读》（上册），中国法制出版社2020年版，第720页。

诉讼时效,但并没有妥当衔接二者的适用关系,也由此引发了一些争议。笔者认为,保证期间与保证债务诉讼时效虽然都是限制保证责任的制度,但二者的功能不同,不能互相代替,我国《民法典》同时规定的保证期间与保证债务诉讼时效,虽然都是权利行使的期限,但二者存在如下区别:

第一,是否可以由当事人自由约定不同。保证期间既可以是约定的,也可以是法定的,如果当事人约定了保证期间,则该约定期间将优先于法定期间而适用。在当事人约定保证期间的情形下,其一般是保证合同的组成部分。而保证债务诉讼时效是法定的,不论是保证债务的诉讼时效期间,还是诉讼时效的起算规则,都是由法律规定的,当事人不能另行作出约定。①

第二,期限长短不同。从《民法典》规定来看,法定保证期间为6个月,但当事人也可以自由约定保证期间,《民法典》并没有对当事人约定保证期间的自由进行过多限制。当然,如果当事人约定的保证期间过长,则对保证人将是极为不利的。而保证债务诉讼时效期间的长短则是法定的,《民法典》并没有对保证债务的诉讼时效期间作出特别规定,其应当适用诉讼时效期间的一般规则,即应当为3年。②

第三,期限是否可以变更不同。保证期间是不变期间,依据《民法典》第692条的规定,保证期间不发生中止、中断和延长。因此,不论是当事人约定的保证期间,还是法律规定的保证期间,都不发生中止、中断和延长。而诉讼时效可能因为法定事由的存在而出现中止、中断的情形,因此,诉讼时效期间是可以发生变更的。

第四,起算点不同。关于保证期间的起算,依据《民法典》第692条第2款和第3款的规定,法定保证期间自主债务履行期届满之日开始计算,如果没有约定履行期间或者约定不明的,保证期间"自债权人请求债务人履行债务的宽限期届满之日起计算"。可见,保证期间自主债务履行期限届满之日开始起算。关于保证债务诉讼时效的起算,《民法典》区分了一般保证与连带责任保证,分别规定了其诉讼时效的起算规则。

第五,期限届满的后果不同。保证期间届满,债权人在该保证期间内未主张权利的,则保证责任消灭。保证债务的诉讼时效届满的,并不导致保证债务的消灭,但债权人在诉讼时效届满后请求保证人承担保证责任的,保证人有权提出时效抗辩。③

(三)保证债务诉讼时效的起算

1. 一般保证中保证债务诉讼时效的起算

《民法典》第694条第1款规定:"一般保证的债权人在保证期间届满前对债务人提起诉讼或者申请仲裁的,从保证人拒绝承担保证责任的权利消灭之日起,开始计算保证债务的诉讼时效。"该条对一般保证中保证债务诉讼时效的起算规则作出了规定。

在一般保证中,保证债务诉讼时效的起算应当适用诉讼时效起算的规则,依据《民法典》第188条的规定,诉讼时效采主观主义的起算模式,即自债权人知道或者应当知道其权利遭受损害且知道具体的义务人之日起算。在保证债务中,由于保证合同是在债权人与保证人之间订立的,因此,债权人并不存在是否知道义务人的问题,关键是如何确定债权人知道或者应当知道其权利遭受损害。笔者认为,在一般保证中,保证人享有先诉抗辩权,在债权人

---

① 黄薇主编:《中华人民共和国民法典合同编解读》(上册),中国法制出版社2020年版,第720页。
② 同上。
③ 同上书,第721页。

对债务人提起诉讼或者申请仲裁的情形下,如果债权人不能从债务人处获得清偿,则保证人的先诉抗辩权将消灭,债权人有权请求保证人承担保证责任,此时,如果保证人未承担保证责任,则应当认定债权人已经知道或者应当知道其保证债权已经受到损害,此时即开始起算保证债务的诉讼时效。

如何理解"保证人拒绝承担保证责任的权利消灭之日"?一般认为,保证人不能主张各种抗辩时,拒绝承担保证责任的权利即消灭。[1] 例如,在债权人起诉债务人的情形下,如果债权人通过强制执行程序无法从债务人处获得完全清偿,即应当认定保证人拒绝承担保证责任的权利消灭,此时即应当开始起算保证债务的诉讼时效。在债权人对债务人提起诉讼或者申请仲裁的情形下,如何确定债权人何时无法从债务人处获得完全清偿,值得探讨。对此,依据《有关担保的司法解释》第28条第1款第1项规定,在债权人无法从债务人处获得完全清偿时,则人民法院需要作出终结执行裁定。自人民法院作出的终结执行裁定或者终结本次执行程序裁定送达债权人之日,即可开始起算保证债务的诉讼时效。但从实践来看,法院常常并不作出此种裁定,此时,依据司法解释第28条第1款第2项的规定,保证债务的诉讼时效自人民法院收到申请执行书满1年之日起计算。当然,如果债权人能够证明存在《民法典》第687条第2款的但书所规定的保证人先诉抗辩权消灭的情形的,则自债权人知道或者应当知道该情形之日起开始计算保证债务的诉讼时效。[2]

2. 连带责任保证诉讼时效的起算

《民法典》第694条第2款规定:"连带责任保证的债权人在保证期间届满前请求保证人承担保证责任的,从债权人请求保证人承担保证责任之日起,开始计算保证债务的诉讼时效。"由此可见,与一般保证的诉讼时效起算不同,在连带责任保证中,法律并不要求债权人必须对债务人在法院提起诉讼或向仲裁机构申请仲裁,而从保证人拒绝承担保证责任之日起开始计算保证债务诉讼时效,如果债权人在保证期间届满前就已经依法请求保证人承担保证责任,则从债权人要求保证人承担保证责任之日起,即开始计算保证债务的诉讼时效。[3] 从该条规定来看,其实际上也适用诉讼时效起算的一般规则,即在连带责任保证中,主债务人未按期履行债务时,债权人在保证期间内请求保证人承担保证责任的,则保证人即应当依法履行保证债务,保证人未履行保证债务的,即应当认定债权人知道或者应当知道其保证债权遭受了侵害,此时即可开始起算保证债务的诉讼时效。例如,债权人甲与保证人乙订立连带责任保证合同,在主债务到期以后,乙的保证债务的诉讼时效起算之日即为甲向乙主张保证责任之日。对连带责任保证而言,由于《民法典》并未对保证债务的诉讼时效作出特别规定,因此,其也应当适用3年的诉讼时效期间。

(四)保证债务诉讼时效届满的效果

保证债务诉讼时效届满的效果是使保证人产生了主张时效抗辩的权利。从保证人的角度看,保证合同诉讼时效届满后,保证人享有时效经过的抗辩,在债权人请求其承担保证责任时,有权提出抗辩并拒绝履行。[4] 当然,保证人可以抛弃该时效利益。《民法典》第192条规定:"诉讼时效期间届满的,义务人可以提出不履行义务的抗辩。诉讼时效期间届满后,义务人同意履行的,不得以诉讼时效期间届满为由抗辩;义务人已自愿履行的,不得请求返

---

[1] 参见谢鸿飞、朱广新主编:《民法典评注·合同编:典型合同与准合同2》,中国法制出版社2020年版,第93页。
[2] 参见《有关担保的司法解释》第28条。
[3] 参见程啸:《保证合同研究》,法律出版社2006年版,第555页。
[4] 参见古锡麟等:《适用诉讼时效制度若干问题研究》,载《人民司法》2004年第9期。

还。"在保证合同中,保证债务诉讼时效届满后,保证人可主张时效抗辩,但债权人请求保证人承担保证责任的实体权利并未消灭,在保证人自愿履行保证责任的情形下,债权人接受保证人履行的,该履行仍发生法律效力,而不构成不当得利,保证人不得主张返还相应的给付。

三、保证期间与保证债务诉讼时效的衔接

依据《民法典》第693条、第694条的规定,在一般保证的场合,如果债权人在保证期间内向债务人提起诉讼或者仲裁的,保证期间便丧失意义,在保证人先诉抗辩权消灭后,保证债务的诉讼时效开始起算。因此,保证期间届满的抗辩与保证债务诉讼时效届满的抗辩并不可能同时存在。而对连带责任保证而言,债权人需要在保证期间内向保证人主张保证责任,如果债权人在保证期间内向保证人提出了请求,保证期间便丧失效力,此时,保证人不履行保证债务的,保证债务的诉讼时效即开始起算。

第十节 共 同 保 证

一、共同保证的概念和特征

所谓共同保证,是指两个或两个以上的保证人为同一债务而向债权人提供的担保。共同保证是相对于一人保证而言的,它是指数人为同一债务提供担保。例如,甲、乙、丙三人共同为债务人的同一笔借款提供保证。《民法典》第699条规定:"同一债务有两个以上保证人的,保证人应当按照保证合同约定的保证份额,承担保证责任;没有约定保证份额的,债权人可以请求任何一个保证人在其保证范围内承担保证责任。"这就确立了共同保证制度。由于在共同保证中,有多个保证人为主债权提供担保,因而能够为债权的实现提供更有力的保障。具体来说,共同保证的特征主要表现在:

(1) 数个保证人为同一债务提供担保。这就是说,一方面,共同保证所担保的债务必须具有同一性,如果数个保证人虽为同一债务人作保,但保证的债务不同(如甲为债务人的借款担保,乙为债务人修缮房屋所产生的费用提供担保,丙为债务人购买货物的债务提供担保),则其在性质上仍然属于个别保证,而不具有共同性,无法成立共同保证。另一方面,共同保证强调债务的同一性,就债务人而言,其既可以是单个的债务人,也可以是数个债务人,但债务应当是同一债务。可见,债务的同一性是共同保证不同于个别保证的另一个特点,即数个保证人共同为同一债务提供担保。此外,只要数个保证人均有为同一债务提供保证的意思,即可构成共同保证,而并不要求数个保证人必须形成提供共同保证的合意。例如,某个保证人在为他人提供保证时,并不知道其他保证人也已经为该债务人提供保证,但这并不影响共同保证的成立。

(2) 共同保证人的责任可以是连带的,也可以是按份的。共同保证既可以是按份共同保证,也可以是连带共同保证,二者是共同保证的两种基本形式。[①] 保证人采取何种方式提供共同保证,完全由共同保证人与债权人进行约定。

(3) 责任具有相对独立性。《有关担保的司法解释》第29条第1款规定:"同一债务有两

---

① 参见谢鸿飞、朱广新主编:《民法典评注·合同编:典型合同与准合同2》,中国法制出版社2020年版,第117页。

个以上保证人,债权人以其已经在保证期间内依法向部分保证人行使权利为由,主张已经在保证期间内向其他保证人行使权利的,人民法院不予支持。"依据该规定,在共同保证的情形下,债权人在保证期间内向部分保证人主张保证责任的,并不能当然产生向其他保证人主张权利的效果,在此情形下,如果债权人没有在保证期间内向其他保证人主张保证责任,则其他保证人的保证责任消灭。①

共同保证与保证人承担保证责任的方式(即一般保证与连带责任保证)是不同的概念。一方面,共同保证是指多个保证人为同一债务提供担保。而保证责任的方式则涉及保证人与债务人承担责任的方式。共同保证涉及的是保证人之间的关系,而保证责任的方式涉及的是保证人与债务人之间的关系。② 另一方面,共同保证主要涉及的是各个保证人承担保证责任的问题,而不涉及先诉抗辩权的问题;而在保证责任方式中,则涉及保证人先诉抗辩权的适用问题。

二、共同保证的两种形式

《民法典》第 699 条规定:"同一债务有两个以上保证人的,保证人应当按照保证合同约定的保证份额,承担保证责任;没有约定保证份额的,债权人可以请求任何一个保证人在其保证范围内承担保证责任。"依据该规定,共同保证主要具有两种方式:

(一)按份共同保证

所谓按份共同保证,是指保证人与债权人在保证合同中约定各个保证人所承担的保证责任的份额,债权人只能在约定的份额限度内向各个保证人请求承担保证责任。③ 依据《民法典》第 699 条,如果各共同保证人与债权人之间已特别约定了保证的份额,则各共同保证人应依据约定的份额承担保证责任。

按份共同保证的特征主要在于:

第一,各个保证人与债权人就保证份额作出明确约定。例如,甲乙共同为债务人丙作保,在保证合同中与债权人丁约定,甲乙各承担 50% 的保证责任,此种保证在性质上属于按份共同保证。保证合同成立后,债权人对各保证人并不享有连带债权,其只能请求各个保证人就其保证份额承担责任,而不能请求各保证人承担全部保证责任。④ 按份共同保证不同于连带共同保证,其中最主要的区别就在于各个保证人之间是否与债权人就保证份额作出约定。如果仅仅是各个保证人内部约定按份为主债务人的债务提供保证,则该约定仅在各个保证人内部责任分担方面具有意义,而不能以此对抗债权人的请求权。

如果数个共同保证人与债权人特别约定,由某一部分共同保证人对全部债务负保证责任,另一部分保证人仅对部分债务负保证责任,则构成了连带共同保证和按份共同保证的混合。例如,保证合同当事人约定,保证人甲与保证人乙对全部的主债务即 100 万元的借款提供保证,而保证人丙与债权人约定仅对其中 20 万元的债务提供保证。在此情况下,如果债务人到期不能履行债务,债权人可享有如下请求权:一是依法请求甲或乙对全部债务负连带

---

① 最高人民法院民事审判第二庭:《最高人民法院民法典担保制度司法解释理解与适用》,人民法院出版社 2021 年版,第 294 页。
② 参见黄薇主编:《中华人民共和国民法典合同编解读》(上册),中国法制出版社 2020 年版,第 778 页。
③ 曹士兵:《中国担保诸问题的解决与展望——基于担保法及其司法解释》,中国法制出版社 2001 年版,第 72 页。
④ 郑玉波先生认为:这种分别负责的情况,并非严格的共同保证,而属于分别的一般保证,参见郑玉波:《民法债编各论》,台湾三民书局 1986 年版,第 891 页。笔者认为,在上述情况下,各个保证人仍然是共同地为同一债务人的同一债务负责,因此仍具有共同性。

清偿责任。如果甲或乙未能清偿全部债务,则债权人仍有权请求丙在 20 万元的范围内承担清偿责任。二是债权人可以依法请求丙承担 20 万元的清偿责任,对于剩余 80 万元债务,债权人可以请求甲和乙承担连带清偿责任。

第二,各个保证人按照约定的份额承担责任。在按份共同保证中,各个保证人与债权人就保证份额事先作出明确约定,保证人只需要在约定份额内承担保证责任,对于超出约定份额部分的保证责任,保证人可以拒绝履行。如果保证人承担的保证责任超出约定保证份额的,则债权人将构成不当得利,保证人有权向债权人请求返还超出约定份额的部分;如果能够认定某个保证人是代主债务人或者其他保证人清偿,则该清偿有效,主债务人与其他保证人的责任在该超出的份额内免除①,此时,保证人与主债务人或者其他保证人之间成立无因管理,该保证人有权依据无因管理的规定向主债务人或者其他保证人追偿。

第三,在按份共同保证中,保证人按照保证合同约定的保证份额承担保证责任后,有权在其履行保证责任的范围内对债务人行使追偿权。这主要是因为,保证人所承担的保证责任虽然也是对自己所负担的保证债务的履行,但在根本上是代替债务人履行债务,所以,在按份共同保证人承担保证责任后,其有权在履行保证责任的范围内向债务人追偿。②

第四,按份共同保证的保证人必须分别与债权人约定按份承担保证责任,如果当事人没有就保证责任的份额作出约定,或者约定不明的,则依据《民法典》第 699 条,保证人应当在其保证责任的范围内各自承担保证责任。但如何理解各自的份额?对此有两种观点:一种观点认为,应当依据《民法典》第 519 条的规定,在份额难以确定时,视为份额相同;另一种观点认为,在没有约定或约定不明时,债权人可以请求任何一个保证人承担全部保证责任,保证人承担保证责任之后,可以向债务人追偿,但不能向其他保证人追偿。③ 笔者认为,第二种观点更为合理,在当事人没有约定或者约定不明确时,则视为各个保证人对债务人全部债务的履行承担保证责任,即债权人有权请求任何一个保证人承担全部责任。

(二)连带共同保证

1. 连带共同保证的概念

所谓连带共同保证,是指各共同保证人与债权人并未就保证责任的份额作出约定,各个保证人对债务承担连带清偿责任。《民法典》第 699 条后半句规定:"没有约定保证分额的,债权人可以请求任何一个保证人在其保证范围内承担保证责任。"连带共同保证的主要特点在于,各个保证人与债权人之间并未约定保证责任的份额,债权人可以请求任何一个保证人在其保证范围内承担保证责任。如果各个保证人的保证范围均是全部债务,则债权人可以向任一保证人主张全部债务的保证责任,从而形成连带共同保证。④ 连带共同保证的特点在于:

第一,连带共同保证可以依据当事人约定或法律规定产生。连带共同保证分为一般连带共同保证和推定连带共同保证。一般连带共同保证是指各保证人约定均对全部主债务承担连带清偿责任的保证。例如,数个保证人与主债权人明确约定,连带地对全部 100 万元的债务提供保证。推定连带共同保证是指各保证人与债权人没有约定保证份额的共同保证,

---

① 参见高圣平:《民法典担保制度及其配套司法解释理解与适用》(上),中国法制出版社 2021 年版,第 218 页。
② 参见程啸:《保证合同研究》,法律出版社 2006 年版,第 560 页。
③ 参见黄薇主编:《中华人民共和国民法典合同编解读》(上册),中国法制出版社 2020 年版,第 781 页。
④ 参见谢鸿飞、朱广新主编:《民法典评注·合同编:典型合同与准合同 2》,中国法制出版社 2020 年版,第 117—118 页。

但符合法定的推定条件,应被认定为连带共同保证。

第二,连带共同保证是指各个保证人之间的连带保证。连带共同保证与连带责任保证是不同的。连带责任保证是指保证人与主债务人之间的连带保证责任,换言之,是保证人与债务人之间的连带,因为此种连带的存在而排除了保证人的先诉抗辩权。① 而在连带共同保证中,数个共同保证人与债权人之间达成协议,共同对债权人负连带保证责任,此种连带是就各保证人之间的关系而言的,即债权人可请求任何一个连带共同保证人对主债务负担全部保证责任。且债权人一旦对某一连带共同保证人主张保证人责任,则视为已经对所有保证人主张权利。例如,在"英贸公司诉天元公司保证合同追偿权纠纷案"中,法院认为:"在连带共同保证中,由于保证人是作为一个整体共同对债权人承担保证责任,所以债权人向共同保证人中的任何一人主张权利,都是债权人要求保证人承担保证责任的行为,其效力自然及于所有的保证人。对那些未被选择承担责任的共同保证人来说,债权人向保证人中任何一人主张权利的行为,应当视为债权人已向其主张了权利。"②

第三,各个保证人必须是为同一债务负担连带保证责任。各个保证人可以同时与主债权人订立保证合同,也可以分别订立保证合同。各保证人就同一债务的履行而作出的保证可以不在同一时间内发生。因此,多个共同保证是同时成立,还是先后成立,均不影响共同保证的成立。③ 只要由数人为同一债务的履行提供保证,就成立共同保证。

第四,在具体认定各个保证人所提供的保证是否为连带共同保证时,依据《有关担保的司法解释》第 13 条第 2 款,如果各个担保人在同一份合同书上签字、盖章或者按指印,则可以认定其有提供连带共同担保的意愿。④ 当然,连带共同保证中,如果各个保证人仅对部分债务的履行提供连带共同保证,则该约定也具有法律效力,此时,各个保证人也仅对该部分债务的履行承担连带责任。因此《民法典》第 699 条后半句不再规定各个连带保证人承担全部保证责任,而仅规定在其保证范围内承担保证责任。

2. 连带共同保证与按份共同保证的区别

按份共同保证和连带共同保证都是共同保证的形式,都涉及在保证人为多数的情况下,相互之间所应承担的责任份额。但二者有明显区别,主要表现在:

第一,各个保证人在承担保证责任方面的关系不同。对按份共同保证而言,各个保证人的保证责任相互独立,各自在法定或者约定的范围内承担责任,债权人对某一保证人主张权利的,并不当然对其他保证人产生效力。在按份共同保证中,原则上,债权人对各个保证人的权利是相互独立的,对某一个保证人行使的行为,并不及于其他保证人。《有关担保的司法解释》第 29 条第 1 款规定:"同一债务有两个以上保证人,债权人以其已经在保证期间内依法向部分保证人行使权利为由,主张已经在保证期间内向其他保证人行使权利的,人民法院不予支持。"该条规定可以适用于按份共同保证。而连带共同保证中,各保证人对债权人承担连带的担保责任,因此债权人请求任何一个保证人承担责任都会对其他保证人产生效力。

第二,对责任份额是否需要作出明确约定不同。依据《民法典》第 699 条的规定,当事人

---

① 参见谢鸿飞、朱广新主编:《民法典评注·合同编:典型合同与准合同2》,中国法制出版社 2020 年版,第 117 页。
② 《最高人民法院公报》2002 年第 6 期。
③ 参见何志:《担保法判解研究与适用》,人民法院出版社 2010 年版,第 224 页。
④ 最高人民法院民事审判第二庭:《最高人民法院民法典担保制度司法解释理解与适用》,人民法院出版社 2021 年版,第 187 页。

必须就保证责任的份额作出明确约定,才能成立按份共同保证,否则推定成立连带共同保证,因此,连带共同保证的成立既可以基于当事人的约定,也可以基于法律的推定。问题在于,如果各个保证人与债权人约定承担按份保证责任,但各个保证人之间的份额不明的,保证人是否承担连带保证责任?《民法典》并没有对此作出规定。笔者认为,对于按份共同保证或连带共同保证的判断,主要考虑保证人和债权人之间的约定,而不考虑保证人之间的内部约定,因为保证合同只是在债权人和保证人之间订立,所以连带责任抑或按份责任也应当依据保证合同来确定。① 共同保证的责任形式取决于各个保证人与债权人之间的约定,各个保证人之间的责任份额约定属于内部责任分担的范畴,不应当影响外部保证责任的承担。如果各个共同保证人在保证合同中"未约定保证份额",现行法律从保障债权人利益的角度出发推定保证人对全部债务承担保证责任,此时如果债权人和保证人之间约定了承担按份保证责任,也应当认定各个保证人在特定份额范围内与其他保证人承担连带保证责任。

第三,所承担的责任份额不同。在按份共同保证中,各共同保证人仅需在约定的份额内承担各自的保证责任,债权人也只能在其与各个保证人约定的保证份额内请求各个保证人承担保证责任。而在连带共同保证中,各共同保证人对债权人承担连带保证责任。依据《民法典》的规定,在连带共同保证中,保证人对外要承担连带责任,对内如果保证人之间存在约定的,可以按照约定的保证份额承担保证责任。实践中,数个保证人对同一债务同时或先后提供担保时,各保证人与债权人之间没有约定保证份额,应当将其认定为连带共同保证,各个保证人都要共同承担连带责任。

第四,对其他保证人是否享有追偿权不同。在连带共同保证中,债权人有权请求全部或者部分保证人承担全部保证责任,如果部分保证人承担了全部保证责任,则其有权要求其他保证人分担相应份额。从《民法典》第699条的规定来看,其并没有规定向主债务人或其他连带责任保证人追偿时的先后顺序;但对连带共同保证而言,保证人承担保证责任后,向债务人不能追偿的部分,由各连带保证人按其内部约定的比例分担。而在按份共同保证中,债权人仅有权请求保证人在约定的保证份额内承担保证责任,如果某一保证人因清偿错误等原因,承担了超出其保证份额的责任,其有权依据不当得利的规定向债权人请求返还,而不能向债务人或其他保证人追偿。②

在共同保证中,各个保证人之间相互没有追偿权,但从实践来看,某一保证人在承担保证责任后,可以受让债权人的债权,并基于该债权向其他保证人追偿,这实际上是变相规避了按份共同保证中各个保证人不能相互追偿的规则,显然不利于保护其他保证人的利益,《有关担保的司法解释》第14条明确规定:"同一债务有两个以上第三人提供担保,担保人受让债权的,人民法院应当认定该行为系承担担保责任。受让债权的担保人作为债权人请求其他担保人承担担保责任的,人民法院不予支持;该担保人请求其他担保人分担相应份额的,依照本解释第十三条的规定处理。"据此,保证人一般不得基于债权转让而请求其他保证人承担保证责任,即使某一保证人受让债权,也只有在符合《有关担保的司法解释》第13条第1款、第2款所规定的三种情形时,才能依法向其他保证人部分追偿,而不能基于受让债权的行使变相向其他保证人全额追偿。如果受让债权,则可以全额追偿,显然也不利于保护其他保证人的利益。

---

① 参见程啸:《保证合同研究》,法律出版社2006年版,第566页。
② 参见谢鸿飞、朱广新主编:《民法典评注·合同编:典型合同与准合同2》,中国法制出版社2020年版,第118页。

三、关于保证人之间的追偿问题

(一)共同保证中保证人约定相互追偿是合法有效的

在共同担保中,无论是混合共同担保还是共同保证,担保人原则上不能相互追偿,但是,如果当事人事先约定了各个保证人之间可以相互追偿,则该约定是有效的,承担了保证责任的保证人有权向其他保证人追偿。① 对此,《有关担保的司法解释》第13条第2款规定:"同一债务有两个以上第三人提供担保,担保人之间未对相互追偿作出约定且未约定承担连带共同担保,但是各担保人在同一份合同书上签字、盖章或者按指印,承担了担保责任的担保人请求其他担保人按照比例分担债务人不能追偿部分的,人民法院应予支持。"该条实际上确立了推定连带共同担保的规则,连带共同保证概念主要解决保证人之间能否相互求偿这一内部问题,即便不是连带共同保证,各保证人之间仍然可能都对债权人承担全部责任而非按份责任。连带共同保证只能由当事人约定产生,不存在法定情形。如果各个保证人在同一份合同书上签字、盖章或者按指印,则可以认定其有提供连带共同保证的意愿,因此即便担保人之间没有特别明示的共同担保的意思表示,也可以推定担保人之间构成了连带共同保证,但这属于当事人可以举证推翻的推定。② 如果当事人举证证明存在特别约定,例如,能够证明债权人与某一担保人明确约定其不承担连带共同担保责任,则可以推翻此种推定。

(二)按份共同保证中当事人没有约定时则不能相互追偿

在我国《民法典》编纂过程中,对按份共同保证中各个保证人相互之间能否追偿,曾经引发激烈的争议。但《民法典》最终排除了保证人的追偿权。《民法典》第392条规定在混合共同担保的情形下,提供担保的第三人承担保证责任之后,有权向债务人进行追偿,但并没有规定是否有权向其他担保人追偿。《有关担保的司法解释》依据《民法典》的规定,在第13条第3款规定:"除前两款规定的情形外,承担了担保责任的担保人请求其他担保人分担向债务人不能追偿部分的,人民法院不予支持。"这就进一步明确了保证人之间不得相互追偿。在按份共同保证中,之所以禁止保证人之间相互追偿,主要是基于如下原因:第一,在保证人之间没有约定有权相互追偿的情形下,保证人之间的保证责任是相对独立的,此时允许保证人之间进行相互追偿,不仅有违各个保证人的意愿,也会对保证人带来不公平。③ 第二,承认追偿权可能会导致诉讼成本增加,十分繁琐,由于债务人才是最终的责任承担者,允许保证人承担责任后仅向债务人追偿也是公平合理的。第三,保证人之间并不构成风险共同体,保证人之间可能也并不相互熟识,保证合同只是保证人与债权人之间达成约定为债务人承担保证责任的合同,法律上赋予可能是完全陌生的保证人之间的相互追偿权,对保证人而言也不公平。

(三)连带共同保证中的追偿权

在连带共同保证中,各个保证人对债权人承担连带责任,某一保证人承担保证责任后,有权就超过其按照保证人内部约定应当承担份额的部分向其他保证人追偿。在连带共同保证中,如果债权人没有在保证期间内向保证人主张保证责任的,则该保证人的保证责任宣告消灭,在此情形下,其他保证人在承担保证责任后,也不能向该保证人进行追偿,因此,其他保证人在因此而丧失对该保证人的追偿权的范围内不对债权人承担责任。对此,《有关担保

---

① 最高人民法院民事审判第二庭:《最高人民法院民法典担保制度司法解释理解与适用》,人民法院出版社2021年版,第187页。
② 同上。
③ 同上书,第185页。

的司法解释》第29条第2款规定:"同一债务有两个以上保证人,保证人之间相互有追偿权,债权人未在保证期间内依法向部分保证人行使权利,导致其他保证人在承担保证责任后丧失追偿权,其他保证人主张在其不能追偿的范围内免除保证责任的,人民法院应予支持。"

关于连带共同保证中保证人之间的追偿权的行使,应当依合同自由原则,有约定的依约定。在连带共同保证中,如果当事人就追偿问题作出了约定,则依据当事人的约定确定各个保证人之间的追偿规则。《有关担保的司法解释》第13条第1款后半句规定:"担保人之间约定承担连带共同担保,或者约定相互追偿但是未约定分担份额的,各担保人按照比例分担向债务人不能追偿的部分。"在连带共同保证中,当事人如果约定了内部责任分担份额,则应当依据当事人的约定认定保证人之间的追偿权。即便当事人没有约定分担份额,只要约定了相互追偿,也应当按照平均分担的比例确定其内部责任分担份额。在保证人没有就追偿问题作出约定时,如果可以认定当事人之间成立连带共同保证,则各个保证人之间享有追偿权。连带共同保证不同于连带责任保证,其既可能是一般保证,也可能是连带责任保证,在构成一般保证时,各个保证人均享有先诉抗辩权[①],而在构成连带责任保证时,在债务人不履行债务时,债权人既可以请求债务人履行债务,也可以直接请求各个保证人中任何一个保证人承担保证责任,或者请求全部保证人承担保证责任。承担了保证责任的保证人,有权按照内部关系向其他保证人进行追偿,此种追偿并不属于全额追偿。

第十一节 最高额保证

一、最高额保证的概念与特点

最高额保证,是指保证人在最高债权额限度内为一定期间连续发生的债权提供的保证担保。[②]《民法典》第690条规定:"保证人与债权人可以协商订立最高额保证的合同,约定在最高债权额限度内就一定期间连续发生的债权提供保证。最高额保证除适用本章规定外,参照适用本法第二编最高额抵押权的有关规定。"据此可见,法律允许保证人与债权人协议在最高债权额限度内就一定期间连续发生的借款合同或者某项商品交易合同订立一个保证合同。例如,甲向某银行借款,双方约定"在一年之内将根据市场行情,分多次借款,但最高限额为一千万元",并请乙提供保证,在保证一栏中,乙与银行之间约定"从合同订立起一年后停止借款并结算债权",乙已在该栏中签名。此时,当事人约定的保证即属于最高额保证。

最高额保证不同于普通保证。普通保证是指债权人与保证人之间约定,由保证人对实际发生的债权作担保。而最高额保证是指债权人与保证人之间约定,在最高债权额限度内由保证人对未来连续发生的债权作保。与普通保证合同相比,最高额保证合同的主要特点如下:

第一,最高额保证是为将来发生的债权作担保。在普通保证的情况下,必须先有债权,然后才能设定保证,亦即保证的设定是以债权的存在为前提的,否则普通保证就无从设立。但在最高额保证设立时,主债权并不确定。例如,在前例中,甲尚未从银行实际借款,因而主债权还没有产生,但仍可以订立最高额保证合同。也就是说,当事人可以约定为未来连续发生的债权提供担保。最高额保证合同就是针对将来发生的多个主债权而设定的保证,这就

[①] 参见黄薇主编:《中华人民共和国民法典合同编解读》(上册),中国法制出版社2020年版,第779页。
[②] 参见程啸:《保证合同研究》,法律出版社2006年版,第584页。

要求最高额保证合同先于主合同债权的实际发生而设立,而不以债的实际存在为前提。①由于最高额保证是为将来发生的债权提供保证,因而,当事人在保证合同中应对此作明确的约定,如无特别约定则一般只能认为是普通保证,而不能随意认定为最高额保证。当然,如果双方当事人要将最高额保证合同设立之前已经存在的债务纳入最高额保证所担保的债务范围之内,从有利于债权人权益保障和意思自治的角度出发,应当肯定该合意的效力。

第二,最高额保证所担保的债权具有不确定性。普通保证所担保的债权都是确定的,这不仅表现为债权类型是确定的,而且债权的数额也是确定的。普通保证是为特定债权提供的担保,而最高额保证是为将来要发生的不特定的债权提供的担保。最高额保证所担保的债权自保证合同生效之后,直到被担保的债权最终确定之前,都处于变动之中。在此期间所发生的债权,只要在约定的最高额限度内,都属于最高额保证所担保的范围。② 在前例中,甲还没有向银行借款就请来乙提供保证,但是,在订立最高额保证合同时,甲究竟何时借款、借款多少、分几次借款都是不确定的。通常,在最高额保证的情况下,必须到决算期时,才能确定保证所担保的实际债权数额。当然,最高额保证所担保的债权具有最高限额,只要在最高限额的范围内,将来一定期间内所连续发生的债权都是保证人应当担保的债权。③

第三,最高额保证是为将来一定期限内连续发生的债权作担保。普通保证是为已经存在的债权作担保,通常没有为被担保的债权设定发生期限。而对最高额保证而言,它适用于连续发生的债权法律关系,而并不适用于仅发生了一个独立债权的情形。④《民法典》第690条第1款规定:"保证人与债权人可以协商订立最高额保证合同,约定在最高债权额限度内就一定期间连续发生的债权提供保证。"其中,所谓"连续发生的"债权是指在约定的期间内连续发生的数次债权。在前例中,凡是甲在一年之内、在1000万元限度内向银行所借款项,乙都有义务提供保证。由于最高额保证是为未来连续发生的债权提供担保,因而,在最高额保证所担保的债权被确定之前,这些在约定的期限内连续发生的债权仍处于变动的状态。从保证合同生效之时至被担保的债权确定之时,仍有可能发生一部分旧债权消灭、一部分新债权产生的情况,债权总是处于一种不断变动的过程之中。

第四,最高额保证所担保的债权具有最高限额。普通保证所担保的债权额没有最高额的限制,而最高额保证约定了保证债权的最高数额,该最高数额也是保证人应当承担的保证责任的限额,在该限额之内,都属于保证人责任的范围。所谓"最高额",是指保证合同的当事人约定的担保的债权的最高限额。⑤ 在前例中,1000万元就是最高限额。如果保证合同约定保证人对一定期间内发生的债务承担保证责任,却没有约定最高限额,显然不属于最高额保证,此种情形属于连续保证,而非最高额保证。⑥ 最高额保证中的最高限额是对保证责任的最高限制,以免使保证人为将来发生的无穷债务提供保证,否则将会给保证人造成极大的负担。如果实际发生的债权数额低于最高限额的,则保证人仅对实际发生的债权数额承担保证责任。⑦ 如果实际发生的债权数额高于最高限额的,保证人则仅以最高额为限承担保

---

① 参见史卫进:《论最高额保证》,载《烟台大学学报(哲学社会科学版)》2000年第3期。
② 参见程啸:《保证合同研究》,法律出版社2006年版,第586页。
③ 参见史卫进:《论最高额保证》,载《烟台大学学报(哲学社会科学版)》2000年第3期。
④ 参见于玉:《简论最高额保证的保证期间》,载《法学杂志》2000年第3期。
⑤ 参见高圣平:《担保法新问题与判解研究》,人民法院出版社2001年版,第520页。
⑥ 参见黄松有:《担保法司法解释实例释解》,人民法院出版社2006年版,第37页。
⑦ 参见高圣平:《担保法论》,法律出版社2009年版,第203页。

证责任。

根据承担保证责任方式的不同,最高额保证又可以分为两种:一是一般最高额保证,它是指当事人在保证合同中约定,当债务人不能履行债务时,由保证人于最高债权额限度内承担一般保证责任的保证。二是连带最高额保证,它是指当事人在保证合同中约定,债务人不履行债务时,保证人在最高债权额限度内,应当与债务人负连带责任的保证。[1] 区分这两种最高额保证形式的意义在于确定最高额保证人是否享有先诉抗辩权。换言之,在一般最高额保证中,保证人享有先诉抗辩权,只有在债权人向债务人主张履行债务且经强制执行仍得不到实现的情况下,才需要承担保证责任。然而,连带最高额保证中的保证人不享有先诉抗辩权,债权人可以在主债务履行期限届满后直接向其主张承担保证责任。

最高额保证与最高额抵押都是最高额担保的重要方式,虽然最高额保证属于人保,而最高额抵押属于物保,但二者之间存在相似之处,由于《民法典》物权编详细规定了最高额抵押的规则,因此,《民法典》第690条第2款规定:"最高额保证合同除适用本章规定外,参照适用本法第二编最高额抵押权的有关规定。"《民法典》物权编关于最高额抵押权的规定相较于最高额保证更为详尽,在最高额抵押中规定了最高额抵押的概念和担保的范围(第420条)、担保的部分债权转让的效力(第421条)、债权确定前的内容变更(第422条)、最高额抵押所担保的债权的确定时间(第423条),这些规定虽然是对物上担保的规定,但是基于担保功能的共同性,这些规则也可以参照适用于最高额保证的相关情形。

二、最高额保证所担保的债权范围

《有关担保的司法解释》第15条第1款规定:"最高额担保中的最高债权额,是指包括主债权及其利息、违约金、损害赔偿金、保管担保财产的费用、实现债权或者实现担保物权的费用等在内的全部债权,但是当事人另有约定的除外。"因此,最高额担保中的最高债权额应当由当事人作出约定,在当事人没有特别约定的情况下,最高额保证所担保的债权范围包括主债权、利息、违约金、损害赔偿金等。由于在设立最高额保证时,债权尚未实际发生,因而,最高额保证所担保的债权范围具有特殊性。主要表现在:

第一,在订立合同时,主债权尚未确定,需要在合同订立之后的一定期限内才能确定。但是,最高额保证所担保的债权范围不得超过最高限额。

第二,双方当事人既应明确约定担保债权的最高限额,也应约定债权的类型和具体范围等内容。例如,在前例中,保证人乙为甲所担保的债务是甲向银行的借款,如果甲对银行发生侵权行为之债,则并不属于担保的范围。只有依据约定的合同关系而发生的债权,才能被纳入最高额保证的范围。[2] 也就是说,对确定未来的主债权的方法,双方应在合同中事先约定,否则极易发生纠纷。特别是在担保因商品交易而发生的债权时,应当明确规定就何种商品连续交易而发生的债权额进行担保。否则,应推定双方同意就各种商品交易所发生的债权进行担保。

第三,对于最高额保证设定之前已经发生的债权,只要当事人同意,也可以作为最高额保证担保的债权。因为在设立最高额保证时,其所担保的债权就是不特定的,既然双方当事人同意将先前已经存在的债权纳入其中,且不损害公共利益和第三人利益,法律就应当允

---

[1] 参见程啸:《保证合同研究》,法律出版社2006年版,第589页。
[2] 参见叶金强:《担保法原理》,科学出版社2002年版,第54页。

许。但是,在将其纳入最高额保证之后,不得超过约定的债权最高限额。

三、最高额保证所担保的债权的确定

1. 决算期届满

所谓决算期,是指债权人与保证人在保证合同中约定的确定最高额保证所担保的债权的时间。决算期日是指当事人约定的据以将最高额保证担保的连续发生的债权特定化的期日,是最终确定最高额保证所担保的债权的实际数额的日期。① 在最高额保证中,如果当事人对所担保的债权的发生期间有约定,即约定保证人对在特定期间内发生的债权承担保证责任,则保证人应当在约定的最高额限额内,对该期间内发生的债权的清偿承担保证责任。例如,合同约定"从合同订立起一年后停止借款并结算债权",该期间就称为决算期。一旦该决算期的终止日到来,则债务人将终止向债权人借款,不特定的债权通过计算予以确定。如果已经确定的债权未超过最高限额,则对于所有在该期日前已经发生的债务,保证人都要承担保证责任。由此可见,最高额保证的保证范围以决算期确定。在决算期内所发生的债务总额,都为最高额保证的保证范围。②

2. 合同未约定决算期时最高额保证所担保债权的确定

在最高额保证中,如果当事人并未在合同中约定决算期,则应当参照最高额抵押的规则予以确定。对此,依据《民法典》第 423 条第 2 项的规定,"没有约定债权确定期间或者约定不明确,抵押权人或者抵押人自最高额抵押权设立之日起满二年后请求确定债权",该规则也适用于最高额保证,据此,没有约定决算期或约定不明确的最高额保证的决算期应当为设立之日起的 2 年。

3. 最高额保证中债权未届清偿期对保证责任的影响

在最高额保证所约定的期间内,债权人与债务人之间可以连续发生多笔债务。在决算期日到来之后,如果债权都已届清偿期而债务人未清偿债务的,债权人自然可以要求保证人承担责任。但如果其中有一笔或数笔债务未届清偿期,债权人可否要求保证人承担责任?对此,有学者认为,在此情况下,债权人不能要求保证人承担保证责任,而只能在每一笔债务都到期后才能请求保证人承担责任。③ 笔者认为,所谓最高额保证所担保的债权的确定,是指因法定的事由或约定的债权确定期间届满,而使最高额保证所担保的债权特定化。决算期的目的在于确定最高额保证中担保债权的范围,但决算期届满只是使债权额得以确定,并不意味着债权就应当清偿,也不意味着保证人必须承担保证责任。在决算期内发生的债权,只要在最高额限额内,保证人都应承担保证责任。但在此情形下,债权人能否向保证人实际主张保证责任的承担,应取决于各笔债权的清偿期是否届满。决算期到来后,对于清偿期仍未届满的债权,由于主债务履行期限尚未届满,因而,债权人不得向保证人主张承担保证责任。④

四、最高额保证中的保证期间

在最高额保证中,保证期间的计算方式和起算时间与普通保证的保证期间并没有本质

---

① 参见程啸:《保证合同研究》,法律出版社 2006 年版,第 593 页。
② 参见黄薇主编:《中华人民共和国民法典物权编解读》,中国法制出版社 2020 年版,第 686 页。
③ 参见王水云:《最高额保证研究》,载《重庆大学学报(社会科学版)》2004 年第 6 期。
④ 参见郑玉波:《民法物权》,台湾三民书局 1963 年版,第 288 页。

差异。① 如果最高额保证对保证期间有约定的,应当依照当事人的约定来计算保证期间。最高额保证合同对保证期间没有约定或者约定不明的,保证期间为债务清偿期限届满之日起6个月。但是由于最高额保证合同担保的对象是一定期限内连续发生的债权,其保证期间的计算具有特殊性,其相对于普通保证具有相对独立性。依据《有关担保的司法解释》第30条第2款,最高额保证的保证期间的特殊计算规则,包括如下几点:

第一,最高额保证合同对保证期间的计算方式、起算时间等没有约定或者约定不明,被担保债权的履行期限均已届满的,保证期间自债权确定之日起开始计算;《有关担保的司法解释》第30条第3款规定:"前款所称债权确定之日,依照民法典第四百二十三条的规定认定。"因为最高额保证所担保的债权是一定期间内连续发生的不确定的债权,在计算保证期间时,必须要先将被担保的债权确定下来,在该债权确定下来之后,最高额保证已经转化为普通保证,就可以适用普通保证的保证期间计算规则。

第二,被担保债权的履行期限尚未届满的,保证期间自最后到期债权的履行期限届满之日起开始计算。最高额保证可能存在多笔债权,这些债权的履行期限可能存在尚未届满的情形,在此种情况下,保证期间必须自最后到期债权的履行期限届满之日起开始计算。例如,最高额保证中一年内担保了三笔债权,但是最后一笔直到年底才到期,此时保证期间也应当是自最后一笔年底到期的债权的履行期限届满之日起开始计算。

---

① 《有关担保的司法解释》第30条第1款规定:"最高额保证合同对保证期间的计算方式、起算时间等有约定的,按照其约定。"

第十一章

融资租赁合同

第一节 融资租赁合同概述

一、融资租赁合同的概念和特征

融资租赁合同是指出租人根据承租人的要求和选择,出资购买承租人所选定的标的物并出租给承租人使用,承租人分期交付租金,租期届满后,承租人根据融资租赁合同可以退回、续租或留购租赁物的协议。典型的融资租赁结构是:一方(出租人)根据另一方(承租人)的要求,与第三方(供货方)订立一项合同(买卖合同)。根据此合同,出租人按照承租人就与其利益有关事项表示同意的条款取得成套设备、生产资料或其他设备(租赁物),并且与承租人订立一项合同(租赁合同),以承租人支付租金为条件授予承租人使用设备的权利。《民法典》第735条规定:"融资租赁合同是出租人根据承租人对出卖人、租赁物的选择,向出卖人购买租赁物,提供给承租人使用,承租人支付租金的合同。"融资租赁合同具有如下特征:

(1)内容具有复合性。在融资租赁合同中,承租人和出租人签订融资租赁合同以后,由出租人按照承租人的要求,向出卖人购买标的物,交付给承租人使用。因此,买卖合同系为融资租赁合同而订立,融资租赁合同是买卖合同订立的前提。但融资租赁合同应当仅包括双方当事人,即出租人与承租人,而未囊括出租人与出卖人之间的买卖合同。[①] 不过,合同的履行却涉及三方主体,即出租人、承租人和出卖人。[②] 因此,虽然融资租赁交易是由出卖人和买受人(出租人)之间的买卖合同以及出租人和承租人之间的租赁合同构成,但融资租赁合同不是买卖合同和租赁合同的简单相加,而是一种各类元素相互交错、熔于一炉的关系。一般认为,融资租赁集借贷、租赁、买卖于一体,是将融资和融物结合在一起的交易方式。[③]

(2)具有融资和融物双重目的性。融资租赁合同具有融资和融物双重功能,这是融资租赁合同不同于租赁合同和借款合同的特点。一方面,融资租赁合同具有融资功能。[④] 出租人(通常是融资租赁公司或者金融租赁公司)支付了标的物的全额价款,为承租人购买了标

[①] 参见最高人民法院民法典贯彻实施工作领导小组主编:《中华人民共和国民法典合同编理解与适用》(三),人民法院出版社2020年版,第1633页。

[②] 同上书,第1611页。

[③] 参见何志:《合同法分则判解研究与适用》,人民法院出版社2002年版,第274页。

[④] 在英国法中,融资租赁主要是一种金融工具。See McKendrick, Goode: *Goode and McKendrick on Commercial Law*, Sixth Edition, LexisNexis and Penguin Books Ltd., 2020, p.836.

的物,这实际上相当于出租人贷款给承租人,用以购买后者所需要的租赁物。所以,它通常被认为是信贷交易的一种形式。[1] 另一方面,融资租赁合同具有融物的功能。这是因为承租人从出租人那里获得的并非现金,而是实物,同时承租人要向出租人支付租金。承租人在支付租金之后,取得对租赁物的占有、使用、收益等权利。因此,就出租人与承租人之间的关系而言,既有融资的特点,又有融物的特点。

(3) 出租人具有特殊性。一般的租赁合同对出租人的身份并没有特别的限制。但是在融资租赁合同中,出租人应当具有从事融资租赁业务的资质。[2] 这是因为租赁公司从事融资租赁,其应当具有从事融资的资质和实力,这是融资租赁合同在主体上的特征。在我国,考虑到融资租赁交易具有融资性,只有经有关部门批准许可经营的公司,才有从事融资租赁交易、订立融资租赁合同的资格。

(4) 所有权和使用权的长期分离。在融资租赁交易中,合同生效之后,租赁物虽然被交付给承租人使用,但是所有权归属于出租人,形成所有权和使用权长期分离的状态,这与一般租赁合同是有区别的。一般的租赁合同是为了满足临时性使用标的物的需要,所以,其期限不能过长。依照我国《民法典》的规定,不能超过20年。而在融资租赁中,法律并没有设置最长租赁期限,所以,其分离的时间往往较长。

(5) 具有双务、诺成、要式性。融资租赁合同是双方互负对待给付义务的合同,出租人要履行其按照承租人的要求购买标的物并交付承租人使用的义务,承租人要履行其支付租金等义务。而且,融资租赁合同的成立和生效并不以标的物的实际交付为要件,属于诺成性的合同。换言之,只要双方意思表示一致,合同即成立。例如,在"信达金融租赁有限公司诉四川得阳特种新材料有限公司等融资租赁合同纠纷案"中,法院指出:"在融资租赁法律关系中,有可能出现租赁物未实际交付的情形,故不能仅以租赁物是否生产和交付作为判断是否构成融资租赁法律关系的依据。"[3] 此外,《民法典》第736条第2款规定:"融资租赁合同应当采用书面形式。"之所以要采用书面形式,是因为此类合同内容复杂,且涉及多方当事人,并且合同的标的物一般价值较大,履行期限较长,甚至包含一些涉外因素。因此,融资租赁合同具有要式性。

融资租赁合同本身是一种合同关系,出租人虽然名义上对租赁物享有所有权,但实际上出租人的所有权支配性较弱,其仅具担保功能,系租金债权清偿的物权保障。[4] 比较法上,一些国家法律认为,出租人对于所有权的保留仅仅是名义上的。[5] 我国《民法典》承认出租人对租赁物的所有权,但主要发挥担保功能,将融资租赁合同等视为具有担保功能的合同。融资租赁交易的功能化转向,是担保制度的新发展。[6]《民法典》第388条第1款第1句规定:"设立担保物权,应当依照本法和其他法律的规定订立担保合同。担保合同包括抵押合同、质押合同和其他具有担保功能的合同。"这就扩大了担保合同的范围,将融资租赁合同等纳入"其

---

[1] Pascal Puig, Contrats spéciaux, 2e éd., Dalloz, Paris, 2007, p.348.
[2] 参见王轶编著:《租赁合同 融资租赁合同》,法律出版社1999年版,第134页。
[3] 北京市第二中级人民法院(2014)二中民初字第05924号民事判决书。
[4] 参见最高人民法院民法典贯彻实施工作领导小组主编:《中华人民共和国民法典合同编理解与适用》(三),人民法院出版社2020年版,第1612页。
[5] See Good and McKendrick on Commercial Law, Sixth Edition, LexisNexis and Penguin Books Ltd., 2020, p.836.
[6] 参见高圣平:《民法典担保制度及其配套司法解释理解与适用》(下),中国法制出版社2021年版,第1256页。

他具有担保功能的合同"。① 最高人民法院《有关担保的司法解释》第1条也将融资租赁纳入具有担保功能的交易的范畴。尤其是在与动产和权利担保登记系统的配合下,出租人在将其对租赁物的所有权进行登记后,其所有权不仅将取得对抗善意第三人的效力,而且可以明确其担保权与各种担保物权以及其他担保的效力顺位关系。

二、融资租赁合同的法律性质

关于融资租赁合同的法律性质,主要有特殊租赁说、借款合同说、分期付款买卖合同说、非典型合同说等。② 在我国《民法典》中,融资租赁合同既不同于租赁合同,也不同于借款合同,而是一种特殊的典型合同。在实践中,此类合同容易与其他合同相混淆,应当加以区别。《融资租赁合同司法解释》第1条第2款规定:"对名为融资租赁合同,但实际不构成融资租赁法律关系的,人民法院应按照其实际构成的法律关系处理。"

(一)融资租赁合同与租赁合同

融资租赁合同和租赁合同存在一定的相似之处。在两种合同中,承租人都要承租他人的财产,并向出租人支付一定的租金,且两种租赁可以相互转化。例如,在一般的租赁中,当事人在合同中增加了融资条款,从而可以转化为融资租赁。从性质上讲,融资租赁仍然属于租赁的一种,其自身所具有的融资的特点并不能改变其作为租赁合同的本质属性,法律上有关租赁合同的规则也可以准用于融资租赁合同。但是,融资租赁合同和租赁合同也具有明显的区别,主要体现为:

第一,所有权和使用权的分离程度不同。在租赁合同中,出租人享有租赁物的所有权,只是在短期内将其交付给承租人使用,分离出其使用权能。因此,出租人对其租赁物仍然具有一定的支配力。但在融资租赁合同中,所有权和使用权是长期分离的,出租人将财产出租以后,主要目的通常是获得租金,而不是恢复对物的占有和使用。因为这一原因,二者在租金的计算上存在区别,一般租赁中的承租人支付的租金是其享有租赁物使用权的对价,而融资租赁的承租人是重在获得融资利益,而非租赁利益。③

第二,租赁物的选择权不同。在租赁合同中,出租人在租赁之前通常已经取得了租赁物,承租人不能要求出租人为了租赁的需要而购买租赁物。因此,在一般的租赁中,承租人虽然可以选择是否签订租赁合同,但是一旦选择签订合同,就只能租赁出租人提供的标的物,而不能再选择标的物。而在融资租赁合同中,承租人根据自己的需要选择出卖人和租赁物。租赁物是为了满足承租人的需要,根据承租人的选择而从出卖人处购得。

第三,租赁的期限不同。融资租赁期限,一般根据租赁物的使用年限,利用租赁物所产生的效益,由双方当事人协商确定。④ 融资租赁的租赁期限一般较长。我国《民法典》第705条规定租赁合同的期限不能超过20年,但对融资租赁合同则没有作出此种限制。实践中,融资租赁合同的期限往往与财产的使用年限相近⑤;一般占租赁物预期寿命的大部分(约

---

① 参见王晨:《关于〈中华人民共和国民法典(草案)〉的说明——2020年5月22日在第十三届全国人民代表大会第三次会议上》,载《中华人民共和国全国人民代表大会常务委员会公报》2020年特刊。
② 参见谢鸿飞、朱广新主编:《民法典评注·合同编:典型合同与准合同2》,中国法制出版社2020年版,第383—384页。
③ 参见王轶等:《中国民法典释评·合同编·典型合同》(上卷),中国人民大学出版社2020年版,第500页。
④ 同上书,第522页。
⑤ Pascal Puig, Contrats spéciaux, 2e éd., Dalloz, Paris, 2007, p.346.

70%)。① 这主要是因为融资租赁具有融资的功能，出租人订立合同的目的通常不包括重新获得对标的物的占有和使用，所以一般由承租人在租赁物的使用年限内进行充分利用。

第四，租赁期限届满后标的物的归属不同。在一般的租赁合同中，租赁期限届满后，标的物仍然归属于出租人，承租人应当返还租赁物。而在融资租赁合同中，租赁期限届满后，除当事人另有约定外，租赁物所有权虽然归属于出租人，但为了充分发挥租赁物的经济效用，出租人往往与承租人协商，将标的物无偿转让或以象征性的对价转让给承租人，以鼓励承租人购买标的物。②

第五，是否负有瑕疵担保义务不同。一般而言，融资租赁合同中租赁物都是由承租人自己选择的，而且融资租赁的经济意义是为承租人提供融资，出租人对租赁物没有实际需求，也不存在直接占有、控制③，所以出租人并不负担瑕疵担保义务。但是在一般的租赁合同中，出租人向承租人提供租赁物，必须承担瑕疵担保义务，包括物的瑕疵担保义务与权利瑕疵担保义务，以确保承租人能够按照合同约定的目的和用途使用租赁物。

第六，风险负担不同。在融资租赁合同中，标的物交付给承租人之后，毁损灭失的风险就由承租人承担。因为标的物是由承租人选择购买，并且由承租人使用，其有能力控制标的物的风险，因而应当对标的物意外毁损灭失的风险承担责任。而在一般的租赁合同中，出租人应当负担标的物毁损灭失的风险。④

第七，租赁物维修义务的承担不同。在融资租赁合同中，租赁物的维修义务由承租人承担，因为标的物是根据承租人的需要而购买，承租人在使用标的物的过程中，也有专门的技术与人员来对其进行养护、维修。但是在一般的租赁合同中，《民法典》第712条规定："出租人应当履行租赁物的维修义务，但当事人另有约定的除外。"因此，除非另有约定，租赁物的维修义务应当由出租人负担。

（二）融资租赁合同与借款合同

融资租赁合同与借款合同具有相似性。在融资租赁合同中，出租人通常是根据承租人对租赁物的选择而向出卖人购买租赁物，并将其交付给承租人使用。出租人通过购买租赁物，解决承租人难以一次性支付租赁物价款的问题，而承租人则分期向出租人支付租金，此种关系与借款合同具有相似性。从实践来看，有时当事人之间所订立的合同名义上是融资租赁合同，但并没有租赁物，双方的关系实际上是借款合同关系。本书认为，融资租赁合同不同于借款合同，二者的区别主要体现为：

第一，是否具有租赁物不同。融资租赁合同具有融资与融物的双重属性，如果当事人所订立的融资租赁合同没有融物的属性，则可能是无效的合同。对此，《民法典》第737条规定，当事人以虚构租赁物的方式订立的融资租赁合同无效。而借款合同中并不存在租赁物。

第二，是否具有担保功能不同。在融资租赁合同订立后，出租人仍然保有租赁物的所有权，以担保其租金债权的实现。在承租人不按照约定支付租金的情形下，出租人有权依法取回租赁物，以实现其租金债权，并负担实行功能化担保物权的清算义务。可见，融资租赁合同具有担保的功能。而在借款合同中，贷款人虽然也可以要求借款人提供担保，但借款合同

---

① 参见李鲁阳主编：《融资租赁若干问题研究和借鉴》，当代中国出版社2007年版，第22页。
② Pascal Puig, Contrats spéciaux, 2e éd., Dalloz, Paris, 2007, p.346.
③ 参见王轶等：《中国民法典释评·合同编·典型合同》（上卷），中国人民大学出版社2020年版，第581页。
④ 参见李鲁阳主编：《融资租赁若干问题研究和借鉴》，当代中国出版社2007年版，第22页。

本身并不具有担保功能。①

第三,交易方式不同。在融资租赁合同中,出租人虽然向承租人提供融资,但其是通过向出卖人购买租赁物,将价款交付给出卖人而实现对承租人的融资。而在借款合同中,贷款人直接向借款人交付借款。可见,融资租赁合同的当事人虽然仅限于出租人与承租人,但其也涉及第三人(即租赁物的出卖人),而借款合同通常并不涉及第三人。

第四,是否移转所有权不同。在融资租赁合同中,只要在租赁期限内,租赁物的所有权归出租人所有,而承租人只是享有使用权。而在借款合同中,由于金钱的占有推定为所有,因此,一旦贷款人将金钱移转给借款人,则金钱的所有权将发生移转,由借款人享有。

(三)融资租赁合同与分期付款买卖

融资租赁合同与分期付款买卖合同具有相似性,因为承租人的租金也是分期支付的,且在支付最后一期租金后,承租人有可能取得租赁物所有权,这与分期付款买卖具有相似性。但是,二者之间存在明显的区别:

第一,性质不同。分期付款买卖属于买卖的特殊形态,而融资租赁合同是一种与买卖合同并列的特殊的典型合同。

第二,功能不同。融资租赁合同中,承租人虽然有选择租赁物的权利,但其本质上不是买卖,而是具有融资、融物的双重功能,其重在追求融资利益而非销售利益。

第三,当事人订约目的不同。在融资租赁合同中,承租人重在对租赁物进行使用收益,而不在于取得租赁物的所有权。而分期付款买卖中,买受人的目的在于取得租赁物的所有权。②

总之,融资租赁合同属于独立的有名合同类型,无法将其归入其他合同的范畴,也不能将其视为一种非典型合同,我国《民法典》将融资租赁合同作专章规定,表明其与租赁合同、借款合同、分期付款买卖合同等存在明显区别。

第二节　融资租赁合同的内容

一、融资租赁合同的一般条款

《民法典》第 736 条第 1 款规定:"融资租赁合同的内容一般包括租赁物的名称、数量、规格、技术性能、检验方法,租赁期限,租金构成及其支付期限和方式、币种,租赁期限届满租赁物的归属等条款。"据此可见,《民法典》第 736 条第 1 款是从租赁的角度规定了融资租赁合同的一般条款,具体来说主要包括:

(一)租赁物

1. 租赁物的范围

租赁物是融资租赁合同的必备条款,其中约定了租赁物的名称、数量、规格、技术性能、检验方法等。通常来说,租赁物都是价格高昂、使用寿命较长的动产,尤其是大型机器设备。从我国实践来看,航空器、船舶、机动车等交通运输工具都是常见的租赁物。如果购买的是进口的技术设备,对于海关的关税、增值税及其他税款、运费等由谁支付也应明确约定。③ 在

---

① 参见王轶等:《中国民法典释评·合同编·典型合同》(上卷),中国人民大学出版社 2020 年版,第 501—502 页。
② 参见高圣平:《民法典担保制度及其配套司法解释理解与适用》(下),中国法制出版社 2021 年版,第 1143 页。
③ 参见魏耀荣等:《中华人民共和国合同法释论(分则)》,中国法制出版社 2000 年版,第 245 页。

实践中,存在大量的不动产融资租赁。《民法典》没有对不动产是否可以作为融资租赁合同的标的物作出规定,但《融资租赁合同司法解释》第 1 条并没有否定不动产成为融资租赁的客体的可能性,而只是规定应当结合标的物的性质、价值、租金的构成以及当事人的合同权利和义务,对是否构成融资租赁法律关系作出认定。①

需要注意的是,融资租赁合同的标的物为消耗品时,则应考察当事人的缔约目的,如租赁物是否为一次性消耗品,由于一次性消耗品一经使用就不再存在,缺乏提供"物之担保"的可能性,对于此类合同不应当认定为构成融资租赁法律关系。② 例如,在"甲租赁公司诉乙餐饮管理公司等融资租赁合同纠纷案"中,法院认为:"'装修材料'在装修完毕后即附合于不动产,从而成为不动产的成分,丧失其作为独立物的资格,不再具有返还的可能性,因此无法作为租赁的标的物,故甲租赁公司与乙餐饮管理公司之间不构成融资租赁法律关系。"③

2. 虚构租赁物方式订立的融资租赁合同

《民法典》第 737 条规定:"当事人以虚构租赁物方式订立的融资租赁合同无效。"从该条规定来看,如果当事人所进行的融资租赁交易并不存在租赁物,而是虚构租赁物订立融资租赁合同,则该合同应被认定为无效。这在实践中主要表现为"名为融资,实为借贷",并从中收取保证金等费用。法律作出此种规定,主要是为了防止当事人借助虚构租赁物的方式,以从事融资租赁物交易的名义变相从事金钱借贷。具体而言:第一,《民法典》第 146 条规定了虚假的民事行为无效。而虚构租赁物本身也属于虚假的民事行为,符合第 146 条规定的情形。第二,虚构租赁物会导致脱离金融监管。例如,放贷应当符合一定的资质,而行为人可能没有该资质,有的当事人便通过虚构租赁物的方式订立一个仅有形式的融资租赁合同,但并没有实际交付租赁物,当事人约定的内容实际上是借贷关系。④ 第三,通过虚构租赁物收取保证金、首付款,该行为本身也是非法的,应当通过宣告无效否定其效力。因为虚构融资租赁物的合同无效本质上是《民法典》总则编通谋虚伪表示规则的具体化。⑤ 当然,这种无效仅及于当事人之间,不可及于第三人,是一种相对无效而非绝对无效。⑥

在确认合同无效后,整个融资租赁合同无效,至于当事人隐藏的借款行为的效力,依据《民法典》第 146 条第 2 款的规定,"以虚假的意思表示隐藏的民事法律行为的效力,依照有关法律规定处理"。这也意味着,如果当事人以虚构租赁物的方式订立融资租赁合同,但实际上有订立借款合同的意愿,则应当认定在当事人之间成立借款合同,该借款合同是否有效,则应当依据具体情形判断。⑦

需要指出的是,虚构租赁物方式订立的融资租赁合同不同于售后回租。售后回租也是融资租赁的一种方式,其并不属于以虚构租赁物的方式订立融资租赁合同的情形。所谓售后回租,是指承租人将其自有物转让给出租人,再通过租赁的方式获得对该物的占有和使用。售后回租主要是为了使承租人获得现金流的保障。⑧ 在以售后回租方式订立融资租赁

---

① 参见王轶等:《中国民法典释评·合同编·典型合同》(上卷),中国人民大学出版社 2020 年版,第 409 页。
② 参见王毓莹主编:《融资租赁合同案件裁判规则》,法律出版社 2021 年版,第 114 页。
③ 上海市第一中级人民法院(2014)沪一中民六(商)终字第 469 号民事判决书。
④ 参见黄薇主编:《中华人民共和国民法典合同编解读》(下册),中国法制出版社 2020 年版,第 858 页。
⑤ 参见同上。
⑥ 参见曾大鹏:《〈民法总则〉"通谋虚伪表示"第一案的法理研判》,载《法学》2018 年第 9 期。
⑦ 我国司法实践也采取此种立场,《融资租赁合同司法解释》第 1 条第 2 款规定:"对名为融资租赁合同,但实际不构成融资租赁法律关系的,人民法院应按照其实际构成的法律关系处理。"
⑧ 参见〔德〕迪特尔·梅迪库斯:《德国债法总论》,杜景林、卢谌译,法律出版社 2004 年版,第 483 页。

合同的情形下,承租人应当使出租人取得租赁物的所有权,然后再从出租人处租回该物。我国相关司法解释也认可了售后回租的方式。①

3. 对于租赁物的经营使用应当取得行政许可

《民法典》第738条规定:"依照法律、行政法规的规定,对于租赁物的经营使用应当取得行政许可的,出租人未取得行政许可不影响融资租赁合同的效力。"依据该条规定,第一,如果依照法律、行政法规的规定,租赁物的经营使用需要取得经营许可,则当事人应当办理相关的经营许可,否则不得对租赁物进行经营使用。第二,在法律、行政法规对特定租赁物的经营使用应当取得行政许可作出规定的情形下,如果出租人并未取得相关的经营许可,并不影响融资租赁合同的效力。也就是说,不能因为出租人未取得相关的经营许可而宣告融资租赁合同无效。法律之所以作出此种规定,主要原因在于,在融资租赁交易中,出租人主要是按照承租人的要求购买租赁物,并将其交付给承租人使用,而出租人自身并不对租赁物进行使用,在融资租赁交易中,租赁物所有权和使用、经营权的分离几乎是永久性的,出租人主要享有观念上的所有权,仅仅是为了实现收取租金的目的而将租赁物的所有权保留在手中,以加强对债权的保障。② 所以,对出租人而言,只需要其具备融资租赁的资格即可,出租人未取得租赁物经营使用资格,并不影响合同的效力。③ 因此,并不需要出租人取得相关的租赁物经营使用许可。第三,承租人应当依法取得租赁物的经营许可。从本条规定来看,其只是规定出租人未取得相关经营许可时不影响融资租赁合同的效力,并没有规定承租人是否需要取得相关的经营许可。笔者认为,由于承租人是租赁物的直接经营使用人,其应当取得相关的经营使用许可,否则可能导致融资租赁合同无法发生效力。我国审判实践一般认为,此类合同属于未生效合同。④

(二)租赁期限

租赁期限,是指融资租赁合同规定的从生效至终止的一段时间。融资租赁以承租人对设备的长期使用为前提,因此,租赁期限一般比较长,相当于租赁设备的估计经济寿命的大部分年限。由于融资租赁合同需要考虑到出租人收回全部成本与合理利润的年限,因而期限通常较一般的租赁合同更长。租赁期限的长短也决定着租金的数额,期限越长,租金也就越低。租赁期限届满之后,租赁物的处理可以根据约定选择留购、续租和退租三种方式之一。

问题在于,融资租赁合同的期限是否受租赁合同最长期限的限制?对此,《民法典》第705条第1款规定:"租赁期限不得超过二十年。超过二十年的,超过部分无效。"笔者认为,本条所规定的20年最长期限是针对一般的租赁合同而设置的,其适用范围仅限于租赁合同。从我国《民法典》的规定来看,其并没有规定融资租赁合同需要参照适用租赁合同的规则,二者属于独立的有名合同规范群。而且从实践来看,一些租赁物,如使用期限较长的大型机械,其租赁期限往往较长,将其最长期限限定为20年也并不合理。

(三)租金

在融资租赁合同中,支付租金是承租人的主合同义务,当事人应当对租金的计算方式作

---

① 《融资租赁合同司法解释》第2条规定:"承租人将其自有物出卖给出租人,再通过融资租赁合同将租赁物从出租人处租回的,人民法院不应仅以承租人和出卖人系同一人为由认定不构成融资租赁法律关系。"
② 参见最高人民法院民法典贯彻实施工作领导小组主编:《中华人民共和国民法典合同编理解与适用》(三),人民法院出版社2020年版,第1630页。
③ 参见黄薇主编:《中华人民共和国民法典合同编解读》(下册),中国法制出版社2020年版,第809页。
④ 参见谢鸿飞、朱广新主编:《民法典评注·合同编:典型合同与准合同2》,中国法制出版社2020年版,第423页。

出约定,如果当事人没有约定租金的计算方式,或者约定不明确的,比较法上普遍认为,应当依据租赁物的成本加出租人的利润来计算[1]。我国《民法典》第746条规定:"融资租赁合同的租金,除当事人另有约定外,应当根据购买租赁物的大部分或者全部成本以及出租人的合理利润确定。"依据该规定,租金应当考虑如下因素确定:第一,购买租赁物的大部分成本或者全部成本。全部成本是指标的物在租赁期间,其使用价值全部耗尽,无法再租赁给他人使用,此时承租人就需要支付相当于购买租赁物全部的成本作为租金。大部分成本是指如果在租赁结束后,标的物仍有一定的使用价值,出租人还可将之出租给他人继续使用,此时就只需要收取购买标的物成本的大部分。购买租赁物的成本主要是其价款,也包括相关的费用。例如,出租人支付的运输费、保险费、律师费、谈判费用等。这些都是为了取得标的物而支付的必要费用。第二,合理利润。在融资租赁中,出租方通常都是企业,其从事融资租赁交易的目的就是要获得利润。对于利润是否合理[2],判断标准一般是行业的平均利润水平。例如,某台设备的价格为1000万元,按照行业惯例,出租人的经营利润约为12%,出租人将该设备出租给承租人使用,租赁期限为10年,而且当事人约定租赁期限届满后,该设备就归属于承租人所有,在此情形下,当事人约定的租金大概每年为120万元。由于融资租赁的标的物也可能需要在国外购买,此时,当事人需要在租金支付中就币种作出约定。此外,由于融资租赁合同的期限一般较长,当事人应当在合同中明确约定租金的支付方式、支付期限以及币种等,以免发生争议。

(四)租赁期限届满租赁物的归属

一般租赁中的所有权依法归属于出租人,因而租赁期满之后,承租人负有返还租赁物的义务。但是在融资租赁中,虽然在租赁期间内依据法律的规定,租赁物仍然归属于出租人所有,但是出租人的所有权实际上只是承租人租金债务的担保。租赁物是为了承租人特别定作或者购买的,其对于承租人以外的人而言,可能没有直接的利用价值,并且由于租赁期间很长,在期限届满后,租赁物返还对出租人而言可能没有太大的意义。所以,在融资租赁合同中,租赁期限届满以后,标的物并不自然归属于当事人的任何一方,需要重新约定。对租赁期限届满后标的物的归属,承租人有选择权,一般有三种方式,即续租、退租和购买。无论采取哪一种方式,都需要在合同中明确约定。依据《民法典》第757条的规定,出租人和承租人可以约定租赁期限届满租赁物的归属。如果当事人没有约定租赁物的归属,或者约定不明确,应依据《民法典》第510条的规定予以确定,仍不能确定的,则租赁物的所有权归出租人。

二、融资租赁合同中的特别条款

按照合同自由原则,当事人可以根据其需要,在《民法典》第736条规定的一般条款之外约定特别条款,只要不违反法律规定,都应当认可这些条款的效力。通常,当事人自由约定的条款主要包括如下几种:一是中途解约禁止条款。它是指出租人和承租人约定,在融资租赁合同存续期间,双方都不得任意解除合同。通过规定中途解约禁止条款,对承租人而言,就能够保证其对标的物享有长期稳定的使用权;对出租人而言,就不会使其遭受标的物浪费的损失。[3] 二是风险负担条款。它是指双方约定,在租赁物交付之后,如果发生标的

---

[1] *Good and McKendrick on Commercial Law*, Sixth Edition, LexisNexis and Penguin Books Ltd., 2020, p.836.
[2] 参见谢鸿飞、朱广新主编:《民法典评注·合同编:典型合同与准合同2》,中国法制出版社2020年版,第473页。
[3] 同上。

物因意外毁损、灭失的情形,应当由谁承担该风险。虽然我国《民法典》第 751 条规定,承租人占有租赁物期间,租赁物毁损、灭失的,出租人有权请求承租人继续支付租金,但是也允许当事人特别约定以排除适用。三是担保条款。它是指出租人和承租人约定的担保租金债权实现的条款。在融资租赁中,出租人为了保障租金权益的实现,往往要求承租人签署担保条款,提供一定的担保,包括物的担保和人的担保(例如担保公司的保证)。例如,当事人可以约定,在出现周转不灵的状态时,可以通过执行保证金等来获得周转的时间。[1] 此外,当事人还可以在合同中约定租赁物的使用、保养、维修、保险、违约责任、合同发生争议后的解决方法等。

三、出租人对租赁物所有权的登记

《民法典》第 745 条规定:"出租人对租赁物享有的所有权,未经登记,不得对抗善意第三人。"在租赁物为普通动产的情形下,由于出租人负有将租赁物交付承租人使用的义务,因此,其无法通过占有租赁物的方式公示其所有权,这就需要通过登记等方式公示出租人的所有权。在融资租赁交易中,出租人保留租赁物所有权是担保其租金债权实现的重要方式,依据《民法典》第 745 条的规定,融资租赁中租赁物的所有权可以登记,登记的意义在于:

第一,实现了从所有权向担保物权的转化,有利于强化所有权的担保功能。《民法典》将融资租赁交易中出租人的所有权视为一种非典型担保物权,并通过登记的方式确定其在各种担保方式中的效力顺位,有利于明确各种担保方式之间的效力顺位关系,消除隐形担保,改善营商环境。[2] 因为隐形担保的存在会导致第三人无法查询,这可能对交易安全产生妨害;同时,对被担保人而言,由于缺乏公示方法,其担保权益的实现可能性会被善意第三人的权利所消灭;此外,对其他债权人而言,其债权的实现也可能会被该隐形担保影响。[3]

第二,有利于明确各种担保权之间的清偿顺位。在担保物权中,《民法典》第 414 条确立了以登记作为清偿顺序的依据,办理登记后,就可以明确各种担保权的优先顺位。《民法典》第 414 条规定:"同一财产向两个以上债权人抵押的,拍卖、变卖抵押财产所得的价款依照下列规定清偿:(一)抵押权已经登记的,按照登记的时间先后确定清偿顺序;(二)抵押权已经登记的先于未登记的受偿;(三)抵押权未登记的,按照债权比例清偿。其他可以登记的担保物权,清偿顺序参照适用前款规定。"依据这一规定,出租人在租赁物上办理登记之后,如果承租人又再次将租赁物抵押、质押或者设立其他担保,则出租人可以优先于其他担保权受偿。[4]

第三,有利于消除各个担保权之间的权利冲突。从实践来看,融资租赁标的物之上还可能存在其他担保方式,各种担保方式之间可能存在一定的效力冲突。而借助于登记系统,则有利于消除各种担保权之间的冲突。也就是说,在后的授信者可能不知道有融资租赁关系的存在,通过登记可以起到警示作用。[5]

依据《民法典》第 745 条的规定,出租人对租赁物享有的所有权,未经登记,不得对抗善

---

[1] 参见朱家贤:《租赁合同 融资租赁合同》,中国法制出版社 1999 年版,第 210 页。
[2] 参见高圣平:《民法典动产担保权优先顺位规则的解释论》,载《清华法学》2020 年第 3 期;龙俊:《民法典中的动产和权利担保体系》,载《法学研究》2020 年第 6 期。
[3] 参见朱虎:《民法典动产和权利担保的变革》,载《人民法院报》2020 年 7 月 30 日。
[4] 参见谢鸿飞、朱广新主编:《民法典评注·合同编:典型合同与准合同 2》,中国法制出版社 2020 年版,第 457—458 页;纪海龙:《民法典动产与权利担保制度的体系展开》,载《法学家》2021 年第 1 期。
[5] 参见高圣平:《统一动产融资登记公示制度的建构》,载《环球法律评论》2017 年第 6 期。

意第三人,如何理解动产担保的登记对抗主义呢?本书认为,其主要包含如下几层含义:

第一,登记对抗主义是与登记要件主义相对应的,登记对抗模式意味着动产担保是否办理登记,完全由当事人自由选择。关于融资租赁的登记,法律上并没有设置一个强制性的规范,要求必须办理登记,至于是否选择办理登记,取决于当事人的自主意愿。① 而从效力上讲,登记对抗强调的是如果没有办理登记,就不得对抗善意的第三人。依反面解释,如果该动产担保办理了登记公示,其对世性更强,可以对抗所有的第三人。例如,在出租人已经办理登记后,承租人如果将租赁物转让给第三人,不论该第三人是否为善意,出租人的权利均可对抗该第三人的权利。②

第二,如果没有办理登记,不得对抗善意第三人。所谓不得对抗善意第三人,一是指在办理了登记的情形下,登记的所有权可以对抗所有的第三人。二是如果没有办理登记,除非是租赁物的受让人明知承租人不享有所有权仍然购买,否则不得对抗善意的受让人。根据《担保制度解释》第67条、第54条的规定,出租人的所有权如未经登记,则不得对抗善意受让人、善意承租人、查封扣押债权人和破产管理人。其中,后两者不要求"善意"要件。③

第三节 融资租赁合同的效力

一、出租人的主要义务

(一) 按照约定交付标的物且不得干预承租人对租赁物和出卖人的选择

在融资租赁交易中,大都由承租人选择租赁物和出卖人④。《民法典》第739条规定:"出租人根据承租人对出卖人、租赁物的选择订立的买卖合同,出卖人应当按照约定向承租人交付标的物,承租人享有与受领标的物有关的买受人的权利。"依据这一规定,出租人的主要义务是依据合同交付标的物。此处所说的交付主要是指现实交付,其既包括出租人向承租人现实交付,也包括出卖人直接向承租人交付。具体而言:一是按照约定的质量、数量等交付标的物。有关标的物的质量、数量等,通常都是按照承租人的要求而确定的。在实践中,一般都是由出卖人直接将标的物交付给承租人。但即便由出卖人交付,也应当符合承租人的要求。如果买卖合同的标的物与融资租赁合同的标的物不符合,则承租人有权拒绝履行融资租赁合同。二是按照约定的期限交付标的物。标的物的交付期限对于承租人的利益影响也较大,因而,如果当事人有约定的,应当按照约定的期限交付。三是按照约定的地点进行交付。当事人通常约定了标的物的交付地点,如以航空器为租赁物的,可能以承租人的公司住所地为交付地点。在出租人违反交付义务的情形,已经构成对承租人的违约,应当考虑违约的程度,采用适当的补救方式。例如,因为出租人没有付清相关的报关费用,导致出卖人迟延交付标的物。⑤

如何理解"承租人享有与受领标的物有关的买受人的权利"?严格地说,承租人并不是买卖合同的买受人,但依据《民法典》的这一规定,承租人享有买受人的受领权利。这就意味

---

① 参见谢鸿飞、朱广新主编:《民法典评注·合同编:典型合同与准合同2》,中国法制出版社2020年版,第458页。
② 参见王轶等:《中国民法典释评·合同编·典型合同》(上卷),中国人民大学出版社2020年版,第570—571页。
③ 参见高圣平:《民法典动产担保权登记对抗规则的解释论》,载《中外法学》2020年第4期;最高人民法院民事审判第二庭:《最高人民法院民法典担保制度司法解释理解与适用》,人民法院出版社2021年版,第467—468页。
④ *Good and McKendrick on Commercial Law*, Sixth Edition, LexisNexis and Penguin Books Ltd., 2020, p.838.
⑤ 参见俞宏雷:《论融资租赁合同的中途解约》,载《法学》1996年第10期。

着,一方面,无论买卖合同中是否约定承租人享有受领权,承租人都可以依据《民法典》关于买卖合同的规定,享有买受人的部分权利:一是对租赁物的检验权利,二是拒绝受领不符合质量要求的租赁物的权利。① 这些权利都属于"与受领标的物有关的买受人的权利"。另一方面,此种权利是依据法律的规定由承租人享有的权利。因为此项权利已经突破了合同相对性规则,所以,法律需要对其作出特别规定。既然承租人享有受领的权利,也就负有相应的义务,即在规定的时间地点受领标的物,并且应当按照合同的约定支付运输等费用。从买卖合同的角度来看,其具有利益第三人合同的特点。这是因为出租人和出卖人之间订立了买卖合同,使承租人享有与受领标的物有关的买受人的权利。法律赋予承租人此种权利,也有利于防止纠纷的发生,简化纠纷的解决。②

承租人常常要从出卖人那里受领租赁物。因为作为出租人的买受人通常只是提供资金,并不关注租赁物的情形,也没有能力详细检验租赁物。为了保障承租人的权利,依据《民法典》第740条的规定,出卖人违反向承租人交付标的物的义务,在两种情形下,承租人可以拒绝受领出卖人向其交付的标的物:一是标的物严重不符合约定。毕竟融资租赁是以融物为核心的一种交易形式,租赁物通常都是一些价值较大、使用期限较长、用于生产经营的大型器械设备,承租人对租赁物的质量要求较为严格,如果租赁物严重不符合约定,将导致承租人融物的目的无法实现。③ 需要指出的是,必须是标的物严重不符合约定,承租人才能拒绝受领,毕竟融资租赁关系到多方主体的利益,承租人随意拒绝租赁物将导致出卖人、出租人的利益受损。如果标的物只是轻微瑕疵,不影响承租人的正常使用,则承租人应当允许出卖人进行维修、调试、更换,而不得拒绝受领。④ 二是未按照约定交付标的物,经承租人或者出租人催告后在合理期限内仍未交付。这主要是指出卖人迟延交付和未交付的情形,因为租赁物需要投入承租人正常的生产经营活动中,如果出卖人迟延交付标的物或者未交付标的物,则对承租人生产经营活动的影响较大,因此,在出卖人迟延交付或者未交付租赁物的情形下,承租人可以依法拒绝受领标的物。但毕竟租赁物可能是按照承租人的要求生产的,如果直接允许承租人拒绝受领,则可能造成财产的浪费,因此,在出卖人迟延交付的情形下,承租人应当对其进行催告,并给予出卖人合理的交付标的物的期限,如此才能更好地实现利益平衡。此外,依据《民法典》第740条第2款的规定,承租人拒绝受领标的物的,应当及时通知出租人。这主要是为了保护出租人的利益,因为出卖人迟延交付标的物,或者未交付租赁物,构成对租赁物买卖合同的违反,承租人及时通知出租人,也便于出租人及时向出卖人主张权利。如果承租人迟延通知或无正当理由拒绝受领租赁物造成出租人损失的,出租人有权请求承租人承担损害赔偿责任。⑤

因为融资租赁是为了承租人占有、使用特定的租赁物而设立的,所以,出租人应当按照承租人对于租赁物和出卖人的选择购买标的物。《民法典》第744条规定:"出租人根据承租人对出卖人、租赁物的选择订立的买卖合同,未经承租人同意,出租人不得变更与承租人有关的合同内容。"《民法典》第744条确认承租人享有选择租赁物和出卖人的权利,出租人不

---

① 参见肖学治主编:《融资租赁合同》,中国民主法制出版社2003年版,第91页。
② 参见谢鸿飞、朱广新主编:《民法典评注·合同编:典型合同与准合同2》,中国法制出版社2020年版,第429页。
③ 同上书,第434页。
④ 参见秦国勇编著:《融资租赁法律实务》(第二版),法律出版社2011年版,第50页。
⑤ 参见黄薇主编:《中华人民共和国民法典合同编解读》(下册),中国法制出版社2020年版,第863页。

得干预承租人对租赁物和出卖人的选择,违反此种义务应承担相应的责任。[①]

（二）应当保证承租人对租赁物的占有和使用

《民法典》第748条第1款规定:"出租人应当保证承租人对租赁物的占有和使用。"出租人负有保证承租人对租赁物的占有和使用的义务,此项义务也称为保障承租人平静占有的义务。平静占有既包括了排除出租人对承租人正当使用的干扰和妨碍,也包括了租赁物上不存在权利瑕疵,以防止第三人对租赁物的追夺。[②] 依据该条规定,出租人所负有的此项义务具体包括:

一是出租人不得无正当理由收回租赁物。在融资租赁交易中,虽然出租人享有租赁物的所有权,但租赁物应当由承租人实际占有和使用,以保障其正常的生产经营活动。因此,出租人无正当理由不得收回租赁物。所谓正当理由,是指法律规定和合同约定的理由。例如,依据《民法典》第752条的规定,如果承租人不支付租金,则出租人有权解除合同并收回租赁物。在融资租赁合同存续期间,出租人应当保障承租人对租赁物的占有和使用,出租人无正当理由收回租赁物的,承租人有权请求出租人赔偿损失。[③]

二是不得无正当理由妨碍、干扰承租人对租赁物的占有和使用。融资租赁合同的目的之一就是要使承租人获得对标的物的占有和使用,出租人不得不当妨碍承租人对租赁物的正常使用,其应当保障承租人能够持续、和平地占有和使用租赁物,以保障承租人能够对租赁物进行持续、有效的利用。[④] 从实践来看,出租人为了保障自己的租金债权的实现,可能会与承租人特别约定,享有监督租赁物使用的权利,但出租人行使监督权时,也不得不当影响承租人对租赁物的使用。例如,出租人在行使监督权过程中,无正当理由故意将大型车辆、设备封锁,致使承租人无法正常利用租赁物,导致承租人的重大利益损失,对承租人占有、使用该租赁物产生影响的,则应当认定出租人违反了平静占有担保义务。[⑤]

三是负有保障租赁物上无权利瑕疵的义务,避免第三人对租赁物主张权利,影响承租人对标的物的利用。出租人应当对租赁物负担权利瑕疵担保义务,即其应当保障承租人对租赁物的稳定、持续的利用,确保第三人不得对租赁物主张权利。例如,出租人出租后,不得妨碍承租人对租赁物的正常利用。[⑥] 再如,出租人出租第三人的财产,致使租赁物被第三人追夺,影响承租人的占有和使用。[⑦] 在融资租赁合同中,出租人享有租赁物的所有权,因此,在租赁关系存续期间,出租人有权在租赁物上设定担保。如果出租人和承租人就租赁物上设立担保或租赁物的最终归属有特别约定的,依其约定。没有约定的,也应当允许出租人设定担保。例如,融资租赁期间为10年,但是,在经过9年后,出租人将标的物设置担保。此时,债权人愿意接受该担保的,表明其自愿承受标的物上的残余利益。但是,出租人在租赁物上设立担保,不得妨碍承租人行使其租赁权。因为设定担保可能导致第三人的追夺,进而危及承租人的使用,在此情形下,承租人有权请求出租人承担违约责任。

---

① 参见谢鸿飞、朱广新主编:《民法典评注·合同编:典型合同与准合同2》,中国法制出版社2020年版,第451页。
② 同上书,第481页。
③ 参见最高人民法院民事审判第二庭编著:《最高人民法院关于融资租赁合同司法解释理解与适用》,人民法院出版社2016年版,第253页。
④ 参见谢鸿飞、朱广新主编:《民法典评注·合同编:典型合同与准合同2》,中国法制出版社2020年版,第482页。
⑤ 同上。
⑥ 参见江必新主编:《融资租赁合同纠纷》,法律出版社2014年版,第207页。
⑦ 参见最高人民法院民事审判第二庭编著:《最高人民法院关于融资租赁合同司法解释理解与适用》,人民法院出版社2016年版,第254页。

四是出租人不得实施其他不当影响承租人对租赁物占有和使用的行为。除上述情形外,出租人也不得实施其他影响承租人占有和使用租赁物的行为,如果因为出租人实施相关行为影响承租人对租赁物的使用的,承租人有权请求出租人赔偿损失。

五是出租人不得通过擅自转让、抵押租赁物等致使第三人对租赁物主张权利。例如,在融资租赁合同履行过程中,出租人转让租赁物,导致买受人对承租人主张权利,影响承租人使用并造成承租人损失的,承租人有权请求出租人赔偿损失。在此需要讨论的是,在租赁期间内,出租人是否可以转让标的物?在融资租赁合同中,由于在租赁期间内,标的物的所有权仍归属于出租人,因而出租人应有权转让标的物,但是,不能因转让而影响承租人的占有和使用。出租人转让租赁物时,承租人可以主张适用一般租赁合同中的"买卖不破租赁"原则,因而即便是出租人在合同履行期间将租赁物出售,买受人也不得向承租人主张取回租赁物。

由于在融资租赁合同中,承租人的占有、使用、收益的权益决定了融资租赁的合同目的,依据《融资租赁合同司法解释》第6条,如果因为出租人的原因导致承租人无法占有、使用、收益,致使融资租赁合同的目的不能实现,出租人应承担违约责任,承租人也因此有权解除合同。

(三)协助承租人行使索赔权

1. 协助义务

《民法典》第741条规定:"出租人、出卖人、承租人可以约定,出卖人不履行买卖合同义务的,由承租人行使索赔的权利。承租人行使索赔权利的,出租人应当协助。"依据这一规定,承租人享有索赔权。所谓索赔权,是指承租人依据法律规定或者当事人约定请求出卖人在特定情形下赔偿损失的权利。索赔权包括两种类型:一是约定的索赔权,即《民法典》第741条允许当事人约定在出卖人不履行义务的情形下,承租人可以向出卖人索赔。严格地说,买卖合同是在出租人与出卖人之间成立的,在三方约定的情形下,承租人可以直接取得索赔权,这也意味着,可以由出租人将其作为买受人的权利转让给承租人。承租人享有类似于买受人的权利。此种转让并不需要出卖人同意,仅通知出卖人即可生效。① 二是法定的索赔权。依据《民法典》第747条的规定,在租赁物不符合约定或者不符合使用目的时,出租人不承担责任,在此情形下,承租人应当有权请求出卖人承担损害赔偿责任。由承租人行使索赔权有利于简化索赔权的行使程序,避免重复诉讼,因为在不承认承租人索赔权的情形下,需要承租人首先向出租人索赔,再由出租人向出卖人索赔,这就会形成两个诉讼,导致法律关系的复杂化。

然而,承租人在行使索赔权过程中必须依赖出租人的协助。《民法典》第741条后段规定:"承租人行使索赔权利的,出租人应当协助。"这就是说,为了保证承租人能够行使该项权利,法律规定或事人作出了此种约定,由承租人行使索赔权利的,出租人应当协助,此种义务具体包括:一是帮助寻找出卖人。这主要是因为有一些融资租赁交易中的出卖人是出租人指定的,必须依靠出租人才能找到出卖人。二是帮助调查取证。在买卖合同的签订过程中,可能主要是出租人与出卖人在进行协商谈判,因此出租人应当提供合同文本、订约资料等证据材料。三是诉讼过程中的协助义务,例如出租人要在诉讼中出庭作证等。②

---

① 参见谢鸿飞、朱广新主编:《民法典评注·合同编:典型合同与准合同2》,中国法制出版社2020年版,第441页。
② 同上书,第443页。

需要指出的是,《民法典》第741条的规定只是在当事人通过约定移转索赔权的情形下,出租人负有协助承租人行使索赔权的义务。在当事人没有约定的情形,仍然应当由出租人向出卖人主张违约的请求权,在此情况下,也就不存在协助的义务。

2. 因为出租人的原因致使承租人对出卖人行使索赔权利失败的责任

《民法典》第743条规定,出租人有下列情形之一,致使承租人对出卖人行使索赔权利失败的,承租人有权请求出租人承担相应的责任:

第一,出租人明知租赁物有质量瑕疵而不告知承租人。如果出租人明知租赁物存在瑕疵而不告知承租人,并因此造成承租人损失的,则承租人有权请求出租人赔偿损失。所谓明知,是指出租人完全了解租赁物有质量瑕疵,但其故意隐瞒,没有告知承租人。例如,在融资租赁合同成立时,出租人明知租赁物有瑕疵而不告知承租人,因检验期间经过,甚至诉讼时效已经届满,而导致承租人索赔失败,在此情形下,出租人应当承担损害赔偿责任。

第二,承租人行使索赔权利时,出租人未及时提供必要协助。如前所述,出租人负有协助承租人进行索赔的义务,以保障承租人索赔权的顺利实现,如果因为出租人未提供必要协助,影响承租人索赔权的实现,造成其损失的,承租人有权请求出租人赔偿损失。

第三,出租人怠于行使只能由其对出卖人行使的索赔权利,造成承租人损失的,承租人也有权请求出租人承担赔偿责任。毕竟买卖合同是在出租人与出卖人之间订立的,按照合同相对性原则,在通常情形,仅出租人享有对出卖人进行索赔的权利,在出租人怠于行使其对出卖人的索赔权时,可能导致承租人的损失难以获得救济,此时,承租人有权请求出租人承担赔偿责任。此处所说的只能由出卖人行使的索赔权利包括两种情形:一是当事人没有约定由承租人直接对出卖人行使索赔权。此时,索赔权只能由出租人享有。二是当事人约定部分索赔权由承租人享有,而对当事人未约定的索赔权,则只能由出租人进行索赔。在索赔权只能由出租人享有的情形下,如果涉及承租人的利益,则出租人也应当负有及时索赔的义务,而且出租人在进行索赔后,还应当将相关的利益移转给承租人。如果出租人怠于行使索赔权,将导致承租人的损失难以获得救济。① 此时,即可以认定出租人怠于行使索赔权已经造成承租人损失,承租人有权请求出租人承担赔偿责任。

需要指出的是,承租人在行使索赔权时,并不影响其支付租金的义务。对此,《民法典》第742条规定:"承租人对出卖人行使索赔权利,不影响其履行支付租金的义务。但是,承租人依赖出租人的技能确定租赁物或者出租人干预选择租赁物的,承租人可以请求减免相应租金。"这就是说,由于租金并非融物的对价而为融资的对价,承租人支付租金的义务具有不可解约性和独立性,不受其他违约救济措施的影响。② 在融资租赁中,出卖人和租赁物通常都是由承租人指定的,所以,出卖人没有交付租赁物的风险,应当由承租人自行承受。但如果承租人依赖出租人的技能确定租赁物或者出租人干预选择租赁物,则出卖人没有交付租赁物的风险由出租人承受。此时,如果出卖人没有履行交付义务,出租人又不能在合理期间内提供符合约定的替代物,则构成根本违约,承租人享有解除合同的权利。与前述解除事由"由于出租人的过错致使承租人无法对租赁物占有和使用的"不同,此处强调,承租人依赖出租人的技能确定租赁物或者出租人干预选择租赁物。而前述解除事由的适用前提是,承租人自己选择租赁物。

---

① 参见黄薇主编:《中华人民共和国民法典合同编解读》(下册),中国法制出版社2020年版,第869页。
② 参见谢鸿飞、朱广新主编:《民法典评注·合同编:典型合同与准合同2》,中国法制出版社2020年版,第443页。

(四)不得擅自变更买卖合同内容

在融资租赁交易中,虽然买卖合同是在出租人与出卖人之间签订的,承租人并没有参与合同的订立,但租赁物是依据承租人的要求而购买的,订立买卖合同最终是为了履行融资租赁合同。《民法典》第744条规定:"出租人根据承租人对出卖人、租赁物的选择订立的买卖合同,未经承租人同意,出租人不得变更与承租人有关的合同内容。"因此,出租人在与出卖人订立买卖合同时,必须按照其与承租人之间的约定来确定相关合同内容,而不得擅自变更与承租人有关的合同内容。擅自变更主要包括如下几种情况:一是擅自变更标的物。例如,出租人未按照合同的约定,擅自变更标的物的种类和内容。二是擅自变更交付租赁物的时间。租赁物的交付时间直接影响承租人的使用,不得擅自变更。例如,出租人违反其与承租人的约定,推迟交付租赁物的时间,影响承租人的经营活动。三是擅自变更标的物的质量。有关标的物的质量通常在合同中有明确的约定,对于这种明确的约定出租人不能够擅自变更,如果当事人在合同中没有直接约定,出租人应当根据交易习惯,购买通常标准的租赁物。四是擅自变更标的物的交付地点。《民法典》第744条中规定"未经承租人同意,出租人不得变更与承租人有关的合同内容",是为了使融资租赁合同实现其预定的目的,使承租人能够发挥标的物的最大效用。如果出租人擅自变更与承租人有关的合同内容,实际上已经构成了对其与承租人之间约定的违反,承租人有权主张违约责任。

(五)附随义务

在融资租赁合同中,双方都负有依诚信原则所产生的附随义务。就出租人而言,其应当负有必要的告知、说明、协助等附随义务。例如,《民法典》第747条规定:"租赁物不符合约定或者不符合使用目的的,出租人不承担责任。但是,承租人依赖出租人的技能确定租赁物或者出租人干预选择租赁物的除外。"据此,原则上出租人不应当承担瑕疵担保义务,但是,如果出租人明知租赁物有瑕疵,而没有告知,则属于违反附随义务的行为。[①] 如果承租人有证据证明出租人和出卖人之间有恶意串通的行为,出租人仍然应当承担瑕疵担保义务。在融资租赁关系存续期间,承租人行使多项权利都有赖于出租人的协助。例如,如果承租人行使索赔权,出租人应当协助(如提供买卖合同的文本、提供出卖人的地址和联系方式等),这实际上是依诚信原则而产生的合同法上的附随义务。

(六)不负有对租赁物的瑕疵担保义务

既然租赁物和出卖人是承租人选择的,因此,比较法上普遍认为,出租人不负有对租赁物的瑕疵担保义务。[②] 根据《融资租赁公约》第8条,出租人在绝大多数情形下对承租人选择的不合格设备不承担责任。依据《民法典》第747条的规定,出租人原则上不承担租赁物的瑕疵担保义务,这主要是因为:一方面,出租人的主要义务是向承租人提供融资,并从租金中收回投资,获取利益。虽然出租人名义上对租赁物享有所有权,但其实际上对租赁物并不行使权利,且一般并不了解租赁物的质量是否符合约定。另一方面,通常情形下,出租人是根据承租人对出卖人以及租赁物的选择而购买租赁物,其对租赁物的质量状况通常并不了解,当事人甚至可能约定,由出卖人直接向承租人交付租赁物,出租人并不接触租赁物,因此,法律不应当使出租人负担租赁物的瑕疵担保义务。[③]

[①] 参见胡康生主编:《中华人民共和国合同法释义》,法律出版社1999年版,第361页。
[②] Good and McKendrick on Commercial Law,Sixth Edition,LexisNexis and Penguin Books Ltd.,2020,p.840.
[③] 参见黄薇主编:《中华人民共和国民法典合同编解读》(下册),中国法制出版社2020年版,第825页。

依据《民法典》第747条的规定,出租人不承担租赁物瑕疵担保义务应当符合以下条件:

第一,租赁物已经交付给承租人。如果出卖人没有将租赁物交付给承租人,而交付给了出租人,该标的物出现瑕疵,应当由出卖人向出租人负责,显然不适用该规则。

第二,租赁物不符合约定或者不符合使用目的。这又分为两种情况:一是租赁物不符合约定。这就是说,只要出卖人向承租人交付的标的物不符合约定,出租人都不负责。此处所说的不符合约定,是指买卖合同中的约定。二是租赁物不符合使用目的。这通常是指买卖合同没有对租赁物作出约定的情形,应当考虑其使用目的来确定。

第三,不存在承租人依赖出租人的技能确定租赁物或者出租人干预选择租赁物的情况。所谓依赖出租人的技能确定租赁物,是指在出租人和出卖人订立买卖合同时,租赁物的确定要借助于出租人的专业知识、经验等因素,承租人是基于对出租人的信赖而选定租赁物。在实践中出租人大多是一些租赁公司,其对特定行业较为了解,可以更低的报价为承租人购买特定设备,出租人对租赁物的最后选定发挥了关键作用,因而出租人应当承担此担保义务。[1] 所谓出租人干预选择租赁物,是指在选购租赁物的过程中,出租人影响了承租人选择租赁物,导致承租人不能按照自己的意愿选择租赁物,甚至不能按自己的意愿选择出卖人,在此情形下,出租人也应负有瑕疵担保义务。[2]

第四,不存在"明知租赁物有质量瑕疵而故意不告知承租人的情形"。如果出现此类情况,应当适用《民法典》第743条的规定,并由出租人承担相应的责任。

二、承租人的主要义务

(一)支付租金

《民法典》第752条规定:"承租人应当按照约定支付租金。承租人经催告后在合理期限内仍不支付租金的,出租人可以请求支付全部租金;也可以解除合同,收回租赁物。"在融资租赁中,收取租金是出租人订立合同的主要目的,因此,支付租金是承租人的主要义务。所谓"按照约定支付租金",是指承租人应当按照约定的时间、地点、方式、币种等支付租金。如果承租人没有按照约定支付租金,承租人可以作出催告,承租人在催告后的合理期限内仍不支付租金的,出租人享有两项权利:一是请求承租人支付全部租金。所谓全部租金,是指融资租赁合同中所约定的应当由承租人支付的全部租金。[3] 法律之所以作出此种规定,是因为在融资租赁合同中,租赁物通常是按照承租人的要求购买的,其可能是为了满足承租人特定的生产经营需求。也就是说,租赁物对承租人的经济效用较大,而对出租人的价值较小,因此,在承租人不按照约定支付租金时,即便出租人取回租赁物,也可能难以有效填补其损失,因此,法律赋予出租人请求承租人支付全部租金的权利。二是出租人也有权解除合同,收回租赁物。[4]

依据《融资租赁合同司法解释》第5条,在承租人不缴纳租金的情形下,出租人有权解除租赁合同,但是在解除时应当符合如下条件:一是在合同有约定的情形下,承租人未按照合同约定的期限和数额支付租金,符合合同约定的解除条件,经出租人催告后在合理期限内仍不支付的。二是合同没有约定解除条件,在承租人欠付租金达到两期以上,或者数额达到全

---

[1] 参见王轶等:《中国民法典释评·合同编·典型合同》(上卷),中国人民大学出版社2020年版,第582—583页。
[2] 参见黄薇主编:《中华人民共和国民法典合同编解读》(下册),中国法制出版社2020年版,第825页。
[3] 同上书,第825、832页。
[4] 参见王轶等:《中国民法典释评·合同编·典型合同》(上卷),中国人民大学出版社2020年版,第582—583页。

部租金 15% 以上时,经出租人催告后在合理期限内仍不支付的。如果承租人逾期履行支付租金义务或者迟延履行其他付款义务,出租人有权按照融资租赁合同的约定要求承租人支付逾期利息、相应违约金。① 当然,如果出租人既请求承租人支付合同约定的全部未付租金又请求解除融资租赁合同的,此时因为解除合同与支付租金发生冲突,当事人只能择一主张。②

在承租人不支付租金的情形下,出租人也有权通过拍卖、变卖租赁物所得的价款优先受偿。《有关担保的司法解释》第65条第1款规定:"在融资租赁合同中,承租人未按照约定支付租金,经催告后在合理期限内仍不支付,出租人请求承租人支付全部剩余租金,并以拍卖、变卖租赁物所得的价款受偿的,人民法院应予支持;当事人请求参照民事诉讼法'实现担保物权案件'的有关规定,以拍卖、变卖租赁物所得价款支付租金的,人民法院应予准许。"由于融资租赁本身是一种非典型担保,其担保的是租金债权的实现,当租金债权无法清偿时,可以通过实现担保物权案件的非讼程序来实现其担保物权。③

承租人也可能基于合同约定而直接享有对出卖人的索赔权,依据《民法典》第742条,承租人对出卖人行使索赔权,并不影响其履行融资租赁合同项下支付租金的义务。不过,在承租人依赖出租人的技能确定租赁物或者出租人干预选择租赁物的情形,承租人有权主张减轻或者免除相应的租金支付义务。

(二)及时受领租赁物

《民法典》第739条规定:"出租人根据承租人对出卖人、租赁物的选择订立的买卖合同,出卖人应当按照约定向承租人交付标的物,承租人享有与受领标的物有关的买受人的权利。"依据这一规定,承租人既有请求出卖人交付租赁物的请求权,又负有及时受领租赁物的义务,如果未及时受领,承租人会构成受领迟延。④ 虽然《民法典》第739条确认了承租人享有受领的权利,但按照权利义务一致的原则,承租人也相应地负有受领租赁物的义务。这就是说,出卖人向其交付标的物时,承租人也应当负有像买受人一样的受领义务。《融资租赁合同司法解释》第3条规定:"承租人拒绝受领租赁物,未及时通知出租人,或者无正当理由拒绝受领租赁物,造成出租人损失,出租人向承租人主张损害赔偿的,人民法院应予支持。"这也确认了承租人及时受领租赁物的义务。这种义务包括:

一是按约定受领标的物。即承租人应当按照合同约定的时间、地点接受标的物。承租人之所以负有受领的义务,原因在于:一方面,租赁物是基于承租人的选择而购买,出租人并不了解租赁物的特点和性能,也没有受领租赁物的技术和能力,因此接受租赁物不但应为承租人的权利,还应当是其义务,承租人应按照约定的时间、地点和方式受领租赁物。另一方面,如果出租人和出卖人约定了出卖人向承租人交付标的物,此时,出租人无法受领标的物,如果承租人不负有受领标的物的义务,则买卖合同中的交付就无法顺利进行。从比较法的经验来看,域外立法例也大多采纳了这一做法。⑤

二是对标的物进行及时验收。承租人及时验收标的物,有利于确定标的物是否符合约

---

① 参见《融资租赁合同司法解释》第9条。
② 参见《融资租赁合同司法解释》第10条。
③ 参见高圣平:《论融资租赁交易中出租人的权利救济路径》,载《清华法学》2023年第1期。
④ 参见黄薇主编:《中华人民共和国民法典合同编解读》(下册),中国法制出版社2020年版,第862页。
⑤ 例如,《国际统一私法协会融资租赁示范法草案》第13条第1款规定:"在以下情况下认为是承租人受领了租赁物:承租人向出租人或供货人表示租赁物符合合同的约定;承租人在合理的检验机会之后没有拒收租赁物;承租人使用了租赁物。"

定的标准,以减少纠纷的发生。当事人可以对验收标的物的方法作出约定,此时,承租人验收的方法应当符合合同的约定。

三是承租人在验收标的物时,如发现标的物不符合约定,应当及时通知出租人。① 当然,在特殊情况下,承租人有权拒绝受领租赁物。例如,租赁物严重不符合约定,在此情况下,承租人不仅可以拒绝受领标的物,而且可以依据《民法典》第525条关于同时履行抗辩的规定,拒绝支付租金。

(三) 妥善保管和使用租赁物

《民法典》第750条第1款规定:"承租人应当妥善保管、使用租赁物。"由于承租人不享有标的物的所有权,而只是享有占有和使用的权利,因而承租人应当妥善保管和合理使用标的物,避免因保管不善而损害出租人的权益。所谓妥善保管,是指承租人应当尽到善良管理人的保管义务。所谓妥善使用,是指承租人应当按照租赁物所应当具有的使用性能对租赁物进行利用。妥善使用义务是妥善保管义务的组成部分。② 例如,承租人没有按照惯例将其租赁的船舶停靠在港口进行必要的维护维修,就没有尽到其妥善保管的义务。如果因承租人未尽到妥善保管和使用租赁物的义务,导致租赁物在租赁期间毁损灭失,则应当由承租人承担损失,且不能免除其支付租金的义务。

(四) 不得擅自处分租赁物

《民法典》第753条规定:"承租人未经出租人同意,将租赁物转让、抵押、质押、投资入股或者以其他方式处分的,出租人可以解除融资租赁合同。"在融资租赁合同中,虽然租赁物实际由承租人进行长期经营使用,出租人享有的权利往往是一种名义上的所有权,但出租人在法律上仍然享有所有权。在融资租赁合同中,租赁物所有权没有办理登记时,承租人基于占有融资租赁标的物而拥有了足以使人相信其就是权利人的外观。在此情形下,承租人有可能擅自处分租赁物,并造成对出租人利益的损害。

依据《民法典》第753条的规定,承租人擅自处分租赁物的行为,包括将租赁物转让、抵押、质押、投资入股或者以其他方式处分。《民法典》第753条采用了"其他方式"的表述,表明还包括承租人以其他方式处分租赁物的行为。未经出租人同意转让租赁物或者在租赁物上设立其他物权,这些擅自处分行为变相构成单方面解约,导致合同无法履行,也会损害出租人利益。承租人擅自处分租赁物,已经构成了根本违约,出租人应当有权依法解除合同,该条赋予出租人解除权,也符合《民法典》关于根本违约的一般规则。

(五) 维修租赁物

《民法典》第750条第2款规定:"承租人应当履行占有租赁物期间的维修义务。"这就确立了承租人的维修义务。在一般的租赁合同中,出租人负有维修的义务,应当负有保证承租人对租赁物的使用的义务,但在融资租赁合同中,出租人并不负有维修义务,而由承租人承担该义务。法律上作出此种规定的原因在于:一方面,在融资租赁合同中,承租人享有实质意义上的所有人权益,与此相适应,其也应当负有维修租赁物的义务。另一方面,承租人对标的物和出卖人进行了选择,而且具有专业技术,因此,承租人才最有能力对标的物进行维修。此外,由承租人负担此种义务,有利于促使其妥善保管和使用标的物,从而更能够达到融资租赁合同的缔约目的。

---

① 参见江必新主编:《融资租赁合同纠纷》,法律出版社2014年版,第165页。
② 参见张桂龙、刘向东:《融资租赁合同》,人民法院出版社2001年版,第225页。

当然,从《民法典》第 750 条规定来看,承租人仅在占有租赁物期间负有维修义务,这就意味着,只有在占有租赁物期间,承租人才负有此种义务,而在租赁物交付之前以及租赁物返还给出租人之后,承租人就不应负有此种义务。同时,如果在租赁期间,租赁物被出租人取回或因其他原因而丧失占有,承租人都不必负有维修义务。

(六)承担租赁物造成第三人损害的赔偿责任

《民法典》第 749 条规定:"承租人占有租赁物期间,租赁物造成第三人人身损害或者财产损失的,出租人不承担责任。"依据这一规定,承租人应当承担租赁物造成第三人损害的赔偿责任。其构成要件是:第一,租赁物造成第三人的损害。此种损害既包括人身伤害,也包括财产损害。严格地说,租赁物造成的损害包括两类情况:一是租赁物在正常使用过程中对第三人造成了人身或财产的损害,例如,承租人驾驶租赁汽车时因为交通事故导致他人损害,在此情况下应当由承租人承担责任。二是租赁物自身固有的缺陷造成了第三人的损害,在此情况下,如果租赁物的缺陷是由制造者造成的,那么承租人在承担责任后还可以向制造者追偿。对租赁物属高度危险作业设备而致第三人损害的情形,出租人不负损害赔偿责任。[①] 上述情形,都属于该条中所说的租赁物造成第三人的损害。第二,租赁物造成损害发生于承租人占有租赁物期间。通常来说,它是指租赁物自交付承租人之日起至租赁期限届满租赁物被返还给出租人之日止。承租人的占有既包括直接占有,也包括间接占有。第三,租赁物造成第三人损害,满足了侵权责任的构成要件。例如,如果租赁物是因为第三人原因造成损害(如有人将承租人所租的汽车开走撞伤他人),则应当由第三人负责。

(七)到期后返还租赁物

《民法典》第 757 条规定:"出租人和承租人可以约定租赁期限届满租赁物的归属;对租赁物的归属没有约定或者约定不明确,依据本法第五百一十条的规定仍不能确定的,租赁物的所有权归出租人。"据此,融资租赁合同期限届满后,如果当事人没有对租赁物的归属作出约定,或者约定不明确的,租赁物的所有权仍归出租人所有,承租人负有返还义务。例如,在"重庆市交通设备融资租赁有限公司等诉重庆市港航管理局船舶融资租赁合同纠纷案"中,法院指出:"目前在坤源公司未清偿合同项下的所有债务前,租赁船舶的所有权仍应为融资公司享有,且目前仍登记在融资公司的名下,融资公司对租赁船舶享有物权,则其对租赁船舶依法享有处分权。而坤源公司虽然在建船过程中支付了部分建船款,但在没有合同约定的情况下,其并不必然取得船舶的部分所有权。"[②]在融资租赁合同期间届满后,除当事人明确约定租赁物归承租人所有的外,如果因租赁物毁损、灭失或者附合、混同于他物导致承租人不能返还的,出租人有权请求承租人予以合理补偿。

第四节　融资租赁合同的风险负担

一、融资租赁合同风险负担概述

在标的物意外毁损灭失的情况下,承租人是否负有继续支付租金的义务,这涉及融资租赁合同中的风险负担问题。所谓融资租赁合同中的风险负担,是指融资租赁物遭受意外毁

[①] 参见胡康生主编:《中华人民共和国合同法释义》,法律出版社 1999 年版,第 363 页。
[②] 湖北省高级人民法院(2014)鄂民四终字第 00091 号民事判决书。

损灭失的风险,应当在当事人之间如何分配。《民法典》第 751 条规定:"承租人占有租赁物期间,租赁物毁损、灭失的,出租人有权请求承租人继续支付租金,但是法律另有规定或者当事人另有约定的除外。"由此可见,风险负担的确定,首先应当考虑当事人是否通过合同作出了约定。如果作出了约定,就应当尊重当事人的约定。在当事人没有约定,而租赁期间发生租赁物意外毁损灭失的风险时,应当由承租人负担风险。这就意味着,在标的物意外毁损灭失的情况下,承租人仍然负有继续支付租金的义务。主要理由在于:

第一,出租人享有的所有权主要具有担保功能,不能因此要求其承受标的物毁损灭失的风险。出租人虽然享有所有权,但不能据此认为,其就应当负担标的物毁损灭失的风险。在这一点上,融资租赁合同与租赁合同是不同的,不能类推适用租赁合同的一般规则。

第二,承租人占有标的物,并对其进行了实际控制。在融资租赁关系存续期间,标的物置于承租人的占有、控制和管领之下,承租人更容易知悉标的物所面临的风险,这有利于其为标的物投保,并在消除危险方面处于更便利的地位。从效率的角度来看,承租人负担风险有利于减少事故预防的成本。[①] 此外,由承租人负担标的物毁损灭失的风险,也有利于避免和防范承租人的道德风险。如果承租人占有使用标的物,却又不用负担标的物毁损灭失的风险,则极容易引发承租人恶意导致标的物毁损灭失的道德风险。

第三,从权利义务对等的角度考虑,承租人实际上享有了所有人的权益。虽然从原则上说,物的风险由所有人负担,但是,在融资租赁的情形,承租人实际上享有了所有人的权益,仅仅只是缺少名义上的所有权。因此,要求承租人负担风险,符合权利义务对等的原则。

第四,从比较法的经验来看,相关的国际公约和示范法对此也作出了规定。例如,《国际统一私法协会租赁示范法草案》第 11 条第 1 款规定:"融资租赁中,(租赁物)灭失风险由承租人承担。如果没有约定风险转移时间,则自租赁合同签订之时,灭失风险即转移由承租人承担。"第 2 款规定:"融资租赁之外的其他租赁,灭失风险仍由出租人承担,并不转移予承租人。"这表明,承租人承受风险的规则在比较法上是受到认可的。

既然风险应当由承租人负担,因此,在承租人占有租赁物期间,租赁物毁损或者灭失的,出租人有权要求承租人继续履行合同义务。也就是说,在租赁期间,租赁物毁损或者灭失的风险由承租人承担。

二、租赁物的风险负担

在标的物毁损、灭失的情形下,《民法典》第 756 条规定:"融资租赁合同因租赁物交付承租人后意外毁损、灭失等不可归责于当事人的原因解除的,出租人可以请求承租人按照租赁物折旧情况给予补偿。"依据这一规定,如果租赁物交付给承租人后发生意外毁损、灭失,且不可归责于双方当事人(如因台风造成租赁物毁损、灭失),在此情形下,因双方都没有过错,应由双方各自承担相应的风险;根据《民法典》第 754 条第 2 项,在租赁物不能修复或无法确定替代物时,双方都有权解除合同。在合同被解除后,出租人可以就租赁物的残值请求承租人给予补偿。

《民法典》第 751 条规定:"承租人占有租赁物期间,租赁物毁损、灭失的,出租人有权请求承租人继续支付租金,但是法律另有规定或者当事人另有约定的除外。"从该条规定来看,在承租人占有租赁物期间,租赁物毁损、灭失的,除法律另有规定或者当事人另有约定外,并

---

① 参见梁慧星:《融资性租赁契约法性质论》,载《法学研究》1992 年第 4 期。

不影响承租人支付租金的义务。法律之所以作出此种规定,一方面是因为,在承租人占有租赁物期间,与出租人相比,承租人更有能力控制租赁物毁损、灭失的风险,也更有能力防止租赁物毁损、灭失,故由承租人负担租赁物毁损、灭失的风险更为合理。当然,从本条规定来看,其在规定租赁物的毁损、灭失时,并没有将其限定为因可归责于当事人的原因而毁损、灭失,因此,其调整范围并不限于风险负担问题,只要租赁物在承租人占有期间发生毁损、灭失,不论其是否是因为不可归责于当事人的原因而毁损、灭失,均可适用本条规定。

三、租金的风险负担

就融资租赁合同中的租金风险负担问题,《民法典》第751条规定包括了租金风险负担的规则,只不过其调整范围超出了风险负担的范畴,即在承租人占有租赁物期间,即便是由于不可归责于当事人的原因导致租赁物毁损、灭失,承租人原则上也应当支付租金。在普通的租赁合同中,租金风险通常由出租人承担,而融资租赁合同是以融资为目的、融物为手段的交易形态,承租人享有对租赁物的选择、占有、使用、收益等权利,因而由其承担租赁物毁损灭失的租金风险是公平合理的。也就是说,在此情形下,承租人仍应当负有支付租金的义务。

第五节 融资租赁合同的解除

一、融资租赁合同中解除权的限制及其必要性

融资租赁合同是为了承租人对租赁物的长期使用而订立的合同,其虽然不是继续性合同,但是,为了实现融资租赁合同的缔约目的,应当保持租赁物的利用关系的稳定性。因此,比较法上大多允许当事人订立中途解约禁止条款。所谓中途解约禁止条款,是指出租人和承租人约定,在融资租赁合同存续期间,双方都不得任意解除合同。融资租赁合同是长期性的、继续性的合同,出租人是按照承租人的指定购买租赁物,而非基于自己的需要购买,因而很难向其他人出租。如果融资租赁合同中途被解除,对于买受人来说,在取回标的物以后,难以实现其使用价值,因此造成资源的浪费。融资租赁合同的缔约目的的实现需要保持租赁物利用关系的稳定性。[①] 所以,在融资租赁合同中,当事人需要特别约定禁止中途解约。通过规定中途解约禁止条款,对于承租人而言,就能够保证其对标的物享有长期稳定的使用权;对于出租人而言,因为禁止中途解约,就不会遭受标的物浪费的损失。

我国《民法典》对融资租赁合同的解除没有严格限定。笔者认为,考虑到融资租赁合同的特殊性,应当认可限制合同解除的规则。之所以在融资租赁合同中,关于合同解除的事由,应当由法律明确规定,当事人不得随意终止和解除合同,主要理由在于:

第一,由于租赁物是按照承租人的要求购买的,并不是以出租人的需求为出发点购买的,因此,如果承租人可以任意解除合同,租赁物虽然可回归出租人,但出租人实际上不需要该物。所以,如果融资租赁合同可随意解除,就极可能导致租赁物的闲置,损害出租人的利益。

---

① 参见谢鸿飞、朱广新主编:《民法典评注·合同编:典型合同与准合同2》,中国法制出版社2020年版,第507页。

第二,出租人为购买租赁物已投入较大的费用和成本,如果承租人任意解除,会对出租人的利益造成严重的不利影响。因为出租人购买租赁物所需资金除自有资金外,绝大部分是来自第三者的融资(如从银行贷款),且出租人还要投入各种税收、保险费、手续费等,在融资租赁期间采用租金形式分期偿还。出租人需用承租人支付的租金来偿还其从第三者手中融资所需支付的本息,如果允许承租人单方面解除合同,出租人便很难收回投入的资金,难以偿付融资本息及其他资金成本。[①] 所以,如果融资租赁合同的解除不受到严格限制,就可能因承租人解除合同而导致一系列的连锁反应,给相关当事人都带来不利影响。

第三,从承租人的角度考虑,如果合同的解除不受严格限制,也可能给其造成重大不利影响。融资租赁是一项以融物为手段、以融资为目的的业务,它可以缓解承租人缺乏资金又难以获得贷款的困难。因此,在融资租赁的情形,合同的解除对承租人的影响也较为重大。在合同签订前,承租人可能已做好生产准备,对租赁物件使用的配套设施也可能投入了相当的资金。在租赁物交付之后,承租人要将其投入生产经营活动之中,如果出租人解除合同的权利不受严格限制,承租人的生产经营计划将被打乱,可能使承租人蒙受极大损失。

二、融资租赁合同解除的事由

融资租赁合同属于我国《民法典》合同编典型合同分编所规定的一种典型合同类型,合同编通则关于合同解除的一般规则,不论是法定解除规则,还是约定解除规则,均可以适用于融资租赁合同。当然,融资租赁合同又具有其特殊性。

(一)双方解除的事由

依据《民法典》第754条的规定,有下列情形之一的,出租人或者承租人可以解除融资租赁合同:

第一,出租人与出卖人之间订立的买卖合同被解除、被确认无效或者被撤销,又未能重新订立买卖合同。之所以在此情形下赋予出租人和承租人合同解除权,其理由在于:融资租赁合同与买卖合同本身存在紧密关联,买卖合同是融资租赁合同的基础和前提,融资租赁合同的履行有赖于买卖合同的有效履行[②],在买卖合同解除、被确认无效或者撤销情形下,承租人将难以继续对租赁物进行占有、使用、收益,此时,融资租赁合同的目的难以实现。因而,应当允许双方当事人通过行使合同解除权来从融资租赁合同中脱身。考虑到融资租赁合同的长期性,以及为了维持当事人关系的稳定性,必须要对其作严格限制。[③] 即便发生买卖合同被解除或确认无效的情形,此时应当由当事人重新进行协商,只有在协商未果不能重新订立买卖合同的情形下,才能够基于该条规定享有融资租赁合同解除权。

第二,租赁物因不可归责于当事人的原因毁损、灭失,且不能修复或者确定替代物。从《民法典》第754条的规定来看,当事人在此情形下解除合同需要同时满足如下条件:一是租赁物因不可归责于当事人的原因毁损、灭失。例如,发生不可抗力导致租赁物毁损、灭失。二是不能修复或者确定替代物。也就是说,即便租赁物因不可归责于当事人的原因毁损、灭失的,但如果租赁物可以修复或者从市场上购买予以替代,则仍然可以履行合同,出于鼓励

---

① 参见高圣平、乐沸涛:《融资租赁登记与取回权》,当代中国出版社2007年版,第12页。
② 参见王轶等:《中国民法典释评·合同编·典型合同》(上卷),中国人民大学出版社2020年版,第610页。
③ 同上书,第609页。

交易的考虑,不应当允许当事人解除合同。只有在租赁物既无法修复,又无法确定替代物时,双方当事人才有权解除合同。

第三,因出卖人的原因致使融资租赁合同的目的不能实现。因出卖人原因主要是指因出卖人没有交付标的物,或者交付的标的物不合格,导致承租人不能对标的物进行占有和使用,此时,当事人可以主张解除合同。如果出卖人没有履行供货义务,出租人不能在合理期限内提供可供替代的标的物,此时,双方均可主张解除合同。同时,在因出卖人的原因导致融资租赁物合同目的不能实现的情形下,出租人与承租人对此均不具有可归责性,因此,双方当事人均应当有权依法解除合同。①

(二) 出租人解除合同的事由

1. 承租人未按照约定支付租金

《民法典》第752条规定:"承租人应当按照约定支付租金。承租人经催告后在合理期限内仍不支付租金的,出租人可以请求支付全部租金;也可以解除合同,收回租赁物。"依据该条规定,在承租人未按照约定支付租金,导致出租人合同目的无法实现时,承租人的行为将构成根本违约,出租人有权依法解除合同。在融资租赁合同中,支付租金是承租人的主给付义务。一般来说,承租人轻微的违约行为(如迟延支付数日),不应当赋予出租人解除合同的权利。但是,如果承租人不支付租金,已经严重影响了出租人的利益,达到根本违约的程度,就应当允许出租人享有解除权。依据《民法典》第752条的规定,如果承租人未按照约定支付租金,经出租人催告后在合理期限内仍不支付租金的,出租人有权选择请求承租人支付全部租金,或选择解除合同。依据该条规定,出租人解除合同应当符合下列条件:

第一,承租人未按照合同约定的期限和数额支付租金。当然,为了维持融资租赁合同的稳定性,只有在承租人未按期支付的租金占总租金的比例较大时,才构成根本违约,并使出租人享有解除合同的权利。《融资租赁合同司法解释》第5条第2项规定,"合同对于欠付租金解除合同的情形没有明确约定,但承租人欠付租金达到两期以上,或者数额达到全部租金百分之十五以上,经出租人催告后在合理期限内仍不支付的",则出租人有权解除合同。

第二,出租人应当催告。即便承租人未按照约定的期限支付租金,出租人一般也不得直接解除合同,而应当首先进行催告。出租人应当确定合理的期限,要求承租人支付租金。笔者认为,催告原则上仅适用于迟延支付租金的情形,如果承租人拒绝支付租金,则构成根本违约,出租人无须进行催告即可直接解除合同。

第三,承租人经催告后在合理期限内仍不支付租金。合理期限应当根据具体情况来判断,主要考虑交易习惯、准备履行的期限等。承租人在催告后的合理期限内仍不支付租金的,即构成根本违约,出租人有权解除合同。

2. 承租人擅自处分租赁物

在融资租赁合同中,租赁物的所有权仍然归属于出租人,而且,此种所有权还具有担保租金债权实现的功能。在租金全部支付完毕之前,未经出租人同意,承租人将租赁物进行抵押、转让、转租或投资入股的,不仅严重违反了合同约定,也侵害了出租人的所有权。依据《民法典》第753条的规定,承租人未经出租人同意,将租赁物转让、抵押、质押、投资入股或者以其他方式处分的,因为承租人的行为均侵害了出租人对租赁物的所有权,并造成出租人的损害,出租人有权依法解除合同。在解除合同的同时,如果因为承租人实施上述行为,造

---

① 参见黄薇主编:《中华人民共和国民法典合同编解读》(下册),中国法制出版社2020年版,第890页。

成出租人的损害,出租人有权请求承租人赔偿损失。

依据《融资租赁合同司法解释》第5条第3项的规定,在"承租人违反合同约定,致使合同目的不能实现的其他情形",出租人可以解除合同。例如,在承租人破产的情形下,出租人应当享有解除权。因为一方面,由于承租人已经破产,导致其不需要继续利用租赁物,融资租赁合同的存在也变得没有意义,出租人也无法再收取租金,所以出租人要求解除合同,有利于保障其租金债权的实现。另一方面,租赁物可能已经办理登记,该登记的所有权相较于一般债权在破产程序中应当具有优先性。如果承租人已经进入破产程序,应允许出租人基于其所有权在破产程序中优先获得清偿。[1]

(三)承租人解除合同的事由

《融资租赁合同司法解释》第6条规定:"因出租人的原因致使承租人无法占有、使用租赁物,承租人请求解除融资租赁合同的,人民法院应予支持。"依据该规定,承租人应当在如下几种情况下行使法定解除权:

第一,因出租人原因导致承租人不能及时受领标的物。在承租人占有租赁物之前,虽然融资租赁合同已经生效,但如果因出租人的原因致使承租人无法受领并占有标的物,则承租人有权解除合同。例如,出租人没有及时向出卖人付款,而导致出卖人行使同时履行抗辩权,拒绝交付租赁物。但如果是因承租人的原因致使出卖人不向承租人交付货物(例如,承租人不支付价款,致使出卖人无法向承租人交付货物,使合同无法履行),在此情况下,承租人不得行使解除权。

第二,因出租人原因导致出卖人没有履行供货义务。依据我国《民法典》第747条的规定,在融资租赁中,出卖人和租赁物通常都是由承租人指定的,由于出租人没有向出卖人支付价款,在此情形下构成根本违约,承租人享有解除合同的权利。与前述解除事由"因出租人原因导致承租人不能及时受领标的物"相同。

第三,因出租人的原因致使承租人不能行使对租赁物的占有、使用权利(例如,出租人没有正当理由收回租赁物、妨碍承租人对租赁物的占有和使用)。在此情形下,承租人有权依法解除合同。此外,如果第三人对租赁物主张权利,影响承租人对租赁物的使用,并导致承租人的合同目的无法实现,则承租人也有权依法解除合同。

三、合同解除的效果

(一)恢复原状

在融资租赁合同解除之后,应当产生恢复原状的法律后果。不过,考虑到融资租赁合同的特点,此种合同的解除并不具有溯及既往的效力,而仅向未来发生效力,类似于大陆法系国家合同法上的"终止"。解除合同后,出租人有权要求承租人返还租赁物,承租人也负有返还的义务。出租人要求返还租赁物的请求权,可以基于合同解除的效力而产生,也可以基于其所有权人的地位而产生。因为承租人占有租赁物是基于合同的约定,出现合同终止或解除的情况时,承租人便丧失了占有的基础,构成无权占有,出租人作为租赁物的所有权人有权直接向无权占有人即承租人行使所有物返还请求权,承租人应当将租赁物以由交付时经合理使用后的状态返还给出租人。一旦承租人不支付租金等,出租人即享有返还请求权,从

---

[1] 参见高圣平:《论融资租赁交易中出租人的权利救济路径》,载《清华法学》2023年第1期。

而也可以担保租金债权的实现。①

问题在于,出租人收回租赁物以后,由于融资租赁本身是功能化的担保方式,所以出租人在收回租赁物以后应当负有清算义务。依据《有关担保的司法解释》第65条第2款的规定,出租人请求解除融资租赁合同并收回租赁物,承租人以抗辩或者反诉的方式主张返还租赁物价值超过欠付租金以及其他费用的,人民法院应当一并处理。如果当事人对租赁物的价值有争议的,应当按照下列规则确定租赁物的价值:第一,约定优先,如果融资租赁合同已经对租赁物折旧或者残值的计算作出了约定的,在因合同解除收回租赁物的情形下就可以直接依据当事人的约定来确定折旧后的残值。第二,融资租赁合同未约定或者约定不明的,根据一般的、符合交易习惯的租赁物折旧方式以及合同到期后租赁物的残值来确定。这就是说,如果合同没有约定或者约定不明,可以根据一般的、符合交易习惯的租赁物折旧的计算方法以及折旧方式来确定租赁物的价值,也可以以到期后经过计算确定的租赁物的残值来确定。第三,根据前两项规定的方法仍然难以确定,或者当事人认为根据前两项规定的方法确定的价值严重偏离租赁物实际价值的,根据当事人的申请委托有资质的机构评估,也就是采取由第三方评估的方式来确定租赁物的残值。需要注意的是,确定租赁物价值的规则是存在顺位要求的,当事人不能直接以请求第三方介入评估的方式来确定租赁物的价值。②

(二)损害赔偿

在解除合同后,如果因当事人一方的违约而造成另一方的损失,也可以请求违约损害赔偿。《融资租赁合同司法解释》第7条规定:"当事人在一审诉讼中仅请求解除融资租赁合同,未对租赁物的归属及损失赔偿提出主张的,人民法院可以向当事人进行释明。"由此可见,解除与违约损害赔偿是可以并存的。例如,因承租人的过错导致合同被解除,出租人损失了其可能获得的合理利润,也可以要求承租人予以赔偿。

因买卖合同被解除、被确认无效或者被撤销而导致融资租赁合同被解除的后果具有特殊性,对此,《民法典》第755条第1款规定:"融资租赁合同因买卖合同解除、被确认无效或者被撤销而解除,出卖人、租赁物系由承租人选择的,出租人有权请求承租人赔偿相应损失;但是,因出租人原因致使买卖合同解除、被确认无效或者被撤销的除外。"依据这一规定,如果融资租赁合同是因为买卖合同效力终止而被解除的,而租赁物的选择是出租人干预承租人的结果,则出租人应当自行负担相关的损失;如果租赁物是由承租人选择的,则出租人有权请求承租人赔偿相应的损失。

第一,承租人选择出卖人、租赁物的,应由其自己承担损失。通常,融资租赁合同中,出租人支付租赁物价款后,其已经履行了应尽的义务,在买卖合同中,承租人虽然不是合同当事人,但出租人是根据承租人对出卖人的选择而购买租赁物的,承租人对买卖合同的订立发挥了重要的作用,在此情形下,承租人可以按照约定向出卖人索赔,在买卖合同被解除、被确认无效或者被撤销的情形下,承租人也应当负担相应的损失。如果出租人因此遭受损失的,应当有权请求承租人赔偿相应损失。在融资租赁合同中,租赁物通常是由承租人选择的,依据《民法典》第755条的规定,如果租赁物是由承租人选择的,则在融资租赁合同因买卖合同解除、被确认无效或者被撤销而解除的情形下,出租人有权请求承租人赔偿相应的损失。③

---

① 参见王轶编著:《租赁合同 融资租赁合同》,法律出版社1999年版,第167页。
② 最高人民法院民事审判第二庭:《最高人民法院民法典担保制度司法解释理解与适用》,人民法院出版社2021年版,第547—548页。
③ 参见黄薇主编:《中华人民共和国民法典合同编解读》(下册),中国法制出版社2020年版,第891页。

反之，如果租赁物是由出租人自己选择的，则出租人无权请求承租人赔偿损失。

第二，因出租人原因导致买卖合同被解除、被确认无效或者被撤销的，出租人不得请求承租人赔偿损失。例如，出租人不履行支付价款的义务，导致买卖合同被解除，出租人因此而遭受的损失，应当由其自己承担。① 此种损失也与承租人无关，其无权请求承租人赔偿损失。

第三，出租人赔偿损失的折抵。《民法典》第 755 条第 2 款规定："出租人的损失已经在买卖合同解除、被确认无效或者被撤销时获得赔偿的，承租人不再承担相应的赔偿责任。"依据该条规定，在买卖合同被解除、被确认无效或者被撤销的情形下，如果出租人的损失已经获得赔偿，则应当相应地减轻或者免除承租人的责任。例如，因出卖人的原因导致买卖合同被解除的，出租人可以依法请求出卖人承担违约责任，其可以获得相应的赔偿，此时，就应当相应地减轻或者免除承租人的责任。也就是说，如果出租人的损失已经得到了有效填补，其就不得再请求承租人赔偿相应的损失。法律作出此种规定，主要是为了防止出租人因此获得额外的利益。

《融资租赁合同司法解释》第 11 条第 2 款规定："前款规定的损失赔偿范围为承租人全部未付租金及其他费用与收回租赁物价值的差额。合同约定租赁期间届满后租赁物归出租人所有的，损失赔偿范围还应包括融资租赁合同到期后租赁物的残值。"依据该款的规定，在收回租赁物后，出租人还有权请求未付租金及其他费用与租赁物价值的差额，因此，此处规定的损害赔偿范围实际上是履行利益的损害赔偿。

需要指出的是，上述规则仅适用于融资租赁合同因买卖合同解除、被确认无效或者被撤销而解除的情形。《民法典》第 755 条关于融资租赁合同解除的效力规则仅适用于此种情形下的合同解除，而不适用于其他合同解除的情形。如果融资租赁合同因为其他原因，如因为承租人或者出租人违约而被解除，则无法适用本条规定。

此外，依据《民法典》第 756 条，租赁物交付承租人后因不可归责于当事人的原因毁损、灭失，合同因此解除的，承租人只需要按照租赁物折旧情况对出租人予以补偿，而不需要按照约定支付租金。此种规定较为合理。不得请求支付租金的原因在于融资租赁合同已被解除。法律作出这种规定，是因为在租赁物因意外毁损、灭失的情形下，当事人都不具有可归责性，既选择解除合同，承租人尚未支付的租金也不再支付，因为标的物毁损、灭失，客观上也返还不能，此时，承租人应当承担代物返还义务，即将租赁物折旧后的价值返还给出租人。②

第六节　融资租赁合同的终止

一、融资租赁合同终止概述

（一）融资租赁合同终止的原因

融资租赁合同终止的原因主要有如下几种：

（1）租赁期限届满。融资租赁合同是设定债权性使用权的合同，其应当有一定的期限，否则，与该合同的性质相悖。在租赁期限届满之后，承租人可以返还标的物、购买标的物或

---

① 同上书，第 839 页。
② 参见谢鸿飞、朱广新主编：《民法典评注·合同编：典型合同与准合同 2》，中国法制出版社 2020 年版，第 513 页。

者续租。除非承租人与出租人协议继续租赁,否则,融资租赁合同将因租赁期限届满而终止。

(2) 融资租赁合同的解除。融资租赁合同的解除既包括法定解除,也包括约定解除,即按照合同自由原则,当事人协议解除合同,或者约定一方解除合同的条件。在融资租赁合同解除的情况下,当事人之间的权利义务关系终止。

(3) 承租人丧失主体资格。例如,承租人因破产被兼并、解散等,在此种情形,融资租赁合同的缔约目的无法实现,其应当终止。此时,租赁物并不属于承租人的破产财产,出租人有权行使取回权。

(4) 当事人约定的其他事由。例如,当事人约定,出租人合并、分立的,合同自动终止。

(二) 融资租赁合同终止的法律效果

在融资租赁合同终止以后,承租人负有返还租赁物的义务,出租人享有请求返还租赁物的权利。在合同终止之后,当事人双方依据诚信原则,仍负有附随义务。例如,出租人负有就其知悉的商业秘密保密的义务。需要指出的是,在融资租赁合同中,也可能因有关当事人的破产产生租赁物的归属确定、合同的履行、合同的解除等问题。

二、融资租赁合同期限届满后租赁物的归属

(一) 融资租赁合同期限届满后所有权的归属关系

融资租赁合同期限届满后租赁物所有权的归属,原则上应当依当事人约定来确定,如无约定则一般归出租人所有。具体来说,确定租赁物的归属应当采用如下两项规则:

(1) 依据约定确定归属。依据《民法典》第757条的规定,首先,出租人和承租人可以约定租赁期限届满租赁物的归属;有约定的必须按照约定。其次,如果当事人对租赁物的归属没有约定或者约定不明确,则应当依据《民法典》第510条的规定确定归属,即由当事人就租赁物的归属达成补充协议,如果不能达成补充协议,按照合同有关条款和交易习惯确定租赁物的归属。例如,如果当事人在合同中规定:"租赁期满,双方没有约定的,合同自动续期。"据此可以解释为,允许承租人继续承租,则在归属上可以理解为,出租人保留所有权。最后,如果不能依据《民法典》第510条的规定确定归属,则应当认为租赁物归出租人所有。

(2) 没有约定或者约定不明确的,租赁物的所有权归出租人。就租赁物归属作出约定是当事人的特殊安排,在没有约定时,租赁物的所有权归出租人。这一规则也是符合国际通行做法的。[①] 因为在融资租赁合同中,出租人并没有将租赁物的所有权转让给承租人。承租人虽然依照租赁合同享有对租赁物的占有、使用和收益的权能,但是处分的权能仍然由租赁物的所有权人即出租人享有。如果在租赁期间内,承租人没有经过出租人的同意,将租赁物转让、抵押、出租等,都构成对出租人权利的侵害。如果租赁物与其他动产、不动产发生附合,而当事人对添附情形下的所有权归属问题没有进行约定,则应当按照添附规则确定所有权的归属。如不能确定的,可以将租赁物附合后的动产、不动产转让,在租赁物价值范围内的转让价款归属于出租人。但在租赁期限届满后,承租人也仍然应当负有返还租赁物的义务。

一般情况下,融资租赁合同终止后,如果当事人对租赁物的归属没有约定或者约定不明

[①] 例如,《国际融资租赁公约》第9条第2款规定:"当租赁协议终止时,承租人应将处于前款规定状态的设备退还给出租人,除非承租人行使权利购买设备或继续为租赁而持有设备。"

确,则租赁物的所有权应当归属于出租人。但在特殊情形下,考虑到案件的具体情况,也可以由承租人取得所有权,并给予出租人合理的补偿。因承租人原因导致合同无效,出租人不要求返还租赁物,或者返还出租人后会显著降低租赁物价值和效用的,租赁物所有权归承租人,并根据合同履行情况和租金支付等情况,由承租人进行合理补偿。[①]

(二)融资租赁合同期限届满后确定租赁物所有权归属的方法

在融资租赁期间届满之后,当事人可以约定租赁物的归属,毕竟融资租赁合同已经终止,此种约定不会对合同的性质产生影响。尤其是就租赁合同而言,重新确定租赁物的归属更有必要。因为在融资租赁合同中,租赁物是按照承租人的指定购买的,而且融资租赁的主要目的是融资,出租人无意再将其取回利用,所以,出租人与承租人协商确定租赁物的归属可以实现双方的利益。在融资租赁合同期限届满后,当事人一般采用退租、续租、留购三种方法之一来确定所有权的归属。

(1)退租。它是指在融资租赁合同期限届满后,承租人将租赁物返还给出租人。

(2)续租。在租赁期限届满以后,承租人可以与出租人协商,以确定是否延长租赁期限。如果延长租赁期限,则该合同继续有效,只不过租赁期限延长。

(3)留购。它是指承租人与出租人协商通过支付一定价款的方式以取得租赁物的所有权。此种方式通常表现为,承租人仅仅支付名义性质的价款,便可以获得租赁物的所有权。应当看到,虽然在融资租赁合同期限届满后,出租人仍然依法享有所有权,但该所有权的享有主要具有担保租金债权实现的功能,一旦承租人不支付租金等,出租人即享有取回权。[②] 在租赁期间届满以后,由于租赁物对出租人并没有利用价值,还不如留在承租人手上发挥其应有的作用。对融资租赁合同而言,在合同期间届满后,出租人的租金债权已经实现,而且租赁物是按照承租人的要求购买的,租期届满后租赁物的残值对出租人的经济意义较小,因此,可以允许当事人约定租期届满后租赁物的归属,承租人可以以较低的价值留购租赁物。

(三)租赁物价值的部分返还

租赁物价值的部分返还,是指当事人约定租赁期间届满后租赁物归承租人所有,但在期满之前出租人解除合同的,其应当返还租赁物价值与债权额之差额。如果承租人已经支付大部分租金,但无力支付剩余租金,出租人因解除合同收回租赁物,收回的租赁物的价值超过承租人欠付的租金以及其他费用的,承租人可以要求部分返还。出租人因为合同的提前解除获得了超出其合同约定的利益,如果此种利益完全归出租人,将使得出租人和承租人之间利益失衡,此时进行强制清算能避免出租人因提前解约而过分得利,这对当事人更为公平。[③] 因为租赁合同的解除,使得出租人既取得了大部分租金,又取回了标的物,获得了双重的利益。如果当事人约定了清算条款,则可以依据约定进行清算。但是,如果当事人没有相关的约定,则应当适用《民法典》第758条的规定,允许承租人请求部分返还,出租人也负有返还部分价值的义务。

《民法典》第758条第1款规定:"当事人约定租赁期限届满租赁物归承租人所有,承租人已经支付大部分租金,但是无力支付剩余租金,出租人因此解除合同收回租赁物,收回的租赁物的价值超过承租人欠付的租金以及其他费用的,承租人可以请求相应返还。"依据该

[①] 参见《民法典》第760条。
[②] 参见王轶编著:《租赁合同 融资租赁合同》,法律出版社1999年版,第167页。
[③] 参见黄薇主编:《中华人民共和国民法典合同编解读》(下册),中国法制出版社2020年版,第898页。

条规定,租赁物价值的部分返还应当满足如下要件:第一,当事人约定租赁期间届满租赁物归承租人所有。如果租赁物归出租人所有,则没有设立这一规则的必要。因为无论租赁物的剩余价值多大,出租人取回租赁物都是取回自己之物,不必将其部分价值返还给承租人。第二,承租人已经支付大部分租金,但无力支付剩余租金。如果承租人支付的租金较少,租赁物的价值可能还不足以清偿债务,在此情形下就没有适用该规则的必要。第三,出租人行使解除合同的权利,并收回租赁物。出租人必须先行使解除的权利,才能够收回租赁物。且根据该条规定,出租人解除合同的原因是承租人欠付租金致使其缔约目的不能实现。如果出租人未行使解除权,融资租赁合同没有解除,出租人不可能收回租赁物,也不可能返还租赁物的部分价值。第四,收回的租赁物的价值超过承租人所负的债务。在融资租赁合同解除之后,出租人可以要求承租人返还租赁物。出租人收回租赁物的主要目的是保障其债权的实现。但是,如果其收回的租赁物的价值超过承租人欠付的租金以及其他费用,承租人可以要求部分返还。这实际上是融资租赁交易中出租人清算义务的具体化。①

《民法典》第758条第2款规定:"当事人约定租赁期限届满租赁物归出租人所有,因租赁物毁损、灭失或者附合、混合于他物致使承租人不能返还的,出租人有权请求承租人给予合理补偿。"该条确立了租赁物无法返还时的补偿责任,具体而言:一是融资租赁合同对租赁物的归属作出明确的规定,即约定在租赁期限届满后归出租人所有;二是租赁物发生了毁损、灭失或添附;三是因租赁物发生毁损、灭失或添附导致承租人不能返还租赁物,如果当事人约定租赁期限届满后租赁物归出租人所有,则在租赁物无法返还时,出租人有权请求承租人给予合理补偿。在租赁期限届满后,出租人本应获得租赁物的残值,因为租赁物毁损、灭失或者附合、混合,使出租人无法获得租赁物的残值的,出租人有权请求承租人给予合理补偿。② 此处所说的合理补偿并不是完全赔偿租赁物的价值,而只是要考虑租赁物在租赁期限届满后应有的残值,对出租人进行适当补偿。

(四)融资租赁合同被宣告无效后租赁物归属的确定

《民法典》第760条规定:"融资租赁合同无效,当事人就该情形下租赁物的归属有约定的,按照其约定;没有约定或者约定不明确的,租赁物应当返还出租人。但是,因承租人原因致使合同无效,出租人不请求返还或者返还后会显著降低租赁物效用的,租赁物的所有权归承租人,由承租人给予出租人合理补偿。"该条对融资租赁合同无效情形下确定租赁物所有权归属的规则作出了规定,具体而言,本条主要确立了如下规则:

第一,当事人有约定的,按照其约定。从该条规定来看,即便融资租赁合同无效,当事人也可以就租赁物的归属作出约定。例如,当事人可以约定,在融资租赁合同被宣告无效时,租赁物归属于承租人,按照私法自治原则,该约定也具有法律效力。

第二,当事人没有约定或者约定不明确的,则租赁物应当返还出租人。也就是说,如果当事人没有就融资租赁合同被宣告无效后租赁物的归属作出约定,则其应当属于出租人,此时,承租人应当将租赁物返还出租人。

第三,因承租人原因致使合同无效时租赁物的归属。依据《民法典》第760条的规定,在因为承租人的原因致使合同无效的情形下,如果出租人不请求承租人返还租赁物,或者返还租赁物会导致租赁物效用显著降低的,则租赁物的所有权归承租人,而由承租人给予出租人

---

① 参见高圣平:《论融资租赁交易中出租人的权利救济路径》,载《清华法学》2023年第1期。
② 参见黄薇主编:《中华人民共和国民法典合同编解读》(下册),中国法制出版社2020年版,第898页。

合理补偿。法律之所以作出此种规定,主要是因为,在融资租赁合同中,租赁物通常是按照承租人的要求购买的,其对出租人而言,经济效用可能较低,在因承租人的原因导致融资租赁合同无效的情形下,如果租赁物的所有权归属于出租人,可能造成出租人的损失。因此,该条赋予了出租人选择权,即如果出租人认为取回租赁物对其有利,其可以取回租赁物;反之,如果其认为获得承租人的合理补偿更为有利,则其可以不请求承租人返还租赁物,而由承租人对其进行合理补偿。[1] 此处所说的合理补偿不同于完全赔偿,而是在考虑租赁物价值的基础上,合理确定补偿的数额。

依据《民法典》第759条,如果当事人对租赁期限届满后的租赁物的归属作出了约定,此时应当尊重当事人的真实意思,确定租赁物的归属。[2] 允许支付象征性价款是为了实现一个从租到买的质变,从而导致所有权的移转。但是租赁期限届满,承租人仅需向出租人支付象征性价款必须以当事人的约定有效为前提。在当事人没有特别约定的情形下,承租人不能取得租赁物所有权,租赁物所有权仍然属于出租人。只要该约定有效且当事人按照约定支付了相应的价款,此时租赁物的所有权应当移转给承租人。之所以允许承租人通过支付象征性价款而购买租赁物,主要还是因为租赁物经过较长时间的使用,出租人已经获得了相应的对价,其已经分期收回了相应的对价[3],而且出租人并不追求物的归属价值,租赁物此时的残值也较低,承认其归属于承租人更能发挥物的效用。

---

[1] 参见最高人民法院民法典贯彻实施工作领导小组主编:《中华人民共和国民法典合同编理解与适用》(三),人民法院出版社2020年版,第1753—1754页。
[2] 参见黄薇主编:《中华人民共和国民法典合同编释义》,法律出版社2020年版,第599页;杨代雄主编:《袖珍民法典评注》,中国民主与法制出版社2022年版,第716页。
[3] 参见谢鸿飞、朱广新主编:《民法典评注·合同编:典型合同与准合同2》,中国法制出版社2020年版,第522页。

第十二章

保 理 合 同

第一节 保理合同概述

一、保理合同的概念和特征

保理(Factoring),起源于出口货物寄售[①],现在广泛运用于赊销贸易与金融行业。依据《民法典》第761条,保理合同是指应收账款债权人将现有的或者将有的应收账款转让给保理人,保理人提供资金融通、应收账款管理或者催收、应收账款债务人付款担保等服务的合同。保理是指应收账款的债权人将应收账款转让给保理人,保理人提供资金支持以及对应收账款进行管理、催收等。在实践中,保理对资金的融通、开通融资渠道以及缓解中小企业融资难等问题,都发挥了重要作用。保理合同具有如下几个法律特征:

第一,以应收账款的转让为前提。应收账款是一个会计学术语。[②] 所谓应收账款,是指债权人因转让货物、提供劳务等,对债务人享有的请求付款的权利。应收账款包括现有的应收账款和将有的应收账款。保理以应收账款为核心,没有应收账款的转让,无法成立保理关系。[③] 应收账款一般都是基于合同而产生,其包括现有的或未来的应收账款。所谓现有的应收账款债权,是指已经发生的应收账款债权。例如,在保理合同订立时,卖方已经将货物出卖给买方,并根据买卖合同对其享有 1000 万元的债权,如果将其设定保理,此时即为以现有的应收账款债权设定保理。所谓未来的应收账款债权,是指目前尚不存在,但是未来基于一定的交易关系能够发生的债权。例如,基础设施的收费常常就是未来所取得的债权。

应收账款债权也可以从有无基础关系的角度分为有基础关系的将有应收账款债权与无基础关系的将有应收账款债权。这实际上是允许权利人对将来债权进行利用和处分。具体而言:一是有基础关系的将有应收账款,如继续性的供需买卖、长期租赁、承揽等,基于此种基础关系,债权人将来会享有请求债务人付款的权利。二是没有基础关系的将有应收账款,例如,当事人预约将来要订立买卖、租赁等合同,并因此将获得一定的付款。[④] 有基础关系的应收账款债权转让,学界对此基本没有争议。但是,对于是否允许没有基础关系的将来应收

---

① 参见方新军:《现代社会中的新合同研究》,中国人民大学出版社 2005 年版,第 196 页。
② 中国人民银行《应收账款质押登记办法》(已失效)第 2 条第 1 款规定:"本办法所称应收账款是指权利人因提供一定的货物、服务或设施而获得的要求义务人付款的权利以及依法享有的其他付款请求权,包括现有的和未来的金钱债权,但不包括因票据或其他有价证券而产生的付款请求权,以及法律、行政法规禁止转让的付款请求权。"
③ 参见高圣平:《民法典担保制度及其配套司法解释理解与适用》(下),中国法制出版社 2021 年版,第 1287 页。
④ 参见黄薇主编:《中华人民共和国民法典合同编解读》(下册),中国法制出版社 2020 年版,第 851 页。

债款债权的转让,学界存在一定的争议。因为在没有基础关系的情况下,虚构债权的可能性会增大,并且其存在很大的不确定性,尤其是对未来的应收账款债权,难以确定其未来是否发生,所以对这一类债权转让仍然应当在法律上作一定的限制,但法律也不宜禁止,毕竟未来债权也很有可能获得。① 鉴于我国《民法典》第761条没有对"将有的应收账款"的范围作出限定,因此,在解释上也应当承认没有基础关系的将来应收账款的可让与性。

第二,保理人应提供必要的保理服务。关于保理人应当提供哪些服务,依据《国际保理公约》第1条的规定,保理关系的主体是应收账款债权人与保理人,保理人的主要义务是提供贸易融资、销售分户账管理、应收账款的催收、信用风险控制与坏账担保,在这四项职能中,保理人至少需要履行两项职能。如果当事人仅约定了应收账款的转让,而没有约定一方为另一方提供保理服务,则应当属于债权让与,而非保理。依据我国《民法典》第761条的规定,保理人应当提供资金融通、应收账款管理或者催收、应收账款债务人付款担保等服务。当事人达成应收账款转让的约定,但如果没有约定保理人应提供相关的保理服务的,则该约定无法构成保理合同。② 从该规定来看,其没有严格限定保理服务的范围,在具体的交易实践中保理人应当提供哪些服务,应当交由当事人自主选择,并由当事人自主约定,但是至少必须满足一项上述的保理服务,否则不构成保理交易。③

第三,保理合同关系的主体具有特殊性。在保理合同中,合同的当事人包括应收账款债权人与保理人。保理人通常是商业银行与商业保理公司。中国银保监会2019年10月发布、实施的《关于加强商业保理企业监督管理的通知》有意清理商业保理企业的存量,并明确"严把市场准入关",故应当视为国家在保理行业的市场准入方面存在限制性规定。无保理从业资格而以保理为常业的市场经营主体所订立的保理合同,可以认定为无效。④ 保理合同的主体,即保理合同的当事人,主要包括应收账款债权人与保理人。保理合同关系本身不涉及债务人,但是保理合同主体在行使权利和履行义务时涉及债务人。从保理交易的角度而言,其涉及三方主体。保理合同是保理法律关系的核心,但在保理法律关系中,除保理合同外,还涉及保理人与债务人之间的关系。例如,保理人与债权人之间通常会设立一个保理专户,在有追索权的保理的情形下,保理人有权向债务人请求将价款汇入保理专户,这就涉及对债务人的权利的行使。依据《民法典》第766条的规定,对有追索权的保理而言,"保理人可以向应收账款债权人主张返还保理融资款本息或者回购应收账款债权,也可以向应收账款债务人主张应收账款债权"。当然,应收账款债务人虽然也与保理合同关系密切,但是其并非保理合同的当事人。保理合同只约束保理人与应收账款债权人。

第四,具有要式性。《民法典》第762条第2款规定:"保理合同应当采用书面形式。"依据该条规定,保理合同属于要式合同,应当采用书面形式。这主要是基于以下考虑:一是保理合同内容较为复杂,以口头形式订立保理合同可能导致合同内容模糊,纠纷频发,不利于当事人之间的高效、便捷交易;口头形式的合同难以留存证据,在发生纠纷后难以举证证明法律事实。⑤ 二是保理合同主要适用于商事交易,当事人都具有一定的专业能力,也具备以

---

① 如《国际保理公约》第5条第2款、《应收账款转让公约》第8条第1款。
② 参见黄薇主编:《中华人民共和国民法典合同编解读》(上册),中国法制出版社2020年版,第853页。
③ 《商业银行保理业务管理暂行办法》第6条、《中国银行业保理业务规范》第4条等规定,也仅要求提供一项服务。
④ 参见李志刚:《〈民法典〉保理合同章的三维视角:交易实践、规范要旨与审判实务》,载《法律适用》2020年第15期。
⑤ 参见王轶等:《中国民法典释评·合同编·典型合同》(下卷),中国人民大学出版社2020年版,第8页。

书面形式订立合同的能力,采取要式行为的规定不会显著增加当事人的负担。三是依据《民法典》的相关规定,保理合同关系下的应收账款债权转让可以登记。登记的内容应当包括以书面形式表现的保理合同。

二、保理合同的性质

关于保理合同的性质,存在债权转让说与让与担保说两种观点。债权转让说认为,保理合同本质上仍然是一种债权转让合同,通过债权转让发挥资金的融通功能。[1] 有学者认为,应将有追索权的保理认定为有特别约定的债权转让,附加的追索权本身是当事人的自由约定,不为法律所禁止。[2] 让与担保说则认为有追索权的保理与担保常态相适应,在本质上应定性为让与担保。[3] 有追索权的保理是让与担保的特殊形式,追索权是保理合同双方对于应收账款债权人承担债务人履行能力保证义务的特别约定。[4] 在有追索权的保理中,保理人是担保权人,如果债务人到期难以偿还应收账款,保理人享有相应的追索权以确保其债权能够实现。

笔者认为,保理兼具债权转让与担保功能的功能。一方面,保理具有债权转让的功能,其本质上确实是特殊的债权转让。另一方面,保理又具有担保功能,债权转让的定位无法全然囊括保理的非典型担保功能。《有关担保的司法解释》第 1 条规定:"因抵押、质押、留置、保证等担保发生的纠纷,适用本解释。所有权保留买卖、融资租赁、保理等涉及担保功能发生的纠纷,适用本解释的有关规定。"但将保理仅定位为担保,难以涵盖保理本身与债权转让规则的密切联系,也无法与《民法典》第 769 条关于"本章没有规定的,适用本编第六章债权转让的有关规定"的规定相衔接。综上所述,无论是债权转让说还是让与担保说,都只总结了保理合同的某些特征,因此笔者认为,将保理合同在性质上定位为兼具担保功能与债权转让功能的混合合同更能凸显保理合同的法律性质。

三、保理合同的分类

(一)公开型保理与非公开型保理

公开型保理是指在合同中明确约定应将应收账款转让事实通知债务人,此种方式也称为"明保理"。[5] 非公开型保理,也称为"隐蔽型保理""暗保理"[6],它是指在合同签订后的一定时期内,并不将应收账款转让的事实通知债务人,而只是在约定期限届满或约定的事由出现后,由保理人将应收账款转让的事实通知债务人。[7]

公开型保理与非公开型保理的区别主要体现在:第一,是否通知债务人不同。在公开型保理中,应将应收账款转让的事实通知债务人。而在非公开型保理中,保理人一般不将应收账款转让的事实通知债务人。第二,收款主体不同。在公开型保理中,通常需要债务人直接向保理人支付应收账款。在非公开型保理中,一般认为债务人没有查阅登记系统的义务,因

---

[1] 参见谢鸿飞、朱广新主编:《民法典评注·合同编:典型合同与准合同 2》,中国法制出版社 2020 年版,第 533 页。
[2] 参见方新军:《现代社会中的新合同研究》,中国人民大学出版社 2005 年版,第 214—215 页。
[3] 参见黄和新:《保理合同:混合合同的首个立法样本》,载《清华法学》2020 年第 3 期。
[4] 参见陈学辉:《国内保理合同性质认定及司法效果考证》,载《西北民族大学学报(哲学社会科学版)》2019 年第 2 期。
[5] 黄薇主编:《中华人民共和国民法典合同编解读》(下册),中国法制出版社 2020 年版,第 908 页。
[6] 同上。
[7] 参见冯宁:《保理合同纠纷案件相关法律问题分析》,载《人民司法·应用》2015 年第 17 期。

此,在不向债务人作让与事实通知的情况下,仍由让与人向债务人收取应收账款。

对于非公开型保理而言,应收账款债权人往往不需要保理人提供账户管理或坏账催收等服务,而只是希望获得融资,其往往以"发票贴现"的形式进行。① 由于非公开型保理具有与公开型保理不同的功能,因此在实践中也有大量的隐蔽保理业务。依据《民法典》第546条的规定,债权转让未通知债务人的,并不影响债权转让在债权人与受让人之间生效。因此,对于非公开型保理而言,保理人仍然可以取得应收账款债权,只不过债务人对债权人的付款仍然可以发生使债之关系消灭的清偿效果。

（二）有追索权的保理和无追索权的保理

所谓有追索权的保理,又称为回购型保理,是指保理人不承担应收账款债务人的信用风险,在应收账款债权因债务人支付能力不足或无理由拒绝支付而无法实现的情况下,保理人可以请求原债权人回购应收账款债权或返还保理融资款本息,并承担相关合理费用。在有追索权的保理中,保理人保留了对应收账款债权人的追索权。所谓无追索权的保理,又称为买断型保理,是指保理人在保理合同生效后若无商业纠纷,就只能向债务人请求付款,在债务人因为经营状况恶化而无力支付应收账款的情况下,其无权向债权人进行追索。此种方式又称为"买断型的保理"。我国《民法典》第766条与第767条分别对有追索权的保理和无追索权的保理作出了规定。这二者的区别主要在于:保理人是否可以根据保理合同的约定向债务人主张返还保理融资款本息或者回购应收账款债权。通常,对有追索权的保理而言,保理人不为债务人核定信用额度和提供坏账担保,债务人无法履行债务的风险仍应当由债权人负担。

在各国立法例中,有的以有追索权保理为原型,即规定保理人有追索权,但合同另有约定的除外;有的以无追索权保理为原型,但合同另有约定的除外;还有的同时规定有追索权保理和无追索权保理,由当事人自己选择。基于我国当前的保理实践,当事人一般都会在保理合同中就有无追索权作出约定,因此,我国《民法典》同时规定了有追索权保理和无追索权保理,以供当事人自己选择。②

有追索权的保理与无追索权的保理的区别主要体现在如下方面:

第一,是否保留追索权不同。在无追索权的保理情形下,保理人追求的是高风险、高收益,所以相较有追索权的保理,保理人承担了更高的信用风险。无追索权保理的保理人承担债务人的信用风险,而有追索权保理的保理人不承担债务人的信用风险。所谓信用风险,是指债务人无正当理由不付款的风险。如果债务人因行使抗辩权等原因而拒绝付款,则不属于债务人的信用风险,保理人仍可依据保理合同向应收账款债权人请求承担违约责任。

第二,有追索权的保理仅仅提供了一种融资服务,而无追索权的保理不仅需要提供融资服务,而且要核定债务人的信用额度、在信用额度之内承担应收账款坏账的担保责任。③ 有追索权的保理相较于无追索权的保理,保理人不提供应收账款债务人付款担保的服务,不承担债务人支付不能与无正当理由拒绝支付的信用风险。

第三,在有追索权的保理中,保理人负有清算义务。依据《民法典》第766条的规定,保理人向应收账款债务人主张应收账款债权,在扣除保理融资款本息和相关费用后有剩余的,

---

① 参见〔英〕弗瑞迪·萨林格:《保理法律与实务》,刘园、叶志壮译,对外经济贸易大学出版社1995年版,第16—17页。
② 参见黄薇主编:《中华人民共和国民法典释义》(中),法律出版社2020年版,第1413页。
③ 同上书,第1405页。

剩余部分应当返还给应收账款债权人;而无追索权保理的保理人不负有清算义务,依据《民法典》第767条的规定,保理人取得超过保理融资款本息和相关费用的部分,无须向应收账款债权人返还。无追索权保理属于真正的债权转让,保理人要承担债权不能实现的风险,即便保理人实际获得的清偿超过保理融资款本息和相关费用,亦不构成不当得利。①

第四,无追索权的保理类似于真正的债权转让,而有追索权的保理是一种非典型的担保交易,它可以充分发挥保理交易的担保功能。

(三)国际保理和国内保理

所谓国际保理,主要是指债权人和债务人至少有一方在境外的保理。而国内保理,是指债权人和债务人均在境内的保理。区分二者的实益主要在于,国际保理有一方当事人在境外,因此,涉及准据法的适用问题。② 此外,其还涉及资金监管等问题。

第二节 保理合同与相关概念的区别

一、保理合同与债权转让

保理以应收账款的转让为前提。保理本身就是一种特殊的债权转让。③ 对保理人来说,其可以通过受让债权来获得一种特殊的担保以保障其资金安全。④《民法典》第761条规定:"保理合同是应收账款债权人将现有的或者将有的应收账款转让给保理人,保理人提供资金融通、应收账款管理或者催收、应收账款债务人付款担保等服务的合同。"应收账款本质上是一种债权,应收账款债权转让是保理的核心要素。基于此原因,保理与债权转让的关系非常密切。一方面,《民法典》第769条规定:"本章没有规定的,适用本编第六章债权转让的有关规定。"另一方面,《民法典》第768条规定的多重保理的优先顺位规则也可以参照适用于债权转让。

保理合同的基本交易架构是以债权转让的法律构造为基础的,因而必须以债权转让为基本要素。同时,保理需要适用债权转让的相关规则。例如,债权转让的通知规则可以适用于保理交易中。因此,《民法典》第769条作了上述规定。保理合同以应收账款债权为客体,中国人民银行2019年公布的《应收账款质押登记办法》第2条规定,应收账款是指权利人因提供一定的货物、服务或设施而获得的要求义务人付款的权利以及依法享有的其他付款请求权,包括现有的和未来的金钱债权,但不包括因票据或其他有价证券而产生的付款请求权,以及法律、行政法规禁止转让的付款请求权。依据这一规定,应收账款债权应当局限于金钱债权。

但应当看到,两者也存在一定的区别,不能将保理简单地与债权转让相等同。其主要有如下区别:第一,适用范围不同。普通的债权转让在民事主体之间也经常发生,应收账款转让经常发生于商事交易中。债权转让可以适用于所有的合同债权,保理则仅适用于特定的合同关系。第二,法律关系内容不同。对于保理合同而言,除了债权转让之外,还应包括提

---

① 参见最高人民法院民法典贯彻实施工作领导小组主编:《中华人民共和国民法典合同编理解与适用》(三),人民法院出版社2020年版,第1786页。
② 参见王轶等:《中国民法典释评·合同编·典型合同》(下卷),中国人民大学出版社2020年版,第7页。
③ 参见谢鸿飞、朱广新主编:《民法典评注·合同编:典型合同与准合同2》,中国法制出版社2020年版,第533页。
④ 同上书,第534页。

供资金融通、应收账款管理和催收、应收账款付款担保等业务。[①] 因此,其权利义务范围更加宽泛。第三,在普通的债权转让中,一般不会发生因债务人无法支付而产生的追索权问题,但在保理合同中,则会发生有追索权的保理的问题。第四,当事人不同。在债权转让中,涉及债权人、受让人与债务人,而保理主要适用于商事交易中,其可能涉及多项应收账款的保理,并因此涉及多个债权人、债务人。

二、保理合同与借款合同

保理合同与借款合同的关系非常密切,保理业务通常涉及两个合同和三方当事人,两个合同分别是保理合同和基础交易合同,三方当事人则是指应收账款的债权人、债务人与保理人。[②] 应收账款的来源多样,其中也包括因借款合同而产生的债权。保理合同与借款合同的区别主要表现在:第一,所涉及的交易主体不同。借款合同主要发生在借款人与贷款人之间,而保理合同则可能涉及多方主体,即保理人、应收账款的债权人与债务人。正是因为二者所涉及的交易主体不同,也使得二者的交易关系的复杂性不同。在保理合同中,可能涉及多项应收账款的保理,而借款合同中仅存在一项债权债务关系。第二,功能不同。虽然二者都具有资金融通的功能,但借款合同主要是为了满足借款人使用资金的需要,而保理合同也涉及当事人之间提供保理服务,其交易关系更为复杂。第三,是否涉及债权的登记不同。在借款合同中,债权并不存在登记问题。在保理合同中,应收账款债权存在登记的问题,而且登记具有确定多个保理权优先顺位的功能。

三、保理合同与应收账款质押

保理和应收账款质押具有相似性。一方面,两者都是对债权的法律处分。保理是对债权的转让处分,而应收账款质押是在债权上设置担保权利负担,均是对债权价值的支配。另一方面,两者均具有担保功能,有追索权的保理和应收账款质押都是为了保障债权的实现。此外,两者均可在应收账款统一登记系统进行登记公示,均具有登记能力,通过登记确定权利实现的顺位。在实践中,保理合同也需要债权人移转发票等单据给保理人,因此与应收账款质押具有一定的相似性。[③]

但是保理合同不同于应收账款质押合同。具体表现在:第一,二者性质不同。保理关系是合同关系,而应收账款质押是一种具有典型性的担保物权。保理合同作为独立的典型合同类型,以转让应收账款为内容,而应收账款质押合同则以应收账款债权作为标的,在其上设定质权,以担保主债权的实现。第二,应收账款债权的权利人不同。保理合同中,保理人成为应收账款的债权人,而在应收账款质押中,应收账款的债权人并不发生变化,仍然为原债权人,质权人取得的只是以应收账款为标的的质权。第三,二者的功能不同。应收账款质押以为获得融资提供担保为目的,而保理合同除具有获得融资的功能外,还可能具有应收账款管理和催收的功能。

三、保理合同与坏账催收合同

保理合同可能具有的一项重要内容是应收账款管理与催收。保理人有义务依据保理合

[①] 参见包晓丽:《保理项下应收账款转让纠纷的裁判分歧与应然路径》,载《当代法学》2020年第3期。
[②] 参见高圣平:《民法典担保制度及其配套司法解释理解与适用》(下),中国法制出版社2021年版,第1286页。
[③] 参见方新军:《现代社会中的新合同研究》,中国人民大学出版社2005年版,第209页。

同的约定提供催收服务。因此,保理人虽然也可能与债务人约定催收义务,但这并不是一项专门服务。保理与应收账款质押在催收方面的要求是不同的,保理合同也不同于坏账催收合同。坏账催收、托收类似于一种委托关系。两者的区别表现在:第一,二者的合同性质不同。保理合同属于独立的典型合同类型,而坏账催收合同则一般属于委托合同。[1] 第二,是否发生债权的转让不同。在保理合同中,应收账款债权人将应收账款债权转让给保理人,保理人成为应收账款的债权人;而在坏账催收合同中,并不会发生债权的转让,催收人并非债权人。第三,保理人、催收人与债务人的法律关系不同。在保理合同中,账款催收仅仅是一项可选择的服务,保理人不一定负有此义务。保理人成为债权人,保理人向债务人请求履行债务是基于自己的债权请求权。而在坏账催收合同中,催收人是基于其与债权人之间的委托合同而向债务人请求履行债务的。催收人只是作为债权人的代理人请求债务人履行债务[2],而自身并不享有该债权。第四,二者的法律适用不同。在法律适用上,保理合同应当适用《民法典》合同编保理合同一章的规定,在该章没有规定的情况下,适用合同编第六章有关合同转让的规定。而坏账催收通常要适用委托合同的相关规定。

第三节 保理合同的订立与内容

一、保理合同的订立

(1)当事人就保理合同的订立达成合意。保理合同以应收账款债权的转让为核心内容,但保理本身不是一种实践合同,保理合同虽然以应收账款债权转让约定为核心,但该债权转让义务尚未实际履行时,并不意味着保理本身不能成立,保理人仍可依据保理合同的效力,要求债权人转让债权。为了防止出现虚构应收账款等情形,使保理合同能够有效履行,在合同订立过程中保理人应就交易基础关系是否真实负有尽职调查义务,当然,此项义务是一项不真正义务。保理人只有尽到了尽职调查义务,才能有效防止债权人与债务人虚构基础交易关系,并避免最终造成对保理人的损害。保理合同涉及保理法律关系与应收账款法律关系,尤其是涉及追索权问题,因此,其不仅仅涉及债权人与保理人,还涉及债务人。

(2)应当采用书面形式。《民法典》第762条第2款规定:"保理合同应当采用书面形式。"依据这一规定,保理合同在性质上是要式合同。之所以要求保理合同必须以书面形式订立,是因为只有通过书面形式才能清晰确定保理合同的类型以及当事人的权利义务,并具有良好的证据留存功能。

(3)可以办理登记。保理合同订立后,当事人可以就保理交易中的应收账款债权转让办理登记,但是依据我国《民法典》第768条的规定,保理登记并非保理合同的生效要件,仅提供对抗其他保理人的效力,是否办理登记由当事人自主决定,因此,实践中也存在许多保理交易中的应收账款债权转让未登记的现象。保理登记主要为了解决多重保理中的优先顺位的问题。保理在办理登记之后,其可以依据《民法典》第768条取得如下效力:第一,在办理登记后,保理人可以取得优先顺位。已经办理登记的保理将优先于未办理登记的保理。第二,具有阻却善意取得的功能。如果受让人继续进行保理交易,将不会产生善意取

---

[1] 参见李志刚:《〈民法典〉保理合同章的三维视角:交易实践、规范要旨与审判实务》,载《法律适用》2020年第15期。

[2] 参见孔炯炯等主编:《商业保理概论》,复旦大学出版社2016年版,第144页。

得的问题。

如果未经登记,就不得对抗善意的受让人,不得对抗查封债权人、参与分配债权人和破产管理人。依据《有关担保的司法解释》第 66 条,同一应收账款同时存在保理、应收账款质押和债权转让,当事人主张参照《民法典》第 768 的规定确定优先顺序的,人民法院应予支持。

二、保理合同的内容

《民法典》第 762 条第 1 款规定:"保理合同的内容一般包括业务类型、服务范围、服务期限、基础交易合同情况、应收账款信息、保理融资款或者服务报酬及其支付方式等条款。"该条是对保理合同内容的规定,在规范性质上属于任意性规范,欠缺该条所规定的合同内容并不影响合同的效力。在双方当事人合同约定不明或不完整时,应当依据《民法典》第 510 条的规定达成补充协议或通过相关条款及交易习惯进行确定。如果仍然无法确定,则需要通过《民法典》第 511 条的规定进行确定。

(一)业务类型

所谓业务类型,主要是指依据该保理人从事的不同业务区分为各种不同类型的保理。我国《民法典》主要将保理区分为有追索权的保理与无追索权的保理。但保理的业务分类不仅仅限于此,还可以依据债务人所在地、保理人的数量等标准,区别出其他保理业务类型。第一,根据保理人是否将债权转让事实通知债务人,可以将保理区分为明保理与暗保理。第二,依据提供融资的时间,可区分为到期保理与预付保理。① 第三,依据债权人和债务人的所在地,可以将保理区分为国内保理与国际保理。第四,依据保理人的数量与关系,可以将保理区分为单保理、双保理和共同保理。② 第五,依据保理合同涉及的应收账款范围与移交方式,可以将保理区分为逐笔保理和批量保理。第六,根据保理业务发起的事实流程,可以将保理分为正向保理和反向保理。③ 反向保理是指保理人与规模较大、资信较好的买方达成协议,由保理人为买方的供应链上游的作为其供货方的中小企业提供保理服务。反向保理仅在交易的事实流程上具有特色,是一种保理营销策略,而不是真正意义上独特的保理类型。④

上述各种保理形态均属于保理业务的不同类型,当事人在合同中的具体约定决定了保理业务的不同类型。

(二)服务范围

服务范围主要是指保理人在保理合同中提供的服务内容。《民法典》第 761 条列举了四项主要的保理服务。

第一,提供资金融通服务。所谓提供资金融通,是指保理人为应收账款债权人提供与应收账款债权转让具有对价意义的资金。这种融资可以是预付的,也可以是在债权到期之后再行支付的。通常来说,该笔资金要比应收账款的数额小。

第二,提供应收账款管理服务。所谓应收账款管理,是指保理人根据应收账款债权人的要求,对应收账款及相关事项进行管理。比如,根据债权人的要求,定期或不定期向其提供关于应收账款的回收情况、逾期账款情况、对账单等财务和统计报表,协助其进行应收账款

---

① 参见王轶等:《中国民法典释评·合同编·典型合同》(下卷),中国人民大学出版社 2020 年版,第 7 页。
② 参见黄薇主编:《中华人民共和国民法典合同编解读》(下册),中国法制出版社 2020 年版,第 909 页。
③ 参见孔炯炯等主编:《商业保理概论》,复旦大学出版社 2016 年版,第 22—26 页。
④ 参见王轶等:《中国民法典释评·合同编·典型合同》(下卷),中国人民大学出版社 2020 年版,第 87 页。

管理。①

第三,提供应收账款付款担保服务。它是指保理人在保理协议签订后为债务人核定信用额度,并在核准额度内,对债权人无商业纠纷的应收账款,提供约定的付款担保。例如,某保理人以 800 万元受让了 1000 万元的债权,最终债务人因支付能力不足或者破产只清偿了 100 万元债务,如果保理人核定了 200 万元的信用额度,其必须独自负担该 200 万元与 100 万元的差额的风险与损失,但仍然有权对剩余的 600 万元债权额度进行追索。

第四,提供应收账款催收服务。所谓应收账款催收,通常是保理人根据债权人的要求,采取各种合法的方式对应收账款的债务人进行债权催收,催收的范围通常就是应收账款债权人所享有的债权范围。

依照《民法典》的规定,保理人可以与应收账款债权人约定提供上述四种类型的服务中的两项或两项以上服务。②

此外,当事人当然还可以约定提供法律不禁止的其他服务。例如,有的保理人还提供推销、储运等服务。③

(三)服务期限

服务期限是指保理合同中约定的特定服务的履行期限。出于风险管理的需要,保理人一般会严格控制保理期限。保理人一般依据保理服务类型的不同而设定了不同的最长保理期限。所谓服务期限,就提供资金融通服务而言,是保理融资款的还款期;就提供应收账款管理服务而言,是提供管理销售分户账服务的期限;就坏账催收而言,即收取坏账的时间。各种服务期限可以由当事人在保理合同中明确约定,并可根据不同的服务类型予以确定。

(四)基础交易合同情况

基础交易合同是指产生应收账款债权的合同。绝大多数应收账款都是有基础交易关系的,例如买卖、租赁、服务合同等。④ 其中最为常见的是买卖合同,但无论合同类型如何,该合同必须是以金钱给付为对价的合同。因为这些交易所产生的现有的或将要取得的应收账款将是保理合同的基础。在保理合同中要记载基础交易的合同当事人、性质、双方的主要权利义务等基本信息。保理合同中之所以要记载基础交易的情况,一方面,是为了准确描述、确定应收账款的存在及其权利义务关系;另一方面,是为了进一步核实交易关系,并降低交易风险。⑤

(五)应收账款信息

应收账款信息主要是指应收账款的数额、履行方式、履行期限、可能存在的限制和抗辩,

---

① 《商业银行保理业务管理暂行办法》第 6 条规定:"本办法所称保理业务是以债权人转让其应收账款为前提,集应收账款催收、管理、坏账担保及融资于一体的综合性金融服务。债权人将其应收账款转让给商业银行,由商业银行向其提供下列服务中至少一项的,即为保理业务:(一)应收账款催收:商业银行根据应收账款账期,主动或应债权人要求,采取电话、函件、上门等方式或运用法律手段等对债务人进行催收。(二)应收账款管理:商业银行根据债权人的要求,定期或不定期向其提供关于应收账款的回收情况、逾期账款情况、对账单等财务和统计报表,协助其进行应收账款管理。(三)坏账担保:商业银行与债权人签订保理协议后,为债务人核定信用额度,并在核准额度内,对债权人无商业纠纷的应收账款,提供约定的付款担保。(四)保理融资:以应收账款合法、有效转让为前提的银行融资服务。以应收账款为质押的贷款,不属于保理业务范围。"

② 统一国际司法协会在其 1988 年订立、1995 年生效的《国际保理公约》第 1 条规定,供应商可以向保理人转让由供应商与其客户(债务人)订立的货物销售合同产生的应收账款;并应至少履行融通资金、管理与应收账款有关的账户、代收应收账款、对债务人的拖欠提供坏账担保这四项职能中的两项。

③ 参见〔英〕弗瑞迪·萨林格:《保理法律与实务》,刘园、叶志壮译,对外经济贸易大学出版社 1995 年版,第 16 页。

④ 参见方新军:《〈民法典〉保理合同适用范围的解释论问题》,载《法治与社会发展》2020 年第 4 期。

⑤ 参见关丽等:《保理合同纠纷中基础交易合同债务人拒绝付款的司法认定》,载《法律适用》2019 年第 23 期。

以及其他权利上的负担与瑕疵,也包括有关的争议解决条款,如法院管辖协议与仲裁条款等。

(六)保理融资款或者服务报酬及其支付方式

保理融资款主要是在提供资金融通的保理中保理人为债权人提供的融资数额。它既包括保理人向债权转让人支付的具有对价意义的预付款,也包括债权到期后才向债权转让人支付的具有对价意义的资金。例如,应收账款债权人以数额为1000万元的应收账款债权叙作保理,保理人提供资金融通服务,向其支付了800万元的债权受让款。在不提供资金融通服务的保理合同中,自然也不需要对保理融资款作出约定。服务报酬则是保理人为其提供的应收账款管理与催收服务而收取的费用。其支付方式亦可能是多样化的,无论是通过现金交易还是汇款交易,无论是一次性支付还是分期支付,都可基于当事人的约定采取不同的支付方式。但是在实践中,服务报酬往往并不直接支付。如果保理人同时提供融资服务,则保理人一般会贷记债权买价,借记服务报酬,并在约定时间向债权人支付二者之间的差额;或者保理人先行支付一部分债权价金,并将剩余部分留待以后与费用请求权抵销。[①]

第四节 保理合同的效力

一、保理人的义务和权利

(一)提供金融服务的义务

依据《民法典》第761条的规定,保理人的主给付义务是提供资金融通、应收账款管理、应收账款催收、应收账款债务人付款担保等四种主要的保理服务。法律并没有对这四种服务是否应同时具备或者至少应该具备其中几项作出明确要求,因此,在解释上,应当认为本条规定只是对保理人所可能承担的主给付义务的列举,只要满足其一即可构成保理合同。[②]这就意味着保理合同的类型是多样的,但它还是以提供金融服务为基础。保理人的基本义务是依据保理合同的约定向应收账款的债权人提供金融服务,也就是说,其一方面应当依据保理合同接受应收账款的转让,另一方面,应当根据保理合同的要求,在应收账款转让的基础上提供至少一项保理服务。

(二)按照约定支付保理融资款的义务

在保理合同中,应收账款转让是核心内容。从实践来看,完全没有对价的应收账款转让是很少发生的,而保理中的转让对价通常就是保理融资款。例如,债权人将其1000万元的应收账款折价800万元转让给保理人,保理人受让该应收账债权后就应该及时支付800万元保理融资款。如果保理人不及时支付,就构成违约。当然,当事人也可以在合同中约定保理融资款可以在应收账款债权到期后才向债权人支付。

(三)通知债务人的义务

在保理合同订立以后,保理合同当事人只有向债务人通知,债务人才知道其应当向谁作

[①] 参见方新军:《现代社会中的新合同研究》,中国人民大学出版社2005年版,第242页。
[②] 在我国现有的规范性文件中,原银监会2014年颁布的《商业银行保理业务管理暂行办法》第6条规定,银行保理合同是以"债权人将其应收账款转让给商业银行"为前提,且银行必须提供应收账款催收、应收账款管理、坏账担保、保理融资中至少一项服务的合同。中国银行业协会2016年印发的《中国银行业保理业务规范》第4条第2款也采用了相同的规则。

出履行。鉴于实践中,大多数情形都是保理人向债务人作出通知,毕竟应收账款转让对保理人利益重大,且由保理人通知可以避免债务人在债权转让后仍然向债权人转让其债务。① 因此,《民法典》第764条规定:"保理人向应收账款债务人发出应收账款转让通知的,应当表明保理人身份并附有必要凭证。"依据该规定,如果当事人约定的是明保理,则保理人可以按照约定尽快通知债务人应收账款转让的事实;如果是暗保理,则在约定的期限届满或者当事人约定的事由出现时,保理人也可以按照约定将应收账款转让的事实通知债务人。明保理和暗保理的主要区别在于,是否通知债务人②。因此,本条实际上是对明保理中的保理人作出通知的规定。

1. 通知的原因

在明保理中,保理人之所以要向应收账款债务人发出应收账款转让通知,理由在于:第一,应收账款转让本质上是债权转让的一种形式。一般债权转让以通知为对抗债务人的条件,该原理同样适用于保理。依据我国《民法典》第546条第1款的规定,债权人转让债权,未通知债务人的,该转让对债务人不生效力。既然一般债权转让需要通知,则在应收账款转让中也需要进行通知。第二,在明保理的情形下,还涉及债务人应向谁清偿的问题。原则上,在通知后,债务人应当向受让人清偿债务,但当事人也可以作出别的约定。如果未通知的,债务人仍然可以向原债权人作出清偿。③ 第三,在没有通知的情形下,该应收账款转让对债务人不生效力。保理人没有将应收账款转让的事实通知债务人,债务人因为不知道转让事实,仍然向债权人作出履行的,此时也将发生债务履行的效果。但是在保理人通知债务人后,债务人就应当向保理人负担履行义务,并可以拒绝债权人的履行请求,如果债务人继续向债权人履行债务,则不发生债务履行的效力。④ 尤其是在多重保理的情形下,依据《民法典》第768条,如果都没有进行登记的,则按照通知的先后顺序确定债权的受让顺位。《有关担保的司法解释》第66条第1款规定:"同一应收账款同时存在保理、应收账款质押和债权转让,当事人主张参照民法典第七百六十八条的规定确定优先顺序的,人民法院应予支持。"如果已经登记的,则采取登记在先的方式,确定债权的受让顺序。

2. 通知的性质

应收账款转让通知是保理人的一项权利,保理人可以选择自己通知或者请求债权人进行通知;如果保理人能够通知但是没有进行通知,并不会影响债权转让的效力,只不过他不能直接请求债务人向其作出履行。就其性质而言,此种通知属于准法律行为。通知本身并不是保理合同的生效要件,只要当事人合意,保理合同就生效。但是,通知与否对于债务人有较大影响。未经通知,应收账款转让对应收账款债务人不发生效力。应收账款债务人自然可以依原约定向应收账款债权人清偿债务。即使办理了应收账款质押、并办理了保理登记,也不能免除保理人的通知义务。⑤

---

① 参见王轶等:《中国民法典释评·合同编·典型合同》(下卷),中国人民大学出版社2020年版,第15页。
② 参见李永军:《合同法》(第三版),法律出版社2010年版,第373页。
③ 同上。
④ 参见黄薇主编:《中华人民共和国民法典合同编解读》(下册)中国法制出版社2020年版,第862页。
⑤ 参见王轶等:《中国民法典释评·合同编·典型合同》(下卷),中国人民大学出版社2020年版,第15页。

3. 通知的内容

通知的内容是债权转让事实。作出通知实际上是要告知债务人应收账款债权已经转让给保理人的事实。但是,应收账款的转让不同于一般的债权转让,它还涉及未来债权的收取问题。此时,仅仅通知债务人债权已被转让还是不够的,还必须在合同中对未来债权有清楚的描述。即便其提交了书面的转让合同或保理合同,鉴于实践中伪造此类文件的行为时有发生,也不能仅仅依据上述证明文件,就认定债务人应当相信应收账款债权转让的事实并受该债权转让效力的拘束。① 因为这一原因,《民法典》第764条要求保理人在作出通知时,"应当表明保理人身份并附有必要凭证",之所以要附上相关必要凭证,是因为要证明应收账款转让事实的真实性,减轻债务人调查核实的成本。具体而言:一是表明保理人身份。表明身份主要是指保理人应当提供自己的身份证明、单位信息、营业执照等能够证明其真实身份的信息。二是附上必要凭证。必要凭证主要是指债权转让合同、保理合同和由债权人出具并签名盖章的转让通知等书面文件。但这些凭证是否必须经过公证,该条并没有作出规定。如果确实已经进行了公证,则更能增强其可信度。如果没有附上必要的凭证,则债务人可以否认转让的事实。

4. 通知的主体

在保理合同订立后,究竟应当由保理人还是债权人来进行通知,存在一定的争议。但从《民法典》第764条来看,其只是规定了保理人可以向债务人作出通知,尽管债权人是可以进行通知的,但是这并不意味着只能由债权人进行通知,保理人作为应收账款的受让人也可以进行通知。法律作出此种规定的主要原因在于,从实践来看,大多是由保理人作出通知。② 因为应收账款转让与保理人具有重大利害关系,保理人应当有权对债务人作出通知,以便于保理人主张权利,如果保理人无权通知,则保理人在向债务人作出通知并要求其只能对保理人为清偿时,债务人有权拒绝,因此,法律允许保理人作出通知,主要是为了保护保理人的利益。但这并不意味着,仅保理人可以作出通知,而债权人无权作出通知。因为应收账款债权发生在债权人与债务人之间,由债权人对债务人作出通知,自然成本更低且更具可信度。③

5. 通知的效果

通知的直接效果是明确应收账款债务人应当向应收账款受让人即保理人作出履行,但是即便在没有作出通知的情况下,债权转让仍会发生效力,只不过对债务人不生效。即便保理合同无效或者被撤销,只要通知到达债务人,保理中的债权让与就可以对债务人发生效力,也就是说,如果债务人据此对保理人作出了清偿,其也可以免责。④

(四)依据约定享有追索权

1. 有追索权的保理

如前所述,保理可分为有追索权的保理和无追索权的保理。《民法典》第766条规定:"当事人约定有追索权保理的,保理人可以向应收账款债权人主张返还保理融资款本息或者回购应收账款债权,也可以向应收账款债务人主张应收账款债权。保理人向应收账款债务人主张应收账款债权,在扣除保理融资款本息和相关费用后有剩余的,剩余部分应当返还给应收账款债权人。"这就对有追索权的保理作出了规定。有追索权的保理的主要特点在于:

---

① 参见黄薇主编:《中华人民共和国民法典释义》(中),法律出版社2020年版,第610页。
② 参见王轶等:《中国民法典释评·合同编·典型合同》(下卷),中国人民大学出版社2020年版,第15页。
③ 参见方新军:《现代社会中的新合同研究》,中国人民大学出版社2005年版,第253页。
④ 徐涤宇:《〈合同法〉第80条(债权让与通知)评注》,载《法学家》2019年第1期。

第一,保理人可以向应收账款债权人主张返还保理融资款本息或者回购应收账款债权。保理人在提供资金融通服务时可以请求债权人返还保理融资款本息。例如,双方在订立保理合同时约定保理人为债权人提供800万元的保理融资款,800万元的融资款本金都已支付给债权人,并受让了数额为1000万元的应收账款债权。后经过保理人的催收,发现债务人无法清偿,此时保理人可以要求应收账款债权人返还800万元加上20万元利息的融资款本息。当然,关于回购款的数额,应当按照事先约定的价款进行回购。①

第二,保理人也可以向应收账款债务人主张应收账款债权。当事人订立了有追索权的保理合同之后,保理人在向债务人作出通知之后便有权要求债务人向其清偿到期的应收账款债权。例如,在上例中,保理人受让了数额为1000万元的应收账款债权,其可向债务人要求清偿1000万元的债权,在此情况下还需要进行清算。依据《民法典》第766条后句,保理人向应收账款债务人主张应收账款债权,在扣除保理融资款本息和相关费用后有剩余的,剩余部分应当返还给应收账款债权人。当然,在保理人向债务人要求履行债务时,债务人也可以对保理人提出抗辩。这里的抗辩包括两种:一是债务人对债权人享有的抗辩,如债权已经过了诉讼时效等抗辩。二是债务人对保理自身享有的抗辩。例如,保理人没有通知债务人。②

第三,在保理融资款到期的情况下,依据有追索权保理的性质,保理人可以请求债权人返还保理融资款或回购债权。与此同时,保理人作为应收账款债权的受让人,也可以向债务人主张债权。首先,如果当事人有特别约定的,按照私法自治原则,应当尊重当事人的约定。因为毕竟本条的规则终究是任意性规则。如果当事人以约定的方式排除本条规范的适用也并无不可。如果债权人与保理人约定,保理人在保理融资款届期时,不得自行选择向债权人或债务人主张权利,应先向债务人主张应收账款债权或者应先向债权人主张保理融资款本息债权,这就明确限制了保理人行使权利的顺序,此时应当遵照当事人的约定。其次,在当事人没有约定的情况下,根据本条的规定应当允许当事人自行选择。之所以可以由保理人选择,理由在于:一方面,有追索权的保理对于保理人而言,具备一定的让与担保功能。为担保保理融资款的清偿,应收账款债权人将其债权转让保理人,以确保其债权的实现。因此,保理人可选择向债务人主张权利或向债权人追索。③ 另一方面,从本条的表述来看,其采取的就是"可以……也可以"的表述,从文义上解释,其实际上是允许保理人有选择权,既可以向债务人主张,也可以向债权人主张返还融资款本息或者回购应收账款债权。④

关于追索权的保理的法律性质,在理论上存在不同的看法,概括而言,主要有债权质押说、代为清偿说、间接给付说、债权让与担保说、附条件的债权让与说。⑤ 笔者认为,有追索权的保理应当理解为具有担保功能的债权转让。在有追索权的保理中,"债务人不向保理人履行应收账款债务的,保理人可以向债权人主张受偿"实际上是保理合同当事人对于应收账款债权人为债务人的履行能力承担保证责任的特别约定。⑥ 对保理人而言,该保理也具备对保理融资款的担保功能。因为此种保理能增加可供清偿保理人所提供的保理融资款本息的责

---

① 参见方新军:《现代社会中的新合同研究》,中国人民大学出版社2005年版,第248页。
② 冯洁语、吴吉:《保理债权让与中债务人的抗辩》,载《人民司法·应用》2021年第4期。
③ 参见何颖来:《〈民法典〉中有追索权保理的法律构造》,载《中州学刊》2020年第6期。
④ 参见王轶等:《中国民法典释评·合同编·典型合同》(下卷),中国人民大学出版社2020年版,第21页。
⑤ 〔英〕费瑞迪·萨林格:《保理法律与实务》,刘园、叶志壮译,对外经济贸易大学出版社1995年版,第11、124页。
⑥ 参见田浩为:《保理法律问题研究》,载《法律适用》2015年第5期;陈学辉《国内保理合同性质认定及司法效果考证》,载《西北民族大学学报(哲学社会科学版)》2019年第2期。

任财产,从而有效保障保理人债权的实现。

2. 无追索权的保理

《民法典》第767条规定:"当事人约定无追索权保理的,保理人应当向应收账款债务人主张应收账款债权,保理人取得超过保理融资款本息和相关费用的部分,无需向应收账款债权人返还。"该条是对无追索权保理的规定。与有追索权的保理不同,无追索权保理是指保理人只能向应收账款债务人主张应收账款债权而自行承担债务人支付不能或无理由拒绝支付的风险。相较于有追索权的保理,其性质更类似于真正的债权转让。因此,无追索权的保理也被称为"买断型保理"①。在应收账款债务人破产、无力支付或无正当理由拒付时,无追索权保理人不能向债权人行使追索权。②

就无追索权保理而言,其在性质上类似于债权的转让。一方面,因为保理人只能向债务人请求债务履行,而一旦出现债务人支付不能或无理由拒绝支付等情形,所有风险都要由保理人自行承担,因此,其所有利益都从其提供的保理融资款与债权数额的差价中实现。其实这也是一种高风险、高回报的交易方式。另一方面,应收账款债权人应当负有类似于实物买卖中的瑕疵担保责任,以保证债权真实存在且其有处分权利,担保债权上不存在限制、抗辩与抵销权等权利负担以及担保债务人不享有解除权、抗辩权、抵销权等危及保理人债权实现之权利。但是,应收账款债权人并不负担担保债务人具有履行能力的义务。③

基于对无追索权保理性质的认识,此处所谓的"无追索权"只是相对的。这并不是说,保理人不享有任何追索权。而只是说,保理人应向债务人主张应收账款,在无法实现时也不能向债权人主张返还保理融资款本息或回购融资款债权。尤其是,保理人仍然应当对债权人享有抗辩等权利。④ 例如,因为应收账款债权人的原因使债务人享有抗辩权、解除权等,并因此导致债权无法实现的,保理人有权向债权人进行追索。又如,作为卖方的债权人存在未将货物交付给债务人等违约行为,使债务人有权拒绝支付的,保理人可向债权人提出追索。⑤ 因此,所谓"无追索权保理"并非绝对没有任何追索权的保理,而只是指如果因为债务人无正当理由拒绝履行或无履行能力导致保理人无法实现应收账款,保理人不能要求债权人返还其融资款本息或者回购应收账款债权。⑥

由于无追索权的保理在性质上类似于对债权的买断,因此保理人应当自负债权不能实现的风险,同时也不必负担清算义务。根据《民法典》第767条的规定,"保理人取得超过保理融资款本息和相关费用的部分,无需向应收账款债权人返还"。这就是说,在无追索权的保理中,保理人向应收账款债务人主张债权,如果获得债务人的履行超过了其保理融资款本息和相关费用,这一部分余款的数额,首先应当依据保理合同的约定进行处理。如果保理合同没有约定,依据《民法典》第767条的规定,应当归属于保理人。这是因为无追索权的保理本身,就是一种保理人承担高风险、高回报的交易,如果保理人从债务人那里获得了超出保理融资款本息及相关费用的清偿,那么其也没有必要向债权人返还超出的部分。这也符合公平交易、损益同归的原理。⑦

---

① 谢鸿飞、朱广新主编:《民法典评注合同编·典型合同与准合同2》,中国法制出版社2020年版,第57页。
② 参见萧朝庆编著:《国际保付代理》,中国商务出版社2005年版,第9页。
③ 参见黄薇主编:《中华人民共和国民法典释义》,法律出版社2020年版,第615页。
④ 参见黄和新:《保理合同:混合合同的首个立法样本》,载《清华法学》2020年第3期。
⑤ 参见朱虎:《债权转让中的受让人地位保障:民法典规则的体系整合》,载《法学家》2020年第4期。
⑥ 参见王轶等:《中国民法典释评·合同编·典型合同》(下卷),中国人民大学出版社2020年版,第24页。
⑦ 同上书,第21页。

二、债权人的主要权利和义务

(一) 按照约定转让应收账款债权

应收账款债权人的首要义务是应当按照约定向作为受让人的保理人转让应收账款债权。应收账款债权转让是保理合同订立的前提,也是保理合同的核心内容。但在保理合同订立后,债权人未及时转让应收账款的,并不影响保理的成立及生效,保理人仍有权请求债权人进行转让。

债权人应当按照约定时间和方式,将应收账款债权转让给保理人。在保理合同中,债权人的主要合同义务就是按照约定将应收账款债权转让给保理人,如果债权人违反该义务,导致保理人订立合同的目的无法实现的,将构成根本违约,保理人有权依法解除合同,并请求债权人承担违约责任。

(二) 不得与债务人虚构应收账款作为转让标的

应收账款的真实性是保理合同生效与最终得以履行的关键。据此,《民法典》第763条规定:"应收账款债权人与债务人虚构应收账款作为转让标的,与保理人订立保理合同的,应收账款债务人不得以应收账款不存在为由对抗保理人,但是保理人明知虚构的除外。"该条针对应收账款债权人与债务人虚构应收账款的情形进行了特别规定。依据该条的规定,债务人不得以应收账款不存在为由对抗保理人。该条规定包括如下要件:

1. 应收账款债权人与债务人虚构应收账款作为转让标的

我国司法实践一直认为,保理融资业务以应收账款债权的转让为核心,但该应收账款债权虚构并不当然导致保理合同无效。[1]《民法典》第146条规定:"行为人与相对人以虚假的意思表示实施的民事法律行为无效。以虚假的意思表示隐藏的民事法律行为的效力,依照有关法律规定处理。"实践中常见的情形是债权人与债务人先以虚伪合同、发货单、对账函或者虚开发票等形式虚构应收账款,然后用以获取保理融资。[2]

虚构应收账款构成了通谋虚伪的意思表示。因此,该虚构应收账款的基础交易合同应当被认定为无效,保理合同成立的前提无法被满足。实际上,在虚构应收账款情形下,当事人之间虚构应收账款的交易行为无效,但并不导致保理合同无效,保理虽然要以应收账款为基础,但是保理与应收账款的基础交易关系为两个独立的交易关系,这两种行为的效力是存在区别的,所以应收账款的基础交易关系本身的效力并不当然影响保理的效力。[3] 在此情形下,保理合同仍然有效,如果保理人是恶意的,保理人不得请求应收账款的债务人履行债务。虚构应收账款,本质上还是债务人与债权人通谋虚伪表示,不构成一种独立的虚构应收账款形态。[4] 尤其是在保理人是善意的情况下,对其利益的保护就尤为重要。在实践中,可能是债权人与债务人通谋虚构了应收账款,债务人对应收账款的存在予以确认[5],而保理人对此毫不知情。

依据通谋虚伪表示不得对抗善意第三人的规则,保理人可以要求债务人按照该虚构的

---

[1] 参见最高人民法院(2014)民二终字第271号民事判决书。
[2] 参见最高人民法院(2019)民申字第1533号民事裁定书。
[3] 参见谢鸿飞、朱广新主编:《民法典评注·合同编·典型合同与准合同2》,中国法制出版社2020年版,第542页。
[4] 朱晓喆、刘剑峰:《虚假应收账款保理交易中保理人的信赖保护》,载《人民司法·应用》2021年第4期。
[5] 参见最高人民法院(2016)民终字第322号民事判决书。

基础交易合同的约定履行相应的义务,也可以欺诈为由,请求撤销保理合同,并请求应收账款的债务人承担缔约过失责任,这本身是为了保障保理人的利益。另外,《民法典》第154条虽然明确规定了当事人恶意串通损害第三人的合法权益的民事法律行为是无效的,但这只是就恶意通谋本身而言的,该规则不能当然适用于保理合同。因此,债权人、债务人恶意通谋虚构应收账款的行为的无效性,不能影响保理合同本身的效力,不能因此损害保理人的利益。

当然,如果保理人明知该债权是虚构的,此时保理人对该债权的实现就不存在合理信赖,也没有对其进行特别保护的必要,在此情形下,虚构债权的无效性应当及于保理人,即保理人不得请求应收账款的债务人履行债务。从实践来看,保理人在订立保理合同的时候,通常都会向债务人调查了解应收账款债权的真实性,如果其已经知道应收账款是不存在的,仍然订立合同,则其没有受保护的必要,应当由其自己承受风险。但如果保理人尽到了审核义务,仍然没有发现债权是虚构的,则应当认定其对债权的虚构是不知道的。

2. 保理人并不知道该虚构行为

所谓保理人明知是指保理人已经确切知道应收账款债权人与债务人之间的基础交易合同与相关债权系虚构的,而仍然订立保理合同。此处所说的"知道"的判断时点应当是合同订立时。如果是合同订立后,保理人才知道应收账款基础交易关系是虚构的,不影响保护保理人的规则的适用。在保理人明知应收账款债权系虚构的情形下,则保理人不再具有受保护的必要,此时应当认为,该基础交易关系无效的效力及于保理人。

"明知"指已经知道,但不包括因重大过失而不知应收账款为虚构。从《民法典》第763条的含义来看,并没有将"因重大过失不知"的情形纳入"明知"的范围。这主要是因为,在保理实践中,保理人对应收账款的真实性应当负有一定的审查义务,但法律上不能对保理人课以过重的审查义务,保理人难以对内容真实性进行实质的、全面的调查,债权本身具有相对性,保理人难以完全知晓应收账款债权的内容,更难以判断应收账款的真实性,故法律上不应当期待保理人对应收账款的真实性具有全面审查的能力。这就需要保护保理人对债权的合理信赖。[①] 例如,在"珠海华润银行股份有限公司与江西省电力燃料有限公司、广州大优煤炭销售有限公司保理合同纠纷案"中,最高人民法院认为:"故该变造的9.5万吨合同应认定为广州大优公司与江西燃料公司通谋实施的虚伪意思表示,虽在双方当事人之间无效,但由于珠海华润银行已经尽到了审慎的注意义务,所以江西燃料公司不能以此为由对抗珠海华润银行。"[②]

在应收账款债权人和债务人之间虚构应收账款,且保理人并不知情的情况下,保理人有权依据《民法典》第149条的规定以欺诈为由请求撤销其与债权人之间的保理合同,并要求返还财产、赔偿损失。[③] 由于应收账款的债权人与债务人虚构应收账款,恶意通谋,构成了欺诈。保理人可以依据《民法典》第148条、第149条所规定的欺诈与第三人欺诈制度主张撤销。因为债权人与债务人的虚构行为,使保理人陷入了债权人与债务人所虚构的应收账款基础交易关系真实、合法、有效的错误认知。在债权人与债务人虚构保理合同标的的情形下,保理人的意思表示不自由,且由于债权人知情,因而保理人可以依据《民法典》第148条

---

① 参见谢鸿飞、朱广新主编:《民法典评注·合同编:典型合同与准合同2》,中国法制出版社2020年版,第543—544页。
② 最高人民法院(2017)最高法民再164号民事判决书。
③ 参见黄薇主编:《中华人民共和国民法典释义》(中),法律出版社2020年版,第606页。

或第149条的规定请求人民法院或仲裁机构撤销保理合同,并请求相应的损害赔偿。同时,因为债权人转让虚构的债权,导致违反保理合同的规定,无法实现缔约目的,保理人也有权主张解除保理合同,并赔偿损失。① 但是,如果保理人没有提出上述主张,当保理人要求债务人清偿债务的时候,债务人不得以应收账款不存在为由对抗保理人。这一规定实际上就是赋予了保理人以抗辩权,进一步强化了对保理人的保护。

如何理解"不得以应收账款不存在为由对抗保理人"?笔者认为,其应当包括如下几点:一是对保理人而言,视为应收账款债权确实存在,保理合同的效力不因此受到影响。二是如果保理人要求债务人清偿应收账款债务,债务人不得以应收账款实际不存在为由对保理人提出抗辩。也就是说,在债务人虚构或者确认债权的范围内,保理人仍有权请求债务人如同债权真实存在般履行相对应的债务。② 这本身是在虚构应收账款情形中保护保理人的规则的具体体现。

(三) 负有权利瑕疵担保义务

应收账款转让在本质上也是一种买卖行为,其在一定程度上要适用买卖合同的规则,出卖人负有瑕疵担保义务。③ 这就是说,应收账款债权人应当向保理人担保其转让的应收账款是真实合法的,不存在虚构行为,在债权之上不存在权利负担与其他可能妨碍保理人实现债权的瑕疵。在应收账款债权为虚构的情形下,应收账款债权人事实上违反了瑕疵担保义务,从而构成违约,保理人有权请求应收账款债权人承担违约责任。如果保理人在受让债权之后遇到第三人主张其对应收账款的权利或债务人主张转让人在订立保理合同时未予说明的抗辩情由,给保理人造成损害的,转让人应当承担违约责任。

(四) 负有不减损应收账款债权价值的义务

债权人负有不减损应收账款债权价值的义务,是指债权人负有不得作出导致应收账款债权价值减损或落空的行为的义务。取得应收账款债权是保理人的主要合同目的,应收账款债权的实现程度也会对保理人的经营利润产生直接影响。因此,在保理合同订立后,债权人不得实施减损应收账款债权价值的行为。④ 所谓债权人的行为对保理人产生不利影响,主要是指债权人和债务人通过协商变更或终止基础交易合同,使得应收账款债权的价值减损甚至落空,从而对保理人产生不利影响。⑤ 具体而言:

1. 在基础合同关系中,债权人应当积极履行其义务

在基础合同关系中,如果债权人不能及时履行其义务(如及时交付标的物),不仅导致债务人享有对债权人的抗辩权,还可以使其援引该抗辩权来对抗保理人,并主张以履行迟延损害赔偿作抵销,从而使保理人受让的债权价值减损。

2. 基础合同当事人双方不能通过协商变更、终止基础合同,并对保理人产生不利影响

《民法典》第765条规定:"应收账款债务人接到应收账款转让通知后,应收账款债权人与债务人无正当理由协商变更或者终止基础交易合同,对保理人产生不利影响的,对保理人不发生效力。"该条确立了债权人与债务人不得无正当理由协商变更、终止基础交易合同,对

---

① 参见王轶等:《中国民法典释评·合同编·典型合同》(下卷),中国人民大学出版社2020年版,第9页。
② 参见黄薇主编:《中华人民共和国民法典释义》,法律出版社2020年版,第1409页。
③ 参见方新军:《现代社会中的新合同研究》,中国人民大学出版社2005年版,第238页。
④ 参见[美]E.艾伦·范斯沃思:《美国合同法》(原书第三版),葛云松等译,中国政法大学出版社2004年版,第722页。
⑤ 参见黄薇主编:《中华人民共和国民法典合同编解读》(下册),中国法制出版社2020年版,第865页。

保理人产生不利影响。该条规定的内容,借鉴了联合国国际贸易法委员会《国际贸易应收账款转让公约》第 20 条的规定。该规定实际上允许应收账款债权人和债务人在一定程度上享有修改基础交易合同的自由,以便应付不断变动的商业形势。但不当变更如果对保理人产生不利影响的,则对保理人不发生效力。所谓对保理人不发生效力,是指保理人仍然可以按照变更或终止前的基础交易合同条款向债务人和债权人主张权利,该不利变更或终止条款对保理人不产生拘束力。①

无正当理由协商变更、终止基础交易合同的行为必须是发生在应收账款债权转让通知后,因为在通知之前,债权转让对债务人不生效力。其当然享有与基础交易合同相对人协商变更或终止基础交易合同的权利。该条确立了两种情形。

第一种情形是,无正当理由协商变更基础交易合同,对保理人产生不利影响。所谓协商变更,主要是指,双方经过协商延展债务履行期限、达成和解协议、变更给付内容、增加抗辩事由、约定解除权与消灭条件等。所谓产生不利影响,指的是债权人与债务人通过协商变更使应收账款债权的价值贬损或者落空,妨害保理人权利的实现。② 例如,债权人新增一旦满足就会部分免除债务人的应收账款债务的条件,此种行为会造成应收账款债权的价值贬损,此时应当认为这种行为对保理人产生了不利影响,在法律上对保理人不发生效力。

第二种情形是,双方无正当理由协商变更、解除合同或者通过抵销、免除等方式消灭债务,并对保理人产生不利影响。所谓无正当理由,是指应收账款债权人与债权人没有法律规定和合同约定的理由而协商变更、终止合同,而且可能直接影响到保理人实现营收账款债权。③ 由于当事人无正当理由终止基础交易合同,导致基础交易关系消灭,会使保理人无法向债务人主张应收账款债权,在此种情形下,保理人当然有权主张此种终止对其不产生效力。④

但是依反面解释,在如下两种情形,基础合同的变更、终止将对保理人产生影响:一是基础合同的变更终止具有正当理由。所谓具有正当理由,是指在交易实践中基于诚实信用原则而作出的对正常商业行为的调整,同时也包括对商业风险的正当预防措施,并且保理人对此无合理理由反对。⑤ 无正当理由是指债权人与债务人对基础交易关系的变更或者终止违反诚实信用原则,不符合正常交易实践的需要与合理的商业标准,因为变更的理由不合理,会对保理人产生不利。⑥ 此时,是否"有正当理由",应当由债权人、债务人承担举证责任,这也体现了原则上不允许债权人、债务人变更、终止基础交易合同的立法意旨。二是对保理人未产生不利影响。也就是说,协商变更、终止基础关系,在客观结果上没有实际影响保理人的利益。⑦《民法典》第 765 条规定的目的在于保护保理人的利益。⑧

当然,如果保理人不依据上述条款主张权利,他也可以向债权人主张相应的违约责任。换言之,保理人享有请求依照变更、终止前的合同条款履行或者向债权人主张违约责任的选

---

① 参见王轶等:《中国民法典释评·合同编·典型合同》(下卷),中国人民大学出版社 2020 年版,第 18 页。
② 参见黄薇主编:《中华人民共和国民法典释义》(中),法律出版社 2020 年版,第 1411 页。
③ 李志刚:《〈民法典〉保理合同章的三维视角:交易实践、规范要旨与审判实务》,载《法律适用》2020 年第 15 期。
④ 参见黄薇主编:《中华人民共和国民法典合同编解读》(下册),中国法制出版社 2020 年版,第 919 页。
⑤ 参见王轶等:《中国民法典释评·合同编·典型合同》(下卷),中国人民大学出版社 2020 年版,第 17 页。
⑥ 参见〔美〕E. 艾伦·范斯沃思:《美国合同法》(原书第三版),葛云松等译,中国政法大学出版社 2004 年版,第 723—724 页。
⑦ 李志刚:《〈民法典〉保理合同章的三维视角:交易实践、规范要旨与审判实务》,载《法律适用》2020 年第 15 期。
⑧ 参见黄薇主编:《中华人民共和国民法典合同编解读》(下册),中国法制出版社 2020 年版,第 866 页。

择权。①

第五节 保理债权的实现与清偿顺序

一、保理债权的实现

(一) 有追索权保理的债权的实现

如前所述，依据《民法典》第766条的规定，有追索权保理的保理人既可以向应收账款债权人主张返还保理融资贷款本息或者回购应收账款债权，也可以向应收账款债务人主张应收账款债权。在具体的法律适用中，此二者处于选择适用的关系，也存在竞合的关系。这就是说，在保理人向债权人行使追索权已完全实现其融资债权时，就不得再向债务人主张应收账款债权，反之亦然；当保理人向债权人行使追索权，部分实现其融资债权的，在向债务人主张权利时，就应扣减或放弃其已实现的部分，或在清算义务中增加返还其已实现的部分，反之亦然。否则，会发生重复清偿的问题。②

在有追索权的保理中，保理人选择向应收账款债务人主张应收账款债权的，债务人向保理人作出履行之后，如果其履行不足以完全清偿其融资款本息及相关费用，则保理人可以直接向债权人主张追索。如果保理人获得的清偿超出了其融资款本息及相关费用，则其应当负有清算义务，将超出部分返还给应收账款债权人。在清算时，应当扣除如下费用：一是融资款本息。所谓融资款本息，指的是保理人实际上出借的借款本金加上利息。二是各项费用，包括保理手续费、保理首付款使用费等各种费用。③在扣除这些费用之后，剩余部分应当返还给应收账款债权人。

在实践中，因为保理合同的解除、终止以及保理人行使追索权等原因，债权人向保理人返还了融资的本息，而保理人要求债权人回购应收账款，在此情形下，应收账款的权利人又重新获得了原有的应收账款债权。《有关担保的司法解释》第66条第3款规定："应收账款债权人向保理人返还保理融资款本息或者回购应收账款债权后，请求应收账款债务人向其履行应收账款债务的，人民法院应予支持。"这就是说，既然应收账款的权利人通过返还保理融资款本息或回购应收账款的方式，又重新获得了原有的应收账款债权，那么其当然有权依据该债权请求债务人向其履行。

在有追索权的保理中，保理人既可以通过向债权人行使追索权，也可以依据其受让的债权向债务人主张权利，这两种诉讼的当事人、诉讼标的、管辖均有不同，能否一并审理？对此，《有关担保的司法解释》第66条第2款规定："在有追索权的保理中，保理人以应收账款债权人或者应收账款债务人为被告提起诉讼，人民法院应予受理；保理人一并起诉应收账款债权人和应收账款债务人的，人民法院可以受理。"依据该规定，保理人既可以单独分别起诉，也可以一并起诉。需要指出，保理人能否一并起诉应收账款债权人和债务人，应当由人民法院具体判断。

(二) 无追索权保理的债权的实现

当事人如果约定无追索权保理的，依据《民法典》第767条的规定，保理人在受让债权之

---

① 参见王轶等：《中国民法典释评·合同编·典型合同》(下卷)，中国人民大学出版社2020年版，第18页。
② 参见李志刚：《民法典保理合同章的三维视角：交易实践、规范要旨与审判实务》，载《法律适用》2020年第15期。
③ 参见王轶等：《中国民法典释评·合同编·典型合同》(下卷)，中国人民大学出版社2020年版，第22页。

后就只能向应收账款债务人主张应收账款债权,无追索权的保理实际上就是买断式的债权转让。保理人在受让应收账款债权后就要承担因债务人支付不能或无正当理由不支付的风险,但是这并不意味着其没有任何追索权。在无追索权的保理交易中,仍有可能发生保理人向债权人进行追索的情形,包括债务人因不可抗力而无法支付,或者债务人依法主张基础交易合同所产生的抗辩、抵销权或者依法解除基础交易合同而拒绝付款等情形。① 这就是说,因为债权人的原因导致保理人所受让的债权不能实现的,保理人有权向债权人继续追索。例如,双方签订了货物买卖合同,保理人对债权人与债务人的基础交易合同关系产生了交易上的合理信赖,并为此订立了无追索权的保理合同,为了保护这种信赖,即使该买卖合同最终因根本违约而被解除,债务人有支付能力但可拒绝支付,也应当允许保理人向债权人主张追索权以实现其保理合同项下的权利。

（三）保理债权的实现应当参照适用债权转让的规定

《民法典》第 769 条规定:"本章没有规定的,适用本编第六章债权转让的有关规定。"债权转让合意是保理合同的基础,如果没有债权转让,就不会存在保理交易。保理合同规则本身是对债权转让的特殊性规定,债权转让规则是保理合同规则的一般性规则。所以,《民法典》在保理合同部分对保理合同相关问题没有规定的,应当适用作为基础性规则的债权转让的有关规定。例如,禁止债权转让特约的规定(《民法典》第 545 条)、债权转让通知的效力和撤销的规定(《民法典》第 546 条)、债务人对受让人的抗辩与抵销的规则(《民法典》第 548 条、第 549 条)等,都可以在保理合同的法律实践中进行适用。

需要指出的是,保理的优先顺位规则对债权转让时的优先顺位也具有参照适用意义。从文义上来说,多重保理的优先顺位规则的文义辐射范围不能包括债权多重转让的优先顺位问题,但是由于保理合同中的债权转让合意与一般的债权转让具有相似性,基于制度的相似性以及《民法典》的体系性,应当认为可以对《民法典》第 768 条采取目的性扩张的解释方法,即多重保理的优先顺位规则,可以在一般性的意义上适用于债权多重让与的优先顺位的确定。

二、多重保理的清偿顺序

所谓多重保理,是指债权人就同一应收账款与多个保理人订立多个保理合同,致使多个保理人主张应收账款债权。产生多重保理的原因是多方面的,有的是债权人故意隐瞒应收账款转让的事实,有的是当事人明知债权人已经将应收账款转让,而仍然与其订立保理合同,从而发生了多重保理,但其核心仍然是应收账款债权的重复转让问题。这就是说,因为同一债权的多重转让,导致多个保理人主张权利,此时就会发生权利的冲突问题。究竟应当如何确定由哪个保理人取得应收账款债权? 比较法上存在三种模式。

一是让与主义模式。此种观点认为,应收账款转让合同生效在先的受让人取得债权。《德国民法典》第 398 条采纳了该规则②,我国台湾地区"民法"也沿袭了这一规则。③

二是通知主义。此种观点认为,应收账款转让通知在先的,优先取得债权。在英国法中,早在 1828 年的 Dearle v. Hall 案中,法院就确立了第一个发出通知的善意保理人在多重

---

① 参见黄薇主编:《中华人民共和国民法典合同编解读》(下册),中国法制出版社 2020 年版,第 926 页。
② 参见〔德〕迪尔克·罗歇尔德斯:《德国债法总论》,沈小军、张金海译,中国人民大学出版社 2014 年版,第 396 页。
③ 参见陈自强:《契约之内容与消灭》,台湾元照出版有限公司 2018 年版,第 274 页。

保理中取得债权的原则。① 这一原则在随后的一百多年的时间内一直被遵循。

三是登记主义。此种观点认为，登记在先的，优先取得债权。《美国统一商法典》第9-322条采纳此种模式，规定取得登记的担保权益人可以较未登记的获得更优先的顺位。②

依据《民法典》第768条，应收账款债权人就同一应收账款订立多个保理合同，致使多个保理人主张权利的，已经登记的先于未登记的取得应收账款；均已经登记的，按照登记时间的先后顺序取得应收账款；均未登记的，由最先到达应收账款债务人的转让通知中载明的保理人取得应收账款；既未登记也未通知的，按照保理融资款或者服务报酬的比例取得应收账款。该条实际上确立了债权多重转让时决定权利归属的一般性规则。具体而言：

第一，已经登记的先于未登记的取得应收账款债权；在债权多重转让情形下，存在让与主义、通知主义、登记主义的争议。③ 但是无论是让与主义还是通知主义都存在一定的缺陷。让与主义既存在倒签合同的道德风险，又缺乏公示性，还会增加交易中的调查核实成本。通知主义也存在类似于让与主义缺乏公示性的问题以及债务人与保理人串通的道德风险。因为让与通知的规范目的主要在于保护债务人，并不在于处理决定多重债权转让中的权利冲突问题，所以只有采取登记主义，才能有效避免上述弊端。在解决多重保理的权利冲突问题时，采取让与主义与通知主义的道德风险极高，社会交易成本也会相应升高，在此情况下，登记主义有助于降低交易成本，避免道德风险。《民法典》采取了"登记在先，权利优先"的规则来保护已登记的保理人的权利。由于登记具有公示公信力，因此，采取登记主义还有利于帮助保理交易人规避风险。

第二，均已经登记的，按照登记时间的先后顺序取得应收账款。此时采取登记在先的顺位确定方式，先登记的保理人优先于后登记的保理人取得应收账款债权。

第三，均未登记的，由最先到达应收账款债务人的转让通知中载明的保理人取得应收账款。由此可见，《民法典》第768条采取的是登记对抗主义，未登记并不影响债权转让的效力。实践中仍然存在许多应收账款债权转让并未登记的情形，因此，在采取登记主义的同时适用通知主义作为补充，来妥善解决此问题。也就是说，均未登记的，谁先通知，谁就先取得权利。

第四，既未登记也未通知的，按照保理融资款或者服务报酬的比例取得应收账款。该条规则与《民法典》第414条第1款第3项所采取的末位适用的按照所担保的"债权比例清偿"的方式一致。值得注意的是，此时需要区分有追索权的保理与无追索权的保理，如果多个保理都是有追索权的保理，就按照保理融资款比例清偿；如果都是无追索权保理，需要按照受让的应收账款数额的比例清偿。

《民法典》第768条并没有根据善意恶意确定多个保理人权利的优先顺位，而是根据登记来确定，这符合国际上的通行做法，且有利于公开查询，实现权利的透明化。当然，该规则仅适用于就同一应收账款订立多个保理合同的情形，《民法典》第768条可称为金钱债权多重让与下确定权利优先顺位的一般规则，但该规则并不适用于非金钱债权尤其是特定物债权。④

---

① 参见何宝玉：《英国合同法》，中国政法大学出版社1999年版，第268页。
② 参见李珂丽：《国际保理法律机制研究》，知识产权出版社2014年版，第171页。
③ 参见方新军：《现代社会中的新合同研究》，中国人民大学出版社2005年版，第264页。
④ 蔡睿：《保理合同中债权让与的公示对抗问题》，载《政治与法律》2021年第10期。

三、保理与其他非典型担保的竞存

《民法典》第768条规定了多重保理的情形下,应当以登记为中心确定由哪一个保理人优先取得应收账款债权的顺位规则。但在实践中,存在着某一应收账款的权利人将同一应收账款设立保理、应收账款质押和债权转让的方式,实际上是一种变相的"一物数卖"行为。《有关担保的司法解释》第66条第1款规定:"同一应收账款同时存在保理、应收账款质押和债权转让,当事人主张参照民法典第七百六十八条的规定确定优先顺序的,人民法院应予支持。"严格地说,《民法典》第768条只能用来解决同一应收账款债权上有多个保理人冲突的问题,而不能解决同一个应收账款债权上同时有保理人、权利质权人、普通的债权转让的受让人的权利冲突的问题。为了解决实际生活中确实存在的问题,《有关担保的司法解释》第66条第1款扩大了这一条的适用范围。尽管有此解释,但《民法典》第768条的适用范围仍受到限制,这主要是因为普通的应收账款债权转让一般不具备登记资格,因此可能难以适用该条规定。

第四编 ｜ 提供服务成果合同

第十三章　承揽合同
第十四章　建设工程合同
第十五章　运输合同

第十三章

承 揽 合 同

第一节 承揽合同概述

一、承揽合同的概念和特征

《民法典》第770条第1款规定:"承揽合同是承揽人按照定作人的要求完成工作,交付工作成果,定作人支付报酬的合同。"据此,承揽合同是承揽人按照定作人提出的要求完成一定的工作,并将工作成果交付给定作人,定作人接受该工作成果,给付约定报酬的合同。《说文解字》云:"承,奉也。受也。"而"揽",则是指揽持、把持。因而,从字面来看,承揽就是揽下他人的工作而交付工作成果。承揽合同历史悠久,自罗马法以来一直为各国民法所普遍认可。我国《民法典》也将其规定为典型合同。

承揽合同具有如下法律特征。

(1) 性质上属于结果之债。所谓结果之债,是指依据法律规定、当事人约定以及交易惯例,只有因债务人的行为实现了特定后果时,债务人才履行了其义务。承揽合同是结果之债,因为在承揽合同中,承揽合同以承揽人完成一定工作并交付工作成果为目的,承揽人仅仅提供劳务并不意味着其义务的完成,而必须将其劳务最终凝结为一定的工作成果、一定的物,并将之交付给定作人,才真正实现了合同目的。定作人的目的是为了获取一定的工作成果,并不仅仅是为了获得承揽人所提供的劳务本身。[①]《民法典》第770条第1款所说的"工作成果",就是指当事人在合同中约定的劳动成果,这种成果既可以是有形的,也可以是无形的。前者如制作的产品、完成的工作物等[②];后者包括一定的智力成果,如提供专家意见等。如果承揽人只是提供了一定的工作,而没有最终完成工作成果,则并没有实现缔约目的,就有可能构成违约。

(2) 工作成果具有特定性。所谓工作成果的特定性,是指承揽人按照定作人的特定要求而完成特定的工作成果。在承揽合同中,承揽人最终所完成的工作成果应当是符合定作人在合同中所作出的要求的成果,工作成果必须按照定作人的要求来完成,其质量等有赖于特定承揽人的技术、经验、技能等。因而,通过承揽人的工作完成的工作成果自然也应当是特定的。承揽人的工作成果可以是有形的,也可以是无形的。如果承揽人完成的是有形工

---

① 参见崔建远主编:《合同法》(第七版),法律出版社2021年版,第368页。
② 同上书,第369页。

作成果,那么,承揽人可以是创造之前不存在的新物,也可以是对既存的物进行变更。① 承揽人利用材料经过加工创造新物的,承揽人取得新物的所有权,但是负有将新物所有权转移给定作人的义务;承揽人也可以是对既存的物进行变更,如修理存在故障的机动车。②

(3) 具有一定的人身属性。从广义上讲,承揽合同属于一种提供劳务的合同,其与交付标的物的货物合同不同,具有一定的人身属性。一方面,定作人选择与某一承揽人订立合同,是基于对特定承揽人技术、经验、技能等的信赖。因而,承揽人应当按照定作人的要求,凭借其自身的技术、经验、技能而提供一定的劳务,完成一定的工作成果。另一方面,承揽人不能将其承揽的主要工作交由第三人完成。此外,如果定作人丧失了对承揽人的此种信赖,可以依法任意解除合同。

(4) 具有双务、有偿、诺成性。从《民法典》对承揽合同的规定来看,该合同中承揽人负有按照定作人的要求完成工作、交付工作成果的义务,而定作人则负有给付报酬的义务,故而该合同为双务、有偿合同。由于《民法典》未要求承揽合同的成立或生效以特定给付为条件,只需双方达成合意即可成立,因此其为诺成合同。

(5) 具有基础性。承揽合同不仅是典型的有名合同,而且在提供工作成果性劳务的合同中也具有基础性。建设工程合同实际上就是从承揽合同中分离出来的,而且其在性质上是一种特殊的承揽。虽然我国《民法典》将建设工程合同独立出来,但在建设工程合同的订立、履行等过程中,如果法律没有明确规定的,可以适用承揽合同的相关规定。《民法典》第808条就明确规定:"本章没有规定的,适用承揽合同的有关规定。"此处没有采用参照适用而是采用直接适用的表述,表明了承揽合同的基础性地位。

二、承揽合同的分类

(一) 主承揽和次承揽

所谓主承揽,是由承揽人独立从事一定工作并交付工作物的承揽,承揽人独立完成工作,并不转包给他人。次承揽也叫再承揽,是指承揽人自任为定作人,将其工作的全部或一部转给他人承揽,并支付报酬。相对于次承揽合同而言,承揽人与定作人签订的承揽合同叫作承揽合同。③ 而次承揽是指通过转承揽而形成的承揽。我国《民法典》要求承揽人独立完成工作,但并不禁止次承揽。承揽人可以将承揽的辅助工作交给第三人完成;经过定作人的同意,也可以将其承揽的主要工作转交给第三人完成。在此情况下,就形成了次承揽。④ 这两种承揽的区别主要在于:第一,主承揽是承揽活动的常态,而次承揽则是特殊情形。通常情况下,定作人都是基于对特定承揽人的信任订立合同的,自然也应当由承揽人亲自完成工作。而次承揽只是对辅助工作而言的,如果对主要工作发生次承揽,必须经过定作人的同意。第二,合同关系的当事人不同。承揽合同的当事人包括定作人和承揽人双方,次承揽合同的当事人则是承揽人和次承揽人。次承揽合同与原承揽合同各为独立的承揽合同,次承揽合同的成立、生效乃至效力如何,与原承揽合同无关。如次承揽合同不成立或无效,不影响原承揽合同的效力。第三,基于合同的相对性,次承揽人与原定作人之间不发生权利义务关系,原定作人对次承揽人无完成工作并交付工作成果的请求权,次承揽人对

---

① MüKoBGB/Busche, 8. Aufl. 2020, BGB § 631 Rn. 71.
② Looschelders, Schuldrecht BT, 16. Aufl. 2021, § 32, Rn. 4.
③ 参见崔建远:《承揽合同四论》,载《河南省政法管理干部学院学报》2010年第2期。
④ 参见韩世远:《合同法学》(第二版),高等教育出版社2022年版,第484页。

原定作人无报酬请求权。①

（二）单独承揽和共同承揽

所谓单独承揽，是指承揽人为一人的承揽。共同承揽是指承揽人为二人以上的承揽。共同承揽与次承揽相比，虽然其也有多个承揽人，但是在共同承揽中，多个承揽人均是由定作人选定，而次承揽中的次承揽人是由承揽人选择的。单独承揽和共同承揽的主要区别在于：第一，承揽人的人数不同，单独承揽人只有一个，共同承揽人有多个。第二，权利义务内容不同。在单独承揽的情况下，承揽人自行承担权利义务；而在共同承揽中，多个承揽人对定作人承担连带债权债务。在共同承揽中，承揽人不履行义务而造成定作人损害的，共同承揽人应当承担连带赔偿责任。《民法典》第786条规定："共同承揽人对定作人承担连带责任，但是当事人另有约定的除外。"这就意味着，在当事人没有特别约定的情况下，共同承揽人都要对定作人承担连带责任。如果承揽人违约，定作人有权请求任何一个承揽人承担全部赔偿责任。

（三）一般承揽和特别承揽

一般承揽是指由《民法典》合同编所规定的承揽。特别承揽是指根据其他法律法规的规定而形成的承揽。建设工程合同在合同法上属于特殊承揽，一般是在特别法中进行规定的，但是我国《民法典》将其作为独立的典型合同作出了规定，因此，建设工程承揽属于承揽的特殊形态。两者的主要区别在于：一般承揽是承揽的常态，而特别承揽是特殊形态。法律关于一般承揽的规定与对特别承揽的规定，形成了一般法与特别法的关系。《民法典》第808条规定："本章没有规定的，适用承揽合同的有关规定。"可见，在建设工程合同没有特别规定时，承揽合同的有关规定，对建设工程合同也是可以适用的。

（四）一般承揽与不规则承揽

一般承揽就是《民法典》第770条所规定的承揽。不规则承揽，是指由定作人提供材料，约定承揽人可以同种类、品质、数量的材料为一定工作并交付工作成果的承揽合同。例如，居民将面粉交给面条店制作面条，双方约定，面条店可以用相同种类、品质的面粉代替以制作面条。②

一般承揽与不规则承揽的区别主要在于：第一，一般承揽属于通常情形，而不规则承揽属于特殊情形。第二，与互易合同的联系性不同。一般承揽与互易的区分是比较清晰的。而不规则承揽更类似于互易。定作人提供了材料，但是，承揽人可以变更材料，类似于互易合同。第三，承揽人可否使用替代的材料不同。在一般承揽中，承揽人不得以其他的材料替代定作人提供的材料。而在不规则承揽中，承揽人可以用同种类、同品质的材料替代。③第四，风险负担不同。在不规则承揽的场合，因承揽人对定作人提供的材料享有变更权，且该材料自交付时起就由承揽人控制，故材料的风险负担应移转给承揽人。④

三、承揽合同与相关合同

（一）承揽合同与买卖合同

买卖合同和承揽合同都是有偿、双务的合同。在承揽合同中，承揽人应当交付工作成

---

① 参见郑玉波：《民法债编各论》（下），台湾三民书局1986年版，第349页。
② 参见崔建远主编：《合同法》（第七版），法律出版社2021年版，第372页。
③ 参见韩世远：《合同法学》（第二版），高等教育出版社2022年版，第472页。
④ 崔建远：《风险负担规则之完善》，载《中州学刊》2018年第3期。

果,定作人负有支付报酬的义务,因而,承揽合同的当事人之间也形成了一种交易关系,在这一点上,其与买卖合同具有相似性。尤其是在承揽合同中,如果由承揽人提供材料,就涉及合同本身究竟是买卖还是承揽的问题。

笔者认为,承揽合同与买卖合同之间仍然存在明显的区别,主要体现在:

1. 目的不同。买卖合同是以一方移转所有权而另一方支付价款为目的,而承揽合同是以一方完成特定的工作成果而另一方支付报酬为目的。① 依据这一区分,如果双方当事人在合同中约定,一方按照对方的要求制作一定的工作成果,就属于承揽合同,而不是买卖合同。当然,如果一项合同包括了提供劳务、转移标的物所有权,那么,就合同性质的判断,应当从整体上来观察,哪一项给付是合同的重心。② 如果以提供劳务为重心,则属于承揽合同;如果以移转标的物所有权为重心,则为买卖合同。

2. 标的物不同。承揽合同的标的物是特定的工作成果,在订立合同时是不存在的。它要在合同订立后,由承揽人依照约定通过其设备、技术和劳力创造出来。而买卖合同订立时,合同标的物一般是已经存在的,标的物为未来之物的买卖合同是特殊现象。③ 所以,与承揽合同相比,买卖合同指向的给付行为通常欠缺创造性。④ 承揽合同的标的物总是特定物,而买卖合同的标的物既可以是特定物,也可以是种类物。此外,买卖合同指向的给付行为通常欠缺创造性,而承揽合同所指向的给付行为往往是借助知识、技术等进行的创造性工作。⑤

3. 是否享有监督检查的权利不同。在承揽合同中,承揽人应按照定作人交付的任务完成工作,定作人有权对承揽人进行必要的监督检验。如果承揽人未按约定的条件和期限进行工作,不能按时保质完成工作的,定作人有权解除合同并要求赔偿损失。在买卖合同中,买受人只能在合同履行期限到来时才能要求履行,即使是供应合同,当事人约定的商品尚在生产中的,需求方也无权监督或检查供应方如何组织生产。

4. 是否以人身信任为基础不同。承揽合同具有浓厚的人身信赖性质,承揽合同的订立是以定作人对特定承揽人的能力和技能的信赖为基础的。⑥ 而买卖合同通常并不以人身信任为基础,买受人取得标的物的所有权一般并不考虑出卖人的能力、技能等个人特点,只要标的物质量合格,究竟由谁制造该标的物对买受人并没有意义,买受人也无权就此提出请求。

(二) 承揽合同与雇佣合同

承揽合同与雇佣合同都属于劳务合同,而且都属于诺成的、不要式的双务有偿合同。但两者之间存在明显的区别:

第一,是否要有工作成果不同。承揽合同要形成结果之债,债务人必须完成工作成果;这一结果既可以是制造、改变一个物,也可以是其他任何结果,承揽合同中提供劳务的一方负有实现一项特定的结果(ein bestimmter Erfolg)的义务。⑦ 而雇佣合同只是形成方式之债,债务人只是要提供劳务,并不必须要完成一定的工作成果。承揽人提供的工作成果,在定作人支付了报酬之后应当交给定作人。而受雇人完成工作成果,就取得报酬,但不需要交

---

① 参见李勇主编:《买卖合同纠纷》,法律出版社2011年版,第27页。
② MüKoBGB/Busche, 8. Aufl. 2020, BGB § 631 Rn. 9.
③ Looschelders, Schuldrecht BT, 16. Aufl. 2021, § 32, Rn. 2.
④ MüKoBGB/Busche, 8. Aufl. 2020, BGB § 631 Rn. 9.
⑤ Ibid.
⑥ 参见黄薇主编:《中华人民共和国民法典合同编解读》(下册),中国法制出版社2010年版,第427页。
⑦ Looschelders, Schuldrecht BT, 16. Aufl. 2021, § 32, Rn. 1.

付工作成果。

第二，报酬的支付条件不同。在承揽合同中，承揽人要求支付报酬的前提是其完成了工作成果，没有完成工作成果不能请求支付报酬。而在雇佣合同中，受雇佣人只要完成了一定的劳务就可以请求支付报酬。这与前述结果之债和方式之债的区别是相对应的。

第三，是否受监督不同。承揽人原则上不受监督，只是对无瑕疵的、符合合同目的的结果负责。而受雇佣人在提供劳务的过程中则要受到雇主的监督。

第四，是否亲自完成劳务不同。承揽人原则上应当亲自完成劳务，但是，其也可以就部分工作委托第三人完成。《民法典》第772条第1款规定："承揽人应当以自己的设备、技术和劳力，完成主要工作，但是当事人另有约定的除外。"从该规定来看，《民法典》并没有禁止承揽人将其工作的次要部分委托给第三人。但是，受雇佣人要亲自完成劳务，而不能由他人代为完成。①

第二节　承揽合同的内容

承揽合同的内容，是指承揽合同的一般条款。《民法典》第771条规定："承揽合同的内容一般包括承揽的标的、数量、质量、报酬，承揽方式，材料的提供，履行期限，验收标准和方法等条款。"依据该条规定，承揽合同一般包括如下内容：

（一）标的

承揽合同的标的是承揽合同中权利义务所指向的对象，具体而言，是承揽人应当向定作人交付的工作成果。《民法典》第770条第2款规定："承揽包括加工、定作、修理、复制、测试、检验等工作。"所有这些都应该属于承揽人所从事的具体工作，也是标的所指向的对象。但具体从事哪一类工作，应该在合同中加以明确。我国《民法典》不仅对承揽合同的定义作了界定，而且对承揽的具体工作形式进行了列举，包括加工、定作、修理、复制、测试、检验等工作。

第一，加工（process）。加工是承揽的典型形态，在实务中，承揽也通常被称为加工。这里所说的加工，是指一方将他人的财产加工改造为具有更高价值的财产，换言之，其是指在定作人提供材料的基础上，承揽人以自己的技能、设备和劳力，按照定作人的要求，将定作人提供的材料加工成某种成品。② 例如，服装店根据顾客的要求，用顾客提供的布料为其裁缝衣服。在加工的情况下，加工人已为加工物的形成提供了自己的劳动。

第二，定作。定作是指承揽人按照定作人的要求以自己的财产来完成工作并提交工作成果。加工和定作的区别，主要表现为材料提供者的区别。加工是由定作人提供材料，而定作则是由承揽人提供材料。在定作的情况下，通常来说，完全是由承揽人自备全部的材料。例如，裁缝店为顾客制作衣物，尽管材料是由定作人选取，裁缝店要根据定作人所选取的材料来完成衣物，但该材料系由承揽人提供。而在加工的情况下，尽管不要求全部材料都由定作人提供，但至少主材料是要由定作人提供的。

第三，修理，是指通过承揽人的劳务将定作人的毁损物品恢复通常应有的使用状态。它既包括承揽人为定作人修复损坏的动产，如修理汽车、修理手表、修理电器、修理自行车、修

---

① 参见崔建远主编：《合同法》（第七版），法律出版社2021年版，第370页。
② 参见魏耀荣等：《中华人民共和国合同法释论（分则）》，中国法制出版社2000年版，第371页。

理鞋等；也包括对不动产的修缮，如检修屋顶的防水层[①]。

第四，复制，是指承揽人按照定作人的要求，根据定作人提供的样品，重新制作类似的成品，定作人接受复制品。复制包括复印文稿，也包括拓印、临摹等行为。

第五，测试，是指承揽人根据定作人的要求，利用自己的技术和设备为定作人提供的样品或者从事的活动是否具备某种功能和性能而进行检测试验，例如，对汽车质量进行碰撞测试等。

第六，检验，是指承揽人以自己的技术和设备等为定作人提供的样品的功能、问题、质量等进行检查化验。例如，各类专业检测机构对食品是否含有专业添加剂做的检测。检验与测试的区别主要表现在，测试主要利用物理方法检测样品的某种属性，而检验则是利用化学或者生物的方法进行检测。

当事人在承揽合同中就合同的标的进行特别约定时，不仅要规定承揽的类型，还需要对具体成果的名称、规格、性能、款式、成分以及标的的色泽、图案、式样、时尚等特性，味道、触感、音质、新鲜度等内容作出特别约定。

（二）数量

由于一些承揽并非仅仅定作单个物，而有可能定作多个物，因而需要确定数量。数量不确定，合同标的也不明确。例如，定作家具，一般应当约定定作家具的数量。

（三）质量

标的的质量除了应当符合当事人约定的规格、功能之外，也应当在强度、硬度、弹性、延度、抗蚀性、耐水性、耐热性、传导性、牢固性等性能方面达到特定的要求。如果没有约定的质量标准，应当按照货物的平均品质水平来确定其标准。有些工作成果在短期内很难发现其缺陷，因此当事人一般都约定有质量保证期。[②] 如果在保证期内出现质量问题，除因定作方的原因造成的之外，承揽方应负责修复和退换。

（四）报酬

承揽人完成工作之后，定作人应当向其支付酬金。承揽人之所以完成一定的工作，就是要获得报酬，两者之间构成对价关系。报酬条款也是承揽合同的主要条款，在合同中应当约定报酬的具体数额、计算方法、支付方式、支付时间等。

（五）承揽方式

承揽方式是指应该由承揽人独立完成还是可以转承揽。一般来说，如果没有明确约定采用何种承揽方式，都应该由承揽人亲自、独立完成，未经定作人允许，不得转承揽。

（六）材料的提供

在承揽合同中，材料的提供通常应由双方当事人进行约定。如果当事人没有约定或约定不明确的，依据交易习惯应由定作人提供。至于实践中所出现的"包工包料"的承揽，实际上是当事人之间的特别约定。材料的提供除了约定提供人以外，还必须约定提供的时间、地点、数量、质量。如果是由承揽人提供材料，定作人在支付材料费用时还有权要求承揽人提供发票。

（七）履行期限

在承揽合同中，履行期限主要是指承揽人交付工作成果和定作人支付报酬的时间。承

---

① 参见韩世远：《合同法学》（第二版），高等教育出版社2022年版，第469页。
② 参见胡康生主编：《中华人民共和国合同法释义》，法律出版社1999年版，第373页。

揽人履行义务的期限,包括履行义务的开始期限,即承揽人着手工作的期限;履行义务的中间期限,即局部完成任务或部分交付工作成果的期限;履行义务的终了期限,即全部完成任务或最后交付工作成果的期限。[1] 在具体的承揽合同中,如何规定履行义务期限,由双方当事人约定。在承揽合同没有明确规定履行期限的情形下,应该根据工作的性质和工作成果的完成时间来确定履行期限。例如,要求别人代为打印书稿,则应该将书稿打印完成之时作为履行交付的期限。

关于交付工作成果日期的计算,双方有约定的,按约定的方法计算;没有约定的,承揽人自备运输工具送交定作物的,以定作人接收的戳记日期为准;委托运输部门运输的,以发运定作物时承运部门签发戳记的日期为准;自提定作物的,以承揽人通知的提取日期为准,但承揽人在发出提取定作物的通知中,必须给定作人留出必要的途中时间。

(八)验收标准和方法等条款

任何一方依约定交付材料时,对方应当进行及时验收,以确定是否符合合同要求。另外,在工作成果交付时,也应当及时验收。在验收时,还应当约定验收的标准和具体的方法。如果没有规定,应当按照交易习惯或者同类产品或服务的通常标准来确定。

需要指出的是,上述条款只是承揽合同一般应当包含的条款,但缺少这些条款并不必然导致合同不成立。另外,按照合同自由原则,当事人也可以约定这些条款以外的条款,如果当事人作出了特别约定,这些约定也可以成为合同的条款。

第三节 承揽合同的效力

一、承揽人的主要义务

(一)完成合同约定的工作成果的义务

在承揽合同中,承揽人所应履行的义务在性质上属于结果性债务,承揽人完成定作人交付的工作并交付工作成果,这是承揽人所负担的基本义务。同时,承揽人所交付的工作成果应当不具有物的瑕疵及权利瑕疵。[2] 例如,承揽人接受承揽,定制一套高档西服。承揽人就必须完成没有瑕疵的一套西服。《民法典》第 780 条规定:"承揽人完成工作的,应当向定作人交付工作成果,并提交必要的技术资料和有关质量证明。定作人应当验收该工作成果。"依据《民法典》第 780 条,交付工作成果的义务主要包括如下三项内容:

一是承揽人负有按期交付工作成果的义务。承揽人应当在合同约定的期限内完成工作成果。如果工作成果的交付迟延是承揽人自身原因造成的,承揽人就应当承担违约责任。如果承揽人没有在约定的期限内交付工作成果,定作人有权请求承揽人继续履行,但继续履行会过分加重承揽人负担的除外。通常来说,承揽人都是先交付了工作成果,其才能请求报酬。但是,如果当事人有特别约定,也可以先支付一部分报酬。承揽合同生效之后,承揽人不得以定作人没有支付报酬为由,行使同时履行抗辩权,拒绝提供自己的给付。[3]

二是承揽人应当按照合同约定的质量交付。承揽人完成的工作成果,必须要符合合同约定的质量标准。承揽人完成的工作成果须不具备物的瑕疵及权利瑕疵。关于工作成果的

---

[1] 参见谢鸿飞编著:《承揽合同》,法律出版社 1999 年版,第 38 页。
[2] Looschelders, Schuldrecht BT, 16. Aufl. 2021, § 33, Rn. 6.
[3] 参见崔建远主编:《合同法》(第七版),法律出版社 2021 年版,第 374 页。

瑕疵认定,应当按照验收或者工作成果完成的时点确定。① 如果当事人就质量标准没有约定,则应考虑合同目的确定其质量标准。如果当事人就工作成果的使用方式或者使用工作成果应当达到的效果作了约定,那么,就以此为标准来确定工作成果的应有品质。与此类似,双方当事人关于工作成果的性能规格或者标准的约定、承揽人提交的规划文件,都可以用来确定工作成果的应有品质。② 如果双方当事人就工作成果的应有品质没有约定,那么,工作成果应当满足承揽合同所预定的用途(vertraglich vorausgesetzte Verwendung)。如果双方当事人既没有就应有品质作出约定,也没有就工作成果的预定用途作出约定,那么,工作成果应当符合惯常的使用(gewöhnliche Verwendung)。③

承揽人交付的工作成果应当与合同的约定相一致,非经定作人同意,不得擅自修改或变更,更不能偷工减料、粗制滥造、以次充好。未按合同约定的质量交付定作物或完成工作,定作人同意的,应当按质论价;不同意的,应当负责修整或调换,并承担逾期交付的责任。经过修整或调换后,仍不符合合同约定的,定作方有权拒收并可要求赔偿损失。此外,承揽人也应当提交必要的技术资料和有关质量证明。

三是承揽人应当按照合同约定的数量交付。承揽人未按约定的数量交付的,应照数补齐,少交部分定作人不再需要的,定作人有权解除合同或要求赔偿损失。例如,承揽人按照他人的要求定作十套西服,但在约定的期限内只能交付一套,定作人有权拒绝接受其交付的一套西服。承揽人未按合同约定包装标的物的,应负责返修或重新包装,并承担因此而支付的费用。

(二)亲自完成主要工作的义务

承揽合同约定的劳务原则上不具有高度人身专属性。④ 不过,如果劳务的提供高度依赖于承揽人的个人技能(如请艺术家绘制油画),则该承揽合同约定的劳务就具有高度人身性。⑤ 即便承揽合同约定的劳务不具有高度的人身性,但承揽人也应当亲自完成承揽合同约定的主要工作,次要工作则可以由履行辅助人完成。

《民法典》第772条第1款规定:"承揽人应当以自己的设备、技术和劳力,完成主要工作,但是当事人另有约定的除外。"据此,承揽人负有亲自完成主要工作的义务。它包括两方面内容:一是承揽人应当以自己的设备、技术和劳力完成主要工作。所谓"自己的设备",不仅应包括承揽人自己所有的设备,也应当包括租用的设备。承揽人租赁他人的设备,或者雇佣他人也应符合法律规定或者当事人约定的要求。二是承揽人必须自己完成"主要工作"。所谓"主要工作",是指完成承揽合同约定任务中的主体性的、基础性的和大部分的工作。主要工作一般对工作成果的质量起着决定性作用,通常来说,其技术要求也相对较高。例如,在定制服装时,量体裁剪和整体裁剪是承揽人的主要工作。⑥ 主要工作和辅助工作相对应,例如,在定做服装时,服装的剪裁、制作工作属于主要工作,而安装纽扣、包装衣服等则属于辅助工作。当然,在具体的合同类型中,还要根据合同的性质和当事人的约定来确定主要工作的具体内容。就承揽人所负有的亲自完成主要工作的义务而言,双方当事人也可以另行

---

① Looschelders, Schuldrecht BT, 16. Aufl. 2021, § 34, Rn. 8.
② MüKoBGB/Busche, 8. Aufl. 2020, BGB § 633 Rn. 16.
③ MüKoBGB/Busche, 8. Aufl. 2020, BGB § 633 Rn. 29.
④ MüKoBGB/Busche, 8. Aufl. 2020, BGB § 631 Rn. 73.
⑤ Looschelders, Schuldrecht BT, 16. Aufl. 2021, § 33, Rn. 6.
⑥ 参见胡康生主编:《中华人民共和国合同法释义》,法律出版社1999年版,第376页。

作出约定。具体而言,承揽人亲自完成主要工作的义务可从两方面理解:

第一,在当事人没有特别约定的情形下,承揽人必须亲自完成主要工作。未经定作人同意,不得将主要工作交给第三人完成。《民法典》第 772 条第 2 款规定:"承揽人将其承揽的主要工作交由第三人完成的,应当就该第三人完成的工作成果向定作人负责;未经定作人同意的,定作人也可以解除合同。"因为承揽合同是定作人基于对承揽人的特别信赖关系而订立的,如未经定作人同意,将承揽的主要工作交由第三人完成,不符合定作人的缔约目的,也构成对其信赖的损害,此时应由定作人自主选择是否行使法定的合同解除权,也可在不解除合同的前提下,要求承揽人就第三人完成的工作成果负责。如果经过了定作人同意,承揽人将主要工作交给第三人完成的,应当对第三人完成的工作成果的质量向定作人负责。

第二,承揽人可以将辅助工作交给第三人完成,而不需要取得定作人同意。《民法典》第 773 条规定:"承揽人可以将其承揽的辅助工作交由第三人完成。承揽人将其承揽的辅助工作交由第三人完成的,应当就该第三人完成的工作成果向定作人负责。"据此,承揽人可以不经定作人同意而将辅助工作交由第三人完成。所谓"辅助工作",是相对于"主要工作"而言的,它是指承揽工作中主要工作之外的部分。一般而言,辅助工作只是对主要工作起协助和完善性质的工作,其并不构成承揽工作的主要内容,可以协助承揽工作的完成。[①] 例如,在加工产品的承揽合同中,定作人完成产品的加工之后,将包装工作交给第三人完成,则第三人的工作就属于辅助工作的性质。当然,如果承揽人将其承揽的辅助工作交由第三人完成,应当就该第三人完成的工作成果向定作人负责。

(三)按照约定选定材料,并接受定作人检验的义务

承揽合同应当对由哪一方提供材料作出明确约定。在当事人没有明确约定时,由于承揽人是按照定作人的要求完成工作并交付工作成果,通常应当由定作人提供材料。但是在实践中也可以根据交易习惯确定承揽人负有提供材料的义务。例如,承揽人帮助他人粉刷墙壁,通常都是由承揽人自备材料来完成工作。再如,在包工包料的情形下,是由承揽人自己提供材料。《民法典》第 774 条规定:"承揽人提供材料的,应当按照约定选用材料,并接受定作人检验。"这就确立了在承揽人提供材料的情形下,其应当承担两项义务:一是按照合同的约定选定材料,承揽人对其提供的材料负有瑕疵担保义务。承揽人不得以次充好或者故意隐瞒材料瑕疵,若导致工作成果质量不符合约定,应当承担违约责任。二是应当接受定作人检验。为了保证承揽人提供的材料符合合同约定,承揽人在选定材料后,必须要接受定作人的检验,以确定材料是否符合约定的要求,以及是否满足承揽工作的需要。

(四)检验和受领定作人提供的材料的义务

在定作人提供材料的情况下,《民法典》第 775 条第 1 款规定:"定作人提供材料的,应当按照约定提供材料。承揽人对定作人提供的材料应当及时检验,发现不符合约定时,应当及时通知定作人更换、补齐或者采取其他补救措施。"承揽人负有检验和保管定作人提供的材料的义务,具体包括:一是及时检验定作人提供的材料的义务。如果经承揽人检验,定作人提供的原材料符合约定,承揽人应当确认并通知定作人。如果发现材料质量不符合合同约定的要求时,应及时通知定作人更换、补齐或者采取其他补救措施。所谓采取其他补救措施,包括支付价款、由承揽人代购等其他方式。二是不得擅自更换定作人提供的材料的义务。《民法典》第 775 条第 2 款规定:"承揽人不得擅自更换定作人提供的材料,不得更换不

---

① 参见魏耀荣等:《中华人民共和国合同法释论(分则)》,中国法制出版社 2000 年版,第 279 页。

需要修理的零部件。"例如,在修理手表时,修理师不得将定作人手表中贵重的零部件偷换成廉价的零部件。此种义务的履行既是诚信原则的具体要求,也是维护定作人的合法利益所必需的。如果确实有必要进行更换,按照诚信原则,也应当以中等品质以上的零部件进行更换。不需要修理的部分,不得更换。使用定作人提供的原材料,还应当符合约定的损耗量,尽量避免材料的损失浪费。

（五）妥善保管定作人提供的材料和工作物的义务

《民法典》第784条规定:"承揽人应当妥善保管定作人提供的材料以及完成的工作成果,因保管不善造成毁损、灭失的,应当承担赔偿责任。"依据该条规定,承揽人的保管义务包括三方面:一是妥善保管定作人提供的材料的义务。妥善保管材料,包括妥善保管包装物及其他物品等。例如,定作人将一批钢材交付给承揽人,委托承揽人加工某种型号的机器部件,承揽人即应当妥善保管该批钢材,而不应将其放在潮湿的地方使其生锈。二是对定作人提供的设备应当负有妥善保管的义务。三是对完成的工作成果也应当负有妥善保管义务。在定作期限内,承揽人在交付工作物之前,也应当对标的物尽到善管义务,妥善保管,以防止发生毁损灭失的情形。例如,在"双鸭山市体育局等诉辽宁强大铝业工程股份有限公司建设工程施工合同纠纷案"中,法院指出:"在交付前,工作成果是在强大公司占有之下的,强大公司理应妥善保管工作成果,这种妥善保管义务在双方没有特别约定的情况下,应按照本行业的一般要求进行认定"。① 此种义务是法定合同义务。因违反这一义务而造成损害的,承揽人应当承担损害赔偿责任。②

（六）及时通知等附随义务

承揽人不仅负有主给付义务,而且应当负有从给付义务和附随义务。承揽人负担的附随义务包含很多种类。例如,定作人对工作成果的用途或成本有误解,定作人提交的方案、图纸不合理或存在瑕疵,工作成果本身可能存在的致害风险或者因误用而产生的致害风险,等等,此时承揽人负有的附随义务就是向定作人进行解释说明。③ 此外,承揽人对定作人提交的材料、为完成工作成果所必需的物负有保护义务④、保管义务⑤等,也属于承揽人的附随义务。比如,汽车修理厂在修理故障车辆时须妥善保管故障车辆,防止其被盗。⑥

《民法典》第776条规定:"承揽人发现定作人提供的图纸或者技术要求不合理的,应当及时通知定作人。因定作人怠于答复等原因造成承揽人损失的,应当赔偿损失。"在承揽合同中,承揽人应当按照定作人提供的图纸来进行加工,才能保证工作成果符合合同的要求。因此,一旦承揽人发现提供的图纸或技术要求不合理,应当及时通知定作人。因为一方面只有承揽人及时通知,定作人才能及时采取措施,修正或更改不合理的图纸或技术要求。另一方面,要求承揽人及时通知,有利于加工承揽工作的正常进行,并保证承揽人能够按照定作人的要求完成工作,交付工作成果,这也有利于防止纠纷的发生,避免最终责任的不明确。未及时通知定作人的,怠于通知期间的误工损失由承揽人自己承担,造成工期拖延,给定作人造成损失的,承揽人应当赔偿定作人的损失。定作人在收到承揽人的通知之后,应在规定

---

① 最高人民法院(2017)最高法民申3660号民事裁定书。
② 参见韩世远：《合同法学》（第二版），高等教育出版社2022年版，第486页。
③ Staudinger/Peters (2019) BGB § 631 Rn. 52.
④ Staudinger/Peters (2019) BGB § 631 Rn. 59.
⑤ MüKoBGB/Busche, 8. Aufl. 2020, BGB § 631 Rn. 82.
⑥ Looschelders, Schuldrecht BT, 16. Aufl. 2021, § 33, Rn. 7.

期间或合理期间内给予答复,并采取措施。因定作人怠于答复等原因,使承揽人延误工期或者重新修改或返工等,由此造成承揽人损失的,应当由定作人承担赔偿责任。

(七)接受定作人监督检验的义务

《民法典》第779条规定:"承揽人在工作期间,应当接受定作人必要的监督检验。定作人不得因监督检验妨碍承揽人的正常工作。"这就确立了承揽人有接受定作人监督检验的义务。所谓监督检验,是指定作人在承揽人工作期间,对承揽人的工作(如工程进度等)进行必要的检查、监督,对材料的使用是否符合图纸和技术的要求等进行必要的检验。所谓"必要的监督检验",应当依据合同的性质和工作的难度等因素具体确定。一是若合同中已经约定定作人监督检验的范围,则应当依据该特定的范围而确定。二是根据承揽工作的性质,对承揽工作质量进行检验,保证工作如期完成。承揽人负有接受定作人的监督检验的义务。承揽人不得以合同未约定而拒绝。定作人在检验前,应当通知承揽人检验的时间和内容,以便于承揽人对工作作出适当的安排;定作人在检查时,不得妨碍承揽人的正常工作。之所以在法律上确立此种义务,主要原因在于:一方面,承揽人是按照定作人的要求完成一定的工作,所以,承揽人在完成工作的过程中,应接受定作人必要的检查,以保证承揽人所完成的工作完全适合定作人的需要。例如,承揽人使用的材料是否符合环保的要求、是否被偷换,这些都影响到最终的工作成果。另一方面,在工作成果完成之后,定作人很难对工作成果完成过程中所出现的问题进行检验。比较法上也大多承认定作人享有此种权利。[①]

依据《民法典》第779条的规定,定作人在监督检验承揽人的工作时,不得妨碍承揽人的正常工作,也不能将其在监督检验过程中所获知的承揽人的商业秘密透露给他人。定作人进行监督检验虽然是为了保障工作成果符合合同约定的质量标准等,但其监督检验活动应保持在合理的限度内,否则将会给承揽人加工、修理等活动的正常展开造成不便,对其正常工作造成妨碍,给承揽人带来不合理的负担。对于定作人不合理的监督、检验工作,承揽人有权拒绝。[②] 如果因定作人不合理的监督、检验活动给承揽人的正常工作造成损害的,定作人应承担损害赔偿责任。

(八)保密义务

因为承揽人在订立和履行承揽合同的过程中,可能了解定作人的一些商业秘密和技术秘密,如果泄露出去,将会给定作人造成损失。所以,《民法典》第785条规定:"承揽人应当按照定作人的要求保守秘密,未经定作人许可,不得留存复制品或者技术资料。"该条确立了承揽人所负有的保密义务。在工作期间,承揽人应当对定作人的技术资料、信息和文件等予以妥善保管。在承揽合同终止后,承揽人应当将有关定作人的信息资料返还给定作人,承揽人不得私自复制和保留这些技术信息资料。保密义务不仅适用于合同订立前,而且在合同关系结束后,此项义务也仍然存在。

二、定作人的主要义务

(一)依照合同提供材料的义务

在比较法上,一般认为,应当由定作人提供材料。[③] 定作人提供材料包括两种情况:一是

[①] 参见《欧洲合同法原则》第3:106条。在德国,监督检验也是定作人所享有的一项权利,而非义务。
[②] 参见魏耀荣等:《中华人民共和国合同法释论(分则)》,中国法制出版社2000年版,第228页。
[③] See Christian von Bar et al. (eds.), *Principles, Definitions and Model Rules of European Private Law*, Volume I, Munich: Sellier, European Law Publishers, 2009, p.1781.

从事承揽工作所需要的原材料,如制作家具的木材,制作衣服的面料等。在学理上,有人认为,这是承揽工作所附的基础,简称为工作基底(Subtract),例如家具的重大维修,该待修的旧家具就是工作所附基础。① 二是承揽工作的对象,如修理手表合同中的手表,印刷合同中的原稿等。《民法典》第775条第1款规定:"定作人提供材料的,应当按照约定提供材料。承揽人对定作人提供的材料应当及时检验,发现不符合约定时,应当及时通知定作人更换、补齐或者采取其他补救措施。"据此,如果合同约定由定作人提供材料,定作人未按合同规定的时间和要求向承揽人提供原材料、技术资料、包装物等或未完成必要的辅助工作和准备工作的,承揽人有权解除合同,定作人应当赔偿承揽人由此造成的损失;承揽人不要求解除合同,除交付定作物的日期得以顺延外,定作人应当偿付承揽人停工待料的损失。

(二)接收并验收工作成果的义务

从承揽合同债务的性质来看,其属于结果性债务。在工作成果完成之后,承揽人应当及时通知定作人,并向定作人交付工作成果。与此同时,定作人有义务接受工作成果。因此,定作人应及时接收标的物,这是定作人的主给付义务。②《民法典》第780条第二句规定:"定作人应当验收该工作成果。"所谓验收,包括两个层次,即受领工作成果、认可工作成果符合合同约定的要求。受领工作成果通常体现为承揽人将完成的工作成果交付给定作人。③ 需要注意的是,如果工作成果并非有体物,无法移转占有,则定作人可以通过认可工作成果来完成验收。④ 一旦验收合格,则工作成果的风险应由定作人负担。此外,如果根据工作成果的性质,工作成果无须定作人受领的,则定作人可以就承揽人完成的工作成果表达意见,进行验收,以代替受领。当然,在此情形下,承揽人所完成的工作成果是否符合约定,需要定作人验收。⑤

定作人应当按照合同规定的期限验收标的物。承揽人已经通知定作人要求定作人验收,定作人在合理期限内不验收的,承揽人应当暂时保管该工作成果,以避免财产的损失和浪费。如果定作人在接受工作成果的同时,并未提出瑕疵抗辩,而此种瑕疵在承揽人工作结束的时候是可以通过检验发现的,表明定作人已经认可该瑕疵,承揽人则不再对此瑕疵承担责任。定作人经检验发现承揽标的物不符合约定或有明显瑕疵的,应于接收后及时通知承揽人,以便双方及时进行核实和分清责任。

(三)支付报酬的义务

在承揽合同中,定作人负担的主给付义务之一是支付报酬、验收工作成果。⑥《民法典》第782条规定:"定作人应当按照约定的期限支付报酬。对支付报酬的期限没有约定或者约定不明确,依据本法第五百一十条的规定仍不能确定的,定作人应当在承揽人交付工作成果时支付;工作成果部分交付的,定作人应当相应支付。"依据该条的规定,定作人支付报酬的义务包括如下几个方面:

第一,定作人负有依据约定支付报酬的义务。如果承揽人完成了工作成果,经验收合格,定作人无故不支付报酬,承揽人有权行使留置权,拒绝交付承揽标的物,也可以行使同时

---

① 参见崔建远:《承揽合同四论》,载《河南省政法管理干部学院学报》2010年第2期。
② MüKoBGB/Busche, 8. Aufl. 2020, BGB § 631 Rn. 87.
③ MüKoBGB/Busche, 8. Aufl. 2020, BGB § 640 Rn. 3.
④ Looschelders, Schuldrecht BT, 16. Aufl. 2021, § 33, Rn. 19.
⑤ Staudinger/Peters (2019) BGB § 640 Rn. 12.
⑥ MüKoBGB/Busche, 8. Aufl. 2020, BGB § 631 Rn. 87.

履行抗辩权,拒绝交付工作成果。而如果承揽人没有完成工作并提出交付工作成果,则定作人可援用同时履行抗辩权,拒绝支付报酬或价款。

第二,定作人支付报酬的期限应当按照合同的约定进行。如果没有约定或者约定不明的,就要按照《民法典》第510条的规定,通过补充协议的方式来确定,或者按照合同条款的解释或交易习惯来确定。如果通过上述方式仍然不能确定报酬支付时间的,则应当在承揽人交付工作成果时支付。例如,粉刷墙壁,只有在全部粉刷完毕之后,定作人才支付报酬。再如,修理电器只有在修理完毕之后,定作人才需要支付报酬。

第三,如果工作成果是部分交付的,定作人应当相应支付报酬。这就是说,如果工作成果不是一次性整体交付的,而是分期、分批交付的,则在报酬支付期限没有明确约定、也无法确定的情况下,每交付一部分工作成果,承揽人都有权主张定作人应当支付相应部分的报酬。例如,定做三套不同类型的家具,约定分三次交付,而关于支付报酬的时间无法确定,则每交付一套家具,承揽人都有权要求定作人支付该套家具的报酬。

(四)协助等附随义务

定作人应负有因诚信原则而产生的附随义务。这种附随义务主要体现在,承揽工作的顺利进行通常需要定作人的协助,如需要定作人提供相关的图纸、技术信息等资料。《民法典》第778条规定:"承揽工作需要定作人协助的,定作人有协助的义务。定作人不履行协助义务致使承揽工作不能完成的,承揽人可以催告定作人在合理期限内履行义务,并可以顺延履行期限;定作人逾期不履行的,承揽人可以解除合同。"该条实际上对定作人的协助义务作出了明确规定,从比较法上来看,特别强调定作人的协助义务,但是,关于该义务的性质仍存在不同的看法。一种观点认为,它是真正义务,所以,它具有独立的可诉性。另一种观点认为,它是不真正义务(Obliegenheit),而非法定义务。① 倘若定作人未尽到协助义务,导致定作人陷于受领迟延,即未经协助导致承揽人难以或者迟延完成工作成果②,那么,承揽人可以请求定作人给予金钱补偿或者终止合同。③ 对承揽人来说,不真正义务的履行是为了满足自身的利益,否则他就需要承担法律上的不利益。④ 不真正义务的违反,并不导致承揽人可以主张赔偿,而只是定作人要承受损失。在定作人不履行协助义务导致承揽工作不能完成时,承揽人有权催告定作人在合理期限内履行协助义务,并有权顺延债务履行期限;经承揽人催告后,定作人仍不履行协助义务的,定作人即构成根本违约,承揽人有权解除合同。例如,在"建昌兰剑水泥有限公司与江阴市伟业房屋拆修工程有限公司承揽合同纠纷案"中,法院指出:兰剑公司作为定作方无法在合理期限内为承揽方伟业公司提供适于实施拆除的场地和环境。实施阻拦行为的第三人系与兰剑公司存在承包关系的兰河公司下岗职工及兰剑公司的水泥经销商,兰剑公司有责任排除妨碍,履行协助义务。⑤

三、承揽合同的工作成果归属

承揽合同的工作成果为有体物时,存在工作成果的所有权归属及是否需要移转的问题。根据意思自治,当事人可以在合同中约定工作成果在完成之时归属于定作人或者承揽人。

---

① MüKoBGB/Busche, 8. Aufl. 2020, BGB § 642 Rn. 2.
② MüKoBGB/Busche, 8. Aufl. 2020, BGB § 642 Rn. 12.
③ Looschelders, Schuldrecht BT, 16. Aufl. 2021, § 33, Rn. 24.
④ MüKoBGB/Busche BGB § 642, Rn. 2.
⑤ 最高人民法院(2017)最高法民申4464号民事裁定书。

如果没有约定或者约定不明,对于工作成果的归属,主要存在如下几种观点:

(1)定作人取得说,该观点主张工作成果直接归属于定作人,定作人原始取得所有权,承揽人无移转工作物所有权的义务。① 我国《民法典》第783条规定:"定作人未向承揽人支付报酬或者材料费等价款的,承揽人对完成的工作成果享有留置权或者有权拒绝交付,但是当事人另有约定的除外。"该条使用"留置权",隐含了工作成果归属于定作人的含义②。

(2)承揽人取得说,该观点主张工作成果先归承揽人原始取得,然后再通过交付将其移转给定作人。③ 如果采取定作人取得主义,在强制执行或者破产中对定作人有利,但在承揽人财产不足以清偿全部债务的情形中,实为牺牲其他债权人利益保护定作人利益。④

(3)折中说。此种观点认为,对于不同类型的承揽合同,采取不同的标准。一是,定作人来料加工的承揽合同中,定作人取得工作物之所有权;二是,材料的主要部分由定作人提供的,工作成果的所有权归属于定作人。⑤ 在承揽人包工包料,定作人支付材料价款的情形下,应具体区分定作人是否取得材料所有权,有条件地适用一般承揽合同中对于工作物所有权归属的判断规则;如果无法区分材料的主要部分由定作人还是承揽人提供的,除当事人另有约定以外,由定作人原始取得所有权。⑥ 三是,在不规则承揽中,如承揽未以自己的材料进行代替时,适用承揽合同中工作物所有权归属的一般规则,由定作人作为加工人而原始取得工作物之所有权;当承揽人以自己的材料代替定作人的材料时,由承揽人原始取得工作物之所有权。⑦

笔者认为,关于承揽合同中的工作物成果归属,有约定的依照约定,在没有约定的情况下,应当由定作人原始取得工作物成果的所有权,理由主要在于:

第一,承揽合同作为结果之债,债务人必须完成工作成果,应由定作人取得工作物的所有权;《民法典》第770条第1款规定:"承揽合同是承揽人按照定作人的要求完成工作,交付工作成果,定作人支付报酬的合同。"如果定作人不享有工作物成果的所有权,与承揽合同的性质不符。如果在工作成果形成以后,承揽人先取得所有权,其有权将该工作物成果转让他人,不仅使定作人订立合同的目的落空,而且徒增纠纷,承揽人转让该财产,性质上是有权处分,该转让自然有效,定作人无权向第三人追击。⑧

第二,如果定作人提供材料,承揽人进行加工,承揽人虽然提供了自己的劳动,但毕竟是在定作提供的材料基础上进行加工,与添附不同。在添附中,可能存在加工人取得所有权的情形,但在承揽合同中,承揽人对自己完成的工作成果并没有自己所有的意思。因此,在定作人提供材料情形下,工作物成果所有权理应归定作人。

第三,承揽合同本来就具有"工作属他性的特点",承揽人对工作成果没有自己所有的意思,而且是基于为他人工作的意思进行劳动。⑨ 同时,对于承揽人而言,承揽人的主要利益在于取得交付工作物的对价,即承揽价款。

---

① 参见邱聪智:《新订债法各论》,姚志明校订,中国人民大学出版社2006年版,第43页。
② 参见崔建远主编:《合同法》(第七版),法律出版社2021年版,第376页。
③ 参见史尚宽:《债法各论》,中国政法大学出版社2000年版,第329页。
④ 参见郑玉波:《民法债编各论》(下册),台湾三民书局1986年版,第358页。
⑤ 参见崔建远主编:《合同法》(第七版),法律出版社2021年版,第376页。
⑥ 同上书,第377页。
⑦ 参见宁红丽:《〈民法典草案〉"承揽合同"章评析与完善》,载《经贸法律评论》2020年第1期。
⑧ 参见王轶等:《中国民法典释评·合同编·典型合同》(下卷),中国人民大学出版社2020年版,第70页。
⑨ 同上。

第四,《民法典》第 783 条规定:"定作人未向承揽人支付报酬或者材料费等价款的,承揽人对完成的工作成果享有留置权或者有权拒绝交付,但是当事人另有约定的除外。"这就确认了承揽人享有留置权,留置权行使的前提就是工作成果归定作人,因此,如果认定工作成果所有权归于承揽人,则上述规则也将难以适用。

第五,如果在交付工作成果之前,承揽人破产,定作人也不享有对工作成果的取回权,这对定作人极为不利。① 所以,在没有约定的情况下,应当由定作人原始取得工作物成果的所有权。

第四节 承揽合同中的风险负担

承揽合同中的风险既包括承揽人所完成的工作成果在定作人没有受领之前,因不可归责于双方的事由发生毁损灭失,也包括定作人提供的材料的毁损灭失的风险,以及承揽人在工作成果发生毁损灭失后定作人是否应支付报酬的风险。② 由此可见,承揽合同中的风险类型具有多样性,其不仅包括物的毁损、灭失的风险,还包括价金的风险。而且承揽合同中风险负担的判断标准具有多样性。在承揽合同中,风险负担的判断标准既有所有人主义,也有交付主义。前述风险负担分配应考虑合同的具体情况,并非一概归属于承揽人或定作人。

(一)材料的风险负担

关于材料的风险负担,通常要区分是由定作人提供还是由承揽人自己提供而确定。在定作人提供的情况下,我国《民法典》对此并没有作出明确的规定,但《民法典》第 784 条规定:"承揽人应当妥善保管定作人提供的材料以及完成的工作成果,因保管不善造成毁损、灭失的,应当承担赔偿责任。"通过对该条进行解释,可以认为该条主要采纳的是所有人主义,即由定作人承担材料风险的规则。③ 主要理由在于:一方面,依反面解释,可以认为如果材料不是因为承揽人保管不善而毁损灭失的,承揽人不承担责任。另一方面,在定作人提供材料的情况下,此时,依风险由所有人负担原则,材料的所有权仍归属于定作人。④ 此外,按照权利义务一致性的原则,定作人虽然交付了材料,但是承揽人并没有取得定作人所提供的材料的所有权,且对材料不享有任何收益,如因不可抗力等而造成的毁损、灭失风险由承揽人负担,当事人之间的利益就会处于一种不平衡状态。⑤ 因此,应当采纳所有人主义,由定作人负担材料的毁损、灭失风险。

如果材料是由承揽人自己提供的,应由其负担材料毁损、灭失的风险。⑥ 一方面,在承揽人自己提供材料的情况下,定作人并没有占有该材料,要求定作人负担风险并不利于风险的防范。对于定作人而言,在材料是由承揽人自己提供的情况下,定作人根本不能对该材料形成任何占有,甚至不知道承揽人提供的材料是什么,哪些材料发生了毁损灭失,要由定作人负担风险显然也是不合理的。另一方面,承揽人自己对于材料既享有占有权也享有所有权,对于自己提供的材料的毁损、灭失的风险理所当然应由承揽人自己负担。

---

① 参见王轶等:《中国民法典释评·合同编·典型合同》(下卷),中国人民大学出版社 2020 年版,第 70 页。
② 参见黄立:《民法债编各论》(上册),中国政法大学出版社 2003 年版,第 443 页。
③ 参见王轶等:《中国民法典释评·合同编·典型合同》(下卷),中国人民大学出版社 2020 年版,第 90 页。
④ 陈自强:《契约违反与履行请求》,台湾元照出版公司 2015 年版,第 236 页。
⑤ 参见易军、宁红丽:《合同法分则制度研究》,人民法院出版社 2003 年版,第 75 页。
⑥ 参见崔建远主编:《合同法》(第七版),法律出版社 2021 年版,第 380 页。

（二）工作成果的风险负担

在我国，学理上一般认为，对于工作成果的风险原则上采交付主义。这就是说，在承揽人占有工作成果期间，发生工作成果的意外毁损灭失应当由承揽人负责。而交付之后，定作人占有工作成果的，则由定作人负担风险。[1] 笔者赞成这一看法。在承揽合同中，就工作成果的风险负担而言，如果双方没有特别约定，应当采取交付主义，具体而言：

第一，如果承揽人完成了工作成果并已经交付给定作人，此时，工作成果的所有权移转给了定作人。如果发生了工作成果的意外毁损、灭失风险，就应当由定作人负担。[2] 这主要是因为工作成果在未交付之前，占有和所有权都归承揽人，理所当然应当由承揽人负担风险。但在工作成果交付之后，所有权已经发生移转，且工作成果处于定作人的控制之下，因此，由工作成果的所有人（即定作人）负担工作成果的毁损、灭失风险是合理的。如果工作成果无须验收，工作成果一经完成就发生风险负担的移转。[3]

第二，定作人迟延验收，或者定作人无理由地拒绝受领承揽人按照约定向其提供的、无瑕疵的工作成果，在此期间发生意外，造成标的物毁损灭失的，由于该意外的发生与定作人的违约有一定的联系，因而应当由定作人来负担风险。[4]

第三，在没有交付之前，应当由承揽人负担工作物毁损、灭失的风险。但是，如果承揽人根据约定将完成的工作成果寄往履行地以外的地点，如承揽人将定作人寄来修理的设备修理后寄出，那么定作人依据一般规则承担在途风险。[5]

（三）关于承揽人所应当获得的报酬的风险

报酬的风险负担实际上是一种债的风险，而并不是我们所说的物的毁损灭失的风险。它主要指承揽人已经完成的工作成果因为不可归责于双方当事人的事由而毁损、灭失，致使承揽人无法交付工作成果给定作人时，定作人是否应当向承揽人支付约定的报酬。[6]

关于承揽人所应当获得的报酬的风险，按照对价原则，应采取交付主义。[7] 与上述工作成果的风险负担规则相对应，价金风险的转移时点为验收、无须验收时为工作成果完成；部分验收的，价金风险部分转移给定作人。[8] 在验收之前，承揽人承担价金风险。因此，在验收之前，如果工作成果意外灭失或毁损、工作成果无法满足合同约定的用途或目的，那么，承揽人就丧失了价金请求权。[9]

第五节　承揽合同的终止

一、承揽合同终止的原因

1. 承揽人依据合同的规定交付了工作成果

在承揽合同中，承揽人按照合同规定的时间、地点、质量标准和要求等交付了工作成果，履

---

[1] 参见李永军、易军：《合同法》，中国法制出版社2009年版，第559页。
[2] 参见王轶等：《中国民法典释评·合同编·典型合同》（下卷），中国人民大学出版社2020年版，第91页。
[3] MüKoBGB/Busche, 8. Aufl. 2020, BGB § 644 Rn. 6.
[4] 《德国民法典》在第644条第1款中规定：承揽人负担风险，直至工作被验收之时。定作人陷于迟延的，风险转移给定作人。
[5] Staudinger/Peters (2019) BGB § 644, Rn. 26.
[6] 崔建远：《风险负担规则之完善》，载《中州学刊》2018年第3期。
[7] 宁红丽：《〈民法典草案〉"承揽合同"章评析与完善》，载《经贸法律评论》2020年第1期。
[8] Staudinger/Peters (2019) BGB § 644, Rn. 20.
[9] MüKoBGB/Busche, 8. Aufl. 2020, BGB § 644 Rn. 4.

行了其义务,经定作人验收,承揽合同就因履行而终止。在承揽人提出交付工作成果时,如果定作人拒绝验收,则构成违约,应当承担违约责任。但这并非意味着,承揽人已经依据合同规定交付了符合要求的工作成果。此时承揽人要终止合同,应当以提存的方式履行其合同义务。

2. 定作人解除合同

(1) 约定解除权。这就是说,如果当事人约定了特定的解除事由,且约定条件具备,就可以解除合同。例如,当事人约定,承揽人工作迟延一个月,定作人可以解除合同,就属于此种情况。

(2) 法定解除权。法定解除权分为两种:

第一种是依据《民法典》合同编通则和合同编第十七章规定的因承揽人违约而使定作人享有的解除权。例如,《民法典》第772条第2款规定:"承揽人将其承揽的主要工作交由第三人完成的,应当就该第三人完成的工作成果向定作人负责;未经定作人同意的,定作人也可以解除合同。"定作人行使此种解除权,可以导致合同终止。

第二种是《民法典》合同编所规定的定作人的任意解除权。《民法典》第787条规定:"定作人在承揽人完成工作前可以随时解除合同,造成承揽人损失的,应当赔偿损失。"这就在法律上确立了定作人的任意解除权。所谓任意解除权,是指定作人无须任何理由即可随意解除承揽合同。法律规定定作人任意解除权的主要原因在于:一方面,承揽合同是基于定作人对承揽人的高度信任而订立的,定作人对承揽人资质、能力等方面的高度信任是承揽合同得以履行的基础;另一方面,承揽合同是为了定作人的利益,如果定作人认为合同履行已无实际必要,则应当允许解除,否则会造成资源的浪费。还应当看到,只要定作人赔偿了承揽人的损失,则承揽人所受的损失也得到了填补。因此行使任意解除权也不会给承揽人造成损失。任意解除权是一种形成权,也是一种法定的解除权。在承揽人完成工作前,定作人可以不经过承揽人的同意而单方面解除承揽合同,但应当将解除合同的意思表示通知承揽人。如果已经完成了工作成果,此时定作人再拒绝接受则会造成资源不必要的浪费。① 如果当事人对该解除权的行使约定了提前通知的义务,法律上也应当肯定此种约定。例如,在"江苏悦达卡特新能源有限公司等诉富锋生物能源(泰兴)有限公司承揽合同纠纷案"中,法院指出:"悦达新能源公司、悦达新材料公司(定作人)单方终止合同,需要提前一个月书面通知富锋公司(承揽人)。该条系双方当事人对解除权行使方式的约定,与《合同法》第二百六十八条的规定并不矛盾。悦达新能源公司、悦达新材料公司仍享有法定任意解除权,只是要受到讼争合同约定的解除权行使方式的约束。"②

从解除的后果来看,其不具有溯及既往的效力。定作人的任意解除权,仅向未来发生效力,不能溯及既往。因此,解除权行使以后,当事人双方不负有恢复原状的义务。只不过,承揽人不再继续履行其完成工作成果的义务。从法律上看,定作人享有此种权利,可能是因为未来的工作成果不符合其需要。③ 但是,对于解除之前已经完成的工作,定作人应当支付报酬或者赔偿损失。

3. 承揽人解除合同

承揽人同样享有法定和约定的解除权。如果合同约定了解除事由,在该事由出现之后,

---

① 参见李永军主编:《合同法学》,高等教育出版社2011年版,第326页。
② 最高人民法院(2016)最高法民申994号民事裁定书。
③ 参见李永军、易军:《合同法》,中国法制出版社2009年版,第562页。

承揽人可以解除合同。法律规定承揽人在特定情况下享有解除权的,在符合法律规定的条件时,承揽人也有权解除合同。例如,《民法典》第778条规定:"承揽工作需要定作人协助的,定作人有协助的义务。定作人不履行协助义务致使承揽工作不能完成的,承揽人可以催告定作人在合理期限内履行义务,并可以顺延履行期限;定作人逾期不履行的,承揽人可以解除合同。"这就赋予了承揽人在特定情况下的法定解除权,一旦行使此种解除权就导致合同的终止。但需要指出的是,承揽人不享有类似于定作人所享有的任意解除权。

4. 当事人破产

无论是承揽人破产,还是定作人破产,都可以导致承揽合同无法继续履行。而承揽合同又是建立在双方信任的基础上,因此,破产可以导致合同的终止。但是,在破产后,破产管理人应当进行清算,针对有关报酬支付等债权进行清理。在特殊情况下,如果有必要继续履行的,破产管理人也有权决定继续履行合同。

二、承揽合同终止的法律后果

合同终止以后,当事人之间债的关系消灭。当然,合同终止的原因不同,相应的法律后果也不同。例如,在合同解除的情形,当事人可能负有恢复原状的义务,甚至可能要承担损害赔偿责任。就合同履行而言,合同终止后,承揽人合法地取得报酬,而定作人取得工作成果。

合同终止以后,双方当事人还应当负担一定的后合同义务,即在合同终止后,基于诚实信用原则,双方当事人还应当负担一定的保护、保密等义务。例如,在承揽合同履行过程中,承揽人可能因此掌握定作人相关的技术资料,按照诚实信用原则,承揽人在合同履行完毕后仍应当负有保密义务。

第六节 违反承揽合同的责任

一、承揽人的违约责任

(一)工作成果不符合质量要求的责任

依据合同约定的质量要求交付工作成果是承揽人的主给付义务,违反此种义务自然应当承担违约责任。《民法典》第781条规定:"承揽人交付的工作成果不符合质量要求的,定作人可以合理选择请求承揽人承担修理、重作、减少报酬、赔偿损失等违约责任。"这一规定确立了承揽人违反约定的质量要求应当承担的违约责任。此种责任的承担必须符合如下条件:

第一,承揽人交付的工作成果不符合质量要求。通常来说,承揽合同中的质量要求都是在合同中明确约定的。凡是不符合合同约定的质量要求的,都构成违约。如果合同没有特别约定质量标准和要求,则应当符合工作成果的通常效用。[①] 例如,没有按照定作人指定的材料施工,将定作人提供的材料偷换,或者不按照合同约定的技术要求、技术条件和图纸进行工作,违反规定的技术规程等。

第二,工作成果经验收不合格。承揽人完成了工作成果之后,应当由定作人验收。如果

[①] 参见郭明瑞、王轶:《合同法新论·分则》,中国政法大学出版社1997年版,第229—230页。

经验收确定不符合约定的,定作人应当通知承揽人。定作人在承揽人提出验收的要求后,在合理期限内没有验收,或者超出合理期限没有提出异议的,视为工作成果合格。[①]

第三,工作成果不符合质量要求不可归责于定作人。如果工作成果不合格是因为定作人的原因造成的,则承揽人不承担瑕疵履行的责任。有学者认为,承揽人承担的瑕疵履行责任是一种无过错责任。[②] 笔者认为,虽然《民法典》合同编确立了严格责任,但是,就承揽合同而言,并非完全不考虑过错。尽管承揽合同所确立的债务属于结果性债务,但是,在确定责任时必须要考虑不能实现特定的给付结果的原因。如果确实是因为定作人的原因造成的,承揽人则不应当负责。

从比较法上看,如果承揽人交付的工作成果存在瑕疵,则定作人享有事后补充履行的请求权,如除去瑕疵或者重新制造无瑕疵的工作成果,也可以解除合同、减少报酬,还可以请求损害赔偿或请求偿还徒然支出的费用。[③] 依据我国《民法典》第781条,在承揽人完成的工作成果不符合质量要求的情况下,定作人可以要求承揽人承担修理、重作、减少报酬、赔偿损失等违约责任。具体来说,承揽人的责任形式包括如下几种:一是修理、重作。所谓修理,通常也称为修复,是指在交付的工作成果不符合质量要求时,承揽人以自己的费用修理该工作成果。所谓重作,是指承揽人通过制作等方式形成替代的工作成果。从承揽合同来看,修理、重作更符合定作人的合同目的。二是减少报酬。如果定作人接受了不符合质量要求的工作成果,则应当以质论价,根据工作成果不符合质量要求的情况,减少报酬的支付。三是赔偿损失。这就是说,因为交付不合格的工作成果,造成定作人的损失的,应当赔偿。例如,因交付的工作成果不合格,导致定作人未能履行其他的合同义务,定作人对其他人承担的赔偿也属于此处所说的损失。

从比较法上看,在承揽人交付的工作成果存在瑕疵的情形下,有的国家还规定了定作人自行除去瑕疵的规则。依据《德国民法典》第637条的规定,自行除去瑕疵须满足以下要件:一是定作人享有除去瑕疵的事后补充履行请求权,且请求权可以强制执行[④],即事后补充履行请求权并未因主观不能或客观不能而消灭。[⑤] 二是承揽人在定作人指定的合理期限内没有补充履行或者补充履行无效果[⑥],或者定作人因事后补充履行不具有期待可能性从而无须指定补充履行的合理期限。[⑦] 三是定作人未解除合同或者未减价,也没有要求替代给付的损害赔偿。[⑧] 如果符合上述条件,定作人可以自行除去瑕疵,包括亲自除去瑕疵、委托其他承揽人除去瑕疵[⑨],并请求承揽人偿还其支出的必要费用。我国《民法典》没有对此作出规定,但在承揽人交付的工作成果具有瑕疵的情形下,承揽人应负有除去瑕疵的义务,如果承揽人拒绝除去瑕疵,则定作人应有权自行或者委托他人除去瑕疵,并请求承揽人支付除去瑕疵的合理费用。

(二)不按期交付工作成果的责任

承揽人交付工作成果,不仅要符合质量要求,而且应当符合约定的期限。承揽人在规定

---

① 参见魏耀荣等:《中华人民共和国合同法释论(分则)》,中国法制出版社2000年版,第293页。
② 参见王红亮:《承揽合同·建设工程合同》,中国法制出版社2000年版,第31页。
③ Looschelders, Schuldrecht BT, 16. Aufl. 2021, § 34, Rn. 9.
④ Staudinger/Peters (2019) BGB § 634 Rn. 78 f.
⑤ Looschelders, Schuldrecht BT, 16. Aufl. 2021, § 34, Rn. 12.
⑥ Staudinger/Peters (2019) BGB § 634 Rn. 80.
⑦ MüKoBGB/Busche, 8. Aufl. 2020, BGB § 637 Rn. 4.
⑧ Staudinger/Peters (2019) BGB § 634 Rn. 81.
⑨ MüKoBGB/Busche, 8. Aufl. 2020, BGB § 637 Rn. 8.

的期限内不交付工作成果的,要承担违约责任。但如果承揽人能够证明是由于定作人的原因造成的迟延,或者证明由于不可抗力致使定作物或原材料毁损、灭失的,则可免于承担违约责任,但应当采取积极措施,尽量减少损失。

（三）因保管不善造成损害的责任

《民法典》第784条规定:"承揽人应当妥善保管定作人提供的材料以及完成的工作成果,因保管不善造成毁损、灭失的,应当承担赔偿责任。"承揽人的保管义务包括两个方面:一是对于定作人提供的材料负有保管义务,二是对工作成果负有保管的义务。违反这两项义务,都可能构成违约责任。另外,对于定作人提供的材料因过错造成毁损灭失的,还可能构成侵权。

二、定作人的违约责任

（一）定作人未按照约定支付报酬的责任

在承揽人交付工作成果之后,定作人应当支付报酬,这是其主给付义务。在定作人未按照约定支付报酬的情况下,其应当承担违约责任。《民法典》第783条规定:"定作人未向承揽人支付报酬或者材料费等价款的,承揽人对完成的工作成果享有留置权或者有权拒绝交付,但是当事人另有约定的除外。"在定作人未支付报酬的情况下,承揽人享有留置权,由此产生两个问题:一是在承揽人不行使留置权的情况下,其是否可以请求定作人承担违约责任?毫无疑问,如果承揽人不行使留置权,其也可以请求定作人承担违约责任。承揽人不行使留置权,只不过使其无法获得物权性的担保而已。二是在承揽人行使留置权的情况下,其是否可以请求定作人承担违约责任?笔者认为,原合同义务和违约责任具有同一性,留置权的担保范围既包括原合同义务也包括违约责任,因此,行使留置权之后,如果仍不能使承揽人的报酬等债权实现的,承揽人有权要求定作人履行支付报酬的义务和承担违约责任。

（二）因提供材料、图纸等不合格造成损害的责任

《民法典》第776条规定:"承揽人发现定作人提供的图纸或者技术要求不合理的,应当及时通知定作人。因定作人怠于答复等原因造成承揽人损失的,应当赔偿损失。"依据该条规定,定作人在接到承揽人关于图纸或者技术要求不合理的通知后,应当立即采取措施,修改图纸和技术要求。修改完成后,定作人应当及时答复承揽人,并提出修改意见。在承揽人发出通知至收到定作人答复期间,承揽人可以停止工作,工期顺延,定作人还应当赔偿承揽人在此期间的误工以及其他损失。① 如果定作人所提供的材料或者图纸不合格,造成承揽人损失的,承揽人有权请求定作人承担违约责任。

（三）中途变更承揽工作要求造成损害的责任

《民法典》第777条规定:"定作人中途变更承揽工作的要求,造成承揽人损失的,应当赔偿损失。"依据该条规定,在承揽合同中,承揽人应当按照定作人的要求进行工作,如果定作人中途变更对承揽工作的要求的,如修改设计图纸、提出新的质量要求等,承揽人应当按照定作人的新要求工作。承揽人认为定作人提出的新要求不合理的,应当及时通知定作人,定作人接到通知后,应当及时答复承揽人并提出修改意见。定作人不予修改的,承揽人不应当按照原要求履行,否则会导致损失的扩大。② 可见,定作人虽有权变更承揽工作要求,但如果因此造成承揽人损失,承揽人有权请求定作人赔偿。

---

① 参见黄薇主编:《中华人民共和国民法典合同编解读》(下册),中国法制出版社2020年版,第954页。
② 同上书,第956页。

第十四章

建设工程合同

第一节 建设工程合同概述

一、建设工程合同的概念和特征

所谓建设工程合同,是指发包人与承包人所签订的由承包人按照要求完成工程建设,发包人支付一定价款的合同。对"建设"一词虽然存在不同的理解,但一般认为主要是指从事建筑的活动,包括建筑工程的勘察、设计、施工等活动。[1] 建设工程合同有广义和狭义两种,广义上的建设工程合同包括建筑物的勘察、设计、建造、装修、改进、修缮等各种合同,而狭义上的建设工程合同仅仅是指建设工程的勘察、设计和施工合同。《民法典》第 788 条第 1 款规定:"建设工程合同是承包人进行工程建设,发包人支付价款的合同。"可见,我国《民法典》采纳了狭义的概念。建设工程合同的客体是工程。该定义体现了合同双方当事人即发包人和承包人的基本义务。[2]

建设工程合同是承揽合同的一种,或者说其是承揽合同的一种特殊类型,建设工程合同从承揽合同中适当分离是现代合同法的新发展。在罗马法中,承揽合同(locatio conductio operis)不仅包括加工合同,而且包括建筑合同,这一传统也被后世的大陆法系国家所遵从。在《德国民法典》中并没有关于建设工程合同的专章规定,而是将其置于承揽合同中。但近几十年来,随着合同法的发展,一些国家的合同法已经逐步将建设工程合同分离出来,作为一种单独的合同类型。《欧洲合同法原则》对此类合同也作了专门规定。我国《合同法》在规定了承揽合同之后,单设一章专门规定建设工程合同,将其从承揽合同中分离出来,适应了建设工程管理的特殊需要。《民法典》合同编延续了《合同法》的做法,这不仅有利于全面规范建设工程合同,保障建设工程的质量,也为解决因建设工程引发的各种争议提供了基本的法律依据。

建设工程合同主要具有如下法律特征:

(1)标的物具有特殊性。在建设工程合同中,合同的标的物不是一般的加工定作成果,而是建设工程。所谓建设工程,是指通过实施一定的建设活动而建造的土木工程、建筑工程、线路管道和设备安装工程及装修工程等。建设工程合同不仅包括了国民经济中的基本

---

[1] 参见欧海燕:《标准建筑合同比较研究——以中英为视角》,法律出版社 2010 年版,第 1 页。
[2] 参见黄薇主编:《中华人民共和国民法典合同编解读》(下册),中国法制出版社 2020 年版,第 989 页。

建设，还包括各种建筑物、构筑物及其附属设施的设计、勘察和施工。在各种建设工程合同中，建筑活动主要是围绕建筑物、构筑物及其附属设施所展开的承揽活动，其最终的工作成果是附着于土地的地上定着物。无论是勘测、设计还是施工，都是围绕着不动产而展开的。在建设工程合同中，建造房屋是最为典型、最常见的一种类型。

（2）主体具有特殊性。对建设工程合同中的发包人的资质，法律一般并无特殊要求，但要求承包人应当具备特定的资质。这是因为建设工程通常具有资金投入量大、工程复杂、技术含量高、专业性强的特点，尤其是建设工程的质量不仅涉及发包人的利益，更关系到社会上不特定第三人的人身财产安全，甚至关系到国计民生和社会稳定。所以法律对于建设工程承包人的资质有明确要求，从事承包活动的承包人必须具备法律明确规定的资质。如果合同中的承包人未达到特定要求，就可能导致承包合同的无效。《建设工程施工合同司法解释》第1条明确要求，承包人要取得建筑施工企业资质，不得超越资质等级订立施工合同，否则将导致施工合同无效。

（3）合同种类具有多样性。依据《民法典》第788条的规定，建设工程合同可以包括三类合同，即工程勘察合同、工程设计合同、工程施工合同。需要指出的是，建设工程合同虽然包括了多种合同类型，但这并不意味着建设工程合同是一个混合合同。在建设工程合同中包括了工程勘察、设计、施工合同，它们都是分别订立的，即使当事人所订立的建设工程合同同时包括勘察、设计和施工这三项内容，但因其在《民法典》中有特别的规定，因而是一种典型合同而非混合合同。正是因为合同种类的多样性，所以在建设工程合同中，合同的主体具有多样性，其主要包括发包人和总承包人或勘察人、设计人、施工人等。

（4）性质上是结果之债。从本质上讲，建设工程合同属于结果之债。这就是说，承包人应提供质量合格的建设工程，发包人接受建设工程时应支付价款。建设工程合同作为一种结果之债，其特别强调的是承包人所提交的工作成果既应符合当事人约定的标准，还应符合国家规定的质量标准，因为承包人所提交的工作成果与居住人及第三人的生命财产安全有着直接、密切的联系。考虑到建设工程质量事关公共利益，因此对建设工程的质量较之于一般承揽的工作成果而言，应当具有更高的要求。

（5）合同管理具有特殊性。建设工程的质量关系到人民群众的基本生活，关系到国家的基础设施建设和国民经济的正常运转，为了强化建设工程的质量管理，就有必要建立严格的建设工程质量的监管机制。由此决定了在建设工程合同中，对承包人的资质管理等方面具有特殊的要求。《民法典》第789条至第792条对建设工程合同管理的特殊性主要表现在：一是对承包人的资质进行了明确的要求，依据《民法典》第791条，欠缺相应资质将直接导致合同无效。二是建设工程的发包必须实行招标、投标。三是对建设计划实行严格的审批制度。四是有关的法律法规对建设工程合同所应设立的主要条款存在强制性规定，对于验收、监理、价款等都有特别规定。① 五是对于特定领域的建设工程，还存在特别法律法规的特别要求。例如，从事核电站建设工程，还需要遵守核电领域的相关规定，取得相关资质，并接受相关行政监管。

（6）具有要式、双务、有偿性。《民法典》第789条规定："建设工程合同应当采用书面形式。"由此可见，建设工程合同具有要式性。在实践中，较大的工程建设一般采用合同书的形式订立合同。通过合同书，当事人写明各自的名称、地址，工程的名称和工程范围，明确规定

---

① 参见黄强光编著：《建设工程合同》，法律出版社1999年版，第4页。

履行的内容、方式、期限、违约责任以及解决争议的方法等。① 依据我国《民法典》第788条,在建设工程合同中,承包人负有进行工程建设、及时提交质量合格的建设工程的义务,发包人负有及时支付价款的义务。因此,建设工程合同具有双务性和有偿性。

二、建设工程合同与相关合同的区别

(一)建设工程合同与一般承揽合同

如前所述,建设工程合同是承揽合同的一种特殊形态,但由于现实的需要,法律又必须对建设工程合同作出特别的规定,实行特别调整。《民法典》合同编在第十七章中规定了承揽合同。立法者考虑到建设工程合同的复杂性和重要性,又在第十八章中专门规定了建设工程合同。但由于建设工程合同是从承揽合同中分离出来的,在性质上仍然属于承揽合同的特殊类型,其和承揽合同之间具有很大的共通性,都以完成一定的工作为目的,标的物都具有一定程度的特定性。因而《民法典》第808条又规定:"本章没有规定的,适用承揽合同的有关规定。"在此意义上说,建设工程合同是承揽合同的特别合同,因而在建设工程合同没有特别规定的情况下,承揽合同中的一些规定,对建设工程合同都是可以适用的。但建设工程合同和一般承揽合同也是存在区别的,主要表现在:

第一,工作成果不同。一般承揽合同的工作成果通常是动产,而建设工程合同的工作成果主要是建设工程,包括建设房屋、公路、桥梁、水库等各种建设工程②,其主要涉及不动产。

第二,权利义务内容不同。在建设工程合同中,建筑物的质量合格与否不仅会影响居住者的居住利益,甚至会威胁社会公众的安全。因此,建设工程合同的当事人的权利义务内容要比一般的承揽合同更为复杂。例如,工程建设不仅有发包、承包、监理和验收等法定程序,还需遵循法律规定的严格管理要求。

第三,合同主体的资质要求不同。在一般的加工承揽合同中,对承揽人的资质并无特殊要求;而在建设工程合同中,承包人必须具有相应的资质。尤其是在建设工程中,可能涉及多个主体,因为工程的建造需要勘察、设计、监理、施工等各个环节。《民法典》第791条中规定,"禁止承包人将工程分包给不具备相应资质条件的单位"。在建设工程合同中,要求承包人具有特定的资质既有利于保证建设工程的质量,也有利于保护公民的人身安全。

第四,材料由谁提供不同。在加工承揽合同中,主要是由定作人提供材料,只是在特殊情形下由承揽人自备材料。而在建设工程合同中,一般由承包人自备材料,合同当事人也可以具体约定究竟由哪一方提供材料。

第五,是否存在任意解除权不同。在承揽合同中,定作人具有任意解除权。但是在建设工程合同中,发包人并不享有任意解除权,这主要是因为建设工程相较于一般的承揽物而言价值更大、施工周期长、涉及的人员物力较为复杂,一旦允许发包人享有任意解除权,会产生巨大社会影响,也会造成资源浪费。

(二)建设工程合同和委托合同

建设工程合同包括工程勘察合同、工程设计合同和建设工程施工合同。其中,有些具体的合同(如建设工程设计合同)在性质上属于委托合同,受托人应当根据委托人的要求,向委托人提供一定的服务或者完成一定的工作(即完成工程设计工作)。这表明建设工程合同和

---

① 参见黄薇主编:《中华人民共和国民法典合同编解读》(下册),中国法制出版社2020年版,第991页。
② 参见胡康生主编:《中华人民共和国合同法释义》,法律出版社1999年版,第440页。

委托合同有一定的相似性。虽然两者都是受托人按照委托人的要求从事一定的工作,但两者之间也有一定的区别,主要表现在:第一,建设工程合同中的承包人要以自己的名义,按照发包人的要求从事建设工程活动;但在委托合同中,受托人大多以委托人的名义从事行为。第二,建设工程合同必须要交付特定的工作成果,即对债务履行的结果有特别的要求;而在委托合同中,并不一定对结果有特定的要求。第三,在建设工程合同中,对承包人有特别的资质要求;而在委托合同中却并不一定存在对受托人的特别资质要求。第四,在委托合同中,受托人应当按照委托人的指示处理委托事务,且负有报告的义务;但在建设工程合同中,承包人是按照自己制订的计划和安排进行工程建设,其所负担的主要义务是按期完成工程建设,并交付质量合格的建设工程。第五,合同当事人的权利义务内容不同。例如,在委托合同中,委托人享有介入权;而在建设工程合同中,发包人不享有此种权利。再如,建设工程竣工后,发包人应当根据施工图纸及说明书、国家颁发的施工验收规范和质量检验标准及时进行验收;而委托人一般不负有此种验收义务。

第二节　建设工程合同的订立

建设工程合同的订立,应当适用合同订立的一般程序(如经过要约和承诺阶段)。同时,法律对建设工程合同也作出了特殊规定,例如,要求当事人签订书面合同。订立建设工程合同应当遵循如下几项原则:

一、必须遵守法定的程序

与一般承揽合同的订立不同,在我国,订立任何建设工程合同都要依据一定的程序,根据有关法律规定,在项目确定过程中,一般要经过以下几个阶段,即提出项目建议,编制可行性报告,选定建设地点。一旦经过批准,就可以根据可行性研究报告,进行勘察设计。在初步设计获得批准后,应当根据批准的初步设计、技术设计、施工图纸和总概算等签订施工合同,并应当及时组织施工。[①] 建筑工程开工前,建设单位应当按照国家有关规定向工程所在地县级以上人民政府建设行政主管部门申请领取施工许可证。《建设工程施工合同司法解释(一)》第 3 条第 1 款规定:"当事人以发包人未取得建设工程规划许可证等规划审批手续为由,请求确认建设工程施工合同无效的,人民法院应予支持,但发包人在起诉前取得建设工程规划许可证等规划审批手续的除外。"依据这一规定,如果发包人未取得建设工程规划许可证等规划审批手续,而与承包人签订施工合同,则该合同无效。当然,在发生纠纷以后当事人仍然可以继续补办该审批手续,依据上述司法解释的规定,合同效力补正的时间点为起诉前,这样便利当事人在启动诉讼时判断相应的风险,从而确定如何主张其权利义务。[②]

此外,依据《民法典》第 792 条的规定,国家重大建设工程合同,应当按照国家规定的程序和国家批准的投资计划、可行性研究报告等文件订立。由于国家重大建设工程项目事关国民基本经济生活,涉及人民群众的切身利益,故在程序上相较一般的建设工程而言设置了更为严苛的条件。在实践中,并不是政府投资的项目就都属于国家重大建设工程,只有那些

---

① 参见胡康生主编:《中华人民共和国合同法释义》,法律出版社 1999 年版,第 413 页。
② 最高人民法院民事审判第一庭编著:《最高人民法院新建设工程施工合同司法解释(一)理解与适用》,人民法院出版社 2021 年版,第 46 页。

列入国家重点投资计划而且投资额巨大、建设周期特别长、由中央政府全部投资或者参与投资的工程,才属于国家重大建设工程(如三峡工程)。有些虽然未列入国家重点投资计划,投资额不算巨大,但影响很大的工程项目,可属于国家重大建设工程项目(如国家大剧院工程)。还有些工程,虽然属于地方政府投资,但投资额巨大、影响广泛,也属于国家重大建设项目(如亚运工程项目)。① 所以,到底哪些属于国家重大建设工程项目,必须就其实质规模与影响力进行具体综合判断,而不能仅仅进行形式化判断。

二、承包人具有相应的资质等级

为了确保建筑工程质量和安全,我国《建筑法》等有关法律也对建设工程的承包人规定了资质要求。② 因此,在建设工程领域,无论是建设工程的施工、勘测,还是设计,均要求承包人具备一定的资质等级。法律严格禁止承包人在无资质和超越资质的情况下承揽建筑工程,禁止承包人以任何形式借用其他企业的资质等级承揽工程。③《建设工程施工合同司法解释(一)》第1条第1款规定,具有以下情形之一的,建设工程施工合同无效:承包人未取得建筑业企业资质或者超越资质等级的;没有资质的实际施工人借用有资质的建筑施工企业名义的;建设工程必须进行招标而未招标或者中标无效的。当然,只要在建设工程竣工之前取得相应的资质的,该施工合同仍然有效。④ 因为一方面,在我国,建设行政主管部门对建筑企业资质等级采取动态管理方式。建筑施工企业资质等级的取得,常常需要一段时间,在施工时可能尚处于审批阶段。另一方面,由于设置承包人资质等级条件要求,核心目的是保证建设工程质量,因此,允许当事人在竣工之前取得资质,也不会影响建设工程的质量。⑤

三、通常必须经过招标与投标程序

《民法典》第790条规定:"建设工程的招标投标活动,应当依照有关法律的规定公开、公平、公正进行。"所谓公开,就是要针对建设工程的招标投标活动做到信息公开,公开透明本身是招标投标活动公平公正的前提条件。所谓公平公正,是指要对所有投标人一视同仁,确保程序上的公正,不得进行"暗标"、寻求寻租空间。建设工程合同的订立可以采取两种方式:一是直接发包,此种方式是指发包人经过批准或按照有关规定,未采取招投标的方式,而直接与承包人协商订立合同。二是依法招标投标。此种方式是指作为招标方的发包人依法发布招标公告,邀请特定或者不特定的具备相应资质、有意承包工程项目的承包人作为投标方,向自己提出工程报价及其他工程条件,根据投标结果确定建设工程合同承包人的行为。通过招标与投标方式订立一般建设工程合同,有助于实现公平竞争、降低工程造价,同时也有利于保障建设工程的质量。⑥ 在完成招标投标程序后,当事人必须依据中标合同确定当事

---

① 参见黄薇主编:《中华人民共和国民法典合同编解读》(下册),中国法制出版社2020年版,第1002页。
② 《建筑法》第12条规定:"从事建筑活动的建筑施工企业、勘察单位、设计单位和工程监理单位,应当具备下列条件:……(二)有与其从事的建筑活动相适应的具有法定执业资格的专业技术人员;(三)有从事相关建筑活动所应有的技术装备;(四)法律、行政法规规定的其他条件。"
③ 参见王建东:《建设工程合同法律制度研究》,中国法制出版社2004年版,第86页。
④ 《建设工程施工合同司法解释(一)》第4条规定:"承包人超越资质等级许可的业务范围签订建设工程施工合同,在建设工程竣工前取得相应资质等级,当事人请求按照无效合同处理的,人民法院不予支持。"
⑤ 最高人民法院民事审判第一庭编著:《最高人民法院新建设工程施工合同司法解释(一)理解与适用》,人民法院出版社2021年版,第52页。
⑥ 参见黄强光编著:《建设工程合同》,法律出版社1999年版,第23页。

人之间的权利义务。

在实践中,有的当事人为规避招投标程序,签订阴阳合同,对此,《建设工程施工合同司法解释(一)》第2条第1款规定:"招标人和中标人另行签订的建设工程施工合同约定的工程范围、建设工期、工程质量、工程价款等实质性内容,与中标合同不一致,一方当事人请求按照中标合同确定权利义务的,人民法院应予支持。"依据这一规定,当事人另行签订的合同在实质性内容方面不符合中标合同的,该合同对当事人不能发生效力,其应当按照中标合同来确定其内容。问题在于,如何理解合同的实质性内容?所谓实质性内容,是指合同的主要条款,主要包括有关工程范围、建设工期、工程质量、工程价款等条款。招标人和中标人背离中标合同的实质性内容,主要应从两方面考虑:一是影响了其他中标人的中标;二是严重影响招标人和中标人的权利义务。[1] 该解释作出上述规定的原因在于:如果当事人不以中标合同确定合同权利义务关系,而鼓励当事人可以采取阴阳合同、黑白合同的方式,改变中标合同的内容,则可能使得招标程序形同虚设。同时,中标合同实际上是结算的基本依据,在当事人发生争议后,应当按照中标合同结算,因此,应当依据中标合同确定当事人的权利义务关系。此外,如果不按照中标合同确定当事人的权利义务关系,也会损害其他投标人的利益。[2]

第三节 建设工程合同的生效

建设工程合同成立后,必须符合法定的生效要件,才能产生拘束力。除了满足合同法对于合同生效的一般要求之外,建设工程合同还应当满足特殊的生效要件,主要包括:

一、建设工程合同应当遵守法律、行政法规的强制性规定

建设工程的质量关系国计民生和社会公共利益,也关系社会公众的安全,因此,当事人在订立施工合同的过程中应当遵守法律法规的规定。我国法律法规对其作了严格规定,其中大量涉及法律、行政法规的效力性强制性规定,违反这些规定将导致合同无效。从实践上来看,违反法律、行政法规的施工合同主要包括如下两个方面的情形:

第一,不具有企业资质或超越企业资质而签订的合同。依据我国《建筑法》等法律的相关规定,禁止以任何形式借用其他有资质的建筑施工企业名义承揽工程,禁止有资质的建筑施工企业向其他单位或个人出借、出租本企业的资质证书、营业执照,以本企业的名义承揽工程。[3] 此种行为不仅扰乱了建筑市场的正常秩序,而且会造成严重的质量隐患,危害公共安全。但在实践中,不具有企业资质而延揽工程或者出借、出租资质以及非法挂靠等情形时有发生。[4] 在不具有资质的情形下,不得借用他人的资质从事建设工程活动,《建设工程施工合同司法解释》第7条规定:"缺乏资质的单位或者个人借用有资质的建筑施工企业名义签订建设工程施工合同,发包人请求出借方与借用方对建设工程质量不合格等因出借资质造

---

[1] 最高人民法院民事审判第一庭编著:《最高人民法院新建设工程施工合同司法解释(一)理解与适用》,人民法院出版社2021年版,第29页。
[2] 最高人民法院民事审判第一庭编著:《最高人民法院建设工程施工合同司法解释的理解与适用》,人民法院出版社2015年版,第156页。
[3] 参见《建筑法》第26条、第66条。
[4] 参见石佳友:《〈民法典〉建设工程合同修订的争议问题》,载《社会科学辑刊》2020年第6期。

成的损失承担连带赔偿责任的,人民法院应予支持。"依据这一规定,借用资质的,出借方和借用方都应当对因借用资质而给发包人造成的损失承担连带赔偿责任。因为借用资质挂靠实质上就是要规避国家法律、政策对业务、税收等方面的限制和监管。当事人双方都实施了违法行为,而且,在工程质量不合格的情况下,两者的行为都与质量不合格有因果联系,因此应当承担连带责任。①

第二,违反建设工程招标、投标程序的规定。根据《招标投标法》等法律的规定,大型基础设施、公用事业等关系社会公共利益、公众安全的项目必须采取招投标的方式订约。② 中标是发包单位与承建单位签订建设施工合同的前提条件,只有符合法律规定的中标,才会形成合法的建设工程施工合同。中标无效,必然导致建设工程施工合同无效。③ 但在实践中,投标人相互串通投标、围标或者与招标人串通投标的情形时有发生,从而也会影响工程质量。

二、不得违法分包、非法转包

(一)不得违法分包

所谓建设工程的分包,是指工程总承包人、勘察承包人、设计承包人、施工承包人承包建设工程后,将其承包的某一部分工程或某几部分工程,再发包给其他承包人,与其签订承包合同项下的分包合同的分包承包方式。④ 法律并不禁止分包,但是禁止违法分包。一是分包必须取得发包人的同意。依据《民法典》第791条第2款的规定,"总承包人或者勘察、设计、施工承包人经发包人同意,可以将自己承包的部分工作交由第三人完成"。一般来说,建设工程的承包人是经过严格的招标投标程序而被选定的,即便第三人具有相应的资质,但其完成工作未必满足发包人的要求,所以总承包人或者勘察、设计、施工承包人进行分包的,应取得发包人同意。如果允许其任意分包,不仅会损害发包人与承包人之间的信任关系,也会违反有关法律的规定。所以,凡是未经发包人同意而进行的分包,都构成非法分包。二是禁止将工程分包给不具有相应资质条件的单位。《民法典》第791条第3款第1句规定:"禁止承包人将工程分包给不具备相应资质条件的单位。"依据这一规定,在经发包人同意进行分包的情况下,承包人所选定的第三人应具有承担建设工程施工、安装等项目的资质条件。三是禁止将建设工程主体结构的施工分包他人完成。这就是说,在分包的情况下,并不是说承包人可以将其所承包的建设工程项目的任何部分交由第三人完成。《民法典》第791条第3款第3句规定:"建设工程主体结构的施工必须由承包人自行完成。"依据这一规定,实行施工承包的,建设工程主体结构的施工必须由承包人以自己的技术、资金、设备和人员自行完成,即使发包人同意,也不得将建设工程主体结构的施工分包给他人。⑤ 所谓建设工程的主体结构,是指立于地基基础之上,接受、承担和传递建设工程所有上部荷载,维持上部结构整体性、稳定性和安全性的有机联系的系统体系。例如,房屋中的承重墙、顶梁等。主体结构是建设工程结构安全、稳定、可靠的载体和重要组成部分,保障建设工程主体结构质量,是保证

---

① 最高人民法院民事审判第一庭编著:《最高人民法院新建设工程施工合同司法解释(一)理解与适用》,人民法院出版社2021年版,第79页。
② 参见《招标投标法》第3条。
③ 参见最高人民法院民事审判第一庭编著:《最高人民法院建设工程施工合同司法解释的理解与适用》,人民法院出版社2015年版,第29页。
④ 参见黄薇主编:《中华人民共和国民法典合同编解读》(下册),中国法制出版社2020年版,第998页。
⑤ 参见魏耀荣等:《中华人民共和国合同法释论(分则)》,中国法制出版社2000年版,第411页。

建设工程安全和人们生命财产安全的基础,也是建设工程抵御自然灾害、保证生命财产安全的关键。因此,主体结构的施工,必须由承包人对发包人亲自负责,不能交由第三人完成。

问题在于,《民法典》关于违法分包、非法转包的规定是否属于强制性规范?《建设工程施工合同司法解释(一)》第1条第2款规定:"承包人因转包、违法分包建设工程与他人签订的建设工程施工合同,应当依据民法典第一百五十三条第一款及第七百九十一条第二款、第三款的规定,认定无效。"据此,承包人从事非法分包、转包行为,因此所订立的合同应被宣告无效。从该司法解释规定来看,实际上是将禁止转包、禁止违法分包的规定界定为效力性规定。笔者认为,《民法典》第791条明确使用了"禁止"这一表述,表明其在性质上应当属于强制性规定,但该条中的两处"禁止"究竟是效力性规定还是非效力性规定,则需要考虑该条的规范目的。由于该条禁止承包人将工程分包给不具有相应资质条件的建设单位,目的在于保障建设工程的安全,从而维护公共利益和不特定多数人的利益,因此,其在性质上应当是效力性规定。《建设工程施工合同司法解释(一)》第1条再次认可了有关资质的要求属于效力性强制性规定。

(二) 不得非法转包

所谓转包,是指建设工程的承包人将其承包的建设工程整体转让给第三人,使该第三人实际上成为该建设工程新的承包人的行为。① 转包与分包的根本区别在于:在转包情形下,原承包人将其工程全部转让给他人,自身并不实际施工,也不实际履行合同约定的义务;而在分包行为中,承包人只是将其承包工程的某一部分或几部分再分包给其他承包人,承包人仍然要就承包合同约定的全部义务的履行向发包人负责。② 《民法典》第791条第1款第2句规定:"发包人不得将应当由一个承包人完成的建设工程支解成若干部分发包给数个承包人。"法律作出这种规定的原因在于,对于全部分包而言,其与转包并无实质差别。而建设工程项目往往极其复杂、工程期限较长,本身就依赖于发包人与承包人之间的信任关系。如果承包人将工程转包或全部分包,实际上就意味着承包人自身不再承担任何合同约定的义务,这不仅会破坏发包人与承包人之间的信任关系,也极可能会危及建设工程的质量安全。因此,《民法典》严格禁止承包人进行此种行为。由于承包人进行分包时未取得发包人的同意,其行为也构成违约,应承担相应的违约责任。法律关于承包人必须在取得发包人同意的情况下才能分包,以及有关禁止转包的规定,性质上是强行性规范,不管该项义务是否由当事人约定,都应转化为合同的重要组成部分。违反了该种义务,也有可能构成违约,应当承担违约责任。

在建设工程分包的情形下,《民法典》第791条第2款第2句规定:"第三人就其完成的工作成果与总承包人或者勘察、设计、施工承包人向发包人承担连带责任。"依据该规定,在分包的情况下,如果第三人所完成的工作成果存在瑕疵,承包人应与第三人承担连带责任。需要注意的是,总承包人或者勘察、设计、施工承包人只能将部分工程分包给具有相应资质条件的分包人。同时,分包工程还必须要经过发包人的同意,以确保第三人是与发包人建立信任关系的。如果没有经过发包人的同意,向第三人的分包不能生效。在建设工程分包的情形下,如果分包的工程出现了问题,则第三人应当与承包人承担连带责任,即发包人既可以要求分包人直接承担责任,也可以要求总承包人或者勘察、设计、施工承包人承担责任,还

---

① 参见黄薇主编:《中华人民共和国民法典合同编释义》,法律出版社2020年版,第662页。
② 参见黄薇主编:《中华人民共和国民法典合同编解读》(下册),中国法制出版社2020年版,第999页。

可以要求上述主体同时承担责任。法律规定其承担连带责任,有利于督促总承包人、第三人等在工程建设过程中尽到合理的注意义务,保证工程建设的质量。①

三、建设工程施工无效后应承担相应的法律效果

应当看到,不具备相应资质等级,并不意味着完成的建设工程质量必然不合格。例如,某个施工单位的技术、资本等实力雄厚,仅因不具备已完成的建设工程业绩而无法取得相应资质等级,其实际从事施工行为并不一定会影响建设工程的质量。因此,《民法典》第793条第1款规定:"建设工程施工合同无效,但是建设工程经验收合格的,可以参照合同关于工程价款的约定折价补偿承包人。"在建设工程验收合格的情况下,双方约定的价款在一定程度上是当事人意思的体现,在验收合格以后,对该价款的支付双方都有合理预期,这也是合同双方当事人对合同风险的预先安排,因此,承包人有权请求参照合同关于工程价款的约定折价补偿。此处所说的"参照",并不是说完全按照合同有效的情形来处理,毕竟该合同因为违法而无效,如果完全按照合同有效的规定来处理,将会使合同无效的法律效果没有实质意义。由于建设工程施工合同的性质,已经建成的工程无法进行劳务或建筑材料的返还,因此应当适用折价补偿的规定。②

(一)施工合同无效但工程质量经验收合格

依据《民法典》第793条第1款的规定,在无效的情形下,"可以参照合同关于工程价款的约定折价补偿承包人"。这和我国《民法典》第157条民事法律行为无效的法律效果是相衔接的③,在法理上具有一脉相承性。应当注意的是,折价补偿只是一个折价标准,并不会影响相关主体行政责任与刑事责任的承担。关于折价标准,司法实践普遍认为,应当按照工程价款的约定来进行处理。采取这种折价方应当按照当事人在建设工程合同中的约定造价而非实际造价确定数额。理由在于:第一,实际造价需要鉴定人进行鉴定,这就又涉及鉴定单位、时间点等一系列问题。如果采用这种方式,就会引发新的纠纷。由于当事人因为合同无效已经产生了争议,如果又因为鉴定问题产生新的争议,则将使纠纷复杂化。第二,约定毕竟是当事人真实的意思表示。即便实际造价比约定高,但承包人本身对合同无效具有过错,其不应当再获得比在合同有效的情况下更多的利益,否则可能会产生不公平的适用结果。第三,在司法实践中便于法官对案件裁判进行实务操作,避免了评估工程造价本身的复杂性。这种折价方式既可以保证工程质量,又可以确保合同当事人在合同无效的情况下获得不超过合同有效情形下的利益,并且还可以最大程度上保护当事人的合法权益,尽量地实现利益平衡。④

如果当事人就同一建设工程签订了数份施工合同,在多份施工合同均无效的情况下,应以实际履行的合同来确定补偿标准;如果实际履行的合同难以确定的,应当依据《建设工程施工合同司法解释(一)》第24条,采取两种标准进行确定:一是参照实际履行的建设施工合同关于工程款的约定来折价补偿承包人。二是实际履行的合同难以确定的,可以参照最后

---

① 参见最高人民法院民法典贯彻实施工作领导小组主编:《中华人民共和国民法典合同编理解与适用》(三),人民法院出版社2020年版,第1927页。
② 参见黄薇主编:《中华人民共和国民法典合同编解读》(中册),中国法制出版社2020年版,第666—667页。
③ 《民法典》第157条前段规定:"民事法律行为无效、被撤销或者确定不发生效力后,行为人因该行为取得的财产,应当予以返还;不能返还或者没有必要返还的,应当折价补偿。"
④ 参见黄薇主编:《中华人民共和国民法典合同编解读》(下册),中国法制出版社2020年版,第1007页。

签订的合同关于工程价款的约定折价补偿承包人。

(二) 施工合同无效但工程质量验收不合格

依据《民法典》第793条第2款,建设工程施工合同无效且工程经验收不合格,按照以下原则进行处理:

第一,修复后的建设工程经验收合格的,发包人可以请求承包人承担修复费用。如果建设工程经过修复得以验收合格,表明建设工程本身仍有可利用的价值,且能够满足发包人的需要,只不过这种价值需要经过修复才得以体现。而修复的费用一般都由发包人先行垫付,但是由于工程未验收合格的原因是承包人没有按照约定的工程期限交付符合验收条件的工程,故发包人可以请求承包人承担因此所生的修复费用。通常,修复存在两种情形:第一种情形是承包人自己修复,在建设工程合同验收不合格的情况下,承包人应当承担返修义务,返修费用由承包人自行承担①;第二种情形是发包人请他人进行修复,并可以请求承包人承担费用。《民法典》第793条第2款第1项指的是上述第二种情形。应当认为,此种修复费用原则上应当以市场价为标准,不得过度高于市场价,过度高于市场价的,超出部分由发包人自己承担。

第二,修复后的建设工程经验收不合格的,承包人无权请求参照合同关于工程价款的约定折价补偿。也就是说,在建设工程合同被宣告无效后,建设工程经修复后仍然不合格的,则说明建设工程的质量可能存在严重问题,该建设工程不具有发包人期待的价值,发包人有权拒绝接受该工程,此时,承包人的利益不再值得保护,其也无权请求参照合同关于工程价款的约定折价补偿。② 这本身就体现了法律政策的倾向性保护。

第三,发包人对因建设工程不合格造成的损失有过错的,应当承担相应的责任。在建设工程施工合同被宣告无效后,如果建设工程不合格,则承包人应当对因其过错给发包人造成的损失承担赔偿责任。《建设工程施工合同司法解释(一)》区分了两种情形:一是损失可以确定的。该解释第6条第1款规定:"建设工程施工合同无效,一方当事人请求对方赔偿损失的,应当就对方过错、损失大小、过错与损失之间的因果关系承担举证责任。"二是损失无法确定的。《建设工程施工合同司法解释(一)》第6条第2款规定:"损失大小无法确定,一方当事人请求参照合同约定的质量标准、建设工期、工程价款支付时间等内容确定损失大小的,人民法院可以结合双方过错程度、过错与损失之间的因果关系等因素作出裁判。"该条为在损失难以确定的情形下如何认定损害赔偿确立了基本的参照标准,即依据过错程度和原因力的大小来确定赔偿数额,这也是《民法典》第157条关于无效后过错赔偿规则的具体化。

需要指出的是,如果发包人对建设工程不合格也有过错的,则应当按照过失相抵规则,承担相应的责任。例如,发包人提供的设计图纸有缺陷,或者提供的建筑材料不合格,导致建设工程不合格的,则发包人也应当为其过错承担责任。

---

① 参见最高人民法院民事审判第一庭编著:《最高人民法院建设工程施工合同司法解释的理解与适用》,人民法院出版社2015年版,第37页。

② 参见黄薇主编:《中华人民共和国民法典合同编解读》(下册),中国法制出版社2020年版,第1008页。

第四节 建设工程合同的类型

一、建设工程合同的类型概述

《民法典》第788条第2款规定:"建设工程合同包括工程勘察、设计、施工合同。"因此,建设工程合同是由工程勘察合同、工程设计合同和工程施工合同构成的。这三种合同类型是根据建设工程的订约步骤及参与主体及合同类型的差异而作出的分类。在某些情况下,如果承包人实行总承包,同一个合同涵盖以上三种合同类型,则此种区分就没有太大必要。但如果采取分别订约的方式,上述区分就是必要的。依据《民法典》第791条第1款的规定,发包人可以与总承包人订立建设工程合同,也可以分别与勘察人、设计人、施工人订立勘察、设计、施工承包合同。因此,发包人可以仅与总承包人订立一个建设工程合同,其中包括勘察、设计和施工三个部分,也可以与各个主体分别订立合同,从而形成三种类型的合同。

(一)总承包合同

所谓总承包,是指发包人与总承包人就建设工程各个方面的内容订立一个总合同,其通常包括勘察、设计、施工等内容。总承包合同又称为"交钥匙承包",该种称谓形象地说明了总承包人需要负责工程的各个项目建设,直至整个工程竣工,向发包人交付整个建设工程成果。[1] 由于在总承包中,总承包人要从事勘察、设计、施工等各个方面的工作,因而总承包人通常具有勘察、设计、施工等各个方面的资质,能够独立完成整个工程项目。[2]

采取总承包的承包方式的优势在于:有利于充分发挥大承包商专业技术能力强、经验丰富、组织管理能力强等优势,而且有利于保障工程建设的统一,保证工程的质量与进度,也符合专业化大生产社会分工的要求。[3] 在总承包的方式下,由该承包人就建设工程的全过程向发包人负责。如果总承包人经发包人同意,将自己承包的部分工作交由第三人完成,此时第三人应就其完成的工作成果与总承包人向发包人承担连带责任。

(二)单项工程承包合同

所谓单项工程承包,是指发包人采取专业承包的方式,分别与勘察人、设计人、施工人订立勘察、设计、施工承包合同。单项工程承包与总承包不同,主要表现在:单项承包合同中,各承包人分别负责建设工程的勘察、设计、建筑等工作,依据各自与发包人订立的承包合同与发包人产生债权、债务关系。[4] 因此,整个工程的建设需要发包人与多个承包人订立合同,即当事人之间并不是订立一个合同,而是订立多个合同,发包人仅有一个,而承包人有多个。虽然采用分别订立单项合同的方式程序复杂,主体具有多样性,但其优势主要在于,可以吸引更多的在勘察、设计、施工某个方面具有较强优势的企业参与工程的勘察、设计、施工等工作。不过,在分别订立单项工程承包合同的情况下,发包人与各承包人分别形成合同关系,各承包人需要就合同规定的勘察、设计、施工等工作对发包人负责。

究竟是采取总承包还是单项工程承包,应完全由发包人根据工程的建设需要,以及整个

---

[1] 参见最高人民法院民法典贯彻实施工作领导小组主编:《中华人民共和国民法典合同编理解与适用》(三),人民法院出版社2020年版,第1925页。
[2] 参见胡康生主编:《中华人民共和国合同法释义》,法律出版社1999年版,第409页。
[3] 参见黄薇主编:《中华人民共和国民法典合同编解读》(下册),中国法制出版社2020年版,第997页。
[4] 参见王利明、崔建远:《合同法》,北京大学出版社2004年版,第305页。

建设工程项目的特点来自由决定。《民法典》第791条第1款第二句规定:"发包人不得将应当由一个承包人完成的建设工程支解成若干部分发包给数个承包人。"这一规定实际上是对发包人分包的法定限制,而非对承包人的分包行为的约束。依据这一规则,发包人在进行发包时,对于应由一个承包人独立完成的建设工程,不得将其拆分而交由多个承包人承担。例如,在某一图书馆的建设过程中,发包人不得将图书馆的施工任务中的一部分交给甲施工单位,而将另一部分交给乙施工单位。因为如果将工程支解以后进行发包,不仅会造成工程成本上升,质量难以监控,而且会导致多个建筑主体相互之间难以协调、配合,也会为建设工程领域中承包人的寻租行为提供可乘之机,给最终责任的确定和追究制造障碍。从实践来看,某些发包单位为了降低施工成本,获取更大利润,便将本应由某个承包单位整体承包的工程支解成若干部分,分别发包给多个承包单位,导致整个工程建设在管理和技术上缺乏应有的统筹协调,造成施工现场秩序的混乱,甚至导致责任不清,严重影响工程建设质量,产生问题后甚至很难找到责任者。① 基于这一原因,我国《民法典》严格禁止发包人将应由一个承包人完成的建设工程予以支解而进行发包。

二、勘察、设计合同

(一)勘察、设计合同概述

《民法典》第788条第2款规定:"建设工程合同包括工程勘察、设计、施工合同。"所谓建设工程勘察、设计合同,是指发包人与勘察人、设计人之间订立的由勘察人、设计人完成发包人委托的勘察设计任务,而发包人应支付相应价款的合同。勘察是指根据发包人的要求,对工程的地理状况进行调查,包括对工程进行测量、查明、分析,评价建设场地的地质地理环境特征和岩土工程条件,编制建设工程勘察文件的活动等。② 勘察主要是对地形、地貌和地质条件、周边环境进行选址、勘测;通过勘察,方可确定是否适合在某地进行特定的施工工作。设计是指设计人按照委托人的要求,对工程结构进行设计,对建设工程所需的技术、经济、资源、环境等条件进行综合分析、论证,编制建设工程设计文件的活动。③ 勘察是设计的前提,在完成建设工程勘察的基础上,方可展开建设工程设计。而只有在完成建设工程设计后,才可开展施工活动。

虽然勘察、设计可以分别订立合同,但在实践中,勘察和设计又通常联系在一起。《建设工程质量管理条例》第5条第1款明确强调,"从事建设工程活动,必须严格执行基本建设程序,坚持先勘察、后设计、再施工的原则"。因此,工程勘察是工程建设的第一个环节,而设计人又必须根据勘察人所提供的勘察结果,进行因地制宜的设计。例如,经勘察人勘察之后,某一地区地震多发,设计人在得知这一勘察结论之后,在进行设计时应加强建设工程的防震设计。正是因为勘察、设计通常是密切联系在一起的,因而在法律上,勘察、设计合同通常是作为一种合同类型对待的。依据我国《民法典》第791条的规定,发包人可以与总承包人订立一个包括勘察、设计和施工在内的合同,也可以与勘察、设计人分别订立勘察、设计合同,从而形成了独立的勘察与设计合同。

由于勘察、设计是开展建设工程施工的前提,对于保障建设工程质量有着重要的意义。

---

① 参见最高人民法院民法典贯彻实施工作领导小组主编:《中华人民共和国民法典合同编理解与适用》(三),人民法院出版社2020年版,第1927页。
② 参见胡康生主编:《中华人民共和国合同法释义》,法律出版社1999年版,第415页。
③ 参见魏耀荣等:《中华人民共和国合同法释论(分则)》,中国法制出版社2000年版,第320页。

所以,对于建设工程勘察、设计,国家也同样实行资质管理,依据《建设工程质量管理条例》的规定,建设工程勘察、设计单位应当依法取得相应等级的资质证书,并在其资质等级许可的范围内承揽工程,不得超越其资质等级许可的范围或者以其他建设工程勘察、设计单位的名义承揽建设工程勘察、设计业务,而且禁止勘察、设计单位允许其他单位或者个人以本单位的名义承揽工程。

(二)勘察、设计合同的内容

《民法典》第 794 条规定:"勘察、设计合同的内容一般包括提交有关基础资料和概预算等文件的期限、质量要求、费用以及其他协作条件等条款。"《民法典》第 794 条就建设工程勘察、设计合同的内容作出规定,既可以为当事人订立合同提供指引,也可以明晰双方当事人之间的权利义务关系,从而尽量避免或减少纠纷。但该条规定的内容是建议性质的,当事人可以根据合同的性质和建设工程的实际需要协商确定其他条款。[①] 依据该条规定,建设工程勘察、设计合同一般应当具备下列条款:

(1)提交有关基础资料和文件(包括概预算)的期限。有关的基础资料和文件,应包括经批准的项目可行性研究报告或项目建议书、城市规划许可文件、概预算、工程勘察资料等。在这些文件中,合同应明确有关工程的概预算内容。同时,合同还应明确发包人应向设计人提交的有关资料和文件,在合同内需约定资料和文件的名称、份数、提交的时间和有关事宜。由于有关资料和文件的提交直接影响到工程的进度,所以在合同中需要规定提交有关基础资料和文件(包括概预算)的期限。

(2)质量要求。此处所说的质量要求,是指发包人对勘察设计工作提出的标准,如建筑物的合理使用年限设计要求、设计深度要求、设计人配合施工工作的要求等。勘察人和设计人必须严格按照规定的质量标准进行勘察、设计,并提交符合质量要求的勘察、设计方案。

(3)勘察、设计费用。它是指发包人在勘察人、设计人完成勘察、设计工作之后向其支付的报酬。[②] 支付勘察费、设计费是发包人在勘察、设计合同中应当承担的义务,而勘察人、设计人从事勘察、设计活动的目的也是要取得报酬,因此,当事人应当在合同中对报酬的支付作出明确约定。

(4)其他协作条件。主要是发包人应对勘察、设计人的工作开展提供便利,协助其进行勘察、设计。例如,发包人应为勘察、设计人提供现场工作条件。

(三)勘察、设计合同的效力

1. 发包人的主要义务

(1)及时提供有关资料和文件的义务。勘察、设计合同应当确定发包人提供有关基础资料和文件的期限,因此,发包人应当按照合同的约定按时提交勘察设计所需要的有关基础资料、技术资料以及计划任务书、选址报告等。发包人不仅应按时提交有关资料和文件,还应保证其所提交的有关资料和文件的质量,使其能够满足勘察、设计的需要。因为发包人未及时提交或提供资料有误,或未按期提供资料造成工期延误的,应由发包人负责。[③]

(2)按期支付费用的义务。发包人应当按照合同约定的期限和方式支付相应的费用。通常,发包人支付费用是分期支付的,发包人应按照合同的约定,及时支付费用。如果合同

---

① 参见黄薇主编:《中华人民共和国民法典合同编解读》(下册)中国法制出版社 2020 年版,第 1463 页。
② 参见魏耀荣等:《中华人民共和国合同法释论(分则)》,中国法制出版社 2000 年版,第 321 页。
③ 参见郭明瑞、王轶:《合同法新论·分则》,中国政法大学出版社 1997 年版,第 247 页。

没有约定分期支付的期限，发包人应在勘察、设计人完成勘察、设计任务之后支付费用。因发包人提供的资料不准确等而造成勘察、设计的返工、停工或者修改设计的，发包人应当按照勘察人、设计人实际消耗的工作量增付费用。

（3）接受工作成果的义务。在勘察、设计合同中，勘察、设计人依据合同约定最终提交勘察、设计报告后，发包人对此工作成果应负有接受的义务。

（4）协作义务。发包人应为勘察、设计人的工作开展提供必需的便利条件，使其能够了解建设工程项目的有关情况，并协助勘察、设计人进入场地进行实地考察。①

2. 勘察人或设计人的主要义务

（1）按期从事勘察、设计工作的义务。勘察、设计人在进行勘察、设计活动时，应当严格按照合同约定的标准和要求进行工程测量、技术设计等工作。勘察和设计单位应当以项目批准文件、城市规划、工程建设强制性标准、国家规定的建设工程勘察设计的深度要求以及相关专业规划的要求等为依据，按时完成建设单位约定的勘察和设计项目，提交建设工程勘察、设计文件。

（2）按照约定的质量标准完成工作的义务。在勘察、设计的过程中，勘察、设计人应严格按照合同约定和国家的相关规定对建设工程项目进行勘察、设计工作。例如，设计文件中选用的材料、构配件、设备，应当注明其规格、型号、性能等技术指标，其质量要求必须符合国家规定的标准。②

（3）及时提交工作成果的义务。勘察、设计人的主要义务是提交工作成果，以方便建设工程施工的开展，所以其应当按照合同约定及时提交工作成果。如果勘察、设计人未按照合同约定及时履行该义务的，应承担违约责任。

（4）附随义务。一方面，勘察人、设计人有义务配合建设工程的施工，及时解决工程施工中的设计问题，负责设计、变更和修改预算等。③ 另一方面，勘察、设计人负有保密义务。勘察、设计人对于发包人提供的有关资料和图纸等应当保密，不得对外泄露。此外，在交付工作成果之后，如果确实需要勘察人、设计人继续对其报告进行说明或者参加有关工程竣工验收工作的，依据诚实信用原则，其应当参与。④ 建设工程勘察、设计单位应当在建设工程施工前，向施工单位和监理单位说明建设工程勘察、设计意图，解释建设工程勘察、设计文件。建设工程勘察、设计单位应当及时解决施工中出现的勘察、设计问题。

《民法典》第800条规定："勘察、设计的质量不符合要求或者未按照期限提交勘察、设计文件拖延工期，造成发包人损失的，勘察人、设计人应当继续完善勘察、设计，减收或者免收勘察、设计费并赔偿损失。"依据这一规定，勘察、设计的质量不合格或未及时提交工作成果，构成违约的，勘察人、设计人应承担违约责任。如因此种违约行为造成发包人损失的，勘察人、设计人应承担如下三种违约责任：一是继续履行，即勘察人、设计人应当继续完善勘察、设计工作。二是减收或者免收勘察、设计费。如果质量不合格或者其未及时提交工作成果的，应当减收或免收勘察、设计费。三是赔偿损失，即违约行为造成发包人损失的，应赔偿其损失。

---

① 参见黄薇主编：《中华人民共和国民法典合同编解读》（下册），中国法制出版社2020年版，第1463页。
② 参见王建东：《建设工程合同法律制度研究》，中国法制出版社2004年版，第309页。
③ 参见黄薇主编：《中华人民共和国民法典合同编解读》（下册），中国法制出版社2020年版，第915页。
④ 参见郭明瑞、王轶：《合同法新论·分则》，中国政法大学出版社1997年版，第247页。

三、施工合同

(一) 施工合同概述

施工合同又称为建设工程承包合同,它是指发包人与承包人之间签订的、由承包人从事一定的施工活动并交付建设工程成果,发包人应依据合同约定支付报酬的协议。① 此类合同是建设工程合同的主要类型和典型形态,同时也是工程建设质量控制、进度控制、投资控制的主要依据。建设工程施工包括各类房屋建筑及其附属设施的建造、装修装饰和与其配套的线路、管道、设备的安装,以及城镇市政基础设施工程的施工。建设工程施工合同可以通过招标发包或者直接发包的方式订立。

施工合同在性质上是一种特殊的承揽合同,王泽鉴教授指出,"承揽之标的,系以承揽人为定作人完成一定的工作,而达成一定的结果,包括建造房屋、修建漏水屋顶、粉刷油漆、冲洗照片、影印文件、雕刻图章等"。② 它又具有不同于一般承揽合同的特殊性,比如施工主体具有资质的特殊要求,标的的特殊性,在形式上具有要式性等。

依据建设工程施工的时间长短,其可以分为长期施工合同和短期施工合同。这种分类的主要意义在于,对施工期在一年以上的大中型项目,建设单位应根据已批准的总工程项目、初步设计和总概算同施工单位签订总合同(或总协议书),双方即可据此进行施工准备工作,然后每年再根据批准的年度基本建设计划及工程概算签订年度施工合同。如果全部工期在一年以下的,施工工作应当在约定的工期内完成,此类合同可以不必签订总合同。

(二) 施工合同的内容

《民法典》第795条规定:"施工合同的内容一般包括工程范围、建设工期、中间交工工程的开工和竣工时间、工程质量、工程造价、技术资料交付时间、材料和设备供应责任、拨款和结算、竣工验收、质量保修范围和质量保证期、相互协作等条款。"因此,施工合同的内容包括如下几项:

(1) 工程范围。工程范围是指施工的界区,是施工人进行施工的工作范围。③ 也就是说施工人应当在何地进行施工。该条款是建设施工合同的必备条款。④

(2) 建设工期。建设工期是施工人完成建设工程施工的期限。在建设施工合同中,建设工期作为必备条款而存在。建设工期不仅关系到发包人何时可以接受工作成果,也关系到工程质量。例如,如果发包人缩短工期,有可能会造成施工人仓促施工,而影响工程质量。

工期的确定直接关系到当事人的基本权利义务,依据《建设工程施工合同司法解释(一)》第11条的规定,"建设工程竣工前,当事人对工程质量发生争议,工程质量经鉴定合格的,鉴定期间为顺延工期期间"。在实践中,发包人常常起诉要求承包人承担逾期交付工程的违约责任,有必要对工程质量进行鉴定,把工程质量的鉴定期间作为顺延工期期间比较合理。而经过鉴定不合格,工期不顺延,承包人就应当承担逾期交付工程的违约责任。⑤

(3) 中间交工工程的开工和竣工时间。在施工过程中,可能存在一些阶段性工程,这些

---

① 参见黄薇主编:《中华人民共和国民法典释义》(中),法律出版社2020年版,第1464页。
② 王泽鉴:《民法概要》,中国政法大学出版社2003年版,第385页。
③ 参见魏耀荣等:《中华人民共和国合同法释论(分则)》,中国法制出版社2000年版,第322页。
④ 参见黄薇主编:《中华人民共和国民法典释义》(中),法律出版社2020年版,第1464页。
⑤ 最高人民法院民事审判第一庭编著:《最高人民法院新建设工程施工合同司法解释(一)理解与适用》,人民法院出版社2021年版,第126页。

工程在完成后需要及时交付验收,此类工作属于中间交工工程。例如,修建铁路的过程中,桥墩的施工通常属于中间交工工程。对此类工程的开工时间,应在合同中作出明确约定,以保证最终工程能够顺利完成。

所谓竣工时间主要指的是工程的实际完工时间。由于实际竣工时间对确定权利义务特别是工程款的支付具有直接的决定作用,因此,依据《建设工程施工合同司法解释(一)》第9条的规定,当事人对建设工程实际竣工日期有争议的,应当分别按照以下情形予以认定:一是建设工程经竣工验收合格的,以竣工验收合格之日为竣工日期;竣工验收合格意味着工程完全符合合同的约定,所以理应以验收合格之日为竣工日期。如果经验收属于不合格工程,则承包人应当按照合同约定和有关的工程质量规定进行整改,在符合合同和有关规定的标准后,重新验收且以重新验收合格之日作为实际竣工日期。① 二是承包人已经提交竣工验收报告,发包人拖延验收的,表明发包人是有过错的,因此应当以承包人提交验收报告之日为竣工日期,而不能以后来的验收合格之日为竣工日期。在实践中,有的发包人故意拖延验收,以达到拖欠工程款等目的,为了保护承包人的合法权益,就要制裁发包人恶意阻止条件成就的行为。② 三是建设工程未经竣工验收,发包人擅自使用的,以转移占有建设工程之日为竣工日期。工程未经验收就被发包人擅自使用意味着承包人已经完成了合同义务,因此工程发生的意外风险由发包人负担,所以应当以工程移转占有之日为竣工日期。③

(4)工程质量。这是施工合同的必备条款,其包括施工的方案、技术标准、建设质量和安全标准等。虽然我国法律法规对建设工程质量有明确规定,但不同的建设工程项目有其不同的质量要求。因此,当事人需要在建设施工合同中就工程质量作出具体约定。通常而言,当事人对工程质量的约定只能高于国家所规定的强制性标准,而不应低于此类标准。④ 工程质量必须符合国家设定的强制性标准,不得偷工减料。

(5)工程造价。它是指施工人建造工程所需要的费用,包括材料费、人工费等。建设工程造价应当按照国家有关规定,由发包单位与承包单位在合同中约定。工程造价并不等同于发包人所应支付的全部费用,但是明确了工程造价之后,其在工程款发生争议的情况下具有重要的参考意义。

(6)技术资料交付时间。它是指发包人提交给施工人的各种施工资料,例如勘察、设计文件等,它对于顺利进行施工、保证工程质量具有重要意义。

(7)材料和设备供应责任。它是指应由哪一方来具体供应施工中所需要的材料和设备。通常施工中的有关材料和设备应由施工人自己提供,并最终计入工程造价之中。但当事人也可以对此作出特别约定。例如,有一些材料施工人无法提供,或者发包人有特别要求的,可以由发包人提供。再如,合同也可以约定由发包人委托施工人购买,并由发包人支付费用。如果需要就此作出特别约定的,合同应予载明。⑤

---

① 参见最高人民法院民事审判第一庭编著:《最高人民法院建设工程施工合同司法解释的理解与适用》,人民法院出版社2015年版,第111页。
② 最高人民法院民事审判第一庭编著:《最高人民法院新建设工程施工合同司法解释(一)理解与适用》,人民法院出版社2021年版,第105页。
③ 参见最高人民法院民事审判第一庭编著:《最高人民法院建设工程施工合同司法解释的理解与适用》,人民法院出版社2015年版,第115页。
④ 参见黄薇主编:《中华人民共和国民法典释义》(中),中国法制出版社2020年版,第1465页。
⑤ 参见最高人民法院民法典贯彻实施工作领导小组主编:《中华人民共和国民法典合同编理解与适用》(三),人民法院出版社2020年版,第1959—1960页。

（8）拨款和结算。拨款，既包括工程所需费用的支付，也包括工程分期交付之后的工程款的支付。结算是指在工程交付以后，按照当事人的约定方式或者根据实际造价等确定工程款。① 两者的区别主要在于，拨款只是合同约定的由发包人支付给施工人的费用，但其并非结算时发包人所应实际支付的造价。通常来说，实际结算额高于拨款数额，最终应以实际结算额计算。需要指出的是，如果当事人在合同中约定了结算条款，依据《民法典》第 567 条的规定，"合同的权利义务关系终止，不影响合同中结算和清理条款的效力"，这意味着当事人约定的结算条款在效力上具有相对独立性。

（9）竣工验收。是指工程完成之后，应当经过发包人的验收，经验收合格，发包人才予以接受并支付工程款。竣工条款一般包括验收的范围和内容，验收的标准和依据，验收的方式和日期等。竣工后，发包人应当及时验收。②

（10）质量保修范围和质量保证期、双方相互协作等条款。保修范围主要是指在工程交付之后，在合理使用期内，施工人所应负有的保修范围和责任。承办人应当保证建设工程在合理使用期限内的质量状况，当事人约定的质量保证期限不得低于法定标准，以维护使用者的合法权益。③

以上这些条款有的是合同的必备条款，有的非为必备条款，当事人在约定时可以进行选择，也可以约定这些条款之外的其他条款。《民法典》第 795 条的规定具有倡导性和示范性，是典型的任意性规范，并非所有的建设施工合同均需对前述条款作出明确约定。④

四、委托监理合同

所谓建设工程监理，是指具有相应资质的工程监理企业，接受建设单位的委托，依照法律、法规以及有关技术标准、设计文件和建设工程承包合同，代表建设单位对承包人在施工质量、建设工期和建设资金等方面所从事的专门性监督管理的活动。⑤《民法典》第 796 条规定："建设工程实行监理的，发包人应当与监理人采用书面形式订立委托监理合同。发包人与监理人的权利和义务以及法律责任，应当依照本编委托合同以及其他有关法律、行政法规的规定。"依据这一规定，发包人应当与监理人订立委托监理合同，此种合同的特征主要在于：

第一，委托任务具有专门性。在委托监理合同中，监理人所从事的主要活动是对承包人在施工质量、建设工期和建设资金等方面进行专门性的监督管理，如控制工程建设的投资、建设工期和工程质量，进行工程建设合同管理，协调有关单位间的工作关系。⑥ 工程监理单位应当代表建设单位对施工质量实施监理，并对施工质量承担监理责任。发包人为了保证工程的质量，控制工程的造价和工期，有必要采用监理的方式。一些工程项目如有国家规定需要实施强制监理的，发包人必须订立此类合同。⑦ 如果无强制性规定的，则由发包人自由

---

① 参见魏耀荣等：《中华人民共和国合同法释论（分则）》，中国法制出版社 2000 年版，第 323 页。
② 参见黄薇主编：《中华人民共和国民法典释义》（中），法律出版社 2020 年版，第 1465 页。
③ 参见黄薇主编：《中华人民共和国民法典合同编解读》（下册），中国法制出版社 2020 年版，第 1014 页。
④ 参见最高人民法院民法典贯彻实施工作领导小组主编：《中华人民共和国民法典合同编理解与适用》（三），人民法院出版社 2020 年版，第 1960—1961 页。
⑤ 参见胡康生主编：《中华人民共和国合同法释义》，法律出版社 1999 年版，第 420 页。
⑥ 参见最高人民法院民法典贯彻实施工作领导小组主编：《中华人民共和国民法典合同编理解与适用》（三），人民法院出版社 2020 年版，第 1970 页。
⑦ 《建设工程质量管理条例》第 12 条第 2 款规定了强制监理的情形："下列建设工程必须实行监理：（一）国家重点建设工程；（二）大中型公用事业工程；（三）成片开发建设的住宅小区工程；（四）利用外国政府或者国际组织贷款、援助资金的工程；（五）国家规定必须实行监理的其他工程。"

决定是否订立委托监理合同。① 工程监理单位应当依照法律、法规以及有关技术标准、设计文件和建设工程承包合同，代表建设单位对施工质量实施监理，并对施工质量承担监理责任。工程监理人与承包人恶意串通，损害发包人利益的，应当与承包人承担连带赔偿责任。②

第二，主体具有特殊性。在委托监理合同中，监理人必须具有专门的资质。国家对工程监理实行资质等级管理，工程监理单位应当依法取得相应等级的资质证书，并在其资质等级许可的范围内承担工程监理业务。工程监理单位不得超越本单位资质等级许可的范围或者以其他工程监理单位的名义承担工程监理业务，也不得允许其他单位或者个人以本单位的名义承担工程监理业务。

第三，合同须采用书面形式。建设工程实行监理的，发包人应当与监理人采用书面形式订立委托监理合同。这有利于明晰发包人与监理人之间的权利义务关系，确立各自的责任，使监理人能够更好地对承包人的活动进行监督管理，保证工程质量，保证建设工程按期保质交付使用。工程建设监理合同一般应当包括下列条款：监理的范围和内容、双方的权利与义务、监理费的计取与交付、违约责任、双方约定的其他事项。

建设工程监理合同的效力主要是监理人应当按照发包人的委托对承包人进行监督管理，因此，监理人所从事的活动主要是为了发包人的利益而进行的，并有利于保证工程质量。故而，为保障监理人妥善履行监理职责，工程监理单位与被监理工程的承包单位以及建筑材料、建筑构配件和设备供应单位不得有隶属关系或者其他利害关系，工程监理单位不得转让工程监理业务。③ 如果工程监理单位与被监理工程的施工承包单位以及建筑材料、建筑构配件和设备供应单位有隶属关系或者其他利害关系的，则不得承担该项建设工程的监理业务。④ 同时，在施工监理过程中，工程监理单位应当选派具备相应资格的总监理工程师和监理工程师进驻施工现场。未经监理工程师签字，建筑材料、建筑构配件和设备不得在工程上使用或者安装，施工单位不得进行下一道工序的施工。未经总监理工程师签字，建设单位不拨付工程款，不进行竣工验收。

至于发包人与监理人之间的权利义务和法律责任，除依据生效的委托监理合同外，还应当适用《民法典》合同编委托合同的规定以及其他有关法律、行政法规的规定。因为委托监理合同是委托合同的特殊类型，可直接适用委托合同章的相关法律规则。

第五节　建设工程合同的效力

一、发包人的主要义务

（一）按期支付工程价款

《民法典》第788条第1款规定："建设工程合同是承包人进行工程建设，发包人支付价款的合同。"据此，在建设工程合同中，支付价款的义务是发包人的主要义务，是承包人进行工程建设的对价。在建设工程合同中，承包人需要凭借其技术、人员等进行工程建设，并交付一定的工作成果，而发包人应当按照约定支付价款。依据《建设工程施工合同司法解释

---

① 参见胡康生主编：《中华人民共和国合同法释义》，法律出版社1999年版，第421页。
② 参见黄薇主编：《中华人民共和国民法典释义》（中），中国法制出版社2020年版，第1467页。
③ 参见《建筑法》第34条。
④ 参见《建设工程质量管理条例》第35条。

(一)》第19条第1款的规定,"当事人对建设工程的计价标准或者计价方法有约定的,按照约定结算工程价款"。因此,关于建设工程的计价标准或者计价方法有约定的,应当按照当事人的约定计算。但是当事人另行约定的建设工程合同与备案的中标合同存在实质性差异时,依据《建设工程施工合同司法解释(一)》第22条,应以中标合同作为结算工程款的依据。[①]

工程款的支付方式也是多样的,如可以采用预付款、期中付款、竣工后结算三种形式。如果合同约定采取一次性支付的,则不能采取分期支付的方式。工程款应当按照约定的时间支付,如果当事人没有约定工程款的支付时间,则依据《民法典》第799条第1款的规定,"验收合格的,发包人应当按照约定支付价款,并接收该建设工程"。因此,在建设工程施工合同中,发包人应在建设工程竣工并验收合格后支付价款。在竣工报告被批准后,承包人应当按照法律规定或者当事人约定的时间、方式向发包人及时提出结算报告,并办理竣工结算。发包人在收到结算报告后,应当及时给予批准或者提出修改意见,在合同约定的时间内将拨款通知送经办银行,由经办银行支付工程款,并将副本送承包人。承包人在收到工程款后将竣工的工程交付发包人,发包人接收该工程。发包人无正当理由在收到结算报告后迟延办理结算的,应当承担相应的违约责任。[②] 在施工合同的履行中经常涉及变更导致的工程量或者质量标准变化,当事人应当先进行协商,协商不成的,可以按照签订建设工程施工合同时当地建设行政主管部门发布的计价方法或者计价标准结算工程价款。[③]

关于工程款的结算常常涉及工程造价的鉴定问题,依据《建设工程施工合同司法解释(一)》第28条,如果当事人在合同中已经约定了采取固定价结算工程价款(即所谓"工程款包死合同"),在此情形下,根据合同严守原则,一方当事人不得再请求对建设工程造价进行鉴定。但是如果是因设计变更导致建设工程的工程量的实际标准与原定的工程量发生变化的,此时新增部分应当按照该司法解释第19条的规定进行处理。

(二)按期提供原材料、设备、场地、资金、技术资料等

建设工程是一个复杂的整体工程,如果要按时保质完成工程,不仅需要承包人按照合同的约定及时进行工程建设,而且需要发包人在整个建设工程中对承包人的建设活动予以协助。发包人履行协助义务是建设工程顺利进行的必要条件,而协助义务的具体内容和范围,则应当根据当事人的约定、建设工程的特点等予以确定。

《民法典》第803条规定:"发包人未按照约定的时间和要求提供原材料、设备、场地、资金、技术资料的,承包人可以顺延工程日期,并有权请求赔偿停工、窝工等损失。"因此,发包人负有按照合同的约定及时提供原材料和设备、场地、资金、技术资料等义务,发包人未履行上述义务造成承包人损失的,承包人有权请求发包人承担违约责任,赔偿承包人因此造成的停工、窝工、倒运、机械设备调迁、材料和构件积压等损失和实际费用。例如,在当事人约定发包人负有按照合同约定及时提供技术资料的义务时,如果发包人无故拖延或者隐瞒相关技术信息,造成承包人损失的,承包人有权请求发包人承担违约责任。又如,在"江苏如皋法院判决某电力公司诉某钢结构工程公司建设工程施工合同纠纷案"中,人民法院认为,双方在合同中对具体的付款时间节点进行了约定,但根据被告提供的《付款对比表》,原告方在合

[①] 参见最高人民法院民事审判第一庭编著:《最高人民法院建设工程施工合同司法解释的理解与适用》,人民法院出版社2015年版,第120—121页。
[②] 参见黄薇主编:《中华人民共和国民法典合同编解读》(下册),中国法制出版社2020年版,第1024页。
[③] 参见《建设工程施工合同司法解释(一)》第19条。

同约定的时间节点付款过程中存在延期付款之违约情形。根据《合同法》第283条(即《民法典》第803条)的规定,发包人未按照约定的时间和要求提供原材料、设备、场地、资金、技术资料的,承包人可以顺延工程日期,并有权要求赔偿停工、窝工等损失。故原告方在合同约定的时间节点付款过程中存在延期付款的违约情形,属于工期实际顺延考虑的因素之一。①

(三)及时检查隐蔽工程

《民法典》第798条确立了发包人对隐蔽工程的及时检查义务。所谓"隐蔽工程",是指铺设在装饰表面内部的工程,如给排水工程、电器管线工程、地板基层、护墙板基层、门窗套板基层、吊顶基层等。《民法典》第798条规定:"隐蔽工程在隐蔽以前,承包人应当通知发包人检查。发包人没有及时检查的,承包人可以顺延工程日期,并有权请求发包人赔偿停工、窝工等损失。"这一规定确立了如下规则:第一,对于隐蔽工程,特别是基础工程结构的关键部位,一定要在隐蔽之前经过检验合格,并做好原始记录,才能进行下一道工序。隐蔽之后,如果出现对工程的质量争议,将会影响整个工程的顺利进行。第二,承包人应及时通知发包人检查。这就是说,承包人负有及时通知的义务。如果在发包人检查前已经隐蔽的,发包人有权要求对已隐蔽的工程进行检查,承包人应当按照要求进行剥露,并在检查后重新隐蔽。第三,发包人在接到对于隐蔽工程的交工验收通知后,应及时到现场进行检查和验收,如果需要修复,在修复后应当重新隐蔽作业。如果经检查,隐蔽工程不符合质量要求,则承包人应当返工,并于返工经验收合格后重新进行隐蔽。在这种情况下,检查隐蔽工程所发生的费用,如检查费用、返工费用、材料费用等应由承包人负担,承包人还应承担因此出现的工期延误的违约责任。② 当发包人无正当理由没有及时检查时,会导致承包人正常的施工活动无法进行,给承包人带来窝工、延期等额外的费用支出和实际损失,此时承包人可以顺延工期,并要求发包人赔偿损失。③

(四)及时验收竣工工程

工程在竣工之后,发包人应当及时组织验收。所谓竣工验收,是指承包人按照设计要求完成了建设工程的全部工作,在交付给发包人投入使用之前,由发包人依据国家的相关规定,为确定该工程是否符合合同的条件而进行的检查与验收工作。建设工程的竣工验收直接影响着建设工程款的结算、支付,以及建筑工程的交付等,就确保工程质量而言,验收关系到发包人自身的利益,也关系到不特定第三人的利益,如果发包人将工程出售给第三人,则未经验收的工程可能对第三人的利益造成损害。因此,竣工验收对双方利益影响甚巨,发包人应当及时验收竣工工程。《民法典》第799条第2款规定:"建设工程竣工经验收合格后,方可交付使用;未经验收或者验收不合格的,不得交付使用。"如果因为发包人的原因而迟延验收,就可能导致承包人不能够及时交付,无法及时获得价款,风险不能及时移转。如果因为发包人的原因不能及时交付,应当由发包人承担相应的后果。发包人负有的及时验收竣工工程的义务包括:

第一,发包人负有及时进行验收的义务。如果承包人已经提交竣工验收报告,发包人就应当按照合同的约定及时验收。《建设工程施工合同司法解释(一)》第21条规定:"当事人约定,发包人收到竣工结算文件后,在约定期限内不予答复,视为认可竣工结算文件的,按照

---

① 参见江苏省如皋市法院(2016)苏0682民初9757号民事判决书。
② 参见黄薇主编:《中华人民共和国民法典合同编解读》(下册),中国法制出版社2020年版,第1020—1021页。
③ 参见最高人民法院民法典贯彻实施工作领导小组主编:《中华人民共和国民法典合同编理解与适用》(三),人民法院出版社2020年版,第1978页。

约定处理。承包人请求按照竣工结算文件结算工程价款的,人民法院应予支持。"

第二,应当依据相关验收的标准验收。《民法典》第799条第1款规定:"建设工程竣工后,发包人应当根据施工图纸及说明书、国家颁发的施工验收规范和质量检验标准及时进行验收。"这就是说,发包人应当根据施工图纸及说明书进行验收。参加验收的人员应当以施工图纸及说明书、国家颁发的施工验收规范和质量检验标准为依据,实事求是地对工程质量作出评价。

第三,应当对工程进行全面验收。具体包括:一是工程是否符合规定的建设工程质量标准;二是承包人是否提供了完整的工程技术资料;三是承包人是否有建设工程质量检验书;四是工程是否具备国家规定的其他竣工条件。[①]

(五)接收建设工程

竣工验收是交付的前提。只有在竣工验收合格后,发包人才有义务接收该建设工程。而且建设工程必须经过验收合格之后,才可以交付使用。《民法典》第799条第1款后段规定:"验收合格的,发包人应当按照约定支付价款,并接收该建设工程。"据此,发包人在验收合格后负有接收建设工程的义务。对发包人而言,竣工验收是接收工程的前提,但竣工验收并不等同于接收。如果验收不合格,发包人可以拒绝接收。如果验收合格,则应当及时接收。

在比较法上,因为债权人原则上并无受领义务,即便法律在例外情况下规定其有受领或协作的义务,该义务也属于权利性义务(Rechtspflichten)或者说是不真正义务,而不是可诉请履行的真正义务。[②] 此种不真正义务的违反,原则上不使义务人承担损害赔偿义务[③],而仅可能使其负返还因此所增加的费用。我国《民法典》虽然没有规定在迟延接收的情形下债权人的责任,但是,在建设工程合同中,如果发包人无正当理由不及时接收的,其应负担建设工程毁损灭失的风险,并构成受领迟延,由此所产生的风险与因此增加的费用,也应由发包人负担。[④] 在竣工验收之前,发包人擅自使用工程的,如果发生质量问题,发包人应当承担相应的责任。如未经验收,发包人就使用建筑物,则视为建筑物已经被接收。如果发包人无正当理由不及时接收,确实造成了承包人的损失,也应当承担赔偿责任。

(六)协作义务

在建设工程合同中,特别强调协作义务。针对协作义务的性质,《德国民法典》第642条第1款规定了定作人协力。该款指出,为完成工作,定作人有必要实施某一行为,定作人怠于实施该行为而陷入受领迟延的,承揽人可以请求消除致害。德国民法上存在债权人义务说[⑤]、债权人的不真正义务说[⑥]。通说认为,该条中关于定作人陷于受领迟延,是将定作人协力定位于债权人不真正义务,而非债权人义务。[⑦] 依据我国《民法典》和《建设工程施工合同司法解释(一)》的相关规定,发包人和承包人之间也应当具有相互协助的义务。特别是就发包人一方而言,其应当负有协助进入施工现场、提供设计方案、及时提供建筑材料、及时验收

---

① 参见魏耀荣等:《中华人民共和国合同法释论(分则)》,中国法制出版社2000年版,第330页。
② Wilhelm Weimar, Der An-und Abnahmeverzug, MDR 1967, 23-24.
③ Müko/Walchschöfer, § 293 Rn. 10. 另参见黄喆:《论建设工程合同发包人的协力义务——以德国民法解释论为借鉴》,载《比较法研究》2014年第5期。
④ 参见刘心稳:《债权法总论》,中国政法大学出版社2015年版,第157页。
⑤ BGHZ 162, 259 = NZBau 2005, 387 = NJW 2005, 1653.
⑥ BGHZ 179, 55 = NZBau 2009, 582.
⑦ Staudinger/Peters/Jacoby, § 642 Rn. 17. 黄喆:《论建设工程合同发包人的协力义务——以德国民法解释论为借鉴》,载《比较法研究》2014年第5期。

等义务。在发包人违反协助义务的情形,其也要承担相应的民事责任。

二、承包人的主要义务

建设工程的承包人,即承包工程建设的单位,包括对建设工程实行总承包的单位和承包分包工程的单位。①其依法应当承担的义务包括如下方面:

(一) 不得违法转包和分包

在施工过程中,承包人应当独立完成主体工程的施工,不得将主体工程分包给他人或者将其承包的全部建设工程支解以后以分包的名义分别转包给第三人,更不得将工程分包给不具备相应资质条件的单位。②《建设工程施工合同司法解释(一)》第5条规定:"具有劳务作业法定资质的承包人与总承包人、分包人签订的劳务分包合同,当事人请求确认无效的,人民法院依法不予支持。"该条允许具有劳务作业法定资质的承包人与总承包人、分包人签订劳务分包合同。例如,将地基与基础工程、土石方工程、建筑装饰装修工程、消防设施工程、建筑防水工程等劳务,合法地分包给他人。但劳务分包人不得将本合同项下的劳务作业再次转包和分包给他人。③ 但是,如果以劳务分包之名,支解工程或专业工程,或者劳务分包的承包人将劳务再分包,则应当认定由此订立的合同无效。④

(二) 按期完成建设工程

按期完成工程并及时交付工作成果,是承包人的主要义务。在施工过程中,承包人应当及时进入场地开展施工,保证每个阶段的工期顺利完成。在施工过程中,承包人所完成的工程量是请求支付价款的基础。如果当事人对于工程量的确定有约定的,按照合同约定;如果当事人对实际完成的工程量发生争议,应当按照施工过程中形成的现场签证等书面文件确认工程量,如果承包人未能提供相关的签证文件,但承包人能够证明发包人同意其开展施工的,则可以按照当事人所提供的其他证据确认实际发生的工程量。

(三) 保证建设工程质量

保证工程质量是承包人的基本义务。为了保证建设工程质量,承包人应当认真做好施工前的准备工作。例如,承包人应做好施工场地的平整,以及施工现场内用水、用电、道路和临时设施的施工,还要编制施工组织设计和工程预算。承包人应当严格按照施工图纸和操作规程施工,确保工程质量。如果工程是分阶段施工的,则每一阶段的工程都必须达到预计的质量标准。在施工过程中,必须按照工程设计图纸和施工技术标准施工,不得擅自修改工程设计,如果发现设计文件和图纸有差错,应当及时提出意见和建议。在施工中,不得偷工减料、以次充好。⑤ 在因承包人的原因造成工程质量不合格的情形下,承包人应当以修理、返工、改建的方式继续履行,发包人也有权请求减少支付工程款。

---

① 参见魏耀荣等:《中华人民共和国合同法释论(分则)》,中国法制出版社2000年版,第308页。
② 《建设工程质量管理条例》第78条第2款规定:"本条例所称违法分包,是指下列行为:(一)总承包单位将建设工程分包给不具备相应资质条件的单位的;(二)建设工程总承包合同中未有约定,又未经建设单位认可,承包单位将其承包的部分建设工程交由其他单位完成的;(三)施工总承包单位将建设工程主体结构的施工分包给其他单位的;(四)分包单位将其承包的建设工程再分包的。"
③ 最高人民法院民事审判第一庭编著:《最高人民法院建设工程施工合同司法解释的理解与适用》,人民法院出版社2015年版,第64页。
④ 最高人民法院民事审判第一庭编著:《最高人民法院新建设工程施工合同司法解释(一)理解与适用》,人民法院出版社2021年版,第65页。
⑤ 参见马俊驹、余延满:《民法原论》(第三版),法律出版社2007年版,第699页。

为保证工程质量,发包人也可依据质量保修的规定进行保修。建筑工程质量保证制度对于强化建设工程的质量,保护消费者的合法权益,保障社会公共安全等具有重要意义。① 国务院颁布的《房屋建筑工程质量保修办法》第8条即规定:"房屋建筑工程保修期从工程竣工验收合格之日起计算。"建设工程承包单位在向建设单位提交工程竣工验收报告时,应当向建设单位出具质量保修书。依据《房屋建筑工程质量保修办法》第6条的规定,当事人应当在工程质量保修书中约定保修范围、保修期限和保修责任等。保修期限应当按照保证建筑物在合理寿命年限内正常使用,维护使用者合法权益的原则确定。② 依据《建设工程质量管理条例》第41条的规定,建设工程在保修范围和保修期限内发生质量问题的,施工单位应当履行保修义务,因保修人未及时履行保修义务,导致建筑物毁损或者造成人身或者财产损害的,保修人应当承担赔偿责任。保修义务是法定义务,不得通过合同约定排除。③ 如果承包人违反保修义务,依据《建设工程施工合同司法解释(一)》第18条第1款,"因保修人未及时履行保修义务,导致建筑物毁损或者造成人身损害、财产损失的,保修人应当承担赔偿责任"。如果导致建筑物毁损或者导致人身或者财产损害的,发包人既可以违反合同约定的质量保证义务为由主张违约救济,也可要求侵权损害赔偿,发包人可以择一行使。④

(四)按期提交竣工验收

《民法典》第799条第2款规定:"建设工程竣工经验收合格后,方可交付使用;未经验收或者验收不合格的,不得交付使用。"因此,在建设工程完成之后,承包人应当及时将工程提交发包人进行竣工验收。实践中,承包人应按期完成基本建设工程,在完成之后,承包人应遵守国家有关交付验收规则,做好交付准备工作,如绘制竣工图等,将工程交付给发包人。由于隐蔽工程具有其自身的特殊性,承包人应当在工程隐蔽前就通知发包人检验,并办理验收交接手续,经双方签字盖章后发生交付的法律效力。如果整个工程可以分为若干单项工程的,则在单项工程竣工之后,承包人都应当及时向发包人提出书面交工验收通知。发包人在接到通知后,应当及时进行验收。

工程经验收合格,由发包人和承包人签署交工验收证书,承包人即完成了交付任务。如果合同规定有保修期的,在保修期内对属于承包人责任的工程质量问题,应由承包人负责无偿修理。承包人未按期交付工程的,应承担相应的违约责任。

(五)接受发包人的必要监督

《民法典》第797条规定:"发包人在不妨碍承包人正常作业的情况下,可以随时对作业进度、质量进行检查。"虽然该条确认的是发包人的检查权利,但同时也意味着承包人有义务接受发包人的合理检查。也就是说,承包人有义务接受发包人在任何时候对工程作业进度、质量进行检查。《民法典》第797条采用"随时"二字,就表明发包人可以在任意时间进行检查。当然,发包人的检查不得影响承包人的正常作业。例如,发包人要求进入正在进行紧张施工的工地进行现场勘查检验,则必将造成工地的停工,此种检查就妨碍了承包人的正常作业。

---

① 参见孙镇平:《建设工程合同》,人民法院出版社2000年版,第135页。
② 参见最高人民法院民法典贯彻实施工作领导小组主编:《中华人民共和国民法典合同编理解与适用》(三),人民法院出版社2020年版,第2002页。
③ 同上书,第1965页。
④ 参见最高人民法院民事审判第一庭编著:《最高人民法院建设工程施工合同司法解释的理解与适用》,人民法院出版社2015年版,第193页。

(六)防止损害发生

依据《民法典》第802条的规定,如果因承包人的原因导致建设工程的质量不合格,造成他人损害的,承包人应当承担损害赔偿责任,这就在法律上确立了承包人保证工程质量、防止损害发生的义务,违反该义务需要承担相应的民事责任,其构成要件包括:

第一,因承包人的原因导致建设工程造成他人人身损害和财产损失。[1] 所谓"承包人的原因",是指因承包人的原因导致建设工程的质量不合格,造成他人受伤或死亡,以及承包的工程有漏水、塌陷等损害后果。需要指出的是,如果是因承包人聘请的施工人的原因造成建设工程质量不合格,也属于此处的"承包人的原因"。例如,承包人聘请的施工人偷工减料、不按照工程设计和施工标准施工等,造成工程质量不合格,使工程倒塌、脱落、坠落等情形。如果不是因为承包人的原因而是因为发包人的原因或受害人自身的原因导致的损害,则承包人不需要对此承担责任。[2]

第二,在验收合格之后的合理期限内发生损害。超出该合理期限则承包人不再负有质量保证的义务。例如,如果建筑工程年久失修,已经属于"危楼",因此倒塌造成人身损害和财产损失的,则不应属于合理使用期限的范畴,此时承包人不需要对此损害结果承担责任。[3]在验收合格之前,建设工程尚未投入使用,因此造成损害的,自然应由承包人承担责任。但是这种责任不是无限期的,应当是在建设工程的合理使用期限内产生的。合理期限应当从交付发包人时起算,依据有关法律法规来确定。

第三,必须实际造成了他人的人身损害和财产损失。此处的受害人必须是他人,而该条规定的"他人",并非限于存在建设工程合同关系的发包人,也涵盖不存在合同关系的第三人,如路上的行人。此处的损害也包括两种:一种是人身损害,例如房屋倒塌将人砸成重伤的情形;另一种是财产损害。造成这些损害的承包人应负赔偿责任。

第四,此处所指的损害赔偿,既包括违约损害赔偿,也包括侵权损害赔偿。违约损害赔偿责任主要是针对发包人而言的。在因建设工程致使发包人受到损害的情形下,发包人的损害赔偿请求权,可能同时包含违约损害赔偿与侵权损害赔偿两种不同的请求权基础规范,此时构成请求权竞合,当事人可择一行使请求权,以维护其合法权益;如果造成第三人的损害,则应当适用《民法典》侵权责任编的相关规定处理。例如,《民法典》第1252条关于建筑物倒塌、塌陷致人损害的规定,如果发包人根据侵权责任编的规定对第三人负有侵权损害赔偿责任的,发包人承担后,可以向承包人追偿。[4]

第六节 承包人的建设工程优先权

一、建设工程优先权的概念和特征

所谓建设工程优先权,是指在建设工程竣工以后,发包人未按照约定支付价款,承包人对其承包的建设工程,通过折价、拍卖等方式来获得价款从而优先受偿的权利。《民法典》第

---

[1] 参见谢鸿飞、朱广新主编:《民法典评注·合同编:典型合同与准合同3》,中国法制出版社2020年版,第157页。
[2] 参见黄薇主编:《中华人民共和国民法典释义》(中),中国法制出版社2020年版,第1475页。
[3] 参见最高人民法院民法典贯彻实施工作领导小组主编:《中华人民共和国民法典合同编理解与适用》(三),人民法院出版社2020年版,第2008页。
[4] 同上书,第2012页。

807 条规定:"发包人未按照约定支付价款的,承包人可以催告发包人在合理期限内支付价款。发包人逾期不支付的,除根据建设工程的性质不宜折价、拍卖外,承包人可以与发包人协议将该工程折价,也可以请求人民法院将该工程依法拍卖。建设工程的价款就该工程折价或者拍卖的价款优先受偿。"这就规定了承包人享有的建设工程优先权。实践中,许多承包人是带资建设,而在工程完工之后,发包人不及时支付工程款,将使得承包人正常的经营受到极大影响,令许多承包人资金严重周转困难,甚至破产。尤其是因此会导致建设施工工人的报酬不能获得及时支付,影响工人的基本生存。为了强化对弱势群体的特殊保护,有必要设置建设工程优先权。[①] 建设工程优先权具有以下特征:

第一,具有法定性。这就是说,建设工程优先权是由法律直接规定的,承包人在何种情形下享有优先权,完全由法律以列举的方式明确规定。承包人所享有的优先权是否可以依据当事人的约定而排除?在实践中,金融机构在借款时经常要求承包人和发包人在合同中规定放弃优先权,以防范抵押权不能实现的风险。笔者认为,承包人的工程款等债权是当事人的私权,应当允许当事人放弃优先受偿,但工人的工资债权的优先受偿,则不应当允许承包人事先放弃。[②]

第二,具有就建设工程的变价优先受偿的效力。所谓优先,是承包人针对其所承包的建设工程,在拍卖变卖之后,就拍卖、变卖、折价所得价款得以优先于其他债权人受偿。优先的含义是通过与其他债权人的比较而确立的。虽然建设工程归属于发包人,但发包人未能按期支付工程款,承包人可以依法就其所承包的工程进行拍卖、变卖、折价,就所得价款优先受偿。从这一点来讲,优先权具有类似物权的效力。

第三,权利的设立无须公示。一般物权的变动必须要经过一定的公示。例如,动产要交付并移转占有,不动产应当登记。而优先权的取得不以占有和登记为要件。因为优先权是直接依据法律规定产生的,且《民法典》物权编没有将其作为一种物权加以承认,所以其无须进行公示。只要承包人符合法律规定的条件,即可取得此种权利。

第四,标的是建设工程。承包人的优先权仅限于其所承包的建设工程本身,这就意味着只能针对建筑物而主张优先权,而且此种建筑物必须是承包人所承包的建筑物。尽管从《民法典》第 807 条的规定来看,在建设工程交付之后,承包人仍然可以享有优先权,但是在实践中,如果建设工程已经交付给发包人,则承包人再主张优先权将会存在较多障碍。

第五,仅适用于建设工程施工合同。《民法典》第 807 条将此种权利规定在建设工程合同之中,表明其仅适用于建设工程合同。该优先权只限于建设工程合同,而并不适用于建设工程承包以外的承揽关系。在一般的加工承揽合同中,定作人逾期不支付价款,承揽人一般不得享有承揽物的优先权。

承包人的建设工程优先权在性质上应当是一种法定优先权,此种权利是由法律直接规定的担保建设工程债权实现的权利,是法律为了保护弱势群体的利益,使债权人对某种特殊的财产价值,即工程拍卖、变价款的请求权,享有优先于一般债权人而受偿的权利。

二、承包人的建设工程优先权的性质

关于承包人的建设工程优先权的性质,理论上存在不同观点。一是法定留置权说。此

[①] 高圣平:《民法典担保制度及其配套司法解释理解与适用》(下),中国法制出版社 2021 年版,第 1040 页。
[②] 参见王涛、俞悦:《建设工程价款优先受偿权放弃的法律效力》,载《人民司法·应用》2016 年第 16 期。

种观点认为,《民法典》第 807 条扩大了留置财产的范围,建设工程合同的债权人对不动产同样可以行使留置权。① 二是法定抵押权说。此种观点认为,建设工程优先权是一种抵押权,优先于一般债权,只不过是直接由法律规定而产生的。三是优先权说。此种观点认为,承包人的建设工程优先权性质上是优先权,所谓优先,是指优先于一般债权而受偿,其在性质上与抵押权类似,不过其是依据法律规定所产生的。② 笔者认为,承包人的建设工程优先权在性质上应当是一种法定优先权,主要理由在于:

第一,从《民法典》第 807 条的规定来看,所谓"建设工程的价款就该工程折价或者拍卖的价款优先受偿",其中就强调了该权利的优先受偿性。《建设工程施工合同司法解释(一)》第 36 条也规定了该权利可以优先于抵押权和其他债权,表明其性质是一种法定的优先权。

第二,此种权利作为一种法定的权利,无须当事人的约定,即该权利的成立并不以当事人约定为条件,承包人享有此种权利以符合法律规定的条件为前提,无须与发包人约定。③ 只要发包人没有按时支付工程价款,承包人对该建设工程即享有优先权。强调此种权利的性质为优先权,也是为了将其与抵押权等担保物权区别开,因为担保物权都需要采用一定的公示方法,但优先权并没有法定的公示方法,所以优先权在性质上不同于担保物权。

第三,从法律设定该权利的目的来看,其主要是为了保障建设工程承包人的优先受偿权,保障工程款债权能够得到及时的实现,从而维护弱势群体农民工等人的利益。在实践中,许多承包人是带资建设,而在工程完工之后,发包人不及时支付工程款,将使得承包人的正常经营受到极大影响,许多农民工无法拿到工钱,也损害了农民工的合法权益。④

总之,采用优先权的概念,比较准确地概括了承包人的建设工程优先受偿权的性质和特点。

三、承包人建设工程优先权的主体

依据《民法典》第 807 条的规定,承包人建设工程优先权的主体是承包人。承包人是与发包人订立建设工程合同的相对人,包括建设工程勘察人、设计人、施工人。⑤ 至于分包人是否享有建设工程优先权,值得探讨,因为分包人是直接和总承包人签订合同,其并未与发包人订立合同,按照合同相对人原则,其不应当享有建设工程优先权⑥。

关于实际施工人是否可以依法享有建设工程价款优先权,对此存在争议。我国司法实践普遍认为,实际施工人不应当享有建设工程优先权。⑦ 笔者赞同这一立场,因为从《民法典》第 807 条的规定来看,享有建设工程优先权的主体为承包人,此处所说的承包人是指与发包人订立建设工程合同的主体,在实际施工人与承包人不一致的情形下,不应当将实际施工人纳入承包人的范畴。同时,建设工程优先权是基于建设工程合同而产生的一项权利,实

---

① 参见江平主编:《中华人民共和国合同法精解》,中国政法大学出版社 1999 年版,第 223 页。
② 最高人民法院民事审判第一庭编著:《最高人民法院建设工程施工合同司法解释的理解与适用》,人民法院出版社 2015 年版,第 358—361 页。
③ 参见黄薇主编:《中华人民共和国民法典合同编解读》,中国法制出版社 2020 年版,第 1047 页。
④ 参见谢鸿飞、朱广新主编:《民法典评注·合同编:典型合同与准合同 3》,中国法制出版社 2020 年版,第 177 页。
⑤ 高圣平:《民法典担保制度及其配套司法解释理解与适用》(下),中国法制出版社 2021 年版,第 1041 页。
⑥ 最高人民法院民事审判第一庭编著:《最高人民法院建设工程施工合同司法解释的理解与适用》,人民法院出版社 2015 年版,第 370 页。
⑦ 参见"周贵芳与冯世平建设工程施工合同纠纷再审审查与审判监督案",最高人民法院(2018)最高法民申 5769 号民事裁定书。

际施工人与发包人之间并不存在合同关系,不应当享有建设工程优先权。

四、承包人建设工程优先权担保的债权范围

关于承包人建设工程优先权担保的债权范围,理论上一直存在争议。依据《民法典》第807条的规定,承包人有权对建设工程的价款就该工程折价或拍卖的价款优先受偿。需要指出的是,并非承包人对发包人所享有的所有债权都能纳入承包人建设工程优先权担保的范围。承包人建设工程优先权担保的债权应当包括如下几个方面:

第一,发包人未支付的工程款。工程款由多部分组成,其中既有承包人因为建设工程所获得的收益,又包括承包人必要的费用支出,这些费用支出包括管理费用,以及具有劳动或劳务关系的劳动者的工资报酬等。[①] 设备、运输管理等实际支出的、直接用于工程建设的费用,也应当包括在工程款中。虽然关于《民法典》第807条的立法目的一直存在争议,即对该条的立法目的究竟是为了保护劳动者的利益,还是优先保护承包人的利益,存在不同看法,但笔者认为,首先应当优先保护劳动者的利益,使工人工资得到优先受偿。承包人建设工程优先权的成立必须以发包人未支付工程款为行使的条件和前提。需要指出的是,发包人已经支付的工程款属于正常的债务清偿,只有发包人尚未支付的工程款,才属于承包人建设工程优先权的担保范围。[②]

如果建设工程是分阶段、分工期完成的,那么已经完成的阶段工程经验收质量合格的,该部分也可以就工程价款优先受偿。《建设工程施工合同司法解释(一)》第39条规定:"未竣工的建设工程质量合格,承包人请求其承建工程的价款就其承建工程部分折价或者拍卖的价款优先受偿的,人民法院应予支持。"

第二,承包人垫付的资金。承包人垫付的资金应当属于承包人建设工程优先权的担保范围,因为承包人所垫付的费用在性质上属于为完成建设工程合同而实际发生的费用,而且该垫付资金已经物化成为建设工程的组成部分,所以应当得到优先受偿。[③] 当然,发包人在合同履行期间因违约而应当承担的赔偿责任并不属于工程款本身的费用,其在性质上属于因发包人不支付工程款而引发的损失,不能纳入承包人建设工程优先权的担保范围。

第三,建设工程的材料款。材料款是指由承包人提供原材料时,购买原材料所支付的价款。笔者认为,建设工程的材料款属于为建设工程所支出的必要费用,应当属于承包人建设工程优先权的担保范围。对当事人恶意串通、虚构工程材料款的道德风险问题,可以考虑通过登记制度逐步解决。

第四,因装饰装修工程产生的债权。承包人建设工程优先权以建设工程为承包人债权的担保,建设工程的范围也应当包括装饰装修工程。国务院颁发的《建设工程安全生产管理条例》第2条第2款规定:"本条例所称建设工程,是指土木工程、建筑工程、线路管道和设备安装工程及装修工程。"装修装饰工程在本质上属于建设工程的必要组成部分,因此,应当将因装饰装修工程产生的债权纳入建设工程优先权担保的债权范围。《建设工程施工合同司法解释(一)》第37条规定:"装饰装修工程具备折价或者拍卖条件,装饰装修工程的承包人请求工程价款就该装饰装修工程折价或者拍卖的价款优先受偿的,人民法院应予支持。"依

[①] 参见王旭光:《建设工程优先受偿权制度研究——合同法第286条的理论与实务》,人民法院出版社2010年版,第77页。

[②] 参见雷运龙、黄锋:《建设工程优先权若干问题辨析》,载《法律适用》2005年第10期。

[③] 同上。

据该规定,承包人对装饰装修工程也可以享有优先受偿权,但其行使优先受偿权必须要求装饰装修工程具备折价或者拍卖条件。当然,依据上述规定,装饰装修工程的承包人仅能就该装饰装修工程本身的变价享有优先受偿权,而不得主张就整个建筑物的变价优先受偿。

第五,不包括逾期利息、违约金和损害赔偿金。《建设工程施工合同司法解释(一)》第40条第2款规定:"承包人就逾期支付建设工程价款的利息、违约金、损害赔偿金等主张优先受偿的,人民法院不予支持。"依据这一规定,优先受偿权的担保范围不包括逾期利息、违约金和损害赔偿金。因为建设工程优先受偿权主要担保的是工程款,利息、违约金本身不是工程款的内容,而属于违约责任的方式,其仍然属于普通债权,应通过违约责任制度解决,而不应当享有优先受偿权。

五、建设工程优先权的适用条件

1. 发包人未支付工程款

在建设工程合同中,发包人在工程建设完成以后,对竣工验收的工程应当按照合同约定的方式和期限进行工程决算,并及时向承包人支付价款后接受工程。而承包人一旦收到工程价款即不得再继续占有该工程,而应当将该工程立即交付给发包人,发包人也应当接受该工程。但是在发包人未及时支付工程款时,法律为了保护承包人的利益,设置了优先权制度。因此,优先权必须以发包人未支付工程款为行使的条件和前提。

2. 经催告仍未支付

在发包人不按期支付价款的情况下,承包人尚不能立即行使优先权,而应当催告发包人在合理期限内支付价款,如果发包人经催告后支付了价款,则承包人便不得再行使优先权。只有在催告之后,发包人仍然不支付价款,承包人才可以行使优先权。催告的期限相当于赋予发包人一个宽限期,使其有一定的准备时间去筹措款项、履行支付义务。在这一宽限期经过之后仍然未能履行支付义务的,承包人就可以行使优先权。当然,由于发包人逾期支付价款,承包人也可以请求其承担违约责任,如支付违约金、支付逾期利息等,但无论如何不得直接行使优先权。[①]

3. 标的为竣工验收合格的建设工程

一方面,如果工程没有竣工,则承包人尚不享有工程价款的请求权,因此其无权主张优先权。另一方面,只有在竣工验收合格的情况下,发包人才应当按照约定,支付工程价款。如果工程验收不合格,发包人不仅有权拒绝支付工程价款,而且有权请求承包人承担违约责任。在此情况下,承包人当然无权享有并行使法定优先权。正是在这个意义上,许多学者将该优先权称为建设工程价款优先受偿权。

问题在于,如果建设工程施工合同被宣告无效或者被撤销,承包人是否可以行使建设工程优先权?我国司法实践普遍认为,在合同被宣告无效或者被撤销的情形下,如果建设工程经验收质量合格,承包人仍可请求就其承建工程进行拍卖、变卖,并从中优先受偿。[②]

4. 应当在合理期限内行使

《建设工程施工合同司法解释(一)》第41条规定:"承包人应当在合理期限内行使建设

---

① 高圣平:《民法典担保制度及其配套司法解释理解与适用》(下),中国法制出版社2021年版,第1045页。
② 最高人民法院民事审判第一庭编:《民事审判指导与参考》(总第63辑),人民法院出版社2016年版,第238—239页。

工程价款优先受偿权,但最长不得超过十八个月,自发包人应当给付建设工程价款之日起算。"依据这一规定,因为优先受偿权的行使直接关系到当事人与第三人的权利义务,所以不能使该权利的行使长期处于未定状态,因此司法解释规定承包人应当在合理期限内行使优先受偿权。关于合理期限,应当依据交易习惯及交易的具体情形来确定,该条为优先受偿权的行使确定了最长期限,即不能超过18个月,自发包人应当给付建设工程价款之日起算。该期限实际上是一个权利最长保护期限,不适用中止、中断、延长。因此,在学理上常常将其解释为除斥期间。①

但是对于因发包人原因未竣工的建设工程合同,不应当认为承包方行使优先权超出合理期限。例如,在"通州建总集团有限公司诉安徽天宇化工有限公司别除权纠纷案"中,法院认为:"建筑工程的承包人的优先受偿权是由法律直接规定的一种法定优先权,且优于抵押权和其他债权。虽本案建设工程施工合同约定了竣工时间,但涉案工程因天宇公司未能按合同约定支付工程款而停工,至今未竣工,应当认定为在建工程,不受优先权行使期限的限制,并且在本院受理对天宇公司破产申请前,在仲裁期间,双方达成的和解协议中已明确:如处置天宇公司的土地及建筑物偿债时,通州公司的工程款有优先受偿权。"②

六、建设工程优先权具有优先于一般债权和抵押权的效力

(一)建设工程优先权具有优先于一般债权的效力

《民法典》第807条规定:"发包人未按照约定支付价款的,承包人可以催告发包人在合理期限内支付价款。发包人逾期不支付的,除根据建设工程的性质不宜折价、拍卖外,承包人可以与发包人协议将该工程折价,也可以请求人民法院将该工程依法拍卖。建设工程的价款就该工程折价或者拍卖的价款优先受偿。"依据这一规定,在发包人逾期不支付的情况下,承包人对建设工程应当采取如下方式进行变价:

一是折价。折价即由双方协商确定建设工程的价格,折抵债务人所欠的债务。折价首先要求标的物按其性质是可以折价的,例如,国家重点工程、具有特定用途的工程等,不宜折价或拍卖的,则不能折价;其次,折价必须要经由双方当事人达成一致协议,而不能由一方当事人自行决定折价的价格。在折价过程中,双方可以参照市场价格。如果工程的价值大于债务总额的,承包人应当返还多余的变价款给发包人;折价之后仍然不足的部分,由发包人继续承担支付义务。

二是拍卖。在双方不能达成折价协议或协议规定不明确的情形下,只能请求法院拍卖建设工程。需要指出的是,《民法典》第807条只允许法院以拍卖的方式处置建设工程,而不允许以变卖的方式进行处置。因为法院以拍卖的方式处置更加公平合理,可以避免当事人通过变卖方式损害其他当事人的利益。

在通过折价或拍卖的方式将建设工程变价之后,承包人有权从变价所得价款中优先受偿。此处所说的优先,是相对于发包人的一般债权人优先。例如,发包人在经营过程中对第三人所欠下的债务,即使这些债权人向法院主张拍卖建设工程,承包人仍然依法享有优先于这些债权人的受偿权。

(二)建设工程优先权经登记后具有优先于抵押权的效力

在建设工程优先权和抵押权同时并存的情况下,应当由哪一种权利优先受偿,对此存在

---

① 高圣平:《民法典担保制度及其配套司法解释理解与适用》(下),中国法制出版社2021年版,第1047页。
② 安徽省高级人民法院(2014)皖民一终字第00054号民事判决书。

如下不同观点：第一，一般抵押权优先说。此种观点认为，法定优先权并没有经过登记，没有进行公示，因此第三人很难知道，而一般抵押权大多经过了登记，因此，一般抵押权效力应当优先。第二，法定优先权优先说。此说认为，法定优先权应当优先于一般抵押权受偿，因为法定优先权是直接依法产生的，不需要公示，可以直接对一般抵押权产生优先效力。① 第三，依成立的先后定其次序。② 此种观点认为，在法定优先权与一般抵押权之间很难说哪一种物权比另一种更优先，两种物权都应当受到平等的保护，应当根据其设立的时间先后顺序，来确定应当优先保护哪一种权利。第四，平等受偿说。在两项物权发生冲突的情况下，由于两项物权都是优先受偿权，任何一项物权都不能优先于另一物权，所以可以将两项物权视为具有同等效力的权利，并使其平等受偿。

《建设工程施工合同司法解释（一）》第36条规定："承包人根据民法典第八百零七条规定享有的建设工程价款优先受偿权优于抵押权和其他债权。"据此，建设工程优先权具有优先于抵押权的效力。一方面，如果发包人未按照约定支付工程价款，承包人固然可以请求发包人承担违约责任，但是违约责任在许多情况下并不能充分保护承包人的利益，因为发包人在兴建工程的过程中为了融资，常常要将土地使用权或在建工程以及已经建成的工程抵押给他人。在承包人和发包人的其他债权人同时向发包人主张清偿债务的情况下，其他享有抵押权的债权人就会要求行使抵押权，对发包人已经竣工验收合格的工程优先受偿。如果承包人不享有法定优先权，其所享有的债权便无优先受偿的效力。承包人很可能因发包人没有资产，而致使其债权不能实现或者不能完全实现。因此，为了维护承包人的利益，法律规定了建设工程优先权。由此可见，如果抵押权可优先于法定优先权而实现，那么法定优先权的设定目的就无法实现。③ 另一方面，在发包人拖欠的工程款中，相当一部分是承包人应当支付给工人的工资和劳务费。根据我国《民事诉讼法》的一贯规定，在执行债务人的财产时，应当对工人的工资等优先支付，这也符合我国《劳动法》保护劳动者利益的宗旨。因为一般抵押权优先受偿，会导致承包人的工程款不能实现，则工人的工资将难以保障。这显然有违《劳动法》的立法宗旨。④

笔者认为，建设工程优先权优先于一般抵押权必须满足一项条件，即工程款是预先登记的。也就是说，如果建设工程优先权只优先于一般债权，可以不必登记，但如果承包人所享有的建设工程优先权要优先于抵押权等其他担保物权，则必须将工程款预先予以登记，该登记的工程款也是承包人优先权实现的最高数额。如果实际结算的工程款高于登记的数额，则应当以登记的数额为准。如果低于登记的数额，则应当以实际结算的数额为准。采取工程款先登记的方式，一方面有利于维护抵押权的效力。其他的一般抵押权人可以从工程款预先登记中，了解将来可能发生的承包人的优先权。如果工程款已预先登记，抵押权人已事先知道优先权的存在，则其继续接受债务人以建设工程作抵押，意味着其已自愿接受抵押权可能无法实现的风险。另一方面，如果发包人与承包人恶意通谋，故意虚报工程款，将使得承包人的优先权受偿以后，一般抵押权人蒙受损害，建设工程的工程款预先登记将有效避免此类问题产生。⑤

---

① 参见王全弟、丁洁：《物权法应确立优先权制度——围绕合同法第286条之争议》，载《法学》2001年第4期。
② 参见谢鸿飞编著：《承揽合同》，法律出版社1999年版，第138页。
③ 参见王全弟、丁洁：《物权法应确立优先权制度——围绕合同法第286条之争议》，载《法学》2001年第4期。
④ 参见谢鸿飞、朱广新主编：《民法典评注·合同编：典型合同与准合同3》，中国法制出版社2020年版，第177页。
⑤ 参见蒋子翘：《建设工程款优先受偿权研究》，载《上海政法学院学报（政法论丛）》2012年第2期。

(三）放弃建设工程优先权不得损害建筑工人利益

在实践中，发包人在与承包人签订施工合同时，就要求承包人必须在合同中放弃优先受偿权，此种做法是否合理？关于当事人是否有权放弃优先权，一直存在争议。笔者认为，优先受偿权虽为法定权利，但该权利仍然是承包人的私权，依据私法自治原则，应当允许承包人放弃该项权利，但是该权利的放弃也有可能涉及建筑工人的利益问题，法律有必要对此种放弃作出必要的限制。《建设工程施工合同司法解释（一）》第 42 条规定："发包人与承包人约定放弃或者限制建设工程价款优先受偿权，损害建筑工人利益，发包人根据该约定主张承包人不享有建设工程价款优先受偿权的，人民法院不予支持。"依据这一规定，当事人不得通过放弃优先受偿权而损害建设工程建筑工人的利益。这主要是因为，如果承包人与发包人约定放弃优先受偿权，可能会导致其工程价款债权不能实现，进而出现负债状况恶化，不能支付工人工资的现象，这就不利于保护弱势群体的利益。因此即使当事人签订了放弃该权利的协议，就职工工资部分的放弃应认定为无效，而其他部分的放弃应当认为有效。[①]

第七节　违反建设工程合同的违约责任

一、发包人的违约责任

发包人的违约责任主要包括如下几种。

（一）未按期支付工程款所应承担的责任

依据《民法典》第 788 条的规定，在建设工程合同中，支付工程款是发包人的主要合同义务。如果发包人没有按期支付工程款，承包人有权要求发包人继续支付，并在构成根本违约的情形下，有权要求解除合同、支付违约金、赔偿损失。另外，依据《民法典》第 793 条的规定，即使建设工程合同无效，但建设工程经验收合格的，承包人也有权请求发包人参照合同关于工程价款的约定折价补偿。例如，在"莫志华、深圳市东深工程有限公司与东莞市长富广场房地产开发有限公司建设工程合同纠纷案"中，二审法院认为："鉴于建设工程合同的特殊性，双方无法相互返还，故只能按折价补偿的方式处理。从现有证据来看，并无证据显示长富广场公司在签约及履约过程中知道莫志华挂靠东深公司进行施工，因此，造成合同无效的过错责任应由莫志华和东深公司承担。"[②]

在发包人逾期支付工程款时，承包人不仅有权请求发包人按照约定支付工程款，而且有权请求发包人支付逾期利息。依据《建设工程施工合同司法解释（一）》第 26 条的规定，"当事人对欠付工程价款利息计付标准有约定的，按照约定处理。没有约定的，按照同期同类贷款利率或者同期贷款市场报价利率计息"。这就是说，关于利息的支付，有约定的按约定，如果当事人没有约定或者约定不明确，则可以参考合同成立时一年期贷款市场报价利率予以确定。由于按期支付工程价款是发包人的主要义务，此种义务的不履行，将会导致发包人的根本违约[③]，在发包人拖欠工程款的情形，承包人不仅有权要求其继续支付，而且有权要求其

[①] 最高人民法院民事审判第一庭编著：《最高人民法院建设工程施工合同司法解释（二）理解与适用》，人民法院出版社 2019 年版，第 475 页。

[②] 《最高人民法院公报》2013 年第 11 期。

[③] 参见最高人民法院民事审判第一庭编著：《最高人民法院建设工程施工合同司法解释的理解与适用》，人民法院出版社 2015 年版，第 126 页。

支付利息。

关于逾期利息计算的时间,因为利息是发包人逾期支付工程价款的法定孳息,因此在发包人逾期支付工程款的情形下,承包人有权要求发包人支付工程款利息,依据《建设工程施工合同司法解释(一)》第27条,应当从应付工程价款之日开始计付。如果当事人对付款时间没有约定或者约定不明,建设工程已实际交付的,为交付之日;建设工程没有交付的,为提交竣工结算文件之日;建设工程未交付,工程价款也未结算的,为当事人起诉之日。该条主要是要确定发包人支付逾期利息的起算日期。

(二)未及时提供原材料、设备、场地、资金等的责任

在建设工程合同中,承包人顺利施工可能需要发包人及时提供原材料、设备等,双方可以在合同中对此作出约定。在此情况下,如果发包人违反其提供相关的设备、原材料等义务,造成承包人无法顺利施工,或者造成承包人其他损失的,依据《民法典》第803条的规定,承包人有权顺延工程日期,并有权请求发包人赔偿其停工、窝工等损失。

(三)因发包人的原因造成工程质量不合格的责任

在建设工程合同中,承包人顺利进行相关的施工活动离不开发包人的协助,在由发包人提供材料和设备等的情形下,如果因发包人提供的建筑材料、建筑构配件、设备等不符合强制性标准,或者因发包人直接指定分包人分包专业工程,从而造成建设工程质量不合格的,发包人应当承担过错责任。《民法典》第806条第2款规定:"发包人提供的主要建筑材料、建筑构配件和设备不符合强制性标准或者不履行协助义务,致使承包人无法施工,经催告后在合理期限内仍未履行相应义务的,承包人可以解除合同。"依据这一规定,发包人提供合格的主要建筑材料等义务,不是一般的附随义务,而是发包人应负担的给付义务,如果其提供的主要建筑材料、建筑构配件和设备不符合强制性标准或者不履行协助义务,将构成根本违约。如钢筋与水泥的承重比例,必须要符合国家规定的标准。如果不符合强制性标准,则可能导致工程质量不合格,甚至会危及用户和公众的安全。在此情形下,致使承包人无法施工,经催告后在合理期限内仍未履行相应义务,承包人可以解除合同。当然,应当看到,《民法典》第806条第2款与其第1款关于禁止转包、违法分包的规则不同,如果是违反第1款中的义务,发包人可以直接解除合同。但如果属于第2款所规定的情形,则承包人要解除合同必须先进行催告,并且要留出合理期限,只有在合理期限内发包人仍然不履行,才能解除合同。

依据《建设工程施工合同司法解释(一)》第13条第1款的规定:发包人具有下列情形之一,造成建设工程质量缺陷的,应当承担过错责任:第一,提供的设计有缺陷。因发包人提供的设计有缺陷,或者发包人所提供的技术实施方案存在缺陷,并因此导致建设工程质量不合格的,承包人有权请求发包人承担相应的责任。第二,提供或者指定购买的建筑材料、建筑构配件、设备不符合强制性标准。在建设工程合同中,需要发包人提供原材料、设备,或者提供相关的技术实施方案等,如果因发包人所提供的原材料、设备等不符合质量要求,发包人应当负责。第三,直接指定分包人分包专业工程。即在建设工程施工合同中,发包人自己将工程进行指定分包,因而直接影响了工程的质量。

需要指出的是,在上述情形下,发包人应该承担的责任主要是过错责任,也就是说,需要按照发包人的过错程度来确定其应承担的相应责任。在确定责任过程中,一方面,要考虑到发包人的过错与损害之间的因果联系,并依据其过错程度确定责任。另一方面,也要考虑承包人是否有过错。如果承包人有过错的,依据《建设工程施工合同司法解释(一)》第13条

第 2 款,承包人也应当承担相应的过错责任。①

二、承包人的违约责任

(一)转包、违法分包的责任

《民法典》第 806 条第 1 款规定:"承包人将建设工程转包、违法分包的,发包人可以解除合同。"该条将承包人转包、违法分包规定为发包人的法定解除事由。也就是说,如果承包人将建设工程转包、违法分包的,发包人有权依法解除合同。如前所述,承包人将工程转包、违法分包的行为,因违反了法律的强制性规定,其合同应当被宣告无效。当事人应当承担无效后的损害赔偿等责任。在发包人和承包人之间的合同关系中,承包人将建设工程转包、违法分包的,承包人已构成根本违约,并使发包方享有解除合同的权利。

在承包人将建设工程转包、违法分包的情形下,依据《民法典》第 791 条,该合同应当被宣告无效。依据《民法典》第 793 条,如果建设工程施工合同无效,但是建设工程经验收合格的,可以参照合同关于工程价款的约定,折价补偿承包人。

(二)因建设工程质量不合格应承担的责任

在建设工程合同中,承包人是缔约的主体,因此承包人应当向发包人承担建设工程质量不合格的违约责任。因承包人的原因造成工程质量不合格的,包括偷工减料、使用不合格的建筑材料以及未严格按照设计的图纸进行施工建设等,承包人应依法承担违约责任。当然,如果建设工程质量不合格并非出于承包人的原因,而是因发包人的原因或者用户自身的原因而造成的,则不应使承包人承担责任,否则对承包人将过于严苛,且不符合公平原则,同时也有悖于责任自负原则。② 具体而言:

第一,以修理、返工、改建的方式继续履行。《民法典》第 801 条规定:"因施工人的原因致使建设工程质量不符合约定的,发包人有权请求施工人在合理期限内无偿修理或者返工、改建。经过修理或者返工、改建后,造成逾期交付的,施工人应当承担违约责任。"由此可看出,在建设工程质量不合格的情况下,如果该种建筑质量的瑕疵能够补正,可以采取修理、返工、改建的方式继续履行。据此,在施工过程中,施工人对建设工程所出现的任何质量问题都应承担继续履行的责任。如果因施工人原因致使建设工程质量不符合约定的,则需要承担相应的瑕疵担保责任,发包人可以请求施工人在合理期限内无偿修理或者返工、改建。而如果在经过修理或者返工、改建后,造成逾期交付的,此时已经构成履行迟延,属于违约责任的调整范畴,故施工人应当承担违约责任。③

第二,减少支付工程价款。所谓减少工程款,其实就是依质论价。《建设工程施工合同司法解释(一)》第 12 条规定:"因承包人的原因造成建设工程质量不符合约定,承包人拒绝修理、返工或者改建,发包人请求减少支付工程价款的,人民法院应予支持。"依据该规定,在工程质量不合格的情况下,发包人应当要求承包人先承担修理、返工或者改建等继续履行的责任,如果承包人拒绝继续履行的,发包人享有减少支付工程价款的请求权。这就是说,发包人有权要求以质论价,根据具体情况减少工程价款。

第三,支付违约金和赔偿损失。因承包人的原因造成工程质量不合格,主要是指施工人

---

① 参见最高人民法院民事审判第一庭编著:《最高人民法院建设工程施工合同司法解释的理解与适用》,人民法院出版社 2015 年版,第 105—106 页。
② 参见胡康生主编:《中华人民共和国合同法释义》,法律出版社 1999 年版,第 431 页。
③ 参见谢鸿飞等主编:《民法典评注·合同编:典型合同与准合同 3》,中国法制出版社 2020 年版,第 149—150 页。

掺杂掺假、以次充好，造成建筑材料不合要求而引发房屋倒塌等。对于由此引发的质量问题，应由承包人承担相应的违约责任。这就是说，承包人应当依据合同约定支付违约金或根据损失进行损害赔偿。此处所说的违约金，主要指的是逾期交付的违约金。当然，违约金如果规定过高的，当事人有权请求调整。发包人也可以主张违约损害赔偿。因承包人的原因造成工程质量不合格的，由此造成的所有损失，承包人都有义务进行赔偿。

因承包人的原因造成工程质量不合格，对第三人造成财产和人身损害的，承包人应当依据《民法典》侵权责任编承担侵权责任。《民法典》第802条规定："因承包人的原因致使建设工程在合理使用期限内造成人身损害和财产损失的，承包人应当承担赔偿责任。"

（三）未能按期交工的责任

承包人未按期交工的，应承担支付违约金和赔偿损失的责任。建设工程合同中，按照约定期限交工是承包人的主合同义务之一。如果承包人未能在约定的期限内完成建设工程，则构成违约，发包人有权请求其承担违约责任。在约定的交工期限届满后，承包人未能交工的，发包人有权催告承包人在合理的期限内完工，承包人在该合理的期限内仍未完工的，发包人有权请求解除合同，并请求承包人承担违约责任。

三、施工人的违约责任

建设工程施工是施工人按照建筑设计标准和勘察、设计文件等来建造建设工程的行为。建设工程施工既可以由承包人亲自完成，也可以由承包人委托的施工单位来完成。施工人可能与发包人直接订立合同；但也有可能与发包人没有合同关系，也从事了施工活动。

《民法典》第801条规定："因施工人的原因致使建设工程质量不符合约定的，发包人有权请求施工人在合理期限内无偿修理或者返工、改建。经过修理或者返工、改建后，造成逾期交付的，施工人应当承担违约责任。"依据这一规定，因施工人的原因致使建设工程质量不符合约定的，发包人可主张施工人承担违约责任，但承担违约责任的前提必须是发包人要求施工人在合理期限内进行修理、返工或改建，且经过质量改进后造成逾期交付。如果施工人在合理期限内修理、返工或改建之后，未造成逾期交付的，发包人不应再要求施工人承担违约责任。一方面，如果因施工人的过错造成建设工程质量不符合约定，施工人拒绝修理、返工或者改建的，发包人有权请求减少支付工程价款。也就是说，发包人可以直接请求其承担违约责任。[①] 另一方面，施工人同意修理、返工或者改建，但没有在合理期限内完成此项工作，造成逾期交付的，或者施工人经修理、返工或改建之后完成的建设工程的质量仍不符合要求的，施工人应当承担违约责任。在此情形下，建设工程质量不合格系因施工人自身的原因造成的，故而依据责任自负原则，施工人因此而逾期交付的，应当承担责任。

四、其他主体的违约责任

此处所说的其他主体，主要是指分包关系中的分包人。《建设工程施工合同司法解释（一）》第43条规定："实际施工人以转包人、违法分包人为被告起诉的，人民法院应当依法受理。实际施工人以发包人为被告主张权利的，人民法院应当追加转包人或者违法分包人为本案第三人……发包人在欠付建设工程价款范围内对实际施工人承担责任。"据此可见，承

---

① 参见《建设工程施工合同司法解释（一）》第12条。

包人将工程转包、分包给其他人的,不应当免除其对工程质量的责任,其仍然应当对第三人的行为负责。[①] 此外,次承包人、分包人因为工程质量不合格,也应当对发包人负责。

五、违约的救济

(一) 实际履行

在建设施工合同中,如果建设工程质量不合格是因为施工人的原因所致,发包人有权要求施工人在合理期限内无偿修理或者返工、改建。经过修理或者返工、改建后,造成逾期交付的,施工人应当承担违约责任。可见,在此情形下,施工人负有实际履行的责任。而且依据《民法典》第801条的规定,实际履行是承担其他违约责任的前提。只有在施工人经过修理或者返工、改建后,造成逾期交付的,才应当承担其他违约责任。如果发包人没有及时提供场地、原材料、设备等,其也负有继续履行的义务。发包人没有按期支付工程款的,其也负有继续支付的义务,并应当承担相应的违约责任。

(二) 违约金

在建设工程合同中,当事人之间通常会就质量不合格约定违约金条款。违约金通常有两种形态,一是因质量不合格而应支付的违约金,二是因迟延交付而应支付的违约金。这两种形态在建设工程合同中都有可能适用:如果当事人同时约定了质量不合格的违约金与迟延交付的违约金,在工程质量未达到约定标准时,非违约方有权请求违约方承担质量不合格的违约金,或者要求返工、改建、修理,另一方在采取这些质量改进措施后,导致建设工程逾期交付的,非违约方还有权请求违约方承担迟延交付的违约金。违约金的约定可以使双方当事人在订立合同之初就完全了解如果违约将可能需要承担的责任,并可以使守约方无须通过耗时的诉讼程序来获取补偿[②],因此,在建设工程合同中,如当事人约定有违约金的,应优先适用。

(三) 损害赔偿

在合同关系中,当事人一方违约的,损害赔偿可以作为一种普遍的救济方式予以适用。一般而言,损害赔偿的数额仍应视相对方所遭受的损害而定,并由其承担举证责任。损害赔偿不仅包括实际损失,而且包括可得利益的损失。例如,因工程延期支付,不仅使发包人支付了对购房人的违约金,而且使发包人不能正常使用该工程,导致利润的损失。

(四) 减少工程款

《民法典》第582条规定履行不符合约定的,受损害方可以合理请求对方承担减少价款等违约责任。[③] 因此,如果工程质量不合格,而承包人又拒绝修理、返工或改建的,发包人还可以请求减少工程款。如果当事人就减少工程款的数额达成协议的,应当承认该协议的效力。如果双方无法就此达成协议,发包人可以请求人民法院确定减少工程款的具体数额。法院应当考虑建设工程合同的具体情况,尤其是工程质量不合格的严重程度、工程质量不合格对工程价值的影响、返工需要支出的费用等合理确定。

(五) 解除合同

此处所说的解除合同,是指因违约而发生的解除。除了《民法典》第563条与合同编通

[①] 参见最高人民法院民法典贯彻实施工作领导小组主编:《中华人民共和国民法典合同编理解与适用》(三),人民法院出版社2020年版,第1997—1998页。
[②] 参见欧海燕:《标准建筑合同比较研究——以中英为视角》,法律出版社2010年版,第143页。
[③] 参见吴志忠:《买卖合同法研究》,武汉大学出版社2007年版,第156页。

则部分规定的法定解除权外,合同编分则建设工程合同章还针对建设工程合同专门规定了其解除问题。

1. 发包人的解除权

如果因为承包人的违约行为,导致根本违约,发包人有权解除建设工程施工合同。《民法典》第806条第1款规定:"承包人将建设工程转包、违法分包的,发包人可以解除合同。"将工程转包或者违法转包的行为,不仅违反了法律的强制性规定,也破坏了发包人的信赖,致使建设工程的质量难以保障,因而构成了根本违约,此时发包人享有合同的解除权。①

2. 承包人的解除权

发包人的违约行为,也可能构成根本违约,此时,承包人也享有合同解除权。此外,依据《民法典》第806条第2款的规定,"发包人提供的主要建筑材料、建筑构配件和设备不符合强制性标准或者不履行协助义务,致使承包人无法施工,经催告后在合理期限内仍未履行相应义务的,承包人可以解除合同"。该条实际上对《民法典》第563条第1款第3项的"迟延履行主要债务"在建设工程领域作了具体规定。据此,发包人提供的主要建筑材料、建筑构配件和设备不符合强制性标准或者不履行协助义务,致使承包人无法施工的,即属于迟延履行主要义务的情形。虽然此时承包人可以要求顺延工期,主张因此造成的停工、窝工损失,但是,在已经给予发包人合理宽限期后,继续强制要求承包人维持履行无望的合同关系,不能从已无履行可能的合同中解脱出来,对承包人也过于苛刻,因此,此种情况下,应当允许承包人请求解除建设工程施工合同。②

在建设工程施工合同解除以后,要发生恢复原状的后果。但是,建设工程具有其特殊性,其往往都是为了特定发包人的需要而建造的,如果其已经建成,恢复原状会造成巨大的浪费。③ 因此,《民法典》第806条第3款针对建设工程施工合同解除的后果作出了特殊规定:"合同解除后,已经完成的建设工程质量合格的,发包人应当按照约定支付相应的工程价款;已经完成的建设工程质量不合格的,参照本法第七百九十三条的规定处理。"这就是说,一方面,建设工程施工合同解除后,如果已经完成的建设工程质量合格,发包人应当按照约定支付相应的工程价款;修复后的建设工程经竣工验收合格,发包人有权请求承包人承担修复费用。因为毕竟建设工程验收已经完成并且合格,如果恢复原状,即便可能,也会造成财产的巨大浪费,且不符合当事人的订约目的。因而,即便合同已经解除,发包人也应当按照当事人的约定支付价款。另一方面,如果已经完成的建设工程质量不合格,修复后的建设工程经竣工验收仍然不合格,则承包人无权请求支付工程价款。另外,依据《民法典》第793条第3款,如果因建设工程不合格造成损失,发包人有过错的,其也应承担相应的民事责任。

---

① 参见谢鸿飞、朱广新等主编:《民法典评注·合同编:典型合同与准合同3》,中国法制出版社2020年版,第172页。
② 参见黄薇主编:《中华人民共和国民法典合同编解读》(下册),中国法制出版社2020年版,第1042页。
③ 参见黄薇主编:《中华人民共和国民法典释义》,法律出版社2020年版,第1482页。

第十五章

运 输 合 同

第一节 运输合同概述

一、运输合同的概念和特征

运输合同又称为运送合同,是指承运人将旅客或者货物安全及时地送达约定地点,由旅客、托运人或者收货人支付运输费用的合同。《民法典》第 809 条规定:"运输合同是承运人将旅客或者货物从起运地点运输到约定地点,旅客、托运人或者收货人支付票款或者运输费用的合同。"《民法典》合同编单列第十九章对运输合同的一般规则进行了规定。运输合同主要包括旅客运输合同和货运合同两大类。随着运输业的发展,出现了新的运输方式,如多式联运合同。针对运输方式的多样性,我国有关的法律,如《铁路法》《民用航空法》《海商法》等都对运输合同进行了专门规定。以上单行法律有关运输的规则与《民法典》合同编的相关规则构成了运输合同法律制度的整体。

运输合同具有如下特征:

(1) 主体具有特殊性。运输合同中,主体为承运人与托运人、旅客。所谓承运人,是指已与托运人订立合同的当事人一方。在我国,承运人都是需要取得客运或货运资质,或取得运输许可的人。对于铁路、航空等运输方式,法律上对承运人的资格有严格的限制。① 所谓托运人,是指货运合同中托送货物的人,托运人既可以是自然人,也可以是法人或者其他组织。所谓旅客,是指客运合同中的一方当事人,其也是承运人运输的对象。此外,货运运输合同的主体还包括收货人。在货物运输中,一些托运人常常为了第三人的利益而运输货物,因而货运合同的当事人,除托运人和承运人外,还应当包括第三人即收货人。从我国实务来看,在托运人与收货人不一致的情况下,一旦合同规定第三人为收货人,则在承运人将货物运送到目的地以后,收货人就有权请求承运人交付货物。一旦托运人确定第三人为收货人,则该合同在性质上就成为利益第三人合同。

(2) 客体具有特殊性。运输合同的客体是运送行为,无论是客运合同还是货运合同,其所指向的都是承运人利用交通工具,使物品或旅客发生空间变动的行为。一方面,在旅客运

---

① 例如,《民用航空法》第 92 条规定:"企业从事公共航空运输,应当向国务院民用航空主管部门申请领取经营许可证。"第 93 条规定:"取得公共航空运输经营许可,应当具备下列条件:(一)有符合国家规定的适应保证飞行安全要求的民用航空器;(二)有必需的依法取得执照的航空人员;(三)有不少于国务院规定的最低限额的注册资本;(四)法律、行政法规规定的其他条件。"

输合同中,旅客支付价款这一主要义务所指向的应是承运人的运输行为,而非旅客本身。在货运合同中,托运人或收货人支付价款所针对的也是承运人运输货物的行为,而非针对货物本身。另一方面,运输不是简单从事交通工具运送的行为,必须由承运人将旅客或货物安全、及时运送到目的地,运输行为才能完成。因而,运输行为从广义上来讲是一种提供劳务的行为。①

(3) 具有标准性。运输合同大都采取示范合同形式,具有标准性。由于运输合同中的承运人大多是经营运输的企业,而托运人和旅客都可能是普通的消费者,其很难与承运人具有同等的谈判地位,与承运人单独订立合同的费用也通常较高,所以运输合同一般采用示范合同的形式,一些合同条款采取了格式条款的形式,当事人对此不能协商。② 例如,货运单、提货单、客票等所载的主要内容和条款(如注意事项、收费项目、赔偿责任)一般是由国家授权交通运输部门统一制定的,双方当事人无权自行变更。对托运人和乘客而言,他们要托运货物、乘坐交通工具就必须接受国家规定的条件,如不得携带易燃易爆品乘坐高铁。国家将运输合同规定为标准合同,是为了更好地维护双方当事人的利益,防止承运人控制运输工具而任意加收运费的现象。

(4) 具有诺成性、双务性、有偿性。运输合同是诺成合同,原则上双方达成合意即可,无须实际交付标的物。《民法典》第 814 条规定:"客运合同自承运人向旅客出具客票时成立,但是当事人另有约定或者另有交易习惯的除外。"随着互联网技术的发展,传统的购票方式发生了很大变化,客票的无纸化已成为普遍趋势,所以客运合同原则上自承运人向旅客出具而不是交付客票时成立。但是,在运输合同的当事人另有约定的情况下,旅客运输合同的成立可以不是在承运人出具客票时成立。例如,在航空运输中,旅客与承运人约定航空运输合同从旅客登上飞机时成立,则该客运合同的成立时间就是旅客登上飞机的那一刻。另外,在另有交易习惯的情况下,客运合同的成立时间也可以不以出具客票时为准。③

运输合同是双务的、有偿的合同。依据《民法典》第 809 条的规定,运输合同是承运人将旅客或者货物从起运地点运输到约定地点,旅客、托运人或者收货人支付票款或者运输费用的合同。在运输合同中,一方从事运输的行为,另一方支付运费或票款,故其为双务有偿合同。

二、运输合同与承揽合同

运输合同与承揽合同一样,都要完成一定的工作,并且也要提供一定的工作成果。在运输合同中,不仅要运输货物或旅客,还要把货物或旅客安全、及时地运送到目的地。因此,许多学者认为,此类合同具有结果的要求,因而属于一种特殊的承揽合同。④ 也有人认为,运输行为必须借助一定的交通工具实施,如通过火车、汽车、轮船等进行运输,若仅以人力搬运物品或人身(如背负他人过河),仅成立承揽合同而不成立运输合同。⑤ 笔者认为,就运输合同而言,虽然其性质与承揽合同颇为相近,但与承揽合同存在着明显区别,主要表现在:一方面,在运输合同中,安全及时运输是对运输行为的具体要求,而非作为结果存在。而在承揽

---

① 参见马俊驹、余延满:《民法原论》(第三版),法律出版社 2007 年版,第 702 页。
② 参见魏耀荣等:《中华人民共和国合同法释论(分则)》,中国法制出版社 2000 年版,第 351 页。
③ 参见黄薇主编:《中华人民共和国民法典合同编解读》(下册),中国法制出版社 2020 年版,第 1071 页。
④ 参见韩世远:《合同法学》(第二版),高等教育出版社 2022 年版,第 509 页。
⑤ 参见江平主编:《中华人民共和国合同法精解》,中国政法大学出版社 1999 年版,第 224 页。但我国台湾地区学者大多认为运输工具并不重要,即使是以人力搬运也构成运输。参见欧阳经宇:《民法债编各论》,台湾汉林出版社 1978 年版,第 184 页。

合同中,承揽人所提供的是一种物化的成果。运输合同的承运人须向旅客或托运人提供运送服务,而不是某项工作成果。[①] 从此种意义上来讲,运输合同并不是一种提供工作成果的合同,而是一种提供服务的合同。另一方面,从提供服务的性质来看,承揽人需要对材料进行加工进而形成工作成果,而运输人则是借助一定的运输工具对旅客或货物进行运输,这并非加工性质的行为。还应当看到,在货运合同中,还可能存在收货人,但在承揽合同中,并不存在收货人,所以其一般不可能形成利益第三人合同。

三、运输合同的分类

运输合同的种类很多,根据不同的标准可以作出不同的分类:

(一)货运合同和旅客运输合同

按运输合同标的的不同,有货运合同和旅客运输合同之分。货运合同是指将特定的货物运送至特定地点,由托运人或者收货人支付费用的合同。货物运输合同的种类很多,又可以分为一般货物的运输合同、特种货运合同(如运送鲜活货物,包括易腐、易变质货物和活动物等货物的合同)、危险货运合同(指运输易燃、易爆、有剧毒和放射性的物品的合同)。所谓旅客运输合同,是由承运人将旅客安全及时送达目的地,旅客支付票款的合同。由于这两类合同基本概括了运输合同标的的两种类型,因而我国《民法典》主要将运输合同分为货运合同与客运合同两类。货运合同和旅客运输合同的主要区别在于:

第一,运输对象不同。在客运合同中,承运人所运输的通常是旅客本身,而在货运合同中,承运人所运输的对象则是托运人所交付的货物。在客运合同中,由于其涉及旅客的身体及生命,所以在具体的规则适用上与一般的货物运输有很大的不同。

第二,当事人不同。在客运合同中,不存在收货人,其当事人主要是旅客和承运人。而货运合同的当事人主要是托运人和承运人,但还存在以第三人作为收货人的情形。如果托运人与承运人约定将货物交付给特定的第三人(即收货人)的,收货人作为货运合同的当事人,可要求承运人履行交付货物等义务。

第三,义务内容不同。在客运合同中,承运人负有将旅客安全运送至目的地的义务。所以,《民法典》第822条规定,承运人在运输过程中,应当尽力救助患有急病、分娩、遇险的旅客。但在货物运输中,不存在该种义务。

(二)铁路、公路、水上(海上和内河)、航空运输合同

从运输工具来看,可以区分为铁路运输合同、公路运输合同、水上(海上和内河)运输合同、航空运输合同。在实践中,运输合同按照运输工具来进行分类也具有一定的意义,主要表现在:一是适用的法律不同。我国专门颁布了《民用航空法》《铁路法》《海商法》等,分别调整各种特殊交通工具的运输合同关系。二是从免责事由来看,在航空运输中,一般认为不可抗力不能作为免责事由,而在其他运输方式中则可以适用。三是从对承运人的特殊要求来看,一般来说,航空、铁路运输都对承运人的资质有相对严格的要求。例如,在我国,铁路运输由铁路部门专营,对航空运输企业的资质也有严格要求。

(三)单一承运人的运输合同与联运合同

从运输方式来看,运输合同可分为单一承运人的运输合同与联运合同。单一承运人的运输合同,是指仅由单一的承运人负担运输义务的合同。联运合同,又称连续运输,是指两

---

① 参见郭明瑞、王轶:《合同法新论·分则》,中国政法大学出版社1997年版,第256页。

个以上的承运人采用相同或不同的交通工具共同完成货物运输任务的合同。[①] 联运合同在签订、变更、当事人的权利义务、违约责任等方面与货运合同和旅客运输合同相似。但联运合同有多个承运人,这是联运与普通运输的主要区别之一。虽然联运中的承运人是多人,但联运合同的签订者仅是第一承运人。除第一承运人以外的其他承运人并不参加合同的签订,但他们必须向托运人或旅客履行各自的承运义务。

联运合同可以区分为单式联运合同和多式联运合同。所谓单式联运合同,是指存在多个承运人,在托运人与第一承运人订立运输合同之后,由第一承运人与其他承运人以相同运输方式完成同一货物运输的合同。所谓多式联运合同,也可称为复式运送,是由两个或两个以上不同运输方式的承运人结合为承运人一方,与托运人或旅客之间订立的协议。[②] 从我国《民法典》的现有规定来看,单式联运和多式联运合同中承运人的责任承担规则也有较大区别。

(四)国内运输和远洋运输

国内运输主要是指运输路线发生在一个国家内部的运输,包括陆路、公路以及铁路运输等。而远洋运输主要是指在一国或多国海域进行的运输路线发生在一个以上国家的运输。由于海洋运输情形较为复杂,涉及的问题很多,一般要制定专门的海洋运输法对此进行调整。我国专门制定有《海商法》对远洋运输进行特别规定,该法第1条就明确指出其所调整的对象与目的,即为了调整海上运输关系、船舶关系,维护当事人各方的合法权益而制定。

第二节 运输合同的订立

一、运输合同自合同当事人就主要条款达成合意时成立

关于运输合同是诺成合同还是实践合同,存在争议。笔者认为,其属于诺成合同,因为一方面,在运输合同中只要双方当事人就运输事项达成一致时,合同就宣告成立,并不需要另行交付标的物。如果要等到交付货物时货运合同才宣告成立,则不利于保护托运人的利益。承运人很可能以托运人未交付货物为由,而不提前进行运输准备,如在铁路运输中,由于未在运输计划中为托运人提前预留火车车皮,而导致托运人的货物无法运输。另一方面,即便在旅客运输合同中,旅客购买客票时合同成立,但这并不意味着此类合同是实践合同。在客运合同,双方当事人就运输合同主要条款形成合意的,合同关系即为成立。除非有当事人的特别约定或者存在交易习惯,出具客票仅仅只起到证明作用,并非合同的当然成立要件。

二、从事公共运输的承运人负有强制缔约义务

《民法典》对运输合同的订立规定了特定的规则,即对从事公共运输的承运人施加了强制缔约义务。《民法典》第810条规定:"从事公共运输的承运人不得拒绝旅客、托运人通常、合理的运输要求。"该条即确立了公共承运人的强制缔约义务,其适用的基本条件如下:

---

① 参见黄薇主编:《中华人民共和国民法典合同编解读》(下册),中国法制出版社2020年版,第1111页。
② 参见林一山:《运送法》,台湾第2005年自版,第11页。

第一,负有强制缔约义务的主体是从事公共运输的承运人。从事公共运输须具备特别许可的资格,未经许可的不能开展营运。也就是说,从事公共运输的人通常对这种运输服务具有相当程度的垄断,如果不对其课以强制缔约义务,将会对公众的出行便利造成很大影响。其特点主要表现在以下几个方面:一是服务对象的不特定性。公共运输的对象并不是特定的某些人或者某个人,而是公众。例如,某个企业有专门接送公司员工的班车或者路线较为固定的货物运输的货车,因为运输对象是确定的,所以不属于公共运输的范畴。专门针对商业贸易开展的班轮运输也不属于公共运输承运人。例如,在"厦门瀛海实业发展有限公司与马士基(中国)航运有限公司海上货物运输合同纠纷案"中,最高人民法院认为,公共运输履行着为社会公众提供运输服务的社会职能,具有公益性、垄断性等特征。国际海上集装箱班轮运输是服务于国际贸易的商事经营活动,不属于公用事业,不具有公益性,也不具有垄断性、价格受严格管制的特征,故不属于"从事公共运输的承运人不得拒绝旅客、托运人通常、合理的运输要求"规定的公共运输,其承运人不负有强制缔约义务。[①] 二是承运人要有专门的运输许可。一般而言,我国对运输的经营实行特许制度,根据相关的法律规定,从事运输的人需要具有相关部门的特别许可。如果未取得特许资格,不得从事公共运输事务。三是承运人从事商业运营,并且根据审批的固定路线、价格以及时间进行营运。这种运输路线、营运时间、运输价格具有较为固定的特点,非经批准同意,不得随便进行更改。[②] 四是内容的格式化。在公共运输中,由于运输的时间、价格、路线都在特别许可中予以载明,并且需要接受相关部门的监督,所以,合同的主要内容已经较为固定。托运人或者旅客对此一般不能协商,而承运人也不能对此进行随意更改,它是一种典型的格式化合同。《民法典》对从事公共运输的承运人规定强制缔约义务的原因在于,避免从事公共运输一方利用交易优势地位损害不特定公众的正当、合理的利益。

第二,旅客、托运人的运输要求必须是"通常、合理"的,承运人才负有强制缔约义务。判断是否为"通常、合理",不是依单个旅客或者托运人的判断,而是依一般旅客或者托运人的判断。[③] 对于旅客通常、合理的运输要求,从事公共运输的承运人不得拒绝。通常、合理的要求也是旅客正当利益的体现。如果对旅客通常、合理的缔约要求不能满足,将会严重损害旅客的利益。此外,强制缔约义务能够维护正常的运输秩序。满足旅客通常、合理的要求,这是营运许可所规定的内容,如果此种要求不能得以满足,就不能实现正常的运输秩序。

违反强制缔约义务的法律后果如何?强制缔约的直接效力在于,负有强制缔约义务的一方当事人必须受强制缔约规定的约束,不能拒绝社会上不特定相对人的缔约请求。[④] 从法律上看,强制缔约义务虽然是在合同法中规定的,但其性质属于强行性规范,而不是任意性规范,当事人不能约定排除其适用。负有强制缔约义务的一方必须应相对人的请求与其订立合同。如果负有缔约义务的一方拒绝订立合同,其应当承担相应的法律后果,即要承担损害赔偿等责任。[⑤]

---

① 最高人民法院(2010)民提字第 213 号民事裁决书。
② 参见胡康生主编:《中华人民共和国合同法释义》,法律出版社 1999 年版,第 447 页。
③ 参见黄薇主编:《中华人民共和国民法典合同编解读》(下册),中国法制出版社 2020 年版,第 1063 页。
④ MünchKomm/Busche, vor § 145, Rn. 23.
⑤ Staudinger/Bork, vor § 145, Rn. 20; MünchKomm/Busche, vor § 145, Rn. 12; Bamberger/Roth/Eckert, § 145, Rn. 16.

第三节　运输合同的效力

一、承运人的主要义务

（1）安全及时送达的义务。《民法典》第 811 条规定："承运人应当在约定期限或者合理期限内将旅客、货物安全运输到约定地点。"该条规定确定了如下义务：第一，承运人必须按照规定的时间进行运输。如果合同对运送期限有明确规定，应该在合同约定的期限内进行运输，如果没有规定期限，应该在合理期限内进行运输。如果承运人未能在规定的运输期限内将旅客或货物运输到目的地，将承担违约责任。第二，承运人应当将旅客、货物安全、及时运输到约定地点。也就是说，承运人仅仅将旅客与货物送到合同约定的地点是不够的，还需要将旅客或货物安全送达。所谓安全送达，是指必须在运输过程中保障旅客与货物的安全。对于货物而言，安全就是要按照托运时候的包装方式、形状构造等送达约定地点。[①] 在运输过程中，即使由于外来原因，造成旅客伤害或者货物毁损的，承运人也需要根据合同约定和相关法律规定承担民事责任。

（2）按照规定的运输路线运送的义务。《民法典》第 812 条规定："承运人应当按照约定的或者通常的运输路线将旅客、货物运输到约定地点。" 这就是说，在运输中，承运人应当按照约定的或者通常的运输路线进行运输，包括两个方面：一是按照约定的运输路线运送。约定的路线，是合同当事人明确约定的路线。承运人因各种原因可能舍近求远，或者选择并不通常行驶的路线。只要双方约定了路线，承运人就应当按照该路线行驶。二是按照通常的运输路线运送。通常的路线，是指人们一般的、惯常行走的路线。一般而言，运输路线是已经确定的较为安全的路线，特别是在航空运输中，运输路线的改变将会增加运输的风险。[②] 通常路线大多是由承运人设计，并公之于众的，且该路线常常与运输费用有密切联系，线路越长，运输费用越高。[③] 但如果当事人事先已就运输路线进行了特别约定的，即使该约定与通常的路线不符，承运人也应当按照约定的运输路线进行运输。当然，在特殊情况下，如果原来的运输路线不畅通或者出于救助等原因，承运人可以与托运人协商改变运输路线。如在铁路运输中，出现了山体滑坡，原来的运输路线无法通行。因此增加的费用，由双方共同协商确定。再如，《海商法》第 49 条第 2 款规定："船舶在海上为救助或者企图救助人命或者财产而发生的绕航或者其他合理绕航，不属于违反前款的规定的行为。"在此情况下，承运人的合理绕行具有法定理由，不需要取得旅客或者承运人的同意。

《民法典》第 813 条中规定，"承运人未按照约定路线或者通常路线运输增加票款或者运输费用的，旅客、托运人或者收货人可以拒绝支付增加部分的票款或者运输费用"。依据该规定，承运人未按照约定路线或者通常路线运输，实际上已经构成了违约，应当承担相应的违约责任。如果当事人已经在合同中约定了违约金或者损害赔偿额，则应当依该约定确定责任。在没有约定救济方式的情况下，旅客、托运人或者收货人可以拒绝支付增加部分的票款或者运输费用。这就是说，承运人无权要求收取增加的费用，旅客、托运人或者收货人也不负有相应的义务。例如，运输过程中，汽车司机故意绕行，增加了费用支出，此种费用应该

---

① 参见黄薇主编：《中华人民共和国民法典合同编解读》（下册），中国法制出版社 2020 年版，第 1001 页。
② 参见胡康生主编：《中华人民共和国合同法释义》，法律出版社 1999 年版，第 450 页。
③ 参见魏耀荣等：《中华人民共和国合同法释论（分则）》，中国法制出版社 2000 年版，第 360 页。

由承运人自行负责。当然,如果因为此种行为造成了托运人、旅客等的其他损失,受害人也可以要求赔偿损失。

(3) 从事公共运输的承运人的强制缔约义务。《民法典》第 810 条规定:"从事公共运输的承运人不得拒绝旅客、托运人通常、合理的运输要求。"该条规定了从事公共运输的承运人的强制缔约义务。如前所述,公共运输,是指面向社会公众的、由取得营运资格的营运人所从事的商业运输行为。依据该条规定,在订立合同时,托运人或旅客提出了与承运人缔约的要求,只要其要约的内容是通常、合理的,承运人就应当接受该要约。通常、合理的要求,包括运输线路的确定、运输工具的要求、票价的确定等要合理。如果该要求是不合理的,则承运人有权拒绝。① 例如,托运人选择的线路非常危险,或者愿意支付的运输费用过低的,承运人可以拒绝。同时,通常、合理的运输要求还包括运输过程中对承运人的要求。例如,航空运输中承运人应该提供基本的、能够保障旅客正常饮用的相关物品,如矿泉水等。

(4) 附随义务。承运人除了需要履行根据合同约定的义务之外,还需要履行根据诚信原则而产生的附随义务。也就是说,在运输旅客或者货物的过程中,如果出现了其他外来原因或者合同订立时没有预见的情况,承运人应该将该种情况及时告知托运人。如在货物运输过程中,由于运输途中发生连续降雨,货物发生变质、霉烂,承运人应该及时告知托运人,并且需要采取一定措施,防止损失的进一步扩大。

二、旅客和托运人的义务

(1) 托运的货物符合运输的法定或约定要求的义务。具体而言,一是托运的货物必须符合法律允许托运的要求,对于那些违禁品,易燃、易爆、有毒的物品以及其他禁止托运的货物,承运人有权予以拒绝。二是托运的货物满足运输的基本条件。在运输合同中,由于装载工具的限制,托运的货物必须符合托运的要求,如大小、形状等符合托运的要求。如果不符合要求,承运人可以拒绝托运。《民法典》第 810 条明文规定:"从事公共运输的承运人不得拒绝旅客、托运人通常、合理的运输要求。"这就说明,只要是不合理的运输要求,承运人都可以予以拒绝。

(2) 支付票价或者运输费用的义务。托运人应当按照合同的约定或者交易习惯,支付相应的票款或运输费用。对此,如果承运人未按照约定路线或者通常路线运输增加票款或者运输费用的,托运人有权拒绝。该行为通常构成承运人的违约行为。一般而言,运输费用常常是和运输的线路、货物的数量、交通工具的种类等因素联系在一起的。对于货物运输而言,如果当事人没有特别约定,一般都是在完成运输任务以后支付。在运输过程中,除了运输费用之外,还存在必要的杂费,如保险费、装卸货物费用的必要支出,应该由托运人或者旅客承担。

(3) 附随义务。在运输过程中,托运人也具有与承运人协作、如实告知等附随义务。如果出现了运输合同中所没有约定的客观情况,托运人应该密切配合,予以处理。

---

① 参见黄薇主编:《中华人民共和国民法典合同编解读》(下册),中国法制出版社 2020 年版,第 1000 页。

第四节 客运合同

一、旅客运输合同的概念和特征

客运合同,也称为旅客运输合同,是指承运人应将旅客及其行李包裹按约定时间运送到目的地,而旅客应支付约定运费的合同。在我国,铁路、公路、海上、内河、航空等各运输企业都办理旅客运输。客运合同是运输合同中的一种类型,其基本特征在于:

(1) 客运合同的标的是运输旅客及其自带行李的行为。客运合同不同于一般的合同,主要在于客运合同的对象具有特殊性。一般而言,在客运合同中,订立客运合同的主体同时也是客运合同所指向的对象。[1] 而在货运合同中,承运人的运输行为所指向的是托运人所交付的货物。正因如此,在客运合同中,承运人所应负担的义务具有特殊性。例如,承运人负有救助义务,其在运输过程中,应当尽力救助患有急病、分娩、遇险的旅客。此外,在客运合同中,承运人还负有将旅客的自带行李运送至目的地的义务。所谓自带行李,是指依照法律的相关规定或合同约定,旅客于限定的标准内被允许自带,而不必另行向承运人支付运费的行李。[2] 《民法典》第817条规定:"旅客随身携带行李应当符合约定的限量和品类要求;超过限量或者违反品类要求携带行李的,应当办理托运手续。"因此,在客运合同中,自带行李的规定也属于客运合同的内容,合同一经成立,旅客就应当遵守有关随身携带行李的约定。[3] 而对于旅客托运的行李,则应当适用货物运输的有关规定。

(2) 客运合同是诺成、不要式的合同。如前所述,运输合同是诺成合同,因在客运合同中,客票的出具并不是合同的成立要件,当事人仅需就运输事项达成一致时,合同即宣告成立。《民法典》第814条规定:"客运合同自承运人向旅客出具客票时成立,但是当事人另有约定或者另有交易习惯的除外。"承运人向旅客出具车票仅仅是证明合同成立的凭证。只要双方当事人就客运合同主要条款达成合意,合同即成立。如果当事人就合同成立存在约定或存在特定的交易习惯,则应按照当事人约定或者交易习惯来确定。另外,出具客票并非要实际交付客票,因为现在客票已经无纸化了。[4] 当然,当事人另有约定或者另有交易习惯的除外。例如,在出租车运输中,按照一般的交易习惯,通常是乘客先上车,在到达目的地时才给付费用。

客运合同是一种不要式合同,该种合同一般不要求采用书面形式。虽然在客运合同中,需要向乘客出具车票,但车票并不是运输合同本身,它只是旅客已经支付了票款的凭证。客运合同成立的特殊性在于双方一般不必订立正式的书面合同。[5]

(3) 客运合同是双务、有偿合同。在客运合同中,旅客支付票价是作为承运人履行运输义务的对价而存在的,因此客运合同是双务、有偿合同。《民法典》第815条集中体现了客运合同双务有偿性的体现。乘客未支付足够对价、承运人依据有效承运合同要求补交票款的,乘客应当补交票款,承运人可以按照规定加收票款。如果旅客不支付票款,承运人有权拒绝运输。

---

[1] 参见郭明瑞、王轶:《合同法新论·分则》,中国政法大学出版社1997年版,第258页。
[2] 参见孙晓编著:《合同法各论》,中国法制出版社2002年版,第220页。
[3] 参见魏耀荣等:《中华人民共和国合同法释论(分则)》,中国法制出版社2000年版,第368页。
[4] 参见黄薇主编:《中华人民共和国民法典合同编解读》(下册),中国法制出版社2020年版,第1007页。
[5] 参见谢鸿飞、朱广新主编:《民法典评注·合同编:典型合同与准合同3》,中国法制出版社2020年版,第225页。

二、客运合同的效力

(一)旅客的主要义务

(1)持有有效客票乘车的义务。《民法典》第 815 条第 1 款第 1 句规定:"旅客应当按照有效客票记载的时间、班次和座位号乘坐。"持有效客票乘车是客运合同中旅客最基本的义务。有效客票的一般形式为无记名的纸质化客票,具有流通性与一次性的特点。随着科技的发展,旅客可以通过手机等客户端下载电子客票,并以此作为乘车凭证。因此,所谓有效客票,并不仅限于无记名的有纸化客票,同时还包括无纸化客票。

旅客违反此种义务的形态主要有如下几种:无票乘坐、超程乘坐、越级乘坐或者持无效的客票乘运。所谓无票乘坐,是指旅客没有购买车票或者车票遗失后进行乘车。所谓超程乘坐,是指旅客乘坐超出了约定的既有客票的目的地,在没有另外补缴价款的情况下继续乘坐。所谓越级乘坐,是指旅客乘坐的等级席位已经超出客票指定的范围。例如,本应该是经济舱的旅客乘坐了头等舱。所谓持无效的客票乘坐,是指旅客持已经过期或者伪造的车票乘车。[①] 如果旅客违反该义务,承运人有权采取如下措施。

第一,按照规定加收票款。如果旅客无票乘坐、超程乘坐、越级乘坐或者持无效的客票乘坐的,旅客应当补交票款。但是否要求旅客补交是承运人的一项权利,因而应当由承运人决定,由其自身酌情处理。[②]

第二,拒绝运输。在违反该义务的情况下,乘客有义务补缴票款。对承运人而言,其有权加收乘客票款或者直接拒绝运输,这是承运人的权利,承运人此时享有一种选择权。如果旅客不交付票款,承运人可以拒绝运输。此外,《海商法》第 112 条规定了"承运人有权向其追偿"。这就是说,承运人嗣后发现乘客有此种情形的,可以要求乘客补偿。

此外,《民法典》第 815 条第 2 款规定:"实名制客运合同的旅客丢失客票的,可以请求承运人挂失补办,承运人不得再次收取票款和其他不合理费用。"因为客票实际上是对客运关系的证明凭证,承运人不得以客票丢失为由,否定客运关系的存在,更不得以此为名要求加收票款和其他不合理费用。同时,如果旅客丢失客票,有权请求承运人挂失补办。

(2)携带规定限额的行李乘车的义务。在客运合同中,旅客有权携带必备的行李,而携带行李搭乘交通工具一般无须额外支付价款。《民法典》第 817 条规定:"旅客随身携带行李应当符合约定的限量和品类要求;超过限量或者违反品类要求携带行李的,应当办理托运手续。"依据该条规定,旅客虽然有权随身携带行李,但该行李的携带须符合合同约定或法律规定的限量。如果旅客携带的行李超过限量的,必须办理托运手续。对于超过规定数量的旅客行李,旅客需要凭客票办理托运,承运人应向旅客交付行李票。行李票是旅客托运行李的货运合同的表现形式。[③]

(3)不得携带违禁物品的义务。在客运合同中,为了保障客运运输合同的安全,旅客不能携带违禁物品。《民法典》第 818 条第 1 款规定:"旅客不得随身携带或者在行李中夹带易燃、易爆、有毒、有腐蚀性、有放射性以及可能危及运输工具上人身和财产安全的危险物品或者违禁物品。"据此确立了旅客不得携带违禁物品的义务。通常,违禁物品具有很强的危险

---

① 参见张代恩:《运输合同·保管合同·仓储合同》,中国法制出版社 1999 年版,第 39—40 页。
② 参见胡康生主编:《中华人民共和国合同法释义》,法律出版社 1999 年版,第 455 页。
③ 参见郭明瑞、王轶:《合同法新论·分则》,中国政法大学出版社 1997 年版,第 259 页。

性,而承运人所从事的客运多具有公共运输的性质,因此,旅客携带违禁物品不仅会对旅客自身的生命健康安全造成威胁,还会对承运人的运输安全以及其他旅客的生命健康安全等造成威胁。① 该条所确立的是强制性义务,是旅客必须遵守的义务。② 如果旅客违反此种义务,承运人有权拒绝承运。另外,依据《民法典》第 818 条第 2 款的规定,承运人可以将危险物品或者违禁物品卸下、销毁或者送交有关部门。旅客坚持携带或者夹带危险物品或者违禁物品的,承运人应当拒绝运输。此处所说的拒绝运输,是指旅客坚持携带或者夹带违禁物品的,承运人可以不再负担运输义务,而承运人在此情况下的拒绝承运也不构成通常所言的"拒载"。

(4) 在约定期限内办理退票或变更手续的义务。依据《民法典》第 816 条的规定,旅客因自己的原因不能按照客票记载的时间乘坐的,应当在约定的期限内办理退票或者变更手续。所谓变更是指旅客可以在规定的时间和范围内变更合同内容,如由座席改为卧铺、由四等舱改为三等舱,或者改变乘车时间或到站地点。经承运人认可,办理换乘手续即可换乘。所谓退票是指在规定的时间内解除客运合同,但需要满足以下几个条件:

第一,必须是旅客因自己的原因不能按照客票记载的时间乘坐。旅客因自己的原因不能按照客票记载的时间乘坐的,可以退票或变更。此处所说的"自己的原因",是指旅客因自身的健康状况、工作计划变动等原因造成的不能按照约定时间搭乘。如果是因为承运人的原因而造成旅客不能按时搭乘的,承运人构成违约,应承担违约责任。承运人应当根据旅客的要求安排改乘其他班次或退票。旅客要求退票的,承运人应全额退还票款。③ 在此需要探讨的问题是,按时搭乘是否是旅客的一项义务?一些学者认为,这是旅客应该承担的一项义务。④ 笔者认为,按时搭乘只是旅客的一项权利,如果其不能按时搭乘,则会失去相关的利益,但并不需要因此承担责任。如果因为承运人的原因无法按时搭乘,旅客可以依据《民法典》第 820 条的规定要求安排改乘其他班次或者退票。例如,飞机出现故障,航班不能正常起飞,此时航运公司应该及时安排旅客改乘其他航班或者退票。

第二,必须在约定的时间内办理。因为如果没有在约定时间内进行办理的,将会导致承运人的损失。通常,办理退票或变更手续等的时间已经由承运人事先告知并载入票证或有关文件之中,并因旅客支付票款,推定旅客已经接受合同所约定变更或退票的时间,因此,旅客未在约定期限内办理退票或变更手续等,应视为其放弃合同所约定的权利。

第三,《民法典》第 816 条后段规定:"逾期办理的,承运人可以不退票款,并不再承担运输义务。"也就是说,旅客单方解除或变更运输合同是有时间限制的,如果旅客没有及时办理退票等手续,即便其没有实际乘坐,承运人也已经实际作出了履行,且支付了相应的运输成本,所以基于公平原则,承运人可以不退票款,而且不再承担运输义务。⑤

(二) 承运人的主要义务

(1) 安全运送义务。承运人的主要义务是将旅客和行李按规定的时间送到目的地。这是承运人在客运合同中所应履行的主给付义务。《民法典》第 811 条规定:"承运人应当在约

---

① 参见魏耀荣等:《中华人民共和国合同法释论(分则)》,中国法制出版社 2000 年版,第 369 页。
② 参见胡康生主编:《中华人民共和国合同法释义》,法律出版社 1999 年版,第 457 页。
③ 同上书,第 455—456 页。
④ 参见韩世远:《合同法学》(第二版),高等教育出版社 2022 年版,第 512 页。
⑤ 参见谢鸿飞、朱广新主编:《民法典评注·合同编:典型合同与准合同 3》,中国法制出版社 2020 年版,第 237—238 页。

定期限或者合理期限内将旅客、货物安全运输到约定地点。"据此确立了承运人所负有的安全运送义务。在旅客运输过程中,承运人应当负有此种义务,该义务是其主给付义务。倘若承运人违反义务,未将旅客安全、及时送到目的地,将构成违约。

在客运中,有可能出现缔约承运人与实际承运人不一致的情形。而在实践中,既可能是因缔约承运人也可能是因实际承运人的原因违反运输合同的约定,为了强化对旅客的保护,应当允许旅客选择请求实际承运人或缔约承运人承担违约责任。例如,在"阿卜杜勒·瓦希德诉中国东方航空股份有限公司航空旅客运输合同纠纷案"中,法院认为:"阿卜杜勒所持机票,是由国泰航空公司出票,故国际航空旅客运输合同关系是在阿卜杜勒与国泰航空公司之间设立,国泰航空公司是缔约承运人。东方航空公司与阿卜杜勒之间不存在直接的国际航空旅客运输合同关系,也不是连续承运人,只是推定其根据国泰航空公司的授权,完成该机票确定的上海至香港间运输任务的实际承运人。阿卜杜勒有权选择国泰航空公司或东方航空公司或两者同时为被告提起诉讼。"①

(2)对旅客人身安全的保护义务。《民法典》第823条第1款规定:"承运人应当对运输过程中旅客的伤亡承担赔偿责任;但是,伤亡是旅客自身健康原因造成的或者承运人证明伤亡是旅客故意、重大过失造成的除外。"据此,确立了承运人对旅客人身安全的保护义务。具体而言:第一,必须是在客运合同的履行过程中发生旅客的伤亡。在客运合同中,承运人作为专门从事运输义务的当事人,其所承担的是公共运输义务,必须保证其运输活动的安全性。② 例如,旅客在列车上被持刀抢劫,乘警没有及时制止,就表明其没有尽到必要的安全保障义务。第二,必须是旅客遭受了人身伤亡,如果仅仅只是遭受财产损失的,则不应该适用本条的规定。第三,旅客不属于无票乘运的情形。承运人所负担的对旅客人身安全的保护义务是作为一项法定义务存在的,但这种义务是有限制的。承运人仅仅对持有有效客票乘运的旅客负有人身安全的保护义务,对无票乘车又未经承运人许可的人的伤亡,不属于本条所说的"旅客",因此也不应当适用本条的规定。③ 第四,不存在法定的免责事由,依据《民法典》第823条第1款的规定,伤亡是旅客自身健康原因造成的或者承运人证明伤亡是旅客故意、重大过失造成的除外。具体来说,包括如下两种情况:一是伤亡是旅客自身健康原因造成的。这主要是指因旅客自身患病而突然死亡或发病造成其人身伤亡。二是伤亡是由旅客故意、重大过失造成的。例如,在车辆行驶中,旅客擅自从窗口跳车导致其摔伤。如出现了法定的免责事由,承运人也可以免于承担责任。由此可见,《民法典》第823条第1款所规定的责任是一种严格责任。法定的免责事由仅限于旅客自身健康原因或者承运人能够证明伤亡是由于旅客故意或者重大过失造成的。④

需要指出的是,此种义务与《民法典》侵权责任编规定的安全保障义务不同,此种义务仅仅适用于合同存续期间,而且,其范围限于旅客,不是对社会一般人所负有的义务。但因承运人的过错导致旅客的人身伤亡,也会出现侵权责任和合同责任的竞合,此时,受害人可以择一主张侵权责任或合同责任。

(3)告知义务。在客运合同中,由于运输过程中可能会存在相应的风险,为了使此种风险能够得以及时避免,承运人具有将相关情况进行告知的义务。《民法典》第819条第1款

---

① (2006)沪一中民一(民)终字第609号,最高人民法院指导案例51号。
② 参见魏耀荣等:《中华人民共和国合同法释论(分则)》,中国法制出版社2000年版,第374页。
③ 参见崔建远主编:《合同法》(第七版),法律出版社2021年版,第395页。
④ 参见黄薇主编:《中华人民共和国民法典合同编解读》(下册),中国法制出版社2020年版,第1086页。

规定:"承运人应当严格履行安全运输义务,及时告知旅客安全运输应当注意的事项。旅客对承运人为安全运输所作的合理安排应当积极协助和配合。"据此,如果承运人有不能正常运输的重要事由,如航班因为有雾不能正常起飞等,应当及时告知旅客,以便旅客及时安排出行事宜。告知内容主要包括两个方面:一是有关不能正常运输的重要事由。如因为恶劣天气、航空管制等不能使飞机正常起飞,如果不及时进行告知,造成的损失应该由承运人承担。二是安全运输应当注意的事项。在客运合同中,承运人不仅在开始运输之时应该将特定安全事项进行告知(如在飞机起飞之前,飞机上的相关服务人员需要对紧急情况的处理事项进行告知),而且在起飞过程中,遇到了相关影响安全通行的事项,承运人也应该将安全处理事项进行告知。及时告知也应当依据具体情形来判断,违反了该种告知义务导致顾客损害的,承运人应该承担相应的责任。①

(4)按照客票载明的时间和班次运送旅客的义务。客票不仅是乘车的凭证,而且通常也记载有乘车的时间和班次,这些都构成了合同的主要内容。如果一方无故变更,势必会对乘运人的利益造成影响。《民法典》第820条规定:"承运人应当按照有效客票记载的时间、班次和座位号运输旅客。承运人迟延运输或者有其他不能正常运输情形的,应当及时告知和提醒旅客,采取必要的安置措施,并根据旅客的要求安排改乘其他班次或者退票;由此造成旅客损失的,承运人应当承担赔偿责任,但是不可归责于承运人的除外。"根据该条规定,承运人负有按照客票载明的时间和班次运送旅客的义务。承运人在发生迟延运输或者其他不能正常运输的情形时,负有及时告知和提醒旅客的义务,需要采取必要的安置措施来应对突发情况,由此造成的损失由承运人负担。② 该条所说的迟延运输,是指未按客票载明的时间和班次运送旅客,包括出现法定事由与约定事由导致运输的迟延(如因为出现恶劣天气不能起飞)。在此情形下,承运人应该安排旅客换乘其他班次的交通工具或者为旅客办理退票手续。尤其需要指出的是,即使出现法定迟延运输的事由,也不能对顾客的利益不加顾及,应该为旅客办理换乘或者退票手续。

因迟延运输或者其他不能正常运输的情形给乘客造成损失的,乘客有权要求承运人予以赔偿,但该赔偿责任以承运人具有可归责性为前提。所谓不可归责于承运人,主要是指不可抗力等客观条件所造成的以及因旅客自身原因所导致的,比如气象条件不具备无法起飞等。这实际上就意味着承运人没有过错,因此对造成的损害后果无须承担赔偿责任。③

(5)不得擅自变更运输工具或降低服务标准的义务。在客运合同中,承运人应当按照约定的运输工具进行运输。《民法典》第821条规定:"承运人擅自降低服务标准的,应当根据旅客的请求退票或者减收票款;提高服务标准的,不得加收票款。"据此确立了承运人负有的不得擅自变更运输工具而降低服务标准的义务。通常,运输工具与承运人所提供的服务标准紧密结合在一起,如果承运人擅自变更运输工具,则意味着承运人变更了服务标准。如果承运人变更运输工具后降低了服务标准,例如,将豪华运输工具变更为普通运输工具,则属于违反合同的约定,应当承担违约责任,乘客有权要求退票或减收票款。但如果承运人变更运输工具后提升了服务质量和标准,则无须承担违约责任。例如,将普通运输工具变

---

① 参见黄薇主编:《中华人民共和国民法典合同编解读》(下册),中国法制出版社2020年版,第1016页。
② 参见郭明瑞、王轶:《合同法新论·分则》,中国政法大学出版社1997年版,第262页。
③ 参见谢鸿飞、朱广新主编:《民法典评注·合同编:典型合同与准合同3》,中国法制出版社2020年版,第255—256页。

更为豪华运输工具,这对于旅客是有利的。① 如果承运人提高服务标准事先取得了旅客同意,则可以视为双方达成了变更合同的合意,此时旅客应当增加支付提升服务标准的费用。

（6）妥善保管旅客自带行李的义务。虽然客运合同不是保管合同,但承运人还负有妥善保管旅客行李的义务,此种保管义务分为两个方面。

第一,对自带行李的保管义务。所谓自带行李,是指旅客在运输中按照约定的限量随身携带的行李。《民法典》第824条第1款规定:"在运输过程中旅客随身携带物品毁损、灭失,承运人有过错的,应当承担赔偿责任。"据此确立了承运人保管乘客随身携带行李的义务,这是承运人负有的从给付义务。依据《民法典》第824条的规定,对于旅客的自带行李,只有在承运人有过错的情况下,才应对旅客自带物品的毁损、灭失承担责任。法律作出此种规定的原因在于,自带行李是处于旅客自己的直接控制之下的,而不是处于承运人的保管之下,其应尽到足够的注意义务,此时承运人所应负担的注意义务相对较轻。② 旅客自己也应对其随身携带的物品负有一定的保管责任。因而承运人对旅客自带行李负担相对较轻的注意保管义务。③ 在旅客随身携带物品毁损、灭失的情形下,实际上确立的是承运人的过错赔偿责任,只有在承运人对旅客随身携带的物品的毁损灭失存在过错时,才应承担赔偿责任。这是因为旅客自身携带的物品处于旅客自身的控制范围之内,应由其本人承担相应的不利后果。而且就其赔偿范围而言,也不应超过托运行李毁损灭失情形下的赔偿责任。④

第二,对托运行李的保管义务。《民法典》第824条第2款规定:"旅客托运的行李毁损、灭失的,适用货物运输的有关规定。"如果旅客托运行李,则承运人就该行李运输与旅客之间订立了一个新的货运合同,该合同具有独立性。如果旅客携带行李办理托运的,则该行李毁损灭失的赔偿应当适用有关货物运输的相关规定⑤,即应适用《民法典》第832条、第833条以及特别法关于货物运输损害赔偿的相关规定。此种责任的归责原则应当属于严格责任。

（7）运输过程中的尽力救助义务。《民法典》第822条规定:"承运人在运输过程中,应当尽力救助患有急病、分娩、遇险的旅客。"依据这一规定,在旅客运输中,承运人负有对患病等旅客的尽力救助义务。所谓尽力救助,是指承运人应当尽到最大的努力,采取各种合理措施,以帮助、照顾旅客,或对旅客实施救援。法律上之所以采用"尽力"一词,意味着承运人应当以自己的能力和条件努力救助旅客。这是承运人所负有的附随义务的法定化,也是以人为本和人文关怀的体现。具体来说,尽力救助的对象包括三种,即患有疾病、分娩、遇险的旅客。在这些情形下,由于旅客的生命健康受到威胁,迫切需要得到救助,确立承运人负有此种救助义务,有利于保障旅客在运输途中的生命健康安全。

---

① 参见魏耀荣等:《中华人民共和国合同法释论(分则)》,中国法制出版社2000年版,第372—373页。
② 参见黄薇主编:《中华人民共和国民法典合同编解读》(下册),中国法制出版社2020年版,第1089页。
③ 参见胡康生主编:《中华人民共和国合同法释义》,法律出版社1999年版,第377页。
④ 参见谢鸿飞、朱广新主编:《民法典评注·合同编:典型合同与准合同3》,中国法制出版社2020年版,第276—277页。
⑤ 参见黄薇主编:《中华人民共和国民法典合同编解读》(下册),中国法制出版社2020年版,第1089页。

第五节 货运合同

一、货运合同概述

货运合同是承运人将承运的货物运送到指定地点,而托运人向承运人支付运费的协议。货运合同是运输合同的一种类型,但与客运合同不同,其是以货物的运输行为为标的,而且货运合同通常有第三人参加。此外,货运合同的效力也与客运合同有很大差异。货运合同的履行不仅须将货物运至约定地点,还须将货物交付给约定的收货人,如此才表明履行了合同义务。

货运合同虽由托运人与承运人签订,但双方当事人可约定以第三人为交付对象,即非以托运人为收货人。在合同法中,货运合同常常被称为利益第三人合同,有些货运合同即构成"真正利益第三人契约"[①]。从我国《民法典》第830条的规定来看,承运人在货物运达目的地之后,如果其知道收货人的,应当及时通知收货人,收货人则有权领取货物。当然,收货人可以放弃货物的接收,在此情形下,为保护承运人的利益,应当认为货物毁损、灭失的风险发生移转。从我国实务来看,在托运人与收货人不一致的情况下,一旦合同规定第三人为收货人,则当承运人将货物运送到目的地时,收货人就有权请求承运人交付货物。不过,收货人虽然享有收货权利,但是其也可以放弃,一旦放弃其权利,该权利就转归托运人享有。

二、货运合同的订立和变更

(一)货运合同的订立

在货运合同中,其所涉及的主要当事人是托运人与承运人。托运人将货物交给承运人,由承运人将货物运至约定地点或交付给特定的收货人。具体订立货运合同,要经过两个阶段:

(1)托运。托运人首先要向承运人提交货物的托运单,填写托运单是为了确认托运货物的有关情况,以便承运人据以查验和交货[②],也便于承运人准确、安全地进行运输。这就要求托运人如实填写托运单,如托运货物的名称、件数、包装、发货站与到达站的名称、发货人和收货人的名称和住址等,然后将货物托运单交给承运人。如果托运的货物需要办理海关、检疫或其他法定手续,托运人还应同时向承运人提交有关证明文件。

(2)承运。承运人要根据托运单和证明文件验收货物,验收合格后,即办理交接手续,核收运输费用,并签收承运凭证。承运凭证包括货物托运单、货票或提单等多种形式。通常,承运人所交付凭证的内容应包括:货物的品名、标志、包数或者件数、重量或者体积,以及运输危险货物时对危险性质的说明;承运人的名称和主营业所;运输工具;托运人的名称;收货人的名称;交付货物的地点;签发日期、地点和份数;运费的支付;承运人或者其代表的签字;等等。

(二)货运合同的变更

货运合同的变更,可分为承运人依特殊原因变更货运合同和依托运人的要求而变更货

---

① 黄立:《民法债编各论》(下),中国政法大学出版社2003年版,第655—656页。
② 参见魏耀荣等:《中华人民共和国合同法释论(分则)》,中国法制出版社2000年版,第379页。

运合同的内容。承运人依特殊原因变更货运合同的情形包括：一是由于自然灾害或气象原因，必须变更运输情况；二是执行抢险救灾任务；三是法律规定应优先运输其他货物。承运人变更合同内容的，应征得托运人的同意。运输变更后可根据具体情况增加或减少运费。

《民法典》第829条规定："在承运人将货物交付收货人之前，托运人可以要求承运人中止运输、返还货物、变更到达地或者将货物交给其他收货人，但是应当赔偿承运人因此受到的损失。"该规定实际上确认了托运人的处置权，即货运合同成立之后，托运人有权不经承运人的同意而变更、中止运输和返还货物、解除合同，承运人也无权过问托运人变更、中止和解除合同的原因。[①] 例如，在货物交付收货人之前，因市场价格的波动或交易关系的变动，将货物由承运人运至目的地并交付给收货人可能已无实际的必要性。此时，允许托运人行使处置权，既可有效地保护托运人的利益，也有利于节省运输费用，避免托运人遭受无谓的损失。在中止货物运输的情况下，并不一定解除合同，而只是暂时停止货物的运输。但托运人或收货人应向承运人支付必要的费用，因此造成承运人损失的应负责赔偿。对于托运人或收货人的这些要求，承运人如无正当理由，无权加以拒绝。但是对于违反货物流向、违反运输限制的变更，承运人有权拒绝变更。

三、货运合同的效力

（一）托运人的主要义务

（1）告知义务。《民法典》第825条规定："托运人办理货物运输，应当向承运人准确表明收货人的姓名、名称或者凭指示的收货人，货物的名称、性质、重量、数量，收货地点等有关货物运输的必要情况"（第1款）。"因托运人申报不实或者遗漏重要情况，造成承运人损失的，托运人应当承担赔偿责任"（第2款）。该条规定了托运人负有的告知义务以及告知义务的具体内容。依照该条的规定，托运人告知义务的范围主要包括：一是收货人的姓名或者名称，以及凭指示的收货人。告知收货人不仅有助于明确货物的具体交付对象，也有利于维护托运人的利益。如果托运人在办理货物运输时并没有明确具体收货人的，托运人则应将提取货物的凭证交付承运人。二是货物的名称、性质、重量和数量，这些信息都涉及货物本身的情况。托运人必须向承运人告知货物的具体情况，才能使承运人采取恰当的措施，确保货物在运输过程中不会发生意外。三是收货地点等其他有关运输的必要情况。托运人只有告知收货地点，承运人才能明确货物运输的具体目的地，也便于承运人采取适当的运输方式，安排恰当的运输时间和计划，保证货物如期运至。

如果因为托运人违反告知义务导致自己遭受了损失，表明托运人对损失的产生是有过错的，理应由托运人自己承担损失。[②] 如果托运人未告知货物的具体情况的，承运人所应承担的保管义务则应减轻或免除。例如，如果运输的是需要冷冻的货物，而托运人又没有将其告知承运人，承运人只按照通常的手段运输货物，导致在途中货物变质，则此种损失应当由托运人自己承担。依据《民法典》第825条第2款的规定，因托运人申报不实或者遗漏重要情况，造成承运人损失的，托运人应当承担赔偿责任。换言之，托运人应承担未履行如实告知义务给承运人造成损失的责任，例如，托运人告知托运货物的重量只有5吨，但其交付的货物的重量达到了8吨，从而导致承运人在运输时所安排的运输车辆因超载而受损，对此，

---

① 参见胡康生主编：《中华人民共和国合同法释义》，法律出版社1999年版，第471页。
② 同上书，第466页。

托运人应当承担损害赔偿责任。

(2) 协助办理相关手续的义务。《民法典》第826条规定:"货物运输需要办理审批、检验等手续的,托运人应当将办理完有关手续的文件提交承运人。"依据该条的规定,托运人负有协助办理相关手续的义务。所谓审批、检验等手续,是指货物运输以及货物通关等需要办理的有关手续。例如,特种货物的运输需经特定部门批准。① 而国际货物的运输,则需要办理检验及进口等各种审批手续。托运人向承运人提交需要办理审批、检验等手续的有关文件,是因为承运人作为专门从事运输业务的人,法律上只是要求其在运输时持有已经获得审批、检验等手续的文件②,至于审批、检验等手续的文件的获得,则属于托运人应完成的事项,与承运人无关。③ 对于托运人没有向承运人提供这些手续或者提供的手续不完备或者没有及时提供这些手续,给承运人造成损失的,托运人应当赔偿损失。

(3) 合理包装义务。《民法典》第827条第1款规定:"托运人应当按照约定的方式包装货物。对包装方式没有约定或者约定不明确的,适用本法第六百一十九条的规定。"这就确立了托运人的合理包装义务。托运人应对货物进行合理包装,是因为妥当的包装既可以保护运输货物的安全,也可以维护承运人的运输安全。例如,托运人托运的货物是易燃、易爆等危险物品的,进行合理包装就可以避免货物自身的泄漏,避免事故的发生。如果当事人对包装货物的方式存在约定的,应当按照当事人的约定。如果当事人对包装方式没有约定或者约定不明确的,依据《民法典》第619条的规定,首先要通过协议进行补充,如果不能进行补充的,应当按照通用的方式包装,如果没有通用方式的,应当采取足以保护标的物且有利于节约资源、保护生态环境的包装方式。在货运合同中,依据货物的不同性质及不同货物的危险系数的差异,对货物的具体包装也有着不同要求。如托运人交付运输的是水产品等鲜活货物或易燃、易爆等危险物品的,则须采用符合货物性质、便于其保存的包装方式。

依据《民法典》第827条第2款的规定,托运人违反包装义务的,承运人可以拒绝运输。这是因为包装托运货物是托运人的义务,如果其不愿包装,即不愿履行自己的义务,承运人当然也应当享有拒绝履行运输义务的权利,以体现双方当事人权利与义务的平等性。④ 由于货物包装不符合要求,导致在运输过程中造成其他货物受损,甚至人身伤亡的,托运人应对此承担损害赔偿责任。

(4) 托运危险货物的法定作为义务。《民法典》第828条规定:"托运人托运易燃、易爆、有毒、有腐蚀性、有放射性等危险物品的,应当按照国家有关危险物品运输的规定对危险物品妥善包装,做出危险物品标志和标签,并将有关危险物品的名称、性质和防范措施的书面材料提交承运人。托运人违反前款规定的,承运人可以拒绝运输,也可以采取相应措施以避免损失的发生,因此产生的费用由托运人负担。"对于易燃、易爆、有毒、有腐蚀性、有放射性等危险物品的运输而言,托运人在托运时应具体告知货物的具体情况,并依据上述规定将有关危险物品的名称、性质和防范措施的书面材料提交承运人。鉴于此类物品的高度危险性,

---

① 例如,《固体废物污染环境防治法》第22条第1款规定:"转移固体废物出省、自治区、直辖市行政区域贮存、处置的,应当向固体废物移出地的省、自治区、直辖市人民政府生态环境主管部门提出申请。移出地的省、自治区、直辖市人民政府生态环境主管部门应当商经接受地的省、自治区、直辖市人民政府生态环境主管部门同意后,在规定期限内批准转移该固体废物出省、自治区、直辖市行政区域。未经批准的,不得转移。"

② 参见胡康生主编:《中华人民共和国合同法释义》,法律出版社1999年版,第467页。

③ 参见黄薇主编:《中华人民共和国民法典合同编解读》(下册),中国法制出版社2020年版,第1089页。

④ 参见魏耀荣等:《中华人民共和国合同法释论(分则)》,中国法制出版社2000年版,第383页。

托运人在运输过程中所面临的风险也较高,托运人应采取不同于普通货物运输的保管和运输措施。具体来说,一是依法对危险物品妥善包装。也就是说,托运人应根据危险物品的具体性质进行妥善包装,以防止危险物品在运输过程中发生事故或损害。二是做出危险物标志和标签。例如,在易爆物品上以醒目的大字进行特殊标注。三是将有关危险物品的名称、性质和防范措施的书面材料提交承运人。① 这些书面材料的提交,有利于承运人合理安排运输人和运输计划,并针对危险物品的具体性质采取特殊的防范措施,以避免危险物品在运输过程中可能带来的危险,也有利于具体运输人在运输过程中及时有效地采取应对措施。如果托运人违反国家有关危险物品运输的规定,承运人可以拒绝运输,也可以采取相应措施以避免损害的发生,因此产生的费用由托运人承担。②

(5) 支付费用的义务。就货运合同而言,其为双务有偿合同。因此,托运人应当依据合同约定向承运人支付费用。《民法典》第836条规定:"托运人或者收货人不支付运费、保管费或者其他费用的,承运人对相应的运输货物享有留置权,但是当事人另有约定的除外。"依据该条规定,托运人所应支付的费用包括三项:一是运费。所谓运费,是指承运人为履行货物运输义务,将货物安全、及时地运至目的地而支付的必要的费用。二是保管费。所谓保管费,主要是指承运人将货物安全、及时运至目的地之后,收货人未及时收货而由承运人代为保管,由此产生的费用。三是其他运输费用。所谓其他运输费用,是指承运人在运输过程中,为将货物及时、安全运至目的地而支出的且并未包含在运费之中的其他必要费用。

依据《民法典》第836条,在托运人或者收货人不支付费用的情况下,承运人依法享有对托运货物的留置权。所谓留置权,是指在债权债务关系中,债权人依法事先合法占有了债务人的动产,在债务人不履行到期债务时,债权人有权依法留置该财产,并可以将该留置的动产折价或者以拍卖、变卖所获得的价款优先受偿的权利。依据《民法典》第836条,承运人的留置权的成立条件是:第一,留置权的主体必须是承运人,这就是说在此种留置权中,权利主体是特定的,应由承运人享有。第二,留置的对象是承运人所占有的托运人所托运的货物。承运人留置的货物应当是托运人托运的,如果该货物非为托运人所托运,则承运人无权留置。第三,托运人或者收货人不支付费用。在合同约定的期限届满之后,托运人或收货人未支付费用的,承运人才可以主张此种留置权。需要指出的是,在行使留置权之前,承运人是否应负有催告义务?笔者认为,依据《民法典》第836条,承运人无须进行催告,但依据该条规定,承运人只能对相应的运输货物享有留置权。这就是说,留置货物的价值应当与托运人或收货人未支付的费用之间具有相应性,如果货物的整体价值远超过托运人或收货人未支付的费用的,承运人只能留置相应的部分货物,而不应就整体货物全部进行留置。③ 第四,当事人另有约定的除外。这就是说,如果当事人明确约定在货运合同中承运人不享有留置权的,承运人不应对托运的货物进行留置。如果托运人或收货人提供了适当的担保,则承运人也不能留置货物。④

关于留置权的行使,在承运人对托运货物进行留置后,需要通知收货人或托运人在一定期限内支付相应的费用。如收货人或托运人未在约定期限内支付费用的,承运人有权就其所留置的托运货物依法进行折价或者拍卖、变卖,在扣除托运人或收货人应交的费用后,剩

---

① 参见魏耀荣等:《中华人民共和国合同法释论(分则)》,中国法制出版社2000年版,第384—386页。
② 参见郭明瑞、王轶:《合同法新论·分则》,中国政法大学出版社1997年版,第266页。
③ 参见黄薇主编:《中华人民共和国民法典合同编解读》(下册),中国法制出版社2020年版,第1049页。
④ 参见胡康生主编:《中华人民共和国合同法释义》,法律出版社1999年版,第482页。

余的价款应当返还给托运人或收货人,不足部分仍应由收货人或托运人清偿。

(二) 承运人的主要义务

1. 将货物运达指定的地点并交付收货人的义务

承运人的主要义务就是将货物及时送达指定地点。依据《民法典》第829条,承运人不仅应将货物及时送达指定地点,还应依托运人的指示将货物交付给收货人。这就是说,如果承运人在将货物及时送达指定地点之后,将货物交付给错误的收货人的,则不构成有效的交付,承运人仍应承担违约责任。

《民法典》第829条规定:"在承运人将货物交付收货人之前,托运人可以要求承运人中止运输、返还货物、变更到达地或者将货物交给其他收货人,但是应当赔偿承运人因此受到的损失。"由此可见,在承运人将货物交付收货人之前,托运人对其托运的货物享有单方面解除或终止的权利。具体来说,托运人在货物交付前,享有如下权利:一是中止运输、返还货物。所谓中止运输,是指托运人要求承运人立即停止运输托运货物。所谓返还货物,是指托运人要求承运人将已经办理托运手续的货物返还给托运人或提货凭证持有人,这实际上是解除了货运合同。[①] 中止运输、返还货物既可能只是暂时停止货物运输,也可能是行使法定解除权,解除了货物运输合同。法律之所以允许解除,主要是因为托运人可能因为客观情况的变化使其无法按照原定计划进行运输,允许其解除可以避免不必要的浪费。[②] 二是变更到达地,这是指托运人在货物交付给收货人之前,有权改变原来约定的到达地,对此承运人不得拒绝变更。变更到达地实际上意味着托运人有权单方面变更运输目的地。三是要求承运人将货物交给其他收货人。这实际上是指托运人有权单方面变更收货人,在托运人作出变更后,承运人应将托运货物交付给变更后的收货人。需要指出的是,托运人享有的此种权利应于货物交付收货人之前行使,在承运货物已经交付收货人之后,其不得行使也无法行使此种权利。同时,如果因托运人单方面行使变更或解除的权利,给承运人造成了损失,托运人应当承担赔偿责任。

2. 妥善保管义务

所谓妥善保管,是指承运人应根据托运货物的性质采取合理的运输方式,对承运的货物进行妥善保管,保证货物安全地送达目的地,防止货物遭受毁损、灭失。《民法典》第832条规定:"承运人对运输过程中货物的毁损、灭失承担赔偿责任。但是,承运人证明货物的毁损、灭失是因不可抗力、货物本身的自然性质或者合理损耗以及托运人、收货人的过错造成的,不承担赔偿责任。"该条确立了承运人的妥善保管义务。如果货物在运输中发生了毁损、灭失,承运人应当负赔偿责任,此种责任在性质上属于严格责任。即该损害赔偿责任的成立,不以承运人在运输过程中存在过错为前提条件。[③] 这是因为,一方面,与客运合同不同,在货运合同中,承运人所应负担的主要义务是将货物安全地送达目的地。在运输过程中,货物处于承运人的实际控制之下,由承运人承担严格责任,如此可促使承运人尽力履行自身所承担的妥善保管义务,将货物安全地运送至目的地。另一方面,在运输合同中,承运人一方通常是专门从事货物运输的企业,其具有较强的经济实力和应对风险的能力。另外,在货物运输中常常有货物毁损、灭失的赔偿的法定限额的规定,以及保险等分散风险的机制,这也

---

① 参见魏耀荣等:《中华人民共和国合同法释论(分则)》,中国法制出版社2000年版,第388页。
② 参见谢鸿飞、朱广新主编:《民法典评注·合同编:典型合同与准合同3》,中国法制出版社2020年版,第302—303页。
③ 参见魏耀荣等:《中华人民共和国合同法释论(分则)》,中国法制出版社2000年版,第393页。

有利于采取严格责任。

承运人对运输过程中货物的毁损、灭失的责任并非不存在免责事由。依据《民法典》第832条的规定,承运人的免责事由具体包括:一是不可抗力。如果货物的毁损、灭失是因不可抗力造成的,承运人不承担赔偿责任。所谓不可抗力,是指当事人不能预见、不能克服、不能避免的客观情事。例如,在运输过程中遭遇了泥石流等自然灾害的,此时承运人即可主张不可抗力免责。二是货物本身的自然性质和合理损耗。所谓货物本身的自然性质,主要是指货物的物理属性和化学属性。例如,承运人运输的液体状物质的自然挥发。所谓合理损耗,是指货物在长途或长期的运输过程中而必然发生的部分损失,例如,茶叶在长途运输过程中会发生合理的损耗。① 三是因托运人、收货人的过错。例如,承运人将货物运达目的地之后,因托运人未告知收货人致使承运人无法交货,造成货物损失的,承运人不承担损害赔偿责任。当然,是否存在上述免责事由应由承运人举证证明。

《民法典》第833条规定了货物赔偿的具体计算方式。该规定确立了如下内容:第一,约定优先。如果当事人有约定的,按照当事人的约定进行赔偿额计算。第二,如果当事人没有约定或者约定不明确的,则可以通过当事人事后协商予以确定或依据交易习惯予以补充。第三,如果仍然不能确定的,则按照交付或者应当交付时货物到达地的市场价格进行计算。例如,甲托运一箱行李,行李中夹带了几件贵重的瓷器,但在托运时未作声明,后该行李中的瓷器在运输过程中遭受损害,则承运人应按照该物品的市场价格来进行赔偿。第四,如果有关法律、法规允许当事人就货物保价作出约定,而当事人所约定的保价条款也并未违反法律、法规的具体规定的,则该条款有效。② 例如,《民用航空法》第129条规定,国际航空运输中承运人对货物的赔偿责任限额,每公斤为17计算单位。

3. 及时通知义务

货物运输到达后,承运人负有及时通知收货人取货的义务。通知义务涉及收货人能否及时收货以及承运人运输义务是否履行完毕等问题。如果不及时作出通知,在货物到达后,收货人不知道收取货物的具体时间,货物也会存在毁损灭失的风险。《民法典》第830条第1句规定:"货物运输到达后,承运人知道收货人的,应当及时通知收货人,收货人应当及时提货。"依据这一规定,首先,承运人知道收货人的,应负有及时通知的义务。及时通知义务以承运人知道收货人为前提。如果承运人不知道收货人,通常是托运人没有指明收货人,属于托运人的过错。在此情形下,承运人也无法履行通知义务。其次,承运人作出通知后,收货人应当及时提货。因为如果收货人不及时收货,就会增加承运人相关的保管费用,也会导致承运人无法及时履行其义务,必然会损害其利益。因此,依据《民法典》的该条规定,如果收货人没有及时提货,应当承担相应责任。如果收货人没有正当理由拒绝受领,承运人可以依法提存。

4. 单式联运合同中的订约承运人应承担全程运输责任

所谓联运,是指两个以上的承运人以同一或者多样的运输方式从事运输活动。如前所述,联运可以分为单式联运和多式联运。所谓单式联运合同,是指有多个承运人的,托运人与第一承运人订立运输合同之后,由第一承运人与其他承运人以相同运输方式完成同一货

---

① 参见胡康生主编:《中华人民共和国合同法释义》,法律出版社1999年版,第476页。
② 例如,《铁路法》第17条规定,托运人或者旅客根据自愿申请办理保价运输的,按照实际损失赔偿,但最高不超过保价额。托运人或者旅客根据自愿,可以办理保价运输,也可以办理货物运输保险。

物运输的合同。学理上可将相继运送分为部分运送、转托运送、共同运送。① 《民法典》第834条规定:"两个以上承运人以同一运输方式联运的,与托运人订立合同的承运人应当对全程运输承担责任;损失发生在某一运输区段的,与托运人订立合同的承运人和该区段的承运人承担连带责任。"据此,一方面,与托运人订立合同的承运人应当对全程运输承担责任。所谓对全程运输承担责任,是指订约的第一承运人应当对货物安全、及时送达目的地负责,如果货物因其他承运人的原因而未能安全、及时送达目的地的,订约的第一承运人仍应就此对托运人或收货人负责。② 另一方面,如果损失发生在某一运输区段的,与托运人订立合同的承运人和该区段的承运人应承担连带责任。例如,在单式联运合同中,第一承运人将货物先运输至北京,再由其他承运人从北京运至武汉,如果货物在北京运至武汉的过程中毁损、灭失,则第一承运人应当与该段的承运人承担连带责任。这有利于保障托运人的利益,使其可以对所受损失进行直接追偿。③

(三) 收货人的主要义务

所谓收货人,是指因运输合同托运人指定,取得受领运输物权利的人,收货人既可以是托运人,也可以是第三人。④ 收货人作为利益第三人享有收取货物的权利,并且,在承运人没有向其交货时,有权请求其向自己交货,但其也应当负有如下几个方面的义务:

(1) 及时受领货物的义务。《民法典》第830条第1句规定:"货物运输到达后,承运人知道收货人的,应当及时通知收货人,收货人应当及时提货。"在承运人通知以后,收货人负有及时提货的义务。否则,不仅会对承运人造成保管货物之累,徒增保管货物的费用,也会增加货物毁损、灭失的风险,还有可能会造成货物经济价值的减损。此外,《民法典》第830条第2句规定:"收货人逾期提货的,应当向承运人支付保管费等费用。"这就是说,迟延受领所增加的费用应由债权人负担。如果收货人在通知之后没有收取货物,所发生的保管等费用应该由收货人承担。

《民法典》第837条规定:"收货人不明或者收货人无正当理由拒绝受领货物的,承运人依法可以提存货物。"该条所说的"收货人不明"主要是指收货人下落不明,或者托运人没有指明收货人。⑤ 依据该条的规定,在收货人不明或者无正当理由拒绝受领货物的情形下,承运人可以通过提存的方式履行自己的债务,在提存的范围内视为已经交付相应的标的物。提存的费用由收货人承担。

(2) 检验货物的义务。我国《民法典》第831条第1句规定:"收货人提货时应当按照约定的期限检验货物。"所谓检验货物,是指收货人按照货运合同记载的货物的数量、质量等事项进行核对和校验。在货运合同的履行过程中,托运的货物可能会在运输途中发生毁损等情形,因此在货物运交收货人之时,由其对货物进行检验,这既是对承运人是否按照合同约定履行其运输义务的确定,也是对收货人自身利益的维护,收货人一旦发现货物存在毁损、灭失等情形的,应当及时主张权利。

《民法典》第831条第2—3句规定:"对检验货物的期限没有约定或者约定不明确,依据

---

① 参见邱聪智:《新订债法各论》(中),姚志明校订,中国人民大学出版社2006年版,第388页以下;黄立:《民法债编各论》(下),中国政法大学出版社2003年版,第691—692页。
② 参见黄薇主编:《中华人民共和国民法典合同编解读》(下册),中国法制出版社2020年版,第1113页。
③ 同上书,第1089、1113页。
④ 参见邱聪智:《新订债法各论》(中),姚志明校订,中国人民大学出版社2006年版,第384页。
⑤ 参见黄薇主编:《中华人民共和国民法典合同编解读》(下册),中国法制出版社2020年版,第1051页。

本法第五百一十条的规定仍不能确定的,应当在合理期限内检验货物。收货人在约定的期限或者合理期限内对货物的数量、毁损等未提出异议的,视为承运人已经按照运输单证的记载交付的初步证据。"依据这一规定,检验货物应当在约定的期限内进行。不过,当事人可能在合同中并未就检验货物的期限进行约定或约定不明确,在此情况下,应当依照《民法典》第510条的规定予以确定。如根据该条仍不能确定的,收货人需要在合理期限内进行检验。所谓合理期限,应当根据实际情况来确定。例如,承运人运输的货物是鲜活易腐的水产品的,收货人进行检验的合理期限应相对较短。[①] 如果检验期限过长,就会造成货物的毁损、灭失,而且对于货物的毁损、灭失是否是在运输过程中造成的也难以举证,不利于维护承运人自身的合法利益。因此,收货人应当在合理期限内检验货物。

如果收货人超过约定的期限或合理期限对货物的数量、毁损等未提出异议的,依据《民法典》第831条的规定,视为承运人已经按照运输单证的记载交付的初步证据。这就是说,一方面,未及时提出异议并不意味着收货人已经完全认可,也不意味着其已经丧失了请求赔偿的权利。另一方面,初步证据表明承运人可以以此为由证明其已经完成了交付,但是如果收货人有相反的证据,仍可以推翻此种推定。

(3) 支付费用的义务。在运输合同中,托运人或收货人支付费用是作为承运人承担运输义务的主要对价而存在的。收货人虽然享有接收货物的权利,但其应当负有支付费用的义务。如果合同规定由收货人支付费用的,收货人应当在规定的期限内支付费用。如果货运合同中已经就收货人支付费用的期限作出具体约定的,收货人应当在约定期限内支付。如果货运合同未作约定的,应当依据《民法典》第510条确定支付期限。如果依据该规定仍不能确定的,按照同时履行的原则,收货人应当在提货时支付。

四、货运合同中的风险负担

货运合同中的风险主要是指在货物运输的过程中因不可归责于合同当事人双方的事由,而造成的货物毁损、灭失以及运输费用不能支付的风险。可见此种风险包括两方面:

一是标的物的风险,即货物在运输过程中遭受毁损或灭失的风险。对于此类风险,原则上应当采取所有人主义。换言之,货物在运输过程中因不可抗力而毁损、灭失的风险,应当由所有人承担。具体来说,要由托运人承担此风险。因为在运输过程中,货物的所有权并没有发生移转,承运人只是暂时占有该货物。货物的毁损灭失是由不可抗力、货物本身的原因或者托运人、收货人的过失造成的,承运人不负赔偿责任。

二是价金的风险,所谓价金的风险,其实也就是运输费用的风险。《民法典》第835条规定:"货物在运输过程中因不可抗力灭失,未收取运费的,承运人不得请求支付运费;已经收取运费的,托运人可以请求返还。法律另有规定的,依照其规定。"依据这一规定,运输费用的风险应当由承运人负担。这是因为如果在货运过程中发生了标的物的意外毁损或灭失,货物的所有人已经承担了标的物风险,不能使托运人同时承担价金风险。因为货物的意外灭失,对双方当事人来说都是一种意外的损害,对此损害应当在当事人之间进行一种公平的分配。对托运人而言,不能既使其承担货物的风险,又使其承担运费的风险。如果托运人已经承担了货物的风险,就不应再承担运费的风险。所以货物在运输过程中因不可抗力灭失,未收取运费的,该运费的损失由承运人负担,其不得要求托运人支付运费。已经收取的,托运人有权要求返还。

---

① 参见胡康生主编:《中华人民共和国合同法释义》,法律出版社1999年版,第474页。

第六节 多式联运合同

一、多式联运合同的概念和特征

所谓多式联运合同,又称为混合运输合同、联合运输合同,是由两个或两个以上不同运输方式的承运人共同作为承运人一方,与托运人或旅客订立的协议。① 根据这一协议,托运人或旅客一次交付费用,使用同一运输凭证,而承运人用各自的运输工具互相衔接地将货物或旅客送达指定的地点。② 多式联运既可以在一国之内进行,也可以是跨国的。例如,某公司从南美运输一批货物到中国,运输方式约定为先由铁路将货物运输至港口,然后经航空运输至中国某机场,再经公路运输至目的地。多式联运合同主要具有以下特征:

第一,多式联运是联运的一种方式。联运有多种形式,如铁路与水路联运,铁路与公路联运,铁路、水路、公路联运,航空、铁路或公路联运等。除此之外,还有地区和地区运输部门之间互相为对方配载的联运以及国际联运等。实行联运可以使各种运输工具得到综合利用,使各个运输环节有机地衔接,紧密合作,从而发挥运输设备的能力,有效地完成各项运输任务。

第二,多式联运采取了不同的运输方式。联运可以分为单式联运和多式联运。在多式联运中,存在两种或者两种以上的运输方式。采用不同的运输方式是多式联运和传统运输合同的主要区别。③ 在单式联运中,两个或两个以上的承运人所采用的运输方式同一,如都为铁路运输或海运。但在多式联运中,承运人所采用的运输方式不同,如可采取海运和航空运输的结合、铁路运输和内河运输的结合等。

第三,多式联运中存在缔约经营人和实际承运人的区别。在一般的联运中,承运人通常以自己的运输工具实际承担合同约定的运输义务,但在多式联运中,缔约经营人可能并不参与实际运输,而是由其他实际承运人进行货物或旅客的运输。多式联运经营人既可以是缔约承运人,也可以是缔约承运人兼实际承运人。④ 联运经营人在联运实务中有两种表现形式:一是以自有的运输工具,或者租赁运输工具,实际参与联合运输的某一区段;二是与托运人订立联运合同,签发联运单据,但无任何运输工具,也不参与实际运输。但是在多式联运合同中,与旅客或托运人订约的当事人就是联运经营人。⑤ 依据我国《民法典》第838条的规定,联运经营人应对全程负责,"多式联运经营人负责履行或者组织履行多式联运合同,对全程运输享有承运人的权利,承担承运人的义务"。

第四,在多式联运合同中,托运人或旅客一次交付费用,使用同一运输凭证。多式联运一般实行"一次托运,一次收费,一票到底,全程负责"的综合性运输方式,托运人或旅客与第一承运人订立运输合同之后,旅客或托运人即无须再付费,经某一承运人换至下一承运人进行运输时,也无须再签发其他单据,凭多式联运经营人所签发的多式联运凭证即可。采取这种方式有利于托运人追究货物毁损灭失的责任。

---

① 参见魏耀荣等:《中华人民共和国合同法释论(分则)》,中国法制出版社2000年版,第405页。
② 参见马俊驹、余延满:《民法原论》(第三版),法律出版社2007年版,第711页。
③ 参见胡康生主编:《中华人民共和国合同法释义》,法律出版社1999年版,第484页。
④ 参见马俊驹、余延满:《民法原论》(第三版),法律出版社2007年版,第711页。
⑤ 参见方新军:《货物联合运输之承运人责任研究》,载梁慧星主编:《民商法论丛》(第13卷),法律出版社2000年版,第128页。

二、多式联运合同的效力

(一) 多式联运经营人的义务

(1) 对全程运输负责的义务。依据我国《民法典》第 838 条的规定,多式联运经营人要对全程运输负责。之所以采取这一规则,是因为一方面,多式联运经营人是作为运输合同的相对人而存在的;另一方面,多式联运合同的实际承运人一般为两个以上,所以,旅客或托运人通常无法真正了解实际承运人,由多式联运经营人对全程负责既有利于运输合同的实际订立,也方便旅客或托运人主张违约责任。所谓对全程运输承担承运人的义务,是指在运输过程的任何一个区段,即使多式联运经营人并未实际提供运输工具,参与运输活动,其仍应对旅客、货物是否安全、及时到达目的地承担责任。但是,多式联运经营人在负担承运人的义务时,也对全程运输享有承运人的权利,如其可以要求旅客或托运人就全程运输交付全部的票价或价款,而不是就各个区段分别交付给实际承运人。

依据《民法典》第 838 条的规定,在多式联运合同中,多式联运经营人可以与各区段承运人约定相互之间的责任,但该约定仅为内部约定,不产生对抗旅客或托运人的效力。因为多式联运经营人在与旅客或托运人订立合同后,需要组织多个实际承运人进行运输,其自身也可能并不参与实际运输。在联运经营人组织联运的过程中,经营人通常需要与各实际承运人分别订约,并进行内部责任的约定。在旅客遭受人身或财产损失以及托运的货物毁损或灭失时,多式联运经营人作为运输合同的相对人不得以此内部约定而主张免除其义务。在经营人实际承担责任之后,其可基于此约定向实际承运人追偿,该规定系对合同相对性原则贯彻的结果。

(2) 签发多式联运票据的义务。《民法典》第 840 条第 1 句规定:"多式联运经营人收到托运人交付的货物时,应当签发多式联运单据。"依据这一规定,多式联运经营人负有签发多式联运票据的义务。所谓多式联运票据,是指由多式联运经营人签发的,用以证明多式联运经营人已经收到托运人交付的多式联运合同项下的货物,并保证据此交付货物的单证。[①] 多式联运票据是作为权利的证明而存在的,托运人可据此主张合同上的权利,如确定的运输方式、运达时间以及货款等,而承运人亦可以此明晰运输合同的内容,确认自身的义务。如果是凭指示交付货物的单据,该单据只有通过背书才能转让。[②] 依据《民法典》第 840 条,按照托运人的要求,经营人签发的多式联运单据既可以是可转让单据,也可以是不可转让单据。据此,多式联运经营人在签发多式联运单据时必须尊重托运人的意见。之所以要由托运人决定,是因为在货运合同中,托运人是货物的权利所有者,作为票据的多式联运单据是否可以转让,直接关系货物所有权能否移转,以及托运人自身经济利益的实现。例如,在某些情况下,托运人为了实现融资,而需要将货物所有权进行移转。但是,一旦托运人要求多式联运经营人签发可转让或不可转让的多式联运票据之后,其不得再行变更。

(3) 多式联运经营人的赔偿责任。就联运合同而言,与托运人订立合同的经营人需要对全程负责,这既适用于多式联运合同,也适用于单式联运合同。因为与托运人订立合同的经营人是作为货运合同的一方当事人而存在的,根据我国《民法典》第 838 条的规定,多式联运经营人对全程运输享有承运人的权利,承担承运人的义务。所以,在多式联运合

[①] 参见魏耀荣等:《中华人民共和国合同法释论(分则)》,中国法制出版社 2000 年版,第 408 页。
[②] 参见黄薇主编:《中华人民共和国民法典合同编解读》(下册),中国法制出版社 2020 年版,第 1057 页。

同中，如果货物在运输过程中发生毁损、灭失的，多式联运经营人应承担责任，托运人不应向实际承运人请求承担损害赔偿责任。

《民法典》第842条规定："货物的毁损、灭失发生于多式联运的某一运输区段的，多式联运经营人的赔偿责任和责任限额，适用调整该区段运输方式的有关法律规定；货物毁损、灭失发生的运输区段不能确定的，依照本章规定承担赔偿责任。"这一规定体现了目前国际通行的多式联运经营人的"网状责任制"，其有利于使多式联运经营人承担的赔偿责任与发生损失区段承运人所负责任相同，便于多式联运的组织工作和多式联运的发展。① 例如，货物毁损、灭失发生在铁路区段的，则适用我国《铁路法》第17条、第18条等的规定，依据是否办理保价运输承运确定赔偿责任。如发生在航空运输区段的，则可适用我国《民用航空法》第128条、第129条等的规定，确定相应的赔偿限额。而如果货物毁损、灭失发生的运输区段不能确定的，经营人应依照《民法典》关于运输合同的相关规定承担损害赔偿责任。这也就是说，货物毁损、灭失所发生的运输区段不能确定的，经营人所应承担的具体责任的归责原则、免责事由及具体赔偿数额的确定，应依据《民法典》关于运输合同的规定而确定。

虽然多式联运经营人和实际承运人之间的内部约定不发生对抗旅客或托运人的效力，但其仍可以适用于多式联运经营人和实际承运人之间的责任分担。在单式联运合同中，与托运人或旅客订立合同的承运人应对全程运输承担责任，如果确定损失发生在某一运输区段的，与托运人或旅客订立合同的承运人和该区段的承运人承担连带责任。而在多式联运合同中，则应由与托运人或旅客订立运输合同的第一承运人就全程运输承担责任，各区段的实际承运人并不向托运人或旅客承担责任，第一承运人在承担责任之后，可以依据与其他承运人之间的内部约定进行求偿。②

（二）托运人的义务

托运人的义务和一般货运合同中的托运人的义务基本相同，但在多式联运合同中，托运人的损害赔偿责任具有特殊性。在多式联运合同中，托运人一般应承担的责任主要包括：保证其所提供的货物品类、件数、重量及危险特性的陈述准确无误的责任，托运人或其受雇人或代理人的故意或过失而造成多式联运经营人损失的责任，以及运送危险物品的特殊责任。③《民法典》第841条规定："因托运人托运货物时的过错造成多式联运经营人损失的，即使托运人已经转让多式联运单据，托运人仍然应当承担赔偿责任。"据此，如果托运人在托运货物时有过错而造成多式联运经营人损失的，其当然应当承担赔偿责任。④ 同时，鉴于多式联运票据也可以是能够转让的，因此，托运人完全有可能在托运货物造成多式联运经营人损失之前已经将多式联运票据转让。此时，即使托运人已经转让多式联运票据，其仍应承担损害赔偿责任。在此情形下，如果仅因多式联运票据的转让，而将因托运人的过错产生的责任归之于受让人，对受让人无疑是不公平的，因此，托运人仍应承担损害赔偿责任。⑤

---

① 参见胡康生主编：《中华人民共和国合同法释义》，法律出版社1999年版，第489页。
② 参见黄薇主编：《中华人民共和国民法典合同编解读》（下册），中国法制出版社2020年版，第1055页。
③ 参见胡康生主编：《中华人民共和国合同法释义》，法律出版社1999年版，第487—488页。
④ 参见孙晓编著：《合同法各论》，中国法制出版社2002年版，第236页。
⑤ 参见魏耀荣等：《中华人民共和国合同法释论（分则）》，中国法制出版社2000年版，第411页。

第五编 | 提供服务行为合同

第十六章　保管合同

第十七章　仓储合同

第十八章　委托合同

第十九章　行纪合同

第二十章　中介合同

第二十一章　物业服务合同

第十六章

保 管 合 同

第一节 保管合同概述

一、保管合同的概念和特征

《民法典》第888条第1款规定:"保管合同是保管人保管寄存人交付的保管物,并返还该物的合同。"据此,保管合同是指双方当事人约定一方将物交付他方保管的合同,可以认为是属于有偿事务处理(有偿委托)的特殊形态。① 其中,保管物品的一方称为保管人,交付物品的一方称为寄存人或寄托人。在保管合同中,保管人所负担的主要义务是妥善保管寄存人交付的保管物,并按照合同约定将保管物返还给寄存人,因此保管合同是一种提供服务的合同。

保管合同主要具有如下法律特征:

1. 目的的特殊性

当事人订立保管合同是为了保管特定的标的物,对寄存人而言,其订立保管合同主要是为了保管特定的财产,而保管人的主给付义务就是提供保管服务,保护寄存人的利益。②因此,保管合同属于提供服务行为的一种具体类型,但保管合同又不同于其他提供服务的合同,此种服务的内容是特定的,即保管寄存人所交付的物。一般认为,保管合同中的"保管"与民法上的"管理行为"存在不同,"管理行为"是一个比较宽泛的概念,其包括保存、改良和利用,所以,"保管"相对狭窄,而"管理行为"比较宽泛。③

2. 标的物的范围具有广泛性

在一般保管合同中,标的物既包括不动产,也包括动产。但在比较法上,存在不同的看法。一般认为,在保管合同中,标的物仅限于动产,并不包括不动产。例如,德国法就认为,保管合同的标的物限于动产,不包括不动产;不动产的保管适用委托合同规则。④《民法典》第888条并没有将保管物的概念作严格限定。在解释上,其既可以包括动产,也可以包括不动产。从实践来看,不动产的保管也较为普遍,例如,房屋代管在现实生活中是大量存在的。

3. 具有要物性

---

① Looschelders, Schuldrecht, Besonderer Teil, 17. Aufl., 2022, Vahlen, § 46 Rn. 1.
② Brox/Walker, Besonderes Schuldrecht, 46. Aufl., 2022, Beck, § 30 Rn. 1.
③ 参见崔建远主编:《合同法》(第七版),法律出版社2021年版,第428页。
④ Brox/Walker, Besonderes Schuldrecht, 46. Aufl., 2022, Beck, § 30 Rn. 1.

在罗马法中,契约被分为实物契约和合意契约,保管合同(在罗马法上被称为寄托合同)属于实物契约①。大陆法系历来对此存在两种不同的立法例。在德国法上,保管合同属于诺成合同。保管物的交付不是保管合同的成立要件,保管合同的成立仅要求当事人双方的合意。② 因此,保管物的交付,属于保管合同的履行,而非合同的成立要件。③ 大陆法系仍然有许多国家将保管合同规定为要物合同。《法国民法典》第 1915 条规定:"保管,在一般意义上,是收受他人物品,负责保管并返还原物的行为。"《日本民法典》第 657 条规定:"寄托,因当事人一方约定为相对人保管而受取某物,而发生效力。"因此,保管合同的成立应以物的交付为条件,交付可以是物质意义上的现实交付,也可以是拟制的交付,包括以占有改定方式交付(第 1919 条第 2 款)。④ 我国《民法典》第 890 条规定:"保管合同自保管物交付时成立,但是当事人另有约定的除外。"这就表明,在当事人没有特别约定的情况下,保管合同是要物合同。也就是说,从寄存人向保管人交付保管物时,合同宣告成立。

4. 原则上具有无偿性

罗马法将保管合同规定为无偿合同,大陆法系民法也普遍认为,保管为民事合同,与商事合同营利性质有别,因此应以无偿为原则。⑤ 我国《民法典》规定的保管合同是以民事保管为原型,所以,在当事人没有特别约定时,保管合同原则上是无偿合同。《民法典》第 889 条规定:"寄存人应当按照约定向保管人支付保管费。当事人对保管费没有约定或者约定不明确,依据本法第五百一十条的规定仍不能确定的,视为无偿保管。"据此,保管合同一般具有无偿性,只有在当事人有特别约定的情况下,其才具有有偿性。在当事人没有特别约定时,不能直接认定为无偿合同,还要结合《民法典》第 510 条确定。

如果是无偿保管,则保管人负有保管的义务,但并不享有收取保管费的权利,因此其具有单务性。如果是有偿的保管,则保管人负有保管的义务,同时也享有获取报酬的权利,因此应属于双务合同。

5. 具有不要式性

保管合同既可以是口头的,也可以是书面的。《民法典》实际采用了保管合同为不要式合同的观点⑥,其并不要求当事人订立保管合同必须采用何种具体形式。在实践中,寄存人将财产交付给保管人时,保管人往往会向寄存人交付保管凭证,但该凭证并非保管合同成立的要件,而仅仅具有证明合同存在的意义。⑦ 保管合同和仓储合同的主要区别在于,仓储合同应当是书面合同,而保管合同既可以是书面形式也可以是口头形式。

6. 具有继续性

保管合同是继续性合同。所谓继续性合同,是指合同的内容并非一次履行可以终止,而应继续地实现。在保管合同中,保管人要持续性地负有保管义务,而非一次性履行其义务,所以保管合同具有继续性的特点。也就是说,因为保管涉及一定的期限,所以,保管合同产生的债务通常是继续性债务。⑧ 由于保管合同是继续性合同,所以在保管合同解除时,应当仅仅对未来发生效力。

---

① 参见〔意〕彼德罗·彭梵得:《罗马法教科书》(2017 年校订版),黄风译,中国政法大学出版社 2018 年版,第 301 页。
② Looschelders, Schuldrecht, Besonderer Teil, 17. Aufl., 2022, Vahlen, § 46 Rn. 2.
③ Brox/Walker, Besonderes Schuldrecht, 46. Aufl., 2022, Beck, § 30 Rn. 9.
④ François Collart Dutilleul, Philippe Delebeque, Contrats civils et commerciaux, 10e édition, Dalloz, 2015, p. 773
⑤ 参见王轶等:《中国民法典释评·合同编·典型合同》(下卷),中国人民大学出版社 2020 年版,第 346 页。
⑥ 参见韩世远:《合同法学》(第二版),高等教育出版社 2022 年版,第 542 页。
⑦ 参见易军:《债法各论》,北京大学出版社 2009 年版,第 169 页。
⑧ Looschelders, Schuldrecht, Besonderer Teil, 17. Aufl., 2022, Vahlen, § 46 Rn. 2.

二、保管合同的分类

(一)一般保管合同和仓储保管合同

《民法典》规定了两类合同,即一般保管合同和仓储保管合同。在民商分立国家,其保管合同和仓储合同被分别规定在民法典和商法典之中。例如,在德国法中,仓储合同虽然在类型上属于《德国民法典》第 688 条所规定的保管合同的特殊形式,但它又是在《德国商法典》第 467 条中规定的。其与一般保管的区别在于,仓储保管以"货物"为标的物,而不包括金钱和有价证券。① 因为我国采民商合一,所以,《民法典》中的保管合同就是一般保管合同,而仓储合同则属于特殊的保管合同。

(二)消费保管合同和非消费保管合同

消费保管,又称为不规则保管合同、可替代物保管合同,是指保管物为种类物,双方约定保管人取得保管物的所有权,而仅以相同种类、品质、数量的物品返还给寄存人的合同。② 我国《民法典》第 901 条规定的货币保管,是消费保管的一种类型。

(三)有偿保管合同和无偿保管合同

从保管人是否有报酬请求权来看,保管合同可以区分为有偿保管合同和无偿保管合同。如前述,我国《民法典》以无偿保管为原则,有偿保管为例外,无论是有偿还是无偿保管,都是保管合同的重要类型,但二者存在如下区别:

第一,寄存人是否要支付报酬不同。在有偿的保管合同中,寄存人应当支付报酬。当事人没有约定报酬的,则应当依据法律规定确定其报酬。③ 有偿的保管合同是双务合同;无偿的保管合同中,因不存在对待给付义务,因此,学者大多认为其不是典型的双务合同,当然,在无偿保管合同中,保管人仍可请求必要费用之偿还。④

第二,保管人的注意义务程度不同。在保管合同中,无论是有偿保管还是无偿保管,保管人都应负有妥善保管的义务,但比较法普遍区分了有偿保管和无偿保管而分别确定其义务。我国《民法典》第 897 条规定:"保管期内,因保管人保管不善造成保管物毁损、灭失的,保管人应当承担赔偿责任。但是,无偿保管人证明自己没有故意或者重大过失的,不承担赔偿责任。"该条区分了有偿保管和无偿保管,分别规定了保管人不同的保管义务:一方面,因为有偿保管人有权主张保管报酬,因而其注意义务更高。依据该条规定,如果是有偿保管,则保管人应当尽到善良管理人的保管义务,即承担抽象的轻过失责任。⑤ 也就是说,凡是因保管人保管不善造成保管物毁损、灭失的,保管人应当承担赔偿责任。另一方面,在无偿保管的情况下,保管人只需尽到一般人所应尽的注意义务,如果保管人尽到了一般人的注意义务,则认为其已经履行了其应尽的注意义务,因此,无偿保管人只要不存在故意或重大过失的,就无须对保管物的毁损承担赔偿责任。从该条规定来,无偿保管人实际上仅对故意和重大过失负责。故意是指保管人对于保管物毁损灭失持有一种有意追求或者放任的态度,重大过失则是指保管人对保管物的毁损灭失漠不关心,在此情形下,保管人对保管物的损害承担赔偿责任。可见,与有偿保管合同相比,无偿保管合同的保管人的注意义务程度相对较

---

① 参见〔德〕C. W. 卡纳里斯:《德国商法》,杨继译,法律出版社 2006 年版,第 772 页。
② 参见郑玉波:《民法债编各论》(下册),台湾三民书局 1986 年版,第 539—540 页。
③ Looschelders, Schuldrecht, Besonderer Teil, 17. Aufl., 2022, Vahlen, § 46 Rn. 3.
④ Brox/Walker, Besonderes Schuldrecht, 46. Aufl., 2022, Beck, § 30 Rn. 6 f.
⑤ 参见郑玉波:《民法债编各论》(下册),台湾三民书局 1986 年版,第 527 页。

低。例如,在无偿保管中,是否包装不良,是否造成其他物的损害,无偿保管人就不负有严格的检查义务。而有偿保管人则需要负有较重的检查义务。

第三,违约责任的认定不同。在保管合同中,保管人因为其提供了无偿保管而享有责任上的优待,即仅对其故意或重大过失负责。在有偿保管中,即便保管人仅有一般过失,甚至轻微过失,其也应当依法承担违约责任。而在无偿保管中,保管人仅在具有故意或重大过失时才承担责任。另外,从比较法上来看,也有观点主张,如果保管人侵害了寄存人的物权,且侵害方式与保管没有特别关系,则无偿保管中对保管人的责任优待规则就不再适用。①

第二节 保管合同的成立和内容

一、保管合同的成立

(一)保管合同自交付保管物时起成立

就保管合同的订立来说,其可以采取口头形式,也可以采取书面形式。不过,《民法典》第890条规定:"保管合同自保管物交付时成立,但是当事人另有约定的除外。"依据该条规定,保管合同是要物合同。因此,当事人仅仅达成保管合意,合同还不能成立,还必须要由寄存人将保管人交付给保管人,合同才能成立。如果寄存人没有交付保管物,保管人也无权要求其承担违约责任。即便寄存人支付了保管费用,也不一定导致保管合同的成立。因此,保管合同的成立既要有双方为保管所作出的要约和承诺,又要有寄存人交付保管物的行为。在很多判决中,法院都以此为基础进行裁判。例如,在停车费纠纷案件中,法院就认为,车主是否实际交纳停车费并不影响当事人在订立合同之时的真实意思表示,只要车主将车停在停车场,双方之间就可以成立保管关系。② 保管合同之所以是要物合同,是与其无偿性联系在一起的。③ 因此,如果寄存人没有将物交给保管人,寄存人就没有交付物的义务,保管人也没有请求其交付的权利。即便当事人约定保管合同为有偿,如果没有交付保管物,保管人也不能请求寄存人交付保管物。当然,如果双方当事人达成合意,但还没有交付保管物,此时,其仍处于缔约阶段。如果一方当事人反悔,并不应承担违约责任,仅可能承担缔约过失责任。

由于保管合同就是要物合同,如果保管人没有收到保管物,无从确立当事人双方的权利义务关系。例如,在"李杏英诉上海大润发超市存包损害赔偿案"中,法院在解释为什么保管合同是实践合同时,认为:"如果消费者借助自助寄存柜存储财物,因未与超市经营者产生交付保管物的行为,寄存财物实际仍处于消费者的继续控制和占有下,则消费者和超市经营者不具备保管合同成立的必备要件,即保管物转移占有的事实。二者就使用自助寄存柜形成的不是保管合同关系,而是借用合同关系。"④

不过,《民法典》第890条的规定可以由当事人约定排除,如果当事人另有约定的,则其可以成为诺成合同。此时,保管物的交付就成为合同履行的内容。这就是说,法律关于保管合同为要物合同的规定,属于任意性规定,当事人可以通过约定加以改变。

---

① Looschelders, Schuldrecht, Besonderer Teil, 17. Aufl., 2022, Vahlen, § 46 Rn. 15.
② 参见"北京莲花物业管理有限责任公司与深圳市深开电器实业有限公司保管合同纠纷案",北京市第一中级人民法院(2012)一中民终字第9661号民事判决书。
③ 参见黄薇主编:《中华人民共和国民法典合同编解读》(下册),中国法制出版社2020年版,第1167页。
④ 参见《最高人民法院公报》2002年第6期。

（二）如何理解保管物的"交付"

因为《民法典》将保管合同作为要物合同，因此，寄存人交付保管物，并非其合同义务，而是合同成立的要件。保管人也不能请求寄存人履行交付保管物的义务。保管物的交付属于合同的成立要件，如果没有交付，应当认定合同不成立。

问题在于，如何理解保管物的"交付"？对此，有不同的理解。笔者认为，保管物"交付"应包括如下内容：第一，交付应当是指现实交付和简易交付。通常来说，寄存人的交付都是现实交付。而在简易交付的情形，保存人也已经实际占有了保管物，所以，也发生与现实交付同等的效力。① 第二，交付必须实际交付给保管人，而不能交付给第三人。即便寄存人将对第三人的请求权转让给了保管人，但是，保管人没有实际占有标的物，所以，也不能视为交付。第三，交付的地点原则上应当在保管地。当然，当事人另有约定的除外。

二、保管合同的内容

保管合同的内容通常包括：

一是保管的标的物。当事人在保管合同中，应当约定保管的标的物。关于保管物是否限于动产，在比较法上有两种不同的立法例。一种立法例认为，保管物必须是动产，不动产不能作为保管物。例如，《德国民法典》第 688 条就明确限定保管物必须是动产。另一种立法例认为，保管物不宜限定为动产，也可以是不动产。例如，《日本民法典》第 657 条就没有限定保管物必须是动产。我国《民法典》第 888 条的规定没有明确保管合同的标的物是否限于动产，而是采用了"保管物"的概念，这就意味着，保管物既可能是动产，也可能是不动产。从实践来看，为他人保管不动产，也经常发生。例如，农民到外地打工，将房屋、果园等交由他人保管。因此，只要是有体物，不管是动产还是不动产，都有可能成为保管合同的客体。② 但保管物一般都是动产。另外，以金钱为保管物的寄存人将金钱交付给保管人，将在当事人之间成立消费保管合同，但如果以一笔包封的金钱（即封金）为保管标的物，且当事人之间约定，合同期限届满后，保管人应当返还原封金的，则视为一般保管合同，而非消费保管合同。③

二是保管费。保管合同可以是有偿的，也可以是无偿的。如果保管合同是有偿的，则当事人应当约定保管费。依据《民法典》第 889 条第 2 款的规定，"当事人对保管费没有约定或者约定不明确，依据本法第五百一十条的规定仍不能确定的，视为无偿保管"。

三是保管场所。保管合同通常应当对保管场所作出约定，保管场所就是保管物应当被妥善保存的场所。保管场所的确定涉及保管物的交付和返还义务的确定问题。

四是保管期限。保管合同通常是有期限的，如果当事人没有约定期限，则为不定期保管。

第三节　保管合同的效力

一、寄存人的义务

（一）支付保管费的义务

在有偿的保管合同中，《民法典》第 889 条第 1 款规定："寄存人应当按照约定同保管人

---

① 参见王轶等：《中国民法典释评·合同编·典型合同》（下卷），中国人民大学出版社 2020 年版，第 347 页。
② 参见黄薇主编：《中华人民共和国民法典合同编解读》（下册），中国法制出版社 2020 年版，第 1157 页。
③ 参见崔建远主编：《合同法》（第七版），法律出版社 2021 年版，第 429 页。

支付保管费。"因此,支付保管费是寄存人的主要义务。在有偿保管中,保管费是保管人所提供的保管服务的对价。但在无偿保管合同中,寄存人就不负有支付保管费的义务。依据《民法典》第 889 条第 2 款的规定,当事人对保管费没有约定或者约定不明确的,应当由当事人事后达成补充协议,如果不能达成补充协议的,则应当按照合同的有关条款和交易习惯来确定。如果仍然不能确定的,则推定保管是无偿的。例如,在"刘雅如与赤峰奥邦汽车服务有限公司承揽合同纠纷上诉案"案中,法院认为:"奥邦公司完成刘雅如轿车的维修工作后,刘雅如至今未提走车辆,发生了奥邦公司对其轿车进行保管的事实。双方对保管费没有约定,奥邦公司口头告知刘雅如如不按其要求时间提车,需承担保管费,但刘雅如对此未予认可,应认定双方对保管费约定不明……刘雅如不应支付保管费。"①

在有偿保管中,有关保管费的支付标准、支付时间、支付地点等都应当遵守合同的约定。合同约定了保管费的具体数额的,寄存人应当按照合同约定进行支付。合同约定一次支付的,就不能分次支付。《民法典》第 902 条第 1 款规定:"有偿的保管合同,寄存人应当按照约定的期限向保管人支付保管费。"有关保管费支付的期限如不能确定,则按照《民法典》第 902 条第 2 款第 1 句的规定,即"当事人对支付期限没有约定或者约定不明确,依据本法第五百一十条的规定仍不能确定的,应当在领取保管物的同时支付"。这就是说,第一,如果当事人对支付期限有约定的,应当依据期限支付保管费。第二,如果当事人对支付期限没有约定或约定不明的,应当依据《民法典》第 510 条的规定由当事人事后达成补充协议或依据交易习惯确定。第三,如果依据《民法典》第 510 条仍然不能确定,则应当在领取保管物的同时支付保管费。这主要是因为有偿保管合同实际上是双务合同,按照双务合同同时履行抗辩的规则,一方在领取保管物的同时就应当支付保管费,否则另一方享有同时履行抗辩的权利,由此也衍生出寄存人在领取保管物的同时应支付保管费的规则。

《民法典》第 903 条规定:"寄存人未按照约定支付保管费或者其他费用的,保管人对保管物享有留置权,但是当事人另有约定的除外。"据此,在寄存人没有按期支付保管费和其他费用的情况下,保管人对保管物享有留置权,以此作为保管费的担保。但保管人享有留置权必须符合如下要件:第一,寄存人到期未按照约定支付保管费用或其他费用。保管费用是当事人约定的费用,寄存人应当按照约定的期限及时支付。其他费用主要是指在正常的保管期限内,保管物出现了毁损灭失,保管人维修所支付的必要费用,主要是指为实现保管目的所支付的必要花销,此种费用也应当由保管人予以支付。② 第二,保管人占有保管物。留置权的发生要求权利人合法占有留置物,因此,在保管合同中,如果保管人将保管物交付给寄存人,则无法取得对保管物的留置权。第三,依照保管物的性质不存在不宜留置的情形。例如,医院寄存保管的医疗器械,在因紧急手术而急需取出使用时,因涉及生命健康权的保护,所以保管人不得对该物进行留置。第四,寄存人与保管人事先没有约定不得留置保管物。虽然留置权是法定的担保物权,但是当事人仍然可以通过合同约定排除可以留置的财产。

保管人享有留置权的,可以从保管的物品拍卖、变卖的价款中优先受偿。在拍卖、变卖之后,支付其保管费用和必要费用之后,剩余的部分应当返还给寄存人,如果仍然不足以支付,保管人仍有权要求寄存人支付。

---

① 参见"刘雅如与赤峰奥邦汽车服务有限公司承揽合同纠纷上诉案",内蒙古自治区赤峰市中级人民法院(2017)内04 民终 5983 号民事判决书。
② 参见黄薇主编:《中华人民共和国民法典合同编解读》(下册),中国法制出版社 2020 年版,第 1272 页。

一般来说,寄存人应当在保管结束时支付报酬。但是,如果当事人约定报酬是按照个别时间段来计算,那么,应当在每个时间段届满时支付报酬。① 除了报酬以外,保管人为了保管支出的必要费用,是否可以请求寄存人偿还,值得探讨。笔者认为,在有偿保管合同中,仅就报酬无法覆盖的部分费用,保管人才能请求偿还。② 也就是说,在有偿合同中,应当判断必要费用是否已经经由报酬获得补偿。③ 在无偿保管合同中,保管人可以请求寄存人返还其所支出的必要费用。

（二）承担必要费用的义务

必要费用是指保管人为了实现物的保管目的,为使保管物能够维持原状而支出的费用。例如,保管人支付的电费、场地费用以及运输的费用等。必要费用仅限于无偿保管之中,因为在有偿保管之中,寄存人所支付的报酬之中已经包含了必要费用。在无偿保管中,虽然寄存人不需要支付保管费,但应负有返还必要费用的义务。由于这种义务是法律所规定的,转化为合同内容的一部分,因而在寄存人不支付必要费用时,无偿保管合同中的保管人可以主张寄存人承担违约责任。

（三）贵重物品的申明义务

《民法典》第898条规定:"寄存人寄存货币、有价证券或者其他贵重物品的,应当向保管人声明,由保管人验收或者封存;寄存人未声明的,该物品毁损、灭失后,保管人可以按照一般物品予以赔偿。"根据这一规定,寄存人对寄存货币、有价证券或贵重物品应当负有申明义务。在申明之后,可引起保管人的特别注意,从而更好地履行保管义务。例如,如果寄存人申明所保管的物品为贵重金银首饰,则保管人可能需要使用保险柜来进行保管。如果寄存人不申明贵重物品的性质,则保管人对于保管物品的保管风险、保管措施及损害赔偿责任等,难以产生相应的预期。④ 特别是如果寄存人对贵重物品不申明,保管人也难以采取特殊措施来对其进行妥善保管。

依据《民法典》第898条,在申明之后,保管人应当对贵重物品进行验收或者封存。所谓"验收",是指保管人对寄存人所交付的贵重物品进行清点,在确定实际收取的物品数量和品质与寄存人所申明的内容无误时予以接受。所谓"封存",就是将贵重物品予以特定化。例如将货币包装成捆,将珠宝进行装袋。如此可以避免贵重物品与其他同种类的物品混合。如果寄存人违反这一义务,导致贵重物品毁损、灭失的,保管人可以按照一般物品予以赔偿。例如,在"杨鑫玥与李学文保管合同纠纷案"中,法院认为,本案中,若按寄存人杨鑫玥主张如此昂贵的藏酒寄存在保管人李学文处保管,寄存人理应告知保管人藏酒的价值以及保管藏酒需要采取特殊的保管措施,寄存人未提供证据证明已向保管人履行了告知义务,一审判决按一般物品保管责任酌定保管人赔偿寄存人1000元损失费符合法律规定,本院予以维持。⑤ 这就是说,如果寄存人尽到了告知义务,保管人应当承担全部赔偿责任;而如果没有申明,标的物毁损灭失的,保管人有权按照一般物品予以赔偿。

（四）保管物的瑕疵告知义务

《民法典》第893条规定:"寄存人交付的保管物有瑕疵或者根据保管物的性质需要采取

---

① Looschelders, Schuldrecht, Besonderer Teil, 17. Aufl., 2022, Vahlen, § 46 Rn. 18.
② Looschelders, Schuldrecht, Besonderer Teil, 17. Aufl., 2022, Vahlen, § 46 Rn. 19.
③ Brox/Walker, Besonderes Schuldrecht, 46. Aufl., 2022, Beck, § 30 Rn. 20.
④ 参见黄薇主编:《中华人民共和国民法典合同编解读》（下册）,中国法制出版社2020年版,第1260页。
⑤ 参见黑龙江省哈尔滨市中级人民法院（2016）黑01民终1855号判决书。

特殊保管措施的,寄存人应当将有关情况告知保管人。寄存人未告知,致使保管物受损失的,保管人不承担赔偿责任;保管人因此受损失的,除保管人知道或者应当知道且未采取补救措施外,寄存人应当承担赔偿责任。"依据这一规定,有以下情形之一的,寄存人应当在交付保管物时,向保管人告知:

一是保管物存在瑕疵的情况。如果保管物存在瑕疵需要采取特殊保管措施,特别是自身存在破坏性的缺陷,就需要采取特殊保管方式,否则,既可能导致保管物自身的损害,也可能导致其他的损害。因此寄存人应当就标的物的瑕疵向保管人如实告知,保管人应当采取特殊的保管方式。如未告知导致保管物遭受损失,保管人不承担赔偿责任。例如,在"张会英、仲崇连与李杰、刘欢等堆放物倒塌致害责任纠纷案"中,法院认为,寄存人张会英、仲崇连将鞋柜放置在保管人徐士霞家中,现并无证据证明其将鞋柜存在的安全隐患告知保管人,也无证据证明保管人知道或者应当知道鞋柜存在安全隐患并且未采取补救措施,鉴于双方为无偿保管合同关系,在没有证据证明保管人存在重大过失的情况下,寄存人主张保管人承担赔偿责任,依据不足。①

二是按照保管物的性质需要采取特殊保管措施的情况。这主要是指一些易碎、易受潮、具有腐蚀性、易燃、易爆、有毒、放射性的物品等。例如,对于火药的保管,一定要避免高温和明火。对于危险物品,如果因为没有事先告知而没有采取措施,不仅可能导致保管物或其他物品的损害,甚至可能导致保管人的生命健康受损。② 例如,寄存有毒物品,导致保管人的健康遭受损害。此外,某些保管物必须采取特殊的方式保管,否则,可能会使保管物遭受损害,或者导致其他物的损害。此时,寄存人应当向保管人如实告知。寄存人应当负责的损害,必须是因保管物的特性产生的损害。这意味着,寄存人如果知道保管物之特性可能致人损害,就负有告知义务。③ 如果寄存人在寄存时不知或不应当知道该特性,或者保管人知道该特性的,寄存人不负损害赔偿义务。④

根据《民法典》第893条的规定,寄存人交付的保管物有瑕疵或者根据保管物的性质需要采取特殊保管措施的,寄存人应当将有关情况告知保管人。寄存人未告知,致使保管物受损失的,保管人不承担赔偿责任。据此,如果寄存人没有履行瑕疵告知义务,保管人因此受损失的,除保管人知道或者应当知道且未采取补救措施外,寄存人应当承担赔偿责任。此处所说的损失,主要是指因为未告知保管物的瑕疵导致保管物造成了其他财产的损失。例如,因为保管的物是具有放射性的物质,寄存人没有如实告知保管人采取特殊的保管方式,导致仓库中其他的物品受到污染,寄存人应当承担赔偿责任,但在如下情况下,保管人仍然应当负责:一是保管人知道或者应当知道保管物存在瑕疵。二是保管人没有采取补救措施,保管人应根据其过错承担相应的责任。

二、保管人的义务

(一)妥善保管的义务

《民法典》第892条第1款规定:"保管人应当妥善保管保管物。"据此,保管人负有妥善保管的义务。第2款规定:"当事人可以约定保管场所或者方法。除紧急情况或者为维护寄

---

① 参见江苏省高级人民法院(2020)苏民申4941号民事裁定书。
② 参见魏耀荣等:《中华人民共和国合同法释论(分则)》,中国法制出版社2000年版,第512页。
③ Brox/Walker, Besonderes Schuldrecht, 46. Aufl., 2022, Beck, § 30 Rn. 21.
④ Looschelders, Schuldrecht, Besonderer Teil, 17. Aufl., 2022, Vahlen, § 46 Rn. 21.

存人利益外,不得擅自改变保管场所或者方法。"依据该条规定,保管人负有妥善保管的义务,总体上,保管人负有在自己空间范围内保管标的物的义务,在紧急情况下(如火灾)还负有救援的义务①,但保管人一般不负有改善或者维修保管物的义务。②

保管人在保管合同中所负担的保管义务如何确定,存在不同的看法。我国《民法典》采用"妥善保管"的提法,如何理解保管人的"妥善保管"义务?应当首先确定其注意义务。如前述,从大陆法系国家的规定来看,一般都区分有偿与无偿。在有偿保管之中,应当尽到善良管理人的注意义务。所谓善良管理人,较之于普通管理人,其注意义务更重。如果保管是无偿的,保管人应当尽到与处理自己事务同样的注意义务。例如,《德国民法典》第690条规定,无偿保管的保管人只需对其在自己的事务中通常所尽的注意负责任。我国《民法典》第897条也采取了区分有偿保管与无偿保管的做法。因此,界定妥善保管,首先应该以保管合同的有偿与无偿来确定其内容。除此之外,保管人的妥善保管义务包括如下方面的内容:

(1) 提供合适的保管场所。这就是说,保管人所提供的场地,必须符合合同的约定。如果合同没有约定的,则保管人应当根据保管物的性质,提供能够适合于保管该物的场所。如果保管物具有特殊性质,保管人应当提供相应的条件。依据《德国民法典》第691条,在存在疑问时,保管人应当在自己的空间范围内保管标的物,但寄存人可以许可保管人将标的物保管于第三人的空间范围。③ 这一立场的理由在于,保管合同依赖于寄存人对保管人的特别信任。④ 这一经验也值得借鉴。

《民法典》第888条第2款规定:"寄存人到保管人处从事购物、就餐、住宿等活动,将物品存放在指定场所的,视为保管,但是当事人另有约定或者另有交易习惯的除外。"该条进一步扩张了保管的标的物的范围,有利于增强对消费者的保护。因为在实践中,一些消费者从事购物、住宿、就餐等活动,可能需要存包、存车等,此时在当事人没有明确约定和不存在特定的交易习惯的情形下,则应当推定从事购物、就餐、住宿等活动的消费者与特定场所的管理者之间形成了保管合同关系,管理者负有对消费者的物品进行保管的义务。⑤ 在实践中,顾客到商场购物,将个人财物存入超市门口的自助存包柜后,存包柜内物品被盗,消费者主张双方构成保管合同关系,超市应赔偿顾客损失。但有的法院并没有支持消费者的主张,认为消费者仅借用了超市的存包柜,双方未发生保管物的移转占有,因此超市不负赔偿责任。⑥ 依据《民法典》第888条第2款,是否视为保管,还应当依据当事人的约定或交易习惯进行判断。一是当事人的约定。这就是说,如果当事人明确约定,就是借用合同,则应当认定为借用合同。法律的拟制只是在当事人没有特别约定的情形才能适用。二是交易习惯。如果按照当地的习惯或者行业的习惯,不构成保管,则不应认定为双方之间成立保管合同。例如,基于当地的习惯,如果是内部停车场,交纳了费用,就构成保管;而如果不是内部停车场,也不交纳费用,则不构成保管。再如,顾客将车辆停放在旅馆围栏范围内的,旅馆负有保管义务,而如果将其停放在旅馆旁边的公共道路上,则旅馆不负有保管义务。这些都应当依据交易习惯确定。

---

① Looschelders, Schuldrecht, Besonderer Teil, 17. Aufl., 2022, Vahlen, § 46 Rn. 6.
② Brox/Walker, Besonderes Schuldrecht, 46. Aufl., 2022, Beck, § 30 Rn. 10.
③ Looschelders, Schuldrecht, Besonderer Teil, 17. Aufl., 2022, Vahlen, § 46 Rn. 7.
④ Brox/Walker, Besonderes Schuldrecht, 46. Aufl., 2022, Beck, § 30 Rn. 12.
⑤ 参见王轶等:《中国民法典释评·合同编·典型合同》(下卷),中国人民大学出版社2020年版,第345页。
⑥ 参见"李杏英诉上海大润发超市存包赔偿案",载《最高人民法院公报》2002年第6期。

(2) 采用适当的保管方法。在保管过程中，保管人要根据保管物的性质、特点等，采取适当的保管方法。而且，保管人应当掌握相关的保管技术，从而实现妥善保管。保管方式根据合同约定而定。① 这不仅适用于有偿保管，也适用于无偿保管。在适当的保管方法确定后，也不能擅自变更。②

(3) 除紧急情况或者为了维护寄存人利益的以外，不得擅自改变保管场所或者方法。在保管合同中，当事人为了实现保管的目的通常会就保管场所或方法进行约定，除紧急情况(如仓库即将倒塌等)或为了维护寄存人的利益之外，保管人不得擅自变更保管场所或方法。而且，为了维护寄存人的利益，在保管人变更保管场所或方法之后，应当通知寄存人。

(4) 采取合理的预防措施，防止保管物的毁损灭失。如果因为第三人原因，造成保管物毁损灭失、被盗抢等，则保管人应当承担违约责任，但可以在承担责任后，向第三人进行追偿。例如，在"孟州市豫龙陵园有限公司、汤吉章保管合同纠纷案"中，法院认为："虽然被上诉人的损失结果系盗墓者的侵害行为所导致，但上诉人豫龙陵园公司有管理不善的过错，其可以就在本案中所承担的民事责任，待刑事案件侦破后向刑事被告人追偿。"③

(5) 负有附随义务。如果保管人发现保管物包装不当，存在毁损、灭失风险的，则保管人应当及时通知寄存人。

(二) 亲自保管的义务

保管人应当负有亲自保管标的物的义务。《民法典》第 894 条第 1 款规定："保管人不得将保管物转交第三人保管，但是当事人另有约定的除外。"该条确立了保管人亲自保管的义务。这就是说，在合同没有特别约定的情况下，保管人应当亲自保管保管物。除非合同有特别约定，否则保管人不得将保管物转交给第三人保管。例如，保管人发现货物有腐烂、变质可能，其并不具备必要的保管条件的，经取得寄存人的同意，保管人可以进行转保管。法律之所以规定保管人的亲自保管义务，主要原因在于，保管合同是基于信任关系而订立的。正是基于此种信任，寄存人才将保管物交给保管人。保管人将物交由他人保管，就破坏了此种信任关系。尤其是保管人常常可能具有特殊的条件，从而能够实现合同的目的。如果保管物被交给第三人，其可能因缺乏技术、场地等，而无法妥善保管标的物。

《民法典》第 894 条第 2 款规定："保管人违反前款规定，将保管物转交第三人保管，造成保管物损失的，应当承担赔偿责任。"这就是说，在没有取得寄存人同意的情形下，次保管人与保管人之间形成了合同关系，如果因次保管人的过错造成了保管物的毁损灭失，次保管人应对保管人负责，保管人应当对寄存人负责。只要保管人违反了亲自保管义务，擅自将保管物转交给第三人，就可以认定保管人具有过错，由此所造成的损失都应当由保管人负赔偿责任。

(三) 保管人不得使用保管物的义务

依保管合同，寄存人把要保管的物品交给保管人，并不丧失对该物品的所有权，保管人所取得的只是在一定时期内的占有权。因而，保管人在保管期间，不得利用其保管之便，而擅自使用保管物。《民法典》第 895 条规定："保管人不得使用或者许可第三人使用保管物，但是当事人另有约定的除外。"这就是说，除非在合同中另有约定，否则保管人不得自己使用

---

① Brox/Walker, Besonderes Schuldrecht, 46. Aufl., 2022, Beck, § 30 Rn. 13.
② Brox/Walker, Besonderes Schuldrecht, 46. Aufl., 2022, Beck, § 30 Rn. 15.
③ 河南省焦作市中级人民法院(2018)豫 08 民终 2351 号民事判决书。

保管物,也不得许可他人使用保管物。此种规定也有利于维护寄存人的利益,如果保管人可以随意使用保管物,则极易造成保管物的毁损、灭失、折旧,从而损害寄存人的利益。保管人擅自使用保管物,不仅构成违约,也构成了对寄存人的物权的侵害。

(四)给付保管凭证的义务

寄存人向保管人交付保管物以后,保管合同才能成立。因此,一旦交付标的物,保管人给付保管凭证,是证明合同存在的凭据。虽然给付保管凭证不是合同的形式要件,但是,不给付保管凭证,就难以证明合同的成立。《民法典》第891条规定:"寄存人向保管人交付保管物的,保管人应当出具保管凭证,但是另有交易习惯的除外。"该条修改了《合同法》第368条,将"给付保管凭证"修改为"出具保管凭证"。因为"给付"是要实际交付,而出具保管凭证并非意味着必须交付。在现代社会,保管凭证有可能是电子化的,对此凭证并不能"给付",而只是"出具"。但需要指出的是,保管合同仍然是以交付了保管物为成立要件,保管凭证只是交付保管物的证明,保管凭证本身不宜认定为保管合同。如果没有给付保管凭证,寄存人有权要求其给付。但是,根据交易习惯不需要给付凭证的,也不负有此种义务。例如,在停车场停车,一般不需要给付保管凭证。

(五)返还保管物的义务

保管期限届满或寄存人提前领取保管物,保管人负有返还保管物的义务。保管人的返还保管物的义务主要包括如下内容:

1. 返还保管物的义务

(1)保管期限届满后的返还义务。

在保管合同中,如果双方当事人就保管期限有明确约定的,保管人在保管期限届满之后,应按时返还该保管物。保管物的返还地点通常是货物的储存地。① 寄存人未按时领取保管物的,保管人应负责通知提取。返还的时间应遵守合同的规定。《民法典》第899条第2款后段规定:"约定保管期限的,保管人无特别事由,不得请求寄存人提前领取保管物。"由于保管期限主要是为了寄存人的利益而设立的,只要合同规定了保管期限,在保管期限届满之前,保管人无特定事由,不得要求寄存人提前领取保管物;否则,构成对保管合同的违反。

但是,《民法典》第899条第2款前段规定:"当事人对保管期限没有约定或者约定不明确的,保管人可以随时请求寄存人领取保管物。"如果保管合同中对保管期限没有约定或约定不明的,该保管合同在性质上属于一种不定期债务,双方当事人都享有解除合同的权利。② 保管期限不确定时,寄存人负有义务随时领取保管物;保管期限确定的,寄存人只有在存在重大事由时才能提前领取保管物。③《民法典》第511条第4项规定:"履行期限不明确的,债务人可以随时履行,债权人也可以随时请求履行,但是应当给对方必要的准备时间。"据此,在当事人没有规定保管期限的情况下,保管人有权随时请求寄存人领取保管物。

(2)寄存人提前领取保管物时的返还义务。

对寄存人而言,毕竟其对保管货物享有所有权,其有权随时要求提取、领取保管物。《民法典》第899条第1款规定:"寄存人可以随时领取保管物",从该规定来看,无论当事人是否约定了保管期限,寄存人都可以随时提取保管物。这主要是因为,在保管合同中,寄存人享

---

① See Christian von Bar et al. (eds.), *Principles, Definitions and Model Rules of European Private Law*, Volume I, Munich: Sellier, European Law Publishers, 2009, p.1817.
② 参见谢鸿飞、朱广新主编:《民法典评注·合同编:典型合同与准合同4》,中国法制出版社2020年版,第68页。
③ Looschelders, Schuldrecht, Besonderer Teil, 17. Aufl., 2022, Vahlen, § 46 Rn. 20.

有对保管物的所有权,而且保管期限是为了寄存人的利益而设立的。如果寄存人认为保管的目的已经实现,即使合同约定的保管期限尚未届满,为了寄存人的利益,也应允许其随时领取保管物。例如,寄存人出于保管的需要而将一批大米交付给保管人,在保管期间,大米市场的价格剧烈波动,寄存人为了不使其自身遭受经济损失,而要求提前领取大米予以抛售,在此情形下,保管的目的已经实现,保管人应当允许寄存人提前领取。

问题在于,寄存人提前领取保管物是否要支付全部的保管费?笔者认为,寄存人应当支付原来约定的保管费,但是,可以考虑因缩短保管期限而减少的成本支出而适当减少保管费。如果提前领取确实节省了费用,则应当适当扣减费用,这也符合公平原则。另外,在比较法上,很多国家的法律都规定寄存人应当补偿提前领取标的物对保管人造成的损失。① 如果寄存人在保管人履行保管义务之前要求返还保管物的,这也意味着合同的终止,在此情形下,保管人仍有权请求合同约定的保管费用的支付。② 笔者认为,此种观点也值得赞同。

2. 保管人所返还的保管物包括原物和孳息

《民法典》第 900 条规定:"保管期限届满或者寄存人提前领取保管物的,保管人应当将原物及其孳息归还寄存人。"依据这一规定,无论是保管期限届满,还是寄存人提前领取保管物,保管人在返还保管物时,都应当将原物及其孳息返还寄存人。对此,应当区分消费保管和非消费保管。《民法典》第 900 条是针对非消费保管作出的规定。因为在消费保管的情形,保管人只需要返还与原物具有相同品质、数量的物。而对于非消费保管而言,保管人必须返还原保管物,而且要将其孳息一并归还给寄存人。

3. 应当在保管物的返还场所返还

保管物的返还场所,原则上应当是保管地。在当事人有特别约定时,应当根据其约定确定返还场所。而在当事人没有特别约定时,应当在保管地返还。依据《民法典》第 511 条第 3 项,履行地点不明确的,"其他标的在履行义务一方所在地履行"。而保管人履行义务理应在保管地履行。另外,在保管地返还,也有利于减少转运、运输等无谓的费用,便于保管人履行其义务。③ 比较法上也普遍采取这一做法,例如,依据《德国民法典》第 697 条,保管人应当在保管物所在地返还保管物,因此,寄存人应当前往保管地领取保管物。④

4. 第三人对保管物主张权利时的返还

《民法典》第 896 条第 1 款规定:"第三人对保管物主张权利的,除依法对保管物采取保全或者执行措施外,保管人应当履行向寄存人返还保管物的义务。"据此,确立了在第三人对保管物主张权利时,保管人应将保管物返还给寄存人而不是第三人的义务。所谓第三人对保管物主张权利,是指第三人主张保管物并非属于寄存人所有等可能引发保管物的权属争议的情形。在第三人主张权利时,保管人仍应向寄存人履行返还保管物的义务,这主要是因为:一方面,返还保管物于寄存人有利于其处理与第三人的纠纷,并维护寄存人的权利。另一方面,保管人因保管合同的约定而占有保管物,因此返还保管物是其所负担的合同义务。保管人只对寄存人负有相应的义务,并不对第三人负有义务。⑤ 如果保管人将其交付给第三

---

① 例如,《奥地利商法典》第 962 条、《法国商法典》第 1944 条、《比利时商法典》第 1944 条。
② See Christian von Bar et al. (eds.), *Principles, Definitions and Model Rules of European Private Law*, Volume Ⅰ, Munich: Sellier, European Law Publishers, 2009, p.1817.
③ 参见崔建远主编:《合同法》(第七版),法律出版社 2021 年版,第 433 页。
④ Looschelders, Schuldrecht, Besonderer Teil, 17. Aufl., 2022, Vahlen, § 46 Rn. 8.
⑤ 参见魏耀荣等:《中华人民共和国合同法释论(分则)》,中国法制出版社 2000 年版,第 516 页。

人的,其应向寄存人承担相应的违约责任。当然,如果第三人依法对保管物采取保全或执行措施的,保管人无法返还保管物,自然不应负担将保管物返还给寄存人的义务。这主要是因为,在第三人依法对保管物采取保全或执行措施时,法院会将保管物予以查封、扣押或冻结等,或执行机关强行要求保管人将保管物交付给第三人,此时,保管人已经无法将保管物返还给寄存人。

需要指出的是,如果在保管期间,寄存人已经将货物出卖给第三人,寄存人自身不愿意再领取该保管物,而直接通知保管人,将保管物交付给第三人。在此情况下,保管人应将保管物返还给第三人,第三人也可以据此领取保管物。但在第三人支付保管费用之前,保管人有权拒绝返还保管物。①

(六)危险通知义务

《民法典》第896条第2款规定:"第三人对保管人提起诉讼或者对保管物申请扣押的,保管人应当及时通知寄存人。"该条确立了保管人的危险通知义务,即在第三人对保管物提起诉讼或者对保管物申请扣押时,保管人负有危险通知义务,其应将该情形及时通知寄存人。该义务属于保管人所应负担的一种附随义务。如果保管人没有及时通知寄存人,造成寄存人损失的,应当承担赔偿责任。

第四节 消 费 保 管

一、消费保管的概念

所谓消费保管,也称为不规则保管,是指保管物为可替代物时,如当事人约定将保管物的所有权移转于保管人,保管期间届满以后,由保管人以同种类、品质、数量的物返还给寄存人。严格地说,消费保管是一种特殊类型的保管,但大陆法系国家和地区民法大多对此作出了规定。② 例如,《德国民法典》第700条规定了消费保管,在此种保管中,保管物的所有权立即移转给保管人,或者通过保管人取得占有而向保管人转移所有权。③ 在德国法上,消费保管要适用消费借贷的规定。④ 我国台湾地区"民法"第602条规定:"寄托物为代替物时,如约定移转寄托物所有权于受寄人,并由受寄人以种类、品质、数量相同之物返还者,为消费寄托。自受寄人受领该物时起,准用关于消费借贷之规定。"

我国《民法典》第901条规定:"保管人保管货币的,可以返还相同种类、数量的货币;保管其他可替代物的,可以按照约定返还相同种类、品质、数量的物品。"这一规定是否可以被认为是关于消费保管合同的规定,存在两种不同的观点。一种观点认为,该条只是就货币的

---

① See Christian von Bar et al. (eds.), *Principles, Definitions and Model Rules of European Private Law*, Volume I, Munich: Sellier, European Law Publishers, 2009, p. 1819.
② 《德国民法典》第700条规定:"(1)如果可替代物是以下列方式存放,即其所有权移转于保管人,且保管人有义务将同种类、品质、数量的物返还的,适用关于贷款的规定,存放人允许保管人动用存放的可替代物,保管人自占有该物时,适用关于贷款的规定,在上述两种情况下,在发生疑问时,返还期限及地点应根据关于保管合同的规定加以确定;(2)存放有价证券时,根据本条第1款所列举种类的约定,仅在有明确约定时,始为有效。"《日本民法典》第666条借鉴德国法的经验,规定了消费借贷。
③ 参见〔德〕迪特尔·梅迪库斯:《德国债法分论》,杜景林、卢谌译,法律出版社2007年版,第366页。
④ 同上。

保管所作的特别规定,但并非是对消费保管的一般性规定①。另一种观点认为,该条是针对消费保管所作的特别规定。② 笔者赞成第二种观点。该条实际上确立了消费保管的规则,主要原因在于:一方面,从文义解释来看,该条不仅规定了货币的保管,而且规定了其他可替代物的保管,这实际上是就一般种类物的保管所作的规定。消费保管的适用范围是可替代物,因此,该条可以适用于消费保管。《民法典》第901条虽然突出了作为可替代物的"货币"的保管,但同时也采用了"其他可替代物"的表述,这就使得该条可以广泛适用于所有可替代物的保管。另一方面,它包含了移转保管物所有权的内容。虽然本条没有明确是否移转保管物的所有权,但是,其关于"返还相同种类、品质、数量的物品"的规定意味着,保管物的所有权已经移转给了保管人。该条规定保管人可以返还相同种类、品质、数量的物品,并不必返还原来交付的保管物,这也与消费保管存在一致性。

二、消费保管的特征

消费保管虽然属于广义的保管的范畴,但是,其又具有不同于一般保管的特点,主要在于:

第一,当事人要依据约定移转保管物的所有权。对消费保管而言,在合同成立时,当事人要约定标的物所有权的移转。消费保管合同必须是当事人约定将保管物的所有权移转于保管人,保管人在接受保管物后享有占有、使用、收益和处分的权利。在消费保管合同成立之后,所有权将发生移转。而对一般的保管合同而言,原则上保管人不取得保管物的所有权。笔者认为,是否移转保管物的所有权是消费保管与一般保管最重要的区别。

第二,标的物为货币或者其他可替代物。从《民法典》第901条的规定来看,消费保管的标的物包括如下两类:一是货币。货币是种类物,货币一旦交付就导致货币所有权的移转。保管人返还货币时并不要求一定要返还寄存人交付时使用的货币,而只需要返还相同种类或数量的货币。例如,保管5000元人民币,就应当以同数量的人民币返还。二是其他可替代物,所谓其他可替代物主要是指一般的种类物,如标号相同的水泥等。保管人返还这些种类物时,可以按照约定返还相同种类、品质和数量的物品,而并不要求其必须返还寄存人寄存的原物。在消费保管中,保管人要承担标的物意外毁损灭失的风险。③

第三,保管人可以使用标的物。一般的保管,不能使用标的物,而消费保管中,保管人可以使用标的物,因为其已经取得了标的物的所有权。既然肯定了可以返还替代物,也就意味着被保管的货币不再属于寄存人。④ 通常来说,判断消费保管的标准,一是考虑寄存人是否允许保管人消费保管物,二是考虑是否存在标的物所有权转移至保管人的约定。⑤

第四,保管物的风险负担由保管人承受。在一般保管中,保管物的所有权不发生移转,因此,风险负担仍然由所有人承受,即寄存人要承担标的物因意外而发生的毁损灭失风险。而在消费保管中,由于标的物的所有权移转给了保管人,所以标的物毁损灭失的风险由保管

---

① 万建华:《〈中华人民共和国合同法〉第378条之理解与完善——兼论我国货币保管合同的民商分立》,载《法商研究》2010年第2期。
② 参见何志:《合同法分则判解研究与适用》,人民法院出版社2002年版,第563页。
③ 参见〔德〕迪特尔·梅迪库斯:《德国债法分论》,杜景林、卢谌译,法律出版社2007年版,第366—367页。
④ 李健男:《存款行为法律性质新论》,载《暨南学报(哲学社会科学版)》2006年第6期。
⑤ 万建华:《〈中华人民共和国合同法〉第378条之理解与完善——兼论我国货币保管合同的民商分立》,载《法商研究》2010年第2期。

人负担。此外,保管人负担风险也是因为其可以自己利用标的物。①

有观点认为,如果寄存人交付的是种类物,则保管人可以消费保管,只要在交付时能够交付同种类同数量的物即可。但笔者认为,不宜将种类物的保管一概视为消费保管。一方面,即便是种类物,寄存人并不希望保管人进行使用收益,而且保管人能否按期如数返还,也难以确定。更何况即便是同种类的标的物,其价格随着市场的变化而不断波动,保管人未必能够按期以同种类同数量的标的物交付,而且此时标的物的价格也可能发生了较大的变化。所以,即便标的物是种类物,但如果当事人不希望订立消费保管合同,也应当尊重其意愿。另一方面,种类物的保管是否属于消费保管,关键要看当事人之间是否有特别的约定移转保管物的所有权。如果当事人没有约定移转标的物所有权,仍然属于一般的保管,而不是消费保管。

三、消费保管合同和借款合同

关于消费保管在性质上属于借贷还是保管,学理上历来存在争议。② 应当看到,在我国,民间借贷合同与消费保管合同确实存在一定的联系,表现在一方面,货币是一种特殊的种类物,返还货币不一定要返还原来的货币,而只需要返还相同数额的货币即可。另一方面,民间借贷合同与消费保管合同的标的物都为种类物;无论是借贷还是保管,在标的物交付之后,都要移转所有权给对方。正是因为二者存在较多的相似之处,有的国家和地区在立法上便有明确规定消费保管合同准用消费借贷的规定。③

但是,民间借贷合同与消费保管合同毕竟是两类不同的有名合同,其主要区别在于:第一,当事人的缔约目的不同。前者的缔约目的是为了借贷,当事人之间主要形成金钱债务关系;后者的缔约目的是对标的物进行保管,当事人之间形成保管合同关系。第二,权利义务的内容不同。缔约目的的不同,决定了当事人之间的权利义务也不同。在民间借贷合同中,债权人享有的是金钱债权,而债务人的义务主要是按期偿还所借款项和利息。而在消费保管合同中,寄存人享有要求返还保管物的权利,而保管人负有妥善保管并返还保管物的义务。第三,是否返还孳息不同。民间借贷合同中的债务人在合同期限届满时,需要返还的不仅仅是所借贷的金钱,还包括约定的利益,尤其是孳息。而在消费保管合同到期之后,保管人只需要返还同种类同数量的标的物即可,无须返还孳息。第四,是否可随时要求返还不同。依据《民法典》第675条的规定,在借款合同中,贷款人可以催告借款人在合理期限内返还。而在消费保管合同中,返还期限主要是为了寄存人的利益而设立的,如果没有定返还期限的,寄存人可以随时要求返还。④

四、消费保管合同的效力

消费保管合同作为保管合同的一种,其一旦成立就发生与一般保管合同相同的效力。但是,在如下方面与一般保管合同的效力存在差别:

第一,保管人享有对保管物的所有权。在保管期限届满之后,保管人应将保管物的所有

---

① 参见〔日〕我妻荣:《债权各论》(中卷二),周江洪译,中国法制出版社2008年版,第195页。
② 参见史尚宽:《债法各论》,中国政法大学出版社2000年版,第507页。
③ 例如根据我国台湾地区"民法"第602条第1款的规定,消费寄托,自受寄人受领该物时,准用关于消费借贷之规定。
④ 参见史尚宽:《债法各论》,中国政法大学出版社2000年版,第619页。

权移转给寄存人,如果保管物的所有权未移转给寄存人的,保管人应承担违约责任。

第二,保管人可以使用标的物。在一般保管中,保管人原则上不得使用标的物,除非当事人另有约定,或者为了保管的需要,保管人才可以使用标的物。而在消费保管中,即使当事人没有约定,保管人也可以使用标的物。因为标的物的所有权已经移转给了保管人,其依法享有使用的权利。

第三,保管人可以返还相同种类、品质、数量的物品。一般保管中,保管人负有返还原来交付的保管物的义务。而在消费保管中,保管人仅仅返还相同种类、品质、数量的物品即可。当然,如果保管人返还了原来交付的标的物,也符合消费保管的本旨。在货币保管的情形下,由于货币是一般等价物,是一种特殊的种类物,在交易上可以互相替换。货币的占有与所有是同一的,简称为"所有和占有一致原则"。这一规则具体体现为,货币占有的取得就视为货币所有权的取得,货币占有的丧失即视为货币所有权的丧失。货币一旦交付,将会发生所有权的移转。即使是接受无行为能力人交付的货币,货币所有权也发生移转,因此,在保管结束之后,保管人并不需要返还原来交付的货币,只需要返还同种类、同数量的货币。但如果返还的保管物不是同一种类、质量和数量,则保管人应承担违约责任。[①]

第四,保管人要负担标的物毁损灭失的风险。在一般保管中,原则上由寄存人承担因意外事件而造成的标的物毁损灭失的风险。而在消费保管的情形下,保管人要承受此种风险,这是所有人主义的具体体现,因为保管物的所有权已经归属于保管人。另外,从利益之所在、风险之所在的基本原理出发,保管人既然对保管物享有利益,也应当承受相应的风险。

---

① Christian von Bar et al. (eds.), *Principles, Definitions and Model Rules of European Private Law*, Volume I, Munich: Sellier. European Law Publishers, 2009, p. 1823.

第十七章

仓 储 合 同

第一节 仓储合同概述

一、仓储合同的概念和特征

仓储是利用仓库存放、储存各类物品的行为。仓储合同，是指由专门从事仓储保管业务的保管人与存货人之间签订的一方为另一方保管货物，另一方支付报酬的合同。《民法典》第904条规定，仓储合同是保管人储存存货人交付的仓储物，存货人支付仓储费的合同。严格地说，仓储合同是保管合同的一种具体类型，在民商分立的国家，仓储合同是商事合同的一种类型，是由商法单独规定的。我国《民法典》虽然采民商合一体制，但将仓储合同作为独立的类型加以规定，这不仅考虑到了其与保管合同的相似性，同时，也注重了其特殊性。因而，这种立法体例也具有自身的特色。与一般保管合同相比较，仓储合同具有如下特征：

第一，主体具有特殊性。仓储合同的最大特点就在于，保管人是专门从事仓储保管业务的人。在仓储保管合同中，保管人的特殊性表现在：一是必须具备必要的仓储设备，即用于储存和保管仓储物品的必要设施；二是必须取得从事仓储业务的资格。法律上将仓储合同作特别规定，也是考虑到从事仓储保管的人一般都有相应的资质要求，涉及特种标的物的保管。例如，从事保管易燃、易爆、腐蚀性、需要冷藏的、具有放射性的物等，对仓储保管人的资质应有特殊的要求，不能由一般的民事主体来担任。我国《民法典》虽没有对仓储人作出特别的规定，但根据相关法律规定，仓储人必须具有从事仓储报关业务的资格，具备相应的仓储保管条件，并且经过有关部门的许可，办理相关的营业登记。[①]

第二，标的物主要是动产。在一般保管合同中，无论是动产还是不动产，都可以成为保管合同的标的物，因而保管合同的标的物是所有的有体物；而仓储合同的标的物必须是动产，因为仓储人主要是利用自己的仓库为寄存人保管物品[②]，不动产不可能成为仓储合同的客体。此外，仓储物既可以是特定物也可以是种类物，由于仓储保管的物品一般是大宗商品，因而储存量大，这和一般保管合同的标的物是不同的。

第三，具有诺成性。仓储保管合同是诺成合同。《民法典》第905条规定："仓储合同自保管人和存货人意思表示一致时成立。"可见，《民法典》将仓储合同规定为诺成合同。只要

[①] 例如，《国务院对确需保留的行政审批项目设定行政许可的决定》（国务院令第412号，已被修改）就对石油成品油批发、仓储、零售经营资格作出了特别的规定，需要经过相关部门的审批。

[②] 参见郭明瑞、房绍坤：《新合同法原理》，中国人民大学出版社2000年版，第674页。

当事人达成合意,仓储合同即成立。法律之所以将仓储合同规定为诺成合同,一方面是为了保护保管人的利益,因为提供仓储服务是专业服务,必须要提前做必要的采购和维护措施,因而保管人往往需要对仓储保管做前期准备。另一方面,也有利于保护存货人的利益,如果保管人随意违约,就会打乱存货人的存货计划,造成不必要的损失浪费。此外,这也有利于维护交易安全和秩序。①

第四,具有双务、有偿性。仓储合同是双务、有偿合同。由于仓储人身份的特殊性,决定了仓储合同中当事人一方应以追求营利为目的。《民法典》第904条规定:"仓储合同是保管人储存存货人交付的仓储物,存货人支付仓储费的合同。"可见,保管人储存存货人交付的货物,要求"存货人支付仓储费",反之亦然。可见,仓储合同原则上应为双务、有偿合同。还应当看到,在一般保管中,寄存人通常是在提取保管物之时一次性支付全部保管费。但在仓储合同中,当事人常常约定在每一保管阶段分期支付保管费。因此,除非当事人对其作出特别约定,仓储合同都是有偿合同。

第五,仓单具有可交易性。一般的保管合同中并不存在仓单的流转。而在仓储保管中,涉及仓单的流转问题。仓单是指保管人在收到仓储物时,向存货人签发的、表示其收到一定数量储存物的凭证。② 仓单属于有价证券的一种类型,它本身表彰了权利,持有仓单就相当于享有权利,因此,仓单具有可交易性。《民法典》第908条规定:"存货人交付仓储物的,保管人应当出具仓单、入库单等凭证。"存货人交付仓储物的,保管人应当给付仓单。虽然仓单不像提单那样可以通过单纯背书的方式流通转让,而必须经过保管人的签字或者盖章,但是,仓单也属于权利凭证,仓单持有人将仓单转让给第三人时,就相当于交付了货物,第三人可以取得货物的所有权。

第六,具有继续性。仓储合同是继续性合同。所谓继续性合同,是指合同并不因为一次给付而消灭债权人的权利和债务人的义务。继续性合同通常都会有一段时间的持续性,在这段时间内,当事人双方的权利义务持续性地存在。在仓储合同中,由于仓储期间并非是某一个时间点,而是一个时间段,所以至少在仓储期间之内,寄存人和仓储人的权利和义务都是持续存在的。此外,在当事人发生法律纠纷以后,当事人应当按照诚实信用原则继续协商,以解决相关的问题。

二、仓储合同与保管合同的区别

仓储合同是在保管合同的基础上发展起来的一种合同类型。但是,考虑到仓储合同的特殊性,法律上又将其作为独立的典型合同类型加以规定。《民法典》第918条规定:"本章没有规定的,适用保管合同的有关规定。"该条使用"适用"的表述,就意味着,法律上承认仓储合同与保管合同具有类似性,因而,保管合同的许多规则可以适用于仓储合同。例如,《民法典》第903条规定:"寄存人未按照约定支付保管费或者其他费用的,保管人对保管物享有留置权,但是当事人另有约定的除外。"该条是关于保管人对保管物享有留置权的规定,也可以适用于仓储合同。

仓储合同和保管合同存在明显区别,主要表现为:

第一,合同主体不同。保管合同的主体通常为一般的民事主体,任何民事主体都可以依

---

① 参见黄薇主编:《中华人民共和国民法典合同编解读》(下册),中国法制出版社2020年版,第1280—1281页。
② 参见谢鸿飞、朱广新主编:《民法典评注·合同编:典型合同与准合同4》,中国法制出版社2020年版,第130页。

法为他人保管货物。而仓储合同中,仓储人具有特殊的身份,其是以从事仓储活动为业的特殊企业法人。此类法律主体要取得仓储人资格,必须满足一定的法律特别规定的条件,例如,要具备一定的仓储条件、聘请专业人员等。① 法律上将仓储合同特别规定,也是考虑到从事仓储保管的人可能涉及特种标的物保管,一般都有相应的资质要求。例如,易燃、易爆、腐蚀性、需要冷藏、具有放射性的物等,都对保管人的资质具有特殊的要求。

第二,合同成立时间不同。我国《民法典》区分了一般的保管合同和仓储合同,对于一般的保管合同,《民法典》第890条规定:"保管合同自保管物交付时成立,但是当事人另有约定的除外。"可见,其为实践合同。然而,对于仓储合同,《民法典》第905条明确规定了仓储合同自保管人与存货人意思表示一致时成立。这就意味着仓储合同是诺成合同,只要当事人达成合意,合同就成立。

第三,合同是否有偿不同。保管合同原则上是无偿的,当事人有特别约定支付保管费的,则为有偿合同。但仓储合同原则上是有偿的,因为仓储人是以仓储为其营业活动的人,所以,其订立仓储合同的目的就是获得仓储费。② 《民法典》第904条在界定仓储合同的概念时,要求"存货人支付仓储费",可见,该法将仓储合同原则上界定为有偿合同。如果当事人在合同中没有约定支付仓储费,则仓储人无权要求支付。③

第四,合同的客体不同。在保管合同中,无论是动产还是不动产,都可以成为保管的对象,因而其客体是所有的有体物。而仓储保管的对象必须是动产,因为仓储合同的保管是将标的物置于仓库中进行保管,不动产不能作为仓储合同的保管对象。还需要指出的是,仓储保管合同中,动产较之于一般保管中的动产,价值也更大,正是因为这一原因,所以在一些仓储保管合同中,为了防止因违约而导致保管人承担过重的责任,保管人的赔偿责任可以通过约定而减轻,即将保管人的责任限定在保管物的价值范围内。④

第五,是否签发仓单不同。一般的保管合同中并不存在仓单的签发、流转问题。而仓储合同中,涉及仓单的签发、流转问题。仓单是指保管人在收到仓储物时,向存货人签发的、表示其收到一定数量储存物的有价证券。⑤ 仓单作为一种有价证券,可以进行流转。

此外,在权利、义务内容上,虽然仓储合同可以参照一般的保管合同,但是在具体内容上还是存在区别的。例如,仓储合同中易燃易爆物的保管需要寄存人尽到特别说明和提醒的义务,而保管人也负有特别的注意义务。⑥

三、仓储合同的成立

如前所述,一般保管合同是实践合同,但我国《民法典》第905条规定:"仓储合同自保管人和存货人意思表示一致时成立。"从该规定看,已经明确了仓储合同为诺成合同。一方面,

---

① 例如,2005年《麻醉药品和精神药品管理条例》第46条第1款规定:"麻醉药品药用原植物种植企业、定点生产企业、全国性批发企业和区域性批发企业以及国家设立的麻醉药品储存单位,应当设置储存麻醉药品和第一类精神药品的专库。该专库应当符合下列要求:(一)安装专用防盗门,实行双人双锁管理;(二)具有相应的防火设施;(三)具有监控设施和报警装置,报警装置应当与公安机关报警系统联网。"
② See Christian von Bar et al. (eds.), *Principles, Definitions and Model Rules of European Private Law*, Volume Ⅰ, Munich:Sellier,European Law Publishers, 2009, p. 1798.
③ Ibid., p. 1828.
④ Ibid., p. 1823.
⑤ 参见郭明瑞、房绍坤:《新合同法原理》,中国人民大学出版社2000年版,第676页。
⑥ See M. Barendrecht et al., *Principles of European Law: Services Contracts*, European Law Publishers, 2007, p. 579.

从文义解释来看,该条并没有要求必须要实际交付标的物。另一方面,从体系解释的角度,将该规定与《民法典》第890条关于保管合同的规定相比较可以看出,仓储合同实际上是诺成合同。《民法典》之所以将仓储合同规定为诺成合同,其原因主要在于:

第一,这符合仓储人作为专业保管人的性质。仓储合同中的保管人作为商人,营利性是其天然属性,而且其是专业的保管人。在这一点上,它与保管合同是不同的,保管人通常都是普通的民事主体,而不是以保管作为其营业的人。因此,在仓储合同中,无论存货人是否交付了标的物,只要双方达成协议,仓储人就应当为履约做准备。例如,准备特定的储存空间、招聘特定的保管人员等。如果将仓储合同看作是实践合同,合同订立后,存货人可以不交付存货,也无须因此而承担责任,则仓储人无法就其前期准备工作支出的费用向保管人主张,这就不利于对仓储人合法利益的保护①,也不符合仓储人作为专业的保管人的性质。

第二,这有利于对存货人的权利保护。仓储合同中,存放的一般都是大宗商品,在交付时,如果仓储人不能提供足够的储存场地,则会影响存货人的经营活动,如果将仓储合同界定为实践合同,仓储人在此情况下也不承担违约责任,则对于存货人的权利保护不利。② 一旦合同订立,当事人双方的权利、义务就已确定。对存货人来说,应当负有及时交付规定的寄存物品的义务。如提前交付或因毁约而不交付物品,均会给保管人造成损害。在合同订立以后,保管人就应当从事各种履约准备以保证按时为他人堆藏和保管货物,如果等到存货人交付物品时,保管人仍不能为存货人提供必要的场所,或者提供的场所不符合合同的约定,则可能会造成存货人的损失,甚至使存货人的货物因无处堆放而造成毁损灭失,保管人对此当然应当承担赔偿责任。

第三,这是仓储合同的商事合同性质决定的。仓储合同是商事合同,因此,更强调当事人之间约定的拘束性,以及当事人之间的等价有偿。而保管合同是民事合同,此类合同的规则是以普通民事主体之间保管物品为原型设计的,要物合同的设计更符合民事生活的惯常做法。

《民法典》第908条规定:"存货人交付仓储物的,保管人应当出具仓单、入库单等凭证。"仓单就是仓储合同存在的证明,也是仓储合同的组成部分。这是否意味着仓储合同必须在交付仓单之后才生效?如前所述,仓储合同是一种诺成合同,而不是实践合同。所以,给付仓单只表明保管人收到了货物,而不能表明合同从这一时点才开始生效。仓储合同从签订之时就开始生效,但直到保管人出具仓单之前,都只是对合同履行所做的准备,包括送货、验货、收货等,只有当保管人向存货人出具了仓单,才表明合同正式进入履行阶段,保管货物的义务才开始履行。

第二节 仓储合同的效力

一、保管人的义务

(一)妥善保管仓储物的义务

《民法典》第904条规定:"仓储合同是保管人储存存货人交付的仓储物,存货人支付仓

---

① 参见郭明瑞、房绍坤:《新合同法原理》,中国人民大学出版社2000年版,第675页。
② 参见郭明瑞、王轶:《合同法新论·分则》,中国政法大学出版社1997年版,第649页。

储费的合同。"据此,妥善保管标的物是保管人最基本的义务。妥善保管义务主要包括:

第一,具备必要的仓储条件。具备法定的资格和保管条件,是保管人履行其妥善保管义务的前提。仓储合同和保管合同的区别就在于,在仓储合同中,保管人必须是具备仓储设备,并专门从事保管业务的人。其不仅需要具备从事仓储业务的资格,而且要有一定的仓储设备,适合于保管仓储物。在大陆法系的一些国家中,仓储人提供的场所如果不适合标的物的存放,则被认为是具有过错的。① 有适当的存放地点也是对仓储人最基本的要求。《民法典》第 906 条第 3 款规定:"保管人储存易燃、易爆、有毒、有腐蚀性、有放射性等危险物品的,应当具备相应的保管条件。"这就是说,对于危险物品的保管,法律规定了特别的保管条件,应当符合法律规定的条件。②

第二,亲自保管。在一般的保管合同中,法律都要求保管人应当亲自保管,不得擅自将保管物交给第三人。由于仓储合同属于有偿合同,保管人的保管义务要高于无偿保管合同中保管人的保管义务。保管人应当尽到善良管理人的保管义务,即保管人应当尽到本行业内保管人应当尽到的保管义务。因此,保管人必须亲自履行保管义务。此外,存货人之所以选择特定的仓储人进行保管,是基于对仓储人的设备、技能和专业经验的信赖,因此,任意更换保管人,就有可能使得存货人的这种信赖落空,从而有损存货人的利益。

第三,妥善保管。在仓储合同中,对仓储物的保管的方式、方法、人员等,大多有法律法规或合同的约定。例如,关于防火防盗等义务,必须要依据法律规定的标准,完善有关的设施。总体上,保管人应当尽到善良管理人应尽的注意义务来管理货物。保管人须提供一定的安全防范措施,以防止仓储物的毁损、灭失。例如,在"山西省棉麻公司侯马采购供应站等与中国太平洋财产保险股份有限公司北京分公司保险人代位求偿权纠纷上诉案"中,法院认为,在临汾市防雷减灾管理中心与侯马气象局工作人员对侯马供应站防雷设施进行了检测,认为存在安全隐患后,侯马供应站直到事故发生仍未对防雷设施进行改造安装。以上事实证明,侯马供应站仓库防雷设施不合格,未尽《仓库合作协议书》约定的安全保管义务,应对其违约行为而造成的损失负责赔偿。③ 保管人也应采取合理的措施避免保管物的毁损、腐烂和贬值。对危险物品和易腐物品,必须按规定操作或保管。在通常情况下,保管人不得查验保管物。然而,如果保管人知晓保管物可能毁损、腐烂的,则依据诚信原则,其负有查验的义务。④

第四,防止损害发生和扩大。在任何情况下,保管物遭受损害之后,保管人都应当尽量避免损害的扩大,即保管人应采取合理措施避免和减少各种不必要的损害,无论此种损害是由保管人或保管人的雇员,或是第三人还是其他外在的原因所造成的。⑤

(二) 对入库仓储物进行验收的义务

保管人负有入库验收义务。《民法典》第 907 条规定:"保管人应当按照约定对入库仓储物进行验收。保管人验收时发现入库仓储物与约定不符合的,应当及时通知存货人。保管

---

① 例如在法国的一个案例中,仓储人由于没有能够证明其马厩足够坚固,因而其需要对马造成的伤害承担责任。See M. Barendrecht et al., *Principles of European Law: Services Contracts*, European Law Publishers 2007, p. 539.
② 例如,1987 年国务院发布《化学危险物品安全管理条例》,专门对化学危险物品的储存作了规定。因此,保管人要保管化学危险物品应当符合条例规定的条件。
③ 参见最高人民法院(2016)最高法民终 347 号民事判决书。
④ See Christian von Bar et al. (eds.), *Principles, Definitions and Model Rules of European Private Law*, Volume Ⅰ, Munich: Sellier, European Law Publishers, 2009, p. 1808.
⑤ Ibid., p. 1807.

人验收后,发生仓储物的品种、数量、质量不符合约定的,保管人应当承担赔偿责任。"依据这一规定,保管人在验收之后,负有以下义务:第一,保管人验收之后,同意接收货物,此时,保管人就开始承担对货物的保管义务,合同开始进入履行阶段。第二,保管人检验之后,一旦发现货物的品质、数量、状况等与合同的约定不符,应当及时通知存货人取回货物,保管人也有权拒收货物。如果存货人未取回货物,因此造成的损失应当由存货人承受。如未及时通知,则应推定验收合格。第三,验收后发生的仓储物的品种、数量、质量不符合约定,保管人应承担相应的违约责任。这就是说,在验收以后,保管人已经占有保管的货物,应当负有保管的义务。因此,货物发生的任何品种、数量等方面的不符,都可以推定为是保管人未履行保管义务造成的,其应当承担责任。在通常情况下,保管人验收之后已经签发了仓单,就应承担保管物的保管责任。验收可以采取实物验收的方式,也可以采取抽样验收的方式。通常,其应当依据当事人的约定或交易习惯来确定。①

（三）出具仓单、入库单等凭证的义务

《民法典》第908条规定:"存货人交付仓储物的,保管人应当出具仓单、入库单等凭证。"该条确定了保管人应当在存货人交付仓储物以后交付仓单的义务。所谓仓单,是保管人收到保管的货物时向存货人签发的表示其收到一定数量仓储物的凭证。仓单不仅是物权凭证,而且是一种有价证券。所谓入库单,是指对入库货物数量的确认凭证,也是证明货物入库的权利证明凭证,其与仓单相比不具有流转等功能,属于非标准化的权利凭证。当然,入库单等与仓单不同,两者的区别表现在:一是入库单等并非有价证券,更不是所有权凭证。二是入库单等不能够再次背书转让,也不能出质或者设定权利质权,而仅仅只是证明其收到了货物。保管人出具仓单、入库单等凭证,证明其已经实际收到了货物,而存货人依据仓单,有权向保管人主张对货物的所有权。② 需要注意的是,在实践中,保管人出具的凭证不仅限于仓单与入库单,还包括其他的各种类型的权利证明凭证。③

（四）允许存货人检查或者提取样品的义务

《民法典》第911条规定:"保管人根据存货人或者仓单持有人的要求,应当同意其检查仓储物或者提取样品。"这就确立了保管人应当允许存货人或者仓单持有人检查或者提取样品的义务,该项义务又被称为容忍义务。保管人履行其义务必须由存货人提出请求,因为存货人将货物存到仓库之后,为了解仓储的安全状况、存货状况等,有权要求保管人同意其检查或者提取样品。④ 该条确立了两项义务:一是允许存货人或者仓单持有人检查仓储物,存货人或仓单持有人可以进行何种程度的检查,应根据仓库的状况及交易习惯决定。二是允许存货人或者仓单持有人提取样品,提取样品主要是为了检查。保管人同意存货人或仓单持有人检查货物,是尊重存货人或仓单持有人的货物所有权的一种体现。同时,存货人或仓单持有人对货物进行检查或者取样,也有利于监督保管人认真履行合同义务。有人认为,存货人有权随时检查仓储物或者提取样品。⑤ 笔者认为,除非是仓储合同对于检查权作出了特别的约定,或者按照交易习惯可以推断出存货人享有此种权利,否则,存货人不应随时检查货物,因为这样会增加保管人的管理成本。

---

① 参见魏耀荣等:《中华人民共和国合同法释论(分则)》,中国法制出版社2000年版,第537页。
② 参见谢鸿飞、朱广新主编:《民法典评注·合同编:典型合同与准合同4》,中国法制出版社2020年版,第131页。
③ 同上书,第129页。
④ 参见胡康生主编:《中华人民共和国合同法释义》,法律出版社1999年版,第560页。
⑤ 参见孙艳:《仓储合同的法律问题探析》,载《物流技术》2003年第12期。

(五) 通知和催告义务

《民法典》第912条规定:"保管人发现入库仓储物有变质或者其他损坏的,应当及时通知存货人或者仓单持有人。"此种义务主要适用于以下两种情况:一是发现入库仓储物有变质的情况。例如,发现仓储物出现异状,发生数量或价值的减少;二是发现入库仓储物有其他损坏的情况。例如,保管人发现货物包装破损造成仓储物的毁坏,此时也应当及时通知存货人。此外,当出现第三人对仓储物主张权利或仓储物被扣押时,由于可能影响到存货人的权利,保管人应立即通知存货人或仓单持有人,使其尽早采取相应措施,避免发生更大的损失。

保管人负有催告存货人或者仓单持有人作出必要处置的义务。《民法典》第913条规定:"保管人发现入库仓储物有变质或者其他损坏,危及其他仓储物的安全和正常保管的,应当催告存货人或者仓单持有人作出必要的处置。因情况紧急,保管人可以作出必要的处置;但是,事后应当将该情况及时通知存货人或者仓单持有人。"据此,承担该项义务的条件是:一是保管人对入库仓储物发现有变质或者其他损坏情况。二是该种情况危及其他仓储物的安全和正常保管。如果只是轻微的变质或者损坏,在保管人能够处理的情况下,就无须通知存货人或者仓单持有人。三是应当催告存货人或者仓单持有人作出必要的处置。这就是说,催告必须是针对存货人或者仓单持有人,对其他人的催告不构成有效的催告。而且,催告的内容是要求存货人或者仓单持有人对于货物出现变质或毁损的情况作出处置或者处置的指示。例如,在"杨继轮、巨野县大义镇红旗冷库仓储合同纠纷上诉案"中,法院认为在涉案货物入库后,红旗冷库作为保管人,应当对货物的质量及时跟踪观察,发现有变质或者其他损坏情形的,应当及时通知杨继轮,及时处理,防止或者减少损失的发生。在2016年12月28日第一次出库时,涉案货物损坏率达到45%,在此之前,红旗冷库没有证据证明其已履行通知义务,也未作出必要的处置,因此,红旗冷库对该部分损失应承担相应违约责任。[①]

(六) 返还仓储物的义务

在仓储合同中,保管人并不享有保管物的所有权,因此在期限届满之后,应当负有返还仓储物的义务。通常来说,保管人在储存期间届满时负有返还仓储物的义务。但是,如果当事人没有对储存期间作出明确约定的,也不影响保管人负有此种义务。《民法典》第914条规定:"当事人对储存期限没有约定或者约定不明确的,存货人或者仓单持有人可以随时提取仓储物,保管人也可以随时请求存货人或者仓单持有人提取仓储物,但是应当给予必要的准备时间。"由此可见,在仓储合同中,如果当事人就储存期间作出明确约定的,则只能在储存期间届满后提取,存货人不能要求随时领取仓储物。只有在当事人对储存期间没有约定或者约定不明确时,存货人或者仓单持有人才有权随时提取。不过,毕竟仓储物属于存货人所有,如果存货人确实需要提前提取,应允许其提取,但因为提前提取并不符合合同约定,保管人可以拒绝退还仓储费。

二、存货人的主要义务

(一) 支付仓储费的义务

仓储合同是有偿合同。《民法典》第904条规定:"仓储合同是保管人储存存货人交付的仓储物,存货人支付仓储费的合同。"因而,支付仓储费是存货人的主要义务。存货人应当支

---

① 参见山东省菏泽市中级人民法院(2018)鲁17民终1679号民事判决书。

付的费用包括两部分:一是仓储费,它是指因保管人提供仓储保管,存货人应当支付的报酬。二是其他相关费用,它是指因为仓储的需要而支出的有关检验费、运输费、包装费等费用。这些费用都是必要的开支,如果存货人拒绝支付仓储费用,则保管人有权留置仓储物品以使自己的债权得到清偿。

在存货人拒绝支付仓储费用的情况下,保管人享有留置仓储物的权利。在比较法上,大多数国家的法律规定,如果寄存人不支付费用的,保管人可以诉求于留置权或扣留该货物。① 我国《民法典》为保护保管人的权益,在第 903 条规定:"寄存人未按照约定支付保管费或者其他费用的,保管人对保管物享有留置权,但是当事人另有约定的除外。"该条规定虽然是对保管合同的规定,但依据我国《民法典》第 918 条"本章没有规定的,适用保管合同的有关规定"的规定,在仓储合同中,在当事人没有对留置权进行规定的情况下,应当适用保管合同的一般规定。这就是说,存货人未按照约定支付仓储费以及其他费用的,保管人有权将保管物进行留置,并在法定期限经过之后,就留置的仓储物进行拍卖、变卖等,使自己的债权得到实现。

(二) 说明义务

说明义务,是指存货人在交付特殊物品时,应当向保管人说明该物品的性质并提供有关资料的义务。《民法典》第 906 条第 1 款规定:"储存易燃、易爆、有毒、有腐蚀性、有放射性等危险物品或者易变质物品的,存货人应当说明该物品的性质,提供有关资料。"此种义务是法定的义务。这就是说,无论当事人在合同中是否约定,存货人都应该负有此种义务。这主要是考虑到如果仓储物是危险物品或易变质物品,则具有极大的危险性,如果不进行特殊的保管,则不仅会造成物品本身的损害,而且会造成人身伤亡或其他财产损害的严重后果。事实上,法律对特殊物品的管理本身就有明确规定②,因此,存货人在交付保管时,应当向保管人特别说明,从而使保管人可以采取特殊措施进行保管。

存货人的说明义务,不仅包括对危险物的说明,还包括相关资料的提供。所提供的资料主要是关于保管物本身的性质特点,以及保管注意事项的说明,如某鲜活产品必须在多少温度下保管才不会在短时间内变质的说明。再如,如何采取一定的措施防止放射性物质对他人造成损害等。如果因为没有尽到说明义务而造成损害,存货人应当承担责任。其责任主要包括:一是对保管物本身的损害应当由存货人自行承受损失。二是保管物对他人的损害,包括对保管人的人身和财产造成的损害,以及对第三人的人身和财产造成的损害,应当由存货人承担赔偿责任。例如,因为存货人没有说明其货物是爆炸物,后来该货物爆炸导致第三人的损害。在此情况下,已经构成侵权损害,保管人应当承担责任。

《民法典》第 906 条第 2 款规定,"存货人违反前款规定的,保管人可以拒收仓储物,也可以采取相应措施以避免损失的发生,因此产生的费用由存货人负担。"据此可见,一方面,存

---

① 但在奥地利和英格兰,法律规定保管人不享有此项权利。See Christian von Bar et al. (eds.), *Principles*, *Definitions and Model Rules of European Private Law*, Volume Ⅰ, Munich: Sellier, European Law Publishers, 2009, p. 1829.

② 例如,2006 年《民用爆炸物品安全管理条例》第 41 条规定:"储存民用爆炸物品应当遵守下列规定:(一)建立出入库检查、登记制度,收存和发放民用爆炸物品必须进行登记,做到账目清楚,账物相符;(二)储存的民用爆炸物品数量不得超过储存设计容量,对性质相抵触的民用爆炸物品必须分库储存,严禁在库房内存放其他物品;(三)专用仓库应当指定专人管理、看护,严禁无关人员进入仓库区内,严禁在仓库区内吸烟和用火,严禁把其他容易引起燃烧、爆炸的物品带入仓库区内,严禁在库房内住宿和进行其他活动;(四)民用爆炸物品丢失、被盗、被抢,应当立即报告当地公安机关。"

货人违反说明义务的,保管人可以拒收仓储物,这是因为如果存货人提供的货物属于危险物品和易变质物品,而存货人隐瞒了真相,则保管人在验货期间发现之后,就有权拒收仓储物。另一方面,保管人也可以采取相应措施以避免损失的发生,因此产生的费用由存货人承担。因为保管人支出此项费用,是由于存货人违反说明义务所致,而且,其采取措施也是为了存货人的利益,故该费用不应由保管人承担。

（三）提取标的物的义务

在仓储合同期间届满之后,存货人负有提取仓储物的义务。《民法典》第915条规定:"储存期限届满,存货人或者仓单持有人应当凭仓单、入库单等提取仓储物。存货人或者仓单持有人逾期提取的,应当加收仓储费;提前提取的,不减收仓储费。"依据这一规定,在存储期间届满之后,存货人或者仓单持有人负有凭仓单提取仓储物的义务,仓单是作为存货人或仓单持有人的一种权利凭证而存在的。在期间届满之后,如果存货人或者仓单持有人不及时提取仓储物,有可能会造成保管人货物积压以及货物腐烂变质等情形的出现,所以法律规定存货人负有此种义务。当然,由于在保管关系中,仓储物的所有权并没有发生转移,所以存货人或者仓单持有人有权随时提取仓储物,领取标的物也是其一项权利。

存货人违反此种义务,将产生两种法律后果:一是逾期提取的,保管人应当加收仓储费。如果存货人或仓单持有人逾期不提取的,将会打乱保管人的计划,增加仓储人的成本,挤占保管人的仓储空间,也实际上增加了保管人的保管负担,因此要求存货人或仓单持有人对此支付费用,乃是公平原则的体现。二是提前提取的,不减收仓储费。仓储保管合同中规定了保管期限,在保管期限内,如果存货人要求提前领取,在一般情况下不会造成保管人的损失,所以依据法律规定,应当允许其提前领取。但因为提前提取并不符合合同的约定,且有可能打乱保管人的保管计划,尤其是保管人可能为存货已经做了大量准备,且因此可能丧失与其他人的订约机会,所以法律规定存货人提前领取的,也不减收仓储费[①],以维护保管人的利益。

第三节　仓单的法律性质及其内容

一、仓单的概念和性质

仓单（Lagerschein；dock warrant）,是指仓库保管人在存货人寄托物品以后,应存货人的请求,向存货人填发的记载有关保管事项的单据,它也是提取仓储物的凭证。在性质上,是一种典型的有价证券。《民法典》第908条规定:"存货人交付仓储物的,保管人应当出具仓单、入库单等凭证。"

在比较法上,仓单有多种立法模式。第一,两单主义,又称复券主义（Zweischein-system）,主要被法国法所采用,这种立法例是指保管人同时填两份仓单,一份为提取仓单,用以提取货物,因此可以转让,另一份为出质仓单,可以作为债权的担保。第二,一单主义,又称单券主义（Einscheinsystem）,为德国法所采用,在这种立法模式中,保管人仅仅填发一份仓单,其既可为转让依据,也可为担保的依据。第三,并用主义,为日本法所采用,其将选择权赋予存货人,可以选择请求保管人填发两单或者一单。我国立法采取一单主义。[②] 我国《民

[①] 参见魏耀荣等:《中华人民共和国合同法释论（分则）》,中国法制出版社2000年版,第551页。
[②] 郭明瑞:《合同法通义》,商务印书馆2020年版,第584页。

法典》第908条并没有规定,保管人要签发两份不同的仓单。显然,我国采用的是一单主义。此种做法的优点在于,避免使仓单关系变得复杂化,也可避免存货人利用两单的分离获取不当的利益。

仓单的性质主要体现在以下几个方面:

第一,仓单是一种物权证券。仓单的性质,一般都认为是一种有价证券。[①] 但其究竟属于物权证券,还是债权证券,仍然存在争议。笔者认为,仓单具有双重属性,即仓单不仅具有物权证券的性质,同时也能够产生债权的效力。因为一方面,仓单是货物所有权的凭证,其以一定的物品为标的,而且仓单所记载的物品所有权的移转必须通过仓单的移转才能够产生效力。同时根据指示交付规则,仓单的交付也就产生了物权变动的效果,仓单据此具有了物权凭证的效力。[②] 例如,在佛山市佛安能源有限公司诉中石化中海燃料供应有限公司等买卖合同纠纷案中,法院认为,"中海燃料持有由存货人或者仓单持有人中源石油与保管人佛安能源共同出具的仓单,且保管人佛安能源亦在涉案货物所有权确认函中盖章确认了仓储物的所有权人为中海燃料,已符合转让提取仓储物权利的全部形式要件,因此中海燃料依法取得了提取涉案仓储物的权利。"[③]另一方面,持有仓单者还享有请求仓储保管者交付保管物的权利,此种请求权又具有一定的债权属性。在仓单的交付过程中,仓单的交付具有债权转让的性质。不过,仓单主要具有物权证券的性质。尽管仓单是有价证券,但是,它不同于一般的动产,仍然是一种权利凭证,因此,对于仓单、提单的出质,也须适用《民法典》物权编关于权利质押的规定。

第二,仓单是一种要式证券。要式证券是指必须以一定的书面形式做成的证券。《民法典》第909条中规定,"保管人应当在仓单上签名或者盖章"。可见,法律上要求保管人在仓单上签名盖章,这是仓单作为要式证券,其要发生效力必须具备的条件。从法律上说,如果保管人没有签名或盖章,该仓单应当被认定为无效。因为如果仓单上没有保管人的签名或盖章,就难以证明其已经接受了仓储物,也不能要求其对仓单持有人履行义务。[④] 我国《民法典》要求保管人在仓单上签名或盖章,这对于保障仓单的真实性,保护保管人的权益,都具有重要意义。而且,该条还具体列举了仓单应当包括的内容,可见,其属于要式证券。但是,我国法律对仓单的内容究竟应当具有哪些绝对必要记载事项、哪些相对必要记载事项等都无规定,这也会对实践中认定仓单的效力带来一定的困难。

第三,仓单是一种文义证券。从比较法上看,无论是国际惯例还是学说理论中都承认仓单的文义证券属性。所谓文义证券,是指当事人之间的权利、义务关系,依据证券上所记载的事项而定的证券。即便记载与当事人真实意思或者与客观事实并不相符,也以证券记载的内容为准。通常来说,票据、提单等均为文义证券。[⑤] 因为仓单是文义证券,所以,仓单持有人和保管人的权利、义务的确定都应当以该证券的记载为准。

第四,仓单是一种证权证券。证权证券和设权证券相对应,它是证明既存权利的证券。依据《民法典》第908条的规定,仓单是保管人在存货人交付仓储物时给予存货人的一种凭证。在这一点上,它与设权证券不同,设权证券的签发本身导致了权利的产生。例如,签发

[①] 参见郑玉波:《民法债编各论》(下),台湾三民书局1986年版,第559页。
[②] 参见胡铁红、杨巍:《仓单物权凭证与债权凭证的双重效力分析》,载《人民司法》2009年第18期。
[③] 广东省广州市黄埔区人民法院(2016)粤0112民初256号民事判决书。
[④] 参见魏耀荣等:《中华人民共和国合同法释ения(分则)》,中国法制出版社2000年版,第541页。
[⑤] 参见郑玉波:《民法债编各论》(下),台湾三民书局1986年版,第559页。

票据,导致票据权利的产生。而仓单属于证权证券,因为其作用在于证明仓储合同的存在以及相关合同的具体内容,而并非创设合同权利、义务,在仓单签发之前,当事人所享有的权利已经存在,如存货人要求保管人返还仓储物的权利。①

第五,仓单是一种不要因证券。关于仓单的性质是要因还是不要因,存在两种观点:一种观点认为,仓单填发以后,如果原因债权不存在将影响仓单的效力,所以,其是要因证券。另一种观点认为,仓单填发后,为了保护交易相对人,应当认定仓单是不要因的。一般认为,仓单是不要因证券,如此可以保护交易的善意第三人及维护交易安全。②

第六,仓单是一种自付证券。所谓自付证券,是指由签发证券的人自己履行给付义务的证券。仓单由保管人自己填发,而且是由保管人自己履行给付义务,因此属于自付证券。③所以,在性质上,其不属于指示证券,指示证券是签发证券的人指示他人履行给付义务的证券。④

第七,仓单是一种缴回证券,即在仓单持有人要求保管人交付保管物的情况下,仓单持有人也应当同时将仓单返还保管人,以防止同一物品存在重复交付的问题。⑤

第八,仓单具有背书性。仓单作为一种文义证券,其转让、质押等都需要进行背书。不过,仓单与一般证券的背书要求不同,除了存货人或者仓单持有人(也即仓单的出让人或出质人)的背书之外,还需要保管人在仓单上签名或盖章。

二、仓单的分类

(一)可转让仓单和不可转让仓单

依据是否具有可转让性,可以将仓单分为可转让仓单与不可转让仓单。可转让仓单是指因仓储物的物权归属发生变化,经仓单持有人背书和货物保管人确认后可依法转让的仓单。根据《仓单要素与格式规范》(GB/T 30332—2013),普通仓单必备要素为14项,可流转仓单的必备要素为28项。⑥ 不可转让仓单也被称为普通仓单,它是指保管人向存货人出具的不可转让的储存仓储物的凭证。不可转让仓单主要作为储存仓储物的凭证。可转让仓单属于可流通证券的范畴。仓单作为有价证券,具有可流通性,所以,可转让仓单是仓单的一般形态,而不可转让的仓单是特殊形态。

(二)可登记仓单和不可登记仓单

根据仓单是否可以办理登记,可以将其分为可登记仓单和不可登记仓单。可登记仓单是指可以在登记机构进行登记的仓单。可登记仓单与不可登记仓单的区别在于,已经登记的仓单,可以无纸化,权利行使不以持有纸质仓单为基础。所以,此类仓单的转让,受让人可以通过查询登记来办理。由于电子登记的发展,仓单大多可以登记,而且经过登记后,增强了仓单的可流通性,也使其融资功能日益凸显。

三、仓单的内容

依据《民法典》第909条,仓单包括下列事项:

---

① 参见林诚二:《民法债编各论》(中),中国人民大学出版社2007年版,第286页。
② 参见邱聪智:《新订债法各论》(中),姚志明校订,中国人民大学出版社2006年版,第327页。
③ 参见郑玉波:《民法债编各论》(下),台湾三民书局1986年版,第559页。
④ 郭明瑞:《合同法通义》,商务印书馆2020年版,第585页;
⑤ 参见林诚二:《民法债编各论》(中),中国人民大学出版社2007年版,第287页。
⑥ 程啸:《担保物权研究》,中国人民大学出版社2017年版,第552页。

(1) 存货人的姓名或者名称和住所。存货人是自然人的,应当记载其姓名和住所;存货人是法人或非法人组织的,应当记载其名称、营业所在地和住所地。记载住所,有利于确定诉讼的管辖、文书的送达、债务履行的地点等。① 仓单上没有记载存货人的姓名并不直接导致仓单无效,但是并不能据此认为此种仓单构成不记名仓单,而是仍然应当适用背书转让规则。例如,在"永泓仓储物流(上海)有限公司与营口港务集团保税货物储运有限公司仓储合同纠纷上诉案"中,法院认为:"涉案仓单未记载存货人信息……合同法未规定不记名仓单,永泓公司、渣打银行主张涉案仓单为不记名仓单,不适用背书转让的规定,一审法院不予支持。"②

(2) 仓储物的品种、数量、质量、包装及其件数和标记。因为仓单是物权证券,所以,仓单中必须明确仓储物,以便于当事人行使权利。通过记载这些内容,可以将仓储物特定化,从物权法的角度来看,就是要明确权利的客体。只有如此,才能确定存货人和仓单持有人所享有权利的对象。

(3) 仓储物的损耗标准。仓储物也可能在储存过程中发生自然损耗,因此,确定自然损耗,也可以明确仓储物的毁损究竟是保管不善导致的损失,还是因自然损耗发生的损失,从而有利于避免纠纷的发生。

(4) 储存场所。它是指存放仓储物的场所。储存场所既是保管人储存仓储物的必要条件,也是仓单持有人领取仓储物的场所,对于确定合同履行地点具有重要意义。

(5) 储存期限。它是指仓储物的保管期限。确定储存期限,就可以确定储存到期之后,存货人应当负有领取的义务,在没有规定储存期限或者规定不明确时,并不影响仓单本身的效力,只不过,存货人或仓单持有人有权随时提取仓储物,而保管人也有权随时要求存货人等提取仓储物。

(6) 仓储费。仓储费是指存货人向保管人所支付的报酬。请求支付仓储费是保管人所享有的主要权利。仓储合同原则上是有偿合同,不过,如果当事人有特别约定,存货人也可以不支付仓储费。在仓单中记载仓储费,也可以使仓单持有人事先了解其应当支付费用的义务,从而正确履行义务。

(7) 仓储物的投保情况。仓储物已经办理保险的,其保险金额、期间以及保险人的名称也应当记载在仓单之中。仓储物往往价值较大,为了防止发生意外,当事人可能已经投保。投保人可能是保管人,也可能是存货人。如果已经办理了保险,保管人应当记载相关事项。这对于存货人尤其是其他仓单持有人具有重要意义,有利于其在保险事故发生后向保险人主张权利。

(8) 填发人、填发地和填发日期。填发日期,是仓单的生效日期。填发地确定了交付仓储物的地点,对于确定诉讼管辖也有一定的作用。而填发人往往可以作为纠纷中的证人出现。

四、仓单的可转让性

仓单是一种有价证券,因此在法律上具有可转让性。《民法典》第 910 条规定:"仓单是提取仓储物的凭证。存货人或者仓单持有人在仓单上背书并经保管人签名或者盖章的,可

---

① 参见魏耀荣等:《中华人民共和国合同法释论(分则)》,中国法制出版社 2000 年版,第 541 页。
② 辽宁省高级人民法院(2016)辽民终 376 号判决书。

以转让提取仓储物的权利。"依据这一规定,仓单持有人有权通过背书的方式转让仓单。仓单的转让必须符合以下几个条件:第一,必须由存货人或者仓单持有人在仓单上背书。因为仓单是有价证券,所以,其转让应当符合有价证券转让的一般要求,即背书转让时背书应当具有连续性。例如,张三背书转让给李四,李四再背书转让给王五。背书的连续性主要是为了保证各个背书人是有权进行背书转让的人。第二,保管人或仓单持有人应当在仓单上签名。《民法典》第909条规定"保管人应当在仓单上签名或者盖章"才能转让仓单,作出此种规定的主要理由在于:一方面,仓单是要式证券,必须要以符合法律规定的内容和方式进行记载。我国法律要求保管人签名或盖章,可以防止出现仓单的伪造、涂改等,损害存货人的合法权益,也使得保管人免于承担不应有的责任。[①] 另一方面,仓单不仅是有价证券,而且具有仓储合同凭证的性质。仓单不仅可以证明合同的存在,而且可以记载保管人所享有的权利。为此,需要保管人签名或盖章,以确认仓储合同的存在。

因为仓单是无因证券,所以,在转让仓单时,即使其基础关系无效或者被撤销,也不应当影响仓单转让的效力。例如,当事人基于买卖合同而转让仓单,事后该买卖合同因显失公平而被撤销,但仓单已经因背书而被转让,买受人仍然享有仓单上记载的权利。

第四节 违反仓储合同的违约责任

一、保管人的责任

(1) 未尽到入库验收的义务,造成存货人损失的责任。《民法典》第907条规定:"保管人应当按照约定对入库仓储物进行验收。保管人验收时发现入库仓储物与约定不符合的,应当及时通知存货人。保管人验收后,发生仓储物的品种、数量、质量不符合约定的,保管人应当承担赔偿责任。"依据这一规定,经保管人验收后,如果发生仓储物的品种、数量、质量不符合约定的情况,则应当由保管人承担责任。这就是说,在验收以后,保管人已经占有保管的货物,应当负有保管的义务。货物发生的任何品种、数量等方面的不符,都可以推定为是保管人未履行保管义务造成的,其应当承担责任。在通常情况下,保管人验收之后已经签发了仓单,保管物的保管责任就应由保管人承担。

(2) 未尽到妥善保管义务的责任。《民法典》第917条规定:"储存期内,因保管不善造成仓储物毁损、灭失的,保管人应当承担赔偿责任。因仓储物本身的自然性质、包装不符合约定或者超过有效储存期造成仓储物变质、损坏的,保管人不承担赔偿责任。"这就确立了保管人未尽妥善保管义务而承担的责任。构成此种责任应当符合如下条件:

第一,保管人实施了保管不善的行为。所谓保管不善,是指保管人保管财产时没有尽到善良管理人应尽的义务。例如,保管人没有提供相应的保管设备、保管人没有针对特殊的保管物采取特殊的保管措施等,或未经存货人同意,擅自将保管物转交他人保管。保管人应当采取适合仓储物性质的保管措施。例如,在"武汉徽黄治鑫冷藏有限公司、湖北金先生生态农业发展有限公司仓储合同纠纷上诉案"中,法院指出:"徽黄治鑫冷藏公司经营范围虽包含仓储服务,但其未按冷库管理要求定时检测记录温度,亦没有按照储存脐橙的国家标准中规定的冷库储存技术要求来控制案涉冷库里的温度,故徽黄治鑫冷藏公司对金先生农业公司

[①] 参见黄薇主编:《中华人民共和国民法典合同编解读》(下册),中国法制出版社2020年版,第1291页。

储存的脐橙未尽到妥善保管义务,应依法向金先生农业公司承担损害赔偿责任。"①

第二,因保管不善造成仓储物毁损、灭失。这就是说,保管人保管不善的行为直接导致了仓储物的毁损灭失,两者之间存在因果联系。如果仓储物的毁损灭失是因为其他原因(如地震等自然原因)造成的,则保管人不负责任。②

第三,保管人不具有法定或约定的免责事由。《民法典》第917条实际上确立了法定的免责事由,主要包括两种具体的情形:一是仓储物的性质、包装不符合约定造成仓储物变质、损坏。例如,存货人交付的货物本身是不符合约定的、腐烂变质的货物,即使采取了必要的、合理的措施,也无法避免其损坏。因此,对于该批货物在保管期间的腐烂变质,保管人不应当承担责任。二是保管物超过有效储存期造成仓储物变质、损坏。货物本身可能有其特定的储存期,如果存货人超过该期限储存货物,则应当自行承受货物超过储存期的损失。此外,如果发生不可抗力(如地震、海啸等)导致仓储物的毁损灭失,以及因存货人的行为导致仓储物毁损灭失(如存货人未告知保管货物的特殊性而导致损失)等,保管人也不承担责任。③

二、存货人的责任

(1)未按约定支付仓储费的违约责任。如果存货人没有按期支付仓储费,则保管人有权请求其继续支付,还可以请求其支付逾期的利息、违约金,并赔偿其他损失。存货人未支付保管费的,保管人有权依法行使留置权,拒绝返还保管物。

(2)未按期提取标的物的责任。存货人应当按照合同约定的期限提取货物,存货人违反按期提货义务主要有以下两种情形:一是逾期提取的,应当加收仓储费。如果仓单持有人逾期不提取,将会增加保管人的成本,也会打乱保管人的计划,挤占保管人的仓储空间,因此仓单持有人应对此支付费用,这也是公平原则的具体体现。二是提前提取的,不减收仓储费。仓储保管合同中规定了保管期限,在保管期限内,如果存货人要求提前领取,在一般情况下不会造成保管人的损失,所以依据法律规定,应当允许其提前领取。但因为提前领取毕竟不符合合同的约定,且有可能打乱保管人的保管计划,尤其是保管人可能为存货已经做了大量准备,且因此也可能丧失与其他人的订约机会因而法律规定存货人提前领取的,不减收仓储费④,以维护保管人的利益。

(3)违反告知义务的责任。《民法典》第906条第2款规定:"存货人违反前款规定的,保管人可以拒收仓储物,也可以采取相应措施以避免损失的发生,因此产生的费用由存货人负担。"因此,在仓储合同中,存货人应当对危险物品、易变质物品负有法定的告知义务。例如,存货人交付的是易燃、易爆等物品,而其在交付时未对保管人如实告知,后来因易燃、易爆等物品而造成保管人的仓库烧毁等,除保管人知道或者应当知道并且未采取补救措施的以外,存货人应当对保管人此种损失承担损害赔偿责任。

---

① 参见湖北省武汉市(2019)鄂01民终11874号民事判决书。
② 参见魏耀荣等:《中华人民共和国合同法释论(分则)》,中国法制出版社2000年版,第553页。
③ 参见黄薇主编:《中华人民共和国民法典合同编解读》(下册),中国法制出版社2020年版,第1304页。
④ 参见魏耀荣等:《中华人民共和国合同法释论(分则)》,中国法制出版社2000年版,第551页。

第十八章

委 托 合 同

第一节 委托合同概述

一、委托合同的概念和特征

委托合同,又称委任合同,是当事人双方约定,一方委托他方处理事务,他方承诺为其处理事务的合同。① 委托合同是提供服务的合同的一种类型。在委托合同关系中,委托他人为自己处理事务的当事人,称为委托人;接受他人的委托而为对方处理事务的当事人,称为受托人。②《民法典》第 919 条规定:"委托合同是委托人和受托人约定,由受托人处理委托人事务的合同。"这就明确界定了委托合同概念的内涵。

委托合同起源于罗马法。在现代社会,由于社会分工的发展,人们不可能事必躬亲,且许多专业领域的事项只有请专业人士办理效果才更佳。因此,委托既是人们从事社会交往不可缺少的手段,也是人们从事商业交易的有力工具。委托的类型很多,不仅包括事实行为,还包括法律行为。其适用范围十分宽泛,不仅在人们的日常生活中大量采用,而且在经济生活、文化生活等各个领域都广泛采用。例如,委托他人代为购物、委托律师谈判、委托他人从事经纪业务等。委托的广泛运用既避免了必须因人因事直接交易的麻烦,又解决了交易者因社会分工、能力的限制而产生的从事交易的困难,为交易提供了更广阔的天地。人各有异,术有专攻,任何人都不可能包办一切事务,需要假手他人,才能取长补短、互助合作。通过委托可以弥补本人在时间、空间和专业技能上的不足,并可鼓励交易,促进经济的发展,也有利于满足人们的各种需要。③ 当然,委托合同中的事务可能不仅符合委托人的利益,而且也属于受托人的利益范围。④

委托合同的特征主要如下:
1. 以处理事务为内容

委托是一方(委托人)委托另一方(受托人)处理一定事务的合同。受托人为委托人处理一定的事务,事务处理应当从广义来理解,包括法律行为、准法律行为、事实行为。⑤ 凡是与

---

① 参见郑玉波:《民法债编各论》(下),台湾三民书局 1986 年版,第 412 页。
② 参见陈甦编著:《委托合同 行纪合同 居间合同》,法律出版社 1999 年版,第 3 页。
③ 参见〔德〕卡尔·拉伦茨:《德国民法通论》(下册),王晓晔等译,法律出版社 2004 年版,第 815 页。
④ Looschelders, Schuldrecht BT, 16. Aufl. 2021, § 39, Rn. 4.
⑤ Brox/Walker, Besonderes Schuldrecht, 45. Aufl. 2021, § 29, Rn. 2.

人们生活有关的事务,除依法不得委托的外,都可以委托给他人处理。受托人所处理的事务可以区分为两类:一类是法律行为以及准法律行为。例如,受托人代为订立合同、变更合同、解除合同、提出催告、表示同意、作出拒绝、发出通知、办理登记、提起诉讼等。另一类为事实行为,它是指不以意思表示为内容,且不产生当事人预期的法律效果的行为。例如,帮助他人看管财物、帮助照看未成年人等。不过,事务处理必须是作为,而不能是不作为或者容忍。① 所以,此处所说的事务都是以积极行为为内容的。当然,并非所有的事务都可以委托。一般而言,法律特别规定或者依事务性质不得由他人代为处理的,受托人不得处理。例如,进行婚姻登记,就需要本人亲自办理,而不能委托他人代办。

受托人须为他人而非自己处理事务。也就是说,该事务属于受托人或者第三人的事务,而非受托人自己的事务。② 事务的"处理",是指对事务进行处分、管理。一方面,受托人必须提供一定的劳务,而并非必须形成一定的结果。另一方面,事务的处理也意味着,要从事管理活动。③

2. 性质上属于行为之债

在法律上,可以将提供服务的合同分为两类,一类是行为之债,另一类是结果之债。委托合同属于行为之债,在此合同中,委托人仅需要按照委托人的指示处理委托事务,而无须提交一定的工作成果。但在结果之债中(例如承揽合同),债务人一方不仅需要从事一定的工作,而且需要提交一定的工作成果。所以,在委托合同中,受托人并不负有必须完成某种工作成果的义务,即便其按照委托人的指示从事一定的行为,最终并未形成一定的工作成果,受托人也并不丧失报酬请求权。

3. 合同当事人的范围十分广泛

委托人既可以是自然人也可以是法人、非法人组织。从受托人的范围来看,也非常宽泛。《民法典》并未将受托人限定为自然人。因此,委托合同的受托人也不限于自然人,还包括法人、非法人组织。但如果法律对受托人处理某项事务有一定的资质要求时,受托人还应当具备相应的资质。

4. 具有人身信赖性

委托合同是以人格信任为基础的合同,委托合同的订立以委托人和受托人之间具有相互信任的关系为前提。委托人之所以选择受托人,是基于对受托人的能力、资格、品行等方面的信任。而受托人之所以愿意接受委托,通常都是以其自愿为委托人提供一定的服务为前提。委托人相信受托人有能力而且愿意处理委托事务,这是委托合同订立的前提。受托人接受委托,是其自愿作出的,是建立在其相信自己有能力处理好委托事务的基础之上的。所以,人身信赖性是委托合同的重要特点,它体现在委托合同的诸多规则之中。例如,委托人和受托人享有任意解除权,任何一方不再相信对方的,都可以解除委托合同。再如,受托人应当亲自处理委托事务,除非满足法定的条件,不得随意将委托事务转委托给他人。

5. 具有诺成、不要式性

委托合同是诺成、双务的合同。该合同只要当事人意思表示一致即可成立,无须践行一定的方式。尤其是针对不特定人作出的委托他人处理特定事务的意思表示一旦发出,无须

---

① Staudinger/Martinek/Omlor (2017) BGB § 662, Rn. 21.
② Brox/Walker, Besonderes Schuldrecht, 45. Aufl. 2021, § 29, Rn. 2.
③ 参见崔建远主编:《合同法》(第七版),法律出版社2021年版,第447页。

再得到受托人的承诺,只要其不表示反对,即可成立。因此,委托合同属于诺成、不要式的合同。

6. 具有基础性

委托合同虽然是服务合同的一种类型,但是,其在服务合同中具有基础性的地位。在典型合同中,很多都是以为他人处理事务为标的的,例如,中介合同就是为他人订立合同提供机会或媒介。所以,依据《民法典》第960条和第966条的规定,如果行纪合同和中介合同没有规定,其就参照适用委托合同的规定。

当然,如果某种事务处理合同已经有名化,如已经被规定为保管合同、仓储合同等,则不属于委托合同的范畴。

二、委托合同与相关概念的区别

(一)委托合同与委托代理

代理,是指代理人以被代理人的名义,在被代理人授权的范围内与第三人所实施的行为。代理与委托合同关系十分密切,主要表现在:一方面,在委托代理中,委托合同常常是授权行为的基础。通过委托关系,民事主体可采取代理、行纪和居间等法律形式帮助他人进行民事活动。[①] 如果不存在委托合同,受托人通常不可能实施代理行为。另一方面,在代理中,代理人在代理权范围内,以被代理人的名义从事行为,由此所产生的法律效果,由被代理人承担。同样,在委托合同中,受托人依委托合同的授权,与第三人之间进行的民事活动,其后果不是由受托人,而是由委托人承担的。还要看到,依据《民法典》第173条的规定,被代理人取消委托或者代理人辞去委托,将导致代理关系终止。可见,两者之间关系十分密切。但是代理和委托仍然是两种不同的法律关系,其区别在于:

第一,委托仅仅是发生在委托人和受托人之间的内部合同关系,是双方关系。而代理涉及代理人与第三人和本人的关系,是三方关系。委托合同是代理关系发生的基础,但并不等于代理关系。委托合同的成立和生效,只产生事务处理权。如果委托人所处理的事务是法律行为,其还必须享有代理权,委托合同本身并不当然地产生代理权。如果委托合同中没有包含授权内容,则只有在委托人作出授予代理权的单方行为后,受托人才享有代理权。[②]

第二,代理权的产生基础是多样的,委托合同只是代理权产生的基础关系。代理赖以产生的基础关系,除了委托合同之外,还包括劳动合同、身份关系等。即使在委托代理中,代理权授予的基础还包括其他的形式(如合伙等)。

第三,在代理关系中,代理人必须以本人的名义从事活动,否则不能构成直接代理。而委托合同的受托人,既可以以委托人的名义,也可以以受托人自身名义进行活动。受托人是否以委托人名义处理事务,并不影响委托合同的性质。

第四,代理事务仅限于作出或接受意思表示,所以,其范围仅包括法律行为和准法律行为。通常来说,代理事务就是法律行为,代理人从事的代理行为必须是具有法律意义的意思表示。而委托合同中的受托人既可以根据委托实施法律行为,也可以根据委托实施事实行为。[③]

[①] 参见李开国:《民法基本问题研究》,法律出版社1997年版,第198页。
[②] 参见郭明瑞、王轶:《合同法分则·新论》,中国政法大学出版社1997年版,第303页。
[③] 参见陈甦编著:《委托合同 行纪合同 居间合同》,法律出版社1999年版,第11页。

（二）委托合同与无因管理

所谓无因管理，是指没有法律上和约定的原因，而为他人管理事务的行为。如果管理人和本人之间事先存在着合同关系，管理人是依照约定管理他人的事务，则管理人负有管理的义务，不构成无因管理。就委托与无因管理的关系而言，如果当事人双方已经存在委托合同，则不适用无因管理，除非无因管理的事项超越了委托合同中约定的委托事项。就超过约定范围部分，仍然构成无因管理。① 委托合同的相关规则也有可能适用于无因管理，无因管理规则可以准用无偿委托的规定。② 如《民法典》第984条规定："管理人管理事务经受益人事后追认的，从管理事务开始时起，适用委托合同的有关规定，但是管理人另有意思表示的除外。"这就是说，在受益人追认的情况下，可以适用委托合同，并据此认定当事人之间的权利义务关系。

不过，在法律上，委托合同与无因管理是两项不同的制度，存在明显的区别，主要表现在：

第一，性质不同。委托合同在性质上是一种合同关系，而无因管理则是一种特殊的法定之债，两者存在区别。委托合同的产生乃是当事人双方意思表示一致的结果，而无因管理则是在一方当事人并不知情的情况下发生的法定之债。

第二，管理事项不同。委托合同中的委托事项一般是当事人约定的，而无因管理中的事务则是一方当事人自行决定的，因此，这种管理行为需要得到本人的追认。委托是一种合同关系，依据当事人双方的合意而成立，无因管理是一种事实行为，依据法律的特别规定而成立，无须当事人双方的同意。当然，在无因管理中，管理人管理事务应当履行善意或者适当管理的义务，依据本人明示或者可推示的意思，按照有利于本人的方法进行管理。③

第三，对行为能力的要求不同。委托合同的双方当事人必须具有相应的民事行为能力，而在无因管理中，管理人从事有助于他人的行为，其只要具有意思能力即可，不必具有相应的民事行为能力。

第四，是否具有无偿性不同。委托既可以是有偿的，也可以是无偿的，而无因管理通常是无偿的。因此，在民法中，常常依据有偿与否来区分受托人的注意义务，而无因管理中却不存在这一现象。④

（三）委托合同与雇佣合同

委托合同与雇佣合同都是提供劳务的合同，都是为他人处理事务的合同。两者的区别主要在于：

第一，信赖程度不同。委托合同以高度信任关系为前提。委托合同有时要求受托人从事一定的法律行为，效果归属于委托人，所以委托人对受托人的能力、技术、资质具有合理信赖。而雇佣相对而言处理事务比较宽泛，不一定涉及法律行为，信赖程度相对较低。

第二，人身依附性不同。委托人和受托人之间的人身依附性较弱，在受托人服从委托人指示的前提下，受托人有较大的自由决定空间，独立进行事务处理。而雇佣合同是具有较强人身依附性的合同，雇佣合同中受雇人都要服从雇佣人的指示。⑤

---

① 参见韩世远：《合同法学》（第二版），高等教育出版社2022年版，第606页。
② Looschelders, Schuldrecht BT, 16. Aufl. 2021, § 39, Rn. 1.
③ 黄薇主编：《中华人民共和国民法典合同编解读》（下册），中国法制出版社2020年版，第1476页。
④ 参见郑玉波：《民法债编各论》（下），台湾三民书局1986年版，第457页。
⑤ 参见崔建远主编：《合同法》（第七版），法律出版社2021年版，第449页。

第三,合同期限不同。委托合同可以是长期的合同,也可以是短期的合同;而雇佣合同往往都是长期的合同。

第四,委托事务的范围不同。委托合同对委托事务通常存在一定的限制,而受雇人所能处理的事务可以依据雇用人的指示进行转换。

(四)委托合同与承揽合同

委托合同和承揽合同都是要提供一定的劳务,而且,都是为了他人的利益而负有义务。无论委托还是承揽,都可以发生转委托或转承揽,都可以将部分事务交给第三人处理。但是,两者也存在较大的区别:

第一,性质不同。委托合同是方式之债,受托人并不保证特定结果的出现,即受托人只需要按照约定履行其义务即可,能否实现特定的目标并不是认定其是否违约的标准。而承揽合同是结果之债,定作人订立合同的目的在于实现特定的目的,承揽人应当按照约定交付工作成果。

第二,人身信赖性存在区别。委托合同是以人身信赖关系为基础,委托人主要对受托人处理事务的能力存在信赖。而在承揽合同中,定作人是以对承揽人的知识、技术等的信任为基础,尤其是对承揽人特定资质的信赖。

第三,是否具有有偿性不同。委托合同可以是有偿合同,也可以是无偿合同,而且在当事人没有约定的情形下,委托合同以无偿为原则。而承揽合同是有偿合同[①],承揽人订立承揽合同的目的就在于获得约定的报酬。

第四,当事人是否具有特定的资质不同。在承揽合同中,承揽人往往都具有特殊的知识和技能。而在委托合同中,对受托人的资质、能力等通常并无特殊的要求。

三、委托合同的分类

(一)有偿委托和无偿委托

依据委托人是否需要支付报酬,委托合同可以区分为有偿委托和无偿委托。所谓有偿委托,是指在合同中约定委托人要向受托人支付报酬的委托合同。所谓无偿委托,是指在合同中约定不支付报酬的委托合同。依据我国《合同法》第405条[②],在委托合同中以有偿为原则,无偿为例外。但《民法典》第928条第1款规定:"受托人完成委托事务的,委托人应当按照约定向其支付报酬。"依据这一规定,支付报酬必须要当事人之间存在约定,因而如果当事人之间没有就支付报酬作出约定,可认为委托人无须支付报酬。由此可见,《民法典》修改了《合同法》的相关规则,增加了"按照约定"四个字,这表明如果当事人没有约定,就无权请求支付报酬,从而改变了原来的"以有偿为原则、以无偿为例外"的做法。[③] 当然,即使当事人没有就报酬作出约定,但是,依据习惯或者依据委托事务的性质应该由委托人给付报酬的,委托人仍然应当负有支付报酬的义务。[④] 这实际上表明,《民法典》采取了以无偿为原则、有偿为例外的模式。[⑤]

《民法典》第928条第2款规定:"因不可归责于受托人的事由,委托合同解除或者委托

---

① 参见崔建远主编:《合同法》(第七版),法律出版社2021年版,第450页。
② 该条中规定,"受托人完成委托事务的,委托人应当向其支付报酬"。
③ 参见韩世远:《合同法学》(第二版),高等教育出版社2022年版,第928页。
④ 参见黄薇主编:《中华人民共和国民法典合同编解读》(下册),中国法制出版社2020年版,第1260页。
⑤ 参见王轶等:《中国民法典释评·合同编·典型合同》(下卷),中国人民大学出版社2020年版,第441页。

事务不能完成的,委托人应当向受托人支付相应的报酬。当事人另有约定的,按照其约定。"因此,《民法典》所规定的委托合同以无偿为原则。在法律上,区分有偿委托和无偿委托具有重要意义,其主要区别在于:

第一,委托人是否具有支付报酬的义务不同。如果是有偿委托,则委托人具有支付报酬的义务,而受托人也有要求获得报酬的权利;相反在无偿委托中,则不存在付酬义务。

第二,是否属于双务合同不同。与委托人是否有支付报酬的义务相一致,无偿委托属于单务合同,而有偿委托属于双务合同。

第三,注意义务不同。《民法典》第 929 条第 1 款规定:"有偿的委托合同,因受托人的过错造成委托人损失的,委托人可以请求赔偿损失。无偿的委托合同,因受托人的故意或者重大过失造成委托人损失的,委托人可以请求赔偿损失。"据此,在委托合同中,要区分有偿无偿来确定受托人的注意义务。在比较法上,普遍认可有偿合同中受托人的注意义务要求要高于无偿合同中的受托人的注意义务,这也符合权利义务对等原则。① 一方面,就无偿委托中的受托人注意义务而言,其只有在因故意或者重大过失造成委托人损害的情况下,才需要承担损害赔偿责任。如果受托人仅仅只是具有一般过失和轻过失,不应当承担赔偿责任。这主要是因为,依对价理论而言,其既然没有获得相应的报酬,也就不应当对其苛加过重的注意义务。另一方面,对于有偿委托中的受托人注意义务而言,既然受托人已经可以从委托合同中获得报酬,其就应承担更重的注意义务。

第四,合同的性质不同。有偿委托合同是双务合同,也就是说,双方互负义务,而且,双方的义务之间存在对价关系。而无偿委托合同并非双务合同。也有学者认为,无偿委托合同属于不完全双方合同(unvollkommen zweiseitig verpflichtender Vertrag)。② 委托人虽然负担义务,但是该义务与受托人负担的义务并无对价关系。③ 因为受托人处理他人事务,但不能获得报酬。④

(二) 一般委托和特别委托

一般委托,是指委托人概括授权给受托人处理某些事项的委托。在一般委托中,委托人对受托人进行了较为抽象和概括的授权,并不仅仅针对某项或数项具体的事务。《民法典》第 920 条规定:"委托人可以特别委托受托人处理一项或者数项事务,也可以概括委托受托人处理一切事务。"委托人可以委托受托人处理数项事务。⑤ 在委托中,如果委托人就多个事项进行概括的授权,可以称为一般委托或概括委托。而特别委托是指委托人针对某一项或几项具体的事务而对受托人进行授权。

一般委托中,由于委托人的授权较为概括,所以受托人的权限较大。而在特别委托中,委托人的授权明确针对某项或几项具体的事务,所以受托人的权限较小。这种区分的意义主要在于:一方面,为了保护委托人的利益,在一些法律关系中,限制委托人对受托人进行一般委托,而必须逐项进行特别委托,以防止受托人权限过大而损害委托人的利益。例如,在委托律师从事诉讼时,法律要求委托人必须对律师作出具体授权,进行特别委托,而不能只写明授权律师从事与本案相关的一切诉讼活动,必须具体写明授权律师代为提起诉讼、应

---

① 参见黄薇主编:《中华人民共和国民法典合同编解读》(下册),中国法制出版社 2020 年版,第 1262 页。
② Looschelders, Schuldrecht BT, 16. Aufl. 2021, § 39, Rn. 2.
③ Ibid.
④ Brox/Walker, Besonderes Schuldrecht, 45. Aufl. 2021, § 29, Rn. 3.
⑤ 参见黄立:《民法债编各论》(下),中国政法大学出版社 2003 年版,第 509 页。

诉、接受调解、提起上诉等事务。另一方面,就一般委托而言,考虑到其对当事人的利益影响较大,法律有时明确规定,委托人应当采取书面形式进行授权。

（三）单独受托与共同受托

依受托人的人数,委托可区分为单独受托和共同受托。单独受托,是指委托人仅委托一个受托人的委托。共同受托,是指委托人委托两个或两个以上的受托人的委托。《民法典》第932条规定:"两个以上的受托人共同处理委托事务的,对委托人承担连带责任。"此即为共同受托,即受托人为两人以上,共同处理委托事务。各个受托人都享有平等的事务处理权,处理事务必须经过各个受托人共同同意才能进行。①

单独受托与共同受托的区别主要在于:

第一,受托人的人数不同。在单独受托中,受托人仅为一人,其独自为委托人处理事务。而在共同受托中,受托人应当有两人以上。在共同受托成立后,如果因为共同受托人之间的信任基础的丧失,也可能影响共同受托关系的存在。例如,某个受托人未与其他受托人协商,单独处理委托事务等情形,造成部分受托人退出共同委托关系,最终受托人只剩下一人时,就不能再称之为共同委托。

第二,处理事务的方式不同。在单独受托中,仅仅由一个人处理委托事务,不存在共同处理委托事务的问题。而在共同受托中,数个受托人应当共同处理委托事务。所谓共同处理,是指数个受托人享有共同的权利、义务,处理委托事务原则上只有经全体受托人的同意方可进行。②

第三,对委托人承担的责任不同。在单独受托中,受托人单独对委托人负责。而在共同受托中,受托人因自身的过错而造成委托人损失的,应当承担连带责任,委托人可以请求任一受托人承担责任。共同受托人内部无论是否划分对委托事务的管理权限,对外都应承担连带责任。③ 在此之后,再由共同受托人依据各自的过错在内部进行追偿。

第二节 委托合同的效力

一、委托人的主要义务

（一）支付报酬的义务

《民法典》第928条第1款规定:"受托人完成委托事务的,委托人应当按照约定向其支付报酬。"这就确立了委托人负有的依据约定向受托人支付报酬的义务。该条修改了《合同的》第405条的规定,增加了"按照约定"四个字,表明只有在当事人有明确约定的情形下,委托人才能支付报酬,这就意味着如果当事人没有约定或约定不明,应当依据《民法典》第510条的规定确定是否应当支付报酬以及支付报酬的数额,如果无法确定,应当推定为无偿。只有在有约定的情形下,委托人才应当向受托人支付报酬。④ 这实际上是将《合同法》以有偿为原则的模式变为以无偿为原则的模式。当然,关于报酬的支付仍然是一个任意性规定,如果

---

① 参见黄薇主编:《中华人民共和国民法典合同编解读》（下册）,中国法制出版社2020年版,第1267页。
② 参见胡康生主编:《中华人民共和国合同法释义》,法律出版社1999年版,第578页。
③ 参见江平主编:《中华人民共和国合同法精解》,中国政法大学出版社1999年版,第352页。
④ 参见谢鸿飞、朱广新主编:《民法典评注·合同编:典型合同与准合同4》,中国法制出版社2020年版,第245页。

当事人在合同中特别约定无偿,法律并不禁止。① 如果合同约定了报酬支付的时间,则委托人应当在该期限内支付;如果当事人没有约定报酬支付的时间,则委托人应当在委托事务完成后支付报酬。

在因不可归责于受托人的事由的情形下,导致委托合同解除或者委托事务不能完成的,委托人仍然应当支付报酬。依据《民法典》第928条第2款规定:"因不可归责于受托人的事由,委托合同解除或者委托事务不能完成的,委托人应当向受托人支付相应的报酬。当事人另有约定的,按照其约定。"这就是说,如果是因为可归责于受托人的事由导致合同被解除的,或导致委托事务不能完成的,则表明受托人是具有过错的,且可能构成违约,因而可能失去报酬请求权。但是因不可归责于受托人的事由,导致委托合同解除或者委托事务不能完成的,委托人仍然应当支付报酬。这主要有两种情况:一是因为委托人的原因导致受托人无法完成委托的事务,例如,委托人不依照约定垫付相关的费用,致使受托人无法正常完成委托事务。二是因为发生不可抗力及委托人死亡、破产等情形,而导致委托合同无法继续履行。在上述情形下,受托人并没有过错,因此委托人应当向受托人支付相应的报酬。② 但需要指出的是,即使出现了这些情形,也并非意味着委托人要向受托人支付合同约定的全部报酬。依据《民法典》的上述规定,委托人只需要支付"相应的报酬"。所谓"相应的",是指与受托人完成委托事项的程度、工作情况等相适应的报酬。如果受托人仅仅只是完成了较少的工作任务,则委托人只需支付较少的报酬。

(二)预付和偿还委托费用的义务

委托人在处理委托事务的过程中,经常需要支付一定的必要费用,所谓"必要费用",是指完成委托事务所必须支付的费用。判断何为"必要",应当从委托事务的性质和难易程度出发,依照具体的情况加以确定。《民法典》第921条规定:"委托人应当预付处理委托事务的费用。受托人为处理委托事务垫付的必要费用,委托人应当偿还该费用并支付利息。"

第一,预付费用的义务。这就是说,在订立委托合同时,根据委托事项的性质,可以预知在受托人处理受托事务时将会发生一定的费用支出,此时委托人在没有特别约定的情况下,应当预付可能需要支出的费用给受托人,使受托人得以顺利完成委托事务。在法律上,当事人可以特别约定,排除委托人预付处理委托事务费用的义务,但在当事人没有特别约定时,依据《民法典》第921条的规定,委托人负有预付处理委托事务费用的义务。即便是在无偿委托合同中,委托人虽然无须向受托人支付报酬,也应当预付执行委托事务的费用。③ 一方面,及时垫付费用是为了使委托事务能够正常进行。由委托人预先支付费用的必要性还在于,在受托人支付了一定的费用以后,如果事后委托人无力偿还这些费用,受托人的利益将无法获得保护。④ 另一方面,在处理委托事务中,受托人是为了委托人的利益而行事,其并未从中获益。所以,在受托人为处理委托事务垫付大量费用的情况下,如果委托人出现支付不能的情形,则受托人的利益难以得到保障。

问题在于,预付费用是否可以独立诉请?对此,德国通说认为,预付费用只是委托人的不真正义务,如果委托人不预付费用,受托人可以拒绝处理委托事务。这种拒绝的权利实际

---

① 参见黄薇主编:《中华人民共和国民法典合同编解读》(下册),中国法制出版社2020年版,第1337页。
② 参见邱聪智:《新订债法各论》(中),姚志明校订,中国人民大学出版社2006年版,第181页。
③ Looschelders, Schuldrecht BT, 16. Aufl. 2021, § 39, Rn. 14.
④ 参见胡康生主编:《中华人民共和国合同法释义》,法律出版社1999年版,第569页。

上是《德国民法典》第 273 条意义上的留置抗辩权。① 在德国,也有观点认为,受托人享有可以独立诉请的预付费用请求权②,这是委托人的从给付义务。③ 但在我国,《民法典》已经规定了委托人负有支付预付费用的义务,如果委托人拒绝支付的,则受托人有权依法请求委托人支付。

第二,偿还费用的义务,受托人在委托人没有预付的情况下,或者临时发生费用支付的情况下,对合理的费用进行了垫付,则委托人负有偿还受托人垫付的费用的义务。就受托人垫付的必要费用而言,其可以在事务处理过程中随时要求委托人偿还。依据《民法典》第 921 条的规定,在委托人没有预付的情况下,或者临时发生费用支付的情况下,受托人对费用进行了垫付的,则委托人负有偿还受托人垫付费用的义务。在受托人垫付了必要费用的前提下,委托人应当向受托人偿还全部费用。在当事人没有特别约定的情形下,不能将其包括在报酬之中。

受托人为处理事务而支出的必要费用,委托人应当偿还。④ 在德国法上,委托人迟延偿还必要费用的,依据《德国民法典》第 280 条第 1 款、第 2 款和第 286 条承担责任。⑤ 我国《民法典》对此也有规定。这主要是考虑到,事务处理就是为了委托人的利益,委托人偿还必要费用,符合权利义务对等的原则。

(三) 承受委托的法律效果的义务

在受托人根据委托人的要求而完成委托任务之后,则不论相关的法律后果是否对委托人有利,委托人都应当承受该法律效果。受托人在处理委托事务的过程中,可能会发生一些债权债务关系,对于受托人处理委托事务所产生的债权,委托人有权享有该债权,对于受托人处理委托事务所产生的债务,委托人也负有清偿的义务。

(四) 不得擅自重复委托的义务

所谓重复委托,是指在委托关系生效之后,委托人又就同一事务委托其他人进行处理的行为。例如,在委托甲律师代为诉讼之后,又聘请乙律师就同一事务代理诉讼。《民法典》第 931 条规定:"委托人经受托人同意,可以在受托人之外委托第三人处理委托事务。因此造成受托人损失的,受托人可以向委托人请求赔偿损失。"构成重复委托须具备如下要件:第一,已经存在有效的委托关系。由于重复委托是指委托人先后与他人就同一事务的处理订立委托合同,而不是在一个合同中同时委托数人,所以,构成重复委托必须以先前已经存在委托合同关系为基础,如果先前的委托合同关系已经解除或终止,或者被认定为无效,则无法成立重复委托。第二,经先受托人的同意。由于委托合同具有人身信任属性,取得受托人的同意也是对委托人自身利益的维护,如果未经受托人同意从事重复委托,既可能会使受托人怠于处理事务,也容易使多个受托人之间在处理委托事务发生冲突,相互排斥,不利于委托事务的处理。⑥ 当然,如果先受托人不同意的,委托人可以解除二者之间的委托关系,另行委任他人处理委托事务。⑦ 第三,须委托人就同一事务委托第三人进行处理。重复委托的根

---

① Staudinger/Martinek/Omlor (2017) BGB § 669, Rn. 5.
② MüKoBGB/Schäfer, 8. Aufl. 2020, BGB § 669 Rn. 7.
③ MüKoBGB/Schäfer, 8. Aufl. 2020, BGB § 662 Rn. 81.
④ Looschelders, Schuldrecht BT, 16. Aufl. 2021, § 39, Rn. 12.
⑤ Looschelders, Schuldrecht BT, 16. Aufl. 2021, § 39, Rn. 16.
⑥ 参见房绍坤、郭明瑞主编:《合同法要义与案例析解(分则)》,中国人民大学出版社 2001 年版,第 634 页。
⑦ 参见魏耀荣等:《中华人民共和国合同法释论(分则)》,中国法制出版社 2000 年版,第 581 页。

本特点就是"重复",即委托人就同一事务另行委托他人处理。

我国《民法典》允许重复委托,但要求必须要经过先受托人的同意。在未经先受托人同意而重复委托时,如果造成先受托人的损失,则委托人应当赔偿此种损失。这就意味着,在未经先受托人同意的情况下,委托人为了处理委托事务,仍有权重复委托他人处理同一事务,因为毕竟委托人是处理自己的事务,其有权决定委托何人处理。只不过对于先受托人因此遭受的损失,先受托人享有违约损害赔偿请求权。此种损失主要是先受托人不能取得应有报酬的损失。如果委托人已经支付了报酬,则视为已经赔偿了损失。①

(五)对于意外风险所致损害的赔偿义务

受托人为处理事务而遭受损害的,如果损害源于事务处理的典型风险而非一般生活风险,损害的发生与事务处理之间具有相当因果关系,那么,委托人也应当对该损害负责。②

《民法典》第930条规定:"受托人处理委托事务时,因不可归责于自己的事由受到损失的,可以向委托人请求赔偿损失。"据此,在因为意外风险导致受托人受到损害的情形下,委托人负有损害赔偿的义务。例如,在"天津欧戈国际贸易有限公司、深圳市万马国际货运代理有限公司海上、通海水域货物运输合同纠纷上诉案"中,法院指出:"欧戈公司作为委托人,出具电放提单的保函,指定将货物交付记名收货人,而记名收货人弃货,造成货物长期滞留最终被海关罚没,发生相关目的港费用。万马公司因目的港无人提货而产生了损失,有权请求委托人欧戈公司赔偿。"③法律上之所以确立委托人负有此种义务,主要理由在于:受托人是为委托人利益处理事务,受托人的损失与受托人处理委托事务的行为之间具有直接的关联性,按照利益风险一致的原则,应当由委托人承担责任。且委托人既然从受托人处理委托事务的结果中受益,理应承担处理委托事务的风险损失。受托人的损害赔偿请求权是法定的权利。与受托人的请求权相对应,委托人依法负有赔偿的义务。但承担此种责任必须具备以下要件:

第一,受托人遭受损害。这就是说,受托人在处理委托的事务中,按照委托人指示办事而遭受了损害,此种损害包括财产损害和人身损害。例如,律师代理他人出庭,在道路上遭遇了山体滑坡,致使其遭受人身和财产的巨大损害。

第二,损害发生在处理委托事务的过程中。这就是说,受托人的损失必须与处理委托事务具有因果关系。受托人享有损害赔偿请求权的前提,并非其遭受损害与处理委托事务单纯时间上和地点上的一致性,而必须是因为处理委托事务而遭受了损害。

第三,损害的发生不可归责于受托人本人。不可归责主要就是指受托人对此没有过错,不仅没有故意,也没有过失。这种损失是指来自委托合同关系之外第三人的行为或者物件对受托人造成的损失。

依据《民法典》第930条的规定,委托人承担此种赔偿责任无须以其自身对损害的发生具有过错为要件。其原因与雇用合同中雇主对雇员的严格责任相类似,受托人从事委托合同是为了委托人的利益,委托人在享受这种利益的同时,也需要承担相应的责任,这就包括了承担受托人在执行委托事务过程中因意外风险所受到的损失的责任。

委托人赔偿之后,其可以向直接侵权人追偿。因为委托人和直接侵权人之间形成不真

---

① 参见胡康生主编:《中华人民共和国合同法释义》,法律出版社1999年版,第578页。
② Staudinger/Martinek/Omlor (2017) BGB § 670, Rn. 25.
③ 参见天津市高级人民法院(2020)津民终26号民事判决书。

正连带责任的关系,直接侵权人作为终局责任人,委托人可以向其追偿。

二、受托人的主要义务

(一)在授权范围内处理委托事务的义务

《民法典》第 919 条规定:"委托合同是委托人和受托人约定,由受托人处理委托人事务的合同。"依据这一规定,受托人的主要义务是处理委托事务,这也是委托合同的主给付义务。[1] 在委托合同中,受托人应当尽到必要的注意义务。受托人的注意义务标准应当结合受托人的主观情况进行判断。例如,在"苏州阳光新地置业有限公司新地中心酒店诉苏州文化国际旅行社有限公司新区塔园路营业部、苏州文化国际旅行社有限公司委托合同纠纷案"中,法院认为"新地中心作为获得专业培训、掌握专业知识并常年进行 POS 机刷卡及信用卡支付的受托人,未对涉案的 25 笔交易的授权书、身份证明和签字进行谨慎审核,也未提示委托人塔园路营业部'无卡无密'支付方式存在的风险,因此在处理委托事务方面存在重大过失"[2]。因此,受托人的注意义务应当结合受托人所具有的资质、能力等主观因素进行,对于专门从事某一业务的受托人而言,其可能负有更高的注意义务。

与受托人处理委托事务的义务相对应,委托人也有权请求受托人按照合同的约定处理相关的事务。[3] 受托人享有的处理委托人相关事务的权利来自委托人的授予,体现了委托人的意志和利益,因此,受托人应当在委托人授权的范围内处理其事务。[4] 进一步而言,在委托人授权的范围内,受托人享有介入委托人事务的权限。[5] 不过,根据德国学界主流观点,委托人对处理事务并无可以诉请的请求权。[6] 因为委托人可以随时撤回委托,从而终止委托合同关系。[7] 当然,当事人也可以约定承认受托人的请求权。[8] 委托人对受托人行使事务处理请求权的前提是,委托人与受托人必须在合同中明确约定委托事项,并且委托人应当将处理委托事务中注意的问题对受托人进行说明和告知。否则,受托人对委托事务尚不清楚,就无法完成委托事务。此外,委托的事务必须具有合法性,不能将非法的事务委托他人处理。例如,委托他人出售赃物等。此外,受托人并无请求委托人予以协助的请求权,协助对于委托人而言只是一项不真正义务。[9]

受托人处理事务不得超越权限。《民法典》第 929 条第 2 款规定:"受托人超越权限造成委托人损失的,应当赔偿损失。"受托人超越权限的行为包括没有权限、逾越权限以及权限终止后继续从事委托事务的行为。受托人超越权限时的赔偿责任是严格责任,不区分有偿、无偿,也不考虑受托人的过错程度,只要造成委托人损失的,受托人就应当承担损害赔偿责任。[10] 因为这种违约行为对委托人造成的损失,不论受托人是否存在过错,其都应当依据完全赔偿原则承担损害赔偿责任。

---

[1] Brox/Walker, Besonderes Schuldrecht, 45. Aufl. 2021, § 29, Rn. 11.
[2] 《最高人民法院公报》2012 年第 8 期。
[3] 参见邱聪智:《新订债法各论》(中),姚志明校订,中国人民大学出版社 2006 年版,第 174 页。
[4] 参见黄薇主编:《中华人民共和国民法典合同编解读》(下册),中国法制出版社 2020 年版,第 1308 页。
[5] Staudinger/Martinek/Omlor (2017) BGB § 662, Rn. 24.
[6] MüKoBGB/Schäfer, 8. Aufl. 2020, BGB § 662 Rn. 79.
[7] Ibid.
[8] Staudinger/Martinek/Omlor (2017) BGB § 662, Rn. 24.
[9] MüKoBGB/Schäfer, 8. Aufl. 2020, BGB § 662 Rn. 80.
[10] 参见谢鸿飞、朱广新主编:《民法典评注·合同编:典型合同与准合同 4》,中国法制出版社 2020 年版,第 250 页。

(二) 亲自处理委托事务的义务

受托人处理他人事务,原则上应当亲自为之。① 《民法典》第 923 条第 1 句规定:"受托人应当亲自处理委托事务。"这主要是因为委托关系一般建立在委托人对受托人的信任和信赖关系之上,尤其是建立在对受托人个人的能力、技术、专业知识、品德等各个方面的信任关系之上。因此,受托人应当亲自处理委托事务,才符合委托人的利益。如果当事人没有约定或者约定不明,受托人就不得将事务的执行转委托给第三人。② 转委托分为合法转委托与违法转委托两种形式。

1. 合法转委托:委托人事前同意或事后追认

(1) 事前同意。《民法典》第 923 条第 1 句以下规定:"经委托人同意,受托人可以转委托。转委托经同意或者追认的,委托人可以就委托事务直接指示转委托的第三人,受托人仅就第三人的选任及其对第三人的指示承担责任。转委托未经同意或者追认的,受托人应当对转委托的第三人的行为承担责任;但是,在紧急情况下受托人为了维护委托人的利益需要转委托第三人的除外。"可见,委托人允许转委托的,受托人可以将事务执行转委托给第三人,从而形成本委托和转委托。③ 依据《民法典》第 923 条的规定,合法转委托又可以分为两种情形:

第一,经委托人同意。既然委托合同是基于信赖关系产生的,所以在转委托的情况下需要经过委托人事先同意才能对委托人发生效力。在此情形下,委托人享有一种选择权,或者是事前同意,或者是事后追认。

第二,紧急情况下为维护委托人利益的转委托。紧急情况一般是指由于疾病、通讯联络中断等原因,导致受托人不能处理委托事务,又不能及时和委托人取得联系。但为了维护委托人的利益,可以在未经委托人同意的情形下转委托第三人。④ 例如,某人委托受托人从外地购买一批鱼虾,因天气异常炎热,在运输途中承运人发现鱼虾出现腐烂变质现象而报告受托人,受托人不能及时与委托人取得联系,此时受托人为了避免鱼虾全部腐烂变质,自行决定委托承运人将该批鱼虾中存活的部分就地进行变卖,并在事后将价款交给委托人。此种情况即属于紧急情况下的转委托,委托人不得以未经其同意为由主张该转委托无效。⑤

(2) 事后追认。依据《民法典》第 923 条,如果受托人事先未经委托人同意而转委托,但事后经过委托人追认,则转委托有效。委托人的事前同意和事后追认发生同等效力。

在转委托的情形下,产生如下效力:一是受托人与委托人之间的委托合同仍然有效,受托人仍应当对委托人负责。这就是说,虽然形成了转委托关系,但是,委托合同并没有解除,受托人仍然受委托合同的拘束。⑥ 二是次受托人处理委托事务的效果归属于委托人。在合法的转委托情况下,因为转委托经过了委托人的同意,所以,次受托人仍然是委托人的受托人,而不是受托人的履行辅助人。在紧急情况下,为了委托人利益进行转委托,次受托人处理事务的后果也要由委托人承受。三是受托人仅就第三人的选任及其对第三人的指示承担责任。如果经过委托人的同意,或者在紧急情况下为了维护委托人的利益而转委托的,受托

---

① Looschelders, Schuldrecht BT, 16. Aufl. 2021, § 39, Rn. 5.
② MüKoBGB/Schäfer, 8. Aufl. 2020, BGB § 664 Rn. 8.
③ MüKoBGB/Schäfer, 8. Aufl. 2020, BGB § 664 Rn. 11.
④ 参见王轶等:《中国民法典释评·合同编·典型合同》(上卷),中国人民大学出版社 2020 年版,第 416 页。
⑤ 参见黄薇主编:《中华人民共和国民法典合同编解读》(下册),中国法制出版社 2020 年版,第 1323 页。
⑥ 参见李永军、易军:《合同法》,中国法制出版社 2009 年版,第 382 页。

人虽然仍受到委托合同的拘束,但并不承担受托人的全部责任。在转委托成立后,受托人就第三人的选任、指示和监督负过错责任。① 依据《民法典》第923条,受托人并不对次受托人的所有行为负责,只是对自己选任和指示次受托人的行为承担责任。一般认为,此种责任在法律上应为过错责任。②

2. 违法转委托:受托人擅自转委托

受托人擅自转委托,即在非紧急情况下,受托人未经委托人同意或事后追认,而将委托事务转给第三人。考虑到委托合同是以人身信赖关系为基础而订立的,所以,受托人擅自转委托,委托人可以依据《民法典》第563条关于根本违约的规定而解除委托合同。③

依据《民法典》第923条,受托人擅自转委托的,受托人应当对转委托的第三人的行为承担责任。这就是说,受托人应当对次受托人的所有行为承担责任,不限于选任和指示次受托人的行为。从性质上说,此种责任就是不以过错为要件的担保责任。如果因次受托人的行为给委托人造成损害,次受托人和受托人都要对委托人承担责任。④ 委托人不允许转委托的,受托人擅自转委托构成义务违反,委托人可以就受托人因转委托引起的损害主张损害赔偿,无须考虑第三人是否具有过错。⑤ 受托人承担此种责任时不能以第三人实施行为时其没有过错为理由提出抗辩,因为其擅自转委托,本身就具有过错。

(三) 按照委托人的指示处理委托事务的义务

受托人执行委托事务,应当遵循委托人的指示。当然,在执行事务的过程中,如果受托人根据个案的情况可以推断,委托人知道实情时会同意背离指示的,那么,受托人就有权背离指示。⑥ 即便在此种情形下,受托人也必须首先通知委托人,即受托人负有通知义务。⑦ 除非等待委托人修改指示的决定会导致危险,原则上,受托人负有等待义务,即等待委托人修改指示的决定。⑧ 至于等待委托人的决定是否会导致危险,根据客观标准来判断,即等待委托人的决定会导致委托事务无法执行或者会以其他方式给委托人造成不利。⑨

第一,按照委托人的指示处理委托事务。《民法典》第922条第1句规定:"受托人应当按照委托人的指示处理委托事务。"受托人所处理的事务毕竟是委托人自己的事务,所以,受托人应当按照委托人的指示处理委托事务。尽管受托人事先必须得到委托人的授权,才能从事委托事务,但是具体从事委托事务的过程中,仍然必须要按照委托人的指示行为。也可以说,依据指示的行为是依据授权而行为的具体化。如何理解此处所说的"指示"?它是指委托人就某项事务的处理方法、结果等提出的具体要求。在委托事务的处理过程中,应当具体如何办理委托事务、达到何种效果才最符合委托人的利益,对此,委托人有权作出决定,并对受托人发出指示。例如,委托他人看管财物,要求在看管过程中,采用特殊的方式防止财物腐烂变质。指示通常只是意思通知,而非表示,但指示也能够产生某种法律效果⑩,这是因

---

① MüKoBGB/Schäfer, 8. Aufl. 2020, BGB § 664 Rn. 15.
② 参见黄薇主编:《中华人民共和国民法典合同编解读》(下册),中国法制出版社2020年版,第1324页。
③ 参见王轶等:《中国民法典释评·合同编·典型合同》(下卷),中国人民大学出版社2020年版,第416页。
④ 参见李永军、易军:《合同法》,中国法制出版社2009年版,第383页。
⑤ MüKoBGB/Schäfer, 8. Aufl. 2020, BGB § 664 Rn. 18.
⑥ MüKoBGB/Schäfer, 8. Aufl. 2020, BGB § 665 Rn. 17.
⑦ MüKoBGB/Schäfer, 8. Aufl. 2020, BGB § 665 Rn. 18.
⑧ Ibid.
⑨ MüKoBGB/Schäfer, 8. Aufl. 2020, BGB § 665 Rn. 21.
⑩ 参见邱聪智:《新订债法各论》(中),姚志明校订,中国人民大学出版社2006年版,第158页。

为受托人将按照委托人的指示行为,由此发生的法律后果由委托人承担。指示的表现形式可以有多种,受托人应当根据不同指示的内容,按照指示办事。①

第二,需要变更委托人指示的,应当经委托人同意。由于在实践中,受托人在某些情况下,按照委托人的指示内容办理明显有损于委托人的利益,或者按照指示办理不能完成委托的事务②,在此情形下,就需要变更委托人的指示。但为防止受托人按自己的意思任意行事,《民法典》第922条规定,受托人在办理委托事务过程中,需要变更委托人指示的,应当经委托人同意。

第三,紧急情况下无须经委托人同意。依据《民法典》第922条的规定,"因情况紧急,难以和委托人取得联系的,受托人应当妥善处理委托事务,但是事后应当将该情况及时报告委托人"。所谓情况紧急,是指出现临时变动情况而必须改变委托合同中的约定,否则将会给委托人带来损失。紧急情况发生后,必须导致难以和委托人取得联系的状况。例如,委托人指示受托人前往某地购买某品种的柑橘1000千克,受托人到达该地之后,得知该地柑橘因发生虫灾,收成不好,质量欠佳,但一时联系不上委托人,便前往邻县购买未发生虫灾的另一品种的柑橘。只有出现这些情况,受托人才能够不经委托人同意而变更委托事务,但事后应当将该情况及时报告委托人。

在共同受托的情况下,各个受托人都应当按照委托人的指示处理委托事务。《民法典》第932条规定:"两个以上的受托人共同处理委托事务的,对委托人承担连带责任。"据此,在共同受托中,如果某一受托人未按照委托人的指示处理委托事务,造成委托人损失的,则各个受托人都应当对委托人承担连带责任。

(四)必要的注意义务

受托人在处理事务过程中,应当依据法律和合同规定,尽到必要的注意义务。对于受托人的注意义务的判断,应当区分有偿委托合同和无偿委托合同。在这两种合同中,受托人的注意义务是不同的。《民法典》第929条第1款规定:"有偿的委托合同,因受托人的过错造成委托人损失的,委托人可以请求赔偿损失。无偿的委托合同,因受托人的故意或者重大过失造成委托人损失的,委托人可以请求赔偿损失。"《民法典》第929条第2款规定:"受托人超越权限造成委托人损失的,应当赔偿损失。"据此,在区分有偿无偿的基础上,确立了以下两项规则:

(1)在有偿委托合同中,受托人的注意义务较重,只要因为受托人的过错造成的委托人的损失,其都应当承担赔偿责任。换言之,在有偿的委托合同中,法律规定承担责任的条件是具有过错,即只要出现了过失,无论轻重与否,受托人都需要承担责任。受托人是否尽到合理的注意义务,应当依据诚信原则进行判断。例如,在"周伟均、周伟达诉王煦琼委托合同纠纷案"中,法院认为:"被告作为受托人,仍应本着诚实信用的原则,依法善意处理售房事宜,尽到合理的注意义务。然而,在房屋市场价格存在多种公开、便捷的询价途径情况下,纵观被告出售控江路房屋的过程,其主观上显然具有放任两原告财产利益受损结果发生的间接故意,且该种委托合同项下的主观过错亦不因被告对外法律行为的有效性而受到否定。"③

---

① 参见邱聪智:《新订债法各论》(中),姚志明校订,中国人民大学出版社2006年版,第158页。
② 《德国民法典》第665条规定:"受委托人根据情况认为委托人在知道事情的状况时会同意背离指示的,受委托人有权背离委托人的指示。在背离指示之前,受委托人必须通知委托人,并等待委托人的决定,但延缓会有遭到损害的危险的除外。"
③ 《最高人民法院公报》2018年第3期。

（2）在无偿委托合同中，受托人只在两种情形下需要承担损失赔偿责任：一是因故意而造成委托人的损失。故意是指受托人明知或者应知损害可能发生，但却促使或者放纵其发生；二是因重大过失而造成委托人的损失。重大过失是指一般人对行为所产生的损害后果都能预见到，而行为人却因疏忽大意没有预见到，致使损害后果发生。[1] 例如，在"彭川与马玉花委托合同纠纷上诉案"中，法院指出："虽然马玉花与彭川就投资理财事宜没有签订相关书面的合同，但基于人身信任关系，马玉花与彭川之间形成了事实上的无偿委托合同法律关系。在具体投资过程中，彭川对该笔投资款是盈利还是亏损并不关心，且当马玉花将资金或所谓的分红无法兑现的情况向彭川反映后，彭川并没有采取合理必要的措施，帮助马玉花将资金兑现，而是采取一种放任的态度，最终导致马玉花的 245560 元人民币无法收回。综合本案已查明的事实结合上述分析，本院认为，彭川在处理受托事宜过程中存在故意或重大过失，由此给委托人马玉花造成的财产损失，依法负有赔偿责任。"[2] 而对于一般过失，受托人可以被免责。

在比较法上，一般都认可受托人违反义务造成委托人损害的，应当对委托人承担损害赔偿责任。例如，在德国，如果受托人不当处理事务，其就应当依据《德国民法典》第 280 条第 1 款、第 3 款和第 281 条第 1 款承担替代给付的损害赔偿；受托人在执行事务的过程中造成委托人其他权益损害的，依据《德国民法典》第 280 条第 1 款承担损害赔偿责任。需要注意的是，受托人的可归责性根据《德国民法典》第 276 条确定。[3] 换言之，受托人对故意和过失负责。[4] 即使受托人是无偿处理他人事务，也不会享有责任上的优待，不能准用第 521 条、第 599 条、第 690 条仅就故意或重大过失负责。[5] 在这一点上，我国法与德国法是不同的。

（五）报告的义务

《民法典》第 924 条规定："受托人应当按照委托人的要求，报告委托事务的处理情况。委托合同终止时，受托人应当报告委托事务的结果。"据此，受托人负有报告义务，这有利于委托人及时了解事务处理情况，发出指示；也有利于受托人接受审核，避免其损害委托人权益。

此种报告义务包括两个方面：一是事务处理情况的报告。在处理委托事务过程中，受托人除了应按照委托人的要求处理委托事务以外，还应当及时报告办理委托事务的具体情况，如事务的执行情况、完成进度、遇到突发事件的处理方案和对策等。如果委托人有新的指示，还需要按照委托人的指示处理事务。二是事务结果的报告。在完成委托任务之后，受托人还需要把办理事务的全过程和办理结果向委托人报告，并应提交必要的证明。受托人的报告义务是从给付义务，如果受托人因为没有及时履行报告义务，导致委托人未能及时变更指示而遭受损失，对此受托人应当承担相应的责任，此种责任的性质是违约责任。

（六）转交财产的义务

《民法典》第 927 条规定："受托人处理委托事务取得的财产，应当转交给委托人。"这就确立了受托人转交财产的义务。此处所说的财产，不仅包括实体的财产，而且包括各种财产

---

[1] 参见黄薇主编：《中华人民共和国民法典合同编解读》（下册），中国法制出版社 2020 年版，第 1339 页。
[2] 参见新疆维吾尔自治区喀什地区中级人民法院（2020）新 31 民终 579 号民事判决书。
[3] Looschelders, Schuldrecht BT, 16. Aufl. 2021, § 39, Rn. 10.
[4] Brox/Walker, Besonderes Schuldrecht, 45. Aufl. 2021, § 29, Rn. 20; MüKoBGB/Schäfer, 8. Aufl. 2020, BGB § 662 Rn. 73.
[5] Looschelders, Schuldrecht BT, 16. Aufl. 2021, § 39, Rn. 10.

权益。① 所谓转交,是指在委托事务完成或者阶段性完成之后,受托人有义务将从第三人那里接受的财产包括各种收益,及时交给委托人。只有在转交财产的情形下才能实现委托人订约的目的。

第三节　间接代理中的委托

所谓间接代理,是指代理人以自己的名义从事法律行为,并符合合同法关于间接代理构成要件的规定,它与直接代理相对应。直接代理是指代理人以被代理人的名义并为了被代理人的利益同第三人为法律行为。大陆法国家民法一般将间接代理称为行纪。② 在英美法中,承认间接代理方式的委托。③ 我国《民法典》第 925 条、第 926 条借鉴英美法的经验,确立了间接代理制度。但在《民法典》中,间接代理分为如下两种情形。

一、第三人知道代理关系的间接代理

(一) 构成要件

第三人知道代理关系的间接代理,是指受托人以自己的名义,在委托人的授权范围内与第三人订立合同,第三人在订立合同时知道受托人与委托人之间代理关系的代理。《民法典》第 925 条规定:"受托人以自己的名义,在委托人的授权范围内与第三人订立的合同,第三人在订立合同时知道受托人与委托人之间的代理关系的,该合同直接约束委托人和第三人;但是,有确切证据证明该合同只约束受托人和第三人的除外。"这就明确规定了间接代理。例如,甲委托乙与丙订约购买丙的电脑 50 台,乙向丙发出传真称,"受甲公司的委托购买电脑 50 台",但在订约时合同当事人仍为乙和丙。在本案中,尽管甲没有参与订约,但乙已向丙告知其与甲之间的委托关系,而丙在订约时也明确知道乙的委托人是甲,这就形成了所谓第三人知道委托关系的代理。又如,在"湖南新兴电器控制设备有限公司、深圳市视巢信息科技有限公司商品房销售合同纠纷上诉案"中,法院认为"《退还房款协议》第三条约定新兴公司承诺 2020 年 1 月 25 日前按吴新军、宋建国要求将 509、510 两套房屋进行网签备案登记至吴新军、宋建国委托人视巢公司,并且视巢公司及吴新军、宋建国均认可双方存在委托代理关系,故《认购协议书》《退还房款协议》应当直接约束视巢公司和新兴公司,新兴公司应履行其约定的义务"。④

第三人知道代理关系的间接代理应当符合如下要件:

第一,以受托人自己的名义订约。这就是说,受托人应当以自己的名义在委托人的授权范围内与第三人订立合同。一般的代理都是显名代理,必须以被代理人的名义缔约,而间接代理不同于直接代理的主要特点在于,代理人并不是以委托人的名义而是以自己的名义对外行使权利,但在与第三人订立合同时必须要在委托人的授权范围内行为。

第二,代理人在授权范围内订立合同。即便代理人是非显名代理,代理人也应当在授权范围内订立合同。如果代理人超越代理权,依据体系解释,也应当适用无权代理和表见代理

---

① See Christian von Bar et al. (eds.), *Principles, Definitions and Model Rules of European Private Law*, Volume Ⅲ, Munich:Sellier,European Law Publishers GmbH,2009,p.2222.
② Rummel (Strasser), ABGB I3, §1002, no. 8.
③ 参见徐海燕:《英美代理法研究》,法律出版社 2000 年版,第 330—353 页。
④ 参见湖南省长沙市中级人民法院(2020)湘 01 民终 8449 号民事判决书。

的规则。①

第三,第三人在订约时知道代理关系。所谓知道代理关系,包括三个方面的内容:一是第三人必须是在订立合同时就知道委托人与受托人之间存在委托关系。也就是说,仅限于订约时受托人明确知道委托人与受托人之间存在委托关系的情形。因为只有在订约时知道的情况下,相对人才能明确其虽然是与受托人订立合同,但实际上是在与委托人缔约,所以受托人与相对人之间的合同可以对委托人产生效力。订约时知道排除了事后追认的情形。②二是知道具体的被代理人。所谓具体的被代理人,也就是第三人知道代理人接受谁的委托而与其发生合同关系。三是知道委托授权的内容和期限。第三人必须事先知道委托的内容就是指知道受托人与其发生的交易行为。

对于第三人知道的情况,之所以在法律上应当作严格的限制,其主要原因在于:在此种间接代理关系中,第三人知道是此种代理的核心要件,如果对知道的内涵不作限定,将使行纪合同与间接代理难以区分。

第四,没有证据证明该合同仅约束受托人和第三人。这就是说,如果有证据证明,受托人与第三人在缔约时明确规定该合同仅约束受托人与第三人,不对任何其他人发生约束力,则根据合同自由原则,应当认为该合同仅在受托人和第三人之间发生效力,即使第三人在缔约时知道委托人,该合同也不能对委托人生效。

(二)法律效果:合同直接约束被代理人和第三人

依据《民法典》第925条的规定,如果满足了第三人知道代理关系的间接代理的构成要件,则受托人和第三人之间的合同能够对委托人产生直接约束力,即委托人可以根据受托人与第三人之间订立的合同直接请求第三人履行一定的义务,或者接受第三人的履行。也可以在对方违约的情况下请求对方承担责任,或直接向对方承担责任。

二、第三人不知道代理关系的间接代理

《民法典》第926条规定了第三人不知道代理关系的间接代理,依据该规定,受托人以自己的名义与第三人订立合同时,第三人不知道受托人与委托人之间的代理关系的,受托人因第三人的原因对委托人不履行义务,受托人应当向委托人披露第三人,委托人因此可以行使受托人对第三人的权利。例如,在"范娜、乔珂买卖合同纠纷上诉案"中,法院指出:"本案中,即使范娜是受北京触网公司或日照触网公司委托的职务行为,在北京触网公司或日照触网公司未对乔珂履行义务时,范娜作为受托人应当及时向乔珂披露委托人北京触网公司或日照触网公司,乔珂有权利选择受托人范娜或者委托人北京触网公司或日照触网公司作为相对人主张权利。"③《民法典》第926条确立了如下制度:

(一)委托人的介入权

所谓委托人的介入权,是指当受托人因第三人的原因对委托人不履行合同义务时,委托人依法有权进入受托人与第三人之间的合同关系,直接向第三人主张合同权利。④ 如前所述,委托人行使介入权的前提是,受托人以自己名义与第三人订立合同。第三人在订立合同时,不知道受托人与委托人之间有代理关系。否则,受托人与第三人订立的合同,依据《民法

---

① 参见王轶等:《中国民法典释评·合同编·典型合同》(下卷),中国人民大学出版社2020年版,第424页。
② 同上书,第426页。
③ 参见山东省日照市中级人民法院(2020)鲁11民终1119号民事判决书。
④

典》第925条的规定,直接约束委托人和第三人,因而也不存在委托人介入权的问题。

依据《民法典》第926条第1款的规定,委托人行使介入权还必须具备以下条件:

第一,受托人因为第三人的原因对委托人不履行义务,或者说受托人不履行对委托人的义务的原因在于第三人。此处所说的因为第三人的原因导致受托人不能履行义务,是指受托人不能履行义务的主要原因在于第三人,即使其中介入了受托人的因素,也不妨碍此种间接代理的构成。

第二,受托人已经向委托人披露了第三人。依据《民法典》第926条,"受托人因第三人的原因对委托人不履行义务"或者"受托人因委托人的原因对第三人不履行义务",则受托人应当向第三人披露委托人。这就是说,在受托人以自己的名义与第三人订立合同时,如果第三人不知道委托人与受托人之间的代理关系,而因为第三人的原因造成受托人不能履行义务,则受托人应当向委托人披露造成其违约的第三人。此处所说的披露,必须是明确告知了具体的第三人以后,委托人才能行使介入权,向第三人提出请求。

第三,第三人与受托人订立合同时,不存在如果知道该委托人就不会订立合同的情形。这实际上是对委托人行使介入权的限制,因为法律设立间接代理制度,使委托人介入到受托人与第三人的合同之中,是基于这样一种推定,即这种介入是不违反第三人的意愿和利益的。第三人订约时不存在如果知道该委托人就不会订立合同的情形较多,包括第三人和受托人的合同中明确规定禁止他人的介入、第三人纯粹是基于对受托人个人的信赖而与之订约、第三人曾经与委托人协商订约、第三人表示拒绝等。

委托人所享有的介入权在性质上是一种形成权,其完全可以基于自身的利益和意志而决定是否行使该项权利,而不需要征得受托人或第三人的同意。

(二) 第三人的选择权

第三人的选择权,是指当受托人因委托人的原因导致不能履行对第三人的合同时,第三人依法有权选择向受托人或者委托人主张权利。[①]《民法典》第926条第2款规定:"受托人因委托人的原因对第三人不履行义务,受托人应当向第三人披露委托人,第三人因此可以选择受托人或者委托人作为相对人主张其权利,但是第三人不得变更选定的相对人。"这就确认了第三人选择权制度。例如,甲委托乙向丙购买一批货物,丙在向乙交货以后,乙没有向丙支付货款,而乙未付货款的原因主要是甲没有向乙支付该笔货款,即乙对丙不履行的主要原因在于甲没有履行义务。在乙向丙披露这一原因后,丙可以选择向乙主张权利,也可以选择向甲主张权利。

依据《民法典》第926条第2款的规定,第三人行使选择权除了第三人在订立合同时,不知道受托人与委托人之间有代理关系以外,还必须具备以下条件:一是受托人因委托人的原因对第三人不履行义务,或者说受托人不履行对第三人的义务的原因在于委托人。二是受托人已经向第三人披露了委托人。受托人一旦向第三人作出披露,即将使第三人享有选择权。三是第三人作出了选择。第三人的选择权也属于形成权,其行使与否完全由自己决定,无须经受托人或委托人的同意。需要指出的是,第三人所作出的选择必须是明确作出选择,其必须明确表示究竟是选择由受托人还是委托人履行债务。由于选择权属于形成权,所以在第三人选定之后,即不得变更选定的相对人。也就是说,第三人的选择权只能行使一次。即使由于被选择的相对人欠缺履行能力而不能承担责任,第三人也不能向未被选择的人主

[①] 参见李永军、易军:《合同法》,中国法制出版社2009年版,第589—590页。

张权利。法律作出这种规定是因为允许相对人作出选择,实际上是要求第三人在因为委托人的原因造成违约的情况下,再次明确其缔约的伙伴和承担合同责任的当事人。第三人选择任何一方当事人承担责任,都表明当事人是第三人所确定的缔约伙伴。但如果第三人可以重复作出选择,则其缔约伙伴也很难确定。

（三）第三人和委托人的抗辩权

所谓抗辩权,是指对抗对方的请求或否认对方的权利主张的权利,又称为异议权。《民法典》第 926 条第 3 款规定:"委托人行使受托人对第三人的权利的,第三人可以向委托人主张其对受托人的抗辩。第三人选定委托人作为其相对人的,委托人可以向第三人主张其对受托人的抗辩以及受托人对第三人的抗辩。"该条确立了如下两项抗辩权:

(1) 第三人的抗辩权。它是指在委托人行使介入权的情况下,第三人针对委托人提出的请求可享有的向委托人提出的抗辩权。第三人的抗辩权既包括主张委托人的介入权不成立,也包括第三人在与受托人发生交易过程中,对合同的成立、效力以及合同的履行等所享有的抗辩权。例如,因为受托人交付的货物有瑕疵,使第三人基于同时履行抗辩权而拒绝交付货款,或者因为受托人拒绝支付货款使第三人享有拒绝交付货物的权利。在委托人行使介入权以后,实际上是受托人将对第三人的请求权转移给委托人,所以,第三人对受托人所能主张的抗辩权,自然也可以对委托人行使。第三人对委托人的抗辩事由,主要是基于其与受托人之间的合同所产生的。需要指出的是,第三人原则上不能根据委托人和受托人之间的委托合同向委托人提出抗辩,例如,第三人不得以受托人超越代理权限为由,向委托人提出抗辩。

(2) 委托人的抗辩权。它是指在第三人行使选择权,向委托人提出请求以后,委托人可享有向第三人提出的抗辩权。由于委托人与第三人之间并无直接的合同关系,因而委托人抗辩事由的范围是法律直接规定的,包括委托人对受托人的抗辩和受托人对第三人的抗辩,委托人都可以依法向第三人主张。① 委托人所行使的抗辩权主要包括以下两种:

第一,委托人对受托人的抗辩权。这就是说,在委托人与受托人订立委托合同以后,受托人应当基于合同的规定,处理委托事务。在委托合同中,委托人基于履行行为,也可以产生抗辩权。例如,因为受托人违反委托合同的规定,未及时向第三人支付货款,委托人可以基于委托合同向第三人行使抗辩权。

第二,受托人对第三人的抗辩权。所谓受托人对第三人的抗辩权,是指基于受托人与第三人的合同,受托人应当对第三人所享有的抗辩权。由于第三人选择委托人为相对人,委托人也就成为合同的当事人,将取代受托人的地位。因而受托人享有的对第三人的抗辩权,委托人当然也有权行使。例如,受托人订立的合同不成立、债务根本不存在、时效届满、合同应被宣告无效和被撤销等抗辩,或者基于第三人未及时支付价款、迟延交付货物、交付的货物有瑕疵等享有的履行中的抗辩权等,委托人也有权行使。

第四节　委托合同的任意解除权

一、任意解除权的概念和特征

所谓任意解除权,是指在委托合同履行过程中,委托人和受托人都有权随时解除合同。

---

① 参见肖建国、肖建华:《委托 行纪 居间合同》,人民法院出版社 2000 年版,第 209 页。

《民法典》第 933 条规定:"委托人或者受托人可以随时解除委托合同。因解除合同造成对方损失的,除不可归责于该当事人的事由外,无偿委托合同的解除方应当赔偿因解除时间不当造成的直接损失,有偿委托合同的解除方应当赔偿对方的直接损失和合同履行后可以获得的利益。"据此,我国《民法典》承认了委托合同中当事人双方均享有任意解除权。法律上承认任意解除权主要理由在于:一方面,委托合同是基于双方当事人之间的信任关系才成立的,一旦此种信任关系不复存在,任何一方当事人都可以终止。① 只要此种信任不复存在,任何一方当事人都可以终止合同。另一方面,既然此种信任不复存在,即使合同仍然有效,也很难实现当事人订立合同的目的,不如允许当事人享有任意解除权,再通过违约责任制度对受害人提供救济更为有效。委托合同中的任意解除权具有如下特征:

第一,解除权归属于双方当事人,依据《民法典》第 933 条,在委托合同中,当事人双方都可以享有任意解除权,这主要是因为委托合同本质上是基于人身信赖关系所订立的合同,委托合同是基于双方当事人之间的信任关系才订立的,一旦此种信任关系不复存在,任何一方当事人都可以终止。② 当这种信赖关系动摇或者不复存在,继续履行委托合同已经难以实现,此时,允许双方当事人行使任意解除权。

第二,任意解除权意味着当事人可以随时解除合同,而且不需要任何解除理由。所谓"任意",就体现在不需要说明解除事由。法律虽然赋予了当事人任意解除权,但是只有在当事人实际行使了相关的权利之后,委托合同关系才能够实际解除。这就是说,行使解除权的一方当事人必须通知相对方,才能够产生解除的效果。③

第三,任意解除也要对给对方造成的损失作出赔偿。通过赔偿机制可以消除任意解除权的行使所造成的弊端。我国《民法典》第 933 条区分了有偿委托、无偿委托并确定了相应的赔偿范围。后者的损失包括直接损失与可得利益,前者的赔偿范围限定于直接损失。

第四,任意解除仅适用于有期限的委托合同。《民法典》第 933 条规定的任意解除权,仅适用于有期限的委托合同,而不适用于不定期的委托合同。因为对于不定期的委托合同,委托人可以依据《民法典》第 563 条第 2 款的规定解除委托合同,不必适用《民法典》第 933 条的规定。

二、任意解除权的行使

法律虽然赋予了当事人任意解除权,但是只有在当事人实际行使了相关的权利之后,委托合同关系才能够实际解除,具体而言:第一,当事人应当在合理期限内行使解除权。解除权性质上为形成权,故而各国民法大多规定解除权需要在合理期间内行使。我国《民法典》第 564 条也强调了当事人应当在法律规定或者当事人约定的解除权行使期限内行使解除权,否则解除权消灭。没有法定或者约定解除权行使期限的,权利人应当在对方催告后的合理期限内行使权利。在合理期限内仍然没有行使的,该权利消灭。第二,行使解除权的一方当事人必须通知相对方,才能够产生合同解除的效果。依据《民法典》第 565 条的规定,当事人一方依法主张解除合同的,应当通知对方,原则上"合同自通知到达对方时解除"。由此可见,任意解除权必须以通知的方式行使,通知到达才能够产生合同解除的效果。

---

① 参见崔建远主编:《合同法》(第七版),法律出版社 2021 年版,第 460 页。
② 参见魏耀荣等:《中华人民共和国合同法释论(分则)》,中国法制出版社 2000 年版,第 582 页。
③ 参见谢鸿飞、朱广新主编:《民法典评注·合同编:典型合同与准合同 4》,中国法制出版社 2020 年版,第 263 页。

三、任意解除权的放弃

关于排除任意解除权的特约，是否有效？对此，存在不同的观点。赞成说认为，只要此种约定不涉及公共利益和第三人利益，都应当认可。反对说认为，任意解除权的规定在性质上属于强行性规范，不得通过约定排除。而折中说认为，应当区分有偿委托和无偿委托而分别确定。在有偿委托的情况下，此种约定有效；而在无偿委托的情况下，此种约定无效。① 笔者认为，任意解除权虽然是一种法定权利，但毕竟是当事人享有的一种私权，一般不关涉公共利益，当事人约定排除该权利，通常也不损害第三人利益，因此应当允许当事人通过约定予以排除，如果当事人事先通过约定禁止任意解除，应当尊重当事人的意思，在此情形下应当认为约定排除任意解除权是有效的。另外，从《民法典》第933条的规定来看，其并没有区分有偿无偿，只不过，在赔偿损失时赔偿范围不同。

四、行使任意解除权后的报酬请求权

《民法典》第928条第2款第1句规定："因不可归责于受托人的事由，委托合同解除或者委托事务不能完成的，委托人应当向受托人支付相应的报酬。"依据这一规定，在委托合同解除后，受托人也可能享有报酬请求权。所谓不可归责于受托人的事由，是指系因委托人的原因或者不可抗力导致合同被解除，而受托人对合同解除没有过错。在此情况下，如果受托人确实已经完成了全部或者部分事务，理应获得报酬。需要指出的是，因行使任意解除权而产生的报酬请求权的问题，仍然属于任意性规范，当事人可以通过约定予以排除。②

五、行使任意解除权后的损害赔偿

（一）构成要件

《民法典》第933条中规定，"因解除合同造成对方损失的，除不可归责于该当事人的事由外，无偿委托合同的解除方应当赔偿因解除时间不当造成的直接损失，有偿委托合同的解除方应当赔偿对方的直接损失和合同履行后可以获得的利益"。据此，在解除合同后，如果因一方当事人行使任意解除权，造成了对方当事人的损害，还需要承担相应的赔偿责任。但承担损害赔偿责任必须符合如下要件：

第一，必须是因行使任意解除权造成损失。行使任意解除权与损失之间必须具有因果关系。如果是行使非任意解除权则不具有因果关系。同时，一方行使了任意解除权，如果没有造成实际损失，也不应当作出赔偿。③

第二，必须不存在可归责于当事人的事由。所谓不可归责性，是指在一方行使任意解除权解除合同之后，另一方主张损害赔偿的，则要求赔偿的一方对合同的解除不存在过错。如果解除是因为主张赔偿的一方的过错所导致的，则其不能主张此项损害赔偿请求权。这就意味着行使任意解除权的情形下所承担的损害赔偿是一种过错责任。

（二）损害赔偿的范围

《民法典》第933条规定："……无偿委托合同的解除方应当赔偿因解除时间不当造成的

---

① 谢鸿飞：《合同法学的新发展》，中国社会科学出版社2014年版，第623—624页。
② 参见谢鸿飞、朱广新主编：《民法典评注·合同编：典型合同与准合同4》，中国法制出版社2020年版，第247页。
③ 参见王轶等：《中国民法典释评·合同编·典型合同》（上卷），中国人民大学出版社2020年版，第460页。

直接损失,有偿委托合同的解除方应当赔偿对方的直接损失和合同履行后可以获得的利益。"依据这一规定,应当区分有偿与无偿而分别确定。具体而言:第一,无偿委托合同中的损害赔偿,解除方应当赔偿因解除时间不当造成的直接损失。这就是说,一方面,解除方只应赔偿直接损失,而不应赔偿间接损失(如因解除导致机会的损失);另一方面,损失仅限定于解除时间不当造成的损失。所谓解除时间不当,是指解除方在明显不利于对方的时间解除委托合同。其中,所谓明显不利于受托人的时间,是指委托人在受托人处理事务过程中解除合同,使得受托人为处理事务所做准备工作毫无意义,还使得受托人不能因完成委托事务而获得其他利益。① 第二,有偿委托合同中的损害赔偿,应当赔偿对方的直接损失和合同履行后可以获得的利益。一方面,解约方应当赔偿给对方所造成的直接损失;另一方面,应当赔偿可得利益的损失。所谓可得利益,是指合同履行可以获得的利益。一般来说,可以获得的利益,不得超过解除方可以预见到或者应当预见到的因解除合同可能造成的损失。② 法律上之所以如此规定,主要还是强调权利义务对等,毕竟在有偿委托中,受托人处理他人事务可以获得报酬,如果其解除合同,就可能给对方造成较大损失。而对委托人来说,其也对受托人有合理预期,所以,在有偿委托中,受托人解除合同应当承担比无偿合同中更重的责任。③

在有偿合同中,凡是因为任意解除给另一方造成的损失,无论是直接损失还是间接损失都应当赔偿,但是在计算损害赔偿时,不能够进行双重的计算。例如,如果委托人单方面解除合同,则受托人无法获得相应的报酬,并且造成了相应的费用损失,对于受托人所遭受的财产上的贬损,委托人都要承担相应的损害赔偿责任。如果将报酬的损失计算在损害赔偿中,受托人就失去了另外请求支付报酬的权利;反之,如果受托人已经请求支付了报酬,那么在计算损害赔偿时也就无所谓报酬的损失了。

第五节 委托合同的终止

委托合同的终止是指委托合同失去效力,合同权利义务不再履行。委托合同可以因下列原因终止。

一、因一方行使解除权而终止

在合同解除的情形下导致委托合同终止包括四种情形:一是在一方根本违约的情况下,依据《民法典》第 563 条的规定行使违约解除权从而导致合同终止。二是当事人依据《民法典》第 993 条规定的委托合同任意解除权导致合同终止。三是当事人依据合同约定的解除事由而解除合同。四是当事人在合同订立后通过双方达成协议解除合同。

二、主体消灭或丧失行为能力

《民法典》第 934 条规定:"委托人死亡、终止或者受托人死亡、丧失民事行为能力、终止的,委托合同终止;但是,当事人另有约定或者根据委托事务的性质不宜终止的除外。"根据

---

① 参见谢鸿飞、朱广新主编:《民法典评注·合同编:典型合同与准合同 4》,中国法制出版社 2020 年版,第 264—265 页。
② 参见黄薇主编:《中华人民共和国民法典合同编解读》(下册),中国法制出版社 2020 年版,第 1349 页。
③ 同上书,第 1272 页。

该规定,因为主体的变化导致委托合同终止的情形有三种。

(1) 委托人死亡、终止。委托人是自然人的,其会发生自然死亡或宣告死亡。委托人是法人或非法人组织的,其会发生终止。终止的原因包括解散、宣告破产及法律规定的其他原因。比较法上对此类情形采取委托合同自动终止和委托合同不自动终止两种模式。[1] 根据我国《民法典》第934条的规定,委托人死亡或终止的,原则上委托合同也要终止,但是,当事人另有约定或者根据委托事务的性质不宜终止的委托合同不终止。所谓根据委托事务的性质不宜终止,是指因委托事务的特点如果终止委托合同会导致委托人利益受损。[2] 例如,企业法人被宣告破产。

《民法典》第935条规定:"因委托人死亡或者被宣告破产、解散,致使委托合同终止将损害委托人利益的,在委托人的继承人、遗产管理人或者清算人承受委托事务之前,受托人应当继续处理委托事务。"在委托人丧失行为能力的情况下,许多国家法律认为导致委托合同解除,但商事合同例外。[3] 因而,在一些特殊的委托合同中,如果依委托合同的性质,不能因当事人死亡、丧失民事行为能力或破产而将委托合同终止的,委托合同仍应有效。我国《民法典》并未严格区分民事委托和商事委托,但如果因委托人死亡或者被宣告破产、解散,致使委托合同终止将损害委托人利益的,委托合同并不当然终止。例如,甲委托乙从事某笔交易,乙与丙多次磋商,已经达成初步协议,甲将从交易中获得巨大利益,但是甲在此期间遭遇车祸死亡,如果委托合同此时终止,则对甲十分不利。因而,法律规定,此时乙仍应以甲的名义从事委托事务。在委托人的继承人、遗产管理人或者清算人承受委托事务之前,受托人应当继续处理委托事务。此种情形是法定终止履行委托义务的例外。在上述例子中,如果甲遭遇车祸死亡,此时应当由甲的继承人来继续承受委托后果。如果继承人承受委托后果,则乙没有必要继续履行委托合同,但是在承受之前,乙仍有必要继续履行委托合同。受托人的义务应当履行到何时为止?根据上述规定,应当履行到委托人的继承人、法定代理人或者清算组织承受委托事务之时为止。

(2) 受托人死亡、丧失行为能力。在自然人作为受托人的情况下,因为受托人一方死亡,无法执行委托事项,所以委托无法存续下去,委托关系当然终止。

(3) 受托人终止。所谓受托人终止,主要是指作为法人或非法人组织的受托人因破产、解散等原因而终止。解散主要是指企业共同经营的事业已经完成,或者因为法律规定的原因(如因从事违法活动被责令解散)而解散。在企业破产时,其效果相当于自然人死亡,是主体的灭失。但企业破产或者解散时,也应区分是委托人还是受托人。如果受托人破产或者解散,则委托合同自然终止。如果委托人破产或者解散,则在合同终止将损害委托人利益的情况下,受托人仍应继续处理委托事务,委托合同并不当然终止。

因上述情形发生委托合同终止的,也将产生后合同义务。《民法典》第936条规定:"因受托人死亡、丧失民事行为能力或者被宣告破产、解散,致使委托合同终止的,受托人的继承人、遗产管理人、法定代理人或者清算人应当及时通知委托人。因委托合同终止将损害委托人利益的,在委托人作出善后处理之前,受托人的继承人、遗产管理人、法定代理人或者清算人应当采取必要措施。"该条包括了如下内容:第一,在受托人死亡或者丧失行为能力的情形

---

[1] 参见王轶等:《中国民法典释评·合同编·典型合同》(下卷),中国人民大学出版社2020年版,第462页。
[2] 参见黄薇主编:《中华人民共和国民法典合同编解读》(下册),中国法制出版社2020年版,第1274页。
[3] See Christian von Bar et al. (eds.), *Principles, Definitions and Model Rules of European Private Law*, Volume IV, Munich: Sellier, European Law Publishers, 2009, p. 2260.

下,委托合同是当然终止的。即便这种终止有损委托人利益,法律也只是要求受托人的继承人采取必要措施,而没有授予其"继续处理委托事务"的权利。因为受托人死亡或者丧失民事行为能力,则无法继续进行处理委托事务。第二,及时通知委托人,因为在因受托人死亡、丧失民事行为能力或者被宣告破产、解散的情形下,委托人可能不知道发生了此类事由,如果不及时通知委托人,其无法及时采取相应的措施,减少或者避免损失的发生。[1] 第三,受托人的继承人、遗产管理人、法定代理人或者清算人应当采取必要措施。这就是说,因委托合同的终止损害委托人的利益,在委托人作出善后处理之前,受托人的继承人、遗产管理人、法定代理人或者清算人应当采取必要措施。例如保存有关的账目资料、保全相关的证据、保存有关的债权凭证等,并将这些材料完整移交给委托人,此种义务的履行一直延续到委托人作出善后处理为止。[2]

---

[1] 参见黄薇主编:《中华人民共和国民法典合同编解读》(下册),中国法制出版社2020年版,第1356页。
[2] 同上书,第1357页。

第十九章

行 纪 合 同

第一节 行纪合同概述

一、行纪合同的概念和特征

依据《民法典》第951条的规定,行纪合同,是指行纪人以自己的名义为委托人从事贸易活动,委托人支付报酬的合同。行纪最早起源于罗马法中的信托,是一种遗产的处理形式,并为现代各国法律所普遍认可,尤其适用于艺术品、古董、证券买卖等交易。[①] 我国古代就有所谓牙行、货栈等从事行纪业务的商人。在现代社会,行纪则往往由一些专业机构实施,比如委托行、拍卖行、证券商、房屋中介等,它们受委托人委托,从事行纪业务。行纪符合现代社会商事活动的专业化、便捷化的特点,我国《民法典》合同编第二十五章专门规定了行纪合同,对于规范行纪业务、明确当事人的权利义务关系具有十分重要的作用。

行纪合同具有如下几个特征:

1. 行纪人从事的是贸易行为

行纪人从事的行为具有其特殊性,其限于贸易行为。所谓贸易行为,是指各种商业上的交易行为,但与一般的自然人之间从事的标的额较小的交易存在区别。从实践来看,行纪人所从事的交易类型是不断发展的,比如证券交易、期货交易中,委托人委托券商买卖证券、期货,也是一种行纪。再如,有些房屋中介也大量从事行纪活动,尤其从事的是与不动产买卖和不动产租赁有关的活动。另外,从有利于促进我国市场经济发展的角度考虑,只要法律不禁止的贸易行为,都应当允许开展行纪业务。

2. 行纪人必须具备相应的资格

行纪具有一定的专业化和独立性的特点,行纪人必须取得从事某种行纪行为的特定资格。在实践中,行纪人大多是专门接受客户的委托从事买进卖出行为的特定机构,它们通常要获取一定的资格许可。而且行纪人从事的是具有专业性特点的贸易活动,为了规范行纪人的行为,保障委托人的合法权益,法律上往往为其设置了资格许可制度。因此并非所有的人都能够作为行纪人,只有那些取得了合法资质的主体才能作为行纪人。

需要指出的是,行纪与经纪的概念并不完全相同。在我国,经纪的概念比较宽泛,其包括了行纪、中介等各种活动。通常所说的经纪人是依法取得经纪执业证书,从事接受他人委

---

① 参见黄立:《民法债编各论》(下),中国政法大学出版社2003年版,第582页。

托、促成他人交易并收取佣金的行为的执业人员。在法律上,经纪人可以从事代理、行纪以及中介等活动,如果经纪人从事行纪业务,就是行纪人。

3. 行纪人以自己的名义行为

与代理不同,行纪人必须以自己的名义对外进行贸易行为。而代理人必须要以被代理人的名义行为。同一事务,如果是受托人以委托人的名义作出,构成代理;如果其以自身的名义作出,则可能构成行纪。例如,受托出卖某物,如果以委托人的名义进行,则为代理;以自己的名义出卖,则可能为行纪。正因如此,行纪人以自己的名义与相对人之间发生合同关系的,行纪人将成为合同的当事人,独立地享受权利、承担义务和责任。但代理人因其不是以自己的名义行为,所以代理人与第三人发生交易时,并不能成为合同的当事人,也不能独立承担合同权利义务。

行纪人在以自己的名义从事贸易行为过程中,涉及两种合同关系:一是委托人与行纪人之间的行纪合同关系,依据该合同,委托行纪人购买货物或出售货物;二是行纪人与第三人之间的合同关系,如行纪人接受委托以后,以自己的名义向第三人购买货物或向第三人出售货物,并因此订立合同。前一种关系常常被称为内部关系,而行纪人与第三人的合同关系被称为外部关系。[①] 行纪合同是指前一种合同关系,即委托人和行纪人之间的合同关系。

4. 委托人与第三人不直接发生交易关系

在行纪中,行纪人以自己的名义从事贸易活动,第三人可能根本不知道委托人是谁,委托人也可能不知道第三人。由此可见,行纪与直接代理不同,委托人不能直接与第三人发生法律关系。行纪的法律效果一般先由行纪人承受[②],然后再由行纪人转移给委托人,而相对人并不与行纪人的委托人发生直接法律关系。行纪人不仅要承受法律效果,而且要向委托人移转其与第三人交易的效果。在法律效果移转之前,有关财产和权利仍属于行纪人。但在移转之后,有关的财产和权利就归属于委托人。在行纪关系中,委托人直接与行纪人发生关系,行纪合同的效力直接拘束委托人与行纪人,行纪人与委托人互负一定的义务。

5. 具有诺成性、不要式性、双务性和有偿性

行纪合同的成立只需委托人和行纪人就有关的行纪事项达成一致即可,无须采取特别的方式,其既可以是口头方式,也可以是书面等方式,因此,行纪合同具有诺成性和不要式性。在行纪合同中,行纪人是以自己的名义为委托人从事贸易活动,而委托人应支付报酬,所以行纪合同同时具有双务性和有偿性。[③]

二、行纪合同与相关合同的比较

(一) 行纪合同与委托合同

行纪合同是在委托合同的基础上发展出来的,两者之间具有一定的共同性,主要表现在:一方面,两者都是向委托人提供服务的合同,且都不需要保证特定的结果。无论是在行纪合同还是在委托合同中,都是一方为了另一方的利益而行为,为他人处理事务。另一方面,这两种合同都是基于一定的信任关系而订立的,都需要根据委托人的委托从事一定的处理事务的行为,这些事务的处理通常都是为了委托人的利益。正因为这一原因,依有些国家

---

① 参见林诚二:《民法债编各论》(中),中国人民大学出版社2007年版,第228页。
② 参见郑玉波:《民法债编各论》(下),台湾三民书局1986年版,第503页。
③ 参见王利明等:《合同法》(第二版),中国人民大学出版社2007年版,第557页。

法律的规定,行纪仍然是委托合同的一种类型。在我国,委托合同对行纪合同而言,属于基础性合同,因而《民法典》第960条规定:"本章没有规定的,参照适用委托合同的有关规定。"可见,如果《民法典》对行纪合同缺乏规定,适用委托合同的有关规定。从这个意义上来说,行纪在性质上也可以说是特殊的委托合同。但是,应当看到,行纪合同和委托合同是有区别的,主要表现在:

第一,是否以自己的名义从事合同规定的行为不同。在委托合同中,受托人既可以自己的名义,又可以委托人的名义行为。受托人以委托人名义与第三人订立合同的,可以对委托人直接发生效力;受托人以自己的名义与第三人订立合同,如果第三人在订立合同时知道受托人与委托人之间的代理关系的,该合同也对委托人发生效力。而在行纪合同中,行纪人只能以自己的名义为委托人从事贸易活动,其与第三人之间订立的合同不能对委托人直接发生效力。

第二,适用范围不同。委托合同的适用范围非常宽泛,因为委托人可以将各种事务委托给受托人处理,因此,受托人所从事的行为包括事实行为和法律行为,甚至准法律行为。我国法律并没有对委托的事项作出明确限定,其可以是经营性活动也可以是事务性活动。而对行纪合同而言,其委托的内容必须是经营性的贸易活动。

第三,主体资格不同。行纪合同的行纪人必须经过相关部门的审批和授权,其是以从事行纪活动为营业的特定经营主体;而委托合同的受托人资格则没有任何的限制,可以是任何适合处理特定委托事务的人。

第四,合同性质不同。委托合同既可以是有偿的,也可以是无偿的;而依据我国《民法典》第951条,行纪合同是有偿合同,行纪人为委托人从事贸易活动后,应为此而收取报酬。

第五,费用负担不同。在委托合同中,受托人处理委托事务的费用应由委托人负担;而行纪合同中,委托人将事务全部委托给行纪人,行纪人处理委托事务的费用一般由行纪人负担[①],当然,这些费用通常都是包括在报酬之中的。

(二)行纪合同与间接代理合同

行纪与间接代理存在相似性。一方面,无论是间接代理人还是行纪人,都是以自己的名义从事贸易活动。另一方面,间接代理和行纪一样,其适用范围主要是贸易活动。此外,无论是行纪人还是代理人,都必须取得委托人的授权,且都必须在授权范围内行为。正是因为这一原因,在大陆法中,一般将间接代理称为行纪关系。[②] 虽然两者具有相似性,但笔者认为,两者仍然有本质区别,主要表现在:

(1)是否与第三人发生法律关系不同。行纪合同和行纪人与第三人订立的合同是两个独立的合同,合同应当分别履行,委托人只能向行纪人提出合同请求,第三人也只能向行纪人提出请求。通常行纪人直接与相对人发生买卖关系,无论是购进还是卖出,行纪人都要支付货款或交付货物,如果确实因为委托人的原因或者第三人的原因造成行纪人不能履行义务,也只能由行纪人根据合同的相对性承担相应的违约责任,然后再由行纪人向委托人或第三人追偿。但是,在间接代理中,只要符合间接代理的条件,第三人就可以行使选择权,将被代理人作为合同相对人;被代理人也可以行使介入权,从而直接享有合同的权利并承担合同

[①] 参见韩世远:《合同法学》(第二版),高等教育出版社2022年版,第571页。
[②] 参见郑玉波:《民法债编各论》(下册),台湾三民书局1986年版,第501页。

的义务。①

（2）权利、义务的内容不同。在间接代理中，本人享有介入权，无须间接代理人将权利转让给他，即可行使介入权介入原合同关系，直接对第三人主张权利，第三人一旦发现了未披露的本人，也可以直接对本人起诉。② 通过本人介入权和第三人选择权的制度安排，第三人和本人可以突破合同相对性的限制，不经过代理人，直接向对方主张权利，同时直接受间接代理人与第三人所订立的合同的拘束。

（3）在破产情形下的后果不同。如果行纪人破产，委托人对该货物并不享有取回权，在其货款不能得到返还时，只能以债权人的身份与其他债权人一同参加破产分配。但在间接代理的情况下，情况则完全相反。由于间接代理人事实上是为本人的利益而订立合同，合同的权利应由本人享有。如果第三人已经将货物交付给间接代理人，并且因交付行为而发生了货物所有权的移转，此时，间接代理人应视为委托人的受领辅助人，其受领第三人的给付，给付利益应归属于委托人。所以，在代理人破产的情形下，其所受领的财产并不能纳入其破产财产的范畴，而应当属于委托人所有，委托人可以就相关财产行使取回权。

（4）是否存在主体资格的要求不同。从我国《民法典》的规定来看，间接代理人是任何主体都可以担任的，但是从事行纪活动应具有一定的资质要求，行纪人必须要求取得一定的资格才可以担任。③

（5）是否需要受托人披露委托人不同。在行纪中，即使认为第三人在订约时知道存在委托关系，在因委托人原因致使受托人违约的情形下，基于商业秘密、受托人与委托人之间的合同约定以及其他商业上的需要，受托人完全可以不予披露。但在间接代理中，依据《民法典》的相关规定，需要受托人披露委托人的，则受托人负有披露的义务。

第二节　行纪合同的效力

一、行纪人的主要义务

（一）以自己的名义从事贸易活动的义务

在行纪合同中，行纪人虽然受委托人委托处理相关事务，但行纪人需要以自己的名义从事相关活动。《民法典》第951条规定："行纪合同是行纪人以自己的名义为委托人从事贸易活动，委托人支付报酬的合同。"根据这一规定，行纪人必须以自己的名义为委托人的利益从事贸易活动，这是行纪合同和其他类型的合同（如委托合同等）的主要区别。这也就意味着，行纪人在从事行纪业务中，必须具备相应的资格条件，从而在接受委托后能够以自己的名义对外从事交易。在和第三人的交易行为中，行纪人自己是合同权利义务的主体，即便相对人知晓了委托人和行纪人之间的行纪关系，其也只能够向行纪人请求履行合同义务，而不能够向委托人请求。但行纪人事后应当按照其与委托人之间的约定将因交易而取得的相关利益移转给委托人。

（二）自己负担费用的义务

在行纪合同履行过程中，除当事人另有约定外，行纪人应当自行负担相应的费用，对此，

---

① 参见黄薇主编：《中华人民共和国民法典合同编解读》（下册），中国法制出版社2020年版，第1446页。
② 参见冯大同主编：《国际商法》，中国人民大学出版社1994年版，第278页。
③ 参见黄薇主编：《中华人民共和国民法典合同编解读》（下册），中国法制出版社2020年版，第1446页。

《民法典》第 952 条规定:"行纪人处理委托事务支出的费用,由行纪人负担,但是当事人另有约定的除外。"因此,在当事人没有特别约定的情况下,行纪人处理委托事务支出的费用,应由行纪人负担,因为在通常情形下,委托人支付的行纪报酬已经包含了此种费用支出,如果当事人在行纪合同中就费用支出另有专门约定的,则应当尊重当事人的意思自治。此处所说的费用包括因处理事务而支出的交通费、人工费、交易税等。但也有观点认为,关于运输费和寄存费用,可以依据约定或者习惯加以确定,在一般情况下,如果行纪人所收的报酬较高,则此两项费用大多包括于报酬之中,而不另行收取,即使另收,这两种费用也无须支付利息。但如果报酬较低,则可以另行请求委托人支付。①

（三）按照委托人指示的价格进行交易的义务

在行纪中,虽然行纪人以自己的名义行为,但是,其应当遵循委托人的指示进行交易。因为行纪人是为委托人的利益而进行交易活动,委托人的指示对于行纪人来说,应当作为行纪人从事贸易活动的基本依据。对此,《民法典》区分了两种情形分别对待:

一是低价卖出、高价买入。行纪人以低于委托人指定的价格卖出或以高于委托人指定的价格买入。例如,证券公司以低于客户确定的价格出售其证券。在市场交易活动中,价格是不断变化的,如果行纪人为了避免损失扩大被迫以低于委托人指示的价格而卖出物品或以高于委托人指示的价格买入物品,这就必然会给委托人造成损失。在出现了因价格变化需要实施此种低价卖出、高价买入行为时,行纪人必须要取得委托人的同意。此处所说的同意,应当限于明示的同意。只有征得委托人明示同意,才能维护委托人利益,尽量减少纠纷。如果行纪人没有取得委托人同意,委托人可以拒绝该行为对其所发生的法律效力,由此产生的损失由行纪人自己承担。

行纪人低价卖出、高价买入,即使未经委托人的同意,并非当然无效。《民法典》第 955 条中规定,"未经委托人同意,行纪人补偿其差额的,该买卖对委托人发生效力。"这就是说,低价卖出、高价买入,虽然未经委托人同意,如果行纪人补偿其差额的,应当认为,行纪人也事实上遵循了委托人的价格指示,且没有给委托人造成损害,行纪人的行为将对委托人发生法律效力。例如,行纪人以低于委托人指示的价格出售了其祖传的文物一件,但是后来,行纪人补足了差价,此时,该出售文物的合同也对委托人发生效力。法律作出此种规定的目的是尽可能地鼓励交易,兼顾各方当事人利益。如果没有征得委托人的同意、行纪人也未补偿其差额,表明行纪人的行为显然是擅自变更指示而为的,该行为是无效的,对于此行为而造成的后果,委托人有权拒绝接受。②

二是高价卖出、低价买入。行纪人以高于委托人指定的价格卖出或者以低于委托人指定的价格买入。例如,某行纪人以低于委托人的定价购买了某文物。对于此类行为,因为其通常不会给委托人带来不利益,相反是有利于委托人的,如果没有特别约定,这些额外的收入应当归于委托人,这是符合委托人利益的,因此,《民法典》并没有明确规定此时实施此种行为需要取得委托人的同意。③ 但因为此种行为给委托人带来了额外的利益,这就涉及行纪人是否可以增加报酬以及利益的归属问题。《民法典》第 955 条第 2 款规定:"行纪人高于委托人指定的价格卖出或者低于委托人指定的价格买入的,可以按照约定增加报酬;没有约定

---

① 参见郑玉波:《民法债编各论》(下册),台湾三民书局 1986 年版,第 509 页。
② 参见黄薇主编:《中华人民共和国民法典合同编解读》(下册),中国法制出版社 2020 年版,第 1371 页。
③ 同上书,第 1372 页。

或者约定不明确,依据本法第五百一十条的规定仍不能确定的,该利益属于委托人。"依据这一规定,如果没有约定或者约定不明,则双方应当事后协商解决;如果不能达成协议,则应当依据《民法典》第510条的规定按照合同有关条款和合同的性质、交易习惯等确定。如果采取这些做法仍不能确定的,则该额外获得的利益应归属于委托人。

在委托人对价格有特别指示时,行纪人必须遵守。《民法典》第955条第3款规定:"委托人对价格有特别指示的,行纪人不得违背该指示卖出或者买入。"据此,虽然市场行情变化莫测,如果委托人有特别指示,则无论遵守该指示是否会给委托人造成损失,行纪人都必须遵守该指示。例如,在国庆节等节假日期间,委托人为了扩大自己的产品的市场销售额而采取促销措施,其向行纪人所作出的指示是按照低于该产品的一般价格进行销售,且已对外宣传。如果委托人对价格有特别指示,即使行纪人以高于委托人指定的价格卖出的,虽然表面上来看会给委托人增加收益,但无疑是违背委托人的指示和根本利益的。在此情形下,即便行纪人弥补价格差额,委托人也可以拒绝接受该行为的效果。[①]

(四)妥善保管委托物的义务

在行纪合同中,对于委托人交付的标的物,行纪人负有妥善保管的义务,对此,《民法典》第953条规定:"行纪人占有委托物的,应当妥善保管委托物。"该条确立了行纪人对委托人交付其占有的委托物妥善保管的义务。此处所说的"委托物"的范围较为宽泛,不仅包括委托出售的物,也包括委托购买的物;不仅包括一般的有形物,还包括委托人交付行纪人保管的金钱以及权利凭证等。依据《民法典》上述规定,行纪人负有妥善保管义务的前提是其已经占有委托物。所谓"妥善保管",是指行纪人应当按照善良管理人的注意义务标准来保管标的物。此种注意义务标准高于处理自己事务的注意义务标准,它要求行纪人采取合适的手段,尽量确保委托物保持其原有的状态。例如,行纪人受他人委托出售祖传的乐器一件,其应当采取妥当的方法予以保管,避免乐器遭受损坏。

(五)合理处分委托物的义务

行纪人在从事行纪活动中,也需要依据标的物的具体情况,合理处分委托物。《民法典》第954条规定:"委托物交付给行纪人时有瑕疵或者容易腐烂、变质的,经委托人同意,行纪人可以处分该物;不能与委托人及时取得联系的,行纪人可以合理处分。"该条区分了两种情形:

第一,经委托人同意的处分。在委托物已经出现瑕疵或者容易腐烂、变质的情况下,经委托人同意的,行纪人可以处分。之所以须经委托人同意,是因为在行纪合同中,行纪人无权擅自处分,否则将构成侵权。即便出现该条所规定的情形,不经委托人同意而赋予行纪人处分权也容易引起法律上的争议。例如,虽然委托物有腐烂的情况,但尚无须进行紧急处分,如果行纪人可以未经委托人同意而进行处分,可能会因低价处分而使委托人遭受损失。

第二,未经委托人同意的处分。在某些情况下,行纪人未经委托人的同意,也可以作出处分,但这种处分权的行使应符合几个条件:一是委托人交付给行纪人时,货物有瑕疵或者容易腐烂、变质。这就是说,该货物是委托人交付的而非他人交付的,且该货物存在瑕疵或容易腐烂、变质的情形。二是行纪人和委托人不能及时取得联系,此时,行纪人可以进行处分。这就是说,凡是能够及时联系到委托人的,行纪人必须及时联系委托人并且取得其指示,如果联系不到委托人,才能自行处分。三是行纪人未经委托人的同意所作的处分应当是

---

① 参见黄薇主编:《中华人民共和国民法典合同编解读》(下册),中国法制出版社2020年版,第1455页。

合理的。此处所说的合理,主要是指以合理的价格变卖标的物。合理处分主要是指变卖的价格应该合理。

（六）及时转交物品或收益的义务

在行纪合同关系中,无论是委托人交给行纪人出售的物品,还是行纪人为委托人购进的物品,没有特别约定的,在出售前或买进后,都属于委托人所有,并由委托人承担风险。行纪人只享有占有权。行纪人在完成业务以后,应将完成委托事务所获取的收益或节省的费用,转交给委托人。

（七）履行与第三人的合同的义务

在行纪关系中,涉及两个合同关系:一是委托人与行纪人之间的行纪合同关系,如委托人委托行纪人购买或出售货物;二是行纪人与第三人之间的买卖合同关系,如行纪人接受委托以后,以自己的名义向第三人购买或出售货物。《民法典》第958条第1款规定:"行纪人与第三人订立合同的,行纪人对该合同直接享有权利、承担义务。"由于行纪人受委托人的委托与第三人订立合同,通常都是以自己的名义进行,因此基于合同的相对性,就行纪人与第三人所订立的合同,行纪人对该合同应直接享有权利、承担义务。如果其作为出卖人的,应当向第三人负担交付标的物的义务;如果其作为买受人的,理应向第三人支付价款。同理,行纪人是受委托人的委托,为委托人的利益而订立合同,第三人不履行义务会造成行纪人的损失。《民法典》第958条第2款规定:"第三人不履行义务致使委托人受到损害的,行纪人应当承担赔偿责任,但是行纪人与委托人另有约定的除外。"该规定系基于合同的相对性原则,依据这一规定,如果第三人违约,由于委托人不能直接对第三人行使请求权,因而委托人无权向第三人直接要求其承担赔偿责任,应由行纪人向委托人承担损害赔偿责任。行纪人在承担赔偿责任之后可以向第三人行使追偿权。

（八）报告义务

因为行纪人是受委托人的委托而进行交易活动,所以其负有报告义务。此种报告义务主要分两种,一是交易过程中的报告义务,二是交易结束后的报告义务。虽然《民法典》对行纪人的报告义务并未有明确规定,但基于诚信原则其应负此义务。行纪人进行交易活动应遵循委托人的指示,为委托人的利益而行为,因此应向委托人及时报告,报告义务的履行可以使委托人及时获知行纪人所欲进行或正在进行的交易情况,及时地根据市场的变化而变更其指示,从而更好地维护其利益。同时,报告义务也是委托人据以确立行纪人是否尽职忠实地履行其义务的基础。委托人只有及时获知交易的过程和结果,才能更好地解决委托人与行纪人之间的费用及报酬等问题。行纪人在报告其交易过程和交易结果后,才能请求委托人依据合同的约定支付报酬。

（九）行纪人享有请求报酬的权利

依据《民法典》第951条的规定,行纪合同是行纪人以自己的名义为委托人从事贸易活动,委托人支付报酬的合同。因此,行纪人以自己的名义从事行纪活动,基于行纪合同的有偿性与双务性,其有权依据约定请求支付报酬。当然,如果行纪人只是完成了部分委托事务,委托人也可以仅支付相应的报酬,而非全额支付。在行纪人以高于委托人指定的价格卖出或者以低于委托人指定的价格买入的情形下,如果当事人之间有约定,则行纪人有权依据约定请求支付约定的报酬,这在性质上属于特殊的报酬请求权。

（十）行纪人有权行使介入权

所谓介入权,是指行纪人按照委托人的指示实施行纪行为时,有权使自己作为交易相对人与委托人从事交易活动。① 例如,甲乙之间订立行纪合同以后,甲发现乙的货物比较好销售,便直接以买受人的身份,从委托人那里购买货物,这就是行使介入权,在此情形下,行纪合同仍然继续有效。《民法典》第 956 条第 1 款规定:"行纪人卖出或者买入具有市场定价的商品,除委托人有相反的意思表示外,行纪人自己可以作为买受人或者出卖人。"该条承认了行纪人有权行使介入权。行纪人行使介入权必须符合如下要件:

第一,卖出和买入的商品具有市场定价。只有在有明确的市场定价的情形下行使行纪人介入权,才不会损害委托人的利益。有市场定价才可以合理判断此种介入是否会损害委托人利益,并使行纪活动得以顺利完成。

第二,委托人没有相反的意思表示。也就是说,行纪人自己可以作为买受人或者出卖人,委托人对此并不禁止,允许行纪人行使介入权,直接作为买受人或出卖人与委托人发生关系。因为在行纪人自己可以作为买受人或者出卖人的情形下,并不损害委托人的利益。②

第三,在行使介入权之后,委托人仍应当按照合同的约定向行纪人支付报酬。《民法典》第 956 条第 2 款规定:"行纪人有前款规定情形的,仍然可以请求委托人支付报酬。"这就规定了特殊情形下的报酬请求权。例如,委托人委托行纪人购买一批茶叶,行纪人正好有同品质的茶叶的存货,而且此茶叶有明确的市场定价,行纪人将该茶叶卖给委托人并不会违背委托人的意愿,同时也不会损害委托人的利益。由于合同目的已经实现,行纪人也圆满完成了行纪的任务,行纪人基于《民法典》第 956 条第 2 款享有报酬请求权。禁止自己代理主要是因为在自己代理的情形下,代理人与被代理人之间存在利益冲突,而依据《民法典》第 956 条,对具有市场定价的商品的卖出或者买入而言,在委托人没有相反的意思表示的情形下,当事人之间并不存在上述利益冲突,因此,法律也没有必要予以禁止。

二、委托人的主要义务

(一) 支付报酬的义务

行纪是典型的商事合同,因此,其一般都是有偿的。《民法典》第 959 条规定:"行纪人完成或者部分完成委托事务的,委托人应当向其支付相应的报酬。委托人逾期不支付报酬的,行纪人对委托物享有留置权,但是当事人另有约定的除外。"由此可见,委托人负有支付报酬的义务,行纪人享有报酬请求权,这也是行纪合同区别于委托合同、并从委托合同分离出来成为独立典型合同的原因之一。③ 依据该条规定,行纪人的报酬请求权须于其完成或部分完成委托事务之后才可行使。这是因为行纪合同是双务、有偿合同,所以行纪人所享有的报酬请求权与行纪人所应负担的依据委托人指示完成委托事务的义务相对应,如果行纪人未完成委托事务,自然不得享有此种权利。当然,行纪人的请求权并不以委托事务的全部完成为要件。在行纪人只是完成部分委托事务之时,委托人可以仅支付相应的报酬,而非全额支付。

依据《民法典》第 959 条的规定,行纪人在部分完成委托事务之后,也可向委托人主张相应的报酬。因此,应由委托人支付报酬的情形主要有:一是行纪人按照委托人的指示完成了全部委托事务,其理所当然享有全部支付报酬的请求权。二是行纪人只是部分完成委托事

---

① 参见黄薇主编:《中华人民共和国民法典合同编解读》(下册),中国法制出版社 2020 年版,第 1456 页。
② 参见谢鸿飞、朱广新主编:《民法典评注·合同编:典型合同与准合同 4》,中国法制出版社 2020 年版,第 382 页。
③ 参见魏耀荣等:《中华人民共和国合同法释论(分则)》,中国法制出版社 2000 年版,第 600 页。

务,其仅得依所完成的部分委托事务的比例请求给付报酬。委托人的支付报酬义务是与行纪人完成行纪事务相对应的。如果全部完成,应支付全部报酬;如果仅完成了部分事务,则只能请求支付相应的报酬。此处所说的部分事务,以受托事务具有可分割性为前提,如果行纪人在完成部分受托事务之后,委托人不可能另行委托他人处理剩下的事务,即受托事务具有不可分割性的,则行纪人不得就部分完成的事务请求报酬的支付。不过,如果因委托人的过错使得委托事务部分或者全部不能履行而使行纪合同提前终止的,行纪人可以请求支付全部报酬。①

依据《民法典》第959条的规定,如果委托人逾期不支付报酬,行纪人对委托物享有留置权。这是一种法定留置权,该项权利的构成必须符合如下要件:第一,必须是行纪人已经合法占有委托物。如果行纪人是采取非法手段占有的,则不能行使留置权。② 第二,委托人没有正当理由拒绝支付报酬。第三,合同中没有事先约定不得留置的条款,如果合同已明确约定不得留置,则行纪人不得对该委托物进行留置。在行纪人依法对委托物行使留置权后,依据我国《民法典》第447条,行纪人可就委托物留置财产折价或者拍卖、变卖后优先受偿,其价款超过债权数额的部分归委托人所有,不足部分由委托人清偿。

(二) 及时受领委托物的义务

《民法典》第957条第1款第1句规定:"行纪人按照约定买入委托物,委托人应当及时受领。"依据该规定,在行纪合同中,行纪人应遵循委托人的指示而买入委托物,在行纪人按照约定买入委托物之后,委托人负有及时受领的义务。一方面,由于行纪人完全是根据委托人的指示买入委托物,该买入行为自然应当对委托人发生效力。所以,委托人应当在行纪人按照指示买入委托物之后及时受领。另一方面,如果委托人不及时受领买入的委托物,有可能导致标的物的毁损或灭失,也会增加行纪人的保管负担。例如,行纪人依委托人的指示买入50万千克大米,如果委托人不及时受领,而行纪人又无仓库保管,就可能造成该大米的损失。对于行纪人而言,一旦委托人及时受领委托物,既可实现委托事务的终结,也可使其不必再对买入物进行保管,并支付保管费用。委托人在接到行纪人完成委托事务的通知后,应及时对购进的物品进行验收,否则,行纪人对该物品的瑕疵不负责任。

《民法典》第957条第2款规定:"委托物不能卖出或者委托人撤回出卖,经行纪人催告,委托人不取回或者不处分该物的,行纪人依法可以提存委托物。"据此,在委托人拒绝受领的情况下,行纪人依法有权将委托物提存。但提存必须符合以下条件:

第一,委托物不能卖出或者委托人撤回出卖。因为市场行情的变化,委托人委托行纪人出卖的物品无法销售,或者委托人单方面指示不再出卖该批货物。此时,货物置放在行纪人处。

第二,委托人无正当理由不取回或不处分该物。所谓不取回,是指拒绝受领。所谓不处分,是指不向行纪人作出指示如何处理该批货物。在委托物不能出卖或者委托人撤回出卖时,如果委托人不取回或者不处分该物的,对行纪人极为不利,因为这不仅要增加行纪人的保管费用,还会使其承担标的物毁损、灭失的风险。

第三,行纪人需作出催告。此处所说的催告,是指催告委托人及时取回或者明确指示如

---

① 参见胡康生主编:《中华人民共和国合同法释义》,法律出版社1999年版,第592页。
② 参见王文胜:《论民法典立法讨论中不同类型问题的轻重缓急》,载《北航法律评论》2016年第1辑(总第7辑),法律出版社2016年版,第97页。

何处理该物。催告可督促委托人受领委托物,在催告时,行纪人也要为委托人受领委托物确定期限。如果行纪人未作出催告的,则委托人可能不清楚需要及时受领,因而行纪人不得行使提存权。只有在作出催告之后,委托人仍然不取回或不处分该物的,行纪人才有权将该货物提存。而在提存之后,标的物毁损、灭失的风险应由委托人承担,提存费用也应当由委托人负担。另外,行纪人在提存范围内视为已经交付了标的物。当然,如果标的物不适于提存或者提存费用过高的,行纪人依法可以拍卖或者变卖标的物,提存所得的价款。

(三) 取回义务

依据《民法典》第 957 条的规定,委托物不能卖出或者委托人撤回出卖时,经行纪人催告,委托人应当及时取回标的物。依据这一规定,在委托物不能卖出或者委托人撤回出卖之际,委托人负有取回和处分的义务。所谓取回,是指委托人收回该委托物。所谓处分,是指委托人将该货物自行拍卖、变卖,或者直接将该货物进行互易或抵债等。取回和处分主要适用于两种情形:一是委托物不能卖出。这就是说,在委托人委托行纪人出售货物时,因为委托人所定价格过高或者该产品滞销等原因导致该货物无法卖出。需要注意的是,"不能卖出"是指委托物主要因市场原因而在期限届满时未能卖出,如果因行纪人的过错而导致货物无法售出的,自然不适用该条的规定。[①] 二是委托人撤回出卖。这主要发生在行纪人将委托物出卖之前,如果行纪人已将委托物出卖,委托人就无法撤回。在出现上述两种情形时,委托物处于行纪人的占有之下,而行纪人又无法长期管理该物,因此,委托人将该物取回和处分,有利于保护当事人的利益。对委托人来说,这有利于避免委托物的毁损、灭失,且委托人取回后,也可以继续利用该物或为其他处分。同时,对行纪人来说,在委托人撤回委托物出卖之后,行纪人则无法继续进行交易,如果由行纪人继续占有该委托物,会增加其保管的负担。

[①] 参见林诚二:《民法债编各论》(中),中国人民大学出版社 2007 年版,第 237 页。

第二十章

中 介 合 同

第一节 中介合同概述

一、中介合同的概念和特征

中介也称为居间,依据《民法典》第961条,中介合同是中介人向委托人报告订立合同的机会或者提供订立合同的媒介服务,委托人支付报酬的合同。在市场交易中,双方往往缺乏交易信息,从而无法接触、磋商、缔约,只有借助于中介的作用,双方才能知悉彼此的缔约愿望,从而促成合同的订立。[①]

中介活动历史悠久,在古希腊时代,就已经出现。在我国古代,中介人被称为"互郎",它是指促进双方成交而从中取酬的中间人。[②] 在当今社会,中介的范围十分宽泛,在实践中的运用也十分广泛,人们借助中介而租房、买房、购买有价证券等,因而中介与人们的日常生活关系密切。特别是近几年来,随着我国房屋买卖和租赁市场的发展,房屋中介迅速发展,而中介所从事的活动,主要是一种居间活动。经济领域大量的交易也都是通过中介来完成的,对企业的并购、为各种项目"牵线搭桥"、为各种交易的达成提供信息等,都可以通过中介合同进行。中介合同的特征主要在于:

1. 主体具有特殊性

在民商分立的国家,中介合同往往被规定在商法典之中。例如,《德国商法典》第93条以下规定了商事居间,适用于商品、有价证券的获取和转让以及其他商事交往的标的。[③] 而我国采民商合一体例,因此,中介合同被置于《民法典》之中规定。如前所述,中介的适用范围十分宽泛,在我国,法律对于自然人之间的中介合同主体并无特别要求,任何公民都可以为他人所进行的普通民事活动提供订立合同的机会或订立合同的服务,只要其行为不违反法律即可。[④] 但是在商事中介中,法律通常会特别要求中介人必须具有相应的能力、知识,取得相应的资格;或者要求中介人应当符合一定的条件,获得相应的行政许可。例如,《城市房地产中介服务管理规定》第8条规定,房地产经纪人必须是经过考试、注册并取得《房地产经纪人资格证》的人员。

[①] 参见史尚宽:《债法各论》,中国政法大学出版社2000年版,第434页。
[②] 参见王家福主编:《民法债权》,法律出版社1995年版,第729页。
[③] Looschelders, Schuldrecht, Besonderer Teil, 17. Aufl., 2022, Vahlen, § 37 Rn. 1.
[④] 参见郭明瑞、王轶:《合同法新论·分则》,中国政法大学出版社1997年版,第331页。

2. 内容具有特殊性

《民法典》第961条规定:"中介合同是中介人向委托人报告订立合同的机会或者提供订立合同的媒介服务,委托人支付报酬的合同。"据此,中介活动主要包括两类:一是为他人提供订约机会,即为潜在的交易当事人提供与他人订立合同的机会。此类情况是指中介人受委托人的委托,为其寻找订约的相对人,从而促成双方订约;或者提供订约信息,即提供有关的合同主体的情况、履约能力、当事人的信用、出售的标的物的特点等信息。二是提供订约的媒介服务,即中介人在双方当事人之间进行斡旋、协助谈判、促成交易。所以,中介人仅在双方之间充当媒介,为当事人订立合同提供服务。也就是说,中介人的活动可对委托人和第三人订立合同发挥辅助作用,从而,中介人负担居间活动无效果的风险,即委托人和第三人之间不成立合同时中介人无报酬请求权。① 中介人旨在促成的合同,正是委托人和第三人最终订立的合同,或者是与最终订立的合同具有经济上的一致性的合同。②

3. 作用具有特殊性

中介人在所促成的交易中并没有独立进行意思表示。中介人本身是具有完全民事行为能力的人,其在与他人签订中介合同时,作为合同一方当事人是可以进行协商、独立进行意思表示的。但是,在其所促成的交易中,中介人的任务在于为委托人和相对人提供交易的资讯,其并不代表任何一方当事人向另一方当事人作出意思表示。在这一点上,中介人不同于委托合同中的受托人。受托人在受托范围内,可以根据委托事项和目的而独立进行一定的意思表示。而在中介合同中,中介人仅是促成委托人和相对人之间合同的订立,并没有参与交易合同的订立或者影响当事人之间具体的权利义务,也不产生具体的法律效果。所以,在中介合同中,中介人并没有作出交易意思表示的必要。既然中介人既不是交易当事人,也不是交易任何一方的代理人,因而中介人在其所促成的交易中,并不能独立作出意思表示。

4. 具有有偿性

典型的中介合同中,中介人从事中介活动都要获取一定的报酬。这种报酬在习惯上常常称为"佣金"。依据《民法典》第961条的规定,中介合同是中介人向委托人报告订立合同的机会或者提供订立合同的媒介服务,委托人支付报酬的合同。可见,该条明确了中介合同以有偿为原则,中介合同原则上是有偿合同。当然,在中介合同中,委托人支付的报酬应由当事人在合同中约定,此种报酬通常是在促成合同成立后,才由委托人向中介人支付,因此该报酬的支付具有不确定性。正如德国法谚云:"居间人的努力往往徒劳无功。"一般认为,中介合同是单方负担义务的合同③,即只有委托人一方负担义务的合同。中介人对委托人不负有为其活动或者达到合同订立之结果的义务。④ 委托人支付报酬的义务,仅在中介人的活动至少是部分促成合同订立时才产生。⑤

5. 具有诺成性、双务性和不要式性

中介合同是诺成、双务、不要式合同。只要双方意思表示一致,中介合同即可成立而不需要采用特别的形式,因此,其属于诺成合同。中介合同属于双务合同,中介人有义务按照合同约定,为委托人提供订约的机会,促成合同的成立,同时委托人有义务向中介人支付约

---

① Looschelders, Schuldrecht, Besonderer Teil, 17. Aufl., 2022, Vahlen, § 37 Rn. 2.
② Brox/Walker, Besonderes Schuldrecht, 46. Aufl., 2022, Beck, § 29 Rn. 65a.
③ Looschelders, Schuldrecht, Besonderer Teil, 17. Aufl., 2022, Vahlen, § 37 Rn. 2.
④ Ibid.
⑤ Brox/Walker, Besonderes Schuldrecht, 46. Aufl., 2022, Beck, § 29 Rn. 65a;

定的报酬。在这一合同中,双方都负有义务、享有权利,因此应当属于双务合同。此外,中介合同的订立也并不要求采取法定的形式,法律上对中介活动的形式并未作出明确规定,当事人可以采用书面、口头等各种形式。

中介合同在传统民法上一直被称为居间合同,《民法典》将其改称为中介合同,理由在于:一是基于语言更加通俗、易懂的考量,更能为民众所接受;二是从实践来看,交易的基本形态仍然以中介机构的服务为典型,虽然居间活动不限于中介机构提供的服务,但是其最典型的形态还是中介服务,所以通过规范中介机构的活动有利于起到行为导向的作用;三是中介与居间概念的核心内涵本身就是一致的,"中"本身对应"居","介"本身对应"间",二者更多是表述的区别。

二、中介的分类

(一)报告中介和媒介中介

根据中介人所提供服务的类型不同,中介可以分为报告中介、媒介中介。《民法典》第961条的规定实际上将中介分为两种类型:一是报告中介,此种中介就是指中介人向委托人报告订立合同的机会。二是媒介中介,此种中介就是指提供订立合同的媒介服务。中介人在双方当事人之间进行斡旋,促成合同的成立。报告中介和媒介中介的区别主要在于:一方面,在报告中介中,中介人仅仅向委托人报告订立合同的机会。而在媒介中介的情况下,不能仅仅只给一方当事人报告订立合同的机会,还可能要告知有关对方当事人的信用、履约能力等情况,尤其是要在双方之间进行斡旋等,以促成交易的达成。另一方面,在报告中介中,中介人主要是和一方委托人发生关系。而在媒介中介中,中介人则要和双方发生联系。[①] 与此相应,在报告中介中,中介人报告给哪一方当事人,则由谁支付报酬;而在媒介中介中,双方当事人都负有支付报酬的义务。此外,在媒介中介中,中介人参与程度较高,而在报告中介中,中介人参与度较低。

(二)商事中介与民事中介

所谓商事中介,是指对中介人的资格有特殊要求,而且中介人主要从事商业交易的中介。在民商分立国家,其区分了民事中介和商事中介。例如,《德国商法典》第93条以下规定了商事居间人,其适用于商品、有价证券的获取和转让以及其他商事交往的标的;而《德国民法典》第652条以下则规定了民事居间的规则,其适用于不动产交易,如土地、房屋交易等。[②]

所谓民事中介,是指不需要中介人有特殊的资格且从事一般的民事活动的中介。两者的区别主要在于:一是是否在资质上存在要求。对于商事中介而言,法律、行政法规、部门规章可能会对中介服务人的资质作专门的规定,而且所从事的中介业务需要进行专门的行政许可或者办理相关登记。而对于民事中介则不存在这方面的要求。商事中介是以提供中介服务为业或者是以营利为目的提供中介业务,而民事中介则不具有持续性或经常性的特点。二是从事的活动类型不同。商事中介主要从事商业经营活动,比如保险经纪人、证券经纪人等,而民事中介主要是进行普通的民事活动。[③]

[①] 参见黄立:《民法债编各论》(下),中国政法大学出版社2003年版,第564页。
[②] Looschelders, Schuldrecht, Besonderer Teil, 17. Aufl., 2022, Vahlen, § 37 Rn. 1.
[③] 参见黄薇主编:《中华人民共和国民法典合同编解读》(下册),中国法制出版社2020年版,第1469—1470页。

（三）有偿中介和无偿中介

从是否要支付一定的报酬来看，中介可以区分为有偿中介和无偿中介。两者的区别在于：

第一，中介人是否可以请求支付报酬不同。如果当事人在中介合同中约定了中介人向委托人报告订立合同的机会，或者提供订立合同的媒介服务，委托人应当支付报酬，则属于有偿中介。如果当事人没有在合同中约定委托人支付报酬的义务，或者约定不明确的，则可能是无偿中介。

第二，中介人的义务标准不同。有偿中介中中介人的注意义务相对更高，而无偿中介中中介人的义务可以减轻。例如，就信息的准确性，有偿中介人要负有更高的注意义务，而无偿中介人的注意义务标准要低一些。

第三，合同是否可以随时解除不同。在有偿中介中，当事人不得随时解除合同；而在无偿中介的情形，中介合同可以由委托人或者中介人随时撤回或终止。①

第四，是否可以订立独家中介条款不同。在有偿中介中，当事人可以订立独家中介条款，而且，因为中介的有偿性，此种独家中介条款应当认定为有效。而在无偿中介中，订立独家中介条款，过分限制了委托人的权利，应当认定为无效。②

（四）一人中介与多人中介

从中介人的数量来看，中介可以区分为一人中介与多人中介。一人中介，是指中介人只有一个人的中介。而多人中介，是指中介人有两个以上的中介。两者的区别表现在：第一，报酬请求权不同。在多人中介的情况下，则由多人取得报酬。当然，如果委托人是分别委托，则中介人分别取得报酬。第二，在多人中介的情况下，数个人之间可能有分工。例如，有人进行媒介，有人进行报告，有人进行考察等。如果数个人进行中介，但是分别负有义务，则是数个一人中介的组合而已。但是，如果数人共同进行中介，则一人违反合同义务，视为数人都违反了合同义务。

第二节　中介合同和相关合同的区别

一、中介合同和委托合同

中介合同和委托合同之间的关系较为密切。一方面，两者都是提供服务的合同。中介合同属于特殊类型的委托合同，委托合同的受托人与中介合同的中介人在履行合同中，都要向委托人提供一定的劳务。据此有学者认为，中介合同是委托合同的一种特殊类型。③ 另一方面，委托合同的受托人与中介合同的中介人均是为了委托人利益而处理事务。此外，委托合同与中介合同都是基于双方当事人的信任而成立，都要忠实于委托人的利益而从事一定的行为。④

但是，中介合同和委托合同之间也存在明显的区别，主要表现在：

第一，所提供服务的内容不同。在委托合同中，受托人所提供的劳务是一般意义上的，

---

① Brox/Walker, Besonderes Schuldrecht, 46. Aufl., 2022, Beck, § 29 Rn. 66.
② 参见谢鸿飞：《合同法学的新发展》，中国社会科学出版社 2014 年版，第 633 页。
③ 参见隋彭生：《居间合同委托人的任意解除权及"跳单"》，载《江淮论坛》2012 年第 4 期。
④ 崔建远主编：《合同法》（第七版），法律出版社 2021 年版，第 477 页。

其范围广泛,既包括法律行为也包括事实行为。所以,委托合同是关于提供劳务的一般合同。而在中介合同中,中介人所负担的义务不是提供一般的劳务,而是报告订立合同的机会或者提供订立合同的媒介服务。此类行为通常不涉及法律行为,而只是事实行为。

第二,接受委托的人在交易合同中的身份不同。中介人接受委托人的委托,为其报告订约机会或在委托人之间进行斡旋,其只是起到订立合同的媒介作用,本身并不是合同当事人,也不是以代理人的身份从事订约活动。例如,在实践中,房屋中介机构等都是中介人,它们并不以房屋买卖合同的主体或代理人身份出现。而在委托合同中,如果受托人得到委托人的授权,其可能直接以代理人的身份与第三人进行交易。因此,委托合同的受托人可以参与到与第三人的关系,可以与第三人从事法律行为。①

第三,能否作出自己的意思表示不同。中介人没有委托人的授权,只是向订立合同的双方当事人传递信息,不能在委托人订立的合同中作出独立的意思表示,也不能对委托人与第三人关系的内容作出决定。而委托合同的受托人则根据授权,无论是以委托人的名义,还是以自己的名义为法律行为,均可向第三人作出意思表示,可以对委托人与第三人之间的合同的内容作出决定。

第四,费用的承担方式不同。委托合同的受托人处理委托事务的费用,由委托人负担。而中介合同的中介人从事中介活动的费用,在中介人促成委托人与第三人的合同成立后由中介人负担;未促成合同成立的,则要求中介人与委托人就必要费用的支付提前约定,如果提前有约定的,可要求委托人支付必要的中介费用。如果没有提前约定的,即使促成了合同成立,由于委托人支付的报酬已经包含了中介费用,此时中介人也不能要求支付必要费用。

相对于中介合同而言,委托合同属于基础性合同。因此,《民法典》第966条规定:"本章没有规定的,参照适用委托合同的有关规定。"虽然委托合同和中介合同都是提供劳务的合同,但因委托合同是提供劳务的基础性合同,所以在中介合同一章没有明文规定的情形下,应参照适用委托合同的有关规定,在此意义上说,中介合同是一种特殊的委托合同。但是中介合同具有自身的特殊性,在参照适用委托合同有关规定的情形下,需要考虑中介合同与委托合同在性质上的区别。例如,受托人的义务与中介人的义务存在不同,在委托合同中,受托人处理委托事务的权限较大,而中介人更多提供的是一种信息服务。② 因此,中介合同也不能完全参照适用委托合同的规则。

二、中介合同和行纪合同

中介合同和行纪合同一样,都属于提供服务的合同,中介人和行纪人都要受委托人的委托处理一定的事务。另外,中介和行纪都是以人身信任关系为基础而订立的合同,在事务处理过程中,要最大限度地实现委托人的利益。不过,中介和行纪也存在明显的区别,主要表现在:

第一,在与第三人进行交易中的法律地位不同。在中介合同中,中介人仅是向委托人提供交易的机会,或者提供订立合同的媒介服务,并不直接参与具体的交易合同;而在行纪合同中,行纪人要以自己的名义替委托人与第三人交易,其是交易合同的当事人。

第二,是否能够作出独立的意思表示不同。在中介合同中,中介人主要是为订立合同提

---

① 崔建远主编:《合同法》(第七版),法律出版社2021年版,第477页。
② 参见谢鸿飞、朱广新主编:《民法典评注·合同编:典型合同与准合同4》,中国法制出版社2020年版,第457页。

供媒介,其并不能直接作出独立的、有效的意思表示;而行纪人在与第三人的交易中,属于合同当事人,其要作出独立的意思表示。

第三,在与第三人的交易中的权利义务承担不同。在中介合同中,中介人并不参与交易合同,所以,委托人是交易合同的直接当事人,所有的权利义务都由委托人直接承担。而在行纪合同中,行纪人以自己名义和相对人订立合同,是交易合同的当事人,所有的合同权利义务都由行纪人直接承担,委托人只是间接地承受相关的权利义务。

第四,支付报酬的条件不同。依据我国《民法典》第963条、第964条,中介人获得报酬以其中介成功为前提。只有在促成了合同成立的情况下,才能够获得报酬的请求权,否则只能够向委托人请求支付相应的费用。而在行纪合同中,《民法典》并没有规定委托人不向行纪人支付报酬的法定事由,因此,在行纪合同中,通常无论行纪结果如何,在行纪人没有重大故意或者过失的情况下,其都可以获得相应的报酬。

三、中介合同与承揽合同

中介合同与承揽合同一样,都是接受他人的委托,而提供一定的服务。就此而言,两者存在一定的相似性,但是,两者仍然存在一定的区别:

第一,是否需要完成一定的结果不同。在中介合同中,中介人并不负有确保委托人与相对人订立合同的义务,当然,未促成合同成立的,其无权请求报酬。而承揽合同是以产生一定的结果为缔约目的的合同,承揽人必须要完成一定的工作成果。

第二,报酬请求权的行使条件不同。承揽合同属于结果之债,承揽人只要完成了工作成果就可以请求报酬。而中介合同属于行为之债,只不过,没有订约的话中介人不能请求报酬。

第三,是否要求具备一定的资质不同。对某些特殊的中介人,法律有一定的资质要求,而承揽人往往没有资质要求。

第四,性质不同。中介合同可以分为有偿和无偿两种类型。在无偿中介的情形,中介合同可以由委托人或者中介人随时撤回或终止。① 而承揽合同都是有偿的。

第三节 中介合同的效力

一、中介人的主要义务

(一)提供订立合同的机会或订立合同的媒介服务的义务

在中介合同中,中介人的主要义务就是向委托人提供订立合同的机会或者提供订立合同的媒介服务。《民法典》第961条规定:"中介合同是中介人向委托人报告订立合同的机会或者提供订立合同的媒介服务,委托人支付报酬的合同。"据此,中介人的主要义务就是向委托人提供服务,服务的内容包括两个方面:一是报告订立合同的机会,二是提供订立合同的媒介服务。需要指出的是,中介人所提供的媒介服务,包括提供一切合同的订立机会,此种服务适用于《民法典》规定的典型合同的订立,以及《民法典》没有规定的合同的订立。②

---

① Brox/Walker, Besonderes Schuldrecht, 46. Aufl., 2022, Beck, § 29 Rn. 66.
② 参见肖建国、肖建华:《委托 行纪 居间合同》,人民法院出版社2000年版,第352页。

在促成交易之后,中介人本身并不能保证合同当事人一方履行合同,即使在中介合同中作出了此种承诺,也不能约束另一方当事人。但如果在双方当事人正式订立的合同中,中介人明确表示要担保合同的履行,则其已经转化为保证人。

(二)如实报告的义务

在中介合同中,中介人应当向委托人如实报告相关的事项。《民法典》第962条第1款规定:"中介人应当就有关订立合同的事项向委托人如实报告。"据此确立了中介人的如实报告义务。报告的内容包括对订约有影响的事项如第三人的信用状况、第三人将用于交易的标的物的存续状况、第三人的支付能力、所购买商品的瑕疵等。① 虽然根据中介合同的性质和目的,可以推断出中介人负有如实报告的义务,但是既然我国《民法典》对这项义务作出了明确的规定,就意味着该项义务已经从合同义务上升为法定义务。因此,在适用该条规定时,无论当事人在合同中是否约定了中介人如实报告的义务,中介人都负有此种义务。

中介人报告的对象应当是委托人。如果委托人为数人,则应当向每个委托人都进行报告。无论是报告中介还是媒介中介,中介人都负有如实报告的义务。中介人如实报告的内容,因中介标的的不同也有所不同。但是,无论报告何种内容,如实报告的内容应当符合如下几个要求:一是内容的客观性。中介人必须就订立合同的有关事项向委托人进行如实报告,使委托人能够判断是否订立合同。为了履行如实报告义务,中介人在必要时还应当进行一些调查,以了解真实情况。二是内容的关联性。这就是说,报告的内容是"有关订立合同的事项",因为中介合同的目的就是为他人提供订立合同的机会或提供订立合同的媒介服务。因此,报告的内容与正在促成的合同应当有一定的联系。② 三是内容的充分性。具体而言,就订立合同的事项包括合同相对人各方面的情况,如相对人的身份信息、资产状况、经营状况、履行能力等方面的信息都属于对合同订立较为重要的信息,中介人应当向委托人如实报告这些信息。③ 凡是能够影响到委托人订立合同、作出选择的事项,中介人都应当就自己所知道的情况,向委托人如实报告。另外,中介人如实报告义务的确定,还应当根据具体合同的类型来判断。例如,在租房时,房屋中介对房屋的位置、户型、使用情况等各种事项都应当向委托人进行如实报告,不得隐瞒、编造。

《民法典》第962条第2款规定:"中介人故意隐瞒与订立合同有关的重要事实或者提供虚假情况,损害委托人利益的,不得请求支付报酬并应当承担赔偿责任。"据此确立了违反如实告知义务的责任。其构成要件在于:第一,违反如实告知义务。依据该条规定,中介人负有向委托人如实报告的义务,此种义务内容主要包括:一是与订立合同有关的重要事实。所谓重要事实,是指直接影响到委托人决定是否订立合同、实际上对委托人有重大影响的事实。例如,房屋是否存在重大的隐蔽瑕疵等。④ 二是中介人报告的对象应当是委托人。如果委托人为数人,则应当向每个委托人都进行报告。第二,中介人故意隐瞒与提供虚假情况。此处所说的隐瞒情况或提供虚假的情况,都是与合同的订立紧密相关的信息,中介人实施此种行为已经构成欺诈,这种欺诈行为造成了委托人的损害,因而中介人有义务承担损害赔偿责任。第三,损害了委托人利益。这就是说,因为中介人提供虚假信息或隐瞒真实情况导致委托人直接遭受了损害。例如,因为隐瞒了房屋的重大瑕疵使委托人购买房屋时支付了与

---

① 参见胡道才等主编:《参阅案例研究·商事卷》(第二辑),中国法制出版社2011年版,第147页。
② 参见黄薇主编:《中华人民共和国民法典合同编解读》(下册),中国法制出版社2020年版,第1392页。
③ 参见陈甦编著:《委托合同 行纪合同 居间合同》,法律出版社2000年版,第199页。
④ 参见黄薇主编:《中华人民共和国民法典合同编解读》(下册),中国法制出版社2020年版,第1478页。

房屋价值不符的价款,此种损害与中介人的行为之间存在因果联系。

在中介人违反告知义务的情形下,委托人享有两项权利。一是拒绝支付报酬。从中介人角度来看,因为其从事了隐瞒或欺诈行为,导致其丧失了相应的报酬请求权。二是请求中介人承担赔偿责任。赔偿责任的承担应当考虑中介人的过错程度以及造成的损害后果。如果中介人从事欺诈行为给委托人造成了重大损害,仅仅只是丧失报酬请求权尚不足以弥补委托人的损失的,则应当在丧失报酬请求权之外,赔偿委托人的损失。

(三) 忠实义务

中介合同是以人格信任关系为基础而订立的合同,因此,中介人应当依据诚信原则负有忠实义务。具体而言,此种义务包括如下内容:一是中介人应当向委托人如实告知订立合同的各种信息包括不利的信息,以帮助委托人正确判断、订立合同。二是中介人在从事居间活动时,应当以诚实守信的方式在当事人之间进行斡旋,而不能隐瞒真相、夸大事实、编造虚假信息等来促成交易。三是中介人从事居间活动,在涉及利益冲突时,应当负有回避的义务。四是负有不得非法挪用或非法占有委托人财物的义务。中介人应当妥善保管委托人的财物,在居间结束后应当及时移交给委托人。中介人不得为了自己的利益,擅自挪用或非法占有委托人的财物。

值得讨论的是,中介人和委托人之间订立禁止委托人再与其他中介人签订委托合同的条款,其是否有效?有学者认为,中介合同本质上是一种特殊的委托,具有较强的人身信赖关系,所以,如果委托人不再信任中介人,就可以随时解除委托。因而,即便当事人作出了约定,也没有约束力。① 笔者认为,中介合同是以提供订立合同的信息和促成合同订立为目的,因此,其与委托并不完全相同。如果中介是有偿的,一方独家委托而另一方支付了对价,则应当认可此种约定是合法有效的,双方对此也有合理期待。比较法上也承认,当事人可以在有偿的中介合同中约定,委托人可以独家委托。② 因此,当事人订立了独家中介条款的,应当认可其效力。如一方违反了独家中介条款,另一方可以要求其承担违约责任。

(四) 勤勉义务

中介合同订立的目的就是要通过居间活动以促成合同的订立,因此,中介人应当尽其所能搜集相关信息向委托人报告,或者通过其媒介服务努力促成交易的最终达成,此种义务就称为勤勉义务。关于中介人的勤勉义务及其范围,应当根据合同的约定、诚信原则以及交易习惯来具体确定。原则上中介人除了履行报告和媒介义务之外,无须再负进一步的义务。③ 但是在履行这种媒介和报告义务中,其应当尽到勤勉义务。例如,在当事人之间出现合意的分歧时,中介人应当尽力调解斡旋,以促成合同的成立。

(五) 附随义务

依据诚信原则所产生的附随义务,主要包括以下几种:一是保密义务。中介人对于中介合同中的各种信息、资料都负有保密义务。例如,有些房屋中介将委托人的住址、电话号码等泄露给他人牟利,就违反了保密义务。二是告知收费事项的义务。例如,房地产经纪机构的告知义务包括告知服务内容、收费等内容,以免事后发生争议。三是及时通知义务。中介人就自己了解到的与委托人订约有关的事项负有及时通知的义务。只有履行这些附随义

---

① 参见隋彭生:《居间合同委托人的任意解除权及"跳单"——以最高人民法院〈指导案例1号〉为例》,载《江淮论坛》2012年第4期。
② Brox/Walker, Besonderes Schuldrecht, 46. Aufl., 2022, Beck, § 29 Rn. 68.
③ 参见黄立:《民法债编各论》(下),中国政法大学出版社2003年版,第564页。

务,才能保障中介合同的目的得以实现。

二、委托人的主要义务

(一)促成合同成立后的报酬支付义务

中介合同为有偿合同,因此,委托人对中介人所作的订约机会的报告或者所提供的订约机会的媒介服务,应当依约定向中介人提供一定的报酬。支付报酬是委托人的主要义务。《民法典》第963条第1款规定:"中介人促成合同成立的,委托人应当按照约定支付报酬。对中介人的报酬没有约定或者约定不明确,依据本法第五百一十条的规定仍不能确定的,根据中介人的劳务合理确定。因中介人提供订立合同的媒介服务而促成合同成立的,由该合同的当事人平均负担中介人的报酬。"据此可见,第一,对中介人的报酬没有约定或者约定不明确的,应当依照《民法典》第510条的规定,由当事人首先达成补充协议,如果不能够达成补充协议的,应当由法院根据合同中的其他条款和当地的交易习惯来确定具体的报酬数额。第二,依据《民法典》第510条的规定仍不能确定的,根据中介人的劳务合理确定。如何理解"根据中介人的劳务合理确定"? 这就是说,要根据中介人在实际从事中介活动中所付出的时间、精力、劳务的价值,委托人对中介劳务的满意程度,以及促成合同订立过程中所起的作用等来确定。报酬确定的依据主要是中介人提供的劳务,而并不仅仅指中介人所付出费用的多少。但是在实践中,劳务的价值很难具体化,所以在确定中介活动的报酬时,需要参考同类活动一般的大致价格和当地的习惯来确定。当然,如果无法确定中介人提供了劳务,则中介人无权主张报酬。第三,因中介人提供订立合同的媒介服务而促成合同成立的,由该合同的双方当事人平均负担中介人的报酬。关于报酬的支付,在报告中介中,中介人报告给哪一方当事人,则由谁支付报酬。但在媒介中介中,中介人是在委托人和相对人之间提供中介服务,如果因为中介活动促成了交易合同的成立,那么委托人和相对人都是受益人,双方当事人都负有支付报酬的义务。如果数个中介人都促成了交易,则应当将报酬在他们之间进行合理分配。但是如果约定的报酬大大超过了中介人所提供的劳务的价值,则委托人有权请求法院予以减少。当然,如果中介人从事一定违法行为(例如故意隐瞒与订立合同有关的重要事实),损害了委托人利益,则委托人可以拒绝支付其报酬。

中介人请求支付报酬的前提是已经促成委托人与相对人之间订立合同。《民法典》第964条前半句规定:"中介人未促成合同成立的,不得请求支付报酬"。法律作出此种规定既符合公平原则,也与居间行为的本质属性相符。毕竟在中介合同中,对于中介人来说,其主要的目的就是获得居间的报酬,其在从事居间活动中事先所垫付的费用都要从报酬中冲抵。当然,中介人所促成的合同应当与中介合同的约定相一致。也就是说,委托人与第三人订立的合同应当是委托人委托中介人所促成的合同,两者之间具有因果联系。否则,委托人也不能支付报酬。① 因为在中介合同中,中介合同本质上就是中介人提供信息中介或媒介中介来促成合同订立。委托人是因为合同成立而提供相应的报酬,如果没有促成合同成立,合同目的没有实现,中介人无权要求支付报酬,因为促成合同成立构成了合同对价。②

问题在于,如果当事人在合同中明确约定,即便没有促成合同成立,中介人仍有权主张报酬,该约定是否有效? 笔者认为,《民法典》第964条规定在性质上属于任意性规定,当事

---

① 参见黄薇主编:《中华人民共和国民法典合同编解读》(下册),中国法制出版社2020年版,第1491、1401页。
② 参见黄薇主编:《中华人民共和国民法典合同编解读》(下册),中国法制出版社2020年版,第1491页。

人应当可以通过约定予以排除,毕竟有关报酬的取得仅涉及当事人的利益,与社会公共利益或者第三人利益并不存在直接关联,因此,在当事人作出上述约定的情形下,应当承认当事人约定的效力。例如,在"董凤义诉汪秋香、周海珠房屋买卖合同纠纷案"中,法院认为,作为居间人的"被告周海珠业已履行了合同约定的居间义务,且房屋买卖的约定未能履行的责任在于原告,合同中约定了非丙方原因导致本合同不能履行,则信息服务费不退。因此,原告董凤义要求解除居间合同的约定并返还中介费的请求,不予支持。"①

中介合同应当是合法有效的。如果合同不成立、无效、因意思表示瑕疵而被撤销,那么,居间人就没有报酬请求权。② 例如,国家机关和事业单位的领导干部不得利用职权从事一定的中介活动,否则将因为违反相关法律的规定而无效。

需要讨论的是,如果合同成立以后,委托人和第三人之间通过合意解除了合同,或者因解除权的行使而单方解除合同,中介人是否仍然享有报酬请求权?在德国法上,其理论界一般认为,合同成立后被合意解除、单方解除或者终止的,中介人仍然享有报酬请求权。③ 笔者认为,只要当事人合法地行使解除权,而且不是因为中介人的原因导致合同被解除,则中介人的报酬请求权就不应当受到影响。

(二)依据约定返还费用的义务

在中介合同中,委托人的主要义务是支付报酬。关于中介费用,《民法典》第963条第2款规定:"中介人促成合同成立的,中介活动的费用,由中介人负担。"据此可见,中介活动的费用是计入报酬之中的,如果中介成功促成交易,则委托人支付的报酬中就已经包含了费用。比较法上通常也认为,只有当事人有特别约定,中介人才能请求委托人偿还中介活动的费用。④ 问题在于,如果交易最终没有达成,但中介人已经支付了一定的费用,此时委托人是否应当支付中介人所支出的费用?

《民法典》第964条规定:"中介人未促成合同成立的,不得请求支付报酬;但是,可以按照约定请求委托人支付从事中介活动支出的必要费用。"依据该规定,委托人负有依据约定返还必要费用的义务。所谓必要费用,是指中介人在从事中介合同过程中为促成合同的订立而支出的各种必要费用。例如,从事中介活动的必要的调查费用、广告费等。必要费用要与中介合同的目的相关联,凡是有助于促成中介合同目的实现所支出的费用都属于必要费用。⑤ 与《合同法》第427条相比较,《民法典》增加了"按照约定请求"的要件,将必要费用支付的法定请求权改为约定请求权。⑥ 按照原来的规定,如果当事人没有事先约定必要费用的返还,即使中介人没有获得报酬,也可以请求返还必要费用。但依据《民法典》的规定,只有在当事人事先约定要返还必要费用的情形下,中介人才能请求返还必要费用。如果没有约定就不必返还必要费用。

(三)协助义务

委托人在委托中介人从事一定居间行为的过程中,也应当在必要时提供一定的协助。例如,委托中介出售房屋,如果有意购买的人要求中介人带领实地看房,则委托人应当允许

---

① 天津市河东区人民法院(2010)东民初字第769号民事判决书。
② Looschelders, Schuldrecht, Besonderer Teil, 17. Aufl., 2022, Vahlen, § 37 Rn. 5.
③ Brox/Walker, Besonderes Schuldrecht, 46. Aufl., 2022, Beck, § 29 Rn. 65a.
④ Looschelders, Schuldrecht, Besonderer Teil, 17. Aufl., 2022, Vahlen, § 37 Rn. 8.
⑤ 参见谢鸿飞、朱广新主编:《民法典评注·合同编:典型合同与准合同4》,中国法制出版社2020年版,第441页。
⑥ 同上书,第435页。

看房,并应当提供必要的协助。

需要指出的是,委托人对中介人所从事的中介活动有权接受或者拒绝接受。在没有特别约定的情况下,即使中介人从事了一定中介活动,委托人也可以不接受其提供的中介服务。此种情形也被称为委托人的非订约义务。① 但是如果委托人为了避免向中介人支付报酬而恶意拒绝和阻止交易的成立,则其行为构成对中介合同的违反,应当向中介人承担违约责任。

(四) 不得从事"跳单"行为

在中介合同中,中介人向委托人提供相关的服务后,委托人不得绕开中介人直接与相对人订立合同,否则即构成"跳单"行为。跳单行为本质上是一种违反诚信原则的行为。该行为违背诚信和公平原则,严重损害中介人的利益,扰乱市场秩序,阻碍了中介行业的健康发展。② 在比较法上,对此种行为都进行了规范。例如,在德国法上,虽然居间人提供了订立合同的媒介服务,但是委托人不负有依据诚实信用原则必须订立合同的义务,当然,如果委托人严重违反诚实信用原则导致合同没有成立,应当对居间人依据《德国民法典》第280条第1款承担损害赔偿责任。③ 我国《民法典》第965条规定:"委托人在接受中介人的服务后,利用中介人提供的交易机会或者媒介服务,绕开中介人直接订立合同的,应当向中介人支付报酬。"该条对"跳单"行为作出了规范。

依据《民法典》第965条,构成"跳单"行为需符合如下几个条件:第一,委托人接受了中介人的服务。接受服务意味着中介合同已经成立,事实上已经形成了提供中介服务的关系。在中介合同成立后如果构成"跳单",则会产生违约问题,如果没有接受中介人的服务,则不会产生"跳单"的问题。第二,利用了中介人提供的交易机会或者媒介服务,但委托人绕开中介人,直接与第三人订立合同。例如,在"上海中原物业顾问有限公司诉陶德华居间合同纠纷案"中,法院认为,衡量买方是否"跳单"违约的关键,是看买方是否利用了中介公司提供的房源信息、机会等条件。如果买方并未利用该中介公司提供的信息、机会等条件,而是通过其他公众可以获知的正当途径获得同一房源信息,则买方有权选择报价低、服务好的中介公司促成房屋买卖合同成立,而不构成跳单违约。④ 但是在中介人提供了中介服务后,委托人绕开中介人直接与卖方订立买卖合同,就构成"跳单"。第三,与第三人直接订立合同。在"跳单"行为中,委托人之所以构成违约,是因为委托人成功缔约与中介人的中介活动具有相当因果关系。⑤

"跳单"行为的法律效果主要表现为两项:一是中介人享有相应的报酬请求权。因为跳单行为本质上是委托人逃避居间人的报酬请求权的行为,所以,不应当进行抽象意义上的劳务费酌定,而应当保护中介人的报酬请求权。这就是说,委托人在客观上利用了中介服务,而且这种"跳单"行为违反了法律的规定,委托人在主观上存在恶意,为了保护中介人对提供中介服务并据此获得报酬的期待,法律赋予中介人报酬请求权,从而保障其利益的实现。二

---

① 参见〔德〕迪特尔·梅迪库斯:《德国债法分论》,杜景林、卢谌译,法律出版社2007年版,第358页。
② 参见黄薇主编:《中华人民共和国民法典合同编解读》(下册),中国法制出版社2020年版,第1493页。
③ Looschelders, Schuldrecht, Besonderer Teil, 17. Aufl., 2022, Vahlen, § 37 Rn. 5.
④ 《指导案例1号:上海中原物业顾问公司诉陶德华居间合同纠纷案》,载中国法院网,https://www.chinacourt.org/article/detail/2011/12/id/470306.shtml,最后访问日期:2020年12月24日。
⑤ 参见谢鸿飞、朱广新主编:《民法典评注·合同编:典型合同与准合同4》,中国法制出版社2020年版,第452—453页。

是损害赔偿请求权。如果跳单行为导致了对中介人的损害,还应当对中介人进行损害赔偿。① 此种赔偿的基础仍然是委托人的违约行为。例如,中介人为了查明跳单行为的存在,进行的调查和证据固定等产生的费用。当然,如果当事人在合同中已经约定了违约金,则应当允许其主张违约金请求权。②

---

① 参见谢鸿飞:《合同法学的新发展》,中国社会科学出版社2014年版,第634页。
② 参见最高人民法院指导性案例1号。

第二十一章

物业服务合同

第一节 物业服务合同概述

一、物业服务合同的概念和特征

《民法典》第 937 条规定:"物业服务合同是物业服务人在物业服务区域内,为业主提供建筑物及其附属设施的维修养护、环境卫生和相关秩序的管理维护等物业服务,业主支付物业费的合同。物业服务人包括物业服务人和其他管理人。"物业服务合同有广义与狭义之分。广义上的物业服务合同包括前期由建设单位与物业服务人订立的前期物业服务合同,以及后期业主通过业主委员会或业主大会与物业服务人订立的合同。所谓前期物业服务合同,是指在建设单位与物业服务人之间订立的、由物业服务人提供管理服务并请求建设单位支付报酬的合同。狭义的物业服务合同,是指在业主与物业服务人之间签订的物业服务合同。《民法典》第 939 条规定:"建设单位依法与物业服务人订立的前期物业服务合同,以及业主委员会与业主大会依法选聘的物业服务人订立的物业服务合同,对业主具有法律约束力。"可见,《民法典》采纳的是广义的物业服务合同概念。[①]

传统合同法理论中并无物业服务合同的类型,我国《合同法》也没有对该合同作出规定,《民法典》之所以要将物业服务合同作为典型合同加以规定,一方面,这是我国司法实践经验和交易实践的总结。物业服务合同是随着我国房地产实践的发展和物业管理的需要而出现的。在我国,自住房制度改革以来,实现了住宅的商品化,而且商品化的房屋大多采用建筑物区分所有的形式。与此同时,城市化进程的加快使得土地资源日益稀缺,人们的居住方式开始从独门独户向建筑物区分所有发展。而且物业服务合同已经成为一种普遍性、典型性、规则特殊性的合同类型,关涉亿万业主的切身利益。[②] 伴随这一趋势,与物业服务相关的纠纷日益增多,实践中物业服务合同领域纠纷频发,物业服务人和业主的关系、前期物业服务合同的效力、物业服务合同的解除以及共有财产的管理等亟待规范。另一方面,《民法典》合同编需要与物权编中的建筑物区分所有权制度相互配合。因为物权编第二分编第六章规定了"业主的建筑物区分所有权",而在该章中具体规定了业主可以委托物业服务企业或其他管理人管理建筑物及其附属设施,也有权监督并解聘物业服务企业或其他管理人。但两者

---

① 参见黄薇主编:《中华人民共和国民法典释义》(中),法律出版社 2020 年版,第 1662 页。
② 参见石宏:《合同编的重大发展和创新》,载《中国法学》2020 年第 4 期。

之间的合同关系,必须要通过物业服务合同加以详细规定,具体落实。[1] 因而《民法典》将物业服务合同作为独立的典型合同类型设专章进行规定。该章也成为物业服务合同法律适用最为重要的规范依据。

长期以来,物业服务合同曾一直被称为物业管理合同,2007 年《物权法》率先采用了"物业服务"的概念后,沿用至今,《民法典》合同编也采用了物业服务合同的概念。

物业服务合同的主要特征在于:

(1) 主体的特殊性。

《民法典》第 937 条第 1 款将物业服务合同的主体规定为物业服务人和业主。同时规定"物业服务人包括物业服务企业和其他管理人"。这是与《民法典》物权编第 284 条第 1 款关于"业主可以自行管理建筑物及其附属设施,也可以委托物业服务企业或者其他管理人管理"的规定相一致的[2]。

物业服务合同主体的特殊性表现在:一方面,作为物业服务合同一方当事人的物业服务人,必须依法成立并具有必要的提供物业服务的能力。这是因为物业服务事关全体业主的人身、财产安全,同时,有的物业管理活动具有较高的技术性要求[3],如小区公共设施的检修、保养与维护等。因此,即使是自然人作为物业服务提供者,也必须要有一定的提供物业服务的能力。另一方面,作为物业服务合同的另一方当事人是全体业主,具有集合性的特点。[4] 由于全体业主人数众多,难以由全体业主直接参与订约过程,因而通常由业主委员会与物业服务人之间订立物业服务合同。合同一旦成立,即对全体业主具有拘束力,单个业主不得以其没有直接参与合同订立为由拒绝接受合同约束。毕竟业主人数较多,不可能由全体业主亲自与物业服务人签订合同,因而业主需要依据一定的程序,作出有关订约的决定。如果业主已经成立了业主大会,则需要依据法定程序,由业主大会作出决定,一旦业主大会作出决定,即对全体业主具有拘束力,业主不得以其并非合同当事人为由提出抗辩。这也表明了物业服务合同一方当事人具有集体合同的性质的特点。

(2) 客体的特殊性。

物业服务合同的客体是由物业服务人提供的物业服务。从本质上而言,物业服务属于劳务之债的范畴。具体来说,此种合同客体的特殊性主要表现为:一是持续性和重复性。物业服务人要在一定期限内持续提供服务,而且,不少服务内容具有重复性的特点。二是非物质利益性。物业服务合同与旅游合同和娱乐合同类似,所给付的都不是具体的标的物,而是无形的劳务,因此,不以物质利益的交换为直接目的。[5] 三是不适用代替给付。在物业服务合同的履行中,一般无法由第三人代为给付。四是更注重相互信赖关系。如果物业服务人所提供的服务存在瑕疵,导致信任关系不复存在,则业主有权解除合同。

(3) 内容的复合性。

一般的民事合同的内容具有单一性,而物业服务合同的内容则具有复合性的特点。这就是说,物业服务人提供的物业服务的内容具有多样性,表现在其既包括财产的管理、环境

---

[1] 参见黄薇主编:《中华人民共和国民法典合同编解读》(上册),中国法制出版社 2020 年版,第 1282 页。
[2] 参见最高人民法院民事审判第一庭编著:《最高人民法院建筑物区分所有权、物业服务司法解释理解与适用》,人民法院出版社 2009 年版,第 250 页。
[3] 同上书,第 258 页。
[4] 参见许步国:《物业管理法研究》,中国民主法制出版社 2006 年版,第 156 页。
[5] 参见周江洪:《服务合同研究》,法律出版社 2010 年版,第 16 页以下。

的管理,也包括秩序的维护等。物业服务的内容有的来自法律规定,有的来自约定。概括而言,物业服务的内容主要包括:一是经营、管理物业服务区域内的业主共有部分。例如,对共有部分进行维护、维修、清洁、绿化,车库的管理与维护等。二是维护物业服务区域内的基本秩序。例如,对小区的环境进行管理、维护小区治安环境等。三是采取合理措施保护业主的人身、财产安全。物业服务人作为物业区域的管理人,其应当负担一定的安全保障义务,保障业主的人身安全和财产安全,如物业服务人应当根据实际情况设置保安保障小区安全等。如果因为物业服务人未尽到安全保障义务,造成业主损害的,物业服务人应当依法承担责任。基于这一原因,物业服务合同的内容具有综合性与全面性的特点。① 据此,有学者认为,物业服务合同是一种包括委托、行纪、雇佣、承揽在内的复合型合同。②

(4) 订立程序的特殊性。

物业服务合同的订立需要遵循法定的特殊程序,其主要原因在于,物业服务合同的一方当事人为全体业主,具有集合性的特点。为了提高订约效率、避免发生纠纷,在物业服务合同的订立方面,需要设置一定的程序性要求。根据《民法典》第 278 条的规定,选聘和解聘物业服务人或者其他管理人时,应当经专有部分面积占比三分之二以上的业主且人数占比三分之二以上的业主参与表决,且经参与表决专有部分面积过半数的业主且参与表决人数过半数的业主同意。同时,经过业主大会的选聘之后,由业主委员会代表业主与物业服务人签订物业服务合同。因此,在合同的签订时,与一般的合同相比,物业服务合同需要遵循严格的法定程序。在合同订立后,即便单个的业主没有参与订约,其也应当受该合同的约束。

(5) 履行具有继续性。

物业服务人应当按照法律规定和物业服务合同的要求,持续地向业主提供各项物业服务。换言之,物业服务的提供并不是一次性完成的,而需要在合同约定的期间内不间断地提供。因此,物业服务合同属于典型的继续性合同。由于继续性合同在终止时不产生溯及既往的效力,因而在物业服务合同终止时,其效力向将来发生。对于物业企业已经提供的服务,业主仍应当按照合同约定支付相应的报酬。

(6) 性质上具有双务、有偿性。

物业服务人应当按照物业服务合同的约定向全体业主提供物业服务,而全体业主应当支付相应的报酬,因此,物业服务合同是一种双务合同。③ 由于物业服务人以专门从事物业服务为营业,其提供物业服务就是要获取报酬。物业服务合同在本质上类似于有偿委托合同,即全体业主作为委托人委托物业服务人管理小区的物业等事项,并支付相应的报酬。④ 但是物业服务合同作为一种独立的合同类型,并不完全等同于有偿委托合同,一般的委托合同往往是处理具体的一项或者几项事务,而物业服务合同委托的是综合性的事项,其涉及的内容非常宽泛,既包括对物的管理,也包括对人的管理,还包括对小区安全秩序的维护等,这是一般的委托合同所不具备的。

(7) 具有要式性。

物业服务合同必须采用书面形式订立,其提供的服务具有要式性。《民法典》第 938 条第 3 款规定:"物业服务合同应当采用书面形式。"该条如此规定,主要是为了明确物业服务

---

① 参见许步国:《物业管理法研究》,中国民主法制出版社 2006 年版,第 157 页。
② 参见夏善胜主编:《物业管理法》,法律出版社 2003 年版,第 141—142 页。
③ 参见陈文:《物业服务合同若干法律问题研究》,载《现代法学》2004 年第 2 期。
④ 参见宋宗宇、黄锡生:《房地产法学》,重庆大学出版社 2003 年版,第 221 页。

人与业主之间的具体权利义务关系,同时也有利于避免纠纷的发生。但当事人并未签订书面合同,而物业服务企业已经提供了物业服务,业主已经接受的,也不应影响物业服务合同的效力。例如,在"某小区业主委员会诉某房地产开发公司物业服务合同纠纷案"中,法院认为:"2007 年和 2008 年,小区在没有选聘其他物业服务企业的情况下一直由小区业委会提供物业服务,这种事实上的物业服务关系决定了作为业主的被告应当向服务提供者支付相应的服务费用,而不以业主大会或业主委员会的决议有效为前提。"①

二、物业服务合同的性质

对于物业服务合同的性质,学界一直存在不同的观点,主要有委托合同说、服务合同说、混合合同说等观点。笔者认为,物业服务合同具有如下性质:

(一) 属于提供服务的合同

提供服务的合同,是指以提供全部或部分的服务为债务的合同。此类合同与交付有体物的合同类型相对应,其内容包括一方提供技术、文化、生活服务、管理,另一方接受服务并支付服务费两方面。② 物业服务人提供的服务内容虽然具有多样性、综合性,但其本质上提供的是物业服务,业主也是根据物业服务人所提供的服务而向其支付物业服务费。在物业服务合同中,物业服务人虽然也需要提供一定的服务,但其并不需要向业主交付特定的工作成果,因此,其不同于承揽合同。从广义上说,其仍然属于提供劳务的合同。

(二) 具有团体性合同的特点

所谓团体性合同,是指当事人一方为由多数人组合而成的集体而与另一方所订立的合同。从 19 世纪就已开始,在劳动法领域形成了集体合同,其适用范围也有逐渐扩张的趋势。从制度发展史来看,集体合同的产生的重要原因之一是通过团体磋商的构造实现主体平等性。因为在劳动合同领域,劳动合同由劳动者与用人单位缔结时,主体处于形式平等但实质不平等的地位,于是法律允许劳动者结社组织工会,以集体的力量平衡用人单位的优势地位,实现基于实质平等地位的博弈,缓解劳资双方的矛盾。③ 劳动合同作为集体合同产生以后,逐渐扩大到其他领域,这是民法中由个人主义向团体主义发展的结果,反映了个人主义的私法自治向团体自治的发展④,也是合同法发展的新趋势。⑤ 物业服务合同之所以具有团体性合同的特点,表现在:

第一,在合同的订立方面,它是由业主委员会代表全体业主与物业服务人之间所签订的。其效力具有特殊性,即物业服务合同中会出现订立主体和约束主体的分离,物业服务合同对业主具有法律约束力的前提是建设单位或者业主委员会依法订立的物业服务合同符合法定的程序和权限条件。该合同订立后,对单个业主具有法律拘束力,而且,物业服务合同对于后来的房屋买受人也具有拘束力。⑥

---

① 法宝引证码 CLI.C.874105。
② 参见全国人大常委会法制工作委员会民法室编著:《〈中华人民共和国合同法〉及其重要草稿介绍》,法律出版社 2000 年版,第 150 页。
③ 徐涤宇:《物业服务合同法律构造之中国模式》,载《法学研究》2021 年第 3 期。
④ 同上。
⑤ 苏永钦:《私法自治中的国家强制》,载氏著:《走入新世纪的私法自治》,中国政法大学出版社 2002 年版,第 62 页。
⑥ 参见朱虎:《物业服务合同作为集体合同:以〈民法典〉规范为中心》,载《暨南学报(哲学社会科学版)》2020 年第 11 期。

第二,从物业服务的内容来看,依据《民法典》第 938 条第 2 款,"物业服务人公开作出的有利于业主的服务承诺,为物业服务合同的组成部分",这表明,物业服务人所作出的服务承诺,即可对全体业主发生效力,而不需要与单个业主进行谈判,这也反映出其集体合同的特点。

第三,从合同的解除来看,此类合同只能由全体业主享有解除权,而且业主只能依照法定程序共同决定解聘物业服务企业;任何单个的业主无权主张解聘物业服务人。

第四,关于物业费的支出,由于物业服务合同具有集体合同的特点,单个的业主不是合同的订约主体,因此其不能以没有享受物业服务为由拒绝支付物业费。但是《物业服务司法解释》第 3 条从保护业主利益出发,允许业主可以请求物业服务企业退还违规收费。因为这些收费本身是侵害业主权益的行为,应当退还给业主。①

第五,在诉讼主体上,涉及业主共同利益时,业主委员会已经作为原告提起诉讼的,单个业主的权利受到限制②。

(三)类似于有偿委托的合同

物业服务合同是一种类似于委托的合同。一方面,虽然物业服务的内容具有复合性、多样性特点,但是,物业服务本身还是更类似委托的性质。物业服务并不要求交付工作成果,所以,很难纳入承揽合同的范畴。另外,虽然物业服务企业要提供服务,但是,它与一般的服务合同也存在不同之处,毕竟物业服务企业需要一定的资质,才能提供专业化的服务。另一方面,因为经过长期的实践,立法机关总结了此前《物业管理条例》等立法和司法解释经验,已经概括出比较成熟的典型合同规划,《民法典》将物业服务合同单独规定,并与委托合同相区别,旨在更好地规范物业服务行业的发展,更好地解决实践中出现的物业服务纠纷。③

三、物业服务合同与相关概念的比较

(一)物业服务合同与委托合同

如前所述,物业服务合同与委托合同具有相似性。一方面,依据《民法典》第 284 条的规定,业主"可以委托物业服务企业或者其他管理人管理"建筑物及其附属设施等物业。可见,物业服务合同具有委托合同的属性。在物业服务合同中,全体业主类似于委托合同中的委托人,而物业服务人类似于委托合同中的受托人,物业服务人受业主的委托提供一定的服务。④ 在法律没有特别规定的情形下,应当可以参照适用委托合同的规定。另一方面,二者都属于提供劳务型的合同。物业服务合同与委托合同具有相似性和共通性。物业服务合同的客体是一种服务行为,这也与委托合同的特征相符合⑤,其在性质上类似于有偿委托合同。还应当看到,在委托合同中,依据《民法典》第 933 条,委托人和受托人均享有任意解除权,这主要是考虑到委托合同的订立是基于信赖关系,只要此种信赖关系不复存在,就应当允许解

---

① 参见最高人民法院民事审判第一庭编著:《最高人民法院建筑物区分所有权、物业服务司法解释理解与适用》,人民法院出版社 2009 年版,第 290 页。
② 参见朱虎:《物业服务合同作为集体合同:以〈民法典〉规范为中心》,载《暨南学报(哲学社会科学版)》2020 第 11 期。
③ 黄薇主编:《中华人民共和国民法典合同编解读》(下册),中国法制出版社 2020 年版,第 1287 页。
④ 参见法律出版社法规中心编:《中华人民共和国物权法文书范本(注解版)》,法律出版社 2011 年版,第 105 页。
⑤ 参见陈华彬:《建筑物区分所有权研究》,法律出版社 2007 年版,第 112 页;周珂:《物业管理法教程》,法律出版社 2004 年版,第 267—269 页;谭玲、胡丹缨:《物业管理相关问题再探析》,载《现代法学》2006 年第 6 期;纽丽娜:《物业管理合同的法律特征及相关案例的审判》,载《人民司法》2002 年第 8 期。

除。而物业服务合同中也存在类似的权利。《民法典》第946条第1款规定:"业主依照法定程序共同决定解聘物业服务人的,可以解除物业服务合同。决定解聘的,应当提前六十日书面通知物业服务人,但是合同对通知期限另有约定的除外。"从该条规定来看,其并没有对业主的解聘权作出额外限制,也不需要说明理由,这与委托合同中的任意解除权具有相似性。因为上述原因,不少学者认为,物业服务合同具有一定的委托合同的性质,物业服务企业受托处理的委托事务就是物业管理。①

笔者认为,虽然物业服务合同与委托合同具有一定的相似性,但二者仍然具有如下区别:

第一,合同的目的不同。虽然二者都是提供劳务的合同,但对委托合同而言,受托人处理事务的范围较为广泛,受托人是受委托人委托并按照委托人的指示处理委托事务,其合同的自主性受到约束。而在物业服务合同中,并不存在授权的问题,在合同生效后,只要在合同许可的范围内,物业服务人就可以自主开展物业服务活动。

第二,从事行为时的名义不同。在委托合同中,受托人既可以以自己的名义,也可以以委托人的名义从事各项委托活动。例如,受托人基于委托人的委托,为其购买某种货物,受托人既可以以自己的名义购买,然后通过法律行为将该行为的后果移转给委托人,也可以以委托人的名义购买,相关行为的效果直接归属于委托人。而在物业服务合同中,物业服务人以自己的名义提供物业服务,业主对物业服务人从事的民事行为并不承担法律后果。② 同时,在委托合同中,受托人从事委托活动,通常是与第三人发生民事法律关系;而在物业服务合同中,虽然也涉及第三人③,但物业服务人提供物业服务的行为主要涉及全体业主,如对小区设施的管理、对车库的管理等。

第三,处理事务的性质不同。在委托合同中,受托人所处理的是委托人委托的事务,该事务通常与委托人具有特定的利害关系。而物业服务合同的标的并不是处理特定的事务,而是由物业服务人提供一种社会化、专业化、技术化的有偿性质的服务④,物业服务人所处理的事务范围更为专业。

第四,是否具有有偿性不同。委托合同既可以是有偿合同,也可以是无偿合同,受托人是否获得报酬,完全由当事人自由约定。而作为物业服务合同一方主体的物业服务人本身是营利性主体,这就决定了物业服务合同是一种有偿合同,物业服务人提供物业服务本质上属于经营性活动的范畴。因此,物业服务合同是一种有偿合同。

第五,受托人受指示拘束的程度不同。在委托合同中,受托人应当随时听取委托人的指示,并且从事委托活动时必须严格遵守委托人的指示⑤,委托合同中受托人的事务处理权限受到合同或委托人指示的严格限制,其通常限于特定委托事项的处理。与委托合同相比,物业服务合同具有较强的专业性。物业服务人在物业服务活动中的自主性较强,无须在处理每项事务时都要按照业主的指示,只要其提供的物业服务符合合同约定的标准和要求即可。此外,物业服务合同中,物业服务人处理的事项具有非特定性,对事务的处理权限较大。

---

① 参见谭玲、胡丹缨:《物业管理相关问题再探析》,载《现代法学》2006年第6期。
② 参见黄薇主编:《中华人民共和国民法典释义》(中),法律出版社2020年版,第1670页。
③ 参见赵惠:《析物业服务合同的性质及其解除》,载《法律适用》2010年第11期。
④ 参见最高人民法院民事审判第一庭编著:《最高人民法院建筑物区分所有权、物业服务司法解释理解与适用》,人民法院出版社2009年版,第251页。
⑤ 参见高富平、王连国:《委托合同与受托行为》,载《法学》1999年第4期。

第六,是否可以转委托不同。依据《民法典》第923条,在委托合同中,经委托人同意,受托人可以转委托。但在物业服务合同中,物业服务企业只能将专项经营业务委托给专门的公司,不能将全部业务都转给其他企业。①

由此可见,物业服务合同虽然类似于委托合同,但其在内容、效力等方面具有很强的特殊性,无法完全直接适用委托合同的规则,而具有自身的特殊规则,因此,有必要将其规定为独立的有名合同,对其特殊规则集中作出规定。

(二)物业服务合同与承揽合同

承揽合同是承揽人按照定作人提出的要求完成一定的工作,并将工作成果交付给定作人,定作人接受该工作成果并给付约定报酬的合同。物业服务合同与承揽合同具有一定的相似性,表现在:一方面,二者都是提供一定劳务的合同,在某些情形下,对特定的物业服务而言,物业服务人也可能需要交付一定的工作成果,如物业服务人按照约定将修缮的成果交付给业主。另一方面,《民法典》第787条规定:"定作人在承揽人完成工作前可以随时解除合同,造成承揽人损失的,应当赔偿损失。"这就在法律上确立了承揽合同中定作人的任意解除权。而在物业服务合同中,依据《民法典》第946条第1款的规定,业主也享有依法解聘权,这与承揽合同中定作人的任意解除权具有相似性。但笔者认为,物业服务合同与承揽合同仍然存在明显的区别,主要表现在:

第一,是否需要完成并交付特定的工作成果不同。承揽合同是一种结果之债,不仅要提供一定的劳动,而且要交付一定的工作成果。承揽合同的工作成果具有特定性,承揽人要按照定作人的特定要求来完成工作成果。这就是说,在承揽合同中,承揽人最终所完成的工作成果应当符合定作人的特定要求。而在物业服务合同中,物业服务人提供的是一种服务,其应当依据物业服务合同提供一定的物业服务,如对小区设施的管理、对小区秩序的维护等,在通常情况下,其并不需要交付一定的工作成果。

第二,是否需要亲自完成主要工作不同。承揽合同中,定作人选择与某一承揽人订立合同,都是基于对特定承揽人技术、经验、技能等的信赖。因而,承揽人原则上应当按照定作人的要求,凭借其自身的技术、经验、技能亲自完成一定的工作成果,不能将其承揽的主要工作交由第三人完成。②而在物业服务合同中,依据《民法典》第941条第1款,"物业服务人将物业服务区域内的部分专项服务事项委托给专业性服务组织或者其他第三人的,应当就该部分专项服务事项向业主负责"。由于物业服务合同中,物业服务人本身提供的服务范围广泛、种类多样,不存在单一劳务给付中主要工作的划分和认定。因而,物业服务人可以将部分或者专项物业服务委托给其他组织或第三人,只是不能将其物业服务全部转委托给他人,否则可能导致业主对物业服务人信赖的落空,而且很有可能会损害全体业主的合法利益,因而法律禁止物业服务人将全部服务转委托于他人。

第三,是否提供原材料不同。承揽合同是结果之债,承揽人需要完成并交付一定的工作成果,因此,在某些承揽合同(如加工类的承揽合同)中,必须由定作人提供一定的原材料,承揽人才能完成一定的工作并交付工作成果。而物业服务合同本质上并不是结果之债,物业服务人并不需要交付最终的工作成果,也不涉及提供原材料的问题。

---

① 参见最高人民法院民事审判第一庭编著:《最高人民法院建筑物区分所有权、物业服务司法解释理解与适用》,人民法院出版社2009年版,第251页。

② 参见魏耀荣等:《中华人民共和国合同法释论(分则)》,中国法制出版社2000年版,第276页。

(三)物业服务合同与业主管理规约

所谓业主管理规约,又称为规约、业主公约、住户规约,是由全体业主通过业主大会就物业的管理、适用、维护与所有关系等各方面事项所制定的规则①,也是指业主间达成的有关如何管理、使用和维护共有财产以及规范其相互之间关系的协议。物业服务合同与业主管理规约在内容和效力上有一定的联系。一方面,在内容上,两者都涉及对区分所有建筑物的管理,以及小区生活秩序的维护。另一方面,业主公约的一些规定,如业主交纳物业管理费用的时间、方式等,也可以成为物业服务合同的内容。但是两者仍然存在明显的区别,主要表现在:

第一,性质不同。在英文中,管理规约也常常表述为convention,意指全体业主之间的公约,它是业主自治的具体体现,属于自治法和自治规则。② 管理规约是全体业主共同意志的产物,性质上属于一种共同行为,是各业主对共同事项一致的意思表示,类似于公司章程,对全体业主具有拘束力。③ 而物业服务合同在性质上属于民事合同,物业服务合同的主体是双方当事人,是意思表示方向相对的双方法律行为。

第二,订立主体不同。管理规约的订立主体是全体业主,换言之,它是全体业主之间所从事的共同行为,其本质是全体业主的自治协议,不论业主是否参与了制定,不问其入住的先后,也不管其是否同意该管理规约,同一小区内的所有业主都应该受管理规约的拘束。而物业服务合同的主体是物业服务人和全体业主。单个业主虽然不是合同当事人,但应当受到物业服务合同的拘束。

第三,约束范围不同。管理规约作为业主自治规范,其对全体业主乃至承租人、房屋受让人等房屋实际使用人均具有约束力。物业服务合同作为业主与物业服务人之间的合同,对业主和物业服务人具有约束力,物业服务人应当按照物业服务合同的约定,向全体业主提供物业服务,而全体业主应当按照合同约定支付相应的费用。

第四,订立的程序不同。管理规约需要通过业主大会进行表决,依据《民法典》第278条规定的程序和要求制定和修改。而物业服务合同的签订程序主要是:业主大会作出决定、同意选聘特定物业服务人后,由其授权业主委员会与该物业服务人按照一般的合同缔结方式订约,即按照要约、承诺的方式订立合同。

第五,内容不同。管理规约涉及小区中公共物业设施的使用、管理以及共同生活秩序的维护等内容,具体包括物业小区的基本情况、业主间的法律关系、业主间的共同事务以及业主间利害关系调整的事项等④,主要是对业主行为的自我约束和管理。管理规约也可以说是业主行为的基本准则,例如,物业服务人有权禁止业主乱搭乱建、禁止业主携带危险物品进入社区或者饲养危险动物,其中涉及公共事务、业主的行为规范等内容,显然不能包括在物业服务合同之中。⑤ 而物业服务合同则是明确业主和物业服务人双方权利义务的约定,其内容具有复合性,既包括对小区设施的管理,还包括对小区安全秩序的维护等。简言之,管理规约和物业服务合同的内容和规定事项存在显著差异,各有其适用范围和对象。

---

① 参见万鄂湘主编:《物权法理论与适用》,人民法院出版社2005年版,第410页。
② 参见陈华彬:《现代建筑物区分所有权制度研究》,法律出版社1995年版,第217页。
③ 参见王泽鉴:《民法物权(1)通则·所有权》,中国政法大学出版社2001年版,第263页。
④ 参见最高人民法院民事审判第一庭编著:《最高人民法院建筑物区分所有权、物业服务司法解释理解与适用》,人民法院出版社2009年版,第289页。
⑤ 参见肖海军:《物业管理与业主权利》,中国民主法制出版社2006年版,第76页。

第二节 物业服务合同的订立和内容

一、物业服务合同的订立

物业服务合同的订立需要遵循法定的特殊程序和主体的特殊要求。首先,要区分前期物业服务合同和一般物业服务合同而分别订立。依据《民法典》第939条的规定,前期物业服务合同是建设单位与物业服务人之间订立的合同。而业主委员会和业主大会与物业服务人之间订立的合同,属于一般物业服务合同。

其次,订立主体具有特殊性。物业服务合同的一方当事人是物业服务人。依据《民法典》第937条第2款的规定,"物业服务人包括物业服务企业和其他管理人"。缔约主体与受约束的主体也可能发生一定的分离,例如,物业服务合同的一方并非业主,而是代表业主利益的业主团体,通过业主大会的授权由业主委员会与物业服务企业订立合同。缔约主体的特殊性还表现在,物业服务合同对于新来的房屋买受人也具有拘束力。①

最后,订立程序具有特殊性。物业服务合同的一方当事人为全体业主,具有集合性的特点。为了提高订约效率、避免发生纠纷,在物业服务合同的订立方面,需要设置一定的程序性要求。依据《民法典》第278条的规定,选聘和解聘物业服务人或者其他管理人时,应当经专有部分面积占比2/3以上的业主且人数占比2/3以上的业主参与表决,且经参与表决专有部分面积过半数的业主且参与表决人数过半数的业主同意。同时,经过业主大会的选聘之后,由业主委员会代表业主与物业服务人签订物业服务合同。因此,在合同签订方面,与一般的合同相比,物业服务合同需要遵循严格的法定程序。在合同订立后,即便单个的业主没有参与订约,其也应当受该合同的约束。

二、订约主体

(一)物业服务人

物业服务合同的一方当事人是物业服务人,它是接受物业所有人或其授权人的委托,根据物业服务合同提供专业管理服务的企业和个人。物业服务人的特点在于:

第一,物业服务人既包括物业服务企业,也可能是企业之外的自然人。《民法典》第937条第2款规定:"物业服务人包括物业服务企业和其他管理人。"由此可见,物业服务人除了物业服务企业之外,还有其他管理人。例如,有的小区住户较少,规模较小,业主可聘请若干人直接管理物业,并与业主订立物业服务合同。

第二,物业服务人应当具有一定的专业管理服务能力。我国现行的法律法规并没有对物业服务人的资质作出特别要求,也不需要特别许可,但是应当具备提供物业服务的能力。

第三,物业服务人对物业的管理权来自全体业主的委托或法律法规的相关规定。② 物业服务人是由业主聘请、基于业主的委托提供各种专业化物业服务的企业和自然人。③ 对前期

---

① 参见朱虎:《物业服务合同作为集体合同:以〈民法典〉规范为中心》,载《暨南学报(哲学社会科学版)》2020年第11期。
② 参见陈文:《物业服务合同若干法律问题研究》,载《现代法学》2004年第2期。
③ 参见肖海军:《物业管理与业主权利》,中国民主法制出版社2006年版,第45页。

物业服务而言,由于小区内的商品房出售和入住率较低,无法通过召开全体业主大会选聘物业服务人,所以,一般由建设单位聘请前期物业服务人。但是,在小区内的商品房达到一定的入住率之后,就应当由业主召开全体业主大会,以决定是否继续聘任该物业服务人。如果全体业主同意继续聘请,则在全体业主和物业服务人之间成立物业服务合同关系。如果全体业主不同意继续聘请该物业服务人,则全体业主有权终止该前期物业服务合同,并有权聘请其他物业服务人、管理人或者自行管理。如果物业服务人未能按照约定提供物业服务,则全体业主有权依据法律规定或者合同约定解聘物业服务人。

（二）业主

物业服务合同的另一方当事人是业主。但是,作为物业服务合同主体的业主,究竟是指全体业主,还是单个业主?《民法典》第937条第1款规定:"物业服务合同是物业服务人在物业服务区域内,为业主提供建筑物及其附属设施的维修养护、环境卫生和相关秩序的管理维护等物业服务,业主支付物业费的合同。"从该规定来看,其并没有明确规定物业服务合同的一方主体究竟是业主的整体,还是单个的业主。笔者认为,从体系解释来看,应当将其解释为全体业主,理由主要在于:

第一,物业服务合同具有集体性,即合同并不是物业服务人与单个业主订立的,而是物业服务人与全体业主订立的,只能由业主大会和业主委员会代表业主去订立合同,一旦业主大会或业主委员会与物业服务企业订立合同,就对全体业主生效。

第二,只有全体业主才享有任意解除权。《民法典》第946条第1款规定:"业主依照法定程序共同决定解聘物业服务人的,可以解除物业服务合同。决定解聘的,应当提前六十日书面通知物业服务人,但是合同对通知期限另有约定的除外。"该规定采用"业主依照法定程序共同决定"的表述,表明解聘物业服务人必须要经过全体业主同意。因此,单个业主无权主张解聘。

第三,全体业主享有续聘权。《民法典》第947条第1款规定:"物业服务期限届满前,业主依法共同决定续聘的,应当与原物业服务人在合同期限届满前续订物业服务合同。"该条明确规定了物业服务合同的续订由业主依法共同决定,这也意味着参与订立合同的业主应当是指全体业主。

第四,将全体业主作为合同一方当事人,符合《民法典》物权编关于区分所有权的相关规定。依据《民法典》第278条的规定,有关建筑物及其附属设施的管理规约的制定和修改、业主委员会的选举或者业主委员会成员的更换、物业服务企业或者其他管理人的选聘和解聘,以及有关共有和共同管理权利的其他重大事项等内容,应由业主共同决定。所谓"由业主共同决定",实际上就是通过业主大会来选聘和解聘物业服务人。选聘和解聘物业服务企业或者其他管理人是法律赋予业主大会的职权。

第五,物业服务人所管理的事务是全体业主的事务,物业服务人管理的物业是全体业主的财产,而且主要是全体业主的共有财产。物业服务合同涉及全体业主的共同利益,它是为了落实业主的共同管理权而订立的,因此,应当将全体业主作为物业服务合同的当事人。此外,以全体业主作为合同主体,才能使物业服务合同对全体业主产生拘束力。《民法典》第939条规定:"建设单位依法与物业服务人订立的前期物业服务合同,以及业主委员会与业主大会依法选聘的物业服务人订立的物业服务合同,对业主具有法律约束力。"所谓"对业主具有拘束力",是指业主依据物业服务合同,既享有权利,也应承担义务。由于业主应当受到物业服务合同的约束,这就意味着,业主已经成为物业服务合同的实质当事人。① 例如,在"大连万佳物业管理有限公司、高怡物业服务合同纠纷上诉案"中,法院指出:"2002年10月7日,北京东和嘉业房地产开发有限公司(以下简称东和公司)与北京东和田园物业管理有限责任公司(以下简称东和物业公司)签订了物业管理委托合同,东和公司将交大嘉业委托于东和物业公司实行物业管理。物业委托合同系东和公司与东和物业公司签订,金宏、张庆明作为业主应受到该物业委托合同的约束,该委托合同对金宏、张庆明具有约束力。"② 强调合同对业主的拘束力,也有利于物业服务人对业主提出请求权,尤其是涉及物业费交纳等事项。

虽然单个业主没有参与物业服务合同的订立,但该合同对其仍然具有拘束力。其原因在于:第一,《民法典》第939条明确了单个业主也必须受到物业服务合同的约束。依据这一规定,物业服务合同对单个业主要产生拘束力。可以说,这种拘束力来源于法律的规定,也来源于业主对业主大会或业主委员会的授权。第二,这是由业主大会和业主委员会作为业主自治的权力机关和执行机关的法律地位所决定的。业主委员会代表业主订立的物业服务合同是业主行使自治权的体现,因而对单个业主产生拘束力。③ 第三,从物业服务合同的内容来看,物业服务合同大量涉及单个业主的义务。例如,就物业费的交纳而言,物业费的交纳最终由各个业主承担。因此,只有当物业服务合同对单个业主产生拘束力时,该合同才能得到履行。第四,从责任的承担来看,一旦出现了违约情形,最终承担违约责任的仍然是各个业主。《民法典》第944条规定:"业主应当按照约定向物业服务人支付物业费。物业服务人已经按照约定和有关规定提供服务的,业主不得以未接受或者无需接受相关物业服务为由拒绝支付物业费。业主违反约定逾期不支付物业费的,物业服务人可以催告其在合理期限内支付;合理期限届满仍不支付的,物业服务人可以提起诉讼或者申请仲裁。"据此,在业主违约的情形下,违约责任的主体是业主,而非业主大会或业主委员会,即应由业主承担相应的违约责任。④

三、物业服务合同的内容

(一) 合同义务的来源

物业服务合同的内容主要来源于合同的约定。当事人的约定只要不违反法律、法规的效力性强制性规定,即产生法律约束力,双方当事人都应当严格遵守合同约定。依据《民法典》第577条的规定,物业服务人不履行或者不完全履行物业服务合同约定的或者法律、法规规定的以及相关行业规范确定的维修、养护、管理和维护义务,业主有权请求物业服务人承担继续履行、采取补救措施或者赔偿损失等违约责任。依据《民法典》第938条第2款的规定,物业服务人公开作出的有利于业主的服务承诺,应当认定为物业服务合同的组成部分。据此,物业服务合同的内容,除了当事人约定的合同内容外,还应当包括如下几方面的内容。

第一,法律、法规的规定。例如,《民法典》合同编规定物业服务人有义务依据合同约定提供物业服务,业主也有义务交纳各项服务费,即使当事人没有在合同中对该义务进行约

---

① 参见最高人民法院民事审判第一庭编著:《最高人民法院建筑物区分所有权、物业服务司法解释理解与适用》,人民法院出版社2009年版,第257页。
② 参见辽宁省大连市中级人民法院(2020)辽02民终4804号民事判决书。
③ 参见黄薇主编:《中华人民共和国民法典释义》(中),法律出版社2020年版,第1682页。
④ 参见张春普、张居卿:《论业主管理团体在物业合同中的主体地位》,载《学术界》2009年第1期。

定,其也应当成为合同的内容。

第二,行业规范。这主要是指相关行业规范确定的物业服务人负有的维修、养护、管理和维护义务,例如,《上海市物业管理行业规范》中规定的物业服务人员挂牌上岗的要求等。即使当事人没有作出约定,行业规范所确立的义务也应当成为物业服务合同的内容。

第三,物业服务人公开的服务承诺。所谓公开的服务承诺,是指物业服务人为保证物业服务的质量和效益,向全体业主公开作出的有关物业服务内容和标准的单方意思表示。物业服务人的公开服务承诺也包含了要受到拘束的意思,该承诺在业主接受以后就应当生效并成为合同条款。例如,物业服务人所作出的维修请求限时服务的承诺(如24小时之内进行维修),该承诺虽然没有明确记载在合同中,但只要物业服务人已经作出明确承诺,该承诺也应当成为物业服务合同的内容。《民法典》第938条第2款规定:"物业服务人公开作出的有利于业主的服务承诺,为物业服务合同的组成部分。"据此,公开的服务承诺主要有如下构成要件:一是它是由物业服务人公开作出的承诺。公开的方式包括通过公开张贴或者通过宣传手册、服务承诺书等宣传文件进行公开表示。物业服务人向业主公开物业服务细则也是公开承诺的一种方式。二是该承诺必须有利于业主。物业服务人公开的一些承诺可能附带了一些条件,对业主并非当然有利。判断这些公开承诺对业主是否有利,关键看对业主利益所产生的影响。如果将物业服务人公开承诺中不利于业主利益的内容都视为物业服务合同的内容,显然不利于保护业主的利益,也违背了业主的意愿。三是公开承诺的内容具体、确定。也就是说,这些内容可以构成有效的要约,业主通过行为或者沉默的方式作出承诺,该服务承诺已经成为物业服务的合同条款。① 物业服务人公开承诺的内容多种多样,有些内容是物业服务人内部的工作细则、操作标准或者内部管理规则,与业主的权利没有直接的关联,此类承诺无法成为物业服务合同的内容。②

我国司法实践也认为,物业服务人公开承诺的内容可以成为物业服务合同的组成部分。例如,在"董某某诉徐州市丰缘物业管理有限公司物业服务合同纠纷案"中,法院认为:"在小区内出现失窃行为后,丰缘物业张贴通知,对自身和业主的权利义务进行了进一步确认,承诺'实行门禁,每晚10点后禁止出租车进入,各种车辆进出门时进行登记,检查有效证件',并要求业主予以配合。依据《物业服务纠纷司法解释》第3条的规定,可知'通知'的内容是对原物业协议的补充约定,应视为合同的组成部分。"③

(二) 合同的主要条款

《民法典》第938条第1款规定:"物业服务合同的内容一般包括服务事项、服务质量、服务费用的标准和收取办法、维修资金的使用、服务用房的管理和使用、服务期限、服务交接等条款。"依据该条规定,物业服务合同的主要条款包括:

(1) 物业服务事项。《物业管理条例》第35条第1款规定:"物业服务企业应当按照物业服务合同的约定,提供相应的服务。"因此,具体的物业服务事项应当在合同中明确,包括对共有财产的维护、养护和管理,尤其涉及对业主的专有财产部分的维修和管理,都应当加以

---

① 最高人民法院民事审判第一庭编著:《最高人民法院建筑物区分所有权、物业服务司法解释理解与适用》,人民法院出版社2009年版,第297页。

② 参见朱虎:《物业服务合同作为集体合同:以〈民法典〉规范为中心》,载《暨南学报(哲学社会科学版)》2020年第11期。

③ 江苏省徐州经济技术开发区人民法院(2012)开民初字第0110号民事判决书。需要指出的是,原《物业服务纠纷司法解释》第3条已被删除。

明确。《物业管理条例》第 43 条规定:"物业服务企业可以根据业主的委托提供物业服务合同约定以外的服务项目,服务报酬由双方约定。"据此,对一些本不属于物业服务内容的服务项目,物业服务人可通过与业主的另行约定,有偿提供服务,如代收快递邮件服务等。

(2) 服务质量。一般来说,法律很难对物业服务质量的标准作出明确界定,但当事人可以在合同中对其作出特别约定。例如,物业服务人明确承诺,保证小区车辆安全、不出现车辆丢失现象,或承诺小区环境始终保持整洁等。一旦作出约定,物业服务人应当按照约定履行。

(3) 服务费用的标准和收取办法。服务费用也称物业费,是物业服务人根据物业服务合同的规定,提供物业服务而收取的费用。物业费的收费有两种方式,即包干制和酬金制。包干制是指业主向物业公司支付固定费用,盈余或者亏损由物业公司自行承担,具体缴费标准一般由业主与物业公司根据政府指导价自由约定。① 酬金制是指业主在预收的物业服务资金中按约定比例或者约定数额提取酬金支付给物业服务人,其余全部用于物业服务合同约定的支出,结余或者不足由业主享有或者承担。《物业管理条例》第 40 条规定:"物业服务收费应当遵循合理、公开以及费用与服务水平相适应的原则,区别不同物业的性质和特点,由业主和物业服务企业按照国务院价格主管部门会同国务院建设行政主管部门制定的物业服务收费办法,在物业服务合同中约定。"物业服务人不得违反法律、法规和部门规章的规定,擅自提高收费标准或者重复收费,否则构成违规收费。

(4) 维修资金的使用。所谓维修资金,是指业主交纳的、专门用于物业服务区域内建筑物的共用部分、共用设施和设备维修的维修、更新、改造的资金,如电梯、水箱等共有部分的维修费用。② 维修资金在性质上不同于管理资金。所谓管理资金,是由业主出资组成的由业主大会或者业主委员会管理的资金③,它可以由业主出资的财产构成,也可以由共有财产的收益所构成。维修资金只是由业主出资形成的,属于业主共有,且只能用于特定的维修目的,不能用于支付各种管理费用。实践中,专项维修资金一般登记在以业主名义开设的专用账户下,通常由政府监督其使用,此类资金的使用一般由业主按照《民法典》物权编的规定进行表决,由业主大会或者业主委员会申请使用。因此,业主委员会与物业服务人在订立物业服务合同时,可就专项资金申请使用的具体事项作出约定。例如,当事人可以约定,在专项维修资金的申请使用过程中,物业服务人应当提供相应的协助。

(5) 物业服务用房的管理和使用。物业服务用房是指物业服务人为管理整个小区内的物业而使用的房屋。依据《民法典》第 274 条的规定,物业服务用房应当规定由全体业主共有。物业服务用房是向小区提供物业服务所必需的房屋。没有物业服务用房,物业服务人等就无法为业主提供必要的物业服务。因此,在物业服务人进驻以后,全体业主就应当允许其使用该物业服务用房。《物业管理条例》第 37 条规定:"物业管理用房的所有权依法属于业主。未经业主大会同意,物业服务企业不得改变物业管理用房的用途。"依据该条规定,物业服务人应当将物业管理用房用于物业管理,而不得擅自改变物业管理用房的用途,但经过

---

① 《物业服务收费管理办法》第 7 条规定:"物业服务收费实行政府指导价的,有定价权限的人民政府价格主管部门应当会同房地产行政主管部门根据物业管理服务等级标准等因素,制定相应的基准价及其浮动幅度,并定期公布。具体收费标准由业主与物业管理企业根据规定的基准价和浮动幅度在物业服务合同中约定。实行市场调节价的物业服务收费,由业主与物业管理企业在物业服务合同中约定。"
② 参见黄薇主编:《中华人民共和国民法典释义》(中),中国法制出版社 2020 年版,第 1672 页。
③ 参见郑云瑞:《民法物权论》,北京大学出版社 2006 年版,第 159 页。

业主大会同意的除外。例如,在"上海海宏房地产发展有限公司与上海市徐汇区光华苑北区业主委员会房屋使用权纠纷案"中,法院认为,依据《物业管理条例》第37条"物业管理用房的所有权依法属于业主"的规定,"上海市徐汇区光华苑北区业主委员会受业主大会委托要求海宏公司移交物业管理用房并确认上述房屋归全体业主所有的诉讼请求,于法有据,应予支持。海宏公司认为系争房屋未作为公摊面积计入业主购房面积的意见,并不能作为该房屋权利归属的抗辩,法院不予采信"①。

(6) 服务期限。它是指双方当事人约定的物业服务合同的存续期限。通常在合同履行期限届满后,如果当事人没有订立新的物业服务合同,物业服务人继续提供物业服务而业主一方接受该物业服务的,应当视为在双方当事人之间成立不定期的物业服务合同。如果双方当事人在物业服务合同中没有对合同期限作出约定,则可以由当事人进行补充约定,如果无法约定或约定不明确的,当事人可以随时解除该不定期合同,但在解除合同前,应当给对方当事人必要的准备时间。

(7) 服务交接。由于《民法典》赋予了业主更换物业服务人或自行接管的权利,因此,在业主解除原物业服务合同、另行寻找物业服务人,或准备自行接管时就涉及服务交接的问题。一方面,由于物业服务具有长期性,在既有的物业服务中形成的物业运行信息可能难以为新物业服务人所知悉。另一方面,在新物业服务人或业主自行接管前,会出现一段时间的空白期,虽然《民法典》合同编规定了原物业服务人应当继续提供服务,但是这并不足以保障这一期间的物业服务正常运行。因此,《民法典》鼓励物业服务合同对服务交接问题进行约定,以确保物业服务人更换或自行接管的平稳运行。②

第三节 前期物业服务合同

一、前期物业服务合同的概念和特征

根据合同主体的不同,物业服务合同可以分为前期物业服务合同与普通物业服务合同。③ 所谓前期物业服务合同,是指在前期的物业管理阶段,即在物业区域内的业主、业主大会选聘物业服务人之前,由建设单位等主体与物业服务人之间订立的、双方约定由物业服务人提供前期的物业服务的协议。④《民法典》第939条规定:"建设单位依法与物业服务人订立的前期物业服务合同,以及业主委员会与业主大会依法选聘的物业服务人订立的物业服务合同,对业主具有法律约束力。"这就在法律上确立了前期物业服务合同的规则。

在实践中,之所以需要订立前期物业服务合同,原因在于,从建设单位开始销售商品房到业主正式入住、召开全体业主大会之前,存在一定的时间间隔。在此期间,由于相应的房产出售率未达到法定条件或因其他原因,而不能召开业主大会并选举成立业主委员会、决定事关全体业主的重大事项,因此有必要由房地产开发建设单位或者公有住房出售单位与物业服务人订立前期物业服务合同。法律允许建设单位选聘物业服务人并与之签订前期物业服务合同,对业主的共同物业利益作出安排十分必要,也有利于实现从物业建设到物业管理

---

① 上海市高级人民法院(2009)沪高民一(民)再提字第12号民事判决书。
② 参见黄薇主编:《中华人民共和国民法典合同编解读》(下册),中国法制出版社2020年版,第1379页。
③ 参见高富平、黄武双:《物业权属与物业管理》,中国法制出版社2002年版,第175页。
④ 参见关淑芳:《物业管理合同的性质及其法律适用》,载《当代法学》2007年第4期。

的顺利衔接。

依据《民法典》第 939 条,前期物业服务合同的特征在于:

第一,当事人具有特殊性。与普通物业服务合同不同,前期物业合同并不是在全体业主和物业服务人之间签订的,而是在建设单位与物业服务人之间订立的。在前期物业服务合同订立时,大部分业主可能尚未入住房屋,业主大会尚未成立,此时,只能由房地产建设单位和物业服务人订立合同。即使前期物业服务合同与普通物业服务合同中的物业服务人是同一个物业服务人,但由于另一方当事人不同,因而也应当认定为两个不同的合同关系。

第二,订立时间具有特殊性。前期物业服务合同通常是在物业开发过程中签订的,此时大部分业主可能尚未入住,当然,在物业建成后,建设单位也可以与物业服务人之间订立前期物业服务合同。而普通物业服务合同一般是在房屋已经建好、业主大部分已经入住且能够召开全体业主大会的情况下签订的。

第三,订立程序应具合法性。依据《民法典》第 939 条,建设单位与物业服务人订立前期物业服务合同应当依法进行。此处所说的依法是指建设单位选聘物业服务人也应当遵循法定的程序。《物业管理条例》第 24 条规定:"国家提倡建设单位按照房地产开发与物业管理相分离的原则,通过招投标的方式选聘物业服务企业。住宅物业的建设单位,应当通过招投标的方式选聘物业服务企业;投标人少于 3 个或者住宅规模较小的,经物业所在地的区、县人民政府房地产行政主管部门批准,可以采用协议方式选聘物业服务企业。"因此,对住宅物业的管理,建设单位选聘物业服务人应当采用招投标的方式,未进行招投标程序订立的前期物业服务合同应当被认定为无效。

第四,具有过渡性。《民法典》第 940 条规定:"建设单位依法与物业服务人订立的前期物业服务合同约定的服务期限届满前,业主委员会或者业主与新物业服务人订立的物业服务合同生效的,前期物业服务合同终止。"可见,前期物业服务合同通常只是存续于从合同订立到普通物业服务合同生效期间。普通物业服务合同的期限可由合同签订双方进行具体约定[①],通常在合同所约定的服务期限届满之后,合同效力才终止。

前期物业服务合同订立后,虽然业主没有参与订约,但其也对业主具有拘束力。从实践来看,前期物业服务合同在销售房屋时必须作为附件,这就意味着单个业主在购买房屋时,其签字即同意受到约束,所以《民法典》第 939 条专门规定了"依法",即要求严格按照程序订立。如果没有该附件则视为业主没有接受,不能当然约束业主。如此才能体现业主自治,并且不会损害业主的利益。

二、前期物业服务合同的约束力

(一)对建设单位的约束力

如前所述,在业主入住之前,前期物业服务合同主要是由建设单位和物业服务人签订,因此,建设单位作为合同的一方当事人应当受到合同的约束。在业主入住之前,建设单位应当按照前期物业服务合同的约定履行相应的义务,特别是交费的义务。

(二)对业主的拘束力

前期物业服务阶段尽管由建设单位选定物业服务人,且由建设单位与物业服务人订立前期物业服务合同,但该合同对业主也具有约束力,业主不得以其未参加合同的订立或未认

---

① 参见朱群芳:《物业管理合同种类辨析》,载《江南大学学报(人文社会科学版)》2003 年第 6 期。

可为由而否定合同的效力。例如,在"上海某物业服务有限公司诉沈某物业服务合同纠纷案"中,法院认为:"根据《物业管理条例》的相关规定,在业主、业主大会选聘物业服务人之前,建设单位可以通过招投标或者经行政主管部门批准采用协议方式选聘物业服务人,签订前期物业合同。只要前期物业服务合同有效,其对业主即具有约束力。"①

《民法典》第939条规定:"建设单位依法与物业服务人订立的前期物业服务合同,以及业主委员会与业主大会依法选聘的物业服务人订立的物业服务合同,对业主具有法律约束力。"所谓"对业主具有法律约束力",是指业主基于该合同享有权利,并承担义务。毫无疑问,合同订立时已入住的业主也应当受前期物业服务合同的约束,在前期物业服务合同订立后、普通物业服务合同订立前入住的业主,同样应当受前期物业服务合同的约束。问题在于,前期物业服务合同为何对未参与合同订立过程的业主具有拘束力?对此主要有以下几种观点:一是"合同转让说"。此种观点认为,在不改变合同内容的情况下,合同的一方主体由建设单位变更为业主,在业主与建设单位订立房屋买卖合同时,该合同中包含了双方转让前期物业服务合同的合意,前期物业服务合同因为买卖合同的成立而概括转移给房屋买受人承担。依据《物业管理条例》第25条,"建设单位与物业买受人签订的买卖合同应当包含前期物业服务合同约定的内容"。因此,签订买卖合同的行为属于一种概括承受。② 二是"涉他合同说"。该说认为,前期物业服务合同是利益第三人合同。该合同虽然是在建设单位和物业服务人之间签订的,但是,也赋予了作为第三人的业主一定的权利。三是"委托代理说"。该说认为,建设单位受未来业主的委托而与物业服务人订立合同③,在房屋出售之前,产权为建设单位享有。因此,建设单位必须选聘物业服务人,与其签订物业服务合同。但这只是一种临时安排,建设单位实际上是代理未来的业主与物业服务人签订物业服务合同。④

笔者认为,前述"委托代理说"较为合理。一方面,从实践来看,在业主与建设单位所签订的商品房买卖合同中,已经包含了对前期物业服务的约定,一旦业主认可了建设单位与物业服务人订立的前期物业服务合同,也表明业主对该前期物业服务合同进行了事后追认。从这一意义上说,此种委托应被认定为事后委托。通过事后的追认授权有利于维护物业秩序的稳定、防止纠纷,因而前期物业服务合同应对业主产生效力。需要指出的是,此处所说的委托只是一种概括授权式的委托,通过业主的概括授权,建设单位可以与物业公司订立合同,该合同以从事小区设施的管理、对绿化和环境的维护以及对小区治安的维护等物业服务活动为内容。⑤ 另一方面,建设单位与物业服务人订立前期物业服务合同,无论物业服务的效果如何,建设单位与物业服务人订立前期物业服务合同在本质上是为了业主的利益,而且业主入住之后,也享有物业服务的利益,据此可以推定业主具有委托建设单位订立前期物业服务合同的意思。

在前期物业服务合同订立之后,受领房屋交付的业主都应受到该合同的约束。此种约束力主要体现为:一方面,业主应当按照约定支付物业服务费;另一方面,业主应当按照约定

---

① 上海市浦东新区人民法院(2012)浦民一(民)初字第19598号民事判决书。
② 参见徐海燕:《区分所有建筑物管理的法律问题研究》,法律出版社2009年版,第265页。
③ 参见李延荣、周珂:《房地产法》,中国人民大学出版社2005年版,第222页;杨立新:《物业服务合同:从无名合同到典型合同的蜕变》,载《现代法学》2020年第4期。
④ 参见李延荣、周珂:《房地产法》,中国人民大学出版社2005年版,第222页。
⑤ 参见徐海燕:《区分所有建筑物管理的法律问题研究》,法律出版社2009年版,第262页。

接受物业服务企业的服务。业主享有合同规定的权利,也应当承担相应的义务[①]。虽然从形式上来看,后期陆续入住的业主并未实际参与物业服务合同的签订,但因其都实际接受了物业服务人所提供的服务,故也应当承担相应的义务。对于此类合同的拘束力,我国立法也予以确认。因此,任何单个业主都不得以其未参与物业服务合同的订立为由而拒绝接受前期物业服务合同效力的拘束。

需要指出的是,虽然业主在正式签订买卖合同时对前期物业服务合同作出了追认,表明其受到合同的约束,但并不能据此认为业主无权更换物业服务人。一方面,《民法典》物权编赋予业主对物业服务人的选任权和解聘权,业主有权自由选聘或者解聘物业服务人。另一方面,由于前期物业服务合同是建设单位和物业服务人签订的,业主无法参与合同的谈判、签约等过程,但却需要受前期物业服务合同的拘束、承担前期物业服务合同规定的义务,建设单位有可能利用该合同损害业主的利益。同时,前期物业服务合同在内容上也可能存在瑕疵,正是因为这一原因,应当保障业主对前期物业服务合同的解除权和对物业服务人的解聘权。当然,业主更换物业服务人,也必须通过依法召开业主大会的形式进行。

(三) 对物业服务人的约束力

由于物业服务人是前期物业服务合同的一方当事人,其自然应当受到合同的约束。物业服务人有权依据前期物业服务合同而主张权利,并履行相应的义务。但物业服务人的权限范围,不得超出合同约定的范围,物业服务人在履行义务的同时,也享有按照约定收取物业费用、获取相关报酬的权利。物业服务人应当依据前期物业服务合同对业主提供物业服务,不得擅自违规收费,也不得任意解除合同。一旦业主经过合法程序续聘前期物业服务人,则物业服务人有权继续留任。

三、前期物业服务合同的终止

前期物业服务合同可能基于如下原因而终止:

第一,因普通物业服务合同的订立而自动终止。《民法典》940条规定:"建设单位依法与物业服务人订立的前期物业服务合同约定的服务期限届满前,业主委员会或者业主与新物业服务人订立的物业服务合同生效的,前期物业服务合同终止。"依据该条规定,在业主委员会或者业主与新物业服务人之间订立普通物业服务合同时,前期物业服务合同也随之终止。因为前期物业服务合同本身具有过渡性,其主要功能在于解决普通物业服务合同订立前的物业服务问题,因此,一旦普通物业服务合同成立,前期物业服务合同的效力也应当随之终止。此种终止是法律直接规定的终止事由,既不需要当事人的约定,也不需要当事人作出通知。

第二,因业主解聘物业服务人而终止。《民法典》第946条第1款规定:"业主依照法定程序共同决定解聘物业服务人的,可以解除物业服务合同。决定解聘的,应当提前六十日书面通知物业服务人,但是合同对通知期限另有约定的除外。"该规则虽然主要适用于普通物业服务合同,但其也可能适用于前期物业服务合同,即在业主入住达到一定比例后,其应当有权行使解聘权,解除前期物业服务合同。

第三,前期物业服务合同期限届满。在前期物业服务合同期限届满后,如果当事人没有

[①] 最高人民法院民事审判第一庭编著:《最高人民法院建筑物区分所有权、物业服务司法解释理解与适用》,人民法院出版社2009年版,第255页。

订立新的物业服务合同或者通过约定延长物业服务合同的期限,该合同应当终止。但是,如果物业服务人继续提供物业服务,业主仍然继续接受该物业服务人提供的物业服务,则可以推定当事人之间已经形成了事实上的物业服务合同关系。① 虽然依据法律规定,物业服务合同属于要式合同,但依据我国《民法典》第490条的规定,当事人一方已经履行其主要义务,另一方已经接受的,可认定该物业服务合同已经成立。不过,因为当事人没有对合同期限作出约定,所以,该物业服务合同已经转变为不定期合同,双方可以随时终止该合同,但在解除前应提前60日书面通知对方。

第四,基于法定解除权而解除合同。在前期物业服务合同中,任何一方出现根本违约的,另一方均可主张依法解除合同,此时,物业服务合同的效力也随之终止。

前期物业服务合同终止后,当事人仍负有依据诚实信用原则所产生的附随义务。依据《民法典》第949条,前期物业服务合同终止后,原物业服务人应当在约定期限或者合理期限内退出物业服务区域,将物业服务用房、相关设施、物业服务所必需的相关资料等交还给业主委员会、决定自行管理的业主或者其指定的人,配合新物业服务人做好交接工作,并如实告知物业的使用和管理状况。例如,在"林谦与惠州市友润物业服务有限公司、惠州光耀城物业服务有限公司物业服务合同纠纷上诉案"中,法院指出:"原审原告一的《前期物业服务合同》于2019年11月22日已经终止,应及时退出光耀城物业管理区域,无权为光耀城小区提供物业服务,但是由于两原审原告拒不退出光耀城小区物业服务区域,拒不将物业服务用房、相关设施、物业服务所必需的相关资料等交还给业主委员会,因此,即使两原审原告在《前期物业服务合同》终止后仍为光耀城小区提供了物业服务,但是其也无权收取2019年11月22日之后的物业费。"②

第四节　物业服务合同的效力

一、物业服务人的义务

(一)妥善维修、养护、清洁、绿化业主共有部分

依据《民法典》第942条的规定,"物业服务人应当按照约定和物业的使用性质,妥善维修、养护、清洁、绿化和经营管理物业服务区域内的业主共有部分"。据此,物业服务人的首要义务是对物业服务区域内的共有财产进行管理和维护,以保障业主生产、生活的有序进行。物业服务人应当以自身的设备、资金、劳务和技术,按照法律的规定和合同的约定,为建筑物区分所有中共有物的管理、养护及公共秩序的维护提供服务。具体而言:一是对物业服务区域内的业主共有财产尽心维护和维修。所谓物业服务区域内,是指物业服务人依据合同的约定提供服务的范围。所谓业主的共有部分,主要包括绿地、小区内的道路、消防设施以及公共照明设施,也包括电梯、公共的外墙面和屋顶平台、共有的车位车库以及物业管理用房等。二是对物业服务区域内的共有财产进行管理。例如,对小区的道路、公共场所进行清洁,维护小区的绿化环境,维护小区内的照明设施,维护小区内车位、车库的使用状态等,

---

① 参见王利明主编:《最高人民法院建筑物区分所有权、物业服务司法解释原理精解·案例与适用》,中国法制出版社2010年版,第254页。
② 参见广东省惠州市中级人民法院(2021)粤13民终1910号民事判决书。

对共有财产及公共设施的维护和维修义务是物业服务人的主要合同义务。①

从《民法典》第942条规定来看，物业服务人仅对物业服务区域内业主共有部分负担维修、养护、清洁、绿化的义务。当然，当事人可以特别约定，物业服务人还应当对业主专有部分的财产进行维护和管理。例如，当事人可以约定，在业主专有部分的墙面、墙体出现渗水、表皮脱落等情形时，物业公司也应当负有维修的义务。有关费用的承担，应当按照约定进行处理。②

（二）经营管理业主共有部分

依据《民法典》第942条的规定，物业服务人应当按照约定和物业的使用性质，经营管理物业服务区域内的业主共有部分。例如，将小区共有财产出租，收取一定的费用，或者在满足了业主需要之后，将小区空余的车位出租给他人，在小区内的公共场所安装广告，将小区的底商对外出租等。依据《民法典》第282条的规定，物业服务人经营管理在物业区域内的共有部分所产生的收益，在扣除合理成本之后，应当归属于全体业主。物业服务人的权限范围应当限于对共有财产的管理和维护，而不得擅自处分共有财产或者改变其用途，否则，应当承担相应的责任。

物业服务人在经营管理业主共有部分时，应当符合物业的使用性质，不得擅自改建物业设施，或者违反其性质对其进行使用，造成业主共有财产的损坏。《物业管理条例》第37条规定："物业管理用房的所有权依法属于业主。未经业主大会同意，物业服务企业不得改变物业管理用房的用途。"依据该条规定，对于业主提供的物业管理用房，物业服务人应当将其用于物业管理，而不得擅自改变其用途，如将其改变为商业用房等，否则，物业服务人应当承担相应的法律责任。

（三）维护物业服务区域内的基本秩序

依据《民法典》第942条第1款的规定，物业服务人应当维护物业服务区域内的基本秩序，采取合理措施保护业主的人身、财产安全。依据该条规定，物业服务人承担小区的公共安全保障义务，不仅是订立物业服务合同的目的，也是承担企业社会责任的内在要求，其基于自身所掌握的物业管理信息，可以以较低的成本、高效率的方式，有效维护良好的社区环境，形成对社会的有效治理。③ 具体而言，物业服务人应当负有如下几方面义务。

第一，维护物业服务区域内的基本秩序。本条中所说的"基本秩序"主要指为维护服务区域内的安定、有序生活所必需的秩序。为保障业主正常的生产、生活，物业服务人应当负有维护小区内共同生活秩序的义务。④ 例如，物业服务人应采取必要措施避免服务区域内发生盗抢、斗殴等严重威胁生活秩序的事件。在物业服务人维护物业服务区域的基本秩序时，有必要对业主的权利进行一定的限制，尤其是在业主行使其专有权可能损害其他业主的利益时，物业服务人也可以对其行为进行限制。例如，业主对专有部分进行装修装潢，出现破坏建筑物承重结构、噪声扰民、造成楼下天花板渗水等情形时，物业服务人有权对此进行管理，使施工活动保持在合理的范围之内，不对其他业主造成侵扰。⑤

第二，采取合理措施保障业主人身、财产安全。一方面，物业服务人对小区公共秩序的

---

① 参见姚辉、段睿：《物业服务合同履行的相关法律问题研究》，载《法律适用》2010年第1期。
② 参见黄薇主编：《中华人民共和国民法典合同编解读》（下册），中国法制出版社2020年版，第1402页。
③ 参见孙佳颖、程宝库：《试论物业管理服务企业维护公共安全的社会责任》，载《法学杂志》2011年第S1期。
④ 参见黄薇主编：《中华人民共和国民法典合同编解读》（下册），中国法制出版社2020年版，第1401页。
⑤ 参见徐海燕：《区分所有建筑物管理的法律问题研究》，法律出版社2009年版，第278页。

维护义务,当然应当包括对业主人身、财产安全的保障义务,这是物业服务的应有之意。另一方面,物业服务人作为专门提供物业服务的主体,其大都具备一定的能力对小区物业进行常态化管理,消除可能出现的危险或隐患。① 需要指出的是,物业服务人虽然负有采取合理措施保障业主人身、财产安全的义务,但这并不意味着物业服务人需要承担保障治安的义务,保障社会治安稳定是负责治安管理的公权力机关的义务。物业服务人只是负有采取合理措施保护服务区域内人身、财产安全的义务。此处所说的"合理措施"应当依据具体情形进行确定。例如盗抢、斗殴等事件中,物业服务人不能只是制止,还应当及时报警、联系公安机关,对于受害人要及时联系医院救治等。再如,对小区发生的高楼抛物致人损害,应当采取合理方式予以预防与制止,只有物业服务人尽到安全保障义务,才能有效保护业主的合法权益。

第三,及时制止违法行为。《民法典》第942条第2款规定:"对物业服务区域内违反有关治安、环保、消防等法律法规的行为,物业服务人应当及时采取合理措施制止、向有关行政主管部门报告并协助处理。"在小区内出现私搭乱建,任意弃置垃圾、排放污染物,侵占通道,违规饲养动物等行为,物业服务人应当及时制止。所谓采取合理措施制止,是指依据当时的具体情况以及物业服务人的自身能力所能够采取的必要的措施。物业服务人采取的措施是否合理,需要依据具体情形而定。② 在判断物业服务人是否尽到其安全保障义务时,应考虑如下因素:一是导致损害发生的原因。例如,在小区公共道路上,因物业服务人没有及时清除积雪而导致业主摔伤的,物业服务人应当承担相应的责任。二是考虑物业服务人是否履行了其职责。例如,保安对外来可疑人员从不加以询问,导致业主人身、财产受到外来人员侵害,物业服务人应当承担相应的责任。三是考虑物业收费标准。在判断物业服务人的义务时,还应结合物业收费的高低来判断。同一地区基于相同或类似标准收取物业费的物业服务人,应当提供相同或类似标准的服务。如果收费标准较高,则物业服务人应当负担更高的安全保障义务,反之,则可以适当减轻其义务。例如,有的小区物业收费很低,甚至没有经费专门聘请保安,在此情形下,物业服务人的安全保障义务就应当低于收费较高的物业服务人。如果物业服务人未尽到其安全保障义务,导致业主的人身、财产安全受到侵害的,物业服务人应当承担相应的责任。例如,因为物业服务人没有尽到必要的安全保障义务,造成高楼抛物致人损害的发生,业主既有权请求其承担违约责任,也有权依据过错请求其承担侵权责任。

物业服务人在采取合理措施制止违法行为的同时,也应当向有关行政主管部门报告并协助处理。由于维护治安、环保、消防安全等是政府有关部门的法定职责,物业服务人作为民事主体本身并不享有公权力,难以对有关违反治安、环保、消防安全等行为进行处理,因此必须要报告有关部门,并协助其依法处理。

(四)合理收费

物业服务合同是双务有偿的合同,物业服务人有权依据合同收取物业服务费用,但收取

---

① 如德国冯·巴尔教授指出:"在属于不作为责任原始形态的对他人侵权行为之责任领域内,监督者控制潜在危险的义务通常来源于他对危险源的控制力。"〔德〕克雷斯蒂安·冯·巴尔:《欧洲比较侵权行为法》(下卷),焦美华译,法律出版社2004年版,第255—256页。

② 参见黄薇主编:《中华人民共和国民法典合同编解读》(下册),中国法制出版社2020年版,第1404页。

物业服务费用必须符合合同以及法律、法规、规章的规定。① 物业服务费常被称为物业费,其不仅包括物业服务人的佣金,还包括物业日常维修、养护、管理的必要费用。② 当事人应当在物业服务合同中对物业服务收费范围作出明确约定。物业费收取的标准必须合理,物业服务人不得擅自单方规定不合理的价格,收取费用的项目也必须合理。收取物业费的标准必须经过业主大会的同意,在物业服务合同中明确加以约定。所谓物业收费标准,是指由法律、行政法规、地方性法规、规章规定的物业服务收费标准,其内容主要是对不同服务等级的物业公司提供的服务而规定的指导定价幅度。③ 物业服务人不得收取超出合同约定范围之外的费用。该违规收费行为实际上是物业服务人单方面对物业服务合同内容的变更,本身构成违约,不能对业主发生效力。

《物业服务纠纷司法解释》第2条第1款规定:"物业服务人违反物业服务合同约定或者法律、法规、部门规章规定,擅自扩大收费范围、提高收费标准或者重复收费,业主以违规收费为由提出抗辩的,人民法院应予支持。"依据这一规定,违规收取物业费的情形主要包括:一是擅自扩大收费范围,即物业服务人违反合同约定或者法律、法规、部门规章规定,擅自扩大收费范围。例如,小区内的游泳池本属于业主共有财产,依据业主公约业主有权无偿使用,但物业公司违反约定向业主收取使用费。二是提高收费标准,此种情形实际上是违反物业收费标准擅自涨价。物业服务人违反法律法规和部门规章有关指导价的规定或者关于收费办法的规定而收取物业费的,此种情形属于违规收费。三是重复收费,即物业费中已经包含了相关事项的费用,但物业服务人在此之外另行收费。例如,物业服务人按照合同约定负有管理车辆的义务,当小区业主已经交纳了物业费时,物业服务人不得另行收取车辆管理费。

如果出现违反约定或有关规定收取费用的情形,业主有权以违规收费为由提出抗辩。也就是说,在物业服务人擅自违规收费的情形下,业主有权拒绝交纳。业主在该情形下拒绝交纳物业费的行为,属于正当行使抗辩权的行为,不属于违约。《物业服务纠纷司法解释》第2条第2款规定:"业主请求物业服务人退还其已经收取的违规费用的,人民法院应予支持。"依据这一规定,物业服务人违反上述规定违规收费的,业主有权请求其退还已收取的违规费用。从法律上看,违规收费在性质上属于不当得利,在法律上应当依据该条的规定对业主予以返还。

(五)不得擅自将全部物业管理一并转委托

《民法典》第941条第2款规定:"物业服务人不得将其应当提供的全部物业服务转委托给第三人,或者将全部物业服务支解后分别转委托给第三人。"依据该规定,物业服务人不得将其应当提供的全部物业服务一并转委托给第三人。所谓一并转委托,是指物业服务人通过与第三人签订合同,约定将其在与业主签订的物业服务合同中所承担的全部物业服务转委托给第三人。例如,在"惠州市友润物业服务有限公司、惠州光耀城物业服务有限公司与

---

① 参见最高人民法院民事审判第一庭编著:《最高人民法院建筑物区分所有权、物业服务司法解释理解与适用》,人民法院出版社2009年版,第294页。
② 国家发展改革委、建设部2003年《物业服务收费管理办法》第2条规定:"本办法所称物业服务收费,是指物业管理企业按照物业服务合同的约定,对房屋及配套的设施设备和相关场地进行维修、养护、管理,维护相关区域内的环境卫生和秩序,向业主所收取的费用。"
③ 例如,《合肥市住宅小区物业综合服务费基准收费标准》依据物业公司的服务等级规定了不同的收费标准,各等级收费标准上下浮动不得超过20%。

黄瑞霞物业服务合同纠纷上诉案"中,法院指出:"结合《物业管理条例》第三十三条、第三十九条以及《中华人民共和国民法典》第九百四十一条第二款的规定可知,一个物业管理区域应由一个物业服务人实施物业管理,且该物业服务人仅仅可将其部分专项服务业务委托给专业性服务企业,法律限制物业服务人转委托事项的范围。友润公司、光耀城公司上诉主张其两物业公司在涉案小区联合管理、共同经营,显然与法不符。"[1]法律之所以对此作禁止性规定,主要原因在于:

第一,物业服务人根据其资金规模、设备、人员的不同而划分为不同的等级,其收费标准、所能管理和服务的小区规模都是据此确定的。如果物业服务人擅自转委托,而第三人又不具备相应的物业服务水平,没有专业的技术人员以及相关的设备,就不能很好地提供物业服务。例如,治安管理、供暖设施、电梯等的维护等,必须有专业的技术人员和设备来履行,一并转委托将可能导致新的物业服务人不能提供符合约定质量的服务。

第二,不同物业服务人承担民事责任的经济能力不同,如果物业服务人员擅自转委托,一旦接受转委托的第三人缺乏经济能力,就可能使业主面临较大的风险,由此将会增加业主请求赔偿的成本。

第三,物业服务合同具有一定的人身信任的性质,业主基于对特定物业服务人的信任才与其订约,因此物业服务人负有亲自提供服务的义务,一旦物业服务人在订立物业服务合同之后擅自转委托,就会破坏业主与物业服务人之间的信任关系。

在物业服务人擅自转委托的情形下,我国司法实践认为,业主委员会或者业主有权请求确认该合同或者合同相关条款无效。但是,笔者认为,物业服务人将物业服务一并转委托,构成对物业服务合同的根本违约,业主既可以要求物业服务人承担相应的违约责任,也可以在合同目的落空、信赖关系难以维持的情形下,行使法定解除权。

《民法典》第941条第1款规定:"物业服务人将物业服务区域内的部分专项服务事项委托给专业性服务组织或者其他第三人的,应当就该部分专项服务事项向业主负责。"依据该规定,物业服务人可以将物业管理区域内的专项服务义务委托给专业服务企业,因为物业服务范围广泛,而且部分物业服务专业性强,单个物业服务人通常不具有提供所有物业服务的能力,因此有必要将部分专业性较强的物业服务转委托于第三方[2],而且专项物业服务转包,未必当然损害业主的利益,甚至可以通过其他专业性更强的物业服务人,获得更优质的物业服务[3],但不得将其一并转委托给其他物业服务人。需要指出的是,在物业服务人将部分专项服务委托给专业性服务组织或者其他第三人的情形下,物业服务人仍然应当就第三人的行为对业主承担责任,因为在此情形下,就该专项服务的提供而言,该第三人在性质上属于物业服务人的债务履行辅助人,物业服务人应当对其提供服务的行为负责。

(六)定期报告

物业服务人应当依据约定及相关规定,向业主报告履行物业服务合同的情况。[4]依据《民法典》第943条,物业服务人应定期将服务的事项、负责人员、质量要求、收费项目、收费

---

[1] 参见广东省惠州市中级人民法院(2021)粤13民终1913号民事判决书。
[2] 参见刘文清:《物业服务合同实务研究》,法律出版社2007年版,第136页。
[3] 参见黄薇主编:《中华人民共和国民法典释义》(中),中国法制出版社2020年版,第1684页。
[4] 例如,《天津市物业管理条例》第57条规定:"物业服务企业应当加强对物业管理共用部位、共用设施设备运行状况的日常检查,并定期将服务的事项、负责人员、质量要求、收费项目、收费标准、履行情况,以及专项维修资金使用情况、业主共有部分的经营与收益情况等以合理方式向业主公开并向业主大会、业主委员会报告。"

标准、履行情况,以及维修资金使用情况、业主共有部分的经营和收益情况等以合理方式报告业主。法律之所以规定物业服务人的定期报告义务,主要是为了保障业主的知情权,便于业主及时、全面知悉共有财产和社区管理的状况,有效行使自主管理权,同时可以起到对物业服务人的有效监督,对企图侵害业主利益的行为予以有效威慑,并可及时发现和阻止侵害业主行为的发生。[①] 因为物业服务合同是长期的继续性合同,物业服务人定期报告才能使业主及时了解物业服务的相关信息,并能够对物业服务人的服务进行必要的监督。[②]

有关物业服务人报告的具体内容,报告的范围、方式、时间等,相关法律法规对此有所规定,当事人也可以在物业服务合同中加以约定。具体而言,物业服务人需要报告的事项主要包括如下两类:一是重大事项的及时报告。例如,对公共设施用途的改变。在业主提出将小区内的空地改为停车场的合理请求后,物业服务人应当及时向业主大会或业主委员会进行报告。二是对常规事项的定期报告。对服务中的一些常规事项,应当定期向业主大会或业主委员会进行报告,并接受业主的监督。特别是有关业主共有财产的收益等财务情况,应当定期公布。此外,如果业主就物业费、停车管理费等费用的交纳以及水电费、绿化费等公共费用支出情况提出质询,物业服务人也有义务予以说明。

（七）合同终止后的移交

《民法典》第949条对合同终止后的移交义务进行了规定。该条确立了如下规则:第一,物业服务合同终止的,原物业服务人应当在约定期限或者合理期限内退出物业服务区域。既然物业服务合同已经终止,那么原物业服务人员继续占有物业服务区域的财产就没有任何法律上的依据,此种占有也构成非法占有。因此其应当退出物业服务区域。

第二,原物业服务人应当将物业服务用房、相关设施、物业服务所必需的相关资料等交还给业主委员会、决定自行管理的业主或者其指定的人。在物业服务合同终止后,物业服务人应当将原有的服务用房移交给业主委员会或其他管理人,而不能继续占有房屋和设施。

第三,原物业服务人应配合新物业服务人做好交接工作,并如实告知物业的使用和管理状况。此种义务既是一种法定义务,也是依据诚信原则产生的义务,只有原物业服务人积极配合,新的物业服务人员才能够顺利完成交接。只有履行交接义务,才能够避免给业主造成损害。

第四,原物业服务人违反合同终止后的移交义务的,不得请求业主支付物业服务合同终止后的物业费;造成业主损失的,应当赔偿损失。物业服务人拒绝履行或者迟延履行退出、移交、配合交接工作、如实告知物业的使用和管理状况的,无权请求业主支付物业服务合同终止后的物业费,造成损失的,并应赔偿。

此外,《民法典》第950条规定:"物业服务合同终止后,在业主或者业主大会选聘的新物业服务人或者决定自行管理的业主接管之前,原物业服务人应当继续处理物业服务事项,并可以请求业主支付该期间的物业费。"依据该条规定,在物业服务合同终止后,新的物业服务人或者业主接管物业之前,原物业服务人仍应当继续处理相关的物业服务事项,以免因接管不及时而造成业主的损害。例如,在"林兴华、龙岩市连城县星辉物业服务有限公司物业服务合同纠纷上诉案"中,法院指出:"星辉物业公司在法院判决其应当撤离后本无权再收取物

[①] 参见薛源:《业主知情权存在问题探讨》,载《南京社会科学》2014年第8期。
[②] 参见谢鸿飞、朱广新主编:《民法典评注·合同编:典型合同与准合同4》,中国法制出版社2020年版,第313—314页。

业费,但 2020 年 5 月 16 日的《协议书》应视为业委会与星辉物业公司对实际交接期间的物业管理进行了约定,该约定视为业主同意物业暂由星辉物业公司进行管理,故一审法院确定业主应当缴纳 2020 年 4 月 28 日至 2020 年 6 月 30 日(最终撤离日)期间的物业费并无不当。"①

二、业主的主要义务

(一)依据约定交纳物业服务费

交纳物业服务费是业主最主要的合同义务。《民法典》第 944 条第 1 款第 1 句规定:"业主应当按照约定向物业服务人支付物业费。"因此,有关物业费的交纳主要依据当事人的约定来确定。具体而言,业主交纳物业服务费的义务主要包括如下内容:

第一,交纳的主体。通常来说,依据《民法典》第 944 条的规定,物业费的交纳义务人是业主。但在实践中,业主可能已经将物业出租或者出借给他人,在此情况下,物业承租人、借用人等其他物业使用人是否有义务交纳物业费?依据《物业管理条例》第 41 条第 1 款的规定,业主与物业使用人约定由物业使用人交纳物业服务费用的,从其约定,业主负连带交纳责任。依据该规定,业主可与物业的承租人、借用人或者其他物业使用人约定,由物业使用人交纳物业费,而业主在物业费的交纳方面对物业服务人负有连带之债。

物业的承租人、借用人或者其他物业使用人是否属于债务加入人?有学者认为,当业主将物业出借或者出租给他人之后,承租人和借用人等已经成为债务加入者,尤其是物业使用人已经享受到物业服务,理所当然负有交纳物业服务费的义务。②《物业服务纠纷司法解释》第 4 条规定:"因物业的承租人、借用人或者其他物业使用人实施违反物业服务合同,以及法律、法规或者管理规约的行为引起的物业服务纠纷,人民法院可以参照关于业主的规定处理。"该规定虽然也进一步确定了物业的承租人、借用人或者其他物业使用人应当负有业主的义务,但并没有明确其是否属于债务加入者。笔者认为,在业主出租或者出借物业的情形下,如果当事人约定由物业的实际使用人交纳物业服务费,则应当构成债务加入,业主和实际使用人均负有交纳物业服务费的义务。但在物业出租、出借的情形下,如果当事人没有就物业服务费的交纳作出约定,则依据《民法典》第 944 条的规定,仍应当由业主负担交纳物业服务费的义务,此时不构成债务加入关系。

第二,业主应当按照约定的时间、方式交纳物业服务费。关于物业费的交纳时间,物业服务合同一般都会作出约定。但如果当事人没有作出明确约定,如何确定物业费的交纳时间?《物业管理条例》第 41 条第 2 款规定:"已竣工但尚未出售或者尚未交给物业买受人的物业,物业服务费用由建设单位交纳。"依据该条规定,在房屋未出售或交付前,物业服务费用由建设单位交纳。如果已经出售或交付给业主,则应当由业主交纳物业费。笔者认为,业主物业费的最初交纳时间始于物业的交付,实践中以建设单位交付房屋的钥匙为准。因为只有在交付之后,发生占有的移转,业主才可以实际入住,由业主承担物业费才较为合理。如果在房屋出售后,由于业主自身的原因而未及时入住,则应当由业主交纳物业费。但不能认为,一旦房屋出售给业主,就应当由业主交纳物业费。

---

① 参见福建省龙岩市(2020)闽 08 民终 1513 号民事判决书。
② 参见朱虎:《物业服务合同作为集体合同:以〈民法典〉规范为中心》,载《暨南学报(哲学社会科学版)》2020 年第 11 期。

物业费交纳的方式通常应当在合同中作出约定。例如,双方当事人可能在物业服务合同中约定,居住用房的物业费一年一缴,商业用房的物业费半年一缴。如果法律和合同未对此作出规定,则应当依据交易习惯来确定。例如,如果本地同行业的交纳期限是一年,则应当依此确定。

第三,业主不得以未接受或者无须接受相关物业服务为由拒绝支付物业费。《民法典》第944条第1款第2句规定:"物业服务人已经按照约定和有关规定提供服务的,业主不得以未接受或者无需接受相关物业服务为由拒绝支付物业费。"依据该规定,物业服务人已经按照约定和有关规定提供服务的,业主不得提出如下两项抗辩。

一是业主不得以未接受相关物业服务为由拒绝支付物业费。在实践中,一些业主购买房屋后,并没有实际入住,如因工作调离,或者基于投资的需要而购买房屋,使房屋长期闲置,此时,如果物业服务人已经提供了相关服务,即便业主没有接受相关的物业服务,其也应当支付相关的费用。

二是业主不得以无须接受相关物业服务为由拒绝支付物业费。例如,一楼的住户不得以没有乘坐电梯为由主张拒绝支付相关的物业服务费,没有汽车的业主也不得拒绝支付物业服务费中有关停车场的管理费用。法律之所以规定业主不能以"未接受"服务或"无须接受"服务为由提出抗辩,其根本原因在于:一方面,物业服务人已经提供了服务,因此,其也应当获得相关的物业服务费。如果部分甚至全部业主均提出上述抗辩,导致物业服务人无法获得相关的物业收入,则小区的管理将更加艰难。① 另一方面,建筑物区分所有权具有整体性,物业服务人针对共有部分所提供的物业服务和管理,实际上是在为全部的区分所有权人提供物业服务,各个区分所有权人也都可以实际享受相应的利益②,物业服务合同本身具有集体合同的特点,业主具有共同生活的关系,部分业主不得以其未接受或者无须相关物业服务为由拒绝支付物业服务费。还应当看到,在实践中,当某个新建小区投入正式运营时,一般入住率较低,而此时物业服务人需要对小区的公共设施、绿地等进行维护,此时,已经入住的业主交纳的物业服务费用无法满足正常开支的需要,如果允许业主以"未享受物业服务"为理由提出抗辩,则物业服务将难以开展,这也会对业主的利益造成损害。

第四,业主逾期支付物业服务费应承担相应的责任。《民法典》第944条第2款规定:"业主违反约定逾期不支付物业费的,物业服务人可以催告其在合理期限内支付;合理期限届满仍不支付的,物业服务人可以提起诉讼或者申请仲裁。"依据该条规定,业主承担逾期支付物业服务费的责任应当符合如下条件:

一是业主逾期未支付物业服务费。物业服务费的支付通常会在合同中明确约定,即业主应当在规定的期限内交纳。

二是业主逾期交纳无正当理由。虽然《民法典》第944条第2款并没有规定业主逾期交纳的抗辩理由,但从同时履行抗辩原理而言,业主依然享有正当的抗辩权,只不过应当对抗辩理由作严格限制。例如,物业服务人违规收费、重复收费、没有提供物业服务等,业主有权提出拒绝交纳物业服务费的抗辩,但如果仅以物业服务人服务不达标为理由提出抗辩,则对此应当作严格限制。例如,小区治安环境差,物业服务人也怠于进行小区环境管理,导致小

---

① 参见黄薇主编:《中华人民共和国民法典合同编解读》(下册),中国法制出版社2020年版,第1417页。
② 参见最高人民法院民事审判第一庭编著:《最高人民法院建筑物区分所有权、物业服务司法解释理解与适用》,人民法院出版社2009年版,第311页。

区垃圾成堆,即便出现上述问题,单个业主也不得以物业服务企业服务不达标为由拒绝支付物业服务费。因为物业服务合同不是单个业主订立的,在出现上述情形时,应当由业主大会、业主委员会依据法定程序解除物业服务合同,或者与物业服务人协商,变更物业服务合同。更何况,全体业主享有任意解除权,这也有利于督促物业服务人提高服务质量。

三是物业服务人作出了催告。在业主逾期不交纳物业服务费的情形下,并不意味着业主立即需要承担相应的责任,因为业主逾期未交纳物业服务费的情形较多,如因一时疏忽等原因未交纳,不宜一概认定业主应当承担逾期支付物业服务费的责任,物业服务人必须对业主进行催告。此处所说的催告,并非一定要求对个别业主单独作出,也可以采取对所有业主作出催告的方式(如采取小区公告的形式)。

四是业主在经催告后未在合理期限内交纳。在物业服务企业对业主作出催告后,应当给予业主合理的期限交纳物业服务费,业主只有在超出该合理期限未支付物业服务费时,才需要承担逾期支付的责任。如果在催告后的合理期限届满后仍不支付的,物业服务人有权起诉或申请仲裁,要求业主承担相应的违约责任。违约责任的承担主体,应当是具有违约行为的具体业主,而不是业主大会。

第五,物业费催交的法定限制。《民法典》第 944 条第 3 款规定:"物业服务人不得采取停止供电、供水、供热、供燃气等方式催交物业费。"该条是对业主的特殊保护规则。因为从法理上讲,物业服务费的交纳是因业主和物业服务人之间的法律关系产生的,而有关的水、电、热、燃气等供应问题,是业主和供电人等其他主体之间的关系,二者属于不同的法律关系,在业主未交纳物业服务费用的情形下,物业服务人应当通过物业服务合同主张权利,而不得通过停止供电、供水、供热、供燃气等方式催交物业费,否则就侵害了业主依据其他合同所享有的权利。物业服务人以断水、断电、断气等方式催交,将可能严重损害业主及其共同生活人的基本生存利益。

(二)接受物业服务人管理

物业服务人享有依据法律规定和合同约定对物业进行管理、提供服务的权利。《民法典》第 286 条第 1 款规定,"对于物业服务企业或者其他管理人执行政府依法实施的应急处置措施和其他管理措施,业主应当依法予以配合"。因此,在物业服务人依据规定进行管理的过程中,业主负有接受物业服务人管理的义务,这也是物业服务人按照约定提供物业服务的必要条件。例如,为了保障业主的人身财产安全,物业服务企业依法在特殊时期对进入小区的人员进行必要的安全检查,业主应当接受物业服务人的管理。尤其是在发生公共事件等情形下,物业服务企业或者其他物业管理人为依法执行政府的应急处置措施或者其他管理措施,可能会对业主的行为进行一定的限制。例如,发生传染病时,政府组织力量进行防治,采取封闭小区,封存一些有污染物的物品、食品等方法,防止疾病扩散,这既是为了维护公共利益,也是为了维护小区业主的利益,一旦政府依法采取应急措施或者其他管理措施,物业服务企业或者其他管理人应当依法执行,在执行过程中,小区业主也负有配合义务,不得以相关措施损害其利益为由拒不配合。此种义务也是业主应当负有的法定义务。[①] 对此,《物业服务纠纷司法解释》第 1 条规定:"业主违反物业服务合同或者法律、法规、管理规约,实施妨碍物业服务与管理的行为,物业服务人请求业主承担停止侵害、排除妨碍、恢复原状等相应民事责任的,人民法院应予支持。"因此,在业主实施妨碍物业服务人的管理行为的情

---

① 参见黄薇主编:《中华人民共和国民法典物权编解读》,中国法制出版社 2020 年版,第 274 页。

形下,物业服务人有权请求其承担相应的民事责任。

(三)装饰、装修应事先告知物业服务人

《民法典》第945条第1款规定:"业主装饰装修房屋的,应当事先告知物业服务人,遵守物业服务人提示的合理注意事项,并配合其进行必要的现场检查。"虽然业主对自己专有部分有权从事装饰、装修,但在装饰、装修过程中会产生大量的噪声,影响电梯等共同设施的正常使用,还会制造一些装修垃圾,因此,法律规定,业主在装饰、装修时应当负有如下义务:一是及时告知物业服务人。二是遵守物业服务人提示的合理注意事项。由于装饰、装修可能妨碍邻居,甚至破坏建筑物的结构,影响建筑物的安全,所以装饰、装修应当遵守相关的注意事项。三是配合物业服务人进行必要的现场检查。① 为了防止装饰、装修活动违规,造成他人损害,物业服务人应当有权检查。此外,业主还应当配合、协助物业服务人的服务或管理行为。例如,为公共设施而铺设线路需要经过业主室内时,或者为检修管道需要进入业主室内进行查看时,业主应当予以配合。又如,在一些商业型区分所有建筑中,物业服务人根据相关约定要求业主进出时出示相关证件的,业主应当予以配合。

业主作为专有部分的所有权人,其应当享有对专有部分的处分权,但业主作出处分可能会影响其他业主的利益,或者妨碍物业服务人的正常管理,《民法典》第945条第2款规定:"业主转让、出租物业专有部分、设立居住权或者依法改变共有部分用途的,应当及时将相关情况告知物业服务人。"这就是说,业主在从事出租、转让专有部分,设立居住权等情形时,应当及时告知物业服务人,便于物业服务人及时掌握物业服务区域内的新情况,有效履行物业管理的职责,维护全体业主的共同利益。②

第五节 物业服务合同的终止

一、物业服务合同终止的原因

(一)物业服务合同因期限届满而终止

物业服务合同期限届满后,业主决定不再续聘物业服务企业时,物业服务合同终止。《民法典》第947条第1款规定:"物业服务期限届满前,业主依法共同决定续聘的,应当与原物业服务人在合同期限届满前续订物业服务合同。"依据这一规定,如果物业服务合同期限届满,业主决定继续聘任该物业服务企业的,必须依法共同决定续聘,与物业服务企业重新订立合同。所谓依法共同决定续聘,是指业主应当依据《民法典》第278条的规定,依据法定的程序决定是否续聘。一旦业主依据法定程序决定续聘之后,就应当在合同期满前续聘,因为续聘本身就是于合同期满前继续延续原物业服务合同的内容。

续聘也需要物业服务人同意,毕竟续聘不是单方面的行为,其需要双方就续聘事项达成合意,对此,《民法典》第947条第2款规定:"物业服务期限届满前,物业服务人不同意续聘的,应当在合同期限届满前九十日书面通知业主或者业主委员会,但是合同对通知期限另有约定的除外。"依据该规定,如果物业服务人不同意续聘,应当依法对业主或者业主委员会作出通知,法律要求物业服务人必须在法定期限之前通知业主或者业主委员会不愿意续聘,即

---

① 参见谢鸿飞、朱广新主编:《民法典评注·合同编:典型合同与准合同4》,中国法制出版社2020年版,第325页。
② 参见黄薇主编:《中华人民共和国民法典释义》(中),法律出版社2020年版,第1701页。

在90日之前通知,该期限的规定在性质上属于任意性规定,当事人可以对该通知期限作出特别约定。法律要求物业服务人必须提前通知业主或者业主委员会,目的在于保护业主的利益,使其有充足的时间选任新的物业服务人,并做好物业交接的准备工作。

(二)不定期物业服务合同的解除

所谓不定期物业服务合同,是指物业服务合同期限已经届满,双方当事人既没有续聘,也没有商定延长合同期限,但物业服务人继续提供物业服务,而业主也实际享受物业服务的,即构成不定期物业服务合同。对此,《民法典》第948条第1款规定:"物业服务期限届满后,业主没有依法作出续聘或者另聘物业服务人的决定,物业服务人继续提供物业服务的,原物业服务合同继续有效,但是服务期限为不定期。"依据该规定,物业服务人必须继续提供物业服务,同时,业主又接受了该服务,才能成立不定期物业服务合同。例如,在"李秀秀、深圳市卓越物业管理有限责任公司青岛分公司物业服务合同纠纷上诉案"中,法院指出:"深圳市卓越物业管理有限责任公司青岛分公司作为物业服务企业,与案涉小区卓越蔚蓝群岛小区的建筑商签订的前期物业服务合同合法有效,该合同对小区的全体业主均具有约束力。合同到期后,深圳市卓越物业管理有限责任公司青岛分公司仍然为案涉小区提供物业服务,履行了相应的小区物业管理职责,小区全体业主也一直在接受深圳市卓越物业管理有限责任公司青岛分公司的物业服务,并按照前期物业服务合同的约定支付了物业管理费,应认定深圳市卓越物业管理有限责任公司青岛分公司与小区业主之间形成了事实上的物业服务合同关系。"①

一旦构成不定期物业服务合同,产生如下效力:

第一,依据《民法典》第948条第1款的规定,"原物业服务合同继续有效",这就是说,物业服务合同继续延续,并对双方继续产生拘束力,物业服务人仍然应当按照约定提供物业服务,业主也应当按照约定履行交纳物业服务费等义务。

第二,双方当事人均享有任意解除权。虽然物业服务合同中当事人间有一定的人身信任关系,但由于不定期物业服务合同在性质上是不定期合同的一种类型,对不定期合同而言,其也应当适用不定期合同的一般规则。因此,《民法典》第948条第2款规定:"当事人可以随时解除不定期物业服务合同,但是应当提前六十日书面通知对方。"依据该规定,双方当事人均可以随时解除该不定期物业服务合同。这就是说,业主可以共同决定解除该合同,物业服务人也有权解除该合同,但为了防止因为合同被仓促解除而引发的纠纷,或者造成财产的损失浪费,法律规定任何一方行使任意解除权时,应当提前60日通知对方,使对方有充足的准备时间。如对业主一方而言,提前通知可以使其有充足的时间选聘新的物业服务人;而对物业服务人而言,提前通知也可以使其有充足的时间准备订立新的合同。

(三)因业主行使任意解聘权而解除合同

对于普通物业服务合同,业主一方是否享有任意解除权,学界存在不同观点。《民法典》第946条第1款规定:"业主依照法定程序共同决定解聘物业服务人的,可以解除物业服务合同。决定解聘的,应当提前六十日书面通知物业服务人,但是合同对通知期限另有约定的除外。"从该规定来看,对业主解聘物业服务人并没有作出任何限定,而只是在程序上要求其依法共同决定。由此可见,该条实际上是承认了业主一方享有任意解除合同的权利。② 法律

---

① 参见山东省青岛市(2021)鲁02民终2577号民事判决书。
② 参见黄薇主编:《中华人民共和国民法典合同编解读》(下册),中国法制出版社2020年版,第1346页。

上之所以规定业主的任意解除权,主要原因在于:第一,强化对业主权益的保护。在物业服务合同中,业主处于弱势地位,物业服务人收取物业服务费之后,未按照约定提供物业服务,而单个业主又难以提出抗辩,赋予业主任意解除权,可以有效保护业主利益。第二,由于在实践中,业主大会、业主委员会成立困难,业主维权成本高、程序复杂,赋予业主一方的任意解除权有利于发挥对物业服务企业的监督和制约作用。如果不承认业主的任意解除权,则业主大会依据《民法典》享有的解聘物业服务人的权利将难以真正实现,至于物业服务人的利益可以通过损害赔偿以及合理期限内通知程序等方式予以保障。[①] 第三,物业服务合同本质上是当事人基于信任关系而订立的,既然业主不再信任物业服务人,就应当赋予其解除合同的权利。[②]

但是,业主行使任意解除权必须符合如下条件:

第一,行使权利的主体必须是全体业主,而不是单个业主。依照《民法典》,任意解除权并不是赋予单个业主的,而是赋予业主全体的。由于物业服务合同本质上是一种集体合同,具有集体性[③],因此只能由全体业主享有。

第二,物业服务合同期限尚未届满。任意解除权是合同届满前业主所享有的权利,如果合同期限已经届满,则业主可以通过不再续聘解决该问题,而不存在任意解除权行使的问题。

第三,依据法定的程序共同决定。在行使任意解除权的情形下,业主不需要说明解除的理由,只需要遵守法定的程序解除即可。《民法典》第278条对业主选聘和解聘物业服务企业或者其他管理人作出了明确的规定,因此,如果业主行使任意解除权,应当依照该程序作出决定。

第四,任意解除权仅仅适用于普通的物业服务合同,对前期物业服务合同并不适用。因为在前期物业服务合同中,业主尚未入住,也没有成立业主大会和业主委员会,因此也无法行使该项权利。

需要指出的是,赋予业主任意解除权并不意味着完全忽视对物业服务人的利益的保护。对此,《民法典》第946条第2款规定:"依据前款规定解除合同造成物业服务人损失的,除不可归责于业主的事由外,业主应当赔偿损失。"依据该规定,业主行使任意解除权造成物业服务人损失的,除不可归责于业主的事由外,物业服务人有权请求业主赔偿该损失。此处所说的"不可归责于业主的事由",是指物业服务人所遭受的损失与业主无关。如果不可归责于业主,则物业服务人不可要求业主赔偿损失。

(四)当事人行使法定解除权解除合同

物业服务合同在订立后,也可能出现当事人没有预料到的情形,使得合同无法履行,此时,合同当事人可以通过协议方式解除合同。另外,在履行合同过程中,一旦符合法律规定或当事人约定的解约事由,当事人也可以解除合同。例如,物业服务人未按照合同约定提供物业服务,已经构成根本违约,则业主有权行使法定解除权解除合同。当然,由于法律已经规定了业主享有任意解除权,因此,一般而言,行使任意解除权较之于行使法定解除权更为

[①] 参见朱虎:《物业服务合同作为集体合同:以〈民法典〉规范为中心》,载《暨南学报(哲学社会科学版)》2020年第11期。

[②] 参见黄薇主编:《中华人民共和国民法典释义》(中),法律出版社2020年版,第1704页;杨立新:《物业服务合同:从无名合同到典型合同的蜕变》,载《现代法学》2020年第4期。

[③] 参见黄薇主编:《中华人民共和国民法典合同编解读》(下册),中国法制出版社2020年版,第1428页。

简便。

(五)物业服务合同终止的效果

1. 合同终止的法律效果

第一,向将来发生效力。由于物业服务合同性质上属于继续性合同,因此,合同解除后,应当向将来发生效力。这就是说,已经履行的,依据合同的性质来判断是否应当恢复原状,尚未履行的应终止履行。

第二,关于物业费的返还。物业服务合同在性质上属于继续性合同,物业服务人已经收取的与其提供的物业服务相对应的物业费,不能退还。但如果尚未提供物业服务,则物业费应当退还。《物业服务纠纷司法解释》第3条规定:"物业服务合同的权利义务终止后,业主请求物业服务人退还已经预收,但尚未提供物业服务期间的物业费的,人民法院应予支持。"依据这一规定,物业服务合同在合同期限届满前终止的,物业服务人应当将已经收取的、尚未提供物业服务期间的物业费返还给业主,业主也有权请求其返还。从法律上看,物业服务人对于已经预收、但尚未提供物业服务的费用构成不当得利,其应当返还。同时,除了物业费之外,物业服务人对于其所预收的其他费用(如装修保证金、垃圾清运费等)也应当依法返还给业主。如果物业服务企业拒绝退还,单个业主有权提起诉讼请求其退还。[①] 当然,即使物业服务合同终止,对于物业服务合同生效期间内业主所拖欠的物业费,物业服务人仍有权向拖欠物业费的业主主张,这也是由物业服务合同的双务、有偿性所决定的。

第三,业主行使任意解除权给物业服务人造成损失的,应当赔偿损失。这里要区分一般解除与任意解除,在一般的法定解除中,如果是因为物业服务人的违约而造成的,业主不应赔偿损失。但是业主行使任意解除权,如果造成物业服务人损失的,应当赔偿。

2. 物业服务合同终止后的后合同义务

所谓后合同义务,是指在合同关系终止后,当事人依据法律、法规的规定,以及诚实信用原则的要求对另一方负有的保密、协助等义务。物业服务合同解除后,物业服务人仍应当对业主负有保密、协助等后合同义务。[②] 从性质上看,后合同义务也是合同义务的组成部分,违反该义务仍然应当承担违约责任。[③]

物业服务合同终止后,物业服务企业应当承担的一项后合同义务是做好物业管理交接工作。《民法典》第949条第1款规定:"物业服务合同终止的,原物业服务人应当在约定期限或者合理期限内退出物业服务区域,将物业服务用房、相关设施、物业服务所必需的相关资料等交还给业主委员会、决定自行管理的业主或者其指定的人,配合新物业服务人做好交接工作,并如实告知物业的使用和管理状况。"依据该规定和有关司法解释的相关规定,物业服务人在合同解除后所应承担的后合同义务主要包括如下内容:

第一,应退出物业服务区域。在物业服务合同的权利义务终止之后,物业服务人应退出物业服务区域。所谓退出,是指物业服务人及其服务人员应离开相应的物业服务区域,而不得继续占用相关区域。如果其拒不退出的,将构成侵权,业主委员会可以请求其退出,并有

---

① 最高人民法院民事审判第一庭编著:《最高人民法院建筑物区分所有权、物业服务司法解释理解与适用》,人民法院出版社2009年版,第345页。

② 《物业管理条例》第38条规定:"物业服务合同终止时,物业服务企业应当将物业管理用房和本条例第二十九条第一款规定的资料交还给业主委员会。物业服务合同终止时,业主大会选聘了新的物业服务企业的,物业服务企业之间应当做好交接工作。"

③ 胡康生主编:《中华人民共和国合同法释义》,法律出版社1999年版,第152页。

权请求物业服务人承担相应的民事责任。

第二,应移交物业服务用房和相关设施,以及物业服务所必需的相关资料和由其代管的专项维修资金,即履行妥善交接的义务。① 这主要是因为,物业服务合同已经终止,物业服务人因此而丧失继续占用物业服务用房以及专项维修资金等的法律依据,因此,应当将其返还。对于无正当理由拒不移交的行为,业主委员会可以请求其承担相应的责任。

第三,配合新物业服务人做好交接工作、并如实告知物业的使用和管理状况。物业工作的交接和接收并非一蹴而就,需要前期物业服务人和新的物业服务人相互配合,才能顺利做好交接工作,而且新的物业服务人履行职能、提供物业服务也需要获得足够、真实的物业使用和管理的信息。如果前期物业服务人不履行或者迟延履行该后合同义务,致使新物业服务人交接困难或者物业服务提供迟延,造成业主或者新物业服务人损失的,行为人应依法承担相应的责任。

第四,在新的物业服务人接管前应继续提供物业服务。在原物业合同已解除、新物业合同尚未订立时,为避免这一期间不能正常提供物业服务,影响业主的基本生活权益保障和小区的基本秩序维护,《民法典》第 950 条规定:"物业服务合同终止后,在业主或者业主大会选聘的新物业服务人或者决定自行管理的业主接管之前,原物业服务人应当继续处理物业服务事项,并可以请求业主支付该期间的物业费。"依据这一规定,原物业服务人不得直接暂停物业服务,而需要在选聘的新物业服务人或决定自行管理的业主接管前,继续提供物业服务,在新旧物业交接过渡期,做好基本的物业服务和维护小区基本的公共和安全秩序。但在原物业服务合同终止后,物业服务人继续提供物业服务,业主接受该物业服务的,双方之间形成非定期的物业服务合同,业主应当支付该期间的物业费。该规定着眼于业主利益的保护,符合诚信原则的要求。②

二、物业服务合同的续聘

业主依法共同决定对原物业服务人续聘的,就应在合同期满前与原物业服务人订立物业服务合同,以保障物业服务的连续性。《民法典》第 947 条第 1 款规定:"物业服务期限届满前,业主依法共同决定续聘的,应当与原物业服务人在合同期限届满前续订物业服务合同。"但此处的"应当"并非"必须"的意思,更多的是一种倡导性规定,即倡导业主在物业服务合同期限届满前续订合同,以保障物业服务的连续性。③ 对前期物业服务而言,由于小区内的商品房出售和入住率较低,无法通过召开全体业主大会选聘物业服务人,所以,一般由建设单位聘请前期物业服务人。但是,在小区内的商品房达到一定的入住率之后,就应当由业主召开全体业主大会,以决定是否继续聘任该物业服务人。如果全体业主同意继续聘请,则在全体业主和物业服务人之间成立物业服务合同关系。如果全体业主不同意继续聘请该物业服务人,则全体业主有权解除该前期物业服务合同,并有权聘请其他物业服务企业、管理人或者自行管理。物业服务合同解除后,原物业服务人即丧失继续占有和使用物业服务用房、有关设施设备和相关资料的权利。④ 物业服务人应当按照物业服务合同约定的时间、方式提供物业服务,如果物业服务人未能按照约定提供物业服务,则全体业主有权依据法律规

---

① 参见赵惠:《析物业服务合同的性质及解除》,载《法律适用》2010 年第 11 期。
② 参见黄薇主编:《中华人民共和国民法典释义》(中),法律出版社 2020 年版,第 1710 页。
③ 参见谢鸿飞、朱广新主编:《民法典评注·合同编:典型合同与准合同 4》,中国法制出版社 2020 年版,第 333 页。
④ 参见王旭光等主编:《物权法适用疑难问题研究》,山东人民出版社 2007 年版,第 181 页。

定或者合同约定解聘物业服务人。

《民法典》第947条第2款规定:"物业服务期限届满前,物业服务人不同意续聘的,应当在合同期限届满前九十日书面通知业主或者业主委员会,但是合同对通知期限另有约定的除外。"据此,物业服务人在物业服务期限届满前不同意续聘的,其具有期前通知的义务。该规定包括如下内容:第一,如果愿意续聘的,双方当事人当然可以继续签订合同。但是即便业主共同决定续聘,物业服务人如果不同意续聘,按照意思自治原则应当尊重其意思。第二,如果物业服务人不同意续聘,应当负有通知义务。物业服务人的期前通知义务是一种法定义务,当事人不能通过约定进行排除。[1] 因为其必须要给业主留出必要的准备时间,以便于业主寻找新的物业服务人,防止因出现空档期而导致小区物业无人管理。这主要是出于保护业主利益的需要。期前通知义务是物业服务人依照诚实信用原则应当承担的附随义务。物业服务人违反该法定义务的,也应承担相应的违约责任。[2] 第三,物业服务人不同意续聘的,应当依法定程序作出通知:一是要求在物业服务合同期限届满前90日作出通知,但如果当事人对期限另有约定的,按照其约定。二是通知必须采取书面形式。三是通知的对象必须是业主或业主委员会,并且通知必须实际到达。

---

[1] 参见谢鸿飞、朱广新主编:《民法典评注·合同编:典型合同与准合同4》,中国法制出版社2020年版,第333页。
[2] 同上书,第334页。

第六编 团体性合同

第二十二章 合伙合同

第二十二章

合 伙 合 同

第一节 合伙合同概述

一、合伙合同的概念

合伙合同也称合伙协议,依据《民法典》第967条的规定,是指"两个以上合伙人为了共同的事业目的,订立的共享利益、共担风险的协议"。合伙是一种灵活便利的创业投资方式。① 早在罗马法时期,合伙契约就已经成为一种重要的合同形式。② 在近代的民法典编纂中,很多国家也继受了罗马法,就合伙合同作出了规定。例如,在《德国民法典》中,合伙合同是一项典型的民事合同,当然,基于此种民事合同所产生的只是民事合伙(Gesellschaft bürgerliches Rechts)。此种民事合伙合同作为一种法律行为,其核心内容是确定合同当事人的共同目的,以及基于此共同目的而产生的相应履行义务。③ 并且在德国法中,此种民事合伙合同的订立可以是通过明示的或者默示的意思表示来完成,并没有严格的形式要求。④ 我国已经颁布了《合伙企业法》,在该法中对设立为企业的合伙作出了规定。《民法典》所规定的合伙合同与《合伙企业法》所规定的合伙合同不同,《民法典》规定的是未形成组织的合伙,而《合伙企业法》规定的则是形成组织的合伙。⑤

虽然《民法典》在合同编规定了"合伙合同",但第967条在对合伙合同进行定义时,又采用了"协议"的表述,作出这种表述的主要原因是,其沿袭了《民法通则》第30条和第31条以及《合伙企业法》第4条的表述。但"协议"表述的引入,表明合伙合同具有其特殊性,这表明了合伙的团体性和共同行为的特征,当事人之间的意思表示不是"相向而行的",而是同向的,即各个当事人订立合伙合同的意思表示的方向是一致的。

学理上一般从如下两个层面使用"合伙"这一概念:一是指合伙合同,它是确定合伙人之间权利义务关系的协议,是调整各合伙人内部关系的依据。二是指合伙组织关系,即合伙人的联合体,合伙作为一个组织体,可对外与第三人发生各种法律关系。⑥ 许多合伙特别是商事合伙,是由合伙合同与合伙组织两部分所组成的,前者是对合伙人有拘束力的内部关系,

---

① Philippe Merle,Droit commercial,Sociétés commerciales,11ᵉ édition,Dalloz,2007,p. 162.
② 参见陈朝璧:《罗马法原理》,法律出版社2006年版,第231页。
③ MüKoBGB/Schäfer BGB § 705 Rn. 17.
④ MüKoBGB/Schäfer BGB § 705 Rn. 1.
⑤ 参见朱虎:《〈民法典〉合伙合同规范的体系基点》,载《法学》2020年第8期。
⑥ 参见佟柔主编:《中国民法》,法律出版社1990年版,第131页。

后者是由全体合伙人作为整体与第三人产生法律关系的外部形式,合伙大多是这两种关系的结合。无论合伙是否形成组织,必须有合伙合同存在,合伙合同是合伙产生的基础,并规范合伙人之间的权利义务。即使形成了合伙组织,合伙合同在合伙中也居于十分重要的地位。

从比较法上看,合伙合同通常都规定在民法典债编中。我国《合同法》并没有规定合伙合同,但是《民法典》中规定了合伙合同,并将其规定为独立的典型合同类型。从性质上说,合伙合同既可能是民事合同也可能是商事合同,因此,《民法典》作为民事基本法,对合伙合同作出了规定。

《民法典》之所以要新增合伙合同一章,主要原因在于:《合伙企业法》已经规定了商事合伙,《合同法》也没有规定合伙合同,《民法典》总则编删去了《民法通则》中的相关规则,因而《民法典》合同编有必要将合伙合同规定为典型合同类型。① 合伙合同在交易实践中运用得也较为广泛,由此也产生了不少纠纷,这就需要提供相应的法律规则进行调整。将其规定于《民法典》合同编也将会使我国法律关于合伙的规则更为完善和科学。

在合伙人通过合伙合同设立合伙企业的情形,合伙合同是合伙企业设立的必要条件,也是合伙人之间共同一致的意思表示。任何人加入合伙,都要毫无保留地接受合伙合同的全部条款。合伙合同之于合伙,如同章程之于公司,是合伙组织最重要的内部法律文件,也是确定合伙人之间权利义务关系的基本依据。各个合伙人都应当按照合伙合同享有权利和承担义务,任何一个合伙人违反协议,对其他合伙人都构成违约。尽管合伙合同的内容不能排除法律关于合伙人对外责任的规定,也不能对抗善意的第三人,但对合伙人具有严格的拘束力。

二、合伙合同的特征

依据《民法典》的规定,合伙合同的特征主要在于:

(1)目的的共同性。合伙合同是意思表示方向一致的合同,这是因为合伙人订立合伙合同的目的就是要共同经营合伙事业,该事业是各合伙人利益的共同指向②,是合伙人所共同追求的目标。合伙合同是合伙人之间基于共同的目的而订立的合同。例如,二人共同出资购买一辆货车,用于跑长途运输,双方约定各自承担一半的价款,同时约定每逢单数日由甲驾驶,双数日则由乙驾驶,并各自承担相应的汽油、保养等费用。从该约定来看,虽然有形式上的"共同出资"甚至"共同维护",但因二人追求的目的并不具有共同性,因而尚不构成合伙。但若甲乙共同购买汽车,同时与第三人签订汽车租赁合同,将汽车出租给第三人使用并分享出租收益,则该二人之间便形成了共同的利益指向,因此在内容上即可成立合伙。这种事业既可以是持续性的,也可以是临时性的。一旦共同目的已经实现,则合伙将因此而解散;合伙的目的无法实现时,合伙也应当终止。

(2)订立的特殊性。合伙合同与一般合同的不同之处主要表现在:合伙人之间主要是合作的关系而非对立、竞争的关系,各合伙人具有共同的利益追求。同时,合伙合同的当事人也并非债权人与债务人,不能将合伙人区分为积极的一方与消极的一方。它是一种共同

---

① 参见黄薇主编:《中华人民共和国民法典合同编解读》(下册),中国法制出版社2020年版,第1503页。
② 参见史尚宽:《债法各论》,中国政法大学出版社2000年版,第650页。

行为,需要多方意思表示一致。① 在合伙合同订立的过程中,各个合伙人之间的意思表示还具有共同的指向,这也是合伙合同目的共同性的要求。例如,在"邱以德、陈周宜合伙协议纠纷案"中,法院认为,"邱以德与陈周宜、张华耀的关系不符合合伙关系的法律特征,且事后仍未就各方出资、分配占比达成一致……二审中邱以德以个人误解、对法律关系认识错误等原因……对哪些人共同合伙经营的基本事实都作出不一样的陈述,可见各方就案涉木材生意的关系明显不符合普通合伙具有高度人合性的特征,而是一种松散的、模糊的合作关系。"② 另外,在合伙合同订立之后,如果某些合伙人嗣后退伙或死亡,并不必然影响合伙合同的效力。

(3) 内容的特殊性。依据《民法典》第967条的规定,合伙合同需要"为了共同的事业目的"而订立,为了实现这一目的,各合伙人需要相互合作,因而各合伙人应当按照合伙合同的要求共同出资、共同经营、共享利益、共担风险。③ 这也是合伙合同区别于借款合同的重要特点。为了实现目的的共同性,当事人应在合伙合同中对出资、入伙、退伙、合伙事务管理、事务执行人、损益分配、合伙财产以及合伙债务等内容进行约定,这些内容是其他类型的合同所不具备的。虽然法律对其中一些内容作出了规定,但合伙人仍可以在不违反法律的强制性规定的前提下进行自由约定。

合伙人应该按照法律规定或者合伙合同的约定处理合伙事务,如果全体合伙人与第三人之间从事民事法律行为,由此订立的合同与一般的合同在性质上并无差异;但如果部分合伙人与第三人从事法律行为,由此产生的法律效果要准用委托的规定,相应的法律后果也应由全体合伙人承担。

(4) 性质上为共同行为。《民法典》第134条第1款规定:"民事法律行为可以基于双方或者多方的意思表示一致成立,也可以基于单方的意思表示成立。"所谓双方法律行为,是指双方当事人意思表示一致的法律行为。所谓共同法律行为,即多方法律行为,它是基于两个或两个以上共同的意思表示一致而成立的多方法律行为。例如,制定公司章程的行为、订立团体规约的行为。多方法律行为和双方法律行为的区别在于:一方面,在实施多方法律行为时,当事人所追求的利益是共同的,其通常要依据法律规定和合同约定共享收益、共担后果。而在双方法律行为中,当事人的利益是相对的。④ 另一方面,在实施共同法律行为时,共同意思表示的达成有可能需要遵循一定的程序,而双方法律行为一般不适用此种程序。例如,订立章程要遵守一些特定的规则、程序,其不宜完全适用合同编的规定。再如,业主订立管理规约,也要遵守一定的表决程序。

(5) 属于继续性合同。合伙合同的共同目的既可以是临时性的,也可以是持续性的。⑤ 但无论时间长短、目的是否确定、单一,合伙人履行义务的行为都不可能是一次性的,而需要持续地作出履行。从这个意义上讲,合伙合同属于继续性合同,只要合伙合同所确定的特定目的仍存在,该合伙就继续存在。同时,因为合伙合同属于继续性合同,其在解除的效力等方面也不同于一般的合同。基于继续性合同的特征,对于未定期限的继续性合同,为了避免债务关系无限延长,比较法上一般均承认,未定期限的继续性合同可由一方通知终止而终

---

① 参见谢鸿飞、朱广新主编:《民法典评注·合同编:典型合同与准合同4》,中国法制出版社2020年版,第462页。
② 广东省广州市中级人民法院(2020)粤01民终4074号民事判决书。
③ 参见邱聪智:《新订债法各论》(下),姚志明校订,中国人民大学出版社2006年版,第8页。
④ 参见谢鸿飞、朱广新主编:《民法典评注·合同编:典型合同与准合同4》,中国法制出版社2020年版,第463页。
⑤ 参见〔德〕迪特尔·梅迪库斯:《德国债法分论》,杜景林、卢谌译,法律出版社2007年版,第386页。

止,该规则同样适用于未定期限的合伙合同,对此,《民法典》第 976 条第 2 款、第 3 款规定:"合伙期限届满,合伙人继续执行合伙事务,其他合伙人没有提出异议的,原合伙合同继续有效,但是合伙期限为不定期。合伙人可以随时解除不定期合伙合同,但是应当在合理期限之前通知其他合伙人。"该条规定的这一随时解除的权利,在性质上就是未定期限继续性合同的通知终止权利。

(6) 合伙合同具有人合性和团体性的特点。① 合伙合同是基于合伙人之间的相互信任而订立的,具有很强的人合性的特点。正因如此,合伙人要承担无限连带责任。另外,合伙合同也具有一定的团体性,只不过,还没有达到形成组织体的程度,如果要形成组织体就必须要设立合伙企业。

(7) 以不要式为原则。合伙合同原则上具有不要式性,并不一定需要以书面形式订立,如果当事人只是组成一般的民事合伙,并未将其注册为合伙企业,则不要求必须以书面形式订立合伙合同,口头形式的合伙合同也同样具有法律效力。② 当然,如果当事人通过合伙合同设立合伙企业,则应以书面形式订立。例如,《合伙企业法》第 4 条规定:"合伙协议依法由全体合伙人协商一致、以书面形式订立。"该法第 14 条也规定,设立合伙企业应当"有书面合伙协议"。

三、合伙合同与合伙企业法中的合伙协议的区别

合伙合同与合伙企业法中的合伙协议都是合同关系,是确定合伙人个人权利义务的准则。两者的相似性在于,一方面,都是合伙人之间的一种债的关系,在这种关系中,合伙人因合伙合同互负义务,以"合同规定的方式,促进共同目的的达成,尤其是履行约定的出资"。因此,凡是涉及合伙人之间债务关系的合伙法,即属债法范畴。③ 另一方面,都是确立各合伙人之间相互关系的依据,也是合伙人在合伙中的基本行为准则。许多合伙合同都是设立合伙组织体的基础和依据,也是规范合伙组织体的基本规范,合伙合同具有规范合伙组织体的功能,是全体合伙人的自治性文件,是全体合伙人的"宪法"。合伙合同与公司章程具有类似的效力。在这一点上,合伙与公司不同。公司需要适用特别的公司组织法,而合伙在整体上仍然适用民法中债和合同的有关规则。

但是,合伙合同与合伙组织体仍然是不同的概念。合伙合同与合伙企业法中合伙协议的区别主要体现为:

第一,是否规范组织体关系不同,《民法典》合伙合同并非必然规范组织,但合伙协议必然要规范组织。合伙合同规范了合伙人与合伙组织体的关系。合伙合同不一定需要设立组织,个人合伙本身具有临时性与松散性的特点。如果合伙合同不是单纯的合同,而是要设置相应的组织体,则合伙合同不仅是当事人的合意行为,而且通过规定合伙人的出资义务以及盈余分配规则等规范了合伙组织体的关系。而合伙组织体的财产与合伙人的财产并不能等同,在一定程度上处于相互分离的状态,合伙财产区别于合伙人个人的财产。④ 在合伙对外承担责任时,首先应以合伙的全部财产对外承担责任,而非以合伙人的个人财产首先承担责

---

① 参见崔建远主编:《合同法》(第七版),法律出版社 2021 年版,第 481 页。
② 参见王轶等:《中国民法典释评·合同编·典型合同》(下卷),中国人民大学出版社 2020 年版,第 599 页。
③ 参见〔德〕维尔纳·弗卢梅:《合伙与合手》,金晶译,载王洪亮等主编:《中德私法研究》(第 14 卷),北京大学出版社 2016 年版,第 65 页以下。
④ 参见谢鸿飞、朱广新主编:《民法典评注·合同编:典型合同与准合同 4》,中国法制出版社 2020 年版,第 471 页。

任。因此,在合伙人违反合伙合同所约定的出资义务时,可以由其他合伙人或执行事务的合伙人请求其履行该义务,但该出资义务并不是对某一单个的合伙人,而是对合伙组织体履行。再如,合伙人违反竞业禁止义务,不仅要对其他合伙人承担违约责任,而且要对合伙组织体承担相应的责任。

在形成组织的合伙中,合伙的债务人就是合伙组织,且合伙财产为合伙组织所有,其与合伙人个人财产的区分较为清晰,合伙债权人不先请求以合伙组织的财产清偿而直接请求以合伙人的个人财产清偿的,合伙人有权据此抗辩,这对债权人不会造成其他损失,故《合伙企业法》第 38 条规定先以合伙组织的财产清偿。① 而《民法典》对合伙合同情形下的债务清偿,并没有要求必须先以合伙财产清偿,而是要求合伙人对合伙债务承担无限连带责任。

第二,合同的内容不同。合伙协议的某些内容如果已由法律作出规定,可不必再由合伙合同约定。许多合伙合同是合伙组织体进行内部管理和对外行为的"章程"。如果合伙合同也要建立合伙组织,则一方面在该组织体中,合伙合同类似于公司的章程,其不仅具有确立权利义务的特点,而且具有设立组织的特性。合伙合同中规定诸如合伙企业的名称、主要经营场所的地点、合伙目的和合伙经营范围、合伙事务的执行、入伙与退伙、争议解决办法、合伙企业的解散与清算等内容,就已经超出了民事合同的范畴,已具有组织性规则的特征。当事人之间有关利益分配、入伙退伙、对外事务的执行,都可以依据合伙合同确定。另一方面,许多合伙合同的双重属性在民事合伙中也有所体现。在民事合伙中,合伙合同关于合伙内部议事的规则、对外代表的规则和对外承担责任的规则,也都不单纯是合伙人之间的权利义务关系。例如,在民事合伙对外行为、产生责任后,即便存在合伙合同的解除事由,也不能简单地根据该解除事由解散合伙,而需要进行合伙的清算,在承担完合伙债务后再进行解散。

第三,是否具有要式性不同。《合伙企业法》第 4 条规定:"合伙协议依法由全体合伙人协商一致、以书面形式订立。"第 14 条规定,设立合伙企业,应当有书面合伙协议。但《民法典》规定的合伙合同以不要式为原则。

第四,主体资格是否有限制不同。《合伙企业法》规定的合伙人有一些主体限制,《合伙企业法》第 3 条规定:"国有独资公司、国有企业、上市公司以及公益性的事业单位、社会团体不得成为普通合伙人。"但合伙合同的订立并没有主体资格的限制。

第五,期限不同。合伙合同有可能是长期的,也有可能是短期的;但合伙协议是持续性合同,一般都具有长期性。

四、合伙合同与相关概念的区别

(一) 合伙合同和设立公司的协议

合伙合同和设立公司的协议都可能是设立商事组织的协议,且订立协议的当事人具有共同的目的,这些协议都是具有共同利益的数个主体之间的协议。与一般的权利义务具有对应性的合同不同,它们在本质上都是一种共同行为,且都可能以设立一定的组织体为目的。在比较法上,一些国家的法律专门对共同行为作出了规定。例如,在法国法上,将合伙合同与设立公司的协议统称为设立企业的合同。依据《法国民法典》第 1832 条,设立企业的合同(contrat de société)应具备四项要件:同意、行为能力、标的和原因。同时,在设立公司没有成立时,发起人订立的协议也具有类似于合伙合同的效力。在我国,虽然合伙合同与设

---

① 参见朱虎:《〈民法典〉合伙合同规范的体系基点》,载《法学》2020 年第 8 期。

立公司的协议都可能会设立一定的组织体,在性质上均属于共同行为,但二者也存在明显的区别,主要表现在:

第一,目的不同。各合伙人订立合伙合同的目的在于经营共同的事业,而设立公司的协议的目的则在于设立公司。在合伙合同以设立企业为目的的情形下,考虑到合伙与公司在成员的责任、对社会的影响等方面存在较大差异,法律针对合伙与公司分别设置了不同的规则,二者在法律地位、设立条件、程序等方面都存在重大差异。合伙合同和设立公司的协议在合伙企业和公司中的作用不同,合伙合同是规定合伙组成及运营的基本规范①,其既是合伙企业设立的要件,又是合伙企业事务执行中的准则,而设立公司的协议在公司成立后即终止,设立公司的协议的使命也将被公司章程所取代。

第二,主体不同。设立公司的协议所约束的通常仅是公司的发起人,在公司成立之后,该协议就自动终止。而合伙合同所约束的则是全体合伙人,其在合伙组织体成立之后并不终止,全体合伙人仍应以合伙合同所约定的具体内容作为行为的准则。同时,对于新入伙的合伙人,虽然其并未参与订立合伙合同,但合伙合同对其仍具有约束力。

第三,形式要件不同。设立公司的协议通常需要具备书面形式,而合伙合同则以不要式为原则,除法律明确规定外,当事人可以采取任何形式订立合伙合同。从现行法的规定来看,仅在设立合伙企业时,合伙合同应当采取书面形式。

第四,适用的法律依据不同。设立公司的协议应当适用《公司法》,而合伙合同则主要适用《民法典》以及《合伙企业法》。

(二) 合伙合同和借款合同

借款合同是贷款人将一定数量的货币转移给借款人,而借款人在约定的期限内将同种类、同数量的货币返还给贷款人的协议。合伙合同和借款合同具有一定的联系,主要表现在,在合伙经营中,也时常出现一方出资、不从事经营但获取固定收益的情形,此种情况与借款相似。在实践中,有的合伙合同甚至明确规定"保底条款",即合同明确约定某一合伙人只提供资金,并不参与共同经营,分享合伙的盈利,却不承担合伙的亏损责任,只是到期向其支付一定的利润。即便合伙出现亏损时,其仍要收回其出资和收取固定利润,这实际上就是企业之间的变相借款②,实践中也出现不少相关纠纷,这就需要严格区分合伙合同和借款合同。笔者认为,合伙合同和借款合同之间存在明显的区别,主要表现在:

第一,目的不同。就借款合同而言,贷款人的目的是收回本金并收取必要的利息,而借款人则是为了使用有关借款,以实现必要的资金融通。但合伙合同是由全体合伙人协商一致、依法达成的有关共同出资、共同经营、共担风险的协议。合伙合同是一种共同行为,而借款合同是利益相对的双方之间的双方法律行为。

第二,是否共同出资、共担风险不同。是否承担合伙事务亏损的风险,是区分合伙合同与借款合同的关键。③ 借款只是一方向另一方提供金钱借贷、另一方到期应还本付息的合同。但在合伙合同中,各合伙人负有共同出资、共同经营、共担风险的义务。在合伙合同中如果约定了"保底条款",该条款在性质上背离了合伙企业共负盈亏、共担风险的特点,应属于无效条款。

---

① 参见谢鸿飞、朱广新主编:《民法典评注合同编典型合同与准合同4》,中国法制出版社2020年版,第470页。
② 参见王轶等:《中国民法典释评·合同编·典型合同》(下卷),中国人民大学出版社2020年版,第598页。
③ 《关于审理涉及国有土地使用权合同纠纷案件适用法律问题的解释》第23条规定:"合作开发房地产合同约定提供资金的当事人不承担经营风险,只收取固定数额货币的,应当认定为借款合同。"

第三,当事人是否参与经营管理不同。在合伙合同中,每个合伙人都有权参与合伙事务的管理,但是在借款合同中,贷款人只是依据合同约定提供贷款,但其并不能参与到借款人的实际经营管理活动中。

第四,法律责任不同。在借款合同关系中,贷款人最多只承担借款人到期不能清偿的风险,而不承担其他责任。而在合伙关系中,合伙人除应承担投资无法收回的风险外,还应承担因合伙财产不能清偿债务而需要对合伙债务负连带责任的风险。

(三)合伙合同和决议行为

决议行为是指数个当事人之间以多数决的形式达成合意的法律行为。例如,业主大会的决议、股东大会的决议等。合伙合同和决议行为的相似之处在于:一方面,二者都是数个民事主体实施的法律行为,均存在多数的意思表示,也都是民事主体私法自治的体现。另一方面,决议行为往往也具有利益指向的共同性,这与合伙合同相同。但是,合伙合同与决议行为之间仍存在明显的差异,主要表现在:

第一,是否需要通过特别的合意程序作出不同。合伙合同属于"合同行为",并不必然要求经过特殊程序来形成共同的意思表示。而决议行为通常应当依据法律规定或者当事人约定的表决程序作出。《民法典》第134条第2款规定:"法人、非法人组织依照法律或者章程规定的议事方式和表决程序作出决议的,该决议行为成立。"这就要求决议的作出必须依据章程或法律规定的程序。例如,业主大会的决议、股东大会的决议应由业主委员会或者董事会提议表决,并需要经特别的合意程序来作出。

第二,成立和生效规则不同。由于合伙合同是合伙存续的基础,所以合伙合同的订立必须经全体合伙人的一致同意方能成立并生效。《民法典》第970条第1款规定:"合伙人就合伙事务作出决定的,除合伙合同另有约定外,应当经全体合伙人一致同意。"而决议行为中人数众多,取得所有人的一致同意往往很困难,这也可能导致决议成本过高,因此,决议行为往往采取多数决的方式。同时,决议一旦通过,即便相关主体在决议过程中反对该决议,其也必须受到生效决议行为的拘束。

第三,效力瑕疵及其救济方式不同。一般而言,如果合伙合同的主要内容存在不真实、错误等瑕疵情形,当事人可以根据《合伙企业法》《民法典》等规定寻求救济。而就决议行为而言,通常仅在形成决议的合意程序存在瑕疵时才提供救济,对于决议内容本身,需要依照《公司法》《民法典》总则编等规定的程序救济。

五、合伙合同的类型

(一)民事合伙合同和商事合伙合同

民事合伙合同是指合伙人为追求一定的共同目的而达成的共同出资、共担风险的协议。此类协议并不以设立合伙企业为目的。在我国,民事合伙主要是指不以合伙企业形式出现的合伙形态。而商事合伙合同是指合伙人为设立合伙企业并从事营利性营业活动而达成的共同出资、共同经营、共享收益、共担风险的协议。在民商分立国家,商事合伙是指由商法所规定的合伙企业,而在我国民商合一立法体例下,商事合伙则是指由《合伙企业法》所规定的合伙企业。[①] 我国《民法典》所规定的合伙合同,实际上包括了这两种合伙合同,当然,其规范

---

① 参见李永军:《论商事合伙的特质与法律地位》,载杨立新主编:《民商法前沿》(第1—2辑),吉林人民出版社2002年版。

的重心仍然是民事合伙合同。这两类合伙合同都属于合伙合同的范畴,且都以追求共同的事业为目的,但二者之间仍存在明显区别,主要表现在:

第一,设立依据不同。对民事合伙而言,其需要各个合伙人依照《民法典》的相关规定订立合伙合同。就商事合伙而言,其主要依据《合伙企业法》的规定设立,由于设立合伙企业的内容复杂,且关系到不特定多数人的利益,因而法律要对此类协议的内容进行较多规制,包括给予必要的管制和制定必要的倡导性规范予以指导。对于法律规定的强制性规范,即使当事人没有对此作出约定,其也应当自动成为协议的内容。但对于一般民事合伙合同的内容,法律没有作出详细的规定,当事人可以根据其实际需要,在不违反强制性规定和社会公共利益的前提下自主地确定协议内容。

第二,目的不同。民事合伙合同的主要目的在于确立一般的合伙关系以实现特定的共同目的,该共同目的一般不具有营利性。而商事合伙合同的目的除了在当事人之间确立合伙关系外,还在于设立合伙企业。与民事合伙合同相比较,商事合伙合同以合伙企业的设立为目的,并通过合伙企业的设立实现营利性的目的。

第三,合伙合同本身是否要登记或备案不同。民事合伙是由民法确认的合伙,在大陆法系国家,大多是将民事合伙作为合同关系规定在债法中。合伙合同被看作是当事人之间的自由约定,因此通常无须再行登记或备案。而商事合伙合同因涉及第三人利益及交易安全,因此一般都应当按照法律的规定办理登记或备案手续,以实现公示的效果。

(二)持续合伙合同与偶然合伙合同

持续合伙合同是指合伙人之间订立的在较长期限内持续存在的合伙合同。偶然合伙合同是指合伙人之间为了特定事项而临时组成的持续时间较短的合伙。无论是持续合伙合同,还是偶然合伙合同,其都要在合伙合同中规定特定的合伙目的,同时也要明确合伙人的相关权利义务。在合伙目的实现之后,合伙通常会随之终止。但两者存在较大的区别,主要表现为:

第一,在持续合伙合同中,可能需要形成一个合伙实体,组成合伙组织,以实现合伙目的。但在偶然合伙合同中,因目的具体确定,故也可以不形成明确的合伙实体,在短期的合伙目的实现之后,合伙即告消灭。[1]例如,合伙人约定共同出资购入食品等,以在元宵节庙会当天进行销售。在庙会结束后,合伙人之间的合伙关系即消灭。当然,若待完成的事项较为重大复杂,则当事人也可以选择成立合伙组织。

第二,持续时间的长短不同。如前所述,偶然合伙合同持续的时间通常较短,以个人合伙合同为常态。持续合伙合同持续的时间通常较长,其以商事合伙合同为典型。

第三,持续合伙合同所约定的目的事业具有持续性、稳定性,而偶然合伙合同约定的目的事业则具有不稳定性和临时性。

(三)定期合伙与不定期合伙

所谓定期合伙,是指合同中存在明确固定期限的合伙。定期合伙通常包括两类情况:一是明确约定期限的合伙情形。二是虽然没有明确约定合伙期限,但是可以依据《民法典》第510条的规定确定合伙期限的情形。期限可以是固定的,也可以是不固定的。例如,合伙合同中规定如果完成某项合伙事务合同就终止,实际上就应当是定期合伙。[2]

---

[1] 参见黄立:《民法债编各论》(下),中国政法大学出版社2003年版,第724页。
[2] 参见谢鸿飞、朱广新主编:《民法典评注·合同编:典型合同与准合同4》,中国法制出版社2020年版,第541页。

所谓不定期合伙,是指合伙合同中没有明确约定合伙期限的合伙,其主要包括如下情形:一是明确约定期限不确定的合伙;二是依照《民法典》第510条也无法确定其合伙期限的合伙;三是《民法典》第976条第2款所规定的情形。

定期合伙与非定期合伙的区别主要表现在:第一,是否明确规定了合伙期限不同。定期合伙都有明确的合伙期限的规定,不定期合伙对合伙期限没有约定或者约定不明确。第二,是否享有任意解除权不同。对于定期合伙,在合伙期限届满之前,合伙人不享有随时提出解散或者退伙的请求。但对于不定期合伙而言,因为期限并不明确,合伙的风险也更不确定,因而合伙人享有随时退伙或者终止合伙合同的权利。[①]

第二节 合伙合同的成立和内容

一、合伙合同的成立

合伙协议的本质是合伙人的共同行为,与一般的合同订立不同,在合意形成过程中,合伙人的意思表示是同向性的,而在一般的合同订立中当事人的意思表示是对立性的。合伙协议是合伙人之间为确立合同关系而达成的基础性协议,不属于决议行为,因此,不应以多数决的方式达成。同时,对于合伙协议的修改或补充,通常应经全体合伙人一致同意。当然,若合伙协议另有不同的约定,则应当依据其约定。

合伙合同的订立具有非要式性,这和成立合伙企业时订立的合伙合同是不同的。据《合伙企业法》第4条规定:"合伙协议依法由全体合伙人协商一致、以书面形式订立。"但是,《民法典》之中的合伙合同的订立并没有要式的要求,当事人即使不采取特定的形式,也应当认可合伙合同的效力。在特定的条件下,合伙合同还可以通过默示的意思表示来订立,其中最为典型的就是所谓的机会合伙(Gelegenheitsgesellschaft),即多人集资购买彩票,即便当事人没有明确约定,其彩票的收益也归团体共同享有。[②] 当然,与一般的合同关系不同,合伙合同中往往存在两个以上的当事人,此时,在认定合伙合同的成立时,不仅需要当事人之间通过要约、承诺的方式达成合意,而且需要各个合伙人具有参加合伙的意思表示(Beitrittserklärung),并且每一个参加表示都是互相发出,让其他所有合伙人知悉的。[③]

合伙合同的成立与生效,也要适用《民法典》总则编关于民事法律行为成立与生效的规定。如果合伙合同订立过程中,存在无效事由,或者存在可撤销事由且事后被撤销,则合伙合同的效力就不能认定。此时,就要讨论是否要基于交易安全考虑而认定事实合伙的问题。

二、合伙合同的内容

如同任何其他的典型合同一样,合伙合同也需要具备其典型条款,否则无法与其他合同区分开来。

《民法典》对合伙合同的内容并没有作出明确规定,但是,依据967条对合伙合同的定义,合伙合同的内容应当满足如下条件:

---

① 参见谢鸿飞、朱广新主编:《民法典评注·合同编:典型合同与准合同4》,中国法制出版社2020年版,第546—547页。
② MüKoBGB/Schäfer BGB § 705 Rn. 25.
③ Soergel/Hadding/Kießling § 705 Rn. 4.

第一,共同的事业目的条款。共同的事业是合伙的设立目的,也是当事人订立合伙合同追求的目标。正是基于共同的事业,合伙人才共同出资、共担风险。所以,共同事业条款,应当是合伙的核心条款。在发生争议时,也应当以是否有共同事业来认定。共同的事业可以是临时性的,也可以是持续性的。① 任何合法的、不违背公序良俗的事务,都可以成为合伙中的共同事业。

第二,共同出资条款。出资形式可以多元化,但出资是合伙运行的基础,依据《民法典》第 968 条的规定,当事人应当按照约定的出资方式、数额和缴付期限,履行出资义务。共同事业的进行,需要当事人共同出资,所以,当事人往往都会对出资问题作出约定。

第三,共享利益的条款。因合伙而产生的利益应当由全体合伙人共享,如果利益仅由部分人享有,就有可能不构成合伙。

第四,共担风险的条款。所有合伙人都必须承受合伙事业的风险。合伙就是一个风险收益共担的合同,共享利益或者共担风险,如果没有共担风险,可能构成其他类型的合同。

第三节　合伙合同的效力

一、合伙的内部关系

(一) 合伙人负有出资义务

合伙人的出资是指合伙人基于合伙合同为经营共同的事业而对合伙作出的投资。② 合伙人的出资关系到合伙事务的进行以及每个合伙人的损益分配等重大问题,它是合伙能够存续和发展的基础,也是合伙人实现共同事业目的的必要手段。③《民法典》第 968 条规定:"合伙人应当按照约定的出资方式、数额和缴付期限,履行出资义务。"因此,每个合伙人都应当履行合伙合同所约定的出资义务,合伙人的出资既是合伙经营正常运行的基础,也是合伙对外承担责任的财产基础。一般来说,由于合伙人对外要承担无限连带责任而不是有限责任,即各合伙人应以其全部财产担保合伙债务的履行,因而法律不必对合伙的出资作出最低数额的限制。当然,设立合伙企业必须有认缴或实际缴付的出资,即便是订立民事合伙合同,当事人也要按照约定履行出资义务。具体而言,此种义务包括如下几个方面。

1. 出资方式符合法律规定和协议约定

合伙人出资有多种形式,法律上一般不对此作出限制。合伙人可以以实物(包括现金、现物)出资,也可以以劳务、信用、知识产权、债权等出资。④ 与公司相比较,各国法律对合伙的出资要求并不严格,我国法律也不例外,表现在以下几方面:第一,无最低出资额的要求。这就是说,合伙人在设立合伙时,可以约定在未来出资,甚至可以没有出资,这并不会影响合伙的成立。第二,出资形式没有限制。《民法典》没有限定合伙人出资的形式,不过,合伙人一旦在协议中具体规定了每一个合伙人的具体出资类型,则该合伙人即应该严格遵循此种出资类型约定,不能随意以其他出资类型进行替代。不过,虽然法律对一般合伙人的出资形式没有过多要求,但对于隐名合伙人和有限合伙人来说,一般要求应当以实有财产出资,因

---

① 参见〔德〕迪特尔·梅迪库斯:《德国债法分论》,杜景林、卢谌译,法律出版社 2007 年版,第 386 页。
② 参见林诚二:《民法债编各论》(下),中国人民大学出版社 2007 年版,第 12 页。
③ 参见王轶等:《中国民法典释评·合同编·典型合同》(下卷),中国人民大学出版社 2020 年版,第 604 页。
④ 参见郑玉波:《民法债编各论》(下册),台湾三民书局 1986 年版,第 649 页。

为隐名合伙人和有限合伙人不参与合伙事务也可以进行合伙利润分配,从权利义务对等考虑,其应当以实有财产进行出资。第三,出资时间上没有限制。这就是说,合伙人既可以在合伙设立时出资,也可以在合伙存续期限内出资;合伙人既可以一次性出资,也可以分次出资。法律上对合伙人的出资没有作出过于严格的法律限制,何时出资完全由合伙人自己决定。

法律上之所以对合伙的出资并没有严格的限制,主要是因为:一方面,合伙人对合伙债务承担无限连带责任,所以,法律即使不限制合伙的出资,对债务人的保障也基本没有影响。因此,从法律上来说,对合伙人不应当在出资形式上有过多的要求。另一方面,合伙本身也可以是一种投资的方式,其设立形式简单灵活,具有不同于公司和企业的特点,法律对于出资不作限定,也正是其灵活性的表现。

2. 出资数额符合法律规定和协议约定

合伙人出资数额的多少,完全由合伙人在协议中约定,各合伙人的出资数额无须相同。各国法律对合伙的出资一般不作严格要求,在成立合伙企业时并没有最低注册资本的要求。但是,合伙合同中应当明确约定各合伙人所占份额比例,因为该比例不仅是确定合伙人出资义务的依据,也是确定合伙事务执行、盈余分配和债务承担比例的重要依据。

3. 出资时间符合法律规定和协议约定

我国法律对合伙人的出资时间没有限制,合伙人既可以在合伙设立时出资,也可以在合伙期间出资。各个合伙人既可以一次性出资,也可以分次出资。但合同一旦约定了出资时间,则必须以约定为准。合伙合同对出资时间的确定有助于明确出资人出资迟延的判断标准及其救济方式。一旦合伙合同约定了各个出资人的出资时间,各个出资人就应该及时履行出资义务。

需要指出的是,部分合伙人不履行出资义务时,其他合伙人不得据此拒绝履行其出资义务。例如,甲、乙、丙、丁4人约定各出资10万元经营某项事业,如果甲以乙未依约出资而拒绝自己的出资,则共同事业就难以维持。所以,在部分合伙人未履行出资义务时,其他合伙人只能基于其违反合伙合同而获得补救,而不能行使同时履行抗辩权。毕竟出资义务是各个合伙人都应该向合伙负担的法定义务。尤其应当看到,合伙合同本质上是一种共同行为,而非双务合同,合伙人订立合伙合同旨在经营某项合伙事业,实现某种共同目的。依据合伙合同,某一合伙人履行其出资义务不是为了换取另一方的对待给付,或使另一方履行出资义务,而是为了共同的目的从事合伙经营活动,因此,在一方不履行其出资义务时,其他合伙人不能主张双务合同的同时履行抗辩权[①],如果其他合伙人可行使同时履行抗辩权,拒绝履行自己的出资义务,将难以形成合伙财产,合伙事业和合伙目的也难以实现。当然,在一合伙人未按照合伙合同履行出资义务时,其他合伙人可以依据合伙合同的约定向其主张违约责任。

(二)依照法律规定和合伙合同的约定确定合伙财产的归属

《民法典》第969条第1款规定:"合伙人的出资、因合伙事务依法取得的收益和其他财产,属于合伙财产。"依据这一规定,合伙财产由合伙人的出资和合伙积累的财产两部分构成。关于合伙财产的概念,有广义和狭义两种。广义的合伙财产包括合伙资产和负债两方面,合伙资产又称为积极财产,合伙负债又称为消极财产。狭义的合伙财产仅以合伙的资产

[①] 参见谢鸿飞、朱广新主编:《民法典评注·合同编:典型合同与准合同4》,中国法制出版社2020年版,第481页。

为限。① 我国法律也主要在狭义上使用合伙财产的概念。例如,《合伙企业法》第 20 条规定:"合伙人的出资、以合伙企业名义取得的收益和依法取得的其他财产,均为合伙企业的财产。"此处所说的合伙企业的财产即为狭义上的合伙财产,即合伙资产。

合伙财产具有统一性。合伙财产作为共有财产,在法律没有特殊规定或合伙人没有特别约定的情形下,应当由全体合伙人共同管理和使用,而不能由各个合伙人单独使用、管理和支配,每一合伙人不能将其出资的财产仍作为个人的独立财产对待,一旦以该财产出资后,则应当将该财产交给全体合伙人共同支配,而不能仍由自己单独支配。合伙财产是合伙人承担责任的基础。当然,合伙债务的承担并不以合伙财产为限,因为即便没有合伙财产,各个合伙人也要以自己的全部个人财产对合伙债务负连带的清偿责任。这就决定了构成合伙财产的出资不一定可以直接用来承担合伙的债务。例如,劳务虽不具有直接的可移转性,不能立即变现,但毕竟具有相应的价值,因此,合伙人仍然可以以劳务出资。② 在这一点上,合伙财产与公司财产是不同的,公司要以其全部财产对公司债务负责,公司股东出资的财产必须要能够直接、及时地清偿公司债务。

从合伙财产与合伙人个人财产的关系角度来看,其具有一定程度的独立性。虽然合伙财产在法律上是合伙人的财产,但依据法律的规定和合伙合同的约定应该将合伙财产和合伙人个人财产区别开来,表现在:一是在合伙存续期间,合伙人不得擅自将合伙的财产转为个人所有。二是合伙人出资后依法不得随意抽回投资。三是合伙人不得以合伙财产清偿合伙人的个人债务。四是在合伙存续期间,合伙人不得擅自分割、转让合伙财产。《民法典》第 969 条第 2 款规定:"合伙合同终止前,合伙人不得请求分割合伙财产。"据此,除非有正当理由,合伙人不得于合伙组织解散或终止前要求分割合伙财产。合伙人在合伙清算前私自转移或者处分合伙财产的,应为无效的民事行为。五是对于合伙债务,尽管合伙人要承担无限责任,但首先要以合伙财产对合伙的债务承担责任。只有在合伙财产不足以清偿合伙债务的情况下,才有必要以合伙人个人财产来清偿合伙债务。

应当看到,合伙财产虽然具有一定的独立性,但又不同于法人的财产,它具有一定的团体财产的性质,应归各合伙人共同共有。③ 这就是说,合伙财产的独立性是相对的,合伙财产与合伙人的财产不能够完全分离。

合伙经营的是共同事业,各个合伙人要共同经营、共担风险,因此,合伙的财产在性质上必须为合伙人共同所有。在学理上,对于合伙财产的共有性质存在按份共有和共同共有的不同看法。笔者认为,结合我国的立法规定,同时参考合伙制度的历史发展趋势,为了维持合伙组织和合伙财产的连续性和稳定性,保障合伙事业的进行,应当将其界定为共同共有,主要理由在于:第一,如果将其界定为按份共有,则各个合伙人应当有权随时请求分割合伙财产,而依据《民法典》第 969 条第 2 款的规定,合伙共同关系存续期间,共有人不得请求分割共有财产,这显然不符合按份共有的特点,而属于共同共有。第二,无论合伙人对合伙的出资比例大小,合伙人都应当对合伙的债权人承担无限连带责任,因此,从合伙人对合伙所承担的无限连带责任来看,共同共有说体现了权利和义务相一致的原则。第三,各个合伙人因经营合伙事业的共同目的而成立共同关系,形成人的结合关系,因此要受到此种共同目的

---

① 参见郑玉波:《民法债编各论》(下册),台湾三民书局 1986 年版,第 654 页。
② 参见黄薇:《中华人民共和国民法典释义》(中),法律出版社 2020 年版,第 1753 页。
③ 参见王轶等:《中国民法典释评·合同编·典型合同》(下卷),中国人民大学出版社 2020 年版,第 611 页。

和结合关系的拘束。[①]

关于在合伙经营期间内积累的财产的性质，一般认为，合伙经营积累的财产是合伙人共同经营合伙出资的结果，也是合伙人共同劳动的收益。在分割以前，各个合伙人对该财产享有平等的权利。[②] 因为合伙财产长期处于变动之中，所以，在财产分割前不能确定各个合伙人的具体数额，但这并不妨碍该财产属于各合伙人共同共有。

（三）合伙人不得擅自向合伙人以外的第三人转让合伙份额

应当看到，在合伙中，各合伙人也存在着一定的份额。例如，《民法典》第974条规定："除合伙合同另有约定外，合伙人向合伙人以外的人转让其全部或者部分财产份额的，须经其他合伙人一致同意。"其中也提及了财产份额，但笔者认为，不应据此将各个合伙人对合伙财产的权利界定为按份共有。实际上，按份共有与共同共有的核心区别并不在于各个共有人是否有一定的份额，而在各个共有人之间是否存在共同关系。在按份共有中，若一方当事人请求分割共有财产，并不需要经对方当事人同意；而在共同共有中，若共同关系不终止，任何共有人，即便拥有确定的份额，也不得请求随时分割共有财产。因此，《民法典》第974条规定，除合伙合同另有约定外，合伙人向合伙人以外的人转让其全部或者部分财产份额的，须经其他合伙人一致同意。这也反映出各个合伙人对合伙财产的权利为共同共有。当然，《民法典》第974条限制合伙财产份额的重要原因在于，合伙财产份额转让会导致合伙人身份发生变化，而各个合伙人之间具有一定的人身信赖关系，因此，必须经其他合伙人一致同意，合伙人才能向合伙人以外的人转让其全部或者部分财产份额。该条限制合伙财产份额转让，也意在保护此种人身信赖关系，防止因合伙人的变动产生的纠纷。

（四）依照法律规定和合伙合同的约定承担合伙债务

所谓合伙债务，是指合伙事业经营过程中由合伙承担的债务。合伙合同需要确定其合伙债务如何在合伙人之间分配。在合伙关系存续期间，因合伙经营所负有的债务就是合伙债务，合伙债务不同于合伙人的个人债务。

合伙的债务原则上由合伙自身承担，应从合伙财产中支付。但是，在合伙财产不足以清偿债务时，也存在着合伙人如何承担合伙债务的问题。因为合伙债务的承担对于当事人的利害关系影响较大，所以合伙合同中应当对其作出约定。如果合伙人之间就亏损分担事先没有达成协议，且事后协商不成的，由各个合伙人按照实缴出资比例进行分担；无法确定出资比例的，则应由各个合伙人平均分担。

合伙债务的特点表现在：

第一，必须是合伙以自己的名义从事对外经营活动中对他人所负有的债务，通常都是合伙人在执行合伙事务中所欠的债务。合伙人因个人行为所产生的债务与合伙和其他合伙人无关，此种债务不属于合伙债务，合伙和其他合伙人不负有为某个合伙人的个人债务清偿的义务。[③]

第二，合伙债务必须是合伙关系存续期间所产生的债务。在合伙设立前和合伙解散后所产生的债务，原则上都不是合伙债务。当然，在特殊情形下，合伙设立前或解散后的债务也可能成为合伙债务。例如，合伙企业设立前，为了合伙企业的设立而负有的债务，经过合

[①] 参见龙卫球：《民法总论》，中国法制出版社2002年版，第416页。
[②] 参见马俊驹、余延满：《民法原论》（第三版），法律出版社2007年版，第157页。
[③] 参见王轶等：《中国民法典释评·合同编·典型合同》（下卷），中国人民大学出版社2020年版，第630页。

伙人认可，也可以成为合伙企业的债务。

第三，合伙债务既可能是因为合同关系产生的，也可能是因为合伙的侵权行为所产生的。① 此处所说的侵权责任，是指合伙关系存续期间内，因合伙人执行合伙事务致他人损害而产生的团体侵权责任。合伙人执行合伙事务实际上是执行各合伙人的共同意志，合伙人在执行事务中的过错应当认定为合伙的过错，因此种过错产生的侵权后果，应当由合伙来承担责任。② 依据法律规定和合伙合同的约定，合伙债务应当首先以合伙财产清偿，只有在合伙财产不足以清偿时，才由各个合伙人承担无限连带责任。

合伙合同通常要约定各个合伙人内部的责任分担，但此种约定不能对抗第三人，即便存在此种约定，合伙人对外仍需承担无限连带责任。③ 例如，合同约定对内平均分担责任，但合伙事务执行中，某个事务执行人引发交通事故，导致受害人受到严重伤害，如果合伙财产不足以清偿债务，则各个合伙人不得以其内部约定为由而拒绝向受害人承担责任，他们仍然要对受害人承担无限连带责任。但是，某一合伙人在对外承担的债务超出自己应负担份额时，可以向其他债务人追偿。对合伙债务的债权人来说，在合伙财产不足以清偿合伙债务的情况下，债权人也可以向任何一个普通合伙人请求承担全部债务。此外，在比较法上，大多数国家承认了合伙债权债务禁止抵销规则，即第三人不能以其对合伙人所享有的债权抵销其对于合伙所负担的债务。合伙人对于第三人负担债务时，也不得主张与合伙对第三人享有的债权相抵销。该规则的主要目的在于实现合伙人个人财产和合伙财产的相互分离，以保证合伙自身财产的独立性和稳定性。④

（五）依照法律规定和合伙合同的约定分配损益

所谓分配损益，是指依照法律规定或合同的约定，将合伙事业的利润和损失分配给各个合伙人。⑤ 合伙的性质决定了各个合伙人应当共同承担合伙企业的风险和损失，并共同享受经营的收益，这是合伙人所应当享有的基本权利和应当负有的基本义务。《民法典》第972条规定："合伙的利润分配和亏损分担，按照合伙合同的约定办理；合伙合同没有约定或者约定不明确的，由合伙人协商决定；协商不成的，由合伙人按照实缴出资比例分配、分担；无法确定出资比例的，由合伙人平均分配、分担。"据此，有关合伙的利润分配、亏损分担，应当按照如下规则加以确定：一是应当首先按照合伙合同的约定处理。这就是说，合伙合同有约定的，应当依合伙合同来确定损益分配。按照私法自治原则，合伙合同的约定只要不违反法律的禁止性规定，就具有优先于法律的任意性规定的效力。二是合伙合同未约定或者约定不明确的，应当由合伙人事后协商决定。毕竟损益分配是合伙的内部事务，在当事人事先未作明确约定时，可以通过补充约定的方式加以确定。补充约定可以在合伙合同生效后达成，也可以在发生争议以后由合伙人协商确定。例如，在"杨琼等与陈朝明合伙合同纠纷上诉案"中，法院认为："由于合伙三方对于从利润中列支前期费用如何记账，对陈朝明的投入及所占股份争执不下，未能协商一致，在分红问题上亦未形成统一意见，故虽然茶馆有红可分，但按月分红的约定却无法履行。群星公司为此而诉称杨琼未按月分红违约，应承担违约责任的

---

① 参见马强：《合伙法律制度研究》，人民法院出版社2000年版，第226页。
② 参见王轶等：《中国民法典释评·合同编·典型合同》（下卷），中国人民大学出版社2020年版，第630页。
③ 参见谢鸿飞、朱广新主编：《民法典评注·合同编：典型合同与准合同4》，中国法制出版社2020年版，第522页。
④ 参见邱聪智：《新订债法各论》（下），姚志明校订，中国人民大学出版社2006年版，第27页。
⑤ 参见林诚二：《民法债编各论》（下），中国人民大学出版社2007年版，第21页。

理由不成立,本院不予支持。"①三是如果合伙人之间没有协议且事后协商不成的,由合伙人按照实缴出资比例分配、分担;无法确定出资比例的,由合伙人平均分配、分担。例如,甲、乙二人合伙从事运输,甲实际出资1/3,乙实际出资2/3,因此,其损益分配比例应当为1∶2。如果当事人是以劳务、品牌等财产出资,无法确定出资比例,在当事人无法就损益比例达成协议时,则可以认定合伙人要平均分配和分担。

需要注意的是,《合伙企业法》第33条第2款规定:"合伙协议不得约定将全部利润分配给部分合伙人或者由部分合伙人承担全部亏损。"这就是说,利润分配权是每一合伙人在合伙中的基本权利,损失的分担也是普通合伙中合伙人的基本义务,如果强制剥夺利润分配权或强制要求某个合伙人单独承担亏损的责任,都有违合伙共同经营、共负盈亏的目的。② 因此,法律严格禁止合伙人通过不公平的约定剥夺某些合伙人所享有的权利或给另一些合伙人强加义务,该规定属于强行性规范,违反该规定的协议应是无效的。

(六)依照法律规定和合伙合同的约定执行合伙事务

1. 合伙人共同执行合伙事务

合伙事务是指合伙关系存续期限内所有与合伙事业相关的、涉及合伙利益的事务,其既包括对外的交易事务,也包括对内的管理事务等。关于合伙事务的执行方式,如委托事务执行人执行还是全体合伙人共同执行,应当在合伙合同中载明。各国合伙法均规定,除合伙合同另有约定外,合伙人均有执行合伙事务的权利和义务。在处理合伙的重大事务时,原则上须经全体合伙人共同决定。因此,《民法典》第970条第2款第2句规定:"按照合伙合同的约定或者全体合伙人的决定,可以委托一个或者数个合伙人执行合伙事务;其他合伙人不再执行合伙事务,但是有权监督执行情况。"据此,合伙人也可以在合伙合同中明确规定仅仅由某一个或某几个合伙人执行合伙事务,一旦作出了约定,就应当适用该约定。

此外,《民法典》第970条第3款规定:"合伙人分别执行合伙事务的,执行事务合伙人可以对其他合伙人执行的事务提出异议;提出异议后,其他合伙人应当暂停该项事务的执行。"依据该条规定,在实行合伙人分别执行合伙事务的情形下,执行事务合伙人可以对其他合伙人执行的事务提出异议,一旦执行事务合伙人提出异议后,其他执行合伙事务的合伙人应暂停执行合伙事务。因为相较于执行事务合伙人,非执行合伙人对合伙事务的经营掌握的信息有限、相关的判断未必准确,而且考虑到合伙属于共同经营、共担风险的交易形态,赋予执行事务合伙人异议权也有利于保障全体合伙人的共同利益,避免损害全体合伙人的利益。③

对于合伙而言,其组织的属性相对较弱,不像法人那样可设置法定代表人制度,所以,合伙是否设置事务执行人由合伙人自己决定,如果合伙人不选择事务执行人,就由全体合伙人执行。如果合伙选择了事务执行人,则由合伙的事务执行人代表全体合伙人执行事务,但事务执行人实际上是其他合伙人的代表,而非合伙本身的代表机关。从法律上看,对外代表权是合伙人事务执行权的重要组成部分。④ 合伙人之所以应当享有平等对内、对外执行事务的权利,无论出资方式、出资多少,各合伙人对执行合伙事务享有平等的资格⑤,主要原因在于:一方面,合伙是在共有财产的基础上建立的联合体,具有强烈的人合性,合伙设立的目的是

---

① 湖南省张家界市中级人民法院(2001)张经终字第21号民事判决书。
② 参见谢鸿飞、朱广新主编:《民法典评注·合同编:典型合同与准合同4》,中国法制出版社2020年版,第512页。
③ 参见黄薇主编:《中华人民共和国民法典释义》(中),法律出版社2020年版,第1758页。
④ 参见朱少平主编:《中华人民共和国合伙企业法释义及适用指南》,中国民主法制出版社2006年版,第145页。
⑤ 参见黄薇主编:《中华人民共和国民法典释义》(中),法律出版社2020年版,第1758页。

共同投资、共同经营,所以,各个合伙人应当享有平等对内、对外执行事务的权利。另一方面,合伙人对外承担无限连带责任,这就决定了合伙人应当直接参与管理,这也是合伙人维护自身权益的根本保障。如果合伙人既要负担无限连带责任,又无法参与管理、无法控制风险,这是不公平的。还要看到,合伙不像公司那样具有执行机关,所以,合伙人在管理合伙的内部事务方面应当享有同等的权利。

2. 合伙事务执行人的确定

合伙人可以基于合伙合同或共同决定,委托一名或数名合伙人执行合伙事务,该执行合伙事务的人,称为合伙事务执行人。《民法典》第 970 条第 2 款规定:"合伙事务由全体合伙人共同执行。按照合伙合同的约定或者全体合伙人的决定,可以委托一个或者数个合伙人执行合伙事务;其他合伙人不再执行合伙事务,但是有权监督执行情况。"根据上述规定,在对外代表合伙、执行合伙事务的问题上,我国《民法典》采取的是"共同执行"的原则,即赋予每一位合伙人以事务执行人的权利。但是,合伙人也可以不行使执行合伙事务权利,他们可以确定专门的事务执行人。《合伙企业法》第 26 条第 2 款、第 3 款也作了相同规定。

不过,在合伙合同约定了事务执行人的情形下,合伙人是否仍然享有对外代表合伙的权利?对此,存在两种不同的观点。一种观点认为,即使合伙人通过合伙合同或共同决定的方式确定了专门的事务执行人,但所有合伙人基于合伙的人合性以及法律的规定对外代表合伙的行为仍然对合伙发生效力。另一种观点认为,如果合伙人已经约定了事务执行人,就应当由事务执行人代表合伙,合伙人就不得再对外代表。[①] 笔者认为,既然合伙合同已经约定了事务执行人,则合伙人应当依协议约定,不得再代表合伙。在此情形下,可以解释为全体合伙人已同意由某个或某几个事务执行人处理合伙事务,如果已由事务执行人处理事务,而合伙人也仍可以代表合伙处理事务,则会导致事务处理机制的混乱。但是,如果第三人善意地相信合伙人有权代表合伙,则可以适用表见代表的规则,确定相关行为的效力。[②]。《民法典》第 970 条第 2 款规定,"按照合伙合同的约定或者全体合伙人的决定,可以委托一个或者数个合伙人执行合伙事务……"可见,《民法典》不仅没有规定其是法定代表人,相反,明确了这些合伙人是因"委托"而执行合伙事务。

3. 合伙事务执行人的报酬

《民法典》第 971 条规定:"合伙人不得因执行合伙事务而请求支付报酬,但是合伙合同另有约定的除外。"依据这一规定,首先,有关合伙人执行合伙事务是否可以获得报酬,应由合伙合同具体规定,因为这仅关涉合伙人自身的利益。其次,如果当事人没有约定,则合伙人不得请求支付报酬。因为这是合伙人基本的义务和责任,所以在没有约定的情况下其不得请求报酬。[③] 最后,合伙本身是共担风险、共享收益,由于合伙的分红等已经使合伙人取得了相应的对价,如果允许执行合伙事务的合伙人请求支付报酬,则会使该合伙人获得不当利益。无论是全体合伙人共同执行合伙事务,还是部分合伙人执行合伙事务,均不因执行合伙事务而直接享有报酬请求权。执行合伙事务的合伙人只有在合伙合同有明确约定的情形下,才能依据合伙合同的约定请求支付报酬。

---

① 参见黄薇主编:《中华人民共和国民法典合同编解读》(下册),中国法制出版社 2020 年版,第 1524 页。
② 参见朱虎:《〈民法典〉合伙合同规范的体系基点》,载《法学》2020 年第 8 期。
③ 参见谢鸿飞、朱广新主编:《民法典评注·合同编:典型合同与准合同 4》,中国法制出版社 2020 年版,第 505 页。

二、合伙的外部关系

(一) 合伙人与第三人发生法律关系时的效果归属

合伙事务执行人有权代表合伙执行事务,其在事务执行过程中与第三人发生法律关系时,以全体合伙人的名义或以合伙的名义对外从事的行为,可以对合伙或全体合伙人产生效力。合伙事务执行人可以是一人,也可以是数人,其享有的代表权因被委托执行合伙事务而当然成立,不需要另行特别授权。代表权的范围应当限于执行合伙事务的范围之内。①《合伙企业法》第37条规定:"合伙企业对合伙人执行合伙事务以及对外代表合伙企业权利的限制,不得对抗善意第三人。"这就是说,合伙企业关于管理、执行和代表合伙事务的约定(如确定由特定合伙人具体执行合伙事务),只能对内在合伙人之间发生效力,不能对抗合伙企业外的善意第三人。② 法律之所以设定该规则,主要是为了保护第三人的合理信赖,并维护交易安全。

(二) 合伙人的对外责任

在合伙的财产不足以清偿合伙的债务时,合伙人原则上应当承担无限连带清偿责任。《民法典》第973条规定:"合伙人对合伙债务承担连带责任。清偿合伙债务超过自己应当承担份额的合伙人,有权向其他合伙人追偿。"依据这一规定,合伙人对外承担连带责任。也就是说,合伙债权人有权请求任何一个合伙人对合伙债务承担清偿责任,也可以请求所有的合伙人承担责任,每个合伙人也有义务对全部债务负责。合伙人承担的连带清偿责任的特点在于:

首先,它是一种法定责任,即合伙人不能通过约定免除,任何约定只能在当事人之间产生效力,而不能对抗债权人,除非得到债权人的认可。

其次,连带责任是一种对外的责任。也就是说,合伙人所承担的连带责任,是对合伙债权人的责任,合伙人应当以其全部个人财产对合伙债务负责,任何人都不能以合伙债务非因其个人行为所致而拒绝承担责任。但是这并不妨碍合伙人在对外承担责任以后,享有向其他合伙人追偿的权利。连带责任强调各个合伙人之间的关系,即每一个合伙人都要对其他合伙人的责任财产不足负责,这实际上也构成一种特殊的担保。

最后,每个合伙人承担连带责任之后,均有权向其他合伙人追偿。《民法典》第973条规定:"合伙人对合伙债务承担连带责任。清偿合伙债务超过自己应当承担份额的合伙人,有权向其他合伙人追偿。"该规则是与《民法典》第519条相一致的。对连带债务而言,如果某一债务人清偿了全部债务或者超出其按照内部关系应当分担的债务数额,则该债务人有权按照内部关系向其他连带债务人追偿;对连带债权而言,如果某一债权人受领了债务人的全部给付或超过了其按照内部关系应当享有的债权数额,则其他债权人有权按照内部关系向该债权人追偿。例如,在"潘淑军、李士坤等与连云港共济化工有限公司、孙思源等追偿权纠纷案"中,法院认为,合伙各方并未约定合伙利润分配和亏损分担的方式,也未达成协议,应当按照出资比例分担亏损,本案中,被上诉人已经垫付了因涉案交通事故产生的合伙债务2037700元,超过其应当承担的份额,所以其有权向其他合伙人追偿。③ 但追偿只涉及合伙

---

① 参见郑玉波:《民法债编各论》(下册),台湾三民书局1986年版,第673页。
② 参见谢鸿飞、朱广新主编:《民法典评注·合同编:典型合同与准合同4》,中国法制出版社2020年版,第498页。
③ 参见江苏省连云港市(2021)苏07民终232号民事判决书。

人的内部关系,不影响其外部连带责任的承担。

在合伙制度中,连带清偿责任的设定具有重要意义。一方面,该责任扩大了清偿债务的履行担保,对债权人充分实现其债权无疑是非常有利的,这也是合伙能够具有较高信用度的原因。① 另一方面,无限连带责任体现了公平原则。合伙是基于合伙人之间的人身信任关系所形成的人和财产的集合。合伙人共同经营合伙事业,每个合伙人以合伙名义从事的行为,其权益归全体合伙人享有,由此形成的债务自然也应由全体合伙人承担。凡是以合伙名义与债权人在交易中所产生的法律后果,都应由合伙人共同承担,这也体现了权利义务的一致性。如果使这种损失由不知情的债权人承担,显然是不公平的。此外,从效率上考虑,法律规定连带责任也有利于督促合伙人在建立合伙时,慎重地选择合作伙伴,在从事合伙经营时应互助协作,勤勉负责,维护合伙组织的人合性,以避免共同承担连带责任,这也有利于提高合伙经营的效率。

需要指出的是,《民法典》第 973 条规定与《合伙企业法》第 38 条、第 39 条②确立的补充连带责任的规则是不同的。所谓补充连带主义,就是对合伙债务,债权人应首先要求以合伙财产作出清偿,合伙财产不足清偿时,各个合伙人就不足部分负连带赔偿责任,即合伙人个人对合伙债务仅负补充责任。③ 从这两条规定可以看出,我国《合伙企业法》采取的是补充连带主义,而《民法典》采取的是并存的连带主义,即合伙债务的债权人既可以向单个合伙人要求承担合伙债务,也可以要求全体合伙人承担合伙债务④,并不存在清偿合伙债务的先后顺序的限制。《民法典》之所以作出此种修改,主要原因在于:第一,这符合合伙合同的性质和目的。合伙具有较强的人合性,合伙人对合伙财产构成共同共有关系。第二,《合伙企业法》规定的主要是具有独立民事主体资格的合伙,既然合伙企业本身是一个独立的民事主体,并且具有自己相对独立的财产,那么合伙企业首先应当以企业自己的财产对外承担责任。当合伙企业自身财产不足以清偿债务时,债权人才能请求无限责任合伙人承担责任。而《民法典》规定的只是合伙合同,它并不是独立的民事主体,因而不必要区分团体债务和个人债务,不必考虑以合伙企业的财产首先负责。第三,有利于保障债权的实现。合伙人对合伙债务承担连带责任可以扩充合同型合伙对合伙债务承担的责任财产范围,进而获得更强的偿债能力,也便于法院的执行。⑤

(三)合伙人的债权人不得代位行使合伙人的合伙权利

《民法典》第 975 条规定:"合伙人的债权人不得代位行使合伙人依照本章规定和合伙合同享有的权利,但是合伙人享有的利益分配请求权除外。"该条确立了合伙人的债权人不得代位行使合伙人的合伙权利的规则。例如,在"张青锋与南阳市华祥建设工程有限公司、齐彦昌买卖合同纠纷案"中,法院认为,被告不是合同的相对方,不应承担直接向原告支持货款的责任。同时依据《民法典》的规定,合伙人的债权人不能代位行使合伙人依据合伙合同享有的权利,故原告以代位权为由要求被告向其承担还款责任不符合法律规定,对此诉请不予支持。⑥ 因为各个合伙人之间具有一定的人身信赖关系,合伙事务的执行需要各个合伙人的

---

① 参见黄薇主编:《中华人民共和国民法典释义》(中),法律出版社 2020 年版,第 1764 页。
② 我国《合伙企业法》第 38 条规定:"合伙企业对其债务,应先以其全部财产进行清偿。"第 39 条规定:"合伙企业不能清偿到期债务的,合伙人承担无限连带责任。"
③ 参见郑玉波主编:《新编六法参照法令判解全书》,台湾五南图书出版公司 1975 年版,第 161 页。
④ 参见谢鸿飞、朱广新主编:《民法典评注·合同编:典型合同与准合同 4》,中国法制出版社 2020 年版,第 521 页。
⑤ 参见黄薇主编:《中华人民共和国民法典合同编解读》(下册),中国法制出版社 2020 年版,第 1530 页。
⑥ 参见河南省内乡县人民法院(2018)豫 1325 民初 869 号民事判决书。

协力作用,允许债权人代位行使合伙人的合伙权利,可能会破坏各个合伙人之间的人身信赖关系,不利于合伙事务的开展,而且该权利专属于合伙人,属于《民法典》第535条规定的不得代位行使的权利类型[①];同时,由于各个合伙人需要就合伙债务承担无限连带责任,而债权人在代位行使合伙人的合伙权利时,其并不需要对合伙债务承担责任,因债权人的行为而产生的合伙债务最终都需要各个合伙人承担,这对各个合伙人也是不利的。当然,从该条规定来看,债权人可以代位行使合伙人所享有的利益分配请求权,因为该权利的行使并不涉及合伙事务的管理,而只是涉及利益的分配,与人身属性无关,允许债权人代位行使也不会对合伙人以及合伙的运行产生不利影响。

第四节 合伙合同的终止

一、合伙合同终止的原因

(一)合伙期限届满,合伙人决定不再经营

合伙的存续期限通常是由合伙合同约定的,合伙持续的时间长短不同,合伙的权利义务关系也会受到相应的影响。因为合伙具有人合性,合伙人不能随意退出合伙,当合伙的经营状况恶化时,如果合伙合同约定了较长的存续期限,合伙人就可能承受较大的风险。因此,合伙合同应当明确约定合伙存续的时间。一旦合伙期限届满,合伙人不愿继续经营的,可以解散合伙。若合伙合同没有规定存续期限,合伙人可就合伙合同延长的事项进行协商,任何合伙人不同意续期的,合伙合同均告终止,合伙均应予以解散。

(二)不定期合伙的任意解除

所谓不定期合伙,是指合伙合同没有对合伙期限作出约定或者约定不明确的合伙。我国《民法典》对不定期合伙规定了两种形态。

第一,对合伙期限没有约定或者约定不明确,且无法确定期限的。《民法典》第976条第1款规定:"合伙人对合伙期限没有约定或者约定不明确,依据本法第五百一十条的规定仍不能确定的,视为不定期合伙。"这就意味着,在合伙人没有明确约定合伙的存续期限时,应当首先依据《民法典》第510条的规则确定期限。即当事人可以通过事后约定或者依据交易习惯确定合伙期限,如果当事人不能达成补充协议,且无法依据有关条款、合同性质、合同目的或者交易习惯确定合伙期限的,该合伙合同视为不定期合伙。如果合伙合同已变为不定期合伙,依据《民法典》第976条第3款的规定,则合伙人随时可以提出解除合同,但应当在合理期限内通知其他合伙人。

第二,期限届满之后转化为不定期合伙合同。《民法典》第976条第2款规定:"合伙期限届满,合伙人继续执行合伙事务,其他合伙人没有提出异议的,原合伙合同继续有效,但是合伙期限为不定期。"该条实际上确立了另一种不定期合伙合同。

对不定期合伙,合伙人享有任意解除权。《民法典》第976条第3款规定:"合伙人可以随时解除不定期合伙合同,但是应当在合理期限之前通知其他合伙人。"该条规定其实是《民法典》合同编通则中继续性合同的任意解除权的具体化。法律之所以要规定不定期合伙合同的任意解除权,主要是为了避免合伙人无限期受到约束,设置合理期限的目的就是保护

---

① 参见谢鸿飞、朱广新主编:《民法典评注·合同编:典型合同与准合同4》,中国法制出版社2020年版,第536页。

其他合伙人的合理信赖。如果某个或者某几个合伙人认为不定期合伙合同的存续是对其不利的,其有权行使任意解除权,使其顺利脱身。虽然合伙人享有任意解除权,但法律规定合伙人应当在合理期限内通知其他合伙人。关于合理期限的界定,应当结合合伙事项的性质、交易习惯等具体因素确定。之所以要求合伙人作出通知,主要是要强调符合诚信原则,不得因解除而导致其他合伙人的损失。①

(三)合伙人约定的解散事由出现

这主要是指当事人在合同中约定了法定事由之外的解散事由。合伙合同约定的解散事由通常是指合伙人事先在合同中约定的事由,如约定在某些合伙人不具有特定资质时合伙解散,只要这些约定不违反法律的规定,在有关约定事由出现时,合伙即应按约定解散。

(四)合伙的目的已经实现或无法实现

如果合伙合同所约定的特定目的已经实现或无法实现,也会导致合伙的解散。这可以分为两种情形:一是合伙目的已经实现。此时合伙已失去存在的意义,合伙已经没有存在的必要。不过,在此情况下,合伙人可以通过决议修改合伙合同,变更合伙目的,从而维持合伙组织的存续。二是合伙的目的无法实现。例如,合伙人为了开发并应用某项技术而设立合伙,但在开发完成前,该项技术已被他人在先申请专利,从而导致合伙目的无法实现,合伙即无存续的必要。②

(五)全体合伙人决定解散

在合伙关系存续期限内,只要全体合伙人决定终止合伙企业,就可以解散合伙。此时,合伙企业的解散和合伙合同的签订一样,在全体合伙人一致决定解散合伙企业的情形中,仍然属于合伙人意思自治的作用领域。如果有少数合伙人不同意解散合伙,则在不存在约定或法定的退伙事由时,合伙企业应继续存续,有关合伙人也应继续履行其相应的义务。

(六)合伙人死亡、丧失民事行为能力或者终止

《民法典》第977条规定:"合伙人死亡、丧失民事行为能力或者终止的,合伙合同终止;但是,合伙合同另有约定或者根据合伙事务的性质不宜终止的除外。"依据该规定,在合伙人死亡或者丧失民事行为能力时,合伙合同原则上终止,只有在合伙合同另有约定或者根据合伙事务的性质不宜终止合伙合同时,合伙合同才例外不终止。

(七)法律或者行政法规规定的合伙企业解散的其他原因

如果出现法律或者行政法规规定的合伙企业解散的原因,则合伙合同的效力也相应地终止。例如,合伙企业被依法吊销营业执照、责令关闭或者被撤销,合伙实际上已无法经营,因此应当宣告解散。又如,合伙企业因被兼并、宣告破产而被解散等导致合伙企业终止。在上述情形下,合伙合同也应当终止。

二、合伙的清算

合伙的清算是指合伙宣告解散后,为了终结合伙现存的各种法律关系,依法清理合伙的债权债务的法律程序。引起合伙清算的原因很多,除了上述解散原因外,还包括协议解散、因合伙人死亡、丧失行为能力等而发生的解散。《民法典》第978条规定:"合伙合同终止后,

---

① 参见谢鸿飞、朱广新主编:《民法典评注·合同编:典型合同与准合同4》,中国法制出版社2020年版,第547页。
② 参见《合伙企业法》修改起草工作组:《〈中华人民共和国合伙企业法〉(修订)条文释义》,上海财经大学出版社2006年版,第264页。

合伙财产在支付因终止而产生的费用以及清偿合伙债务后有剩余的,依据本法第九百七十二条的规定进行分配。"该规定确定了合伙合同终止后的清算规则:

第一,该条确立了先付费和偿债、后分配剩余财产的原则。这就是说,在合伙合同终止以后,合伙财产首先应当支付因终止而产生的必要费用和债务。具体来说,一是先支付因终止而产生的费用,这主要是指因合伙合同终止后清算合伙债权债务所产生的必要费用。① 例如,合伙财产的评估、保管、变卖、诉讼费、律师费等费用都属于上述费用的范畴。二是支付合伙债务。合伙债务指的是合伙在存续期间内因执行事务所产生的债务。债权人通常都是第三人,但也可以是合伙人本身。② 例如,不执行合伙事务的非执行合伙人也可能和合伙产生交易,合伙也可能因此而欠债,清算时首先应将合伙财产先支付这些费用。

第二,如果有剩余财产,依据《民法典》第972条的规定,"合伙的利润分配和亏损分担,按照合伙合同的约定办理;合伙合同没有约定或者约定不明确的,由合伙人协商决定;协商不成的,由合伙人按照实缴出资比例分配、分担;无法确定出资比例的,由合伙人平均分配、分担"。据此,合伙财产的分配规则具体包括:一是有约定的按照约定进行分配,也就是说,如果合伙合同对剩余财产的分配有约定的,依据私法自治,应当尊重当事人的约定。二是在当事人没有约定或者约定不明的情形下,应当由合伙人协商确定。三是按照实缴的出资比例来分配。所谓实缴的出资比例,不是指合伙人认缴的出资比例,而是实际缴纳的出资,这实际上采纳了实缴优先于认缴的规则。四是仍然无法确定当事人的出资比例的,应当由合伙人平均分配、负担。此处所说的出资比例,并非特指实缴的出资比例,这主要是因为在合伙中,出资形式多种多样,既可以以实物出资,也可以以劳务出资,而对劳务难以进行评估。因此,在经过前述规则仍然难以确定的情形下,应当进行平均分配、分担。

需要指出的是,《民法典》第972条所规定的合伙合同终止后的清算与《合伙企业法》第89条的规定存在不同。《合伙企业法》第89条规定:"合伙企业财产在支付清算费用和职工工资、社会保险费用、法定补偿金以及缴纳所欠税款、清偿债务后的剩余财产,依照本法第三十三条第一款的规定进行分配。"由于合伙企业是一个民事主体,所以其清算涉及职工工资、社会保险费用、法定补偿金以及缴纳所欠税款等事务,但在合同型合伙中,合伙合同终止后的清算不一定涉及这些事务。例如,合伙企业应当缴纳企业所得税,是独立的纳税主体,而合同型合伙中,每个合伙人应当分别缴纳个人所得税,不存在合伙本身缴纳税款的问题。③因此,《民法典》的上述规定没有专门就职工工资支付、税费缴纳等作出明确规定。

---

① 参见黄薇主编:《中华人民共和国民法典合同编解读》(下册),中国法制出版社2020年版,第1546页。
② 参见谢鸿飞、朱广新主编:《民法典评注·合同编:典型合同与准合同4》,中国法制出版社2020年版,第559页。
③ 参见黄薇主编:《中华人民共和国民法典合同编解读》(下册),中国法制出版社2020年版,第1548页。

主要参考书目

一、中文文献

1. 黄薇主编:《中华人民共和国民法典合同编解读》(上、下册),中国法制出版社2020年版。
2. 黄薇主编:《中华人民共和国民法典释义》(上、中、下),法律出版社2020年版。
3. 最高人民法院民法典贯彻实施工作领导小组主编:《中华人民共和国民法典合同编理解与适用》(一)(二)(三)(四),人民法院出版社2020年版。
4. 最高人民法院民事审判第二庭编著:《最高人民法院关于买卖合同司法解释理解与适用(条文·释义·理由·案例)》,人民法院出版社2012年版。
5. 最高人民法院民事审判第一庭编著:《最高人民法院关于审理城镇房屋租赁合同纠纷案件司法解释的理解与适用》,人民法院出版社2009年版。
6. 最高人民法院民事审判第二庭:《最高人民法院民法典担保制度司法解释理解与适用》,人民法院出版社2021年版。
7. 最高人民法院民事审判第一庭编著:《最高人民法院建筑物区分所有权、物业服务司法解释理解与适用》,人民法院出版社2009年版。
8. 最高人民法院民事审判第一庭编著:《最高人民法院建设工程施工合同司法解释的理解与适用》,人民法院出版社2015年版。
9. 最高人民法院民事审判第一庭编著:《最高人民法院新建设工程施工合同司法解释(一)理解与适用》,人民法院出版社2021年版。
10. 最高人民法院民事审判第二庭编著:《最高人民法院关于融资租赁合同司法解释理解与适用》,人民法院出版社2016年版。
11. 最高人民法院民二庭(原经济庭)编著:《担保法新释新解与适用——根据最高人民法院〈关于适用《中华人民共和国担保法》若干问题的解释〉》,新华出版社2001年版。
12. 胡康生主编:《中华人民共和国合同法释义》,法律出版社1999年版。
13. 魏耀荣等:《中华人民共和国合同法释论(分则)》,中国法制出版社2000年版。
14. 最高人民法院民事审判第一庭编著:《最高人民法院民间借贷司法解释理解与适用》,人民法院出版社2015年版。
15. 崔建远主编:《合同法》(第七版),法律出版社2021年版。
16. 谢鸿飞、朱广新主编:《民法典评注·合同编:典型合同与准合同4》,中国法制出版社2020年版。
17. 王轶等:《中国民法典释评·合同编·典型合同》(上、下卷),中国人民大学出版社2020年版。
18. 韩世远:《合同法学》(第二版),高等教育出版社2022年版。
19. 焦富民、蔡养军主编:《合同法》,厦门大学出版社2012年版。
20. 江必新主编:《融资租赁合同纠纷》,法律出版社2014年版。
21. 张玉卿主编:《国际货物买卖统一法:联合国国际货物销售合同公约释义》,中国对外经济贸易出版社 1998 年版。
22. 谢鸿飞:《合同法学的新发展》,中国社会科学出版社 2014 年版。
23. 徐涤宇:《合同法学》(第三版),高等教育出版社 2020 年版。
24. 郭明瑞:《合同法通义》,商务印书馆 2020 年版。
25. 郭明瑞、王轶:《合同法新论·分则》,中国政法大学出版社 1997 年版。
26. 黄松有主编:《技术合同司法解释实例释解》,人民法院出版社 2006 年版。
27. 何志:《合同法分则判解研究与适用》,人民法院出版社 2002 年版。
28. 方新军:《现代社会中的新合同研究》,中国人民大学出版社 2005 年版。
29. 高圣平:《民法典担保制度及其配套司法解释理解与适用》(上、下),中国法制出版社 2021 年版。
30. 周江洪:《服务合同立法研究》,法律出版社 2021 年版。
31. 程啸、高圣平、谢鸿飞:《最高人民法院新担保司法解释理解与适用》,法律出版社 2021 年版。
32. 江平主编:《中华人民共和国合同法精解》,中国政法大学出版社 1999 年版。
33. 郭明瑞、房绍坤:《新合同法原理》,中国人民大学出版社 2000 年版。
34. 孙晓编著:《合同法各论》,中国法制出版社 2002 年版。
35. 曹士兵:《中国担保诸问题的解决与展望——基于担保法及其司法解释》,中国法制出版社 2001 年版。
36. 郭明瑞等编著:《担保法》(第四版),中国人民大学出版社 2014 年版。
37. 蔡永民:《比较担保法》,北京大学出版社 2004 年版。
38. 程啸:《保证合同研究》,法律出版社 2006 年版。
39. 陈本寒主编:《担保法通论》,武汉大学出版社 1998 年版。
40. 高圣平:《保证合同重点疑点难点问题判解研究》,人民法院出版社 2005 年版。
41. 高圣平:《担保法论》,法律出版社 2009 年版。
42. 王建东:《建设工程合同法律制度研究》,中国法制出版社 2004 年版。
43. 易军:《债法各论》,北京大学出版社 2009 年版。
44. 吴志忠:《买卖合同法研究》,武汉大学出版社 2007 年版。
45. 叶金强:《担保法原理》,科学出版社 2002 年版。
46. 孔炯炯等主编:《商业保理概论》,复旦大学出版社 2016 年版。
47. 王建东:《建设工程合同法律制度研究》,中国法制出版社 2004 年版。
48. 易军、宁红丽:《合同法分则制度研究》,人民法院出版社 2003 年版。
49. 孔祥俊:《合同法教程》,中国人民公安大学出版社 1999 年版。
50. 郭明瑞、房绍坤:《新合同法原理》,中国人民大学出版社 2000 年版。
51. 余延满:《合同法原论》,武汉大学出版社 1999 年版。
52. 蒋志培主编:《技术合同司法解释的理解与适用》,科学技术文献出版社 2007 年版。
53. 段瑞春:《技术合同》,法律出版社 1999 年版。
54. 徐炳:《买卖法》,经济日报出版社 1991 年版。
55. 余延满:《货物所有权的转移与风险负担的比较法研究》,武汉大学出版社 2002 年版。
56. 李永军、易军:《合同法》,中国法制出版社 2009 年版。
57. 屈茂辉:《合同法》,湖南大学出版社 2003 年版。
58. 李鲁阳主编:《融资租赁若干问题研究和借鉴》,当代中国出版社 2007 年版。
59. 高圣平、乐沸涛:《融资租赁登记与取回权》,当代中国出版社 2007 年版。
60. 苏永钦:《寻找新民法》,台湾元照出版公司 2008 年版。
61. 黄茂荣:《买卖法》(增订版),中国政法大学出版社 2002 年版。
62. 史尚宽:《债法总论》,中国政法大学出版社 2000 年版。
63. 黄立:《民法债编总论》,中国政法大学出版社 2002 年版。

64. 王泽鉴:《债法原理》(第二版),北京大学出版社 2013 年版。
65. 郑玉波:《民法债编总论》(修订二版),中国政法大学出版社 2004 年版。
66. 郑玉波:《民法债编各论》(上、下册),台湾三民书局 1986 年版。
67. 林诚二:《民法债编总论:体系化解说》,台湾瑞兴图书股份有限公司 2001 年版。
68. 林诚二:《民法债编各论》(上、中、下),中国人民大学出版社 2007 年版。
69. 邱聪智:《新订民法债编通则》(下),台湾华泰文化事业公司 2001 年版。
70. 邱聪智:《新订债法各论》(上、中、下),姚志明校订,中国人民大学出版社 2006 年版。
71. 黄立:《民法债编各论》(上、下),中国政法大学出版社 2003 年版。

二、译著

1. 〔德〕海因·克茨:《欧洲合同法》(上卷),周忠海等译,法律出版社 2001 年版。
2. 〔德〕迪特尔·梅迪库斯:《德国债法总论》,杜景林、卢谌译,法律出版社 2004 年版。
3. 〔德〕魏德士:《法理学》,丁晓春、吴越译,法律出版社 2005 年版。
4. 〔美〕杰弗里·费里尔等:《美国合同法精解》(第四版),陈彦明译,北京大学出版社 2009 年版。
5. 〔美〕E.艾伦·范斯沃思:《美国合同法》(原书第三版),葛云松、丁春艳译,中国政法大学出版社 2004 年版。
6. 〔美〕弗里德里奇·凯斯勒等:《合同法:案例与材料》(上)(第三版),屈广清等译,中国政法大学出版社 2005 年版。
7. 〔美〕格兰特·吉尔莫:《契约的死亡》,曹士兵、姚建宗、吴巍译,中国法制出版社 2005 年版。
8. 〔美〕Jay Dratler, Jr.:《知识产权许可》(上),王春燕等译,清华大学出版社 2003 年版。
9. 〔日〕我妻荣:《债权各论》(中卷二),周江洪译,中国法制出版社 2008 年版。
10. 〔日〕我妻荣:《债法在近代法中的优越地位》,王书江、张雷译,中国大百科全书出版社 1999 年版。
11. 〔英〕A.G.盖斯特:《英国合同法与案例》,张文镇等译,中国大百科全书出版社 1998 年版。
12. 〔英〕P.S.阿狄亚:《合同法导论》(第五版),赵旭东等译,法律出版社 2002 年版。
13. 〔加拿大〕Peter Benson 主编:《合同法理论》,易继明译,北京大学出版社 2004 年版。
14. 〔美〕詹姆斯·戈德雷:《现代合同理论的哲学起源》,张家勇译,法律出版社 2006 年版。
15. 〔日〕我妻荣:《债权各论》(中卷一),徐进、李又又译,中国法制出版社 2008 年版。
16. 〔德〕克里斯蒂安·冯·巴尔、〔英〕克莱夫主编:《欧洲私法的原则、定义与示范规则:欧洲示范民法典草案(第一、二、三卷)》,高圣平等译,法律出版社 2014 年版。
17. 〔美〕罗伯特·考特等:《法和经济学》,张军等译,上海三联书店 1994 年版。
18. 〔德〕格哈德·瓦格纳:《损害赔偿法的未来》,王程芳译,中国法制出版社 2014 年版。
19. 〔德〕海因·克茨:《欧洲合同法》(上卷),周忠海等译,法律出版社 2001 年版。
20. 〔德〕迪特尔·梅迪库斯:《德国债法分论》,杜景林、卢谌译,法律出版社 2007 年版。
21. 〔英〕弗瑞迪·萨林格:《保理法律与实务》,刘园、叶志壮译,对外经济贸易大学出版社 1995 年版。

三、外文文献

Ingeborg Schwenzer, Pascal Hachem, Christ Opher Kee, *Global Sales and Contract Law*, Oxford University Press, 2012.

Stefan Vogenauer, *Conmentary on the UNIDROIT Principles of International Commercial Contracts (PICC)*, Oxford University Press, 2015.

Ole Lando & Hugh Beale (eds.), *Principles of European Contract Law*, Part Ⅰ & Ⅱ, Kluwer Law International, 2003.

Herbert Bernstein & Joseph Lookofsky, *Understanding the CISG in Europe*, Kluwer Law Internation-

al,2003.

E. Allan. Farnsworth,*Contracts*,Second Edition,Little Brown & Co Law & Business,1990.

Good and McKendrick on Commercial Law,Sixth Edition,LexisNexis and Penguin Books Ltd.,2020.

Charles L. Knapp,Nathan M. Crystal,Harry G. Prince,*Problems in Contract Law:Case and Materials*,Fourth Edition,Aspen Publishers,1999.

Bénédicte Fauvarque-Cosson,Denis Mazeaud (eds.),*European Contract Law*,Sellier European Law Publishers,2008.

UNCITRAL,*Digest of Case Law:On the United Nations Convention on Contracts for the International Sale of Goods*,United Nations. New York,2012.

Christian von Bar et al. (eds.),*Principles,Definitions and Model Rules of European Private Law*,Munich:Sellier. European Law Publishers GmbH,2009.

Honnold,*Uniform Law for International Sales Under the 1980 United Nations Convention*,Kluwer Law International,1999.

Arthurvon Mehren,*International Encyclopedia of Comparative Law*,Volume VII/2:Contracts in General. Tübingen,1997.

Reinhard Zimmermann, *The Law of Obligations:Roman Foundations of the Civilian Tradition*,Clarendon Press,Reprint 1996.

Schlechtriem & Schwenzer,*Commentary on the UN Convention on the International Sale of Goods* (CISG),Oxford University Press,2010.

Donald Harrls Denis Tallin,*Contract Law Today*,Oxford:Clarendon Press,1990.